本 书 编 委 会

政府部门管理

主编 张永桃 凌 宁

人民出版社

责任编辑:陈寒节

责任校对:湖 催

图书在版编目(CIP)数据

政府部门管理/张永桃,凌宁 主编.
—北京:人民出版社,2010.10
(公共管理文库·公共管理实务丛书)
ISBN 978 - 7 - 01 - 009148 - 8

Ⅰ①政… Ⅱ.①张… ②凌… Ⅲ.①国家行政机关 - 行政
管理 - 研究 - 中国 Ⅳ.①D630.1

中国版本图书馆 CIP 数据核字(2010)第 140052 号

政府部门管理

ZHENGFU BUMEN GUANLI

主编 张永桃 凌 宁

人民出版社 出版发行
(100706 北京朝阳门内大街 166 号)

北京龙之冉印务有限公司印刷 新华书店经销

2010 年 10 月第 1 版 2010 年 10 月北京第 1 次印刷
开本:710 毫米×1000 毫米 1/16 印张:66.5
字数:981 千字 印数:0,001 - 3,000 册

ISBN 978 - 7 - 01 - 009148 - 8 定价:128.00 元

邮购地址:100706 北京朝阳门内大街 166 号
人民东方图书销售中心 电话:(010)65250042 65289539

总　序

公共管理是以政府为主导的公共组织和社会组织为实现公共利益,运用公共权力,从事社会管理、向社会提供公共产品的职能和活动。公共管理学作为现代管理科学的重要学科之一,在当代世界和中国有着巨大的发展活力和广阔的成长空间。20世纪90年代以来,公共管理学在中国出现,展示了蓬勃的生命力。随着当代中国各项改革的深入和经济社会事业的发展,公共管理的作用越来越受到重视,公共管理学正在成为中国应用型科学研究领域新的增长点。

公共管理实践的发展需要理论的支撑。基本理论与方法研究是学科成熟程度和研究规范水平的重要标志。加强公共管理基本理论和方法的系统研究,构建符合中国国情的公共管理理论体系和方法体系,可以为整个宏观管理与政策学科的开拓创新和与国际接轨积聚实力、助长后劲。这对于提高本学科的整体创新水平具有重要的系统建构意义,对于我国建设创新型国家、提高政府执政能力、应对社会转型期的许多重大管理和政策问题具有重要的现实指导意义,而且可以发展出符合中国国情的社会科学研究理论和方法体系。

近年来,党和政府提出科学发展观,做出构建社会主义和谐社会、建设创新型国家等战略决策,并采取切实可行的措施,推进党的执政能力建设,深化行政管理体制改革、政府管理创新和服务型政府建设。这既为中国公共部门尤其是政府的改革与发展提出了新的课题,对公共管理理论与方法的研究提出了更高的要求,也为该学科的发展提供了前所未有的历史机遇。公共管理研究必须根据转型期中国公共管理的实践发展和现实需要,选择更具有战略性和针对性的理论与实践课题进行研究,切实解决复杂的公共管理和公共政策问题。

如何有效发挥政府作用是公共管理的核心问题,也是一个世界性和历史性的课题。在全面建设小康社会和构建社会主义和谐社会的新形势下,系统研究和借鉴当代公共管理理论与实践经验,结合我国国情和经济全球化的背景,建立具有本土特色的公共管理理论体系,是摆在我们面前的重要任务。

中国行政管理学会是研究行政管理理论与实践的全国性学术团体,始终致力于研究行政管理体制改革中面临的重大理论和实际问题,积极为政府提供参谋咨询服务。近几年来,我们根据国务院领导和国务院办公厅关于要深入开展行政管理体制改革研究的指示精神,抓住政府行政管理体制改革中的重点、热点和难点问题,组织学会理事、专家学者、实际工作者和地方行政管理学会,从理论与实践的结合上深入开展专项课题研究,取得了很多成果,对推进我国行政管理体制改革理论和实践研究发挥了支持和促进作用。

"公共管理文库"是为适应国内公共管理理论与实践发展需要,由中国行政管理学会组织编写、人民出版社出版的一套具有权威性、前瞻性、高质量的公共管理大型系列丛书。"公共管理文库"坚持以马克思列宁主义、毛泽东思想、邓小平理论和"三个代表"重要思想为指导,落实科学发展观,立足于新的实践和新的发展,解放思想,坚持实事求是的思想路线,尝试建立一个以公共性为根基的行政分析框架,力求涵盖公共管理学科及其主要知识领域,切实把握公共管理学理论所应承担的任务与具有的特质,在此基础上寻找公共管理学理论创新的途径,为政府部门的实际工作者、从事公共管理和行政管理研究的理论工作者以及广大学生提供权威的专业信息资料和开阔的思维空间,为发展公共管理科学和促进改革发展提供理论支持。

"公共管理文库"编委会

2009 年 3 月

序

　　当前,我国正处于改革发展的重要时期,深化行政管理体制改革,建立适应社会主义市场经济发展的行政管理体制,是完善社会主义市场经济体制,推进社会主义现代化建设事业的重要内容。深刻认识、准确把握科学发展观对行政管理提出的新任务、新要求,就要从理论和实践的结合上研究贯彻科学发展观的新思路、新举措,探索解决行政管理实践中与科学发展不相适应的突出问题,为建立中国特色社会主义行政管理体制提供理论支撑。

　　转变政府职能是推动科学发展、解决经济社会发展深层次矛盾的客观要求,进一步理顺关系、优化结构、提高效能,建立权责一致、分工合理、决策科学、执行顺畅、监督有力的行政管理体制显得尤为迫切。解决这些问题要求我们理论工作者和行政管理者,紧密联系实际,加强对行政体制改革中重大理论问题的研究和探讨。

　　受中国行政管理学会委托,江苏省行政管理学会组织省内有关专家学者,历时一年半时间,完成了中国行政管理学会、人民出版社组织出版的系列丛书中的《政府部门管理》的撰写。本书是国内第一部以"政府部门管理"为书名的著作。该书在理论层面从政府部门管理的产生与发展、历史与现实、主体与客体、要素与资源、目标与实践、职能变迁与模式演进、管理政策与法律依据等多角度出发,系统地探索政府部门管理的原理与方法;在实践层面直面处于转型期的中国,阐释中国政府在政治、经济、文化、社会管理中发挥的积极作用,探索符合科学发展的政府部门管理体制和运行机制,对于优化政府部门管理具有一定的理论意义和实践价值。

江苏省委常委、常务副省长
江苏省行政管理学会名誉会长   赵克志

2010 年 2 月

目　录

第一篇　政府部门管理导论

第二篇　政府部门政治事务管理

第三篇　政府部门经济事务管理

第四篇　政府部门文化事务管理

第五篇　政府部门社会事务管理

第一篇

政府部门管理导论

第一章 政府职能体系与
政府部门管理模式

　　一般来说,政府的职能主导了政府的规模、结构、组织形态和管理方式,也反映了政府活动的基本方向、根本任务和主要作用。因此,对政府职能体系的研究是我们研究政府部门管理的基本着力点。作为一个历史范畴,在不同的国家或者同一国家的不同历史时期,政府职能具有不同的内容和特点。可以说,政府职能框定了特定时期政府从事管理活动的基本领域和可能的实现方式。国家历史的演进为我们透视不同历史时期政府部门结构及其特性提供了便利。政府职能结构与政府部门管理模式间的内在逻辑及相互演进,为这种透视提供了重要的切入点。本章旨在以此来梳理两者的历史发展关联。

第一节 政府职能结构的历史变迁
与政府部门管理模式的演进

　　国家和政府的存在是政府部门对社会公共事务进行管理的前提。但政府部门管理模式与所处行政环境密不可分,既有历史传承因素又是时代创新因素,从一定意义上可以说,有什么样的行政环境就会有什么样的政府部门管理模式。当然,行政环境的整体性、系统性和传承性往往让我们难以全面和准确把握。但对基于行政环境之上政府职能的探讨为我们探讨不同政府部门管理模式提供了操作化路径。因而,我们试想从政府职能演进这个角度去解读政府部门管理模式的演进。这种试想成立与否取决于政府职能结构与政府部门管理模式之间是否存在直接的对应关系。如果它们之间不存在直接的对应关系,那我们就不能从政府职能结构的历史变迁中把握政府部门管理模式的演进过程。下文我们以政府职能结构与政府部门管理模式的互动演进为分析着力点,并以政府的统治职能与统治型政府部门管理模式、政府的管理职能与管理型政府部门管理模式的对应关系为佐证,验证上述的试想。

一、政府职能结构是确定政府部门管理模式的基本依据

政府职能是政府作为国家行政机关,依法在国家的政治、经济以及其他社会事务的管理中所应履行的职责及其所应起的作用。它是国家职能在一个特殊方面的体现,体现了国家意志,代表了统治阶级的要求,反映政府所代表的国家性质和活动的基本方向。政府职能是政府的神经系统,正确确定政府职能,对于正确发挥政府管理的历史作用,建立合理的行政组织系统,有效地组织各项管理活动,有着十分重要的意义:政府职能是建立行政组织的根本依据;政府职能的转变和变化是政府机构、人员编制改革的关键;政府职能是确定政府组织目标和任务的重要标准;政府职能是组织管理活动科学化的重要基础;政府职能的落实情况是政府管理效能的表征和主要检验指标。其实,无论是行政组织的建立、政府机构编制,还是组织目标、效能评估,都是政府部门管理模式的内在要素。

政府职能与政府部门管理模式之间息息相关,那么它们之间是否存在历史变迁的对应关系呢? 在这里,我们必须引入"政府主导职能"这一概念。政府职能是一个由相互渗透的政府活动的各个方面、各个环节构成的复杂体系。政府职能结构就是政府职能的内在要素组成及其相互间关系。政府职能结构首先表明了政府作用的领域,同时还揭示了政府职能的着力点。政府政治职能、政府经济职能以及政府社会职能等都是政府职能结构的重要组成部分。在政府职能结构中,作为构成要素的各项职能在整体格局中所处的地位和所起的作用并不等同。对不同时期的政府来说,总有某一项或几项职能在整个政府职能结构中处在主导地位,其他政府职能围绕它进行整合并发挥辅助配合作用,这种职能就是政府主导职能。由此形成了不同特性的政府职能结构模式。政府的主导职能反映了政府活动的基本方向、根本任务和主要作用。

一般来说,政府部门的规模、结构、组织形态和管理方式由政府的主导职能决定。而政府在这些方面的差别则是不同政府治理模式的外在反映。因此,我们研究政府治理形态的历史演进就必须从研究政府的主导职能入手。具体来说,政府职能结构从"统治职能主导"向"管理职能主导"再向"服务职能主导"的转变,是历史发展的必然趋势。与此相应,政府部门管理模式的变化,即由"统治型"向"管理型"再向"服务型"的转变。当然,服务型政府部门管理模式并不是没有统治、管制等职能,只是这些职能都要服从和服务于其主导职能——服务职能。

二、政府统治职能与政府部门管理模式

西方契约理论和马克思主义的唯物史观都对国家的起源进行了探讨。西方契约论是从理论假设出发来推导和演绎政府的产生和角色定位,因而更具有理论上的学理意义,它为我们思考未来理想的政府模式提供了思路。马克思主义的国家起源学说更具实践意义,即认为国家和政府的产生是社会发展到一定阶段的产物。"这个社会陷入了不可解决的自我矛盾,分裂为不可调和的对立面而又无力摆脱这些对立面。而为了使这些对立面,这些经济利益相互冲突的阶级,不致在无谓的斗争中把自己和社会消灭,就需要一种能凌驾于社会之上的力量,这种力量应当缓和冲突,把冲突保持在'秩序'的范围以内;这种从社会中产生但又自居于社会之上并且日益同社会脱离的力量,就是国家。"①伴随着国家的产生,作为人类历史上最早的一种政府类型——统治型政府也应运而生。经历了三次社会大分工,整个社会日益分裂为两个对立的阶级——奴隶主和奴隶阶级。这种社会分裂和阶级对立既是国家产生的根源也是统治型政府产生的根源。当然,从国家产生到近代资本主义国家出现之间,经历了奴隶制和封建制两大主要制度形式,虽然二者之间统治方式存在比较大的不同,"而且同样实行奴隶制度或封建制度的国家在不同的历史时

---

① 《马克思恩格斯选集》第 4 卷,人民出版社 1995 年版,第 170 页。

期,或者说同样的历史时期不同国家采用的具体的统治方式也有很大差异"①,但以暴力手段维护阶级统治的本质并没有改变,王权凌驾于国家、社会和人民之上的局面并未有任何改观,所以我们将奴隶制和封建制时期的政府类型统称为统治型政府。

统治型政府部门管理模式首要任务就是为了维护稳定的政治秩序,使社会不至于在相互分裂和对立中走向灭亡。因此,统治是统治型政府部门管理模式的主要职能或者说主导职能,为追求统治秩序的相对稳定,往往依靠暴力机器或强制手段取得。当然统治型政府部门也会进行一定的社会管理甚至是服务,但这种管理和服务一方面非常有限,另一方面其根本目的也在于统治职能的更好履行和统治秩序的维护。总的来说,统治型政府部门管理的主要职能就是统治,就是为了维护稳定的政治秩序,这也是其唯一目的。

三、政府管理职能与政府部门管理模式

管理型政府部门管理模式对统治型政府部门管理模式的替代伴随着西方资本主义制度的逐步确立而经历了漫长过程。资本主义制度对封建制度的替代既是经济制度的重大变革,又是政府部门管理模式的重塑,这种制度变革和重塑必然涉及原有制度格局下既得利益者和新制度格局下利益获得者之间的激烈斗争,这种激烈斗争的结果往往表现为制度均衡—不均衡—均衡的演变。既然涉及制度变迁,我们不得不提及制度变迁上"路径依赖"现象。这里的"路径依赖"是指资本主义制度的建立并不立即表现为政府治理形态的变革,即由统治型政府转变为管理型政府。在早期的资本主义政府中,往往存在政府职能管理主导与统治主导的交错状态。理论上的"人人生而平等"并不能在早期实践中得到很好的体现,资产阶级政府总是在不自觉之中体现对统治型政府部门管理模式的偏好。当然,早期的资本主义属于自由资本主义的框架范围,遵循市场的绝对力量、强调"看不见的手",政府部门的职能范围相当有限,更多地关注统治秩序维护也在情理之中。因此,我们可以说20世纪以

---

①　井敏:《构建服务型政府理论与实践》,北京大学出版社2006年版,第118页。

前的整个近代社会中,国家的统治职能还占据主导地位。

19世纪末20世纪初,自由资本主义逐渐走向垄断,垄断资本主义自身无法克服的众多缺陷带来了一系列社会和经济问题,政府部门管理理念与模式的更新和转型成为应时之举。在这种形势下,指望"看不见手"的自我调节显然已经无法解决诸多的社会经济问题,也不能很好适应社会发展的要求。正如张康之教授所言,"行政的管理职能却在量上悄悄地增长,这种量的变化,终于在20世纪引起了质的变化,以至于行政的管理职能上升到了主导地位"①,管理型政府部门管理模式至此最终形成。

管理型政府部门管理的基本理念是管理,其政府部门的主导职能由统治让位于管理,即主要依靠政府部门管理职能的履行来实现对社会事务的治理,来维护整个社会秩序的稳定。当然,政府部门在管理中,强调与市场的明确分工,即政府部门来管理公共事务、市场来调节私人事务,而且政府部门在公共事务的管理中,排斥其他利益主体的参与,甚至是公众,强调自身唯一的管理主体地位。可想而知,作为唯一的公共管理主体,政府部门管理必然涉及社会生活的各个方面,专业化的分工必不可少,效率是其首要的追求目标。总的来说,管理型政府部门管理强调管理职能的行使,即以管理为要务、以效率为主要价值目标。显然,与统治型政府部门管理模式相比,管理型政府部门管理模式取得了巨大的成功,极大地推动了生产力和社会的发展。当然,20世纪70年代以后,面对全球化、信息化和民主化的巨大挑战,管理型政府部门管理模式既无法适应也无法解决现存及后续的社会问题。于是,人们开始了对这种模式的大规模反思和批判。

四、政府服务职能与政府部门管理模式

面对全球化、信息化带来的挑战,管理型政府部门管理模式在行政理念、职能设置、政府体制、政府运行机制、行为方式等方面都存在诸多不适,无论是行政理念上的"官本位"、"权力本位",还是职能上的"越位"、"错位"和"缺

---

① 张康之:《行政与公共行政的历史演进》,《中共福建省委党校学报》2002年第4期。

位";无论是运行机制的决策不透明、监督不到位还是体制设置方面的职责同构、部门林立;也无论是行政成本的居高不下还是行为方式的官僚主义、效率低下,这些不适现象都严重阻碍了社会经济的顺利发展和结构转型。因此,必须进行政府部门管理模式的再造。

从管理型模式向服务型模式的转变,是政府部门管理模式的转型性变革,这一变革是一个极其复杂的制度变迁过程。它不是原有制度结构中某些个别制度安排的局部调整或改变,而是整个制度结构的全面改造;也不是对现行制度规则的运行过程做实际上的微调,而是全部行政管理秩序和经济秩序的根本变革,这必然涉及到价值系统、政治系统、经济系统和社会系统的调整和改变。显然,这种模式的转变需要经历漫长的阶段,从对管理型政府部门管理模式的反思与批判开始,历经管理型向服务型的过渡,最终才能确立服务型的政府部门管理模式。

新公共服务理论在总结新公共管理理论与实践基础之上提出了一个全新的公共管理理念及管理模式。该理论的代表人物是罗伯特·V.丹哈特和珍尼特·V.丹哈特。该理论指出公共管理归根到底是服务的性质,它提出政府或公务员的首要任务是帮助公民明确表达并实现其公共利益,而不是试图去控制或驾驭社会,即"服务"而非"掌舵"。可见它强调的是一种以公民为服务对象,以尊重公民权、实现公众利益为目标,重视公民参与,以实现公务员、公民、法律和社会协调运行的综合治理模式。这种综合治理模式的典型特征是以公众服务为核心,以奉献社会作为动机,以民主参与为手段,以是否实现公众利益为标准。新公共服务理论的基本原则是:政府的角色就是一个彻彻底底的服务者,不是"掌舵人",更不是"划桨人"或"守夜人";服务的对象是公民而不是顾客,将对象看作是具有公民权的公民,强调与公民之间更多的是建构一种协作与信任的关系;责任与义务的复杂性与多元性,即不仅应关注市场,还应关注法令和宪法、社区价值观、政治规范、专业标准及公民利益;战略性的思考,民主的行为,即政策制定中应集思广益,建立民主制度和责任机制,通过官民协商合作,向希望达到的目标靠近;追求公共利益和公共服务,以其为根本目标,但不是政府单独垄断,应与公民创造一个利益共享、责任共担的机制;重视公民本身,而不是仅仅将其看作是生产力或工具;重视公民权胜过重视企业家精神,将公共服务的提供凌驾于"企业家"关系之上。

新公共服务理论及其理论指导下的服务型政府模式适应了20世纪70年代以来出现的全球化、信息化的时代要求,有效克服了政府治理模式上的诸多不适。在这种理论与政府模式下,政府存在的价值得以最终回归——服务,而政府的公共服务职能也得以首次被确立为政府的主导职能,并实现以下几方面的转变:

1. 从管理主导到服务主导。这实际上是要回答一个政府主要做什么的问题。党的十六大提出深化行政管理体制改革的目标是进一步转变政府职能。我们说政府职能的转变必须根据建立社会主义市场经济体制的要求对政府职能体系中的多项职能进行主导性定位,即谁是主导职能、谁是辅助职能。服务型政府在强调服务职能主导的同时,并非要简单弱化或取消政府的管理职能,恰恰相反,政府还必须强化、拓展乃至增加某些管理职能,特别是社会管理职能、宏观调控管理职能等。因此,我们在强调政府服务职能主导的同时,不能从一个极端走向另一个极端,不能顾此失彼。

2. 从"官本位"到"民本位"。这是一个政府提供服务主要是为了谁的问题,其实质是政府与社会的关系问题。新公共服务理论与服务型政府要求彻底摒弃管理型政府的官本位和权力本位的理念,实现政府存在价值向公民本位、社会本位、权利本位的回归,避免出现"官强民弱"的博弈局面。可以说,从官本位到民本位的转变,不仅是政府存在价值的回归,更是政府治道变革的重要方面,也是政府对自身的主动约束。

3. 从"全能政府"到"有限政府"。这是政府自身定位的问题,也是政府运行机制的问题。"全能政府"理念过于迷信政府的权威和能力,忽视"政府失灵"的存在,妄想以政府管制取代社会自治,凭借计划手段操纵社会生活的一切领域。服务型政府强调政府职能的有限性,承认政府思维意识和能力的局限,将自身的职能严格限定在对市场失灵的匡正上。

4. 从"暗箱行政"到"透明行政"。这是服务型政府提供服务的方式问题。暗箱行政、信息不公开、信息不对称、政务不透明是传统管理型政府行政方式的重要特点,它不仅造成了极高的交易成本,还为某些政府官员的"寻租"行为提供机会。服务型政府"公民至上"理念的重要内涵之一,就是强调公民的知情权和参与权,破除政府与公民之间的信息不对称。政府通过网上开设"政府公报"、"政府信息"、"政府法规"等窗口栏目,公布职能部门的联系方式和办事程序,就是从暗箱行政走向透明行政,实现和保障公民知情权和参与权的有效尝试。

第二节　我国政府职能与政府部门管理模式的历史变迁

1840年鸦片战争之前,我国大致经历了奴隶社会和封建社会,主要的政府治理模式是社会分裂和阶级对立条件下的统治型政府模式。统治或者说专制是其主要的政府职能,其他政府职能都从属于这一职能,起到配合和辅助作用。鸦片战争之后到1949年新中国成立,我们虽然也出现了资本主义萌芽、经历过资本主义的维新与革命,但最终无法改变三座大山的桎梏,社会分裂和阶级对立的状况并没有得到根本改观,甚至在某些阶段,还有激化的现象。因此,我们将这一阶段的政府部门管理模式仍然定位为统治型,其主导职能依然是统治。在这里,重点介绍新中国成立后,传统计划经济体制以及社会市场经济体制下的政府职能与部门管理模式。

一、传统计划经济体制的政府职能与政府部门管理模式

改革开放以前,在计划经济体制下,我国政府的行政权力和承担的职能过分膨胀,几乎成为"全能政府",即政府模式以高度计划管理为主、政府职能无所不包,涉及经济和社会生活的各个方面。而这种全能型政府职能模式是沿用革命战争年代和借鉴苏联模式的基础上形成和发展起来的。抗日战争时期,以延安为中心的陕甘宁边区是中国共产党中央所在地。基于特定的战时

环境,中国共产党在陕甘宁边区实行了战时指令性计划①和财粮统收统支制度②,形成了独具特色的政府职能模式,并成为新中国政府职能模式的雏形,对当代中国政府职能模式的形成产生了不容低估的影响。

1. 新中国成立初期政府职能及政府部门管理模式

1949年中华人民共和国的成立,是中国现代历史的一个分水岭,中国的政治、行政、经济、社会都发生了重大转折,中国的当代史由此开始。新中国成立后,面临的一个最紧迫的问题,就是如何迅速恢复和重建破碎了的国民经济,解决全国4亿多人口的吃饭、穿衣问题。要使中国经济从千疮百孔、支离破碎、畸形扭曲状态中恢复正常并得到重建,是一项极其复杂的社会系统工程。为恢复经济,最初,新中国通过政权组织,掌握住影响国民经济命脉的重要产业和部门,即主要通过没收和接管资本的方式完成,并通过间接机制即经济手段,如税收、物价、信贷控制等重新分配物资和调节商品供求与流通。随着政府控制生产、销售范围的扩大及其财力的增长,直接的行政手段逐渐取代了市场调节器,与此同时,高度集权的经济管理模式的雏形也逐渐露出端倪,全能型政府的模式和职能结构初步确立起来。

新中国成立伊始,旧中国恶性通胀的遗患严重威胁着新政权。新政府进行的抑制通货膨胀的具有决定性意义的步骤是进行前所未有的财政集中管理,建立全国统一的财政制度。为实现财政收支平衡,新政府在抑制社会购买力的同时,开始着手紧缩开支扩大财源。1950年2月,中央召开全国财经会议,就统一财经、紧缩编制、现金管理和物资平衡四个重大问题进行了讨论和

---

① 边区指令性计划始于1938年。指令性计划是边区政府根据当时形势及部队、机关、学校等的需求状况,汇总各单位的需求报告数字来制定的,同时,按这一数字决定当年的财政预算。边区政府通过实行严格的计划控制开支和指令性计划大力发展生产、扩大财源来保障党、政府与军队的财力、物力需求。参见杨冠琼著:《当代中国行政管理模式沿革研究》,北京师范大学出版社1999年版,第105页。

② 边区政府1937年发出关于统一粮食问题的政府通令。1940年6月8日,边区政府又发出关于加强财粮工作问题的政府训令,从组织系统和领导关系上,强化政府对财粮工作的统一领导。边区财粮工作系统的完整建立,为实行财粮工作的统一领导与统一管理作了组织上、领导上与干部上的保证。参见杨冠琼著:《当代中国行政管理模式沿革研究》,北京师范大学出版社1999年版,第108—109页。

部署。统一财政经济制度的实施使中央掌握的可支配性资源迅速扩大,因而极大增强了中央政府调节社会经济活动和价值的权威性再分配能力,对于政府集中运用稀缺资源和实现政府社会价值取向极为有利。然而,这只是聚集现有社会资源,改善财政状况的一种方式和手段,要从根本上恢复经济,实现国家财政状况的真正好转,必须扩大生产和财政收入来源。为此,中共中央于1950年6月召开七届三中全会,集中讨论国家经济问题。毛泽东通过对当时社会政治经济形势的分析后指出,在今后三年左右的时间内,党的中心任务是争取国家财政经济状况的根本好转。这一任务实现依赖于土地改革的完成、现有工商业的合理调整与国家机构所需经费的大量节减。全会根据毛泽东的报告制定了完成上述任务的具体实施办法,并相继在全国范围内开展了土地改革运动和工商业合理调整工作。

　　1952年底,全国土地改革运动基本完成,从根本上消灭了封建生产关系和剥削制度,巩固了工农联盟,解放了农村生产力,促进了农业生产的发展和经济恢复,粮食和棉花产量都超过了历史最高水平。然而到了1953年,由于城市、工矿区、农村经济作物区的粮食需求量大增,同时由于农民生活得到改善,不仅自身粮食消费量增加,而且也不积极出售余粮,特别是市场价格远远高于一切国家收购价格,价格差最高达40%[①],多数农民惜粮不售,导致国家粮食入不敷出。为了解决粮食供需之间的矛盾,1953年10月中央召开全国粮食会议,做出国家实行粮食统购统销的决定。同时规定,在农村向余粮户实行计划收购或征购(简称统购);对城市人口和农村缺粮户实行粮食计划供应或定量配给(简称统销);实行中央统一管理下的中央与地方分工负责的粮食管理办法和制度,由国家严格控制粮食市场,严禁私商自由经营粮食。根据这一规定,1953年11月,政务院正式发布了《关于实行粮食的计划收购和计划供应的命令》和《粮食市场管理暂行办法》。从此,全国范围内的粮食统购统销政策在中国普遍开始实行。在实行粮食统购统销政策的同时,中共中央于

　　① [美]费正清:《剑桥中华人民共和国史(1949~1956)》,王建朗译,上海人民出版社1990年版,第172页。

1953 年 11 月颁布了《关于全国实行计划收购油料的决定》,政务院于 1954 年 9 月发布了《关于实行棉布计划收购和计划供应的命令》及《关于实行棉花计划收购的命令》,对全国油料、棉布和棉花实行统购统销。

实现国家财政经济状况根本好转的另一项措施,是工商企业的合理调整。工商企业合理调整问题起源于新旧经济结构和调节机制转换所造成的震荡与脱节。1950 年 3 月,全国统一财经制度的实施,一方面使通货膨胀造成的社会虚假购买力突然消失,加上银根抽紧,习惯于投机经营的资本主义工商业不能适应新的经济形势;另一方面,国营经济的垄断与发展过快,对私营工商业的税收、公债摊派过重以及其他行政性限制的实施等,导致资本主义工商业陷入停工减产或关厂歇业等困难境地。据统计,当时有 14 个城市的 2945 家工厂关门,16 个城市的 9347 家商店歇业。如此众多的工商业倒闭歇业,势必导致整个市场萧条,失业人数剧增,当时全国 29 个城市失业、半失业人数竟达 160 万,仅上海一地失业工人就有 15 万左右。这些问题的出现不仅给经济恢复带来很大的困难,也引起部分人的不满①。

根据当时工商业的这种实际状况,七届三中全会后工商业调整的主要任务是公私关系、劳资关系和产销关系,而重点则在公私关系上。调整公私关系,就是在国营经济的领导下,使私营经济能够获得其所得。所采取的措施:一是扩大私营工业的加工订货和产品收购,使它们能够继续进行生产和扩大再生产,并通过工缴和货价取得正当的利润。二是给私营商业让出一部分阵地。三是调整和规定合理的价格。四是组织银行对私营工商业发放贷款。五是减轻私营商业的税收负担。在调整产销关系方面,主要是加强全国公私经济成分的计划性,避免盲目性与生产的无政府状态,实行产销平衡政策。国家通过工商业的合理调整,不仅使私营企业摆脱了停业歇业的困境,从几乎破产的状态中解脱出来,更好地为发展生产、促进城乡交流、恢复经济和满足人民的各种需求服务,而且通过对私营工商业采取有计划的加工、订货、统购、包销

① 杨冠琼:《当代中国行政管理模式沿革研究》,北京师范大学出版社 1999 年版,第 222—223 页。

等方式,把私营工商业的生产与销售顺利地纳入国家计划经济的框架中,为实行大规模的计划经济在行政管理体制上做好了准备,为全能型政府模式和职能的初步确立奠定了基础。

2. 全能型政府职能和政府部门管理模式

中国以行政性手段协调和分配社会经济资源的行政管理模式建立在详细而周密的刚性计划基础之上。然而这种详细而周密的刚性计划并不是中国经济生而具之,它是按照马克思、恩格斯关于以公有制为基础的社会主义经济运行既定目标框架——通过社会代表机关按照预定计划直接配置社会资源,以代替私有制为基础的市场经济的最富有效率和道德的理念设计——在国民经济的恢复、调整与改造过程中,随着社会的发展逐渐生成和丰满。在时空顺序上,计划体制的生成是一个渐进的过程,即在地域上,它从东北开始扩散到全国;在范围上,从财贸至整个国民经济;在经济成分上,从全民所有制到其他多种经济成分;在逻辑关系上,详细而周密的刚性计划以公有制为基础,因而公有化程度既决定计划的完善程度,又被强大的计划浪潮所催生。自上而下无所不包的详细而又周密的计划与生产资料私有的社会主义改造完成相配合,将全部经济活动都纳入了政府协调的框架之内,由此加速了行政性协调模式的形成和全国政府职能体系的确立。

1952 年中财委颁发了我国第一个比较系统的计划工作制度的规范化文件——《关于国民经济计划编制暂行办法》。1953 年,我国第一个五年计划开始实行。为了进一步加强国民经济的计划性和国家对各项经济活动的领导,1954 年 2 月 1 日,中共中央发出《关于建立与充实各级计划机构的指示》。按照中共中央的这个指示,至 1954 年底,中央各部、各大行政区、各省、市、自治区及省属市、县人民政府直至基层企业单位的计划机构相继成立和充实起来,并开始投入工作。全国自上而下严密、系统的计划组织网络最终建成,并成为具有特殊优越性和控制力的职能部门。上下对口,等级严密,层层听命,部门垄断。受命于国务院的国家计划委员会则处于计划机构这一金字塔的顶尖。它统领多种社会资源的配置方式、结构与比例。

1956 年底,中国实现了对个体农业、个体手工业和民族资本主义工商业的社会主义改造。"三大改造"的完成使中国生产资料所有制结构由原先的多种经济成分变成只有公有制一种,实现了所有制的整齐划一。由此便为计划提供了广阔的活动空间,因为计划及计划的完成受制于国家对生产资料的控制程序。"三大改造"完成以后,原由"准计划"调节的企业和领域统统纳入统一的政府指令性计划,高度集权的完整的行政性协调模式建立起来,而建立在这种集权的计划体制下的全能型政府职能体系也完全形成①。

全能型政府部门管理模式是同计划经济体制相联接、相适应的。这就决定了它在为经济基础服务时,有着同现代市场经济条件下的政府部门管理模式不同的特征。

(1)计划管理。在计划经济体制下,作为国民经济主体的各种企事业单位完全隶属于政府行政系统,由行政系统直接计划管理。

(2)微观管理。随着各部门、各行业刚性计划的制定与对各基层生产单位如国营企业和公私合营企业实施指标管理,企业的整个生产经营活动被纳入国家行政协调和指令的框架之内。在传统的计划经济体制下,政府既是管理者,又是直接投资者;既要控制宏观的规模和结构,又要负责微观的投入和产出。因此,在传统计划经济体制下,政府与企业的关系是一种上下级的关系,企业以政府经济计划为准则,政府则直接掌握并干预企业的人、财、物大权及供、产、销环节,多数企业不能成为名副其实的经济实体和市场主体,不能自主经营、自负盈亏,而政府对企业干预过多。政企不分的根本原因在于政资不分,即政府行政管理权与政府固有资产的所有权不分。

(3)中央集权。计划体制中,中央政府的集权地位主要体现行政集权、经济集权和财政集权三方面。就行政集权而言,在中央与地方的行政职权范围的规定上,都赋予国务院极其广泛的行政职权,而对地方各级政府的职权,没有十分明确的规定。中央对地方的行政集权主要通过行政领导或业务指导、控制地方编制和行政监督的方式来进行。经济集权主要指计划经济下,政府

① 杨冠琼:《当代中国行政管理模式沿革研究》,北京师范大学出版社1999年版,第276—280页。

通过计划体制和行政手段在国民经济上实行高度集权,即所谓的"全国一盘棋"。从财政集权上看,无论财政管理体制如何变化,中央政府都基本坚持"三个统一",即中央的统一领导、国家的统一计划和统一的财经制度。

(4)条块管理。在计划经济体制下,中央政府在制定各种计划时,必须依据已有的国民经济的组织形式建立一套计划管理的组织体系,以保证计划的执行和协调。这一体系由两个系统构成:一是部门计划系统;二是地方计划系统。部门计划系统通称"条条",由国务院各部、委、总局、总行,部属各管理局、公司以及所属企业、事业单位的计划管理机构组成。地方计划系统通称"块块",由地方各级人民政府及其所属各管理机构组成。

与计划经济体制相适应的全能型政府部门管理模式,除了强调经济职能之外,还有两个基本职能:一种是体现阶级性的职能,即提供解决重大阶级矛盾、阶级问题的保证;一是体现社会性的职能,即提供完成社会公共事务的保证,主要包括社会服务、社会保障和社会协调等方面的职能。从历史的实践过程看,传统政府的阶级性职能主要是同"以阶级斗争为纲"的根本方针联系在一起的。社会主义国家建立初期,面对国内外敌对势力的破坏和敌视,大力加强其阶级专政和阶级统治的职能,也在情理之中。然而,在所有制的社会主义改造完成后,大规模的阶级斗争已不复存在,但政府却依然强调阶级斗争的重要性,显然不合时宜,这也在很大程度上导致政府行为的偏差。从历史的实践过程看,传统计划经济体制下政府的社会管理和社会服务职能特别繁重,政府以管理政治事务的方法来管理社会事务。马克思主义经典作家关于社会主义国家事务社会化管理的理论,在社会主义国家的政治实践中错位为社会事务的国家化,从而导致社会主义国家政府的社会管理职能和社会服务职能内涵的急剧扩张。传统计划经济下,社会主义国家政府的社会保障和协调职能主要通过平均主义的社会资源分配政策和政治协商制度来保障。但是,实行平均主义分配政策的结果,使社会有效需求减低,社会扩大再生产缺乏需求动力。它带来的后果是社会资源总是徘徊不前,被平均主义所掩盖了的社会矛盾也不断在积聚,因为人的需求的不断增长是一种自然现象。因此,以平均主义的社会资源分配政策来维持的社会平衡是人为的、不稳固的,社会保障和协调职能也是脆弱的、不稳固的。而这种情况又迫使社会主义国家的政府以加强阶级统治职能来维护政权的稳定性。这样,社会保障协调职能与阶级统治职能形成双向稳定效应。

二、社会主义市场经济体制下的政府职能与政府部门管理模式

1978 年开始的经济体制和政治体制改革,构成了改革总体战略的两大主体工程,中国由此发生了举世瞩目的变化。作为政治体制改革重要组成部分的政府职能转变,是从传统计划经济体制向社会主义市场经济体制逐步演变的客观结果。主要体现在[①]:

1. 政府职能重心转变。在新中国成立后长达 20 多年的时间里,由于思想层面一直存在"左"的桎梏,政府职能形成以政治统治职能为主导轻社会管理职能、重阶级斗争轻经济建设的结构。党的十一届三中全会明确做出把党和国家的工作重点转移到经济建设上来的号召,即各级政府坚持以经济建设为中心,实现了政治重心的根本转变,将工作重心放到经济建设上来。在此之后,党和政府的工作重心发生了迅速转移,形成经济建设为中心政府主导职能。

2. 政府部门管理方式转变。伴随着政府职能重心的迅速转移,我国政府的部门管理方式也相应发生了改变,这种转变主要体现在以下三方面:

(1)经济手段为主,行政手段为辅。所谓经济手段为主,行政手段为辅,是指政府在宏观经济的管理中,主要运用价格、财税、信贷等经济杠杆,来组织、调节和影响个体的经济活动,实现对整体宏观经济管理的目的。经济手段区别于行政手段最大的特点在于间接性和诱导性。实践证明,运用经济手段,可以提高政府的经济管理效率,实现政府对整体宏观的有效管理,另外也可以增强企业的自主权,强化其市场主体和自负盈亏的意识,使其从政府的指令性计划中彻底解放出来,从而主动地寻找市场、发掘潜力,提高企业的经济效益。

(2)由微观管理为主转向宏观管理。计划经济体制下,"全能"政府的职

---

① 李文良等:《中国政府职能转变问题报告》,中国发展出版社 2003 年版,第 26 页。

能模式和结构使政府从事许多不该管也管不好的事,即承揽了大量理应由市场、社会组织和公民管理的社会经济事务。可以说,计划经济体制下,政府的微观管理行为已经渗透到社会生活的各个方面,压抑了整个社会的创造性和积极性,不仅造成经济管理效率的低下,也会给政府带来很严重的财政危机、管理危机和信任危机。对此,党的十四大明确规定:"凡是国家法令规定属于企业行使的职权,各级政府都不要干预,下放给企业的权利,中央政府部门和地方政府部门都不得截留。政府的经济职能主要是宏观调控,提供服务和检查监督。"由重视计划、排斥市场至倡导建立社会主义市场经济体制。这种转变经历了比较漫长的过程,由重视计划、排斥市场——以计划为主、市场为辅——把计划与市场有机结合——建立社会主义市场经济体制。这种转变过程的漫长性与我们对社会主义的错误理解有密切关系,我们的传统观念是把计划与市场对立起来,认为计划经济是社会主义区别资本主义的显著特征。邓小平对此明确指出:"只搞计划经济会束缚生产力的发展。把计划经济和市场经济结合起来,就更能解放生产力,加速经济发展。"①正是在邓小平理论的指导下,我们逐步摆脱了传统观念的束缚,形成了对社会主义的新认识。党的十二大提出计划经济为主,市场调节为辅;党的十三大提出社会主义有计划商品经济的体制应该是计划与市场内在统一的体制;党的十四大明确提出我国经济体制改革的目标是建立社会主义市场经济体制。从此,我国进入了从计划经济体制向市场经济体制过渡,建立和发展社会主义市场经济体制的新时期。

(3)政府部门管理关系的转变。传统计划经济体制下,"全能"政府的职能模式让政府部门"管了很多不该管、管不好、管不了的事",这必然导致政府部门机构和人员的过度膨胀,人浮于事、效率低下。因此,必须理顺政府部门的职能关系,明确不同管理主体之间的职责权限。主要包括:

①理顺中央与地方、上级与下级政府之间的职能关系。在传统计划经济体制下,"全能"政府的职能模式强调中央政府的绝对权威,权力过分集中于

---

① 《邓小平文选》第3卷,人民出版社1993年版,第148—149页。

中央、集中于上级,形成头重脚轻的政府职能架构。由于中央政府既要进行宏观管理又要负责微观管理,既管产业、行业又管企业,中央政府的宏观调控职能与微观调控职能彼此交错。这是一种缺乏中间管理层级的管理形式,必然造就"一管就死,一放就乱"的恶性循环局面。因此,必须以中央的权力下放作为理顺中央与地方职权关系的切入点,既要保证中央政府的宏观调控能力,又能调动地方政府的积极性,上级和下级也必须进行职权关系的相应调整,要保证上级的调控,又要保证地方和基层能够因地制宜。

②理顺政企关系。从本质上讲,政企关系实质上是政府与市场关系的外延表现形态之一。强调政企关系的调整,就是要明确政府与市场之间的职责权限。要理顺政府与市场、政府与企业的关系,政府就必须放弃社会资源指令性计划配置和直接生产经营的权力,把属于企业的自主权切实下放给企业或经营服务型公司,使企业真正成为自主经营、自负盈亏、自我发展、自我约束的法人实体和市场竞争主体;把属于市场调节的职能切实转移给市场,使市场在资源配置中更好发挥基础性作用。当然,政府职能体系和政府部门管理模式的转变是个系统工程,它涉及整个体制诸多方面的关系和问题,不可能一蹴而就。

第二章 政府部门管理基本要素

政府部门管理作为政府解决公共问题、实现公共利益的管理活动,其基本要素自然包括政府、政府职能和政府部门管理的主体、客体和价值。要厘清政府部门管理的内涵必须先准确把握政府部门管理基本要素的内涵。

第一节 政府和政府职能

政府部门管理在当前既是一个实践问题,又是一个理论问题。认识和解决这一问题,首先需要把握政府和政府职能的内涵。

一、政府的内涵及与特性

政府这一词语,在使用中最常见的有两种含义。其一是广义上的,即指在一个国家内行使国家权力的全部组织体系,如英国《大众百科全书》的定义:"由政治单元在其管辖的范围内制定规则和进行资源分配的机构,主要包括国家立法机关、行政机关和司法机关。政府的功能:立法、司法、执行、行政管理。"①其二是狭义上的,专指一个国家政权体系中依法享有行政权力的组织体系。《美国百科全书》是这样界定的:"政府一词适应于管理团体和国家的机构及其活动。通常它指的是诸如英国或日本这些民族国家或其分支如省、市地方政府的组织机构及法定程序。就这一方面而言,政府对已经确认为某一民族国家中成员的事务进行管理。由此可见,政府就是一个国家或社会的

---

① 辛向阳:《新政府论》,中国工人出版社 1994 年版,第 3 页。

代理机构。"①比如在我国,根据宪法,国家权力机关行使立法权,人民法院行使审判权,人民检察院行使检察权,人民政府行政行政权。这里区别于国家立法、司法机关的国家行政机关,即狭义所指的政府。本书乃至本丛书所研究的对象专指这后一种含义上的政府。

政府作为国家的一部分,从诞生之日起,就具有了双重属性。② 一方面它从原始共同体公共管理机关那里承继了社会公共管理,因而同公共权力有机地联系在一起,执行着社会"公共事务";另一方面又表现为一个专门的管理体系,一个实现占统治地位的阶级的根本利益的机关。这就是政府的二重属性,即作为公共管理机关的属性和作为组织统治工具的属性。

马克思在《资本论》中关于国家职能性质的分析,当然也包括了对政府属性的分析。这一分析表明,政府的活动"既包括执行由一切社会的性质产生的各种公共事务,又包括由政府同人民大众相对立而产生的各种特殊职能"。③ 马克思这里所说的"公共事务",是指为保持人类社会基本的生存条件而采取的必不可少的和最低限度的措施,比如对物质生产领域的一定调整,社会生活各不同领域的某种协作,人们相互关系的共同生活准则的维系等等。这是由一切人类社会的共同性质所产生的公共事务,而从国家诞生以来,这一公共事务的执行者就是政府。

当然在阶级仍然存在的社会中,对公共事务执行管理并没有使政府成为超阶级的或对阶级中立的组织体系,因为政府总是掌握在统治阶级的手中,执行着由统治阶级的意志和利益而要求的特殊职能。但是,这种特殊职能也只有以公共事务职能为基础、并通过这种职能活动才能表现出来。正如恩格斯指出,"政府统治到处都是以执行某种社会职能为基础,而且政治统治只有在它执行了它的这种社会职能时才能继续下去。"④这是因为任何政府的存在是以一定的公共管理职能为前提的。如果失去了这一前提,不表现为和公共权

---

① 徐争游等编:《中央政府的职能和组织结构》(上册),华夏出版社1994年版,第203页。

② 王时中主编:《现代政府管理通论》,江苏人民出版社1999年版,第4—5页。

③ [德]马克思:《资本论》,《马克思恩格斯全集》第25卷,人民出版社1974年版,第432页。

④ 郭宝平、余兴安主编:《政府研究概览》,山西人民出版社1992年版,第65页。

力的联系,政府便不复存在,政治统治所要求的"特殊职能"也不可能实现。其二,这是因为一切政治统治的"特殊职能"只有通过公共职能的执行才能获得实现。迄今为止的历史表明,任何这种"特殊职能",都是在社会对公共权力的认同中实现的,或者说只有表现为公共职能的执行才能获得实现。

二、政府职能的内涵、意义和特性

政府的双重属性为政府的职能界定提供了基本依据。职能,泛指一定的人员或组织所具有的职责和功能。顾名思义,政府职能就是政府具有的职责或作用。因此,要弄清政府职能,首先必须对政府的概念作一界定。

(一)政府职能的含义

什么是政府职能,国内行政学界可以说是众说纷纭,并未形成统一的看法,甚至对政府职能的表述也不尽相同,有的学者称之为行政职能,有的又称为行政管理职能或功能,等等,但内涵基本相同,大致可归纳为三种观点:一是认为它是能力和作用的结合;二是认为它体现的是职责和功能;三是认为它表现为职责和作用。[①] 从目前有关文献来看,采用后二者的观点较多。后两种观点的区别在于"功能"和"作用"的用词不同。实际上,"功能"和"作用"的含义基本相通,中文将"功能"解释为事物或方法所发挥的作用,而英文的"功能"(function)本身就有"作用"的内涵。因此,可以把政府职能界定为政府在国家和社会生活中所承担的职责和功能,具体地说,就是政府作为国家行政机关,依法在国家的政治、经济以及其他社会事务的管理中所应履行的职责及其所应起的作用。政府职能包括以下几个层面的含义。

1. 政府职能是国家职能在一个特殊方面的体现。国家是阶级统治的工具,同时又是公共事务管理机关。政府是国家权力体系的构成部分,是执行行政管理权力和履行公共管理功能的机关,政府职能是国家职能在这一方面的体现。所以,政府职能体现着国家意志的要求,也就是统治阶级意志的要求,反映政府所代表的国家的性质和活动的基本方向,并为占统治地位的阶级所

---

① [德]恩格斯:《反杜林论》,《马克思恩格斯选集》第3卷,人民出版社1972年版,第219页。

赖以存在与发展的经济基础服务。这是政府职能的一个最基本的属性。

2. 政府职能和国家立法、司法等方面的职能相对称,表现为执行国家意志的管理方面的职能。在传统社会中,国家立法、司法方面的职能常常和行政方面的职能混为一体,用政府的一般职能去取代应由立法、司法机关履行的职能,常常导致专制式政府管理,全能型的政府职能和不受约束的行政专横。在现代社会中,政府行政管理职能应该和国家在其他方面的职能区分开来,只在行政的领域中履行其职责,而不是宽泛无边。

3. 政府职能是对国家事务和社会公共事务实施管理时表现出来的职能,因而是一种公共性的职能。与之相对应的非政府的、非公共性的机构的内部管理也具有一定的职责和功能,但这种管理职能是个别领域的、"私人性"的。尽管这种管理在其一般规律上和政府公共管理有许多相通之处,但两者职能的性质有根本区别。私人领域的管理职能不能渗入政府公共职能,同时,政府公共管理职能也不能取代、否定私人领域的管理职能。如在中国现阶段,政府的公共行政职能和企业的经营管理职能要严格区分开来,不能混为一谈。

4. 政府职能的实施者是政府组织体系。这一组织体系包括政府组织机构及其所属各类人员。政府组织体系的效率高低,就看其履行政府职能的状况。所以,政府职能体系是其组织体系的设置基础和考核依据。

5. 政府职能是政府行政管理职责与功能作用的统一。政府职能首先表现为作为国家行政机关,依法应履行的职责,即政府应该管什么,管到什么程度和怎样去管;同时政府职能又表现为政府在国家和社会生活中的功用、效能,应发挥出怎样的作用。这两者的关系应是统一的,即政府的社会功能是政府法定职责的前提和内容,政府的法定职责是政府社会功能的实现和保障。不能把这两者孤立起来,或强调政府的法定职责而无视政府对社会的应尽义务,或只强调政府的社会功能而随意超越政府职责的法定范围。这两种倾向都是对政府职能理解的偏差,是在把握政府职能时应注意克服的倾向。

6. 政府职能是一个完整的体系。因为政府职能的内容涉及政府行政系统对国家事务和社会公共事务进行管理的全部活动,从而构成了政府管理的全部工作范围。同时,政府内部各纵向层级和横向部门间又有各自的职能领域。

这样,政府职能就是一个各构成要素纵横交错、相互支持而又相互制约的职能体系。所以,理解政府职能,要从整体上予以把握,理清各领域和各层级的相互关系以及整个职能系统和外部环境之间的关系,而不能用"为官一任,造福一方"之类的伦理性责任来取代对政府职能的系统性把握。

7. 在现代社会,政府职能行使的依据是国家通过宪法和法律赋予行政主体的行政权力,它实际上是行政权力的具体化和"外化"。国家为实现其基本任务,必然要赋予行政主体以一定的权力。政府正是通过运用这些权力来有秩序地完成国家所赋予的职能。

8. 政府职能体系是一个生态系统。对行政组织的这种生态性,美国行政学家比尔德·高斯早在20世纪40年代就先后作过系统地阐述,他们认为,政府职能的变化是可以通过对其环境的细致观察而得到说明的①。当然,政府职能体系由于其法定的性质和行政惯例性而具有相对的稳定性,不能把这种相对稳定性看作固定不变。由于社会经济、政治和科学技术的发展,管理环境会相应发生变化,这时就应及时对政府职能体系作出相应调整,以适应发展的情况。只有这样,才能始终保持政府行政管理的活力。

(二)确定政府职能的意义

政府职能是政府的神经系统,正确地确定政府职能,对于正确发挥政府管理的历史作用,建立合理的行政组织系统,有效地组织各项管理活动,有着十分重要的意义。

1. 政府职能是建立行政组织的根本依据。职能和政府组织的关系可从两方面来理解。从政府职能角度说,职能的发挥,必须通过一定的政府机构来实现,缺乏政府机构这一实体,政府职能确立得再科学合理,需求再迫切强烈,也是无济于事的。政府组织是政府职能的必要载体,离开这一载体,政府职能就无法实现。另一方面,政府组织的设置并不是任意的、随心所欲的,首先必须依据政府职能这一最重要的标准。一般说来,政府职能的状况在很大程度上

----

① [美]RoJo 斯蒂尔曼:《公共行政学》,李方等译,中国社会科学出版社 1988 年版,第 177—179 页。

决定了政府组织的设置、规模、层次、数量以及运行方式。政府职能是一个完整的职能体系,因而政府组织也应是一个有机的体系。

事实上,政府职能的确定和政府系统组织结构的确定是同一个过程。政府组织结构形成的过程就是把各项政府职能固定划分给政府各部门、各层次的过程。政府管理有什么样的职能就应该建立相应的组织、结构。如果哪项职能是主位的,那么就应该把执行这种职能的机构作为政府系统的主要组成部分。只有依据政府职能去分析组织结构问题,才能清楚地认识到哪些机构是必要的,哪些机构是多余的。这样才能对组织机构进行合理地设置和精简,并正确地确定其相互关系。

2. 政府职能的转变和变化是政府机构、人员编制改革的关键。尽管这种变化之间会产生一定程度的"脱序"现象,即政府职能变化了,但政府机构设置不一定立即作出相应的调整,但从长远来看,这种变化或迟或早总会发生。

应该指出,政府组织的变革必须紧紧围绕政府职能这个中心。在政府职能没有发生转变的情况下,实行精简人员、删减机构数目、缩小组织规模的措施,只是治标不治本,往往是机构数目减了又增,人员裁了又添。结果在"精简——膨胀——再精简——再膨胀"的循环圈中打转转。我国历史上的数次政府机构改革的经验证明了这一点。因此,进行政府机构改革,首先必须明确认识政府职能的变化状态,哪些政府职能需要加强,哪些应该削减或取消等等,然后根据职能的变动再来确定机构的改革。

3. 政府职能是确定政府组织目标和任务的重要标准。政府职能反映着政府管理活动的基本方向和实质内容,规定着对国家和社会事务究竟管多少、管多大范围和多大程度,指明了政府管理活动中基本的、主要的工作。任何政府活动的内容、目标和任务都要在政府职能范围内,根据政府职能来确定。如果政府机关规定了超出政府职能以外的目标和任务,那就要管理许多不该管的事,结果是管不了,管不好。而如果政府机关较少地确定管理目标和任务,就会有许多该管的事没有去管,无法全面履行政府对社会所负有的历史职责。政府职能具有相对稳定性,但政府管理的目标和任务具有多变性,随着时间、地点、条件而不断发生变动。政府管理目标和任务就是政府职能在一定历史条件下,在管理的各个方面的进一步展开和具体化。无论是哪一种职能,都可以分解为具体的实际的内容,成为政府机构的目标和任务。因此,我们必须正确研究确定政府职能,以此为前提和依据,确定各个时期的政府管理的目标和任务。

4.政府职能是组织管理活动科学化的重要基础。政府管理活动是一种职能活动,政府管理过程是行使政府职能的过程。这样,研究和确定政府管理的各项职能,就能使我们更清楚地、更科学地认识和把握政府管理过程,不仅能够从宏观角度,而且能够从微观角度去了解观察管理过程的运转状况,了解各个环节内部的工作状况以及各个环节之间的衔接情况,从而把握管理各阶段所产生的实际影响和效果。每项政府职能行使都是政府管理不可缺少的重要环节,哪个环节出了问题都会影响整个管理过程。因此,注意发挥管理过程中各项职能应有的作用,认真检查各个环节之间的关系,就能够对薄弱环节及时予以加强和调整,采取正确有效的方法,组织管理活动,实现政府管理的科学化和高效。

5.政府职能的落实情况是政府管理效能的表征和检验标尺。① 政府职能是否能得到充分发挥和完全实现,既受国家本质和政治制度的制约,又要受到行政权限划分、组织机构设置、人员素质、活动原则、经费收支等方面的影响,尤其受到行政决策是否科学的制约。所以政府职能实施的情况,是检验政府管理方方面面的一个依据,也是政府管理结果的表现。

实践证明,正确认识政府职能对充分发挥政府管理对国家社会发展的推动作用有决定性的意义。同一国家处于基本相同的行政大环境之下,某个时期由于政府正确把握其职能,这一时期的国家政治稳定、社会经济文化发展迅速,管理效率很高,国家经济实力和人民生活水平显著提高。这已为国内外大量经验事实所反复证明。反之,如果国家把本国当时的基本形势估计错了,从而错误地确定政府的主要职能,比如在和平建设时期,把政府的军事职能、镇压职能这类政治职能当作重点来实施,把人民内部矛盾视同为敌我矛盾,以阶

---

① 许文惠主编:《行政管理学》,红旗出版社1992年版,第40—42页。

级斗争为纲,结果社会秩序失去平衡,经济文化建设受到冷落,整个社会发展非但得不到进步,甚至可能出现倒退。这是至为惨痛的教训。所以政府职能问题始终为各国政府所关注和重视。

(三) 政府职能的特点

我们从以下几个层面揭示政府职能的特点:

1. 全方位性与多层次性的统一。政府职能的结构极为复杂,从横向分析,政府的地位决定了自身必然渗透到社会生活的方方面面,其职能涵盖社会各个领域,体现在对整个社会的管理和控制上。客体的多元性要求政府职能不应局限和停留在某一方面,从事单一的行为和活动。任何强调某一方面而忽视、偏废其他方面以及顾此失彼的做法,都会带来社会的畸形发展和混乱。即使一个国家处于以经济建设为中心的时期,也仅仅意味着政府职能的主次缓急,并不是说可以舍弃除经济以外的其他职能。从纵向上讲,政府职能表现为一定的层次性,处于不同层次的政府部门,行使职能的范围、内容和方法不尽相同。在具体内容上,政府职能有基本和具体两个层次。基本职能是政府的根本职能,主要有政治统治和社会管理(包括经济职能)两个方面,二者具有不同的地位和作用;具体职能是政府基本职能在实施过程中在各个部门分解,如经济、文化、教育、卫生、民政、公安、司法等方面的职能,每种具体职能同样具有十分丰富的内涵。

2. 从属性和权威性的统一。作为国家行政机关的政府,尽管处于相对独立的地位,但并不是抽象和绝对独立的,其职能从属于国家性质,体现国家的意志和利益。政府职能的内容和手段无不反映国家的性质,在人类历史上,既没有抽象的政府职能,更没有脱离国家性质的政府职能。在当今世界,政府职能严格地在国家的基本政策和法律允许的范围内执行,并与其保持高度的一致,不得有丝毫偏误,更不允许有任何抵触,任何一级政府职能均不得与国家的基本政策和法律阳奉阴违。国家活动的目的和任务,国家工作重心的活动方向决定政府职能的调整变化和轻重缓急。尽管如此,政府职能具有极强的权威性,特别是中央政府的职能,在执行过程中,具有无可争议性,并对全社会有普遍的约束力,令行禁止是政府职能最起码的要求。为了有效地实现政府职能,政府行为有时带有某种强制力,在一定时空范围内,任何集团与个人对整个社会的影响和作用在广度和深度上均无法与此相比拟。

3.恒定性与动态性的统一。政府职能的基本内容贯穿于政府活动的始终,与政府相伴而来,共存同亡。无论何种类型国家的政府,都必须具有一定的职能。然而政府职能的这种稳定性就其基本内容而言,具有相对的意义,如同其他事物一样,政府职能不是僵死不变的,而是处在瞬息万变之中。这种动态性有这样几种表现形式:第一种情况为,一旦国家性质发生变化,必然引起政府职能的相应变化;第二种情况为,社会形势和任务发生变化,政府职能的主次地位也将发展相应转移;第三种情况为,随着社会环境和各种体制的改变,政府职能的某些具体功能发生根本性变革,这种变化较为彻底,存在着取舍、存留的抉择问题;第四种情况为,随着科学技术的发展,人类社会生活日益丰富多彩,政府职能也会增加新的内容、方法和手段。

4.时效性与非营利性的统一。政府职能的执行,特别讲求时间观念和时间效应,绝不能无限期地拖延。在重要时刻,一旦迟疑,贻误时机,造成的恶果不堪设想,不仅会影响工作效率和政府形象,甚至可能导致"倒阁"和政权更迭。但是政府职能的时效性并不必然以营利为目的,政府本身是一种行政性组织,其利益具有明显的行政性。政府的管理功能在经济活动中至关重要,但政府本身并不创造价值,实现价值增值,由政府系统的行政性和基本职责所决定,政府职能不可进行营利性活动。以经济建设为中心,只是以此为轴心展开活动,并不是鼓励政府以营利为目的,以营利多寡为转移。当然,政府的某些职能涉及经济的增值,但并不是说政府可以直接从事营利活动,更不可为政府谋福利。特别是社会主义国家的各级政府,以人民和社会的利益为己任,其职能的目的是贯彻执行党和国家的政策,虽然政府部门及工作人员也有自身的特殊利益,但在任何时候和任何情况下,都不能背离自己的宗旨。

5.普遍性与特殊性的统一。任何国家的政府都承担着一些基本职能,即都要维持政治统治和担负社会管理这两大职能,这体现出政府职能超越疆域和社会制度的共性;但由于政府职能归根到底是为了满足经济社会发展的需要,而各个国家和地区的社会制度不同,社会经济发展水平有异,因此各国政府的职能也呈现不同的特性。撇开阶级属性、社会制度不论,一般来说,社会经济发展水平较低的国家,由于国家管理的社会事务有限,因此,政府的职能规模较小;而社会经济发展水平较高的国家,由于国家管理的社会事务的扩张,政府的职能规模相对较大。但这种情况也有例外的时候,如社会主义国家虽然经济发展水平不如资本主义国家,但由于受意识形态和体制的影响,社会主义国家的政府职能规模却大于资本主义国家的政府职能规模。即使在资本主义国家中,也有现代化国家与后现代化国家之分,它们的政府职能也有明显的差别。

第二节　政府部门管理的主体①

探究历史真相,阐释并借鉴历史规律,是我们研究历史的基本归宿。与政府职能相适应的政府部门体系作为政府部门管理的主体在很大程度上决定了政府部门管理的效能。因此,对政府部门体系及内在职能结构的历史变迁的考察十分必要。

对我国政府部门管理体系的历史考察可以按照国家制度的历史演变逻辑进行,即以西周封建、秦灭六国、辛亥革命和新中国成立为历史考察脉络,对邦国制时期、郡县制时期、民国时期以及新中国建设时期的政府部门体系的沿革与变迁进行梳理,通过文献资料的收集与考察,呈现不同时期政府部门管理体系的基本面貌和问题。为我们优化政府部门管理提供有益的建议。

一、邦国制时期的政府部门体系

(一)概述

邦国制始于夏商周,延至战国。邦国制时期的政治状态是分封建国,即周天子把土地分给他的子弟或功臣们,称其为诸侯。受封的诸侯叫做"国",如齐国、鲁国之类。受封的诸侯又把他的土地的一部分分封给他的子弟和功臣

---

① 此节参见薛刚凌主编:《行政体制改革研究》,北京大学出版社 2006 年版,第55—70 页。

们,这些受封的贵族叫做"家",如鲁国的季氏三家、晋国的三家之类。"家"作为一种政治组织,拥有相对独立的政治权力。国君,将土地分封他的子弟和功臣以外,还留有大部分土地,即"公室"①。国君依靠公室收入以及家臣纳贡来维持生存。这种政治制度上的差别决定了它不同于秦汉大一统后建立的帝国制度。

(二)政府部门体系

1. 商代的内外服制度

早在商朝就建立起一套完整的内外部门体系。如《尚书·酒浩》所载:"越在内服,百僚庶尹,惟亚惟服宗工","越在外服,侯、甸、男、卫、邦伯"。"内服"即商朝中央机关的统称。其中,有王的辅臣,主管力役之征的司徒、工官司空、刑官司寇等。② 当然,具备一定规模和体系的商朝中央行政机关结构较为不严谨,官职之间缺乏明确和系统的权力划分。商朝地方设置有"百姓"和"里君"两个不同官职系统。"百姓"是与商王同姓或异姓的世袭贵族官职,"里君"是基层行政区域的官职③。

2. 周代两寮六大政务管理体制

在周初建置的七十一国中,武王兄弟之国和周族同姓之国占五十三,这个事实说明了分封是和宗法密切联系在一起的,封国与宗周之间的关系,既是宗法血缘关系,又是政治从属关系④。西周与商一样,官职都分内服与外服两类,两者总辖于王。西周中期王权加强,从卿事寮中分化出太史寮。因此,西周的中央政府以周天子为最尊,处于权力金字塔的顶端。周王以下,建立了卿事寮和太史寮的中央管理机关体系。卿事寮以卿事(士)为长,一般由太师和太保担任。"常任"是选任官吏的官职,"常伯"是管理地方行政的官职,"准夫"是管理政务和司的官职。后三种官职统称为"三事大夫",号称"三右"。太史寮之下有太史、太祝、太卜,号称"三左",分管宗教祭祀及文书册命等事

---

① 冯友兰:《中国哲学史新编(上卷)》,人民出版社出版2004年版,第63页。
② 薛刚凌主编:《行政体制改革研究》,北京大学出版社2006年版,第56页。
③ 张晋藩:《中华法制文明的演进》,中国政法大学出版社1999年版,第30页。
④ 张晋藩:《中华法制文明的演进》,中国政法大学出版社1999年版,第52页。

务。"三左"、"三右"合称"六大",也称"六卿",是国家主要行政官员①。西周时期,地方都城周围百里为郊,郊内设乡,郊外设遂。周王王畿之内有六乡六遂。乡遂以下设邑,具有基层组织的性质。邑设里胥和邻长。西周在行政区划上有"国"、"野"、"都"、"鄙"的划分。贵族和平民以及直接为贵族服务的工商奴隶,居住在国或都,即大邑;大部分奴隶住在野和鄙②。

3. 战国时期官僚制度的形成

春秋时代在卿大夫的家内实行家臣制,家臣可以随时调动。在晋、楚、秦等大国陆续建立直属于国君的县后,县的长官也非世袭。到春秋战国之交,由于"三家分晋"和"田氏代齐",卿大夫取得了国家政权,于是家臣制便逐渐推行到各级政治机构中去,逐渐发展成了战国的官僚制度③。战国时期,各国地方制度发生重大变化:进一步废除了封邑制,郡县制普遍确立,郡县由国君直接管辖,郡守和县令均由国君任免,区别分封制时期君主与各国诸侯间的松懈从属关系。

二、郡县制时期的政府部门体系

(一) 概述

从春秋战国至秦汉时期,社会发生了大变动:世禄井田之制破,庶民解放,营私产,为富豪,此上古经济制度之一大变动。这一变动也带来了制度上的变革④,即郡县制。从时间角度看,郡县制始于秦灭六国,止于清王朝,纵跨两千多年。将这漫长两千多年作为一个时期加以考察,主要基于两方面考察:其一,这一时期的制度性质基本相同,即沿袭帝国政治,其二,制度设置基本相同,即所谓"百代皆行秦政治"。秦灭六国,建立统一国家,把独立分散的"国"和"家",变成了统一国家内的"郡"和"县",此之谓"化家为国"。而且,从法

---

① 薛刚凌主编:《行政体制改革研究》,北京大学出版社 2006 年版,第 57 页。
② 薛刚凌主编:《行政体制改革研究》,北京大学出版社 2006 年版,第 57 页。
③ 薛刚凌主编:《行政体制改革研究》,北京大学出版社 2006 年版,第 57 页。
④ 李中华:《中国哲学与中国文化的超越性诠释》,载王中江、高秀昌编:《冯友兰学记》,生活·读书·新知三联书店 1995 年版,第 108 页。

律史角度看,封建社会的行政法,正是发端于秦,而完备于清。各个朝代的行政律,以律的形式,作为国家公布的行政法规而付诸实施。较完备的律文,是行政律和刑律的结合,包括吏制、户赋、礼仪、兵政、刑令、工制六个方面①。鉴于时间及各时期的异同,我们主要从基本制度方面探讨郡县制时间的政治部门体系。

(二) 政府部门体系

1. 皇帝

自秦始皇统一六国,自称皇帝始,中国开始了长达两千年的以皇帝为权力最高点的帝国时期。毋庸置疑,皇帝是国家权力结构的核心,掌握立法、行政和司法权,甚至掌握生杀予夺大权。正如费正清所说,中国历史上的历代王朝,不是英主在位一人专制,便是由上层官员主持政府工作。在前一种情况下,政策能够得到贯彻,但由于皇帝本人的神圣不可批评的,他若犯了错误也无法阻止。②

2. 中央机构

在古代行政体制中,中央机构的作用在于辅助皇权统治。综观中国历史上官僚机构的沿革,主要是从三公九卿制发展到三省六部制。三省六部制延续的时间长达几个世纪,形成了我国古代社会君主官僚体制的独特制度形态③。

(1) 三公九卿制

秦在行政体制上的成就主要是始创三公九卿制,建立由丞相府、太尉府和御史大夫等所组成的中枢机构,为汉代三公九卿制之雏形。三公九卿制渊源于战国,确立于秦汉时期。所谓三公,即丞相,"掌丞天子,助理万机",辅助皇帝处理全国政务。"丞"是副贰之意。秦汉时代的宰相,他不但要管国家政务,还要管及皇帝的家务。后来,才在副丞相之下,设有一个御史中丞,住在皇

---

① 薛刚凌土编:《行政体制改革研究》,北京大学出版社 2006 年版,第 59 页。
② [美]费正清:《中国:传统与变迁》,张沛译,世界知识出版社 2002 年版,第 73 页。
③ 薛刚凌主编:《行政体制改革研究》,北京大学出版社 2006 年版,第 59 页。

宫里管理皇家事务[①]。太尉,协助皇帝总领全国军事;御史大夫,掌监察并帮助丞相处理政务。西汉末年改丞相为大司徒,太尉为大司马,御史大夫为大司空[②]。

秦汉通常分掌中央主要政务的有九寺长官,合称九卿,泛指政府各部门的主要官员,因此也称之为"诸卿"或"列卿"。在秦代,第一卿为奉常,掌管宗庙礼仪,由先秦筮卜官合并调整而成。第二卿为郎中令,掌管宫殿门户,统辖侍卫皇帝的诸郎,由战国时代侍卫国君的郎中发展而成。第三卿为卫尉,掌管宫门卫屯兵。第四卿为太仆,掌管皇帝车马。第五卿为廷尉,掌管司法,即先秦司寇之职,是全国最高司法机关。第六卿为典客,掌管诸侯及少数民族来朝等事。第七卿为宗正,管理皇族事务,在春秋时为宗伯。第八卿为治粟内史,主管租税赋役。第九卿为少府,掌管山海池泽,供养国君,是宫廷的总务机构。九卿掌管事务,除廷尉、治粟内史与典客外,其余六卿多属管理皇家私人事务,这反映了封建社会初期政权机关尚带有分封时期家国不分的印记。[③]

汉代的九卿制度只在名称上与秦朝有所差别。只是将奉常改为太常,郎中令改为光禄勋,典客改为大鸿胪,治粟内史改成大司农等等。汉武帝之后,中央管理体制发生变化,虽然在官制排列顺序上仍然是相府和诸卿,但本来在宫中充当侍从和文秘工作的尚书地位崛起,有少数权臣能以中朝官的身份而受命领录尚书事[④]。至东汉时,少府一部分职权归入司农,组织缩小。魏晋以后,设尚书分主各部行政,九卿的职能逐渐被尚书所侵夺。隋唐时建立六部制,九卿事务一切听从部令。至明清两代,裁并为六个:太常、光禄、鸿胪、大理、太仆等寺卿和宗人令。三公九卿虽然分工清晰,各有所掌,但职无常守的现象普遍存在,职名与实际责任有着很大差别。列卿承皇帝的命令,既可以本职兼领他职,又可以在两职或多职之间权责渗透,列卿原来分工的权责也被侵

---

① 钱穆:《中国历代政治得失》,生活·读书·新知三联书店 2001 年版,第 6 页。
② 薛刚凌主编:《行政体制改革研究》,北京大学出版社 2006 年版,第 60 页。
③ 杨一凡主编:《新编中国法制史》,社会科学文献出版社 2005 年版,第 203 页。
④ 薛刚凌主编:《行政体制改革研究》,北京大学出版社 2006 年版,第 60 页。

夺了①。

(2)三省六部制

隋代确立了以三省六部为核心的中央政务体系,此制度基本上为唐、宋所承袭,一直影响到明清。此制度实际上渊源于魏晋南北朝时期。魏初,东汉设太尉、司徒、司空为三公,尚书台也变成外围,成为执行机构,至于决策,则归于中书省。至晋代仍以中书执掌机要,由于中书省权重一时,令君权疑心,所以,南北朝时期又产生了以门下省来牵制中书省的办法,初步形成了三省制②。三省,即中书、门下和尚书三省。中书省掌管草拟诏令文书,设中书令、侍郎、舍人等官。门下省"掌出纳帝命",设侍中、黄门侍郎、给事中等官。尚书省综理全国政务,设尚书令、左右仆射、左右丞、左右司郎中等官,下辖六部③。

六部制度萌芽于魏晋时期,隋代仿《周礼》六官之制定为吏、民、礼、兵、刑、工六部,为尚书省的组成部分。各部均分四司,以尚书部为最高主官。唐袭隋制,只是为避太宗讳将民部改为户部。尚书六部二十四司承皇帝和宰相之命,制定政令,下达于诸寺、诸监,并有督促、节制之权。④ 明武十三年(1380年)撤销中书省和大都督府,废除丞相制度,六部直接对皇帝负责,成为最高行政机构。明洪武二十六年(1393年)颁行的《诸司职掌》对六部的组织及其职掌等作了详细规定,六部可依其职能,可对外发布命令。这就解释了为什么明代中后期皇帝不问国事,而国家仍能照常运转的疑问,足见当时中国官僚制度发展的完善程度⑤。

明代中叶以后的皇帝,逐渐又依靠内阁作为辅政部门,丞相制度名废实存。清代除沿袭明的内阁制度外,雍正以后还另设立军机处,实行双轨辅政制,尤其是自康熙帝创立的密折制度,使得权力进一步集中到皇帝手中。三省六部制是行政事务的核心。此后的体制虽然在此基础上有所更改,但是基本

① 薛刚凌主编:《行政体制改革研究》,北京大学出版社2006年版,第60页。
② 薛刚凌主编:《行政体制改革研究》,北京大学出版社2006年版,第61页。
③ 薛刚凌主编:《行政体制改革研究》,北京大学出版社2006年版,第61页。
④ 薛刚凌主编:《行政体制改革研究》,北京大学出版社2006年版,第61页。
⑤ 薛刚凌主编:《行政体制改革研究》,北京大学出版社2006年版,第61页。

的权力框架没有大的变化,三省六部制成为这一时期国家行政权力体制的根基。①

（3）行政区划及地方组织机构

从政区地理角度上讲,行政区划主要有四个要素:层级、幅员、边界和行政中心。② 层级的合理设置取决于中央的管理能力,当然,层级与幅员的互动关系是行政体制的重要内容。我国行政区划是在秦朝统一全国之后再逐步建立和完善的。

秦始皇统一中国后为了加强中央集权,在全国推行郡县制。汉承秦制,当时也采用郡县制的二级政区。就行政区划的承继来看,主要是这两个时期国家的疆域还比较小。自汉武帝拓展疆土之后,二级制的政区已经开始暴露出它的局限。为了达到有效管理,汉武帝设置了作为监察区的十三州刺史部,从汉武帝开始到东汉末年之前的两汉时期,在地方上推行的是虚三级制。直到东汉末年,州逐渐实体化,成为郡的上一级地方行政区划,从而,形成了州—郡（国）—县的实三级区划体制。此一制度延续了400多年,直到魏晋南北朝③。

隋朝建立之后,隋文帝改革国制,又推行了州—县二级制,延续了140多年,贯穿到唐代中期。唐玄宗开元年间以后,道在唐初还只是地理区划,被作为监察区,国家行政区划再次呈现虚三级制。后来随着节度使兼任各道的观察处置使,节度使所在的藩镇与民政上管辖几个州的道合而为一,便又确立了道（镇）—州（府）—县的实三级制。这一制度历经五代十国而没有改变④。

宋初废除藩镇,暂时实行州（府、军、监）—县（军、监）二级制。当时州、县级的行政单位一共有367个,单纯的二级制不能确保中央政府的有效统治。因此,经改革,建立了路—州（府、军、监）—县（军、监）的体制。元朝的行政区划比较复杂,有时实行省—路——府—州—县多级制,但更多是省—府（路、

---

① 薛刚凌主编:《行政体制改革研究》,北京大学出版社2006年版,第62页。
② 李晓杰:《从历史的角度看当代行政区划层级与幅员改革之必行》,《江汉论坛》2006年第1期。
③ 薛刚凌主编:《行政体制改革研究》,北京大学出版社2006年版,第63页。
④ 薛刚凌主编:《行政体制改革研究》,北京大学出版社2006年版,第63页。

州)—县三级制。明朝大体继承元代行省以下的建制,只是取消了"路"一级,只设府、州、县三级。清朝省之下的地方行政区划分为府、县二级,又恢复了实三级制。①

三、中华民国时期的政府部门体系

中华民国是一个充满矛盾和纷争的时期。正如学者所言:(中华民国)虽然宣称实行了"权力制衡原则",甚至也有过一些敢于弹劾的"清官",但在"豺狼当道,安问狐狸"的时代,任何制度都只是新、旧军阀们腰带上的装饰品。②

(一)中央行政组织体制

中华民国的 38 年历史,按照主权和外交承认上的合法政府来看,其分期通常为南京临时政府时期(1911~1913)、北洋政府时期(1913~1928)、国民党南京政府时期(1928~1948)。但从体制来看,这种划分并不准确。实际上,南京《临时约法》所确立的行政制度一直延续到 1914 年 5 月袁世凯颁布新约法取代旧约法之时。而袁世凯死后国家陷于军阀混战,时有南北分治现象,政权体制飘摇不定,军事专政和各阶级的联合专政制度交错存在,直到 1927 年南京临时政府实现一党专制。③

从武昌起义到袁世凯解散国会并废弃《临时约法》,是资产阶级初建民主共和制度时期。其间经历湖北军政府、南京临时政府和北京临时政府三个阶段。湖北军政府不同于其他各省军政府,它的制度对各省有示范意义。南京临时政府是资产阶级共和制度的实验阶段,西方资产阶级政治制度的三大"支柱"——宪法、国会、总统与内阁——南京临时政府均以自己的独特形式付诸实行。④

在南京临时政府的筹建过程中,充分显示了孙中山建立民主共和国的思想。1912 年 3 月公布的《中华民国临时约法》,主要是有关权力机关建构问

---

① 薛刚凌主编:《行政体制改革研究》,北京大学出版社 2006 年版,第 63 页。
② 袁继成:《中华民国政治制度史》,载 http://www.aikanshu.com/books/10003/381142.htm。
③ 薛刚凌主编:《行政体制改革研究》,北京大学出版社 2006 年版,第 66 页。
④ 薛刚凌主编:《行政体制改革研究》,北京大学出版社 2006 年版,第 66 页。

题,立宪体制,参议院、国务院、法院则为其组织保障体系。《临时约法》和《临时政府组织大纲》是南京临时政府建立的法律依据。依上述官制法令的规定,除陆、海两部外,各部设承政厅(相当于秘书厅),掌管机要、收发文书、典守印信、管理会计、纪录史事等,部下设司、科等层级。职官名称各部并不一致,多称参事(参与部务)、金事(即科长)、主事(科员)、录事(办事员)。此外,亦有设局与处的,职官名称亦有相应变动。除以上行政各部外,还有大总统直辖机关,它们的职责是为大总统行使其权力服务。主要有法制院(局),印铸局,公报局,铨叙局。军事机关亦隶属于大总统。①

北京临时政府——其实已经是北洋政府初期——虽以袁世凯为临时大总统,但政府的行政制度仍与南京临时政府一脉相承。如内阁官制基本上采用临时政府所制定的制度,即《国务院官制》(1912年6月26日公布)和《各部官制通则》(1912年7月18日)。但必须指出的是1914年5月1日袁世凯颁布《中华民国约法》,政治体制已经发生了实质性变化。"新约法"意在取消《临时约法》及其所体现的责任内阁制,而代以集权的乃至独裁的总统制。②

袁世凯死后,中国已经是军阀割据。而多次出现的护法运动,恢复法统的呼声,只是从否定的角度证明当时没有法统的军阀混战现实。成立于1927年4月18日的南京国民政府,其体制直到1928年2月的国民党四中全会才开始稳定。1928年10月8日,《中华民国国民政府组织法》颁布,规定"国民政府以行政院、立法院、司法院、考试院、监察院五院组强之"。虽然国民政府组织法自此之后经历了13次的修正,但其基本格局仍然是依据孙中山五权宪法思想而确定的五院体制。其中行政院为国民政府最高行政机关。③

(二)地方制度及行政区划

1. 地方割据

辛亥革命及其后的10年,中国行政体制经历了剧烈的变动。袁世凯称帝,张勋复辟,军阀割据、混战,从这个角度来看这一时期的中央与地方关系,

---

① 薛刚凌主编:《行政体制改革研究》,北京大学出版社2006年版,第66页。
② 薛刚凌主编:《行政体制改革研究》,北京大学出版社2006年版,第67页。
③ 薛刚凌主编:《行政体制改革研究》,北京大学出版社2006年版,第67页。

只能看到中央权威的失落。其间出现的一缕曙光是湖南的自治运动,以及由湖南发起的联省自治运动(1920～1923)。这一运动的最初目标是希望采用联邦制统一中国南北,或者可以脱去军阀割据的混沌状态。而发展到后期则成为各派小党徒逢迎军阀的口实。但是历史发展的规律却是联省自治在军阀的操作下变成了各地政府争相与北京政府脱离联系。当时中国的现实,决定了依靠军阀势力的联省自治只能是军阀混战的另一个借口。这造成了民国时期中央权威的一个总体性特点:地方军阀割据,自行其政,中央政府频频换马,难以统驭全国。[1]

2. 行政区划

民国初期,地方行政区域的划分基本与清末相同,全国共设有 22 个行省和若干特别行政区。南京国民政府成立后,特别行政区先后改为省。1913 年 1 月 8 日,北京临时政府颁布《划一现行各道地方行政官厅组织令》,在省与县之间设"道",全国除蒙古、青海、西藏外,22 省 4 特别区共设 97 道。当时,我国实行的是省—道—县三级制的行政区划格局。民国中期以后,南京政府又将道废掉。随后,又在省与县之间,建立了行政督察区,作为专区以取代道,只是并不是正式的一级政府。[2]

1928 年 9 月 15 日出台的《国民政府公布县组织法令》已规定"县之区域,依其现时固有之区域","县之新设及县区域之变更,由省政府会同内政部核准行之"。该法令同时规定县以下机构为区—村、里—闾—邻四级,同时规定了县组织机构、职掌和职责。1929 年 10 月又公布了《县组织实行法》,限定于 1930 年 12 月底在现有区域内,全国各省完成县、区、乡、镇、组织建设。1929 年 6 月公布《重订县组织法》,对区划名称作了修改,村改为乡,里改为镇。1931 年 1 月,内政部会议拟定了《县行政区域整理办法大纲》。就此,对过大的县进行分割,设立新县治。1934 年通过的《改进地方自治原则》,规定"县地方制度采用两级制"。由此,行政层级被大大的缩减了,由五级变为两级。区

---

① 薛刚凌主编:《行政体制改革研究》,北京大学出版社 2006 年版,第 68 页。
② 薛刚凌主编:《行政体制改革研究》,北京大学出版社 2006 年版,第 68 页。

只在特殊情况下才设置,通常的地方行政区划只有县、乡(镇、村)两级。设区的思想在 1939 年 9 月颁布的《县各级组织纲要》再次得到承认。但是纲要所承认的区是作为县的辅助机关而存在的,其职责是代表县政府督导各乡办理各项行政及自治事务。因此,仍然没有突破二级制的行政区划格局。[①]

民国时期的地方行政区划,呈现混合的特点。这主要是由于时势混乱,而新的思想又开始向古老的社会渗透。因此,闾邻、村街、团甲、村甲等等形态各异的制度都同时存在着。直到 20 世纪 30 年代中期,才逐渐推行区、乡、保、甲制度。而地方自治就是在这些尝试过程中体现出来的。只是由于时局不稳,又无强有力的中央支持,这些努力也只是昙花一现。[②]

四、新中国成立后的政府部门体系

政府职能是政府机构改革的核心问题。政府机构改革与政府职能演变相辅相成、交互作用。历次机构改革之所以始终走不出历史怪圈,其最本质原因在于对政府职能认识和把握上的模糊与偏差。对历次机构改革中政府职能的演变进行分析,探求我国政府机构改革与职能重塑的经验教训,对于政府机构改革和职能重塑来说仍具有重要的启示意义。

(一)历次政府机构改革的简要回顾

新中国的行政体制脱胎于战争年代根据地的政权体制,并受到了原苏联集权模式的影响,加之任何一种新的行政管理体制都有一个从不成熟、不完善到逐步成熟、完善的过程,因此,建国以来,尤其是党的十一届三中全会以来,党和国家为建立一个办事高效、运转协调、行为规范的行政管理体制而不断进行改革。从 1949 年到 2008 年我国前后经历了九次较大的以机构改革为重点的行政体制改革。

第一次改革

1949 年 9 月第一届全国政协会议通过了《中华人民共和国政府组织法》。

---

① 薛刚凌主编:《行政体制改革研究》,北京大学出版社 2006 年版,第 68 页。
② 薛刚凌主编:《行政体制改革研究》,北京大学出版社 2006 年版,第 69 页。

据此,中央人民政府下设人民革命军事委员会、最高人民法院、最高人民检察署和政务院。其中,政务院下设35个工作部门。从1952年底开始,我国进行了建国以来第一次较大规模的机构改革。1954年9月,第一届全国人大颁布了《中华人民共和国宪法》和《国务院组织法》。这次改革以加强中央集权为中心。与此相适应,政务院(国务院的前身)的部门由35个增至42个,从1954年底开始,中央和各地机关又进行了一次精简,但随着政务院变成国务院,依法成立的国务院开始增设机构,共设立64个工作部门。从1954年到1956年,国务院为适应大规模经济建设的需要,又增设不少部门,到1956年底,机构总数达81个,形成建国以来政府机构数量的第一次高峰。

第二次改革

1956年下半年,中央提出了《关于改进国家行政管理体制的决议(草案)》,从而开始了较大规模的政府机构改革。1958年,我国对经济管理体制作适当改革,对行政机构进行了调整,这次机构改革以中央向地方下放权力、扩大地方自主权为主要内容。通过精简和调整,到1959年,国务院下设的部委缩小到39个,加上21个直属机构和办事机构,机构总数达60个,比1956年减少21个。这次精简合并的几乎全是经济管理部门,是我国政府对行政机构的第一次大精简。

第三次改革

1960年至1965年我国进行了第三次机构改革。1959年的精简由于受"大跃进"等"左"的政策的干扰,产生了中央宏观失控的问题。为了克服三年经济困难,从1960年起,中央再次强调集中统一,下放的权力又重新集中起来,到1965年底,国务院已有79个工作部门,成为建国后的第二次高峰。与此同时,先后在中央和地方进行了两次比较集中的干部精简运动,中央各部门司局级机关减少15%,事业单位减少26%,全国共精简人员81万人,精简下来的干部大多充实到基层和生产第一线。

"文化大革命"期间,政府机构发生了非常性的大变动。国务院的79个部门合并为32个,但实际上只有19个部门,达到建国以来中央政府机构数量的最低点。1971年到1974年间,为了适应经济整顿工作的需要,国务院陆续恢复和增设了一些机构。1975 年召开的四届全国人大再次强调现代化建设目标。为了对工业、农业、商业、文化教育、科技等领域进行整顿,加强了国家对经济生活的集中统一领导。为此,国务院恢复增设了若干个部门,到 1975 年底,国务院共设 52 个单位。到 1981 年,国务院的工作部门增至 100 个,达到了建国以来的最高峰。

第四次改革

1982 年,中国开始了经济体制改革和对外开放。这次改革,根据重叠机构撤销、业务相近机构合并的原则,撤委并部,大大减少直属机构,将国务院所属部委、直属机构和办公机构由 100 个裁并为 60 个。其中,部委由 52 个撤并为 42 个,直属机构由 42 个撤并为 15 个,办公机构由 5 个撤并为 3 个。为适应经济形势的发展,增设国家经济体制改革委员会;重组国家经济委员会,扩大其职权和业务范围;将进出口管理委员会、外国投资管理委员会、对外经济联络部和对外贸易部合并,设立对外经济贸易部,等等。后来,随着经济体制改革的深入和国家政治、经济形势的变化,增设了国家审计署、国家安全局等一些新的机构。机关人员减少了 21 万人。一大批老干部退出了一线。1982 年,全国有 3 万多老干部办理了离职休养手续,其中中央机关部长一级的干部有 145 人,占部级干部应离休人数的 64%。经过改革,国务院副总理由原来的 13 人减为 2 人部委领导平均年龄从 58 岁降到 54 岁。除国家计委、国家经委和外交部外,各部委只设正副职 3~5 人,司局只设正副职 2~3 人。改革后 43 各部委的领导班子由 540 多人减少到 180 多人,降幅为 65%,平均年龄由 64 岁降为 58 岁,具有大学文化水平的由占 37% 提高到 52%。

第五次改革

1987 年,由于政府行政机构的弊端日益突出,政企不分、机构臃肿、效率低下等弊病严重影响了现代化建设的发展,为此,1988 年我国再次进行行政管理体制改革,这次改革以转变政府职能为关键,以经济管理部门为重点。在部委一级的机构方面,撤销国家计委和国家经委,组建新的国家计委;撤销煤炭工业部、石油工业部、核工业部,组建能源部;撤销国家机械工业委员会和电子工业部,成立机械电子工业部;撤销国家物资局,设立物资部;撤销城乡建设

环境保护部,设立建设部;水利电力部撤销后,设立水利部;合并航空工业部和
航天工业部等。为了适应党政分开和干部人事制度改革的要求,推行国家公
务员制度,强化政府的人事管理职能,建立了人事部,原劳动人事部撤销,同时
组建劳动部。在机构改革方面,在对机构改革的重点部门进行"三定"的基础
上,改革国务院机构设置,国务院各部委由原来的 45 个减为 41 个,直属机构
由 22 个减为 18 个,非常设机构由 75 个减为 44 个。部委内设机构也相应精
简 20%,人员编制比例比原来减少了 9700 多人。原定于次年展开的地方政
府机构改革因经济形势和政治形势的特殊变化未能如期进行。

第六次改革

1993 年 3 月,全国人大八届一次会议通过《国务院机构改革方案》。部、
委的变动情况是:撤销能源部、机械电子工业部、航空工业部、轻工业部、纺织
工业部、商业部和物资部,组建国家经济贸易委员会、电力工业部、煤炭工业
部、机械工业部、电子工业部和国内贸易部。对外贸易经济部更名为对外贸易
经济合作部。国家计委、财政部、中国人民银行、国家经贸委等综合经济部门
的职能得到了调整和加强。原有的 18 个专业经济部门通过改为行业总会、经
济实体、保留或新设三种情况,撤销 7 个,新组建 5 个。改革后,国务院的工作
部门由原来的 86 个减少到 59 个,非常设机构由 85 个减为 26 个,机构人员精
简 20%左右,地方各级政府的改革也按中央制定的方针和方案进行。通过改
革,全国共精简行政人员 200 万人。

但是,这次机构改革的成果仍然未能巩固下来,改革后的政府机构重新开
始膨胀,人员不断增加。从行政管理费支出看,1996 年我国财政支出中的行
政管理费已达 1014.80 亿元,比 1980 年的 66.79 亿元增长了 14.5 倍,而同期
的财政总支出只增长 5.46 倍;行政管理费占财政支出的比重,"六五"时期为
6.8%,"七五"时期为 8.8%,"八五"时期为 11.9%,1996 年进一步增加到
13.1%。[①]

第七次改革

---

① 邓家倍:《改革开放后三次机构改革述评》,《广东社会科学》1998 年第 5 期。

　　1998年3月10日九届全国人大一次会议通过《国务院机构改革方案》，这一轮政府机构改革正式开始。这次国务院机构改革的目标是：建立办事高效、运转协调、行为规范的政府行政管理体系，完善国家公务员制度，建立高素质的专业化行政管理队伍，逐步建立适应社会主义市场经济体制的有中国特色的行政管理体制。改革的原则是：按照社会主义市场经济的要求，转变政府职能，实现政企分开；按照精简、统一、效能的原则，调整政府组织结构，实行精兵简政；按照权责一致的原则，调整政府部门的职责权限，明确划分部门之间的职责分工，完善行政运行机制；按照依法治国、依法行政的要求，加强行政体系的法制建设。

　　这次国务院机构改革的方案是：(1)不再保留电力部、煤炭部、冶金部、机械部、电子部、化工部、国内贸易部、邮电部、劳动部、广电部、地质矿产部、林业部、国家体委、国防科工委、国家体改委15个部、委；(2)新组建国防科学技术工业委员会(将原国防科工委管理国防工业的职能、国家计委国防司的职能以及各军工总公司承担的政府职能，统归新组建的国防科学技术工业委员会管理)、信息产业部(在原邮电部和电子工业部基础上组建)、劳动和社会保障部、国土资源部(由原地质矿产部、国家土地管理局、国家海洋局和国家测绘局共同组建)；(3)更名的有3个部委；(4)保留的有22个部、委、行、署；(5)改革后除国务院办公厅外，列入国务院组成部门序列的共有29个部、委、行、署。在改革幅度上，国务院部委级机构由40个减少到29个，机关干部编制将近减少一半，如国务院办公厅实际人员精简幅度达50.1%，而此前三次精简人员大致在20%~25%之间。

第八次改革

　　2003年的政府机构改革，是在加入世贸组织的大背景之下进行的。3月6日，国务院机构改革方案提请十届全国人大一次会议审议，启动了改革开放以来的第五次大规模的机构改革。3月10日，十届全国人大一次会议第三次全体会议以绝对多数通过了关于国务院机构改革方案的决定。

　　此次国务院机构改革的目的是：进一步转变政府职能，改进管理方式，推进电子政务，提高行政效率，降低行政成本。改革目标是，逐步形成行为规范、运转协调、公正透明、廉洁高效的行政管理体制。改革的重点是,深化国有资产管理体制改革,完善宏观调控体系,健全金融监管体制,继续推进流通体制改革,加强食品安全和安全生产监管体制建设。这次改革重大的历史进步,在于抓住当时社会经济发展阶段的突出问题,进一步转变政府职能。改革方案特别提出了"决策、执行、监督"三权相协调的要求。除国务院办公厅外,国务院 29 个组成部门经过改革调整为 28 个。不再保留国家经贸委和外经贸部,其职能并入新组建的商务部。国家发展计划委员会改组为国家发展和改革委员会。国家药品监督管理局重组为国家食品药品监督管理局,原属于国家经贸委管理的国家安全生产监督管理局改为国务院直属机构。同时,将国家计划生育委员会更名为国家人口和计划生育委员会。设立国务院国有资产监督管理委员会(简称"国资委"),以指导推进国有企业改革和重组;设立中国银行业监督管理委员会(简称"银监会"),以加强金融监管,确保金融机构安全、稳健、高效运行。

第九次改革

2008 年 3 月 15 日,十一届全国人大会议通过关于国务院机构改革方案的决定。决定指出,机构改革要按照精简统一效能的原则和决策权、执行权、监督权既相互制约又相互协调的要求,着力优化组织结构、规范机构设置、完善运行机制,为全面建设小康社会提供组织保障。深化行政管理体制改革的总体目标是,到 2020 年建立起比较完善的中国特色社会主义行政管理体制。这次国务院机构改革的主要任务是,围绕转变政府职能和理顺部门职责关系,探索实行职能有机统一的大部门体制,合理配置宏观调控部门职能,加强能源环境管理机构,整合完善工业和信息化、交通运输行业管理体制,以改善民生为重点加强与整合社会管理和公共服务部门。

这次机构改革方案主要内容包括:(1)合理配置宏观调控部门职能。国家发展和改革委员会要进一步转变职能,减少微观管理事务和具体审批事项,集中精力抓好宏观调控。财政部要改革完善预算和税政管理,健全中央和地方财力与事权相匹配的体制,完善公共财政体系。中国人民银行要进一步健全货币政策体系,加强与金融监管部门的统筹协调,维护国家金融安全。国家发展和改革委员会、财政部、中国人民银行等部门要建立健全协调机制,形成更加完善的宏观调控体系。(2)加强能源管理机构。设立高层次议事协调机构国家能源委员会。组建国家能源局,由国家发展和改革委员会管理。将国家发展和改革委员会的能源行业管理有关职责及机构,与国家能源领导小组办公室的职责、国防科学技术工业委员会的核电管理职责进行整合,划入该局。国家能源委员会办公室的工作由国家能源局承担。不再保留国家能源领导小组及其办事机构。(3)组建工业和信息化部。将国家发展和改革委员会的工业行业管理有关职责,国防科学技术工业委员会核电管理以外的职责,信息产业部和国务院信息化工作办公室的职责,整合划入工业和信息化部。组建国家国防科技工业局,由工业和信息化部管理。国家烟草专卖局改由工业和信息化部管理。不再保留国防科学技术工业委员会、信息产业部、国务院信息化工作办公室。(4)组建交通运输部。将交通部、中国民用航空总局的职责,建设部的指导城市客运职责,整合划入交通运输部。组建国家民用航空局,由交通运输部管理。国家邮政局改由交通运输部管理。保留铁道部,继续推进改革。不再保留交通部、中国民用航空总局。(5)组建人力资源和社会保障部。将人事部、劳动和社会保障部的职责整合划入人力资源和社会保障部。组建国家公务员局,由人力资源和社会保障部管理。不再保留人事部、劳动和社会保障部。(6)组建环境保护部。不再保留国家环境保护总局。(7)组建住房和城乡建设部。不再保留建设部。(8)国家食品药品监督管理局改由卫生部管理。明确卫生部承担食品安全综合协调、组织查处食品安全重大事故的责任。改革后,除国务院办公厅外,国务院组成部门设置27个。这次国务院改革涉及调整变动的机构共15个,正部级机构减少4个。

(二)历次机构改革中的政府职能演变

处在一定历史阶段上的政府职能具有相对的稳定性。但随着政府行政环境的变化,政府职能必然要作出局部性调整或对总体职能进行全局性的重新配置。政府职能演变意味着职能的转换、变更和发展。建国以后的九次政府机构改革与政府职能演变相辅相成、交互作用。1949年以来,尤其是党的十一届三中全会以来,中国政府的行政环境发生了重大变化。其中,经济体制的变化对政府职能特别是经济职能和机构改革的影响最大。虽然经济职能并不是政府职能的全部,但它却是政府职能最重要最直接的反映。因此,下文将着重分析历次机构改革中政府经济职能的演变情况。既然经济因素是最主要的影响因素,那么就可把九次政府机构改革在时段上进行逻辑划分:(1)计划经济体制内的前三次改革;(2)经济体制改革尚未全面展开的 1982 年改革;(3)以强调转变职能为特征的 1988 年改革;(4)作为继续和发展的 1993 年改革;(5)职能定位取得突破的 1998 年改革;(6)进一步转变政府职能的 2003 年改革;(7)探索实行职能有机统一的大部门体制的 2008 年改革。相应地,政府职能的演变也在这几个时段上表现出不同的特征。

1. 计划经济体制内的前三次改革

我国建国初期的政府职能体系是参照前苏联模式建立起来的。苏联模式的主要特点是在政治、经济、文化各方面都实行高度集中统一管理的体制。与这一模式相适应,政府职能显现出以下特点:(1)强调阶级斗争和专政职能而忽视民主职能;(2)对社会经济管理实行高度集中的计划经济体制;(3)对社会服务职能实行统包统揽的做法,服务职能相对薄弱;(4)在职能行使方式上重行政手段而忽视法律手段和经济手段的运用。这种职能体系在形成之初基本适应了政治、经济和社会发展的要求,促进了国家政权的巩固和国民经济的恢复发展。第一次机构改革在不到短短的两年时间内又开始膨胀便是当时现实状况的具体表现。随着社会经济的发展,政府职能的重心应当转向经济职能和社会职能。

从 1956 年党的"八大"开始,中央决策层已觉察到这种职能体系所暴露出的弊端,如在中央与地方、上级与下级的职能关系上,权力过分集中于中央与上级政府,形成头重脚轻的职能结构;在政企关系上,政府管得过多过死;在政府内部各职能部门的关系上,职责不清,相互推诿,效率低下,等等。于是,以放权为主要内容的第二次机构改革便被提上议事日程。

然而,第二次改革的成果迅速被严重的经济困难和中央权力失控所抵消。到 1961 年,政府职能体系又回复到 1956 年时,中央又重新集权。1961 年为落实国民经济调整方针,原来撤销的机构又相继恢复,且又增设了新的部门,同时进行"精兵简政",缓解了国家财政压力,对于国家经济状况的好转、改变机构臃肿和人浮于事的状况无疑有一定的积极意义,但它没有触及政府职能这一深层次问题。"文化大革命"期间,政府的经济和社会职能基本被政治职能所取代,使国民经济到了崩溃的边缘。1976年粉碎"四人帮"后,鉴于当时的经济形势,沿用并发展了50年代后期的管理体制和机构设置,国务院机构不断增加,为建国以来之最。

　　以上三次政府机构的调整和人员精简都是与当时的政治运动和经济形势的发展分不开的,应该肯定其积极作用。但由于"左"倾思想的影响,一切强调"以阶级斗争为纲",始终注重政治统治职能;在经济职能上,过分强调指令性计划的作用,导致政企不分、政企合一;在社会职能上,政府管了许多不该管的事情。这种职能体系的调整是在不触动高度集权的计划经济体制根基的前提下进行的。机构改革主要是权力在各级政府部门和政府部门之间的上下左右移动,其管理职能和管理方式没有根本改变。因此,中国政府机构虽几经变动,但仍在以下几个循环圈中运动:第一,"精简—膨胀—再精简—再膨胀",实际上把政府机构改革看成是机构和人员数量的精简;第二,"合并—分开—再合并—再分开",实际上把政府机构改革看成是机构的重组和分合;第三,"上收—下放—再上收—再下放",实际上是以政府行政权力的上下移动来推动组织机构的变动。① 这三个"循环圈"使多次进行的政府机构改革收效甚微。

　　2. 经济体制改革尚未全面展开的1982年改革

　　为了适应刚开始的经济体制改革和对外开放的需要,全国各级政府自上而下地开展了一场历时3年之久的行政体制改革。在改革内容上,首先,强调在划清业务范围的基础上,较大幅度地调整、精简机构和人员。其次,调整领导班子,强调实现干部的"四化",对领导班子从职数、年龄和文化结构等方面作了普遍调整。此外还明确了干部离退休制度,开始废除领导职务终身制。

————————

　　① 参见谢庆奎:《中国行政机构改革的回顾与展望——兼论行政机构改革的长期性》,本书编委会编《现代化进程中的政治与行政》(上册),北京大学出版社1998年版,第591页。

最后,强调机构改革必须考虑到随着经济体制逐步改革,可能对机构改革提出的要求,不要使这次改革给将来的经济体制改革设置障碍。

1982年机构改革的主要内容是进行机构精简。从拨乱反正的关键时刻就提出以精简为主的机构改革任务,是因为这一时期中央政府的机构数量已经达到整整100个的三位数,而1978年五届人大一次会议规定的国务院机构数量是76个。同时国务院的工作人员则已经达到5.1万人。所以,这一次机构改革既要大幅度精简机构数量,又要大面积精简副职领导职数和工作人员数量。需要说明的是,这次改革不仅仅是政府机构改革,也包括党的领导机构的改革。中央机构改革完成以后,相同任务的地方政府机构改革到1984年底以前完成。① 除精简机构之外,1982年的改革在管理权限方面主要改革权力过分集中的状况,解决中央与地方的管理权限和政府与企业的管理权限问题。在中央与地方的关系上实行"分灶吃饭"的体制,以调动地方的积极性;改革政企关系,实行利改税,给企业以更多的自主权。

1982年政府机构改革获得的最主要成就是,一批年富力强、具有较高文化程度和专业知识水平的行政官员进入了领导职位,素质比改革前有较大提高,人员再设计的目标基本实现。② 但是,这次改革的大环境尚不具备,整个政治体制和经济体制没有大的变动,这就决定了机构和人员的重新膨胀在所难免。改革后,到1986年底短短的4年时间内,仅国务院正式机构就从61个增加到71个,其下属临时机构从30个增加到65个。在北京的中央各部委事业单位每年以100多个机构、2万人左右的速度递增。其根本原因在于此次改革仍然是对旧的计划体制的修补,政府职能、政企关系与改革开放前无大差别。在政企关系上,1984年10月召开的十二届三中全会通过的《中共中央关于经济体制改革的决定》指出:"就政府和企业的关系来说,今后各级政府原则上不再直接经营管理企业。至于少数由国家赋予直接经营管理企业责任的政府经济部门,也必须按照简政放权的精神,正确处理同所属企业的关系,以

① 傅小随:《中国行政体制改革的制度分析》,国家行政学院出版社1999年版,第151—152页。
② 任晓:《中国行政改革》,浙江人民出版社1998年版,第185页。

增强企业和基层自主经营活动的活力,避免由于高度集中可能带来的弊端。"无疑,这是对政企关系认识的一个重大突破,但在实践中阻力重重,收效不大,其结果是企业经营自主权的地方化。

1982 年的改革是在经济体制改革尚未全面展开、政治体制改革还未提出的情况下进行的,对政府职能和政企关系的认识和实践仍有很大的局限,自然无法跳出那个"循环怪圈"。经济体制改革的一步步推进使中央决策层越来越清晰地认识到旧体制的顽固和政府改革的必要性和迫切性。

3. 以强调转变职能为特征的 1988 年改革

1988 年的政府机构改革是以强调职能转变为特征的。由于经济体制改革的全面展开,现有机构的弊端日益突出,主要表现在:政企不分,结构不合理,在职能上微观管得过多,宏观调控不力;机构臃肿、层次过多、职责不清、相互扯皮、工作效率不高;政府工作人员的素质和结构不适应经济和法律的间接管理方式,等等。经济体制改革的进一步深化和政治体制改革的展开,要求相应地转变政府机构的职能和管理方式,调整机构设置的总体格局及其职责权限。于是,适应经济变革的要求改革政府机构就成为一种合乎逻辑的选择。1984 年 10 月,中共十二届三中全会通过的《中共中央关于经济体制改革的决定》首先触及政府职能问题,提出了政企分开的思想。政治体制改革提上议事日程是 1988 年中央政府改革的又一个重要背景。1987 年党的十三大报告认为,政治体制改革的首要问题是党政分开。但是,这种认识并没有转化为改革的实践,相反,党政不分、以党代政的程度日益加深。

此次机构改革是在经济体制和政治体制改革不断深化的条件下进行的,强调建立适应经济体制和政治体制改革长远发展需要和符合现代化管理要求的,具有中国特色的功能齐全、结构合理、运转协调、灵活高效的行政管理体系。通过创造条件逐步理顺政府同企事业单位和人民团体的关系、政府各部门之间的关系以及中央政府与地方政府的关系。同时,根据十三大报告提出的要求,改革管理权限关系,主要是中央向地方放权,政府向企业放权。各地还普遍进行了转换企业经营机制的试点工作。这次机构改革力图从转变政府职能的角度,下放权力,调整机构,精简人员,减少对企业的干预,增强宏观调控职能,逐步改革机构设置不合理和行政效率低下的状况。

此次改革按照经济体制和政治体制改革进程的要求,强调以转变政府职能为中心,并与政府内部的制度化建设相结合,这是与 1982 年机构改革相比最大的不同点。这次改革至少在指导思想上不是进行简单的机构撤并和人员精简,而是按照转变职能、政企分开的原则,转移直接管理企业的职能,加强决策、咨询、调节、监督和信息等职能,并通过对各部门具体职能的分解和转移,依照新的职能设置相应的机构。在转变职能的基础上,再撤并机构,精简人员,实行了定职能、定机构、定人员的"三定"制度,开始从经验管理走向科学管理。与以往相比,这是一个重要的进步。在解决和理顺中央政府各部门间的职能和权限关系方面,也作出了一些尝试和探索。①

但是,这次机构改革是以"有计划的商品经济"为指导思想的,虽然对高度集中的计划经济管理体制有所触动,但基本框架未变,政府职能未发生根本性变化,机构设置的科学化、合理化和制度化远未实现。值得一提的是,此次改革伊始,决策层就意识到建立一个现代行政管理体系的渐进性、长期性和艰巨性,已经具有了一定的理性色彩。正因为 1988 年改革的过渡性,因而改革后的政府机构仍旧继续膨胀,到 1992 年底,国务院组成部门达 86 个,非常设机构增加到 85 个。

4.作为继续和发展的 1993 年改革

此次改革的指导思想是适应社会主义市场经济的要求,按照政企职责分开和精简、统一、效能的原则,转变职能、理顺关系、精兵简政、提高效率,重点是转变政府职能。此次机构改革重申重点是转变政府职能,而转变职能的根本途径是政企分开。从这一意义上而言,它是 1988 年改革的继续与发展。具体做法是加强宏观调控和监督部门,强化社会管理职能部门,减少具体审批事务和对企业的直接管理,做到宏观管好、微观放开。政府的行政管理职能主要是统筹规划、掌握政策、信息引导、组织协调、提供服务和检查监督。

1982、1988 年的改革由于经济体制改革的目标一直不太明确,因而转变

① 任晓:《中国行政改革》,浙江人民出版社 1998 年版,第 206、211—212 页。

政府职能一直未有突破性进展。而1993年的改革是在提出了建立社会主义市场经济体制的背景下进行的。社会主义市场经济体制的本质内容就是要在国家宏观调控下使市场对资源起配置作用。中共十四大提出,要在三年内基本完成全国范围内的"机构改革,精兵简政"的任务,与机构改革、工资制度改革相结合,加快人事劳动制度改革,建立健全符合机关、企事业单位不同特点的科学的分类管理体制和有效的激励机制,并尽快实行国家公务员制度。十四大明确了经济体制改革和转变政府职能的目标,然而转变政府职能是与建立社会主义市场经济体制相辅相成、互为条件的。没有政府职能的转变、政企分开,便不可能真正实现企业经营机制的转换,建立现代企业制度也就不可能有完善的市场。反过来,如果没有一定的市场基础和一大批适应市场变化的企业,缺乏较完善的市场体系和运行机制,政府职能的转变也难以顺利实现。① 应该说,此次把政府职能的定位置于建立社会主义市场经济体制的框架里,并强调转变职能的根本途径是政企分开,这种认识达到了前所未有的高度和深度。

1993年的改革是在国家财政不堪重负的背景下进行的,实行精兵简政而缓解财政困难是改革的一个重要动因。但是,与以往不同,此次改革更加强调在机构职能调整和重新配置的基础上再进行人员精简,并将其与推行国家公务员制度紧密衔接。同时在后续改革中进一步明确政府机构与党的机构、人大、政协、法院、检察院、民主党派、群众团体等各方面的权限关系。这样改革就把转变政府职能的实践向前推进了一大步。鉴于1988年改革上动下不动的教训,1994～1995年,继上一年的中央政府改革之后,省级政府机构改革在全国全面展开,其主要内容仍然是以转变政府职能为关键。对省级政府而言,这是首次。在改革中,有条件的专业经济管理部门有相当一部分已成建制地转为经济实体或服务实体,其行政职能交由政府有关部门承担,与之相适应,大幅度撤销非常设机构和精简机关行政人员。然而,正如前文所述,市场经济

---

① 张志荣:《试论转变政府职能》,张志荣、徐功明主编《行政体制改革与转变政府职能》,社会科学文献出版社1994年版,第5页。

发展的渐进性决定了政府职能重塑与机构改革的渐进性,如何加强宏观调控职能以建立间接的调控体系,如何理顺关系而确保政府职能转变和政企分开,如何构建较为完善的市场体系和运行机制,等等,这些都不是在短时间内所能解决的。这就注定了随着经济体制改革的深入而必须再进行下一轮的机构改革。

5.职能定位取得突破的1998年改革

随着社会主义市场经济体制的建立和发展,市场在资源配置中的基础性作用明显增强,政府宏观调控体系基本框架初步建立。然而,原有政府机构的弊端依然十分明显,正如罗干同志于1998年3月6日所作的《关于国务院机构改革方案的说明》中所指出的,我国现有政府机构的弊端表现为:政企不分,政府直接干预企业的生产经营活动,难以发挥市场在资源配置中的基础作用;主要依靠行政手段管理经济和社会事务,许多本来应该运用法律手段,或者通过社会中介组织来解决的问题,也是通过设立政府机构管理,把过多的社会责任和事务矛盾集中在政府身上;现有政府机构重叠庞大、人浮于事的现象严重,这不仅滋生文牍主义和官僚主义,助长了贪污腐败和不正之风,也给国家财政造成了沉重负担。

正是在这一背景下,建国以来规模最大的1998年机构改革开始推进。与1988、1993年相比,此次改革在政府职能转变和政企分开方面取得了重大突破:(1)不仅从总体上提出了建立"办事高效、运转协调、行为规范"的行政管理体系的总目标,而且对政府职能转变的内涵作出了明确规定,即将政府职能转到宏观调控、社会管理、公共服务方面来。这与以往一般地提出政府职能转变,在目标模式选择上取得了重要进展。(2)为了实现这一目标,此次改革将相近或相同的职能交由一个部门管理,克服过去职能重叠、政出多门、多头管理的弊端;将综合经济部门改组改造为宏观调控部门,改革投资决策体制,使宏观调控部门真正面向市场实行宏观调控;大力减少撤并专业经济管理部门,实行行业管理,专业经济部门不再直接管理企业;建立向国有大企业派遣稽查特派员制度,保证国有资产保值增值;大力发展社会中介组织,将政府可以转移出去的职能,交由社会中介组织承担,等等。(3)从国务院机构改取得的成果看,不仅机构数量大大减少,而且有 200 多项职能下放给地方政府、企业或社会中介组织,有 100 多项职能在各部门内部重新配置。所有这些,对保证政府职能的转变,实现政企开,将起到重要的促进作用。①

此外,这次机构改革再次突出其他配套改革的同时进行。如进一步理顺政企关系,强调把企业生产经营的权利切实交给企业;深化行政体制改革,实现国家机构组织、职能、编制、工作程序的法定化,严格控制机构膨胀,坚决裁减冗员;深化人事制度改革,引入竞争激励机制,完善公务员制度,建设高素质的专业化国家行政管理干部队伍,等等。在对因机构改革而精简下来的人员的安置方面,政府不再把这些人员推给下属企业,不再搞翻牌公司而是通过"带职分流,定向培训,加强企业,优化结构"等方式,鼓励自谋职业。同时规定到退休年龄的人员办理手续后退休离岗,或按《国家公务员暂行条例》的规定办理提前离岗手续。正是由于突出了系统外分流的特点,对克服以往机构改革中"拆庙不遣人,为人而设庙"的恶性循环起到了相当的遏制作用。

6. 进一步转变政府职能的 2003 年改革

2003 年的政府机构改革同以往历次改革相比,本次改革方案没有涉及大面积的机构裁撤与人员精简,但是从本次改革方案所涉及的改革来看,政府机构改革无论是在力度上还是在手段上都是前所未有的,这次改革是一场政府职能大规模转变的改革。

2003 年的政府机构改革主要由以下几个因素导致:一是经济发展对政府职能提出了新的要求。2000 年我国宣布初步建立了社会主义市场经济体制,政府对市场的推进和对市场的培养,已经使市场能够支配经济生活。在这种情形下,政府需要从推动不同领域市场化改造,逐步转变为完善和服务市场的改革。二是市场化进程需要政府职能转变。随着市场化改造在大多数行业的完成,必然要求政府职能发生转变,逐步转变为强调宏观调控、市场监管、社会管理和公共服务职能的政府。三是政府职权调整的需要。政府的职权分配取决于政府的职能,外在表现是政府机构的调整。1998 年国务院对于所属机构

---

① 汪玉凯:《中国行政体制改革 20 年的回顾与思考》,《中国行政管理》1998 年第 12 期。

作了较大规模的调整。但是政府职权结构仍然保留了传统的色彩。主要表现为：在改革和发展问题上，仍然分头进行，体改办管改革，计委管发展；在国有企业管理上，企业的人财事仍然归于不同的主管部门管理；商业贸易领域管理的职权归口于不同的部门等等[①]。四是入世对政府职能提出新的要求。作为世界贸易组织的成员，要求国内市场体制与国际市场体制相接轨。在这个过程中，政府需要转变职能，严格履行承诺，按照 WTO 的非歧视原则、透明度原则、自由贸易原则和公平竞争的原则办事，才能保障接轨。职能改革是一个长期的过程。

2003 年政府机构改革有两大亮点。一个亮点是改革方案特别提出了"决策、执行、监督"三权相协调的要求。另一个亮点是建立在职能转变基础上的政府机构调整，实现了三个"整合"。一是把原来分散在几个部门中的对国有企业的指导和领导干部管理职能、国有资产管理职能等整合起来，设立国资委。意义在于宏观调控职能的集中掌控，有利于提高调控的效果，营造更加良好的市场环境。二是把对金融企业的监管职能从央行分离出来，与中央企业工委的相关职能进行整合，设立银监会。其意义在于保障了中央银行职能的专一和货币政策的效率，有助于防范金融风险。三是对国内贸易和国际贸易的管理职能进行整合，组建商务部，有利于国内外市场的统一。对这三个急需强化管理职能的国务院所属正部级机构进行"整合"，强调把原来分散在几个部门的职能合并，发挥整体的功能。整体大于各个部分之和，"整合"是解决结构与功能矛盾的有效方法[②]。

总体上看，2003 年的行政管理体制和机构改革，在深度、广度和力度上具有与以往不同的鲜明特点[③]。一是改革抓住了行政本质，寻求改革的高起点。这次行政管理体制和机构改革方案，充分体现了中国特色社会主义政治和市场经济的要求，初步明确了"全面建设小康社会条件下政府模式"的框架。二是改革抓住了行政改革的关键，在转变职能上力求有新的突破。改革虽然看

①　丁昌：《从国务院机构改革方案解读政府职能改革》，《勃海证券》2003 年 03 月。
②　高小平：《对新一轮国务院机构改革的关注与解读》，《中国机构网》2003 年 04 月 19 日。
③　高小平：《对新一轮国务院机构改革的关注与解读》，《中国机构网》2003 年 04 月 19 日。

起来"动作"不大,但是要求高、难度大,将转变职能作为主要任务。三是改革把握住了行政基本范畴,致力于整合优化政府的结构与功能。在不增加机构和编制,精兵简政的条件下,使政府的组织结构更加合理,功能趋于齐全,各项工作运行效率更高。

7. 探索实行职能有机统一的大部门体制的 2008 年改革

2008 年的行政体制改革是发展社会主义市场经济和发展社会主义民主政治的必然要求,是政治体制改革的重要内容。应该看到,改革开放以来,政府加强自身建设,取得了明显成效。政府职能转变迈出重要步伐,市场配置资源的基础性作用显著增强,社会管理和公共服务得到加强;政府组织机构逐步优化,公务员队伍结构明显改善等。但是,现行行政管理体制仍然存在不相适应的方面。主要是政府职能转变还不到位,对微观经济运行干预过多,社会管理和公共服务仍比较薄弱;部门职责交叉、权责脱节和效率不高的问题仍比较突出;政府机构设置不尽合理,行政运行和管理制度不够健全等问题,这些问题必须通过改革来解决。

国务院机构改革贯彻了党的十七大关于加快行政管理体制改革、建设服务型政府的要求,着眼于推动科学发展、保障和改善民生,在加大机构整合力度、探索职能有机统一的大部门体制等方面迈出了重要步伐。这次国务院机构改革的主要任务是,围绕转变政府职能和理顺部门职责关系,探索实行职能有机统一的大部门体制,合理配置宏观调控部门职能,加强能源环境管理机构,整合完善工业和信息化、交通运输行业管理体制,以改善民生为重点,加强与整合社会管理和公共服务部门。这次国务院大部制改革的特点主要有①:一是职能调整依然是主调。大部制的重点并不在机构的成立与裁撤上,而是职能的整合。在此次改革中强化了发改委的宏观调控职能,弱化了微观管理职能。二是系统性集中原则得以体现。此次大部制改革体现了系统性集中的原则,具体表现为整合职能、整合权责、整合机构、整合机制。三是社会服务功

---

① 肖泉:《与体制对话——2009 年江苏省行政管理学会课题研究报告》,江苏人民出版社 2009 年版,第 97 页。

能进一步加强。此次改革着重于回应社会发展的需要,扩展社会职能,保障基本公共服务的均等化,充分培养社会的自治精神和能力。四是秉持整体性统筹思路,建设协同政府。整体性统筹体现在职能设置、权力配置、府际改革等方面。五是体现改革的探索性与渐进性。

比较改革开放以来 5 次改革的指导思想,这次改革有四大变化:一是从精兵简政发展到转变政府职能;二是从重视经济建设发展到重视公共服务;三是从注重改革的内部效益发展到注重改革的外部效益;四是从单一适应经济发展到适应经济、政治、社会的协调发展①。改革提出建设服务政府、责任政府、法治政府和廉洁政府的要求,提出政府机构改革等一系列举措,意义重大。

2008 年行政体制改革的另一个重大突破是作出了整体规划,确定了行政体制改革的近期任务和长远目标。提出了深化行政体制改革的总体目标:到2020 年建立起比较完善的中国特色社会主义行政管理体制。该体制的建立需要实现三个转变:实现政府职能向创造良好发展环境、提供优质公共服务、维护社会公平正义的根本转变,实现政府组织机构及人员编制向科学化、规范化、法制化的根本转变,实现行政运行机制和政府管理方式向规范有序、公开透明、便民高效的根本转变,建设人民满意的政府。今后 5 年,要加快政府职能转变,深化政府机构改革,加强依法行政和制度建设,为实现深化行政管理体制改革的总体目标打下坚实基础。

从上述 9 次政府机构改革的历史分析,我们看到,经过了几十年的曲折反复,对政府职能与机构改革之间的互动关系的认识与实践经历了从模糊到逐渐清晰的过程。计划经济体制下的前三次改革由于是在政府全能主义模式下进行的,机构改革把问题的症结确定为中央政府与地方政府之间的权力分配,因而改革的指导方针就必须是政府行政系统内部的放权或收权。如此循环往复,陷入一个难以跳出的怪圈,这也是计划经济体制自我调节的周期性在政府机构上的反映。1978 年以后,随着党和政府工作重心的转移,政府职能由政

---

① 曹伟峰:《国务院机构改革方案具有划时代意义——中国政法大学深化行政管理体制改革研讨会综述》,《中国社会科学院院报》2008 年 3 月。

治职能转向经济职能。但是,经济体制改革的深入是新的政府机构改革的直接推动力和政府职能定位的最基础条件。因此,1983 年的改革在经济体制改革尚未全面展开的背景下失败就在所难免。以强调转变职能为特征的 1988 年改革可谓是走出"循环"的第一次尝试,它标志着在对政府经济职能和国家政治职能新的理解基础上,开始走出了政府机构设置问题上久已存在的循环往复的状态。① 1993 年的改革因为是在经济体制改革取得重大理论突破的前提下进行的,所以对政府职能内涵的把握比 1988 年的改革层次更高。由于市场经济体制的确立是一个长期而渐进的历史过程,传统的旧体制的惯性难以在短时间内根除,因而政府职能的定位以及与机构改革的关系难以明确。1998 年的改革正是为了适应经济和体制改革的深入而进行的。此次改革在政府职能定位上突破了以往以转变经济职能为主的框架,强调在转变政府经济职能的同时要注重政府的社会职能,这在很大程度上保证了此次机构改革的成效。随着社会主义市场经济体制的不断推进,1998 年的改革也是一个过渡性的举措。2003 年的改革与改革开放以来的 4 次改革,从外部环境上看,社会主义市场经济体制初步确立,市场经济的主导地位已经形成,2001 年我国正式加入世界贸易组织,与世界经济的接轨迫在眉睫,所有这些都决定政府职能必然要进行更大的转变。因而同前几次改革不同,2003 年的政府改革根据当时的政治经济环境,抓住社会经济发展阶段的突出问题,着重强调了体制的改革,这是行政体制改革的历史进步。2008 年的政府改革在我国具有划时代意义,是新型行政管理体制建立的标志。真正启动了行政管理体制向提供公共服务、理顺部门职责、转变政府职能和突出法治保障的转移。

第三节 政府部门管理的客体

通过对政府部门体系及内在职能结构的历史变迁的考察,我们明白政府部门管理的主体,那么什么是政府部门管理的客体呢? 我们采用外部性视角,

---

① 朱光华主编:《政府经济职能和体制改革》,天津人民出版社 1995 年版,第 349 页

集中探讨政府部门的经济事务、政治事务、社会事务和文化事务四个方面。这是因为政府对经济事务、政治事务、社会事务和文化事务有不可推卸的责任，研究政府部门与这四个方面的关系也是确定政府职能的需要。

一、经济事务

经济事务随着经济转轨而发生转变，但不管是在传统计划经济时期，还是在当前的社会主义市场经济时期，经济事务始终都是政府部门管理的基本客体之一。此外，经济事务与经济管理体制密切相关，并由经济管理体制所决定。

新中国成立后，从生产力的水平来看，旧社会给我们留下的是一穷二白的烂摊子。在半殖民地半封建社会，严重压抑了市场经济力量的发展，工商企业落后，小农经济占主体地位。在这种生产力水平较低的基础上发展社会主义道路客观上要求国家力量的强大，需要凭借国家政权的力量，迅速集中社会资源，大力发展生产力。从生产关系方面来看，无产阶级政权没收官僚资本及改造民族工业资本后，形成了一批国有企业，这些国家企业基本控制着国家的经济命脉，形成了较高程度的社会化大生产和相对较高的生产水平。国家通过直接控制这些国有企业就可以控制国家的经济命脉，影响整个国家的经济运行。在此前提下，按照马克思主义理论所阐述的计划手段来安排生产也应运而生。

此外，战争期间供给制度的延续，产生了一定的路径依赖。这种供给体制是按照上下级命令与服从关系分配物质，强调的是集中供给，保持党组织对战争期间最基本的物质控制。新中国成立后，这种供给体制与国家优先发展重工业，通过国家分配给重工业发展资源的方式一致。当然，在国际上，苏联作为第一个社会主义国家，特别是"二战"后两大阵营的对立，这些都加速了我国计划经济管理手段的推行。

计划经济体制确立后，我国选择了以强调增长为主要目标、以外延型发展为主导方式、以重工业为中心的粗放型经济发展模式。这一时期我国政府的经济事务主要放在了以下几个方面：一是以重工业为中心。在重工业中又以钢铁工业为中心,据此,农业和轻工业在很大程度上要围绕这一目标,如1958年的大炼钢铁。政府部门管理的经济事务也围绕这一目标来进行,这也是计划经济体制下国家最主要的经济事务。二是粗放型经济发展。由于自然资源相对丰富,加上劳动力充裕而且素质不高,同时又缺少资金技术,这种情况下,采取外延式的粗放型增长,是当时必然选择。三是政府人为地压低消费,提高积累水平。作为社会主义国家,我们不能采取侵略和掠夺的方式来获取资本的原始积累,故而只能靠降低工人和农民的生活水平为代价,保证国家经济建设所必需的积累。四是在工业化过程中,政府在计划经济活动中,利用国家权力通过国家配置资源的手段保持工业的自我循环,以弥补市场供给不足。

改革开放以来,我国经济条件发生了巨大变化,对社会主义经济条件下政府经济管理体制探索也已开始。从1984年党的十二届三中全会通过的《关于经济体制改革的决定》把政府的经济事务概括为:制定经济发展战略和资源开发战略;协调区域发展规划和经济关系;部署终点工程建设;传播经济信息;掌握与运用调节手段;制定并监督执行经济法规;任免干部;管理对外经济技术合作。1986年六届人大四次会议通过的《关于第七个五年计划的报告》中对政府经济事务概括为:"统筹规划、掌握政策、组织协调、提供服务、经济运行调节手段、加强检查监督"等六个方面。1991年通过的十年规划和"八五"计划《建议》明确国家四项基本经济事务:确定国家经济发展规划与宏观调控目标;制定产业、地区政策和其他经济政策;搞好综合平衡;引导和调控经济运行。1992年党的十四大提出要建立社会主义市场经济体制,重新界定了政府六项经济事务:制定和执行宏观调控政策;搞好基础设施建设,创造良好的经济发展环境;培育市场体系、监督市场运行和维持平等竞争;调节社会分配和组织社会保障;控制人口增长、保护自然资源和生态环境;管理国有资产和监督国有资产经营。十五大以来,主要围绕完善社会主义市场经济体制,提出明确国家与企业的权责,加快推进国有企业改革,使其成为适应市场的法人实体和竞争主体以及充分发挥市场机制作用、健全宏观调控体系。

总的来说,改革开放以来,尤其在当前,我国政府部门的经济事务主要可以从以下几个方面来理解:

一是宏观调控。政府运用经济、法律手段和必要的行政手段对国民经济运行进行调控,从而避免由于市场行为的局限性而带来的弊端。当前,政府在体制转轨的过程中,私人事务与公共事务共同渗透到政府管辖的范围之内,从而造成政府的总体职能难以界定,部门间的宏观管理职能配置也就缺乏科学依据。进而,同级政府部门之间的角色难以明确。

二是监督市场运行。政府对市场运行进行监督是确保市场交易正常进行、维护平等竞争的重要前提。政府应该把自己的角色定位为提供公共产品,为市场良性发展创造条件。如果政府参与私人产品的供给,政府控制社会资源的配置,反而会阻碍市场经济的顺利建立。因此,政府的角色应当是监督维护市场的运行。

三是监管国有资产和促进国有资产保值。这也是我国社会主义性质在市场经济体制内的重要体现。政府在进行改革的过程中,改善国有企业的社会制度环境,促进企业自身的发展。我国经济并不发达,国有经济力量不是很强大,但国有经济成分在改革开放中举足轻重。政府在经济发展过程中应充当国有资产守护者的角色,使国有资产增值。

四是调节社会分配和组织社会保障。这两者是保证社会公正和消除人们后顾之忧的重要手段。在市场经济社会里,社会第一次分配主要由市场来进行,人们的收入与人们在市场经济活动中的效率有关,适应市场的经济活动会带来好的效率;反之就会被市场淘汰。这就要求政府对社会收入进行再分配,创造良好的社会保障体系。政府建立社会保障体系,实质上就是要向弱者倾斜,追求社会公平,以实现社会的有序性和稳定性。

五是完善对微观经济的干预和管理。当前政府的微观经济管理应包括:对竞争性行业或领域,应根据市场运行规则的要求,加快立法,规范各类经济主体的行为,限制各种不正当的经济行为,从而创造一个公平竞争的市场秩序;对非竞争性的行业,或市场功能与作用达不到的领域,政府应参与或直接调控。

二、政治事务

政治事务是政府管理范畴的一个重要议题,自从有了国家,特别是有了国家统治工具——政府以来,政治事务成了政府管理的一个重要客体。政治事务管理是指国家权力"按照某种特定的程序和目标对政治生活进行自觉地、有计划地约束或制约的一种方式。就是说,通过这种特殊的约束方式使政治生活的各方面都能按照某种既定的秩序和目标来运行和发展"①。对政治事务的管理对于一个国家来说作用巨大,"在任何一个国家当中,如果统治阶级要想维持自己的统治地位,就必须承担起管理公共事务的责任,政治管理的使命就在于此,它对于社会政治生活有着重要意义"②。故而,政府部门管理不可避免的要涉及对政治事务的管理。

我国政府部门管理的政治事务主要可以从以下几个方面来理解:

一是政府政治的合法性。我们的政府是在共产党领导人民革命的基础上建立起来的,是因为共产党领导的人民军队得到了人民的认同,在人民的支持下取得了国家政权,并建立了政府。这是我们政府合法性的来源。当前,我们政府的政治合法性应该以是否贯彻了"三个代表"重要思想和科学发展观,是否将以人为本作为执政的第一要素、自觉维护最大多数人的幸福为标准来衡量。

二是政府政治的透明性。政务公开是实现政治管理透明性的最重要手段之一。改革开放以来,政务公开问题越来越为人们所关注。理论界将其和政治体制改革、行政体制改革、社会民主政治的发展相联系,并将政务公开上升到社会主义政治文明的高度来重点研究;政府部门将政务公开与社会主义市场经济实践相结合,从村民自治开始,一步步地将其推进到政府行使权力的每一个阶段中。随着改革的不断深入,政务公开的理论和实践也在不断深入,并取得重大成就。当然,我们也要认识到,政务公开是一项重要的改革实践,是

---

① 李景鹏:《试论社会主义民主的运行机制和理论基础》,《政治学研究》1988 年第 3 期。

② 王浦劬:《政治学基础》,北京大学出版社 1995 年版,第 202 页。

一个需要长期研究才能深入认识的艰难的行政问题。政务公开需要长期的深入研究和不断的实践才能完善。因此,经过近30年的政务公开改革实践之后,我们重新审视改革中存在的问题并重构政务公开机制,是当前一项重要的行政改革任务。

三是政府政治的责任性。政府承担责任与限制政府权力密切相关。政府行政权力的界限体现在两个方面:行政权力的范围是有界限的,不可超越权限行使;行政权力的作用是有界限的,不是所有的方面都需要国家权力干涉。相反,权力的干涉还会导致政府失灵。因此,我们在关注政府部门管理的政治事务时,必须要界定政府政治权力实施的范围。由于传统权利本位观念的支配,一些政府部门认为政府权力的行使可以不考虑责任问题,导致政府的随意行政。因此,解决政府责任问题首要的是从冲破传统的权力思维惯性开始,从任意行政转变到责任行政,把"以人为本"的发展观作为建构责任政府的根本价值尺度。

四是政府政治的法治性。依法行政是行政体制改革的既定目标,也是政府落实政治职能的重要手段。长期以来我国政府部门管理中推行的是"政策之治",其主要是通过政策来调整社会关系。"政策之治"虽然有利于改革的平稳发展,但也为未来的深入改革埋下了苦涩的种子。因此,推行"法治之治"是政府重要的善治之道。在法治社会,政府行为不依领导者的改换而改变,不依领导人注意力的转移而改变,公务员也有更多的自主权,人民群众有更多的制约权,实现政府与公众对公共事务的治理。此外,依法行政还有利于克服政府"经济人"行为、提高行政效率、提供更多的公共产品。

五是政府政治的回应性。在现代社会,政府必须对公民的要求作出及时和负责的反应。我们所说的政治回应性与传统公共行政的责任价值存在较大的区别:后者的责任方向上更多的是向上的,是对中央机构、选举性官员负责任,责任对象是政治决策者和上级行政机关;前者责任方向是向下的,是对政府所要实现的目的和所要服务的社会群体即顾客负责。政府对公民的回应真正可以实现政府由"统治"向与民众合作的转换。

六是政府政治的有效性。政府部门管理的政治事务实施必须要以人为本,实现人的最大幸福。因此,政治事务实施的是否有效,要看人的幸福和自由在多大程度上得到实现。现代社会,科学技术日益发达。但是我们要认识到这些技术毕竟只是手段,不能因运用科技而将人作为科技手段实施的对象。认识最终的目的,政府政治事务要贯彻以人为本思想。

三、社会事务

社会事务是政府部门管理的重要客体之一,也是我们在建设和谐社会所必需关注的一个领域。当然,社会事务在我国也经历了一个从辅助阶级统治到全面重视的过程。

我国自秦以来,就是一个统一的多民族的国家,国家崇尚大一统,统治者采用高度集权的体制来管理国家,主要采用两种方式:政治统治和社会管理。其中实现政治统治是国家的根本属性,它决定着国家社会职能的属性。在阶级社会,所谓的社会公共利益,本质上都是经济上、政治上占统治地位的那个阶级的利益。当然,在封建社会中,政治统治都是以执行某种适合管理职能为基础的,如大规模的兴修水利,而且政治统治只有在执行了社会管理职能时才能维持下去。

20 世纪以来,随着国际国内形势的不断变化,社会事务在国家政治生活中的地位日益重要,政府权力也开始向社会的各个角落延伸。如传统乡村社会逐步建立的乡镇等政府机构及村组等自治组织。改革开放以来,随着社会主义市场经济的不断发展,随着工业化、城镇化的加快推进,经济结构、产业结构、社会结构发生了重大变化,经济成分、就业方式、组织形式、利益关系和分配方式日趋多样化,人员流动性大大增强,越来越多的"单位人"变成"社会人",各种新型经济组织、社会组织不断增多,促进了社会的发展进步,也使社会事务日益复杂。

近年来,中央一再强调要适应社会主义市场经济发展和社会结构深刻变化的新情况,深入研究社会事务发展的规律,尽快形成适应我国社会发展和人民要求的社会管理体制。因此,在政府部门管理过程中,我们也要把握新时期社会事务的新变化:

一是城镇化快速发展。农村发展经历了家庭联产承包责任制、农民向城市转移的务工潮两个阶段后,目前我国农村正面临改革与发展的"第三次浪潮"——农村城镇化。当前我国城镇化出现了一些问题是我们必须要关注的:首先,农村城镇化征用了大量农业用地,促使农村卷入了城市。目前,农村城镇化的最常见的方式就是"摊大饼"式的城镇化道路,农地在城镇化过程中锐减。这给国家长远发展带来危机。其次,城镇化中的农民问题。城镇化主要目标是解决三农问题,应该关注农民工就业、住宅、教育等需要,找出一条既符合人类历史共同发展规律,又体现社会主义制度优越性与中国国情相结合的城镇化道路。但是,在农民大量失去土地后,他们并没有成为现代城市的主体,从而出现民工潮和城中村的社会现象,这些都是政府部门管理所必须注意的社会事务。最后,在 20 世纪末中国城市化加速发展中,一方面地方政府资本原始积累导致城镇建设大规模占地已经不可逆转;另一方面,乡镇企业资本增加和以私有化为主的改制中,出现了,始料不及的资本排斥劳动、使农业劳动力的非农就业连年下降的问题,同时还出现了原来坐落在乡村的企业向小城镇自然流动集聚的现象。

二是社会收入差距问题。这主要表现在三个方面:首先是城乡之间的收入差距。20 世纪 90 年代以来,城乡居民收入差距持续扩大,由 80 年代中期的 1.8:1、90 年代的 2.5:1 扩大到 2003 年的 3.2:1。有学者分析说:"目前我国的收入差距体现在城乡之间(城乡居民的收入差距 2005 年为 3.2:1),全国收入差距的 60% 以上出自于此。"① 由此导致的"新城乡二元结构"与原来的城乡二元结构交织,根本上影响了城乡协调发展和社会结构的和谐。其次是地区收入差距。"城市和农村地区的平均收入有很大差距。各省份间的差距亦是如此。笔者和大多数中国人都相信,中国的贫富差距最显著、最重要的特点在很大程度上是不同地区之间的差距,即地区差距。"② 最后是阶层收入差

---

① 白津夫:《我国收入差距最高达 33 倍,专家寄望第三次分配》,《南方日报》2006 年 10 月 8 日,第 5 版。

② [英]詹姆斯·莫里斯:《中国的贫困与贫富差距》,《西安交通大学学报(社会科学版)》2007 年第 2 期,第 2 页。

距。"中国1993年之前的改革基本是'帕累托变革',几乎所有的群体都从改革中获益。1993年以来,社会则进入'非帕累托变革'阶段,改革更多具有'零和博弈'的性质,社会贫富差距随之迅速扩大,改革过程中的利益受损者的心理发生了变化,其中对稳定产生消极影响的就是'相对剥夺感'(relativedeprivation)日益凸显。"①一个人口众多的群体享受不到经济发展成果,生存状况的恶化,必然阻碍社会和谐发展。

三是生态环境问题。近年来,随着我国经济的迅速发展,生态环境也遭到重大破坏。如长江、黄河、淮河等主要水系的污染及太湖等内湖的蓝藻事件、沙尘暴的肆虐、酸雨阴霾的天气等等。当前环境工作极为复杂和困难,它已经涉及我国改革开放能否顺利进行下去,涉及我国的改革成果能否保持下去的大问题。我们也绝对不能走先发展后治理的老路子了。

四、文化事务

在当今世界,文化与经济、政治相互交融,与科技的结合日益紧密,在综合国力竞争中的地位日益突出。在复杂的国际环境中,要赢得国际竞争,不仅需要强大的经济实力、科技实力和国防实力,同样需要强大的文化实力。故而,我们在讨论政府部门管理时,绝不能忽视文化事务。具体来说文化事务主要有以下几个方面:

一是文化的对外传播。文化外交与经济外交、政治外交鼎足而立,成为国家外交支柱之一。在对外文化交流与文化贸易中,坚持中国的文化主动权,维护我国思想文化的独立性,保证我国文化安全,政府负有重要责任。在当前的全球化时代,资本主义国家以经济优势地位及在全球化过程中指定全球化游戏规则的优势,推行资本主义文化中心主义。我国具有悠久的历史文化,在当前虽然处于世界文化的边缘,可是"创造新价值的英雄(耶稣、基督、释迦牟尼、孔子等),可以说绝不是出自当时的政治、经济、文化、宗教的中心,不是在中心从事活动、教育的。……文化文明的中心,可以使已形成的价值学说更为

---

① 孙辉:《贫富差距对社会和谐稳定的影响和对策》,《思想战线》2005年第6期,第3页。

精辟,但真正意义的价值学说的创造却来自边缘。"①

二是文化市场。首先,我们要分清文化市场中的两大经济种类:娱乐业和文化艺术业。娱乐业是以消遣为主要价值依据的行业。消费者享受这类消费时是为了放松和游乐,主要包括游戏机房、卡拉 ok 厅、歌舞厅保龄球馆等等。文化艺术产品所提供和展示的是思想的价值、审美的价值,是真正的文化价值。其主要包括音乐、舞蹈、戏剧的表演;美术品的买卖;文化艺术培训;影视艺术片的制作播映;文化艺术展等。其次,重视知识产权问题。优秀知识产品的生产与其保护是成正比的,保护的越好,优秀的文化产品的生产越是繁荣,保护的不好,文化产品生产风险越大。当然,我们也要注意对文化市场中的丑恶有害东西的处理。最后,是网络文化的问题。网络文化具有娱乐传媒功能,具有多元及与现实的互动性。因此,网络安全问题、未成年人保护问题、如何弘扬本土文化等问题都是政府部门管理所要关注的。

三是文化设施。公共图书馆、文化馆、展览馆、博物馆等单位,担负起为全体社会成员提供公共文化设施与公共文化服务的责任。近年来,我国加大对文化设施的投资和建设。如"十五"期间,全国文化固定资产 2006 年计划累计投资 239.28 亿元,其中国家投资 129.76 亿元;共完成基本建设项目 1088 个,竣工面积 338.9 万平方米。但是,我们的文化事业任务依然艰巨。特别是中西部地区,许多地方图书馆、文化馆不达标,还存在乡镇文化站没有独立业务用房问题。

四是文化救助。社会主义就是要实现人的全面发展。新中国成立后,特别是改革开放以来,基层文化受到了前所未有的重视。但是总的来看,文化发展依然落后于经济发展,远远不能满足群众的需求,不少人还处于文化饥渴状态。因此,必须把文化扶贫列入政府扶贫内容,为极度缺乏文化生活的社会群众提供文化救助。

五是文化保护。我们所说的文化保护主要针对两方面的内容:文物保护

---

① 王治河:《论后现代的全球意识》,选自俞可平、黄卫平编的《全球化的悖论》,中央编译出版社 1998 年版,第 91 页。

和民族文化的保护。我国是一个历史悠久的文明古国,前人留给我们众多的文化遗产,其中重要的代表就是众多的文物。文物作为历史文化的物质载体和实物见证,是民族的象征和国家的标记,具有重要的历史、艺术和科学价值。建国以来,我国加强对文物保护的力度,取得了重要成果。但是在当前,尤其地方政府要树立正确的文物价值观,当好保护神的角色。在全球化时代来临后,民族文化的保护成了政府的重要职责之一。民族处于封闭状态时,民族文化会沿着既有的路径传承;而一旦进入全球化时代,民族文化的传承就会立即遭到挑战。但是,从历史来看,文化交流是时时存在的,我们在保护民族文化时也应该注意吸取外来文化的精华。

六是公民文化权利保障。公民的文化权利主要有四个方面:享受文化成果;参与文化活动;开展文化创造;保护文化成果。保障公民的文化权利,在文化方面满足人民对人权、自由等公民权利的公共需要。在建构社会主义和谐社会的目标下,人民内部各类群体的文化利益和文化诉求得到尊重,文化将为他们增加发展机会,提高生活质量,满足自尊、自主、自由的精神追求。

第三章 政府部门管理资源

  政府部门管理需要强大的物质资源、人力资源与信息资源的支撑,其资源状况如何将在很大程度上影响政府部门管理的效能。政府部门管理的物质资源主要是社会主义市场经济体制下的公共财政。政府部门管理的人力资源主要指政府部门范围内能够推动政府部门管理效能提高的具有智力与体力劳动能力的总和。政府部门管理信息资源是指政府部门决策中必须掌握的多方面信息,包括政治、经济、社会等领域的信息。不可否认,政府部门管理中公共财政管理、人力资源管理和信息资源管理都存在诸多的问题,这些问题的存在往往成为制约政府部门管理效能和改革的主要因素。本章将主要探讨政府部门管理的资源状况和存在问题,在此基础上探讨相关引导性对策。

第一节 物质资源

一、相关背景

  在管理型的治理理念和模式下,政府在行政理念、政府职能、行政管理体制、政府运行机制、行为方式等方面存在诸多不适。无论是行政理念上的“官本位”、“权力本位”,还是职能上的“越位”、“错位”和“缺位”;无论是运行机制的决策不透明、监督不到位还是体制设置方面的职责同构、部门林立;也无论是行政成本的居高不下还是行为方式的官僚主义、效率低下,这些不适现象都严重阻碍了社会经济的顺利发展和结构转型。因此,必须进行政府治理理念的更新和治理模式的再造,即构建服务型政府。服务型政府模式的再造涉及极其复杂的制度变迁,它毕竟不是原有制度结构中某些个别制度安排的局部调整或改变,而是整个制度结构的全面改造;也不是对现行制度规则的运行过程做实际上的微调,而是全部行政管理秩序的根本变革。公共财政作为政府部门管理的物质资源在服务型政府的构建中起着至关重要的基础性作用。

公共财政是指在市场经济条件下,主要为满足社会公共需要而进行的政府收支活动模式或财政运行机制模式,是国家以社会和经济管理者的身份参与社会分配,并将收入用于政府的公共活动支出,为社会提供公共产品和公共服务,以充分保证国家机器正常运转,保障国家安全,维护社会秩序,实现经济社会的协调发展。公共财政的核心是满足社会公共需要,其涵盖的范围主要有:行政管理、国防、外交、治安、立法、司法、监察等国家安全事项和政权建设;教育、科技、农业、文化、体育、公共卫生、社会保障、救灾救济、扶贫等公共事业发展;水利、交通、能源、市政建设、环保、生态等公益性基础设施建设;对经济运行进行必要的宏观调控等。公共财政体制作为政府服务职能履行的主要制度支撑,其制度创新和良性运作为政府服务职能的履行乃至服务型政府的构建,提供了强大的资金支持。下文从我国目前我国财政支出结构的现状找寻存在的问题,在此基础上,探究公共财政可行的改革方向和内容。

二、现状与问题

目前我国要建立公共财政基本框架,主要是针对我国传统财政管理制度下支出包揽过多,公共财政缺位、国有资本财政越位并存的弊端而提出来的,其根本目的是解决市场经济条件下财政职能的定位问题,并没有否定"国家分配论"认为的财政是以国家(政府)为主体的分配行为,国家具有政权行使者和国有经济代表者两种身份,行使社会管理和经济管理两种职能以及社会主义财政特有的"一体两翼"格局(国家税务部门和国有资产管理部门成为财政这一机体的两个翅膀,缺一不可)。这是对西方公共财政理论的扬弃,是财政体制的创新。[①] 基于此,实行公共财政绝不能忽视"国有资本财政",也不能

---

① 廖清成:《公共财政与和谐社会》,《金融与经济》2006 年第 12 期。

照搬西方模式。具体来说:

1998 年全国财政工作会议首次提出了建设公共财政的要求。党的十五届五中全会通过的《建议》进一步明确将建立公共财政初步框架作为"十五"时期财政改革的重要目标。但我国现行的财政体制与公共财政还有相当长的路要走,"在现代国家,公共支出占 GDP 的比重普遍超过 1/4,许多国家高达 1/3 至 1/2"。① 而长期以来,我国的财政体制基本属于经济建设型财政的范畴,即将主要财政资金投入到经济建设中去,无论是计划经济体制下还是在社会主义市场经济体制下,情况都是如此。不可否认,我国经济的超常规发展很大程度得力于财政资金的大量注入,但这种完全依靠财政资金投入的经济增长能否长期维持下去,值得商榷,而且这种经济建设型财政体制必然导致公共财政的支出不足、社会发展大大滞后于经济发展。1998 年以来,我国财政收入都处在 20% 以上高水平增长阶段,但国家在公共教育、公共卫生、公共救济等社会事业方面支出的比重不升反降。2005 年,我国财政收入达到了 31649.29 亿元,但财政预算用于社会保障的投入也只有 1474 亿,只占全部财政收入的 4.7%。

服务型政府强调理顺政府与市场的关系,政府要规范自身的职能,避免职能的"越位"、"错位"和"缺位"。现行的财政支出结构,不仅不能理顺政府与市场的关系,反而促使政府更大的职能"越位",即干预市场,扭曲经济规律等。与政府职能"越位"相伴而生的后果是政府职能的"缺位",即政府在社会发展方面存在很大的职能缺口。这种政府职能的"越位"也在一定程度上滋生了腐败的现象。因此,构建服务型政府,必须进行公共财政体制的创新,变革政府财政支出的结构。

三、相关引导性对策

公共财政活动的目的在于满足公共需求,取得社会效益的最大化,体现公共性和非赢利性的基本特征。服务型政府模式强调政府服务职能的主导地

---

① 李军鹏:《公共服务型政府》,北京大学出版社 2004 年 8 月第 1 版,第 217 页。

位,这种主导地位的确立依赖于一系列制度创新和安排,但其中最重要的环节之一就是公共财政体制的创新。我国以往的财政体制很不完善,而且存在支出结构存在重大偏差,片面强调公共财政的经济建设作用,忽视了公共财政本来的"服务"内涵。因而,服务型政府建设应将公共财政的支出重点从经济建设转向公共性强或正外部效应明显的公共安全、公共卫生、公共教育和公共救济等领域。

在市场经济条件下,政府应收缩其微观的经济管理职能,将主要职能重点放在经济的宏观调控上,让市场真正发挥其资源配置的基础性作用。在此基础上,应将政府财政支出集中于弥补市场失灵上,毕竟市场机制有其自身无法克服的滞后性和自发性,无法保证整个国民经济的总体均衡。通过建立和健全公共财政体制,调整财政支出的主要方向,将更多的财政资金用于社会发展和市场失灵领域,加大财政在公共安全、公共教育、公共卫生等方面的支出,为服务型政府的构建提供强大的财力支持。市场体制的一个重要理论预设是每一个竞争者处于同一起跑线上,每一个人拥有平等和自由的权利,即所谓"机会均等"。在此基础上,人们根据自己在市场中的努力来获取相应的利益。这种看似平等的竞赛规则,却忽视了人们之间总是存在这样或那样的差别,如家庭状况、身体、智力,受教育程度等方面的差别。更何况,市场优胜劣汰所带来的结果必然是两极分化,并由此而造成下一轮竞争中起点的更大不平等。服务型政府也强调市场机制的重要性,强调对效率的追求,但注重效率并不意味着效率优先原则拥有绝对的"话语霸权"。从管理型政府向服务型政府的转变、从追求"3E"到追求"4E",都深刻说明了单纯的效率原则并不具有天然的正义性,它所导致等级分明、贫富悬殊和两极分化的状况值得我们去深思。而且,弱势群体市场参与权利的丧失必然带来政治上的弱势地位,导致弱势群体政治参与权利的消失,从而间接的影响到社会成员在社会、文化、伦理等方面的公平参与,最终形成一种恶性循环,严重影响社会的和谐发展。因此,服务型政府强调的"公平"原则必须在公共财政的支出上有所体现,即努力实现公共财政支出的均等化。应把公共财政多向社会中弱势群体、西部不发达地区倾斜。

第二节　人力资源

一、相关背景

在全球化和信息化的复杂生态条件下,公共问题的有效治理日益需要政府部门强化自身能力建设,作为政府部门能力建设重要环节的人力资源建设就成为重要环节。政府部门人力资源管理作为社会人力资源管理系统的组成部分,往往成为制约整个社会人力资源管理效能的基础环节。加入 WTO 对政府公务员的传统理念和行为模式提出了挑战,更新和重塑过程往往依赖于政府的人力资源管理工作,但现实情况是,我国政府的人事行政管理虽经多次变革,但依然未能摆脱传统的积弊较多的干部人事制度,这种人事管理的滞后状况已日益影响到经济和社会转型。因此,必须在进行公务员制度改革和完善过程中,借鉴现代企业的人力资源管理理论,使政府人力资源管理体制逐步走上科学化、民主化和法制化的轨道。

所谓人力资源,是指在一定范围内能够推动整个社会和经济发展的具有智力与体力劳动能力的总和,是在劳动资源的基础上,能够发挥创造性劳动的群体。简而言之,人力资源是指推动社会发展和经济运转的人的劳动能力。毫无疑问,人力资源的开发与管理,应该成为一切管理活动的重中之重。在过去的计划经济管理体制下的政府部门缺乏"以人为本"的价值导向,缺乏人是"资源"这一根本认识。在市场经济条件下对政府部门内的人力资源进行合理开发、优化配置,能够激发工作人员的工作积极性,使工作效率得到提高,让政府部门更好的地发挥自身的作用与功能。具体来说①:

第一,重视和加强公共部门人力资源开发是适应知识经济时代的需要。

---

① 郭济:《论我国公共部门人力资源开发》,http://theory.people.com.cn/GB/41038/4812435.html。

随着全球经济一体化和知识经济时代的到来,世界人力资源的竞争更加激烈。虽然我国各个层次人力资源相对丰富,但是尚未真正发挥出其比较优势,市场化程度低,开放程度不够,高层管理人才、专业人才没有完全进入市场,公共部门人才流动的自由度以及工资的市场化程度大约只在60%～70%之间;与此相关联的中介服务也处于粗放服务阶段,社会化程度和专业化水平都比较低,与公共部门的需求之间存在很大矛盾。随着社会主义市场经济体制的日臻完善和参与经济全球化的程度加深、广度加大,高级人才的需求会愈来愈大。做好公共部门中既掌握信息技术、又学贯中西的公共管理与公共服务人才的培养、吸引和使用工作,是公共部门人力资源开发的关键。

第二,重视和加强公共部门人力资源开发是提升政府执政能力的需要。当今世界各国在推动经济改革和发展的同时,都把提高人才队伍的素质与行政效率放到首位,提高国家竞争力。国家竞争力突出表现为政府的行政管理能力,而政府的行政管理能力很大程度上取决于政府部门工作人员的素质和能力。目前,我国正处于全面转型时期,特别是社会主义市场经济体制的建立,使政府职能发生重大转变,即从微观管理为主转向宏观调控,从直接控制型转为服务监督型。这种职能转变要求政府机构重新设置,要求政府人才在知识、专业、能力素质上有较大提高,特别是建立一支高素质、专业化、年轻化的公共管理人才队伍,更是刻不容缓的重要任务,必须加大政府人力资源的开发力度。

第三,重视和加强公共部门人力资源开发是全面建设小康社会的需要。21世纪初期,我国全面建设小康社会的四大发展目标是:"增长、强国、富民、提高国际竞争力"。加速经济增长,提高经济总量和国际竞争力是强国目标;提高人民生活水平、共同富裕、消除贫困是富民目标。这几大目标构成密不可分、相互作用的发展目标体系。强国是富民的基础,富民是强国的目的,而经济发展、提高国际竞争力则是强国富民的重要保障。公共部门人力资源存在于社会公共领域,代表社会公共意志,行使公共权力,管理社会公共事务,保障和促进社会公共利益和公共秩序的持续稳定发展。我国将全面建设惠及十几亿人口的更高水平的小康社会,使"经济更加发展、民主更加健全、科教更加进步、文化更加繁荣、社会更加和谐、人民生活更加殷实",小康大业,人才为本。大力培养和造就高素质的公共部门人力资源是落实全面建设小康社会战略目标的重要保证,是实现中华民族伟大复兴的根本大计。

二、现状与问题

政府部门人力资源管理的现状与问题主要根源于历史与现实的两个方面①,具体来说:

第一,传统人才观念历史惯性深重,开发力度不够

几千年的中国历史,创造出丰富的政治文化。但传统的专制思想、人治思想,传统的身份等级思想等,以一种超常的历史惯性,渗透到社会的每个角落,严重影响公共部门人力资源的开发力度。一是传统的干部人事管理观念和做法还相当普遍,以业绩为取向的人才价值观、以人力资本为核心的人才开发观、以市场需要为方向的社会化服务观没有真正树立起来;二是缺乏忧患意识和超前意识,目前,公共部门在人力资源开发问题上,仍停留在传统的人事管理水平上,缺乏人力资源开发理念,缺乏较长期人力资源开发规划;三是公共部门"单位人"观念根深蒂固,缺乏改革和创新意识,没有意识到体制性、机制性阻碍严重影响到人才的发展。

第二,人力资源开发环境改善滞后,配套改革不足

在我国现行财政体制下,用于政府人力资源开发的专项经费很少,而且常常难以落实,使公共部门人才创业机会和发展空间受到限制。公共部门人力资源的继续教育和在职培训未得到应有的足够重视,导致公共部门的人才流失。根据中国人事科学研究院的研究成果显示,截至2003年年底,我国公务员队伍中大学本科以上学历人员仅占公务员总数的25%,中专(高中)以下学历仍有26.3%。

公共部门社会保障体制改革步伐迟缓,并未从根本上产生变革。社会保

---

① 郭济:《论我国公共部门人力资源开发》,http://theory.people.com.cn/GB/41038/4812435.html。

障经费不足,管理机构和管理制度不健全,制约公共部门人力资源辞职、辞退制度的推行,人才市场调配功能缺乏,市场发育不全等问题,均在很大程度上影响了公共部门人力资源的素质和活力。

第三,人力资源开发创新机制缺乏,开发效果不佳

对公共部门人力资源的培养,从教育、选拔、评价到管理,尚未形成一套具有自身特色的、以市场为导向的培养制度。学习型社会、学习型组织和学习型个人的社会风气尚未形成。对人才的使用上,激励、竞争机制尤其是支持服务的市场机制尚未完全适应,评价手段传统单一,人才缺乏竞争意识。在人才服务上,人才市场体系还不完善,按照市场规律对公共部门人力资源进行全面配置和调节的机制尚未建立起来。开发模式陈旧,很多先进的人力资源管理手段和方式都没有得到广泛的推广和应用。这就造成了公共部门人力资源开发工作很难取得好的效果和质的飞跃。

三、相关引导性对策

政府部门人力资源管理体制改革涉及理念、职能、机制及培训体制的系统改革,具体来说:

(一)管理理念的系统转变

在传统人事行政管理模式下,公务员作为"沙粒状"的个体,仅仅被视为或作为一种成本或生产要素,即领取薪酬与按章工作。与此相反,政府部门人力资源理念则认为公务员作为"人",其本身就是资源,且非其他物质资源可比,具有可持续利用性,潜力巨大,增值率极高。从本质上讲,此理念是"以人为本"理念在政府部门管理中的具体展示,为此,政府部门人力资源管理必须始终贯彻"以人为本"原则,为公务员能力的展示和培养创造宽松有益的土壤,将公务员的自我实现与公共利益的有效维护和增强紧密结合起来,这样我们就可以发现人才、留住人才,避免了人才的流失和浪费。

(二)管理职能的转变

在传统人事行政管理模式下,政府人事职能单一化、简单化和程序化,在公务员招募、短期培训、人事档案管理,人员晋升、奖惩均沿袭多年不变的方案

执行,不能依据时代变化加以及时调整,缺乏实际操作性,往往流于形式,趋于低效。新型的政府部门人力资源管理系统变革传统模式,强调职位分类与多元管理,从宏观与微观两方面,实现对传统管理模式的超越:宏观方面增加了政府部门人力资源管理的中长期规划和预测,加强了国际与全社会角度的人力资源管理的综合分析和考虑;微观上注重对公务员的考核、能力培训和开发。而且,强调政府部门人力资源管理的"成本—收益"分析,有力纠正了传统模式下不计成本的行为模式。

(三)管理机制的转变

在传统人事行政管理模式下,以上级意志为核心的"人治"理念和行为方式成为无法消除梦魇,虽几经努力,但成效不显著。究其原因,在于缺乏配套的法律规章且执政队伍建设有待加强。WTO对法治的现实要求使政府部门人力资源管理机制必须发生系统转变,即从"人治"管理走向"法治"管理。两者虽一字之差,但本质含义却大相径庭,前者以人的精神和意志作为行动指针,后者强调法的尊严和意志。在公共利益与个人利益发生冲突时,前者往往出现自利行为,损害公共利益,而后者则能有效维护公从意愿,实现公共利益。在"人治"模式下,上级往往能够通过人事任免权实现个人的政策和意志,往往以个人好恶或者说偏好结构决定选人标准,具有极强的主观性,且会出现以任人唯亲、山头主义的现象。法治模式的确立,法治精神的塑造将有效消除"人治"理念和行为模式,保证政府人事权的有效、合理行使,有助于使公务员的理念和行为模式回归到为公众服务和谋求公共利益的"本原"上,从而为政府部门管理效能的提高创造条件。

(四)培训体制改革

伴随知识经济到来而产生的以人为本理念强调为员工提供自我发展、自我实现的机会。因此,政府必须为公务员提供有助于知识和技能提高的培训,为他们设计职业生涯发展规划,帮助他们实现自我发展和自我实现。与此相反,传统人事行政管理体制下,公务员的培训往往流于形式,虽也轰轰烈烈,也难取得实效。应改变公务员的不思进取、整天混日子的状况,推动行政机构改革,加强公务员的"进"和"出"的管理,实现公务员的流动。

具体来说:其一,依据岗位职能异同,实行差异培训,体现培训的针对性。同时,根据公务员的个体差异,制定不同的短、中、长期的培训计划,保证有效性和延续性。其二,培训手段的多样性。既可采用半脱、全脱的培训方式,又可采用网络作为培训方式,着力培养公务员的独立学习能力,即"授之以渔"。其三,重视利用高校资源。充分发挥高校的智力资源优势,组织实现公务员的培训和教育,是实现有效人力资源管理的有效途径。

第三节 信息资源

在信息社会,信息资源的有效开发和利用是经济社会发展的重要推力,而政府部门是各类信息资源汇总与发布的重要基地,其信息资源利用状况很大程度上决定了政府部门的管理效能。所以政府部门信息资源开发与利用是政府部门管理的重要环节。电子政务作为现代政府部门管理模式的重要环节,实现了政府部门对信息资源的有效开发和利用,有力保证了政府部门管理效能的提高。

一、相关背景

现代政府部门管理所面对的社会环境系统,是一个正在从工业时代走向信息时代的变化中的环境系统。信息时代的来临正在引起一场管理革命,当然也包括政府管理的革命。从政府办公自动化到电子政务就是这一革命不断深化的产物和重要组成部分。20世纪下半叶以来,以计算机、微电子和通信技术为核心的信息技术飞速发展,计算机与通信技术交叉融合,将人类社会带进了前所未有的信息化时代。信息化时代本身也经历了一个发展过程。20世纪七八十年代,人们开始提出办公自动化,利用计算机和通讯技术,处理办公室内部业务,主要偏重于文件的制作、传送和储存。从80年代开始,管理信息系统又成为人们关注的焦点,管理信息系统是适应管理者决策和有效履行职能的需要而建立的信息加工和处理系统,重点是支持政府部门决策和满足政府部门管理职能,以及政府部门对及时、准确、相关信息的需求。

从人类生活基础性资源的要素构成的角度观察,人类历史已经历了以直接利用自然资源为主的农业时代和以加工利用自然资源为主的工业时代,现在正在走向利用信息资源为主的信息时代。在正在来临的信息时代,除了各种自然资源、生产工具而外,信息作为一种重要的资源和财富,构成人类生活的基础性要素,影响着社会的运转。客观世界的构成有三大要素,即物质、能量、信息。没有物质的世界是虚无的世界,没有能量的世界是黑暗的世界,而没有信息的世界是混乱的世界。信息,作为客观事物各种运动变化状态及其规律的表征,与物质、能量一起,共同构成了客观世界的丰富图景。人类对客观世界的认识从物质实体开始,近代转向能量研究,20世纪下半叶则进而深入到信息领域。在现代社会中,科学技术及社会经济的飞跃发展,文化知识的快速增长,使信息日益成为人们认识的重要对象和战略资源。社会各种竞争的胜负在决定性的程度上取决于对信息的掌握。信息作为资源的基础价值正日益突显出来。所以说,一个新的"信息时代"正在来临。

由于"信息社会"的来临,社会生活的内容和运行规则都将发生变化,因而各种管理活动都将发生适应性转变。这一适应性转变包括政府的公共管理在内。而对政府部门管理这一特殊领域来说,这种适应性转变集中表现为政府部门管理的信息化,即在管理中强调利用信息资源、信息化方法和现代信息技术手段,形成高度有序化的政府管理信息系统,向社会高效率地输出管理信息,保障整个社会生活的有序化和最优化。

二、现状与问题

现代信息技术尤其是互联网已经极大地改变和重塑公众的生活方式,电子政务改革适应了整个社会对政府的要求。近年来,我国电子政务建设取得了巨大的进步,成绩值得肯定,问题也明显存在。实质上,世界各国在电子政务建设中都面临原有文化、制度、人员素质(含公务员和公众)等方面的障碍。作为有几千年"人治"、"官本位"传统的中国,电子政务刚刚起步,尚处于探索阶段,面临的问题也许更多。主要包括:

1.政府信息的公开与安全

电子政务作为政府服务职能履行的平台,强调政府与公民的良性互动,那么,政府信息的网上公开是其内在要求,但政务活动毕竟不同于商务活动和私人活动,其部分内容可能涉及国家机密、敏感信息和公民隐私资料等等。现实情况是,许多政府在政务内网和公共信息网之间没有采取很好的物理隔离和逻辑隔离措施,保密信息外泄的事件屡见不鲜。当然,政府公务员也存在"公共人"和"社会人"双重角色的失衡,难免会为了一己之私窃取机密信息。对此,很多政府缺乏起码的认识和防范措施。

2.地区差距与重复建设

地区差距是指信息建设在我国不同地区之间存在"鸿沟"现象,表现为城乡之间,沿海和内地之间和贫富家庭之间信息资源分布的不均衡,它实际是指不同主体在当代信息技术领域存在差距的现象,既存在于信息技术的开发领域,也存在于信息技术的应用领域。因此,我国整体的电子政务建设还面临相当大的困境,距离实现电子政务还很遥远。其重复建设现象也相当严重,必须引起高度重视。试想,如果没有统一战略规划和细致的制度安排,数以万计的政府机构都一拥而上,争相进行电子政务建设(不可否认,由于我国整体经济发展的不平衡,部分地区因缺乏资金来源,电子政务建设仅停留在"口号"上),由于建设厂商、技术设备、数据库格式、操作系统,应用软件和用户界面的诸多不同,必须会形成各自为政、缺乏相互联系和协调的纷繁复杂的电子政务体系。这种重复建设的状况,不仅导致大量的经济成本和时间成本,也会导致政府信息的"孤岛"现象,难以在政府系统内部实现信息资源的共享,电子政务建设必然会流于形式、趋于无效。当然,我国电信领域也需加大改革力度,实现计算机、有线电视和电信的三网融合,为电子政务的统一化、标准化和兼容化建设提供条件。

3.服务理念尚需转变,服务内容有待加强

不可否认,在适应市场经济发展的过程中,我国政府的工作效率和工作作风都有了质的变化,但根深蒂固的管理意识和行为习惯都难以实现短期转变,以适应服务型政府和电子政务建设的要求。一些政府机构还根深蒂固地存有

"全能政府"的观念,难以实现政府从低层次的感官管理向高层次信息管理的转变。我们发现,很多政府网站,仅仅是面子工程,为的是应付上级检查,仅满足于介绍政策法规,发布政府新闻等浅层次服务状态,而许多体现"公共服务"理念的在线服务内容(例如,网上申请和审批)却寥寥无几。可以说,在电子政务建设上,政府必须转变其固有理念,强化服务意识,增加服务内容,有效地为公民提供优质在线服务。

三、相关引导性对策

结合我国信息化建设的总体目标及电子政务发展的现状,针对上述存在的问题,建议采取下列对策措施:

首先,强化理念转变,充分认识电子政务建设的重要性。电子政务建设的滞后和混乱,源于政府对服务型政府及电子政务模式认知上的落后。要改善电子政务建设的状况,必须对服务型政府及电子政务模式有充分的认知,并提高各政府机构之间认知的共同度,通过认知水平的提高,强化彼此之间的协同,避免"单兵冒进"出现的系统不协调、技术不兼容的状况。当然,正像现有科学知识积累影响技术创新的成本一样,有关制度安排的知识积累也影响制度变化的创新可能性。[1] D. 菲尼在阐述制度变迁影响因素时,认为制度安排的知识和经验积累对制度变迁的走向和实施效果有相当大的影响力。因此,要提高政府对服务型政府和电子政务模式的认知水平和共同度,就必须学习国外的成功经验,多引进、介绍和学习发达国家改革政府治理模式、发展电子政务的具体经验和做法。

其次,强化统一领导,实现信息资源的整合。按照"统一领导、分工负责"的原则,由国务院牵头设立专门的电子政务建设领导机构,各省、市设置对口机构,强化组织领导,避免"一拥而上、条块分割"的状况。国务院可以制定统一的,具有普遍指导意义的全国电子政务建设规划和指导意见,可分阶段、分

---

① ［美］D. 菲尼:《制度分析与发展的反思——问题与抉择》,王诚等译,商务印书馆 2001 年版,第 146 页。

区域加以设施。同时,应注重信息资源的整合与共享,打破各级政府部门对信息的垄断和封闭,对要建和在建的政务工程都要纳入到全国、省、市的电子政务规划中,对已投入使用的电子政务系统,要加大升级、改造力度,逐渐过渡到统一的标准和规范之下,为建成统一的公共信息共享平台提供条件。此外,应出台相关法律、法规营造电子政务充分应用、合理实施的软环境,同时,提高政府公务员的信息化应用水平也是保障电子政务得以真正实现的重要因素。

再次,强化实际应用,加大基础设施建设。在电子政务建设过程中,切忌"不切实际,盲目求快"的心理,应充分考虑经济成本、制度创新难度、国家安全等多方面因素,以需求为基本导向、强化实际应用,加大与电子政务相关的基础设施建设。具体来说:其一,重点推进。应重点推进关乎国计民生、经济发展、国防建设等方面的电子政务建设,实现跨部门之间的信息交流平台,为政府决策提供信息基础。其二,拓展政府电子政务服务的内容。不能仅仅满足于简单的网上咨询和政策发布等功能,应为公民提供稳定性强、灵活性高的信息平台产品,例如,网上纳税、网上申请和审批等服务。其三,加大基础设施建设力度。要加快建设高速的政务网络系统,形成健全和完善的政府专网;同时,加快有条件地方的"数字城市"建设力度,实现政务网络系统和社会网络系统的协调发展,实现一定程度的对接,为政府与公民的良性互动提供技术平台。

总之,电子政务建设不仅仅是技术上改造和应用,更是政府治理形态上的深层次转变,涉及利益分配的调整、制度的改造和重塑,政府适用能力等等,其变数和难度,可想而知。因此,电子政务建设如同服务型政府建设一样,目标虽然明确,过程可能面临比较大的困难,时间跨度也将比较漫长。

第四章 政府部门管理的理论基础和价值理念

第一节 政府部门管理的理论基础

所谓理论基础,是指能够正确揭示某一理论系统(学科)所赖以存在的基础,并用以解释与某一理论系统相连接的客观现象(实践)的最基本的理论。利用这个理论基础可以指导对一般理论系统所研究的对象、范畴及各种关系的探究,并能对一般理论系统所探讨的实践客体具有最终和最权威的解释能力。因而,探讨服务型政府的理论基础,就必须首先审视西方行政学发展过程中的相关理论,如新公共管理理论、治理理论与新公共服务理论等,并进而阐述社会主义中国依赖的马克思主义民主理论及其发展,因为正是这两大方面的理论奠定了服务型政府的理论基石。

一、新公共管理理论

"新公共管理"(newpublicmanagement, NPM),最初在很大程度上是一种欧洲现象,其起源可以追溯到追求行政现代化的改革实践中"管理主义"对韦伯官僚制理论的持续争论。随着管理至上学说逐渐占据优势,从管理学角度批判官僚主义,推崇私营机构的管理技术,认为分权、放松管制、委托等是医治公共管理机制僵化的组织原则。以此为指导的改善公共管理的实践尝试逐渐形成一种相对一致的流派,即"新公共管理",它也成为20世纪80年代以来欧美国家行政改革的指导原则。

　　从当代西方国家行政改革始,欧美国家的行政学者就对之展开了研究。
1990 年,奥库安(Aucoin)对英国、澳大利亚和新西兰进行了比较研究,认为这
些国家均出现了某种"新公共管理"的发展。① 著名的英国公共管理学家,曾
任伦敦经济学院院长的胡德教授(Hood,1991)特别将新公共管理的特质归纳
为:在公共部门中实施专业化的管理,让公共管理者自己管理并且承担责任;
确立明确的目标,设定绩效测量标准并且进行严格的绩效测量;特别强调产出
控制,对实际成果的重视甚于对过程或程序的关注;打破公共部门中的本位主
义,对部门进行拆分与重组,破除单位与单位之间的藩篱;在公共部门中引入
竞争机制,降低管理成本,提高服务质量;强调对私营部门管理方法和风格的
吸收和运用;强调对资源的有效利用与开发。②

　　作为一种现代形态的公共行政理论,新公共管理理论是"管理主义"
(managerialism)或"新管理主义"(new-managerialism)运用于公共部门的结
晶。"管理主义"的信条就是"让管理者来管理",这是良好管理的基本准
则。③ 管理主义认为,良好的管理可以通过引进私营部门中良好的商业实践
在公共部门中实现。20 世纪 80 年代以来,管理主义与公共选择理论、交易成
本经济学、委托—代理理论结合,构成了"新管理主义",其标准范本就是新公
共管理理论。"新公共管理"理论对管理持有两个理念:管理的自由化和市场
化。这两个理念在美国学者奥斯本和盖布勒的《重塑政府》一书中得到了提
炼和普及,成为新公共管理理论的精髓——企业家政府理论。所谓的企业家
政府理论是指运用企业家的精神来对政府进行重新塑造的公共管理理论。该
理论认为,政府是我们用来作出公共决策的一种机制,是我们解决共同问题的
方式。对于一切文明社会来说,政府都是必不可少的,但遗憾的是,政府的现
状并不令人满意,它并没有像人们所期待的那样有效运作。然而,问题不在于

---

　　① 　P. Aucoin, AdministrativeReforminPublicManagement: Paradigms, Principles, ParadoxesandPendu-
lums,inGovernance3(1990),pp. 115 – 137.

　　② 　C. A. Hood,PublicManagementforAllSeasons:PublicAdministration,1991(69),pp. 3 – 9.

　　③ 　DonaldKettl, 'TheGlobalRevolutioninPublicManagement: Drivingthemes, MissingLinks ', Jour-
nalofPolicyAnalysisandManagement,1997,16(3):pp. 446 – 462.

政府中工作的人,而在于他们工作所在的体制,正如奥斯本和盖布勒所言,政府中的大多数公务员"是负责的、有才能的、立志献身的人,只是受制于陈旧体制的桎梏,创造性得不到发挥,精力遭到浪费。我们相信这些制度可以改变,释放出政府公务员身上巨大的能量,提高他们为公众服务的能力"。因此,要从根本上提高政府的工作效率,就必须改革政府的不良体制。

为此,他们提出了构成企业家政府理论之基本内核的十条政府体制改革原则,我们可以看作是新公共管理理论的基本观点:第一,政府应集中精力"掌好舵"(即做好决策)而非"划好桨"(即做好具体的服务性工作),以便居高临下,用政策吸引竞争者,保持最大的灵活性来应付变化着的环境,出色地扮好自己的角色;第二,政府的行政专家们不必事必躬亲,而要善于授权,鼓励公众参与管理;第三,政府应该通过各种形式引入竞争机制,增强成本意识,提供优质服务,改善管理;第四,政府应摆脱繁文缛节的束缚,只指导做什么,即要人们实现什么目标并根据目标指定必要的规章和预算,放手让人们去履行各自的责任,至于怎么做则无需管制过细;第五,政府应该讲究效果,对各部门业绩的衡量重在成果而不是投入项目的多少;第六,政府是受顾客驱使的,其宗旨是满足顾客的需要,不是官僚政治的需要,故政府应像企业一样具备"顾客意识",建立"顾客驱使"的制度;第七,政府应具有一种投资观点,应把利润动机引进为公众服务的活动中,变管理者为企业家,学会花钱来省钱,为回报而投资;第八,政府应着眼于以预防为主,而不是通过事后服务来挽回损失,他们在做出决定时,应尽一切可能考虑到未来,以防患欲未然;第九,政府应善于下放权力,实行参与及合作,分散公共行政机构的权力,简化其内部结构上的等级;第十,政府在行政管理上应采取市场取向的思维,应引进市场机制,改善公共服务,政府的管理政策应以市场为依托,组织市场,规范市场,通过市场的力量推进变革。①

---

① David Osborne and Ted Gaebler, Reinventing Government: How the Entrepreneurial Spiritis Transforming the PublicSector. Addison—Wesley Publishing Company, Inc. 1992.

二、治理理论

英语中治理一词(governance)源于拉丁文和古希腊语,原意是控制、引导和操纵。长期以来它与统治一词交叉使用,并且主要用于与国家的公共事务相关的管理活动和政治活动中。1989 年世界银行在概括当时的非洲的情形时,首次使用了"治理危机"(crisisingovernance)一词,此后,"治理"便被广泛地应用在政治发展研究领域,特别是被用来描述后殖民地和发展中国家的政治状况。20 世纪 90 年代以来,西方学者,特别是政治学家和政治社会学家,对治理做出了许多新的界定。作为治理理论的主要创始人之一的罗西瑙(J. N. Rosenau)在其代表作《没有政府统治的治理》和《21 世纪的治理》等文章中将治理定义为一系列活动领域里的管理机制,它们虽未得到正式授权,却能有效发挥作用。全球治理委员会于 1995 年发表了一份题为《我们的全球伙伴关系》的研究报告,对治理作出了界定:治理是各种公共的或私人的个人和机构管理其共同事务的诸多方式的总和。它是相互冲突的或不同的利益得以调和并且采取联合行动的持续过程。这既包括有权迫使人们服从的正式制度和规则,也包括各种人们同意或以为符合其利益的非正式的制度安排。它有四个特征:治理不是一整套规则,也不是一种活动,而是一个过程;治理过程的基础不是控制,而是协调;治理既涉及公共部门,也包括私人部门;治理不是一种正式的制度,而是持续的互动。[①] 治理理论的主要观点有:

第一,"多中心治理"理念。治理理论认为政府组织必须在社会中承担十分重要的角色,特别是在合法地使用暴力、实现公平价值方面,发挥其他组织不可替代的作用,但政府不再是社会管理的唯一权力中心。非政府组织、社区组织及公民自治组织与政府一起承担管理公共事务的责任。这些组织的权力也应得到社会和公民的认可。在多中心治理的模式下,政府的各级行政部门及公职人员,必须以"参与、互动、合作、服务"为理念,平等地对待其他社会组织,构建共同治理的合作伙伴关系。在这种合作治理过程中,公民及社会组织

---

① 转引自俞可平:《治理与善治》,社会科学文献出版社 2000 年版,第 4—5 页。

的参与,作为自主治理的一极,发挥着不可替代的作用。多中心治理并不拒绝控制和规制,但在多元化、多样化、分散化的社会环境中,矛盾、冲突、差异、偏激等现象的存在是十分正常的,社会治理者应该善于通过谈判和协商,化解各种矛盾和冲突。认可社会权力主体多元化的现实,这是认识治理的基础。

第二,公共权威理念。治理理论认为治理需要权威,但权威并非管理型政府下的政府一家,其他社会组织如非营利性的公共组织、社区及企业等都可以成为治理的主体,进而提出公共权威的理念,即在对国家和社会公共事务的治理中,政府和其他社会力量处于完全平等的地位,没有哪个治理主体处于绝对的主导地位,而且在不同的治理过程中同一治理主体也会处于不同的地位上。这种理念的提出,打破了传统的官僚制理论中,政府在公共管理中绝对主导地位,为民主行政提供了现实的可能。

第三,善治的理念。所谓善治就是使公共利益最大化的社会管理过程,其本质是政府与公民对公共生活的合作管理。他要求有关管理机构与管理者最大限度地协调各种公民之间以及公民与政府之间的利益冲突,从而使公共管理活动取得公民最大限度的认同。善治的实现依赖于政府与公民间积极而有效的合作。

三、新公共服务理论

新公共服务(the New Public Service),指的是关于公共行政在以公民为中心的治理体系中所扮演的角色的一套理念。新公共服务理论是由美国行政学者罗伯特·丹哈特(Robert B. D enhardt)和珍妮特·丹哈特(Janet Vinzant Denhardt)教授在对新公共管理理论进行反思和批判的基础上于20世纪末提出的。新公共服务学派运用德怀特·沃尔多和谢登·沃林著作中的民主社会的公民权理论、社区和市民社会的模型及组织人本主义和组织对话理论,指出公共行政官员在其管理公共组织和执行公共政策时应该集中于承担为公民服务和向公民放权的职责,他们的工作的重点既不应该是为政府这艘航船掌舵,也不应该是为其划桨,而应该是建立一些明显具有完整合力和回应力的公共机构。具体来说,公共服务理论的基本观点是:

第一,政府的职能是服务,而不是"掌舵"。公务员日益重要的角色就是要帮助公民表达并满足他们的共同利益需求,而不是试图控制或"掌舵"。现代政府的作用是与私营和非营利组织一起,为社区面临的问题寻找解决办法。其角色从控制转变为议程安排,使相关各方坐到一起,为促进公共问题的协商解决提供便利。在这样一个公民积极参与的社会中,公共官员将要扮演的角色越来越不是服务的直接供给者,而是调停者、中介人甚至裁判员。

第二,公共利益是目标,而非副产品。公共行政官员必须致力于建立集体的、共享的公共利益观念,这个目标不是要在个人选择的驱使下找到快速解决问题的方案,而是要创造共享利益和共同责任。建立社会远景目标的过程并不能只委托给民选的政治领袖或被任命的公共行政官员,事实上,广泛的公众对话和协商至关重要。政府应该积极地为公民通过对话清晰地表达共同的价值观念并形成共同的公共利益观念提供舞台,政府还有责任确保经过这些程序而产生的解决方案完全符合公正和公平的规范,确保公共利益居于主导地位。

第三,战略的思考,民主的行动。满足公共需要的政策和方案可以通过集体努力和协作过程得以最有效并且最负责任地实现。政府应鼓励公民责任感的强化,支持群众和个人参与社区契约的订立活动,从而为有效的和负责任的公民行动奠定基础。政府应该具有开放性、可亲近性和回应性,能够为公民服务并且为公民创造机会。

第四,服务于公民而非顾客。公共利益源于对共同价值准则的对话协商,而不是个体自我利益的简单相加。因此,公务人员不应仅仅满足于回应顾客的需要,而要聚焦于公民并在公民之间建立信任与合作关系。政府与公民的关系不同于企业与顾客的关系,在公共部门,我们很难确定谁是顾客,因为政府服务的对象不仅是直接的当事人。公正与公平是政府提供服务时必须要考虑的重要因素,政府必须关注公民的需要和利益。

第五,责任并不简单。公务员不应当仅仅关注市场,他们应当关注宪法法律、社区价值观、政治规范、职业标准以及公民利益。传统的公共行政要求公共行政官员只是直接地为政治官员负责,而新公共管理者要求公共行政官员像企业家一样行事而对市场负责的观点都是对责任问题的过度简化,都没有反映出当今公共服务的需求和现实状况。新公共服务理论认为,公共行政官员的行动应该受到包括公共利益、宪法法令、其他机构、其他层次的政府、媒体、职业标准、社区价值观念和价值标准、环境因素、民主规范、公民需要在内的各种制度和标准等复杂因素的综合影响,而他们应该对这些制度和标准负责。

第六,重视人,而不只是生产力。如果公共组织及其所参与的网络能够以对所有人的尊重为基础,通过合作和分享领导权的过程来运作的话,那么从长远的观点来看他们是就更有可能获得成功。如果要求公务员善待公民,那么公务员本身就必须受到公共机构管理者的善待。

第七,公民权和公共服务比企业家精神更为重要。与企业家式的管理者视公共资金为己所有的行为方式相比,如果公务员和公民都致力于为社会作出有意义的贡献,那么公共利益就会得到更好的实现。新公共管理理论所主张的公共行政官员最大限度提高生产率和满足顾客的需求是一种狭隘的目的观。新公共服务理论认为,公共行政官员不仅要分享权力,通过人民来工作,通过中介服务来解决公共问题,而且还必须将其在治理过程中的角色重新定位为负责任的参与者,而不是企业家。

西方国家的民主行政理论,无论是新公共管理理论、治理理论还是新公共服务理论在价值取向上,都是主张由政府本位向公民本位转化,强调公共管理以人为中心,向社会提供个性化服务,公共管理主体的多元化,政府是一切从服务出发的政府。而我们所提出的服务型政府,最根本的特点就是以公民本位和公民意志在公共管理中居于决定性的地位。因此,从这个方面来说,西方的这些民主行政理论具有极大的借鉴价值,尤其是它提出政府要对公民的需求做出及时的回应、政府应该向社会提供符合公平和正义原则的公共决策、政府应该采纳开放的组织结构以吸纳公民对公共决策的参与、建立在充分对话基础上的公共政策的形成机制以及政府应该是服务者而不是掌舵者的政府角色定位,为我们设计一个以人为本的服务型政府提供了理论借鉴。

四、马克思主义民主理论

理论基础属于意识形态的范畴,归根结底是由其赖以存在的客观的社会基础决定的。我国服务型政府建设是一场伟大的实践活动,我们在借鉴西方民主行政理论的同时,不应该抛弃对中国政府管理模式产生重大影响、并被历史证明为正确的马克思主义理论尤其是马克思主义民主理论这一最基本的理论基础。

马克思主义是关于社会主义革命、建设和改革的指导思想和理论源泉,马克思主义民主理论则是指导社会主义政治建设的理论基础。马克思主义经典作家在批判地继承包括资产阶级民主理论在内的人类政治文明成果,总结无产阶级革命斗争经验的基础上创立了马克思主义民主理论。这个理论在人类历史上第一次揭示了民主的阶级实质,阐明了民主的科学内涵,为劳动群众争得和实现人民民主提供了正确的行动指南和前进方向。马克思主义认为,民主是一种国家形态,随国家的产生而产生,随国家的发展而发展。在不同的社会形态特别是不同的经济形态下,民主表现为特定的阶级掌权下的民主,并为这个特定的阶级服务。换言之,在政治国家中,国家形态意义上的民主具有明确的阶级性,这是任何人都掩饰不了的客观规律。资本主义民主是资产阶级的民主,是供少数人享用的民主;社会主义民主是当前最先进的民主形式,是工人阶级(通过共产党)领导的人民当家作主的民主,是社会中绝大多数人享有的广泛的人民民主,是工人阶级政党领导和组织人民群众实行民主选举、民主决策、民主管理和民主监督的民主。只有社会主义民主,才能真正实现国家制度与人民主权的高度统一,真正实现人民民主,不断推进社会主义民主政治的发展。从本质上说,马克思主义的民主理论是关于无产阶级和劳动人民群众应该成为社会的主人,如何成为社会的主人和怎样保持主人地位的理论,其核心是表明人民当家作主是社会主义民主政治的本质。[①]

马克思在总结巴黎公社经验的基础上,就如何保证属于公民的政府能真

---

① 李靖:《在中国建设服务型政府的理论基础》,《政治学研究》2005 年第 4 期。

正代表公民的利益,即实现真正的人民当家作主或民主,马克思甚至明确提出
了以为人民服务为宗旨的政府建设问题:

第一,社会主义国家实质上是工人阶级的政府,普遍实行"议行合一"的
政权组织形式。在巴黎公社这个人类历史上第一个无产阶级政权成立后,马
克思认为工人阶级掌握政权"给共和国奠定了真正民主制度的基础"①。在公
社里,所有具备基本的公民资格的公民都具有选举与被选举权,因而所有公民
都可以通过当选而成为公职人员,并且组成权力机关的代表必须是由全体选
民直接选举产生的,即"公社是由巴黎各区普选出的市政委员会组成的"②。
在工人阶级领导下,"社会把国家政权重新收回,把它从统治社会、压制社会
的力量变成社会本身的生命力;这是人民群众把国家政权重新收回,他们组成
自己的力量去代替压迫他们的有组织的力量;这是人民群众获得社会解放的
政治形式,这种政治形式代替了被人民群众的敌人用来压迫他们的假托的社
会力量"③。可以说巴黎公社的政权是一个真正的将公共的权力回归到公共
权力所有者——工人阶级手中的政权组织形式。

西方政治理论中有直接民主制理论和间接民主制即代议制理论两种,马
克思认为代议制无法保障人民的利益,只是"为了每三年或六年决定一次由
统治阶级中什么人在议会里当人民的假代表"④,"只是让人民每隔几年行使
一次,来选举议会制下的阶级统治工具"⑤。直到巴黎公社起义胜利后,马克
思才发现了取代代议制的行政权组织形式即议行合一的代表制。也就是每级
行政单位内由公民直接选举产生的代表所组成的议行合一的代表会议,将自
主决定本区域内一切公共事务,"每一个地区的农村公社,通过设在中心城镇
的代表会议来处理他们共同的事务"⑥,并同时选出代表参加更高级的行政组
织的代表会议,以在更高层次上代表本区域的利益。

---

① 《马克思恩格斯选集》(第三卷),人民出版社1995年版,第94页。
② 《马克思恩格斯选集》(第三卷),人民出版社1995年版,第54页。
③ 《马克思恩格斯选集》(第三卷),人民出版社1995年版,第95页。
④ 《马克思恩格斯选集》(第三卷),人民出版社1995年版,第56页。
⑤ 《马克思恩格斯选集》(第三卷),人民出版社1995年版,第96页。
⑥ 《马克思恩格斯选集》(第三卷),人民出版社1995年版,第56页。

　　第二,人民有权随时撤换和罢免这些选出的代表。巴黎公社的所有公职人员都是由全体选民直接选举产生,而且所有公职都是开放的,对任何选民来说都是平等的。马克思认为这种选举权行使"正如个人选择权服务于任何一个为自己企业招雇工人和管理人员的雇主一样"①,也就说,"企业也像个人一样,在实际业务活动中一般都懂得在适当的位置上使用适当的人,万一有错立即纠正"②。如果公民在选举中被一时的错误信息迷惑,选出了并不能真正代表公民利益的官员,公民也会立即纠正这种错误,即撤换或罢免。由于公社赋予公民对公职人员以经常的、直接的监督权,所以"每一个代表都可以随时罢免,并受到选民给予他的限权委托书(正式指令)的约束"③。之所以能够如此,因为公社"彻底清除了国家等级制,以随时可以罢免的勤务员来代替骑在人民头上作威作福的老爷们,以真正的负责制代替虚伪的负责制,因为这些勤务员总是在公众的监督之下工作的"④。

　　第三,建立廉价政府,政府公职人员所得报酬只应相当于一个熟练工人的收入。马克思认为"公社实现了所有资产阶级革命都提出的廉价政府这一口号"⑤,"因为它取消了两项最大的开支,即常备军和官吏",代之的是工人自己组织起来的自卫军和为公众提供服务的公仆。为了防止政府公职人员蜕变成为权贵,巴黎公社规定"从公社委员起,自上至下一切公职人员,都只应领取相当于工人工资的报酬"⑥,同时规定"从前国家的高官显宦所享有的一切特权以及公务津贴,都随着这些人物本身的消失而消失了"⑦。在公社里,人与人之间是完全平等的,政府是人民意志的真实反映。

　　当然,马克思主义民主理论也是不断发展的。中国共产党几代领导集体提出的各具特色的为人民服务理论是我们建设服务型政府的具体指导思想。

---

①　《马克思恩格斯选集》(第三卷),人民出版社1995年版,第382—383页。
②　《马克思恩格斯选集》(第三卷),人民出版社1995年版,第57页。
③　《马克思恩格斯选集》(第三卷),人民出版社1995年版,第57页。
④　《马克思恩格斯选集》(第三卷),人民出版社1995年版,第96页。
⑤　《马克思恩格斯选集》(第三卷),人民出版社1995年版,第58页。
⑥　《马克思恩格斯选集》(第三卷),人民出版社1995年版,第55页。
⑦　《马克思恩格斯选集》(第三卷),人民出版社1995年版,第55页。

在马克思主义指导下,毛泽东、邓小平、江泽民、胡锦涛等同志基于中国历史与现实国情,先后提出了"为人民服务"论、"领导就是服务"论、"三个代表"重要思想、科学发展观等,从而建构起一个不断完善的为人民服务理论。

1. 毛泽东同志的"为人民服务"论。早在 1942 年,毛泽东同志在延安文艺座谈会上就明确指出:"我们的文艺应当为千千万万劳动人民服务"。1944年 9 月,毛泽东在张思德同志追悼会上首次完整准确地使用了"为人民服务"的概念。1945 年,毛泽东同志在党的七大政治报告《论联合政府》中系统论述了为人民服务理论,将全心全意为人民服务提到党的唯一宗旨的高度,同时强调指出:"我们共产党人区别于其他任何政党的一个显著标志就是和最广大人民群众取得密切联系。全心全意为人民服务,一切工作都应当从人民的利益出发,而不是从个人或小集团的利益出发,向人民负责和向党的领导机关负责的一致性;这些是我们的出发点。"①因为"人民,只有人民,才是世界历史的创造者"②。

2. 邓小平同志的"领导就是服务"论。邓小平同志坚持毛泽东同志的为人民服务论,指出党"之所以成为先进部队,之所以能够领导人民群众,正是因为,而且仅仅是因为,它是人民群众的全心全意的服务者,它反映人民群众的利益和意志,并且努力帮助人民群众组织起来,为自己的利益和意志而斗争"③。他还指出:"中国共产党的含义或任务,如果用概括的语言来说,只有两句话:全心全意为人民服务,一切以人民利益作为每一个党员的最高准绳。"④改革开放后,处于执政地位的中国共产党如何结合新的实际坚持全心全意为人民服务的宗旨?邓小平同志通过艰苦探索明确提出了"领导就是服务"论的科学判断。1985 年 5 月,邓小平同志在全国教育工作会议上指出:"什么叫领导?领导就是服务。"

3. 江泽民同志的"三个代表"重要思想。所谓"三个代表"是指:"中国共

---

① 《毛泽东选集》(第三卷),人民出版社 1991 年版,第 1094 页。
② 《毛泽东选集》(第三卷),人民出版社 1991 年版,第 1029 页。
③ 《邓小平文选》(第一卷),人民出版社 1993 年版,第 218 页。
④ 《邓小平文选》(第一卷),人民出版社 1993 年版,第 257 页。

产党要始终代表先进社会生产力的发展要求,代表中国先进文化的前进方向,代表中国最广大人民的根本利益。"在这"三个代表"中,代表先进生产力的发展要求居于基础性的地位;代表先进文化前进的方向是非常重要的;而"发展先进生产力和先进文化是实现最广大人民根本利益的基础和前提,实现最广大人民根本利益则是发展先进生产力和先进文化的目的和归宿"①。"三个代表"重要思想是中国共产党第三代领导集体的智慧结晶,是对我国建设社会主义的伟大实践和建党八十多年的历史经验的总结。"三个代表"重要思想把发展先进生产力、发展先进文化、实现最广大人民群众的根本利益同坚持党的先进性联系在一起,并且上升到党的性质和宗旨的高度,使毛泽东同志的"为人民服务"论、邓小平同志的"领导就是服务"在新的历史条件下有了更鲜明的时代精神和更具体的实践要求②。"三个代表"重要思想实际上就是在新的历史时期,作为无产阶级先锋队的中国共产党在执政的条件下,与人民关系的一次重新认定,这种关系就是党所代表的利益必须是最广大人民的根本利益,或者说党只能是最广大人民群众利益的代表,而不能有任何自我特殊的利益要求。

4. 胡锦涛同志的社会主义科学发展观。党的十六届三中全会《决定》明确指出,要"坚持以人为本,树立全面、协调、可持续的发展观,促进经济社会和人的全面发展"。这些表述揭示了科学发展观的内涵,就是用科学的世界观和方法论来看待和解决为什么发展、为谁发展和怎样发展的问题。树立科学发展观,其核心在于坚持以人为本,深化对社会主义市场经济条件下人的本性的认识,使最广大人民成为经济社会发展的主体和动力,把关心人、尊重人、解放人、发展人作为经济社会发展的目的。坚持以人为本,我们认为重要的是坚持历史唯物主义观点,真正使最广大人民成为经济社会发展的主体和动力。胡锦涛同志指出:"相信谁、依靠谁、为了谁,是否始终站在最广大人民的立场上,是区分唯物史观和唯心史观的分水岭,也是判断马克思主义政党的试金

---

① 《胡锦涛在学习贯彻"三个代表"重要思想理论研讨会上的讲话》,2003 年 7 月 1 日。

② 何水:《服务型政府建设的理论依据与现实背景》,《云南社会科学》2005 年第 4 期。

石。"人民群众既是社会物质财富的创造者和享有者,也是社会精神财富的创造者和享有者。人民群众在发展先进生产力、先进文化方面起着决定作用,而实现好、维护好、发展好最广大人民的根本利益,根本在于使最广大人民真正成为经济社会发展的主体和动力。人民群众是历史的创造者。我们党和政府应该创造良好的环境和条件,进一步扩大就业,并鼓励、支持广大人民群众自我创业、自我发展。成功的创业者将带动更多的人就业,这样就能逐步实现全体人民共同富裕,并使人民群众在创业和就业的劳动中得到自我实现和自由而全面的发展。

马克思的民主理论与马克思主义在中国发展的毛泽东同志"为人民服务"论、邓小平同志"管理就是服务"论、江泽民"三个代表"重要思想、胡锦涛同志的社会主义科学发展观共同建构起的这种不断发展的为人民服务理论,已为实践证明是一种科学的理论,与服务型政府的理念和宗旨是完全相通的,是我国服务型政府建设最根本的理论落脚点。

第二节　政府部门管理的价值理念

国家诞生以后,便有了对国家进行管理的政府。但政府对国家和社会进行管理采取什么样的模式则与一个国家的行政理念密不可分。在一定意义上,有什么样的行政理念就会有什么样的政府管理方式。

一、传统行政理念

学者张康之指出:"迄今为止,人类已经发明了两种行政管理模式,即统治行政的模式和管理行政的模式。"①那么,统治行政的模式和管理行政的模式各自的行政理念是什么? 它们在我国又有什么样的具体表现形式? 这就是本节所要阐述的主要内容。

---

① 张康之:《寻找公共行政的伦理视角》,中国人民大学出版社 2002 年版,第 5 页。

1. 统治型理念

统治型政府存在于国家产生以后、资本主义制度建立前的漫长历史时期里。在这种政府统治之下,政治上追求政治秩序、维护统治阶级的统治地位,经济上实行封闭的自给自足的农业经济,人民则作为统治者的私有财产而被束缚在土地上,没有人身自由,没有自主意识,统治阶级以其掌握的强制性的公共权力将整个社会控制在不会危及其统治地位的秩序内。

统治型政府作为人类历史上最早的一种政府类型,其产生是和国家的产生相伴的。按照马克思主义国家学说,国家的产生是阶级矛盾发展到一定阶段的产物。对我国来说,统治型国家从夏王朝开始,中间经历了两千多年的封建制度。这期间虽然统治者发生了频繁的更替,具体的统治方式也有很大的差异,但这种不同和差异更多地表现为社会发展程度以及统治手段完备的不同,而他们统治核心——统治理念没有发生质的变化。也就是说无论是奴隶制还是封建制,都是以维护统治阶级的秩序,以王权为主导的。

具体来说,统治型政府的行政理念主要有以下几个方面所构成:

(1)王权本位的思想。统治型政府中政府和官员的行为主要依据统治者对惯例或世俗的解释。我们所熟知的"祖宗之法不可改"就是这种把惯例和旧俗放在神圣不可侵犯地位的表现。当然,这种把惯例和旧俗神圣化的观点与近代西方国家的规制有很大的不同,因为在西方,规制是"社会公共机构按照一定的规则对企业的活动进行限制的行为"[①],具有很强的刚性。而在我国,统治者对惯例和旧俗的遵循也会表现出其灵活性的一面,即对惯例或旧俗加上符合其需要的解释,所以从根本上说,统治型政府的行为依据是最高统治者个人的意愿,甚至是情绪或性格化的个人意愿而非理性的个人意愿,也就是我们所熟知的"君叫臣死,臣不得不死"的绝对王权本位思想。在这种类型的政府内,虽然也有一些法律制度,但是这些法律制度是用来约束民众的,即所谓"刑不上大夫"。即使有一些贤明的帝王会提出"王子犯法与庶民同罪"的主张,但执行起来却异常艰难。

---

① [日]植草益:《微观规制经济学》,朱绍文、胡欣欣等译,中国发展出版社1992年版,第2页。

　　此外,在统治型政府中,由于整个社会的经济结构都是建立在土地的私人所有制基础上,而奴隶或农民又依附于土地,因而,他们就由对土地的依附转为对土地所有者的依附。在奴隶社会,奴隶就是奴隶主的私有财产,可以任意处置。在封建社会,由于土地最终都是属于统治型社会中最高的统治者也就是帝王,农民也就成为帝王的私有财产。所谓"普天之下,莫非王土;率土之滨,莫非王臣"就是对统治型政府中臣民与政府关系生动的描述。

　　(2)统治的管理理念。统治型政府的首要目的就是为了维护一定的政治秩序,从而使社会能够良性运转。统治的管理理念追求的是绝对的政治秩序,而且这种秩序更多的是靠暴力机器和强制手段来实现和维持的,这种暴力机器和强制手段的执行者就是政府。当然,统治型政府为了实现统治秩序也会执行某种社会管理,而且"政治统治到处都是以执行某种社会职能为基础的,而且政治统治只有在它执行了它的这种社会职能时才能持续下去"[1],而且"管理追求的是与统治一体化条件下的管理,管理行为自身未得到充分自觉,管理从不隐瞒为统治服务的职能特征,统治职能与管理职能处于一种混沌统一的状态"[2]。

　　为更好维护对社会统治,统治型国家采取的是一种被马克斯·韦伯所划分的传统型组织。在这种组织形式中,统治者的产生是由血缘和出身而定的,统治者的权威基础是统治者所宣称的、同时也为其他组织所信仰的规则、先例和习惯,以及权力的神圣性。组织成员之所以服从统治者,是由于统治者的血缘和出身因袭而来的身份,组织成员对命令的服从并非根据明文规定的形式规章,而是因为命令来自具有传统合法性的个人或命令符合传统。

　　2. 管理型理念

　　所谓的管理型政府是指随着社会经济的发展,要求政府承担起越来越多的对社会公共事务管理职能,此时的统治者为追求政治秩序不得不以社会秩序的实现为手段,因此,社会秩序的追求就更加突显,而政治秩序的追求则处

---

　　[1] 《马克思恩格斯选集》(第3卷),人民出版社1995年版,第523页。
　　[2] 张康之:《论政府的非管理化——关于"新公共管理"的趋势预测》,《教学与研究》2000年第7期。

于隐蔽状态。此时,随着政治与行政二分理论、官僚制理论的提出和公务员制度的确立,政府管理模式就由以追求社会秩序为主要目的的管理型取代了以追求政治秩序为目的的统治型。在西方,标志管理型政府产生的是资本主义制度的确立。尤其是一系列重要法案的出台,如《权利法案》《人权与公民权利宣言》等,标志着管理者和被管理者之间在政治理念上和法律文件上开始取得平等地位,也就决定了统治型政府的终结。对于我国来说,管理型政府应该开始于辛亥革命后中华民国的成立,随着三民主义的思想的广泛传播,民主的理念也逐渐深入人心。新中国成立后,人民真正当家作主,《中华人民共和国宪法》的出台,保障了人民的民主权利,人民政府也更加注重对社会公共事务的管理。当然,管理型政府和统治型政府并非截然不同和必然的取代,实际上管理型政府总是自觉或不自觉的表现出一种对统治型政府的沿袭和遵从,尤其在管理型政府的早期,统治职能可以说一直处于主导地位。具体来说,管理型政府的行政理念主要包括以下几个方面:

(1)效率至上的理念。效率是公共管理价值尺度中的头号公理。为了追求效率,管理型政府还大量采用一般的管理理论,如泰勒的科学管理理论等。科学管理理论最重要的任务就是提高劳动生产率,他所提出的科学管理原理都是针对这一目的而展开的,这些理论成了管理型政府进行管理的主要依据。我国自20世纪80年代以来,实行改革开放,主张吸收西方先进的管理理念和经验,提高我国的生产力和国际竞争力。为此,我国进行了农村土地制度改革、国有企业改革等一系列措施来提高劳动生产率,注重对效率的提高。

管理型政府为提高管理的效率,对组织结构进行了严格的细化分工。首先在公职人员的招录制度上,我国在20世纪50年代就建立了一系列人事制度,如《国务院任免行政人员办法》、《县级以上人民委员会任免国家机关工作人员条例》等,在严格的职位分类制度下,每个职位都有明确的专业和技能要求,只有具备这些专业和技能才能录用。其次,在对公务员的管理中,公务员被严格要求按照对其所制定的规章制度办事,这些都是针对职位的专业要求设计的。因此,随着管理的发展和组织结构的完善,专业化分工细化,行政组织内部出现了一批具有精深专业知识和管理技能的职业人员,这都对效率的提高起到非常重要作用。

（2）政府为本的理念。在管理型政府中,政府和市场是资源配置的两种基本手段。在市场失灵的领域,如垄断的形成,就需要政府的介入,对失灵的市场进行矫正;在市场无法满足人们对某些产品需求时,需要政府来提供。所以,在这种治理模式中,政府就成了公共管理的唯一主体,承担着大量的公共产品的直接生产任务,政府在国家和社会公共事务的管理中处于绝对主导地位。

政府为本理念要求政府承担更多的管理职能。这样,政府的职能就扩大到社会生活的各个领域。在我国,政府全面干预经济和社会生活,政府职能急剧扩张,政府公共管理活动几乎无所不在,其表现就是建立了从大到汽车飞机,小到日常用品都有国家提供的全能政府模式。

政府为本理念要求政府职能扩大,其结果必然导致政府规模的扩大。政府规模扩大首先表现为政府机构和人员的膨胀,正如帕金森定律所揭示的,行政组织结构天然具有自我膨胀的趋势。如我国建国后,政务院下设35个工作部门;到1956年底,机构总数已增到81个;1981年,国务院的工作部门更是增至100个。政府规模的扩大,本质是政府活动范围的增加和对社会控制力度的增强。

（3）管理为重的理念。在管理型政府中,社会管理职能已经取代统治职能。管理是管理型政府的主要的行政理念,他所追求的是社会秩序,这种社会秩序的实现更多的是靠由管理而实现的社会职能来保证的,"它的统治职能被作为一个总目标和总原则而深深地隐藏在各项管理职能的背后,表露于外的是管理的政治职能、经济职能、文化职能以及其他各项社会职能"[1]。也就是说,统治是寓于管理之中的,统治因素越来越隐蔽,管理的理念更加彰显。

管理型政府正是通过效率至上、政府本位和管理为重的理念,实现了政府管理的科学化和理性化。但是,随着新的社会环境的变化,这种政府管理模式

---

[1] 张康之:《论政府的非管理化——关于"新公共管理"的趋势预测》,载《教学与研究》2000年第7期。

开始展现出不适应的一面,其本身所内含的许多致命缺陷也都暴露出来,就需要新的理念的引入。

二、现代公共服务型理念

20世纪70年代以后,全球化和信息化成为不可阻挡的世界发展潮流,我国的公共管理体制也面临着巨大的挑战。首先,在全球化时代,政府虽然"仍然拥有各自的管辖权,并有自己独特的内部治理结构或管理系统,但他们再也不像传统那样独立于其他政治体之外,全球相互依赖的明朗化要求以相互联系的观点取代分离的观念"①。

我国政府20世纪80年代实行改革开放以来,为吸引更多的资金、技术和高层管理人员,提升我国在全球范围内的竞争力,开始在各个方面进行了改革的探索。此外,随着国内对外面的世界的逐步了解,发达国家政府管理模式的巨大示范作用,也引起国内学者和民众对当前体制的质疑,进而为公共管理方式的改革提供了推动力。其次,我国传统政府本位的封闭管理模式,随着信息化的发展、信息传输方式的多样化、传输速度的加快以及获取途径的便捷,已不可能再封闭政府、垄断信息。我国政府一直以来实行中央、省、市、县和乡镇的五级行政管理体制,以前的中央指令是一级级传下来,地方的信息是一级级送上去,而在信息时代,地方可以通过网络直接和中央联系,为机构压缩改革提供可能。

面对全球化和信息化的挑战,我国政府面临三大危机:首先是财政危机。建国后,我国采用计划经济体制,政府职能覆盖了人们的全部生活,导致政府机构的极度膨胀,财政供养人数的大规模攀升,民众的负担日益沉重,这些情况导致政府财政连年赤字,财政压力日益增大。这就需要政府转变观念,转变政府职能,改革政府机构来解决。其次是管理危机。随着我国工业化的逐步推进和科学技术的发展,我国在经济和社会方面取得巨大进步。但是也引发了很多新问题,如人口膨胀、城市化、社会治安、环境、农民工、教育等问题,这

---

① 张成福:《公共管理:现时代的挑战》,《中国行政管理》2000年第5期

些问题由于具有复杂性、动荡性和多元性,使政府不可治理性增加。此外,我国政府机关的僵化、形式主义、官僚主义等负面影响也逐渐突出,加剧政府治理的难度。最后是信任危机。随着改革的深入,我国政府体制本身所具有的衙门作风、繁文缛节、官样文章和腐败问题,导致公民对政府的信任危机。

要改变这些弊端,我们必须借助新的理念。而西方公共服务理论就为我们提供了一个可以借鉴的重要思路,下面我们就对此进行详细的阐述。

1. 公民权理念

所谓的公民权是自然人作为公民,经由宪法和法律规范的认可和授予,而应当享有的权利和自由,包括宪法权利和法律权利两个基本范畴,其中宪法权利是最重要的和基础性的。

公民权理论肇始于自然法及自然权利,其间历经论证发展,但其思想内核始终是围绕着市民社会与政治国家之间何者为优位的问题展开。主要有两个派别:一是主张个人优先于国家,国家的最大责任就在于保障公民权利的充分实现。这种主张以人为核心,以人性为依据,强调人的内在固有属性和价值,人是独立于国家的,并排除国家意志的作用。从古希腊智者学派哲学家普罗泰戈拉到近代的洛克、孟德斯鸠、密尔,他们思想的核心都是任何人类社会的组织形态的设立与运行都应该首先肯定个体的天赋权利,并且忠实于保护个体的这些权利的目的和价值。因此,自然法强调的是个体的自然禀赋使得他天生具有独立于国家的人格特质,这种人格特质不以国家的意志为转移。显然,作为公民所享有的权利并不都是由国家赋予的,基于自然禀赋而享有的权利明显具有排除国家意志作用于这类权利的基本欲求。二是推崇国家至上,强调整体性、必然性与神性,认为国家是至善的、真实的、绝对的和不变的,主张国家优先的理念。这个学派的代表从柏拉图、亚里士多德直到康德、黑格尔等。公民权是经由政治国家的确认并由法律进行调整的,国家在赋予其成员公民资格的同时,也赋予个人以责任和权利、限制和自由。就这一层面而言,国家权力高于公民权,表明政治国家对公民个体权利配置的强制性和有效性。总之,公民权理论的思想渊源,经由自然法到国家法,从自由意志到国家意志的较量与整合,反映了公民权由绝对状态到相对状态的进步趋向,体现了宪政法律制度及其思想的发展脉络和博大的内涵,并在当代各国的宪政法律制度设计中得到了越来越清晰的体现。

公民权是附随于公民的,是对公民作为自然人所具有的自然属性和社会属性的本能要求在法律上的反映。公民权是一个国家对于个体应当享有的权利和自由的理性确认,它所承载的是在社会发展过程中所体现出来的特定价值观念和信仰。公民权以公共权力机关与市民社会之间的关系为基点,政治国家与市民社会的分离是公民权得以确立和发展的前提,公共权力机关与私人自由的分野是公民权存在的社会基础。在政治国家与市民社会的二元结构中,通过政治国家的制度性安排,在公民与政治国家之间确定一种互为制约的关系模式,从而实现对公共权力的制约,并以此为基点以实现私人领域的权利自由最大化的价值追求。总之,公民权反映一定的社会关系和社会价值体系,受社会关系的制约,是社会现实的一部分。

公民权还是一个历史概念。公民权的确立是社会文明进化的结果,民主法治国家的历史也正是公民权不断得到普及和发展的历史。因此,公民权的根本意义在于表达个体从市民社会进入到政治国家以后应该具有的公民资格、主体地位,肯定的是个体所具有的独立人格、尊严和价值。这是对以往的社会形态中人的政治社会地位的一个极大的修正。从人类社会的演进历史过程看,人并非天生就是公民,但是人却可以成为公民。公民权的历史价值不仅在于使个体获得了政治共同体中的成员身份,而且更使个体逐渐衍生出对他所依存的政治共同体运作机制的能动作用。

由此,我们可以得出,公民权首先是一种自治权利,反映并尊重人的自然属性、权利意识和独立的价值。公民权的自治性秉承了古典自由主义的价值核心,反映的是自由主义的公民观。即充分肯定个人尊严和价值、个人自由和主体地位等固有的权利的首要性。其次,公民权的社会性表明权利与权力、权利与权利之间处于相互依存且秩序的状态。公民权的社会性以人的社会属性为基础,是人具有平等身份和观念的法律表达。如果说公民权的自治性强调人的主体地位和权利本位,表达的是自律的意念;那么公民权的社会性则体现着尊重彼此的权利和主体地位的期望,传递的是寻求秩序状态的心理。

公民权是个体享有的权利和自由的实然状态,代表人类的理性。公民权
的核心内涵是以人为本,它以自然状态下的权利为基础,以个人自由的最大化
为目标,以社会秩序为手段,以和谐为最高原则,表达了在人类社会文明递进
的过程中,对人与人之间异化了的关系进行矫正的愿望和欲求。因此,公民权
体系的范畴也由原始的、经典的自由权转变为生存权和发展权,其内涵得到了
极大的扩展。公民权理论的引入,有助于提高公民的权利意识,激发参与管理
公共事务的热情。这样就可以转变那种传统的把公民对公共管理的影响当作
可有可无,以权力本位、政府本位,忽视公民权利的现象。而这些,最终对于我
们由管理型政府向服务型政府转变所要着重吸收的一种理念。

2. 市民社会理念

"市民社会"(civilsociety)在西方是一个渊源久远但其内涵又不断变化的
概念。最初的 civilsociety 指的是古希腊的城邦社会。以柏拉图的《理想国》和
亚里士多德《政治学》为代表。亚里士多德《政治学》开篇即使用了这个词,用
来指城邦作为一种根据宪法建立起来的独立自主的社会团体性质。古希腊时
代,城邦既是国家又是社会,当时还不存在国家与市民社会的区分。文艺复兴
和启蒙时代,civilsociety 的概念获得了一个新的含义,用以反映与"自然状态"
相对的社会状态。以霍布斯的《利维坦》和洛克的《政府论》为代表。霍布斯
认为,人们为了结束彼此敌对的自然状态,通过相互之间订立契约而结成"市
民社会"①。洛克也在这个意义上使用 civilsociety 一词。自启蒙时期以后,人
们还用 civilsociety 来指称社会中世俗的公共生活,与宗教社会相区别。

从十七八世纪开始出现的"市民社会"的现代含义,指的则是当时在封建
社会的政治经济关系之外萌发的资本主义经济生活,它意味着一种经济的、私
人的社会活动领域,与政治的、公共的社会领域相对。首先在这个意义上使用
"市民社会"一词的是 18 世纪中叶的苏格兰思想家亚当·福格森。福格森看
到了近代国家向以前属于私人的社会领域不断扩张的趋势,并且就这一趋势
对于"市民美德"的侵蚀感到担忧。这样,在他那里,"市民社会"与国家就被

---

① [英]霍布斯:《利维坦》,黎复思、黎廷弼译,商务印书馆 1985 年版,第 131—132 页。

放到了对立的两极。

第一个真正将市民社会作为政治社会相对概念进而与国家作出学理区分的是黑格尔。黑格尔在其《法哲学原理》中引入 civilsociety，用以刻画一个与政治性的、代表普遍利益的国家相区别的私人经济活动领域。黑格尔曾经对市民社会进行过系统的阐述。他认为，市民社会是众多的个人、家庭聚集的团体，是物质生活条件的领域，是自然必然性的产物。在市民社会里，每个人都是以其自身为目的，私有财产的自由是市民社会发展的必要条件。在黑格尔伦理精神的发展中，市民社会是家庭和国家之间的中间阶段。黑格尔在把市民社会同国家区分开来的同时，在一定程度上还揭露了作为特殊利益领域的资产阶级市民社会的弊端，及其与作为普遍利益象征的国家的对立。他主张在不触动资本主义私有制的条件下依靠有机国家来解决这一对立，将它们的对立消解于国家中。在黑格尔那里，家庭和市民社会只不过是国家自身发展的环节和阶段，因而市民社会和国家的关系呈头足倒置的状态：不是市民社会决定国家，而是国家决定市民社会。

通过对黑格尔市民社会与国家关系理论的批判，马克思确立了自己的市民社会观念。"在他看来，所谓市民社会就是指：在生产力发展的一定阶段上，以直接从生产和生活交往中发展起来的社会组织（如同业工会等）为形式，以整个的商业生活和工业生活为内容，体现着人们特定的物质交往关系，独立于并决定着建立在其上的政治国家及其附属物的社会生活的领域，特别是经济活动的领域。"①马克思的市民社会理论主要有三方面的内容：第一，市民社会是人类私人利益关系的总和，代表特殊个人私益。第二，市民社会是政治国家的基础，并且决定政治国家。第三，强调市民社会的政治意义，认为现代民主，即代议制度的基础是市民社会。

葛兰西和哈贝马斯是 20 世纪研究市民社会颇负盛名、有巨大贡献的两个思想家。同马克思强调市民社会的经济意义不同，葛兰西强调市民社会的文化意义。他主张重新理解市民社会，把市民社会界定为制定和传播意识形态

---

① 陈晏清、王新生：《马克思的市民社会理论及其意义》，《天津社会科学》2001 年第 4 期。

特别是统治阶级意识形态的各种私人民间机构,包括教会、学校、新闻舆论机关、文化学术团体、工会、政党等。试图以此解释客观上处境不利的成员不仅应该推翻资产阶级的政治统治,而且要推翻资产阶级的文化统治。哈贝马斯将市民社会理论大大推进了一步,认为市民社会独立于国家的私人领域和公共领域。私人领域指以市场为核心的经济领域,公共领域指社会文化生活领域。哈贝马斯特别强调公共领域的价值,认为它正遭受商业化原则和技术政治的侵害,使得人们自主的公共生活越来越萎缩,人们变得孤独、冷漠。他主张重建非商业化、非政治化的公共领域,让人们在自主的交往中重新发现人的意义与价值。哈贝马斯的这种观点在西方产生了巨大的影响,两位美国学者柯亨和阿拉托则干脆将市民社会化界定为介于经济与国家之间的一个社会领域,从而将经济领域排出了市民社会的范围。

从西方市民社会理论的发展,我们可以看出,市民社会作为一种理念在西方文明前进中的巨大推动力。对于我国来说,由于长期的历史文化背景缺乏市民社会发育的基础,市民社会在改革开放前一直处于一种萌发状态。近来随着西方市民社会理论的引入及我国市场经济的完善,我国市民社会也迅速崛起。市民社会的发展会推动社会自由度的扩展、社会自身领域的扩大、社会自组织程度的增强及社会与国家关系互动的确立,这些都为服务型政府理念的深入提供了可能。

3. 组织人本主义理念

所谓组织人本主义就是组织管理人性化,个人是社会发展的积极参与者,其需求、意愿以及个人价值在组织的运行中起主要作用,个人的情感、欲望是组织应首先要考虑的方面,个人的价值观在某些情况下甚至可以优于组织的价值观。

组织人本主义的提出是以企业管理的革新为先导的。早在 20 世纪 30 年代,巴纳德在对非正式组织的研究中就已经认识到合作体系有赖于个人的参与,只有个人的需求或欲望得到满足时,合作才能具有成效。之后,在著名的霍桑试验中,实验者发现心理的满足和积极的社会环境对劳动者的生产效率有很大的影响,由此,人们开始了对人际关系技巧的研究。麦戈雷格的"X 理论"和"Y理论"指出:要让管理者融入组织之中,管理者必须通过更加开放和参与的方式,注重雇员的需求和欲望,帮助引导个人的目标,使他们在完成组织目标的过程中得以实现。最值得一提的是阿吉利斯在其成名作《个性与组织》中分析了管理实践和个人发展的关系,指出正式组织结构和传统管理方式一般会与个人发展的基本倾向发生冲突,而对管理者和劳动者都更加有益的方式是从了解个人成长的基本倾向开始,然后努力将这些倾向与组织工作的需求整合起来,这种努力可能会更好地促进个人和组织的自我实现。此外,罗伯特·戈连别斯基主要是从道德管理、个人自由和管理控制、"元价值"和组织变革等角度阐述了道德敏感性与较高生产力和雇员满足程度的关系,从而指出组织不应该充当行为的最终裁判,应以外部道德体系来评价个人与组织,最终戈连别斯基提出了一个强调开放、交锋、反馈和分担责任的管理体制。

公共组织作为相对特殊的组织个体,其人本主义和一般组织有些差异。公共组织人本主义主要是指公共部门在逐步取代传统的理性行为模式的基础上而形成的以关注组织内雇员及组织服务对象双重利益群体为主导价值和最终目标的组织理论。公共组织人本主义有这样一些特点:一是对于组织内部而言,更加开放和参与性更强的组织有利于激发人们工作的热情,有助于提高公共组织的效率和效益;公共组织人本主义的实现有利于培养公共组织成员的集体荣誉感和责任感,基于组织内成员强烈的归属感,公共组织的发展将更加有活力和生气,发展空间大大拓展。二是对于组织外部空间而言,由于公共组织服务于广大人民群众,因此公共组织所营造的亲切感将带动更多的人积极参与公共组织的运转,给予组织更多的意见和建议,这对于公共组织的创新和完善有着不可忽视的重要作用。

20世纪以来的新公共管理理论对公共组织人本主义带来了新的理念:一是对公共组织价值理念的新认识。基于管理具有相通性这一认识,西方国家接受了企业管理中一些先进的管理理念,在行政改革的实践中广泛引进企业的管理方法诸如目标管理、绩效评估、全面质量管理等,并希望将企业管理理念引进到公共组织,进而重构公共组织的文化。公共组织逐步重视组织成员的注意力,以组织成员的价值观为主导建立组织价值观,提倡以高度的凝聚力提高组织绩效。二是公共组织角色定位的转变。新公共管理倾向于一种把决策制定(掌舵)和决策执行(划桨)分离的体制。为了实现两者的分离,新公共管理主张通过民营化等形式,将部分公共服务的生产和提供交由市场和社会力量来承担,而公共组织主要集中于掌舵性的职能,如拟订政策、建立适当的激励机制、监督合同执行等,这一观点逐步改变了传统官僚体系中事必躬亲的现象,公共组织的开放性进一步加大,有助于公共组织成员及公共行政作用的对象了解组织,为更多人参与公共组织决策提供了可能。三是新公共管理将社会公众视为政府的"顾客",认为公共组织应坚持顾客导向,以顾客满意为宗旨,放松严格的行政规则,建立有使命感的组织。新公共管理模式认为,企业化政府是有使命感的政府,它们规定自己的基本使命,然后制定出让自己的雇员放手实现使命的制度。有使命感的政府比照章办事的政府士气更高、更有创新精神,服务对象也就是"顾客"的回应性更强,从而能够更好地实现公共组织目标,提高组织使命感。

继新公共管理理论之后的是新公共服务理论,新公共服务倡导建立组织内部和外部的共同领导的合作型结构。具体说来:一是在价值取向方面,公平和正义被视为首要价值。新公共服务认为,政府是属于公民的,公共行政人员应超越企业家的身份,重视公民权和公共服务。二是新公共服务认为,公共组织所服务的对象远远不只是顾客。公共组织不应专注于回应顾客的短期利益,而应超脱狭隘的一己私利,为社会的发展承担更多的责任。在公共组织和公民之间,服务只是手段,寻求建立互相信任、合作共进的关系才是最终的目标。因此,在将公民权和公共利益置为首位时,关注的重点将是如何设计和建构具有完整性和回应性的公共组织机构,而不是狭隘地满足于顾客的需求。从新公共管理重效率、追求狭隘利益的实现,到新公共服务将社会公共利益视为公共追求的终极目标,在不舍弃效率的同时,将公共组织运作纳入公平正义价值体系之内,最终实现公民权和人的真正价值,这是公共组织人本主义理论的一次重大飞跃,也为其进一步发展指明了方向。

4.话语权理念

后现代主义认为,由于我们在后现代世界中是相互依赖的,所以,治理必定会越来越以相关各方——包括公民与行政官员——之间开诚布公的对话为基础。为了使公共管理活动充满生机与活力,并增进公共管理的合法性,就必须增进公共对话。但是,这种对话的参与者必须具有:"(1)均等的机会来选择并实行言说行为……(2)承担对话角色的有效均等机会……去提出话语并使之永恒化,去提出问题、制造问题,给出对陈述、说明、解释和判断、赞成或反对的理由……(3)相同的机会去表达态度、感受、目的等,以及去命令、去反对,允许或禁止,等等。"①从理论上看,后现代主义的话语理论设想了一个所有人都能参与的民主前景;从实践方面而言,它也强调了自主参与的重要性。只有那些积极投身于公共事务的人才能通过其有意义的、切合情景的对话对公共管理发挥作用,利用他们真实参与的责任来加强民主。

对话理论是公共组织人本主义的实现方式。新公共服务认为,行政人员和公民之间真诚和开放的对话机制是实现治理的有效手段,公共问题必须通过对话方式来解决。通过理解、辩论、协商的对话方式实现公共组织和公民之间的尊重和包容,不仅可以从公民中间寻求智慧和力量,增加公民参与的机会,同时也有助于提升公共利益,保证公共组织的合法性,促成组织人本主义的最终实现。

组织人本主义和话语权理论引入对我国来说其意义主要是:首先,公共组织人本主义的实现可以提高我国公共组织的服务意识。就我国而言,由于深受长达数千年的封建专制统治以及建国后高度集中的计划经济体制的影响,我国的公共权力长期处于绝对领导地位,统治意识大于服务意识。公共组织人本主义使得公共组织成员能更好地找准自己的定位,在认识到自己所从事工作的神圣职责的同时也提高了自己的服务意识,这不仅得益于公共组织人本主义理论的指导,也将更好地推进公共组织人本主义的最终实现。

其次,公共组织人本主义确保公共组织的合法性和有效性。公共组织人本主义是在公平正义的理念下,提倡共同治理,最终实现公共利益最大化的理

① McCarthy,T. Translator´sPrefaceinJ. Habermas, Legiti－mationCrisis. Boston:BeaconPress,1975,p. 17.

论。在公共组织人本主义的实现过程中,大众参与和社会全面监督至关重要,公共组织较少或完全不受利益群体的影响、政策的制定和运行方面保持强大的功能性和有效性对于长期确保公共组织合法性和有效性有着积极的作用。

再次,公共组织人本主义对于确保我国社会稳定有着至关重要的影响。我国目前尚处于转型时期,社会问题层出不穷,如基尼系数过高、城乡差距过大等都凸显出我国诸多不稳定因素。社会问题源于不合理的社会结构,更进一步说,源于政府不合理的公共政策。政府如果能够超越组织本身的利益而给予社会大众以平等的关怀和惠泽,从社会整体利益出发制定和执行公平正义的公共政策,接受社会大众的监督,自然就可以最终消除社会的不稳定因素,实现社会和谐健康发展。

另外,公共组织找准定位实现人本主义将为我国实现共同治理的和谐状态提供可能。公共组织在人本主义思想的指引下打破单一的以经济建设为中心的思想,追求人和社会的可持续发展,制定服务于最广大人民根本利益的公共政策,实现民主执政、科学执政、依法执政,合理调整公共组织的执政体制,鼓励共同治理、合作治理,将为我国和谐社会的到来、科学发展观的运转、"三个代表"重要思想的实现提供可能。

第三节 行政理念转变的路径

目前,大多数学者提出的服务型政府的理念转变包括从官本位到民本位、从政府本位到社会本位、从权力本位到权利本位转变,以人为本,执政为民。这些理念正契合了政府价值理念革命性转移的历史发展趋势。我国现阶段还处于社会主义社会的初级阶段,政府在社会发展中的主导作用还不可替代,社会还没有发展到让政府退出历史舞台,但政府的主导作用并不等于政府要"自居于社会之上并与社会相脱离"。相反,政府要走向社会以及政府与社会相融合的历史趋势不可逆转,政府的价值理念也需要扭转。因此,我们一定要在"三个代表"重要思想和科学发展观的指引下,树立服务行政理念、推动政务公开意识和增强合作行政的理念。

一、树立服务行政理念

在服务型政府中,服务是政府最核心的理念,也是政府行为的主要依据。因为政府是公共服务机关,公共行政最重要的性质就在于服务,服务的精神意味着政府施政与公民的愿望需要相一致;政府及其公职人员提供尽可能多的产品与服务,同时又是高品质的服务。[①] 可以说,这种行政哲学与服务型政府的服务理念是完全相符的。对于我国来说,虽然我们很早就提出服务的理念,如毛泽东同志提出的"全心全意为人民服务"、邓小平同志的"管理就是服务"和江泽民同志的"三个代表"重要思想。但是长期封建社会形成的权力本位、官本位、事事唯上的思想根深蒂固,给我国创建服务型政府带来了巨大阻碍。这就要求我们在建设服务型政府时,首先要在行政理念上进行转变,确立服务行政的理念,因为这是根本,起主导作用,更决定行政改革的直接效果。具体来说,创建服务型政府必需的理念转变着重于以下几个方面:

1. 借鉴西方"重塑政府"的先进理念,在操作层面上真正体现出政府职能的服务取向

服务行政的理念不仅是喊在口上的"为人民服务",而是一种新型的治理模式,是一种管理方式的重大变革,要在服务行政的政府操作层面上体现出政府服务的真正价值。如首先构建中国政府"公民服务标准";这包括认清哪些人是本机关的服务对象;征询公民的意见,了解他们所要求的服务标准以及对现有服务的满意程度;将服务的标准和衡量方法公之于众;提供表达公民意见的途径等等。其次建立服务承诺制度;再次建立公众选择机制;最后提出公共服务纲领。公共服务纲领可参照英国公民宪章的有关内容及布莱尔执政的主要措施:确立服务标准;公开与提供充分的信息;协商与参与;服务的便捷和选择性的增加;平等地对待;有错必改;有效地利用资源;创新与改进;与公共服务的其他提供者并肩工作[②]。

---

① 张成福:《论公共行政的"公共精神"》,《中国行政管理》1995 年第 5 期。

② 张成福:《公共管理学》,中国人民大学出版社 2001 年版,第 320 页。

2.培育公务员服务理念

我国是一个有几千年封建传统的国家,建国后又采取了高度集权的计划经济体制,政府总是习惯以一个无所不能的管制者出现,也逐渐产生一种强烈的自恋心理,总认为社会和公民需要自己。于是在很多官员心中,政府就是公民的衣食父母,公民被认为是需要政府照顾的孩子。这样,政府总是从自身的观点出发来判断公民需要的服务,然后居高临下地提供服务。改革开放后,公务员把主要精力放在了经济发展上,考核公务员的指标也几乎就是 GDP 的增长率。这就促使公务员为获取高的增长率,垄断权力,把自己或者领导的意志强加给公民,造成民众的不满。在提供服务时,提供的是强制服务,即公民必须无条件接受公务员提供的服务;单一服务,即不论你的需求与爱好,所有的人都要消费同样的服务;随意服务,即政府的服务没有公开的标准和程序,公务员是否提供服务、提供什么样的服务、提供什么质量的服务、什么时候提供服务等基本都是由公务员个人的喜好决定;不平等服务,即政府和公务员提供服务时总是一种居高临下的心态,对不同的人提供不同的服务。可以说,这些现象根本的来说其原因就是公务员没有树立一个正确的服务行政理念。

为此,我们认为,公务员必须放弃官本位意识,树立公民本位的思想;放弃对公民和社会的控制,寓服务于管理之中;放弃"眼睛向上",树立"向人民学习、为人民服务、请人民评判、让人民满意"的工作原则;把公共利益作为个人价值实现的方式。而要做到这些,我们就必须从公务员的培训方面着手:

1.加强职业伦理法制建设。近几十年来,越来越多的国家和政府、职业性的公共管理组织,制定和颁布了公共服务行政领域的职业伦理法典和规定。如美国的《公务伦理法》就规定:公务员执行职务,应表现出最高标准的清廉、真诚、正直、刚毅等特质,以激发起民众对政府的信任;公务员个人不得运用不当的方式,去执行职务而获得利益;公务员不应有抵触职务行为的利益或实际行为;公务员要支持、执行、提升功绩用人及弱势优先(affirmativeaction)计划,确保社会各阶层适合人士,均能获得服务公职的平等作用及升迁机会;公务员要消除所有歧视、诈欺、公款管理不善行为,并负责对主管此事的同仁,在困难时给予肯定支持;公务员要以尊敬、关怀、谦恭、回应的态度,为民服务,并且认为公众服务要高于为自己服务等等。① 这些是当前中国服务行政建设过程可资借鉴之处。我们也应该完善公务员的职业伦理规范,并进行深入的宣传教育和普及,使公务员把以民为本的精神内化为公务员的自觉认同。这样公务员就会在日常的行为中自觉形成"以民为本"的行为方式,从而真正实现服务行政。

2. 促进价值理念回归。我国是一个社会主义国家,一直以来的价值追求就是为广大人民谋求利益和幸福。新民主主义革命之所以能够成功,所依赖的正是这一理念。建国后,我们进行社会主义改造和其他改革的成功,都是由于中国共产党是广大人民利益的代表,并坚持为人民谋利益的根本价值。改革开放后,我们取得巨大的奇迹,更是中国共产党一直以来价值追求的集中展现。然而,在市场经济的冲击之下,少数党员淡化了党的一贯价值追求,产生了一系列问题。因此,我们要继续强化公务员的这种价值理念,把它内化成广大公务员的自觉认识,从而使他们真正能全心全意为人民服务,把人民利益看的高于一切,真正实现服务行政。

二、强化政务公开意识

所谓政务公开是指为了保障公民的知情权,公共管理的主体必须依法向社会公开一切不涉及国家安全、商业秘密和个人隐私的政府信息。政务公开对服务型政府建设具有巨大推动作用,主要体现为四个方面:

第一,政务公开有利于激发公民权利意识,促进公民政治参与。公民参与是现代服务型政府区别于传统管制型政府的本质特征,服务型政府是以实现公民权利和利益为使命的政府,没有公民广泛的政治参与,政府不了解民意,公共政策不能反映公众需求,政府将失去合法性,所谓服务型政府也就无从谈起。广泛的公民参与能明确为谁服务的问题。政务公开为公民评价政府工作、发现并捍卫个人与公共利益提供了可能性,必然会吸引公民参与到公共事务的管理中来。从这一角度讲,政务公开对政府实现由管制向服务的模式转

---

① 张成福:《公共管理学》,中国人民大学出版社 2001 年版,第 346—347 页。

换具有决定意义。

第二,政务公开能够约束政府行为,防止滥用公共权力。"阳光是最好的消毒剂",政务公开可以减少权力滥用的可能性,使之更好地服务于公民和社会,体现政府的公共本质。

第三,政务公开可保障公民知情权的实现。在一个"人民是国家主人"的国度,主人不知道或无权知道仆人的所作所为,是不可思议的,这样的政府不可能是服务于公民和社会的公共服务型政府。"在民主社会里,知情权是一项基本权利,公众应当知晓政府在做什么,为什么要这样做。"①也就是说,"政府行为必须透明公开"。

第四,政务公开提供的信息服务可以提高社会信息的可信度。政府掌握着大量的社会信息,但一般公民并不能便利获悉并利用。借助于政务公开,政府可以为公民提供法律许可范围内的必要信息,从而可以极大地改善个人和社会组织的决策质量,增进社会福利。

知情权作为公民权的一种,是市民社会中公民参与社会管理的基础。因此,我们建设服务型政府就必须强化公民的知情权,贯彻政务公开的意识。然而,在我国长期的统治型、管理型社会中,政府的管理活动是"肉食者谋之"的,是由统治阶级决定,民众只有被动的接受。新中国成立后,我国在政务公开方面作出了很大努力,但是直到目前很多领导干部在思想上还存在封建专制时代官贵民轻的思想,唯上不唯下,没有真正认识到知情权、参与权、监督权是公民的基本民权,是人民当家作主、管理国家政治、社会事务的必要条件。少数领导认为,政务公开无非是一种表面淡化矛盾的形式,走走过场就行。在这种指导思想下产生的政务公开常常以"内部资料"、"内参"等理由拒绝公开政府信息或者使政务公开流于形式、流于表面,内容大打折扣,与政务公开的初衷相差甚远。马克思曾经深刻地指出:"官僚机构的普遍精神是秘密,是奥秘,保守这些奥妙在官僚界内部是靠等级制组织,对于外界则靠那种闭关自守的公会性质,因此,公开国家的精神及国家的意图,对于官僚机构系统就等于

---

① 《马克思恩格斯全集》第1卷,人民出版社1972年版,第302页。

出卖它的秘密。"有的领导怕失权、失利,不愿公开;有的自身有毛病,担心公开会暴露问题,使自己难堪,甚至可能被处以党纪国法,不敢公开;有的是方式、方法不对,公开未达到效果。这些都导致政务公开活动表面文章多,实际效果比较差。正是由于某些领导缺乏正确的观念基础,导致实践中出现了有人戏称的"公开的都不重要,重要的都是不公开"的奇怪现象。

此外,公民维权意识较低。人民群众对自身权利的认识薄弱,意识不到自己具有知情权和参政权,更谈不上行使和保障这些权利。普通公民虽然对知情权有一些初步的了解,但是在实际生活中,很少有公民真正参与政务公开活动。当然这有法律制度方面的客观原因,但从公民的主观原因上来分析,多数公民还是缺少参与政务公开的主动性和积极性。这些因素影响和阻碍了我国政务公开制度的建立和完善。

从政务公开的基本理念角度看,中国目前的政务公开是一种政府权力型,而科学理念的政务公开应为一种民众权利型。正是由于思想上存在着问题,使政务公开实践中出现了形式主义倾向。因此如何从政府权力型转变为民众权利型,是中国政务公开所面临的一项长期而又艰巨的任务。针对这个情况,我们认为可以从以下几个方面入手:

1.增强公民的权利意识和主人翁意识,提高公民主张权利的积极性和主动性。我国的社会主义制度从半殖民地半封建社会脱胎而来。几千年的封建专制制度和"民可使由之,不可使知之"的愚民政策,至今仍影响着人们的政治心理和价值取向,从而成为政务公开的一大障碍。现阶段,实行政治生活公开化的一个前提条件就是消除传统的封建政治文化的深刻影响,确立人民是国家权力主体的观念,增强他们的主人翁意识,强化他们对政治事务的自主参与精神。只有人民中的大多数都有较高的民主意识和参政议政能力,充分的政治开放才能真正实现,也才有意义。而高度透明和公开化的政治体系也必将大大增强公民的民主意识和政治责任心,激发他们政治参与的热情,从而提高他们的参政能力。我国《宪法》第2条规定:"中华人民共和国的一切权力属于人民"。人民是国家的主人,通过自己选举产生的代表组成中央和地方各级人民代表大会,讨论和决定国家公共事务。公共权力机关是实现民意的机构,其权力源于人民,实行政务公开是实现人民民主权利的本质要求。只有实行了政务公开,人们才能真正参与到国家政治生活中,监督国家机关及其公务人员的行为活动,享有宪法和法律规定的参政议政的权利。知情权是我国公民享有的一项基本的政治权利,它不是一种被动地接受信息情报的权利,更是主动地对政府信息情报进行请求的权利,公民有权要求国家保障其行使请求权而不受妨碍。① 只有大力倡导知情权,增强公民的权利意识和主人翁意识,才能唤起人民群众对国家政治生活的热情,增强他们参与管理国家事务和监督政府行为的决心。总之,政务公开不是政府单方面的行为,而是政府和公众双向的互动行为,只有唤起公众的权利意识,提高对国家事务的热情,用法律保障他们积极参与公共事务的权利,才能建立起政务公开的良好氛围。

2.树立正确的权力观,增强公职人员"人民公仆"的服务意识。长期以来,我国一直实行集权化的管理模式,国家权力集中于行政机关,政府是社会的主宰,国家行政人员高高在上,脱离群众。传统的行政体制不仅侵犯了行政相对人的合法权益,破坏了政府与人民群众的血肉关系,而且败坏了党风、政风,严重损害了政府的形象。实行政务公开要求转变传统的行政观念,由官本位的行政观向民本位的行政观转变,实现民主化的行政管理模式。推行政务公开是实践"三个代表"重要思想的具体体现,是建设社会主义政治文明的现实需要。立党为公、执政为民是"三个代表"重要思想的本质。我们一切工作的出发点和落脚点都是为了实现好、维护好、发展好最广大人民群众的根本利益。推行政务公开,可以更好地督促广大党员干部增强服务意识和公仆意识,进一步方便群众、服务群众;可以更好地听取群众意见,解决人民群众最现实、最关心的问题;可以更好地保障和发挥人民群众的知情权、参与权、选择权和监督权,有利于扩大基层民主,保证广大人民群众行使民主权利。国家公职人员应正确认识到政务公开不是政府机关单方面的"承诺"或施行,而是公民实现知情权与参与权的途径与方式。他们应正确认识到自己手中的权力是人民赋予的,每个公职人员都是人民的公仆,应按照人民的意志执行法律和政策,

---

① 胡仙芝:《政务公开与政治发展研究》,中国经济出版社2005年版,第121页。

为人民群众办实事,办好事,随时接受人民群众的监督。

3.加强国家公职人员的培训和学习,提高其素养,使之树立现代行政观念。国家公职人员是政务公开工作的执行主体,其综合素质的高低决定着政务公开的效率与效益。提高国家公职人员的综合素质是进一步推进政务公开工作的基本要求。它包括两个方面:一是提高公职人员的政治素质,增强他们的事业心和责任感,使之充分认识政务公开的价值所在,做到勇于开拓,积极创新;二是提高公职人员的业务素质,加强专业知识,提高专业技能,善于分析总结,做到科学管理和依法管理。

总之,政务公开的法理基础源于公民的知情权,政务公开是对民众知情权的制度保障,而不是政府对民众施惠。真正的政务公开旨在保护公民的权利,是一种民众权利型的政务公开,而不是政府权力型的公开。我们要积极提倡政务公开基本理念的转变,把政务公开视为公民的天然权利和政府的当然职责,而不仅仅是政府对民众的偶然承诺。

三、确立多元行政理念①

服务型政府中的行政范式与传统公共行政范式下的政府有一个本质的区别,即它们的管理理念建立在不同的人性假设基础上。传统公共行政范式所依据的人性假设是经济人和技术人假设,而服务型政府中的行政以"复杂人"和"行为人"假设作为其基础。后者指人不只是单纯的"经济人",也不是完全的"社会人",更不可能是纯粹的"技术人",而应该是因时、因地、因势采取与此相适应的多元的"复杂人"。与此观点相适应的管理理论,应该是以多元化理念指导的理论。因此,服务型政府的构建也是以多元化理念为指导,重塑相关的机制或模式,进而强化多元化的理念。

1.多元化的公共服务提供机制

服务型政府应改变原来单一的公共服务垄断模式,充分的放权、还权,通过合同承包、私有化、公私合营等一系列市场化手段建立由政府部门、私人和

---

① 沈承诚:《服务行政:理念及其实践错位》,《中州大学学报》2006 年第 2 期。

非营利机构构成的合作型组织模式,以适应公共服务的社会化和市场化的要求。首先,"在厘清原有政府经济职能体系的基础上,限制、削弱乃至返还给市场、企业或社会某些权力或职能,即放弃社会资源指令性计划配置和直接生产经营的权力,把属于企业的自主权下放给企业;把属于市场调节的职能切实转移给市场,使市场在资源配置中更好地发挥基础性作用;把经济活动中的社会服务性及相当一部分执行性、操作性职能转移给社会中介组织。"政府不再直接经营竞争性产品和服务的生产和提供,而让市场去生产和提供竞争性的产品和服务。政府把财政从主要投入生产经营领域转到提供基础设施、教育、卫生、文化、社会保障等公共服务。其次,在教育、扶贫、妇女儿童保护、环保、国有企业下岗职工再就业以及人口控制等领域让私人企业和非营利机构参与提供公共服务。私人企业和非营利机构的参与,必然在公共服务提供领域引入市场机制和竞争机制,这不仅可以改善公共服务产品的质量,而且可以大大降低提供服务的成本,提高服务供给的效率,并减少设租寻租的现象发生。

2. 多元化的政府责任取向体系

政府责任取向不是单一的,而是多元的,即政府不能将责任取向仅仅局限于效率的提高,而应当更多关注宪法、法律、社会价值观、政治规范和公民利益等。当然这些制度和标准不是静态的,而是动态的。政府职能的行使过程,也是这些制度和标准多维互动过程。例如,公民的需求和期望影响着公务员的行为,但公务员的行为又反作用于公民的预期;法律规定了公共行政官员的行为规范,反过来公务员适用法律的情况不仅影响法律的实际执行,而且也能影响立法者并可能使其修改法律。公共行政官员应意识到这些责任的现实性与复杂性,并在规范相互冲突与重叠的情况下更好地服务于公民和公共利益。怎样做到这一点呢? 首先最重要的是,新公共服务应通过与公民的对话过程、向公民授权和有广泛基础的公民参与来解决问题,而不是独自采取行动。因为公务员必须确保公共问题的解决方案符合宪法和法律、公共利益、政治规范和其他约束条件,所以他们就应当让公民了解这些制度、标准以及可能产生的冲突,让公民参与进来,这样做不仅获得了现实的解决方案,同时也确立了公民权和责任。

3.多元化的政府绩效评估体系

多元化的政府绩效评估体系,包括两个方面:一是多元化的评估主体;二是多元化的评估指标体系。同时,多元化的评估主体也包括内在评估主体和外在评估主体两个方面。内在评估主体主要是指上级、同事和自我三个有机组成部分。外在评估主体主要包括社会组织代表、企业代表、人大代表、政协委员、专家学者、社会居民等。从根本上讲,公共服务型政府是以服务对象的满意程度为政府绩效评估的根本价值取向,只有当服务满足了社会、企业和公民的需要和期望,并维护和增进了他们的利益时,才有实质性绩效。从这个角度而言,内在评估是政府绩效评估次要的、辅助的手段,而外在评估才是更为主要、也是最根本的手段。这也是服务行政在绩效评估上区别于传统管制行政的根本标志之一。多元化的评估指标体系主要包括定性分析指标、定量分析指标、行为分析指标、结果分析指标等。从本质上讲,多元化的政府绩效评估正是多元评估主体对多元分析指标的应用。多元评估主体和多元评估指标体系的建立,对于评估指标制定、信息收集整理、评估和鉴定、综合协调等工作顺利开展,都有着重要意义。

第五章 政府部门管理中的决策与执行

公共政策是政府部门对社会公共事务管理的主要手段和方式,其制定和实施依赖于权威性的社会公共权力。作为一个动态的行为过程,公共政策包括政策制定、执行和反馈等多个逻辑阶段,其中以执行最为关键,是政府部门公共管理的中心。

第一节 公共政策的基本范畴

公共行政的发展史就政府部门管理与公共决策互动关系的演变过程:在公共行政学诞生发展初期,政治与行政的二分法理论上将政府部门与公共政策的内在联系割裂开来,形成了"政治—决策,政府—执行"理论与行为模式。市场经济体制下的"小政府"理论模式亦强化了这一理论与行为模式的合理性。然而,市场体制无法自身克服的诸多弊端使人们重新审视政府与市场,政府与社会的关系,政府部门决策是化解市场失灵,有效治理公共问题的重要手段。

一、公共政策与政策过程

1. 公共政策内涵

"政策"是现代社会最常见的政治现象之一,是现代人在议论国家大事时经常使用的一个词。根据《现代汉语词典》的解释,"所谓政策是指国家或政党为实现一定历史时期的路线而制定的行为准则。"在中国古代,人们主要是从"政治策略"或"政治谋略"的角度来理解"政策"。比如:《左传·恒公二年》中所谓"政以正民"、《释名》中所谓"政者,正也"、《礼记·仲尼燕居》中所谓"策,谋也"等。在现代社会,虽然"在日常生活中,所有人都深受众多的公共政策的影响",但对"什么是政策"至今未有统一的说法。从目前相关文献来看,大致可概括为以下几种:

(1)政策是一种行为措施。西方政策科学的主要倡导者哈罗德·拉斯威尔(Harold Lasswell)与亚伯拉罕·卡普兰(A. Kaplan)曾把政策界定为"一种含有目标、价值与策略的大型计划。"政治系统学说的代表人物、著名的美籍加拿大政治学家戴维·伊斯顿(David Easton)认为:"公共政策是对全社会的价值作权威的分配"美国政治学家托马斯·戴伊(ThomasR Dye)直接将公共政策定义为政府的作为与不作为。

(2)政策是一种行为过程。美国著名政策科学家詹姆斯·安得森(JamesE Anderson)在《公共决策》一书中明确指出:"公共政策是由政府机关或政府官员制定的政策";而"政策是一个有目的的活动过程,这些活动过程是由一个或一批行为者,为处理某一问题或有关事物而采取的"。美国另一位学者卡尔·弗里德里奇(Carl Friedrich)也将政策界定为:"在某一特定的环境下,个人、团体或政府有计划的活动过程,提出政策的用意就是利用时机、克服障碍,以实现某个既定的目标,或达到某一既定目的。"

(3)政策是一种行为关系。美国学者罗伯特·艾斯顿(Robert Eyestone)曾将公共政策定义为:"政府机构和它周围环境之间的关系。"芬兰学者古斯塔夫森(Gustuvsson)也认为:"政策是政府与公民之间的一种关系,政府通过这种关系,诱导公民按照某种方式行动,否则,公民是不会这样行动的。"而德国学者柯武刚和史漫飞将政策界定为目标与手段的关系,他们认为:"公共政策意味着通过政治和集体的手段系统地追求某些目标",而这种追求"通常是在既定的制度约束中展开的"。

(4)政策是一种行为准则(或行为指南)。西方行政学的创始人、美国著名政治家和行政学家伍德罗·威尔逊(Woodrow Wilson)认为:"政策是由政治家即具有立法权者制定的而由行政人员执行的法律和法规。"美国著名经济政策学家包尔丁（K. E. Boulding）在 1958 年出版的《经济政策原理》一书中曾给政策下了如下的定义："所谓政策就是支配为既定目标而采取行动的各种原则。"大陆学者张金马先生认为：公共政策是"党和政府用以规范、引导有关机构团体和个人行为的准则或指南。其表达形式有法律规范、行政命令、政府首脑的书面或口头声明和指示以及行动计划与策略等等"。

（5）政策既是一种行为准则，也是一种行为措施或行为过程。日本经济政策学家后藤昭八郎在其《经济政策的基础理论》一书中曾这样定义政策：所谓"政策既是政策主体用某些方法去有意识地改变客体，也可以说是想要实现某种目标的指针"。大陆学者孙光先生认为："政策是国家和政党为了实现一定的总目标而确定的行动准则，它表现为对人们的利益进行分配和调节的政治措施和复杂过程。"陈振明先生也把公共政策界定为："国家执政党及其他政治团体在特定时期为实现一定的社会政治、经济和文化目标所采取的政治行动或所规定的行为准则，它是一系列谋略、法令、措施、办法、方法、条例等的总称。"

综合以上五种观点，我们认为所谓政策或公共政策（任何政策都不针对某个私人而设置的）是指执掌公共权力的国家机构或其他社会公共权威组织在特定历史时期，为实现一定的政治、经济、文化目标而制定的行为准则和实施方案，它由一系列法律法规、行政命令、会议决议文件、明文条例等各种表达执掌公共权力的国家机构或社会公共权威组织的某种特定意图的行动方案组成。

公共决策与私人决策的基本目标不同，前者致力于解决社会公共问题，维护公共利益；后者着力解决私人问题。而且，公共决策的制定实施所依据是公共权威和公共权力，此非私人政策可比。因此，"公共性"是公共决策区别私人决策的本质属性。随着公共行政实践与理论的变化发展，政府部门在公共决策中的地位和作用也发展了相应变化，这种变化主要基于市场机制与政府机制的互动关系过程，即市场机制的失灵及对公共资源配置的低效成就了政府部门公共决策的主导地位。

2.公共政策过程

政策过程是由一系列的功能环节或阶段所构成的,可将政策系统的运行看作是由政策制定、政策实施、政策监督、控制与调整、政策终结和政策评估与效益等五个功能活动环节所组成的过程,这些环节构成一个政策周期。其中,政策制定着重研究政策决策的影响因素、体制与模式、原则、依据和程序;政策的实施主要研究实施的影响因素、方法步骤和原则要求;政策的监督控制与调整着重研究政策的严肃性与灵活性、政策的评估、控制与监督,从而实现政策过程的科学化、民主化与法制化。

(1)政策制定——从发现问题到政策方案出台的一系列功能活动环节所组成的过程,包括建立议程、界定问题、设计方案、预测结果、比较和抉择方案以及方案的合法化等环节。

(2)政策执行或实施——将政策方案付诸实践,解决实际政策问题的过程,也就是将政策理想转变为政策现实的过程,包括政策宣传、政策分解、组织和物质准备、政策实验以及指挥、沟通、协调等功能活动环节。

(3)政策监督、控制与调整——为达到政策方案的预期目标,避免政策失误而对政策过程尤其是执行阶段的监督和控制,以保证政策的权威性和严肃性,包括监督、控制和调整等功能活动环节。

(4)政策终结——指在政策执行并加以认真评估后,发现该政策的使命已经完成,政策已过时,不必要或不起作用,采取措施予以结束的过程或行为。

(5)政策评估与效益——指依据一定的标准和程序,对政策的效果作出判断,确定某项政策的效果、效益及优劣,并弄清政策成功或失败的原因、经验和教训的活动,包括制定评估方案、收集和分析评估信息、处理评估结果、撰写评估报告、撰制政策文件等环节。

二、公共政策的执行特点与原则

研究政策执行,了解政策执行所具有的不同于一般政策环节的特点及其必须遵循的基本原则。

1.公共政策执行的特点

政策执行是政策运行的重要环节,政策执行的成功一般具有以下几个方面的特点:

(1)目标性。政策执行是一种目标性很强的活动,整个执行过程中都存在着目标导向,一切行政措施或行为都是为了保质保量地实现决策目标。

(2)现实性。政策执行是一种实施性质的活动,它要求通过实践使决策目标变成现实。因此政策执行不能停留于空谈,而要求对决策的整体目标加以分解,使内容具体化,以便于实施部门采取具体的行动来落实决策。

(3)强制性。政策执行要求早决断、快行动。下级对上级的指令或决策必须服从和贯彻执行。没有强制,政策执行就难以进行。执行活动的强制性是行政管理活动权威性的重要体现。

(4)灵活性。政策执行没有固定的模式,必须根据具体情况,因地制宜,因时制宜,因势利导。不过灵活性不是指可以对决策作随心所欲的理解,也不是指在执行中可以打折扣或讨价还价,它是指根据实际情况合理地变通执行,从而保证权力机关的规定和意志在各种不同的情况下都能得到有效的执行。

(5)时限性。政策执行有较强的时限要求,必须在规定的时间内完成规定的任务,误过时限,决策目标的实现就要受到影响。

2.公共政策执行的原则

有效的政策执行是关系国家、社会和公众利益的大事,因此应遵循一些基本原则。其中执政党或政府所提出的基本原则和基本方针,是政策执行中必须遵循的总原则,也是政策执行取得成效的基本保证。在这个原则下,政策执行还应该遵循的原则主要有:

(1)忠实执行的原则。行政决策阶段的要求是做出正确的决策,政策执行阶段则要求不折不扣地依照法律、决策办事。政策作为人们的行为规范,它是权威性与规定性的统一。(2)开拓创新的原则。实施政策应遵循开拓创新的原则,就是要求执行者必须把政策的原则性和灵活性统一起来,积极、主动并有创造性地去执行政策。政策往往只是确定一个大的目标方向和原则规定,层级愈高、涉及范围愈大的政策愈是如此。而政策执行作为一个具体的、现实的过程,要求在遵循政策原则性的前提下,必须根据政策执行所处的具体环境,根据条件变化后出现的新情况,灵活执行。(3)协调、沟通的原则。协调性原则是政策执行的一条重要原则。所谓政策协调,主要是指上一级领导为使下属各执行机构之间、各执行人员之间能分工合作、协同一致地实现共同的政策目标所进行的各项活动。(4)注重反馈的原则。注重反馈的原则也是政策执行各环节必须遵循的一条重要原则。政策执行人员特别是负有领导责任的政策执行人员应高度重视政策实施过程中的信息反馈工作,应对有关政策执行的各个方面的情况了如指掌,如果发现问题,及时采取相应措施,以保证整个执行活动的顺利进行。(5)效益的原则。政策执行的效益反映了政策实施以后的实际效果。具体地说,是指政策产生以后对于社会、政治、经济、文化等各个方面所带来的影响。在我国的现实生活中,还存在着文牍主义、形式主义,官僚主义现象,工作效率不高,这同市场经济要求的效率原则是十分不相称的。不过,政策执行在追求效率的同时,还要注重效益。(6)民主集中制原则。我国宪法规定:中华人民共和国的国家机构实行民主集中制原则。行政机关的管理活动,自然也必须实行这条原则。高度的集中只能来源于充分的民主。只有充分发扬民主,让群众参与献计献策,让不同的意见有表达的机会,才能调动人民群众的积极性。通过发扬民主,充分显露组织内的矛盾,采取有效的措施解决这些矛盾,才能真正实现集中统一。

三、公共政策执行的影响因素

政策执行过程直接或间接地受到诸多因素的影响,对这些因素进行分析,才能排除障碍或梗阻,完成政策执行任务、实现政策目标。

1. 环境因素

环境因素是相对于国家行政组织或公共行政组织而言的,它们是独立于国家行政组织或公共行政组织并对其执行活动发生影响的因素,也可以称为政策执行的外部因素。任何政策执行都要受其所处环境的影响和制约。这些影响政策执行的环境因素主要有:(1)政治—法制环境因素。政治—法制环境因素决定着政策执行过程的目标、性质和方向,直接影响执行活动的执行。

(2)经济—社会环境因素。即社会经济特征与条件、生产力与科技发展水平、教育水平、文化艺术状况、人口规模等各种经济、科学、文化、教育因素及其管理制度的总称。经济—社会环境因素不仅影响法律和政策制定过程,而且对行政活动产生有利的或不利的影响。(3)心理环境因素。即法制观念、道德观念、政治态度、心理承受能力等各种社会心理因素的总称。心理环境因素虽然是无形的,但却对政策执行具有不可低估的力量,它们可以成为政策执行的巨大阻力或压力,也可以成为强有力的推动力,特别是在它们以公共舆论的形式表现出来时,对政策执行过程的影响和作用表现得更为明显。

2.政策执行决策本身的因素

许多决策在执行中困难重重,不能达到预期效果,在很大程度上与决策本身的缺陷有关。因此,分析决策本身是如何影响政策执行的,有助于制定更加科学、合理的政策,以利于政策执行的有效进行。(1)决策本身的正确性。决策的正确性是它被有效执行的根本前提。正确的决策符合社会发展的客观规律,代表人民的根本利益,能够促进社会的发展,给人民带来利益,也能被执行者所认同,被政策对象所拥护,因而能得到有效的执行。反之,决策必然会在决策执行者、决策对象的消极应付和抵制中搁置。(2)决策的具体明确性。决策目标的具体明确性是决策得以有效执行的关键所在,是决策执行者行动的依据,也是对决策执行进行评估和控制的基础。一项决策要能够顺利执行,从操作上和技术上来说,它必须具体明确,即决策方案和目标具体明确,决策措施和行动步骤明确。(3)政策资源的充足性。政策执行活动是对社会生活进行干预和管理的活动,这种活动本身需要一定的人力、物力、财力、技术等资源。无论政策制定得多么具体明确,如果负责执行政策的机构和人员缺乏必要的、充足的用于政策执行的资源,是不能通过政策执行以达到预期的政策目标的。因此,政策方案要涉及政策资源的具体规定。

3.组织与个体因素

组织因素是指与国家行政组织的体制、任务、权力、活动方式等有关,并对政策执行活动发生影响的因素。它包括:(1)关系因素。指国家行政组织或公共行政组织与立法机关、执政党、政治团体、企事业单位等各种社会组织的法定关系及其享有的权利等因素。这些因素决定着国家行政组织或公共行政组织在国家事务和社会公共事务管理方面的地位和作用,因而对政策执行过程也有直接的影响。(2)功能因素。指国家行政组织或公共行政组织的任务和活动有关的各种因素,如它所承担的各种权力、任务及履行的各种职能等。功能因素直接受关系因素的影响,决定着国家行政组织或公共行政组织的权限范围和管辖范围,实际上决定着政策执行活动的范围。(3)结构因素。指与国家行政组织或公共行政组织内部结构有关的各种因素,如机构设置、权力结构和权责关系等。这些因素对政策执行的效率和效果有直接影响。在机构臃肿、岗位责任不明确、指挥和沟通系统紊乱、权责关系模糊的情况下,政策执行很难有较高的效率和较好的效果。

个体因素则是指与行政管理人员个人素质有关的各种因素。政策执行过程最终是通过所有行政管理人员的共同工作完成的,行政管理人员的个人素质和工作绩效必然会对整个过程产生影响。环境因素和组织因素也将通过对个人因素的作用而对政策执行过程产生影响。个体因素主要包括行政管理人员个人素质因素、群体素质因素、行政领导者个人素质因素以及执行对象因素。执行对象即决策的受益者或受损者。他们对决策的态度会直接影响到决策的执行程度以及执行的成败。

第二节 公共政策执行梗阻的现状

公共政策执行是一个整体的过程,它包括政策宣传、物质准备、组织准备、政策实验与全面实施以及协调与监控等方面。公共政策本身、政策资源、政策环境、政策执行机构以及政策执行主体自身等因素都对公共政策执行产生影响和作用。我们认为,公共政策主体在公共政策执行过程中占有相当重要的地位,起着关键的作用。政策执行主体的积极政策执行行为有利于促进政策的顺利实施,相反,政策执行主体的消极政策执行行为则常常会造成公共政策执行过程的"梗阻"。这里所谓的"梗阻",就是指在公共政策执行的实际过程中,政策执行主体往往会由于自身的态度、素质和能力等原因,消极、被动、低效地执行政策,甚至影响和阻挠公共政策的有效执行。

一、公共政策执行梗阻的基本表现

公共政策执行中的"梗阻"现象,具体有以下一些表现:

(1)"上有政策,下有对策"。这是一种较为常见的政策执行梗阻行为,如果政策执行者对于某项公共政策缺乏认同感,特别是当公共政策本身对政策执行者的利益有所矛盾和冲突的时候,一些政策执行者就会寻找政策替代。长期以来中央政府对政策统得过死,一些地方性事务本应由地方政府因地制宜地加以解决的,但中央政府对此类事务也进行管理,这样也就容易造成一些不尽科学不尽合理的政策出现,常常让下级政府无所适从、无法执行,久而久之,也促使地方政府在政策执行过程中养成擅自改变上级政策的习惯。这些政策执行者"有法不依",对于国家明文规定的法律、政策不能严格执行,他们或者从本位主义和地区利益出发,我行我素,对有关政策置若罔闻,置之不理;或者"钻政策的空子",或者灵活变通,"用足用活","遇见黄灯赶快走,遇见红灯绕道走"。

(2)搞"土政策",自行其是。"土政策"是政策执行者在执行政策时,根据自己的理解和需要,附加上一些原政策目标中所没有的内容。"土政策"往往是与原政策内容不完全相符甚至相悖,为谋取自身利益、小群体利益或地方利益而另立一套、自行其是。因而,"土政策"的存在必然增加原政策执行和实施的成本,降低政策执行的效果,影响政策目标的实现。例如,针对我国频繁出现的小煤矿事故的现象,国家作出了关闭私人中小煤矿进行安全整顿的决策。但是在实际的贯彻执行过程中,一些地方和部门为了地方利益甚至自身利益,仅象征性地对煤矿进行检查,空发一些指示,煤矿继续违规生产,危险依然存在,以致于小煤矿事故频发,给国家、人民的生命财产带来了巨大的损失。

(3)"断章取义,为我所用"。这是指政策执行者在政策执行过程中为了自身的利益,对原政策内容的有意曲解、肆意变通。改革开放以来,各级政府的职能逐渐由微观管理转变到宏观调控上来,各种社会组织的独立性和自主权迅速扩大,从而导致了公共政策的作用关系和实施环境的重大转变:下级对中央政府的各种政策的响应,已由过去以行政组织为主要基础的指令服从过程,转向以相对独立的社会组织为基础的对策博弈过程。在这一转变过程中,各种对策者普遍出现,他们对中央政府的各项政策和调控信号,会不同程度地独立作出有利于自己的选择和决策。造成政策执行过程中经常出现"断章取义","南辕北辙","政策偏废偏用"等政策执行不力现象和问题。"断章取义"的目的在于"为我所用",在于实现自身的利益;"断章取义"的结果破坏了公共政策的严肃性和科学性,导致"政策变形"和政策执行的"走样",直至造成公共政策执行的失败。

(4)"按章办事,迎合上级"。这是一种机械式的政策执行方式,指一些政策执行者盲目迎合上级意志,不是根据客观规律和现实条件办事,而是简单、机械地按照上级意志和意图执行政策,逃避责任,害怕风险,无意创新,使政策失去活力和广泛适用性。其形式主要表现在:一是无视公共政策的精神实质,不考虑政策执行的客观环境条件,对相关问题不能因时、因事、因地作出具体分析。二是无视政策环境中不断出现的各种新情况、新问题、新特点,只是听指示、照惯例机械地执行上级的政策,而不顾政策执行的实际效果。

(5)"阳奉阴违,拒不执行"。这种政策执行梗阻是指在政策执行过程中,有些政策执行者由于种种原因只做表面文章,实际上则是"软拖硬抗"、"阳奉阴违",拒不执行政策,导致政策执行受阻,政令不畅,政策目标无法实现。社会上开始出现一些因共同的利益而形成的合作、共享、相辅相成式的利益分配格局,也出现了大量的因利益冲突导致的矛盾对抗式的利益分配格局,社会组织的利益关系异常复杂。各种政策执行者对政策反应的策略手段更加多样化和复杂化,致使各项公共政策达到预期效果的难度急剧增大。

(6)"照搬照抄,敷衍了事"。此类政策执行者被称为"录音机"、"收发室",看起来他们是"原原本本地传达,不折不扣地落实",但实际上他们对于上级的政策并不认真理解和领会,更不会结合本地、本单位实际情况灵活执行,而是不顾具体情况,也不考虑政策执行效果,简单地照搬照抄,敷衍了事。其形式主要表现在:一是不考虑本地区、本部门、本行业政策执行的客观环境和现实条件,对相关问题不作具体分析,照搬照抄其他地区、其他部门、其他行业的政策执行办法;二是无视现实政策环境中的具体情况,机械地套用以往陈旧的政策执行惯例。

(7)"左顾右盼,等待观望"。这类政策执行者在执行政策过程中,消极被动、坐等观望,缺乏创新精神和开拓意识。在我国,由于长期以来中央政府管得太多,管得太死,而地方权力太小,各地在遇到具体问题时往往都是等中央政府发话之后才着手加以解决。同时,也有一些政策执行者在政策执行中从本人、本地、本单位的利益出发,总想"搭便车",不愿意付出政策执行成本,更不愿意承担政策执行风险,左顾右盼,等待观望。其后果往往是因坐等观望而错失及时执行政策和解决问题的最佳良机。

(8)"讨价还价,政策攀比"。即在政策执行过程中为了个人、组织和地方的利益,片面追求政策执行的各项资源,相互攀比竞争更多的政策优惠条件。中央人民政府在制定政策时更多的是从国家整体的、宏观的角度来考虑,因而中央制定的政策往往是带有全面性、长远性的,需要地方服从,有些政策有时甚至会牺牲一些地方的一部分利益。因此,在中央政府制定政策的过程中,各地各部门都积极游说,极力争取对自己有利的政策和政策执行条件,规避自身利益受到损失。一些所谓特区、开发区、实验区在开发建设的过程中,也是不断讨价还价,竞相从中央诉求政策优惠条件。一些政策执行者甚至通过竞争更多的政策优惠条件和政策执行资源,把公共政策的执行变成了为自己牟取私利的机会。

(9)"区分软硬,选择执行"。即在政策执行过程中根据自己对政策目标体系的理解,区分软硬指标,然后有选择地执行。根据欧博文、李连江的研究,许多基层干部根据指标的重要性,区分了所谓的"硬指标"和"软指标"。他们将受欢迎的政策无一例外的归入"软"的、无约束的指标一类;而将计划生育、税费征收归入必须完成的"硬指标"。基层干部对于有否决权的指标,常常也能在其内部区分出"硬"、"软"程度不同的部分。比如,生育政策具体规定了一对夫妇可以生几个孩子,并强调政策执行者要用说服的办法让农民不要违反这一规定。然而在实际运行中,由于这一政策的执行事实上决定着一位干部的政治命运,而说服工作很费时又无成功的把握,于是"耐心说服"往往就被视为一项硬指标中的软规定而被忽视掉。在征收税费和执行计划生育政策的时候,地方政府通常将所有地方力量全部动员起来以确保任务的完成。"五大班子——党委、政府、人大、政协以及纪委——一齐抓,后面跟着公、检、法"。

公共政策执行过程的"梗阻"现象会导致种种政策执行问题,如政策执行不力、政策执行走样和政策执行失误甚至失败等。深入分析政策执行梗阻现象的主要环节,对于提高我国公共政策执行的有效性和自觉性,具有重要的理论意义和现实意义。

二、公共政策认知的梗阻

政策有效执行的前提是对政策的认知。政策认知主要包括两个方面:一是认同政策,即政策执行者从思想、感情、行动上拥护某项政策;二是理解政策,即政策执行者系统、准确、深刻地领会某项政策内容及实质。政策执行者只有充分认知政策,才会坚定地、创造性地、完整而准确地执行政策,保证政策获得预期的执行效果。如果政策执行者不能在上述两个方面认知中央政策,就很有可能出现政策认知的梗阻:

(一)对公共政策的利益分配缺乏高度的认同

政策是社会利益关系的权威性分配。中央政策则是中央对国民经济全局利益关系的权威性分配,这种分配必然要调整中央与地方的利益关系。地方利益从利益阶层角度可分三个层面,即地方整体利益、地方群体或阶层利益、地方个人或团体利益。一般来说,政策执行者在调整中央与地方利益关系上扮演双重角色:一方面,政策执行者作为中央政府在地方的一级政权组织,必须要代表中央政府利益;另一方面,政策执行者作为地方社会、经济、文化各领域的管理者,也必然要代表地方利益。从实际情况看,我国各级地方政府作为政策执行者在执行中央政策中都能较好地处理中央与地方利益关系,但也存在着政策执行者在利益分配上不能高度认同中央或上级政策的状况,即政策执行者执行政策过程中不能兼顾中央与地方间的利益关系。特别是不能为实现全局利益而牺牲地方利益,更有甚者会为地方利益而损害全局利益。这一点突出地体现在一些地方政府对不同类型政策特别是中央政策的不同执行结果上。地方政府作为政策执行者在利益分配上对中央政策缺乏高度认同,其经济结果是形成"诸侯经济",其政治结果是使中央政策权威性受到挑战,破坏中央政府"令行禁止"的政令统一。

（二）公共政策内容缺乏系统理解

政策特别是中央制定的宏观政策是以整体形态作用社会的,由党和国家全部现行政策构成的有机整体称之为政策体系,政策体系具有系统的全部特征。因此,作为政策执行者的各级地方政府对中央政策的理解必须从政策体系出发,主要理解两个方面:一是一项政策的政策要素;二是一项政策在政策体系中的地位。

从总体上分析,各级地方政府都能较好地从政策体系出发理解中央政策,但也存在着一些地方政府对中央政策缺乏系统理解现象,主要表现是:

第一,对中央政策的政策要素缺乏系统理解。一项政策的基本政策要素是:政策目标、政策原则、政策措施与政策界限。政策执行者执行中央政策中,对定量政策目标、单一政策措施、明确规定的政策原则、清晰的政策界限理解较好,而对定性的政策目标、配套的政策措施、隐含的政策原则、模糊的政策界限有时缺乏准确理解,甚至存在着误解。政策执行者对中央政策要素缺乏准确理解,导致了地方政府执行中央政策的梗阻。国有企业改革中出现的一些地方政府随意出售国有企业现象,就是地方政府对中央国有企业改革政策缺乏准确理解所致。第二,对中央政策在政策体系中的地位缺乏系统理解。一项政策在政策体系中的地位表现为三个方面:其一,该项政策在政策体系中的位置,这决定了政策体系对该项政策功能的要求。其二,与该项政策相关联的政策,这决定了该项政策功能对其他政策功能的影响及该项政策功能的实现需其他政策功能的支持程度。其三,该项政策与其他政策间的联系方式,这决定了该政策体系的整体功能。地方政府在执行中央政策中,存在着缺乏从政策体系出发理解中央政策的现象,主要表现为:其一,对中央政策等级缺乏准确理解。从政策体系纵向结构出发,可将政策体系中的政策分为三个等级:总政策、基本政策与具体政策。其二,对中央政策的相互联系缺乏系统理解。政策体系内的各项政策是相互联系的,它们都是为实现总政策的共同目标出台的。因此,必须从政策间的相互联系上把握政策。对中央政策在政策体系中的地位缺乏系统理解,导致地方政府执行中央政策中出现指导思想混乱、政策单一运作而缺乏综合配套等现象,致使中央政策难以落实或落实后引起不应有的负面效应。

(三)对中央政策的运作规律缺乏准确把握

我国社会正处于全面建设小康社会,加快推进社会主义现代化的新的发展阶段。在这一阶段,我国政策体系具有相应的运作规律,主要体现为:1. 意识形态价值和发展价值的关系中,继续保持发展价值的优先性。2. 在发展价值中强调"先进生产力"发展的优先性。3. 在文化发展结构中,智力因素的地位继续上升。4. 继续坚持效率优先的原则,但兼顾公平的价值地位在不断提升。5. 社会稳定的价值仍不容轻视,但政治体制改革要加大力度。6. 继续强调中央的宏观调控和政府管理社会的重要作用,同时充分发挥市场在资源配置中的主导和基础性功能,培育公民意识、提高社会自组织能力的价值地位在不断上升。7. 建构有中国特色的法律体系的同时,制定适应全球化、开放型的法律法规与国际惯例、世界贸易规则接轨的价值地位日益上升。政策执行者对中央政策运作规律缺乏准确把握,体现在以下几个方面:第一,对中央政策缺乏从国家整体利益角度的准确把握;第二,对中央政策时效性缺乏准确把握;第三,对中央政策决策权限缺乏准确把握。政策执行者对中央政策决策权限认识不清现象的存在,不仅影响中央政策的有效执行,也导致各级政府责权不清,甚至形成一定的官僚主义和渎职行为。

三、公共政策落实的梗阻

对各级地方政府而言,政策落实过程具体包括:一是做出落实中央政策的地方决议,主要形态是地方政策;二是对中央政策及相应地方决议的具体执行;三是对执行过程进行控制;四是对执行状态进行信息反馈。相应地,地方政府落实中央政策的梗阻也主要表现在这几个方面:

（一）地方决议存在的问题

地方政府落实中央政策做出的地方决议存在的问题可概括为以下几种类型：第一，收发型决议。收发型决议是指地方政府对中央政策不结合本地实际，而是原原本本或照抄照搬的落实。我国幅员辽阔，各地实际情况差异较大，照抄照搬其他地区落实中央政策经验，不仅脱离本地实际而难能奏效，甚至会引起政策的负面效应。第二，象征型决议。象征型决议是指地方政府对中央政策的落实只做出一般性号召，而不去切实执行。这种象征型决议无疑是无法落实的。第三，滞后型决议。滞后型决议是指地方政府对中央政策的落实滞后于中央政策时限或其他政策执行者。第四，截留型决议。截留型决议是指政策执行者对中央政策不向下级组织和政策对象传达部署。第五，选择型决议。选择型决议是指地方政府对中央政策有选择地执行，其选择标准为地方利益。第六，附加型决议。附加型决议是地方政府对中央政策的落实加入不属于中央政策的内容——加入与中央政策内容不符甚至相悖的地方政策，即"土政策"。第七，替换型决议。替换型决议是指地方政府对中央政策的落实用地方政策代替中央政策。第八，扩张型决议与缩减型决议。扩张型决议与缩减性决议是指地方政府在对中央政策的落实过程中，扩大或缩小中央政策目标或界限。第九，曲解型决议。曲解型决议是指地方政府对中央政策的落实中，随意曲解中央政策要素，使地方决议与中央政策严重偏离。第十，对策型决议。对策型决议是指地方政府落实中央政策中，在坚决执行中央政策的同时，出台抵消中央政策效果的地方政策。地方决议中存在的上述问题，破坏了中央政策的严肃性与权威性，违背了政策执行的坚定性与创造性原则。

（二）具体执行中存在的梗阻

我国各级地方政府作为政策执行者对中央政策的具体执行，就是将中央政策与相应的地方决议一起贯彻实施，这是动态实践过程。党的十一届三中全会以来，我国政策执行模式主要是试验模式，即实验—总结—推广模式。因此，政策执行者具体执行中央政策存在的问题主要体现在这一执行模式的运作之中。

第一,试点选取中的问题。试验模式首先是选取试点,试点的选取应具有对全局的代表性。在执行中央政策中,政策执行者存在着从主观意愿出发选取试点的现象,使试点缺乏对全局的代表性。主要体现为:一是选取的试点与全局的整体状况相差甚远,大都是政策资源较充足的单位,政策目标相对容易实现。二是试点数量较少,远少于抽样理论规定的最小样本数目,用其推断全局依据不充分,导致较大差异。如建立现代企业制度试验中,个别地区只选择2~3个条件较好的企业做试点,这样的试点显然难能代表众多国有企业的整体状况。

第二,试点实验中的问题。政策执行者在执行中央政策的试验中,对试点实施的政策应与以后在全局实施的政策相同,这样的实验才是科学的模拟实验,即具有用试点这一模型模拟全局这一原型的可行性。政策执行者在试验中,往往对试点实施优惠政策,即实施全局不能实施的有利于政策目标实现的特殊政策。优惠政策的实施,确实可促进中央政策在试点的有效执行。但是,当将试点取得的政策执行经验推广至全局时,政策执行者必将因缺乏资源无法在全局实施给以试点的优惠政策,这将导致全局实施的政策与试点实施的政策存在差异,进而导致试点取得的成功经验无法在全局推广。

第三,试点经验总结中的问题。试点实验后,需对试点经验进行总结,主要是总结政策执行效果。在总结政策执行效果时,应客观、公正,即准确反映中央政策执行效果。政策执行者对试点政策执行效果总结中,存在因分析方法而引起的技术失真现象。主要表现为:其一,将政策对象由客观发展规律引起的变化归结为政策执行的结果。其二,将多项政策执行结果归结为单一政策执行结果。其三,将其他政策执行的结果归结为试验政策执行结果。

第四,政策推广中的问题。试点总结后,要将政策推广到全局执行。这一推广是以试点总结为依据的,在理论上属于用样本推断总体。因此,必须分析样本结论对全局的代表性,主要分析置信度、置信区间及误差,这需要掌握抽样理论与方法。实际上,在将试点经验推广到全局时,这一环节被许多政策执行者忽略了。这一环节的忽略,导致试点试验推广到全局的盲目性。

试验模式中存在的问题,既有政策执行者受长期以来抓典型、以点带面习惯作风的影响,也是政策执行者急于取得政策执行成功情绪的产物,其理论原因则是缺少科学的抽样调查与模拟试验理论的指导。

(三)执行过程控制中的梗阻

政策执行是一动态的渐进过程,需要政策执行者对其进行有效控制,主要是采取正确控制方式、对执行组织进行有效及有序协调,建立责权利相统一的政策执行机制等。

从总体上分析,我国各级地方政府作为政策执行者对中央政策执行过程的控制是有效的,但也存在一定的问题。主要体现为:第一,控制方式存在的问题。控制方式问题主要体现为控制方式单一,即只采用单纯反馈控制方式,缺少反馈控制与前馈控制的结合。第二,执行组织协调存在的问题。政策是由执行组织具体执行的,必须对各级、各类政策执行组织进行协调,这方面需要改进的是:一是政策执行组织的合理选择,应尽可能地根据政策性质选择具有执行能力又具有执行素质的执行组织;二是对政策执行组织的有效协调,应尽可能做到协调有序,避免或减少"政出多门、互相掣肘"的现象发生。第三,执行机制存在的问题。政策执行机制是指政策执行所遵守的规范,它是由一系列程序与规则构成的。政策执行机制主要解决的问题是:谁来执行政策?怎样执行政策?执行者具有哪些责任、权利与义务?责、权、利怎样落实?合理的执行机制是政策有效执行的必要条件。应该看到,政策执行者在执行中央政策中,执行机制日益健全。目前需要改进的内容包括:一是各级政策执行者执行中央政策的职权缺乏明确界定,存在各级政府相互侵权现象;二是各级政策执行者执行中央政策的责权利尚未做到真正统一与落实;三是缺乏行之有效的监督与约束机制,特别是缺乏权威性的监督政策执行者执行中央政策机构;四是缺乏执行中央政策的行为规范,中央政策的执行尚缺乏规范化,尤其缺少执行中央政策的立法。

(四)政策执行信息的梗阻

政策执行者执行中央政策过程,也是中央—政策执行者—政府对象间信息双向传递过程。这一过程的信息可分为两类:一是政策执行指令信息,即反映政策内容及如何执行政策的信息,这类信息的传递方向是中央政府(政策制定者）→地方政府（政策执行者）→政策对象。另一类是政策执行状态信息，这类信息的传递方向是政策对象→政策执行者→中央政府。目前，这两类信息的传递渠道基本上是合一的，即基本主体同为各级政府及相应的政府部门。所不同的是，政策执行指令信息由政府及政府所属部门单一下达；政策执行状态信息有时也会由政策系列以外的团体或个人向各级政府转达，但这并非主要渠道。

　　我国各级地方政府执行中央政策的信息渠道，基本上保证了中央政策执行中的"上情下达"和"下情上达"。但是，地方政府执行中央政策信息渠道也存在一定问题，主要体现在政策执行状态信息渠道上。具体来说：第一，政策执行信息状态渠道单一。在我国，政策执行状态信息渠道主要是由统计报表制度形成的，它由隶属于各级政府的统计部门具体执行。我国也存在非正式的政策执行状态信息渠道，如民众反映、学者调查、政策研究人员关注、人大代表反馈等，非正式渠道对政策执行状态信息只起辅助作用。由于政策执行指令信息渠道与政策执行状态信息渠道主体的合一性，不仅形成近乎单一的且隶属于政策执行指令渠道的政策执行状态信息渠道，也使政策执行状态信息易受政策制定者与执行者的影响。第二，政策执行状态信息的非完备性。政策执行状态信息的非完备性是指，政策执行状态信息不能客观、系统地反映政策执行状态。政策执行状态信息的非完备性有其客观性因素，即由于人们对客观事物的认识只能是相对的，因而对政策执行状态的认识也只能是相对的。

第三节　相关对策措施

一、改进公共政策执行体制

　　公共政策执行体制在公共管理活动中占有举足轻重的地位，对公共政策目标的实现以及防治政策执行梗阻有直接影响。所谓公共政策执行体制是指承担公共政策执行任务的机构、人员与规范公共政策执行活动的各种制度以及由此而形成的公共政策执行模式的总称。我们认为，在构建有中国特色的公共政策执行体制的框架下,政策制定的民主化与科学化、政策认同水平的提高和政策执行各个环节的完善,构成了这一体制必不可少的内容。

(一)构建中国特色的公共政策执行体制

在一个国家,构建什么样的公共政策执行体制,必然要受到该国政治、经济、文化体制和经济发展水平的制约。由于中国与西方国家在经济上处于不同的发展阶段,政治文化体制又存在着巨大的差异,因此,中国公共政策执行体制的构建既要符合当今国际公共管理的发展方向,又要具有中国特色。

中国传统的公共政策执行体制是在计划经济体制下形成的,是政治、经济和行政长期一体化的结果。传统公共政策执行体制的突出特点是,政府处于公共权力的中心,既负责公共政策制定,又负责公共政策的执行,其他非政府公共组织和广大人民群众基本上被排斥在执行体制之外,政府及公共行政部门是唯一的公共政策执行主体。改革开放以来,中国突破传统计划经济体制的束缚,确立了建立社会主义市场经济体制的目标。社会主义市场经济的发展对传统的公共政策执行体制提出了挑战,为建立新型的公共政策执行体制奠定了基础。

改革开放以来,随着社会主义市场经济体制的建立,中国社会的政治、经济各方面都发生了巨大变化,出现了经济主体多元、利益主体多元的发展趋势。众多经济利益主体的出现打破了公共政策执行体制由政府独揽一家的局面,越来越多的经济利益主体为保护自身的合法权益,寻求公平竞争的机会,要求参加公共管理和参与公共政策的执行,希望在公共管理中体现他们的自身利益和价值。社会主义市场经济的发展,扩大了公共政策的执行主体,催生了新的公共政策执行体制的建立。

在中国公共政策执行体制中,政府和公共行政部门仍然居于主导地位。传统的公共行政管理把行政权和行政行为放在社会管理的中心位置,政府和公共行政部门始终扮演着管制者或包打天下的角色,政府成为唯一的公共政策的执行主体。社会主义市场经济的发展使公共政策的执行主体出现多元化,政府不再是唯一的公共管理组织和部门,它对公共权力的垄断要逐步取消。公共权力随着公共管理重心的下移而日益社会化,众多的社会公共管理组织成为公共政策的执行主体。当然,非政府公共组织和公众政策执行体制中所起的作用只能是有限的。中国公共政策执行体制主体的多元化并不意味着各执行主体在执行中所起作用相等。政府公共权力的下放是一个缓慢的过程,政治民主化程度的提高也是一个缓慢的过程。政府与非政府公共组织在执行体制中作用的大小是由彼此力量的消长而决定的。在目前情况下,政府在公共政策执行体制中仍处于主导地位。但是,随着社会主义市场经济的发展,政治民主化程度的提高、非政府公共组织的逐步完善和公民参与意识的增强,政府公共管理职能将逐步弱化,非政府公共组织在公共政策的执行中将发挥越来越重要的作用。

(二)提高公共政策认同水平

政策认同是保证政策执行效率的极其重要的内容。一项政策如果不能为政策对象所真正认同的话,那么它就难以被心悦诚服地接受和执行。政策执行主体对所执行政策的认知是良好政策认同的前提。具体来说,就政策执行过程而言,政策执行主体执行政策的首要环节就是对政策内容的正确认知。政策执行主体只有对政策的内容和精神实质有了正确的认知,才能准确的理解制定者的政策意图,才可能形成正确的政策态度,才可能会有符合政策目标的执行行动,才可能会坚定地、创造性的、完整准确地执行政策,保证上级政策获得预期的执行效果。可见,要防治政策执行阻滞,首先就必须提高政策执行主体的政策认知水平。在此基础上,政策宣传和政策传播的状况如何,将直接决定着政策执行的效率和政策目标的达成。

政策的执行离不开对政策信息的宣布和传播,因为政策的执行是以政策执行主体对所推行政策的认知和认同为前提条件的,而政策制定后并不能自动地被认知,作为政策制定者的领导干部了解政策不等于各级政策执行者都能像政策制定者那样了解政策,即便是作为政策执行者的各级干部了解了政策也不等于作为政策目标群体的广大民众都了解了政策。而通过各种形式的宣传可以从更大的范围使广大政策执行主体充分认识到所推行政策与他们自己切身利益之间的紧密关系,使他们自觉自愿地、积极地接受和执行政策,从而为政策的有效执行奠定坚实的基础。

公共政策是政府输出的公共产品之一。一项公共政策自出台后,能否得到有效的执行,常常取决于很多因素,如政策本身的科学化程序、政策资源的可得性、政策环境优化的程序等。其中,公共政策的传播效果对政策执行的效果起决定性的作用。要及时有效地传播公共政策,必须有比较健全、完善的传播机制。因此,政府现行的公共政策传播机制亟待改革。从目前的实际情况出发,健全和完善公共政策传播机制的对策主要有以下两方面:第一,改变高度一元化的信息传播形式,建立完整的信息传播网络。传统的信息传播体制高度一元化,各级政府组织是内向传播的唯一通道,信息传播的渠道是高度整合的。单通道、垂直型的信息传播体制既无法满足公众日趋强烈的知情要求,也无法适应现代社会对政策过程的高效要求。第二,建立政府与公众之间的互动机制。随着政治民主化、经济市场化的发展以及公民意识的日益觉醒,政府以往简单依靠强制权力和政治动员来推行公共政策的传统做法已无法奏效,因为政策接受者并不是所谓“顺从的目标群体”,也不是被动的“政策客体”或“政策对象”,而是能够自觉认识到政策目标和措施与自身利益之间的关系,并作出积极反应的主体,即政策接受主体。因此,要顺利达成预期的政策目标,除了要着力改善传播的工具与手段,不断完善传播的策略与技巧之外,还必须建立政府与公众之间的互动机制。

(三)完善政策执行各个环节

政策执行是一系列前后相继的行为过程,具有一定的逻辑顺序。一般而言,它是由政策宣传、组织实施、指挥协调、监督控制四个环节或阶段组成。任何一个环节出现问题,都会导致政策执行的梗阻和政策目标的难以实现。因此,必须对每一阶段加以完善。

1. 组织实施环节

组织实施是政策执行过程的实质性阶段。这一阶段工作的好坏直接关系到政策执行活动的成败。组织政策的具体实施,必须做好下列几项工作:

(1)制订政策实施计划。政策作为行动的指导原则,其内容本身通常只是一种原则性的规定,它不能包括人们行动规范的具体细节,不能代替具体的行动计划。因此,政策指令一经下达,负有执行责任的有关人员就应该结合不同的实际情况,把这些行动原则具体化,对如何完善政策指令,怎样达到政策目标等要制订出具体执行政策的详细计划,作为政策执行活动的依据,以便执行工作有条不紊地进行。(2)落实政策执行机构。政策的具体实施有赖于组织机构对政策的贯彻与推行。实施政策需要作大量的具体工作,如起草文件、拟订措施、筹备会议、了解情况等,没有相应的部门和机构主管,没有一定的工作人员具体负责,是不可能做好的。因此,必须认真落实政策执行机构。(3)掌握政策实施方法。这里所说的政策实施方法主要是指实施政策的基本手段和具体操作方法。政策实施方法是政策执行人员为贯彻执行政策,实现政策目标而采取的各种措施、手段、办法等的总称。政策实施方法的正确与否同政策目标的达成关系极大。政策执行人员必须掌握正确的实施方法,否则政策目标就难以实现。

2. 指挥协调环节

指挥协调,是根据实施计划,具体实施政策,解决政策问题,实现政策目标的过程中,政策执行机构和执行人员所必须完成的工作。

政策执行需要有一个完善而高效的指挥与协调体系。政策执行如果不能及时获得充足真实的政策效果的反馈信息,就无法及时调整指挥;而政策对象如果不能充分及时地了解真实的政策信息,不能及时把自己的意见和要求充分而真实地传送给执行机构,也就难以有效行使其民主权利。所有这些都要求我们作好政策执行的指挥与协调。

(1)保证指挥与协调的信息渠道畅通。在政策过程中,要建立健全并确保各种政策信息渠道(横向、纵向)的有序和畅通,建立和加强各部门、机构及人员之间的相互信任、相互依赖、协同一致、密切合作的关系,搞好决策机构之间的协调,防止不同职能部门出台互相矛盾的政策。政策制定颁布后,政策制定者或上级执行机构应将政策目标、政策标准、执行期限等信息清楚准确、完整地传达给下一级政策执行者,还要向目标群体讲明政策所具有的意义,说明推行政策的合理性,让执行者与目标群体充分理解政策,从而自觉自愿、积极主动地接受和执行,并在有效的协调和沟通中及时消除产生的分歧和误会。(2)实现指挥与协调手段的现代化。"传统的行政模式是伴随着羽毛笔和其后的打字机技术而产生并发展壮大的。……这种技术对严格的等级制度而言是较理想的。"随着高新科技的发展和信息网络的普及,公共管理的发展越来越依赖于公共管理技术的创新。特别是信息网络技术的发展使公共管理处于一种网络组织的状态,公共管理的决策者和执行者能够更为有效地与社会公众实现互动,这标志着"网络公共管理时代"的即将来临。网络时代的公共管理将会产生把公共服务改革和由信息科学推动的变革结合在一起的联合议程,这将创立21世纪公共行政的平台,同时也意味着政策执行的指挥与协调手段也必须实现现代化。

3. 监督控制环节

监督控制是政策执行过程的保障机制和保障环节。具体而言,监督控制是指在政策执行过程中,一定的监控主体按照一定的监控标准和规范,适用适当的监督方法,对监控对象的执行行为进行检查、控制、督促和矫正,以保证合法高效地推行政策。监督控制对于政策执行是预防梗阻的有力工具,是保证政策执行活动顺利进行的重要保障,是及时发现失误、纠正梗阻的有力武器,是提高政策执行效率的重要途径。

要确保政策执行过程中的监督控制,需注意以下几个方面:

(1)明确监督控制的对象和内容。现代政策运行要求对政策执行过程的各方面、各环节进行全面的监控,包括对政策失误、偏离政策目标行为、政策执行违法行为、政策执行技术效率状况等的矫正监控。要强化对政策过程各环节的检查、督导,随时随地跟踪检查和考核,进行有效的监督和制约。看政策过程中决策是否符合人民群众的利益,是否符合具体实际;看行政执行有无偏离原决策;看行政机关及其人员是否都依法办事,是否遵循工作程序,有无官僚主义不负责任现象;看执行中有无困难与障碍;等等。(2)设立专门监控部门,建立健全制度和规程。有了一定的制度和规范并不等于政策规避能自动消除。因此,要设立专门的政策执行监控部门,建立健全政策执行控制的一系列制度和规程。(3)建立政策执行的责任制。良好的政策监控机制关键是要建立行之有效的风险预警机制和责任追究制度,能够对政策执行情况及时跟踪监督控制,对由于政策执行失误而造成损失的执行者,能够及时追究其责任。在市场机制环境下,政府也是一个多元利益的主体,政策执行所涉及的不同层级的政府以及不同的政府部门往往具有不同的利益追求,有时出于地方保护或者个人利益考虑往往会对政策有所保留或者肆意曲解,造成"上有政策,下有对策"情况的出现。因此,无论在政策理论还是在政策实践上,我们都需要建立一种明确的政策执行责任制,明确政策执行者承担对结果达成的责任,如果由于工作失误而造成政策偏离预定方向,造成政策失真,他将受到相应的处罚,甚至会以失去工作为代价。

二、优化公共政策执行主体行为

任何一项公共政策在制定出来以后,最终都要靠政策执行主体(包括政策执行机构和政策执行人员)去执行。一方面,从公共政策执行的组织活动来看,由政策执行人员组成的政策执行机构是政策目标实现的强有力的组织保证,组织所显示出的能力和所呈现出的形象对政策执行的成效极为重要。另一方面,从公共政策的具体执行活动来看,人是公共政策的实际执行者,是公共政策能否有效执行的关键因素,政策执行者的执行方式在相当程度上决定了公共政策执行的成败。除此之外,在现实条件下,加强思想政治工作也是防治政策执行梗阻的不可缺少的手段。因此,提升政府能力、重塑政府形象、改进执行方式、发挥思想政治工作优势构成了优化政策执行主体行为的主要内容。

(一)提升政府能力

有效的政府能力有利于社会整合和对社会资源的提取,从而达到既定政策目标,促进社会进步。但是,政府能力过剩和扩张过度,最终将导致社会对政府的全面依赖以及社会自身发展动力机制丧失;政府能力短缺,会出现政府在政治统治、经济调控、社会管理方面普遍存在"乏力"和"疲软"的问题。转型时期的政府,应尽快合理定位政府行政的界域,将其限定在一定范围内,有效增长政府能力。在现代社会中,公共政策的制定特别是执行迫切要求提高政府能力。它不仅关系到政府治理社会的效率和效果,而且也直接决定着政策执行的效率和效果。

（二）重塑政府形象

政府是管理社会公共事务的权威机构。一个合法政府的权威地位固然来自宪法和法律力量的支撑，同时也来自社会公众对它的认同与支持。而政府要赢得公众的认同与支持实现其职能，则必须注意处理与公众的关系，特别要注重政府形象的建构。政府形象是公众对于政府行为的总体评估，是政府的表现和业绩在公众心目中的综合反映。政府形象决定政府威信，只有树立良好形象并自觉加以维护，政府在公众中才有声誉和威望，才能保持其权威地位；反之，就会丧失公众信任。同时，政府形象也直接影响政府效能的发挥。良好的政府形象产生强大的感召力、凝聚力，使政府内外关系趋于协调，公众与政府配合一致，政令畅通，有利于政府政策目标如期实现。即使这一过程中有失误、有挫折，由于良好形象的亲和力，政府也容易得到公众的谅解，纠正与弥补失误，从而为政策执行创造良好的环境。塑造良好的政府形象，对于维护和提高我国公众对政府的信任和支持，推动政府政策的施行和行政管理效能的提高，促进社会的稳定和经济的发展，具有相当重要的现实意义和作用。

（三）改进执行方式

政策能否顺利地实施，政策目标能否得以圆满地实现，不仅受制于政策执行主体对政策的认知水平和认同程度，而且还取决于政策执行主体的行为方式。正如美国政策科学家安德森所言："为了使某一项政策有效，需要的不仅仅是广泛的权威和用以支付实施代价的拨款。良好的控制和政策实施技术也是必不可少的。"现实中许多政策执行活动的不理想甚至事与愿违在很大程度上就是由于政策执行人员的行为方式存在问题。因此，要提高政策执行的有效性，防治政策执行出现梗阻，不仅仅需要促进政策执行主体对所推行政策的认知并增强他们对政策的认同，更需要改进执行方式。

（四）发挥思想政治工作优势

政策执行是一项非常复杂的社会实践活动，它的每一个环节都离不开一定的执行手段，执行手段的恰当与否直接影响着政策的执行力，直接关系到政策目标能否顺利实现。政策执行手段主要有行政手段、法律手段、经济手段和思想引导手段。其中思想引导手段即思想政治工作，是政策执行的重要手段。

其原因在于,它是通过运用制造舆论、说服教育、协商对话、表扬和批评等方法做人的思想政治工作,引导政策执行者和政策对象自觉自愿地去贯彻执行政策,而不从事与政策相悖的活动,因而不仅可以节省许多人力物力,而且更主要的是其效果能够牢固而持久。如果说行政手段、法律手段、经济手段更多地强调对政策执行主体的硬约束的话,那么思想引导手段则是对政策执行主体的软约束,它属于非正式制度建设的范畴。在我国的现实条件下,通过加强思想政治工作强化意识形态刚性力量是一个重要而有效的手段,它对防治政策执行梗阻具有举足轻重的作用。

第六章 政府部门管理的绩效评估

　　20 世纪 80 年代以来,西方国家政府改革运动逐步深入,政府部门绩效评估日益成为政府改革的重点之一,亦成为推动政府转型的主推力。政府部门管理的绩效评估是指结合政府部门的共性和个性制定政府部门绩效评估的可靠和可施标准,伴以科学合理的程序与方法对政府部门的管理过程和结果进行准确评定和定级,以此推动政府部门管理工作的改善。

第一节　政府部门管理绩效的特殊性

　　政府部门管理绩效评估日益受到西方新公共管理理论的影响,强调借鉴私营部门的管理经验,政府部门也应关注其结果和产出,追逐政府官员与政府组织的绩效。然而,由于政府部门绩效评估往往存在诸多障碍,难以如企业般的有序、可控和有效。而且,政府目标的制定往往难以量化,政府部门的行政生态环境也复杂多变,往往使绩效评估难以适从。因此,理性看待上述两种论断的异同,对于建立有效的政府部门管理绩效评估体制,有重大裨益。在此应理清政府部门与私人部门(企业)之间的异同,选择性借鉴私人部门绩效的理论与方法显得尤为迫切。

一、政府部门的特殊性
　　社会领域固定分为公域和私域,前者内蕴权力运作规律,外化为权力的集中、分配和行使行为;后者内蕴公民自治规律,外化为政府与公民社会的互动行为。社会领域的固定划分相应产生公共部门与私人部门的划分,而政府部门作为公共部门的主体,成为制约和推动公共部门管理效能的主导力。然而,对政府部门和私人部门的异同,学界一直争论不休。部分学者片面关注共性,认为政府管理与企业管理无本质差异,企业与政府部门同样存在科层制,其运作机理类似,可视为类同管理。部分学者片面关注个性,认为政府管理与企业管理存在本质差别,不可视为类同管理。

事实上,二者之间存在联系和区别。联系在于两者的互动协作实现了经济和社会的发展,私人部门依赖政府部门提供基础结构和法律,政府依赖私人部门提供产品和服务,依赖它们提供政府运作的赋税。区别在于政府部门负责人所拥有的职务合法性是直接或间接从政治选举过程中产生,且政治选举亦赋予政府部门权力的强制性,这种强制性为政府部门所特有。具体来说:1.目的不同。政府部门作为公共权力拥有者和执行者,其目的是提供公共服务,谋求公共利益。但其权力的垄断性拥有和公共服务的垄断性供给,使政府部门提供公共服务者往往自行其是,忽视需求和结果。而私人部门以追逐利润为根本目的,往往更为重视公众的需求和结果,这亦是维系生存的关键。2.责任机制不同。私人部门强调对资本拥有者负责,其管理活动往往在既定的职责下进行,较少出现管理越位、缺位和错位现象。而政府部门内在的规模性、复杂性导致责任机制的扩散,容易出现职责不清的"三位"现象。3.人员机制不同。私人部门以追逐利润为根本目的,其雇用原则亦存在极强的功利性,营利与否是决定雇员去留的唯一指标。相反,政府部门的雇用原则往往比较复杂,雇用与解雇都相对困难。

二、政府部门管理绩效评估内容与影响因素的特殊性

绩效一般解释为成效和效能,多用于社会经济管理方面,在人力资源管理领域得到广泛应用。政府部门绩效特指政府部门在社会经济管理过程中,职能行使效能的基本状况。政府部门绩效是政府部门管理能力的外在表征,即政府依靠自身管理能力,对社会政治经济事务进行管理的系列行为过程。政府部门绩效如何既取决于政府内生因素,譬如政府部门性质和政府官员,又取

决于政府部门管理的外在环境,譬如经济体制。政府部门管理的内外在因素交互作用影响政府部门管理绩效。

(一)政府部门管理绩效的主要内容。政府部门管理绩效可分为三个层面:其一,政治绩效。制度安排和制度创新是政府部门在现代市场经济条件下,保证市场地位、弥补市场失灵,维持社会稳定的最根本手段。因此,政治绩效最经常地表现为制度安排和制度创新。政府部门能否依据社会发展状况,合理进行制度安排,是决定政府部门政治绩效的关键。其二,经济绩效。国民经济的可持续发展是衡量经济绩效的主体指标,具体可细划为经济增长、物价指数、就业状况等。政府相关部门能否适时出台有效公共政策应对现存或即将出现的经济问题,亦是衡量政府经济绩效的重要依据。其三,社会绩效。社会和谐是衡量社会绩效的主体指标,内生的多个主题——安全与犯罪、公平与正义、福利与贫困、稳定和动乱是其重要子指标。

(二)政府部门管理绩效的影响因素。其一,政府部门的性质。政府部门的性质如何决定政府部门管理绩效评估体制的建立和实施。我国作为社会主义国家强调人民群众的根本利益和长远利益服务的绩效为中心,而西方资本主义国家则强调以资产阶级整体利益和长远利益服务的绩效为中心。因此我们在借鉴西方政府部门管理绩效经验时应加以性质区分,选择性借鉴。其二,经济体制。国家经济体制是判断政府与市场关系的基本途径,亦是定位政府职能体系的重要依据,不同的经济体制决定不同的政府职能体系,进而决定政府部门绩效评估体制。计划经济体制下的政府部门管理绩效取决于"全能政府"模式下整个社会的发展状况,市场经济体制下的政府部门管理绩效则取决于"小政府"模式下整个社会的发展状况,而相应的则存在适应计划经济体制和社会主义市场经济的两种政府绩效评估体制。社会主义计划经济体制向社会主义市场经济体制的系统转变,伴随着政府职能的重新定位、政府行为方式的调整,由此,必须实现政府部门管理绩效评估体制的根本转变。其三,政府官员的素质。政府部门管理归根结底是政府官员的行政行为,其素质优劣直接影响到政府部门管理状况,影响政府部门管理绩效。一般而言,政府官员素质包括知识和能力两大方面。知识是人类进步的阶梯,政府官员的知识积累和能力增长是提高政府部门管理绩效的关键。

第二节 政府部门绩效评估的困境及体制弊端

一、政府部门绩效评估的困境

政府部门的内在特性和政府部门绩效评估的内容往往导致如下政府绩效评估困境——量化困境。私人部门与政府部门的管理绩效评估都存在两个重要前提:其一,评估标准的量化;其二,所有绩效的量化表现。根据评估的量化准确对绩效进行评估。现实却并非如此,量化标准的制定和绩效的量化表现均存在较大困难。具体来说:

(1)评估标准的量化困境。用具体数目来衡量政府部门为公众提供产品或服务的状况存在现实困境。政府部门管理服务的对象往往使评估标准难以量化,譬如救灾中人的生命价值就难以具体量化。另外,政府部门公共服务的质量如何亦难以量化,且地区差异往往使同一评估标准失去合理性。更何况,评估标准的量化往往伴随着决策的主观性和片面性。

(2)所有绩效的量化表现困境。政府部门依靠公共权力,生产的公共产品和提供的公共服务难以如企业生产产品一般可以分割,亦不能依靠市场定价和销售机制加以成本—效益核算。另外,政府部门所创绩效难以在政府各部门、各层级和组成成员间有效准确划分绩效归属,毕竟绩效的取得依赖于政府部门体系内各部门、各层级、各成员间的互动合作,互动合作程度越高,绩效归属划分难度越大。需要特别指出,政府部门公共权力的垄断性占有以及所导致的公共产品和公共服务垄断供给地位往往使成本—收益的对比分析缺乏可行性。而且,个体指标的量化处理往往带来整个评估体系的失衡,譬如,GDP 的量化处理就导致了政府部门绩效评估体系的失衡,片面追逐 GDP 带来了一系列问题。

二、政府部门绩效评估的体制弊端

政府部门管理绩效评估体制是研究政府部门绩效评估的主要切入点。所谓政府部门管理绩效评估体制，是指对政府部门行为产生的政绩和效果进行评估的体系和制度。它包括政府部门绩效评估指标体系的设定，评估机制的运用，评估方式的选择，评估制度的制定等内容。从社会主义计划经济体制向社会主义市场经济体制的系统转变带来了政府部门管理绩效评估体制变革的要求，现实情况是，我国现行政府部门管理绩效评估体制往往难以摆脱传统计划经济体制下政府部门管理绩效评估体制的影响，呈现出诸多的体制弊端。具体来说：

（一）政府部门绩效评估体制的指标设定弊端。在社会主义市场经济体制下，政府职能实现了从计划经济体制下"全能"模式转变为以弥补市场失灵为导向，强调公共产品和公共服务有效供给，具体表现为维持宏观经济稳定、社会稳定、公共产品供给、减少贫困人口和国有资产管理等等。但现行政府绩效评估指标片面追逐 GDP 高增长率，抑制了其他政府职能的实现。这种政府部门绩效评估指标的弊端难以实现政府部门绩效评估的准确性，进而难以推动政府职能的转变和重塑。

（二）政府部门绩效评估体制的制度及法制化程度弊端。政府部门绩效评估体制作为评估政府部门绩效，强化政府部门管理绩效理念，提高管理能力的重要制度措施，理应实现体制的制度化和法制化。而现行的政府部门绩效评估体制的制度化和法制化程度均不高，评估体制中子因素的制定往往取决于政府的自身需要，而非根据政府部门的行政管理实践制定，无论是评估原则还是评估标准，也无论评估主体还是评估流程，其制定和实施都存在随意性。这种随意性往往相伴而生出"运动式"的评估模式，特别是在公共危机暴发时（SARS 流行、三鹿奶粉事件等）。试想，这种缺乏制度化和法律化，包含诸多随意性的政府部门绩效评估体制往往流于形式，趋于低效。

（三）政府部门绩效评估体制的流程实施弊端。政府部门绩效评估体制的实施过程应是，在合理价值取向的指引下，制定科学的指标体系，选择相应的评估主体,收集、整理和辨别信息,通过相应的评估方式得出评估结果,进而分析结果,提出政府部门绩效提高方案,由此循环之。而现行政府部门政绩评估体制往往囿于流程和形式,只重形式和过程,而非结果,目的和手段严重倒置。而且,政府部门绩效评估往往处于"理性无知"的状态,即明知所掌握的信息是不完全的甚至是错误的,但采取"不作为"的态度,进而得出不准确甚至是错误的评估结论。

(四)政府部门绩效评估体制的主体选择弊端。政府部门管理的价值导向应是实现公众利益,因而,公众的满意度应成为政府部门管理绩效评估的根本标准。而现行政府部门管理绩效管理评估主体不仅单一,而且多为内部评估,多为上级对下级的评估,缺乏公众的参与。政府部门的暗箱行政又使本就较少出现的"公民评议政府"流于形式,难以实现公民对政府部门绩效的评估及对政府行为的监督。这种政府部门绩效评估体制的主体选择弊端往往滋生权力的滥用和寻租。由政府外专家学者组成的第三评估机构目前还处于初发阶段,同样也存在信息不对称问题,使政府部门绩效评估的客观性和公正性大打折扣。

第三节 政府部门绩效评估体制改革的客观必然性

科学发展观和社会主义和谐社会作为中国共产党从新世纪新阶段党和国家事业发展全局出发,提出的重大战略思想和指导方针,是统领我国经济社会发展全局的。两者之间存在内在联系,科学发展观所强调的以人为本、全面协调可持续发展也好,"五个统筹"也好,都是构建社会主义和谐社会的基本要求。科学发展观从发展理念、发展思路等方面促进社会发展、社会建设、社会治理,是从发展的角度求和谐;构建社会主义和谐社会则是从社会关系、社会状态方面反映和检验贯彻科学发展观的成效,是从和谐的角度促发展。此节从科学发展观和社会主义和谐社会的宏观背景出发,探讨政府部门绩效评估体制改革与落实科学发展观、构建社会主义和谐社会的内在关联,进而探讨政府部门绩效评估体制改革的客观必然性。

一、政府部门是落实科学发展观、构建和谐社会的当然主体

科学发展和社会和谐是发展中国特色社会主义的基本要求,是实现经济社会又好又快发展的内在需要,必须坚定不移地加以落实。就今天我国的现实情况来看,科学发展和和谐社会发展目标的提出既是利益驱动的结果,也是危机推动的结果。面对这种地区差异大、资源整合能力差、公民社会发育不足的基本国情,我们并不能说只要有简单的危机关联或利益关联就能使相关个体自发组织起来推动并完成这一制度创新,实际上中间还有很多干扰因素。自实行改革开放以来,我们所取得的全方位的发展特别是经济领域的超常规增长是举世瞩目的。成就值得肯定,问题更应深思。经济的发展不能掩盖转型社会不同阶层之间的发展鸿沟和价值观冲突。因此,上述目标的实现不可能是完全自发性的诱致性制度变迁,而更多地需要政府担当起"火车头"角色,加以组织引导与有力推动。在这里我们可用马克思恩格斯的经典分析工具分析社会不和谐状况产生的根源,从而阐释政府在构建和谐社会的主导作用。

(一)生产力与生产关系的矛盾分析工具

生产力与生产关系的矛盾运动是推动社会发展的根本动力,生产力决定生产关系,生产关系持续适应生产力的变化,这种持续适应过程伴随着社会发展上的量质互动飞跃,即生产关系的现有结构难以适应并束缚着生产力的发展,导致社会不和谐状况不断加重,进而孕育新的生产关系以适应生产力发展,从而实现社会的更高程度和谐。事实上,中国今天的经济转型和社会转型内蕴于生产力与生产关系矛盾运动机理,外化为社会不和谐状态到和谐状态的过程更迭。在现代化阶段,以信息化为主要特征的先进生产力迫切需要变革与之不适的生产关系,生产力发展与生产关系的更新的非同步性及新生产力与新生产关系的相互融合都会带来矛盾和冲突,现存的一系列政治、经济和社会问题恰恰符合这一内在机理。因此,可以看出新时期生产力与生产关系的矛盾运动是我国不和谐社会产生的根源之一。

(二)经济基础与上层建筑的矛盾分析工具

按照马克思恩格斯的经典论断,生产力发展带来经济基础的变化,经济基础变化必然要求上层建筑的相应转变,国家作为上层建筑的核心,成为矛盾的焦点。现实情况是,我们国家这种多层次管理活动及其形成的经济关系成为社会的经济基础。譬如,计划经济下的生产资料国家所有制,"全能政府"模式抽空了经济基础的功能,混淆了经济基础与上层建筑的内在关系,由国家作为上层建筑的核心直接与社会生产发生关系。从计划经济体制向社会主义市场经济的转变,需要理清国家和政府的角色,准确定位政府的职能。现实情况是,国家和政府依然没能及时准确地定位新形势下的角色和职能,模糊了经济基础与上层建筑的区别及功能实施方式,囿于传统计划经济体制的做法,从而导致经济基础与上层建筑的关系失调,成为导致社会不和谐状态的另一深层次根源。

因此,无论是生产力与生产关系的矛盾还是经济基础与上层建筑的矛盾,其矛盾的调适与化解都依赖于作为上层建筑核心的国家和政府。政府行为的适当与否往往决定矛盾运动的方向,是走向激烈对抗还是张力有序,而政府行为内容与方式取决于其治理理念和模式。一种适应社会转型和经济转型的政府治理理念和模式必然会引导生产力与生产关系的矛盾和经济基础与上层建筑的矛盾向自适应方向发展,化潜在的激烈冲突为有序和均衡。

二、政府部门管理绩效评估体制改革的客观要求

政府部门是实践科学发展观、构建和谐社会的主体和推动力,而政府部门绩效评估体制对规范政府行为,遵循科学发展观、构建和谐社会有着导向和强制性作用。因此,政府部门管理绩效评估体制改革是实践科学发展观的重要环节。具体来说:

(一)政府部门管理绩效评估体制创新与保持经济平稳较快发展。原有或者说现行的政府部门管理绩效评估体制片面强调 GDP 指标的主导地位,忽视了其他评估指标的重要性,往往硬性割裂了经济增长量与质、经济增长与环境保护、经济增长与贫富差距的关系,带来诸如经济效益差、环境污染和贫富

差距拉大等一系列政治经济社会问题。改革开放以来,经济的超常规增长并不能掩盖上述政治经济社会问题。试想,如果我们不主动变革现行 GDP 导向的政府部门管理绩效评估体制,科学发展观的落实就是一句空话。

(二)政府部门管理绩效评估体制创新与大力转变经济增长方式。科学发展观强调通过转变经济增长方式,由粗放型增长转变为集约型增长,谋求经济的可持续发展。而现行政府部门管理绩效评估体制重"量"不重"质",重"效率"不重"效益",这种导向严重偏差的错误体制往往塑造如下的政府行为:在经济发展的决策上,置经济发展规律于不顾,忽视成本—效益核算,只重产出,忽视投入,带来了经济增长与环境破坏伴生的恶果。这种竭泽而渔的做法并不能带来经济持续增长,这又往往带来另一重要问题——"路径依赖",即经济发展一缓慢,政府又立即上大项目,追逐高投入、高产出,从而带来更大的政治经济社会问题。这种并非政府初衷的做法带来的结果却是灾难性的,这让我们必须重新审视政府经济决策,进而审视现行的政府部门管理绩效评估体制。因此,要实现经济增长方式的根本转变,必须改革现行政府绩效评估体制,重塑政府理念,规范政府的行为,实现经济增长和环境保护的良性互动。

(三)政府部门管理绩效评估体制创新与加快经济结构战略性调整。科学发展观强调实现经济结构的战略性调整,保证经济的协调发展,而现行的政府部门管理绩效评估体制片面强调对经济增长速度的考核,而非对政府宏观经济调控能力的考核。另外,现行体制强调是政府官员任期结束前的政绩考核,这必然导致政府官员为获得任期内的最高政治收益(政治升迁),倾向采取竭泽而渔的方式,通过透支地方财力,实现短期收益最大化的"政绩工程"和"面子工程"。而且这种缺乏战略眼光、盲目跟风的错误决策往往导致各区域间的低水平重复建设,产业同构现象层出不同,由此带来地方保护主义盛行,地方间恶性竞争此起彼伏。可以说,要实现经济结构的战略性调整,改变"蜂窝状"的国民经济布局,必须以政府部门管理绩效评估体制创新为着力点,让政府官员主动更新施政理念、重塑施政行为,实现市场对资源配置的基础性作用。

(四)政府部门管理绩效评估体制创新与不断提高全国人民生活水平。

以人为本,执政为民是科学发展观根本要求,提高人民生活水平和生活质量是这一根本要求的集中体现。经济发展的出发点和归宿亦在于此。而现行政府部门绩效评估体制更多是封闭状态的内部评估,主要是政府部门内部上级对下级的评估,普遍缺乏公众对政府部门管理绩效评估的参与和监督。按照戴维·伊斯顿的政治系统论观点,公众持续的利益诉求输入是政府部门制定公共政策的依据,而这种缺乏公众参与的绩效评估体制使本应成为政府部门施政目标的公众利益,出现了日益边缘化的危机,从而最终影响政府存在的合法性。因此,改革政府部门现行绩效评估体制是提高人民生活水平和生活质量的重要环节。

第四节 政府部门管理绩效评估体制创新

作为涵盖价值体系、指标体系、规范体系和组织体系的大系统,政府部门管理绩效评估体制追求四大子体系的互动协作。价值体系是政府部门管理绩效评估的内核,体现了政府部门管理绩效评估的内在目的性,亦是框定指标体系、规范体系和组织体系的基本依据。基于价值体系基础上的指标体系明确了政府部门管理绩效评估的基本内容,往往与政府部门的职能体系存在对应关系,成为评估政府部门职能行使状况的便利工具。政府部门的特殊性使绩效评估的指标体系难以独立发挥作用,以方法和程序为内容的规范体系,成为引导和规范绩效评估行为的体制保证。对价值体系的追求、指标体系的制定和实施、规范体系的遵循都依赖政府部门管理绩效评估体制中的组织体系来完成,组织体系是决定其他三大子体系实现效能的关键。政府部门绩效评估体制应具备如下特征:其一,客观性与公正性。这样可以消除人为因素的干扰,对所有评估对象进行尺度统一的公正评估。其二,可操作性和激励性。对绩效状况的反映清晰明白,整个评估过程逻辑清楚、分析准确、结果公开、反馈及时,由此对评估对象的工作形成有效的激励作用。具体来说:

一、评估指标与评估标准

评估指标体系是政府部门管理绩效评估体制的核心,实现评估指标体系与政府职能体系的对接是判断评估指标体系科学性与合理性的基本依据。伴随国家经济体制的系统转变,政府职能体系也经历了打破与重塑的过程,从"全能型"政府职能模式,转变为强调经济调节、市场监督、社会服务和社会管理等,为此,政府部门管理绩效评估指标应适时调整,实现评估指标体系的时代性、科学性和可操作性。然而事实并非如此,评估指标体系往往与政府职能体系无法实现统一对接,政府职能范围外应由市场与社会承担的事务不应作为政府部门管理绩效的评估指标。譬如,由于资源的稀缺性,地方政府的恶性争夺使诸多政府职能范围外的事务成为评估政府部门绩效的指标,招商引资就是例证。当然,我国生产力不均衡布局带来的区域发展差异使政府部门管理绩效评估指标的制定要兼顾全局共性和局部个性,即根据地区发展的不同特点,具体制定适合各地区发展状况的评估指标。而且,在评估指标体系中既要有规模、速度等数量指标,又要有效益、结构等质量指标,要将经济发展与社会发展、经济增长与环境保护、财富增长与公平分配结合在一起,实现政治、经济和社会的协调和谐发展。

政府部门管理绩效评估标准有利于实现对政府部门管理绩效的监测、考察、衡量和评估,构成政府部门管理绩效评估的价值观导向,致力于解决在评估指标确立后,以何标准测评的问题,从而成为政府部门管理绩效评估体系的重要组成部分。政府部门管理理念和管理体制框定了政府部门管理绩效标准,随着改革开放以来的政治经济社会发展和社会转型,无不要求政府部门管理理念和管理体制的相应改变,从而引致政府部门管理绩效评估标准的变革。譬如,传统政府部门管理的绩效评估偏向追求个人投入过程的效率,而现今政府部门管理的绩效评估偏向追求组织层面的投入与结果。制定科学合理的政府部门管理绩效评估标准并非易事,标准过高过低均难以发挥应有的激励作用。政府部门管理绩效评估标准可综合运用绝对标准和相对标准,前者追求刚性控制,后者追求软性规范。譬如,我国政府部门年终测评所采取的"末位淘汰"制,就是绝对与相对结合的绩效评估标准。科学发展观与和谐社会发展战略要求政府部门管理的绩效评估应以公众满意度作为最终衡量标准,在此基础上,细化为经济、效率、效益、公平和回应性等诸多标准,实现政府部门管理绩效评估的作用。

二、指标权重与评估方法

政府部门管理绩效评估指标间重要性的科学权衡和评价是能否实现绩效评估指标与政府职能体系有效对接的关键。在政府职能体系中,作为构成要素的各项职能在整体格局中所处的地位和所起的作用当然不是等同的。对不同时期的政府来说,总有某一项或几项职能在整个政府职能结构中处在主导地位,而其他政府职能围绕它进行整合并发挥辅助配合作用,从而形成不同的政府职能结构模式。与此逻辑一致,作为多指标集合的政府部门管理绩效评估指标体系,各指标间的权重并非等量齐观,应以政府职能中各政府职能的权重来确定政府部门管理绩效评估指标间的权重关系。当然,生产力不均衡分布带来的地区差异使本来就复杂易变的评估指标间的权重关系更为难以统一,可依据各地政府职能结构的异同实现绩效评估指标的科学性。

实现政府部门管理绩效事实资料的指标分值转变是政府部门管理绩效评估方法的功能。随着理论和实践的互动发展,可用于政府部门管理绩效评估的方法有很多,粗略估计应有上百种之多。总体来说,政府部门管理绩效评估方法可分为定性方法和定量方法,定性和定量方法的选择并不取决于政府部门管理绩效评估主体的主观意愿,而主要取决于评估内容的可量化性。譬如,公众满意度就属于定性指标,因为难以用具体数量衡量公众的满意程序,而与此相反,GDP、物价指数、经济增长速度等均可用数量衡量,可适用定量方法。当然,政府部门管理绩效评估指标的设计和选择,应尽量采用可量化的客观指标,为定量评估方法的使用创造条件。对难以用数量量化的评估指标,应扩大评估主体的范围,实现政府部门管理绩效的多元评估,保证定性指标的高度重视代表性和全面性,保证定性评估指标的相对客观性。譬如,平衡记分卡主张将组织的战略转化成可以评价的行为,让管理的焦点集中在组织战略目标的实现上,组织既要对顾客负责,也要对员工、股东、供应商等各种利害关系人负责。平衡记分卡提供了将各种财务和非财务的业绩指标相连接的因果关系模型。这种模型虽是新近发展起来的但已被学术界和工商界广泛接受。平衡记分卡的应用在一定程度上弥补了政府部门管理绩效评估部分指标难以量化的困境,有利于宏观考察政府部门的管理绩效。

三、评估主体与评估事实

具备客观公正态度的政府部门管理绩效评估主体是有效评估的前提。当然,评估主体与评估对象之间的信息不对称是横在两者之间的障碍,一方面,评估主体缺乏相关知识背景,对评估对象的工作缺乏有效评估能力;另一方面,评估对象有意设置信息交流障碍,人为制造或扩大信息不对称程度,使评估主体难以有效评估。可见,评估主体对评估事实的把握往往缺乏全面性,或者说评估主体缺乏全面把握评估事实的能力,即使有意愿亦无法实现有效评估。目前普遍实行上级对下级的评估,本来可在某种程度削弱信息不对称状况,具备一定程度的权威性和公正性;然而,由于考评结果的上下级连带责任性,使上级往往出于自身利益考量,对下级的评估缺乏应有的公正性和客观性。评估主体的多元化是化解体制内上级对下级评估缺陷的利器,可预设数量与结构合理的评估主体,委托独立第三方进行抽样调查,排除评估对象的干扰,实现绩效评估的独立性和客观性。厘清政府部门管理绩效评估主体与评估对象间利益关联,是设定评估主体资格的关键,可取消有利益关联的相关主体的评估主体资格,亦可降低其评估权重。譬如,各地方政府年终的部门行风评议,往往习惯于邀请政治体制内和政府部门职能领域内的各相关主体,其利益关联必然使评估缺乏应有的效果,虽也轰轰烈烈,却收益甚微。

评估事实是政府部门绩效相关信息的汇总,是政府部门管理绩效评估的客观基础。评估事实的客观性和针对性是保证政府部门管理绩效评估有效性的关键。当然,信息不对称的客观存在使绩效信息的收集、辨别和把握评估事实都存在明显难度。试想,如果政府部门管理绩效评估主体缺乏绩效的相关事实依据,往往处于"理性无知"状态下,其所实施的绩效评估自然缺乏可信性和有效性。绩效信息收集的全面性和针对性是实现评估可信性的前提,有效性则体现评估事实对绩效评估的准确反映。具体来说:评估对象应对涉及绩效考核指标各评估事实进行严格、规范的记录和收集,不可随意更改和丢弃,对提供给评估主体的评估事实承担相关责任。当然,评估主体也应遵循评估事实,不可根据印象、感觉和关系进行主观随意评价。

四、评估程序与评估结果

评估程序贯穿于政府部门管理绩效评估的整个过程,涉及绩效评估方案的制定、实施,评估主体的选择和参与程序,评估过程的运作和监督,评估结果的分析和公布,评估结果的应用与反馈等等。可见,评估程序的科学性至关重要,是保证政府部门管理绩效评估正常运作、取得实效的关键环节。从政治学意义上进,程序公正是公正的重要内容和实现前提。经济体制的系统转变,政府与社会关系的转型使政府部门管理绩效评估程序体系也发生了诸多变化,其主导变革方向是绩效评估程序必须为公众参与提供制度化、规范化渠道,以便公众能对政府部门管理绩效评估过程的各环节进行参与和监督。应根据政府部门的不同特点,包含职能范围、职能特性、现存制度规则等,制定适应各部门的评估程序,但其程序设定宗旨是方便公众参与,且程序一旦制定,不可随意更改。

政府部门管理绩效评估结果是绩效评估过程的最后环节,其公布和运用对于改善对政府部门绩效评估的监督和激励政府部门管理改革有着重要作用。当然,政府部门管理绩效评估结果的公布应当遵循先沟通后公开的程序,即公布前评估主体与评估对象就评估结果进行充分沟通,明确评估事实与评估结果的对应因果关系,并厘清责任归属,共同商定整改意见。在沟通中,评估主体应充分听取评估对象对评估事实、评估程序和评估结果的异议,评估主体与评估对象各自作出说明,达成一致。政府部门管理绩效评估结果应通过公开渠道,譬如,新闻媒体和政府网站等形式向社会发布,接受社会的公开监督。要实现政府部门管理绩效评估的有效性,必须实现"优必奖、错必罚"的原则,将政府部门管理绩效评估结果与政府组成人员的职务晋升、生活待遇、社会荣誉等挂起钩来,通过政府部门管理绩效评估,激励政府工作人员积极、主动、创造性地履行应该履行的职能,切不可流于形式。

总之,政府部门管理绩效评估体制改革是在经济转型和社会转型背景下,政府落实科学发展观、构建和谐社会的适时亦是必须之举,可按法制化原则逐步健全和更新政府部门管理绩效评估制度和法规,保证政府部门管理绩效评估的有效性。政府部门管理绩效评估的出发点和归宿都应是公众的意愿和利益,保证公众对政府部门管理绩效评估过程和结果的参与和监督是政府部门管理绩效评估体制的基本导向。

第二篇

政府部门政治事务管理

第七章 国防管理

自人类进入阶级社会和国家出现以来,任何历史时代、任何社会制度的国家,都面临着防御外敌侵略和颠覆、保卫国家领土完整、保障国民和平生活和劳动的问题,这就是国防问题。人类发展历史证明,一个国家有了强大的国防,就能给国家建设、人民生活提供一个和平发展的环境,而国防力量薄弱,就会给国家和人民带来隐患,甚至灾难。历史上因国防不巩固,遭到外敌入侵而导致亡国的例子不胜枚举。国防如此重要,任何国家都高度重视对国防的建设,而加强国防管理,则是国防建设成功的保证。

第一节 国防管理的含义

国防管理就是国家对国家防务的管理。要了解国防管理的含义,首先要明确国防的概念。

一、国防的含义及内涵

国防,就是国家的防务。其含义目前我国主要有以下几种权威的解释。一是我国新版《辞海》注云:国防是"国家为捍卫主权、领土完整和安全,防备、抵御外来武装侵略和颠覆而进行的军事及与军事有关的政治、外交、经济、科技、文化等方面的建设和斗争"。二是我国《国防法》第二条明确规定:国防是"国家为防备和抵抗侵略,制止武装颠覆,保卫国家的主权、统一、领土完整和安全所进行的军事活动,以及与军事有关的政治、经济、外交、科技、教育等方面的活动"。三是我国《中国人民解放军军语(全本)》界定为:国防是"国家为防备和抵抗侵略,制止武装颠覆,保卫国家的主权、统一、领土完整和安全,而进行的军事及与军事有关的政治、经济、外交、科技、教育等方面的活动"。四是我国《国防经济大辞典》解释为:"国防(National Defense)指一个国家为维护自己的安全和利益,综合运用军事及其有关的政治、经济、外交、科技和文化等手段,进行捍卫国家主权、领土完整、防止外来侵略和颠覆等方面的斗争和建设的总称"。此外,国外也有大量的国防定义,在此不一一列举。

从上述国防的概念中可以看出,随着人类文明的发展,国防的范围和内容也相应地得到明显的扩充。从内容上看,国防不仅仅是指军事活动,而且还包括政治、经济、外交、科技、文化、心理等许多社会要素。现代国防已成为一个完整的综合系统,国防经济、国防科技、国防文化、国防教育等都成为国防系统中不可缺少的组成部分。从国防的范围上看,也突破了传统的"国界"和"主权"的范围。在政治多极化、经济全球化、社会信息化、军事科技化的国际背景下,现代国防不仅是军事和政治的国防,也是经济的国防、文化的国防及社会的国防,因而是综合的国防。国防手段也在发展和完善中,成为军事手段和非军事手段的综合研究系统,形成了"大国防"的概念。特别是2001年"9·11"事件发生后,人们将国防的范围扩展到国界之外,引起了各国对国防问题的高度关注。

二、国防管理的概念及内涵

管理是指在一定的环境或条件下,管理主体为了达到一定的目的,运用一定的职能和手段,对管理客体施加影响和进行控制的过程。国防管理即指国家及其授权部门和代表,为了达到国防目标,对国防活动及其涉及资源所进行的决策、指挥、协调、监督、控制、激励等活动,以确保国防建设获得最佳军事效益、国防经济效益和社会效益的行为过程。这一概念包括以下几层含义:

1. 国防管理的主体。国防是国家的防务,是伴随着国家的产生而产生、国家的发展而发展、国家的消亡而消亡的现象和活动。国防是国家固有的职能,其主体显然是国家。国家为了实施对国防活动的管理,必然组织相应的机构,授权该部门和有关人员开展管理活动。因此,国防管理的主体是国家及其授权部门和代表。

2.国防管理的客体。国防管理的客体是国防活动及其涉及的资源。国家为了防备和抵抗侵略,制止武装颠覆,必须要大力加强国防建设,发展国防事业,以增强国防实力和国防潜力,来捍卫国家的安全和发展利益。其中包括武装力量建设、国防物质技术基础建设、国防精神基础建设等各个方面,从而形成了国防军事、国防政治、国防科技、国防文化和教育等各种活动。这些活动必然涉及到人、财、物、科技、信息等各项资源有效配置。因此,国防管理的客体是国防活动及其涉及的资源。

3.国防管理的职能。在国防管理过程中,国防管理主体所发挥的功能包括决策、指挥、组织、调控、激励等活动,以作用于管理客体,保证国防目标的实现,这就是国防管理的职能。

4.国防管理的目的。国防管理的目的就是通过对国防活动的管理,来实现国防目的,也就是"保卫国家的主权、统一、领土完整和安全"。保卫国家的主权,就是保卫国家独立自主地处理国内外事务的神圣权利;保卫国家统一,就是保卫国家只能由一个中央人民政府行使完整的国内外事务的管辖权;保卫国家领土完整,就是保卫国家的领土不被丢失、分裂、肢解和侵占;保卫国家的安全,就是保卫国家免遭侵略和颠覆,实现国家的主权安全、制度安全、经济安全、科技安全、信息安全和文化安全。

第二节 国防管理的体制和职能

国防管理是国防管理主体在国防管理体制内,运用各种管理职能,对国防事务实施管理。因此,国防管理体制和职能是影响国防管理的重要因素,也是其基本内容。

一、国防管理体制

国防管理体制是国防组织机构和制度体系的统称。即指国家防卫机构的设置和管理权限、职责划分的制度。它是与国家的政治体制、经济体制、文化教育体制相互联系又相互独立的一个概念。主要包括国防领导管理体制、武装力量管理体制、国防经济管理体制、国防科学技术和武器装备发展的管理体制、兵役制度、动员制度、国防教育制度和国防法律制度等。由于世界各国在政治、经济、社会、军事、外交等方面存在的差异，国防管理体制也存在明显的区别，如美国由国会、总统、国家安全委员会、国防部共同负责领导国家防务，实行征兵制和募兵制。英国则由国会、首相和国防大臣领导下的国防会议决定国防事务，下设国防参谋部，实行募兵制。法国则由总统通过国防部和三军参谋部对全国武装力量实施领导和指挥，总统下设内阁会议、国防委员会、限制性国防委员会和高级国防会议，为决策和协调机构，实行义务兵和募兵相结合的兵役制度。日本则由内阁总理大臣、内阁会议、安全保障会议共同负责领导国家防务。防卫厅是在内阁总理大臣直接领导下处理国防事务的机关，实行志愿兵役制（募兵制）。世界其他国家也都因自己国家的体制和文化传统拥有自己国家的国防管理体制。

我国国防领导管理体制坚持中国共产党领导，贯彻民主集中制原则。由国家对国防活动实行统一的领导和管理，武装力量受中国共产党领导，党的中央军事委员会和国家的中央军事委员会，其组成人员和对军队的领导职能完全一致。全国人民代表大会决定战争与和平问题，并行使宪法规定的国防方面的其他职权。全国人民代表大会常务委员会在人代会闭会期间决定战争状态的宣布，决定全国总动员或局部动员。国家主席根据人代会和人大常委会的决定宣布战争状态，发布动员令。国务院领导和管理国防建设事业。中央军事委员会领导全国武装力量，决定军事战略和武装力量的作战方针，领导和管理人民解放军的建设。人民解放军总参谋部、总政治部、总后勤部、总装备部，是中央军委的军事、政治、后勤、装备工作机关。陆军由四总部行使领导机关职能，各军区直接领导所属陆军部队。海军、空军和第二炮兵领导各自部队的军事、政治、后勤、装备工作，参与联合作战指挥。军区（战区）是根据国家行政区划、地理位置和战略战役方向、作战任务等设置的军事组织，下辖陆军集团军、兵种部队、后勤保障部队和省军区（卫戍区、警备区）。省军区（卫戍区、警备区）是人民解放军在省级行政区域设立的一级组织，负责全区后备力量建设、平时兵员征集和战时兵员动员等。军分区(警备区)是人民解放军在地区(地区级市、自治州、盟)设立的一级组织,主要负责民兵、预备役部队的军事训练、政治工作和装备管理,组织实施战时动员,进行兵役登记和兵员征集等。人民武装部是人民解放军在县(旗、县级市、市辖区)设立的一级组织,主要负责后备力量建设和战备工作、兵役和动员工作,指挥民兵作战等。中国的武装力量,由中国人民解放军、中国人民武装警察部队和民兵三部分组成。我国的国防经济体制实行平时和战时相结合、军民结合的组织体系和管理制度。我国的国防科学技术和武器装备发展实行国家统一领导的、政府、军队和科研生产企事业单位分工负责的管理体制。我国的兵役制实行以义务兵为主的义务兵和志愿兵相结合、民兵和预备役相结合的制度。我国的国防动员制度则由全国或局部地区的动员机构实施动员。我国的国防教育实行国家、军队、社会、学校和家庭密切协作的国防教育网络管理体系。我国的国防法制是根据宪法精神,由兵役法、国防设施保护法等法规以及军队的条令、条例和有关制度、规定等组成的法律制度体系。

二、国防管理职能

国防管理职能是指国防管理主体对管理客体施加影响和进行控制所发生的作用和功能。即国家及其授权部门和代表在整个国防管理活动中所发挥出的作用和功能。它是管理工作专业化分工的结果,也是管理原则、管理方法的体现。一般而言,国防管理的职能包括决策、组织、调节、控制和激励。这些职能相互独立,又相互补充,是一个动态的过程,贯穿于整个国防管理之中。

1.决策职能。国防管理的决策职能是指国防管理的主体为了达到国防管理目标,科学地决断和安排未来一定时期国防活动及资源配置的职责和功能。即国家及其授权部门和代表,在国防管理活动中,对国防事业的发展目标、战略发展规划、政策策略和行动方案等做出选择和决定。国防活动是否有效及效果大小在很大程度上决定于决策的正确与否,因此,决策是国防管理的首要职能。

科学预测是决策的前提和条件,进行国防管理决策必须进行事前预测。

要对影响未来国防事业发展的各项因素进行详细、全面、准确的预测,才能提高决策的可能性、及时性、科学性、严密性和相对稳定性。

国防决策是国防管理的核心。为保证国防决策的正确性,必须做到决策的民主化、科学化。因此在决策过程中要掌握决策的科学程序,摆明问题、明确目标、拟订方案、评估选优、组织落实,按照客观需要的过程从事决策,才能确保决策的正确成功。

任何决策都要落实到计划上。所谓计划,就是指未来行动的方案。"凡事预则立,不预则废",计划是决策目标的实现保证,是国防管理的实施纲领。因此,国防管理主体在决策后,还要"运筹帷幄之中,决胜千里之外",制定国防管理的各项计划,来协调国防管理活动中各个方面、各个部门、各个因素的相互衔接和平衡,合理利用一切资源,以确保国防管理目标的实现。

2.组织职能。国防管理的组织职能是指从系统原则出发,按分工合作的要求对国防活动中各要素和国防活动中各种相互关系进行合理的组织,对国防管理纵横层次的活动进行协调,使之在时间、空间和效能上统一起来,以求提高效率、实现国防活动目标的功能。它主要包括确定国防活动的形式;确定管理模式;建立管理机构;明确管理目标和职责;进行人员的安排调配和培训,协调各种关系等等。

充分发挥国防管理的组织职能作用。首先要围绕实现管理目标和完成计划任务来建立合理的管理组织系统、设置管理机构、确定管理体制和领导方式;分配落实任务和人员的安排调配,协调相互关系,以求提高效率,实现经济活动目标。

充分发挥国防管理的组织职能的作用,必须遵循国防管理的组织原则,一是目标明确原则。要明确国防管理组织的战略目标、战略任务,并要求将总目标分解为组织内各个层次、各个部分的分目标,从而形成一个相互联系、相互制约的组织目标体系,使组织内每个层次、每个部分以及每个个人都有自己明确的目标。在完成各自的直接目标中,实现组织的总目标。二是统一指挥和分级管理原则。要科学的划分管理层次和职能部门及其权责范围,建立信息联系渠道,形成一条等级链,实行统一指挥,消除国防管理活动中多头领导和无人负责现象。同时,在统一领导的前提下,赋予各级组织一定的权利,实行分级管理,充分调动各级组织和管理人员的积极性和主动性,以增强国防管理的灵活性和适应性。三是责权制相结合原则。要明确规定各级管理机构和管理人员的责任,为实现国防管理目标而产生的每项任务和工作都必须有专门的机构和人员负责。同时要赋予他们取得和使用必需的人、物、财力以及信息等工作条件的权限,并给予相应的利益,以责定权利,使责权利相匹配。这样才能充分调动各方面的积极性,确保国防管理组织的目标实现。四是精干高效的原则。国防管理组织系统是否精干直接影响管理效能的高低。要精简一切可有可无的管理组织,精简多余和不能胜任的管理人员,以责定岗、因事设人,使国防管理组织高速运转。

3. 调控职能。国防管理的调控职能是指对国防活动进行调节与控制的功能。调节职能,是指对国防活动系统内各个部门、各个环节、各个要素之间的关系进行调整和各种行为节制的管理实践活动。控制职能,是指国防管理主体通过监测和信息反馈,对国防活动中偏离计划目标的行为进行纠正与约束,使之纳入正常国防活动运行轨道的管理活动。

要充分发挥调控职能的作用。首先要做好比例关系的调节,从国防管理来看,就是要对人力资源、物力资源、财力资源进行合理调节,使其密切衔接、比例适当,以保证国防建设事业持续、协调、健康发展。其次要做好对各种经济利益关系的调节,是国家、军队、各军兵种、各战区之间的经济利益得到正确处理,把各方面的积极性都调动起来。再次要按既定的工作目标和标准,并按照一定的程序对国防活动进行监督、检查,发现偏差,采取纠正措施,使工作按原定计划进行;或相应的调整计划,以保证国防活动及其结果能与预期的计划目标相一致,使国防活动的战略、计划、目标顺利的转化为现实。

4. 激励职能。国防管理的激励职能,是指国防管理主体用以开发国防管理活动成员的工作潜力,调动他们内在的工作积极性和主动性的管理功能。

在战斗力和生产力的要素中,人是最活跃的因素,是军队和生产力的决定力量。只有充分重视激励职能的作用,全面的开发国防活动成员的潜力,才能使各项工作卓有成效,实现最优的管理目标。因此,国防管理主体不仅要根据国防活动的需要和个人素质与能力的差异,将不同的人安排在合适的工作岗位上,为他们规定不同的职责和任务,还要分析他们的行为特点和影响因素,有针对地开展工作,创造并维持一个良好的工作环境,充分运用各种激励方法,挖掘他们的工作潜力,调动他们的积极性、主动性和创造性,改变并引导他们的行为,使之符合实现国防管理目标的要求。

国防管理的决策、组织、调控、激励等职能作为一个完整的体系,各有其特殊的职责和功能、特殊发挥作用的方式和特点,但相互之间又是相互联系、相互制约的,紧紧的伴随着国防管理的运行,不断地发挥着作用。同时,它们又必然随着国防管理的环境条件变化不断地充实和发展自己的内容,其职能作用也不断地发展变化。

第三节 国防管理的原则和内容

国防管理必须遵循一定的原则开展工作,同时,作为国家管理的一个重要方面,也有其重要的工作内容。

一、国防管理的原则

国防管理的原则,是国防管理活动必须遵循的基本准则。它集中体现了国防管理的战略思想、战略方针和政策理论,反映了国防管理的性质、特征和目的,是确定国防管理领导体制、确定国防管理职能和方法的依据,我国国防管理必须坚持以下几项原则:

1.统一领导,分工负责

加强党和政府对国防管理工作的统一领导和集中指挥,是做好国防管理工作的重要前提,这是我国国体和政体决定的。我国《宪法》和《国防法》明确规定:我国由国家对国防活动实行统一的领导,我国的武装力量受中国共产党领导。全国人民代表大会"决定战争和和平的问题"。全国人民代表大会常务委员会在人代会闭会期间决定战争状态的宣布,决定全国总动员或局部动员,并行使宪法规定的国防方面的其他职权,国务院领导和管理国防建设事业。中央军事委员会领导全国武装力量。国务院、中央军委共同领导人民武装警察部队、民兵的建设和征兵、预备役工作以及边防、海防、空防的管理工作。这样的领导管理体制符合我国的国体和政体,符合国防管理的一般规律,是切实可行的。

坚持国防管理统一领导、分工负责的原则,关键是要处理好统一领导和分工负责的关系。统一领导,是国家履行国防管理主体职责的内在需要,是加强国防管理权威性、严肃性的必然要求,也是实行集中指挥的必要前提。分工负责,既是我国政治体制、经济体制和行政管理体制的基本特色,也是调动中央与地方、军队与政府、军事与经济、人力与财力、物力等各方面组织开展国防管理工作积极性的必然要求。只有真正做到分工负责,从根本上理清中央与地方、军队与政府、军事与经济等方面的国防管理工作事权与职责,理顺工作关系,才能从政治、组织和体制上,使统一领导和分工负责落到实处,从而确保国防管理工作的顺利进行。

2.安全原则

国防管理的一切工作,都要以保障国家安全为中心,这是国防管理的任务和目标决定的。国防管理的安全原则,要求我们在国民经济、政治、社会的一切活动中,都要牢牢树立保障国家安全的信念,并考虑到国防管理的需要来开展工作。如在国民经济建设中,当我们调整国民经济结构时,不仅要考虑到国防科技和国防工业的配套需要,而且要考虑到国防战略储备,包括武器弹药储备和物资储备的需要;当我们在安排工程项目建设,特别是对一些投资大、对整个国民经济建设影响大的重大工程项目时,就要充分考虑其在战争或自然灾害中的防护问题,以及遭到破坏后的补救措施。当我们在进行国民经济布局时,就要考虑到地理分布的国防安全问题,要做到适当分散和相对集中相结合,既要考虑到国民经济建设效益,也要考虑国防安全,便于国防管理工作的顺利进行。

国防管理的安全原则,还要求我们在国防管理工作中,不断加强安全保障手段,提高保障国家安全的功能。在当前"大国防"的背景下,不仅传统安全威胁因素与非传统安全威胁因素相互交织,而且"外来因素"和"内生因素"相互融合,"国家的生存与发展利益"的范围和边界,早已突破传统的"国界"和"主权"的范围,国家安全的内容,也由传统的"主权安全"和"制度安全",进一步扩展到了经济安全、科技安全、信息安全、文化安全、意识形态安全和生态安全等诸多领域,从经济安全中又衍生出粮食安全、石油安全、水资源安全、金融安全、贸易安全等诸多分支。特别是当前世界范围内的恐怖主义、极端主义、分裂主义日益猖獗。我们必须在高度关注传统安全问题的同时,充分意识到非传统安全领域带来的新问题和新挑战,如恐怖主义、毒品走私、跨境犯罪、环境污染、现代海盗等等。因此,国防管理所形成的安全保障手段和功能,都要大大增强。从手段上看,不仅要充分运用军事手段,而且要综合运用政治、经济、外交、科技、文化等手段,如运用传媒、文化手段来保障意识形态安全等。从功能上看,不仅应当具备防御和抵抗"外来"武装侵略和颠覆行为的功能,即应对传统安全威胁因素的应战功能,而且还应具备应对"内生",但在一定条件下很容易导致"内外结合"的突发事件和紧急状态的功能,即应对非传统安全威胁因素的应急功能。如过去我们的传统观念就是我们国家利益是在960万平方公里以内,保护我们的领土、领海和领空的安全是我们军队应当完成的使命和职责。今天,随着我国对外交往的增大,国家利益的拓展,海外贸易的增强,进出口海上通道安全已经成为中国新的重大战略着眼点。换言之,今天经济发展的态势,已无法仅在960万平方公里维护我们发展安全。因此,我国海军虽奉行近海防御战略,但必须具备远洋巡航能力。这样,才利于解决海上划界争端,维护国家海上主权,打击海上犯罪,保障国家和公民的安全。

3. 军民结合、平战结合原则

军民结合、平战结合是国防管理上的一个基本原则,也是平战交替规律在国防管理领域中的集中体现。其核心是通过建立和完善有效的国防建设发展模式,做好平时到战时的转换工作,充分调动国民参与国防事务的积极性,最大限度的利用国防资源,产生强大的国防功能。实现军事效益、社会效益和经济效益的统一。

在国防管理中坚持军民结合、平战结合是建立和发展国防事业的客观要求。国防管理是伴随着国防活动的产生和发展而产生、发展的。当人类社会出现了阶级和国家,建立和发展国防事业就成了历史的必然,如军队的建立、发展和壮大,防御设施的修筑等,国防管理也应运而生。早期的国防活动主要在军事范畴,国防管理也侧重于军事范畴,但平战交替规律客观上使得大部分军事准备是在非战争时期进行的。因此,在国防管理的初期就出现了军民结合、平战结合的成功典范,如我国汉代实行"屯田制",就是把耕作和准备战争结合在一起。到了近现代,国防活动已发展成为一个综合性、全民性的范畴,除了军事系统外,国防经济、国防科技、国防文化、国防教育都成为国防建设中不可或缺的组成部分。美国、俄罗斯这些大国以及欧洲的许多国家,早就实行了全民防卫的方针,从军事、经济、技术、外交、民防等许多方面采取防御措施,千方百计通过各种途径,努力增强国防实力,以应付世界上各种风浪的冲击。世界上很多国家都把增强国力,巩固国防作为全社会的奋斗目标,通过各种方式教育和引导人们把自己的职业和行为与国防活动联系起来,增强公民的国防意识,大力培养后备军事人才,做好军需品与民用品的兼容工作,从而使得军民结合、平战结合这一原则在国防管理中得到了更充分的体现。

国防管理是一个复杂而严密的大系统,但从国防建设的本质上看,除了军队建设,大部分与国民经济建设类似,二者是一个整体,且目标又一致,都是为了国家经济发展和国家安全的巩固。同理,在国防工业中,除了军事专用品外,大部分也与民用品类似,可以兼容。这就决定了军民结合、平战结合的可能性。将军民、平战紧密的结合起来,可以最大限度地调动国民参与国防建设的积极性,节约国防资源,这是在国防管理中推行"军民结合、平战结合"原则的必然性。坚持"军民结合、平战结合"的原则,在国防管理的不同领域具有不同的发展重点要求。在我国军事建设领域,重点是要通过建立和完善精干的常备军与强大的后备力量相结合的制度,努力做到平时少养兵,战时多出兵。在国防科技、国防工业建设领域,重点是通过建立和完善军民结合、寓军于民的武器装备科研生产体系,推动民营经济和民营科技力量有序的进入国防科技、工业生产链,走出一条具有中国特色的军民融合式发展的新路子。在国民经济的其他领域,主要是坚持在公路、铁路、机场、港口、码头、信息通讯、城市基础建设和重要产品生产中,切实贯彻国防要求,使重大基础设施建设项目和部分重要产品,具备军民兼用功能,发挥战时保障和防护作用,在军队文化教育中,要增设国民教育有关内容,努力培养军地两用人才,在国民教育中,要进行国防文化教育,努力培养和提高国民的国防意识,充分调动国民参与国防建设的积极性。

4.效率优先、效益优化原则

效率优先、效益优化原则也称双效原则。在国防管理中,必须要强调高效率的完成各项工作任务;同时也要兼顾军事效益、社会效益和经济效益的优化,这是国防管理的目的决定的,也是国防管理的一项基本要求。

在国防管理工作中,无论是军事建设还是国防经济建设、无论是军事人员的配备调动还是物资、装备的供给和组织落实,都必须能适应战争、突发事件和紧急状态的要求和进程。因而必须高效率不折不扣的完成工作目标。

国防建设是国家发展和国家安全的保障,也是国家建设的一个重要组成部分。国防建设必须要有雄厚的物质基础,必然也依托于整个国民经济建设。因此,在国防管理中,必须要努力提高经济效益,使经济要素得到充分合理的利用,以尽可能少的投入得到尽可能多的产出。国防管理的各部门、各地区、各单位所采取的方针、政策、措施、方法等,都必须充分考虑力争降低资源消耗,获得最佳的军事效益、社会经济效益。

坚持"效率优先、效益优化"原则,在国防管理中首先要做到科学决策、统筹计划、严密组织、综合协调、有效激励。必须根据国家总体战略、军事战略和政治、经济、社会发展战略的要求,依据国防建设需求和国家现实防务能力及潜力,通过制定和完善国防管理规划、计划和预案,加强对国防管理的总体协调、统筹规划、组织落实。特别是要通过采取教育引导、政策激励、行政推动和法律约束等多种行之有效的方式和方法,不断优化国民和各级军事、行政组织依法履行国防管理义务的自主性、自觉性和积极性,保质、保量的完成国防管理任务。

坚持"效率优先、效益优化"原则,在国防管理中必须树立全局观念,处理好国防经济建设和微观经济效益之间的关系。如国防经济布局和地区经济开发紧密结合,不仅可以合理布局,提高国防经济的战时生存能力,而且可以避免重复投资,节约大量的人、财、物力,提高经济效益。美国的西部开发计划,不仅调整了工业布局,增强了战略后方稳定,而且也促进了西部地区的经济发展。只有正确协调处理好宏观经济效益和微观经济效益的关系,才能充分调动和发挥各方面的积极性,促进国家和军队建设的发展。

坚持"效率优先、效益优化"原则,在国防管理中必须着重加强国防科技管理,实现经济增长方式从粗放型向集约型转变、加速科技进步、充分发挥科技在提高经济效益中的作用。要根据国防科学技术的发展,不断的调整内部结构,重点发展高科技产业,着重从质量上提高国防经济实力。加速实现由数量规模型向质量效能型、人力密集型向科技密集型的战略性转变,努力做到"一份投入,多种效益"。

二、国防管理的内容

国防管理是一个复杂而庞大的系统,涉及到军事、政治、经济、文化、教育诸多方面。其主要内容包括武装力量建设管理、国防经济建设管理、国防科技管理、国防教育管理以及国防立法等。

1.武装力量建设管理

武装力量建设管理是指对为建设和加强国家武装力量而进行的管理,包括对军队建设和非正规的武装力量建设的管理。其中军队建设管理,即为组建军队和提高军队战斗力所进行的管理是其重点。其主要任务是制定军事战略、规划军事部署、建立军事领导体制、完善军队建制、拟定军事训练计划、培养军事人才、发展军事理论、进行国防科学技术研究、健全军事法规体系以及加强对军队政治、后勤建设的管理。

武装力量建设管理是国防管理的核心组成部分,它是伴随着军队的产生而逐渐发展起来的。早在奴隶社会时期,军事建设管理的基本内容就出现了,如古巴比伦王国的《汉谟拉比法典》中就规定了军人为王服役、奉王出征、违法惩处等方面的条款。希腊、罗马等一些比较强大的奴隶制国家,在有关军队的编制、装备、训练和管理、军事区划和兵员补充等方面,有了进一步发展和改进。到了近现代,由于现代工业和科学技术的最新成果大量应用于军事领域,军事建设管理进一步加强,许多国家在军事体制、指挥系统、军队编制、武器装备、训练管理、后方补给以及兵役、动员等方面不断提高管理水平,积极利用各种先进技术,不断改进现有的或发展新的武器系统。强化军事训练和院校教育,提高官兵的军事科学知识和专业技术水平,提高军队的合同作战能力和独立作战能力。为适应新形势的需要,组建新的军种、兵种,并不断改进指挥、控制、通信和情报系统,以适应现代战争的需要。

2. 国防经济管理

国防经济是国民经济的一个组成部分,是一个生产、分配、交换和消费各个环节都相对独立的经济系统。国防经济主要包括国防工业(兵器、航空、航天、船舶、电子、核工业等)、基础工业(能源、机械加工、化工、林业、建筑业等)、农业、交通运输部门、邮电通信部门、战略物资储备、国防财政等门类。国防经济管理就是对国防经济建设工作的管理。国防经济建设是国家通过新建、改建、扩建、改造国防设施,增强军工生产能力以及建立、健全国防经济管理体制等方面的活动。主要包括国防工业和为军品生产做配套的基础工业、国防交通运输和通讯设施、国防科技设施以及军事人员生活基础设施等方面的建设。国防经济建设的核心是国防工业、国防科学技术和与之相适应的国防基础工业的建设。

加强对国防经济建设的管理,一是要制定国防经济发展的战略目标。国防经济发展的战略目标是国防经济建设的预期结果,为国防经济建设指明方向。国防经济发展战略目标要与国家经济、社会发展的总目标相适应。要从世界和本国的实际情况出发,制定适应本国情况的国防经济发展的战略目标。二是要坚持实行军民结合、平战结合的原则,将国防经济建设寓于国民经济建设之中,使国防经济建设既为国民经济服务,又成为国民经济的重要组成部分,同时国防经济建设又要考虑到国家安全的需要。一旦战争爆发,平时经济就能转为战时经济。如美国的军事工业就是融于整个工业体系之中的,美国的大公司都是生产军品和民用产品相结合的。三是要对国防经济建设进行合理布局,使其同地区经济开发紧密结合,以提高国防经济的战时生存能力。四是要根据国防科学技术的发展,不断调整内部结构,重点发展高科技产业,着重从质量上提高国防经济实力。如美国在近十几年中已更新了二、三代火箭，更新了大部分作战飞机和舰艇。我国也根据高技术发展的趋势，集中力量支持高技术产业，在武器装备生产上，采取"少生产、多研制"，"小批量、高水平"，"少储备武器、多储备技术"的体制，在提高整个国防工业技术水平的基础上，加强国民经济建设。五是要重视国防经济效益。要少花钱、多办事，在国家资金有限的情况下，要根据国防发展的战略目标，合理确定国防开支的数额及其在国家财政收支中的适当比例，优化国防经济效益。六是要进一步制定和完善国防经济的有关法规，理顺国防经济建设中各方面的关系，使国防经济建设更好更快地发展。

3. 国防科技管理

国防科学技术是指用于国防领域的自然科学技术，是为国防服务的自然科学和各种技术与工艺的总称。主要包括国防科学技术的基础理论，武器装备的研制、生产、使用和维护技术，国防工程技术等内容。按应用领域划分，国防科学技术又分为兵器技术、航空技术、航天技术、舰艇技术、核技术、电子技术和军事工程技术等。国防科技管理就是指对国防科技事业建设的管理。

目前，国防科学技术正经历着一场伟大的变革，并以空前的规模和速度应用到国防工业部门，使武器装备和其他军事物资生产的各个领域面目一新。世界上许多国家特别重视国防科学技术的研究，美国用于国防科学技术的研究费用占其科学技术开发费用的50%左右。高科技领域的竞争已经成为各国争夺未来战略制高点和主动权的焦点。继美国提出"星球大战"计划后，法国又提出了"尤里卡"计划，日本也制定了"科技政策大纲"。不仅如此，现代国防高科技的发展还改变了世界军事政治格局和军事战略形势，改变了战争模式，促进了战争理论的发展变化，影响了战略决策，使武装力量的编制、战场规模和面貌发生了变化，使作战保障更加复杂，促进了军事教育和训练的改革，提高了对军队指挥和管理的要求。因此，加强国防科技管理已成为国防建设中的一项迫切任务。

加强国防科技管理，发展国防科技事业，要从本国实际出发，走有自己特色的发展道路，求真务实，自觉的按科学规律实施科学管理，加快国防科技工业改革步伐,推进体制机制创新,促进军工企业战略性结构调整、专业化重组,建立小核心、大协作,寓军于民的国防科技工业新体系。稳步推进军工企业股份制改造,积极探索产权结构多元化改革,鼓励专业化重组和产学研结合,加强对军工企业改制上市工作的规范和监管,完善相关法律法规制度。

加强国防科技管理,发展国防科技事业,要自觉运用与现代高科技发展相适应的先进管理方法和手段,切实提高管理质量和水平,不断完善武器装备科研生产体系,大力开发高技术、高附加值的军民两用产品。从世界范围来看,国防科学技术发展的重点正转向高技术。高技术主要是指知识和科研高度密集而且创新性很强的各种技术。现代国防技术在许多领域内正不断开发新技术,开辟新领域,研制更高级、更先进的武器装备系统和作战物资器材,以提高现代军队的战斗力。目前正在研究和发展的军事科技项目的重点主要有以电子计算机为核心的微电子技术、软件技术和信息技术;以战场监视目标探测为中心的侦查与传感技术;以传输信号、图像等信息为目的的通信技术;以提高机动性能、增大作战距离为目的的推进技术、制导技术与新能源;以提高杀伤力、破坏力为目的的弹药技术;以保障机动、提高生存能力为主要目的的军事工程技术、防化技术、生物工程技术和后勤技术;新材料、新购件与制造技术;以军事系统工程为核心的战场与军事管理技术。因此,在国防科技管理工作中,要不断探索和运用高科技发展的先进管理方法和手段,并重视与发达国家军工技术交流和合作,学习借鉴国外的先进技术和管理经验,切实提高管理质量和管理效率,加强武器装备基础能力建设,提高武器装备设计开发的信息水平,增强产品设计的数字化、模块化、通用化和可靠性,提高设计水平和研制成功率,增强总装集成能力,大幅提升核心制造能力,改善计量、标准等军工技术基础保障条件,提升武器装备供给能力。同时,积极开展军民两用高技术产业的对外合作,大力开发高技术、高附加值的军民两用产品,为国防科技事业发展增加雄厚的实力。

加强国防科技管理,发展国防科技事业,还要强化国防科技创新体系建设,努力培养和造就一支又红又专的科技骨干队伍。要以政府为主导,通过政策、投资等手段营造创新环境,引导创新活动。以军工科研院所和企业为骨干,以基础性科研机构和高等院校为生力军,发挥产学研联合优势,增强国防科技工业的自主创新能力。以国家科技重大专项、国防科研和武器装备研制重大工程为平台,建立健全人才奖励激励机制;发现、培养、使用和凝聚优秀人才,采取有效措施重点吸引保留科技领军人才和技术专家人才,进一步强化国防科技创新发展的人才基础。

4. 国防教育管理

国防教育是按照捍卫国家主权领土完整;防御外来侵略;维护世界和平的目的和要求,对公民的品德、智力和体质进行培育的一种有计划的教育活动。国防教育能增强国防意识,振奋民族精神,增强人们保卫国家和民族利益的紧迫感和责任感;能培养大批的国防人才;能促进国防建设和国家经济建设,提高综合国力。因此,在当今世界上,人们比以往任何时候都更加重视国防教育。一些发达国家把国防教育纳入军事战略和国家战略,发展中国家把国防教育列入国防建设的重要内容,和武装力量建设、战场设备、国防经济和国防科技等一起筹划。加强国防教育管理,也是国防管理的一项重要内容。

加强国防教育管理,首先要确定国防教育的目标和方针。国防教育的目标和方针,是指导国防教育工作发展方向的指针,也是领导、组织、管理国防教育工作的生命线,历来受到各国政府的重视。瑞士政府宣称进行国防教育的目标是培养和保持民众强烈的国防意识和尚武精神,动员全民力量,时刻准备反对侵略战争,但这不只是为了争取战场上的胜利,重要的是让入侵者看到,进攻我们这样的国家,必将遭到失败,得不偿失,从而达到阻止战争,据敌人于国门之外的目的。瑞士百年无战争的和平环境,充分证明瑞士政府国防教育的成功。我国不仅明确了国防教育的目标,而且把国防教育的方针确立为"三个面向",即面向现代化、面向世界、面向未来。这是针对现代科学技术的飞速发展,世界战略格局的变化和现代战争的特点提出的,为我国国防教育事业的发展明确了方向。

其次,要制定国防教育相关的制度、法律法规,把国防教育制度化、法律化、组织系统化,来保证国防教育的顺利实施。从世界来看,前苏联、美国、法国、瑞士等国家都非常注重国防教育法制建设,美国1958年制定了《国防教育法》,把整个美国的各级各类教育都与国防联系起来。当时的美国总统艾森豪威尔说:"通过这个法律,大大加强我们美国的教育制度,使之能满足国家安全所提出的要求。"瑞士、法国等国都以法律保障国防教育,法国在"二战"后,十分重视国防教育的法制建设,先后颁布了一系列法律,如《国防法》《民防法》来保障国防教育的顺利实施。

再次要明确国防教育的内容,通过国防教育使公民德智体全面发展,有热爱祖国、保卫祖国、建设祖国的思想、技能和体魄。据此,国防教育的内容分为国防精神教育、国防知识教育和国防实践教育三部分。国防精神表现为公民对国家安全和国防的义务感、责任感。国防精神教育具体内容为爱国主义教育、革命英雄主义教育、爱军尚武和民族自立、自强的精神教育、国防道德教育。国防知识教育是使公民了解和掌握有关国防常识和基本理论的教育,包括国防常识、国防理论、国防历史、国防形势教育、国防法规教育等。国防实践教育是提高公民智力、体力的综合训练,主要包括国防体育、军事训练、战备演练等。

最后,要确定国防教育的战略重点,大力开展学校的国防教育。国防教育的战略重点是青少年,青少年是祖国的未来,是国防力量的主要来源,是国防事业的后备力量,许多国家极大关注青少年的国防教育。美国在全国 300 多所地方院校开设了 500 多个后备军官训练团,为陆海空军培养军官,在中小学里开设了"核战常识"课程,在假期里组织儿童学习航天知识。英国举办陆军、海军、航空少年训练团,加强对青少年的国防教育。为了确保这个重点,一些国家都非常重视学校国防教育,以此来储备后备役军官,美国后备役军官达到 80 多万人。我国也历来把青少年作为国防教育的战略重点,并以学校为基地,开展小学和初中阶段、高中教育阶段、大学教育阶段不同层次、不同内容和不同形式的国防教育,使广大青少年树立牢固的国防观念,掌握军事知识和军事技能,成为合格的保卫祖国、建设祖国的后备力量。

第四节　国防管理的政策和法律依据

国防管理必须贯彻执行国家的方针政策,并严格遵守国家制定的法律法规来开展工作。其中最重要的是国防政策以及与国防有关的法律法规。因此,制定国防政策和国防立法不但是国防管理的重要内容,同时也为国防管理提供了政策和法律依据。

一、国防管理的政策依据

国防管理的政策依据是国防政策。国防政策是国家在一定时期所制定的关于国防建设和斗争的基本行动准则,是国家政策的组成部分。它指导国防建设和国防斗争的全局,是一切国防行动的基本依据。国防政策可区分为总政策和具体政策。总政策的内容包括国防建设和军事斗争的目的、方针、原则、重点、途径和措施等。具体政策有武装力量建设政策、武器装备生产政策、国防科技发展政策和国防教育政策,等等。国防政策有鲜明的时代特征和强烈的国家意识。它是由国家利益、社会制度、对外政策和历史文化传统等因素决定的。

由于各国的国情不同,不同的国家有不同的国防政策,典型的如美国一直奉行战争遏制和战略扩张的国防政策。在军事战略上强调进攻性、结盟性、拼实力和必胜论。在实现目标和手段上包括:保持美国的军事超级大国地位;加速军队现代化建设;建立强大的具有多种作战能力的军队;保持美国的军事优势和战略威慑力量;以强大的军事力量作为外交政策的后盾,必要时以武力干涉他国内政和国际争端。2005年,时任美国国防部长的拉姆斯菲尔德在谈到美国的国防政策时,提出美国军事战略要解决四个核心问题:一是要帮助"垮台国家"战胜国际恐怖主义威胁,从美国的利益出发维护国际秩序,为此美国可能要有选择地进行武装干涉;二是要保卫本土安全,包括对恐怖组织实施先发制人的打击,为防止本土遭受袭击,美国要准备在全世界范围内打击恐怖分子;三是要影响世界主要大国的战略选择,并确定为达到这一目标所需要的兵力和军种;四是要防止大规模杀伤性武器的扩散,解决这一问题可能要发动战争,推翻别国政权。2008 年 12 月份,时任美国国防部长的盖茨在提前出版的 2009 年 1 月号《外交》杂志上撰文称:"美国需要这么一支军队,它既能够打破'大门',也能够清除由此带来的混乱局面,甚至重建'这所房屋'。也就是说,需要美国军队既能够稳定局势,也能够提供援助,进行重建并为当地政府和公共服务提供支持。"同时,盖茨还提到,尽管超级大国之间一触即发的冲突时代已经结束;但只要其他国家拥有达到这一目的的炸弹和手段,美国就必须保持战略威慑力,发展核武库。并把俄罗斯和中国作为战略核威慑对象。由此可以看出美国国防政策基本立场的延续性。

我国是发展中的社会主义国家,坚定不移地奉行防御性的国防政策,坚持永远不称霸、不做超级大国、不侵略别国。我国国防政策的基础是我国政府积极倡导的新安全观,其核心是各国在国际关系上应坚持互信、互利、平等、协作的原则。互信,是指超越意识形态和社会制度异同,摒弃冷战思维和强权政治心态,互不猜疑,互不敌视。互利,是指顺应全球化时代社会发展的客观要求,互相尊重对方的安全利益,在实现自身安全利益的同时,为对方安全创造条件,实现共同安全。平等,是指国家无论大小强弱,都是国际社会的一员,应相互尊重,平等相待,不干涉别国内政,推动国际关系的民主化。协作,是指以和平谈判的方式解决争端,并就共同关心的安全问题进行广泛深入的合作,消除隐患,防止战争和冲突的发生。

我国的国防政策,主要包括以下内容:巩固国防,抵御侵略,制止武装颠覆,捍卫国家的领土、领空、领海主权和海洋权益,维护国家的统一和安全;国防建设服从和服务于国家经济建设,实现国防建设与经济建设的协调发展,不断提高军队的防卫作战能力;在战略上实行防御、自卫和后发制人的原则,坚持"人不犯我,我不犯人,人若犯我,我必犯人";依靠科技强军,加强质量建设,实现军队由数量规模型向质量效能型、由人力密集型向科技密集型的转变,走有中国特色的精兵之路;坚持平战结合、军民结合的方针,在独立自主、自力更生的原则下,有重点有选择地引进国外一些先进技术,大力发展国防科学技术,加强军队现代化建设,加强后备力量建设,逐步增强国防实力和潜力;

反对任何形式的恐怖主义,积极参加国际反恐合作,共同防范和打击国际恐怖活动;努力发展与各国军队的友好关系,积极开展军事交流与合作,反对军备竞赛,主张通过公正、合理、全面、均衡的原则,实行有效的军备控制和裁军,防止大规模杀伤性武器的扩散,维护世界和平。

制定国防政策一是要明确国防目的。国防目的是国防活动的出发点和归宿点,也是制定国防政策的首要问题。国防目的应当符合国家安全与发展的需要;体现国家与民族的根本利益。一般来说,国防目的在于为国家提供一个安全的外部环境,维护国家领土主权的完整与统一。因此,确定国防目的,应当注重需要与可能相结合,并与国家的总体目标和综合国力相适应。二是要明确国防建设的目标和原则。国防建设的目标是在一定时期内,国防建设所要达到的标准和水平。它规定国防建设的总方向,也规定国防建设各个领域发展的具体指标。国防建设目标是国家建设总目标的重要组成部分,它应当服从国家建设的总目标,协调与国家建设总目标的关系。国防建设目标也是拟制国防建设总体规划的重要环节。只有目标明确,才能有序地开展国防领域各个方面的建设。国防建设目标对于国防建设行为具有规范和制约作用。因此,国防建设目标应当成为国防政策的基本要素之一。国防建设的原则规定着国防建设所要选择的方式、手段及其保障措施等,以求通过最佳途径实现国防建设的目标。同时,对于确定国防建设的重点和各个时期的任务,也具有重要的作用。因此,国防建设的原则也应成为国防政策的基本要素之一。三是要明确国防斗争的原则。国防活动包括国防建设和国防斗争。有关国防斗争的原则,涉及国防斗争的方式、方法、手段及其保障措施等一系列问题,自然应当成为国防政策所考虑的基本要素。国防斗争的原则是实现国防目的的行动指南,也是使用国防力量的必要依据。国防斗争与国防建设有着密切联系,国防建设是为了国防斗争,国防斗争又必须以国防建设为基础。四是要明确国防外交活动的原则。国防外交活动的原则是国防活动在外交领域应当遵循的基本准则。一般说来,一个国家国防外交活动的原则,往往规定着国防对世界和平所起的作用,与各国之间军事往来的准则,对国际争端的态度及准备采取的手段,对裁军、军贸、军控等国际军事问题的立场等。通过这些规定,明确国家处理国际军事事务的态度和做法。因此,国防外交活动也是国防政策的重要组成部分之一。

二、国防管理的法律依据

国防管理的法律依据是国防立法。国防立法也称军事立法,是国家立法的重要组成部分,是法律武器在国防建设和军队建设领域中的运用。主要包括国家和军队颁布的有关法律、法令、条例、条令等。国防立法是实现国防发展战略目标,实现国防现代化的可靠法律保障,是进行国防管理的最直接的法律依据。

国防立法在国防建设中,可以确定国防体制,保障国防政策的权威性和高效性;促进国防潜力向实力的转化;能协调国防建设中各方面的关系。在军队建设中可以规定军队的建制、体制和权限;规定军队兵员的补充方式和服役制度;规定和调整军队的物质保障;规定和调整军人及其家属的优待办法;维护军纪、巩固军队法制。因此,世界上许多国家都非常重视国防立法。例如,美国 1947 年通过的《国家安全法》,对国防动员程序作了明确规定,设置了负责国家动员计划与协调工作的机构,并在国防部设有主管工业动员的部门。保证了战时国家潜力迅速向军事实力的转化。以色列通过国防立法,建立了一个具有快速反应能力的动员体制,能在 72 小时内把军队扩大到 50 万人。世界上其他国家也从各国的实际需要出发,制定了大量的国防法律规范性文件。这些文件涉及到国防和军队建设的各个方面,大到国防体制、战争动员、兵役制度,小到部队的学习、工作、生活等,都有相应的法律规范,基本做到了有法可依,有章可循。世界一些国家的主要国防法规包括国防法、兵役法、军事组织法、动员法、军事设施法、国防生产法、国界法、防空法、民防法、国防教育法、戒严法、军队抚恤优待法、军事储备法、军事征用法(如土地法、运输法、航空法等)、军事拨款法、人事管理法、军事刑法等。

我国自秦统一中国以后,开始有了正式的军事方面的法规,历代统治者都很重视军律的制定和执行。在中华人民共和国成立以前,为调整军队内部的各种关系,中国共产党及其军队早在革命战争时期就制定了许多军事规范性文件,例如《三大纪律八项注意》《关于目前军事工作计划大纲》《中国工农红军编制(草案)》《紧急动员法令》《军队纪律条令(草案)》《八路军各级司令部暂行工作条例(草案)》等等,但由于我们党当时尚未掌握全国政权,因而这时期的立法实践尚不能称之为真正意义上的国防立法。

新中国成立后,国家立法机关、国家军事机关、国家行政机关先后制定了一系列国防法律法规,按照我国宪法和有关法律规定的国防立法权限,大致分为五个方面:

一是全国人民代表大会制定宪法中的国防法律条款和基本国防法律。宪法中的国防法律条款,是国防法律规范的最高层次,是制定其他国防法律规范的根本性依据。基本国防法律的效力仅低于宪法,主要规定国防领导体制,武装力量的构成、任务、建设目标和原则,国防建设与斗争的基本制度,社会组织和公民的基本国防权利与义务,对外军事关系等。在国防法律体系中,基本国防法律起着诠释、衔接宪法,统领其他国防法律法规的作用。如1997年3月14日八届全国人大5次会议通过的《中华人民共和国国防法》是我国第一部国防方面的基本法,是指导、规范国防和军队建设的基本依据。

二是全国人大常委会制定国防法律。这部分国防法律以宪法和基本国防法律为依据,主要内容是国防和军队建设某一方面重要的原则、制度和行为规范,是宪法中的国防法律条款和基本国防法律的具体化。如《中华人民共和国兵役法》《中国人民解放军军官服役条例》《中华人民共和国预备役军官法》《中华人民共和国人民防空法》《中华人民共和国军事设施保护法》《中华人民共和国国防教育法》《中华人民共和国香港特别行政区驻军法》等等。这些法律调整的社会关系主体广泛,立法程序严格,具有较强的稳定性。

三是中央军委制定的军事法律,国务院单独或与中央军委联合制定的国防行政法规。这些军事法规和国防行政法规以国防法律为依据,其内容主要是国防和军队建设某一方面中某一重要事项的原则、制度和行为规范。如中央军委制定的《司令部条例》《后勤条例》《中华人民共和国战斗条令》等,主要调整军队内部基本活动、军人的基本行为及相互关系的规范。国务院单独制定的《军人抚恤优待条例》《退伍义务兵安置条例》等调整国防建设领域内的社会军事关系,但不直接涉及军队和现役军人的规范。国务院和中央军委联合制定的《中国人民解放军士兵服役条例》《国防交通条例》《中国人民解放军文职人员条例》等调整国防建设领域,涉及军队、军人与地方各级人民政府、社会组织和公民相互关系的规范。一般而言,由国务院单独或与中央军委联合制定的国防行政法规是在全国范围内具有一体遵行的法律效力,由中央军委制定的军事法规在全军具有一体遵行的法律效力。

四是军委各总部、各军兵种、各军区制定军事规章,国务院有关部委单独或与军委各总部联合制定国防行政规章、军事规章和国防行政规章,以军事法规和国防行政法规为依据,结合本系统或本区域的实际情况做出具体规定,以保证实施军事法规或国防行政法规的贯彻实施。由军委各总部和国务院各部委制定的军事规章或国防行政规章在全军或全国一定范围内具有法律效力,如《单兵训练规定》《兵员管理规定》《牺牲、病故人员遗属抚恤的规定》等。由各军兵种、各军区制定的军事规章通常只在本系统,本区域具有法律效力。

五是地方各级权力机关和行政机关制定地方性国防法规和规章。地方性国防法规和规章以国防法律和国防行政法规为依据,其内容是本地区国防建设的制度和行为规范,主要限于兵员征集,军人优抚及退伍安置、国防教育、军事设施保护等方面,如广东省人大常委会制定的《广东省征兵工作规定》、北京市人民政府制定的《退伍义务兵安置办法》等。

在国防立法工作中,一是要以宪法为依据。宪法是国家的根本大法,也是制定其他法律的基本依据。国防法律是国家法律的重要组成部分,无疑必须以宪法为依据,维护宪法的权威和尊严。即是说,国防立法活动必须遵守宪法,以宪法为准绳,按照宪法的规定行使国防立法权限,以宪法有关国防的规定作为国防立法的基础。国防立法的内容不得与宪法总的基本精神和国防条款相抵触。

二是要维护国防利益。国防利益是国防建设和斗争各方面利益的总和。维护国防利益,关系到国家政权的稳定,人民生活的安宁,"四化"建设的成败,反侵略战争的胜负。在国防立法中坚持这一原则,第一要把维护国防利益作为国防立法的主导思想,使维护国防利益有法可依。第二要把维护国防利益作为国防法律规范的核心内容。第三要对危害国防利益的行为给予法律制裁。

三是要国防法律从严。国防法律从严,是指国防法律的制定比普通法更严格、严厉。这是因为:第一,特别法严于普通法是一条普遍的法则,而国防法律属于特别法。第二,国防利益是国家最高利益之一,国防法律严于普通法,是维护国防利益的需要。在国防立法中坚持从严的原则,一要赋予军人比普通公民承担更多的法律义务;二要对违反国防利益的行为,实行比一般违法行为更严厉的制裁;三要对战争时期违反国防法律的行为从重处罚。

四是要坚持民主的原则。在国防立法中坚持民主的原则,表现在两个方面:一方面是制定程序的民主性。一部国防法律的制定,应当积极动员有关的国家机关及有关人员参加,特别是应当动员军队有关官兵参加。通过民主程序,广泛听取他们的意见,集中他们的智慧,确保国防法律反映广大人民和军队官兵的共同呼声,确保国防法律真正维护国防利益。另一方面制定内容的民主性。国防法律应当具体规定维护国防行为主体合法权益的事项和范围,规定保障和实现这些内容的具体措施。由于国防活动的军事性,国防法律首先应当保证国防活动的高度集中统一,但这与保障在各个重大事项上实行民主决策,保障广大国防行为主体的各项民主权利并不矛盾。一部符合民主原则的国防法律,应当做到保障国防活动高度集中统一和维护国防行为主体民主权利的有机统一。在国防立法中坚持民主原则,还必须处理好民主与集中的关系。这是一个统一体的两个方面,其目的都是为了使国防法律充分体现人民和广大官兵的意愿,保证国防立法的质量。发扬民主,有助于避免立法中的主观主义、官僚主义,在民主的基础上经过集中,则有助于避免分散主义和极端民主化,使国防法律真正体现代表人民和广大官兵的国家意志。

五是要坚持协调统一的原则。我国是统一的社会主义国家,统一的国家必须有统一的法律。在国防立法中坚持协调统一的原则,主要包括以下内容:①下级立法机关或授权立法机关制定的国防法律规范,要与上级立法机关或授权立法机关制定的国防法律规范相一致,不得有矛盾或抵触,否则,要予以撤销或修改。②在国防立法时,应考虑和确定某国防法律规范在整个国防律规范体系中所处的位置,即与其他国防法律规范的关系。国防法律规范体系,是一个网状的结构,每一部国防法律规范都定位于一定的网眼中,法律规范与法律规范之间虽有联系,但不可替代。③平行的国防法律规范之间应衔接、协调,避免重复交叉。④对国防法律规范的结构布局、文字表述应一致。

案例 我国的国防建设和战略

新中国成立以前,我国处于半封建半殖民地社会,一部中国近代史,既是一部屈辱史,也是一部抗争史。由于国力孱弱,没有强大的国防,我国屡遭帝国主义列强侵略和宰割。1949 年新中国成立以后,我国明确了国防发展战略,在中国共产党领导下,我国的国防经过了 60 年的建设,发生了天翻地覆的变化,已成为我国改革开放、经济、政治、社会建设的安全保障。

一、我国的国防建设

我国的国防建设,是国家现代化建设的重要组成部分,为适应保障国家安全的需要,我国坚持从自己的国情出发,建设现代化国防。

在武装力量建设上,经过 60 年建设,人民解放军已成为我国国防的钢铁长城。在 1950 年 10 月至 1953 年 7 月抗美援朝战争、1962 年 10 月至 11 月中印边界战争、1969 年 3 月 2 日和 3 月 15 日珍宝岛保卫战、1979 年 2 月 17 日至 3 月 16 日对越自卫反击战中彰显了国威,捍卫了国家主权和安全。进入新世纪新阶段,又在新的历史起点上开创现代化建设新局面,坚持把科学发展观作为国防和军队建设的重要指导方针,贯彻统筹经济建设和国防建设、实现富国和强军统一的战略思想,全面履行新的历史使命,增强应对多种安全威胁、完成多样化军事任务的能力。军队加快机械化和信息化复合发展,积极开展信息化条件下军事训练,推进军事理论、军事技术、军事组织和军事管理创新,不断提高打赢信息化条件下局部战争的核心军事能力和实施非战争军事行动的能力。

人民解放军陆军按照机动作战、立体攻防的战略要求,逐步推进由区域防卫型向全域机动型转变。装甲兵加强信息系统与武器平台一体化建设,逐步换装新型主战坦克,发展重型、两栖、轻型等机械化部队,装甲机械化师旅在合成作战师旅中的比例进一步提高。炮兵陆续列装远程多管火箭炮、大口径自行加榴炮等一批先进武器装备和新型弹药,发展三级作战指挥系统,初步构建起全程精确火力打击体系。防空兵陆续装备一批性能先进的野战防空导弹、新型雷达和情报指挥系统,逐步建立完善侦察预警、指挥控制、信息对抗与火力拦截一体的对空作战体系。工程兵加速构建专业化与多能化相结合、平时与战时相结合的工程保障力量体系,形成了较强的全程伴随保障、快速破障、综合防护、反恐排爆和抢险救灾能力。防化兵加速发展新型防护力量,初步建立起一体化的核化生预警侦察监测、防护指挥和防护力量体系。陆军航空兵加速推进由运输型、辅助型向合成型、主战型的陆军空中突击力量方向转变,全面加强火力突击、机降作战、空中机动和空中勤务支援等能力训练,积极参加反恐维稳、封边控边、抢险救灾和联合军演等行动,努力建设一支规模适度、结构合理、装备精良、功能齐全的陆航力量。

中国人民解放军海军按照近海防御战略的要求,发展新型武器装备,优化装备结构。建造新型国产潜艇、驱逐舰、护卫舰和飞机,初步形成以第二代装备为主体、第三代装备为骨干的武器装备体系。潜艇部队具备水下反舰、反潜、布雷和一定的核反击能力。水面舰艇部队形成了以新型导弹驱逐舰、护卫舰为代表的水面打击力量,具备海上侦察、反舰、反潜、防空、布雷等作战能力。航空兵部队形成了以对海攻击飞机为代表的空中打击力量,具备侦察、反舰、反潜、防空作战能力。陆战队形成了以两栖装甲车为代表的两栖作战力量,具备两栖作战能力。坚持把信息化作为现代化建设的发展方向和战略重点,深化训练内容和训练方式改革创新,突出海上一体化联合作战训练,增强在近海航行海上战役的综合作战能力和核反击能力。科学组织战役训练、战术训练、专业技术训练和共同科目训练,重点抓好信息化条件下联合作战要素集成训练,探索复杂电磁环境下的训练方法。重视开展非战争军事行动训练,积极参加双边、多边联合演练。努力建设一支强大的海军。

中国人民解放军空军已初步发展成为一支多兵种组成的战略军种,具备了较强的防空和空中进攻作战能力,一定的远程精确打击和战略投送能力。按照信息化作战和攻防兼备的战略要求,发展新型战斗机、防空反导武器、指挥自动化系统等装备。陆续装备一批较先进的信息化装备和空空、空地精确制导弹药,改进现役装备电子信息系统,完善情报预警、指挥控制和通信基础网络。基本形成以第三代飞机和地空导弹为骨干,以第二代改进型飞机和地空导弹为补充的主战武器装备体系。加快实现由国土防空型向攻防兼备型转变,提高侦察预警、空中打击、防空反导和战略投送能力,努力建设一支现代化的战略空军。

第二炮兵按照精干有效的原则,适应军事科技发展趋势,提高武器装备信息化水平,确保安全性和可靠性,增强防护、快反、突防、毁伤和精确打击能力。经过几十年的建设,现已形成核常兼备、固液并存、射程衔接、战斗部种类配套的武器装备体系,装备各种型号的核导弹和常规导弹。其所属导弹核武器,平时不瞄准任何国家;在国家受到核威胁时,核导弹部队将提升戒备状态,做好核反击准备,慑止敌人对中国使用核武器;在国家遭受核袭击时,使用导弹核武器,独立或联合其他军种核力量,对敌实施坚决反击。该部队是中央军委直接掌握使用的战略部队,是中国实施战略威慑的核心力量,主要担负遏制他国对中国使用核武器、遂行核反击和常规导弹精确打击任务。

作为中国武装力量的组成部分的武警部队,严格履行国家赋予的根本职能,维护国家安全和社会稳定,保障人民群众安居乐业。成为国家处置公共突发事件的突击力量和国家反恐怖的重要力量。近年来,武警部队坚持正规执勤、从严治勤、科技强勤,每天有26万余人轮流执勤。平均每年制止侵害警卫目标事件数十起,制止在押人犯逃跑事件数百起,组织重大临时勤务数千起,配合有关部门保证了国际、国内重要会议和大型活动的安全。2007年以来,武警部队协助公安机关抓获各类犯罪嫌疑人2800余人。还担任了包括处置社会安全事件、自然灾害事件、事故灾难事件、公共卫生事件等在内的应对公共突发事件的各项任务,两年来,武警部队参与处置"3·14"拉萨严重暴力事件、捕歼"东突"恐怖分子、事故救援、大规模群体性事件及各类突发事件,有力地维护了人民群众的根本利益,维护了驻地的社会稳定,维护了国家法律的尊严。

在国防后备力量建设上,我国紧紧依靠人民办国防,按照平时能应急、战时能应战的要求,提高国防后备力量建设质量。在预备役部队建设方面,经过近30年的建设与发展,预备役部队已成为由陆军、海军、空军和第二炮兵预备役部(分)队组成的重要后备力量。陆军预备役部队,主要由步兵、炮兵、高射炮兵、反坦克炮兵、坦克兵、工程兵、防化兵、通信兵、海防兵等兵种、专业兵组成。海军预备役部队,主要由侦察、扫雷布雷、雷达观通等专业兵组成。空军预备役部队,主要由地空导弹兵、雷达兵等专业兵组成。第二炮兵预备役部队,主要由导弹专用保障和特种装备维修专业兵组成。在民兵建设方面,近年来,民兵建设坚持改革创新,调整规模结构,改善武器装备,突出质量建设。优化组织结构,加强支援保障部队作战力量和应急处突力量建设。

在国防经济建设上,新中国成立后,国家初步建立起包括工业、农业、交通运输、邮电通信、科技、医疗卫生、城市建设、商业贸易、财政金融等领域的国防经济建设体系。20世纪六七十年代,开展以备战为首要任务的国防经济建设。20世纪80年代,国防经济建设开始实现四个转变:由单纯为战争需求服务向为国防和经济建设服务转变,注重军事效益和经济效益的结合;由计划经济体制下单一的行政管理向社会主义市场经济体制下的综合调控转变,逐步形成运用法律、经济、行政等多种手段的管理机制;由临战状态下的军品生产能力建设向和平时期增强平战转换能力转变,注重国防经济潜力建设;由全面建设准备向局部建设准备转变,突出抓好主要方向和重点地区突发事件的快速动员。在新的历史时期,国防经济建设贯彻平战结合、军民兼容、寓军于民的方针,遵循统一领导、分级负责、统筹规划、重点建设、长期准备、逐步发展的原则,国防经济建设取得长足发展,国防经济建设能力稳步提高。国家、省(自治区、直辖市)和地(市)三级经济管理体系初步形成,为提高国民经济平战转换速度创造了制度条件。充分运用信息技术,初步形成国民经济动员数字化信息平台,提高了平战转换的速度和效率。

在国防科技工业建设方面,新中国成立以来,中国依靠独立自主、自力更生,用较少的投入和较短的时间,建成了一个比较完整的国防科技工业体系,基本满足了人民解放军从单一陆军向陆军、海军、空军、第二炮兵诸军兵种合成军队发展的需要。在尖端技术方面,原子弹、导弹和人造地球卫星的研制成功,使中国成为世界上少数几个独立掌握核武器及空间技术的国家。在常规武器装备方面,中国已经实现了由仿制到自行研制的根本转变,有力地提高了军队武器装备现代化水平。经过几十年的发展,中国已形成了专业门类基本齐全、科研生产手段基本配套的国防科技工业体系,培养造就了一支具有较高技术水平和优良作风的国防科技工业人才队伍,为中国自主研制生产武器装备奠定了重要的物质和技术基础。中国目前共有11个军工集团公司,各军工集团公司负责本集团内军品科研生产任务的组织和管理工作,同时作为国家授权的投资机构,对所属企业的国有资产行使出资人权利。进入新世纪后,我国加快国防科技工业改革创新,推进军工企业战略性结构调整和专业化重组,提高武器装备研制的自主创新能力,努力构建军民结合、寓军于民的国防科技工业新体系。在完善武器装备科研生产体系方面,建立健全武器装备科研生产许可制度。依据2005年5月公布的《武器装备科研生产许可实施办法》,国防科技工业开始实行分类管理的武器装备科研生产许可制度,在保持国家对武器装备科研生产控制力的同时,允许非公有制经济进入武器装备科研生产领域,参与研制与生产任务竞争。2008年3月,国务院、中央军委公布《武器装备科研生产许可管理条例》,使这项制度更加完善。从而加强武器装备基础能力建设,提高武器装备设计开发的信息化水平,增强产品设计的数字化、模块化、通用化和可靠性。我国的国防科技工业按照互利共赢、共同发展的原则开展军民结合高技术产业的对外合作,大力开发高技术、高附加值的民品。航天产品国际市场开拓取得重大突破,卫星实现整星出口零的突破,同巴西合作的资源卫星项目为两国国民经济建设发挥了重要作用。依据有利于提高接受国的正当自卫能力,不损害有关地区和世界的和平、安全和稳定,不干涉接受国的内政等原则,开展军用品出口。

在国防交通建设方面,我国政府高度重视国防交通建设。近年来,随着国家交通、通信事业的快速发展和交通运输信息化程度的不断提高,国防交通体系更加完善,国防交通建设能力大幅提升。国家和地方交通运输、邮电通信基础设施建设贯彻平战结合原则,充分考虑国防和军事需求。一些具有重要国防意义的铁路、公路和港口码头列入国家重点建设项目。交通、通信保障队伍和保障方案在平时抢险救灾等应急保障中发挥了重要作用。铁路运输实现了在运货物的信息化管理和调度指挥的计算机控制,水路运输实现了远洋货轮的定位跟踪和调度指挥,公路运输实现了部分大型货车的定位跟踪和调度指挥,航空运输实现了订票、离港、航线、货运及安全监控的实时信息处理。全国主要车站、港口、机场、航空公司、运输公司等的基础信息和交通建设信息,初步实现了数据库管理。

在国防教育上,我国政府多年来开展多种形式的国防教育,提高全民国防观念。国防教育工作已初步形成政府重视、社会支持、全民参与的良好局面。我国政府设立国防教育办公室,各省、自治区、直辖市和大部分市、县成立国防教育领导机构和办公室。26个省、自治区、直辖市制定或修订了国防教育条例,国家国防教育办公室组织起草国防教育大纲。我国以公务人员、青少年学生、民兵预备役人员为重点开展全民国防教育。国防教育被纳入公务员理论学习计划和中共党校教学体系。除全国2500多所党校开设国防教育课程外,还通过专题讲座、到军营过"军事日"和短期训练等形式,强化公务人员履行国防职责的意识。各级各类学校的教学课程也纳入了国防教育内容,对青少年学生进行国防知识和爱国主义教育。一些中小学校开展了以国防教育为主题的少年军校活动。高等学校学生在就学期间必须接受基本军事训练。对民兵预备役人员的国防教育,则主要结合政治教育、组织整顿、军事训练进行。此外,全国各地利用重大节日、纪念日和征兵等时机,举办展览、演讲、文艺演出、知识竞赛、军事夏令营等国防教育活动。报刊、电台、电视、网络等媒体普遍开设国防教育专栏或专题节目。已有9个省市创办国防教育报刊,30多个地区开办国防教育网站。各地利用烈士陵园、革命遗址和具有国防教育功能的博物馆、纪念馆等场所开展国防教育,每年受教育人数近2亿。

在国防经费安排上,我国政府依据国防经费的增长应当与国防需求和国民经济发展水平相适应的原则,合理确定国防经费的规模,走投入较少、效益较高的国防和军队现代化建设道路。改革开放30年来,中国坚持国防建设服从和服务于经济建设大局,坚持国防建设与经济建设协调发展,国防投入始终保持合理适度的规模。从1978年到1987年,随着国家工作重点转移到经济建设上来,国防建设处于低投入和维持性状态。国防费年平均增长3.5%,同期GDP按当年价格计算年平均增长14.1%,国家财政支出年平均增长10.4%,国防费占GDP和国家财政支出的比重,分别从1978年的4.6%和14.96%下降到1987年的1.74%和9.27%。从1988年到1997年,为弥补国防基础建设的不足和维护国家安全统一的需要,我国在经济不断增长的基础上,逐步加大国防投入。国防费年平均增长14.5%,同期GDP按当年价格计算年平均增长20.7%,国家财政支出年平均增长15.1%,国防费占GDP和国家财政支出的比重继续下降。从1998年到2007年,为维护国家安全和发展利益,适应中国特色军事变革的需要,中国在经济快速增长的基础上,继续保持国防费的稳步增长。国防费年平均增长15.9%,同期GDP按当年价格计算年平均增长12.5%,国家财政支出年平均增长18.4%。国防费占GDP的比重虽有所上升,但占国家财政支出的比重总体上仍呈下降趋势。2007年,国防费用于保障现役部队、预备役部队和民兵的支出,分别为3434.39亿元人民币、36.93亿元人民币和83.59亿元人民币。2008年,中国国防费年度预算为4177.69亿元人民币。近两年增长的国防费主要用于改善官兵待遇、应对物价上涨需要和推进军事变革。就总体而言,中国国防费总额、军人人均数额,仍低于世界一些主要大国的水平。2007年,中国年度国防费相当于美国的7.51%、英国的62.43%。军人人均数额是美国的4.49%,日本的11.3%,英国的5.31%,法国的15.76%,德国的14.33%。从国家国防负担的相对比例看,中国国防费仅占国内生产总值的1.38%,而美国占4.5%,英国占2.7%,法国占1.92%。目前,我国政府已建立国防费报告和公布制度。1978年以来,中国政府每年向全国人大提交财政预算报告,并对外公布年度国防费预算总额。从1981年和1992年起,《中国经济年鉴》和《中国财政年鉴》开始公开国防费相关数据。从1995年开始,以政府白皮书形式公布国防费构成及主要用途。

二、新时期我国的国防战略

根据国家安全需求和经济社会发展水平,新时期我国实施国防和军队现代化建设"三步走"的发展战略,有计划有步骤地推进国防和军队现代化建设。这一战略构想主要包括:

——推进国防和军队信息化。以信息化为国防和军队现代化的发展方向,立足国情军情,积极推进中国特色军事变革,科学制定国防和军队建设战略规划、军兵种发展战略,2010年前打下坚实基础,2020年前基本实现机械化并使信息化建设取得重大进展,21世纪中叶基本实现国防和军队现代化的目标。

——统筹经济建设和国防建设。坚持经济建设和国防建设协调发展的方针,统筹国家资源,兼顾富国和强军,使国防和军队发展战略与国家发展战略相适应。将国防建设有机融入经济社会发展之中,形成经济建设和国防建设协调发展的科学机制,为实现国防和军队现代化提供丰厚的资源和持续发展的动力。国防建设要兼顾经济社会发展需要,坚持军民兼容互利,提高和平时期国防资源的社会利用效益。

——深化国防和军队改革。调整改革军队体制编制和政策制度,逐步推进军队组织形态的现代化,争取到2020年形成一整套既有中国特色又符合现代军队建设规律的科学的组织模式、制度安排和运作方式。调整改革国防科技工业体制和武器装备采购体制,提高武器装备研制的自主创新能力和质量效益。建立和完善军民结合、寓军于民的武器装备科研生产体系、军队人才培养体系和军队保障体系。建立和完善集中统一、结构合理、反应迅速、权威高效的国防动员体系。

——走跨越式发展的道路。坚持以机械化为基础,以信息化为主导,加快机械化和信息化复合发展。坚持科技强军,发展高新技术武器装备,实施人才战略工程,开展信息化条件下军事训练,全面建设现代后勤,切实转变战斗力生成模式。坚持突出重点,分清主次,有所为有所不为,在最关键的领域努力实现跨越式发展。坚持勤俭建军,注重科学管理,使有限的国防资源发挥出最大效益。

中国实行积极防御的军事战略，在战略上坚持防御、自卫和后发制人的原则。适应世界军事发展的新趋势，依据国家安全和发展战略的要求，中国制定了新时期积极防御的军事战略方针。

这一方针立足打赢信息化条件下的局部战争。综合考虑当代战争形态演进和国家面临的主要安全威胁，着眼最复杂最困难的情况做好防卫作战准备。适应现代战争体系对抗要求，以一体化联合作战为基本作战形式，充分发挥诸军兵种作战优长，坚持攻防结合，注重运用灵活机动的战略战术，趋利避害，扬长击短。健全联合作战指挥体制、联合训练体制和联合保障体制，优化力量结构，完善部队编成，加快建立适应打赢信息化条件下局部战争的作战力量体系。

这一方针注重遏制危机和战争。坚持军事斗争与政治、外交、经济、文化、法律等各领域的斗争密切配合，积极营造有利的安全环境，主动预防、化解危机，慑止冲突和战争的爆发。严守自卫立场，慎重使用武力，有效控制战局，努力降低战争风险和代价。建立精干高效的威慑力量，灵活运用威慑方式。中国始终奉行不首先使用核武器的政策，坚持自卫防御的核战略，不与任何国家进行核军备竞赛。

这一方针着力提高军队应对多种安全威胁、完成多样化军事任务的能力。着眼全面履行新世纪新阶段军队历史使命，以增强打赢信息化条件下局部战争的能力为核心，提高维护海洋、太空、电磁空间安全和遂行反恐维稳、应急救援、国际维和任务的能力。把非战争军事行动作为国家军事力量运用的重要方式，科学筹划和实施非战争军事行动能力建设。参与国际安全合作，开展多种形式的军事交流，推动建立军事互信机制。

这一方针坚持和发展人民战争的战略思想。始终依靠人民建设国防、建设军队，实行精干的常备军和强大的后备力量相结合，增强国家战争潜力和国防实力。健全统一高效的国防动员机制，加强经济、科技、信息和交通动员，提高后备力量建设质量。创新人民战争的内容和形式，探索人民群众参战支前的新途径，发展信息化条件下人民战争的战略战术。服从国家建设大局，支持地方经济社会发展，巩固军政军民团结。

第八章 外交管理

第一节 外交管理概述

一、外交管理概念

"外交"一词在中国古代已经出现,如《墨子》中说:"近者不亲,无务来远,亲戚不附,无务外交。"《国语》中说:"乃厚其外交而勉之,以报其德。"这里所说的"外交",是指"人臣私见诸侯",或指与朋友、与外人的交际。当今中文里的"外交"含义,来自于欧洲语言,如英语中的"diplomacy"、法语中的"diploma-tie"。它们又源自希腊语中的"diploma",其原义是指古希腊君主或元老院派遣使节时所颁发的证明其身份的"双重折叠"的特许证书,或这种证书的"副本"。"外交"的含义是从这里演变出来的。《牛津英语词典》的解释说:"外交就是用谈判的方式来处理国际关系;是大使和使节用来调整和处理国际关系的方法;是外交官的业务或技术。"《辞海》"外交"条:"国家为实行其对外政策,由国家元首、政府首脑、外交部、外交代表机关等进行的诸如访问、谈判、交涉、发出外交文件、缔结条约、参加国际会议和国际组织等对外活动。外交是国家实现其外交政策的重要手段。"(《辞海》1989 年版)《中国大百科全书·政治学卷》"外交"条:"国家以和平手段对外行使主权的活动。通常指由国家元首、政府首脑、外交部长和外交机关代表国家进行的对外交往活动。"(1992 年版)外交管理是一国的外交管理主体依法对涉外事务所进行的管理活动称为外交管理。外交与外事是不一样的,外事是指除中央政府外交部门

以外的中央政府非外交部门及地方政府、国家的其他社团机构所进行的对外
事务、对外活动及对外工作。

二、外交管理主体与客体

(一)外交管理主体

外交主体和外交管理主体是不一样的,外交主体很多,政府、民间社团、公
民个人、各种研究机构都可以成为外交主体,而外交管理主体则是一般是指在
一个主权国家里进行外交决策、执行外交政策、主管外交事务的专门性机构,
在我国主要是指国务院和外交部,国务院进行外交决策,外交部负责执行,有
时候外交部也可以受国务院的委托进行决策。外交部机构各国名称不一,多
数国家叫外交部,美国称国务院,瑞士的外交部则叫作政治部,还有一些国家
称外交部为对外关系部、外务省等。外交部贯彻执行国家总体外交方针和国
别外交政策,维护国家最高利益,代表国家处理双边和多边外交事务等。各国
的外交部通常都实行首长负责制。外交部的最高首长通常叫外交部长。在美
国,称之为国务卿,而在君主制国家里,则称之为外交大臣。外交管理涉及一
个国家的主权问题,只能由中央人民政府来行使,香港、澳门回归以后,它们享
有很多权利,只有外交和军事权力除外。但是特别行政区享有独立的外事权。
特别行政区可以"中国台湾"、"中国香港"、"中国澳门"的名义单独同各国、
各地区以及有关国际组织保持和发展经济、文化联系,签订双边和多边经济、
文化、科技等协定,参加各种民间国际组织,还可以自行签发出入特别行政区
的旅行证件。外事权与外交权不一样。外交权属于中央人民政府,即在国际
上代表中国的只能是中央人民政府。中华人民共和国外交部也在香港特别行
政区设立特派员公署,处理外交事宜。

(二)外交管理的客体

即外交管理的受体,也就是一国的对外事务,一国的对外事务涉及的范围
相当广泛:政治、经济、文化、科技、对外交流等。我国涉外事务的派出机构有
33 家之多,由此可以看出面很广。外交管理的客体还包括:负责国家对外礼
仪和典礼事务,负责国家重要外事活动礼宾事宜;负责驻华外交机构在华礼

遇、外交特权和豁免事宜;阐述对外政策,负责国家重要外事活动新闻工作,组织公共外交活动,主管在华外国记者和外国常驻新闻机构事务;国家对外缔结双边、多边条约事务,负责国际司法合作有关事项,负责或参与处理涉及国家和政府的重大涉外法律案件,协助审核涉外法律法规草案,组织协调有关我国履行国际公约、协定工作;联合国等多边领域中有关全球和地区安全以及政治、经济、人权、社会、难民等外交事务。

三、外交管理的目标与原则

(一)外交管理的目标

外交管理的目标就是外交管理要达到的目的,外交管理要服从国家总体外交政策的战略目标的实现,我国外交政策的战略目标是实现世界和平与安全,促进共同发展,因此外交管理要围绕这样的目标来组织。外交管理的目标主要有:第一,维护国家利益是外交管理达到的首要目标;第二,是实现国与国之间的和平;第三,是促进国与国之间商业、科技、文化和交流;第四,实现外交工作的高效运作。通过有效的管理,特别是加强对外交工作的考核,使得外交工作有序,高效运作。

(二)外交管理的原则

1.党领导的原则,外交管理涉及一国的对外方针和策略,因此,外交管理要置于党的领导之下,服从于国家的整体利益。2.依法管理的原则,外交管理作为一种行政管理活动,要依法进行,要树立一个观念,法无授权即违法;而对公民来说,法无禁止即自由,对外交活动的管理一定要依法进行,同时对外交人员的管理也要依法进行,总之对于外交的管理要在法律的框架里进行。3.遵循国际惯例的原则,外交活动涉及与其他国家的交往,而且这种活动非常专业,因此外交管理要遵循国际惯例。这也是国际交往中的对待原则,同时也是保证外交人员应有权益的需要。4.高效、节约的原则。现在关于外交人员待遇过高的非议非常多,如何让外交部门既能少花钱又能完成国家赋予的职能,这确实是一个现实的问题。在外交管理中要奉行节约的原则,同时又要高效,作为国家公务人员应该有责任有义务高效地完成职责内的事务。

第二节　外交管理体制与职能

一、外交管理的体制

按照《辞海》的解释,"体制"是指国家机关、企事业单位在机制设置、领导隶属关系和管理权限划分等方面的体系、制度、方法、形式等的总称;它和机制是不一样的。"机制"原指机器的构造和运作原理,借指事物的内在工作方式,包括有关组成部分的相互关系以及各种变化的相互联系。外交管理体制是一个国家管理外交事务的具体制度和职权划分。

我国外交管理体制符合中国现行政治制度的要求,保障了外交管理的有效运行。

1.国务院是管理外交事务的领导机关,国务院设外事办公室,它的主要职责是:第一对国际形势和执行外交政策中的重大问题、外事管理工作进行调查研究,提出建议。第二承办中央外事工作领导小组全体会议和办公会议的会务工作,催办会议决定事项。承办外事协调工作。第三是代表党中央、国务院拟定和修订外事工作的某些全国性规定;审核中央、国家机关各部门和各省、自治区、直辖市制定的重要外事规定。第四办理中央、国家机关各部门和各省、自治区、直辖市报送中央外事工作领导小组和国务院的有关重要外事问题的请示、报告。第五承办中央外事工作领导小组和国务院交办的其他事项。

2.外交部是管理外交事务的具体机关。主要职责是:第一,对国际形势和各国情况进行调查研究,及时掌握重大动向,为中央制定外交战略、方针、政策、策略提供情况和提出建议。第二,代表国家和政府办理外交事务。第三,代表国务院或根据授权归口管理有关的涉外事宜。第四,进行世界经济形势调研,了解国际重大经济信息和外国经济体制、法规等,为我国经济建设和改革开放服务。第五,从外交政策和国别关系的角度,就对外贸易、经济合作、经援、军援、军贸、侨务、文教、科技、宣传中的一些重大问题,与有关单位协调,向中央反映情况,提出建议。第六,贯彻执行中央关于多边外交的方针政策,就联合国事务以及人权、军控、世界和地区经济合作等重大问题向中央提出建议,办理多边外交事务。第七,在外交方面贯彻执行中央关于香港、澳门和解决台湾问题的方针政策,促进祖国和平统一。第八,领导我驻外使领馆和有关代表机构的工作。第九,领导部直属单位;代管对外友协和中国红十字会、宋庆龄基金会的外事工作;配合省、自治区、直辖市对地方外事办公室进行业务领导。第十,负责外交干部队伍的建设和思想政治工作;呈请任免外交部和驻外使领馆及有关代表机构的主要外交、领事官员;受有关部门委托,管理驻外使领馆和有关代表机构的编制。第十一,承办党中央和国务院交办的其他事项。

3. 各个部委的外事机构是处理外交事务的工作机关。各个部委的外事部门是具体负责对口外交事务的专门机构,他们在业务上接受外交部的指导。

4. 中联部。中共中央对外联络部是中国共产党中央委员会负责对外工作的职能部门。主要职责是贯彻落实中央对外工作的方针、政策,跟踪研究国际形势和重大国际问题的发展变化,向党中央提供有关情况和对策性建议;受党中央委托,负责中国共产党同外国政党、政治组织的交往和联络工作;协调、归口管理中央直属机构和各省、自治区、直辖市党委的有关对外交往工作。

世界各国的外交管理体制有其差异性,具体职责也不尽相同。如英国外交部,全称为"外交及联邦事务部"(Foreignand Commonwealth Office/Foreign Office),为专责推广英国海外利益和外交事务的英国政府部门。法国外交部是法国政府部门之一,专门负责管理与外国的关系。美国国务院(United States Department of State)是美国联邦政府主管外交并兼管部分内政事务的行政部门,直属美国政府管理的外事机构,相当于外交部,其行政负责人为国务卿。美国国务院为美国最庞大的官僚机构之一,位于美国首都华盛顿特区,于1789 年 9 月由美国外交部改组而成,在政府各部中居首席地位。以下是美国国务院根据其职责设置的相关组织。

美国国务院具体职责(资料来源:Baidu 百科词条):

主管美国在全世界的大使和领事网以及涉外官员的工作,协助总统同外国签订条约和协定,安排总统接见外国使节,就承认新国家或新政府向总统提供意见,掌管美国国印等。国务院的行政首长是国务卿,由总统任命(经参议院同意)并对总统负责,是仅次于正、副总统的高级行政官员。国务卿对总统发布的某些文告有副署之责。

美国国务院组织单位:

第一副国务卿——第一国务卿为次于国务卿之官员,另依专职而有六位副国务卿:

首长事务(Chief of Staff)

执行秘书处(Executive Secretariat)

恐怖主义协调处(Office of the Coordinator for Counterterrorism)

重建暨安定协调处(Office of the Coordinator for Reconstruction and Stabilization)

外交讲习所(Foreign Service Institute)

国际情资计画局(Bureau of International Information Programs)

合法性咨议办公室(Office of the Legal Adviser)

政策管理处(Office of Management Policy)

礼宾处(Office of the Chief of Protocol)

科学暨技术人员办公室(Office of the Science & Technology Adviser)

人际冲突与监督办公室(Office to Monitor and Combat Trafficking in Persons)

战犯议题办公室(Office of War Crimes Issues)

国际女性议题办公室(Office of International Women's Issues)

情报研究局(Bureau of Intelligence and Research)

立法事务局(Bureau of Legislative Affairs)

资源管理局(Bureau of Resource Management)

负责政治事务之副国务卿——第三级重量官员,是国务卿与第一副国卿缺席或有事时之代理人,负责以下政治事务单位:

非洲事务局(Bureau of African Affairs)

东亚暨太平洋事务局(Bureau of East Asian and Pacific Affairs)

欧洲暨欧亚事务局(Bureau of European and Eurasian Affairs)

国际毒品暨强制法事务局(Bureau of International Narcotics and Law Enforcement Affairs)

国际组织局(Bureau of International Organization Affairs)

近东事务局(Bureau of Near Eastern Affairs)

南亚暨中亚事务局(Bureau of South and Central Asian Affairs)

西半球事务局(Bureau of Western Hemisphere Affairs)

负责管理事务之副国务卿:

行政局(Bureau of Administration)

预算处(Office of Allowances)

验证处(Office of Authentications)

编译处(Language Services)

备勤管理处(Office of Logistics Management)

国际学校处(Office of Overseas Schools)

小型及微弱商业利用处(Office of Small and Disadvantaged Business Utilization)

多媒体服务处(Office of Multi – Media Services)

领导管理处(Office of Directives Management)

福利暨休憩事务处(Office of Commissary and Recreation Affairs)

出纳处(Office of the Procurement Executive)

领务局(Bureau of Consular Affairs)

外交安全局(Bureau of Diplomatic Security)

外交机关办公室(Office of Foreign Missions)

人力资源局(Bureau of Human Resources)

资讯管理局(Bureau of Information Resource Management)

外馆运作机构(Overseas Buildings Operations)

负责经济、商业及农业事务之副国务卿:

经济暨商业局(Bureau of Economic and Business Affairs)

负责公共外交及公共事务之副国务卿：

教育暨文化局（Educational and Cultural Affairs）

公共事务局（Bureau of Public Affairs）

档资处（Office of The Historian）

公共外交及公共事务管理和政策规划处（Office of Policy, Planning and Resources for Public Diplomacy and Public Affairs）

国际信息局（Bureau of International Information Programs）

负责军控及国际安全事务之副国务卿——该副国务卿扮演国务院在美国军事体系中的协调角色

国际安全暨防核武扩散局（Bureau of International Security and Nonproliferation）

外交军事事务局（Bureau of Political - Military Affairs）

确认、承诺及履行局（Bureau of Verification, Compliance, and Implementation）

负责民主及全球事务之副国务卿—全球事务办公室是由克林顿办公室为了能掌握新兴外交影响力所建立的，2005 年改名为民主暨全球事务办公室，以增加民主在美国外交政策中的聚焦点：

民主人权暨劳工局（Bureau of Democracy, Human Rights,and Labor）

民权处（Office of Civil Rights）

海洋及国际环境暨科学事务局（Bureau of Oceans and International Environmental and Scientific Affairs）

美国与全球艾滋病事务协调办公室（Office of the U. S. Global AIDS Coordinator）

人口、难民及移民局（Bureau of Population, Refugees,and Migration）

检察处（Office of Inspector General）

人事处（Office of Rightsizing the U. S. Government Overseas Presence）

二、外交管理的职能

洛克在《政府论》里,把国家权力分为立法权、行政权与外交权。外交权即对外权,是决定"战争与和平、联合与联盟以及同国外的一切人士和社会进行一切事务的权力"。后来外交权力并入行政权力,外交部属于政府的一个部,履行管理外交事务的职能。外交管理的职能是不断变化的,目前我国外交部的具体职能可以细化为:

1. 贯彻执行国家外交方针政策和有关法律法规,代表国家维护国家主权、安全和利益,代表国家和政府办理外交事务,承办党和国家领导人与外国领导人的外交往来事务。

2. 调查研究国际形势和国际关系中全局性、战略性问题,研究分析政治、经济、文化、安全等领域外交工作的重大问题,为党中央、国务院制定外交战略和方针政策提出建议。

3. 按照外交总体布局,就对外贸易、经济合作、经援、文化、军援、军贸、侨务、教育、科技、外宣等重大问题,负责与有关单位协调,向党中央、国务院报告情况、提出建议。

4. 起草外交工作领域相关法律法规草案和政策规划。

5. 负责处理联合国等多边领域中有关全球和地区安全以及政治、经济、人权、社会、难民等外交事务。(附表:中国常驻联合国代表团机构设置及其职能)

6. 负责国际军控、裁军、防扩散等领域工作,研究有关国际安全问题,组织军控方面有关条约、协定的谈判。

7. 负责办理国家对外缔结双边、多边条约事务,负责国际司法合作有关事项,负责或参与处理涉及国家和政府的重大涉外法律案件,协助审核涉外法律法规草案,组织协调有关我国履行国际公约、协定工作。

8. 牵头或参与拟订陆地、海洋边界相关政策,指导协调海洋对外工作,组织有关边界划界、勘界和联合检查等管理工作并处理有关涉外案件,承担海洋划界、共同开发等相关外交谈判工作。

9.发布重要外交活动信息,阐述对外政策,负责国家重要外事活动新闻工作,组织公共外交活动,主管在华外国记者和外国常驻新闻机构事务。

10.负责国家对外礼仪和典礼事务,负责国家重要外事活动礼宾事宜,负责驻华外交机构在华礼遇、外交特权和豁免事宜。

11.负责领事工作。管理外国驻华外交、领事机构;负责海外侨务工作;办理和参与境内涉外案件的对外交涉工作;负责领事保护和协助工作,协调有关部门、地方政府并指导驻外外交机构处理领事保护和协助案件,发布领事保护和协助的预警信息。

12.负责协调处置境外涉我突发事件,保护境外中国公民和机构的合法权益,参与处置境内涉外突发事件。

13.依法管理香港、澳门特别行政区外交、领事事务,处理涉台外交事务。

14.指导、协调地方和国务院各部门外事工作,审核地方和国务院各单位的重要外事规定和上报国务院的外事请示,会同有关部门研究提出对重大外事违规违纪事件的处理意见。

15.处理和协调关系国家安全问题的有关涉外事宜。

16.负责国家重要外事活动、外交文件和文书翻译工作。

17.领导驻外外交机构及驻香港、澳门特派员公署工作,负责驻外外交机构干部队伍建设,指导、监督驻外外交机构及驻香港、澳门特派员公署信息化、财务和馆舍建设工作,负责驻华外交机构房地产使用管理工作。

附表　中国常驻联合国代表团机构设置及其职能

机构名称	工作职能
政治组	负责联合国安全理事会、联合国大会、托管理事会、建设和平委员会所处理的政治议题
经济组	负责联合国大会、联大二委、经社理事会等所涉及的经济、金融及可持续发展议题
社会组	负责联合国大会、联大三委、经社理事会等所涉及的人权和社会发展领域的议题以及中方竞选联合国机构的总协调
发展组	负责联合国大会、经社理事会、发展援助机构、发展合作论坛关于发展援助业务、人道主义救灾援助、多边经贸合作等议题的审议
科技组	负责科技领域的议题,中国与联合国的科技合作,以及通过联合国机构开展的多边科技合作

法律组	负责联合国大会第六委员会及其他法律议题
裁军组	负责联合国框架内的军控、裁军与防扩散相关事务
行财组	负责联大行政和预算委员会(五委)、方案和协调委员会的会议活动及缴纳联合国摊款
联工组	主管联合国涉及中国的人事工作,负责联合国人力资源管理、共同制度等议题
军参团	参与联合国军事参谋团会议和活动,出席联合国维和出兵国会议及活动
新闻组	负责联合国新闻委员会、联大四委新闻议题以及与中国常驻联合国代表团日常工作相关的新闻工作
办公室	负责中国常驻联合国代表团的行政事务

第三节 外交管理依据、过程与文书

一、管理的政策与法律依据

1.外交管理的政策依据。外交管理的政策在不同时期是不同的,我国建国后的外交可分为四个阶段。建国初期的"一边倒"的政策,建国初期,中国内外交困,特别是面临帝国主义的经济封锁和政治上的不承认,当时中国的领导人完全倒向社会主义阵营。随后由于中苏两国在意识形态和其他外交方针的分歧,导致中国开始反对霸权主义,从而使外交政策过渡到第二阶段反帝反修和世界革命阶段。这一时期,既要反对帝国主义和修正主义的苏联,又要支持世界革命,使中国面临腹背受敌的境地,当时的外交极其恶劣,用毛泽东的话就是:"我们现在孤立了,没有人理我们了"。在这种情形下,我国及时调整外交政策,实行"一条线"和"一大片"的政策,目的是联合一切力量进行反对霸权主义。随着中美双方在台湾问题上分歧越来越大,苏联又表示出和中国改善外交关系的愿望,中国进而奉行独立自主的外交政策。不同时期的外交政策影响着我国的外交管理思维和目标。

2.外交管理的法律依据。过去对外交的管理是执行党关于外交的政策,实行依法行政后,它的法律依据首先是宪法。宪法规定,外交涉及一个国家的主权,必须由中央人民政府行使。另外就是国务院组织法,外交管理机构的运作和执行必须要严格执行国务院组织法的规定。还有一些是人大制定的相关法规,例如《外交人员关系法》和《公务员法》,除了国内的法律以外,还有一些国际惯例和条约,也是外交管理时适用的。

国际法,也称万国公法,是国际社会所通行的法律,是一种在不断交往中形成的国际交往中所形成的国际交往惯例。国际法是国际交往的产物,又为外交提供了规范,使得外交活动必须符合国际法的基本规范。国际法为外交的制度、礼仪、人员、方式、手段和途径等提出了具体的规范,对各国的外交行为提出了被广泛接受的标准化和基本规则,为各国外交活动的正常进行提供了行动指南。国际法的出现,规范了各国的外交行为,保障了外交人员的人身、财产安全和外交参与国的使馆,资讯安全。国际法还从两个方面为各国的外交活动提供了基本依据:第一是国际条约,尤其是造法性的国际条约,即多数国家所参加、加入、或承认的,能够对国际法的原则、规则、规章、制度具有创立、确认补充或修订意义的国际条约,如《联合国宪章》《国际法院规约》《维也纳外交关系公约》等,它们既是国际法的重要渊源,又是各国外交活动的基本依据。国际惯例,亦称国际习惯,它是各国在长期交往中形成的某些习惯或先例,后来又为其他国家反复援用,并得以遵守或承认。第二是国际惯例,通常是不成文的。国际惯例是各国进行外交活动和重要依据。国际组织在一定程度上亦可以对各国的外交行为有所规范。这种规范既可以是国际组织为各国的外交行为进行立法,也可以是国际组织利用决议、建议、决定等形式对各国的外交行为进行指导。但是国际组织的规范具有非强制性、广泛性、原则性和间接性的特点。国际组织之间的主权平等,和平解决国际争端,互不使用武力,不干涉他国内政,中国倡导的和平共处五项基本原则等国际外交活动的惯例要支持。对外国使馆人员适用1961年通过的《维也纳外交关系公约》,规定外交人员从事外交活动时,享有一定的外交特权和豁免。

二、外交管理运行

外交管理的运行主要包括外交决策和外交政策的执行,涉及对外交管理活动的考核,即对外交政策的制定和执行结果进行考评。外交决策的权力主要集中于党中央,外交部主要是针对自己职权范围内的事项进行决策,主要涉及中国和外国交往中的具体事宜进行决策。

1. 外交决策。外交部第八项职责中规定外交部牵头或参与拟订陆地、海洋边界相关政策,指导协调海洋对外工作,组织有关边界划界、勘界和联合检查等管理工作并处理有关涉外案件,承担海洋划界、共同开发等相关外交谈判工作。

2. 外交政策的执行。外交部负责执行国家的外交方针政策和相关的外交方面的法律,并代表国家维护国家主权、安全和利益,负责处理对外交往中出现的许多贸易、军事方面的冲突等事宜。

3. 外交协调。外交管理的一项重要活动就是协调对外贸易、经济合作、经援、文化、军援、军贸、侨务、教育、科技、外宣等重大问题,负责与有关单位协调,向党中央、国务院报告情况、提出建议。处理和协调关系国家安全问题的有关涉外事宜。

4. 外交领导。指导、协调地方和国务院各部门外事工作,审核地方和国务院各单位的重要外事规定和上报国务院的外事请示,会同有关部门研究提出对重大外事违规违纪事件的处理意见。领导驻外外交机构及驻香港、澳门特派员公署工作,负责驻外外交机构干部队伍建设,指导、监督驻外外交机构及驻香港、澳门特派员公署信息化、财务和馆舍建设工作,负责驻华外交机构房地产使用管理工作。

5. 组织相关外事活动。代表国家和政府办理外交事务,承办党和国家领导人与外国领导人的外交往来事务。负责处理联合国等多边领域中有关全球和地区安全以及政治、经济、人权、社会、难民等外交事务。负责国家重要外事活动、外交文件和文书翻译工作。

6. 进行相关的外交方面的调研,为党中央进行外交方面的决策提出建议。调查研究国际形势和国际关系中全局性、战略性问题,研究分析政治、经济、文化、安全等领域外交工作的重大问题,为党中央、国务院制定外交战略和方针政策提出建议。

三、外交文书及其使用的要求

对外文书是对外交往的书信形式,是进行对外交涉和礼仪往来的一种重要手段。各种文书均体现国家的对外方针政策和有关法规,所以起草和发送对外文书是政策性很强的工作。即使是一件纯属礼节性的函件,如果格式与行文不合常规,也可能引起收件人的误解和不愉快,如果文内有其他错误,则会造成更为严重的后果。因此,书写对外文书要求文字严谨、精炼、准确,客套用语合乎惯例,格式要美观大方,打印要整洁。

(一)对外文书有以下几种

第一,照会。照会分正式照会和普通照会两种。正式照会由国家元首、政府首脑、外交部长、大使、代办、临时代办等人签名发出,并用第一人称写成。一般不盖机关印章。普通照会由外交机关(外交部)或外交代表机关发出,行文用第三人称,加盖机关印章,一般不签字。但有的国家要求加盖印章后再由使节或受权的外交官签名。正式照会和普通照会的区别还在于它们使用范围不同。正式照会用于:1.重大事情的通知。如国家领导人的变更,大使、领事的更换,承认、断交、复交等事项的正式通知。2.重要问题的交涉。如建议缔结或修改条约,建议召开双边、多边国际会议,互设领事馆,委托代管本国财产,国家元首、政府首脑的访问以及其他有关政治、军事、经济等重要问题的交涉。3.隆重的礼仪表示。如表示庆贺、吊唁等等。4.为了表示对某一件事的特别重视,也有使用正式照会的。

普通照会用于进行一般交涉、行政性通知、办理日常事务、交际往来。由于外交文书日趋简化,普通照会的使用范围也越来越广,政府之间关于重要国际问题的来往,现在也多使用普通照会。

普通照会以同样内容普遍分发给当地各外交代表机关的,亦称通告照会。例如,外交部用以向外交团发送各种事务性通知、规定、条例等照会,以及各外交代表机关用以通知大使、临时代办离任、返任,外交官到离任、例假日等。这类通告照会可复印,受文机关可写"各国驻××国外交代表机关"。

第二,对外函件。对外函件(包括外交函件)形式简便,使用范围较广。

国家领导人、外交人员以及各部门各机构写给外国相应人员与机构的书信都可采用这种形式。根据内容情况,凡属重要者,视为正式函件,凡属事务性者,视为便函。一般说来,领导人和外交代表之间的亲笔签名信即属外交函件。

第三,备忘录。备忘录是外交代表机关之间使用的一种外交文书,用来说明就某一事件、问题进行交涉时在事实上、立场上、法律方面的细节,或用来重申外交会谈中的谈话内容。可面交或送交对方,无客套语、致敬语,开头就叙述事实。在会谈或交涉中为了对方便于记忆谈话的内容或避免误解,可预先写成备忘录面交对方,也可在谈话后将要点用备忘录送交对方。为了叙述事实或陈述、补充自己的观点、意见或驳复对方的观点、意见,如果用照会过于郑重时,可使用备忘录。有时为了提醒某一件事,作为一种客气的催询,也可送交备忘录。备忘录也可以作为正式照会或普通照会的附件。面交的备忘录,不编号、不写抬头、不盖章;送交的则要编号、写抬头、要盖章。有的标上"备忘录"三字。

第四,电报。国家领导人、外交代表各部门和机构亦常用电报同外国相应人员及单位进行文书往来。电报多用于祝贺、慰问、吊唁及各种事务性联系。抬头应写清受电人国名、地名、职衔、姓名,发电人亦应具职衔和全名或机构名称。电报可直发收电人,亦可发有关国家外交部转或通过驻外使馆转交。

(二)对外文书使用的要求

格式　使用对外文书首先要注意格式,不要用错。如外长和外交代表使用正式照会,不要用普通照会的格式,非外交代表机构使用对外函件,不要用照会格式等等。

人称　人称要与文书格式相适应。正式照会、外交函件、电报均是以签署人的口气用第一人称写成。在正式照会中,一般不用"我们"一词,普通照会一般以单位名义用第三人称写成,称对方亦用第三人称,不可用"贵方"或"贵馆"等措辞,而是重提受照机关的名称。以机构名义书写的对外函件亦用第三人称。

另外,签署者与受文者要相适应,即人对人、单位对单位。如:正式照会是人对人,普通照会是单位对单位。在个人对个人的外交文书中讲究身份对等,如元首对元首、总理对总理、外长对外长。但也有特殊情况,如大使作为国家的全权代表可对外长、总理、元首,而代办一般只对外长。其他的对外函件可根据实际情况书写。

客套用语　客套用语要与格式相适应。如普通照会开头的"×××向×××致意"这一客套用语不能用作个人函件中的开头语,非外交机关发的对外文书也不用这一套语,照会结尾的致敬语使用时要注意与双方的身份、关系和场合相适应。如,致代办处的文书一般用"顺致敬意"或"顺致崇高的敬意";给外交部和大使馆的文书则一般用"顺致崇高的敬意"。事务性的文书,亦用"顺致崇高的敬意"。

致敬语不能自成一页,应紧跟正文后另起一段。

称呼文书抬头即受文人的职衔、姓名等要全称,文中第一次出现职衔、姓名也要全称。第二次出现则可用简称。("称呼"详见第二章第九节)

国名　文书信封和文中的抬头的国名等均用全称。文中第一次出现时用全称,以后可用简称。但有些国家由于情况特殊,如朝鲜民主主义共和国国名则须用全称。

有些国家由于发生革命、政变或其他原因,国名可能改变,须随时注意,不要写错。

译文对外文书一般以本国文字为正本。但为了使收件人能够确切理解文件的实质内容,往往附有收件国文字或通用的第三国文字的译文。在本国向外国常驻代表机关发送事务性函件,也可仅用本国文字,不附译文。较为重要的文书则附以译文为好(有的国家译文本上注有"非正式译文"字样)。各国套语用法以及行文格式与中文不同,翻译时应注意,要符合各种文字的用法。一般函电也可用接受国文字或通用文字书写。

第四节　我国外交政策的演变

中华人民共和国成立以来,中国历史进入了新纪元,外交揭开了新的篇章。我国的国际地位和外交环境都发生了很大的变化,伴随着这些变化,我国的外交政策也适时地作出了调整。中华人民共和国在外交上以马克思列宁主义、毛泽东思想、邓小平理论、"三个代表"思想和科学发展观作为分析国际形势、制定对外政策的指针,并从中国人民和世界人民的根本利益出发,坚持独立自主和爱国主义与国际主义相结合的原则。在尖锐复杂的国际斗争中,中华人民共和国始终不渝地反对帝国主义、殖民主义、霸权主义和强权政治,维护世界和平,在和平共处五项原则的基础上,同世界各国开展友好合作,谋求共同发展和繁荣。

一、历史回顾

新中国外交的 60 年是波澜壮阔的 60 年。新中国成立 60 年来,以毛泽东、邓小平、江泽民同志为核心的党的三代中央领导集体和以胡锦涛同志为总书记的党中央不断与时俱进,开拓创新,形成了具有中国特色的外交理论体系,为中国外交提供了强大的思想武器。60 年来,新中国外交为维护国家主权、安全、发展利益,为促进世界的和平、发展、合作事业做出了重要贡献。中国同各国密切合作,以负责任的态度参与处理各种国际争端。中国大力开展经济、人文、公共等各领域外交并取得丰硕成果。60 年来,中国同世界各国的友好合作全面推进。这一光辉历程大致可分为两个时期:

(一)新中国成立到 1978 年

1.建国初的"一边倒"方针。新中国成立初期,我国外交的首要任务是,彻底摧毁帝国主义对中国的控制,恢复国家的独立和主权。为此,毛泽东主席早在建国前夕就提出了"另起炉灶"、"打扫干净屋子再请客"和"一边倒"的三条方针。"另起炉灶",就是同旧中国的屈辱外交彻底决裂,不承认旧中国同其他国家建立的外交关系,要在新的基础上同世界各国建立新的外交关系。"打扫干净屋子再请客",就是要在彻底清除旧中国遗留下来的帝国主义在华特权和残余势力之后,再请客人进来,以免敌对者"钻进来"捣乱。"一边倒",即倒向社会主义一边。这包含两方面的含义:第一,"团结工人阶级、农民阶级、城市小资产阶级和民族资产阶级,在工人阶级领导之下,结成国内的统一战线,并由此发展到工人阶级领导的以工农联盟为基础的人民民主专政的国家",走社会主义道路;第二,"联合世界上以平等待我的民族和人民,共同奋斗。这就是联合苏联,联合各人民民主国家,联合其他各国的无产阶级和广大人民,结成国际统一战线"。反对帝国主义的侵略政策和战争政策。在这一战略思想的指引下,我国首先发展同苏联和其他社会主义国家的关系。1949年底到1950年初,毛主席、周恩来总理访问苏联,两国签署了《中苏友好同盟互助条约》。随之,我国同其他社会主义国家的关系也进入了全面发展阶段,有力地维护了远东和世界的和平,巩固了我国的新生政权。

2. 反帝、反修和世界革命战略。20世纪50年代中期以后,苏联一直企图在政治上控制中国,甚至表示过对中国的担忧,此外,中苏双方在意识形态也出现严重的分歧,最后导致中苏两党分道扬镳,造成中苏国家关系的破裂。这时期中国的外交政策出现调整,一是坚持建国以来的反对美国和其他西方帝国主义国家的策略即反帝,二是从60年代开始明确提出反对苏联修正主义的策略即反修,三是从60年代中期开始主张世界"一片红",支持亚非拉各国民族解放运动和无产阶级革命的策略即世界革命。

3. 一条线和一大片战略。20世纪60年代末到70年代末,美国为对付苏联的挑战,谋求从越南脱身,寻求同中国接近。中苏公开决裂以后,中国领导人重新审视所面临的新的国际形势,最后认为:反对霸权主义是中国当前面临的主要任务。针对当时的国际形势,毛主席提出划分三个世界的战略思想和从日本到欧洲直到美国的"一条线"战略,团结一切可以团结的力量集中对付苏联的威胁。中美之间的坚冰开始被打破。"乒乓外交"、"基辛格秘密访华",直到实现毛主席与尼克松在中南海握手。这一时期,我国同其他发达国家的关系也取得了重要进展,我国的对外交往出现了前所未有的新局面。

1971年10月,第26届联合国大会以压倒多数,通过了关于恢复中华人民共和国在联合国的一切合法权利,并立即把国民党集团的代表从联合国一切机构中驱逐出去的提案,帝国主义孤立中国的政策彻底破产。中国作为联合国安理会五个常任理事国之一,登上世界舞台。1974年4月,邓小平同志率领中国代表团出席联合国第六次特别会议,阐述了中国对世界局势和建立国际经济新秩序的主张,受到热烈欢迎。

4. 和平共处五项原则的提出。周恩来总理根据毛主席关于世界各国和平共处和大小国家一律平等的思想,于 1953 年首先提出并于 1954 年同印度和缅甸共同倡导了和平共处五项原则,得到了国际社会的普遍赞同。我国积极支持并参加了 1955 年 4 月在印度尼西亚万隆举行的亚非会议。以周总理为首的中国代表团,坚持"求同存异"的方针,开展了卓有成效的工作,推动会议在和平共处五项原则的基础上达成了著名的万隆十项原则,为加强亚非各国的团结合作作出了重要贡献。

建国后,我们以实际行动向全世界表明:中国的对外政策是以马克思列宁主义、毛泽东思想科学理论为基础的,是从中国人民和世界人民的根本利益出发的,它有长远的、全局的战略依据,决不迁就一时的事变,不受任何人的唆使和挑动。这就是中国独立自主的和平外交政策的描述。

(二)改革开放以来的中国外交

改革开放以来,中国进入历史新时期。在党中央坚强有力的领导下,中国国际地位显著提高,国际影响日益扩大,与世界各国友好合作关系全面发展。外交经历了三个重要历史发展时期,外交工作取得了重要成就[①]。

1. 20 世纪 70 年代末到 80 年代末

这个时期东西方"冷战"逐步接近尾声,世界多极化趋势日益发展。邓小平同志高瞻远瞩,抓住机遇,及时作出一系列重大战略调整,打开了我国外交工作的新局面。第一,科学判断形势,从根本上调整外交战略。邓小平同志对国际形势和时代主题作出新的科学判断,指出和平与发展是当今世界两大问题,世界大战并非不可避免和迫在眉睫。为我国对外政策的一系列重大调整提供了条件。第二,提出独立自主和不结盟,改善和发展同各主要大国的关系。第三,妥善处理同邻国的历史遗留问题,促进与周边国家关系的改善和发展。调整对东南亚国家的政策,注意严格区分党际关系与国家关系。提出解决中印边界问题的五点方针,同印度恢复高级互访和边界谈判。第四,推动同

---

① 这部分主要参考杨洁篪:《改革开放以来的中国外交》,中华人民共和国外交部网,2008 年 9 月 16 日。

广大发展中国家的务实合作。提出"平等互利、讲求实效、形式多样、共同发展"经济合作四原则,开展形式多样的经济合作,使我国与发展中国家关系有了更深厚的经济基础。第五,在国际和地区事务中发挥作用,扩大国际影响。第六,创造性地提出"一国两制"构想,推进祖国统一大业。中国政府于1984年12月和1987年4月,分别与英国和葡萄牙政府就对香港、澳门恢复行使主权签署联合声明。

2. 20世纪80年代末到20世纪末

这个阶段世界进入新旧格局交替时期。以江泽民同志为核心的第三代中央领导集体,创造性地继承和发展邓小平外交思想,我国外交工作取得新的成就。一是坚持原则性和灵活性相结合,顶住国际压力,打破西方"制裁"。二是推动同各大国建立面向21世纪的新型合作关系,构筑有利的大国关系框架。1996年,中俄建立战略协作伙伴关系。2001年,中俄签署《睦邻友好合作条约》,将"世代友好"的和平思想用法律形式固定下来。1997年,中美决定共同致力于建立建设性战略伙伴关系。1998年,中国与欧盟建立建设性伙伴关系,与日本建立友好合作伙伴关系。三是发展睦邻友好,营造有利的周边环境。1997年中国与东盟确定建立睦邻互信伙伴关系。在与朝鲜保持传统友好关系的同时,实现同韩国关系正常化。在中亚继与中亚五国建交后,又与俄罗斯共同推动成立上海合作组织。我国还与绝大多数陆上邻国解决了边界问题。四是加强同发展中国家的团结与合作。2000年,中国和非洲国家共同倡议成立"中非合作论坛"。我国同不结盟运动、77国集团等发展中国家组织加强了联系和协调。五是广泛参与国际事务,维护世界和平,促进共同发展。全面参与多边外交各领域的活动,并开始积极参加联合国维和行动。六是捍卫国家主权、领土完整和民族尊严,推进祖国统一大业。恢复对香港、澳门行使主权。多次挫败台湾当局"重返联合国"图谋,挫败世界卫生大会涉台提案。

3. 2001年至今

进入21世纪以来,国际形势处于深刻演变之中。以胡锦涛同志为总书记的党中央冷静分析国内外形势,高举和平、发展、合作的旗帜,抓住战略机遇,外交取得重大进展。第一,与主要大国关系稳定发展。中俄两国战略协作伙伴关系全面深入快速发展,进入历史最好时期。我国同各主要大国启动战略对话磋商机制。第二,同周边国家睦邻友好合作关系进一步扩大和深化。我国同印度、印尼等国建立不同形式的战略伙伴关系,同哈萨克斯坦等国签订友好合作条约。推动上海合作组织成员国缔结长期睦邻友好合作条约,上合组织进入全面务实合作阶段。我国作为首个非东盟国家加入《东南亚友好合作条约》,东盟—中国(10+1)、东盟—中日韩(10+3)合作成果显著。推动南海、东海共同开发迈出新步伐。第三,同发展中国家的团结合作取得重要进展。2006年,我国成功主办"中非合作论坛"北京峰会,这是新中国外交史上主办的规模最大、领导人出席最多的国际会议,对巩固和发展我国与非洲国家的友好关系具有重大意义。2004年成立"中阿合作论坛"。同拉美、加勒比和南太平洋地区国家互利合作不断深化。中俄印、中俄印巴(西)"金砖四国"等合作机制日益充实、完善。第四,多边外交丰富多彩,更加活跃。在联合国、八国集团同发展中国家领导人对话会(G8+5)等多边舞台上,胡锦涛同志等党和国家领导人积极开展高层外交,宣示我国重大理念及主张,拓展与各方关系,维护我国利益与形象。我国推动形成朝鲜半岛核问题六方会谈机制,为推动朝核问题和平解决发挥了重要独特作用。第五,积极开展安全外交。全力维护国家主权安全。在国际上与"台独"、"藏独"、"东突"等分裂活动进行坚决有效斗争。严防和遏制"法轮功"等境外敌对势力的分裂干扰活动。第六,全面开展经济外交。承认我国完全市场经济地位的国家达77个。提出新能源安全观,积极开展能源资源外交。为我国企业"走出去"提供服务。第七,努力开展公共外交和文化外交,我国和平、民主、文明、进步的国家形象进一步树立。第八,坚持以人为本、外交为民。切实维护我国公民和法人在国外的合法权益。建立境外中国公民和机构安全问题部际联席会议制度,建立健全海外安全风险评估和防范预警机制。成功实施多起从动乱国家大规模撤侨行动,妥善处置我国人员海外遇袭事件。

中华人民共和国与各国建立外交关系日期简表①

亚洲:

国　　名	建交日
阿富汗	1955.1.20
亚美尼亚	1992.4.6
阿塞拜疆	1992.4.2
巴林	1989.4.18
孟加拉国	1975.10.4
文莱	1991.9.30
柬埔寨	1958.7.19
塞浦路斯	1971.12.14
朝鲜	1949.10.6
东帝汶	2002.5.20
格鲁吉亚	1992.6.9
印度	1950.4.1
印度尼西亚	1950.4.13
伊朗	1971.8.16
伊拉克	1958.8.25
以色列	1992.1.24
日本	1972.9.29
约旦	1977.4.7
哈萨克斯坦	1992.1.3
科威特	1971.3.22
吉尔吉斯斯坦	1992.1.5
老挝	1961.4.25
黎巴嫩	1971.11.9
马来西亚	1974.5.31

---

① 资料来源:中华人民共和国外交部网站,按亚洲、非洲、欧洲、美洲及大洋洲次序排列,同一洲的国家以其国名简称的英文字母为序,截至 2009 年 7 月 16 日。

马尔代夫	1972.10.14
蒙古	1949.10.16
缅甸	1950.6.8
尼泊尔	1955.8.1
阿曼	1978.5.25
巴基斯坦	1951.5.21
巴勒斯坦	1988.11.20
菲律宾	1975.6.9
卡塔尔	1988.7.9
韩国	1992.8.24
沙特阿拉伯	1990.7.21
新加坡	1990.10.3
斯里兰卡	1957.2.7
叙利亚	1956.8.1
塔吉克斯坦	1992.1.4
泰国	1975.7.1
土耳其	1971.8.4
土库曼斯坦	1992.1.6
阿拉伯联合酋长国	1984.11.1
乌兹别克斯坦	1992.1.2
越南	1950.1.18
也门	1956.9.24

非洲：

国　　名	建交日
阿尔及利亚	1958.12.20
安哥拉	1983.1.12
贝宁	1964.11.12
博茨瓦纳	1975.1.6
布隆迪	1963.12.21

喀麦隆	1971.3.26
佛得角	1976.4.25
中非	1964.9.29
乍得	1972.11.28
科摩罗	1975.11.13
刚果(金)	1961.2.20
刚果(布)	1964.2.22
科特迪瓦	1983.3.2
吉布提	1979.1.8
埃及	1956.5.30
赤道几内亚	1970.10.15
厄立特里亚	1993.5.24
埃塞俄比亚	1970.11.24
加蓬	1974.4.20
加纳	1960.7.5
几内亚	1959.10.4
几内亚比绍	1974.3.15
肯尼亚	1963.12.14
莱索托	1983.4.30
利比里亚	1977.2.17
利比亚	1978.8.9
马达加斯加	1972.11.6
马拉维	2007.12.28
马里	1960.10.25
毛里塔尼亚	1965.7.19
毛里求斯	1972.4.15
摩洛哥	1958.11.1
莫桑比克	1975.6.25
纳米比亚	1990.3.22
尼日尔	1974.7.20

尼日利亚	1971.2.10
卢旺达	1971.11.12
塞内加尔	1971.12.7
塞舌尔	1976.6.30
塞拉利昂	1971.7.29
索马里	1960.12.14
南非	1998.1.1
苏丹	1959.2.4
坦桑尼亚	1964.4.26
多哥	1972.9.19
突尼斯	1964.1.10
乌干达	1962.10.18
赞比亚	1964.10.29
津巴布韦	1980.4.18

欧洲：

国　　名	建交日
阿尔巴尼亚	1949.11.23
安道尔	1994.6.29
奥地利	1971.5.28
白俄罗斯	1992.1.20
比利时	1971.10.25
波斯尼亚和黑塞哥维那	1995.4.3
保加利亚	1949.10.4
克罗地亚	1992.5.13
捷克	1949.10.6
丹麦	1950.5.11
爱沙尼亚	1991.9.11
芬兰	1950.10.28
法国	1964.1.27

德国	1972.10.11
希腊	1972.6.5
匈牙利	1949.10.6
冰岛	1971.12.8
爱尔兰	1979.6.22
意大利	1970.11.6
拉脱维亚	1991.9.12
列支敦士登	1950.9.14
立陶宛	1991.9.14
卢森堡	1972.11.16
马其顿	1993.10.12
马耳他	1972.1.31
摩尔多瓦	1992.1.30
摩纳哥	1995.1.16
黑山	2006.7.6
荷兰	1972.5.18
挪威	1954.10.5
波兰	1949.10.7
葡萄牙	1979.2.8
罗马尼亚	1949.10.5
俄罗斯	1949.10.2
圣马力诺	1971.5.6
塞尔维亚①	
斯洛伐克	1949.10.6
斯洛文尼亚	1992.5.12
西班牙	1973.3.9

① 1955年1月2日,我与南斯拉夫联邦人民共和国(后改称南斯拉夫社会主义联邦共和国)建交。1992年4月27日,南斯拉夫联盟共和国宣布成立。中国驻原南斯拉夫大使馆改为驻南联盟共和国大使馆,中国驻原南斯拉夫大使改任驻南联盟共和国大使。2003年2月4日,南斯拉夫联盟共和国将国名改为塞尔维亚和黑山。2006年6月3日,黑山共和国宣布独立。6月5日,塞尔维亚共和国宣布继承塞黑的国际法主体地位。

瑞典	1950.5.9
瑞士	1950.9.14
乌克兰	1992.1.4
英国	1972.3.13

美洲:

国　　名	建交日
安提瓜和巴布达	1983.1.1
阿根廷	1972.2.19
巴哈马	1997.5.23
巴巴多斯	1977.5.30
玻利维亚	1985.7.9
巴西	1974.8.15
加拿大	1970.10.13
智利	1970.12.15
哥伦比亚	1980.2.7
哥斯达黎加	2007.6.1
古巴	1960.9.28
多米尼克	2004.3.23
厄瓜多尔	1980.1.2
格林纳达	1985.10.1
圭亚那	1972.6.27
牙买加	1972.11.21
墨西哥	1972.2.14
秘鲁	1971.11.2
苏里南	1976.5.28
特立尼达和多巴哥	1974.6.20
美国	1979.1.1
乌拉圭	1988.2.3
委内瑞拉	1974.6.28

大洋洲太平洋岛屿：

国　　名	建交日
澳大利亚	1972. 12. 21
库克群岛	1997. 7. 25
斐济	1975. 11. 5
密克罗尼西亚	1989. 9. 11
新西兰	1972. 12. 22
纽埃	2007. 12. 12
巴布亚新几内亚	1976. 10. 12
萨摩亚	1975. 11. 6
汤加	1998. 11. 2
瓦努阿图	1982. 3. 26

二、中国外交管理经验

总结新中国外交 60 年的成功经验，最突出的有两条：一条是坚持独立自主的和平外交政策，另一条是坚持统筹国内国际两个大局，紧紧围绕党和国家的中心任务开展工作。具体的看，我国的外交管理取得了以下宝贵经验[1]：

1. 坚持解放思想，实事求是，与时俱进。我国外交管理部门在外交工作中加强党对外交工作的统一领导，坚持以毛泽东思想、邓小平理论和"三个代表"重要思想为指导，深入贯彻落实科学发展观，坚决贯彻中央制定的各项对外方针政策。与时俱进是改革开放历史新时期最突出的标志。在外交理论和实践上取得的重大成就，是坚持解放思想，实事求是，与时俱进的结果。

2. 坚持统筹国内国际两个大局。这是做好外交工作的重要基础和前提。外交管理部门坚持用辩证唯物主义和历史唯物主义的立场、观点和方法观察世界，科学把握国际形势的发展变化，重视掌握国际形势的发展规律，增强外交工作的战略性和前瞻性。外交管理部门从国内建设和发展需要出发开展外

---

① 杨洁篪：《改革开放以来的中国外交》，中华人民共和国外交部网，2008 年 9 月 16 日。

交工作,努力营造和平稳定的国际环境、睦邻友好的周边环境、平等互利的合作环境、互信协作的安全环境和客观友善的舆论环境。

3. 坚持原则坚定性与策略灵活性的统一。我国的外交工作,在涉及国家核心利益的重大问题上,立场坚定,旗帜鲜明,敢于斗争,善于斗争,决不拿原则做交易。同时讲究策略,灵活务实,坚持有理、有利、有节,维护我国的长远和根本利益。加强同发达国家对话,深化合作;坚持"与邻为善、以邻为伴",积极开展区域合作;加强同发展中国家的团结合作,维护共同利益;积极参与多边事务,开展全方位外交。

4. 坚持独立自主的和平外交政策。从中国人民和世界人民的根本利益出发,根据事情本身的是非曲直来决定自己对国际事务的立场和政策。不以意识形态划线,不以社会制度的异同来决定国家关系的好坏或亲疏。按照和平共处五项原则处理国家关系,充分尊重各国特别是广大发展中国家自主选择发展道路的权利,走和平发展道路。

5. 坚持互利共赢的开放战略。坚持以自身的发展促进地区和世界共同发展,在实现本国发展的同时兼顾对方特别是发展中国家的正当利益。坚持按照通行的国际经贸规则,扩大市场准入,依法保护合作者权益。支持国际社会帮助发展中国家增强自主发展能力,缩小南北差距。支持完善国际贸易和金融体制,推进贸易和投资自由化、便利化,通过磋商协作妥善处理经贸摩擦。遵循联合国宪章宗旨和原则,恪守国际法和公认的国际关系准则,在国际事务中弘扬民主、和睦、协作、共赢的精神,倡导国与国之间政治上相互尊重、平等协商,经济上相互合作、优势互补,文化上相互借鉴、求同存异,安全上相互信任、加强合作,环保上相互帮助、协力推进。推动建设持久和平、共同繁荣的和谐世界。

案例　中美"撞机"事件

2001 年,共和党人乔治·布什成为美国总统,他启用了一些一向以对华立场强硬著称的人物,布什新政府声称要将中国定位"战略竞争对手"而非

"战略伙伴",并且改变克林顿执政时期的对台模糊战略,转为对台强力支持的清晰战略。中美关系骤然紧张了起来。对于中国来说,2001年是一个关键的年份:加入世贸组织(WTO)进入了关键性的阶段,申办2008年奥运会将出结果,APEC会议将要召开。在这个背景之下,中美之间爆发了一次严重的突发性外交危机。

2001年4月1日上午,美国一架EP—3型军用侦探机飞抵中国海南岛东南海域上空活动,中方马上命令两架F—8歼灭机起飞并对其进行跟踪监视。北京时间上午9时7分,当中方飞机在海南岛东南104公里处正常飞行时,美机突然向中方飞机转向,其机头和左翼与中方一架飞机相碰,致使中方飞机坠机。美国未经中方允许,进入中国领空,并于9时33分降落在海南岛陵水机场。迫降的美国侦探机上的24人中,22人为海军士兵、1人来自空军、1人为海军陆战队战士。当晚,中国外交部长助理周文重紧急召见美国驻华大使普理赫,就美国军用侦探机撞毁中方军用飞机一事向美方提出严正交涉和抗议。此后,两国展开了紧张的外交谈判和斗争。

撞机事件发生后,中美双方围绕"道歉"、"放人"、"还机"等问题开展谈判和斗争。美国飞机进入中国海域,尤其是造成一位中国军人死亡的事实造成中国公众的极大愤慨,站在国家和民族利益的立场上,中国公众的态度非常坚定,公众普遍谴责美国的做法,认为这完全是美国霸权主义行径,是对中国主权的挑衅。面对公众的高涨情绪,官方媒体为舆论提供了充分的表达空间。

在整个撞机事件的外交危机处理过程中,影响中国政府决策的因素非常多,比如有关中国加入世界贸易组织的谈判以及申办2008年奥运会的成败等。在当时的背景下,任何僵持、拖延,都可能造成中美关系的恶化,一旦失去美国支持,会对中国造成很大的损失。然而,中国政府的立场态度与公众的立场一致,从一开始表现得十分强硬,中国政府一直坚持的两点:"责任在美方"、"美国应该向中国人民道歉"。经过16天的僵持,坚持等到美方道歉,美方机组人员才获准离开中国,政府在这个问题上的坚定态度体现了对公众舆论这一因素的充分重视与考虑。

第九章 安全管理

安全管理本是企业管理范畴内的一个专用名词。在1993年出版的由徐江、吴穷编的《安全管理学》一书中,两位学者根据有"法国经营管理之父"之称的法约尔(HenriFayol,1841~1925)对管理就是"计划、组织、指挥、协调、控制"的提法,对安全管理下定义为:"安全管理就是管理者对安全生产进行的计划、组织、指挥、协调和控制的一系列活动,以保护职工在生产过程中的安全与健康,保护国家和集体的财产不受到损失,促进企业改善管理、提高效益,保障建设的顺利发展。"换句话说,传统意义上的安全管理特指安全生产而言,和劳动保护管理的含义大体相同,在我国当时的语言环境中,两者可以通用。

在今天,作为政府部门职能的安全管理——为与传统意义上的安全管理区别起见,简称政府安全管理——是指政府及其职能部门或者其他相关行政主体,为了达到保证社会成员人身财产安全、社会秩序稳定而对生产活动和社会生活进行的行政管理,它包括"计划、组织、指挥、协调、控制"的整个过程。

"计划"指政府及其职能部门或者其他特定行政主体作为安全管理的管理主体,需要针对未发生的安全事件制定最大程度上完善周全的应对计划;"组织"是指管理主体为应对安全事件调动和集中财力、物力、人力;"指挥"是指管理主体在身处原本无秩序的安全事件当中时,在组织工作的基础上,通过原定计划的实施和临时变动调整使安全事件的处理过程有脉络可循;"协调"是指在安全事件的处理过程中,面对安全事件本身制造的矛盾和事件处理过程中新产生的矛盾,管理主体起到消减矛盾保证事件处理最大程度顺利进行的作用;"控制"是指管理主体将安全事件所造成的损失降到最低,并由之总结经验,通过制度和技术手段预防和控制同等或类似事件的再次发生。

第一节 安全管理的管理者与对象

一、安全管理的管理者

1. 安全管理的管理者的概念

按照现代行政管理的原理,"从享有行政权力和行使行政权力的角度分析,行政管理的主体主要分为行政组织和行政人员两类。"①所谓政府安全管理的管理者,即安全管理的主体,是指在管理过程中主动支配各种要素从而对安全事件产生的影响起控制作用的主体,它包括管理机构和单个的管理者。

安全管理的管理机构主要是政府和其设置的相关职能部门,同时还包括接受法律和政府授权具有行政权进行行政管理的其他组织,比如某些垄断国有企业也负有安全管理的义务。政府包括中央政府和地方政府,在安全管理上它们组成一个体系完整、职能齐全的组织系统。中央政府主要承担了宏观上安全政策的制定和对地方政府以及各职能部门的指导,它具有在全国范围内最大限度地调动资源、形成安全预防和救助网络的功能。它自然是政府安全管理组织的主体和核心,它在信息公布、方针制定和监督地方政府以及相关职能部门执行方面是否得力是影响安全管理效果的本源。同时,它也是社会对政府安全管理进行绩效评估的主要对象。地方政府因国家的组织形式不同而承担不同的责任。在联邦制国家,州或共和国政府享有较大的自主权,在安全管理的政策制定和具体执行上具有较大的独立性。在单一制国家,比如我国,由于权力来源于中央,地方政府的权力受到中央政府的制约,在安全管理上,地方政府的主要任务是根据中央政府的政策和总体规划领受分配给自己的具体任务,同时允许发挥主动性和积极性,但在操作上必须服务于全国的大局。

相关职能部门具体负责各自领域的安全问题。其理论依据很大程度上受

---

① 何精华主编:《现代行政管理:原理与方法》,上海社会科学院出版社 2005 年版,第 8 页。

到西方重塑政府理论的影响。重塑政府理论在 20 世纪 90 年代初兴起,是美国学者戴维·奥斯本(David Osborne)和特德·盖布勒(Ted Gaebler)创立的政府改革理论。按照他们在 1992 年出版的《改革政府:企业精神如何改革着公营部门》的理论,"政府的功能(或职能)是随着时代的变迁而不断发生变化的,时代变迁的历史就是不断'变革'政府的历史。""政府可以为社会中的所有人提供'公共产品',解决社会中遇到的各种问题。"但"工业社会时代的那种庞大的集权式的官僚组织无法应付快速变化的信息社会的挑战,无论是传统的自由主义理论还是保守主义理论"。① 因此,在安全管理问题上,政府必须设置具体的职能部门来分工和具体负责完成各自领域的任务。具体说来,生产安全管理由经济和生产管理部门来进行。社会安全管理由在国务院领导下的公安部、民航总局等部门负责相应事件的应急管理,由于社会安全又包括群体性事件、形式犯罪案件和恐怖主义事件(见下文安全管理的管理对象),因此,在社会安全管理问题上,公安部门充当了非常重要的角色。其主要职责包括预防、打击犯罪活动,防范、打击恐怖活动,维护社会秩序,维护(国)边境地区治安秩序,保卫国家特定人员、守卫重要场所和设施;管理集会、游行、示威活动等。国家安全管理方面,政治安全需要广义上的政府在宏观上进行保障;单就国务院的机构设置来看,相应的部门负责履行相应的职能:经济安全方面,金融安全由中国人民银行、中国银行业监督管理委员会(银监会)和中国证券业监督管理委员会(证监会)等部门、机构负责,粮食安全由农业部门负责,资源安全由国土资源部等部门负责,科技安全由科技部门负责,文化安全由文化部门负责,值得注意的是,所有这些部门的运行,都需要财政部门予以支持和配合。食品安全管理在我国的模式属于下放型分散模式,食品安全的管理工作被下放到各个地方政府,涉及到的主要职能部门是食品药品监督管理局和农业、质监、工商、卫生等部门。② 卫生安全管理主要由卫生部门负

---

① 董少平:《公共安全管理的一种新范式——西方重塑政府理论对我国公安管理的启示》,《江西社会科学》2003 年第 2 期。

② 严振:《中英两国食品安全管理体制的对比研究》,胡泽君主编《公共管理与区域发展》,中央编译出版社 2008 年版,第 325 页。

责。信息安全由信息产业部门和科技部门等负责。灾害安全由气象部门、消防部门、民政部门等负责。

有权进行安全管理的其他组织主要指拥有授权的企事业单位。企事业单位进行安全管理的领域多是该企业占据垄断地位或专业性极强的行业,由企事业单位来进行安全管理有利于其专业技术的发挥,从而降低行政成本,提高行政效率。

作为安全管理主体的个人主要是指各部门的行政领导和企事业单位的负责人,以及具体工作人员。就政府部门而言,是指行政首长和普通公务员。行政首长可以划分为四类:(1)政府首脑,掌握最高安全管理权力;(2)政务类行政首长,权力受制于政府首脑;(3)常务首长,负责推动和执行安全管理决策;(4)法律授权的部分官员,主要是指主持人事行政事项的少数首长。相关的公务员则是安全管理的当然主体,人数众多的他们要处理安全管理的日常事务,具体执行和在技术上操作既定的政府决策和首长决定。[①]

2. 安全管理体制的历史演变

在政府没有设立专门的安全管理机构,或者对原有的政府机构明确安全管理职责之前,政府安全管理是孤立的、临时性的,可以称为前安全管理时期。这种只解决具体发生的危害公共安全事件而不管今后的孤立应对方法在被反复使用之后,人们逐渐形成了政府应当具有安全管理责任的观念,约定俗称的过程奠定了公共安全管理的广泛社会认识基础,人类社会逐渐进入政府负责安全管理时期。

(1)美国安全管理体制的演变和构成。在美国,最早的公共安全管理行为出现在1803年。这一年,新罕布什尔州(NewHampshire)的一个城镇发生了一起蔓延范围极大的火灾,结果整个城镇有一半被烧毁。新罕布什尔州以冬季严寒漫长著称,当地气温经常在零下17℃以下,被烧毁了家园的公民面临缺乏住房面对严寒的危险。考虑到这些实际情况和新罕布什尔州在1776年第一个承认临时宪法和宣布脱离英国身份而独立,美国国会通过了法案,由

---

① 何精华主编:《现代行政管理:原理与方法》,上海社会科学院出版社2005年版,第9页。

联邦政府对其提供财政援助。这是美国在取得独立、建立联邦政府后通过的第一部灾难立法。在这项立法之后，截止到1950年《灾难救济法》(Disaster Relief Act)获得通过，在将近一个半世纪的时间里，美国为了应对飓风、地震、洪水和其他自然灾害，通过了100多部相关法律。

到了20世纪60年代末，美国政府的安全管理集中到社会领域，内容包括生产安全、公民健康、生态保护和环境污染等等，并以提高社会福利为宗旨。这一时期，美国国会相继批准建立了职业安全与健康管理局(OSHA,1970)、高速公路交通安全局(NHTSA,1970)和消费者产品安全委员会(CPSC,1972)，这些机构得到更为广泛的授权，负责监管公民健康、生产安全和生态保护与环境污染方面的内容，由于这些内容涉及到每一个企业每一个公民，因此，新建立的这些安全管理机构的管理范围在理论上覆盖了所有的行业和领域，解决了安全管理容易被行业控制的难题。为了保证管理效果，这些机构往往是非常庞大的。拿OSHA来说，它是美国安全管理检查系统的核心，在20世纪90年代初拥有监察员1500余名，下属10个行政区办公室，在所负责的区域完成OSHA分派的任务，在各州，OSHA又有2000余名监察员。根据OSHAACT(职业安全与健康管理法)这个基本法，和配套的《毒物控制法》《联邦矿业安全与卫生管理法》等法律，在1981年，OSHA共进行了57000多次检查，罚款达到1350亿美元。[①]

今天，美国的安全管理体制主要由联邦贸易委员会、消费品安全委员会、OSHA构成主要骨骼。联邦贸易委员会是行政机构，它有权制定贸易安全管理规则，作用在于推行本机构的法律、政策和指示，这些都是具有法律效力的规则，不当行为者的行为将面临被委员会起诉到行政法院或联邦法院的命运。消费品安全委员会的广泛权力主要用来管理那些具有潜在危险性的消费品的生产和销售，它负责实施的法律是《消费品安全法》，这也是它行使自己权力的法律依据。它可以对消费品的安全性进行调查，并且要求组建一个信息交换系统来搜集、调查、分析和传递伤害数据。OSHA的目的在于"保障国家每

---

① 徐江、吴穹：《安全管理学》，航空工业出版社1993年版，第9页。

一个男性公民和女性公民,在一种安全、健康的条件下工作"。

(2)我国的安全管理体制。在我国古代,安全管理主要体现在救灾制度上,但当时的救灾制度的局限性非常明显,而且多是经验性和权益性的。到了民国时期,理论上初步建立了以总统制为核心的中央一级专职救灾体制。但是,这更多出于孙中山南京临时政府的设想和规划,并没有能够付诸实践、形成制度。在民国30多年的历史中,由于战乱频繁,加上经历了代价惨重的8年抗战,救灾机构没有也不可能真正发挥作用。

1949年中华人民共和国成立后,随着社会经济的恢复和发展,对传统的自然灾害和其他安全问题的管理成为政府的一项任务。这时的社会环境给了政府进行安全管理的可能。1949年10月,中国成立了下属于燃料部的安全监察处,这是建国后第一个负责煤矿安全问题的机构。1986年以后,由不同的机构负责煤矿的安全生产管理。2003年,国务院作出决定,把国家煤矿安全监察局上升为国务院直接领导、负责中国煤矿职业安全与健康的监察机构,负责事故多发的煤矿业的安全管理工作。

具体说来,我国目前安全管理体制的特点为:首先,形成了不同的应对机制。针对疾病与瘟疫,形成了现代公共卫生体系;针对违法犯罪,形成了公安体系;针对外敌入侵,形成了国防事业。其次,政府统一领导的管理体制:政府统一领导,上下级分管,部门分工具体负责。最后,与西方发达国家相比,还存在差距,尤其是在安全信息公开方面,但这一局面在"非典"疫情之后,随着互联网在国内的发展,发生了很大的改观。

二、安全管理的管理对象

所谓管理对象,也称为管理客体,是指能够被一定管理主体影响和控制的客观事物。① 所谓政府安全管理的管理对象,或者说政府安全管理的管理客体,是指客观存在的能够为管理主体影响和控制的安全问题。

---

① 李兴山主编:《现代管理学》(修订版),中共中央党校出版社2002年版,第53页。转引自战俊红、张晓辉:《中国公共安全管理概论》,当代中国出版社2007年版,第21页。

对政府安全管理对象的种类界定比较宽泛。十七大报告指出要"坚持安全发展,强化安全生产管理","打击违法犯罪活动,保证人民生命财产安全","完善国家安全战略",着重指出了生产安全问题、刑事犯罪问题和国家安全问题。生产安全是安全管理的传统问题。从原始人类开始从事狩猎、采集等生产劳动开始,它便产生并伴随人类的生产劳动至今并将继续与之共生下去。原始人类在狩猎过程中面临着被凶猛野兽和毒虫伤害的危险,奴隶社会时期奴隶在冶铸青铜器时常常遭遇"炉瘟",我国明代科技著作《天工开物》记载了采煤时存在的瓦斯中毒危险,"深至五丈许,方始见煤。初见煤时,毒气灼人"。工业革命以后,大规模机器生产取代了传统手工业,资本原始积累时期恶劣的工作环境和工人大量增多极大增加了伤害的可能性。

19世纪末20世纪初,特别是"二战"以后,全球范围内工业技术水平不断提高,生产规模也不断扩大,但工伤事故与工业危险并没有随技术进步而消弭。直至今天,生产安全仍然是政府安全管理的重要领域。在我国,生产安全的形势尤为严峻,特别是近年来煤矿事故频发不断引起社会的关注。刑事犯罪问题最易为个体所感知。由低到高,安全需求在马斯洛的需要层次理论中排名第二,如果社会的刑事犯罪率太高,那么必然会造成人心惶惶的后果;个体的生命财产安全没有保证,个人不得不为了随时可能降临到自己头上的侵犯伤害问题而焦虑担心,最终整个社会秩序一片混乱,政府的信用度就会降到极低。

1998~2003年以来,我国刑事犯罪率继续呈上升趋势。[①] 2004、2005、2006年我国刑事犯罪立案数分别为471.8、464.8和465.3万件,2004、2005年刑事犯罪率分别为37.2‰和35.5‰。[②] 在构建社会主义和谐社会的进程中,刑事犯罪问题依然是政府安全管理的重要方面。作为安全管理的对象,刑

---

① 郑杭生主编:《中国人民大学中国社会发展研究报告2004:走向更加安全的社会》,中国人民大学出版社2004年版,第76页。

② 刘晓梅主编:《中国构建和谐社会进程中犯罪防控研究》,天津社会科学出版社2007年版,第5页。

事犯罪可以归入社会安全一类。① 国家安全是"维护主权国家存在和保障其根本利益的各种要素的总和,它是国家生存和发展的基本前提"。② 政府管理安全意义上的国家安全,主要是指政治安全,即保证国家领土完整、主权独立和政权稳定;经济安全,即国家经济在整体上基础稳固、健康运行和持续发展,包括金融安全、粮食安全和资源安全;科技安全,即保证科学技术在生产力中的首要地位,同时防止国内外敌对势力利用高科技手段来攻击国家科学技术系统;文化安全,即"保护本国优秀的传统文化和价值观免遭异国有害文化的渗透和侵犯"。③ 2002 年 11 月 6 日,中国广东佛山发现第一起"非典"病例。④ 根据世界卫生组织 2003 年 8 月 15 日公布的统计数字,截至当年 8 月 7 日,全球累计发生"非典"病例 8422 例,病死率将近 11%。⑤ 在 2003 年 11 月 10 日举行的"清华大学 AIDS 与 SARS 国际研讨会"上,著名国情研究专家胡鞍钢表示,据亚洲开发银行(ADB)统计,因受 SARS 影响,全球在此期间经济总损失额达到 590 亿美元,其中中国内地经济的总损失额为 179 亿,占中国 GDP 的 1.3%;中国香港经济的总损失额为 120 亿美元,占香港 GDP 的 7.6%。⑥ 2008 年,"三鹿牌婴幼儿配方奶粉事件"引发社会公众对食品安全的强烈担心和质疑。针对 2003 年的"非典"和 2008 年的三鹿毒奶粉事件,公共卫生安全尤其是疫情安全和食品安全需要成为政府安全管理的重要关注领域。在信息化时代,随着网络技术的迅速发展和互联网承载的信息量的急剧增多,信息安全也成为政府安全管理在新时期的重要内容。此外,传统安全事件——自然灾害和事故灾难依然不时出现,它们的破坏性使之依旧在政府安全管理中占据了显著位置。

---

① 社会安全的其他两类为群体性事件和恐怖主义事件。参见战俊红、张晓辉:《中国公共安全管理概论》,当代中国出版社 2007 年版,目录第 2 页。

② 曹峻、杨慧、杨丽娟:《全球化与中国国家安全》,社会科学文献出版社 2008 年版,第 8 页。

③ 曹峻、杨慧、杨丽娟:《全球化与中国国家安全》,社会科学文献出版社 2008 年版,第 11 页。

④ 《中国内地抗击非典大事记》,http://news.sina.com.cn/c/2003-06-25/0308262648s.shtml。

⑤ 战俊红、张晓辉:《中国公共安全管理概论》,当代中国出版社 2007 年版,第 168 页。

⑥ 《胡鞍钢称 SARS 令中国经济损失达 179 亿美元》,http://finance.sina.com.cn/g/20031111/0750513019.shtml。

综上,安全管理的对象可以总结为生产安全、社会安全、国家安全、食品卫生安全、信息安全和灾害安全。其中,社会安全又分为群体性事件、刑事犯罪案件和恐怖主义事件。

第二节 安全管理的目标与原则

一、安全管理的目标

政府安全管理的目的是为了通过预防和救济来保证生产的安全进行或者说将生产风险与事故降到最低,保障公民的人身健康和财产安全,维护社会秩序的正常运行,保障国家独立和政权稳定,从而最终建立一个享有较高信誉度的政府,使得国家的政治、经济、文化和社会长久、有序、健康运行和进步。用政治理论的一句话来概括,就是安全管理的目标是为了最大限度地减少和降低构建和谐社会过程中的不和谐因素。

1. 减少事故,保证生产安全

以煤矿安全生产为例。煤矿安全历来是生产安全的重点部分。近几年来,随着互联网和其他媒体的发展以及政府信息公开度的提高,煤矿安全生产一度成为人们关注的热点。以 2007 年在全国发生的煤矿重大安全事故为例:5 月 5 日,山西省临汾市蒲县蒲邓煤矿重大瓦斯爆炸事故死亡 28 人,直接经济损失 1312 万元;2007 年 8 月 17 日,山东华源矿业有限公司"8·17"溃水淹井事故 172 人死亡;2007 年 12 月 5 日,山西左云县胡泉沟煤矿"9·19"重大责任事故案 3 人死亡、18 人被困井下至今下落不明,直接经济损失 1274.34 万元;2007 年 12 月 5 日,山西省临汾市洪洞县瑞之源煤业新窑煤矿特别重大瓦斯爆炸事故 105 人遇难,直接经济损失 4200 多万元。[①] 煤炭在当今人类的能源结构中依旧占据不可替代的重头地位,煤炭采挖不可能在近年内终止,也

---

① 《近几年重大煤矿事故的判决处理情况》,http://www.cworksafety.com/101808/101909/39472.html。

正因为如此,才要备加重视煤矿生产安全,建立有效的政府监督管理机制,做到既保证国家的能源需求,又以工人的生命安全为重。

2.加快反应速度,应对社会安全

社会安全问题在近年来不断以实例冲击人们的眼球,牵动人们的神经。以恐怖主义事件为例,恐怖组织"东突厥斯坦伊斯兰运动"1998 年 1 月 30 日至 2 月 18 日在喀什市制造了 23 起系列投毒案,致 4 人中毒、1 人死亡,数以千计的牧畜死亡或中毒。1998 年 5 月 23 日,在境外接受过专门训练、被派入境的该组织成员在乌鲁木齐市投放了 40 多枚化学自然纵火装置,制造了 15 起纵火案,扬言"要将乌鲁木齐变成一片火海,要造成几百万、几千万、几亿元的损失"。由于及时发现和扑灭,才未造成重大危害。①

面对全球范围内不断发生的恐怖事件,政府打击恐怖行为、降低损失的重要条件就是不断加快反应速度,做到我比敌快。

3.提高责任意识,保证食品卫生安全

和人的生命联系最密切的第一位是水,第二位就是食品。从 2008 年的三鹿毒奶粉事件以来,食品安全一度引起人们对自己日常饮食的担心甚至恐慌。其实,在此之前,诸如毒大米、地沟油、哈根达斯冰激凌在地下小作坊内生产出来等事件多见之于报端。虽然政府在近年来加大了对食品安全管理的投入,加强了力度,如在 2006 年,河北查明有害红心鸭蛋生产,扑杀了 9000 只蛋鸭;同年,北京 23 人食用"蜀国演义"饭店的"福寿螺"导致患上脑膜炎事件后,②例线虫病患者被全部治愈。但是,由于日常接触不可避免和市场经济条件下经济利益的刺激和推动,使得人们不得不担心食品是否会构成对健康的威胁乃至造成生命损害。在卫生安全上,2003 年的"非典"给经历那场疫情的人留下了深刻的印象,2009 年在世界范围内传播的甲型 H1N1 病毒再度使得人心惶惶。这些事件和局面都对政府安全管理提出了各种新的和更高标准的要

---

① 《"东突"势力制造的主要恐怖活动》,http://news. qq. com/a/20031031/000051. htm。

② [美]W. 吉帕·维斯库斯(W. KipViscusi)、约翰·M. 弗农(JohnM. Vernon)、小约瑟夫·E. 哈林顿(JosephE. Harrington,Jr.):《反垄断与管制经济学》,陈甬军等译,机械工业出版社 2004 年版,第373—378 页。

求。

4. 坚持和平崛起, 保证国家安全

和平与发展早已取代革命与战争成为时代主题, 但是这并不意味着国家安全建设可以松懈下来。作为一个崛起的大国, 小国会感觉到威胁, 其他大国会认为是挑战, 这都要求中国在保证国家安全的问题上保持谨慎、稳重的态度, 坚持和平崛起, 营造良好的外交环境, 对他国示之以好, 使他国相信中国维护世界和平、促进共同发展的态度。同时, 不放松警惕, 以高精尖的军事力量和完备细密的国家安全制度来保证和谐社会构建道路上国家的安全。

5. 提高科学技术, 维护信息安全

当今时代的两个特征, 一个是全球化, 一个是信息化。这两者都要求一国高度重视本国的信息安全。在我国, CNNIC(中国互联网络信息中心)发布的互联网统计报告称, 仅仅截止到 2005 年 4 月底, 我国的互联网用户已经突破 1 亿, 达到 10300 万。[①] 到今年 2009 年, 我国互联网的发展更是覆盖蔓延无以形容。但是, 我国并没有形成完善的信息安全规模管理, 病毒和垃圾邮件在互联网上的传播宛如炸弹一般, 黑客的恶意袭击也对网络信息的稳定性乃至机密信息的安全性不时造成损失。同时, 按照哈佛大学肯尼迪政府学院的约瑟夫·奈(JosephNye)的观点, 美国可以用软实力战略传播美国的价值观, 影响其他国家的战略议程和主题, 尤其是针对从来都被它当做假想敌的中国。在感觉不是非常明显但实际非常严峻的形式下, 政府信息安全管理的根本方法, 仍是提高科学技术。

6. 提高政府统筹和协作能力, 实现灾害安全有效管理

2008 年 5 月 12 日的四川省汶川地震特大灾难给中国人民造成了极大的人身和财产损失, 但比较 1976 年的唐山大地震, 在信息公布、人员调动和物资集中等方面都有了进步, 人民对政府的灾害救助速度、力度表示满意。这得益于中央政府的宏观统筹决策和地方政府的积极配合。但也不得不承认在面对

---

① 2005 年中国计算机网络安全应急年会:《2004 年网络安全工作报告》,2005 年 3 月 24 日至 25 日。转引自张琼、孙论强:《中国信息安全战略研究》,中国人民公安大学出版社 2007 年版,第 17 页。

灾害事故时政府管理还存在令民众不满意的漏洞,例如地震观测部门的预警能力在这次特大地震中受到了广泛的质疑。最好的灾难救助方式是预警。如何建立有效的预警方式也就成为政府需要解决的灾害安全管理的问题。

二、安全管理的原则

安全问题在当代呈现出诸多新的特点,其中又以发生领域多、影响范围广、突发性强和应对技术要求高为主。针对这些特点和上文总结的安全管理的目标,政府安全管理需要坚持的原则有:

1. 以人为本、公共利益至上原则

科学发展是后工业社会发展的正确指导思想,科学发展必须坚持以人为本,这也是科学发展的核心和最终目的。政府安全管理必须坚持这个理念。19~20世纪的美国管理学大师泰勒,在其管理思想中就非常关心人的重要性。他早年虽然同工人有过斗争,但其同情心和幽默感以及正直的品格最终为他赢得了工人的尊敬。他的管理思想就是在潜意识中把人的因素放在了重要的地位。以至于他的一位同事这样评价道:"死人若是听到他讲的话,死人也会充满了热情的。"①安全管理以人为本往往通过公共利益至上的形式表现出来,因为当把关注点集中在某个单个的具体个人身上时,往往会造成对较多他人本应获得的资源的挤占,而公共利益的维护却可以在最终效果上实现对具体个人利益的最大范围覆盖。

2. 信息公开、政策透明原则

安全管理在社会职能分工上具体落实在政府层面,但它的利害关系人和实际涉及者却是整个社会乃至普遍联系着的组织和个人。从政府方面来说,信息公开和政策透明有助于保证命令传输通畅,防止信息阻塞和政策误解,从而提高政策和具体方案的落实效率,同时提高政府的信用,拉近与民众的联系,体现出了民享政府的特点,又是民主的要求。从社会层面,信息公开和政策透明安定了民心,使得民众在安全问题中或作为非当事人可以保持对事件

---

① 郭咸纲:《西方管理思想史》(第三版),经济管理出版社2004年版,第115页。

真实性的客观把握从而做出自己的判断,以和政府安排有效地衔接和配合,从而防止混乱,降低了行政成本,同时可以提高民众对政策的反馈率,为政府改进安全问题应对方案提供依据。

3. 预防、预警原则

所有安全问题的管理,出发点都应当放在预防上。对于在人类目前的科学技术水平内可以预测和防控的安全问题,具体相关部门和个人应当最大限度地利用可利用手段,同时发挥个人的主观能动性,做好安全问题的预防工作。政府的责任应当化为具体的行动,如在疫病的多发季节,应当在宣传、发放药品和采取其他医疗措施上保证职责到位,以预防安全问题的发生造成更大的损失。还要防止已经消灭的安全问题的复发。当年毛泽东写《七律二首·送瘟神》以庆祝我国消灭血吸虫病,但是在 2005 年,"瘟神"血吸虫病在长江中下游地区卷土重来,①这不能不说有政府疏于预防的责任在其中。预警是在感觉到安全问题临近但又暂时无法做出全面、准确评价时,政府对民众的提醒义务和指导民众采取防范措施。比如在台风、海啸来临之前,做好民众躲避、财产遮护、人群疏导的工作。2004 年末印度洋大海啸给印度尼西亚等国家造成了重大的人身伤亡和财产损失,当地政府缺乏有效、全面的预警机制是产生严重后果的重要原因。

4. 快速反应原则

当代安全问题往往具有突发性的特点,具体表现为事前并没有明显的预兆,事态骤然扩大。以群体性事件为例。2008 年 6 月,在没有任何预兆的情况下,贵州省黔南布依族苗族自治州瓮安县发生的群众事件骤然演变为一起群体性事件,有记者用"打砸抢烧突发性事件"②来概括这起群体性事件(后来的专用名词);同年 3 月 14 日西藏自治区以拉萨市为主发生的藏独分子打砸抢伤人恶性事件更是突然发生,事前政府并未察觉或掌控事件的组织和预谋

---

① 《新华视点:"瘟神"血吸虫病为何卷土重来?》,http://news. xinhuanet. com/politics/2005 - 11/11/content_3764699. htm。

② 《齐鲁晚报:"瓮安事件"的深层原因值得警醒》,http://opinion. people. com. cn/GB/7467665. html。

消息;同年我国南方发生的暴风雨雪天气自然灾害尤其是其中的冻雨,是过去几十年里所未曾遭遇过的,这些突发的安全问题往往令政府突然面临考验,如果没有较快的反应速度,那么安全问题造成的人身伤害、财产损失就会在短期内形成不可估量的损失。所以,快速反应是政府在安全管理问题上必须坚持的一个重要原则。

5.依靠科学技术原则

安全问题中的一部分,在人类的现有能力面前已经可以被预防和控制,但是,比如地震的预测,到目前为止还没有很好的方法。诸多的超出目前人类科学技术水平能力范围的安全问题和一些新问题的安全管理,需要以科学技术的提高为根本解决途径。科学技术提高,可以增强政府预警能力,可以提高监管水平,可以帮助民众自己发现安全隐患,可以防御对国家的信息攻击。

第三节　安全管理的机制与职能

一、安全管理的机制

政府安全管理的管理机制由预测预警、信息搜集与方案制定、具体实施和绩效评估四个部分组成。

1.预测预警机制

中国古语云:"宜未雨而绸缪,勿临渴而掘井。"完善、全面的安全管理机制是以预测预警机制为第一步骤的。1976 年中国唐山大地震,在地震后三天《人民日报》才发布了两条有关地震的报道,而且具体灾情也没有公布出来,当时的很多人都不知道唐山地震有多严重。[①] 灾后的信息发布都如此迟缓,严重缺乏对民众知情权的满足,更勿论灾难之前的预测预警。在当时《人民日报》的两条消息中,一条是新闻,标题是《河北省唐山、丰南发生强烈地震:

---

① 谢敏:《从唐山到汶川:中国媒体对灾难报道的大转型》,《大众文艺》(理论)2008 年第 12 期。

在毛主席革命路线指引下,灾区人民正以"人定胜天"的革命精神与灾害做斗争》。[①] 可见,在当时的时代局限性下,安全管理预测预警机制的建立是没有引起重视的。但是,在今天,经历了更多的灾难和安全问题之后,预测预警机制的建立已经受到了重视,今年在世界范围内传播的甲型 H1N1 流感,在我国得到了很好的控制便是有力的佐证。

2. 信息搜集与方案制定

安全管理和处理其他事项一样,能够影响最终绩效的,很大程度上取决于信息搜集和方案制定。信息检测处理系统起到对各种影响安全问题的因素的收集、分析、识别和归类的功能,对信息的处理在决策者头脑中形成对安全问题的结构性认识,并根据信息发现解决问题的重点乃至关键所在,分清主次,理清脉络。以此为基础,决策者制定具体的应对方案。在方案出台后,根据新的信息和方案实施效果的反馈,对方案进行校正、改进和完善。信息搜集的第二个功能是迅速向大众输出,使大众对安全问题形成客观的认识,并根据这种认识做出自己能力范围内保护自己和有利社会的反应。在信息搜集的过程中需要注意的问题是,信息发布必须及时;处于领导位置的责任者如果迟报、漏报、瞒报,无论是否导致严重后果,都要进行惩处,因为无法计算部分信息缺失或者失真可能造成的损失。

3. 具体实施

安全问题的方案制定好后,只有具体实施下去才能把对安全问题的管理予以落实。具体实施涉及到资源调配、人员组织和效率监督三个方面。根据安全问题的严重程度和影响大小,资源调配由相对应的管理者负责。需要注意的是,安全管理的资源调配也要走集约化道路而不能搞成粗放的类型。因为安全管理的初衷,乃是为了保护民众的生命健康和财产安全,从经济学的角度讲,归根到底这是一种收益结算;而资源调配则是相对的成本预算。成本预算的付出应当小于实际的收益结算,不然安全管理就成了空忙一场的闹剧,机会成本过大必然挤占其他公共资源,从社会整体发展的角度出发,这是不值得

---

① 张威:《比较新闻学:方法与考证》,广州南方日报出版社 2003 年版,第 366 页。

的。人员组织涉及到志愿者的问题,在 2008 年南方冻雨灾害的救助过程中,志愿者的热情可嘉,但是其组织混乱却也在一定程度上增加了政府安全管理的难度,有些时候这些人反倒成了安全问题的新加入因素。效率监督一方面是对安全管理进程中方案预定进程的监督,一方面是对人的监督。既要保证安全管理的进程和方案预设相吻合,又要保证资源被用到安全管理问题上,防止中途流失和腐败的发生。

4. 绩效评估

对政府的绩效评估是民主社会里提高政府行政效率的重要监督促进机制。在和平年代,除了经济发展以外,最能够评价政府能力的,莫过于安全管理。就中国自身而言,在"非典"之后,越来越多的专家认同德国著名社会学家乌尔里希·贝克的风险社会观点,认为处在经济高速发展过程中的中国正迎接高风险社会的到来。根据国际经验,当人均 GDP 处于 1000~3000 美元之间时,该国容易产生分配失衡、道德失范、公众失业、社会失序等问题,即社会处于不稳定状态。[①] 中国目前正处在这样的阶段。在社会的不稳定阶段,对政府的绩效评估将会极大地影响到一国的政治稳定和社会和谐。在安全管理问题上,对政府的绩效评估要做到 4 点,即预测预警相对及时、信息准确公开、具体措施到位、腐败现象最低。做到了这 4 点,政府在民众心目中的可信度就较高,民众会因信赖政府的安全管理能力而安定生活。

二、安全管理的职能

1. 法定权限

在我国,政府安全管理的法定权限主要来自宪法、法律、法规和政策性文件。具体包括:灾害安全方面,法律、法规有《中华人民共和国气象法》(2000年)、《防洪法》(1998 年)和《防洪条例》(1991 年)、《地质灾害防治条例》(2004 年)、《破坏性地震应急条例》(1995 年)和《防震减灾法》(1998 年)、《水法》、《防沙治沙法》、《森林法》及其实施条例、《公益事业捐赠法》、《军人

---

① 浦树柔:《公共安全:一年丧生 20 万》,《瞭望新闻周刊》2004 年第 8 期。

参加抢险救灾条例》、《水库大坝安全管理条例》、《蓄滞洪区运用补偿暂行办法》、《人工影响天气管理条例》、《森林病虫害防治条例》、《自然保护区条例》、《海洋石油勘探开发环境保护管理条例》等,政策性文件有《中华人民共和国减灾规划(1998～2010年)》、《地质灾害防治工作规划纲要(2001～2015年)》、《民政部应对突发自然灾害工作规程》、《突发性气象灾害预警信号发布试行办法》等;生产安全方面,包括《宪法》、专门的安全生产法律《安全生产法》、国务院颁布的行政法规如《危险化学品安全管理条例》、国家有关部委颁发的行政法规如劳动部颁发的《企业职工工伤保险试行办法》以及地方人大、政府颁布的地方性法规如《四川省劳动安全条例》等;在卫生安全方面,有公共卫生相关法律如《传染病防治法》、相关行政法规如《艾滋病监测管理规定》、应急管理法规如2003年国务院颁布的《突发公共卫生事件应急条例》等;社会安全方面,有《宪法》与《刑法》、《集会游行示威法》(1989年)、《人民警察法》(1995年)、《治安管理处罚法》(2006年)、《信访条例》(2005年)、《公安机关处置群体性治安事件规定》等;国家安全方面,有《国家安全法》、《反分裂国家法》、《戒严法》等;①食品安全方面,有《无公害农产品管理法》(2002年)、《食品安全法》、《商检法》、《卫生检疫法》、《动植物检疫法》等;②信息安全方面,我国目前只是"制定了一些关于信息安全的管理条例,全国人大目前也正在审议关于维护网络和信息安全的决定草案,但就保护国家信息安全而言,总体上还处于立法的起步阶段"。③

2. 法定权力

政府安全管理的法定权力包括:立法的权力,包括制定各种安全问题应对法案的权力和发布安全管理政策的权力。监督的权力,这需要做到监管机构职责分明、监管机构保持相对稳定和对政府官员实施有效约束和激励——做到严格责任制和问责制。以安全生产为例,国家安全生产监督管理局的新闻

---

① 战俊红、张晓辉:《中国公共安全管理概论》,北京当代中国出版社2007年版,第41—42页、94—95页、119—120页、149—151页。

② 肖兴志、宋晶:《政府监管理论与政策》,东北财经大学出版社2006年版,第292、294页。

③ 张琼、孙论强:《中国信息安全战略研究》,中国人民公安大学出版社2007年版,第196页。

发言人曾表示:"把引咎辞职制引入安全生产事故调查处理中的做法,将长期坚持下去,并且加以法制化。"①执行的权力,安全管理的法案、具体安全事件的的应对方案需要专职的部门去落实。管理者有权按照相关法律的规定,在法律规定的权限范围内,执行安全管理法律和具体应对方案。在执行的过程中,出于维护公共利益的需要,可以征用民间的物资,比如在 1998 年我国南方遭遇特大洪灾时,国家为了防止溃坝、堵塞决口和保护沿江城市居民的生命财产安全而征用民船沉入江底作为堵塞材料就是执行权力的具体表现之一。在征用完后,国家应当对被征用者予以合理、及时、等价的补偿。管制的权力,例如在非常时期的戒严令、对涉及国家安全的秘密进行管制等。总之,以宪法和基本法律为基础,以其他相关法律、法规和政策性文件为依据的权力,都在政府安全管理可行使的权力范围之内。

3.法定义务

具体包括:信息公开的义务,除非是法律所规定的涉密信息,政府安全管理应当满足民众的知情权,做到安全管理信息公开和政策透明,以防止民众人心恐慌和对安全问题认识不明;预警和救助的义务,对安全问题,管理者需要做好预测工作,在发现可能发生安全问题的征兆时,及时发出预警,使民众做好生活上和心理上的应对准备,要防止预警信息迟滞造成额外的损伤和损失;接受监督的义务,政府的安全管理绩效如何,在具体的绩效评估体系而外,还应当接受舆论和民众的监督,在当代更主要的是接受媒体监督和网络监督,以增强民众对政府的信任感和督促政府改进自己的工作方式和工作作风;采取广泛的国际合作的义务,在全球化时代,依照乌尔里希·贝克的全球风险社会理论,安全问题不单是一国之内的问题,更容易形成为全球范围内的问题,一国不能够采取封闭或回避政策,而应当积极与国际进行交流和合作,以获取先进的管理经验、学习科学的管理方法和接受国际物资援助。

4.法定责任

具体包括:划分安全管理职能、形成安全管理机制,安全管理是一项复杂

---

① 王绍光:《煤矿安全生产监管:中国治理模式的转变》,吴敬琏:《比较》第 13 辑,第 91 页,北京中信出版社 2004 年版。

的工程,政府及其职能部门的责任之一就是明确各职能的划分,通过中央政府的统筹和各部门以及其他管理者的协调合作,形成有效的管理机制,保证管理的顺畅通行;保证信息通畅的责任,在全球化、信息化和人口爆炸的当代,安全管理的有效实现要保证信息的及时传播和反馈,只有信息的网状覆盖才能保证民心的稳定和政策的具体执行;安全事件后社会修复的责任,安全问题总会给人民的生命和财产造成不同程度的损害,事件过后管理者的重要责任就是做好社会修复工作,包括基础设施重建、民众生活安置和社会心理治疗等方面,并要做好经验教训总结,以预防和控制类似事件的再次发生;改进技术的责任,这里的技术包括具体操作上的硬技术和人的管理上的软技术,技术的不断改进是提高安全管理的可靠保证,也会在一定程度上提高政府和民众的安全管理思想和安全意识。

第四节　安全管理的依据与手段

一、安全管理的理论依据

1. 政府安全管理基于政府对风险社会的防控和管理

德国著名的社会学家乌尔里希·贝克的风险社会理论随时代的发展得到了广泛的认同和接受。贝克认为人类进入了"第二次现代化"即"反思的现代化"时代,人们的生活方式则进入了"第二现代性"即"反思的现代性"状态。这在他 1986 年出版的《风险社会》中被提到。① 在反思的现代性生活方式下,人类开始面临种种的风险。这些风险包括非传统自然灾难、政治风险、经济尤其是金融风险和科技发展的负效应所带来的风险。按照生产力的发展水平,风险社会本来应当是只存在于发达国家的。但随着自 20 世纪 80 年代开始的全球化进程,广大发展中国家和欠发达国家也被裹挟了进去,从而形成了现在

---

① 薛晓源、刘国良:《全球风险世界:现在与未来——德国著名社会学家、风险社会理论创始人乌尔里希·贝克教授访谈录》,《马克思主义与现实(双月刊)》2005 年第 1 期。

的全球风险社会。全球风险社会对政府提出了安全管理的要求。

按照马克思主义国家理论,国家具有两项职能——阶级统治和社会管理。在当代,和平与发展取代革命与战争成为时代的主题,政府的社会管理职能便凸显出来;面对全球风险社会,政府的安全管理职能更是被提到很高的位置,人民也对政府的安全管理绩效充满了预期。

政府必须对风险予以控制,这缘于人们对风险的认识存在主观性与客观性的差别,人们对生命和健康风险的主观感觉和实际的风险并不相等。"个人有时候倾向于过高地估计一些实际概率较低的风险,比如食物中毒等。相反,他们却对一些出现概率较高的风险,如癌症、心脏病、中风等往往估计过低。"当然,"有些被极力宣扬的事件也常常与风险观念相关"。[①] 因此,作为管理者的政府就要纠正人们对待安全问题的这种非理性和偏见,通过广泛搜集和获取信息并进行筛选、甄别、判断,把有效信息传递给民众,从而达到控制安全问题上的真正风险的目的。这是从人类社会面临风险和人类理性局限出发的政府安全管理的基础理论。

2. 政府安全管理的专业理论

这里只介绍具有典型意义和实际应用价值的三种理论:

(1)内部性治理理论。内部性治理理论更多的是从经济学角度出发。政府可以直接对私人交易和合约协议进行干预,例如可以要求被管理对象为了安全的目的而进行非涉密信息的公开,政府的这种干预涉及到交易行为的成本和收益之间的关系,一般情况下,两者的关系只对交易的参与者产生影响。

所谓内部性是指交易者必然要经受但在交易条款中没有说明的交易成本和效益。[②] 内部性按其作用效果可以分为正的内部性和负的内部性,前者是指交易双方在交易条款中未能充分预计到的可能带来的收益,后者则是指交易双方在交易条款中未能充分预计到的可能带来的损失,例如残次品的产生。

内部性产生的原因是交易成本。在交易合约中,无论是何种期限(即期

---

① [美]W. 吉帕·维斯库斯、约翰·M. 弗农、小约瑟夫·E. 哈林顿:《反垄断与管制经济学》,陈甫军等译,北京机械工业出版社 2004 年版,第 373—378 页。

② 肖兴志、宋晶:《政府监管理论与政策》,东北财经大学出版社 2006 年版,第 300 页。

或远期)合约,进行谈判所投入的资金、时间以及未来可能出现的不确定性都成为需要承受的风险;在交易者众多时,寻找潜在的交易对象的活动也构成一种交易成本。具体说来,造成内部性的交易成本从产生原因上来说可以分为三类:一是意外事件。意外事件是市场风险不可避免的组成因素,具体表现为各种可能的不确定性结果的成本所产生的不完全的意外性合约。对意外事件的考虑,需要交易者之间花费较多的时间和精力乃至资金来达成共识,合同执行的延缓也引起很高的监督和强迫执行合同的费用,这就构成了额外的交易成本。在我国民法中,有明确的对意外事件的补偿措施。二是败德行为。当行为不能被完全观察时,合约者就不愿按照合约要求来践行自己的行为和履行自己的承诺,从而造成了道德风险问题。三是信息不对称。这是经济学和管理学上都经常用到的一个术语。在信息不完备或者信息昂贵无法保证有效分布的情况下,政府通过许可证或者信息的生产对市场进行干预就成为必要。由于无论是在产品市场还是在劳动市场,信息不对称都是存在的,交易者搜集他人信息和公开自身信息时发生的成本,就为政府安全管理创造了需要和条件。

总之,以上三类导致了交易参与方不能完全分配交易所产生的净利益,而净利益的不完全分配就是内部性问题,内部性治理导致了政府安全管理的需要环境。

(2)公共安全学理论。这主要是针对我国目前公共安全形势的理论。公共管理学学者认为,公共安全管理是公共管理必不可少的组成部分。"作为政府管理研究领域的行政学经历了三次研究'范式'的转变,即从传统的公共行政管理(Public Administration)到新公共行政管理(New Public Administration),再到(新)公共管理学(Public Management)"。① 当代公共管理理论主要包括公共选择理论、新公共管理理论以及新公共服务理论,三种理论的着重点分别可以用"划桨"(行政管理)、"掌舵"(新公共管理)和"服务"(新公共服

① 陈振明:《从公共行政学、新公共行政学到公共管理学——西方政府管理研究领域"范式"变化》,《政治学研究》1999 年第 1 期。

务)来形容,但三者的核心主体都是政府,所探讨的问题的核心都是政府在提供公共产品与服务时与非政府部门、组织乃至民众等的关系,亦即法理上所讲的公权与私权的关系。安全问题的解决必须要有公权作为主体参与,否则无法完成调动资源、组织人力的任务,虽然这种制度在西方的民主理论那里受到了质疑,但是目前并没有更加可取的办法取而代之;同时,公众在政府的管理、指挥和指导下,通过信息的获取和实际参与,也构成了安全管理的有机组成部分,但这个部分归根到底是政府管理的必要外延。

单单把公共安全管理作为政府的职责显然是一种过时的狭隘的理论,必须认识到当代政府不仅是服务型政府,同时也必须是有限政府。① 正是政府的有限性和公共安全的公共性,决定了公共安全的职责必须是全社会甚至每个人的。这样说并不是要削弱政府在安全管理中的职责,相反,正是由于公共安全管理的社会性,才决定了扮演美国前总统西奥多·罗斯福口中"管家"角色的政府必须担当起安全管理的具体职责。

(3)安全系统理论。在认识论上,安全系统理论以安全系统作为研究对象,建立了人—物—能量—信息的安全系统要素体系,提出系统自组织的思路,确立了系统本质安全的目标。通过安全系统论、安全控制论、安全信息论、安全协同学、安全行为科学、安全环境学、安全文化建设等科学理论研究,提出在本质安全化认识论基础上全面、系统、综合地发展安全科学理论。安全系统理论还在发展和完善之中,目前已有的初步体系有安全的哲学原理、安全系统论原理、安全控制论原理、安全信息论原理、安全法学原理、安全经济学原理、安全组织学原理、安全教育学原理、安全工程技术原理等,目前还在发展中的安全理论还有安全仿真理论、安全专家系统、系统灾变理论、本质安全化理论、安全文化理论等。安全系统理论的方法与特征是:出于组织思想和本质安全化的认识,要求从系统的本质入手,要求主动、协调、综合、全面的方法论。具体表现为:从人与机器和环境的本质安全入手,人的本质安全指不但要解决人知识、技能、意识素质,还要从人的观念、伦理、情感、态度、认知、品德等人文素

---

① 李军鹏:《公共服务型政府》,北京大学出版社2004年版,第27—30页。

质入手,从而提出安全文化建设的思路;物和环境的本质安全化就是要采用先进的安全科学技术,推广自组织、自适应、自动控制与闭锁的安全技术;研究人、物、能量、信息的安全系统论、安全控制论和安全信息论等现代工业安全原理;技术项目中要遵循安全措施与技术设施同时设计、施工、投产的"三同时"原则;企业在考虑经济发展、进行机制转换和技术改造时,安全生产方面要同时规划、发展、同时实施,即所谓"三同步"的原则;还有"三点控制工程"、"定置管理"、"四全管理"、"三治工程"等超前预防型安全活动;推行安全目标管理、无隐患管理、安全经济分析、危险预知活动、事故判定技术等安全系统科学方法。

二、安全管理的手段

安全管理的手段主要包括法律手段、行政手段和信息手段。

1. 法律手段

改革开放以来,随着民主程度的提高和社会各方面的进步,我国逐渐形成了自己的一套应对各种传统或现代、长期性或突发性安全事件的方法和管理机制。2006 年初,国务院颁布了《国家突发公共事件总体应急预案》,将多年来的做法和机制以行政法的形式固定了下来。《国家预案》是中国第一部国家级公共安全应急预案,是政府安全管理手段的直接法律依据。安全管理作为政府一项古老的任务,在全球化和信息化时代又具有了自己新的特点。面对今年来频发的突发性公共安全事件,应对这些事件的立法成为建设法治国家的必然要求。《国家预案》"依据宪法和有关法律、行政法规"来制定,但它本质上当属广义的法律之列,政府管理安全问题运用法律手段便以此为直接依据。此外,宪法、专门性法律和法规,构成了政府安全管理法律手段的基础。在法治社会,法律手段是政府安全管理的根本手段,但不是效率最高的手段。当遇到危害性大、突发性强的安全事件时,行政手段往往发挥重要的作用。

2. 行政手段

行政手段的行使在平时主要是对各客体的监管。主要是监管生产者。在不对称的信息结构中,由于企业处于优势地位,消费者和雇员处于信息劣势,因此政府实行的是不对称监管,即政府主要以企业及其产品、工作场所为监管对象,强制企业承担有关责任。这包括:(1)建立企业准入制度。对于属于生产特殊产品的企业,实行许可证制度。如对食品生产企业实行卫生许可证制度,对药品生产企业实行许可证制度以及关闭不符合安全规定的煤炭生产企业等。(2)建立产品、工作场所标准制度。在我国,有关食品卫生的标准实行国家和地方两级制度,对药品生产设有药品标准和药品生产质量管理规范,《药品生产质量管理规范》是药品生产质量全面管理的准则。(3)建立产品、工作环境质量监督制度。具体指有关部门对产品和工作场所按照法律规定进行检验、鉴定、评价、必要时采取紧急控制的措施。(4)建立特种产品监管制度。其主要内容为两点:建立产品上市审批机制和实施进口产品监管制度。(5)征收伤害税或罚金或进行事后的政府管理。其优点在于技术特征效果明显,缺点是适用范围有限。(6)建立食品安全责任追究制度。责任标准有两种:过失标准和严格的责任标准。行政手段的优点还体现在应对突发性安全事件时,行政的高效率是最大限度控制损失的必要条件。

3.信息手段

这里的信息是指广义的一切能够传达安全讯息的信息。信息手段的第一个方面是信息监管。信息监管本质上是对生产者监管的一种替代,它通过影响消费者来实现安全监管的目的。160 信息监管的具体方法包括:食品包装标示监管,如危险警告;产品的自我鉴定,例如提供法律上的保证和抵押,政府或者消费团体提供公正的信息评价;广告监管,通过政府制定针对广告信息传达方式的特殊监管制度来弥补消费者缺乏识别食品质量能力的劣势;其他方法,可以参见《食品安全监管信息发布暂行管理办法》等相关法律法规。信息手段的另一个方面是技术手段管理。如上文所述,信息公开是政府安全管理的基本原则之一,也是社会和国家民主进步的要求,但是,也正因为如此,国家才要继续发展技术手段,当遇到需要进行信息管制的情形时,能够及时作出反应,防止例如涉及国家安全信息的泄漏和可能造成社会秩序混乱的信息的传播。

案例 安全管理实例

1. 食品卫生安全管理实例——三鹿毒奶粉事件与"非典"

2008 年 6 月 28 日,甘肃兰州发现首例因食用"三鹿牌婴幼儿配方奶粉"罹患肾结石病症的婴幼儿,到 9 月 11 日,案例蔓延到陕西、宁夏、湖南、湖北、山东、安徽、江西、江苏等省,患病婴幼儿数量较多。甘肃省委书记陆浩在知道"肾结石事件"后立即做了批示:"立即采取措施,及时妥善处理"。9 月 11 日,卫生部根据调查指出石家庄市三鹿集团股份有限公司生产的三鹿牌婴幼儿配方奶粉受到三聚氰胺污染。当晚,三鹿公司将受污染奶粉全部召回。9 月 13 日,党中央、国务院作出部署,立即启动国家重大食品安全事故 I 级响应。中国乳制品工业协会和中国连锁经营协会倡导营造一个干干净净的奶制品市场。中国国家质检总局 10 月 13 日下午公布的最新抽检结果显示,市场销售新生产的主要品种液态奶均符合三聚氰胺临时管理限量值规定。① 2003 年爆发的"非典"是全球众多国家和地区面临的一场疫病危机,其中中国内地是重灾区。根据世界卫生组织的统计,日内瓦时间 2002 年 11 月 1 日至 2003 年 6 月 9 日下午 2 时,席卷 30 余个国家和地区的 SARS 疫情,已经导致全球累计临床报告病例 8421 例,其中中国内地 5328 例,占 63%;全球死亡病例 784 例,其中中国内地 340 例,占 44%。2004 年 6 月 24 日,世界卫生组织(WHO)宣布解除对北京的旅游禁令,表明中国内地抗击"非典"取得胜利。

2. 社会安全实例——贵州瓮安群体性事件

2008 年 6 月 28 日,由一名少女之死引发群众聚集、游行,当天下午,人数已达到万人以上。事件后被定性为群体性事件。6 月 29 日下午 19 时,武警官兵和公安人员开始强力清场,现场人群逐渐散去,没有发生新的冲突。事件共造成瓮安县委大楼被烧毁,县政府办公大楼 104 间办公室被烧毁,县公安局办公大楼 47 间办公室、4 间门面被烧毁,刑侦大楼 14 间办公室被砸坏,县公

---

① 《"三鹿奶粉事件"始末》,http://news.cctv.com/society/20090115/107648.shtml。

安局户政中心档案资料全部被毁,另外还烧毁包括22辆警车15辆摩托车在内的54辆车辆,150余人受伤。事件处置过程中,没有人员死亡。6月30日,瓮安县城基本恢复正常秩序。①

3. 生产安全实例——南京天然气爆燃危机

2007年2月5日清晨5点30分,南京市地铁二号线施工工地汉中路某段因隧道塌陷引发天然气管道断裂爆燃,从地下蹿出的火苗引燃了路边的17层商住楼金鹏大厦。事件发生后,时任江苏省委书记李源潮、南京市委书记罗志军、市长蒋宏坤迅速电话碰头,下达全力做好现场抢险和居民生活保障的通知。南京市迅速启动了重大公共突发事件应急机制,市政公用局共出动150余人,15套大型机械设备进行抢险。到当天下午17点30分,现场排水管道恢复正常。②

4. 灾害安全实例——汶川特大地震

2008年5月12日,四川省汶川市发生新中国成立以来破坏性最强、波及范围最大的一次地震,截至2009年4月25日10时,共造成人民群众遇难69225人,受伤374640人,失踪17939人。其中四川省68712名同胞遇难,17921名同胞失踪,共有5335名学生遇难或失踪。直接经济损失达8451亿元。关于中国政府对这起重大自然灾难的应对,《纽约时报》评论"关键时刻中国政府反应迅速",美国布鲁金斯学会的一位专家称中国的领导人向世界展示出更为仁慈温和的形象,他们的努力证明了在关键时刻中国政府能够做到反应迅速、行动灵活。③

5. 信息安全与国家安全实例——新军事变革

现代高技术战争以信息化作战为尖端,具有信息优势的一方"看得到、打得到、打得准"对方,而处于信息劣势的一方则"看不到、打不到、打不准"对

---

① 《贵州瓮安事件始末公布,省委书记三次向百姓道歉》,http://news. fznews. com. cn/guonei/2008-7-6/200876DyiKxkDRut155528. shtml。

② 韩康、史美兰主编:《中国政府管理案例》,中国人民大学出版社2008年版,第221—224页。

③ 《纽约时报:关键时刻中国政府反应迅速》,http://gb. cri. cn/19224/2008/05/22/2585@2067656. htm。

方。信息化弹药作战比例在高科技战争中不断提高。海湾战争中信息化弹药只占 8%，科索沃战争占 35%，阿富汗战争占 56% 左右，伊拉克战争则达 68%以上，信息化武器装备已占其装备总量的 70% 以上。近期高技术战争的现实促使新军事变革由自发走向自觉。① 这给我国政府在信息安全与国家安全管理方面以提醒。

---

① 曹峻、杨慧、杨丽娟:《全球化与中国国家安全》,社会科学文献出版社 2008 年版,第 268 页。

第十章 危机管理

现代社会日益趋向复杂化、多元化,所蕴含危机的因素也具有纷繁莫测的特点,危机管理的难度不断扩大。作为危机管理的主要承担者,政府如果思维滞后、管理乏力,采取的措施不当,可能导致组织行为上的危机。危机的出现,本身是在社会常规机制压力下产生、并突破社会常规机制爆发出来的,组织行为危机通常会叠加在原有危机上,可能构成灾难性后果。从另一方面看,如果管理有效、应对得当,一场危机甚至会附带产生出正面的社会效应,并成为树立政府形象的某种契机。因此,政府必须采取积极的态度正视危机,运用先进的科学手段建构和完善危机管理体系,通过危机提供的锻炼机会,提高自身的治理能力,同时使整个社会走向成熟。在这一章中我们将着重阐述和讨论危机管理的概念、原则、理论基础、管理系统、策略选择、能力培养等,这对于我们全面、深入地理解和把握危机管理具有的重要意义。

第一节 危机管理概述

在现代社会中,加强危机事件处理既是关系国家安全、社会稳定、经济发展和人民生命财产安全的重大问题,也是各国政府应予以重视的课题。随着政治、经济的发展,人们对处理危机事件的有效性问题不断进行反思,越来越重视处理危机事件的理论研究,通过研究相关理论提高处理危机事件的科学性,避免盲目性,有助于迅速找到解决危机管理问题的途径和手段,有助于掌握危机管理的基本规律。

一、危机的概念及其分类

(一)危机的概念

从字源上考察,危机(Crisis)最初来源于希腊语(Krinein),是一个医学术语,指人濒临死亡,游离于生死之间的一种状态。18～19世纪逐渐被引入政治领域表明政治体制或政府面临的紧张状况。《现代汉语词典》中对危机的解释是:"危险的根由,严重困难或生死成败的紧要关头。"《袖珍牛津词典》的解释是:"危险和非常困难的时期;决定性瞬间或转折点。"许多学者从不同角度给危机下定义:(1)斯格(Seeger)认为:危机是一种能够带来高度不确定性和高度威胁的、特殊的不可预测的、非常规的事件或一系列事件。(2)罗森塔尔(Rosenthal)等人认为:危机就是对一个社会系统的基本价值和行为准则架构产生严重威胁,并且在时间压力和不确定性极高的情况下,必须对其作出关键决策的事件。(3)赫尔曼(Hermann)认为:危机就是一种情境状态,其决策主体的根本目标受到威胁,在改变决策之间可获得的反映时间很有限,其发生也出乎决策主体的意料。(4)巴顿(Barton)认为:危机是"一个会引起潜在负面影响的具有不确定性的大事件,这种事件及其后果可能对组织人员、产品、服务、资产和声誉造成巨大的损害"。(5)桑德里尔斯(Sundelius)、斯特恩(Stern)和拜楠德尔(Bynander)认为一个国家所面对的危机就是指中央决策者面对这样一种场景:重要的价值受到威胁,而且可以采取处理行动的时间十分有限,同时环境的变化具有高度的不可确定性,等等。①

我们认为,危机是指各种紧急的、突然发生的、对人员、组织和其他资源有重大损害或潜在重大损害的重大事件。主要包括以下要素:国家内部或外部环境发生剧烈而深刻的变化;②对国家体制、社会秩序、社会成员的生命财产及其整体利益、社会所遵从的基本价值观念的根本性威胁;国家有可能因此而

---

① 孙学玉:《公务员危机管理能力》,中国人事出版社2005年版,第2页。

② 通常指国家内部的政治、经济、社会、种族或民族、宗教冲突迅速升级为全面的社会混乱;或者与外国发生战争的可能性已发展至临界状态;或者地区及世界范围的战争一触即发,即将祸及本国,或者大规模灾难性事件以及自然灾害突然发生。

陷于大规模的社会动荡、暴力对抗、战争状态、生命财产与社会生产力的大规模毁灭;通常由于危机发生的意外性与爆发性,使得公共管理机构做出反应的时间有限,因此危机管理决策的选择与实施便必然具有紧迫性和非常性。

(二)危机事件类型

危机事件是一种全球性现象和灾难。从公元 79 年意大利维苏威火山喷发到 1999 年土耳其 7.4 级大地震,从 1970 年秘鲁大雪崩到 1987 年孟加拉国特大水灾,从 1952 年伦敦大烟雾到 1986 年前苏联的切尔诺贝利核电站第四号核反应堆发生化学爆炸,从 1914 年第一次世界大战到 2001 年美国"9·11"恐怖袭击,从 1918 年全球性流感到 1994 年印度鼠疫,从 1973 年非洲饥荒到 2008 年的粮食危机……危机事件无时不有,无处不在。当前,由于气候变化、地壳运动、技术落后、公共事业发展相对滞后、环境污染、贫富差距、危机管理能力不足、经济社会发展处于关键阶段、西方敌对势力干扰破坏等多种因素的影响,我国已进入突发事件高危期,各种突发事件不仅种类多、频度高而且造成的损失十分严重,成为全面建设小康社会的沉重负担。为了强化危机管理,对错综复杂的危机事件分类显得非常必要。

危机事件一般可以分为"天灾"和"人祸"。也可以分为战争、恐怖、骚乱和灾害四大类。根据突发危机事件的发生过程、性质和机理,突发危机事件可以分为以下四类:①

自然灾害类。主要包括水旱灾害、台风、暴雨、冰雹、风雪、高温、沙尘暴等气象灾害,地震、山体崩塌、滑坡、泥石流等地质灾害,风暴潮、海啸等海洋灾害,森林火灾和生物灾害等。我国自然灾害种类多、频度高、分布广、损失大。由于特有的地质构造条件和自然地理环境,我国是世界上遭受自然灾害较为严重的国家之一。

事故灾害类。主要包括工矿商贸等企业的各类安全事故、交通运输事故、公共设施和设备事故、环境污染和生态破坏事件等。

公共卫生事件类。主要包括传染病疫情、群体性不明原因疾病、食品安全

---

① 本书编写组:《应对突发事件》,新华出版社 2008 年版,第 1 页。

和职业危害、动物疫情以及其他严重影响公众健康和生命安全的事件。

社会安全类。主要包括恐怖袭击事件、经济安全事件和涉外突发事件、重大刑事案件、大规模群体性事件等。

二、危机的特点

在现代社会中,危机的发生已成为社会生活中的一种常态现象。危机事件的形成与种类很多,而且由于每一次事件的诱发原因与发生的环境不同,危机事件具有其特殊性,但从普遍性上看,危机事件具有以下几个共同特点:

(1)高频次、大规模。当今世界,几乎所有的国家都会经常性地遇到诸如地震、干旱、洪水、流行病、飞机失事、火车出轨等危机事件,其多发性的特征已引起各国政府与各种学科的关注。我国是自然灾害多发国家,重大灾害也时有发生,从公元前206年到1936年,共发生严重灾害5150次,平均每年2.4次。其中,旱灾1035次,水灾1037次,风灾、雹灾、山崩、泥石流等其他灾害3000多次。据历史灾害资料,从1900年至1949年,累计因灾死亡人数在1055万人以上,平均每年死亡超过21万人。[1] 无数次的饥荒、战争、事故、瘟疫等突发事件,给整个国家和人民带来难以计数的灾难。在未来的几十年时间中,在国内国际各种因素的共同作用下,我国危机事件的发生将呈现出更为频繁的趋势。

(2)危害性加剧。危机往往会引起社会动荡,危及社会秩序,影响组织声誉,导致社会混乱、人员伤亡、经济损失,给社会造成重大损失。事实表明:每一次自然灾害的发生,都会造成国家和人民生命财产的巨大损失,有时甚至会毁灭人类文明以及人类本身;每一次社会性危机事件的爆发,都会或多或少地影响群众的正常生活秩序,严重的还会干扰正常的工作秩序,破坏安定团结的社会局面。

(3)突发性加大。突然发生,始料不及,或者防不胜防这是突发事件重要特点。危机事件具有突然爆发、处于紧急状态的特性,由于可供选择判断的时

---

[1] 本书编写组:《应对突发事件知识读本》,新华出版社2008年版,前言第2页。

间有限,一旦放置,就有导致不均衡化、恶化甚至引起社会混乱、组织崩溃的危险,因而要求迅速实行救援策略、恢复策略等加以应对,在相当短的时间内做出选择。突发性,意味着相关职能部门在危机发生以后必须在最短的时间内做出决策,要承担决策失误可能带来的风险,这样,决策者在决策过程中要承担巨大的心理压力;同时,危机事件发生后的处理程序也必须紧张而有序。

(4)波动领域多元。危机事件在物质层面给社会造成的损失是可以注解估算的,但它对社会方方面面的影响在短期内是很难判断的。任何一个危机事件都不可能是孤立的,一方面,全球一体化的趋势和现代传媒的发展,使得一个地方的事件很快成为全球关注的热点,它有时会波及全球经济、政治的发展,社会影响面广,社会震动大。另一方面,尽管任何事物都有一个发生、发展和灭亡的过程,但它对人们的影响不会因事件的结束而结束,即使危机事件的善后处理工作很成功,它对人们心理上的影响程度也是难以预料的。

三、危机管理的概念及其基本原则

危机管理是指有关组织、国家乃至国际机构为避免或者减轻危机或者紧急事态所带来的严重威胁、重大冲击和损害,而有计划、有组织地学习、制定和实施一系列管理措施和应急策略,包括危机的准备、危机的运作、危机的解决与危机解决后的复兴等不断学习和适应的动态过程。[①] 目的是通过提高公共管理机构对突发事件发生的预见能力和突发事件发生后的处理能力,及时、有效地处理危机,恢复社会稳定,恢复公众对公共组织的信任。需要强调的是,公共危机管理强调的是一种活动,是一种动作是一种行为。谁来采取这个行为,是公共管理机构,这里的公共管理机构既包括政府,又不限于政府,可能是企业,可能是社会团体,可能是公民组织,都会参与危机处理,应对突发事件。公共危机管理中政府不是唯一主体。

危机管理的原则是公共危机管理的重要理论依据。由于危机事件的性质、起因各异,处理具体危机事件所采取的技术、制定的策略、应用的手段也就

① 杨建顺:《论危机管理中的权力配置与责任机制》,《法学家》2003 年第 4 期。

各不相同。但任何公共组织在处理各类危机事件时,都需要遵循一些共同的原则:

1.以人为本、依法管理。在危机管理中,要树立"以人为本"理念,就是要切实履行政府的社会管理和公共服务职能,把保障公众健康和生命财产安全作为首要任务,最大程度地减少突发事件及其造成的人员伤亡和危害。同时要依法管理,就是要依据有关法律和行政法规,加强应急管理,维护公众的合法权益,使应对突发事件的工作规范化、制度化、法制化。

2.居安思危,主动化解。从发生学的角度说,危机事件是可以进行预测的。危机管理之功夫,不在处理,而在于预防,防患于未然。并非说危机不可预防。事实上,几乎所有的危机都是可以通过预防来化解的。我们要高度重视公共安全工作,常抓不懈,防患于未然。增强忧患意识,坚持预防与应急相结合,常态与非常态相结合,做好应对突发事件的各项准备工作。危机是对一个个体的判断能力、决策能力、诊断能力以及领导能力的真实考验。① 任何消极的不当的举措都有可能导致危机蔓延、事态恶化。

3.快速反应,协同应对。危机事件的特点是一旦爆发即会造成较严重的后果,而且大多具有多米诺骨牌效应,往往一个原本性质单一的、局部的危机会导致一连串恶劣的局面发生,甚至带来大规模的社会动荡。因此,危机的处理贵在快速,把危机遏止在潜伏或刚刚萌发阶段。快速反应,协同应对,就是要加强以属地管理为主的应急处置队伍建设,建立联动协调制度,充分动员和发挥乡镇、社区、企事业单位、社会团体和志愿者队伍的作用,依靠公众力量,形成统一指挥、反应灵敏、功能齐全、协调有序、运转高效的应急管理机制。

4.统一领导,分级负责。在管理体制上,要实行统一领导,分级负责制度。就是在中央、国务院的统一领导下,建立健全分类管理、分级负责、条块结合、属地管理为主的应急管理体制,在各级党委领导下,实行行政领导责任制,充分发挥专业应急指挥机构的作用。在危机处理中,必须由管理中心统一控制,

---

① [英]伊丽莎白·切尔:《企业家精神:全球化、创新与发展》,赵琛徽译,中信出版社 2004 年版,第 145 页。

在统一的指挥调度平台上,将治安、消防、急救等联动单位统一在一套完整的智能化信息处理与通讯方案之中。① 从而加强危机管理系统内部各部门之间的协调一致,实现应对危机的有效、迅捷管理。此外在面对社会舆论时只由系统专门部门的发言人对外阐述情况,做到宣传解释统一,防止信息失真和误传,以减少谣言,遏止事态扩张。

5. 依靠科技,提高素质。就是要加强公共安全科学研究和技术开发,采用先进的监测、预测、预警、预防和应急处置技术及设施,充分发挥专家队伍和专业人员的作用。在危机发生的初期相关专家的参与指导显得非常关键,需要听取外部专家站在不同的角度客观地判断事态发展。危机处理中技术咨询需要有关领域的技术专家,而危机管理决策咨询则需要跨学科的专家群体,实现管理科学、自然科学、社会科学、相关专业和管理实践经验多方面的知识互补与整合。提高应对突发事件的科技水平和指挥能力,避免发生次生、衍生事件;加强宣传和培训教育工作,提高公众自救、互救和应对各类突发事件的综合素质。

6. 因时制宜,把握全局。危机总是动荡不定的,充满不可预测因素和突变性因素,包括不良的人为因素,随时可能使既定的管理方案出现疏漏甚至彻底无效。要保证危机管理的有效,就需要处理方法具有一定的弹性,而且注重管理危机管理系统内外环境之间的相互关系。另一方面,当危机发生时,局部利益要服从组织全局的利益。危机可能由局部产生,但危机的影响则是全局性的,因此在危机处理中要有全局观,要懂得从全局的角度考虑问题,局部利益要服从组织全局的利益。

危机控制和管理是各级政府共同面对的一种极为复杂的难题,政府在应对危机的实践过程中,必须坚持上述原则,以应对瞬息万变的复杂局面。

---

① 谭善勇主编:《城市管理概论》,经济科学出版社 2003 年版,第 128 页。

第二节 危机管理理论基础

各种危机的日益增多,发生频率的不断加快,给国家、社会带来的危害日益增大,对政府管理也提出了严峻的挑战。政府作为国家政权机关和公共事务管理者,如何处理好社会危机事件将直接关系到政府在公民心目中的权威地位和良好形象,直接影响着政治稳定和经济发展,进而关系到国家政权的生死存亡。这些问题已经成为政府官员和理论工作者研究的热点,许多学者就危机管理问题提出了一系列的理论设想,为危机事件的有效解决奠定了理论基础。

一、危机管理要素理论

把握危机管理要素,对于公务员实施有效的危机管理起着至关重要的作用。关于危机管理的要素界定有许多说法,有的从时间序列上进行分析,涉及到危机预警、识别危机、隔离危机、管理危机、危机后处理要素;有的从组织行为角度分折,涉及到危机中政府效能、媒体作用、应用网络和法律原则等要素;也有从决策角度进行分折的。在众多的危机管理要素分折法中,有两种是值得称道的模型,分别是罗伯特·希斯的危机管理四要素理论和伊恩·I.米特若夫、格斯·阿纳戈诺斯的最佳行为模型(五要素)说。

1.危机管理四要素理论

罗伯特·希斯认为危机管理中存在着四个关键要素:组织结构与组织文化、技术管理、策略管理、决策手段。①

要素一:组织结构与组织文化。这一要素涉及到管理与组织结构、组织结构与文化要素、组织惯性,罗伯特·希勒认为组织要素既能促进对危机情境的快速反应,也可以起梗塞作用。首先,由于组织规模、文化、经验和准备的不同,不同的组织对危机情境的反应亦不相同。一些诸如警察、消防队的专业反

---

① [澳]罗伯特·希斯:《危机管理》,王成等译,中信出版社2001年版,第241页。

应组织能很准地应付小型的危机事件,但是一旦大型灾祸发生,这些专业组织反应活动将不再有条不紊。因此,应存在常规反应组织和紧急反应组织。其次,民族文化因素有时会加大危机管理的难度。第三是组织惯性,随着组织规模的扩大,组织变得越来越缺乏信息沟通和决策能力。

要素二:技术管理。技术管理可以通过适当的事前准备工作缩减组织惯性、反应迟缓以及危机规模。首先,技术管理可以看作是一个包含环境审视、风险评估、备择计划、资源配置以及恰当的员工发展计划的整个过程,这些因素相互影响并相互作用。一个组织的危机阻力和弹性,能够决定危机是否发生和危机发生后的应急程度。

要素三:策略管理。罗伯特·希勒认为策略管理主要有两个层面。高层管理者和中层及基层管理者,高层管理者通常只制定总体策略,中层及基层管理者通常围绕总体策略制定更多的专门策略,并将其转化为具体战术行动。在进行恰当的战术管理以实施总体策略目标时,高层管理者应提供资源与后勤支持。

要素四:决策手段。危机管理者有两种决策模式——危机事前决策和危机事中决策。在危机事前决策要多方参与,危机事中决策应尽可能成为最好的。危机事前决策有8个步骤:确认决策面临的问题;确认决策标准或事实决定评估标准、方式、权重;设计备择方案;分析备择方案;选择一个备择方案;执行备择方案;评估决策过程以及决策结果的影响。而在危机事中决策,要避免浪费时间,以便有更多的时间制定决策,作出评估和选择,并形成令人接受的决定。

2.危机管理的最佳行为模型

危机管理最佳行为模型是美国南加州大学伊恩·I.米特若夫教授和全面危机管理咨询公司阿纳戈诺斯副主席提出的。他们通过对大量的不同范围的危机进行研究,发现存在着处理危机的总体框架。当然并不是说,在最佳的方法或框架下,可以防止全部危机,而是可以通过适当的预先计划和准备,减少重大危机的持续时间和破坏程度。

最佳行为模型由五个要素组成,它们分别是类型/风险、机制、系统、风险承担者和危机管理方案,该模型的主要目的在于为所有组织制定一个衡量目前组织业绩的基础。①

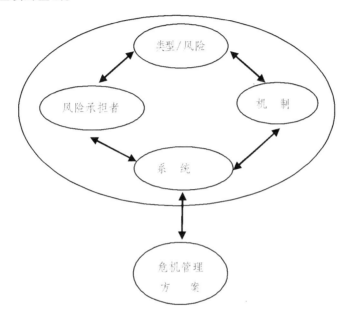

危机管理最佳行为模式构成

　　要素一:重大危机的类型和风险。研究证明,危机可以从总体上被划分为不同的大类,可以分别从经济、信息、物质、人力资源、声誉、行为和自然灾害等方面进行分类。每一个大类中,同种类的特定危机相似度较高,而不同种类的主要风险之间则相差很大。该研究还揭示了最佳组织总是为重大危机做好计划。

　　要素二:机制。危机管理研究的另一个发现,是在重大危机事前、事中、事后的计划和控制过程中,应设置恰当的危机管理机制。在这个要素中,应关注系统化的危机管理;建构具有人力保证的危害控制机制,并保持其有效地运

　　① [美]伊恩.I.米特若夫、格斯·阿纳戈诺斯:《危机!!! 防范与对策》,燕清联合传媒管理译,电子工业出版社2004年版,第25—37页。

行;重新设计组织的系统结构,以减少未来危机的危害性。

要素三:系统。任何复杂的危机管理都呈"洋葱图"状态,由表及里依次表述为技术、组织结构、人力因素、组织文化和高层管理心理。首先,技术是模型的最外层,所有的组织都拥有复杂的技术,技术是组织最显见的部分,但是技术的运用受到人和运用技术组织的影响。其次,为了理解组织内层和不同系统之间的作用,必须了解组织的运行,需要详细检查支配组织行为的政策和程序,组织最深层次的构成部分是组织文化和高层管理者心理,他们共同构成了组织管理绩效的最重要因素。最后,组织运用系统的多种防范机制可以增强危机管理能力。

要素四:风险承担者。风险承担者是指应对各种风险,互相协作,制定和执行危机管理计划,参加组织能力提升训练的组织内外的群体。这里既包括内部员工,也包括外部的同一城市的、同一社区的、同一国家的,甚至是国际间合作的人们(如红十字会、军队、消防队等)。风险承担者的关键因素是培养组织应对危机的能力。

要素五:危机管理方案。危机管理方案是对前面四个因素的"一体化组合"。通过危机管理方案可以构想危机将会如何地影响组织的运行。危机管理方案不仅包括对大部分理所当然、设计精巧、运行正常的系统崩溃的假定。危机管理方案还应该包括危机的连锁反应。事实上,完善的危机管理方案应是应对所有意料之外的危机发生和如何发生的计划。

二、危机管理周期理论

危机的复发循环使得危机能形成"爆发—修复—再爆发"的周期规律,而危机管理从开始到结束,也大致形成一个生命周期,形成"预防—筹备—应对—修复"的循环。从研究方法角度分析,这是一种整体分析方法,从这个角度出发,需要强化预防和筹备环节。从社会分工角度看,当形成危机管理循环后,预防和筹备工作可以纳入社会发展部分,社会也可重新进入良性发展轨道。①

对于危机管理的周期阶段界定,很多的组织和学者提出自己的看法,如减缓(Mitigation)、预防(Preparation)、反应(Response)和恢复(Recovery)四个阶段说②。澳大利亚学者罗伯特·希斯提出了危机管理的 4R 模型:减少(Reduction)、预备(Readiness)、反应(Response)、恢复(Recovery)③。可以说,界定危机管理的主要视角就是结合危机发生的过程而进行的。在众多的危机管理的阶段管理分析方法中,我们着重介绍美国联邦安全管理委员会四阶段模式、芬克的四阶段生命周期模型和米特若夫的五阶段模型。

1. 美国联邦紧急事故管理局的四阶段模式。④ 作为危机管理体制的权威组织,美国的联邦紧急事故管理局提出了四个阶段,一是缓和,采用各种措施减低危机对生命和财产的伤害;二是准备,做好各种应付危机发生的预防工作;三是反应,在执行时应致力抢救生命和财产;四是复原,做好稳定和重建工作,维持各系统的正常运行。事实上,美国的联邦紧急事故管理局提出的模式只是一个总的原则和三个大阶段,即一个总原则(缓和或降低危难对生命及财产的伤害)和三个阶段(准备、反应和复原)。

2. 芬克的四阶段生命周期模型。芬克⑤(Fink)的四阶段生命周期模型最早出现他的文集 *Crisis Manage ment:Planning for the Inetivable* 之中,一直到 20 世纪 90 年代才得到完整地阐述。芬克用医学术语形象地对危机的生命周期进行了描述:第一阶段是征兆期,有线索显示有潜在的危机可能发生;第二阶段是发作期,具有伤害性的事件发生并引发危机;第三阶段是延续期,危机的

---

① 唐钧:《公共危机管理:国际趋势与前沿动态》,《公共行政》2004 年第 2 期。

② 薛澜、张强、钟开斌:《危机管理——转型期中国面临的挑战》,清华大学出版社 2003 年版,第 45 页。

③ 中国社会科学院公共政策研究中心、香港城市大学亚洲管治中心:《中国公共政策分析》,中国社会科学出版社 2004 年版,第 246 页。

④ [美]B. E. Gilliland. R. K. James:《危机干预策略》,肖水源译,中国轻工业出版社 2000 年版,第 25、28 页。

⑤ 薛澜、张强、钟开斌:《危机管理——转型期中国面临的挑战》,清华大学出版社 2003 年版,第 45、46—47 页。

影响持续,同时也是努力清除危机的过程;第四阶段是痊愈期,危机事件已经完全解决。芬克认为一个好的危机管理者不能仅仅局限于设计危机管理计划,而要积极地识别并防范可能由此引发的事件。危机开始于一个导火索,然后会发生长期的影响,相应的危机管理也不是简单的一次性行为。

3.米特若夫的五阶段模型。[①] 危机管理专家米特若夫(Mitroff)将危机管理分为五个阶段:(1)信号侦测——识别新的危机发生的警示信号并采取预防措施;(2)探测和预防——组织成员搜寻已知的危机风险因素并尽力减少潜在损害;(3)控制损害——危机发生阶段,组织成员努力使其不影响组织运作的其他部分或外部环境;(4)恢复阶段——尽可能快地让组织运转正常;(5)学习阶段——组织成员回顾和审视所采取的危机管理措施,并加以整理,使其成为今后的运作基础。该模型更重视如何控制危机的影响,强调通过危机管理促进组织从危机冲击中恢复。该模型将最后阶段的学习期和痊愈期看成是恢复的继续,经过评估和自我审视,还开展对利益相关者进行沟通、追踪和监控有关消息的发布等工作,形成了一个循环。

三、危机干预模式理论

危机干预模式是由贝尔金等人从心理学角度提出的危机干预理论。[②] 该理论认为危机干预存在三种基本模式,它们分别是平衡模式、认知模式和心理社会转变模式。这三种模式为不同性质、不同环境下的危机干预策略和方法提供了理论基础。引导我们从心理、社会和环境三个范畴来寻找危机干预策略。

平衡模式(equilibriummodel)又称为平衡或失衡模式。这一模式将平衡看成是公众或个体的情绪状态。在这种状态下,社会成员情绪是稳定的,受到控制的,心理活动是灵活的。而危机中的人尤其是处于危机初期的人,常常处

---

① [美]B. E. Gilliland. R. K. James:《危机干预策略》,肖水源译,中国轻工业出版社2000年版,第25页。

② [美]B. E. Gilliland. R. K. James:《危机干预策略》,肖水源译,中国轻工业出版社2000年版,第28页。

于一种心理或情绪失衡状态,在失衡状态下,原有的应付机制和解决问题的方法不能满足他们的需要,而平衡模式的目的在于帮助人们重新获得危机前的平衡状态。平衡模式最适用于人们危机的早期干预,因为这一时期人们失去了对自己的控制,分不清解决问题的方向,不能作出适当的、正确的、有效的选择。

认知模式(cognitivemodel)认为危机植根于对事件和围绕事件的境遇的错误思维,而不是事件本身或与事件和境遇相关的事实。认知模式运用的基本原则主要是通过改变人的思维方式,尤其是通过认识其认知中的非理性和自我否定部分,通过获得理性和强化思维中的理性和自强的成份,使人们获得对自己生活中危机的控制。认知模式最适合于危机稳定下来并回到了接近危机前平衡状态的求助者。

心理社会转变模式(psychosocialtransitionmodel)认为人是遗传和环境交互作用的产物,危机是由心理、社会或环境因素引起的,因为人总是不断变化、发展和成长的,人们所处的社会环境也在无时不刻地发生变化。心理社会转变模式不认为危机是一种单纯的内部状态,还涉及到个人以外的环境,涉及到宗教、社区等几个外部维度。

折中的危机干预模式①是由 B. E. Gilliland. R. K. James 在归纳已有危机干预模式基础上提出的一种新的危机干预理论。它从所有危机干预的方法中,有意识地、系统地选择和整合各种有效的策略来帮助求助者。折中的危机干预模式是各种方法的混合应用,它是一种从任务指向来实施操作的模式。它的主要任务有:第一,确定所有系统中有效的成分并将其整合为一致的整体,使之适合于需要阐释的行为资料;第二,根据对时间和地点的最大限度的了解,考虑所有相关的理论、标准和方法以评价和操作资料;第三,不确定任何特别的理论,保持一种开放的形态,对已得到的成功方法和策略进行总结和实验。折中理论可以融合为两个普遍的主题:第一,所有的人和所有的危机都是

---

① [美]B. E. Gilliland. R. K. James:《危机干预策略》,肖水源译,中国轻工业出版社2000年版,第25、28 页。

独特的;第二,所有的人和所有的危机都是类似的。第一个主题是指各种危机事件都有其独特性,需要采取各种不同的干预策略;第二个主题则是指在各种特殊的危机类型中都存在着一致的成分,为我们提供了进行危机干预的一般原则。值得注意的是,作者提出个人感觉和对境遇认知同样重要。在很多情况下,选择更有效的干预策略是基于感觉,而不是更科学的推断,虽然根据感觉作判断不是很科学的,但是有时却可以作为行动的基础。

四、危机控制理论

控制理论既是科学技术高度分化、高度综合的结果,又是社会实践发展到一定阶段的产物。控制理论的形成和产生对社会生产和发展产生了深远影响。在公共危机管理中,控制是危机管理的基本职能。它是指危机管理人员为建立一个集危机预、防、抗、救、建于一体,信息畅通、反应迅速、指挥有力、责任明确、依法运行、成本低廉的危机管理体制和机制而采取的管理活动。

1.危机控制条件

危机控制是危机管理者有目的主动行为,它需具备相应的条件。条件一:完备的危机控制系统。控制系统是实施危机控制的重要手段,没有控制系统就没有危机控制。公共危机管理的控制系统是危机管理的组织机构、控制目标、控制标准、监测检查、信息转化、找出偏差、进行纠正等完整控制结构,它可以确保危机管理的有效地实施。条件二:变化的可能性。危机控制的目的是为了改变危机的状态,但存在多种变化的可能性。由于多种变化的可能性存在,才使危机控制的实施成为可能。条件三:危机控制手段的可选择性。控制条件和人的能力对危机控制效果有着较大的影响,应当有多种危机控制手段和结果可供选择。危机控制如果没有可选择性,就谈不上控制。因此,危机管理目标和实施措施一方面要有可能性,另一方面要有可选择的余地。

2.危机控制方法

危机控制方法是实施控制的手段和措施。危机控制方法是否得当,直接影响危机控制的力度和效果。危机管理的控制手段可以在行动开始之前、进行之中或结果之后进行。分别称为危机前馈控制、同期控制和反馈控制。

（1）危机前馈控制。前馈控制是最理想的控制类型,因为它能避免预期出现的问题。之所以称为前馈控制是因为它发生在实际工作开始之前,它是未来导向的。这就是不等扰动影响到输出量时,只要这种扰动是可以测量的,就先把它预先测量出来,通过一定的前馈装置送到系统中进行调节,尽可能在系统发生偏差之前,根据预测的信息采取相应措施。因此,监测、预警、预控、预防是危机前馈控制的重要内容。

（2）危机同期控制。同期控制是发生在活动进行中的控制。在危机发生之中予以控制,危机管理者可以在发生重大损失之前及时纠正问题,这里强调的是实时危机信息控制,要求危机管理者在发生问题时马上进行纠正,这虽然在出现危机与管理者作出反应之间有一段延迟时间,但这种延迟是非常小的。同期控制原理要求管理者在管理中首先要开发实时信息系统,以各种手段来取得实时数据;其次,要将实时危机信息看成是危机管理人员在管理中取得危机同期控制的手段。

（3）危机反馈控制。所谓反馈,就是将输出回输到原系统中去,以保持系统的稳定。与前馈控制、同期控制相比,危机反馈控制为危机管理者提供了真实信息,了解到标准与现实之间的偏差,为纠正偏差提供了较为准确数据,但有的受控制装置的惯性或滞后现象比较严重,外界的扰动不能立刻奏效,而只能在过一段时间之后才能明显地影响到输出的变化。反馈控制的主要缺点在于:管理者获得信息时损失已经造成了,这与亡羊补牢类似。

五、危机公关理论

危机公关理论是公共关系理论的重要组成部分,有其特定的内容及其产生、发展的客观规律。危机公关已成为公共组织处理危机事件的重要手段。在千变万化、错综复杂的环境中,公共组织及其公务员往往会因关系处理不当而与周围环境发生冲突,或由于各种意想不到的突发事件而使公共组织处于危难之中。危机的发生对于公共组织十分不利,对危机事件处理不当,轻者会影响到组织形象,重者甚至会影响到组织的生存和发展。因此,危机公关是各级组织应给予高度关注的课题。

对于政府来说,危机公关至少有如下职能。(1)采集危机信息。就危机公关活动的周期所言,一般以采集信息开始,包括政府整体形象信息、政府运行状态及环境变化趋势信息。(2)沟通协调。沟通是政府公共关系的重要前提,政府应善于运用公共关系手段,通过沟通、协调,理顺与企业、大众传播媒介、社会团体、社区、和公民之间的关系,为政府管理创造有利的社会环境。①(3)争取支持。任何政府都希望得到人民的支持,处在危机状态下更希望人民支持国家的危机管理制度和政策。政府危机公关的重要职能在于通过各种方式让人民了解国家的政策、法令、目标和国家的现状,这是政府争取民众支持、化解危机的基本前提。(4)咨询建议。就是政府危机公关人员为危机决策提供可靠信息、建议并参与决策。由于政府危机公关人员特殊的工作性质,在他们的咨询建议中,会更多地倾听人民群众呼声,反映人民的意愿,考虑人民群众的利益要求,努力实现人民的利益。(5)传播交往。传播,是指危机公关人员根据危机的实际情况,确定传播目标,选择适当时机和方式,把有关信息及时、真实地传送给公众。因此,开展危机公关,争取公众的了解、信任、支持与合作,有利于及时化解危机、树立政府的良好形象。

六、冲突管理理论

冲突管理是危机管理的重要内容,冲突管理理论产生于 20 世纪 60 年代后期,由于全球局势、政治体制、经济发展、科技水平、社会价值乃至全民意识的变化,社会冲突问题越来越多地表现在全球、国际、区域、城市、社区、组织、群体的各个层面,对人类的生存与发展产生了重大的影响。而这些冲突问题也越来越多地受到理论工作者的高度关注。

1.冲突的诱因

英国学者拉尔夫·达伦多夫认为权力和权威是某种稀有资源,而社会各种成员会因为这些资源的分配陷入永无止境的斗争。② 任何社会总是处于冲

① 赵浦根:《公共关系教程》,中共中央党校出版社 2001 年版,第 281 页;张玉波:《危机管理智囊》,机械工业出版社 2003 年版,第 21—24 页。

② 张耋福:《现代社会学教程》,高等教育出版社 2001 年版,第 52—53 页。

突的状态中,某些人的利益和另一些人的利益总是对抗着的。权力和权威必须引起竞争、社会冲突、社会变迁,所以权力和权威成了解释人类一切事务的关节点。

美国学者刘易斯·A.科塞认为压力、强制、限制和冲突是不可避免的。社会冲突的主要起因是由于人们对分配不均所表示的失望,这是冲突的潜在心理因素,冲突是外观行为。科塞的辩证冲突论认为,社会结构分为开放与僵化两类,开放结构比较灵活,允许冲突,虽然冲突不断,但性质不严重,不致引起危机。反之僵化结构则会形成严重危机。科塞提出,一个社会应具备及时排泄敌对情绪的安全阀体制,需要时可以排泄敌对情绪。科塞站在冲突对社会整体功能上进行分析,并进而提出,一个系统中各个单位间差别越大且功能相应依赖性越强,则冲突有可能更频繁,但强度与激烈程度较低;冲突越频繁,其程度与激励程度越低,则在一个系统中冲突越有可能增强系统单位的革新精神与创造力,缓解系统各单位之间彼此的敌意,促进冲突关系的规范控制,增强对现实性争端的意识,增强社会单位联合体的数量,因此系统内部的社会整合水平和其适应外部环境的能力将越高。①

美国的兰德尔·柯林斯则认为冲突的主要根源是人们想竭力左右或支配他人的主观定义,以便在个人之间的际遇中最大限度地增加自己的优势;经济、权力、声望是决定人们在社会分层结构中位置的三要素,而人们的经济、权力和声望是不平等的;现代社会中暴力或强制造成的威胁是冲突的潜在因素。

美国诸多学者还从不同研究角度提出导致冲突的其他原因包括:程序冲突、资料或资讯冲突、价值判断冲突、利益冲突、关系冲突和情绪冲突等,其中利益是激发人们动机的东西,它是在吵杂中宁静的动力。他们同时认为利益是主观的,也是客观。它不但与我们个人欲望有关,也与我们的角色与地位有关。利益冲突中经常是实际上的议题,它包括实行与政策上的议题、角色、需求以及资源的应用;情感包括生气、愤恨、害怕、拒绝、焦虑与丧失;价值是最

---

① 李经中:《政府危机管理》,中国城市出版社 2003 年版,第 19 页;汪明生:《冲突管理》,九洲出版社 2001 年版,第 4—5、8 页。

难解决的部分,因为价值是无形的。它代表了管理人们行为根深蒂固的是非观念。①

2.冲突管理的主要内容

由于社会冲突的存在,影响着政治、经济、科技的改变,同时也在不同程度地分化和瓦解着传统的、旧有的风俗、道德和规范。冲突也成为造成社会系统内部改变的因素,或者整个社会系统的改变或危机。冲突管理是公共部门危机管理的重要内容。其内容主要包括利用问题解决方式来达成双方可接受的协议;减少破坏性的影响避免不必要的冲突事件;界定冲突实质争议的内容以取得实际具体的解决对策;冲突管理者采用解决方法等等。面对冲突,应以系统的、科学的方式方法消除障碍,以减少可能的或者是不必的损失和危机而缓解危机,实现有利于冲突双方的结果。

学者 Gareth Morgan 提出,危机管理者面对冲突,至少有五种模式可供选择:回避、妥协、竞争、迎合、合作。② 不同模式有不同表现。回避表现为思考问题,以缓慢程序来平息冲突,以寡言来避免冲突。妥协则表现为谈判,寻求交易,寻找满意或可接受的方案。竞争表现为产生赢或输的情境、敌对竞争、利用权威以达到目的。迎合表现为服从、让步、顺服或屈从。合作则表现为一种解决问题的态势,寻找双赢局面,视问题与冲突为一种挑战等等。

也有学者提出,面对冲突也可采取以下应对之策:(1)说服。说服是在个人或小团体目标引发冲突情况下,通过晓之以理、动之以情和诉之以利害关系的办法,使个人或团体放弃己见和既定目标,转而以组织目标和利益为主,既化解冲突又维护了组织团结。(2)协商。冲突双方单独或在第三方主持下进行面对面的商谈,包括谈判,寻求双方可以接受的解决方案。协商的结果常表现为协议或默契。(3)仲裁。在冲突争执不下条件下,有时也可以通过享有法定权力或享有公认影响力的人和机关来进行裁决。当冲突表现为行政纠纷时,其仲裁主体除了上级行政机关外,还可以通过法院予以裁定。(4)权威。

---

① 汪明生:《冲突管理》,九洲出版社 2001 年版,第4—5、8 页。
② 张国庆:《现代公共政策导论》,北京大学出版社 1997 年版,第 181—182 页。

在说服无效、协商不成、仲裁不服时,还可以通过上级主管行使行政权力以强迫解决。(5)等待拖延。在许多情况下,由于双方都不去寻找解决问题的方法,可采用此法,目的在于防止冲突的进一步扩大,并通过拖延,以待新的时机和条件,当然这要根据实际情况而定。(6)平衡。即各打五十板或给予肯定,从而避免造成输赢局面,此法只是暂时维持局面。(7)妥协。在冲突所涉及的利益对双方都是至关重要条件下,妥协则十分重要。妥协是解决冲突的常用方法。除此,还有增加沟通、团体成员轮换、教育、转移目标、和平共处等其他方法[①],应视具体情况而定。

第三节 危机管理系统及其模型设计

危机事件的突发性和裂变性决定了危机管理必须将速度和反应效率置于优先地位。因此,在危机事件处理中必须遵循"迅速反应、积极回应、坦诚相待、化害为益"的基本原则,[②]积极构建危机管理系统。

一、危机管理系统及其特点

危机管理是一个由相互联系、相互作用的诸多要素组成的有机整体,是一个具有自身特点并相对独立的管理系统。在这里,我们运用处理系统问题的现代管理技术——系统工程的方法对它的概貌进行大致的描述和分析。所谓系统工程,是以系统整体为对象,综合应用系统观点、方法和现代科学技术手段,按一定操作程序,实现系统最优化的组织管理的工程技术。[③]

从系统工程的处理角度来考察,危机管理系统包括如下基本特点:(1)整体性。危机管理系统由诸如灾害研究、气象监测、警报、交通、医疗等若干子系统组成,其中又包括人力、科技、资金、基本设施、工具、场所等等相互区别却又

---

① 张国庆:《现代公共政策导论》,北京大学出版社 1997 年版,第 181—182 页。

② [日]岩岛久夫:《危机管理的理论与实际——学习美国 FEMA》,《都市问题研究》第 47 卷第 7号,1995 年 7 月。

③ 申喜连:《现代管理策略》,中央民族大学出版社 2000 年第 1 版,第 204 页。

紧密相关的要素。不同层次的子系统有特定的功能和自身的指标,但它们绝不孤立,都服从于管理危机这个共同目标。(2)目的性。从某种程度上说,危机管理系统是一个人工与自然的合成系统。危机管理系统自存在起即被赋予了特定职能,必须完成相应的使命——在最大限度上消减和消除危机,从而满足人类对于自身所在环境和社会稳定的需要。(3)综合性。危机管理系统作为一种现代化管理的方法或技术,它使用诸如系统预测、系统分析、系统决策、系统信息、系统模型、系统优化、系统模拟、系统控制等系统工程技术,融合各方面知识,其核心是如何以较少的代价完成指定任务,取得系统的最优经济效果以及与外部环境保持最佳适应状态。(4)科学性。现代危机管理系统不仅需要运用社会科学的逻辑推理等手段,为危机的研究和处理提供思想原则方面的定性技术,同时需要能对系统进行精确描述、设计的定量技术和方法。系统工程的基本手段正是把系统原理、方法与现代科学技术相结合,既应用系统基本理论,对系统、要素、环境进行全面分析研究,以求得整体优化,又能以精确的数学语言描绘系统内各要素的变化规律和相互关系,以数学工具演算出实现系统目标的最优方案。

二、危机管理系统处理程序的模型设计

危机管理系统具体处理程序的展开可以用以下一个三维矩阵来模拟。参照美国学者霍尔概括的著名的系统工程三维空间结构(时间维、逻辑维和知识维),[①]在危机管理系统模型里,它们具体表现为危机划分的一般阶段、系统处理的步骤和涉及的知识范围。

我们以时间维为基本准轴,从它出发来分析危机管理的不同阶段和相应采取的一般对策,以及所涉及到的系统方法和技术:

(1)减缓阶段(Mitigation)。在危机管理的系统工程里,这是一个对危机概念做出定量和定性化的规定、对危机管理的可能性进行分析的初始阶段。危机可分为自然危机与社会危机两大类,但不论哪一类危机,都同样经历了在

---

① 申喜连:《现代管理策略》,中央民族大学出版社 2000 年版,第 215 页。

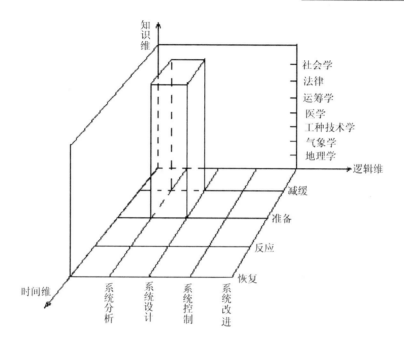

一定质的基础上、从量的积累到发生质的变化的过程,因此我们可以使用科学的分析方法对其进行研究。定量法可使我们弄清其中的数量关系,找到危机发生变化的质的界限,最后再进行对危机性质的定性分析。只有当我们既认识了事物的质,又把握了与质相关的量,才能对事物的发展变化有较全面的深刻认识,把握其发展变化规律,在实践中对危机的管理做出正确的指导。这一阶段危机管理的目标就是,通过对危机质和量的界定,以及对管理危机可能性的分析,找到对策和采取措施,尽量避免、减少危机的发生,或减轻危机发生时的危害。

(2)准备阶段(Preparation)。在这一阶段,我们必须在系统分析的基础上进行系统设计,对危机管理系统进行概貌和功能的描述,制定具体的危机管理计划。首先是危机管理系统的结构设计。结构设计中通常需要建立数据模型,借用系统模型的试验比较方法,来确定系统要素在系统各层次的最佳比例和排列方式,找到最优设计方案。其次是危机管理系统的功能设计。系统功能的发挥是一个动态的过程,某种与危机相关的能量或信息被监测系统所察觉并吸纳,由输入端口进入系统,然后通过系统内部强大的处理和转换,或是产生量的衰减,或是发生质的变化,最后以新的物质、能量或信息输出,直至彻底溶入系统外的环境。具体功能设计时常采用系统模拟并结合实际环境和条件的方法,进行假设检验,故障演示,和训练系统人员等,来达到最优设计。①

以下是美国某市政府的应急计划目录:②

案例　美国某市政府的应急计划目录

1. 引言

2. 介绍

3. 权限认证

4. 计划接受证书

5. 计划文本接受者名单

6. 文本改动记录

7. 概念定义

8. 附录

9. 应急计划的目的

10. 授权

11. 紧急状况和环境的识别

12. 应急运作的概念定义

13. 责任归属

13.1 通讯与预警系统

13.2 应急管理中心

13.3 紧急情况的分布

13.4 保护性行动

13.5 对居民的保护

13.6 资源保护

13.7 财政管理

13.8 执法

13.9 消防、抢救、紧急医护

13.10 损失程度评估

13.11 公共卫生环境和死亡人员的处理

13.12 志愿人员的组织

13.13 家庭宠物的安置

14. 应急反应的运作

15. 指挥与管理

16. 政府的延续性

17. 互助条约

18. 本计划的修改和修改程序

19. 法定区域的划分(地图)

20. 恐怖活动威胁的预警系统

21. 紧急和灾难状况的宣布程序

① 何晓明、刘金辉:《现代管理理论与方法》,中国科学出版社1992年版,第179页。
② [美]吴量福:《美国地方政府管理中的应急系统及其运作》,《政治学研究》2004年第1期。

（3）反应阶段（Response）。实际上危机管理系统在完成系统设计研制后，即投入运行，而不是通常人们认为的以危机的爆发作为起点。但在前两个阶段，系统从事的是只是预防和减免危机的准备工作，一旦危机发生，系统工程进入了实施阶段，工作的重心立即发生变化，系统控制成为这一阶段的突出任务。系统控制的基本方法主要有多级递阶控制和多层控制。在较复杂的系统内，往往结合这两种方法，把系统分解为若干各级递升的层次，系统底层直接作用于被控对象。进入系统的信息通过辨别后，系统底层对之进行自组织和自适应；处理过的信息上升至较高的控制层、级，再由它们进行辨识与估计，做出系统决策。

（4）恢复阶段（Recovery）。这一阶段危机已经过去，危机管理系统的重要任务是处理好系统与所处社会环境的关系，尽快地消除危机影响，使社会恢复常态；同时在系统内部开展系统评估与改进工作。系统的恢复工作在两个层面上同时展开。一是在社会生活方面，危机管理系统应当充分发挥修复职能，快速恢复生活必需的基础设施和装置（如电力、煤气、自来水、通信、交通等），使人们的生活尽快恢复到平常状态。如果需要，还应组织一些救济、心理指导工作等等。二是对于系统自身的主要组织者与管理者——政府，恢复工作涉及到某些权力的调整问题。危机管理过程中设立的临时机构，应该随着危机管理目标的实现而终止；危机管理过程中调整、拆分或者合并的机构，则应该进行全面的、综合的分析，切实地根据需要作出是否复原的决定。恢复工作对于政府实现从危机管理到常态管理的过渡显得非常重要，并使危机管理系统与所处的社会环境协调而统一。

第四节 公共危机管理的策略选择

公共危机管理是公共管理机构，通过建立必要的危机应对机制，采取一系列必要措施防范、化解危机、恢复社会秩序，保障人们正常生产和生活的活动。

公共管理机构在危机管理中的策略选择尤其重要。①

一、健全危机管理体制

危机管理体制是应急体系的机构设置、职责分工、相互关系和作用方式。从主要发达国家情况看,现代危机管理体制具有分工明确、统一指挥、相互协作等特征。预案关键在于贯彻落实。各级政府一定要在各级党委领导下,实行行政领导责任制,健全应急管理组织体系,完善应急管理法律、法规,构建全社会共同参与的应急管理工作格局;要进一步增强责任感、使命感和忧患意识,把预防和处置突发事件作为政府工作的一项重要职责列入重要议事日程,不断增强贯彻落实总体预案的自觉性和坚定性。各地区、各部门要按照党中央、国务院的部署,加强领导,统筹规划,狠抓落实,充分发挥应急预案在预防和处置突发事件中的重要作用,并在实践中不断补充和完善各类应急预案。在处理危机事件过程中,各级政府要形成一种分工协作、相互配合的关系,在同一层面上形成统一指挥、相互行动的关系。

健全危机管理体制主要包括以下方面:一是完善行政领导责任制。在各级党委的统一领导、统一组织、统一指挥下,各级政府行政领导亲自安排部署处置突发性公共事件,并进行检查督促和承担领导责任的制度。二是组建危急组织系统。要在组织设计时,确保组织内信息通道畅通无阻;确保组织内信息得到及时的反馈;确保组织内各个部门和人员责任清晰、权利明确;确保组织内有危机反应机构和专门的授权。做到信息通畅,责权清晰。三是完善应急管理法律、法规。法律法规对紧急状态下政府管理权限、应急处置措施和程序、政府责任、公民权利和义务等方面都有明确界定,为政府实施应急处置提供法律依据,同时起到限制滥用行政权力的作用。2007 年 8 月 30 日《中华人民共和国突发事件应对法》的出台,标志着我国应急管理法律法规得到了进一步完善,在充分肯定成绩的同时,我们也清醒地认识到,与经济社会快速发

---

① 本部分主要依据《中华人民共和国突发事件应对法》,同时参考孙学玉主编的《公务员危机管理能力》和新华出版社出版的《应对突发事件知识读本》等文献资料,在此表示谢意,并在参考书中列出。

展的客观要求相比,我国应急管理法律制度建设还存在差距。四是构建全社会共同参与局面。要坚持政府主导、社会参与、坚持联防联控、群防群控,积极调动社会各方面的资源,共同应对处置公共危机。

二、重构危机管理运行机制

构建健全的危机管理运行机制是政府应急管理工作的重要内容,也是提升政府应急管理能力的重要环节。危机管理主要包括以下三大机制:

1.强化监测与预警机制。通过设立危机类别和等级风险提示的预警机制是危机管理的重要内容。突发事件的早发现、早报告、早预警,是及时做好应急准备、有效处置突发事件、减少人员伤亡和财产损失的前提。监测与预警机制不够健全,是导致突发事件发生后处置不够及时、人员财产损失比较重的重要原因。监测机制包括:突发事件的信息综合系统;突发事件的信息收集渠道;突发事件的信息报告程序;突发事件的信息分析;突发事件的信息监测制度等等。

2.完善信息发布机制。《中华人民共和国突发事件应对法》规定,履行统一领导职责或者组织处置突发事件的人民政府,应当按照有关规定统一、准确、及时发布有关突发事件事态发展和应急处置工作的信息。在具体实践中,就要求政府及其部门在事件发生的第一时间通过多种方式和渠道,向社会发布简要信息,随后发布初步核实的情况、政府应对措施和公众防范措施,并根据事件处置情况做好后续发布工作。信息发布应及时、准确、客观、全面,要引导舆论导向,及时澄清谣言流传,安定民心,为彻底解决群体性事件创造良好的外部环境。

3.规范应急处置机制。政府要建立统一指挥、分工协作、应急联动、快速反应机制,通过与民间组织、工商企业、社区组织、专业技术人员乃至国际组织签订协议形成的广泛参与和协作机制。依法及时采取有力措施控制事态发展,开展应急救援工作,组织营救和救治受伤人员,防止事态扩大和次生、衍生事件的发生,避免其发展为特别严重的事件,努力减轻和消除其对人民生命财产造成的损害。

三、建立危机管理预案体系

危机属于非常态事件，应对危机所需要的强协作、社会参与、特殊的政策和技术支持、强制性措施和专门性的行动等都属于非常态管理，不能只依靠现有的常规与制度来支持。因此必须建立健全危机管理预案体系，这是危机管理的首要任务。其目的就是在事前对可能发生的潜在危机，预先研究讨论，并制定出应变的行动准则，使危机管理预案在危机管理中发挥作用。

危机管理预案是突发事件应对的原则性方案，它提供突发事件处置的基本规则，是突发事件应急响应的操作指南。编制危机管理预案的目的是为了提高政府保障公共安全和处置突发事件的能力，最大程度地预防和减少突发事件及其造成的损害，保障公众的生命财产安全，维护国家安全和社会稳定，促进经济社会全面、协调、可持续发展。危机管理预案的基本作用体现在：一是通过对危机的前瞻性研究，提高管理者把握信息和理解信息的能力，从而减少危机决策的时间和决策压力；二是减轻管理者的心理紧张感，增强处理危机的信心；三是合理配置资源，保证危机处理时所需资源的及时、充分供给；四是规范危机处理行为，使之更加科学、合理、有序、高效，避免危机处理时的盲目性、随意性和顾此失彼的现象。

根据国家总体应急预案的规定，突发事件应急预案体系由六大类应急预案构成：突发事件总体应急预案；突发事件专项应急预案，根据总体应急预案对突发事件的分类，专项应急预案也分为四类，即自然灾害专项预案、事故灾难专项预案、公共卫生专项预案、社会安全专项预案；突发事件部门应急预案；突发事件企事业单位应急预案；重大活动应急预案。预案内容包括总则、应急指挥体系及职责、预防预警机制、应急响应、善后工作、应急保障、监督管理、附件等方面。

四、完善危机管理保障体系

危机预防重在资源准备即保障系统建立。组织的资源准备当然分为人力资源和财力资源两个部分，但其中最为关键乃是人力资源准备。应急管理保障体系不健全,是我国当前存在的突出问题。这就客观上要求我们加强领导、深化改革,不断推动我国应急管理保障体系的完善,以便为有效应对各种突发事件提供强有力的人力、物力、财力、交通运输、医疗卫生、通信等各项保障。

公共管理组织在危机管理中要完善以下六大保障:一是人力资源保障。处理危机事件,关键在人,而不在物或其他。而这种人力资源的准备既要有组织内部的人力资源也要充分利用社会上的人力资源即外部人力资源。经过组织、培训和有序化管理的人力资源才会在突发事件和危机的防范和处理过程中发挥积极的作用。二是财力保障。处置突发事件和危机必须有充足的财力保障。应从以下几个方面做好突发事件和危机的财力保障工作,以使突发事件和危机的处置能够获得充足的财力保障:修改预算法,提高预备费比例的上限;依法行政,严格执行国家有关的法律规定;财政部门要严格按规定和程序管理使用相关资金;加强对财政应急保障资金和捐助资金的监管;积极引导社会捐助资金,拓宽捐助渠道。三是物资保障。如何保障及时和有效地供给充足并进行合理的分配是突发事件处理和危机防范能够有效展开的关键。四是基本生活和医疗卫生保障。核心是要把实现和维护最广大群众的根本利益,作为检验一切处置突发事件和危机工作成效的最高标准和根本尺度。五是公共设施、通信、交通和科技保障。六是人员防护和治安维护。在处置突发事件和危机的时候,必须考虑危机对象和危机处置者的安全,尽最大可能挽救和保护每一个人的生命,维护社会稳定,确保事发地有一个良好的社会治安环境。

五、加强公共危机事件防范

危机管理之功夫,不在处理,而在于预防,正所谓防患于未然。虽然说任何组织都可能遇到危机,但是这并非说危机不可预防。而事实上,几乎所有的危机都是可以通过预防来化解的。一般说来,组织的危机事件的发生多半与组织自身的行为错失有关,或是因为违反法令;或是因为不解民情;或是因为管理失当;或是因为服务缺陷所致。当然,其中偶然也有因政府行政过失,或媒介妄言轻信而起,但多数还是根在组织,责在自身。正因为如此,组织才能通过预防措施,减少甚至杜绝危机事件的发生。

组织的任何行为都是通过人的行为来实现的,对组织成员进行危机管理教育和培训就显得十分重要。加强公共危机事件防范,一是要采取积极有效措施,加强应急管理培训和心理培训,培养危机管理意识;二是要普查和监控风险隐患,组织专门力量,动员各种社会积极力量,加强对影响社会稳定因素的普查,全面掌握本行政区域内各类风险隐患情况;三是加强对重点隐患的监管力度,加强信息报告和预警工作;四是落实安全防范措施,建设高素质的应急救援队伍,有效开展应急预案演练工作,建立高效的应急指挥体系,构建各个系统之间的应急联动机制,加强各类应急资源管理。这些都是加强对突发事件的防范的根本途径,也是最大程度预防和减少突发事件发生及其造成的损害的重要方法。

六、做好危机事件善后工作

危机管理的最后一个课题乃是在危机处理完毕之后,根据组织从危机处理过程中总结出来的经验和教训,进行管理活动的改进。组织对其管理活动进行的改进,主要是根据在危机处理过程中发现的问题和总结的经验来进行的。其主要内容是对危机管理中存在的问题进行解决和对组织积累的经验进行推广,如有的组织发现其组织内部信息沟通不畅是危机事件发生的根本原因,则其要进行的改进包括重新设计组织的组织结构,强化组织内部的信息沟通渠道和反馈渠道,从而避免因信息沟通不畅而再次引发危机事件;如有的组织发现是其基层成员素质低下而引发的危机事件,则改进必须包括对基层成员的考核和培训,甚至进行必要的更新;如有的组织发现是指导思想引发了危机事件,则必须改变其指导思想,以免重蹈覆辙等等。

危机事件的善后工作主要包括以下内容:一是开展评估和总结。通过对在突发事件和危机处理过程中的一系列工作情况进行收集、整理,并进行统计分析,将其和组织形象、公众的认可及社会利益结合起来,通过统计和换算,寻求工作中成功的经验和失败的教训。二是落实责任和奖惩制度.。在对突发事件和危机的处理过程中同样要强调问责,要明确各个部门和各个人的责任,只有这样才能保证对危机处理的有效性,才能起到奖优罚劣、鼓励先进的作用。三是抚恤和补偿到位。在突发事件和危机的善后处理过程中,为了稳定民心,减轻灾害对社会和民众带来的损失,增强群众生产自救的能力和信心,各级政府应对群众因灾造成的损失分情况给予合理的抚恤和补偿。这些补偿必须落实到位,不能打"白条"。四是全面实施恢复和重建机制。突发事件的威胁和危害基本得到控制和消除后,应当及时组织开展事后恢复和重建工作,以减轻突发事件造成的损失和影响,尽快恢复生产、生活、工作和社会秩序,妥善解决处置突发事件过程中引发的矛盾和纠纷。

七、构建危机管理能力系统

随着我国社会不断步入"风险社会",危机事件的高频发生已成为一个不争的社会事实,因此,政府管理面临着前所未有的严峻挑战。为了将我国政府建设成为一个服务型的、负责任的政府,除了建立一个信息畅通、反应快捷、指挥有力、责任明确、依法运转、成本低廉的危机管理体制和机制,更为重要的是要提高公共管理者在危机状态下快速、有效地处理事件的能力,以保障社会秩序的正常运转和全体公众的切身利益。因此,构建党委、政府、基层、公共管理者和社会大众的危机管理能力系统非常必要。能力系统要素中主要包括科学预测能力、信息收集能力、危机分析能力、系统决策能力、有效沟通能力、多边协调能力和信用实现等能力等。

1.科学预测能力。危机事件尽管具有突发性、难以预料和无章 可循等特点,但并不意味着人们就不能对其进行科学的预测。因为,只要人们能够对危机事件进行科学的分类,并准确把握危机事件的发生机制和生命周期,至少从发生学的角度说,危机事件是可以进行预测的,而问题的关键是如何提高管理者的科学预测能力。这就要求我们树立危机意识,未雨绸缪,对各类危机事件进行中、长期的预测分析,通过模拟危机情势,不断完善危机发生的预警与监控系统,力争从根本上防止危机事件的形成和爆发,或将其及早制止于萌芽状态。

2.信息收集能力。信息是决策的基础,也是危机管理的重要资源。"巧妇难为无米之炊",能否及时地收集准确、全面的信息,并将众多信息整合成为有效的、系统的信息资源,从而有利于危机事件的处理,直接影响危机管理的效率和系统决策的质量。因此,提高公共管理者信息收集能力是进行有效危机管理的必然要求。一般来说,公共管理者信息收集能力包括信息调查能力、信息识别能力、信息整合能力等。

3.危机分析能力。危机事件来势汹汹、无章可循,具有一定的模糊性和相当的危害性,如果任由其发展甚至泛滥,无疑会对社会秩序的稳定和社会公众的利益造成根本性的影响。因此,可以说,危机分析是危机处理和危机解决的前提,危机分析能力是危机管理能力系统的重要组成部分。公共管理者危机分析能力一般包括危机原因分析能力、危机性质分析能力、危机过程分析能力和危机影响分析能力等。

4.系统决策能力。危机决策属于非常规性的风险决策,它是由危机事件的突然性和时效性决定的。因此,公共管理者已不可能如同常规决策一般,按部就班、循规蹈矩,在遵循程序进行科学论证的基础上选择最优化的方案,但危机决策并不意味着故意违反常规的决策程序或决策环节。实际上,危机决策作为决策的一种类型,同样要建立在理性思维的基础上,同样要依照相关的步骤来进行。在危机管理中,公共管理者要提高危机决策能力,至少应注意如下几个相关的步骤:当机立断,控制事态;注重实效,标本兼治;打破常规,敢冒风险;循序渐进,力求稳妥。

5.有效沟通能力。危机事件决不会囿于一隅,一旦发生,它便成为社会性的公共事件,对社会公众产生或大或小的影响。如何确保公众的知情权,并与公众进行有效的沟通,是公共管理者处理危机事件时无法回避的问题。实际上,从某种意义上说,危机事件的处理过程就是公共管理者与社会公众进行有效沟通的过程。在危机处理过程中,管理者有效沟通能力的提升涉及如下几个方面的因素:对社会公众的观念更新,提高民众对政府的信任;对新闻媒体的观念更新,增强与媒体交往的本领,从而达到危机管理的目的;将与社会公众、新闻媒体的交往本身作为处理危机事件的一个核心环节,在公开、透明、信任、坦诚的基础上,提升有效沟通的能力,力争赢得社会公众的广泛支持。

6.多边协调能力。危机事件的处理绝非某一国家公务员、某一政府部门、某一地域所能为,实际上,危机处理需要多方资源的整合和多方力量的配合。因此,在危机处理过程中,公共管理者必须不断地提升多边协调能力。一般来说,公共管理者危机管理多边协调能力包括与部门内部危机管理小组人员的协调能力、与其他政府部门协调的能力、与社会公众和新闻媒体的协调能力、与危机管理顾问和咨询公司的协调能力等。

7. 信用实现能力。危机事件处理的过程既是衡量国家行政能力强弱的过程,同时也是考量其信用实现能力高低的过程。作为危机事件的直接处理者,公共管理者既要以全局利益为着眼点,从维护大局和社会稳定的目的出发来实施危机管理;同时也要具备化害为利的能力,从危机事件的灾害中寻求机遇、扭转危局,维护和重塑政府的形象。公共管理者在危机管理中要提升其信用实现能力,应注意如下问题:树立以人民利益为本的观念;相信群众,让其享有充分的知情权;充分依靠群众,力争得到群众的广泛支持。

总之,处理危机事件需要公共管理者能够从保障社会稳定和维护公众利益的角度出发,在把握危机事件发展周期的基础上,充分调动已有的组织资源和相关的社会资源,强化危机处理能力系统的建构,为化害为利,实现建立诚信政府的目标尽其应有的职责。

案例 太湖蓝藻爆发与治理[①]

引言

“太湖美呀,太湖美,美就美在太湖水。水上有白帆哪,水下有红菱哪,水边芦苇青,水底鱼虾肥……”一首《太湖美》曾经唱遍大江南北,唤起了多少人对太湖的神往。

改革开放以来,伴随着国民经济取得的重大成就,环境污染特别是水污染

---

① 该案例节选自凌宁等:《公共管理案例研究:原理、教学、应用》,江苏人民出版社2009年版,第224页。

也日益加剧,这不仅严重地制约了国民经济的持续发展,而且引发了众多的社会经济环境问题,给社会和谐与稳定构成极大威胁。

2007年5月29日,当一场突如其来的饮水危机降临的时候,无锡,这个太湖之滨的"太湖明珠"、"苏南模式"的代表,在与污染斗争近九年之后,一夜之间又站到了治污的起点。而作为罪魁祸首的蓝藻也触动了我国经济发展和环境保护的敏感神经。

一、蓝藻爆发

2007年5月28日上午江苏省无锡市有居民反映"自来水有异味",5月29日开始,城区的大批市民家中自来水水质突然发生变化,并伴有难闻的气味,无法正常饮用,市民纷纷抢购纯净水和面包。30日下午6时左右,新华网记者走访了无锡市城区的大润发、家乐福等几家超市,发现各种瓶装、桶装的纯净水已被抢购一空。超市工作人员介绍,29日上午开始出现市民抢购,到晚上货源就发生紧缺。一些小商店的纯净水也是一瓶难求,少数经营户还趁机提高了价格,原本6元一桶的纯净水被卖到了10元,有的地方散装水居然被炒到50元一桶。记者在现场还看到,不少市民开始大量购买其他品种的饮料,也有不少市民开始排队买面包,他们担心用变质水做饭影响健康。

各方监测数据显示:今年入夏以来,无锡市区域内的太湖出现50年以来最低水位,加上天气连续高温少雨,太湖水富营养化较重,诸多因素导致蓝藻提前暴发,影响了自来水水源地水质。

面对这突如其来的蓝藻引发的水危机,无锡市居民平静的生活一下子被打乱了,他们迅速做出反应——疯狂抢购纯净水、饮料,解决最迫切的饮水问题。由于水中带有很强烈的恶臭,很多人几天不能洗澡,有的无法忍受就回乡下老家洗澡。家住无锡市区的刘平说:"孩子洗完澡后,哇哇大哭直喊身上有怪味,没有办法只好用了一瓶花露水。"与此同时,无锡市警方在工作中发现有人利用手机短信散布谣言,称"太湖水致癌物超标200倍",引起一些市民恐慌。警方立即组织警力调查走访,很快查明散布此谣言的是家住无锡沁园新村的丁某。据丁某交代,自5月31日晚起他陆续向130余人散布了上述内容的手机短信,并导致了更大范围扩散。6月6日无锡警方依照《中华人民共和国治安管理处罚法》第二十五条的规定依法对丁某作出行政拘留10天的决定。无锡市有关部门的多次监测结果显示,水中没有所谓的致癌物质,无锡市也及时向公众披露了这一监测结果。

5月30日,无锡市物价局即发出《保持桶(瓶)装饮用水价格基本稳定的政策提醒函》,规定哄抬物价最高可罚30万元。

二、连锁反应

蓝藻造成的太湖水污染事件除了直接给无锡市民带来严重的用水危机外,还产生了一系列的连锁反应。

"30日上午我们接到无锡厂的消息,随后就决定暂停无锡厂的生产。"上海申美饮料有限公司公关经理陈晓峰告诉《第一财经日报》记者。申美饮料是可口可乐旗下的灌装厂。陈晓峰告诉记者,除了暂停当地工厂的生产外,可口可乐在无锡的现调机也停止出售即饮饮料。"我们下午召开了紧急会议,最早,今天(30日)晚上就从上海地区往无锡运水。随后我们会从苏州、上海的工厂陆续运水以填补无锡厂停止生产所造成的供应缺口。"

无锡水产研究所一位张姓工作人员表示,内地大闸蟹出口主要是太湖大闸蟹,如果蓝藻大面积爆发,势必波及大闸蟹养殖,大闸蟹会因为缺氧而大面积窒息死亡,导致产量下降,前年苏州就发生100多亩大闸蟹缺氧而亡的情况。据悉,有些蓝藻种类还会产生一些毒素,对鱼类等水生动物以及人、畜均有很大危害。香港中大生物专家指出,蓝藻毒素极可能令大闸蟹亦含有毒素,因而危害市民健康。

在刚刚结束的无锡五月份板块行情播报的报道中,无锡滨湖板块的楼盘因国内外一线品牌地产商的加盟而如日中天。华润新鸿基的太湖国际社区高调亮相,王小丫助阵嘉年华,港湾示范区临湖而立,好不气派!可是欢喜还没有过,生态优势的牌还没有尽数使出的时候,滨湖板块的楼盘却将要面临一场生态的浩劫。无锡太湖蓝藻大规模爆发,太湖水质开始恶化,"滨湖、临水、生态、惬意的风、世界级滨湖生态居住区",一系列自豪的字眼霎时抹上了萧瑟的色彩,地产商们引以为豪的滨湖生态优势大厦开始倒塌,谁还敢对业主保证:"凭湖而立,阵阵惬意的风从湖面吹来呢?"许多滨湖板块的楼盘大受此次蓝藻事件影响,一向热闹的滨湖区域的售楼处开始冷清,开发商开始头疼,因为这样的事件已不在其能力范围之内了。

无锡旅游行业应对太湖水危机专题会议于6月14日召开,无锡市旅游局表示蓝藻事件发生后,无锡市旅游业遭受了前所未有的打击。不少旅游景点近期的客源数量都下降了近50%,尤其是靠近太湖附近的景点,其中"受灾"比较严重的是知名的景点——无锡太湖鼋头渚,而其他景区,比如三国水浒影视基地等近日也只有少量游客,营收惨淡。无锡旅游近期接待量和创汇在去年同期基准上下降了40%~50%。为了应对危机,无锡市旅游局和当地政府正计划打造一个"再唱太湖美"旅游业振兴计划。旅行社方面认为,旅游局积极研究对策的态度是正确的,但旅游业是一个极具脆弱性的产业,一旦发生天灾人祸,游客内心的阴影很难一时散去,所以即便无锡市旅游局积极推广振兴计划,估计要恢复游客信心还需时日。

江苏是个化工大省,该省太湖周边即苏南地区化工企业众多,据不完全统计有7600多家,这些企业多为化工企业。多年来,这里一直是石油化工产品的重要消费市场,其生产状况、市场行情的跌宕起伏,牵动着石化企业。太湖蓝藻事件发生之后,江苏省大力整治化工企业,使其原料需求量萎缩,对一系列石化产品的行情产生了不小的影响。6月份,华东市场上一些石化产品价格都有不同程度的下跌。

三、紧急应对

2007年5月29日太湖蓝藻爆发,无锡市紧急启动应急预案,围绕调活水系、提升水质、确保供水三大关键环节,多管齐下,全力确保饮用水安全。当日晚,江苏省政府召开紧急会议,部署解决太湖蓝藻的措施。

5月30日,江苏省水利厅和太湖局领导一行察看了无锡市太湖蓝藻爆发情况,详细了解了无锡水源地的水质状况。

5月30日晚9时许,梅梁湖泵站正式启动调水。市委书记杨卫泽、副市长黄继鹏、吴建选到梅梁湖泵站调水现场察看调水情况并就下一步工作进行了部署。

5月31日,杨卫泽书记、毛小平市长召集无锡市政公用、环保、水利、卫生、防疫等部门主要负责人现场察看调水现场,并就目前太湖水质恶化问题进行紧急磋商。

5月31日,时任江苏省委书记李源潮在副省长黄莉新、仇和的陪同下专程到无锡实地了解情况,与无锡市党政领导杨卫泽、毛小平一起,现场检查了太湖供水源、自来水供水厂和高校食堂的水质情况以及超市供水柜台的市场供应情况,并召开现场办公会,强调要以对人民负责的态度,齐心协力,全力以赴,确保无锡的饮水安全和清洁用水,确保人民群众的健康和正常生活,确保社会秩序特别是学校教学的稳定。

5月31日,环保总局副局长张力军率多名中国工程院院士紧急赶赴无锡,调查事件进展。

6月2日,无锡市政府专项督查组一行来到梅梁湖泵站了解调水工作,随后查看了引江济太情况。

6月2日,省政府在无锡市召开太湖流域水污染防治暨太湖蓝藻治理工作会议,赵克志常务副省长出席会议并讲话。

6月3~4日,梁保华省长率有关部门负责人赴无锡、常州调研太湖流域水污染综合防治情况,部署太湖地区安全供水和长效治理工作。

6月3日早上,省委常委、常务副省长赵克志与省委常委、无锡市委书记杨卫泽,市长毛小平,副市长黄继鹏及省水利厅厅长吕振霖检查了梅梁湖泵站调水情况。

6月3日晚无锡市委市政府召开太湖蓝藻应急指挥部成员会议,部署重点工作。

6月4日,梁保华省长率副省长赵克志、黄莉新、仇和及省发改委、环保、水利、建设等部门负责人就太湖水污染综合治理展开调研。

6月6日,无锡市长毛小平、副市长黄继鹏再次乘船察看贡湖水质,对水质、岸线、港口、水闸作了全面研究分析。

6月8日,黄莉新副省长召集召开太湖水污染应急处置工作会议。

6月8日至9日,国家发改委副主任杜鹰一行专程来锡视察太湖水环境,在无锡主持召开太湖引江济太第二条线路、污水处理工程和饮用水源地、工业电源治理等情况座谈会。并就未来的太湖治理工作与省、市有关部门交换了意见。

6月14日下午,省太湖地区联防会议在宜兴召开。太湖联防指挥部指挥、省水利厅副厅长陆桂华出席会议并作重要讲话。

6月15日上午,水利部原副部长翟浩辉携澳大利亚水处理专家抵锡,与无锡市有关部门专家共同探讨了水处理有关问题。

6月15日下午,南京军区副司令林炳尧在省军区副司令刘华建,省水利厅厅长吕振霖、副厅长陶长生到无锡检查防汛工作。

6月17日上午,水利部陈雷部长主持召开电视电话会议,就防范蓝藻大规模暴发提出五点工作意见。

6月17日下午,黄莉新副省长再次携有关人员和专家到无锡,现场踏勘水源地,并就蓝藻治理问题展开会商,进一步研究工作措施。

6月18日,时任省委书记李源潮到无锡深入考察太湖治理和蓝藻控制情况,和专家学者共商治太方案。他强调,当前要从应急处置和综合治理两个方面,积极治理蓝藻,控制蓝藻危害,从长治久安的角度保证沿湖城市的供水质量,保证长三角地区人民的用水安全。

6月24日,市委书记杨卫泽对防汛工作和水环境治理工作进行检查,对水利部门前阶段在应急处置方面所作的工作予以了肯定,并指出,要切实加强水利工程建设,实行科学调度和管理,确保防洪安全和水环境安全。

6月29日,中共中央政治局常委、国务院总理温家宝到江苏无锡对太湖污染及治理情况进行调查研究。当日他一下飞机就前往滨湖区码头,乘船到无锡自来水厂取水口检查湖水有无异味,并于当晚到无锡景丽东苑社区看望群众,在居民家中喝白开水,检查自来水质量。

6月30日上午,温总理在无锡主持召开了太湖、巢湖、滇池治理工作座谈会,并作重要讲话,他指出,要把治理"三湖"作为国家工程摆在更加突出、更加紧迫、更加重要的位置,科学规划、加强领导、明确责任,坚持高标准,严要求,坚定信心,坚持不懈地把"三湖"治理好。

7月13日上午,无锡市毛小平市长到水利局现场办公。重点围绕水环境改善、水利工程建设及管理、防汛工作等议题进行了磋商。

7月19日上午,黄莉新副省长在查看了太湖水质,检查了蓝藻打捞现场。

7月28日至29日,水利部副部长矫勇率领由相关司(局)领导及专家组成的调研组到无锡,就太湖流域水环境综合治理工程展开调研。

7月31日,水利部太湖流域水环境综合治理第二、第三调研组同时抵锡,分别就水生态修复与保护、水资源综合管理体制与机制课题展开调研。

8月1日,中国国际工程咨询公司调研考察组到无锡,就太湖流域水环境治理工作展开考察调研。时任省委书记李源潮,省长梁保华,副省长赵克志、黄莉新及无锡市领导杨卫泽、毛小平等出席座谈会。

8月15日,由中国国际工程咨询公司组织的"引江济太"专项专家组一行抵锡,就"引江济太"专项展开为期四天的深入调研。中国工程院院士陈志恺等7位专家重点踏勘了走马塘、新沟河工程沿线,并与太湖局、省水利厅、无锡、常州等水利部门交换了意见。

四、天灾? 人祸?

其实对蓝藻爆发于太湖而言,并非一个新鲜课题,几乎每年都会爆发,只是今年爆发的时间提前了两三个月,暴发的力度和影响要大很多。小小蓝藻怎么能在一夜之间掀起如此巨浪,扰乱数百万群众的正常生活! 其原因到底何在? 是偶然,还是必然? 是天灾,还是人祸?

6月6日,《无锡日报》记者就太湖蓝藻提前大规模爆发和5月底无锡市部分地区自来水产生强烈异味的原因,采访了无锡市气象局局长钱鹰和专家组召集人刘鸿志。"受全球气候变暖的影响,同时影响江南地区2007年冬(去年12月和今年1、2月份)春季的冷空气位置偏北、强度偏弱,2007年无锡出现了明显的暖冬天气,导致去年的蓝藻没有被大面积冻死,为今年5月的蓝藻爆发积聚了条件。特别是今年春季气温持续异常偏高,降水偏少,气候异常,并造成气象上多项季节转换的指标提前了 25~30 天出现,入夏偏早,这些气候因素成为太湖蓝藻提前大规模暴发的重要原因。"钱局长如是解释太湖蓝藻提前大规模爆发的原因。"来自中科院、建设部、清华大学、同济大学、东南大学、河海大学和省水利厅、环保厅等单位组成的两个专家组,对水源地水质突变进行了调查、分析,现经专家组研究分析,一致认为造成此次贡湖水源地水质突变的原因主要是该水域内存在较大面积的污水团(约 3 平方公里),突然侵入水源地取水口造成"专家组召集人刘鸿志就自来水产生强烈异味作了相应回答,"贡湖水源地区域内存在的污水团是太湖蓝藻暴发的遗留产物。在今年特定的风向和水力条件下,太湖暴发的大量蓝藻聚积于贡湖北岸芦苇丛及附近水域,因气温、气候等环境因素的变化导致蓝藻死亡并沉入水底,在蓝藻腐败分解过程中,大量消耗水体中的溶解氧,导致水体严重污染,发黑发臭,并产生蓝藻腐败的特殊异味。对污水团的成分分析可以支持这样的判断,此外,根据市水利部门介绍,贡湖湾周边入湖河流在最近一段时间没有开闸,可以排除陆地污水排放入湖的可能性;同时,通过省环保厅对沿湖企业拉网式检查,也排除了来自工业废水污染的可能性。因今年四五月份特殊的风场条件、贡湖取水口东北侧特殊的湖湾条件及湖岸残存的围埝(位于贡湖水厂取水口东北约 1.5 公里,向湖体内延伸 200~300 米)相结合形成的局部环流,致使污水团难以消散,并随风向改变而飘移不定。"

无锡市市长毛小平在给市民的回信中称,水质问题并不是生产或其他人为因素造成,属于"突发性的生态灾害"。

6 月 5 日上午,国务院新闻办就 2006 年中国环境状况公报及主要污染物减排最新进展等方面情况举行新闻发布会,国家环保总局副局长张力军表示,对于无锡蓝藻的爆发,环保部门认为既有自然因素,也有人为因素。自然因素是太湖水位今年比往年低,4 月平均气温都在 20 度左右,这样的气温适合蓝藻生长。人为因素是湖体中的氮磷浓度较高。

中科院南京地理与湖泊研究所调查显示,威胁太湖水安全除工业污染外,还有农业面源和生活污染水。农村居民生活方式转变,生活污水、废物被就近排入河湖水体;农业生产弃用农家肥,人工复合肥料大量使用,流失严重,加重了水体氮、磷污染,造成太湖水体氮磷含量逐年升高。另外流域内172条河流的水质变化也直接影响到太湖水,还有太湖上的过度养殖也在威胁着太湖的美丽和健康。

值得补充的一点就是,在蓝藻爆发之前,也就是2007年3月30日,来自联合国环境规划署的HariSrinivas博士在无锡首次公开了由环境规划署国际环境技术中心根据现场调查所做的《太湖水环境状况及水质修复评估报告》(以下简称《报告》)。这份报告客观揭示了目前太湖治理中必须关注的问题,也是联合国首次为中国城市"量身定做"的书面环境分析。《报告》认为,无论是蠡湖、梅梁湖,还是整个太湖流域,水质恶化都是伴随着城市化进程开始的,高密度人群的聚居、人类频繁的活动,都对湖泊造成了重要的影响。但是从对湖泊污染因子的分析来看,目前蠡湖、梅梁湖的污染更多来源于生活和农业污染,后者还包括养殖业的"贡献"份额,所以,治理太湖急需扼住农业污染的"喉咙"。换言之,报告显示的结果是生活和农业污染是太湖水质恶化的主因。"太湖治理是一个长期的过程,不是一两个人、一届政府就能解决的,必须动员政府、市民、企业、民间组织等各方力量。"这位联合国专家说,"一个湖泊的成功治理,需要数十年乃至百年。"

五、政府治污行动

6月7日,无锡市对宜兴周铁镇部分企业违法排污相关责任人进行了处理并通报。通报称,周铁镇镇长吴旭没有依法履行职责,工作不到位,企业违法排污在社会上造成恶劣影响,其对此负有一定的领导责任;周铁镇党委副书记、副镇长陈忠强作为分管领导,对辖区内化工企业排污问题监管不力,管理存在漏洞,对镇环保办公室的工作管理也不到位,对企业超标排污负有一定的领导责任;周铁镇环境保护监督管理办公室主任莫小峰,对超标排污企业没有尽到监管职责,没有组织查处和督促落实整改措施,情节严重;宜兴市环保局副局长张盘君对已经发现的企业超标排污行为没有及时督促执法人员采取果断措施,导致企业多次超标排放污水,在社会上造成极坏影响,对企业超标排污负有一定的领导责任;宜兴市环保局环境监察大队周铁中队副中队长冯旭东对辖区企业监管不力,导致企业持续超标排污,情节严重。

根据国务院领导的指示精神,国务院副总理曾培炎同志6月11日在无锡太湖污染防治座谈会上的要求,由国家发展改革委牵头,组织江苏、浙江、上海两省一市,会同水利、建设、环保等部门编制《太湖水环境综合治理方案》,发展改革委拟在结合有关部门正在开展的相关规划基础上,充分吸收了国务院有关部门和环太湖各省市的专家参与方案的编制工作,已着手开展《方案》编制的相关工作,并在其网站主页《建言献策》开辟了《太湖水环境综合治理方案建言献策》专题,自6月26日至12月31日期间,面向社会征求意见和建议。

6月22日,江苏省委常委、无锡市委书记杨卫泽就太湖蓝藻爆发、无锡饮用水污染事件接受中外媒体采访,他表示太湖水的根本问题是传统粗放型工业"种"下的"恶果",这既是生态问题,又是发展经济的阶段性问题。世界上许多工业化国家都经历过水危机,此次该市水源地受污染表明无锡经历了工业化初期、中期正向后期推进,无锡必须接受现实,快速走上经济增长、污染下降的新型工业化道路。

的确,就在太湖污染治理刚刚结束,《人民日报》报道:"无锡市日前掀起'环保风暴':截至6月20日,已取缔21家废品加工厂,停产整顿127家,还有71家污染严重的企业被责令停业或关闭。同时,规模以下化工企业三年关闭772家的目标将全面提速——已关停小化工生产企业160家,还有343家将在年底前悉数关闭。"按照国家的有关法规和治理太湖的要求,这上千家污染企业至少在7年前就不应当存在。首先,根据1996年《国务院关于环境保护若干问题的决定》,包括小化工企业在内的高耗能、高污染"十五小"企业,在1997年年底必须全部关停。其次,《江苏省太湖水污染防治条例》明确规定,"自1999年1月1日起,太湖流域禁止一切单位超标排放水污染物";太湖作为水源保护区,化工企业更是在明文规定的"严禁"之列。其三,1998年"聚焦太湖零点行动",是继1997年淮河"零点行动"以后,又一次大规模的环保执法行动。为配合"太湖2000年变清"目标,来自国务院有关部委和两省一市的近1000名执法人员组成阵容强大的执法队伍,对全流域废水治理达标排放情况进行了全面的检查。1998 年 12 月 31 日 24 时,"零点行动"结束,其工作结果是:国务院重点监控的 1035 家排污企业已有 863 家实现了达标排放,15 家正在调试,14 家未完成治理任务的已停产,42 家达标无望的被责令关闭,另外 101 家由于其他原因破产停产。

一些媒体认为:"正所谓冰冻三尺,非一日之寒。此次无锡水危机事件的爆发,固然有太湖蓝藻集中作怪的因素,但更重要的原因,显然在于太湖周围长期的污染排放。近年来,有关方面对太湖污染的治理工程可谓是决心大,投入也大。2005 年,太湖一期治理工程落下帷幕,总共投资约人民币 100 亿元。但遗憾的是,太湖治理的速度显然赶不上被污染的速度。这些年来,无锡等地的太湖地区就把化工业作为支柱产业,使得大大小小的化工、电镀、印染等企业如雨后春笋,分布在这个地区,数以千计的污染企业沿太湖一字排开,污水直接排放到太湖里。""无论是一些国家对于河流、水域污染的成功治理经验,还是理论上其实并不复杂的道理,都已充分说明,刑罚手段正是有效保护环境,尤其是治理水污染的一大利器。""只有追究有关问责官员的刑事责任,才能切实维护法律的尊严,才能最大限度地增加各地政府治理水污染的决心和力度,才能避免类似无锡水污染危机这样的事件发生。"

相关链接

我国近年来部分地区发生蓝藻、黑藻污染水环境事件。

安徽省巢湖自 20 世纪 70 年代以来,蓝藻频发。2003 年 8 月,巢湖东半湖炀至巢湖闸段蓝藻爆发,遍及湖心,最厚的地方深度达 1 米以上,有浪无波,几乎形成"冻湖"。今年 6 月 11 日,继无锡太湖之后,巢湖蓝藻也开始爆发,在其北岸的烟墩至义城沿岸,湖面上聚积了大量蓝藻,沿岸边水域呈翠绿色、粘稠状,非常难闻。

云南滇池素有"高原明珠"之称。在 20 世纪 60 年代时,滇池水清见底,生长着各种水生物和鱼类。但是随着人口增加和工业发展,滇池成了废水和生活污水的排放地,污染情况加剧。自 20 世纪 90 年代开始,蓝藻水华暴发的次数越来越多,面积越来越大,1999 年达到最高峰,水华覆盖面积达到 20 平方公里,厚度达到几十厘米。科技部2000年4月投入5000万元经费,启动了"滇池水污染治理技术研究",当时还成立了专门课题组,治理滇池蓝藻。据中国科学院2004年8月的一份报告说,这个由130人组成的课题小组花4年多时间,在扼制蓝藻连年爆发方面取得突破。但是蓝藻在今年夏天侵袭了太湖和巢湖之后依然在滇池爆发。

重庆三峡库区爆发黑藻。贵州红枫湖、百花湖水库由于工业废水、生活污水、旅游业、水产养殖、农业废水等污染,水质发生了剧烈的演化,水体呈现富营养化状态,导致黑藻、"网箱缺氧死鱼"、"藻华"等水质恶化事件不断发生,水质类别降到3类至5类。

作为长春市重要水源地之一的新立城水库,近来突现蓝藻,并迅速繁殖。目前长春市已停止取用该水库源水,并紧急调用其他水源,但依然有部分城区受影响停水。

第十一章 人事管理

　　"人事"一词,自古就有之,它在不同的场合,有着不同的含义。在行政管理学中,"人事"只是针对所有的人事中的一部分特定范围内的人事。悠悠中华五千年历史文明,谈笑间多少兴亡事,历数起这些成败得失又无不与用人息息相关。中国自古讲究用人之道,对人事的研究,发轫之早,渊源之长,影响之广,在世界各国中,少有与其匹敌者。早在西周时期,人们就认识到人才是"邦家之基",至后来"内举不避亲、外举不避仇"、"以才为资,以德为帅"等都无一例外地证明先人在用人之道方面做出的探索和总结。人事管理有广义和狭义之分。广义的人事管理是指国家人事行政机关依法对国家机关、企事业单位的人事工作所进行的综合性管理活动,它包括对各类行政人员、专业技术人员以及机构编制工作进行管理;狭义的人事行政是指各级政府的人事行政部门通过一系列的法律规范和措施对政府公务员所实施的管理活动。我国传统的人事管理模式,是在民主革命时期解放区和人民军队干部制度的基础上成立和发展起来,是在几十年计划经济体制下形成的。随着我国社会主义现代化建设进程的不断加快,它的弊端日益明显的暴露出来。随着我国改革开放的不断推进,传统的人事管理也进行了不断的改革,逐步引进了人力资源管理的新观念、新模式,并逐步建立了公务员制度。

第一节 人事管理的主体与客体

一、人事管理的主体

人事管理主体是指拥有相应权力、具有一定管理知识、从事实际管理的人,在管理活动及其过程中起着能动性的主导作用的因素。在行政管理实践中,管理主体是由依法取得相应人事管理职权,参加人事管理活动的人或人群组成的,这些人或人群具有一定的管理能力,拥有相应的权威和责任,从事现实管理活动。新中国成立后,在党的领导下,国家在各级行政机关及其下属单位设置了人事行政管理机构和专职人员。这些机构和人员担负着贯彻落实党和国家的人事工作方针和政策,执行人事行政管理的法令和规定的任务,它们不仅是党和国家人事工作的参谋部、执行部,而且是各级党政组织联系广大国家工作人员的桥梁和纽带。我国的人事管理主体主要是国家劳动人事部,省、自治区、直辖市(劳动)人事厅(局),地区、自治州、盟(劳动)人事局,县、自治县、旗(劳动)人事局以及乡、镇设的专职(劳动)人事干部。

1. 国家劳动人事部

国家劳动人事部是统一管理全国劳动人事工作的综合部门,属最高国家行政机关——国务院的领导。劳动人事部负责各省、自治区、直辖市和国务院各部、委、办、厅(局)的(劳动)人事以及总公司(劳动)人事部门的业务指导,并对国家劳动人事工作方针、政策的贯彻执行情况进行监督和检查。

2. 省、自治区、直辖市(劳动)人事厅(局)

省、自治区、直辖市(劳动)人事厅(局),是省、自治区、直辖市政府的职能机构,是统一管理省、自治区、直辖市(劳动)人事工作的综合部门。省、自治区(劳动)人事机构的设置有两种情况:一种是设人事局,其内部机构有办公室、政策研究室、干部处、专业技术干部处、工资福利处、干部教育处、任免统计处、干部奖惩处、人才交流处、军队转业干部安置办公室、编制委员会办公室等。另一种是设(劳动)人事厅(局),内部机构除有以上人事局的处室外,一般还设有计划劳动处、劳动培训就业处、保险福利处、矿山安全监察处、安全生产办公室、劳动保护监察处等。此外,省、自治区(劳动)人事厅(局)一般还有下属学术团体、研究机构、干部院校、人才交流服务中心等直属事业单位。直辖市人事局内部一般设有:办公室、干部调配处、专业技术干部处、任免统计处、干部教育处、人才交流处、工资福利处、编委办公室、军队转业干部安置办公室。

3. 地区、自治州、盟(劳动)人事局

地区、自治州、盟(劳动)人事局的内部机构设置也分两种情况:一种是人事局,一般内设办公室、干部科、专业技术干部科、任免奖惩科、老干部管理科、干部教育科、工资福利科,以及地、州、盟编制委员会办公室和军队转业干部安置办公室。另一种是劳动人事局,内部除设有以上人事局的科室外,还设有劳动计划调配科、安全保护科、培训就业科等。

4. 县、自治县、旗(劳动)人事局

县、自治县、旗(劳动)人事局是县、自治县、旗政府的职能机构,是统一管理县、自治县、旗(劳动)人事工作的综合部门。其内部机构设置也分两种情况:一种是人事局,一般内设秘书股(组)、干部股(组)、工资福利股(组)、编委办公室和军队转业干部安置办公室等。另一种是劳动人事局,内部除设有以上人事局的股(组)外,还设有计划调配股(组)、安全保险股(组)、监察股(组)。

5. 乡、镇设专职(劳动)人事干部

乡镇人事干部是基层组织人事工作的中坚力量,是组织人事工作地具体执行者,乡镇干部执行各项方针政策的水平、自身能力素质、服务群众的本领直接影响到人事工作的成功与否。

以上所述是各级政府(劳动)人事管理机构设置的一般情况,它未能包括所有地区和部门(劳动)人事管理机构内部设置的全部情形。改革开放后,我国人事管理工作改为国家人事部和各级地方政府中的人事厅、局等。2008 年大部制改革后,我国成立中华人民共和国人力资源和社会保障部,统一进行人事管理活动。

二、人事管理的客体

人事管理的客体是行政管理活动中的行政工作人员与行政事务之间的关系以及行政工作人员相互之间关系的组织、指挥、协调、控制和监督等的管理活动或管理行为，即以行政事务和行政人员为特定的管理对象，包括国家行政机关、权力机关、审判机关和检察机关的工作人员；社会团体的工作人员；专业技术人员及事业单位的行政管理人员等六类。改革开放后，随着国家公务员制度的建立，我国人事管理对象更加明确，主要是公务员以及围绕公务员事务的各项活动。

1. 国家行政机关的工作人员。国家行政机关的工作人员主要指行使国家行政权力、执行国家公务的工作人员，包括国务院和地方各级人民政府及其职能部门和派出机构的工作人员。

2. 国家权力机关的工作人员。国家权力机关的工作人员主要指在全国和地方各级人民代表大会常务委员会及其工作机构工作的工作人员。

3. 审判机关和检察机关的工作人员。审判机关和检察机关的工作人员主要指在全国和地方各级审判、检察机构中的工作人员。

4. 社会团体的工作人员。社会团体的工作人员主要指在政协、工会、共青团、妇联及各种学会、协会、联合会等社会团体从事行政工作的工作人员。

5. 专业技术人员。专业技术人员主要指在自然科学，社会科学领域专门从事科研、技术、卫生、文化、教育、艺术、新闻、出版、翻译、会计、统计等专业技术工作的人员。

6. 事业单位的行政管理人员。事业单位的行政管理人员主要指事业单位中各级主管人员和从事业务、技术的专职行政管理人员。

人事管理的客体不仅包括"人"，也包括"事"，具体表现为以下三种关系：

1. 人与人的关系。人事管理研究人与人之间的关系，以建立合理的群体结构。人事管理的对象是"人"，人是处于人事管理的核心地位，离开了人，就根本不存在什么人事管理。为了使人们之间的关系配合得当，协调发展，就必须研究和探讨人们之间存在的众多人及关系产生、发展的规律,进而用科学的原则和方法,规章和制度,使诸种关系恰当配合,建立最佳的群体结构,以便最充分的发挥人力资源的效用,促进生产和社会的迅速发展。

2. 人与组织的关系。人事管理研究人与组织(团体)之间的关系,创造人尽其才、才尽其用的最佳社会环境。要处理好个人与组织(团体)、个人与他人以及组织间、团体间的关系,就需要有协调的人际关系,良好的社会环境,以保证人们的积极性、创造性充分发挥,使人力资源开发利用到最大限度。为此必须:一是建立科学的先进的人事管理制度,改革不合理的落后的人事管理制度。二是要逐步破除残存在人们特别是一些领导干部头脑中的旧观念、旧领导作风和领导方式。三是在上、下级之间,在左、右平级、同事之间,要形成团结、协作、理解的良好人际关系,使人们通过参与决策和分享成果而体现出社会主义国家人们之间的平等感和主人翁的责任感。

3. 人与事的关系。人事管理研究人与事之间的关系,以求得人与事的恰当配合,实现人尽其才,事尽其功的目的。人与事的关系就像鱼与水、影与形一样,不可分离、相互依存。从人事管理实践的全过程和管理的各个环节看,一切管理活动的过程,都是人与事的有机密切结合的过程。实现人与事的恰当配合,其目的是双重的,一方面使人员的聪明才智和学识技能有充分用武之地;另一方面使国家(组织、单位)的各项工作能顺利开展,高效高质地实现预定目标。

第二节 人事管理的目标与原则

在我国,人事管理的目标即选人、育人、管人和留人。人事管理原则是科学的人事管理内在发展规律的反映,在我国主要是:任人唯贤,德才兼备;以人为本,适才适用;吐故纳新,合理流动;考试考核,竞争择优;依法管理,民主监督;效率原则。

一、人事管理的目标与基本任务

美国学者通过研究,将人事管理目标确定为四个方面[①]:第一,建立员工招聘和选择系统,以便于能够雇用到最符合组织需要的员工。第二,最大化每个员工的潜质,既服务于组织的目标,也确保员工的事业发展和个人尊严。第三,保持那些通过自己的工作绩效帮助组织实现组织目标的员工,同时排除那些无法对组织提供帮助的员工。第四,确保组织遵守政府关于人事管理方面的法令和政策。

我国公共部门人事管理的目标定位是:获取与开发政府行政管理工作需要的各类、各层次人才,建立政府组织与公职人员之间的良好合作关系,从人力资源上满足社会经济发展对政府提出的要求,满足政府组织管理和发展的目标,同时,满足公职人员个人成长和发展的需求。以此为目标,现代公共部门人力资源管理的基本任务是:

1. 选人

在竞争日益加剧的现代社会,人力资源是组织成败的关键。如何选拔、配备优秀的人才队伍,这是每一个组织所面临的挑战。随着政治、经济体制改革的推进,公共部门人事改革步伐日益加快。公共部门应当选拔、配备优秀的人才,以壮大组织的实力,增强组织竞争力。因此,公共部门人事管理的目标之一就是"选人"。公共部门应当结合部门实际情况以及公共管理的需要,制定和实施科学、合理的人才战略与规划,加强人力资源供求预测,完善人事考试与录用制度、职位分类制度、职务任命与职务升降制度,将合适的人才安排到合适的岗位,实现"人尽其才,才尽其用"。

2. 育人

随着知识经济时代的到来,知识和技能日益重要。我们已经生活在学习型社会,"学习型组织"、"学习型企业"、"学习型政府"等概念深入人心。学习如逆水行舟,不进则退。在公共部门人事管理过程中,要构建完备的人力资

---

① TerryL. LeapandMichaelD. Crino, Personal, HumanResourceManagement, Macmillan, 1989, p. 5.

源和培训机制,加大人力资源开发力度,以提高公务员的整体素质。育人的方式可以多样化,可以通过常规学习和培训来提高员工的理论素养,也可以通过"干中学"来提高公务员的实践技能。

3. 管人

公共部门人事管理是一项系统工程。公共部门对已经获得和选用的人才,通过一定的管理措施充分、合理地加以使用,努力做到用人不疑,尽量发挥公职人员的潜能,使人尽其才。只有用好人才,组织才可能求得人才和留得人才。管人体现在很多方面,如考核、奖励、惩罚、申诉与控告等。管人旨在约束、规范和引导公务员的行为,维护和保障公务员的合法权益,惩处违法乱纪者。

4. 留人

通过有效的管理措施,将优秀人才留在公共部门,防止人才大量外流给政府带来的人才短缺状况。为了实现留才目标,人事管理需要建立、完善公职人员的保障、激励机制,给优秀人才以成长、发展的空间和动力。留才是对上述几项管理任务实现状况的综合评价,如果管理部门没有完成渴求人才、合理用才、科学育才等管理任务,那么,就无法期望政府能够留住人才。总而言之,我们不能将人事管理的任何一项管理任务从管理整体中割裂出来,否则,它会影响到管理的其他环节,甚至全局。

二、人事管理原则

所谓人事管理的原则,是指在整个人事管理过程中都应共同遵循的一些总的基本规则。这些基本规则是科学的人事管理内在发展规律的反映。由于各国社会制度不同,行政管理的原则和方法有很大差别,但也有一些共同的规律和原则,它通行于各国人事管理之中。在当代,我国人事管理应坚持适应我国特点的如下原则:

1. 任人唯贤,德才兼备

选拔贤才,任用能人,这是人事管理必须坚持的首要原则。贤就是德才兼备,既有德,又有才。德是指行政人员的政治素质、职业道德,才是指行政人员的业务能力。任人唯贤,德才兼备,就是要求行政人员必须出于公心,从党和国家利益出发,消除封建宗族观念和宗派主义思想,坚决纠正以权谋私、走后门、拉关系等不正之风。只有贯彻任人唯贤、德才兼备的原则,才能保证行政人员队伍的整体素质能适应社会主义现代化建设的要求。如果用人不讲真才实学,任人唯亲、亲疏有别、贵贱有等,不仅会贻误行政管理事业,而且还会败坏用人风气,造成恶劣影响。正如唐太宗李世民所指出的那样:"用得正人,为善者皆劝;误用恶人,不善者竞进。"(《贞观政要·择官》)德才两者是辩证的统一,既有联系又有区别,缺一不可,不能偏废。衡量人才"贤"与否的最终标准,要看其工作实绩,因为德才是"软"标准,缺乏硬性指标,最根本的还是要通过实践来检验。所以,坚持任人唯贤原则,必须同时注重工作实绩。

2. 以人为本,适才适用

以人为本是现代公共人事管理的重要理念之一。坚持这条原则,目的在于改变传统的人事管理把人当作被动管理对象的做法,"尊重知识,尊重人才",把培养人才、服务于人才并充分调动他们的积极性作为公共人事管理的出发点和落脚点,把开发人力资源作为公共人事管理的根本任务。要重视对人才开发的投入,探索人才成长的规律,建立科学的人才开发体系,创造有利于人才成长的环境,建立能充分调动人才积极性的机制。"尺有所短,寸有所长",人的才能有大小,知识有多少,品德有高下,资格有深浅。所谓适才适用,就是根据每个人的专长和能力、性格和品德、志趣与条件,把最合适的人安排在最合适的职位上,各得其所。适才适用强调人适应事,不是事来适应人,若搞照顾迁就,人事不符,就会事倍功半,效率低下,贻误工作。要做到适才适用,首先应当"知事",准确掌握每个行政工作岗位的不同工作任务、具体规范及其所需资格、条件要求;其次应当"识人",系统了解和评价每个工作人员的品德、才能、专长、特点、志向和性格;再次应当"善任",对人和事进行合理搭配和有机组合,达到职与能相称,人与事相适,人尽其才,事竟其功的效果。

3. 吐故纳新,合理流动

"流水不腐,户枢不蠹"。新陈代谢是自然界普遍存在的运动规律,运用这一规律来管理社会,就是"吐故纳新"或更新机制。人事管理中的更新机制包括管理制度更新、工作人员职位和职务更新、工作人员的知识更新等,从而适应不断发展变化的客观情况的需要。更新是保证行政队伍富有生机、充满活力的重要条件。行政人员不但要不断更新,而且要合理流动。通过合理的流动,既可以消除用非所学、用非所长的不合理安排,更好地发挥行政人员的才能和特长,又可以使行政人员开阔视野,增长见识,提高才干,经受锻炼。需要指出的是,流动重在合理。一要注意流向,即必须符合工作需要,有利于充分发挥行政人员的作用,促进行政管理队伍的合理化;二要注意流速,必须保证其在工作中能够做出成绩的时间,保证相应行政部门工作的持续性和稳定性。否则,流动就是不合理的。

4.考试考核,竞争择优

考试考核是对行政人员的基础知识、工作技能、业务水平、工作能力和工作态度的考查。实行考试考核制度,是反对任人唯亲、保证行政人员素质的有效方法,是正确评价行政人员、促进行政人员发挥积极性和创造性的重要措施,同时,要贯彻公开、平等、竞争、择优的原则。所谓公开,就是有关人事政策、法规和管理办法包括考试录用规则,必须向社会公开,保证最广泛的人员参加竞争考试,在最广的范围内选择最优秀的人才。公民在人事法规面前,人人平等,凡是符合条件的都在同等条件下平等竞争,把竞争机制引入人事管理工作中,在录用、晋升时必须实行公平竞争,从而为优秀人才脱颖而出提供均等的机会,最终实现举优汰劣,遴选出优秀人才。

5.依法管理,民主监督

法制是公共人事行政现代化的重要目标。人事管理工作内容复杂,涉及面广,对国家和社会发展的意义重大,只有通过制定和实施人事法律、法规来依法管理,健全人事法制,才能创造有利于人才成长的良好环境,有效抵制各种用人上的不正之风。其内容包括人事行政活动规范、行政人员选拔、录用、考核、任免、奖惩、培训、工资、福利、权力、义务、退休等基本法律,以及与人事工作基本法配套的单项法规和具体实施规定。只有建立健全的人事法律措施,才能使人事行政纳入规范化、法制化的轨道。建立法规固然重要,但如果有法不依或执法不严,这些法律、法规仍起不到应有的作用,为此,必须加强人事执法的监督。同时人事管理的复杂性和艰巨性，要求人事管理必须引入监督机制。

6.效率原则

任何工作，都必须讲效率。所谓效率是指在确定的时间内用最小的损耗获得最大的工作效果。早在古代，人们就已经有了效率思想，我国古代文献中就有"效功"、"效绩"等词。在现代社会，工作效率更受重视，因为效率已成了衡量现代社会管理的巧与拙、生产的好与坏、办事的成与败的标准。人事管理的效率主要反映在工作效率、经济效益和社会效果三个方面。工作效率指管理工作本身的速度和节奏以及成效，即对管理本身的目标的实现程度。经济效益有两重含义，一是指在人事管理过程中是否把人力、物力和财力的损耗减小到了最低程度，二是指人事行政管理工作是否有助于经济的发展。社会效果指人事管理所造成的社会影响和为社会服务的程度和范围。只有在这三个方面都产生了良好的功效，人事管理才真正谈得上是富有效率的，单凭某一方面很难把握人事管理的效率。要提高人事管理的效率，首先必须优化管理组织结构，提高管理系统的协调度。要避免人事管理的组织结构出现人浮于事、互相推诿、层次繁多、职责不明以及过分集权和责权脱离的弊端，在职责明确的基础上提高系统的协调度，达到管理组织结构的优化。其次是要加强时间观念，时间就是效率，时间就是财富。效率与行为的速度成正比，而速度又是与时间相联系的，时间的运用直接关系到目标是否实现。在一定的时间里达不到或者基本上达不到目标，那么，活动就失去了意义，效率就会很低甚至等于零。

人事管理作为公共行政的重要内容，是选拔人才，培养和使用人才，不断提高行政效率，使公共行政逐步实现科学化、法制化、现代化的必要条件。要达到此目的，人事管理必须遵循上述基本原则。

第三节 人事管理体制与职能

一、人事管理体制及其变迁

所谓人事管理体制就是指有关人事管理组织形式的制度。人事管理体制的内容一般包括各级人事管理机构的外部形态、职责范围及其相互联系。[①]我国人事管理体制是我国政治体制的重要组成部分。我国人事管理体制,是具有中国特色的社会主义人事管理体制,它吸收了我国传统人事制度的精髓,同时又借鉴了现代西方人事制度的先进经验。人事体制运用的成功与否,对于在我国能否形成使各类人才脱颖而出的机制,保证党和国家机关的活力和效率,满足社会主义现代化建设对于人才的迫切要求,实现民族振兴的宏伟目标,都具有重要意义。自秦朝开始,我国大致经历了三个主要的人事管理体制。

1. 官僚制人事管理体制

自秦朝开始,我国建立了高度中央集权的统一的封建帝国,废除了世卿世禄制,建立了官僚制人事管理制度。官僚制人事管理体制包括中国古代官吏的铨选和管理制度。铨选主要解决官吏的来源,中国古代官吏铨选的途径很多,有世袭、纳赀、军功、荐举、郎选、恩荫和科举制等。主要有三个阶段和三种制度,即先秦的世袭制、秦汉至魏晋南北朝的荐举制和隋唐至明清的科举制。职官的管理包括对官吏的任用、考绩、奖惩、品秩、俸禄及休假、退休等制度。在官职设置、官员选拔、用人标准、薪酬制度、考绩制度、奖惩制度等方面,君主具有绝对的主导权。察举制、征辟制、九品中正制、科举制等制度的实施,推动了我国古代文官制度的发展。

---

① 王胜泉主编:《人事管理学》,北京经济学院出版社1989年版,第85页。

2.干部人事体制

中国共产党在建立和巩固国家政权的过程中,十分重视干部人事制度建设。早在建立革命根据地时期,就确定了"任人唯贤"的干部路线,制定了德才兼备的用人标准,把全心全意为人民服务作为干部的宗旨,把艰苦朴素、廉洁奉公作为对干部的基本要求。1949年中华人民共和国成立后,党和国家在继承革命战争年代干部制度的基础上,不断建立一些制度和措施,到1956年基本形成了一套系统的人事制度。从1957年到改革开放前,人事制度虽然经历了很多变化,但基本模式一直保持着。其主要特点是:(1)国家对全国的人才资源实行计划配置。(2)采取单一层级化结构,按级别对干部进行管理。在革命战争年代,中国共产党采取了党、政、军融为一体的领导体制,对所有干部实行集中统一管理。在中共中央和各级党委统一领导下,在党的组织部门统一管理下实行分级分部管理体制。(3)干部选拔主要采取领导推荐的方式。国家机关、国有企业和事业单位的各层次干部职位出现空缺,由干部管理机关按照一定的标准和条件,采取直接或间接推荐的方式进行选拔,然后按规定程序决定任命(人们常将这种方式比喻为"伯乐相马")。每个干部都要服从上级的统一调动和安排任用。(4)干部的工作、生活所需的一切物质资料都由国家负责提供。

3.公务员制度

十一届三中全会以来,随着我国经济体制和政治体制改革步伐的加快,我国公共部门人事管理制度逐渐走上正轨,并在摸索中前进。1980年,邓小平同志提出,要"坚决解放思想,克服重重障碍,打破老框框,勇于改革不合时宜的组织制度和人事制度"。1984年下半年,中央将干部立法工作提上日程。1987年,党的"十三大"提出"要对'国家干部'进行合理分解,改革集中统一管理的现状,建立科学的分类管理体制","当前干部人事制度改革的重点,是建立国家公务员制度"。1992年召开的中共"十四大"再次提出了尽快推行国家公务员制度的要求。1993年4月24日国务院第2次常务会议通过、1993年8月14日国务院令第125号发布,1993年10月1日正式实施《国家公务员暂行条例》。自此,中国国家公务员制度正式建立。

我国国家公务员制度的基本内容在《国家公务员暂行条例》有 18 章 88 条,规定了 10 种制度:职位分类制度、录用制度、考核制度、任免制度、职务升降制度、奖惩制度、培训制度、交流制度、回避制度、申述控告制度。从总的来说政府应该推动研究改革,以人为本关心公务员成长,制定措施吸引优秀人才,精简机构和人员、分散下放权力,强调制度的灵活性,加强能力培训,提高人员素质,完善竞争机制,改革分类制度,改革业绩评估制度和考核制度,建立灵活的工资制度,提升道德标准。

二、人事管理职能

人事管理职能,是在人事管理过程中各项行为的内容的概括,是人们对人事管理工作应有的一般过程和基本内容所作的理论概括。与人事管理的目标相一致,根据人事管理发展的趋势,人事管理的职能包括:

1. 制度建设

制定并不断完善翔实、可操作的员工行为规范。引导和规范员工行为,让员工有所遵循,知其可为不可为,为合法用工和绩效、奖惩机制奠定基础。伴随国家一系列政策法规的颁布以及员工维权意识的不断提高,对人事管理制度、方式提出了更高的要求。如,依据《劳动合同法》的规定,直接涉及劳动者切身利益的规章制度(如有关劳动报酬、工作时间、休息休假、劳动安全卫生、保险福利、职工培训、劳动纪律以及劳动定额管理等规定的制定或者修改)发生法律效力必须具备三个要件:(1)经过民主程序制定,即应当经职工代表大会或者全体职工讨论,提出方案和意见,与工会或者职工代表平等协商确定;(2)经过公示并告知;(3)不违反法律的强制性规定。

2. 内培外引

根据阶段发展需要补充新鲜血液,内培是通过规划、培训方式对现有人员进行提升,满足部门与个人成长需要。外引是通过社会招聘方式补充人力需求,不仅见效快,同时对现有员工也是一种激励。

3. 员工关系与劳动合同管理

员工的有效沟通,并为员工提供支持与服务(如档案、保险等)。劳动合同法的生效对事实劳动关系、《劳动合同》的签订与条款等提出了更严格的要求,如操作不慎会对管理带来不良影响。我们可尝试执行全员聘任制或双规聘任制(全员聘任制——全体员工通过签订劳动合同的方法确立劳动关系;双轨聘任制——老员工可签订长期劳动合同,新聘员工签订短期劳动合同或以"完成一定任务"来签订劳动合同),此会对员工产生危机(优胜劣汰)意识,同时,对不适合部门发展需要的员工亦可以通过终止劳动关系的途径得以实现。

4. 薪酬制度

同工同酬条件下的薪酬制度,在目前情况下,薪酬的制定原则可包括:重要性原则、稀缺性原则和复杂性原则。重要性原则是指在制定岗位薪酬标准时,首先要根据该岗位对本单位的贡献程度大小来确定该岗位的薪酬高低,即该岗位对本单位如果非常重要,则其新酬标准相应较高。稀缺性原则是指在制定岗位薪酬标准时,还必须考虑该岗位任职资格的可替代性,即从事该岗位工作的人员是否需要具备一般人不可能具备的特殊能力。如果该岗位虽然很重要,但是一般人都能胜任,则不应该给予较高的薪酬标准。复杂性原则是指在制定岗位薪酬标准时,还必须考虑从事该岗位工作的程序是否比较复杂、繁琐,或劳动量和劳动强度较大。如果某项工作虽然重要性和稀缺性都不是很突出,但是显得特别复杂,则应该相应的给予较高的岗位薪酬。

5. 绩效考评机制

绩效考评可通过如下方式实现:以部门为单位逐步全员执行,并强制进行排名——主要抓一头一尾,避免考评流于形式,劳民而无功,考评内容可分权重进行,如工作进度、岗位职责、内部配合等权重分别占60：20：20执行。并强制进行正态排名,年度进行奖励与消除沉淀层,确保组织活力与内部客户服务关系的确立。

6. 培训与发展

通过员工内培外训、工作丰富化、职业生涯规划与开发,促进员工知识、技巧等职业素质的提高,最大限度地实现其个人价值和对部门的贡献率,达到员工个人和部门共同发展。

第四节 人事管理的依据、手段与机制

人事管理依据即可以在人事管理活动中作为依托和根据的事物,包括法律、行政命令等。人事管理的手段是指为了完成人事管理的目标和任务,所使用的一些技巧,工作分析、绩效考核、人员发展与培训等。中华人民共和国建立以后直至 1993 年 10 月,政府的人事管理工作一直沿用的是干部人事行政管理制度,政府的人事行为依据的不是一套完整的法律制度,而是行政命令。中国实行改革开放政策后,我国的人事管理活动逐步走向法制化阶段。

一、人事管理的政策与法律依据

1. 新中国成立初期的人事管理依据

新中国的政府部门人事管理制度,是在新民主主义革命战争时期人事行政工作的传统和经验的基础上逐步建立和发展起来的。中华人民共和国建立以后直至 1993 年 10 月,政府的人事管理工作一直沿用的是干部人事行政管理制度,政府的人事行为依据的不是一套完整的法律制度,而是行政命令。1952 年第一次实行工资改革,1955 年将供给制改为工资制。1956 年进行了第二次工资改革,在吸收革命战争时期人事管理工作的经验和学习前苏联经验的基础上,逐步建立了包括对工作人员的吸收、录用、调配、使用、任免、奖惩、培训、工资福利、退休、退职在内的一套社会主义人事管理制度。1955 年 8 月,统一了全国机关工作人员的劳动报酬,国务院颁布了《关于国家机关工作人员全部实行工资制和改行货币工资制的命令》;1955 年 12 月,统一了全国机关工作人员退休、退职制度,国务院颁布了《国家机关工作人员退休处理暂行规定》《国家机关工作人员退职暂行办法》。1957 年 10 月,统一了全国机关工作人员奖惩制度,国务院颁布了《关于国家行政机关工作人员的奖惩暂行规定》。1957 年 9 月、12 月,分别颁布了《国务院任免行政人员的办法》《县级以上人民委员会任免国家机关工作人员条例》等。

2.改革开放后的人事管理依据

中国实行改革开放政策后,促进了经济和社会快速发展,也给政治体制改革注入了活力。为适应经济体制改革,干部人事制度改革提到了议事日程上。1979 年,中央组织部发出了《关于实行干部考核制度的意见》。1982 年,中共中央、国务院发出了《关于中央党政机关干部教育工作的决定》。劳动人事部发出了《吸收录用干部问题的若干规定》。中央作出了《关于建立老干部退休制度的决定》。1984 年,中共中央组织部和原劳动人事部应中央要求着手起草《国家工作人员法》,1985 年更名为《国家行政机关工作人员条例》,1986 年更名为《公务员暂行条例》。1986 年 1 月 28 日,中共中央发出了《关于严格按照党的原则选拔任用干部的通知》。1987 年党的"十三大"和 1988 年第七届全国人民代表大会决定在我国实行公务员制度。1992 年党的"十四大"提出尽快推行公务员制度。1993 年 8 月 14 日,国务院正式颁布《国家公务员暂行条例》,规定了职位分类制度(该条例自 1993 年 10 月 1 日起施行),这标志着中国公务员制度的建立。国家人事部先后制定了与《国家公务员暂行条例》配套的行政规章,并就该条例实施和运行中的问题以通知等形式作出了许多行政解释,同时,进行了人事管理制度的改革,中国的公务员制度初步建立。2000 年,中共中央颁发了《深化干部人事制度改革纲要》,2004 年 3 月,中共中央总书记胡锦涛同志主持召开中央政治局会议,审议通过了《公开选拔党政领导干部工作暂行规定》《党政机关竞争上岗工作暂行规定》《党政的地方委员会全体会议对下一级党委、政府领导班子正职拟任人选和推荐人选表决办法》《党政领导干部辞职暂行规定》和《关于党政领导干部辞职从事经营活动有关问题的意见》等干部人事制度改革文件。五个文件于 2004 年 4 月由中共中央办公厅印发。此前,经中央同意,中央纪委和中央组织部联合下发了《关于对党政领导干部在企业兼职进行清理的通知》。这六个文件的颁布,是中央从整体上不断推进干部人事制度改革的重要举措。

二、人事管理的手段

人事管理的手段与机制都是为了完成人事管理的目的和任务,而采取的一些管理技巧。人事管理的手段众多,其中较为重要的是工作分析、绩效考核、人员发展与培训;人事管理的机制有竞争机制、激励机制、更新机制、保障机制和监控机制五大机制。

人事管理的环节众多,其中每一环节都有特定的手段,其中较为重要的有:工作分析、绩效考核、人员发展与培训。

1. 工作分析。工作分析是人事管理的起点,是实现相应人事分类的基础,也是吸收、录用、考评、培训、调派、晋升组织成员的客观依据。工作分析一般按如下步骤与方法来进行:一是职能分解。职能分解是将某一公共组织的所有职能按其工作性质划分为若干类别,再进行归类合并,最后落实到每一职位的过程。内容包括:职能列述;依据工作性质,把职能划分为若干工作类别;细化工作类别为工作专案;根据相似性合并归类工作专案,确定内设机构职能;检验内设机构职能,并进行必要的调整;确认每一职位的职责和工作任务。二是职位调查。职位调查是通过一定的程序和方法,对现有职位的工作内容与职责许可权等的实际状况进行调查,了解和搜集职位信息资料,为职位分类提供依据。内容包括:了解职位的工作性质、责任轻重、难易程度和所需之资格条件(包括职位所需的教育程度、年龄、性别、所学专业、经历、经验、知识、技能、能力等);了解职位的工作任务、工作程序、工作量和职责许可权;了解职位间的从属与合作关系,以及工作环境与条件等。职位调查的重点是了解和解决公务人员工作任务量或职位职责间可能存在的交叉重叠问题。三是职位评价。职位评价是在职能分解和职位调查的基础上,对职位设置的必要性、合理性、科学性和可行性进行评判的过程。通过对理想化职位和现有职位状况所进行的对比分析,对现有职位进行理论分析和数理统计分析,研究职位设置是否科学、任务是否适当、职责许可权是否明确、层级是否合理、职位在系统中的地位和作用是否完备等。四是职位设置。职位设置是根据"因事设职"的原则,根据国家法律或有关规定来确定机构内设职位数量、名称、职责、任务、许可权、层级和所需资格条件的过程。五是拟订职位说明书。职位说明书是落实工作分析的结果,是规范并反映各职位之工作性质、工作程序、职责许可权等职位情况的法律文件,是开展相应人事管理的依据。其内容包括:职位名称、职位代码、工作专案、工作概述、工作标准、所需资格条件和升迁转任方向等七个方面的内容。

2. 绩效考核。绩效考核是公共部门依据各级各类成员的职务和职责要求,对其工作业绩,包括工作行为和工作效果进行的考察和评估。由于绩效考核在人事管理中具有多用途性,因此有关绩效考核的种类及方式也多样化。比较重要的绩效考核方法主要有以下几种:一是排序法。排序法又称为排队法、分级法,是按照被考核成员每人绩效相对优劣程度,通过比较,以确定每人的相对等级或名次。二是量表考核法。此方法将考核要素及每一要素划分为不同的等级或名次,并且明确的定义出这些要素与等级的具体含义,列出一个表格,将被考核者与每一要素及其等级或名次进行比较。选取的评价要素与绩效有关,有的是工作方面的(如工作质量、工作数量等),有的是个体方面的(如工作经验、适应性、积极性、合作精神等),每一要素都需根据一定的标准划分为若干等级(如 A、B、C、D、E,或者较差、一般、良好、优秀,或不满意、较满意、很满意等)。三是关键事件法。这种方法把一些关键事件(包括突出事迹、劣绩或重大事故)以书面形式记录、保存下来,作为考核的依据之一。关键事件法通过保存动态的关键事件记录更可以全面的了解成员如何消除被考核之不良绩效、如何改进和提高绩效。四是成果考核法。此方法又称为对照法、工作标准法、绝对标准比较法,这种方法要求对从事各个职位的成员的各项具体要求,制定出详细的工作标准,但其对于从事复杂脑力又难以确定具体的工作标准和成果的职位,其实用性与有效性极为有限。五是硬性分布法。硬性分布法是按照一定比例来确定绩效考核等级的方法。六是行为定位等级评价法。这种方法通过一张行为定位等级评价表,将各种水平的绩效加以等级性量化,从而结合关键事件法和等级评价法的优点,获得更有效和客观的考评结果。

3. 人员发展与培训。随着科技与各种学习理论的发展,人事管理的新手段亦不断地出现。在人员发展与培训的过程中,常用的方法主要有以下几种:一是讲座。讲座是指对某一议题有深入研究的专家,经过充分准备后,以口头叙述的方式,将该议题系统化地讲述给学员了解。二是示范。示范是指在学员面前展示某种动作、解释某种程序或技巧,以使学员能重复相同的动作或程序,主要适用于教授某种特殊的技能或介绍某一新的程序或技巧。三是参观。参观就是指对某一特殊环境或事件做实地的考察和了解,主要适用于某些无法或不易于在课堂上讲述的议题。通过参观,学员可了解现实世界中的一些真实情况,了解理论与实际之间的差距。四是程序化教学。程序化教学是指根据学员的学习步调,以小单元、由浅至深、由简至繁等程序化的步骤,使学员逐渐学得所需的知识和技能。其学习的内容可能为书面资料、录音(影)带、电脑软件等,主要适用于远距离学习或学习地点太过分散,以及自我学习或进修。五是脑力激荡。脑力激荡就是指鼓励学员针对某一特殊问题,在不受任何限制的情况下,提出所有能想象到的意见。脑力激荡主要用于帮助学员尝试解决问题的新措施或办法,用以启发学员的思考能力和开阔其想象力。六是案例分析。案例分析是指通过口头、书面或影片等辅助资料,再经过讨论程序,以求得对特殊议题的确认与了解,其适用于学习解决问题的技巧或教授解决问题的程序。七是学习契约。学习契约就是一份由学习者拟订的书面资料,当中清楚载明学习的内容、学习的程序和方法、学习的时间以及评估的方式等,以详细规范教者、学者的职责。学习契约的主要目的在于培养成人学习者规划学习的能力,并加强成人学习者自我学习的责任心。八是角色扮演。角色扮演即学员在观众面前,未经预先演练且无预定的对话剧本而表演实际遭遇的情况,并讨论在类似情况下的各种反应与行为,其演出具有即兴表演的意味。九是敏感性训练。敏感性训练就是通过团体活动、观察、讨论、自我坦白等程序,使学员面对自己的心理障碍,并重新建构组织成员健全的心理状态,主要用于为学员提供自我表白与解析的机会和了解团队形成与运作的情况等。十是辩论。辩论就是不同立场的参与者面对争议性的议题提出自身看法,并反驳对方论点的公开竞赛;其目的主要是为了训练参与者的逻辑思考能力和表达与思辨能力。辩论的优点有:能够激发学员参与的热情;能为学员提供动态学习的机会与经验;能为学员提供生动、活泼、热烈的学习气氛;能够提高学员在具有一定压力的情形下,独立思考问题和随机应变的能力。

三、人事管理机制

人事管理机制是指一套关于公共部门人事管理的活动规则或制度化的措施,是公共部门围绕公共管理的需要和人事管理的原则、目标,所进行之配套设计的各种相互联系、相互作用的机制,其目的在于确保公共部门人力资源的合理使用、流动、更新与开发,提高公共部门管理的绩效。[①] 理想制度的建立,既要有科学的原则为指导,又要有合理的运行机制为保障。人事管理的原则内化到人事管理的系统过程,就必须建立相应的运行机制。

(一)职位分类机制

职位分类是指以职位为核心所进行的分类,简而言之就是因事择人。职位分类制度以事为中心,严格按照工作任务、工作内容来确定职位的设置和限额。它不允许因职位所在某一国家公务员的变动而引起该职位的相应变动,职位的增减分合的基本依据是其工作性质和工作内容的变化,或者说是依据工作的需要而变化。在职位分类中,无官、职分离现象,划分职级的标准,如上所述,完全依照公务员所在职位的工作性质、责任轻重以及所需人员的资格条件来确定,与公务员个人原所具备的资格条件无直接联系。

与美国实行的那种比较典型的职位分类相比,中国的职位分类有着自己的特点。第一,中国的职位分类并不是纯粹的职位分类,而是走职位分类和品位分类相结合的道路。职位分类是以人所在的职位为中心;品位分类是以人所担负的职务为中心。现在中国所实行的职位分类也考虑到原来所实行的品位分类的某些因素,是以职位分类的因素为主,同时也吸收了品位分类的某些因素。第二,中国的职位分类比较简便易行。美国等国家实行职位分类的步骤十分复杂,所涉及的内容也极为广泛。如果完全依照美国的做法进行职位分类,没有一个相当长的时间是不可能实现的,而且实行以后,也未必能够取得预期的效果。因此,中国的职位分类主要结合中国的具体情况来进行,其程序和内容已经大大简化,比较简便易行。第三,中国的职位设置建立在"三

[①] 吴琼恩、周光辉、魏娜、卢伟斯:《公共行政学》,北京大学出版社 2006 年版,第 271 页。

定"(即定职能、定机构、定编制)的基础上,省去了职位调查的繁文缛节,不仅节省了大量的财力和人力,而且也从总体上保证了职位设置的相对合理性。第四,中国的职位工作性质的划分建立在对国家行政机关工作性质确定的基础之上,主要根据职位工作内容和所需业务知识确定。这样做,不仅简单易行,而且对职位工作性质的区分也比较准确。第五,中国的职位级别的确定建立在《国家公务员暂行条例》所规定的职务与级别相对应关系的基础之上。首先规定出不同职务层次与级别的对应关系,之后再根据不同职位的工作责任轻重、难易程度和所需资格条件等因素确定其具体级别。这种做法,不仅加强了中央政府人事部门对公务员职级确定的宏观管理,防止同一职务层次范畴内级差过大,而且也比较切实可行。

(二)激励竞争机制

激励竞争机制在国家公务员制度中具有十分重要的地位。健全的激励竞争机制可以充分激发公务员的潜能,极大地调动人们的工作积极性和创造性。现代的人事管理制度离不开有效的激励竞争机制,特别是在市场经济体制下,没有公开、平等的激励竞争,就不可能有生产的迅速发展、社会的不断进步、国家的繁荣富强。公务员的激励竞争机制主要包括公务员的录用、奖励、职务升降和考核等环节。

录用是在行政机关的入口展开的竞争。国家公务员的录用经由考试来选拔,是对有志于进入行政机关工作的人员的一种激励竞争。只有通过这样的竞争,才能为国家行政机关选拔出优秀人才。可以说一个国家政府效能的高低,首先看其是否能够把好行政机关的入口关,即录用。奖励是在公务员工作中展开的竞争。奖励是重要的人事管理的环节,它对人的行为可以起到正面强化的作用,通过精神鼓励和物质鼓励,引导公务员的努力方向。《公务员法》第四十九条规定,只要符合下列条件之一者,就可获得奖励:(一)忠于职守,积极工作,成绩显著的;(二)遵守纪律,廉洁奉公,作风正派,办事公道,模范作用突出的;(三)在工作中有发明创造或者提出合理化建议,取得显著经济效益或者社会效益的;(四)为增进民族团结、维护社会稳定做出突出贡献的;(五)爱护公共财产,节约国家资财有突出成绩的;(六)防止或者消除事故有功,使国家和人民群众利益免受或者减少损失的;(七)在抢险、救灾等特定环境中奋不顾身,做出贡献的;(八)同违法违纪行为作斗争有功绩的;(九)在对外交往中为国家争得荣誉和利益的;(十)有其他突出功绩的。职务升降是在用人上展开的竞争,是国家行政机关在公务员任用方面所实行的一种激励竞争。职务升降制度完善与否事关重大,它关系到政府的效能和经济的发展,还关系到能否满足公务员求上进、求发展的心理追求。建立起完善的职务升降制度,给所有公务员提供一个平等、公开的竞争机会,激励公务员奋发向上,这对国家、对人民乃至对公务员本身都具有重要的意义。考核是对一些竞争环境提供客观依据的。考核是依法实施对公务员管理的基础,也是对公务员作出公正客观评价的直接依据。国家公务员激励竞争机制的主要环节,如奖励、职务升降等都把公务员年度考核的等次作为评价公务员的最主要的条件。

(三)更新机制

更新是保证行政队伍富于生机、充满活力的重要条件。公务员的更新机制包括两层含义:(1)政府工作人员正常的新老交替,保持公职队伍的稳定性和年龄结构的合理性。(2)现有公务员知识结构和技能手段的更新,以及公务员根据适才适用的原则和职业生涯发展的条件,进行职位交流调配的人才流动活动。国家公务员制度中的更新机制主要包括公务员的交流、辞职、辞退、退休4个环节。这4个环节的设立,将改变过去我国政府机关人事管理中存在的人员缺乏流动的僵化、呆滞状况,使整个公务员队伍充满生机和活力。

公务员交流是指国家行政机关依据有关的行政法规,并根据工作需要或公务员本人愿望,通过法定的形式,实现行政机关内外人员的流动的人事管理过程。公务员的交流方式有4种,即调任、转任、轮换和挂职锻炼。通过交流,可以使国家行政机关与其他国家机关企事业单位之间,实现人才互通有无,或调剂人才余缺;能够促进各级国家行政机关人员的合理配置,充分调动公务员的工作积极性,使公务员队伍管而不死,活而不乱。公务员的辞职是指国家公务员依据有关行政法规,向其任免机关提出申请,要求辞去其所担任的职务并离开国家行政机关的行为。辞职是公务员享有的一项权利,体现的是公务员个人的择业的自主权。辞退是指国家行政机关依据有关行政法规,对不适宜在国家行政机关工作的国家公务员,解除其公务员的身份,并要求其离开国家行政机关的行为。辞退是国家行政机关的主动行为,它体现的是国家行政机关对公务员的选择使用权。但是国家行政机关辞退公务员必须符合辞退公务员的法定条件。公务员退休是指公务员具备法定的条件,依照法定的程序退出工作职位,同时享有一定数额的退休金和其他待遇的行为。公务员退休将不再行使国家行政权力,这意味着公务员已经减轻了对国家承担的责任,但还不是全部责任的终结。国家公务员退休后,仍负有保守国家机密,维护政府威信,提供历史咨询等责任和义务。实行国家公务员退休制度有利于国家公务员队伍的新老交替,使国家行政机关充满生机活力。

(四)保障机制

公务员是执行国家行政管理职责的主体,他们为维护社会安全和发展社会经济做着自己的贡献。政府要保证公务员队伍的稳定性、连续性,并能够吸引更多的优秀人才,就必须充分保障公务员工作和生活的基本条件,满足他们生产、再生产以及自我发展的不同层次的需求。不能将公务员只看成是完成工作的机器、实现组织绩效的工具或被管理控制的对象。

我国国家公务员的保障机制具体分为四类,第一类是国家公务员的权利保障。所谓国家公务员的权利是指法律对公务员在履行职责、执行国家公务过程中,必须享有的权益的许可与保障,包括身份保障权利、经济权利和文化教育权利。根据《中华人民共和国公务员法》第十三条的规定,公务员享有下列八项权利:(一)获得履行职责应当具有的工作条件;(二)非因法定事由、非经法定程序,不被免职、降职、辞退或者处分;(三)获得工资报酬,享受福利、保险待遇;(四)参加培训;(五)对机关工作和领导人员提出批评和建议;(六)提出申诉和控告;(七)申请辞职;(八)法律规定的其他权利。

第二类是物质财富保障,具体包括工资、社会保险和福利待遇。中国公务员实行的是职级工资制,就是依据国家公务员的职务高低、责任轻重和工作难易确定标准,公务员担任什么职务就拿什么职务的工资,并且随着职务的变动而变动。现阶段国家将根据国民经济的发展和生活费用价格指数变动,有计划的提高公务员的工资标准。公务员的社会保险内容主要包括《公务员法》

第七十七条的规定:国家建立公务员保险制度,保障公务员在退休、患病、工伤、生育、失业等情况下获得帮助和补偿。公务员因公致残的,享受国家规定的伤残待遇。公务员因公牺牲、因公死亡或者病故的,其亲属享受国家规定的抚恤和优待。公务员的福利待遇主要包括:福利费制度、探亲假制度、冬季采暖补贴制度、交通费补贴制度和年休假制度等。这些社会福利制度的实施,对于保障国家机关人员的基本生活、弥补其部分额外支出以及维护其身体健康等,发挥了重要作用。

第三类为公务员的精神财富保障,即培训。国家公务员的培训是为了满足公务员对精神财富的追求而设立的一个环节,具体是指各级培训机构依照公务员的职位分类和工作需要,为提高公务员素质而对全体公务员进行的终身职业教育。公务员的培训具体分为三个方面的内容,一是理论的培训,如马克思列宁主义、毛泽东思想和邓小平理论。二是知识的培训,如法律知识、行政管理知识和经济知识等。三是技能培训,包括专业技能培训和处理人际关系的技能。

第四类为公务员的法律保障渠道:申诉和控告。公务员申诉是指国家公务员依照公务员的有关规定,就自身权益问题向处理机关、同级人民政府人事部门或监察机关提出理由要求处理或重新处理的行为。公务员控告是指国家公务员对国家行政机关或其领导人员侵害自身合法权益的行为予以揭露,以求依法进行处理的行为。公务员申诉控告有着重要的意义,一是可以保障公务员的合法权益,二是可以对国家行政机关或其领导人起到监督作用。

(五)勤政廉政约束机制

从制度上约束国家公务员保持勤政和廉政,是实行国家公务员制度的重要目的之一。《公务员法》规定了公务员的九项义务和十六项纪律,义务是要求公务员必须做到的行为,纪律是约束公务员不能够去做的行为。《公务员法》第十二条:公务员应当履行下列义务:1.模范遵守宪法和法律;2.按照规定的权限和程序认真履行职责,努力提高工作效率;3.全心全意为人民服务,接受人民监督;4.维护国家的安全、荣誉和利益;5.忠于职守,勤勉尽责,服从和执行上级依法作出的决定和命令;6.保守国家秘密和工作秘密;7.遵守纪律,恪守职业道德,模范遵守社会公德;8.清正廉洁,公道正派;9.法律规定的其他义务。

《公务员法》第五十三条规定公务员必须遵守纪律,不得有下列行为:1.散布有损国家声誉的言论,组织或者参加旨在反对国家的集会、游行、示威等活动;2.组织或者参加非法组织,组织或者参加罢工;3.玩忽职守,贻误工作;4.拒绝执行上级依法作出的决定和命令;5.压制批评,打击报复;6.弄虚作假,误导、欺骗领导和公众;7.贪污、行贿、受贿,利用职务之便为自己或者他人牟取私利;8.违反财经纪律,浪费国家资财;9.滥用职权,侵害公民、法人或者其他组织的合法权益;10.泄露国家秘密或者工作秘密;11.在对外交往中损害国家荣誉和利益;12.参与或者支持色情、吸毒、赌博、迷信等活动;13.违反职业道德、社会公德;14.从事或者参与营利性活动,在企业或者其他营利性组织中兼任职务;15.旷工或者因公外出、请假期满无正当理由逾期不归;16.违反纪律的其他行为。义务和纪律从正反两个方面来规范公务员的行为,其根本目的都是为了解决公务员的勤政为民和公正廉洁的问题。

实行回避制度是为国家公务员的勤政廉政提供组织上的保证。根据中国现行有关回避法规的规定,公务员回避制度包括如下内容:一是要回避的亲属关系有四种,即夫妻关系、直系血亲关系(包括拟制血亲关系)、三代以内的旁系血亲关系和近姻亲关系。回避方式包括任职回避、公务回避和地区回避三种方式。由于中国受封建传统影响较深,在国家公职人员的任用方面还存在着任人唯亲、裙带关系等不良倾向。尤其在基层行政机关,在同一单位供职的人员中,相互之间有亲属关系的屡见不鲜。因此必须通过严格的制度对公务员的任职、执行公务进行规范,才能从组织上为公务员的廉政和勤政提供保障。

在人事管理中,上述机制可以确保公共部门人事管理的顺利实施,并可使公共部门人事管理目标——选人、育人、管人和留人得以顺利实现。

第五节 人事管理过程与管理文书

过程即事情进行或事物发展所经过的程序。人事管理的过程即完成人事管理目标和任务所经过的程序。

一、人事管理过程

人事管理运行即人事管理过程中的管理环节,在我国,主要包括录用、调配、任免、考核和定编定员五个基本环节。

1.录用。录用是全部人事管理的基石。中国国家机关、企业、事业单位在编制定员内需要补充工作人员时,根据招录的条件和要求,除了从高等学校、中等专业学校毕业生和从现有的工人中遴选外,可以从社会上的待业人员中录用。录用工作人员必须进行德、智、体全面了解,一般采取考试或考核的办法,择优录用。工作人员被录用以后,要有一定的试用期。试用期间,由主管领导对被试用人员的思想品质、专业技术水平、工作能力和身体状况等,进行全面认真的考察。试用期满后,根据考察结果,对符合条件的予以正式任用。正式任用后其工资福利待遇按国家现行有关规定办理,其地位、权利和义务得到法律保护。

2.调配。调配是人事管理中的一项经常性的工作。由于工作的需要,或为达到在职训练的目的,或为调整"人与人"、"人与事"的关系,或为照顾工作人员本人及其家庭的困难,常常采取调动工作人员工作岗位的措施。调配工作人员必须按照国家编制和人员结构要求,企业单位生产人员与非生产人员的合理比例,本着学以致用、适才适所、发挥特长的原则进行。

3.任免。任免是国家依据法规,授予工作人员一定的职务,或免除工作人员所任的职务。任免必须经过严格考核,做到及时、正确。只有任免得当,才能人尽其才,否则将会贻误工作。

4.考核。考核的目的是对工作人员的政治、业务素质和工作实绩的考察了解。考核是人事管理中的一个基本要素,是"用人行政"的基础。通过考核,全面了解工作人员的优劣短长,可以为识别、使用、培训、调动、奖惩工作人员以及实行按劳分配原则提供可靠的依据,也是激励先进、鞭策后进、巩固岗位责任制的重要措施。考核要以德才为基本标准,以考绩为重点,全面地考德、考能、考勤、考绩。①考德。主要考核能否认真贯彻执行国家的宪法、法律、法令,是否具备工作人员应有的道德品质。②考能。主要考核是否具有做好本职工作的业务技能,以及必备的文化知识和实际工作能力。③考勤。主要考核出勤情况、学习成绩和工作态度。④考绩。主要考核完成任务的数量、质量、效率。

5.定编定员。确定各个工作职位及其任务以及各个岗位人员必须具备的条件,同时还要相应地规定其应有的责任和权力。

二、人事管理文书

管理文书是指按照一定程序处理文书的全部活动。通常包括按规定行文、收文管理、发文管理和文书保存等。文书管理是行政机关管理的组成部分,是提高行政效率和工作质量的一项重要内容。

"文书"通常指组织或个人在工作活动中使用的体式完整、内容系统并具有特定格式的文字材料。包括书面和口头记录、文件、讲话稿、会议记录、通讯、纪要、报表、图纸、图片、电讯、工作简报等。文书分公务文书和私人文书。公务文书统称公文,是国家机关在处理政务过程中用以颁布命令决定、传达贯彻政策指示、请示和答复问题、指导和商谈工作、报告情况、交流经验、记载各种活动的文字材料。

文书管理的基本原则是准确、及时、安全。管理的内容包括:按照规定的文书种类行文。如中华人民共和国国务院 1987 年 2 月 18 日颁布的《国家行政机关公文处理办法》规定,公文种类主要有 10 类 15 种:①命令(令)、指令;②决定、决议;③指示;④布告、公告、通告;⑤通知;⑥通报;⑦报告、请示;⑧批复;⑨函;⑩会议纪要。按照统一文书格式办文。公文格式一般包括:标题、发文字号、签发人、秘密等级、紧急程度、主送机关、正文、附件、印章、发文时间、抄送机关、附注。按照国家机关各自的隶属关系和职权范围,确定行文关系,并遵照一定规则行文。公文按照行文关系分为:下行公文,如命令、指示、批复、通知、布告等;上行公文,如报告、请示等;平行公文,如公函、某些通知等。国家行政机关办文程序通常为:①收文管理。包括收进、启封、登记、分办、拟办、批办、承办、催办、注办、清退、归卷等。②发文管理。包括撰稿、核稿、签发、缮印、校对、盖印、注发、登记、装封、发出、存稿与存本归卷等。以上处理程序多由机关内各有关部门和人员分工负责完成,各个环节的排列顺序不宜任意颠倒和删减。拟办公文时,必须符合行政决策,不违反国家有关法律、法规,公文应观点明确,情况确实,条理清楚,层次分明,文字精练,用词规范,书写工整,标点准确,篇幅力求简短。③文书保存。公文办完后,根据文书立卷、归档的有关规定,及时分类整理,装订案卷,定期向档案部门移交。没有存档或存查价值的公文,经过一定审批手续,定期销毁。

案例 江苏省公推公选省管领导干部①

人才是"良驹",需要通过"比赛"来识别和挖掘。近几年来,江苏干部人事制度改革不断取得新突破,特别是在建立健全民主公开、竞争择优的选人用人新机制上,进行了积极探索,取得了较大进展。2000 年省委首次面向全省公开选拔了一批省级机关副厅级领导干部,2005 年又集中公推公选了 20 名省管领导干部。其中包括江苏省信息产业厅厅长等 10 个省管正职,还有 10 个省管单位副职。这次公开选拔 20 名领导干部,即江苏省信息产业厅厅长、10 名高等学校正副校(院)长和 9 名省属企业高级经营管理者人选。有的职位面向江、浙、沪,绝大多数职位面向全国,有的还面向海外,目的是为了在更大的范围内广纳贤才。具体职位如下:江苏省信息产业厅厅长、南京信息工程大学校长、淮海工学院院长、南京晓庄学院院长、金陵科技学院院长、徐州工程学院院长、南京工程学院副院长 1 名、江苏警官学院副院长 1 名、常熟理工学

---

① 资料来源:根据江苏人事人才公共服务网 2005 年 11 月 24 日综合新闻相关报道整理,收入本书时作了改动。

院副院长 1 名、常州工学院副院长 1 名、江苏财经职业技术学院院长、中国江苏国际经济技术合作公司总经理、江苏省海外企业集团有限公司总裁、江苏省粮食集团有限责任公司总经理、江苏省农垦集团有限公司副总经理 1 名、江苏省建设集团公司副总经理 1 名、江苏省设备成套有限公司副总经理 1 名、江苏东恒国际集团有限公司副总裁 1 名、华泰证券有限责任公司副总裁 1 名、江苏钟山宾馆集团有限公司副总经理 1 名。这次公开选拔，是对前两次改革成果的巩固和发展，并体现出了一些新特点、新变化。

1. 首次公选正职"厅干"。在选拔的对象上，这次选拔的层次更高。这次公开选拔的 20 个职位中，江苏省信息产业厅厅长等 10 个职位是省管正职，还有 10 个是省管单位的副职。厅长、校长、总经理……通过公开选拔的方式任用省管的正职领导，这在全省还是第一次，此前公开选拔的基本上是省管副职及其以下领导干部。这次公选的职位既有党政干部又有高等学校的正副校(院)长，还有企业高级经营管理者。"三支队伍"的领导人员同步公选，这在全省乃至全国也是不多见的，这样做有利于推进"三支队伍"之间的人才交流，在更大范围内实现人才的优化配置。

2. 首次面向省外海外选拔。在选拔的渠道上，范围更广。在前两次公选活动中，干部选拔的对象是面向全省，而这次选拔的范围显著扩大了，由面向全省拓展为面向省内外、海内外。例如，江苏省信息产业厅厅长职位面向江苏省、浙江省、上海市党政机关、人民团体和企事业单位选拔；本科高等学校校(院)长职位面向全国高等学校、党政机关、人民团体、企业以及其他事业单位选拔。本科高等学校副校(院)长和高等职业技术学院院长职位面向全省高等学校、党政机关、人民团体、企业以及其他事业单位选拔；企业高级经营管理者职位面向全国范围内的企业、党政机关、人民团体和事业单位选拔。其中，中国江苏国际经济技术合作公司总经理、江苏东恒国际集团有限公司副总裁、华泰证券有限责任公司副总裁职位，同时面向海外高层次留学人员和高级经营管理人员选拔。

3. 首次将民主推荐加权计分。在选拔的方法上，科学化程度更高。这次公开选拔，综合运用了前两次公选的成果。既有考查知识水平的笔试环节，又有考查实际能力的驻点调研、结构化面试环节,正职领导职位还增加了无领导小组讨论环节;既强调知识与能力的竞争,又充分尊重民意,在笔试之后,增加了民主推荐的程序,民主推荐得票数加权计分;既充分体现民主公开,又始终坚持党管干部原则,最终经过差额考察、差额票决确定任用或聘用人选。可以说,这次公开选拔每一个环节的情况都作为择优的依据,累积记分,环环相扣,逐轮选拔。整个选拔过程中把考试、民主推荐、驻点调研、无领导小组讨论和差额票决等环节综合起来运用,使公选程序更加严密,选拔方式更加民主科学,这样既防止了一张试卷定终身,又防止了简单地以票取人。

从这些新特点、新变化可以看出,这次公开选拔是对公选工作科学化、规范化和制度化的进一步探索,体现了江苏干部人事制度改革循序渐进、逐步深入、不断突破的发展态势。

第十二章 基层政权组织管理与创新

　　基层政权是国家政权的一部分,它是相对于中央政权、中层政权而言的,是指这一级政权在国家政权结构中处于基层也就是说最低一层的位置。按照这样的解释,基层政权,顾名思义就是指设在最低一级行政区域内的国家政权。我国的基层政权包括农村基层政权和城市基层政权两部分。按照宪法和地方组织法的规定,在农村,是指乡、民族乡、镇一级;在城市,是指不设区的市、市辖区一级。为了便于行政管理,我国城市基层政权一般设有自己的派出机关——街道办事处。街道办事处的性质是市辖区政府、不设区的市政府的派出机关。

第一节　城乡基层政权管理体制变迁

一、农村基层政权管理体制变迁

(一)关于传统农村基层政权管理体制

　　中国历史上的"农村基层政权"已有多位研究者涉足。他们分别从历史学、社会学、政治学等角度进行观察,其中心问题是基层社会的稳定或动乱来源以及国家政权的进入(在农村建立统一管制秩序)同其原有秩序的关系。已经提出的概括有"双轨政治"(费孝通,1947),"士绅操纵"(孔飞力,1980)、"经纪体制"(杜赞奇,1995)等。

　　1. 士绅操纵

　　孔飞力提出,中国政治制度的稳定性有其很深的社会制度根基,这就是由士绅操纵的政治生活。士绅具有双重身份:社会领导阶层和国家官僚集团,他们没有官职,生活于家乡社会,凭借他们的身份、财富和关系操纵地方事务。士绅的文化凝聚力、补充国家各级官僚职位的人员流动以及与国家政权的密切合作,使得政权建立在这个集团政治哲学的基础之上,并反映他们的利益。传统士绅在20世纪开始解体,原因是现代化造就了新的城市士绅,他们很难与中国农村的利害产生一致联系,后来农村士绅开始向城市社会单向流动,从而在整体上渐渐离开了农村社会生活秩序。

2. 双轨政治

在对传统社会如何与农民发生相互作用的研究中,费孝通提出了"双轨政治"的概括。他认为,在乡土中国的国家与社会中,"皇权"是一轨,代表"霸道","绅权"是一轨,代表"王道"。乡绅是有独立人格的,是国家霸道侵入基层社会的防线,也是基层社会活力的保证。他强调乡绅的自立性和积极意义。认为由于政府权力难以达到基层,地方权威实际存在于士绅们的手中,由他们实施对上级政府委派的公务及其他地方事务的控制。孙立平认为,士绅在分散的经济社会结构与集权性政权之间建立了一条使两者能有机联系起来的纽带,国家政权通过士绅的作用将自己渗透能力深入到基层社会,并且士绅在官府与民众之间建立了一种缓冲,从而形成一种三个层次的社会结构。在中国的传统社会结构中只形成两对直接关系,即国家对士绅、士绅对民众,而民众对国家的关系则由于士绅的作用而被隔断了。

3. 经纪体制

杜赞奇在对近代中国农村进行分析时,讨论了国家政权向基层社会扩张的问题,建议用"经纪体制"理解基层社会结构。他认为"经纪人模式"比"乡绅模式"更能概括晚清中国国家和农民的关系。他认为,在20世纪上半期的乡村中国是一个值得注意的历史进程,即国家竭尽全力企图加深并加强其对乡村社会的控制。而这一进程是靠复制或扩大旧有的国家与社会关系实现的:在乡村中国,知县(代表国家)如果要有效地控制那么多的农民,就必然要利用"役吏"这种非正式官僚或地方这种自治性官僚人员来执行公务,役吏和地方就成了经纪人,他们为国家跑腿、自己则在其中牟取利益。经纪体制在国家官僚和农民之间起到协调作用,它可能是保护性的,也可能是掠夺性的,其角色据组成成分和利益关系而定。萧凤霞则认为,在中国农村,文化和政治掮客建立了中央政府与地方社会之间的联结,而这种联结依赖于三个紧密相连的因素:第一,由意识形态和组织所揭示的国家权力的本质;第二,农民身陷其中的血缘、社区和阶级的复杂联系;第三,地方领导人在正式的国家制度和乡村民众之间作为中介的动机和方法。她认为晚清时的士绅、本世纪的强人构成国家与农民的中介,来调和国家与农民之间的冲突。

4. 保甲制

这种意见认为,士绅“官僚化”机制的失效,使得 20 世纪的国民政府采用历史上曾有过的保甲制度解决基层的控制问题。保甲制的目的在于帮助国家行政权力向乡村延伸,把国家自上而下的行政轨道铺到每个农户门口。保甲的主要任务是税收和治安,它不可避免地与原有地方自治的控制范围产生矛盾,它代表国家意志的强行进入,人为地破坏了原本完整的社区单位,结果是中央的政令容易下达了,可是地方的公务却僵持了。地方的建设事业无法进行,矛盾增多,基层行政效率反而低下。这些问题的起因,基本上在于保甲是中央政令的执行机关,而非自治团体,因而它堵住了自下而上的政治轨道,形成了基层“单轨政治”的局面。也有学者认为,保甲制事实上并没有想象中的成功:虽然国家把权力延伸进村,但它缺乏直接派任领薪人员入村的机器,保长实际上成为国家机器和村庄社团夹缝中左右为难的牺牲品,他们面对着各种矛盾的纠缠而无法展开工作。

无论是“双轨政治”、“士绅”制、“经纪”制还是“保甲”制,它们所针对的都是国家和基层的有效联系问题。这就回到了费孝通在 20 世纪 40 年代提出的问题上来了,费孝通的“单轨政治”,说明了只有行政管制、而无民意吸纳的不健全。没有这两方面在基层政权中的相互包容,基层政权难以有稳固的社会基础。

(二)建国后改革开放前农村基层政权管理体制的演变

第一阶段:1949～1958(建立与巩固基层政权阶段)

这一时期乡村权力结构划分为区、乡(镇)、村三级。村级政治组织除共产党支部外,就是村长。在 1953 年前,行政村村长均是由乡党委与乡政府任命的。1953 年实行"普选"后,村长由村民选举,乡政府任命。此外,村内还有一些经济组织存在,如互助组、初级农业生产合作社,1956 年以后,又普遍成立了高级社,它们都要接受党支部书记和村长的领导。

第二阶段:1958～1978(人民公社管理体制阶段)

1958 年全国的大跃进和人民公社运动,改变了农村原有的政治结构。在"一大二公"的口号下,全国绝大多数地区以区为单位,少数地区以乡镇为单位,组建了人民公社。公社既是经济组织、也是政权组织,同时还是农村社会生活的基本单位。人民公社的基本特征是:党政合一、政社合一、三级所有。所谓三级所有,指生产资料归公社、生产大队和生产小队共同所有,这一生产资料的占有形式也是农村政权结构形态。公社一级干部都是县委任命的,而生产大队干部,名义上是社员代表会选举的,实际上则是由公社党委任命的,生产队干部则由大队支部决定,社员举手通过。

应当指出的是,1966 年文化大革命开始后,上述政治体制虽然没有根本的变化,但与当时的政治背景一致,生产大队和人民公社更名为"生产大队管理委员会"和"公社革命委员会"。"四人帮"垮台后,1978 年党的十一届三中全会修定了《农村人民公社工作条例》,改公社的"革委会"和大队的"管委会"改为"管理委员会"。

(三)改革开放后农村基层政权管理体制的演变

1978 年农村经济体制的改革推动了农村政治体制的又一次重大变化,1982 年第五届全国人民代表大会修改宪法,确立恢复乡镇建制和建立村民委员会,人民公社体制解体。新修改的宪法第 111 条规定了农村政治体制改革的基本方向:改变农村"政社合一"体制。重新设立乡镇政府,建立基层群众自治组织—村民委员会。该年 10 月中央政府颁布的《关于实行政社分开建立乡政府的通知》宣布,以"乡镇人民政府—村民委员会—村民小组"取代过去的"人民公社—生产大队—生产小队"。到 1985 年 2 月,全国撤销人民公社,建立乡人民政府和村委会的工作基本完成。据民政部的统计,1982 年时全国有人民公社 54352 个,到 1985 年被 91138 个乡政府所代替,1982 年时的

719438 个生产大队被 1985 年时的 940617 个村民委员会所代替。

1982 年后政权体制的另外一个重要的变化是村民自治制度的法律化。1986 年 3 月中共中央和国务院颁布了《关于加强农村基层政权建设工作的通知》,力图推动农村的政治体制改革法制化、规范化。1987 年 11 月第六届全国人大常委会第 23 次会议审议通过了《中华人民共和国村民委员会组织法》(试行)。1998 年 11 月 4 日第九届全国人民代表大会常务委员会第五次会议通过了《中华人民共和国村民委员会组织法》,从而确立了我国农村政权体制的基本框架。

二、城市基层政权管理体制变迁

街道办事处是市辖区或不设区的市的人民委员会的派出机关。它是城市的基层政权组织,是政府与社会及其民众联系的桥梁、党和政府的基层工作站,是党和政府的形象窗口。在城市社区,街道办事处是政治权力的枢纽,从根本上制约着社区政治生活。

(一)建国前后至文革前:街道办事处的建立

街道办事处是在废除国民党保甲制度的基础上建立起来的,是与“单位制”相并存的城市社会管理体制。新中国成立前夕,在人民解放军占领并进驻的城市中,国民党政权以及包括保甲制度在内的各种组织制度和组织方式先后被摧毁,我们党面临的一个紧迫问题是如何将人民组织起来,建立起新的政治秩序和社会秩序,以保持新生的政权和社会的正常运转。为此,新生的政权首先将全国绝大多数人组织在政治、军事、经济、文化及其他各种组织里,建立了“单位体制”。对大量存在的未能进入工厂、矿山、机关、学校等企事业单位的无法纳入“单位体制”的无组织的街道居民,则建立街道办事处和居民委员会,由城市的街道办事处和居民委员会将居民组织起来。基于此,街道办事处作为基层政权组织得以建立。

在新中国成立之初的几年中,由于没有统一的法律根据和组织形式,各城市的市政当局各行其是,街道办事处没有形成统一的模式。在 1954 年以前,全国各城市的街道组织大致有三种类型:一种是设街政府,为城市基层政权,如武汉市、大连市、郑州市、太原市、兰州市、西宁市;二是设街公所或街道办事处,为市或市辖区的派出机构,如上海市、天津市以及江西、湖南、广东、山西等省的一些城市;三是"警政合一",在公安派出所内设行政干事或民政工作组,承担有关工作,如北京市、重庆市、成都市。当时由于"单位体制"的强大社会功能,街道办事处只是作为一种辅助性的城市社会组织和管理体制而存在。街道办事处建立之初不设立科室,只设主任一人、干事若干人,其职能比较单一,其主要工作是负责民政和户籍管理。

1954年12月31日,第一届全国人大常委会第四次会议正式通过了《城市街道办事处组织条例》(以下简称《条例》),以法律形式统一并确定了城市街道办事处的性质、任务、作用。《条例》规定:街道办事处是城市辖区或不设区的市的人民委员会的派出机关。其职能包括:一是办理市、市辖区人民委员会有关居民工作的交办事宜;二是指导居民委员会的工作;三是反映居民的意见和要求。街道办事处设专职干部3~7人,其中包括妇女干部1人。《条例》颁布后,1955年全国各城市都普遍建立健全了街道办事处组织。由于"单位体制"和街道办事处同时并存,并且随着计划经济体制的建立,"单位体制"得到了进一步加强,"单位体制"日益向街区扩展,形成了单位社会。街道办事处的地位越来越削弱,逐渐演变成"拾单位之遗,补单位之缺"的组织。在人民公社化运动中街道办事处曾一度被"人民公社"所取代。

1958年至1960年,全国25个省、市、自治区共建立598个城市人们公社,大多数人民公社建立在街道层面,少数建在区一级。街道管辖范围扩大,并且实行公社党委领导下的"党政一家"、"政社一家"的管理体制,成为市、区以下的一级政权组织,实际上取代了街道办事处,在辖区内组织社会生产协作,发展社办企业和集体生活福利事业。有的地方,还撤销了居民委员会,以公社派出的"街道工作队"代行工作。

(二)文革期间:街道权能的嬗变

1966年"文化大革命"开始,各地街道办事处相继被造反派夺权。1968年,街道办事处被改名为"街道革命委员会",并建立街道党委,实行党的一元化领导。以上海五里桥街道办事处为例,1967年12月五里桥街道办事处被造反派夺权,街道实行党的一元化领导,街道设革命委员会,其工作由对居民事务和经济事务的管理转向开展接连不断的政治运动,如斗批改、大批判以及动员居民到农村安家落户、动员知识青年上山下乡等。这个时期街道的权力完全集中在革命委员会手中,行政建设完全停滞。在"文化大革命"期间,由于政治混乱,许多市、区政府处于瘫痪状态,街道权能在这个时期急遽膨胀。当时,街道革命委员会下设政治组、居民组、企事业组、文教卫生组、人防办公室、查抄办公室等,统管党、政、财、文大权,权力范围空前扩大。其主要任务是"以阶级斗争为纲",对资产阶级实行专政。其次是动员居民到农村落户和鼓励知识青年上山下乡;负责民兵训练和征兵;处理查抄物资和组织生产管理与服务工作。街道革命委员会成为"阶级斗争"的工具,其主要工作便是搞外调、抓清队、查户口。

(三)改革开放后:街道权能的扩展

1978 年"文革"结束,随之而来的拨乱反正对基层政权建设产生深远的影响。1978 年,全国人大五届二次会议通过新宪法,撤销"街道革命委员会",恢复街道办事处。1979 年《地方各级人民政府代表大会和地方各级人民政府组织法》重新确立了街道办事处的性质。1980 年全国人大常务委员会重新公布了 1954 年颁布的《街道办事处组织条例》,再次明确街道办事处是市或区政府的派出机构。实行街道党委、街道办事处、街道生产服务分离,统一由民政部管理。改革开放初期,由于"单位体制"仍然主导整个社会,加之区政府各职能部门在街道办事处设有派出机构:"五所一院一场"——即工商所、粮管所、房管所、派出所、环卫所、卫生院和菜场。这些机构直接受区政府领导,因此街道内事务被"条块化",街道办事处处于"边脚料"的地位,只是做些辅助的工作,如宣传、动员和协助工商税务人员进行检查等等。在"单位体制"还没有松动的情况下,街道的机构设置相对简单,其权限也十分有限,这与街道所能控制的资源是匹配的。但是,随着经济体制和政治体制改革的发展这种情况有了新的发展。由单位控制下的社会结构正在向社区回归。街道办事处在机构设置、人员编制、和职能权限发生了巨大的变化。

在 1954 年颁布的《条例》中规定每个街道办事处设主任 1 人,干事若干,必要时可设副主任 1 人,整个街道办事处工作人员一般在 3～7 人,街道下一般不设职能机构。其工作权能主要是三项:办理市、市辖区人民委员会有关的居民工作的交办事项;指导居民委员会的工作;反映居民的意见和要求。然而,这种状况随着城市建设、经济体制改革和单位体制的松动,大量行政事务和社会事务向街道社区转移。20 世纪 80 年代中期,根据部分城市的调查结果,天津市各街道办事处的工作任务已经拓展到了 30 多个方面、100 余项之多。北京市部分街道办事处的工作任务有 120～140 多项。杭州、西安市街道办事处的任务约 70～80 项。由于街道权能的扩展,街道机构和人员编制也迅速膨胀,1980 年代一般为 40 人左右,现在则远远超过了这一数目。据统计,工作人员在 50～180 人的街道办事处最多。机构设置上:街道党委(或工委),由书记、副书记组成,下设组织科、宣传科(精神文明办公室)、纪律检查委员会、党委办公室、团委、妇联、工会、武装部和老干部办公室等部门;街道办事处,由主任和副主任组成,下设行政办公室、民政科、居民科、城建科、司法科、综合治理办公室、社区服务办公室、文教科、计划生育办公室、财务科等;有些街道还管理其下属企业,如街道联社、劳动服务公司、街道福利等企业。

近年来由于国有企业改革,大量工人下岗,使社会矛盾复杂化,街道办事处实际上起到了社会调和的作用。街道权能的急剧扩展,使其成为"社区总理"。但街道所拥有的权力资源与其所承担的社会责任并不相匹配,责任甚于权力,往往使街道行政效率十分底下。基于此,20 世纪 90 年代中期,在全国范围内作出了对街道办事处权能重构的探索,形成了街道办事处的四种权能模式:即上海市卢湾区五里桥街道——重心下移,立足基层的"两级政府、三级管理"模式;青岛市四方区兴隆路街道——以社区服务为突破口,逐步推动社区的功能转换和组织重构;南京市白下区淮海路街道——设立社区行政事务受理中心和社区服务中心,以撤销街道办事处为终极目标;沈阳市沈河区泉园街道——明确社区定位,合理划分社区,建立新型社区组织体系。

第二节 城市街道办及居委会管理与创新

城市基层政治权力结构是国家实现城市基层社会管理的最直接载体,它是检验一个国家对城市社会控制强弱的显示器。

一、街道办管理现状与改革

(一)街道办管理现状及成因

1. 街道办权能扩张

随着经济体制改革和城市建设迅速发展,街道办事处承担了越来越多的职能,相对于日益增长的职能,街道对原有的权限感到十分的匮乏。但也正是被授予了这么多的职能,街道办事处在行政权力秩序中的地位开始受到重视,我们如果不把权力看作法律规定的条文,而是看作实际行动中的影响力,那么街道办事处的权能在这段时期实际上膨胀了,在这一时期,街道办事处的职能已完全涵盖了一个区域性政府的全部职能。街道办事处几乎负责了整个政府权能的所有内容。从基层党政党务、劳动人事、工会妇联到统战、侨务和宣传、信访;从街道资产、财政、财务到社会保障、安全生产、甚至社区科技与卫生和环境保护;从"三防"工作、社区治理、治安到计生和司法服务;从社区企业服务、咨询到代理居民身份证、证明等等,几乎无所不包。有的甚至说,一个人从生到死都始终与街道和居委会紧密联系在一起。除了没有人大、政协以外,街道已经是一级"政府"。

2. 行政秩序混乱

街道办权能扩张导致的直接后果是地方行政秩序的混乱。街道办事处工作人员普遍反映他们承担了过多的责任,但并没有相应的职权保障。正如一个主任所说的:我一个人就与区政府签了 13 份责任合同,而有些合同其实我们并没有权力执行,但是只要在这个岗位就得签。这种行政事务的强行下移并没有伴随权力中心的下移,导致街道办事处处事很被动,也很尴尬。街道办事处在实际执行职能过程中又常常处于执法边缘,导致与街道居民的关系紧张。这种行政秩序混乱产生的后果就是行政合法性危机。现代社会居民的法律意识有了极大的增强,许多居民学会用法律来拒绝执行或抵制街道工作。街道唯一能做的是通报职能部门并协同职能或执法部门开展在街道范围内的事务。但许多街道往往是强制执行的,结果导致了政群关系的剧烈冲突,甚至导致法律诉讼。从普遍状况来看,街道权能的扩展不同程度的导致了行政秩序的混乱。有学者指出,街道办事处权能存在以下问题:职能权限不明确,"上面千条线,下面一根针。穿又穿不起,理也理不清。"由于法律上缺乏规定,上级政府又没有统一的明确授权,使街道内部的行政秩序很混乱,具体表现为"条块冲突",许多城市管理的任务层层落实到街道,但街道又没有明确的职权,只能是"看得见,摸得着,管不了",而条上各机构虽有权管,但由于不与居民直接关联,又没有足够的人力和物力来管理,就干脆推给街道去做。这种局面如果得不到有效的解决,将会导致政府权威的丧失和社会对抗与冲突的加深。

3.社区服务缺失与社区自治弱化

随着城市和经济建设的发展,使得社会活动的领域前所未有的拓展,城市功能不断强化,市政公共服务成为推动社会进步的关键因素。从西方社会发展的历史考察,发达和完善的社区服务体系在整合西方社会,推动社会经济政治发展中发挥了重要作用。然而,从西方成功的社区治理实践来看政府的作用仍然十分有限。由于地方财政预算常常处于"预算饥饿"状态,一方面是收入增长有限,另一方面又不断要求改善服务,地方政府在不断增长的社会服务建设中面临着越来越多的挑战。20世纪60年代为应付公共服务的挑战,美国各地方政府纷纷把部分职能下放或外包给私营公司或非营利性机构。在20世纪60年代以来,非营利的社区发展公司已经成为美国城市社区发展工作的重要参与者。这些社区发展公司主要是针对城市中低收入者的住房建筑和修复、宅第维修和供暖的计划,公共住宅区的管理,以及买卖和租赁房屋的咨询等业务。许多社区发展公司还发起了种种就业和经济发展计划。与此相反,受我国政治传统和政治治理模式的影响,我国政治体系的社会控制机制从明代以来一直在不断向基层延伸。从现实状况来看,中央政府对地方的控制一直在不断加强,因为社会稳定的根基在于基层政权对社会的超强控制。因此在"单位体制"解体后,街道办事处取而代之成为社区的控制实体,街道权能扩展就成为了一种必然。政府为了实行对社会的控制,就必须对社会事务的方方面面作出响应,这似乎已经成为中国政治的一种习惯。这种政府权能的扩展导致的结果是:一方面社会本身的自我服务能力和服务意识的残缺,而政府由于财政预算和人力资源的不足而导致服务缺失。政府的服务质量下降和数量不足有可能引发社会的分化和政府权威的丧失。另一方面,政府权能在街道的扩展阻滞了社会自治能力的培养,也人为地导致了利益基础上的地区分割,不利于社会资源的整合。

(二)街道办体制改革的基本思路

围绕街道办事处权能与体制改革问题学术界提出了多种不同的探讨。在国内比较盛行的认识大概有以下五种观点:一是主张把街道办事处建成一级地方政府,实现三级政府三级管理的城市管理体制;二是主张维持街道办事处派出机构的性质,把重点放在改革和完善现行街道管理体制以及简政放权、理顺关系、强化职能上面;三是主张把街道办事处变成政权实体,把区一级变成派出机构;四是主张取消街道办事处,把区的管辖范围划小,由区直接指导居民委员会,实行二级政权二级管理体制;五是主张因地制宜,分类管理,不搞一刀切,实行多元化的城市管理体制。

街道办事处权能与体制改革问题,作为一种政府行为不仅是一个理论问题,更是一个实践问题。街道权能的演变直接关系到国家政权的社会治理结构和治理模式,也关系到社会稳定与发展。总的来说,自建国以来,街道权能趋向于不断扩展,从虚变实,这是伴随着国家权能的扩展而发展的。但是这种街道权能的扩展也带来了许多现实冲突:一方面是基于政府治理结构的挑战,街道办事处只是基层政权组织的派出机构,其行政的合法性受到了局限。二是源自于社区自治的挑战。社区社会是一个国家权力不断渗透与社会力量相互交错的空间,社区行政与社区自治之间的博弈,从某种程度上反映了国家治理的理念和社会政治传统。三是资源限制(人力、财政、权限等)与服务效能的挑战。人民对于政府服务质量与服务数量的要求日益增长,但是囿于人力、财政和权限的限制,街道办事处并不能使人民得到很好的满足,特别是经济市场化部分地降低了政治的权威,给街道政权带来了巨大挑战。探讨如何实现街道权能的合理变革,增强国家对社会的控制能力和社会的整合能力,达到强国家与强社会的政治治理模式,对于维护社会政治稳定、经济发展有着重大现实意义。

二、居委会管理现状与改革
(一)居委会组织的形成

我国城市居委会源自于建国之初保甲制度废除后建立起来的冬防队等居民自治组织。为了将城市企事业以外的"非单位"社区成员"组织起来",时任中央政府委员会副主任、北京市市长的彭真于 1953 年 6 月 8 日向中央上报了《关于街道办事处、居民委员会组织和经费问题的报告》,其中提出:居委会的任务是在居民自愿的原则下,办理居民的公共福利,宣传政府的政策法令,发动居民响应政府号召和向基层政权反映居民意见。居委会在基层政权或派出机关的统一领导下工作,但它在组织上并不是政府"基层政权的腿"。此报告经中央批转后,各城市相继建立了居委会。1954 年 12 月召开的第一届全国人大常委会第四次会议通过的《城市居民委员会组织条例》首次将居委会的性质、地位和作用以法律的形式确立下来。1989 年 12 月召开的第七届全国人大常委会的第一次会议通过了《中华人民共和国居民委员会组织法》。

尽管在居委会建立之初,行政和法律部门就已强调了其居民自治性质,但建国以来的各个时期,它似乎都在"轨道"外运行,"文革"10 年走的更远。在"街居制"的体制中,它既不像行政组织,也不像中介组织,更不像自治组织,"三不像"最终导致它法律地位的完全悬空。由于居委会并没有较好的体现居民的主体意识和参与意识,因而在居民中难以获得工作目的的认同;由于居委会长时期从属于中央集权系统的末梢,因而造成政府权威在基层支持资源的流失。

1996 年 3 月,上海在城市社会管理中率先冲破条块分割,实行重心下移,将居委会正式归入"四级网络"(市—区—街道—居委会)体系。一方面要根据"两级政府,三级管理"新体制有利于基层政权巩固、有利于城市管理水平提高、有利于人民安居乐业的要求强化居委会在基层党建、精神文明建设和社区综合治理的职能,另一方面又要根据《组织法》要义解决居委会自治性质不清的问题——正是在这矛盾交合的社会背景下,居委会议事层(与之对应的即为办事层)的构想便提出来了。进入1999年,各城市社区自治组织建设以居委会组织形式的创意性变换和组织称谓的演示性亮相而登上历史舞台。

(二)居委会面临的角色冲突和两难境地

如果客观地加以分析,居委会的"议事分设"确实从理念上应对了目前政治体制、城区管理体制和社会变迁中的纵向定位关系(落脚点)和横向职能关系(利益代表),但在具体实践中,种种角色冲突问题也由此派生。

1.居委会党建层体现了党建与社区的关系。在中国现行的政治体制构架下,城市社区居民自治是一种法律和法规范围内的自治,更是一种中国共产党领导下的有限自治。社区自治不是否认或削弱党的领导,而是在新的运作机制中加强和改善党的领导。问题是居委会议事层、办事层和共建层各有其利益维系和表达机制,其三者与党建层的权力合法性来源也不同,当社区党组织的负责人担任其他层面的领导角色(兼职)或以领导的方式"牵头"时,其他层面如何保持其相对的决策独立性? 社区党组织负责人担任各社区组织的"调定"角色是否恰当? 在城市基层民主政治建设进程中,如何从根本上杜绝类似农村中已出现的因领导权和自治权界定不清而出现的党支部和村委会"一山两虎,两虎争雄"的现象?

2.居委会议事层体现了居民与社区的关系。"社区是个家,建设靠大家",通过社区自治,真正实现居民的自我管理、自我教育和自我服务。议事层没有丝毫的"政府"背景,直选是他们被居民认同并取得合法地位的唯一途径,他们是居民真正的"头"。就此而言,当其成员被社区中的其他层面"组阁"时是否恰当? 当议事层成为一个相对独立的自治组织时,他们能否和办事层共享政府拨给的办公经费和场所? 如果能够共享,那么他们在为政府"跑腿"和为居民"当头"间如何选择? 如果采取"两票制"(先作候选人提名投票,再对候选人作表决投票),那么自由推荐候选人的竞选环境是否具备?

如果采取"一票制"（对候选人作表决投票），那么领薪专职人员、津贴聘用人员、居民志愿人员三者中任何一方当选居委主任后，其身份背景完全不同的角色如何统一定位？又如何在一个确定的法则内行事？更值得思考的是在一些大城市通过"组合型"差额直选（将上述三者按比例组成居委会班子候选人）而产生的居委会内，议事层（居民志愿人员）是办事层的智囊团？参事室？还是决策中心？

3.居委会办事层体现了政府与社区的关系。"上面千条线，下面一根针"，政府的各项行政职能在居委会几乎都留下了投影。长期以来，居委会始终作为政府的"腿"而存在。90年代中期后，一大批企事业中层干部和高校毕业生通过人事局招考录用进入了居委会办事层，"准公务员"的编制性质使办事层的"准机关"属性进一步突现。在居委干部每月领取政府薪水、坐在政府划拨的办公用房里接受政府指令的情况下，"居民自治"从何谈起呢？直选能改变居委专职干部"政府雇员"的角色吗？居委会能不能"告别"政府？如何真正"告别"政府？

正因为"议事分设"本身并没有从根本上解决居委会"既是政府的'腿'，又是居民的'头'"的角色冲突及其在社区建设中的两难境地，居委会的重组问题就历史性地被提出来了。在中国现行政治体制的构架下，如何解释这些问题，描绘出居委会重组的可选路向，直接关系到社区建设的进程，直接关系到城市管理体制改革的深化，直接关系到中国城市基层民主政治建设的命运。

（三）居委会重组的先决条件和可选路向

随着改革开放的不断深入，特别是社会主义市场经济体制的初步确立，包括街道办事处、居民委员会在内的城市基层社会结构面临改革和调整的任务，社区的地位和作用显得十分重要，社区建设的要求非常迫切。

社区是指聚居在一定地域范围内的人们所组成的社会生活共同体。社区建设是指在党和政府的领导下，依靠社区力量，利用社区资源，强化社区功能，解决社区问题，促进社区政治、经济、文化、环境协调和健康发展，不断提高社区成员生活水平和生活质量的过程。目前城市社区的范围，一般是指经过社区体制改革后作了规模调整的居民委员会辖区。

社区自治组织建设的先决条件是社区参与。社区参与就是居民自觉地参加社区各种活动和事务的过程。社区参与的实质是公众参与,它意味着社区居民对社区建设责任的分担和成果的共享,它使每个居民都有权力和机会为谋取社区共同利益而施展自己的才能,奉献自己的能量。正是从这个意义上,以向社区授权为突破口,探究居委会重组的可选路向。

一是将居委会办事层从居委会组织构成中剥离出来,在目前"两级政府、三级管理"体制下,成立过渡性的第四级机构——社区工作站。社区工作站由在编领薪专职人员和编外聘用人员组成,实行竞聘上岗。社区工作站的办公经费和场所由街道办事处提供,接受街道办事处行政指令,向街道办事处负责。

二是居委会办事层被剥离后,以居委会议事层为主体,成立完全符合《组织法》要义的居委会,使其真正成为一个社区自治组织。居委主任按法定程序,在社区专员的指导下,通过居民直选产生。居委会其他成员由居委主任提名,经居委代表大会表决产生。居委会的所有成员都从政府部门领取薪水或任何形式的津贴,所有必需的公务经费均由居民自筹,在住宅区公建配套的公益性服务设施(如社区服务中心)中,他们可获得活动用房。总之,他们与政府没有丝毫的利益维系,他们是社区的利益代表,是居民的代言人,是政府社区建设纲要最忠实的实施者,他们在社区中具有很高的感召力,居委会的向心力和组织权威因为他们的法定地位、良好素质和富有成效的工作而确立起来。届时,"居民的管家居民选,居民的事情居民议,居民的财务居民理"将真正成为现实。

三是根据"小政府,大社会"的总体思路,在条件成熟的时候逐步撤销街道办事处(包括所属的社区工作站),成立非政府机构——社区指导处,实现"街居制"向"社区制"转型。从社会主义计划经济到市场经济,街道办事处走过了近半个世纪的历程,过去的设置是必要的,目前在"两级政府,三级管理"体制下,强化其管理职能也有现实意义。但从社区建设的基本理念及长远发展的高度来看,政府对社区事务的直接干预和包揽不利于社区意识的培育,不利于社区资源的调动,不利于社区组织的生成。

第三节 乡镇及村委会管理与创新

一、乡镇管理现状与改革

(一)新时期乡镇管理体制的基本内容:

1.党政分开、政社分开。改革前农村基层政权组织是人民公社,它是政社合一、党政合一的全能型组织。改革后人民公社一分为三,即党的工作由乡镇党委负责、行政工作由乡镇政府负责,而人民公社的经济管理职能由乡镇农工商总公司或经济总社负责。由此实现党政经的分离。

2.民主与法制的恢复与发展,主要表现在乡镇人大的功能的加强。实际上,目前一般的乡镇并行三大系统:乡镇党委、乡镇政府、乡镇人民代表大会,这三个系统的一把手为正乡级干部,在许多经济发达的地区,特别是集体经济发达的地区,还有并列的一个经济组织:即乡镇农工商总公司或经济合作总社、经济联合总社等。例如,在乡镇企业最为发达的苏南地区,20世纪90年代初的乡(镇)领导机构由"四套班子"组成:党委、政府(狭义)、人民代表大会、农工商总公司。农工商总公司实行董事会领导下的总经理负责制。董事会由党委、政府主要领导以及骨干企业、村、信用社等方面的代表组成。通常由乡(镇)党委书记任董事长,乡(镇)长任副董事长。正、副总经理由董事长推荐,报上级审批同意后,由董事会聘任。总经理通常由一名副乡(镇)长担任。

3.乡、村关系的变化。在人民公社时期,生产大队和生产队是乡镇政府的腿和脚,是乡镇政府延伸到农村基层的机构,公社与生产大队及生产队的关系是领导与被领导的关系。改革后在《组织法》中第3条规定,乡政府对村民委员会的工作给予指导、支持和帮助,村民委员会则协助乡政府开展工作。这是乡、村关系的基本法律框架。也就是说,他们是指导与被指导、协助与被协助的关系。村委会不再是代表国家向村民实行行政管理的机构,它的性质不是政权组织,也不是行政组织。

4.乡镇财政的建立。在改革前,人民公社虽然是一级政权组织,但它还不是一个完全意义上的政府,因为它没有独立的财政,它的经费来源和支出均由县财政拨款,人们形象地把它叫做"吃饭财政"。作为国家财政的组成部分,乡镇财政正式建立于人民公社撤销的20世纪80年代初期。1983年中共中央、国务院提出"随着乡政府的建立,应当建立乡一级财政"的要求。按照这一要求,财政部制定了《乡(镇)财政管理试行办法》,并于1985年正式颁布试行。根据《试行办法中关于"各省、自治区、直辖市可以结合本地区的实际情况,制定具体实施办法"的规定,各地也制定了"试行办法"、"试行方案"、"实施办法"、"暂行规定"等。

(二)当前乡镇政权运行存在的问题及原因

1.乡镇政权负债沉重。乡镇债务自20世纪90年代初开始形成,至90年代末期才引起关注。此时,相当部分乡镇因债务过于庞大而积重难返。据有关专家调查,湖南桃源县每个乡镇都负债,其中,负债1000万元以上的有23个,负债2000万元以上的有15个,负债最高的达1.09亿元。有些乡镇为了能"打开门、揭开锅"正常运转,向干部、向社会高利集资,向农信社借贷,并以此作缓解债务的方式,这必将引起新的债务。基层政府为消减债务可能侵犯农民利益、加剧干部腐败、激化矛盾、甚至动摇土地承包经营责任制,成为恶化政府与农民关系的潜流。具体来说有以下几个方面:一是乡镇举债建设,搞"形象工程"及"发展产业、达标升级"等。如1997～1999年某乡为带动农民种烤烟,建基地、育苗、租地、建烤房以及县、乡工作组伙食开支等全部由乡村负担,乡里为此背上15万元债务。二是乡村两级收入下降。尤其是在"三提五统"、农业税取消后,欠发达地区的乡村经济严重减弱,甚至出现了农民"零负担"下的乡村经济"零收入",导致乡、村两级干部正常支出严重不足,既影响干部队伍的稳定,也影响了基层政权的执政地位。三是拖欠税费现象严重。多年来,农民税费的收缴基本都是采用动员其自愿上交的办法,对那些不愿上交税费的农户,乡、村两级束手无策,而县里采取的政策是任务要完成、问题不能出。乡里为保稳定,只能收多少算多少,实在没办法只能由乡村干部自己垫付。农户的欠款收不上来,该上交县财政的税费任务又要全额及时上缴,容易形成理不清的"债务链",加速乡镇经济的恶性循环。四是债滚债,"雪球"增大,造成乡镇债务逐年攀升。五是乡镇财政包干体制直接导致乡村负债。20世纪90年代初,县对乡实行财政包干,由于乡镇财政缺口大,县里给各乡下达各项经济任务逐年增加(主要是指农特税,生猪税等),乡里完不成任务只好垫交。据调查,某乡人口3.8万,该乡从2002~2004年三年共垫交各种经济指标任务款(税款)135.7万元。六是农村义务教育、学校危房改造、水利设施修缮建设等公益事业导致乡级负债。多年来,由于国家财政用于这方面的投入较少,而乡镇可用财力又少,公益事业的投入基本上都是靠向金融机构借贷甚至拖欠工程款。这方面相当普遍,有的占总债务的比重还较大。

2. 乡镇政权行政能力弱化。一是乡镇政府行政机构设置上普遍存在"条块分割"问题。有些理应下放给乡镇政府直接管理的,却被上级职能部门所把持(这些乡镇部门机构大多有利可图);有些需要由上级职能部门业务指导和行政管理的乡镇事业单位,却被上级职能部门当作"包袱"甩给乡镇政府管理。尤其是前者,这些由上级职能部门实际管理的乡镇部门机构,往往不愿服从乡镇政府的管理或领导,更为严重的是,它们在一定范围内行使着本来属于乡镇政府的职权,从而削弱了乡镇政府的管理职能和权威,将乡镇政府架空、肢解为一级不完全的政府。这些部门机构就像各国派驻在联合国的代表机构,它们住乡镇政府的房子,享受乡镇政府的福利待遇,却可以不听乡镇政府的"调遣";它们各自掌管着一个方面的权力,各自为政。乡镇政府对这些部门机构毫无办法,"叫不应"也"管不着",只好放任不管。这种局面既不能对乡镇社区实施有效的管理和控制,也不能给农民提供完善服务。二是乡镇政府行政机构设置上普遍存在职能不清的问题。由于"政、企"、"政、事"和"政、经"不分,乡镇政府及其下属行政机构"该管的没管或者没有管好",或者"管了不该管的事"。乡镇政府插手企事业和经济组织内部事务,而一些企事业单位和经济组织又担当了本属于乡镇政府的行政管理职能。三是对上负责与对下负责的矛盾。上级党委、政府把工作任务和指标层层"下压",而乡镇处于最底层,只有硬着头皮上,"上面千条线,下面一根针",对下还要保稳定,存在"上"与"下"的矛盾。

3. 基层党组织缺乏活力。改革开放以来,农村基层党组织总体上是健康发展的,但少数农村党员仍不同程度地存在理想信念淡化、宗旨意识退化、组织纪律弱化、思想观念僵化、知识结构老化的问题,严重影响农村基层党组织战斗力。原因主要有二:一是党员年龄老化严重,许多村多年来未发展新党员。二是外出务工党员增多。随着农村外出务工人员日益增多,外出务工的党员也逐年增多。如某县 70 多万人口,常年外出务工人员 15 万,外出务工党员 1400 余人,占党员总数的 6.9%,有的村外出务工党员人数竟占到该村党员总数的 42%。由于打工区域的不确定及农村党员履行义务自觉性的下降,导致外出务工党员这支特殊的流动群体管理难:一方面"老弱病残"党员"走不动",另一方面务工党员外出打"游击",一年下来难以开好一个支部大会。

4. 民间非政府力量逐年增大。一是宗教、宗族势力有所抬头,如某县已登记的宗教场所 240 所,非佛非道的场所(指方神庙类)达 295 处,近年来各地宗族势力也在逐渐抬头,有的甚至严重影响村干部的选举工作。这些都导致农村基层精神文明有所滑坡。二是改革开放以来,社会结构发生了重大变化,就业形式、生活方式、价值标准的多元化变化直接导致了社会的分化,个人自由度增加,对政府的依附性减少。农村新富阶层的迅速崛起,冲击了农村社会权威体系,使农村社会由以前的党政单一权威制向多元权威制转变。

5. 少数干部工作热情不高。一方面乡镇干部待遇偏低。乡镇干部与县直机关干部同为国家公务员,却待遇不一。据调查,某乡镇干部月平均工资 684 元,每月工作性支出约 200 元(含摩托车交通费、通信费、每年报刊摊派、各项捐款等),用于家用仅剩 484 元,而乡镇干部"一头工,一头农"现象突出,生活较为贫困。另一方面乡镇干部政治地位较低。例如,乡镇科级领导干部大多从县直机关下派,从乡镇一般干部中直接提拔的较少。乡镇一般干部进城工作率也还不到 10%,缺乏城乡交流,影响了乡镇干部工作积极性。此外,乡镇干部在许多工作中没有执法权,难以依法行政,这在很大程度上影响了干部的工作热情。

(三)加强乡镇政权建设的基本思路

加强农村乡镇组织政权建设,要从理顺体制、转变职能等方面入手。

1.转变乡镇政府职能,建立公共服务型政府。当前乡镇政府大包大揽,管得过多过宽的现象没有得到根本改变,政府管了很多不该管、管不好、管不了的事。特别是乡镇政府热衷于直接投资推动经济发展,产生了不少问题。社会主义市场经济的发展和现代行政管理科学要求政府必须转变职能,从经济建设向公共管理转型。建立公共服务型政府,要把握好以下几个方面:一是明确职能定位。与市场经济相适应的现代政府职能主要是经济调节、市场监管、社会管理和公共服务,根据我国实际情况,基层政府职能应该以向社会、企业提供优质服务,搞好社会管理,创造良好经济发展环境和生活环境为主。二是树立现代政府理念。要摒弃政府权力包揽一切的旧观念,树立有限政府、责任政府、法治政府和服务政府理念,使政府从具体经济建设活动中脱身出来,把企业、中介组织和个人能够解决的问题交给社会处理,把更多的财力和精力投入到为经济发展创造良好环境上来。三是坚持依法行政,加快政府管理创新。按照《全面推进依法行政实施纲要》和《行政许可法》的要求,转变行政管理方法,充分运用间接管理手段和动态管理手段管理经济和社会事务,提高服务水平。

2.积极化解乡镇债务,理顺乡镇管理职能。我国政权运作是一种"压力型体制",任务层层下压,导致各级政府将事权下移,最终都落在行政链条最低端的乡镇头上。乡镇头顶着计划生育、财政税收、社会治安综合治理、招商引资、中心工作等"一票否决"的悬剑。近年来,乡镇政府求发展、保稳定的任务越来越重,但是越来越紧张的财政使乡镇的调控能力愈来愈弱,条块不协调,使乡镇的权力愈来愈小。乡镇范围内,几乎凡是有权的、具有吸纳能力的所站全都收编上划,诸如税务、国土、工商、财政、公安等,乡镇政府的行动不仅常因之受掣肘,而且还常常要为他们支付许多费用。这种权力与责任不对等的体制削弱了乡镇一级政权的调控能力和行政管理能力。要协调好农村基层政权组织的关系,提高基层行政效能,一方面要强化措施,积极化解乡村债务。及时有效地化解乡村债务是从根本上维护农村社会温度的基础,也是保证农村基层政权正常运转的关键。一是削减高息借债,对乡村所欠的私借公用部分,要在清理核实的基础上,通过双方协商按照国家有关民间借贷利率规定个人借贷利率。二是对农民拖欠的税款要依据不同的情况分别对待,能减免给予减免,有能力偿还的要依据法律手段予以征收。三是对以集体名义为企业借(贷)款形成的债务,一律划转给企业,由其负债偿还,企业已合并、转制的,由新企业偿还,企业已经倒闭的,可先挂账,企业已经租赁经营承包的,从租赁费中划转偿还。四是统筹考虑,倾斜政策,加大政府扶持力度。根据不同情况,一方面核销银行贷款的死账,另一方面区别对待,对一些"合理"贷款,国家逐年拨出专款予以化解。五是严格控制非生产性支出,精简机构人员。农业税取消后,乡村干部工作量大减,应严格按照2003年农村税费配套改革要求,严格执行乡镇干部编制,逐步消化超编人员。另一方面要对乡镇政权设置进行改革。条件成熟的地方可以考虑实行乡镇自治,取消乡镇政权,将目前乡镇政权从国家行政组织变成社区自治组织,或者是把乡镇作为县级派出机构,大幅度精简人员和职能。

3. 理顺行政管理体制,强调事权与财权相对应。目前我国县乡两级财政收入只占全国财政总收入的21%,而县乡财政供养人口却占全国财政供养人口的71%。地方的财政能力减弱,但承担的各种行政管理、公共服务的任务并没有相应减少,尤其是乡镇一级在对财政分配方面处于最不利的地位。要从体制上科学界定中央与地方的财权和事权,以立法的形式,将中央和地方各级政府的权力范围、权力运行方式、利益分配结构、承担的责任和义务等明确下来。义务教育、卫生保健、社会救济等基础性的社会公共服务应由中央承担,在地方承担的任务方面,省、市、县各级的侧重点也应该明确。

4. 整合农村政治资源,提高社会动员能力。由于农村财政经费短缺、基层党组织影响力减弱等因素,党政机构对社会的直接控制能力减弱,动员能力下降。整合农村政治资源、提升基层党政组织的社会动员能力是当前农村基层政权建设一项紧迫任务。首先,要扩大党员覆盖面。要吸纳农村优秀分子进入党组织,加强基层党组织建设。积极培养和发展农村经济能人中的优秀分子加入党组织,把他们吸纳到党的队伍中来,积极引导他们把个人致富与群众致富结合起来,更好地配合党委和政府的中心工作,提高党组织的影响力,增强党组织的权威性。其次,要积极拓展基层政治参与渠道。推行选举制度改革,农村基层党政领导实行直接选举;改革党代表、人大代表和政协委员的分配方式,名额适当向农村骨干倾斜;加强与新兴社会组织的沟通,畅通民意收集和反映渠道;加强宣传教育,提高群众参政意识。再次,要努力培育农村社会组织,提高农村社会的组织程度。随着"公司＋基地＋农户"等新型农村经济合作组织的出现,有必要引导农户组织和参与一些以互惠互助、发展经济为目的的经济合作组织,提高农民的组织程度,更好地适应社会化生产和参与市场流通的需要。最后,要合理组织安排一些社会公共服务活动,比如兴修水利、修筑村道等,党员带头,群众参与,使群众既得到实惠又受到教育,增强基层组织的向心力。

5.改善基层干部待遇,提高基层干部综合素质。一方面要提高基层干部的待遇。严格按《公务员法》保证乡镇干部的工资及时足额发放和正常的福利补贴,要从政治上多关心和培养乡镇干部。县级以上财政要把乡镇条块差额拨款站所人员工资和村干部的工资纳入上级财政预算并予统发,减轻乡级财政负担。另一方面要提高基层干部的综合素质。采取切实有效的措施,加强农村基层干部的教育培训,既要开阔基层干部的视野,夯实理论基础,牢固树立科学发展观和正确政绩观,强化责任意识和使命意识,又要学习现代科技、管理、经济、法律等知识,努力提高带领农民发展致富的能力和解决各种农村实际问题的能力。要重视抓好农村基层后备干部队伍建设,有目的、有计划地组织后备干部开展学习交流活动,建立起一支能力结构合理的后备干部队伍。要注意在实践中锻炼农村基层干部,及时总结推广典型。同时多创造条件组织基层干部到先进地区参观学习,在学习交流中得到启迪和提高。要建立完善干部管理体系,在定机构、定编制、定职数、定岗位的的基础上,对一些界定不够清晰的职责进行重新调整,对一些重叠交叉的职责进行重新划分,建立健全一套完备的干部考评体系,树立科学的政绩观。

二、村委会管理制度与思考

(一)村民自治的法律体系

《中华人民共和国村民委员会组织法》(以下简称《组织法》)是确定我国

农村村庄一级政治形态的法律,反映了中央政府构建我国农村权力结构的基本思路。其立法主旨是"为了保障农村村民实行自治,由村民群众依法办理自己的事情"。这部法律对于村民委员会的性质、地位、职权范围、组织设置、直接选举原则、村民会议、工作制度、村民小组、乡规民约等方面进行了比较规范的规定。按照《组织法》的规定,"村民委员会是村民自我管理、自我教育、自我服务的群众性组织。"村民委员会主任、副主任、委员,由村民直接选举产生。村民委员会设人民调解、治安保卫、公共卫生等委员会,办理本居住地区的公共事务和公益事业、调解民间纠纷、协助维护社会治安,并且向人民政府反映群众的意见、要求和提出建议。按照这一规定,村庄应该是一个社会自治共同体。村民代表大会是民主决策的基础。民主选举、民主决策、民主管理和民主监督是村民自治的核心内容,其中民主选举制度是基础。选举方式:A.差额选举与等额选举;B.直接选举与间接选举;C.无记名投票与公开选举。候选人的产生:A.村民直接提名;B.村民间接提名;C.组织提名;D.混合提名。

　　《组织法》作为一部全国农村适用的基本法,侧重于规范性、原则性、方向性,它着重规定的是"可以做什么",但对"怎样作"则规定不够,各省根据《组织法》的规定:"省、自治区、直辖市的人民代表大会常务委员会根据本法和本地区实际情况,制定实施的步骤和方法。"分别制定了相应的地方性法规和行政规章。村民委员会的有关法律和地方性法规、行政规章的组织实施,主要是由地级市政府、县、市、区人民政府及其所属民政部门和乡镇人民政府等三级政府机关具体负责的,与此相适应,这方面的规定也主要包括这三级国家机关制定的各种规定。这些规定是把村民委员会组织基本法律法规、地方性法规与基层群众自治组织的各种规章制度直接联系起来的桥梁,在整个村委会法律法规规章制度体系中占有重要地位。其中地级市形成了以村委会选举办法和村民代表会议规定为主的规定体系;县(市)形成了以村委会选举办法、村民会议和村民代表会议规则以及村务规范化管理规定为主的规定体系;乡镇形成了以乡镇人民政府指导村委会工作的规则为主的各种实施细则的体系。

　　村民委员会为了在广大农村村民中直接推行村民自治活动,必须依照

《组织法》和各种地方性法规、规定,结合本村实际制定各种规章、规定和各种具体制度。这些规章、规定和制度既是国家关于村民自治和各种农村工作的各种法律、政策的具体化和制度化,是国家有关农村的法律政策得以贯彻落实的根本基础和重要保证,也是广大村民广泛开展自治活动的基本手段和具体操作性规范。其中,最普遍、最有代表性的是村规民约和村民自治章程。

(二)村民自治过程的思考

村民自治过程,即乡村治理中,村庄内部进行选举、决策、管理和监督的过程。近年来,学界对村治过程的研究较多集中在选举、决策和管理环节,其中村级选举、一事一议和村级财务管理皆是热议的话题。

1. 村级选举。村级选举在村治领域一直是备受关注的议题,也是中国政治学界一批村民自治研究者改变研究视域,进入一个更为宽广的乡村社会研究领域的切口、路径和策略。针对中国农村民主制度建设中的竞选方式问题,学术界有不同的观点:有人认为村级选举真实地反映了中国农村民主改革的进程,有些学者的研究工作却得出了农民不满意村级选举的结论。在两种不同的假设下,很多学者对村级选举的程序进行了实地调查,并对如何进一步改善选举机制提出了宝贵的建议。对于村级选举方式的改进,也存在着两种对立的观点:党国英认为村级选举要借助国家的力量来强制推行,他提到:中国农村的问题说到底还是一个松绑问题,如果聪明的政治家主动松绑,事情的发展要好一些。而与此同时,仝志辉得出与之相左的结论,他认为相对于国家强权的介入,更重要的是农村内在能力的发掘,是注重发育村庄自治基础。

2. 一事一议。所谓"一事一议",是指在农村兴办集体公益事业时,所需要的资金要通过村民大会或者村民代表大会集体讨论、研究,实行专事专议的办法筹集部分资金,其初衷是为了弥补因税费改革取消的村级提留所造成的资金缺口。但在通过学者一系列的调查佐证后得出较一致的结论是:一事一议在实施过程中存在着严重的隐患。有人认为,"一事一议"存在着"交易成本太高"、"制度设计不尽合理"、"组织者缺乏积极性"等缺陷。有人根据税费改革对农村基层政府影响的调查分析,得出了"'一事一议'难以开展,农村基本农田水利设施建设和维护陷于瘫痪"的结论。有人则详细分析了实践中影响"一事一议"达到最优均衡的各项因素,提出现阶段在广大农村实行的"一事一议",由于流动人口、宗族势力、农民贫穷等诸多因素的影响,在实践中达不到理论上的最优解,甚至可能得到一些我们所不愿意看到的结果。

3.村级财务。对村级财务的研究主要分为两个方面,一是村级财务管理,二是村级负债。在村级财务的研究方面,学界已经形成一个共同的前提认知,即村级财务管理混乱是当前农村经济工作中一个比较突出的问题,有效解决此问题已经成为农村经济建设进程中刻不容缓的任务。就存在问题来说,主要有"会计基础工作薄弱"、"财会人员素质不高"、"指导和监督不够"、"财务公开度不高"、"财务负担太重"等看法。针对这些问题,提出的政策建议,比较一致的有"加强村级财务管理法律法规建设"、"完善财务公开制度"、"提高财务管理人员的思想素质和业务素质"等。而对于村级负债的研究,学界较多的集中在村级负债的区域差异考察上。运用得较多的是两种视角:一种是从地方政府积极性的差异及区域经济发展水平的差异,来解释村级负债的区域差异;另一种是从农村社会内部结构的差异出发,解释村级债务的区域差异和乡村治理的发展不均。

案例 湖南基层政权考察报告[①]

"乡镇一级政府职能越来越弱化了。"覃教授开门见山。他说,减免农业税后,乡镇收入来源越来越少。由此带来了乡镇干部待遇差距增大,有本事的就向上边、向外边跑资金,跑来钱就有了能力,所以有时乡镇加重农民负担也是迫不得已的事。

我问现在一些乡镇干部是怎样增加农民负担的? 覃教授认为主要是通过行政资源与民争利,干预市场,这也成为许多矛盾冲突的发端。我看了一下他的那份调研报告,其中列出当前基层利益矛盾的主要特点有四:一是利益矛盾在基层各种矛盾中处于基础性地位,是其他领域矛盾的根源;二是矛盾的群体

---

① 改编自记者田毅的报道,《第一财经日报》2004年12月31日。

性凸显,不同利益群体的利益需求存在矛盾;三是矛盾的复杂性增强,横向和纵向的各种利益矛盾加剧,利益矛盾往往成为经济、政治、思想、文化各个领域矛盾的交织中心;四是利益矛盾总的说来是非对抗性的,但在某些领域对抗、激化和突发的可能性随时都在增加。我似乎感到这些略带学术味的话背后那股张力。

他推荐我去长沙以北的湘阴县看看,他说那里县乡向所有418个村派出"第一支部书记"(简称"一支书")的做法解决了不少问题,很受农民欢迎。见到湘阴县县委宣传部冯根良副部长,他介绍说,湘阴有70万人口,这几年变化很大。他认为目前乡镇干部普遍缺乏长远机制,一般三五年就换,自己没有什么风险。他特意举了企业老板为例,说老板们风险大,弄不好会倾家荡产。吃饭时我听说现在乡镇干部的工资也是由县财政直接打到工资卡里,县里正科一般是每月700多元。乡镇干部与县里干部不同的是卡外的补贴等,差别较大。就是县城不同机关的补贴也是有高有低。乡镇干部一般最少,有的刚毕业的年轻人基本生活都成问题。冯特意提起一个乡党委书记被绑架的事件。1998年樟树镇书记杨冬云被一个农民绑架到了临近的一个县。起因是该农民想在乡间办私立学校,但因为条件资格等不达标被乡里叫停了,而私立学校承诺农民低学费。

湘阴县一支书办公室主任范武林介绍说,"一支书"制度从2002年12月开始,就是从县乡机关选派有农村工作经验和年轻的干部任村支部"一支书"。"一支书"主要工作是"五个一":建强一个班子,发展一批党员,培育一批经济亮点,引进一个项目或一笔资金,确保一方稳定。他说现在的"一支书"不是以前的"四清"工作组,也不是过去意义上的蹲点或扶贫,要一干三年,严格考核。他统计说,"一支书"进村后一年内,全县共调整村级班子115个,调整干部207人,这样的力度是从未有过的。

"一支书"怎么带来资金呢?我问月湾村所在的石塘乡周孟龙书记。周说,主要是"一支书"所在的县乡机关支持一点,"一支书"一般能力强交际多,自己也去外边跑项目和资金,给农民带来实惠。而这418位"一支书"中先后已有五十多位得到提拔。

晚上又和周孟龙书记及西林乡"一支书"指导员(即协调管理本乡一支书的下派干部)王勇聊了很多。四十多岁的周书记有个很有意思的观点就是"三位一体",即党支部、村委会和农村的各种经济协会领导合三为一。现在石塘乡已经有了五六个农民自办的协会,他希望能通过董事会股东选举产生会长,并且这样的会长如果能得到全体村民和党支部的认可当然最好。我问他,如果这样权力会不会过于集中?他说,这有些可能,但因为都是党的领导,具体的还会有副书记、副会长、村民和党员来制约。能人治村"白水路好走,月湾境难过",这是另外一句知名的话。通往白水那条必经月湾边的公路曾经经常被农民拦堵,以讨公平。19日早晨我来到这个村看见了这条路。路很干净,旁边的村子几乎家家门口都铺上了水泥路。一个村民说,有了路就可以图发展了。

下午我和袁家铺新华村"一支书"刘锦来到新华村,采访了几个村民和支书熊建清。这个村子2480人,只有2200亩田,"种地是没出路的了"。熊建清是典型的能人治村。他两年前还在向广州、上海贩运生猪,利润不薄。而这两年忙着和一支书跑资金、跑项目。现在他自己一月的工资是270元,他说,以后这个支书怎么当真是个问题,总得有饭吃。以前他也见到干部抓鸡赶猪抵农业税的事,而现在干部办实事了,农业税减免了就好了。

袁家铺镇长兰孟军军人出身,1985年复员回乡。现在全镇有2万人口,因为临近公路,经济条件和发展在湘阴算是中上的,而他自己主要负责镇里的经济工作。他说农民人口占中国的大部分,日常事务几乎都得由乡镇处理,乡镇干部总体是好的,中国的干部中最难做的就是乡镇干部了。接着他一连说了七大难点,看来是思考已久。

一难在人事无权。工资卡在个人手上又是县里发,干不好我能拿他怎么办呢?

二难在财政。袁家铺镇总体经济水平在全县乡镇能进前三位,不过财政缺口还是很大。去年农业税完成了86.4万元,今年湖南减免农业税3个百分点后是48万元,但因农民外出打工等情况现在还亏20万元。有些农民是有钱有粮但就是不交,我也没有强制权,没办法。

三是债务负担重。镇上历年债务累计达 200~300 万元,湖南有的乡镇还上千万元。

四是支出大。今年镇上支出控制很"死",支出的大头在基建上,这里一发洪水就被淹,去年光修水利就投入 200 万元。

五是上边政策不配套,农民法律意识也不高。比如不少外出打工的农民几年都不回来,但按政策他的地也要交税。另外,粮食直补政策初衷是很好的,但实际中有些不公平。比如对以往每年按时交纳的农民与有钱不交税的农民都一样直补,交税的就很不乐意,这样明年我们的农业税就很难收了。

六是教育经费难。

七是舆论环境不好,对乡镇干部关心不够。

我问兰镇长有什么好点子解决这些问题。他说,没什么好办法,无非是发展经济、提高教育投入和多服务农村。

我又问他关于现在的撤乡并镇他怎么看。他说这样的矛盾可能更大,就说并村,如果三个村并为一个,一共才四五个干部,要是远点的村有个打架都不一定知道。如果我们镇和周围的三个乡镇合并了,那直径可就是 40 公里。现在都实行首长负责制,表面上合并了,人员少了,财政压力小了,但是如果死了一个人就可能得支出 20 个干部的开支啊。

乡镇改革是个系统,上面不改革只改下面是不可能的。比如林业系统,由林业部(国家林业局)到省林业厅到县林业局都是一级级的中间传达机构,而最后落实还得看乡镇的。

我们又谈到村民自治,兰镇长认为海选有好处,不过也有问题。选出的人至少在一方面是能人,不过为大多数人赚钱的人毕竟不多,所以基层政权不稳定的因素也就在这。有的可能就是为了自己利益,这样会形成经济控制地方政治的情况。现在又到了换届选举的时候,没人愿意当村干部,有能力的人也都出去打工了。

据他介绍,现在全镇有党员 898 名,30 岁以下的不足 50 人。现在提倡发展有一技之长的年轻人入党,上 40 岁就不好入党了,不过现实很难。

镇上现在有 70 多位干部,117 位老师,加上七站八所和退休的总共有 280

多人,是太多了。照这样下去,现在 19 个行政干部三年后就要增加到至少 80 个。

文星镇副书记赵承卓,1993 年毕业于湖南农大,现在主要负责文星镇的城建和招商。

他认为中国农业的前途在于走深加工的路子。乡镇干部多为本乡本土,水平参差不齐,人事管理体制有组织部管理、人事局管理、七站八所垂直管理等几类。这些人走出政府大门人们都叫乡镇干部,其实真正的公务员编制不到一半。

"我总担心乡镇怎么运转下去,也希望中央给些补贴。一般的乡镇都有 300 万元的债务,一年的利息就是 60～70 万元。这是现在影响基层政权最大的政治风险。债务黑洞、人员、税收任务都可以吃掉乡镇政府!"

他说,很多政策、资金、信息其实基层最需要,但被上边截留的多,所以才有"跑部前进"。干部的差别在于上下不同以及部门间的不同,比如国土部门和农业部门,待遇相差可能一年上万元,这样拿部门收入和个人收入来衡量干部工作的价值是很不公平的。

这样的现实确实让个别干部铤而走险,有的认为"此时不腐败,退休没着落"。但好就好在现在乡镇干部已经没有什么钱可以贪了。另一方面,群众能看见的就是乡镇干部,有一点问题就是最大的问题。

D 乡长应该看过不少书,他说现在看农村,资金、人才都不向农村流动,而是输出。

农村阶层最大的部分是种田者,主要是弱势群体,如老人、妇女和儿童。这部分人大约占所有农村人口的 80%。第二部分是亦工亦农的"两栖"者,他们随着利益、时间和政策而不断变化着。第三部分是农村的富裕群体,他们现在基本上是农村经济、政治、文化生活的主导力量,左右着乡村,这部分人群有的通过村民选举成为村干部,也有的利用其势力成为村霸等恶势力。第四部分是一些特困群体,如五保户、大病者等。第五部分是边缘人物,其中有一些是因为意外事件、法律判刑或以前的政治事件下降到最底层的。

另外还有已经落户到城市的农民,也没有切断和农村的实际联系,他们还在很多方面影响着农村。现在特别需要关注的是打工群体,他们既在体制内又在体制外,是当前农村最活跃的因素。

对于乡镇政权,D乡长把它喻为一把宝刀,无论失败还是成功,宝刀是没有错的。现在农村的阶层是需要乡镇政权存在的,其实乡镇政权和干部也是公共产品。建设和谐社会是现在最重要的,公平应是最大的目标。

另一位不愿透露姓名的机关干部(下称干部E)曾在乡镇工作了十几年。他前段时间去调查,问农民:现在好不好? 他们说:现在好,负担轻,丰衣足食,很满意。干部E又问他们乡镇干部好不好? 他们说:最不满意的就是乡镇干部了。

E说,乡镇干部的心态则是信心与灰心并存的。一方面看见中国的发展感到很有信心,另一方面看见自己的处境越来越不好很是灰心。总希望在国家的大发展中自身问题可以解决。

对于税费改革应该说是很好的,被誉为中国农村第三次革命,当时说的目标是"减轻、规范、稳定"。减轻基本是做到了,但规范和稳定其实还没做到。

第三篇

政府部门经济事务管理

第十三章 宏观经济调控管理

第一节 宏观经济调控管理概述

在我国,宏观经济调控管理的理论与实践仍处于不断地探索中,随着宏观经济调控管理实践的发展,宏观调控管理理论的研究将会进一步深化并逐步完善。近年来,我国宏观调控管理的话题越来越热,然而宏观调控管理实践不尽如人意:政府出台一系列政策措施调控房地产市场,而各地房价依然居高不下;各部门在物价快速上涨时的各项政策和举措,并未缓解食品、建材、能源等价格的快速增长。上述种种现象,既暴露我国对宏观调控措施选择和调控时机等具体事项的判断问题,也反映我国在理论上对宏观调控管理的认识不足。

一、宏观经济调控管理的定义

目前,学界对宏观调控管理的定义及调控受体存在两种不同的认识。一种观点认为,宏观调控管理是适应社会主义市场经济发展的客观要求和国家管理经济职能需要而产生,在中央政府与地方政府之间、各级政府与政府部门之间以及政府与经济主体之间因实施国家宏观调控而形成的具体经济管理关系。另一种观点认为,宏观调控管理是指因调控主体与相对方之间,对国家经济生活进行宏观调控而产生的宏观经济管理关系。两者的差异在于:宏观调控的受控主体,是仅包括作为相对人的"公民、法人或其他组织",还是应当包括"政府及其部门"。

我们认为,宏观调控管理是指国家对国民经济总体活动进行的调节与控制。具体来说,宏观调控是指国家从经济运行的全局出发,按预定的目标通过各种宏观经济政策、经济法规等对市场经济的运行从总量上和结构上进行调节、控制的活动。宏观调控的主体是国家,调控的客体和对象是市场经济运行的过程和结果。因此,在我国宏观调控管理的定义以及宏观调控受体中,应当也必须包含"政府及其部门",否则宏观调控受体范围不全,其调控效果也会受到影响。

二、宏观经济调控管理的历史背景与理论基础

对宏观调控管理必要性的认识,起源于对"市场与计划"的理论研究与历史实践。其过程,在理论上表现为自亚当·斯密为代表的古典自由主义经济学,转向以凯恩斯为代表的政府干预经济学,再回归到自由主义与宏观调控相结合的"新自由主义经济学"。自 1990 年后,又出现了以国家干预为基础的"现代主流经济学新综合"或称"新凯恩斯主义"的理论与"克林顿经济学"。在实践中,奉行经济自由的市场经济在 20 世纪 30 年代之前一直占据主导地位,而 1929 年到 1933 年的经济危机促成了以罗斯福新政为代表的国家干预经济实践,1973 年由石油危机引发的经济危机重启了人们对自由市场经济的努力。

数百年来,各个国家都在"市场与国家"的两个维度之间不断调试资源配置的最佳方式,在不同历史时期和社会背景中表现出更多一点的"市场因素"或"国家因素"。时至今日,无论是从凯恩斯主义分支的"新剑桥学派"、"新古典综合学派",还是秉承自由主义思想的"新自由主义学派",都承认国家干预经济的必要性。即使是新自由主义者哈耶克在其最重要的著作《通往奴役之路》中也承认国家干预的必要:"成功地将竞争用作社会组织的原则,就排除了对经济生活的某种形式的强制性干预,但它承认有时会有助于其运作的其他形式的强制性干预,甚至还必须某种形式的政府行为。""创造条件使竞争尽可能有效,在不能行之有效的地方给竞争提供补充,提供那些用亚当·斯密的话来说'虽然能够在最高的程序上有利于一个伟大的社会,但却具有这一性质,即对任何个人或少数人来说,利润不足以补偿耗费'的服务,这些任务

实际上都为国家提供了广阔的和无可置疑的活动领域。"

在诸多国家干预经济的手段中,宏观调控被认为是较好地与市场经济契合的措施。一方面,宏观调控仍是以承认市场作为资源配置首要手段为前提,学者归纳宏观调控法基本原则时首先就倡导"尊重市场原则";另一方面,宏观调控也摒弃以行政命令为主导的计划经济模式,强调从"行政干预"到"依法调控"转变。

因此,在当代市场经济的运行中,所谓宏观调控,就是指政府为实现宏观(总量)平衡,保持市场经济持续、稳定、协调增长,而对货币收支总量、财政收支总量、外汇收支总量和主要物资供求所实行的一种市场调节与市场控制。由此扩展开来,通常把政府为弥补市场失灵采取的其他措施也纳入宏观调控的范畴。对此,充分发挥市场机制作用,健全宏观调控体系,则是我国市场经济体制改革的重要内容。

三、宏观经济调控管理的现实性与必要性

政府的宏观调控管理是政府的一种经济行为,通过这种经济行为实现对宏观经济运行进行调控的目的。政府作为国家的公共机构,基本职能之一为"组织和执行公共物品的供给"。目前,我国加强现代公共政府建设,一方面加快行政管理体制改革,从管理型政府向服务型政府转变;另一方面,深化财政体制改革,完善公共财政体系。但是,从传统的管理型政府向现代公共政府的转变,也不能完全无视政府从事经济行为的现实。在理论上,公共政府转型要求政府提供公共物品,但交通、通信等基础设施或"灯塔"产品的提供,即使限制在最狭义的"公共"范围内,也必然会对国民经济产生影响。在实践中,我国自古沿袭的官工官商传统,建国后大规模进行国有企业直接经营、控制经济事业的实践,都对现阶段公共政府转型中政府继续从事经济行为存在事实上的影响。即使"国有(政府控制)企业退出竞争性领域",也并不意味着国有经济一刀切式的退出,而是应当遵照市场规律而逐步从竞争性领域退减。应当客观地承认,政府在现阶段我国国民经济发展中继续扮演着重要的角色。宏观调控要达到"国民经济持续、快速、健康发展"目标,就绝不能忽视甚至否

认政府经济行为的存在。学术界中流传着对"大市场、小政府"观念的推崇，这对处于改革进程中的中国是必要的，但如果从此观点推论出"政府不得从事经济行为"，则过于极端。

现阶段，我国政府仍应积极参与经济活动，从事政府经济行为，对宏观经济运行进行调控。其理由如下：

(一)"大市场、小政府"的渊源并未否认政府宏观调控管理

起源于古典自由主义经济学中"大市场、小政府"观念，要求自由资本主义时期的国家奉行"夜警"职能，这是"很久以前的传说"。姑且不论各个国家对土地、税收等方面的严格控制，即使在自由资本主义时期的英国，也依然存在以东印度公司为代表的一批皇家特许公司（企业）。时至今日，规划、竞争政策、产业政策等手段在资本主义国家中成为政府调控经济的惯用手段，实用主义指导下的政府职能大大突破"夜警"范畴。这些实践，在观念上突破了"大市场、小政府"的约束，为政府经济行为的正当性增添了时代证明。

(二)我国历来存在有政府经济行为的传统

"政府直接从事生产、流通、服务等活动的历史悠久，并非始自近现代的资本主义和社会主义。由国家政权控制、管理的工商业或曰'官工、官商'，在中国古代就颇为发达，并有细密的成文规定。此项'中国特色'，当为中原地区的原始公有制在国家起源时瓦解得不彻底，所谓亚细亚生产方式及其残余影响得以长期延续的结果。"建国后，我国实行高度集中的计划经济，政府通过行政指令全面主宰经济活动，整个社会成为生产的大工厂，各个企业的经济活动都是在政府直接指令下完成的。经历经济体制转轨和建立社会主义市场经济过程，我国并不能戛然摆脱历史与传统的巨大惯性，实践中仍然存在着大量政府经济行为。一方面，即使是市场经济也并非完全排斥政府经济行为，而强调要将政府经济行为纳入市场、法治轨道；另一方面，"把属于市场的归还市场"，也并非是一刀切式的放任自流，"归还"的过程仍然要遵循市场的规律。因此，转型时期的中国仍要直面政府经济行为。

(三)我国地区经济发展不平衡的社会现实需要政府参与经济行为

我国长期的封建历史，总体上是一个不断集权的过程。建国后，经历大一

统的国有制和高度集中的计划经济体制,民众自治与自我组织能力强弱。各地之间经济社会发展不平衡状况,如完全通过民众自发力量达到均衡状态,需要一个长期过程;各地方政府在政绩、民意等因素刺激下,通过招商引资、产业转移等方式,积极参与多种经济活动。此外,国际竞争也越来越表现为以国家经济政策和经济行为为主的竞争。此种情形早在19世纪末的欧洲,以德国为代表,在对竞争抑制或保护卡特尔的反复中已有突出表现,"二战"以后更为明显。有学者提出,21世纪的竞争是民族国家的经济政策、法治环境的竞争。在全球化条件下,要求政府跟老百姓、跟企业"捆绑"在一起竞争、打拼。

第二节 宏观经济调控管理的调控主体、对象与受控主体

一、宏观经济调控管理的主体

宏观经济调控管理的主体是国家机关,主要是权力机关和行政机关。其中,主要包括中央政府及其部门以及地方政府及其部门。作为调控主体的中央政府及其部门,在宏观调控运行中常被称为"国家宏观调控",并以政府笼统地作为宏观调控主体身份出现。但事实上,并不是任何一级政府及其部门都能成为宏观调控主体。通常理论中预设,"宏观调控的主体主要是一个国家的中央经济管理机关,具有高层次性、专业性",是"高效率的权威机构","重在维护社会经济总体效益和国家与社会的公共利益"。

二、宏观经济调控管理的对象

由于宏观经济调控所要改变的是宏观经济变量,因此,在宏观调控管理关系中,宏观调控管理的对象就是指国家的宏观经济运行。宏观经济调控的对象是无选择性的,它是通过对市场的调节而影响微观经济主体。宏观经济调控对国民经济的影响具有系统性、整体性和全局性,虽然市场的影响程度对不同的微观经济主体会有所差别,但任何微观经济单位都难以避免地要受宏观

经济调控政策的影响。因此,宏观经济调控的对象,实际上是针对所有的经济主体。就宏观经济调控的影响的性质来看,可能使所有的经济主体受益,也可能使所有的经济主体受损,也可能使一部分经济主体受益,而同时使另一部分经济主体受损。所以,从社会整体而言,一项正确的宏观经济调控政策只有能够得到有效的实施,才会增进社会福利。

三、宏观经济调控管理的受控主体

宏观调控管理关系的受体,是指与调控主体相对应的作为经济管理对象的市场主体,包括从事经济活动的公民、法人或其他社会组织。同时,宏观经济调控受体,除了包括传统认为的公民、法人及其他组织,在一定条件下还应该包括地方政府及其部门。

宏观调控受控主体通常预设为被动地接受宏观调控政策,能按照宏观调控措施引导理性选择行为方式,而地方政府及其部门在宏观调控管理关系中则扮演着双重角色。

地方政府根据其所处政权层级不同,在宏观调控关系中的角色也有所区别。通常较高层级(省、自治区和直辖市)政府更多作为宏观调控政策的贯彻者,而较低层(区、县或市)政府更多作为地方经济的全面推动者,接受宏观调控措施引导。当然,此种角色定位也并非绝对,地方政府往往在宏观政策的执行与受规制这两方面寻求自身的平衡。作为宏观调控政策措施贯彻执行者的地方政府,通常只需按照上级布置完成任务,发挥其自身主动性的余地不大,通常需考虑保障宏观调控措施落实的人员与资金落实。

作为宏观调控受控主体的角色,各地方政府在发展地方经济的宏图中,充分展现了"远交近攻、合纵连横"的战国局面。一方面,地方政府之间存在着多种形式的合作与交流,如产业转移合作成为地方政府间合作双赢的典范,既为中西部地区招商引资的重要渠道,也为东部地区逐步削减夕阳产业和劳动密集型产业,从而实现产业更新换代奠定基础。另一方面,地方政府间也存在着相互的竞争关系,有限的产业及优质企业是各地争夺的重要内容,地方政府在政策层面展开竞争吸引并保护本地方企业的利益,诸如优惠的土地使用价格、便利的办证手续等,甚至不惜违法,如违反税法而擅自给予税收优惠或减免、利用行政权力搞地区封锁等垄断行为。地方政府之间的经济合作与竞争,是整个市场经济的有机组成部分,必然促进经济的发展与繁荣。同时,地方政府的经济合作与竞争,直接或间接推动地方经济发展,其行为也必然接受包括规划、产业政策、竞争政策等方式在内的宏观调控措施的约束。

第三节 宏观经济调控管理的目标与原则

一、宏观经济调控管理的目标

在我国,宏观调控管理的一般目标可以表述为:"实现经济总量基本平衡,促进经济结构优化,引导国民经济持续、快速、健康发展。"宏观调控的主要任务,是保持经济总量平衡,抑制通货膨胀,促进重大经济结构优化,实现经济稳定增长。[①] 其主要任务包括以下五个方面:

(一)总量平衡

总供给与总需求的均衡,是宏观经济总量最基本的平衡。总供给,是指一时期一个国家或地区各企业所能够生产的商品与服务价值的总和。总需求,则是一时期一个国家或地区经济所计划或所需要开支的总和。所谓宏观经济总量均衡,就是指有效需求等于有效供给。保持经济总量平衡,即保持社会总供给和社会总需求的平衡是宏观调控的基本目标。只有社会总需求和社会总供给大体平衡时,才能保证国民经济持续、稳定、协调发展。

(二)稳定物价

在市场经济中,价格的波动是价格发挥调节作用的形式。但价格的大幅度波动对经济生活是不利的。如果物价大幅上升和通货膨胀,会刺激盲目投资,重复建设,片面追求数量扩张,经济效益下降;如果物价下降和通货紧缩,则会抑制投资,生产下降,失业增加。在市场经济条件下,绝大多数商品和服

---

① 杨紫烜主编:《经济法》第二版,北京大学出版社 2006 年版,第 423 页。

务的价格由市场决定,但政府可以运用货币等经济手段对价格进行调节,必要时也可以采用某些行政手段(如制止乱涨价、打击价格欺诈),以保持价格的基本稳定,避免价格的大起大落。

(三)结构优化

经济结构,是指一国或地区各经济要素及其在产业、地区之间分布的比例。经济结构包括产业结构、产品结构、劳动力结构、技术结构、地区结构等。结构优化,就是要优化各经济要素及其在产业、地区之间分布的比例。

(四)促进经济增长

经济增长是经济和社会发展的基础。持续快速的经济增长是实现国家长远战略目标的首要条件,也是提高人民生活水平的首要条件。因此,促进经济增长是宏观调控的最重要的目标。促进经济增长是在调节社会总供给与社会总需求的关系中实现的。因此,为了促进经济增长,政府必须调节社会总供给与社会总需求的关系,使之达到基本平衡。

(五)就业充分

充分就业,是指包含劳动在内的一切生产要素都能以愿意接受的价格参与生产活动的状态。如果"非自愿失业"业已消除,失业仅限于摩擦失业、结构性失业和自愿失业的话,就是实现了充分就业。一般认为,充分就业不是百分之百就业,充分就业并不排除像摩擦失业这样的失业情况存在。大多数经济学家认为,存在4%到6%的失业率是正常的,此时社会经济处于充分就业状态。

充分就业,是由英国经济学家凯恩斯于1936年在其著作《就业、利息和货币通论》中提出的范畴。凯恩斯认为,充分就业是由有效需求决定的。如果有效需求不足,从而造成非自愿性失业,社会即不能实现充分就业。充分就业与某些失业现象的存在并不矛盾,如摩擦性失业和自愿性失业,这两种失业都是正常的。只有非自愿性失业,才是真正的失业。只有非自愿性失业消失,社会才算实现了充分就业。充分就业是社会经济增长的一个十分重要的条件。要实现充分就业,政府必须加强经济干预,力求达到或维持总需求的增长速度和一国经济生产能力的扩张速度的均衡。

就业是民生之本,是人民群众改善生活的基本前提和基本途径。就业的情况如何,关系到人民群众的切身利益,关系到改革发展稳定的大局,关系到全面建设小康社会的宏伟目标,关系到实现全体人民的共同富裕。因此,促进充分就业,这是我国政府的责任。当前,我国面临严峻的就业形势,一方面劳动供给数量庞大,另一方面劳动力需求显得有限。对此,我国必须坚持实行促进就业的长期战略和政策,长期将增加就业的宏观调控目标落到实处,并严格控制人口和劳动力增长。就业的增加取决于经济增长速度和经济增长的就业弹性。要增加就业,首先要促进经济持续快速增长,这是增加就业的基础。同时,还必须提高就业弹性。为了提高就业弹性,要积极发展劳动密集型产业、第三产业、中小企业、非公有制企业,要大力推进城镇化,加快小城镇建设。

(六)国际收支平衡

国际收支平衡,是指一定时期内一个国家或地区同外部世界的交易所形成的收支情况。保持国际收支平衡。国际收支是指一个国家或地区与其他国家或地区之间由于各种交易所引起的货币收付或以货币表示的财产的转移。在开放经济条件下,经济总量平衡不仅与储蓄投资有关,还与外贸有关。当财政有赤字时,在储蓄完全转化为投资的情况下,需要通过增加进口弥补财政赤字,以保持经济总量供求平衡,那样,容易出现财政赤字和外贸赤字并存的双赤字现象。当财政有赤字时,在储蓄没有完全转化为投资的情况下,需要减少进口或增加出口(即增加净出口)来弥补财政赤字,以保证经济总量供求平衡。我国的现实是储蓄没有完全转化为投资,从1998年以来,连年实行了积极的财政政策,财政赤字逐年递增,因而国际收支顺差的增加,特别是净出口增加部分地弥补了财政赤字。以国际收支顺差弥补财政赤字,不但有利于国民经济总量平衡,而且避免了双赤字现象。

二、宏观经济调控管理的基本原则

宏观调控管理的原则,是宏观调控管理应遵循的根本准则。宏观调控管理原则的概括和提炼,要以各国宏观调控管理实践为来源和依据,还要与宏观调控管理的对象、体系、价值宗旨相契合。基于上述方法,可以将宏观调控管理的原则提炼为:尊重市场原则、调控公平原则、调控绩效原则。

(一)尊重市场原则。宏观调控管理仍是以承认市场作为资源配置首要手段为前提,学者归纳宏观调控管理基本原则时首先就倡导"尊重市场原则"。政府对宏观经济调控是以充分发挥市场的资源配置基础性作用为前提的。就是说,在政府的宏观调控管理和市场的自发调节之间的关系上,我们强调,前者是后者的补充,是对"市场失灵"的纠正,政府在进行宏观调控管理时应该充分尊重市场。

(二)调控公平原则。调控公平原则的基本要求是,国家宏观调控管理,应当兼顾效率与公平,增进经济资源配置在地区、产业和国民分配上的公平。

(三)调控绩效原则。该原则的基本要求是,国家宏观调控行为应以提高经济运行的宏观效率、促进国民经济持续增长为目标。

第四节 宏观经济调控管理的手段与方式

一、宏观经济调控的手段

(一)宏观经济调控手段的概念与表现形式

宏观经济调控的手段,是指为实现宏观经济调控的目标所采取的方法、措施。在我国,政府主要采用经济的、法律的以及必要的行政手段,对宏观经济运行进行调控。宏观经济调控的手段主要有以下三种表现形式:

1. 法律手段

法律手段,是指国家通过制定和运用经济法规来调节经济活动的手段。这主要是通过经济立法和经济司法进行调节经济。我国市场经济条件下的政府宏观经济调控,首先是为市场运行建立规则并适时调整规则,这些规则大多数是采用法律、法规的形式,并以国家权力作为后盾来强制执行,使市场交易有法可依、有章可循。

2. 经济手段

经济手段,是指国家运用经济政策和计划,通过对经济利益的调整来影响和调节经济活动的措施。其主要方法有:财政政策和货币政策的调整;制定和实施经济发展规划、计划、税收、信贷、汇率、价格、产业、就业政策等,对经济活动进行引导。

经济手段又称市场参数调节、经济杠杆调节,是市场经济运行的主要调控手段。市场参数包括价格、利率、税率、汇率、工资以及税收总额、国债总额、信贷总额、投资总额等指标。为了实现宏观经济调控目标,政府以其拥有的行政资源和经济资源,对上述指标进行分析、预测、监测、干预、调节和控制,影响市场的运行和发展,达到宏观经济调控目标。一般来说,作为法律手段的法律法规多为禁止性规定,即告诉人们"不能做什么";而作为经济手段的经济发展计划,则要告诉人们"应该做什么"。在我国,作为经济手段的国家经济发展计划,它具有长期性、宏观性和战略性三个特点,它所明确的宏观调控目标和总体要求,是制定各种经济政策,包括财政政策、货币政策、外经政策等的主要依据。

3. 行政手段

行政手段,是指国家通过行政机构采取带强制性的行政命令、指示、规定等措施,来调节和管理经济。比如,利用工商、商检、卫生检疫、海关等部门,禁止或限制某些商品的生产与流通。

(二) 当前我国宏观经济调控手段存在的问题

近年来,我国已采取各种调控手段对经济进行宏观调控,如综合运用计划、财政、金融等手段,发挥价格、税收、利率等杠杆作用,增强政府对经济发展的综合调控能力。但由于我国经济结构性矛盾比较突出,调控手段不完善,影响了调控的效果和质量。例如,在财政资金分配上不规范,削弱了财政在宏观调控体系中应有的作用。如同全国一样,北京市也长期存在着重收入而轻支出、重开源而轻节流的现象,对财政管理的主要内容—支出管理—没有引起足够的重视,忽视对财政管理和财政效果的研究。长期以来,将财政管理等同于税收管理,财政拨款跟着"条子"转,随意性强、"暗箱"操作,"袖筒"交易,财政预算得不到应有的尊重,财政支出缺乏应有的监督。由于财政资金支出结构的不合理,因而使有限的财政资金没有充分发挥其应有的效能和效益,财政资金总是处于紧运行状态,形成"吃饭型财政",对经济的宏观调控显得心有余而力不足。在大力发展以高新技术为核心的首都经济的今天,财政对科教文卫特别是教育的支出还在徘徊不前,甚至近年来仍持续下滑,对此应该引起足够的重视。

(三) 我国宏观经济调控手段的改善

1.着力推进财政、计划、金融体制改革,全面改善我国的宏观经济调控手段

(1)稳步推进财政管理体制改革,完善适应我国经济发展的财政体制,加大财政支出结构调整力度,优化财政支出管理。

一是稳步推进财政管理体制改革,调动各级政府发展经济和加强城市管理的积极性。财政管理体制改革的主要内容是按照我国政府的事权划分,合理确定各级政府财政的支出范围;将税种划分为各级共享税;科学核定中央与地方的需求,以保证政府公共服务的基本需要;实行规范的激励调节机制和转移支付制度,缩小各级地方由于经济发展不均衡带来的财政负担的差异;提高各级级政府的预算管理水平,强化各级政府预算的硬约束。

二是切实加强预算外资金管理,将其纳入预算管理的轨道,实现收支统管。当前,我国政府调控能力较弱,一个重要的原因就是财政收入的大部分以预算外资金的形式被部门分割。对此,应通过加强预算外资金管理,实现财政预算内和预算外资金的收支统管,以综合财政计划的方式强化财政的分配职能,维护国家预算的完整性,有效利用国家财政资源,有利于加强财政管理,提高政府的宏观调控能力。

三是压缩财政供给范围,建设公共财政。转变政府职能,将那些财政部门不该管、管不了或管不好的微观经济活动及其相关事务,那些本来可由市场机制去解决的问题,逐步从财政的供给范围中剥离出去,重新界定财政的支出范围,以便把有限的财力放在市场经济条件下的政府职能的切实履行方面。我国多年来的实践证明,财政支出四面出击,重点不突出,履行政府基本职能(公检法、科教文卫、社会保障、宏观调控等)方面的财力严重匮乏,这是我国财政建设急需解决的问题。

四是优化财政支出管理,提高财政使用效益。我国财政监督体系是财政

管理体制的一个有机组成部分。要加强对财政支出效益的考核,加强财政的外部监管及自身监管,加强对行政、事业和国有经济部门的财务审计。要依法行政,严格按照国家的有关法律安排经费预算,财政预算的编制要公开进行,要接受社会的监督。

五是加大政府采购的力度,完善政府采购的监管。政府采购通过将市场竞争机制引入财政资金的分配和使用来保证采购的经济有效性,是市场经济国家对公共资金支出进行管理的重要手段。政府采购是财政政策中最直接、最有力的宏观经济调控手段,对于减少政府支出、引导社会投资方向、扶持民族经济具有重要的作用。

六是按照"国家所有、分级管理、授权经营、分工监督"的原则,进一步完善国有资产管理体制。国有资产管理体制改革的目的是构建包括政府、国有资产营运公司、国有企业在内的三个层次的国有资产管理、监督、营运体系和机制。规范国有资产授权经营行为,规范授权公司与所投资企业的母子公司关系,明确政府、授权机构与国有控股、参股企业之间的责权利关系,促进国有资产合理流动和优化配置,提高国有资产营运效益的控制力,以确保国有资产的保值增值。

(2)改变计划管理方式,改革投融资行政审批手续。

进一步简化投资的审批程序,由规模管理过渡到项目分类管理。对竞争性项目以登记备案制代替项目审批,实行项目法人责任制和资本金制度;垄断性基础项目改为专家评议制。政府只审批政府投资的重大项目和关系整个社会发展环境的项目,其他项目均由出资人根据市场供求情况自主决策。政府部门结合产业政策按照产业性质和特点,进行分类管理。属于鼓励和允许之列的项目,取消行政审批,只在政府部门登记备案。备案主要是确认技改项目是否符合国家产业政策、投资导向目录、行业规划的要求以及有关法律法规的规定,是否有利于调整结构和防止重复建设;而对限制项目,则严格审批。凡明确需要政府审批的项目,政府在审核过程中必须经过有资质的中介机构评估,重大项目要实行听证制度,对项目的必要性、可行性、社会效益、生态环境效益等提出意见,以保证项目决策审批的科学化和民主化,提高决策透明度。

2.加速政府职能转变,推进国有企业改革,为改善我国宏观经济调控手段创造良好的制度环境

(1)加速政府职能的转变,把现在由政府承担的部分管理和服务职能移给各类中介组织,将政府工作的重心转移到宏观调控上来。

一是培育和健全社会中介组织,将管理社会的职能向社会中介组织转移,使社会中介组织成为承担政府管理社会服务的具体组织者和运作者。中介组织机构主要包括经济中介组织和社会中介组织两大类,前者近年有较大发展,如会计师事务所、工程监理公司、房地产事务所、商会等,而对培育从事社会服务工作,分担政府管理的具体事务以及把社会服务工作向专业化、社会化方向去引导和社会中介组织,我国则缺乏足够的认识。事实上,社会中介组织是承担政府管理社会特别是社区服务的具体组织者和运作者,是我国今后实现"小政府,大社会"管理的基本前提,目前需要为社会中介组织的培育创造必要的条件。

二是建立健全行业协会组织,让行业协会成为政府产业政策的切入点。近年来,我国市场的一些无序现象同行业协会的缺位有极大关系。行业协会是由企事业单位自愿参加组成的非盈利性的自律性行业管理组织,它以服务为宗旨,同时做好行业自律、协调、监督的工作。行业协会为政府服务,但主要的应根据行业个体情况和企业要求为企业服务,比如反映企业意愿,为本行业企业提供信息和人才培训,协调行业内部企业之间的竞争与合作关系,指导企业的健康发展等。行业协会应当适应市场经济发展的要求,应当逐步地承担起一些现在由政府履行的重要职能:如企业设立前的咨询、论证;技术、质量等标准的制定和监督、检查;价格协调;维护企业的合法权益;全行业的信息收集等。

三是加强对中介组织的管理和监督。政府应当改变重审批、轻管理的工作方式,既要把好准入关,又要做好日常监管工作,促使中介机构规范运作,健康发展,以维护公平的市场竞争秩序。

(2)改善政府经济管理的方式,实现经济管理的信息化。

经过机构改革,转变政府职能,进一步实现政企分开,政府由管理企业向

调控经济运行、维护社会公平、管理公共事务、监督国有资产、集中精力搞好综合调控和创造良好的市场环境转变,已成为共识。但是,新的政府职能更需要有新的实现方式。当今社会正处于信息时代,信息化大潮席卷全球,网络延伸到社会的每一个角落。我国现有的政府职能,特别是经济管理的服务职能,在互联网上都可以实现。在世界各国积极倡导的"信息高速公路"的五个领域中,"电子政府"被列在第一位,政府信息化是社会信息化的基础。目前,深圳市已经实现网上交税,人们交税时无需再到税务部门去办理。采取信息化办公,工作效率大大提高,即能方便企业和公众,又可以节省政府办公经费和人员,精简政府部门,提高办事效率。同时,通过办公信息化,可加强政府部门之间的信息交流,有利于收集公众的意见,接受公众的监督。

(3)推进经济体制改革特别是国有企业改革,进一步健全和完善社会主义市场经济体制。

技术创新和体制创新是我国经济发展和结构调整的两个轮子。要继续大胆探索,勇于突破影响生产力发展的体制性障碍,逐步完善社会主义市场经济体制。当前,国有经济仍是我国经济的主体,国有经济的低效运营是制约我国经济发展的主要因素,而国有经济效益低下的根本原因是国有企业的经营管理机制,特别是企业法人治理结构的低效运行。由于国有经济仍在延续着计划经济体制的经营管理模式,企业缺乏活力,对市场信息反映迟钝,使政府的宏观调控对企业失去应有的效果。因此,国有企业改革的到位仍是我国宏观调控体系有效运行的先决条件。对此,我国要从国有经济布局调整和整体搞活的角度看待国有企业改革。要通过国有经济布局的战略性调整,适当收缩战线,使国有资本从竞争性领域中逐步退出,使国有企业真正建立规范的现代企业制度,并成为市场经济中有活力的竞争主体。可以说,国有企业改革的成功,是我国完善宏观调控体制的关键。

二、宏观经济调控的方式

在我国,宏观经济调控的方式主要表现如下:

(一)直接调控与间接调控

直接调控是以指令性计划和行政手段直接调节和控制经济运行,其主要方式有定量配给、额度管理、行政调拨等,实际上是一种超经济的强制性调节。直接调控的长处是集中统一、行动快、见效快,这在军事战争、自然灾害、经济危机等非常时期是必要的。但是,在平常时期,直接调控导致经济控制过死,不利于调动企业的积极性。

间接调控是以指导性计划和经济手段调控市场,再由市场引导企业,其主要方式是通过市场参数和经济杠杆,例如利率、税率、汇率、价格等来影响市场的运行和发展。由于价格是基本的市场参数,所以间接调控又叫价格调节。间接调控的优点是比较灵活,具有弹性,可以充分调动企业的积极性,增强宏观经济运行的生机和活力。

在市场经济体制下,宏观经济调控应以间接调控为主。随着我国市场经济的逐步建立和不断完善,我国原来以直接调控为主的模式正在向间接调控为主的模式转变,但这种调控机制的转换又是缓慢的,不可能一蹴而就。在新旧机制转换期间,两种调控方式的主辅地位可以相互转化,当经济运行比较正常、经济秩序比较良好时,应以间接调控为主,当经济运行条件恶化、经济秩序混乱时,可以直接调控为主。

(二)供给调控与需求调控

供给调控是指政府通过对总供给的数量和结构的调节,实现总供给与总需求的平衡。宏观调控的任务之一,是要保持总供给与总需求之间的平衡,既可以采用压缩总需求的方法实现,也可以采用增加总供给的办法实现。从长期看,总需求不可能一直处于压抑状态,总供给与总需求的矛盾最终要靠增加总供给的办法来解决。供给调控机制可以充分动员社会资源潜力。努力增加总供给,达到总供求平衡。

需求调控是通过压缩或扩张总需求的办法,实现总供给与总需求的平衡。如果总需求大于总供给,增加供给有时要受到一系列条件的制约,例如资金来源、生产能力和建设周期等因素。因此,要在短时期内达到总供求平衡,最有效的办法是压缩总需求。需求调控便于运用价格、利率、税率、汇率等市场参数和经济杠杆的传导作用,实行弹性控制,避免一刀切,不仅可以控制需求总量,而且可以控制需求结构。

如何处理供给调控与需求调控之间的关系,应视具体情况而定。在短期内,当社会生产能力过剩,资源有闲置时,应把调控的侧重点放在增加需求上;当社会生产能力已经充分动员,经济处于过热状态时,应把调控的侧重点放在压缩需求上。在长期中,则必须发展生产,增加总供给,同时提高收入,扩大总需求,以达到总供求在更高水平上的动态平衡。

(三) 实物调控与价值调控

实物调控又称数量调控,即通过对具体的产品进行调控而实现宏观经济总量和结构平衡。实物调控是传统计划体制的基本调控方式。在这种条件下,要想获得生产资料或生活资料,仅具有支付能力或货币是不够的,还需要计划指标、票证等才行,所以又称之为实物调控。随着产品的数量越来越大,品种越来越多,实物调控的局限性也就越来越突出,越来越不适应市场经济的需要。

价值调控就是利用价值、货币等市场经济范畴对宏观经济运行进行调控。实行价值调控机制,可以充分利用市场内在功能在资源配置中的基础性作用。因此,调控机制应转向以价值调控为主。

案例一 7.37 亿"天量信贷"考验政府调控能力①

尽管 7.37 亿元天量信贷数据已提前公布,2009 年 7 月 15 日央行公布的我国上半年金融数据仍让市场震撼:外汇储备增长加快并首次突破 2 万亿美元;货币供应量增速再次冲刺到 28% 的历史高位。在外资加快流入、货币信贷迅速增长的共同推动下,我国经济如何演绎? 货币政策是否面临调整压力?

央行 15 日公布的数据显示,6 月份主要反映住房按揭贷款的居民中长期消费性贷款增长 1800 多亿元,而在去年 11 月份这一数据曾一度萎缩至 40 多

---

① 资料来源:王燕平:《"天量货币"释出,考验调控能力》,《钱江晚报》2009 年 7 月 16 日。

亿元。

6月份,反映经济活跃程度的狭义货币供应量(M1)同比增幅明显提升,达到24.79%。"这飙升的不光个人住房按揭贷款这一项数据,新增信贷、外汇储备、货币供应等一系列数据无不在二季度出现大幅上涨态势,专家认为,这些数据侧面印证了中国经济正在企稳回升。反映国内经济活动进一步复苏。"中国社科院金融研究所中国经济评价中心主任刘煜辉说,其中最主要的因素是房地产回暖带动相关产业的生产复苏,以及汽车和家电热销对钢铁等重工业的带动作用显现。

此外,6月末广义货币供应量(M2)同比增长28.46%,存款活期化的趋势在延续,这也从侧面验证了在实体经济回暖的态势下,货币需求量增加。

6月份新增信贷高达1.53万亿元,大大超过了此前业界的估计。其中,票据融资占比显著降低,中长期贷款占比明显提升,越来越多比例的贷款进入实体经济。

专家指出,企业经营状况并未如数据那般乐观,由于需求不足,相当多企业存款依然在银行内部空转,一部分资金急于寻找出口,违规进入到股市和楼市,也有一部分资金进入到低水平重复建设领域,信贷超常增长带来的隐患不容忽视。

"如果货币供应增速继续加快至20%以上,明年上半年物价存在一定的加速上行风险。"中国人民银行研究局局长张建华日前警告。而6月我国货币增速已接近25%,远远超过美国、日本、欧元区等主要经济体。

分析人士预测,下半年整个货币政策将从"量"的增加转为"质"的关注,同时更加关注信贷风险。"三农"、中小企业有望得到更多的贷款支持。在房贷领域,政策调整会比较复杂,一方面房价不能过高,否则会招致民众怨言影响稳定;另一方面房市不能低迷,经济企稳回升需要房地产业的拉动。

案例二 房地产宏观调控涉及房地产市场主要政策措施①

1. 2003 年 4 月 121 号文件拉响宏观调控警报,中国人民银行下发《关于进一步加强房地产信贷业务管理的通知》。规定对购买高档商品房、别墅或第二套以上(含第二套)商品房的借款人,适当提高首付款比例,不再执行优惠住房利率规定。此份文件是中国第一轮房地产牛市启动之后,中央政府第一次采取抑制房地产过热的措施,表明中央政府对房地产的态度由支持转为警惕。

2. 2004 年 3 月"8·31 大限"提高拿地"门槛"调控开始。继 2003 年 7 月国务院发文严格控制土地供给之后,国土资源部、监察部又联合发文,严令各地须在当年 8 月 31 前将协议出让土地中的"遗留问题"处理完毕,否则国土部门有权收回土地,纳入国家土地储备,是为"8·31 大限"。此举是中央政府从土地供给上抑制房地产过热的又一举措。

3. 2005 年 3 月房贷优惠政策取消调控涉及消费层面,央行决定从即日起调整商业银行自营性个人住房贷款政策。宣布取消住房贷款优惠利率;对房地产价格上涨过快的城市或地区,个人住房贷款最低首付款比例可由现行的20% 提高到 30% 。央行此举表明,中央政府对房地产的政策调控力度进一步加大。

4. 2005 年 3 月房地产税改革深入控触及交易环节。财政部副部长肖捷在出席"中国发展高层论坛"时表示,中国目前在房地产保有和交易环节税费偏轻,问题严重,今后一段时期将重点推进房地产税改革。国务院发展研究中心正在筛选试点城市,将开始模拟运行,为最终出台房地产税提供决策基础。

5. 2005 年 3 月国八条出台,调控上升到政治高度,国务院出台八点意见稳定房价。一是高度重视稳定住房价格;二是将稳定房价提高到政治高度,建

---

① 资料来源:《2002 年—2008 年国家对房地产的宏观调控政策概览》,《中国社会科学院网》2009 年 6 月 13 日。

立政府负责制;三是大力调整住房供应结构,调整用地供应结构,增加普通商品房和经济住房土地供应,并督促建设;四是严格控制被动性住房需求,主要是控制拆迁数量;五是正确引导居民合理消费需求;六是全面监测房地产市场运行;七是积极贯彻调控住房供求的政策措施;八是认真组织对稳定住房价格工作的督促检查。

6.2006年4月28日房贷利率再次上调调控卷土重来,央行全面上调各档次贷款利率0.27个百分点,其中,5年期以上的银行房贷基准利率由6.12%上调至6.39%。这是央行在加息后短短一年多时间里再次上调利率,此次加息主要是为了抑制投资需求,进一步稳定房地产价格。

7.2005年5月七部委意见调控加强、细则出台国务院办公厅发出通知,转发建设部等七部委《关于做好稳定住房价格工作的意见》,要求各地区、各部门要把解决房地产投资规模过大、价格上涨幅度过快等问题,作为当前加强宏观调控的一项重要任务。

8.2006年5月17日国六条出台,国务院总理温家宝主持召开国务院常务会议。会上提出了促进房地产业健康发展的六项措施:一、切实调整住房供应结构。二、进一步发挥税收、信贷、土地政策的调节作用。三、合理控制城市房屋拆迁规模和进度,减缓被动性住房需求过快增长。四、进一步整顿和规范房地产市场秩序。五、加快城镇廉租住房制度建设,规范发展经济适用住房,积极发展住房二级市场和租赁市场,有步骤地解决低收入家庭的住房困难。六、完善房地产统计和信息披露制度,增强房地产市场信息透明度,全面、及时、准确地发布市场供求信息,坚持正确的舆论导向。业内人士认为这六条措施开启了2006年房地产调控序幕,称之为国六条。

9.2006年5月29日,国务院办公厅出台《关于调整住房供应结构稳定住房价格的意见》(国办发〈2006〉37号),人称9部委"十五条",对"国六条"进一步细化;随后,2006年5月31日,国税总局下发《关于加强住房营业税征收管理有关问题的通知》(国税发74号文件),对"国六条"中二手房营业税新政策的具体执行问题予以明确;2006年7月6日,建设部颁发165号文件《关于落实新建住房结构比例要求的若干意见》;2006年7月6日,建设部联合国家发展和改革委员会、国家工商行政管理总局下发 166 号文件《关于进一步整顿规范房地产交易秩序的通知》;2006 年 7 月 11 日,中华人民共和国建设部、中华人民共和国商务部、中华人民共和国国家发展和改革委员会、中国人民银行、中华人民共和国国家工商行政管理总局、国家外汇管理局下发 171 号文件《关于规范房地产市场外资准入和管理的意见》,被业内称为"外资限炒令";2006 年 7 月 24 日,国务院办公厅发布《关于建立国家土地督察制度有关问题的通知》(国办发〈2006〉50 号);2006 年 7 月 26 日,国税总局发布《关于住房转让所得征收个人所得税有关问题的通知》(108 号文);2006 年 8 月 14 日,中华人民共和国建设部、监察部、国土资源部联合发布《关于制止违规集资合作建房的通知》等等。

　　一系列调控政策密集的出台,以前所未有的姿态一下子抓住了大家的目光,绷紧了大家的神经。宏观调控的主旨是调整住房供应结构和稳定住房价格,调控的基本原则是"打击投机、规范投资、调整结构、鼓励自住"。相关政策注重供应和需求两个层面的双向调节,但总体感觉还是抑制需求的政策分量较重。目的是为了让全国房市能有所退烧,特别是热点城市如北京、广州、深圳等城市的房价仍然持续高升,全国经济过热的征兆,和全国房市继续热潮,是这次宏观调控新政密集出台的最主要因素。

　　国家推出一系列稳定楼价的政策及措施——新旧两个"国八条",在众多媒体的大幅报道下,无论是普通消费者还是开发商,一时呼声四起舆论哗然。"国八条"是针对房地产市场的宏观调控政策,它对全国的房地产市场都产生了较大的影响。同时,宏观调控也呈现出多个利益博弈的特点。上至政府决策者、监管机构,下至开发商和消费者,都站在不同的立场上对调控政策发表不同的意见。在中央提出建立和谐社会和科学发展观的大形势下,必然会对房地产业产生深远的影响。

第十四章 金融调控管理

第一节 金融调控管理概述

一、金融调控管理的概念及其实质

金融调控管理是指金融调控当局（一般是各国中央银行）根据确定的经济发展目标，运用货币政策工具对货币供应量和信贷总量、结构的调节和控制，以保证整个经济从宏观上实现总供给与总需求的平衡。

金融调控管理的实质，是货币政策的制定和实施。而货币政策包括金融调控当局为实现特定目标调节和控制货币供应量及处理货币事务的路线、方针、规范和措施等，是一种宏观性、长期性、调节社会总需求的间接性经济措施。

二、金融调控管理的主体、受体与对象

（一）金融调控管理的主体

1.金融调控管理主体的作用与职能

金融调控管理的主体是指国家及有关国家机关。实际上，在我国承担金融宏观调控管理的主要国家机关就是中国人民银行。随着 1995 年《中国人民银行法》的颁布施行，中国人民银行成为我国的中央银行，它在独立制定货币政策、进行宏观调控方面发挥了重要的作用。同时，1994 年国家开发银行、中国进出口银行、中国农业发展银行相继建立，我国的金融调控体系已初步确

立。2003年我国又成立了银行业监督管理委员会,实现了由银行业监督管理委员会对银行业实行监督管理,从而使中国人民银行专司宏观调控管理的职能,避免了因职能交叉所导致的对调控效果的削弱和掣肘。

2.金融调控管理主体的组织机构

中国人民银行作为我国的金融调控管理主体,其组织机构如下:

(1)总行与分行

中国人民银行实行行长负责制。行长的人选,根据国务院总理的提名,由全国人民代表大会决定;全国人大闭会期间,由全国人民代表大会常务委员会决定,由中华人民共和国主席任命。

中国人民银行根据履行职责的需要设立分支机构,作为中国人民银行的派出机构。中国人民银行对分支机构实行集中统一领导和管理。各分支机构根据中国人民银行的授权,负责本辖区的金融调控管理,承办有关业务。

(2)货币政策委员会

中国人民银行设立货币政策委员会,作为制定货币政策的咨询议事机构。货币政策委员会由中国人民银行、国家有关部门、商业银行的负责人和专家组组成,中国人民银行行长、国家外汇管理局局长、中国证监会主席为货币政策委员会的当然委员。主席由中国人民银行行长担任。中国人民银行货币政策委员会在国家宏观调控、货币政策制定和调控中发挥着重要作用。

(二)金融调控管理的受体

金融宏观调控管理的受体,在我国主要指与商业银行及其他银行业金融机构的关系。

(三)金融调控管理的对象

金融宏观调控管理的对象就是金融市场。中国人民银行作为我国的金融调控管理主体,它主要是以金融市场为对象进行各种操作,以引导资金流向和控制信用规模为目的,对金融市场有关的金融变量实行调节和控制。

第二节 金融调控管理的目标、手段、体制与职能

一、金融调控管理的目标

在我国,金融调控管理作为国家管理宏观经济的基本手段之一,其传统目标是稳定物价、充分就业、经济增长和保证国际收支平衡。后来,经过通货膨胀的打击,我国逐步将金融调控管理的多个目标改为一个主目标,即稳定币值。1995年制定的《中国人民银行法》第3条明确规定:"货币政策目标是保持货币币值的稳定,并以此促进经济增长。"

二、金融调控管理的手段

中国人民银行为实现其对金融市场调控管理的目标,可以采取一些有效的手段。金融市场调控管理的手段,在西方国家号称为"三大法宝",即:法定存款准备金、再贴现率、公开市场业务。在我国,央行的管理手段与上述西方国家通行做法基本类似。

三、金融调控管理的体制

根据《中国人民银行法》的规定,中国人民银行是中央银行。它在国务院的领导下,制定和实施货币政策,对金融业实施与执行货币政策相连的调控管理。它依法独立执行货币政策,履行职责,开展业务,不受地方政府、各级政府部门、社会团体和个人的干涉。中国人民银行作为国家重要的宏观调控部门,它的行为既要符合国家的政治、经济目标,又要适应市场经济与金融活动的规律性要求。

四、金融调控管理的职能

根据2003年修改后的《中国人民银行法》,中国人民银行履行下列职责:

（一）发布与履行其职责有关的命令和规章；（二）依法制定和执行货币政策；（三）发行人民币，管理人民币流通；（四）监督管理银行间同业拆借市场和银行间债券市场；（五）实施外汇管理，监督管理银行间外汇市场；（六）监督管理黄金市场；（七）持有、管理、经营国家外汇储备、黄金储备；（八）经理国库；（九）维持支付、清算系统的正常运行；（十）指导、部署金融业反洗钱工作，负责反洗钱的资金监测；（十一）负责金融业的统计、调查、分析和预测；（十二）作为国家的中央银行，从事有关的国际金融活动；（十三）国务院规定的其他职责。

　　同时，中国人民银行为执行金融宏观调控管理的职能，可以依照《中国人民银行法》的有关规定从事金融业务活动，如向商业银行提供贷款等。

第三节　金融调控管理的法律依据与法制完善

一、金融调控管理的法律依据

　　迄今，我国尚无一部专门的金融调控法来调整、规制金融宏观调控管理关系。在金融调控这一领域，其法律依据是由一系列层次有别、权限不同的法律、法规和行政规章所构成的。其中，规范金融调控管理主体的立法多为专门性的，如《中国人民银行法》《国家开发银行章程》《中国农业发展银行章程》《中国进出口银行章程》《国有重点金融机构监事会暂行条例》；而约束金融调控管理行为和受体的法律依据，则分布在一些相关的金融立法当中，如《商业银行法》《人民币管理条例》《金银管理条例》《外汇管理条例》《现金管理暂行条例》《国家货币出入境管理办法》《境外投资外汇管理办法》《国家金库条例》《境内机构对外担保管理办法》等等。这些法律、法规和行政规章，共同构成了我国金融调控管理的法律依据。①

---

　　①　杨紫烜主编：《经济法》第二版，北京大学出版社 2006 年版，第 613 页。

二、金融调控管理立法存在的问题

从我国金融调控管理法律、法规、规章的制定主体、内容,并结合其实施情况以及我国的金融实践,可以看出,我国金融调控管理所依据的立法现在仍然存在以下一些问题:

(一)金融宏观调控管理的法律机制尚不完善

在我国,金融组织体系已经基本建立,但金融宏观调控管理的法律机制尚不完善,从而导致我国银行的宏观调控能力尚有缺失。经过 30 多年来的改革开放,我国已形成了以中央银行为核心、以商业银行为主体、以非银行金融机构和金融市场为两翼的金融组织体系。中国人民银行与各大商业银行及非银行金融机构之间、金融机构与金融市场之间的职责划分比较清楚,业务分工明确,这一体系的形成对于转轨型国家经济金融的发展具有十分重要的现实意义。自 2003 年《中国人民银行法》修改之后,中国人民银行已经从单纯的资金提供者转变为经济的宏观调控者,调控手段也由直接的行政调控为主转变为间接的经济调控为主。但是,我们还不能说已经建立了科学的、有效的法律运行机制,国家金融调控的核心主体——中国人民银行尚不具备完善而高效的宏观调控能力,其最明显的表现是中央银行的货币政策工具较少。按照《中国人民银行法》的规定,中国人民银行可以综合运用利率、公开市场业务、存款准备金、再贷款、再贴现等货币政策工具,间接调控货币供应量,以保持币值稳定,进而调控经济总量。但在实践中,人民银行所采用的政策工具主要是再贷款利率,货币政策工具单一,并未能发挥其应有的宏观调控经济的作用。

(二)中央银行的独立性地位不够

我国银监会的设立和《银行业监督管理法》的生效,使中国人民银行进入了专业化发展的新阶段,对商业银行及其他非银行金融机构的监管已不再是人民银行的业务范围。这种监管职能的剥离,强化了其货币政策的制定和执行力,其目的是使人民银行增强宏观调控能力,在防范与化解金融风险、维护金融稳定中发挥更大作用。但是,目前中国人民银行的职能转变后,尚未显现出良好的管理效应,究其根本,与中央银行的独立性地位不够有很大关系。人民银行依据修改后的《中国人民银行法》所享有的相对独立性,仍然不足以使它完全承担起稳定币值、进行金融调控的重任。在中央银行的职能上,人民银行在制定和执行货币政策方面还缺乏应有的自主权,在抵御不合理的融资要求方面还缺乏有效的法律保障。经修改后的《中国人民银行法》中,对中国人民银行关于货币管理的职能还不够突出,特别是对人民银行货币政策委员会的规定不明确。依据《人民银行法》第十一条设立的货币政策委员会,仅是咨询议事机构,只拥有有限的货币政策建议权。而且,货币政策委员会的人员构成,按 1997 国务院颁布《中国人民银行货币政策委员会条例》的规定,是由人民银行行长、副行长二名、计委副主任一名、经贸委副主任一名、财政部副部长一名、外汇管理局局长、证监会主席、国有独资商业银行行长二人、金融专家一人组成,其中人民银行行长、外汇管理局局长、证监会主席为当然委员。这些,决定了人民银行货币政策的制定必然反映太多行政系统的要求,而缺乏必要的独立性。

中央银行的独立性程度,是一个国家金融市场机制成熟的重要标志,它直接关系到国家宏观经济调控权的效力。中央银行的独立,从根本上说表现为三个方面:组织上独立、人事决策上独立及资金享用上的独立。而这三个方面的独立,缺一不可,并且是中央银行职能、经济、程序等事项独立的基础和前提。

(三) 金融调控法律尚未建立起完善、公正而高效的体系

在我国,相对完善的金融调控法律已形成一个法群,但尚未建立起完善、公正而高效的体系,立法主体的不同导致各个层级的法律、法规协调性不够,表现在上位法与下位法的调整对象不对应,基本法的配套法规仍不够健全,不同立法部门出台的金融规范缺乏连贯性、协调性和前瞻性。

在金融调控的法律领域中,《中国人民银行法》等几部主要法律由全国人大通过,外汇管理条例、金银管理条例等数部法规由国务院制定,还有相当数量的行政规章。如果按照对金融过程的认识程度来看,应该说,中央银行法、政策性银行法、货币法、金银管理法都应列入全国人大的立法范围,因为它们系国家金融调控领域中的主要方面。

此外,按照修改后的《中国人民银行法》规定,人民银行将成为独立的货币政策制定者,并脱离政府的干预而只向人民代表大会报告工作。但是,如果我们仔细阅读一下《中国人民银行法》就会发现其中的问题:一方面,该法第六条要求人民银行向全国人大常委会提交有关货币政策情况和金融业运行情况的工作报告;另一方面,第七条则规定中国人民银行在国务院领导下依法独立执行货币政策,第五条规定货币政策的重要工具年度货币供应量、利率、汇率和国务院规定的其他重要事项的决定,报国务院批准后执行。这种人民银行在制定和执行货币政策时受国务院直接领导,同时对人大、人大常委会直接负责的权利结构,其缺陷是明显的。由于中国人民银行对国务院的行政隶属性和制定执行货币政策的缺权性,使其根本无权或难以对国务院说不,行使抗辩权。目前,人民代表大会尚没有设立专门机构来监督人民银行的工作,而且人代会每年召开会议的时间只有两周,无法真正有效地监督人民银行的行为。所以,人民银行向人大报告工作就可能流于形式。

三、我国金融调控管理立法的完善

在我国,金融货币政策是宏观调控管理最重要的直接手段之一。建立和完善我国社会主义市场经济体制,就必须加强我国金融宏观调控管理能力,其基本目标模式是中央银行应当成为相对独立、职责分明的宏观金融调控管理主体。政府无论是利用金融对整个国民经济进行调控,还是对金融业本身进行调控,都应通过中央银行来实施。中央银行要以市场为基础,以价值规律为依据,进行宏观金融调控管理。即无论中央银行进行宏观金融调控的形式和手段如何多样,都要充分考虑市场自身的运行要求,考虑价值规律的作用环境和作用特点。因此,中央银行应对多种调控方式和调控手段进行综合配套运用。只有对它们进行配套使用,才能产生较好的整体调控功效。而要建立市场经济条件下有效的金融宏观调控体系,则必须坚持、完善其配套的法律,以实现其有效运转,发挥其在国家金融领域中应有的法制保障作用。在推进中央银行法、政策性银行法、货币法、金银管理法等法律完善之时,必须注意以下方面:

（一）侧重金融调控程序的立法与完善

由于金融调控具有宏观性和总量性的特点,因此,其法律构建应更侧重于程序立法的完善和形式的救济途径的有效性。一方面,金融调控主体具有单一性、恒定性,是金融调控关系的必要方并占据主导地位。其享有单方面设立、变更和废除金融调控关系之特权,并且可凭借国家强制力使受控主体接受和服从自己的意志,也可采取多种形式激励、诱导、抑制受控主体的金融活动,以求调控目标的实现。另一方面,作为受控主体的一方,其范围要广得多,任何机关、团体、社会组织、公民个人都可能成为调控关系的受控主体。二者的权利义务并不完全对应,而且义务主体履行义务的效果无法用一个明确的尺度来衡量。因此,对于金融调控领域而言,实体性权利的法律化是不太好操作的,甚至不具有操作的可能性。但这并不意味着金融调控不能依法而行。对金融调控法制化要求,更应侧重于程序的合法及公正上,如货币政策的制定是否完全依照程序、公开市场操作是否符合法定要求,等等。在衡量一个失败的货币政策时,只要其制定和执行程序是完全符合要求的,就不能追究其货币政策错误的法律责任。

（二）强化中国人民银行独立性的立法与监督

在立法上,要强化中国人民银行制定、实施货币政策的独立性,同时,要加强对中国人民银行的法律监督。具体地,可以从立法上改变中国人民银行隶属于国务院的状况,提高其法律地位,使之直接对全国人民代表大会负责;改善中国人民银行的组织机构和人事制度,恢复货币政策委员会的本来面目,使之成为中国人民银行制定和执行货币政策的决策机构,从法律上明确规定其职责、组成和工作程序等。法律监督是法律关系主体的权利义务得以实现的有力保证。没有严格有力的法律监督也就没有法治。中国人民银行要主动接受全国人大常委会的监督,定期向其专门委员会报告工作,让金融重大决策和重要指标置于最高立法机关监督之下,从而减少政府包括财政对金融决策和执行的非法干预,提高自身的抗干扰能力,与政府在同一机构的监督下做好宏观经济管理工作的配合与协调。

(三)注重金融调控立法的一致性、协调性

基于我国目前金融领域法律、法规协调性差的问题,我们必须要注重立法的一致性、协调性,加强对法律运用时的评价。如前所述,我国虽然已经具备了相对完善的各种金融调控法律、法规。但这些法律、法规只是一个结构松散的法群,而并没有形成一个内在协调、统一,结构严谨,配套严密的金融调控法律体系。这对于我国的金融调控法来说是一个关键性的问题。我们在完善我国的金融调控法过程中,必须要逐步建立起内在协调统一的科学的金融调控法律体系。当然,这一问题并不是一蹴而就的,还涉及到立法技术等问题。但这应该是我国金融调控法完善的最终目标。

(四)正确处理好金融调控管理政策(即货币政策)与金融立法的关系

我们可以看到,作为金融调控权力主体的中国人民银行常常会在适当的时机出台一些金融调控政策。我们不能回避的一个问题是,在金融领域,金融调控政策的作用并不逊于法律的功能。因此,我们必须处理好二者的关系。货币政策的突出特点,是处理现实货币问题的灵活性和适应性,但其不具备法律的确定性和稳定性特征。按法律仅指立法机关制定的规范性文件的最狭义的界定,其并不属于金融调控法律体系。但是,如果将法律取其广义,则答案会有所不同。当然,也许将政策直接定义成法律在现阶段可能存在诸多无法逾越的法理障碍,但货币政策借用法律的形式制定和实施却是毫无疑问的。因此,当某些货币政策通过实施,其具有立法的必要时,应该将其上升为正式的立法;在其未上升为正式的立法前,可以将其作为金融调控法的非正式渊源。

案例　央行信号传导银行战略微调[①]

2009 年 7 月 8 日晚间 6 点,央行网站公布:中国人民银行调查统计司初步报告,6 月金融机构人民币各项贷款较上月新增 15304 亿元,各项存款较上

---

① 高博:《21 世纪经济报道》,《21 世纪网》2009 年 7 月 9 日。

月新增 20022 亿元,详细数据将近日公布。央行的举动让市场倍感意外。

首先,之前央行每月的货币和信贷数据基本上会同时公布,并详尽公布货币、信贷的结构数据,但本次,央行公布的只有存、贷款两个大数;其次,央行一般会在每月的十一二号公布前一月数据,但本次却在 8 号公布,时间大大提前。

央行的非常规操作引起市场瞩目。一种分析认为,这很可能为本周四将要重启的 1 年期央票铺路,在本次重启之前,为配合适度宽松的货币政策,保持市场流动性,1 年期央票已经停发了 8 个月之久。

而本次重启,一方面可能是鉴于上半年以来信贷的迅猛增长屡屡超出市场预期,从而对货币政策的适度微调提出客观要求,另一方面,可能是央行对未来的流动性状况判断发生微妙改变,以求改变以 3 个月期央票为主要对冲工具的做法,而改换长期工具配合,以期更长时间锁定流动性。

央行释放的对流动性调整的信号,将直接左右下一步银行货币信贷政策的调整策略。7 月 8 日晚间,某股份制银行风险管理部门的负责人告诉记者:"下一步,银行肯定会根据央行信号调整信贷策略。"

7 月 8 日,受前日释放的央行货币政策可能微调的影响,银行股出现普跌。

信贷第八次超预期

1.5 万亿元! 这是一个再次令市场瞠目结舌的数据。此前,根据市场预测,即使考虑到半年冲刺的因素,市场预期也不过万亿,最高预期不超过 1.3 万亿。但事实证明,市场再次低估了银行冲锋陷阵的能力。这已经是自去年 11 月信贷解冻以来市场预期的第八次落空。尽管央行尚未公布具体信贷结构,但据记者多方调查获悉,股份制等中小商业银行依然是本月信贷的主力军,这种趋势自二季度以来逐月增强。根据记者向商业银行索取的数据,中行 6 月份信贷新增 1770 亿元,农行约 1700 亿元,建行 780 亿元,工行约 640 亿元,累计不过 4900 多亿元。以上述数据推算,扣除四大行的当月新增,中小银行当月贷款新增约为 1 万亿元,约占当月新增的 68%,而在一季度基本上四大行能占到新增贷款的半壁江山。

某股份制银行信贷管理部负责人分析,股份制银行的冲高动力来自两方面原因:一是,股份制银行一季度的信贷完成情况并不乐观,如果二季度不冲上去,今年的整个利润就会大受影响;二是,一季度释放的主要是中央投资项目,而二季度则是地方投资项目为主,对于中央投资项目大型国有银行有着股份制不可比拟的营销优势,而对地方项目的营销能力股份制则有着灵活性强的优势。他告诉记者,二季度在营销上,各家中小银行的确加大了力度,而最后的成果也确实"喜人"。"6月份我们行的数据一出来,我自己都吓一跳,惊呆了,竟然超过了3月份的数据,创下全年新高。"

这并非一家银行个案。多家中小银行向记者反映,二季度数据普遍好看于一季度,而6月份数据又是二季度中最优的表现。

冲锋背后风险隐忧

汹涌的信贷增长背后,两种结构性特征越来越突出:一是,信贷向政府信用支撑的客户集中度越来越突出;二是,信贷的长期化趋势越来越明显。

商业银行人士告诉记者,6月份的信贷结构与5月份会很相似,即主要以中长期贷款为主,而短期贷款和票据融资会继续保持弱势。这实际上也是二季度以来的新特征。即从一季度的短期流动资金贷款和票据融资占比达到2/3,而中长期贷款仅占1/3,转变成中长期贷款一枝独秀,占比达到2/3。

上述银行人士告诉记者,中长期贷款主要贷给了地方投融资平台类公司,主要是以项目贷款形式跟进的,信贷集中度很高。导致集中度突出的原因,一方面由于信贷需求主要由投资拉动,另一方面亦反映了银行对当前经济的谨慎乐观。

股份制银行人士告诉记者,目前银行对地方政府融资平台的竞争已经白热化,其所在银行的覆盖客户已经延及地级市甚至区县。但他也指出,竞争的激烈导致泥沙俱下,银行的信贷风险值得关注。据其分析,迄今所有银行都尚未建立起对地方融资风险的监测方法,怎么评估地方融资平台的风险尚是一个新课题。由于地方债务的数据很不透明,其隐性负债数据、收入结构等都无从准确知悉,这导致银行根本无法判断其偿债能力。

对此问题,银监会似乎已经高度关注。近日,银监会纪委书记王华庆在出席银团贷款的会议时指出:我们也必须清楚地认识到,信贷支持经济增长的同时要切实防范可能产生的金融风险。在当前信贷高速扩张的过程中,信贷资产的集中度风险日益凸显,银行新增贷款可能出现行业集中、客户集中和期限中长期化的趋势。

高增长信贷压力

多位银行人士预测,高增长的信贷不可持续。银行肯定进入调整期。事实上,这个调整的步伐已经现在国有银行展开。二季度以来,除了中行在持续稳定高增长外,工行、建行相继放慢信贷步伐。而农行虽然有量,但由于票据占比较多,其后期的结构性调整压力较大。

记者从商业银行了解到的数据显示:4、5、6月份,工行新增贷款仅491亿元、650亿元、640亿元;建行为697亿元、328亿元、780亿元;农行约为273亿元、500亿元,1700亿元;中行为997亿元、780亿元,1770亿元。虽然,股份制等中小银行成为二季度以来的信贷主力军,但是从其后劲来看,无论大行还是股份制银行的资本约束压力等日渐呈现,信贷高增不可持续。

7月8日,工行发布公告,发行350亿元次级债券。根据工行2008年的董监事会公告,工行将在2011年底前分批发行不超过1000亿元。本次发行是工行庞大融资规模的第一波。而仅在一天前,中行刚完成了400亿元次级债的发行,并将于2010年底前在香港发行总规模不超过100亿元人民币债券。这同样是中行巨额附属资本补充中的一部分。此前于今年3月,中行公告:批准关于公司发行次级债券的议案,发行总额不超过人民币1200亿元,债券期限不少于5年。庞大信贷资产的扩张之下,上市银行已经开始屡屡发出"资本补充信号"! 相较于大行,中小银行的附属资本补充同样迫切。

2009年4月,招行发布公告:通过在2011年底前视公司资本需求情况,以一批或多批形式,进行可补充资本的债券融资安排(包括但不限于发行次级债券,混合资本债券等债券产品)的议案,累计发行规模合计折合人民币不超过300亿元。同样是4月,华夏银行发布公告,拟于2009~2010年发行不超过100亿元人民币次级债券。

无独有偶,民生银行继2008年公告发行不超过150亿元可转债之后,

2009 年再次公告,于 2009 和 2010 年间,继续发行金融债和次级债。3 月,民生已经完成 50 亿元混合债券的发行。

另外,记者获悉,浦发银行也准备发行 150 亿元次级债,并将定向增发。

除了上市银行公布的信息外,非上市银行如光大银行也已经出现资本告急,其今年的信贷扩张已经基本被锁定规模。资本瓶颈的约束,让脱缰的信贷重新找回缰绳。而央行近期释放的政策信号,也让银行信贷的理性回归成为必然。

央行释放新信号

央行本周二开展的 28 天期和 91 天期正回购,利率分别上涨 5 个基点。这是上周二以来的二度上调,而在此前的半年内一直保持稳定。周三,央行再度透过公开市场操作释放信号:将于周四发行第二十五期中央银行票据期限 1 年,最低发行量 500 亿元。这是央行在停止 1 年期票据发行 1 年之后的首度重启。此前,央行多启用 3 个月期央票配合正回购操作进行短期资金回笼。一般而言,短期工具对流动性的调控更灵活,而长期工具的锁定期限长,对流动性的收缩效应更明显。

中国银行全球金融市场部研究员石磊认为:这个信号作用极为明显,央行的货币政策已经转向微调。石磊指出。这种调整并不出乎市场预期之外,早在央行二季度货币政策委员会上,央行的口风已经调整。一季度,央行的货币政策委员会公告口风为:落实适度宽松的货币政策,保持政策的连续性和稳定性。而二季度,除以上述外,加了一句"引导货币信贷合理增长"。一季度,央行的说法是:保持银行体系流动性充裕,保证货币信贷总量满足经济发展需要。而二季度,这句话消失了!一季度,央行提到"加强风险管理",二季度央行强调要"大力加强风险管理"。

7 月 1 日,央行研究局局长刊载于《中国金融》杂志上的一篇文章中提出,中国下一阶段在总体上保持适度宽松货币政策的同时,需要在适当时机对货币政策进行适度微调。他在文章中对银行业不良资产攀升和资产价格波动的风险发出了警告。这些信号综合起来,构成了市场对货币政策微调的担忧。受此影响,银行股于 7 月 8 日普跌。而债券市场等收益率也出现普遍上扬。3

~5 年期国债收益率上涨约 5 个基点。

商业银行人士告诉记者:"央行的政策肯定会影响商业银行进行信贷战略调整。"他说,未来,银行会在保持信贷稳定投放的前提下,更多进行结构性调整。比如,会更审慎对待地方投融资平台项目,而会加大制造业、中小企业等等配比,也会从信贷期限结构上进行调整,以求多元化化解银行风险。

第十五章 财政调控管理

第一节 财政调控管理概述

一、财政调控管理主体、受体与对象

我国财政调控管理的主体是中央和地方各级财政部门,财政调控管理的受体是各级政府部门、公共团体等国家财政资金的使用者,而财政调控管理和调整的对象则是国家预算资金的筹集、分配、使用和管理过程中发生的经济关系。

二、财政调控管理的内容体系

对于财政调控管理来说,一般是从财政收入管理和财政支出管理的角度来分析。

从财政收入的角度说,由于税收和国债是获得财政收入(包括弥补赤字)的最重要的来源,因此,调控税收关系和国债关系的税收管理和国债管理也就是调整财政收入管理关系。

从财政支出的角度说,由于财政支出的最重要的途径是政府采购和转移支付,因而政府采购管理和转移支付管理应当是财政支出管理的主要部分。此外,由于对预算管理的调控既涉及到财政收入,又涉及财政支出,是从总体上对财政收支活动进行的管理。因此,它是财政调控管理的核心。

上述的财政调控管理体系是广义上的。此外,财政调控管理还有狭义上

的财政法体系,即不包括税收管理的财政调控管理体系。这是从税收管理的
诸多特殊性以及税收调控在保障财政收入和宏观调控等方面的重要地位考虑
的,主要从狭义上的财政调控管理体系来探讨问题。

第二节 财政调控管理的目标

一、合理分配收入

由于财政调控的内容是财政收入、支出和管理活动,即集中部分社会财富
而后再进行分配,因此,合理分配收入是财政的最原初、最基本的目标。

财政调节收入分配的目标,具体地表现为对分配关系的调节,即财政能够
调节国家、企业、居民等各分配主体之间的物质利益关系。在整个社会分配体
系中,财政分配占有重要地位,它包括公共经济领域以及公共经济与私人经济
之间的分配。

财政调节管理活动包括两个阶段:其一是国家凭借主权地位或所有者地
位占有一定数量的社会产品的财政收入阶段;其二是国家按照一定的政治经
济原则,将占有的社会产品用于社会的生产和生活的财政支出阶段。两者构
成了财政调控参与国民收入分配和再分配的总体。

二、有效配置资源

通过对财政调控的管理有效配置资源的目标,就是通过资源的分配,引导
人力和物力的流向,以形成一定的资产结构和产业结构,实现资源的有效配
置。财政调控管理能够把社会的资源在政府部门与非政府部门之间进行分
配;同时,还能够根据国家的经济和政治原则,调节积累和消费比例。

通常,税收、预算支出、国债、转移支付等财政调控管理手段都是资源配置
的有效手段,其运用过程也就是对资源进行配置的过程和宏观调控的过程。
正因如此,财政调控管理手段在各国都是国家用以进行宏观调控、实现资源有
效配置的重要杠杆。

三、保障稳定

财政调控管理的另一个主要目标,就是保障稳定。具体说来,在经济层面上,通过各种经济主体之间有效地分配收入,配置资源,有助于保障经济领域的公平和效率,从而有助于保障宏观经济的各项目标的实现,实现经济的稳定增长;在社会层面上,财政调控管理不仅有助于保障经济公平,而且更有助于保障社会分配领域里的社会公平,保障人权,从而也有利于社会稳定。

第三节 财政调控管理的体制与职权

一、财政调控管理的体制

根据财政管理"一级政权,一级财政"的原则,我国的财政调控管理可以分为五级,即:(一)中央财政调控管理;(二)省、自治区、直辖市财政调控;(三)设区的市、自治州财政调控管理;(四)县、自治县、不设区的市、市辖区调控;(五)乡、民族乡、镇财政调控管理。这五级财政调控,可以进一步分为两大类,即中央财政调控管理和地方财政调控管理,它们共同构成了国家财政调控管理的全部。

二、财政调控管理的职权

(一)财政调控管理职权的内容

县级以上各政府的财政部门的财政调控管理职权是:(1)编制权。即有权编制本级预决算草案以及本级预算的调整方案。(2)报告权。即有权向本级人大作关于本级总预算草案的报告;有权将下一级财政部门报送备案的预算汇总后报本级人大常委会备案;有权向本级权力机关报告本级总预算的执行情况。(3)执行权。即有权向本级总预算的执行。(4)决定权。即有权决定本级预算预备费的动用。(5)监督权。即有权监督本级部门和下级政府的预算执行。(6)变更撤销权。即有权改变或撤销本级各部门和下级政府关于预算、决算的不适当的决定命令。

此外,乡级财政部门的财政调控管理职权主要是编制权、报告权、执行权、决定权,其内容同上。

(二)财政调控管理职权的特点

在我国,财政宏观调控管理职权具有行政性直接调控的特点。

在市场经济国家,政府对微观经济进行必要的宏观调控以实现功能互补往往是一国社会经济顺利发展的前提条件。但是,我国市场化的发展路径以及当前社会经济发展的现实,决定了我国政府的宏观调控政策手段在相当长的时期内具有明显的中国特色,在总体上具有行政性的直接调控倾向。

1. 财政成为宏观调控和推进改革的主要工具。根据经济学原理,财政和货币通常是市场经济国家的政府实施宏观调控的两大主要政策手段。现代西方市场经济发达的国家是在自由资本主义的基础上,经过几百年的市场发育而逐步成熟发展起来的,形成了自下而上的发展路径,具体表现为,在自由资本主义时期,政府仅仅充当"夜警察"的角色来培植市场经济发展的微观基础,在自发的市场机制孕育、发展、壮大直到出现了其自身难以克服的内在缺陷形成了外部表现后,政府为了弥补市场缺陷而形成的宏观调控机制,这种发展路径形成的市场组织弹性高,作为市场主体的私人企业对市场价格信号的敏感性强,货币政策往往成为政府有效的宏观调控工具。我国的市场化改革是以政府为主导力量、采取自上而下的路径逐步推进的,这种发展路径的结果是政府宏观调控往往更加依赖于与政治、行政具有紧密联系的财政,因此,财政往往成为政府宏观调控的主要政策手段。1998 年,在货币政策对经济启而不动的情况下,积极的财政政策自然成为拉动经济的引擎,同时,通过政府预算以强化政府支出管理为重点的改革,着重规范宏观调控主体的行为。

2. 宏观调控的对象是地方政府。一般而言,政府宏观调控应该是通过政府的宏观政策手段,通过调节市场参数来调节企业行为,实现宏观政策的目标。但在我国民间投资不足、国有企业改革还未到位的情况下,宏观调控的着眼点却往往不是企业,而是地方政府。从实践中看,在每一阶段的投资快速增长中,地方政府起了很大的作用。因为在我国分权化改革后,作为独立利益主体的地方政府焕发了发展经济的巨大潜力,致使经济周期性波动的形成力量也主要来自地方政府。分权化改革后,地方经济的迅猛发展实质上依然是行政主导型投资的结果,企业和地方政府依然具有紧密的联系,二者的边界不清晰,使得市场经济的微观基础——企业并不能真正成为市场的主体。在1984年、1988年和1993年三次总需求过度膨胀的过程中,中央政府启动经济的直接作用都很明显,其原因在于政府对经济的宏观调控主要是政府之间的调控,即中央政府对地方政府的调控,而企业大多被地方政府控制。

3. 宏观调控的目标是追求数量扩张型的高增长率。一般而言,政府宏观调控是以经济稳定和增长为总体目标的,而发展中国家为了实现赶超战略,国家往往强调经济增长率,通过加速经济发展来缩短与发达国家的差距,由此往往使得社会经济发展缺乏统筹协调性。我国作为一个发展中的大国,加速发展经济的任务尤其艰巨。因此,长期以来,政府的宏观调控目标就是追求经济增长率,强调发展就是硬道理,结果是创造了当代世界经济增长的奇迹,极大地增强了国力,提高了人民的生活水平。但是,以扩大投资、尤其是政府投资为重点,形成数量扩张性的外延型增长。因为忽视经济效率而使得经济增长的质量低下,导致国民经济结构不合理,同时也付出了巨大的资源性代价。突出体现在,掠夺式经营带来的水土流失、污染,高耗费带来的能源紧张,过度强调资本而形成人力资源的巨大浪费等,产业结构扭曲,地区经济失衡,收入分配不公,实际失业率居高不下,妨碍了社会经济的统筹协调发展。

4. 宏观调控手段多样性下的行政倾向突出。在我国市场化转轨的过渡时期,难免出现传统的调控手段和现代调控手段并用的情况,传统的计划经济体制主要采用行政调控手段。我国行政式调控手段主要体现为行政命令、由行政命令异化而成的法律手段、土地批租政策、货币政策工具中采行的压缩贷款规模等。[①] 我国的市场经济以公有制为基础,由于政府完全掌握着土地的批租权,以至于土地往往成为政府调控宏观经济最为直接、最有力度的有效手段,土地虽然是物质形态的经济资源,但土地批租这一手段运作的效果类似于

① 黄达主编:《货币银行学》,中国人民大学出版社2000年8月第二版,第353页。

行政指令。西方市场经济国家实行私有制,因此,西方经济学理论从来就没有将土地作为政府宏观调控的政策工具,而是相反,通过企业而在市场上作为被调控的对象。一般而言,货币政策最具有市场化倾向,但由于我国建立的市场结构具有准市场化的特点,市场组织的弹性差,资本使用的价格形成机制僵化,尤其是企业作为独立利益主体的地位不健全,使得利率等市场化的手段对宏观调控的作用效果不力,只能过多地利用银根放紧、贷款规模的变化以及货币发行量等容易为政府所控制的、带有行政性倾向的手段调节总需求。

5. 行政型宏观政策调控的效果明显、但经济振幅大。以行政性倾向为特色的我国宏观调控的结果往往是:政策效果明显、但经济难免大起大落。行政性倾向的调控具有命令经济的特点,通常采取一刀切的方式,当经济过热时形成全面急刹车的效果,但难免因为急剧调整而导致资源的浪费;当经济不景气时,以发行国债方式扩大政府支出,通过替代弥补私人投资和消费的不足。行政式手段的作用效果可以立竿见影,但往往只能治标而难以治本,甚至使得宏观经济政策在治理经济波动的同时,形成了下一轮经济周期波动的原因。如果在政策扩张期过度耗尽了财力、物力、人力等资源、严重损害经济正常运行的各种均衡关系,必然会导致经济增长波动过深、过长的"大起大落";我国20世纪50～90年代GDP增长率的波动曲线上具有明显的"大起大落"特征,与政策力度把握不准,造成较强的外部冲击有很大关系。

第四节 财政调控管理的手段

通常,税收、预算支出、国债、转移支付等财政调控管理手段都是资源配置的有效手段,其运用过程也就是对资源进行配置的过程和宏观调控的过程。正因如此,财政调控管理手段在各国都是国家用以进行宏观调控、实现资源有效配置的重要杠杆。

一、财政政策的概念与分类

我国的财政政策,作为国家宏观调控的重要经济手段,它是指政府通过对财政收入和支出总量的调节来影响总需求,使之与总供给相适应的经济政策。根据财政政策在调节国民经济总量方面的不同功能,财政政策可分为扩张性政策、紧缩性政策和中性政策。

(一)扩张性财政政策

扩张性财政政策(又称积极的财政政策),是指通过财政分配活动来增加和刺激社会的总需求的一种政策行为。主要通过增加国债,使支出大于收入,扩大财政赤字来实现。

(二)紧缩性财政政策

紧缩性财政政策是国家通过财政分配活动来减少和抑制总需求的一种政策行为。

(三)中性财政政策

中性财政政策是指通过保持财政收支平衡以实现社会总需求与总供给平衡的财政政策。

二、财政政策手段的作用

财政政策的手段,主要包括税收、预算、国债、购买性支出和财政转移支付等手段。

1998 年以来,我国实施的积极财政政策,有效地抵御了亚洲金融危机的冲击,每年拉动 GDP 增长 1.5 到 2 个百分点,推动了经济结构调整,有力促进了经济持续稳定快速发展,功不可没。但是,积极财政政策的实质是扩张性的财政政策,当通货膨胀逐渐成为影响宏观经济发展的压力时,继续实施这一政策,不仅不利于控制固定资产投资的过快增长,而且易于形成逆向调节;不仅不利于减缓通货膨胀的趋势,而且易于加剧投资与消费比例失调程度,加大经济健康运行的风险和阻力。因此,积极财政政策应当适时转向。此外,目前投资规模很大,社会资金较多,也有条件调整财政政策的取向。另一方面,目前我国经济又并非全面过热,经济社会发展中还有农业、教育、公共卫生、社会保障等许多薄弱环节亟待加强,而且没有强烈信号表明近期会发生高通货膨胀,因此,积极财政政策不宜一下子转向紧缩的财政政策。

在这种情况下,中央提出明年实行稳健的财政政策,是符合我国现阶段经济形势的发展变化和宏观调控的客观需要的,是又一次科学的相机抉择。

三、实施稳健的财政政策

实行稳健的财政政策(也就是经济学讲的中性财政政策),主要是要服从服务于改革发展大局,服从服务于中央宏观调控大局,宏观上既要防止通货膨胀的苗头继续扩大,又要防止通货紧缩的趋势重新出现;既要坚决控制投资需求膨胀,又要努力扩大消费需求;既要对投资过热的行业降温,又要着力支持经济社会发展中的薄弱环节。其政策核心是松紧适度,着力协调,放眼长远。具体说来,要注重把握"控制赤字、调整结构、推进改革、增收节支"十六个字。

(一)控制赤字

控制赤字,就是适当减少财政赤字,适当减少长期建设国债发行规模,近期中央财政赤字规模大体保持在 3000 亿元左右。随着 GDP 的不断扩大,财政赤字所占比重会不断下降,预计明年将降至2%左右。

(二)调整结构

调整结构,就是要进一步按照科学发展观和公共财政的要求,着力调整财政支出结构和国债资金投向结构。资金安排上要区别对待,有保有压,有促有控。对与经济过热有关的、直接用于一般竞争性领域的"越位"投入,要退出来、压下来;对属于公共财政范畴的,涉及到财政"缺位或不到位"的,如需要加强的农业、就业和社会保障、环境和生态建设、公共卫生、教育、科技等经济社会发展的薄弱环节,不仅要保,还要加大投入和支持的力度,努力促进"五个统筹"和全面协调发展。

(三)推进改革

推进改革,就是转变主要依靠国债项目投资拉动经济增长的方式,按照既立足当前,又着眼长远的原则,在继续安排部分国债项目投资,整合预算内基本建设投资,保证一定规模中央财政投资的基础上,适当调减国债项目投资规模,腾出一部分财力,用于大力推进体制和制度改革创新,为市场主体和经济发展创造一个相对宽松的财税环境,建立有利于经济自主增长的长效机制。

(四)增收节支

增收节支,就是在总体税负不增或略减税负的基础上,严格依法征税,确保财政收入稳定增长,同时严格控制支出增长,在切实提高财政资金的使用效益上花大力气,下大功夫。

案例　佛山市南海区财政绩效预算改革①

一、南海区财政绩效预算改革的概况

广东省佛山市南海区经济发达,近年来每年都有 10 亿元左右的财政收入,但长期以来,区财政依然面临着"入不敷出"的财政压力困扰。为改变区财政工作的被动局面,提高财政资金的分配效率和使用效益,在南海区区委区政府的支持下,南海区财政局于 2004 年初同广东省财政科学研究所合作,拉开了南海区财政绩效预算改革的序幕。

2004 年 2 月,广东省财政科研所和南海区财政局共同合作,借鉴国内外成功经验,结合南海区的财政工作具体情况,制定了初步的在南海区开展财政绩效预算的管理办法、实施方案和详尽执行计划。并邀请了国内著名高校的 14 位专家参加了 2004 年度的财政绩效预算评审会,针对信息化项目进行了初步试行,迈出了财政绩效预算改革的第一步,并积累了一定的经验。对绩效预算改革方案进行了第一次完善后,2004 年底,又开展了 2005 年度区级预算单位信息化项目绩效预算评审,共评审 17 个单位的 38 个项目,申报金额 6244 万元,评审结果是建议安排资金 3949 万元。

在 2005 年开展的 2006 年度专项经费项目绩效预算中,南海区共有 48 个单位的共提交了 195 个参审项目,预算金额共 20.5 亿元。全部项目均需通过十道"关卡",并有专家和专业小组全程参与。项目评审范围也扩大到 100 万

---

① 王钧:《广东省佛山市南海区财政绩效预算改革的案例研究》,《经济研究导刊》2009 年第 13 期。

元以上的设备购置、基建工程和专项业务费项目。在 2007 年度专项经费项目绩效预算中,参审项目达到 286 个,参审金额达到 34.7 亿元。2007 年的评审程序更加完善,增加了形式审查环节和业务科室把关环节。通过评审,专家评审同意安排项目 126 个,金额 12 亿元,砍掉项目 160 个,削减预算 22 亿多元。

二、推行财政绩效预算改革前南海区财政工作面临的主要问题分析

1. 财政支出压力增大,资金供需缺口不断放大。进入 21 世纪后,南海区经济一直处于高速增长的态势,与经济收入同步增长的是财政收入,财政收入的"雪球"越滚越大。但是,这种以投资为动力的经济增长机制,使得社会各界对财政投资的需求也越来越大,财政资金的需求总是大于供给,形成了"钱越多却越不够用"的被动局面。以 2003 年为例,南海区各部门做的财政预算是 69 亿元,但区财政实际能支配的财力大概是 44 亿元,两者相差 25 亿元,并且这一缺口有逐年放大的趋势。

2. 财政资金分配缺乏科学依据,政府财政工作重点不突出。财政资金分配程序一般是:项目单位申报项目→财政部门审核平衡→政府部门审批→财政下拨资金。在这样的资金分配流程中,经常存在这样的问题:首先是用款单位"报大数",能多报就多报,不进行科学的项目预算;其次是财政部门预算科工作压力大,因为预算科掌管着财政资金分配权,因此,也就成为政府和各财政主管领导争夺的主阵地,于是预算科在分配资金时需要考虑谁的官大,谁的关系好,谁哭得最厉害等问题,最终的结果是是谁的官大谁主管的部门分得多,谁叫得最响谁分得多。

3. 政府部门本位主义思想,严重干扰了财政分配秩序。财政预算本是政府的施政纲领,政府职能通过财政预算体现,财政预算影响政府职能的实现。但在传统的财政分配制度下,各主管领导为了实现自己的政绩,都希望给自己所主管的部门争取更多的资金,谁都想多要、多得。由于缺乏科学合理的决策分配机制,有限的资金分配变成了领导之间权力和交情的博弈。这些博弈主要体现在政府部门各主管领导的博弈、财政部门各主管领导的博弈、政府各部门(局)之间的博弈。有时为了平衡各部门、各单位的利益,就只能搞平均、撒

胡椒面,给大家都给一点,往往使有限的资金不能用在最需要的地方。政府部门本位主义思想,严重干扰了财政资金的分配秩序,每年的财政分配就像"一场没有硝烟的战争","赢家"于宏观经济而言可能沦为"失家"。既不利于政府调控经济,也不利于政府宏观经济政策的执行。

4.项目预算管理不规范,影响了资金使用效益。在传统的预算管理体制下,多数单位在预算立项时,"拍脑袋"决策,立项瞄准的是争取财政资金,立项和预算均为了争取更大分量的"唐僧肉"。因此,对立项的可行性、规范性缺乏论证,甚至导致某些项目的综合效益不高或者中途搁置,进而出现财政资金转用途等问题,严重影响了有限的财政资金使用效益的发挥。甚至对一些单位来说,设立项目只不过个"要钱"的借口,根本还没有顾上考虑"项目该不该上,怎样上"的问题,更拿不出可行性方案和实施方案,更不用说项目效果和目标。

三、南海区财政绩效预算改革成功的条件分析

1.区委、区政府的高度重视和大力支持。对于传统财政分配制度的弊端,企业家出身时任南海区区长李贻伟同志深有体会。所以,当财政局提出实行绩效预算的设想时,他给予了充分肯定和大力支持。并于2004年2月13日,在南海区首次召开的财政资金预算评审会上作动员讲话,区委领导的重视和期望极大地坚定了南海财政局坚持探索和开展绩效预算工作的信心和决心。南海区人大、监察部门等也对南海区财政局的绩效预算改革给予高度评价和大力支持,并派员参加财政专项支出项目预算评审会,客观上帮助南海区财政局的绩效预算改革消除了一定的阻力,促进了政府其他部门的理解、配合和支持。

2.公共财政导向的综合财政改革为绩效预算改革铺平了道路。公共财政导向的综合财政改革从资金、资产和资源等方面规范了单位各项管理。2002年"金财"工程正式启动后,南海区成功搭建了南海公共财政管理信息平台。收支两条线、国库集中支付制度改革、清理单位"小钱柜"、统发工资、津贴制度推行、区直机关办公费用标准化改革等加大了对单位的会计监督,规范了资

金管理;资产清查登记、政府资产统一管理等一系列的改革,极大地规范了南海区各单位的资产管理;政府资源的拍卖制度等的推行进一步加强了对政府资源的管理。经过这一系列扎实的改革,各单位用钱来源得到规范,花钱主要通过预算资金来解决,为推行绩效预算铺平了道路。

3.财政部门无畏改革的勇气和大胆创新的意识。南海,跻身于中国改革的前沿阵地——广东省。南海人传承了广东人勇于创新,善于改革的伟大精神。敢为人先,无所畏惧的改革精神促使南海区财政局痛下决心,敢于革自己的命,率先从本部门工作启动了绩效预算改革。因为绩效预算制度,等于将财政部门过去拥有的大权分散化,权力的放弃,对于财政部门本身就是一种挑战,没有一定的勇气和胆识是很难做到的。可以说南海区财政局的无畏的改革勇气和创新精神是推行绩效预算改革的必要条件之一。

4.智囊团队参与,尽量规避风险。一是邀请广东省财政厅财政科学研究所参与。从某种程度上讲,财政科研所在这次改革中起了主谋的作用。首先,理论准备,财政科研所在接受这项任务后,做了充分的前期理论研究工作,黎旭东所长不但查阅国外有关绩效预算的资料,而且亲自去国外考察,综合比较了美国、加拿大、澳大利亚等国的绩效预算制度后,有针对性地提出了适合中国国情的绩效预算改革方案。其次,方案设计。财政科研所帮助南海区财政局设计了绩效预算的整套方案,包括流程、评审工作方案、申报表、评估指标体系等。再次,组织评审工作,南海区为了规避风险,把绩效预算的策划和执行评审工作也交给了财政研究所,自己不参与,为评审工作的公平性、公正性提供了前提条件。二是邀请专家参与评审。在评审阶段,邀请项目相关领域的技术专家和经济政策专家参与,如信息化项目,邀请信息领域专家做评委。技术专家和经济政策专家参与,使项目的可行性、资金预算的准确性、是否符合国家政策和地方发展战略、资金使用效益等,建立在专家认可的基础上。

5.政府各部门的配合和支持。财政绩效预算改革不仅是财政局一个部门的事情,绩效预算改革涉及到政府各个职能部门,是一项系统工程,也绝对离不开政府各部门的配合和支持。一方面,通过公共财政导向的一系列综合财政改革使得各单位花钱基本通过财政预算来解决,各单位在某种程度上只能选择配合;另一方面,在南海区委区政府的大力支持下,绝大多数单位对绩效预算改革给予理解和支持,并在具体的项目立项申报、评价中进行配合和支持。政府各部门的这种支持和配合是绩效预算改革取得成功的基本保障之一,使绩效预算改革免遭在摇篮中夭折的厄运。

四、案例启示

南海区的绩效预算改革在中国各级财政部门中是先迈一步,并且步伐坚定,取得了较大的成功。本文仅深入分析了其迈出这一步的艰辛和取得成功的条件,希望能够为其他兄弟部门所借鉴。在市场经济日趋成熟的今天,中国的财政体也必须面临一场改革。也许南海区在财政改革的道路上遇见的问题不是普遍存在,也许成就南海区绩效预算改革的条件不是所有部门都具备,但是,南海区政府的绩效预算改革的成功至少是中国的财政绩效预算改革闯出的一条成功之路,我们仍然可以从中汲取其成功的经验。

第十六章 价格调控管理

第一节 价格调控管理概述

一、市场经济条件下价格调控管理的必要性

在市场经济中,由于市场机制本身的缺陷,需要政府对价格进行适度的管理和一定程度的管制,以弥补市场机制自身的缺陷。而政府在干预市场活动和管理价格中也会存在"失灵"产生弊端,影响管理效果,因而需要对管理者进行"管理",更好地发挥"看得见的手"的作用。可见,在市场经济条件下,对价格进行管理有其必要性。

二、价格调控管理的概念与分类

价格管理是政府依据价格法律法规对社会商品生产和商品交换等经济活动中发生的价格关系,以及对价格的制定、调整和执行所进行的组织、指导、协调、调控、干预和监督检查的行为。价格管理具体分为两类:一是指对价格形成及其运行的管理,二是指对价格行为主体的价格行为的管理。可见,价格管理是一种政府行为,即价格管理的主体是政府。在实际工作中,政府对价格的管理是通过政府授权由某些部门(如价格主管部门)来实施的。因而,所谓价格管理,实际上是政府给某些部门依据政府制定、发布的价格法律法规和政策对价格行为进行的管理或规制。从行政管理行为的层次看,大体分为三个方面:一是行政立法,即"定规则"。二是行政执法,即"当裁判"。三是其他行政

性管理工作,如直接制定某些商品和服务的价格,对价格总水平的监测和调控,成本调查,发布信息,调查研究和组织会议等。

第二节 价格调控管理的主体、受体与对象

一、价格调控管理的主体

1.我国价格调控管理机构存在的问题

价格调控管理主体是指政府及其直接行为者,包括中央和地方各级政府及其物价主管部门。目前,作为我国价格调控管理主体的价格调控管理机构仍存在以下几个方面的问题:

(1)价格调控管理机构的二元化。政府价格主管部门与行业价格主管部门同时对同一商品或服务的价格进行管理,这种办法,不利于增强政府价格主管部门管理价格的权威性和提高管理的效果。

(2)价格调控管理机构的设置已经不适应市场经济发展的需要。例如,现在的价格管理部门,既管政府制定某些行业或产品和服务的价格,又施行价格执法的监督检查工作,还兼任制定价格管理法规的任务,这在程序、规则上是否合理、合法,能否有利于价格管理公平、公正,仍需要研究。此外,还存在价格调控管理机构的隶属关系不顺的问题。

(3)价格调控管理机构的职能与职责相混。管理机构职能方面,存在省及省以上的价格主管部门与省以下价格主管部门的职责相混,价格管理机构与被管机构职能矛盾,难以实施有效的管理。

(4)价格调控管理机构政企不分。价格调控管理机构对某些行业(主要是自然垄断)商品或服务价格的管理,目前仍然存在严重的政企不分,尚未建立具有相对独立性的政府管理机构。

(5)价格执法机构缺乏独立性、权威性。目前,我国的价格执法机构没有自成体系,缺乏独立性、权威性,在一定程度上影响了执法的效果。

2.我国价格调控管理机构的改革

如何改革现行价格调控管理机构,是当务之急。

(1)对政府本身的定价行为和管理价格的行为设立约束机制。把管理主体的活动纳入法制的轨道,使之严格按照规定的权限和程序进行,其目的在于使价格管理部门保持管理的公正性。为此,需要制定相应的规则,包括:规范价格主管部门制定法规政策的行为规则;政府定价行为规则(包括中央、省、市、县各级政府定价行为的规则和规范其他经济管理部门价格行为的规则);规范价格行政执法行为的规则;价格主管部门日常工作的规则。

(2)重新设置价格管理机构。在市场经济体制下,政府价格管理机构的设置应与政府对价格的管理内容相一致,具体应包括:制定价格法律法规政策制度的部门;监督检查法律法规政策制度执行并实行相应处置的部门;直接制定相关商品和服务价格的部门;制定要素价格的部门;实行价格服务的部门。从发达市场经济国家价格管理机构的设置情况看,主要有两种类型:一是集中管理型。主要有法国、日本等国。如法国政府对价格的管理,主要由政府部分(竞争、消费和反诈骗稽查总局)、协调仲裁与咨询机构(全国竞争委员会)和司法机关(巴黎法院和有关法庭)构成的三方面相互协同、相互监督、相互补充的一个体系。二是分散管理型。其特点是中央一级一般不设立专职机构,而将物价管理职能分设到各部门和各地政府去执行。如美国,不设全国统一的价格管理机构,对物价总水平的监控由联邦政府劳工部实施,主要监测生产者和消费者价格指数、进出口贸易指数等;消费者利益和企业价格的承担;公用事业价格的管理则通过各公用事业委员会进行,如联邦动力委员会负责管理电力公用公司的批发价格和天然气价格;联邦通讯委员会负责管理规定电话、通讯的最高和最低收费标准等。

(3)正确划分中央与地方价格管理机构的权限。关于中央与地方价格管理机构权限的划分,一般是凡属跨地区流通的,由中央政府的价格管理机构决定,而公用事业价格等在局部区域内形成的,一般由地方政府决定。但是,中央政府与地方政府的价格管制机构之间不存在领导与被领导关系,双方的权限都是依法确定,前者并不能干涉后者的决定,被管制者对后者决定不服的,也不能向前者提出申诉或要求复议,而只能通过法律渠道解决。

二、价格调控管理的受体

我国目前的价格调控管理受体主要由公民、法人及其他社会团体构成,此外还包括地方各级人民政府及其价格调控主管部门。作为地方政府及其价格调控主管部门,一方面,它相对于其辖区内的公民、法人及其他社会团体来说,是调控管理主体;另一方面,它相对于中央政府及其价格调控主管部门来说,又成了价格调控管理受体。

三、价格调控管理的对象

对价格进行调控管理,其管理对象具体包括:(1)对特殊行业的价格进行管理。特殊行业,是指市场价格机制的作用受到限制的领域,如自然垄断行业、公益事业的产品、公共产品生产领域以及农业等。(2)对市场价格进行管理。制止在由市场形成价格中发生的价格违法行为,维护市场竞争秩序及生产者和消费者的利益。(3)从广义的角度考察,政府还对要素价格(地租、工资、利率、汇率等)进行管理。

第三节　价格调控管理体制与职能

一、我国价格调控管理体制与职能的内容

现行的价格调控管理体制及管理职能是:一方面,主要是管理由国家控制的部分商品和服务价格,治理价格形成环境和保护价格形成机制,监督市场价格,指导企业、行业经营和价格行为,维护市场价格秩序的正常化,进行价格咨询服务;另一方面,还兼有对其他与价格形成有密切关系的因素的管理职能,具体包括:市场准入,即通过鉴别企业是否具有正常经营业务的资格等方式来控制供给能力,进而影响价格的走势;制定供应规则,主要是关于供应标准及有关供需双方的行为规范;审批投资计划,只要价格受到管制,投资计划也必

须纳入管制主要内容;监审执行期及计划期成本;强制执行,对违反有关规定的行为,管制机构有权进行相应的处置。[①]

二、我国价格调控管理体制与职能的改革

目前,我国的价格调控管理面临许多新情况、新问题,必须加快深入价格调控管理改革的步伐,明确政府管理价格定位,转换政府管理价格职能,完成与社会主义市场经济体制相适应的具有中国特色的价格调控管理体制。

(一)增强法制意识,坚持依法管理价格。一方面,政府的价格行为必须接受法制的约束,不能超越法制行事。为此,必须建立健全"行政管理公示制、行政执法责任制、案件主办制、评议考核制、错案追究制"等制度,率先制约和规范政府价格行为,为依法公正管理和约束生产经营者价格行为创造前提。另一方面,政府对价格的管理必须主要依法进行,改变以权代法主要用行政手段管理价格的做法。

(二)从定调价为主转变为"定规则、当裁判"为主,为价格竞争营造良好的市场环境。为此,需要做好以下工作:一是完善价格形成主体,真正放开价格,尤其是对自然垄断行业中非垄断生产经营环节,应尽快放开,引入竞争机制,使其价格由市场竞争形成;二是完善市场环境,规范市场运行规则,使价格竞争有序进行;三是明确政府职能,既要为价格发挥作用创造条件,又要减少不必要的行政干预;四是建立和完善企业进退市场的机制;五是要制止滥用垄断地位的价格行为。

(三)科学制定管制价格,细化价格管理的职能。一是要严格划分中央与地方的职权。处理中央政府价格主管部门与地方政府价格主管部门的关系,必须依据法律的规则行事。而划分中央与地方管理权限应以垄断程度和"溢出效应"为标准。凡属全国联网的自然垄断行业,应由中央政府定价,凡属地方性垄断的,则应由地方政府定价。对于那些不成网的特殊行业则按溢出效

---

① 胡耀苏、陆学艺主编:《中国经济开放与社会结构变迁》,社会科学文献出版社 1998 年版,第 47 页。

应大小来判断是中央政府定价还是地方政府定价。二是要正确处理政府价格主管部门和行业主管部门的关系。三是借鉴国外有益经验,逐步建立相关行业的专门委员会,负责具体的管理工作。四是对区域性特点强的公用事业的管理,有两种办法可供中央和地方政府选择:一种办法是,运用区域间比较竞争理论进行管理,即对于若干家地区性企业垄断经营的公用事业,政府可以通过比较经营绩效,以经营绩效较高的企业经营成本为基准,并考虑各地区的经营环境差异,在此基础上制定管制价格。这种办法,有利于提高政府制定价格的科学性。另一种办法是,建立特许权投标制度,即将政府给予企业垄断性的事业特许权限制在一定的时期内,在特许期结束后,再将特许权重新竞标,允许全国各类相关公司参与,中标者可获得一定时期的特许经营权。以此办法,形成企业进退机制,造就一批潜在的竞争者,进而增加获得特许经营权企业的经营压力。

(四)树立公共意识,增强服务职能。一是要建立完善的价格调查、监测体系。健全价格监测分析和成本调查制度,及时了解市场价格和成本的变化情况,做好价格趋势分析和预测,正确把握宏观调控方向和调控力度,为政府宏观经济决策提供依据。二是要加强价格信息服务工作。在充分利用现有价格信息网络的基础上,开辟更加广泛可行的信息源,形成快速的信息服务网络。在目前已经开通的网络的基础上,大力发展与因特网相连的价格信息网,提高信息传输速度和质量。还要通过政府上网和政务公开,提供网上检索查询,把国际、国内最有价值的价格信息及时提供给各级政府、企业和农民;还要通过完善价格信息披露制度,规范和引导市场主体的价格行为;要加强对国际市场价格波动、主要商品进出口数量及价格的监测,及时分析预警。三是要建立和完善重要商品监测分析体系和预警体系。根据当前情况,至少要建立和完善主要农产品、药品、石油、重要工业品和房地产等五大监测分析体系和预警体系。四是要加强农产品成本分析和农产品成本调查体系建设,增强为农业和农村经济政策、促进经济结构调整和农民增收服务的功能。

第四节 价格调控管理的依据与手段

一、价格调控管理的依据

一方面,根据价格管理的新情况、新问题、新要求,修改《价格法》,补充新的条款和新的内容,删除不适合变化了的新情况的内容或条款;另一方面,制定和完善价格法规,细化《价格法》的原则规定,使之明晰化、具体化、可操作化。其主要对策是:制定和完善有关制止垄断、保护竞争的法律法规,适时出台《反垄断法》《制止价格垄断行为的规定》《反价格欺诈》《反低价倾销》《反价格歧视》《反价格暴利》等法律法规,完善《政府制定价格行为规则》等法规;研究制定政府制定价格集体审议制度,制定和完善分行业、分品种的商品和服务的政府定价办法;为了科学制定自然垄断行业、公用事业、公益服务价格,需要抓紧研究制定成本约束、定期审价、专家审价、价格公示等规定;制定政府价格决策听证办法;制定与《价格违法行为行政处罚规定》配套的相关规则。

二、价格调控管理的手段

运用宏观经济政策调控物价总水平、要从保持物价总水平相对稳定出发,确定货币、财政政策的扩张程度或紧缩程度。中央银行必须根据经济增长和稳定物价水平的要求,严格控制货币供应量包括狭义上的货币和广义上的货币供应量,把货币供应量的增长控制在年经济增长率、经济货币化需要增长率和社会可承受的物价水平增长率三者之和以内。要对货币发行的主要源头——信贷、投资进行总量规模控制,使之适应经济增长和稳定物价的需要。总量规模控制应主要运用宏观经济手段,如利率、汇率、税收、工资等,必要时可实行指令性计划控制。

第五节 价格调控管理的过程

一、价格调控管理的机制效能

根据控制论原理,无论是那种管理过程,要使其充满活力,有效开展工作,均应具备决策、调控、监督、咨询四方面职能的统一。价格宏观调控管理的过程,是一个艰巨复杂的系统工程,是在市场经济体制下实施价格调控管理的一个完整机制。

经济系统间的协调联动,共同作用于市场经济运行的调控,这一系统化分析更加注重于整体组织的均衡,它的一个著名的格言就是"整体大于部分之和"。也就是说,真正起决定作用是整体效应,而不是个别经济系统的具体行动,它更加强调的是相互依赖而不是互动。一般来说,各经济系统之间只要有功能互补的关系,就存在着相互依赖,而只有各经济系统都采取积极的态势时,才可能产生互动。综合运用金融、税收、财政、价格诸经济系统功能。实施国民经济运行的调控,在理论上已取得共识,而在实际经济工作中,往往只从一个特定的目的出发,较多地注重某个经济系统单项手段的作用,使得各经济系统手段之间,缺乏有机的配合,出现了此突彼限,互相削弱、互相掣肘的现象,调控功能很难得以充分发挥。各经济系统虽有着相对独立性和特定功能,但各自调控任务与目标有着一致性,相互之间密切联系、互为影响。就调控价格总水平来讲,需从社会供求总量、货币发行总量、基建投资规模、消费基金等方面,综合调控,多部门协力,方能取得效力。所以,必须使各经济系统协调联动,产生合力,才能提高国家宏观调控整体效能,达到调控终极目的。

二、价格调控管理系统的运行要求

在价格调控管理机制中,各个经济调控系统综合运用的基本要求是:一是要符合社会主义经济规律的要求,符合党的方针政策和国家宏观调控总目标的要求;二是要围绕同一调控目标,相互配合,分工协作,不得各行其是,更不能逆向调节;三是建立全国和地区统一的各经济调控部门的协调机构和信息反馈系统,把综合运用部门子系统调控,作为国家宏观调控大系统建构的重要组成部分。

案例 "2000 元月薪招不来送水工"①
——如何看待当前劳动力价格的上涨

"2000 元月薪招不来送水工"、"过一个年,外来工起薪大涨 13%"——春节后广州劳动力市场上的这一幕幕让不少企业经营者感叹,廉价劳动力一去不复返了。《劳动合同法》的实施、《社会保险法》进入审议、"民工荒"持续存在,更引发了"劳动力价格飙升"、"劳动力成本增加影响中国竞争力"的议论。该如何看待当前劳动力价格的上涨?

一、沿海地区农民工工资从"原地踏步"到"三级跳",企业对劳动力价格上涨感觉明显

苏平原在北京做建材生意,去年以来,他一直为招不到搬运工人发愁。"就是那种搬搬抬抬的,肯出力气就行,怎么 1000 元一个月就招不来? 前天有两个人,工资至少要 1300 元,感觉高了点。"对比前几年,苏平原更想不通。"我 2001 年开始做建材买卖,那时候招农民工,给五六百元都干得挺开心。"

"技工荒"已不是什么新鲜事,现在,包括简单劳动力在内的外来工价格也开始快速上涨。劳动保障部门的一项调查显示,2004 年以前,珠三角地区农民工平均工资 12 年仅涨了 68 元,相当于"原地踏步"。近三年,沿海地区农民工工资则呈现"三级跳",平均每年增长 100 多元,有的省份涨幅接近 20%。

不过,并不是所有企业都感受到加薪压力。赵慧在杭州一家企业做人力

---

① 资料来源:《4 问劳动力价格上涨》,www.timeceo.cn/manage/anl/200806/41249.html.

资源经理，"去年月薪1200元招前台接待，一天收到上百份简历，不少大中专院校的毕业生都来应聘。4年前我们按这个标准招人，挑选余地可没这么大。"有关机构的数据表明，近几年大中专毕业生对就业起点工资的要求越降越低，不少人月薪800元就很满足，一些地方还出现了"按最低工资标准起薪"的情形。

劳动力市场正出现这样一种"怪现象"：普通职员，相对体面轻松的工作，工资几年不涨也不愁用工；脏活累活重体力活，劳动力市场价格正节节攀升。

劳动力价格变动情况究竟如何？从统计数据看，2002～2006年我国在岗职工平均工资从12422元增加到21001元，扣除价格上涨因素，年均递增12%，超过GDP增速。劳动保障部劳动工资司司长邱小平说："伴随着GDP快速增长，工资相应增长是正常的。最低工资标准等保障水平的提高，也会使劳动力价格随之增加。总体上，近几年劳动者工资性收入一直在增加，增幅相对稳定，并没有出现突然的、大幅的劳动力价格上涨。"

专家分析，事实上劳动力价格一直维持着上升的曲线，之所以近两年一些企业对劳动力价格上涨感觉明显，恰恰是因为上涨速度较快的群体相对集中在一些低端重体力劳动者、集中在农民工群体，而过去这部分劳动力价格增长缓慢，用人单位也习惯性地对他们给予低工资并享受了多年的低工资成本。

二、总量供大于求，但特定价格水平下，劳动力不再供过于求

劳动力，特别是农民工在局部地区价格快速上涨，是不能意味着延续多年的劳动力供过于求态势开始逆转？

"从总量上讲，劳动力还是'多'。"劳动保障部劳动科学研究所所长游钧这样认为。他提供了一组数据。20世纪六七十年代的人口生育高峰，形成了当前和未来20年劳动年龄人口占总人口的比重维持在65%以上的较高水平。"十一五"这五年，城镇每年要安排就业的人数达2400万，而在用人需求方面，按经济增长保持8%至9%的速度，约为1200万人，缺口不小。更重要的是，农村还有1～1.5亿劳动力有待转移。"未来相当长的一个时期，劳动力还是供大于求。"不过，同样是供过于求，供求对比已不那么悬殊，特定劳动

力价格水平下,更不再是供过于求。

胡胜利家在安徽农村,说起"月薪1000元招不来搬运工",他有自己的看法:"换五六年前,800元肯定抢着干,600元说不定也干,因为没有其他选择。现在,我去浙江的加工厂、去老家附近的乡镇企业,说不定也能拿到1000元,干吗当搬运工?又辛苦又学不着技术。就算回家种地、养猪养鸭,算下来可能每月也能有七八百元,还能照看孩子老人。"胡胜利觉得,有的活儿农民工不愿意做,就是因为工资太低。

中国劳动力市场信息网监测中心副主任翟燕立告诉记者,"不少农民工有类似的想法,这也是'民工荒'持续、部分低端劳动力价格快速上涨背后的一个原因。"去年在南京,搬运工供求比一度达到1:39,"棒棒军"扎堆的重庆,搬运工、包装工供求比也达到1:3。

翟燕立分析,前些年大量农民工涌向城市,相对于一定的需求,劳动力供给趋于无限。需求增长得再快,供给也源源不断,无需提高劳动力价格。现在,随着农村生活水平的提高、县域经济的发展以及西部大开发、中部崛起,农村富余劳动力有了更多选择。

监测显示,2007年第四季度,珠三角地区的用人需求同比增长71%,而求职人数增速是32%,长三角地区,需求人数和求职人数增速为18%和14%,需求明显快过供给。当需求和供给的力量不再悬殊、甚至需求增速快过供给增速时,雇佣方仍然守着原有的劳动力价格,就会发现招不来人。"但这不等于劳动力不够了或者说愿意从事简单重复劳动的劳动力不够了。只要企业适当提高工资水平,并不会真正缺工。"翟燕立出示的一份调查报告显示,东南沿海地区凡是工资涨上去的企业,基本不愁用工。

三、送水工月薪2000元,文秘800元,并非新"脑体倒挂"

送水工月薪2000元,小保姆1500元,搬运工1000元……部分简单劳动力这样的工资价位及增长速度,更反衬出文秘月薪800元、大学生却抢着干的尴尬境地。有人认为,这是新的"脑体倒挂"现象来临。

不少人对20世纪80年代初的"脑体倒挂"记忆犹新。"拿手术刀的不如拿剃头刀的,做导弹的不如做茶叶蛋的",大量知识、技术含量高的劳动者,收入明显低于简单劳动力。现在,一些大学毕业生的收入抵不上小保姆,是不是也是类似情况?

"表面上有些相似,实际上完全不同。"翟燕立说,过去的"脑体倒挂",原因在于当时卖茶叶蛋等服务性岗位的劳动力价格开始由市场调节,而科研、教育、医疗等多数传统行业仍处在计划经济体制中,而现在大家都受市场调节。"劳动力价格主要由市场供求决定,紧缺时价格就会上涨,不论你是低学历还是高学历。何况从平均水平看,高学历、高技能的劳动力价格仍明显高于低学历、低技能的。"

他认为,部分简单劳动力价格近两三年快速上涨也可以理解为一种"补涨",因为很长一段时间,农民工工资增长过于缓慢,"早该涨了"。

另一方面,"又脏又累的体力活儿,在很多国家收入都不会很低。人们生活水平普遍提高,慢慢地就会有越来越多的人不愿为一点工资来干这些工作。"他说,企业不能停留在老观念中,认为只要是农民工就可以压低工资,只要是体力活儿就不用支付过多成本。

四、价格涨,效率也涨,劳动力优势不会轻易失去

有人担心,劳动力价格不断上涨,以及最近《劳动合同法》实施,会使中国逐渐失去劳动力低成本的比较优势,也对经济发展产生不利影响。劳动力价格上涨影响有多大?

"总体上中国劳动力的成本仍然占优势,而且在相当长一段时间会继续保持。"劳动和社会保障部劳动科学研究所副所长莫荣持乐观态度。

他说,"乐观"来自于三方面:

其一,中国劳动力资源总体上非常丰富,农村剩余劳动力在1亿以上,可随时进入劳动力市场,这会提供一个长期的人力资源优势保障。

其二,劳动力成本优势存在"和谁比"的问题。我国劳动力绝对价格与越南、印度相比,或许要高一些,但和欧美及多数东南亚国家相比,仍然"质优价廉"。一项测算显示,在制造业,我国大陆的劳动力成本约为香港的1/10、美

国的 1/20,即使再涨一倍,还很便宜。

其三,劳动力比较优势主要看"劳动力费用",不能简单地把劳动力价格和劳动力费用混为一谈。劳动力价格衡量的是单位时间内的劳动者收入。劳动力费用则是衡量单位产值所需的劳动者收入。当工人工资涨一倍、单位时间内生产出三倍的产值的时候,劳动力费用不是上涨,而是下降。莫荣说,近年我国劳动力价格增长明显,但同时劳动力素质、劳动效率也在提高。去年我国有 800 万人取得职业资格证书,新生劳动力中 80% 以上都接受过正规培训。四川省的一项统计也显示,2005 年当地社会劳动生产率增速同比增长15.7%,高于职工平均工资增速。"不能简单地说劳动力费用增长了,可能在某些领域还下降了。人们在看到耐克等一些企业迁到周边国家的同时,也要看到更多高端加工品牌如法国鳄鱼等陆续来到中国设厂,这也是对我国生产能力不断提高的认可。"

"劳动力价格上升,对宏观经济的好处也很多。"莫荣说,劳动力价格的进一步上升将扭转我国劳动分配占 GDP 比重持续下降的局面,也有利于提高消费者的购买力,为经济发展提供动力。

第十七章 产业政策调控管理

在社会主义市场经济条件下,国民经济的宏观调控管理负有两大基本任务:一是保持宏观经济总量的基本平衡,二是保持重大结构的基本协调。总量平衡是国民经济的规模扩展和持续稳定发展的前提,结构协调是提高效益、保持适度发展速度的关键。而产业政策调控管理正是国家根据国民经济发展的内在要求,提高产业素质,调整产业结构,从而提高有效供给总量的增长速度,并使供给总量结构能有效地适应需求总量结构的政策措施及其手段的总和。

第一节 产业政策调控管理的主体、受体与对象

一、产业政策调控管理的主体与受体

在我国现阶段,产业政策调控管理的主体毋庸置疑是政府。细分来说,政府中的发改委是政府部门中最主要的产业政策制定、发布和实施主体,其他的部门在其所管理的产业领域内对该领域的产业政策的制定、实施有参与的权力。

产业政策调控的受体主要是相关产业内的企业及从业人员。

二、产业政策调控管理的对象

产业政策调控管理的对象主要是各个具体的产业链条。选择产业政策调控管理的对象的基准主要有两个:一是存在明显"市场失灵"的领域;一是推行产业政策解决产业问题的成本应小于依靠市场机制解决问题时的成本。依

这两个基准,今后一段时间内我国产业政策重点指向的领域应主要是与公共产品供给、高新技术开发、传统产业调整、发展新兴产业等问题有关的领域,而不应面面俱到。

(一)对基础设施建设的支持政策。基础设施项目具有使用上的非排他性和利益上的非独占性,因而属于公共产品,同时它们又大多属自然垄断行业,所需投资量大,一旦投入很难再抽回,个人收益也较小,所以一般投资者不愿进入。但这类项目社会收益大,一国经济发展需要完备的基础设施。若依靠市场机制,会使供给严重不足,这是基础设施领域的"市场失灵"。因此,基础设施成为各国政府产业政策支持的重点对象。

(二)促进基础科学研究、高新技术产业发展的产业支持政策。随着科学技术的飞速发展,科技进步在经济发展中的作用越来越大;同时,一国在代表产业发展趋势的领域是否有较强的技术开发能力和技术储备,决定了该国的长期持续发展能力和国际竞争力。

(三)以发展我国新兴产业、建立现代产业体系和提高国际竞争力为目标的产业保护政策。目前,我国在国际市场上有竞争力的产业主要是一些传统的劳动密集型产业,而且从比较优势看,在今后较长一段时间内这些产业还将在我国产业结构中处于重要位置。

(四)促进产业组织优化的产业组织政策。目前,我国在产业组织上存在许多严重问题:产业集中度不够和企业规模小、大中小企业分工协作不合理、资产重组难等。以前,我国产业组织政策重点,是通过限制新企业进入和行政组建大集团形式的方式,促进企业规模扩展和生产集中,实践证明效果很差。今后,产业组织政策应转向通过促进竞争而达到集中的方式上,政策重点包括消除行政障碍,以促进市场并购行为、促进中小企业发展、自然垄断行业放松管制并促进竞争等。

(五)促进产业结构调整的政府援助政策。调整援助政策是日本产业政策中的重要内容,主要用来促进一些因结构转换而陷入特别困境中的行业的结构调整行为。在我国,由于资产专用性、劳动者收入"刚性"、企业历史负担重及所有制性质等原因,导致我国衰退行业资源退出更为困难,严重影响了产业调整和升级。而且,由于经济快速增长、科技飞速发展导致的产业结构剧烈变动和对外开放带来的国外冲击在我国将长期存在,因此,通过采取产业结构调整援助政策,减轻阻碍资源退出阻力是非常必要的。援助政策手段可以有:设立援助基金、成立收购闲置设备和土地的非盈利性机构、制定促进并购行为的优惠措施、对失业人员进行培训以及促进再就业的政策等。

(六)引导外商投资方向的产业政策。利用外资,除了有弥补发展中国家资金缺口和外汇缺口的作用外,更重要的是对受资国产业发展的促进作用。实践证明,利用外资对促进我国存量资产质量提高、技术进步、人力资源开发、产业组织升级、产业结构调整及体制转轨等方面成效显著。

第二节　产业政策调控管理的目标与原则

一、产业政策调控管理的目标

在市场经济条件下,宏观经济调控体系中的各种政策可分为两大类:一类是调节宏观经济总量的政策,称为宏观经济政策,主要包括货币政策和财政政策;另一类是调节经济结构的政策,即产业政策,主要包括产业结构政策、产业组织政策、产业布局政策等。[①] 一般来说,产业政策调控的对象是社会总供给,宏观经济政策调控的对象是社会总需求。从国际上看,宏观经济政策主要是以控制经济波动、实现经济在某一时期的稳定为目标,亦称为短期控制政策,其特点表现为反向调节、需求调节和总量调节;而产业政策则属于长期发展政策,具有主动调节、供给调节和正向推动经济发展的特征。由于产业政策是根据国民经济计划确定的总目标和长期的产业结构设想而制定的,是经济发展目标的具体化,因此,它在国家总的经济政策体系中居于特殊地位,对其他各项经济政策的制定和实施具有指导作用。

我国产业政策调控管理的目标,可以简单概括为:保持国民经济重大结构

---

① 高鸿业主编:《西方经济学》,中国人民大学出版社 2003 年版,第 421 页。

的基本协调。具体说,就是国家根据国民经济发展的内在要求,提高产业素质,调整产业结构,从而提高有效供给总量的增长速度,并使供给总量结构能有效地适应需求总量结构,以保持经济结构整体的协调。

二、产业政策调控管理的原则

我国产业政策调控管理的原则应包括以下方面:

(一)应尽可能选择与政府行政系统和企业利益一致或冲突较少的手段。实践表明,政府行政系统和企业对产业政策的态度是关系产业政策能否得到有效执行的一个重要因素,而政府行政系统和企业对产业政策的态度则主要取决于产业政策对地方利益、部门利益及企业利益的影响。执行产业政策是有成本和收益的,只有当政府行政系统和企业在执行产业政策时所得到的收益大于其所付出的成本时,他们才会积极地去执行。

(二)政策手段的选择要尽可能使受政策优惠或限制的企业明确划定,或至少有明确的范围,如出口退税政策。地方、部门或企业与中央的讨价还价会影响政策执行的效果,因此,若受政策鼓励或限制的企业能随之同步确定,或有明确的范围,企业就没有了讨价还价的机会,或政府进行审核、选择时准确度会高一些,从而提高政策执行的效果。

(三)政策手段的选择,要尽可能使政府直接干预的成分减少。

第三节 产业政策调控管理的手段

一、政府产业政策调控管理常用的手段

在市场经济下,产业政策调控管理作为政府制定的一种长期宏观经济政策,与其他宏观经济政策运用的政策手段方面有较多相似之处,他们都以财政、税收、信贷、汇率等作为基本政策手段。

我国过去还常常以项目审批及其他强制性的行政措施作为推行产业政策的重要手段。在政策目标既定的情况下,政策手段的选择关系到政策执行的

效果,所以必须给予高度重视。同时,随着我国市场机制的逐步建立,产业政策手段体系也必须做相应的完善,灵活选择财政手段、金融手段、外汇手段等具体工具。

(一)财政手段

可以说过去的几十年里,财政手段是推行产业政策的重要手段。但随着国民收入中财政收入相对比例的逐年下降和投资主体的多元化,其重要性逐步下降,而信贷或利率的重要性与日俱增。

(二)金融手段

目前,由于企业预算软约束、银行体系改革滞后及地方政府干预银行业务等原因,使信贷利率手段的作用不能很好发挥。尽管如此,随着国有企业改革和银行体系改革的深入,这些问题将逐步得到解决,信贷利率政策的作用将越来越突出。

(三)税收手段

处于公平竞争的原则,把税收作为一种手段的应用空间将较为狭窄,但给予诸如高新技术产业、急需促进成长的幼稚产业等领域的税收优惠仍然是必要的。

(四)审批手段

国家发改委的项目审批权曾是政府推行产业政策的一个得心应手的工具。由于这一手段的主观色彩浓重,加上审批者知识能力和认识上的局限性,不可避免地会产生许多失误。因此,随着社会主义市场体制的建立,国家发改委的项目审批权将趋于萎缩,并将仅限于关系国计民生的重大项目的审批立项。

二、正确选择和运用产业政策手段

(一)产业政策手段的选择

产业政策调控管理要取得预期的效果,必须正确选择和运用产业政策手段。产业政策手段的选择,一是要与产业政策目标相适应,避免政策手段与政策目标不相容。二是要与市场运行机制相适应。一般来说,在市场机制不健全的情况下,产业政策手段的选择以直接干预手段为主,产业政策手段的数量也较多。相反,在市场机制较健全的情况下,产业政策手段的选择则以间接干预手段为主,产业政策手段的数量也较少。三是要与经济发展阶段相适应。产业政策手段的选择与经济发展阶段密切相关。在经济起飞的准备阶段或后起发展的赶超阶段,要选择不同寻常的倾斜扶持和重点保护的产业政策手段。例如,日本在 20 世纪五六十年代,制定了各种产业振兴法和促进法,用法律手段促进机械、电子等工业的发展,促进产业结构高级化。

(二)产业政策手段的运用

产业政策手段的运用,最主要的是要把握好"度"的问题。任何产业政策手段的运用都是有一定限度的,并不是多多益善。例如,对新兴产业实行保护、扶持是十分必要的,但如果保护过度,则会强化该产业的依赖性,使其丧失活力和竞争力,而且对其他产业的发展不利。目前,我国大批的国有企业缺乏活力就是例证。另外,产业政策手段的运用也必须互相配合。不同产业政策手段有着不同的功能,具体调控对象也各有侧重,不可能通过某一产业政策手段的单独作用实现全部的产业政策目标。所以,各种产业政策手段运用必须有机地相互配合,以形成综合调节力,确保产业政策目标的实现。

案例　国外交通产业政策的借鉴[①]

一、国外交通产业布局政策

交通产业布局政策,是从交通产业位置角度来保证交通产业结构目标实现的政策。其目的是要使各地区交通产业发展符合宏观总体交通产业结构利益及充分发挥地区的比较优势,以利于全社会和国民经济各部门高效率地组织生产和提高建设效益,同时兼顾资源、环境的合理利用和保护等因素。

---

① 资料来源:北方交通大学经济管理学院博士研究生李忠奎、交通部科学研究院研究员尚留占、交通部科学研究院助理研究员鲁忠武:《国外交通产业政策的理论和实践》,《交通世界》2002 年第 8 期。

各国交通布局政策的目标主要包括:有利于国土的综合开发与经济发展;有利于高效地组织生产和流通,提高生产率和建设效益;有利于促进各地区均衡发展,缩小各地区之间社会经济发展水平的差距;有利于提高整个国民经济的实力,提高国际竞争能力,提高各地区的通达深度等。交通产业布局政府的目标是,与产业结构和布局紧密结合,以谋求建立适应于经济发展的现代化运输体系。其任务是建立现代化的运输体系。

在不同的经济发展阶段,交通布局政策与产业结构的配合形式有很大不同。在重工业为主导的经济发展阶段,交通布局政策的重点是发展水运和铁路,以确保原材料运输和商品的流通及促进工业的发展,很少考虑经济的均衡发展和交通的通达深度等因素。随着技术的进步及工业的现代化,交通布局政策的特点是促进高科技产业发展和经济的均衡发展,具体表现为大规模建设高速公路,使之与机场、港口、铁路等共同构成一体化的综合运输体系。

提高运网的通达深度是公路交通布局政策的重要任务之一,发达国家的公路规划中也不同程度地体现了这一点。如美国国会 1956 年通过的"国家州际和国防高速公路计划",其布局目标是建造服务于全国人口在 5 万以上的所有城市。德国在 1971～1985 年高速公路发展规划中,从空间发展的角度出发,将全国各地都能在 20～30 分钟内到达高速公路作为计划的目标之一。日本为适应 21 世纪经济和运输的需求,于 1987 年提出的 2010～2015 年高速公路网发展计划,其空间布局的主导思想是,在全国形成从城市、农村各地 1 小时可到达高速公路的干线网络。

二、国外交通产业技术政策

交通产业技术政策对交通技术进步和交通产业的发展有着巨大的促进作用。美国在其到 2025 年的《国家运输科技发展战略》中,规定交通产业结构或交通科技进步的总目标是:"建立安全、高效、充足和可靠的运输系统,其范围是国际性的;形式是综合性的;特点是智能性的;性质是环境友善的"。其远景目标是:适应经济增长和贸易发展的需要,通过建立高效和灵活的运输系统,促进美国经济的增长及在本地区和国际上的竞争力;改进机动性和可达性,确保运输系统的畅达、综合、高效和灵活等等。近期目标是:改进运输系统结构的完善性,使国家运输基础设施新增通行能力,与其运营效率保持平衡等等。

为确保交通技术政策目标的实现,各国都有相应的配套措施,主要包括财政、税收、投资、金融等措施。其中,在财政政策措施方面,最强有力的手段就是加速折旧,提高固定资产折旧率的政策措施。因为加速技术装备的更新速度,可以达到提高技术水平的目的。目前,大多数国家普遍采用加速折旧及缩短船舶折旧年限的方式对海运业和公路运输业进行扶植。

三、国外交通产业组织政策

目标:处理规模经济与竞争活力间矛盾,主体是反垄断政策,通过立法手段实施。交通产业组织政策是政府部门处理规模经济与竞争活力间矛盾的政策。当今,美国、西欧等国,市场经济发达,市场机制较为完善,技术、工艺比较先进,纵向一体化发展程度较高,产业组织高度集中,且有向垄断发展倾向,因此,这些国家为保持经不济的活力,其产业组织政策的主体是反垄断政策。立法手段是政府落实反垄断政策的主要措施和手段。例如,美国设立各种反垄断法律已有100多年的历史。目前,美国、西欧等发达国家与反垄断有关的道路运输经济法规,主要包括营运企业开业管理规章、运价和运费规章、企业兼并法规等。营运企业开业管理规章是道路运输业经济法规的基础,其目的是防止市场供给能力过剩,并保证市场上的企业符合规定条件。

依据:交通企业的规模经济问题。交通产业组织结构政策的基本理论依据是交通企业的规模经济问题。所谓"交通企业的规模经济"一般是指随着运输生产能力的扩大,使边际运输成本下降的趋势,或者说边际收益递增的现象。规模经济包括工厂规模经济和企业规模经济。

趋势:市场结构集中度更高,运输企业规模更大。二战后,随着经济的恢复和科技的发展,市场规模和范围的扩大,运输市场不断细化,一些运输市场结构趋于集中化,在这些运输市场上的企业数不断减少,少数大型和特大型运输企业控制了运输市场的绝大部分份额。为防止垄断,提高交通企业的竞争活力,各国纷纷实施放宽管制或开放市场的政策。如美国20世纪80年代实行的市场开放政策,降低运输市场进入壁垒,造成大批中小企业进入运输市场。但此时美国运输市场仍有较高市场集中度,特别是公路零担和快件运输市场更是这样。事实上,美国公路零担和快件货运市场基本上由联合包裹(UPS)、联邦快递(FedEx)、敦豪公司(KHL)等三家现代物流配送企业所瓜分。随着以因特网技术为基础的网络经济的迅猛发展,经济社会对运输特别是物流配送服务效率和组织化程度的要求更高,目前,发达国家的公路、水路交通产业的组织结构,有向市场结构集中更高,运输企业规模更大发展的趋势。

第十八章 经济协调发展管理

第一节 经济协调发展管理概述

所谓经济协调管理,是指中央和地方政府以经济、社会、自然、资源等联系密切的区域为基础单元,以区域、城乡经济一体化为目标,构建城市、城乡间交流、合作和协商等的多层次平台,加强区域间协作,做到统一规划、整体布局、设施共建、资源共享、优势互补、协调发展。

在经济协调发展管理关系中,其管理主体是中央及地方政府,而协调发展管理的受体主要是各种市场主体,在一定条件下,地方政府也会成为中央经济协调发展管理的受体。

第二节 区域经济协调发展管理

一、区域经济协调发展管理的作用

政府在调节管理区域矛盾、区际利益冲突方面能够发挥积极的主导作用。政府在管理不合理区际差异和解决区际利益冲突、矛盾方面,将发挥如下作用:

(一)各级政府利用政府转移支付扶持欠发达、贫困区域的发展,特别是改善其经济发展的投资环境,改善基础设施,对公共物品生产主要由政府投入;

（二）通过差别性的财政政策与金融货币政策，促进区域经济的稳定发展，扩大向欠发达地区的资金投向，为培育欠发达地区的支柱产业、产业群和新经济增长点提供信贷支持，当然，只能通过市场化信贷安排来实现；

（三）中央政府与各级地方政府共同组织沟通不发达区域与发达区域的谐调机构，增加区域间横向经济联系，使发达区域的扩散效应能对欠发达区域的经济增长做出了大的贡献，并把繁荣区域的优势通过梯度推移的方式向欠发达、贫困、边远区域转移；

（四）各级政府可以通过优惠的产业政策、税收政策等投资诱导机制，引导发达区域或国外的资金、技术、人才进入欠发达区域，促进欠发达区域的投资增长和技术进步，培植具有区域创新精神的高素质的企业家队伍；

（五）政府可以通过各种行政、立法程序抑制发达区域的过快、畸形增长，把增长的优势向不发达区域转移，调控区际利益分配不公正，但不能以牺牲发达区域经济体系的效率和福利水平为代价。总之，区域经济发展过程中的过度差距拉大、利益冲突和矛盾过多，则可以通过政府调控管理而得到缓解。

二、区域经济协调发展管理的目标

区域经济协调发展管理的目标是实现区域经济利益和谐，进而实现国民经济的协调健康发展。区域经济协调发展管理主要包括两个方面：一是区域内经济的协调发展；二是区际经济协调发展和区域经济利益的和谐。具体来讲，区域经济协调发展管理包括以下目标：

（一）实现区域分工与协作。区域分工是指以国内各区域在充分利用区域内优势基础上实行区域专门化生产，并通过区际交换实现其专门化部门生产的产品价值并满足自身对本区域不能生产或生产不利的产品的需求，从而扩大区域的生产能力，以图增进区域利益。区域分工是社会生产力发展到一定历史阶段的必然产物，是人类社会经济活动的内在规律。我国幅员辽阔，不同地域的要素禀赋不同，存在各自不同的比较优势，为提高资源的空间配置效率，以比较优势为基础，各地区进行合理分工，发展具有比较优势的产业，放弃没有比较优势的产业，已成共识。"六五"以来的几个五年计划，均体现了区域分工的思想。在区域结构安排上,我国一贯坚持全国大分工的思路,工业区域分布具有明显的"南轻北重,东轻西重"的特征。改革开放后,伴随着地方自主权的扩大,在地方利益的驱动下,形成了地方政府权力"错位"、"膨胀"而又缺乏约束的状况,结果造成产业结构趋同、区际分工淡化、区域封锁等问题,不仅影响了整个区域经济的长远发展,而且会影响我国经济的健康稳定发展。因此,必须要立足于各区域比较优势,明确其在全国地域分工体系中的地位和作用,避免无序的恶性竞争。唯其如此,才能加快区域经济发展的步伐,提高资源的宏观配置效益,实现区域经济协调发展,促进整个国民经济持续、快速、健康发展。

(二)实现区际经济协调发展。地区经济发展不平衡是全球性现象,世界上既有落后国家,也有先进国家内的落后地区,即便是落后国家内,也有先进与落后之分。几乎世界各国都存在对欠发达地区的扶持与开发问题,如美国、德国、英国、加拿大、日本等国。我国是一个区域发展不平衡的国家,东部地区与中西部地区相比较,区位优势明显。虽然经过"三五"、"四五"期间的大规模"三线建设",中西部地区的现代化产业有了一定基础,但受价格扭曲的影响,中西部"双重利润"流失,区域间经济发展水平差距拉大。20 世纪 70 年代末 80 年代初,梯度推移理论被引入我国区域经济研究中,这一理论提出我国在开发次序上应循东—中—西的顺序进行开发建设,即由高梯度向低梯度推移。该理论在我国"七五"计划的区域发展战略中得到了突出体现。梯度战略的实施在取得巨大成就的同时,由于对东部沿海地区采取了投资与政策的双重倾斜,加剧了东西部之间的差距和利益冲突。1980 年,中、西部人均 GDP 按各省区加权平均计,相当于东部的 65% 和 53%;到 2000 年,该比例分别降为 49% 和 39%。人均 GDP 和人均可支配收入差距明显扩大。如果听任区域差距继续扩大,则可能付出社会矛盾激化带来的经济停滞的高昂代价。为此,我国应改梯度发展战略为区域协调发展战略。我国的"九五"计划和 2010 年远景规划纲要中,专设了题为"促进区域经济协调发展"一章,指出要促进中西部经济发展,逐步缩小地区差距。党的十六届三中全会也提出了统筹区域发展的思想,要求政府加强对区域发展的宏观调控,实现区域经济的协调发展。

（三）实现收入公平分配。市场经济实行按要素贡献进行分配的分配原则。很显然，由于人们占有财产的多少，受教育程度的高低，劳动能力的大小的不同，即使有一个公平的竞争机制，竞争的结果也必然导致人们的收入出现巨大的差距，这些差距有可能保持并传递下去，造成财富分配的"马太效应"，贫者愈贫，富者愈富。目前，我国基尼系数已达 0.45 左右，超过国际警戒线，说明我国社会收入差距较大。这种收入分配的结果加剧了社会利益冲突。因此，需要政府对收入分配进行干预，保证社会公平的实现。中国改革开放以来，尽管各地区经济都有不同程度的增长，但总体而言，东部沿海地区的经济增长率在过去 20 多年中远远高于中西部地区，造成了区际收入差距不断扩大的局面。1980 年，中、西部人均收入相当于东部的 78% 和 70%，到 2000 年，他们占东部的比例分别降到了 62% 和 54%。因此，缩小区域间在收入、就业、福利等方面的差异，为经济发展创造一个稳定和谐的环境，是我国政府区域经济宏观调控的重要目标之一。

（四）实现区域经济与自然的和谐发展。我国总人口近 13 亿，占世界总人口的 1/5，人多地少，矛盾十分突出。由于生产力低下，我国尤其是中西部，人类的生存和发展是建立在对自然资源掠夺式开发和利用的基础上的。人口过多导致生态环境恶化，而环境恶化又加剧了经济发展的困难和人类的贫困，使社会发展陷入了人口膨胀→滥用自然资源和破坏生态环境→经济发展滞后与贫困→人口膨胀这样一个不断深化的恶性循环圈。要实现区域经济持续、协调发展，我国必须有效地控制人口，将人口增长控制在土地承载力的极限之内；必须提高人口素质和劳动力的素质。现代经济增长理论表明，技术进步对经济增长的贡献远远大于劳动和资本的增加，而人是知识、技术的载体，所以技术进步首先是人的进步。我国虽然劳动力丰富，但素质普遍较低，阻碍了劳动生产率和人们生活水平的提高。而加大教育投入，提高人口的文化、知识技能和环保意识等素质，是我国区域经济发展和环境保护的基础。[1]

---

[1]　毕世杰主编：《发展经济学》，高等教育出版社 2001 年版，第 134 页。

三、区域经济协调发展管理的手段

从理论上看,宏观调控模式可分为三种类型:一是直接调控型;二是间接调控型;三是直接调控和间接调控相结合型。其中,第三种方式又可分为"直接调控为主"、"间接调控为主"、"不分主次"等三种方式。直接调控是国家主要运用行政手段和指令性计划手段,强制约束企业等微观主体的经济活动符合国家宏观调控目标的一种调控方式。间接调控是国家主要运用经济手段,通过调节利益关系,引导微观主体作出符合宏观调控目标要求的决策的一种调控方式。间接调控有利于企业依法自主经营,有利于充分发挥市场机制的作用。市场经济条件下,区域经济协调发展管理的模式也应是以间接调控为主、直接管理为辅,即是以经济手段、法律手段为主,行政手段为辅。

(一) 经济手段

主要包括财政政策和货币政策。财政政策是国民经济总量调节的重要手段,也是配合产业政策和投资政策,促进区域产业合理分工和区域经济协调发展的重要手段。区域财政政策的首要目标,是保证区域经济的有效增长,同时还要将区域内的收入差距控制在可承受的范围之内,为区域经济的稳定、协调发展创造良好的社会环境。财政政策主要包括:一是税收政策。即按照规范的分税制要求,运用地方税种和税率调解辖区经济的发展。二是转移支付制度。政府间的转移支付是指中央政府与地方政府之间或地方各级政府之间财政收入的转移。它以社会公平或均等化作为目标,主要解决政府间纵向财政不均衡和横向财政不均衡等问题。一套完整合理的转移支付体系,不仅可以使一个国家政局稳定、政令畅通,而且可以协调区域经济社会发展,最终实现均等化的目标。三是区域发展政策。在国家相关政策允许的范围内,采取加速折旧、投资抵免、资本利得、土地使用等优惠政策,促使社会资本、人才和技术向不发达地区转移的一种经济政策。四是政府采购。地方政府的购买支出,是地方总需求的一部分,对于区域经济的发展具有重要意义。各级政府应当把这些项目统一起来,形成有序的政府采购和建设合同,作为帮助落后地区发展的一个重要手段。五是资助落后地区的技术培训和职业教育。除自然条件等原因之外,技术和教育落后是导致区域经济落后的主要原因之一。因此,地方政府应该动员社会各界力量,帮助落后地区的教育、科技事业的发展。六是公共投资政策。这一政策是中央政府为促进区域之间的相对均衡发展,所采取的对交通、通信、文化、教育等公共设施相对落后地区给予特殊支持或扶持的政策。通过运用公共投资政策改变区域间经济发展的不平衡,是当前各国政府重点采取的措施之一。

此外,许多发达国家的成功经验表明,通过对欠发达地区的产业开发提供贷款支持来弥补欠发达地区的资金缺乏,达到促进地区经济实力的增强、缩小与发达地区之间的差距的政策目的,是一种行之有效的政策手段。鉴于我国政府财政能力有限这一实情,尽力和运用地区开发金融支持手段是十分必要的。为此,我国应推进银行业改革,发展区域性金融机构,改善中小企业的融资环境,提高资本使用效率和就业水平,以推动中西部地区发展。

(二)法律手段

美国、德国、日本等国家在开发落后地区,实现经济均衡发展的成功经验表明,任何一个国家落后地区的开发都不是简单、短期的市场行为,必须有相应的法律、制度的保障。美国自20世纪30年代,特别是罗斯福新政以来,陆续出台了《田纳西河流域管理委员会法》《地区再开发法》等九部重要法规,保证了区域开发工作的连续性和稳定性。德国从宪法到具体法,有四部法律规定了政府援助落后地区发展的基本准则、具体义务。日本的区域政策体系是以区域发展的法律体系为核心的。早在1950年,日本就制定了《国土综合开发法》,作为地区发展的根本法;之后又陆续制定了一系列关于区域发展的法律,如为开发北海道专门制定颁布的《北海道开发法》。这些法律和根本法一起,构成一个完整的区域发展法律体系。相比之下,我国关于区域经济发展的法律和法规几乎是一片空白,这使得区域政策的制定和实施带有较大的随意性和非连续性。当务之急,我国必须尽快着手建立关于区域发展的法律体系,以便为政府实施区域政策提供法律依据和法律保障。要实现区域协调发展,中央政府对各地区之间的利益关系进行调节是不可或缺的,而调解地区之间的利益关系如若没有法律作为依据,则中央和地方之间就会陷入无休无止的讨价还价中,使中央和地方的关系始终处于紧张状态。同时,如政策仅停留在抽象的表述上,就会给具体实行时留下很大的主观随意性和讨价还价的余地。只有以严肃而又严密的法律条文将中央协调地方利益的方式和方法予以明确的界定,才能避免上述弊端,使区域政策具有权威性和稳定性。

(三)行政手段

行政手段是指地方政府通过行政指令方式达到管理经济活动的目的。很多国家都曾运用行政手段调节经济活动,以缩小区域经济差距。如英国政府曾采用行政措施对企业选址进行控制,引导投资者到落后地区建厂、进行投资的投资者除可得到附加的投资优惠和津贴之外,从 20 世纪 60 年代末起,企业主在落后地区的加工工业和服务行业中每增加一个就业机会就可以向国家领取"奖金"。这些措施,极大地刺激和促进了英国落后地区的生产性投资及经济发展。在我国,行政手段的运用,旨在创造市场竞争环境,限制垄断,消除阻碍竞争的因素,扶持中小企业,提高市场竞争程度。因此,政府不能将宏观调控视为行政控制,不能将企业视为政府的附属物而横加干涉,要避免"泛"宏观调控的倾向,切实转变政府职能,做到依法行政。

第三节 城乡经济协调发展管理

一、城乡经济协调发展管理的基本要求与原则

实现城乡经济从不协调向协调发展,必须从有利于我国整个社会经济发展的原则出发考虑问题。按照治标与治本相结合的原则的要求,可以把我国城乡经济协调发展管理的基本要求与原则概括为:改善农村经济发展环境,稳定农业发展,大力发展城乡第二产业和第三产业,加快城市化进程,疏散分流农业和农村人口,进行有效的政策调整和制度创新。其中,改善农村经济发展环境是前提,稳定农业发展是基础,大力发展城乡第二产业和第三产业,加快城市化进程,是我国经济结构和社会结构发展的内在要求,疏散分流农业和农村人口是减少农业和农村人数,增加农民收入的根本出路,有效的政策调整和

制度创新是不可缺少的重要条件。

二、城乡经济协调发展管理的对策与手段

在促进我国城乡经济协调发展管理方面,应主要采取以下对策与手段:

(一)千方百计稳定农业发展,确保我国粮食安全

1.针对我国人多地少的客观现实,必须切实保护好有限的耕地和水资源,保证农业粮食生产必须的条件。特别要注意防止乱占耕地现象,制止土地荒漠化和水域污染现象。

2.必须维护好农业生产者的切身利益,调动农民从事农业生产经营的积极性。针对农村居民存在的"人多地少"矛盾和农民种粮收入较低的现实,我国必须在取消农业税的基础上,充分利用好财政补贴手段,加大对种粮大户和粮食主产区农民的直接补贴,保护农业生产者从事农业生产经营的积极性。

(二)大力发展农村第二产业和第三产业,推进农村贸、工、农一体化的经营模式,积极吸纳农业剩余劳动力

要注意将农村经济和农业经济区别开来,前者强调的是地域化的经济,泛指农村的各类产业经济,除了农业经济外,还包括农村自主发展的工业经济、商业经济和其他服务业。后者则仅仅是从产业部门结构角度,泛指的农、林、牧、渔等种植业和养殖业。在稳定农业发展的基础上,大力发展农村第二产业和第三产业,必须重点鼓励、扶持农村经济中的工商业和其他服务业发展,通过巩固农村第一产业,发展农村第二产业和第三产业,使部分农村剩余劳动力能够在当地农村的就业方面,实现产业化分流。

(三)加快我国工业化和城市化进程,积极吸纳农村剩余劳动力

必须使我国城市化社会结构变迁能够跟上工业化的经济结构变化。世界各国发展的经验表明,工业化和城市化是解决农村剩余劳动力就业和实现农民向市民身份转换的必由之路。加快我国工业化和城市化,是缓解我国就业压力,积极吸纳农村剩余劳动力向城市疏散分流就业,进而减少农村人口,实现农村减员增收的根本出路。在这方面,我国不仅需要进一步加快城市经济发展,通过大力发展城市第二产业和第三产业,缓解我国就业压力,而且需要

进一步加快我国城市化进程,尽可能多地吸纳农村剩余劳动力到城市就业,使部分农村居民能够顺利转化为城市市民。一般而言,工业化和城市化本身既反映着产业结构上的经济变革过程,也体现着就业结构上的社会变革过程。它不仅标志着创造社会财富的主要部门由农业转向工业,也能够使大批从事农业生产劳动的社会人口转向工业领域,成为离开土地的市民阶层成员。

(四)从制度创新和政策调整入手,改善农村经济与社会发展环境

从制度创新和政策调整入手,改善农村经济与社会发展环境,关键是要依靠我国政策调整和发挥宏观经济政策的导向功能,进而为城乡经济协调发展创造公平的竞争环境。具体而言,可从以下制度创新和政策调整入手:

1. 必须改革现行不合理的户籍管理制度,给整个社会成员以同等的自由迁徙权利。这样,才能加快我国农民身份转换,促进我国人力资源的有序流动和合理配置,使我国以提高城市化水平为标志的社会结构变动与提高工业化水平为标志的经济结构变动呈现为良性互动状态,为我国城乡经济协调发展提供相应的保障条件。

2. 必须改革现行的涉农财政收支分配制度,给农民以真正的国民待遇。即在取消农业税的基础上,通过公共财政支出政策的支持,为农村经济与农村社会发展创造良好的环境。特别是针对国家多年来对农村公共设施、农村公共卫生条件、农村基础教育和保护生态环境等方面存在的投资欠账,必须加大对农村公共项目的投资,使农村发展条件得到切实改善。

3. 扩大我国社会保障制度的覆盖范围,尽快使广大农民享受到包括医疗保险和养老保险在内的社会保障。针对我国大部分农村居民因缺乏医疗保障而造成的"因病致贫"和"因病返贫"现象,我国必须在扩大农民医疗保障试点的基础上,尽快建立起能够使所有农民受益的医疗保障制度,针对我国农村居民因缺乏养老保障而造成的农民家庭"代际负担"过重现象,我国必须在扩大农民养老保险制度试点的基础上,尽快建立起能够使所有农民受益的养老保障制度。就建立我国农村居民的社会保障制度而言,国家不仅需要在政策上积极引导和支持农村社会保障事业的发展,而且必须积极创造条件,逐步实现农村居民社会保障制度与城镇居民社会保障制度的对接,最终实现我国社会保障制度由"城乡有别"模式向城乡一体化模式发展。

案例一 环渤海区域合作中的经济协调互动机制①

国家"十一五"规划把环渤海区域经济发展和天津滨海新区的开发开放放在国家经济发展的重要位置,环渤海经济发展将由行政区经济迈向区域经济发展阶段。当前,地方政府的经济发展政策与区域经济政策存在的冲突。一方面,地方政府具有发展地方经济的责任,会不自觉地采取一些地方保护政策,如阻止本地稀缺生产要素外流、对本地企业实行特殊政策等;另一方面,地方政府为了实现其自身利益最大化,在制订经济政策时,往往将历史禀赋和市场条件作为筹码进行商务成本比拼,将优惠的地价、财税减免打包甩出,以此吸引外部投资,破坏了公平环境,从而极易导致恶性竞争和重复建设的发生。

地方经济发展政策仍仅着眼于各自行政区。长期以来,环渤海地区各行政区具有较为独立的经济体系,差异性和互补性不明显,各自与国际经济联系的紧密程度甚至大于区内联系。正因如此,各个地方的经济发展政策着眼点仍仅落在各自的行政区内,没有注意与其他区域在产业发展上的衔接与合作。以环渤海地区占优势的现代制造业为例,它没有形成合力,离真正意义上的现代制造业基地还有一定的差距。表现为:一是制造业布局分散,全区由京津、山东半岛和辽东半岛这三大块独立的制造业区域组成,相互之间联系松散;二是区域内部之间的地域分工格局尚未形成,城市之间的分工协作关系尚不成熟,甚至出现结构趋同、恶性竞争的局面。地方经济发展政策缺乏分工协作。区域内绝大多数地方没有发展起以本地特有的自然、经济、技术、文化等各种优势为基础的主导产业,在项目安排上呈现产业结构趋同现象,产业结构相似系数最大的达到 0.943,结构相似系数超过 0.900 的有 4 对。最为明显的是钢铁工业,各省市都自成体系,重视数量大于重视质量,产品不能满足社会多元化的需要,造成相互之间争资源、争市场。

---

① 资料来源:邓晓明:《环渤海经济瞭望》2007 年 01 期。

环渤海地区七省市产业结构相似系数

	北京市	天津市	河北省	山西省	内蒙古	辽宁省
天津市	0.814					
河北省	0.691	0.737				
山西省	0.774	0.752	0.943			
内蒙古	0.715	0.691	0.942	0.926		
辽宁省	0.727	0.818	0.882	0.915	0.862	
山东省	0.623	0.769	0.838	0.748	0.777	0.775

资料来源:第二次全国基本单位普查,由66个行业数据计算,本表列用环渤海七省市数据。

环渤海区域内市场建设方面还存在许多不足,这也是环渤海区域经济之所以逊于珠江三角洲和长江三角洲的重要原因。对此,要健全和完善环渤海区域合作机制,充分发挥天津滨海新区对环渤海区域经济带动作用,应着力健全和完善环渤海区域市场机制:

一要依法维持一个公平、公正、公开的市场竞争秩序。市场经济本质上是一种法制经济,它要求政府政策必须在法律允许范围内,为市场和企业提供公平的"市场游戏规则"。世贸基本规则也主要是限制成员方政府部门的管理行为,限制政府过多地干预市场和企业。各地方政府应逐步把政府对经济管理纳入法制化的轨道,使政府管理模式由行政权威转向游戏规则权威,使政府管理理念由人治思维转向法治思维。

二要清理各类部门限制、封锁性政策。地方的经济发展政策要按符合不符合市场规律为标准清理各类法规文件,逐步取消一切妨碍区域市场一体化制度与政策规定,统一税收优惠政策、招商引资政策,防止各地之间在税收优惠、土地批租、财政补贴等方面出台低或超国民待遇的政策,使区域内的各类主体享受同等待遇,避免恶性竞争的发生。

三要规范市场的进入与退出行为。完善产权交易市场建设,搭建资本交易平台,允许投资自由的进入与退出。对重点项目进行监控,避免重大项目重复上马,严禁污染严重项目立项,在产业转移上尽量考虑区域内的产业转移,为本区域内欠发达地区的经济发展创造便利条件,形成区域内的比较优势,增强整个区域的竞争力和提升发展水平。

四要完善政府对经济的调控机制。地方政府是规范市场竞争机制的主要责任者,具有直接建立和保护公平竞争环境、指导区际贸易和区际要素流动、合作解决发展过程中可能出现的环境和资源问题的职能。特别是随着经济发展,市场总会不断出现新的问题,对这些新问题,市场总有不适应的方面,因而会要求不断引入并完善政府调节,弥补市场缺陷,纠正市场失灵,提高市场效率。市场经济发展的内在要求也要求政府提供的服务更多,其执行职能的能力高效而有力。

案例二 城乡统筹协调发展[①]

背景:农村大、农民多是云南省玉溪市的一大特点,只有解决好了农村和农民的问题,做好城乡统筹协调发展,玉溪才能整体进入小康,实现城乡建设上档次、高水平发展。为此,2003 年以来,玉溪市坚持以工哺农、以城带乡、以镇带村、以产业带农户,坚持多予少取的方针,在城乡规划、产业布局、基础设施建设、公共服务一体化等方面下力气,促进公共财政向"三农"倾斜,公共设施向农村延伸,公共服务向农村覆盖,现代文明向农村传播,实现城乡良性互动,协调发展,城乡一体化进程明显加快。2002 年至 2008 年,全市人均财政收入从 5000 元增加到 10414 元,人均 GDP 从 13645 元增加到 26260 元,城镇居民人均可支配收入由 8151 元增加到 13264 元,农民人均纯收入由 2493 元增加到 4761 元,城乡人均住房面积分别由 24.6 平方米和 36 平方米扩大到40.6 平方米和 41.8 平方米,城乡居民收入比例由 2.93∶1 下降为 2.78∶1。

一、多予少取以城带乡

市委、市府进一步深化市情认识,坚定了没有农民的小康就没有全市的小

---

① 资料来源:赵琳:《城乡统筹 协调发展》,2009 年 4 月 13 日。

康,全市经济发展关键在农村发展的思想,完善发展思路,深化农村各项改革,推进社会化服务体系,强化支农惠农政策的落实,市级财政分配、产业政策、科技扶持向县区倾斜,重点项目及其税收留在县区,市级职能部门多数审批管理权限下放县区,干部和人才深入农村,有效调动了县区的积极性、主动性和创造性。

6年来,市级向县区转移支付107亿元,全市投入"三农"资金80亿元;建成了一批在全省具有重要影响的中小城镇,累计转移农村富余劳动力26万多人;县区地方财政收入由7亿元增加到24.3亿元;全面推进新农村建设,100个试点行政村和300个重点推进自然村的建设取得实效,总结推广了夏洒等16个以工哺农、以镇带村、以产业带农户的典型;不断改善农村水、电、路、通信等基础设施条件,统筹城乡社会事业发展,高度重视解决群众上学难、看病难、就业难、饮水难、行路难、看电视难等问题;3.8万户农民受益实施农村民居地震安全工程;99个村实施村容村貌整治工程;投资近10亿元全面实施农村教师安居工程……

二、城乡一体统筹规划

市委、市府坚持把城乡作为一个整体,通盘考虑,统筹规划,围绕推进城乡协调发展、增强经济综合实力、把玉溪建成最适宜居住的生态城市目标,编制《玉溪"三湖"生态城市群规划纲要》《玉溪市重点城镇发展规划》等一系列规划,以"三湖"治理保护开发为主题、以建设城市快捷干线和经济干线为纽带、以产业项目布点为支撑,对推进"三湖四片"生态城市群建设、推动城乡产业发展、提高农民生活质量、构建公共服务体系、建设乡村文明、健全管理民主体制等进行了统一布局。并制定了加强和规范城乡居民最低生活保障、户籍管理、教育体制改革等一系列配套政策,从规划、产业布局、就业和社会保障、城乡基础设施建设、城乡社会事业发展等方面确立了城乡一体化的思路,构建了相关政策框架。

同时,各级政府加快市、县区城镇规划和产业定位、建筑风格定位和旅游布局规划,稳步推进中心城区、8县中心城镇、3个省级试点集镇、25个市级试点小集镇和 2 个省级试点村规划与管理。

三、城市建设辐射县乡

生态城市建设辐射带动了生态县、乡、村的发展。

易门县以"县城水资源综合开发利用"为突破口,以"全面建设生态县"为目标,紧紧围绕建设"产业水城、文化水城和生态水城",全力打造"滇中水城"。通过"滇中水城"建设,县城生态环境明显改善,促进了招商引资,拉动了房地产业、旅游文化产业、城镇服务业发展,建成云南省重要的粗铜生产基地,西南最大的陶瓷工业园区,云南省野生菌交易中心,成为推动经济社会发展的巨大动力,县域特色支柱产业初步建成。

新平县充分利用戛洒镇的区位优势、资源优势,紧紧围绕打造"第一经济重镇、第一特色集镇、第一旅游大镇"的目标,坚持大企业带动大发展,全力支持大红山"两矿"建设,形成了 800 万吨铁矿采选和 2 万吨铜精矿生产规模,逐步培植了矿电、旅游、商贸、蔗糖、畜牧、林果等特色产业,带动城镇发展,推动旅游产业发展,农村经济总量跃居全县第二位。

第十九章 国民收入分配
与税收管理

第一节 国民收入分配管理

一、国民收入管理的主体、对象和受体

国民收入管理的主体是政府及其财政、税收、民政、劳动与社会保障机关，而管理的对象就是国民收入的分配活动，包括初次分配和再次分配。此外，国民收入分配管理的受体则是各种市场活动主体，涉及面非常广。

二、国民收入分配管理的基本原则

（一）初次分配注重效率，发挥市场的作用。首先，各生产经营单位在市场上通过出售自己的产品或服务获得经营收益，效率高的生产经营单位能够从市场上获得较多的经营收入，效率低的经营单位则只能获得很少的收入甚至亏本。市场分配活动中的效率原则，是凭借价值规律的功能而实现的。其次，在市场决定的基础上，各生产经营单位把从市场上取得的经营收益在自己本单位内进行分配，这个分配过程的核心也是以效率为唯一原则。即按照生产要素对生产经营过程贡献的大小支付报酬。在这里，资产收益和劳动报酬是生产经营单位效率分配原则的实现机制。初次分配注重效率，就是要允许创造了不同效率的地区之间、企业之间、个人之间存在富裕程度的差别。

（二）再分配注重公平，加强政府对收入分配的调节职能，调节差距过大

的收入。公平的基本含义是获取收入的权力和机会的平等。它不仅要求社会成员之间的收入差别能反映各自对社会劳动成果的真实贡献,收入的数量同各自投入的劳动和资本成比例,同时还要求控制不合理收入差距和消除两极分化。

三、国民收入分配管理机制的核心内容

适应社会主义市场经济体制的需要,逐步建立以市场机制为基础、由宏观调控的居民收入分配管理机制,是建立国民收入管理分配机制的核心内容。

市场机制对收入分配的基础性调节作用表现在劳动力作为一种生产要素的投入,必然要受到劳动力市场的影响,劳动者报酬平均水平的高低必然受到劳动力市场供求状况的制约。同样,生产要素参与分配的程度也受市场供求关系的影响。企业或劳动者个人从事经营活动的经济效益和经营收入受市场的调节。这就是说,企业及其职工的收入受到社会必要劳动时间的制约,按照其市场实现的价值即所产生的经济效益来进行分配。在市场机制作用下,收入分配遵循价值规律,势必要求企业降低生产成本,生产适销对路的产品,在市场竞争中实现利润最大化。这样,公平竞争的市场机制便能有效地刺激效率的提高。

但是,市场经济不会完全自发地满足效率与公平的两种要求。这就要求必须加强国家的宏观调控和政策引导,加强法律建设,运用多种手段规范分配秩序,调节分配结构。总之,收入分配格局的最终形成是由市场和政府两个主体作用的结果,并且这种作用是有层次的。市场在初次分配中对收入分配格局的最终形成起基础性、决定性的作用。而政府在再分配中通过税收、转移支付等手段进行调控。

四、国民收入分配管理的手段和途径

(一)大力发展经济,提高企业的经济效益

企业是市场的主体,企业在国民收入的生产和形成过程中起着决定性作用。提高企业经济效益,加大企业部门增加值在国内生产总值中的比重,是从

源头上改善国民收入分配格局的基础。

(二)规范初次分配秩序

应坚决拆除各种市场壁垒,促进市场平等竞争。消除城乡间的就业歧视,克服因就业选择限制而产生的收入差距。逐步消除垄断、操纵市场供求和价格等不正当现象。坚决打击某些企业制售假冒伪劣的欺诈行为。

(三)加强对再分配的调节

再分配的功能在于弥补初次分配的缺陷,是政府改变国民收入分配格局的最能动、最有效的过程和手段。这就要求必须确保中央财力的稳定增长,以增强中央政府的调控能力。然而,我国目前的状况是由政府部门直接支配的规范性收入减少,非规范性政府收入数额巨大。据估计,各种游离于预算之外的非规范性政府收入与预算内规范财政收入之比,大约为使得大量的政府收入游离于政府之外。这一方面加重了企业负担,另一方面导致政府宏观调控能力弱化。所以,规范政府收入,完善税收制度,加强税收征管,提高收入税在国内生产总值的比重,也应强化再分配环节的所得税的征管。

(四)建立以个人所得税、遗产税和赠与税、社会保障税为核心的多税种、立体式的税收调节体系

缩小居民收入差距,单个税种的力量是薄弱的,必须着眼于整个税制体系的建设,综合运用各种税收手段。既要考虑对低收入阶层调节的税种,如个人所得税、利息税、证券交易税、社会保障税等,又要考虑对高收入阶层调节的税种,如遗产税、赠与税、资本利得税、消费税等。这些税种在调节范围、调节力度上相互补充,相互协调,从而形成一个所得税调节即期个人收入分配、财产税调节个人财富积累水平、社会保障税"补低"的具有连续性、全面性和整体协调性的税收调节机制。个人所得税、遗产税、赠与税和社会保障税,是国际通行的调节收入公平分配的重要税种,个人所得税、遗产税和赠与税具备累进功能,是市场经济国家运用最多、最普遍、最有效地调节收入分配和财富积累的首选税种。社会保障税属于累退税种,具有双向调节功能:一方面对整个社会而言,能够实现由高收入群体向低收入群体的横向转移;另一方面对某个人而言,能够实现其收入由青年或就业时间向老年或失业时间的纵向转移,从而

使低收入者一生的基本生活得到制度保障和法律保证,因而成为市场经济国家用于调节低收入阶层的主要税种。

(五)规范个人所得税制,加强征管,有效调节个人收入分配

居民收入差距过大和继续扩大,除了分配体制的疏漏外,主要原因之一是相当一部分居民收入在税制以外运行,基本上没有受到监督和税制的控制与调节。缩小不合理收入差距,遏制收入分配差距的扩大,对政府来说,个人所得税是最主要、最有效的调节手段。根据现阶段我国的实际情况,应规范个人所得税制,加大对个人所得税的征管力度,特别是要强化对高收入阶层个人所得税的征收管理,建立高收入阶层的专门档案,及时追踪其经济活动和收入情况,实行重点监控管理。定期组织对高收入行业和个人的专项税收检查,加大对纳税人和扣缴义务人违反个人所得税法律法规行为的惩处力度。建立社会化计算机信息监控网络系统,动员社会力量,利用现代化手段,对个人所得税税源和个人收入信息进行有效监控。

(六)建立和完善社会保障制度

社会保障是国家通过社会立法,运用国民收入再分配形成的社会保障基金,对全体社会成员遭遇年老、失业、疾病、伤残、灾害等社会风险生存困难时,提供最基本生活需求的物质帮助而建立的社会安全制度。社会保障从广义上讲,包括社会保障、社会救济、社会福利、优抚安置、社会互助、个人积累保障等。它们是相互联系的有机统一体,共同构成社会保障体系。我国的社会保障体系还很不完善,短时期内还不能消除人们的后顾之忧。从我国的情况看,当务之急,是尽快建立健全同经济发展水平相适应的,全国统一、规范和完善的社会保障体系,完善现行的三条社会保障线,并逐步建立健全农村社会保障制。

第二节 税收管理

一、税收管理主体、受体和对象

税收管理的主体是各级税收机构,受体是纳税人。税收管理的对象是作为国家财政收入主要来源的税收。

二、税收管理的目标

所谓税收管理目标,是指税收管理在一定时期内所要达到的理想状态或实现的期望值。税收管理目标,是税收管理活动的起点和归宿,同时贯穿于税收管理活动中的整个过程。它不仅是组织各项税收管理工作的依据,也是评价税收管理活动合理性和有效性的标准。因此,税收管理目标,是税收管理理论和实践首先要面对和解决的一个基本问题。[①]

在计划经济时期,长期以来,我国税收管理没有明确的目标。"一切以收入为中心",在一定程度上劣化了税收管理的有效性,实际上是把行政命令凌驾在税收法律之上。不论是应收不收而"藏富于民"或者是应退不退而"寅吃卯粮",都破坏了税收制度的公平、效率原则,对税收制度是极大的扭曲。

经过了 30 多年的经济体制改革,我国由传统的计划经济过渡到市场经济体制。个人利益逐渐受到尊重和保护,"依法治税"应运而生。在立法、执法中都关注纳税人的个性特征和个性利益,与此适应的税收管理目标也以纳税人个人利益保护为前提,寻求税收管理效率的大幅度提高。因此,目前我国税收管理的目标,是促进纳税人纳税遵从度和税收管理效率的提高。

具体从征税人和纳税人而言,税收管理的目标分别是:

(一)从征税人的角度看

1. 能够为政府取得充足的税收收入,满足政府支出的需要。因此,在税种

---

① 杨紫烜主编:《经济法》,北京大学出版社 2006 年版,第 580 页。

选择,税基宽窄、税率确定以及征税方式、方法的选择方面,都要考虑到税制能够保证政府收入目标的实现。

2. 能够促进收入的公平分配,税制应体现纵向公平和横向公平的原则,确保公平竞争,并避免差距过分悬殊。

3. 能够成为政府宏观经济政策的有效载体,促进资源的有效配置,能够成为经济稳定和经济增长的推动力。

4. 纳税遵从度较高,公民主动纳税意识强,便于税务机关有效地实施管理,能够准确有效地掌握纳税人的有关信息,有较低的税收管理成本和较少的税收流失。税制管理优化,既要从管理实际出发,符合当前的管理能力和技术手段,同时便于管理中的具体操作和实施。

(二)从纳税人的角度看

1. 较低的税负水平。税收管理优化应充分考虑纳税人的轻税愿望,将税负限定在纳税人可以承受的幅度内。

2. 方便的纳税方式和较低的纳税成本。税收管理制度规定应简洁、明确、易懂,纳税方式、方法的选择应方便、简便,便于纳税人纳税和减少纳税人的纳税成本。

3. 所有纳税人具有相同的税收待遇,税制必须公平。税制应为纳税人创造公平的税负环境,税收公平是税制得以有效实施的重要前提。

三、税收管理的原则

一个国家税收管理奉行什么样的原则,直接决定着税权在中央与地方的配置方式。所以,要实现税权在中央与地方的合理划分,首先要解决好税收管理的原则问题。我国税收管理应遵循以下主要原则:

(一)应明晰划分税权

按照公共财政的原理,国家的职能应仅限于市场经济不能有效解决的问题上,主要承担宏观经济稳定收入再分配以及市场无法高效率供应的公共品的提供方面。按照这一原则,我国各级政府的事权和支出职责的划分必须作相应的调整。在政府间事权划分上,应该按照"比较优势"的原则,凡是地方政府具有比较优势的事权项目,原则上都应该划给地方政府。中央政府的投资,应侧重全国性能源、交通、电讯投资,大江大河治理和水利设施投资,自然资源和环境保护投资以及新兴产业和高科技产业投资等;地方政府侧重教育、卫生保健、农业、城镇建设,公共设施以及地方性基础产业投资。与之相适应,在税权上也要明晰划分,努力做到既可以确保中央宏观调控的主动权,又有利于调动地方政府的积极性。[①] 当然,这也不能一蹴而就的,必然是一个循序渐进、逐步完善的过程。

(二)税权应与事权相适应

由于我国尚未形成完善的转移支付制度,因此在相当长时间内,地方财政收支不宜过分依赖中央,地方税收要有一定的比重。目前,主要矛盾是中央财政收入有较稳定增长的基础,而地方财政收入的增长却遇到较大困难。除了分税制刚开始的两年(1995 和 1996 年),我国地方税收明显地超出经济增长速度,其增长率分别达到 25.1% 和 22.4%,但其后增长速度则明显下降。随着经济市场化进程深入,政府的事权已逐步过渡到以地方为主,如各地方的基础设施建设,支柱产业的形成与发展,市场体系的建立,以至于失业或半失业人口的安置,已主要靠地方政府运用自身财力来努力实现。就现状来看,应更合理地划分税权,增强地方税权适应事权的能力。然而,税权与事权相适应是针对税权划分的总体设计原则而言的。以事权为依据划分税权,只能是履行事权所需支出的绝大部分应由地方税收收入来满足,并不是地方所有支出都应由地方税收收入来解决。对于为了中央能顺利履行宏观调控、收入分配等职能,地方所需的部分财力必须由中央通过对地方的转移支付来实现。长期以来,在事权模糊的前提下,我国在中央与地方的税权划分上始终存在这样的矛盾:中央一旦集中就出现税权与事权的双重集中,抑制地方的积极性;一旦放权就出现税权与事权的双重分散,形成"诸侯分割",从而陷入"统死放乱"的怪圈。为此,从长远来说,应该逐步打破税权与事权整体统一的思维定式,

---

[①] 黄大柯、王艺明:《合力划分我国税收管理权限的若干思考》,《江西金融职工大学学报》2007年 10 月。

实现各级政府的税权与事权相统一。一般事权应以地方为主,税收收入的初始分配则以中央为主,由此形成的初始地方财力与事权不对称的缺口通过中央对地方的转移支付来弥补。所以,对税权与事权相适应这一般性的原则应辩证认识。

(三)宏观与微观相兼顾

既要考虑强化中央宏观调控能力的需要,也要兼顾地方政府行使职能的需要;既要有利于健全中央的宏观调控体系,又要保证地方政府在本地社会经济中充分发挥作用。为了实现宏微观相兼顾的目标,应努力使有利于实现全国性政策目标的中央税、共享税的立法权归中央,全国统一的地方立法权主要归中央,同时,也应使地方政府在一定范围内具有相对独立的地方税权,在不影响全国税法统一和国家宏观调控的地方税种上,其征收和管理应有一定的自主性。

四、我国税收管理体制与职能的改进

我国现行税务系统组织结构是1994年实行分税制时设置的,分为国税、地税两套税务机构,分别履行对中央与地方收入的征管职能。国税、地税分设,是特定时期、特定社会条件下的产物,其目的是为了强化税收征管,促进税收收入增长,实现中央与地方的"共赢"。十多年的实践证明,这一体制极大地提高了各级政府组织收入的积极性,也提高了中央财政收入的比重。[①] 分税制改革,基本规范了中央与地方之间的利益分配关系,有助于中央加强宏观调控能力。

我国现有税收管理体制与职能有各种不足之处,需要从以下两方面来加以改进:

(一)合并国税、地税,实行国家税务总局垂直管理。其具体改进想法是,国家税务总局为国务院的税收执法总局,下设大区税务分局:东北区税务分局,辖黑龙江,吉林,辽宁;华北区税务分局,辖北京、河北、天津;华南区税务分

---

① 孙园:《我国税收管理制度研究》,厦门大学2007年博士论文,第45页。

局,辖广东、福建、浙江、上海、海南;华东区税务分局,辖江西、江苏、安徽、山东、湖北、湖南、河南;西部区税务分局,辖广西、贵州、云南、四川、重庆、新疆、西藏、陕西。各省级设立省税务征收管理中心和省稽查局,两个单位是平级单位。税务稽查局省以下是垂直单列的模式,即经济大区税务分局——省级税务稽查局——地级税务稽查局——县级税务稽查局。征收管理中心和税务稽查局两套机构各负其责,一个省、市、县经济区域只分别设一个税务征收管理中心和一个税务稽查局。这样,就减少了税收的成本,增强了制约机制。但值得注意的是,机构合并不是取消分税制,而应是分税制改革的进一步深化,明确中央和地方税征收范围。

(二)设立税务监督管理局。该机构的主要职能,是负责税务部门内部各项日常工作的监督管理,查处有无违法乱纪现象;同时,负责对各基层税务征管中心进行日常考评工作。监察人员应实行委派制,赋予其独立调查权、质询权,经费来自所在监督管理局,保证监察工作不受任何干扰。监督管理局应垂直于国家税务总局。

五、税收管理的法律依据

我国于 2001 年 4 月修订颁布了新《中华人民共和国税收征收管理法》(以下简称《税收征管法》),这部法律是迄今为止税收征收管理上的一部母法。它的颁布实施,给我国税收征收管理实践工作以很大实效,遏止了一些税收流失现象。但是,随着形势的发展和实践工作的需要,作为税收征收管理制度也须不断地加强和完善。当然,我国税务机关在进行税收管理时,还必须依照现行《中华人民共和国税法》有关税收管理的规定行事。

案例一 未按规定办理税务登记受处罚[①]

某税务所 2007 年 3 月 12 日接到群众举报,辖区内前进机械厂开业近两

---

① 资料来源:石济海:《未按规定办理税务登记受处罚》,中国税务网 2007 年 4 月 23 日。

个月尚未办理税务登记。3月15日,该税务所对前进机械厂进行税务检查。经查,该机械厂2006年1月24日办理营业执照,1月26日正式投产,没有办理税务登记。根据检查情况,税务所于3月16日作出责令前进机械厂于3月23日前办理税务登记,对未按规定办理税务登记证的行为处以500元罚款的决定。现问,本处理决定是否有效?为什么?

回答是肯定的,本处理决定有效。

《中华人民共和国税收征收管理法》第十五条规定,企业,企业在外地设立的分支机构和从事生产、经营的场所,个体工商户和从事生产、经营的事业单位自领取营业执照之日起30日内,持有关证件,向税务机关申报办理税务登记。

《中华人民共和国税收征收管理法》第六十条规定,纳税人有下列行为之一的,由税务机关责令限期改正,可以处2000元以下的罚款;情节严重的,处2000元以上1万元以下的罚款:

(一)未按照规定的期限申报办理税务登记、变更或者注销登记的;

(二)未按照规定设置、保管账簿或者保管记账凭证和有关资料的;

(三)未按照规定将财务、会计制度或者财务、会计处理办法和会计核算软件报送税务机关备查的;

(四)未按照规定将其全部银行账号向税务机关报告的;

(五)未按照规定安装、使用税控装置,或者损毁或者擅自改动税控装置的。

纳税人不办理税务登记的,由税务机关责令限期改正;逾期不改正的,经税务机关提请,由工商行政管理机关吊销其营业执照。

纳税人未按规定使用税务登记证件,或者转借、涂改、损毁、买卖、伪造税务登记证件的,处2000元以上1万元以下的罚款;情节严重的,处1万元以上5万元以下的罚款。

《中华人民共和国税收征收管理法实施细则》第九十条规定,纳税人未按照规定办理税务登记证件验证或者换证手续的,由税务机关责令限期改正,可以处2000元以下的罚款;情节严重的,处2000元以上1万元以下的罚款。

《中华人民共和国税收征收管理法》第七十四条规定,税务行政处罚,罚款额在 2000 元以下的,可以由税务所决定。

因该企业未按期办理税务登记,故税务机关可根据《中华人民共和国税收征收管理法》第六十条的有关规定,责令限期改正,可以处 2000 元以下的罚款;情节严重的,处 2000 元以上 1 万元以下的罚款。

案例二 从一个案例看税收征管①

新税制实施以来,国家已将行政事业单位的部分收入纳入税收征管范围,行政事业单位收费也列入了营业税征收范围,扩大了营业税税基,成为地方税收的一个潜力很大的增长点。但是,行政事业单位税收漏征、漏管现象十分严重,严重扰乱了正常的税收秩序。如××行政事业单位 2004 ~ 2005 年两年间偷税 22.81 万元,现就该单位存在的问题简单分析其成因与对策。

一、案情简介

2006 年 3 月,某县地方税务局根据稽查计划安排,对本辖区××行政事业单位 2004 年 1 月 1 日 ~ 2005 年 12 月 31 日期间执行税法的情况进行纳税检查,并于 2006 年 3 月 6 日下达了稽查通知书。在检查过程中,主要采用了详查法和逆查法等检查方法,全面认真地审核了该单位的原始票据、会计凭证以及有关资料,重点检查了地方各税纳税情况,发现以下问题:1. 该单位 2004 年度收取下属单位的交款 82.09 万元,应缴未缴营业税 4.11 万元,城市维护建设税 2052 元,教育费附加 1231 元;收取其他收入 27.65 万元,应缴未缴营业税 1.38 万元,城市维护建设税 691 元,教育费附加 414 元。2. 2005 年度收取下属单位集资收入、管理费及收费基金等 112.91 万元,全年应缴未缴营业税 5.64 万元,城市维护建设税 2822 元,教育费附加 1693 元。3. 收取某公司管网改造项目经费 15 万元,属服务性收费,应缴未缴营业税 7500 元,城市维

---

① 资料来源:袁力田、王春耘:《从一个案例看税收征管》,中国税务网 2007 年 5 月 8 日。

护建设税 375 元,教育费附加 225 元。4. 收取勘测设计院小车租车费 2.50 万元,属交通运输税目,应缴未缴营业税 1250 元,城市维护建设税 62 元,教育费附加 37 元。5. 收取勘测设计院承包费 6 万元,并在勘测设计院报账 7.40 万元,定性为承租收入,应缴未缴营业税 6700 元,城市维护建设税 335 元,教育费附加 201 元。6. 2004 年度应代扣代缴而未扣未缴个人所得税 3.58 万元;2005 年度应代扣代缴而未扣未缴个人所得税 5.53 万元。以上偷税合计 22.81 万元。

二、稽查处理结果

根据《中华人民共和国税收征收管理法》第六十四条第 2 款的规定,"纳税人不进行纳税申报,不缴或者少缴应纳税款的,由税务机关追缴其不缴或者少缴的税款、滞纳金,并处不缴或者少缴的税款百分之五十以上五倍以下的罚款。"该单位补缴营业税 12.67 万元,城市维护建设税 6338 元,教育费附加 3803 元,加收滞纳金 1.41 万元,并处以补缴税款 1 倍的罚款 13.68 万元。根据《中华人民共和国税收征收管理法》第六十九条的规定:"扣缴义务人应扣未扣、应收而不收税款的,由税务机关向纳税人追缴税款,对扣缴义务人处应扣未扣、应收未收税款百分之五十以上三倍以下的罚款。"责令该单位根据计算清册向个人追缴应扣未扣个人所得税 9.12 万元,并对该单位处以应扣未扣税款 1 倍的罚款 9.12 万元。根据《中华人民共和国发票管理办法》第三十六条第四款的规定,对该单位未按规定取得发票,处以 4000 元的罚款。共查补入库税款 22.81 万元,加收滞纳金 1.41 万元,罚款 23.2 万元,合计 47.42 万元。

三、存在的问题

本案暴露出目前行政事业单位普遍存在的问题:

1. 收入申报不实,资料报送不及时,代扣代缴制度不完善。行政事业单位有收入来源,有政策性收费、服务性收费、财政拨款和其他收入四种形式。有的财会人员忽视了各项收入的性质,常常只就"其他收入"向税务机关进行申报,而未报"服务性收费"和超标准"政策性收费"部分,造成少缴税款;也有个别单位笼统申报纳税,造成误征退库的情况。另外,资料报送不及时,现规定每月10日前需要报送的财务资料到中旬、下旬才送到,不利于税务部门及时掌握其财务变动情况。由于存在个人所得税的征收水平较低,个人所得税代扣代缴制度不完善,扣缴义务人代扣代缴意识淡薄,税收政策及征收方式调整不及时等,致使个人所得税税源流失现象十分普遍。

2. 收费政出多门且多头分配。由于收费政出多门,政府对行政事业收费管理缺乏有力的理论支持和政策依据,资金管理大打折扣,实际上很大一部分的行政事业性收费和基金的所有权、使用权归单位支配,财政无法调剂,从而引发了乱收费,收费数额扩大。加上收费多头分配,造成税务部门对收费税收征管困难。主要存在"四难":即观念难更新,政策难到位,票据难控制,税款难入库。

3. 行政事业单位欠税严重,偷税漏税时有发生。目前行政事业单位都一味强调经费紧张和资金短缺,欠税现象较为普遍,所欠税款尤为营业税、土地使用税和房产税居多,严重的影响了税收计划的完成。行政事业单位与下属经济实体之间的业务往来不是通过正常的财务手续,而是采用假合同、口头协议,甚至行政命令来达到目的。

四、问题的成因

导致行政事业单位税收征管中存在的问题的原因是多方面的,从本案的情况来看,主要有以下几个方面:

1. 行政事业单位行使着国家的部分职能,是吃"皇粮"的,历年来无纳税习惯。新税制实施以来,对这些单位的税法宣传又没跟得上步伐,再加上地方税税种多,导致行政事业单位成为新税制的门外汉。

2. 行政事业单位领导、财务人员对税收政策重视不够,对应税收入不明确,该扣除支出的不扣除,该申报的未申报,该代扣代缴的未代扣代缴,造成税款流失。承包费收入、租金收入也是未交营业税的重点。有的行政事业单位干部职工集资建临街门面,年终时发放集资利息都没有代扣代缴个人所得税。

3.造成个人所得税流失的主要原因是部分单位纳税意识比较淡薄,缺乏国家整体观念,有的甚至把偷逃个人所得税作为占国家便宜的一种手段,有的以"某某单位未扣税为什么我们单位这么积极"影响财务人员扣缴个人所得税工作,致使税收征管工作受阻。

4.目前我国地方税体系很不完善,无立法权、政策调整权、税种的开征停征权等,实质上地方财政无真正意义的财权,在一定程度上制约了地方政府财政利益的实现。目前地方税税源窄少,缺乏增长弹性,严重的资金短缺,迫使地方政府只得依靠行政性收费和基金来筹措资金,从而造成地方性收费居高不下。

五、解决对策

1.强化对政事业单位有关税收政策的宣传,并积极组织力量进行纳税辅导,使其领导和财会人员掌握好相关税收政策。通过抓大案要案,强化纳税意识。

2.对行政事业单位进行纳税鉴定,要求征收部门对各行政事业单位进行全面调查,确定征免范围,避免按单位或收费性质、项目划分征免界限;建立征管资料,掌握税源底子,加大管理力度,把征税问题明确到对预算内和预算外资金上,利于征管。

3.加强行政事业单位的财务管理和票证管理。税务机关要对行政事业单位的应税项目和使用票据进行严格检查监督,对预算内和预算外收费的票证管理一定要纳入税务部门,实行源泉控管,减少偷税、漏税现象。

4.加强税收征管和稽查力量,建立健全征管制度。积极协助扣缴义务人采取一定的措施来对个人所得税进行监控;工薪扣除标准提高后,要进一步规范和加强高收入群体单位的个人所得税征管,实现个税征管规范化。同时要针对行政事业单位欠缴房产税、土地使用税较多这一特点,制定相应的措施。联合财政、物价部门对行政事业单位收费进行管理、检查,防止税收流失。

5.税务人员要努力提高自身业务与政策素质,要用法律来规范自己的执法行为,提高执法水平,严格依法治税,防止易征易管执法严、易漏难征执法松的现象。坚决杜绝"人情税"、"关系税",随意减免的现象。要健全制度,完善执法监督体系,认真做好内部行政执法监督,对税务干部的失职、渎职行为,要坚决依照有关规定查处,使行政事业单位的税收征管走向规范化轨道。

6.根据社会发展趋势,政府应尽快通过立法逐步取消各项行政事业性收费,必不可少的规费改为税,明确公民以纳税为唯一目标,逐步实现非税收入制,与国际接轨,真正建立完整、高效的地方税运转体制。

第二十章 国有资产管理

第一节 国有资产管理概述

一、管理主体、受体与对象

国有资产管理主体主要是各级国有资产管理委员会,而管理受体则是各国有资产经营主体或使用主体,国有资产经营主体主要包括国有企业,使用主体则主要指各级党政机关、事业单位和社会团体。国有资产管理的对象就是所有权属于国家的财产,即国有资产,包括:经营性国有资产、非经营性国有资产、资源性国有资产。

二、国资委的机构设置与法律地位

作为国有资产管理主体的国资委,其机构设置和法律地位如下:

十六大报告以及《关于国务院机构改革方案的说明》中都明确指出,国资委"既不同于对全社会各类企业进行公共管理的政府行政机构,也不同于一般的企事业单位,具有特殊性质。因此,将国资委确定为国务院直属的正部级特设机构"。官方的解释认为,它不是本级政府的组成部门,没有政府部门的行政权力,只能行使法律赋予出资人所享有的资本收益、重大决策和选择管理者等权利。而一些学者则进一步认为,目前将国资委的性质界定为政府直属特设机构也只是权宜之计。因为国资委的职能比较特殊,用行政单位或者事业单位来界定其性质都不准确,在我国这样一个政府职能还未完全转变,行政干预还很强大的条件下,非政府法定机构难以担当管理国有资产的重任,而放在人大下面,人大是会议体机构,又没有足够的专业人才来保证国企改革的顺利推行。

因此,目前暂时将国资委设置在政府之下,作为政府的直属特设机构。这样的设置,具有以下几个方面的积极意义:一是由国务院统一代表国家行使国有资产监管代表人的委派权,有利于克服目前稽查特派员、外部监事会派出和委任中的混乱现象,同时也便于把现有国有企业领导人任命制度通过法定程序予以制度化;二是设置专门的国资委,扩大职权范围,有利于协调现有国务院不同部门在各自行使国有资产管理职权时产生的矛盾,并有助于防止国有资产监管中的空位,国有资产监管效率因而可以提高;三是将国资委定位于受政府委托统一管理国有资产的特殊机构,不再是原来意义上的国资局,可以突破国有资产出资人机构和职责分离的体制障碍,解决出资人监督与国有资产管理相脱节的问题;四是有利于国务院通过国资委加强对国有资产监管代表的归口管理和直接监督,简化现有授权和监督环节,降低国有资产管理体制的改革和建立成本,还可以节约国资委运行的成本,并提高其工作效率。

国资委既不是一个行政部门,也不是一个事业单位,而是一个"直属特设机构"。而实际上,国资委只是由国务院颁令成立的一个政府内部授权委托管理国有资产的专门机构,其人员任命程序与其他政府部门相同,带有十分明显的政府行政部门特征。国资委一方面在接管了其他部门有关国有资产管理所有权力的同时,也继承了原有部门行政式的管理办法和习惯,制定政策、颁布规定、签署下发文件;另一方面,国资委又要对国有企业的资产保值增值负责,面对企业经营决策问题就觉得不管不行,不放心,不放手。对国有企业而言,按照机构设置形式来讲,国资委只是代表国务院行使出资人权力的行政性管理机构,而不是法律意义上的出资人代表,国资委不但是企业的领导机关,其颁发的规定、政策和指令必须不折不扣地执行,而且企业内部大的经营决策与交易又必须经过国资委批准,因而它在职权上远远超出了出资人的权利。

第二节 国有资产管理的目标与国资委的管理职能

一、国有资产管理的目标

国有资产管理的目标很明确,就是要有效防止国有资产流失,实现国有资产保值增值。

二、国资委的管理职能

要实现这一目标,国资委必须具有相应的职能。国务院是法定的国有资产唯一和统一的所有者。国资委是代表国家相对集中地行使国有资产所有者职能的专门机构,其作为国有资产所有者的管理职能,包括以下两个层面的内容:

(一)国有资产管理者职能

国资委作为国有资产所有者职能的终极执行者(或称终极所有者),也就是整个国资系统的权力中心,对包括各级地方国资委、直属和各地的国资运营主体和企业在内的整个国资系统行使国资管理者职能。[①] 主要表现为:拟定国有资产管理的法律、行政法规和制定规章制度;制定国有资产发展的中长期规划和产业政策,提出发展战略目标,引导产业结构调整;研究和指导国有资产管理体制改革、培育和完善市场体系,协调国有资产的整体运行;领导全国国资管理工作,指导协调各级地方国资委的监管工作;监督检查各级国资委、国资运营主体的工作,承办并组织调处各类重大国有资产权属纠纷,决定重大投资、技改投资的审批,组织解决国资管理、运营中的重大问题;制定国有资产的预算、评估、运营的标准、规章和办法,拟定并组织实施国有资产兼并、拍卖、租赁、转让管理办法,组织领导国有资产的预算、评估、运营工作;组织、引导国有资产跨地区、跨行业及跨国合作与交流;对企业实行宏观而间接的管理和指

---

① 岳燕锦:《国有资产管理机构的法律地位研究》,《重庆交通大学学报(社科版)》2008年8月。

导,推进企业改革和重组等。

在统一所有、分级管理的国资系统中,国资委处于权力金字塔的塔尖,它统一制定国有资产管理的政策和规章制度,对各级地方国资委和国资运营主体进行适法性指导和监督。省级国资委管理辖区内的市(地)、县级国资委(办)和国资运营主体,对它们进行适法性指导和监督。在适法性指导、监督的过程中一般仍沿用行政管理的模式,上下级之间是领导与服从的关系,如发生纠纷最终由中央国资委解决。

(二)国有资产出资人职能

国资委将原来分散于各部门的国有资产管理职能整合起来,对其直属的国资运营主体或企业直接行使出资人职能。即基于管资产、管人、管事相结合的原则,以公司法上的股东身份履行出资人职能。表现为:选派和更换国资运营主体或企业的董事、监事和财务总监;通过审计、稽查进行监管,考核国资运营主体或企业的运营业绩;决定国资运营主体或企业的设立、分立、合并、变更等重大事项。

1. 管资产职能。国资委管理的国有资产,只限于中央所属企业的资产。中央所属企业包括国资委直接投资设立的企业和国资委直属国资运营主体投资设立的企业。这种职能较以前发生了三个转变:(1)从管企业转变为管资产。国资委作为出资人,将国有资产投入国资运营主体或企业,只以其投入的国有资产为限承担有限责任;不再直接干预国资运营主体或企业的具体经营管理,而且只是监督其是否按法律规定和章程(或经营协议)运行,并可以根据需要"用脚投票"。(2)从实物形态管理转变为价值形态管理。实物形态的国有资产被投出以后,国资委不能再对其进行实物管理,而只能进行资本管理,即对国有资产的价值形态实行总量控制,考核国有资产是否保值增值。(3)从静态管理转变为动态管理。国资委根据其资本管理的要求和宏观调控的任务,调整国有资产的宏观布局结构,有进有退,在动态中实现国有资产的保值增值。

2. 管人职能。国资委作为出资人向国资运营主体或企业委派董事、监事、财务总监。总经理则由国资运营主体或企业董事会选择聘用,国资委不再负责任命或推荐。这样实现由传统意义上的领导班子转变为委派产权代表。以往由党政部门(尤其是组织人事部门)行使的人事支配权,应当转移给国资委行使。

3.管事职能。国资委向国资运营主体或企业派出产权代表作为董事的,通过董事会对国资运营主体或企业进行间接管理,而重大经营决策和重大事项的表决权则按所占股份份额行使,国资委现行的这种出资人管理模式的确立,使以前事事都要由国资局审批的前置性管理模式转变为后置性监督管理模式。

第三节 国有资产管理的体制

一、我国国有资产管理的体制总体目标

我国国有资产管理体制的总体目标,是建立中央政府与地方政府分别代表国家履行出资人职责,享有所有者权益,权利、义务和责任相统一,管资产和管人、管事相结合的国有资产管理体制。在体制上要确立与建立和完善基本经济制度相适应,按照社会主义市场经济的要求,在坚持国家统一所有的基础上,政府分级行使出资人职责,委托专门机构管理经营,建立权责明确的国有资产管理体制。

二、我国国有资产管理体制的基本框架

我国国有资产管理体制的基本框架如下:

(一)坚持国家统一所有。明确国有资产最终所有权属于国家,归国家统一所有;各级政府对国有资产的管理、营运和监督都必须严格执行国家统一的法律法规,国家通过制定国有资产管理法授权政府代表国家统一行使国有资产所有权,必要时有权对资源进行统一配置。

(二)分级行使出资人职责。通过逐级授权,明确管理国有资产的范围,中央和地方政府分级行使出资人职责,负责所辖国有资产的管理、收益和处

分。

（三）委托专门机构管理经营。政府行政管理部门与行使出资人职责的机构分设。各级政府成立专管国有资产管理的国有资产监督管理委员会，即国资委，代表政府统一管理国有资产。由国资委授权具备条件的大型企业集团公司作为国有资产营运主体，具体行使所投资企业的出资人职责。

第四节　国有资产管理的权利

一、国有资产管理机构的权利特征

国有资产理机构不是政府行政机关，它与所出资企业是平等主体，因此，对于企业国有资本的管理方式，肯定不能再是行政审批式的管理，只能按照《公司法》赋予股东的权利来管，把股东的权利行使好，做到"所有者到位"。股东基于对公司的出资而享有股东权，股东权主要包括资产受益权，即获得投资收益、股息红利的权利；重大决策权，即决定企业重大事项的权利；选择管理者权，即依法选举董事和监事的权利。根据《公司法》的规定，股东会行使下列职权：决定公司的经营方针和投资计划；选举和更换董事，决定有关董事的报酬事项；审议批准董事会的报告；审议批准监事会的报告；审议批准公司的年度财务预算方案、决算方案；审议批准公司的利润分配方案和弥补亏损方案；对公司增加或者减少注册资本做出决议；修改公司章程。

十六大提出要"管人、管事、管资产相结合"，实际上已非常接近出资人的资产收益、选择管理者、重大事项决策三大权利。改革国有资产管理体制，关键是既强化权利，又强化责任，责权利结合的越紧，越有利于落实责任，建立合理有效的激励约束机制。

二、国有资产管理机构的权利内容

国有资产管理机构的出资人权利内容主要体现在以下三个方面：

（一）企业负责人管理，即管人。国资机构依法任免或建议任免所出资企业的企业负责人,并对其任免的企业负责人进行考核奖惩,以建立健全适应现代企业制度要求的企业负责人的选用机制和激励约束机制。在管人方面,总体发展方向应是实现从管班子向推荐或委派产权代表转变。国资委作为出资人可以向国资运营主体或企业委派董事、监事、财务总监。① 对国有独资企业,仍可实行现行的管理方式;对非国有独资和全资企业,应取消干部的行政级别,采取国际通行的推荐或委派董事的办法,总经理人选一般不推荐,更不得直接任命,而应完全由董事会依法定程序确定。要注重实施人力资本管理。实践上可通过年薪制与持有股份及股票期权相结合等形式使企业的劳动者和经营管理者把自己的利益与企业的利益真正紧紧地捆在一起。

(二)企业重大事项管理,即管事。国资机构依法决定或参与决定所出资企业的合并、分立、解散、破产、增减资本发行公司债券、重大投融资规划、发展战略和规划。在管事方面,总体上要逐步实现从以往的对企业的直接管理转变为间接管理,从注重微观管理向注重中观管理和宏观管理转变。主要是通过立法、政策、授权、委托,培育和发展产权交易市场,促进资产流动和区域经济结构调整等来进行国有资产的中观和宏观管理。国资委向国资运营主体或企业派出产权代表,通过董事会对国资运营主体或企业进行间接管理,对重大经营决策和重大事项按所占股份份额行使表决权;作为监事或财务总监的,则只对董事会所作决定进行适法性监督,对国资运营主体或企业财务制度进行指导和监督。国资委现行的出资人管理模式的确立,使以前事事都要由国资局审批的管理模式成为历史,实现了从前置性审批管理向后置性监督管理的转变。

(三)管资产。国资机构依法承担企业国有资产的基础管理工作、产权交易的监管、收益及重大资产处置的管理。在管资产方面,应通过立法明确中央和地方两级国有资产管理机构是分别负责管理中央和地方所属企业的经营性国有资产,国有资产管理机构代表国家履行国有资产的出资者职能,对非国有独资或全资企业,国家只以其投入的国有资产为限承担有限责任,不再直接干

---

① 傅蕾、徐承云:《国资委与国资运营主体法律关系的定性探讨》,《法商研究》2003 年第 5 期。

预国资运营主体或企业的具体经营管理,而且只是监督其是否按法律规定和章程(或经营协议)运行,并可以根据需要"用脚投票";要从实物形态管理向价值形态管理转变,这是实现国有资产所有权、管理权与经营权三分开的基本要求。出资人(股东)权利是任何企业的出资人都享有的法定权利,国有企业的出资人也不例外。企业可以也应当无上级主管部门,但不能没有出资人(代表);企业不应受政府(部门)的不正当行政干预,但不能不受出资人股东权的约束。否则,国有资产的出资人权利、所有者权益就无从保障,国有资产的终极所有者——全体人民的利益就无法保障。履行好出资人权利的同时,又构成了国资机构对政府、对国家、对全体人民的义务、责任。

国资机构一定要依法行使出资人权利、履行出资人义务。主要是注意以下两个方面:一是依法划分股东权和企业法人财产权的界限,只对股东权范围内的事项行使职权,对非股东(会)决定的事项由企业董事会、经理层自主决定,尊重企业的法人财产权,促进企业自主经营。二是严格依照法律规定的方式、程序行使出资人权利,防止对企业的不当干预和对其他股东利益的损害。要根据所出资企业的不同组织形式,对所出资企业中的国有独资企业、国有独资公司、国有控股的公司、国有参股的公司分别按照法律规定的方式、程序行使出资人的管人、管事、管资产的权利。国有独资企业、国有独资公司可以由国资机构单独行使出资人的三项权利。对国有控股、参股的公司,国资机构则要通过派出股东代表、董事,参加股东会、董事会行使表决权的方式行使出资人权利,决定企业重大事项。作为国有控股公司的大股东,国资机构还应对公司及其他股东履行"信义义务",不论是直接以股东身份行使表决权,还是基于其股东资格通过公司执行机关对公司业务的执行施加影响,都应诚信善意行事,不能利用其多数优势地位侵害公司和其他股东的利益。

案例 一个国有资产流失案例的启示①

本案以南昌市化工原料厂与美国PPG公司在白炭黑生产项目上的合资为案例,探讨这类资产流失的体制根源和政策原因。

一、一宗跨国公司对中国国有企业的收购

南昌市化工原料厂(以下简称南昌化原厂)系南昌市化工局所属国有企业,至今已有近40年历史。全厂共有职工1600人左右(含退休职工)。1984年,该厂为适应国内市场对橡胶填充剂的需求,打算开发白炭黑这种新型无机化工产品。它的主管部门通过中国技术进出口总公司分别接触了西德、日本和美国的有关公司,经比较后,决定引进美国PPG公司的技术。

这一技术引进在江西被列为"七五"期间省内国有企业技术改造的重点。江西省建设银行为此提供了专项贷款。建设过程中,南昌化原厂征购土地建设了向白炭黑生产线供应蒸汽、煤气、水、电等生产要素的配套设施。整个基础上的固定资产投资为8930万元人民币(银行贷款6600万元、建设期贷款利息2330万元),其中引进技术和设备使用国家外汇443万美元(技术使用费175万美元,设备268万美元)。此外,南昌化原厂还为白炭黑的生产向银行借贷流动资金2369万元人民币。所以,该基础上的总投资额实际超过1亿元。南昌化原厂于1986年引进白炭黑技术。1989年8月白炭黑生产线开始试生产,并很快达到了设计能力(年产1万吨),产品质量也较稳定。1991年4月28日该基础上通过了化工部验收,5月正式投产。从1990年下半年起,在国内市场上,南昌白炭黑的声誉渐起,开始供不应求。从技术引进和技术改造的角度看,南昌化原厂的白炭黑基础上是十分成功的。它的产品质量好,批量大,有着广阔的市场前景。

---

① 资料来源:韩朝华:《国有资产管理体制中的代理问题——一个国有资产流失案例的启示》,《经济研究》1995年第5期。

美国 PPG 公司是化工领域一家著名的跨国公司。跨国公司转让技术使用权通常带有控制技术和市场的附加条款。PPG 向南昌化原厂转让白炭黑技术使用权也是如此。除南昌化原厂在引进技术时须一次性支付的费用外，协议还 PPG 要与该厂成立一家全部经销该厂白炭黑产品的合资公司。按照协议，1988 年成立双方合资的"南吉化学技术开发有限公司"，股权各半，合资期为 17 年。该合资公司按白炭黑产品销售收入的 12.5% 向南昌化原厂收取销售费。

本来，到此为止，南昌化原厂已完成了白炭黑技术引进的过程。可是，1990 年正当该厂生产的白炭黑市场前景日益看好的时候，美国 PPG 公司提出了在白炭黑生产和销售上进行全面合资的意向，并得到了该厂及其主管上级的响应。从 1991 年初到 1992 年底，双方经过多次谈判，最后在 1993 年 1 月签署合资《合同》，成立了"南吉化学工业有限公司"以取代原来的"南吉化学技术开发有限公司"。

南吉化学工业有限公司（以下简称"南吉公司"）由美国 PPG 公司在香港注册的子公司"PPG 丰台有限公司"（以下简称 PPG—FT）控股 60%，南昌化原厂仅持股 40%。PPG—FT 仅以 300 万美元现汇（按当时汇率合人民币 1680 万元）出资就轻易取得了控股权，而南昌化原厂转给南吉公司的却是国家花了上亿元人民币投资建成的正进入收益期的工业项目。

这不是外商投资增加新生产能力的一般合资，也不是非整体性资产的一般资产转让，而是中方新建并已形成综合生产能力的整体性资产的出售，即外商对中国企业的收购。跨国公司通过收购东道国现有企业进入该国市场，是其惯用的方法。这比其投资新建企业要便宜得多。PPG 对南昌化原厂白炭黑生产核心车间的收购，就是采用了这种策略。

现在要考察的是，这项企业收购是按怎样的程序进行的？中方当事人怎样对待这件事？其原因何在？中方的得失如何？本文下面就分析这些问题。不过，先要说明，本文只从既定体制环境中各种职能载体的人格化意义上分析当事人行为，不涉及任何个人品质。

二、收购范围和成交价格分析

在这项合资的谈判过程中，中方当事人在合资范围和成交价格上对外商作出了重大让步。

1.合资范围

南昌化原厂的白炭黑生产体系由白炭黑车间、水玻璃(白炭黑原料)车间、空压站、配变电所、造汽车间、铁路专用线以及机修、水电等配套设施组成。显然，这是一个不可分割的生产系统。按常规，这些设施都应进入合资公司。然而，PPG方面坚持只让白炭黑生产线的核心部分(即白炭黑车间、水玻璃车间和空压站)进入南吉公司，而对其配套、附属设施则以安全性和环保标准未达到PPG的要求为由排斥在合资范围之外，由南吉公司在生产过程中付费使用。南吉公司吸收的职工只有242人。PPG方面坚持这样做的用意是，既能达到控股目的，又能将其出资减少到最低限度。

这样，从形式上看，南昌化原厂与南吉公司在配套、附属设施的使用上是一种外部化的买卖关系，一方提供各种生产服务，另一方按市价付费。但实际上，转入南吉公司的设施都是白炭黑生产线的主体部分，所有配套、附属设施在功能上是依附于它、为它服务的。这些配套、附属设施是一种专用资产，一旦失去了该生产线的主体部分，将变得毫无用处。合资合同对南昌化原厂用这些设施向南吉公司提供生产服务的责任和义务作了严格规定，并指明该厂"应尽其最大努力使该等价格不高于同地区国有企业支付的水、蒸汽、电力、煤气和电信价格"，但对于PPG方面应就这些设施的未来命运承担什么责任和义务却未作任何规定。因此，PPG方面通过南吉公司实际上控制了这些设施，但这些资产的经营风险却全部留给了中方。

2.资产价格

南昌化原厂转给南吉公司的白炭黑车间、水玻璃车间、空压站等设施，经江西省会计师事务所评估和南昌市国有资产管理局确认，资产净现价为6161.6万元人民币，但成交价格却只有4400万元。成交价与评估价相差1760多万元。

产权交易难免讨价还价，成交价与评估价有差异本不足怪，问题是这宗交易中方当事人对本应坚持的权益有没有坚持，让步让得有无道理。首先，白炭轩生产线这项整体性资产只分割出主体部分出售，而买方事实上又能同时支配其配套、附属设施的使用。其次，对出售部分也未作为整体性资产采用收益现值法评估，而是拆零分项评估重置成本，舍掉了形成综合生产能力和开拓市场后正进入收益期的整体资产的升值。再次，成交价以多计折旧、少计利息支出、不计汇率损失和剔除土地使用权转让费等办法，又砍掉了评估价的28.6%。这样层层剥皮所造成的中方权益损失，远不是成交价比评估价低1760多万元人民币这个数字所能概括得了的。

三、不要产权交易合同的企业出售分析

依PPG方面的提议，合资双方决定将南吉公司的投资总额定为6700万元人民币，按当时的外汇处于价折算，相当于1170万美元；注册资本定为500万美元的等值人民币，约合2800万元。

合资合同规定，在这500万美元注册资本中，PPG—FT以300万美元现汇出资，南昌化原厂以其转让给南吉公司的固定资产实物和技术使用权中相当于200万美元价值的部分"作为资本的实物出资"。从而股权构成为PPG—FT60%，南昌化原厂40%。南吉公司成为PPG—FT控股的子公司。南吉公司的英文名称PPG—Nanchang Chemical Company,LTD,也清楚地标明了它的这种地位。

合同还规定，南昌化原厂转给南吉公司的4400万元实物资产，在价值上分为两部分：其中与200万美元等值的1120万元人民币作为中方的出资；其中74.55%即3280万元人民币的资产则是"出售和转让"，由南吉公司用银行贷款以人民币购买。

国家国有资产管理局在1992年7月18日颁布的《国有资产评估管理办法实施细则》第六条关于资产变动的分类中指出："企业出售是指独立核算的企业或企业内部的分厂、车间及其他整体性资产的出售。"国务院六个部门1992年12月31日联名发出的《紧急通知》又规定："各级政府、各有关部门向

外商出售国有资产产权必须经过审批。"

南昌化原厂将其白炭黑生产线的三个核心车间整体转交给由 PPG—FT 控股的南吉公司,显然是"企业出售"。然而奇怪的是,发生在 1993 年的这笔价值几千万元人民币的企业出售,竟没有签定产权交易合同。合资合同只能对合资双方的出资作出规定,不能代替产权交易合同。可是,中方当事人从未提出签定产权交易合同的要求。而且,即使在成立南吉公司的合资《合同》中,对该项产权交易的支付方式、支付期限及其违约罚则和外方对其该承担的责任、应作的承诺也只字未提。

另一方面,合资合同则明确规定,在南吉公司"获批准和注册登记营业执照当日或其后尽可能早的日期",南昌化原厂须向南吉公司交出上述"设施和技术使用权的所有权"。同时详细规定了南昌化原厂对交出的设施须承担的责任和该作的保证,并开列了这些设施的明细清单作为合同附件。

这份合资合同对双方的权利和义务的规定如此不对称,看来外方是有意安排,中方当事人似乎也很难用一时疏忽来解释。

至于这项"向外商出售国有资产产权"的交易,在哪里"经过审批",只有天知道。1993 年 3 月 7 日,南吉公司从国家工商局领到了企业法人营业执照。次日,即 3 月 8 日,南吉公司宣告正式成立。仅两天之后,即 3 月 10 日,南昌化原厂就乖乖地向南吉公司交出了上述"设施和技术使用权的所有权"。可是,到 1994 年 5 月,当江西省审计局对南吉公司进行财务审计时,竟发现其"迄今未支付购买中方资产的款项",而且合资合同关于该项资产购买"未对履约方式、期限、违约责任等作出规定","难以追究违约责任,维护化原厂的合法权益"。而此时南吉公司对其 1993 年度的全部税后利润却已按股权比例作了分配。PPG—FT 堂而皇之地分取了其中的 60%。

南吉公司直到 1994 年秋季才偿付这笔资产价款。这项成交价 3280 万元的国有资产就在长达一年半之久的时间里处于未获支付且无担保而交出了所有权的状态。令人吃惊的是,代表中方在合资合同上签字的南昌化原厂法定代表人(现任南吉公司董事长)不但不认为这种状态有什么不正常,反而在省政府有关部门对此进行调查时还振振有词地辩护说,拖欠支付的责任不在外方,而在省建设银行不给南吉公司购买该项资产的贷款,因而南吉公司无法向化原厂支付,化原厂当然也无力向建设银行偿还先前建设白炭黑生产线的贷款。国有企业吃国家银行资金大锅饭的逻辑居然也搬到合资公司。本来,南吉公司作为独立的法人在取得化原厂转让的资产所有权时,就必须履行即时支付的义务,而为此筹款则是其出资者首先是控股者的责任。即使在中国境内一时得不到贷款,像 PPG 那样的跨国公司何愁在境外筹集那一点资金(3280 万元人民币,按当时处于价汇率计算,也不过 500 多万美元)。而且,按照市场经济的规则,当不能清偿债务时,债务人该承担什么责任,PPG 方面无疑一清二楚。它之所以敢于在中国拖欠,正是利用了中方当事人的"大方"。

不过,顺便指出,只要在东道国的筹资成本不高,跨国公司的子公司便宁愿就地借款,征用东道国的资金。这是跨国公司的惯用策略。中国目前银行贷款的实际利率为负值,无疑对跨国公司利用当地银行贷款尤有吸引力,这并不难理解。可是,在我国国有企业普遍喊资金紧张的时候,竟有国有企业法定代表人帮外商与国人争夺国内资金,并为其拖欠行为辩护,却是值得深思的。同时,国家银行的利率政策逆向诱导外商行为的问题,似乎也到了该解决的时候。

四、企业出售上的产权主体分析

从合资谈判的最终结果来看,PPG 方面在实现其占领中国白炭黑市场的战略目标上取得了重大成功,南昌化原厂与外商合资经营白炭黑的目的也已达到。但问题是,中方当事人为什么愿意以这么大的代价谋求合资？中方各级决策者是从怎样的角度看待合资的？

南昌化原厂法定代表人在解释合资必要性时强调,国内白炭黑市场的竞争将日趋激烈,该厂只有与 PPG 联合起来,才能增强竞争实力。同时,合资企业可以享受减免税优惠政策。但明眼人不难看出,这项合资所产生的竞争优势并不真正属于南昌化原厂,而属于南吉公司。而南吉公司是由 PPG 方面控制的。这种控制不仅是因为 PPG 方面拥有南吉公司的控股权,而且因为它还控制着南吉公司的技术、商标、管理和销售网。而南昌化原厂在让渡出白炭黑生产线的产权后,就意味着退出了白炭黑生产领域。留给南昌化原厂的是:(1)只能依附于合资公司的配套、附属设计;(2)1000多名无适销产品可生产的职工;(3)6000多万元尚待偿还的建设白炭黑生产线的贷款本息。

不过,从南昌化原厂法定代表人所处的经营者地位来看,追求合资也是一种理性选择。南昌化原厂要想靠自己的力量消化、吸收引进技术,创品牌,争市场,谋发展,需要在技术开发、员工素质、内部管理等方面进行脱胎换骨的改造,这对企业经营者来说,肯定是既困难重重、又充满风险的事。相反,通过"合资嫁接",背靠PPG这棵"大树",依赖它的技术、品牌、声誉、市场乃至经营管理来保持竞争优势,显然要轻松得多,也牢靠得多。而且,合资也能明显改善其个人地位。代表中方在合资合同上签字的南昌化原厂法定代表人在合资后,当上了南吉公司的董事长。因此,从其个人看,合资可以回避个人在经营上的压力和风险。这是一种风险回避行为。然而,这里不能不提出一个问题:包括整整三个新建车间的企业出售,是不是企业经营者有权决策的?

南昌市政府及其有关部门完全支持南昌化原厂与PPG方面合资。市政府、市化工局和市计委的官员参加了合资谈判。当南昌化原厂在合资谈判中面对外方强硬压价而向市政府请示对策时,市政府主管领导的答复是:"从南昌招商引资的大局考虑,可以退到账面价"。谈判结果上报市政府后,得到了市政府的首肯,并由市计委于1992年11月16日正式批准立项。当该合资引起省政府有关部门的质疑时,由市政府办公厅、市计委、市经贸委、市国资局、市化工局组成的联合调查组写出了与厂方报告基调相同的调查报告,对该合资项目予以全面肯定。看来,市政府主管官员在合资问题上求成之心更甚于对防止国有资产流失的关切。这也许是由于现时条件下一个城市的招商引资规模与当地官员的政绩考核关系更密切之故,而且可能还有依靠外资实力同外地竞争和缓解当地财政、经济困难的考虑。

南昌市国有资产管理局在这一合资项目中的地位和作用耐人寻味。维护国有资产权益,防止国有资产流失,是国资局的基本职责。然而,实际上,市国资局根本不可能履行这样的职责。人事不归它管辖,投资不由它分配,基础上不经它审批,营业执照不需它核发。它没有任何能制约经营者的实际权力。

它在企业合资和产权转让方面的唯一权力是审核和确认会计师事务所对国有资产所作的评估。但它无权决定谈判中是否应该让步和应该让多少,因而无法左右或影响成交价格。再说,国资局本身只是市政府的一个部门,不能不听命于市政府的决策。

南吉公司于1993年3月4日由江西省外经贸厅批准成立。外经贸厅是管理全省涉外经贸活动的机构,全省的招商引资规模是反映其工作成绩的重要指标。它只负责审查涉外经济项目的合法性,对于项目中国有资产的保值和增值,并不承担任何责任。

在江西省内,省经委和省石化厅对南昌市的白炭黑合资持反对态度。他们认为,用合资方式引进国外资金和技术管理是可以的,但应以平等互惠为前提。南昌化原厂在白炭黑项目上投入巨额资金建成了目前国内最大的白炭黑生产基地,在该基础上经历了建设期和市场开拓期的风险、刚步入基本无风险的最佳效益期时,却截取核心车间去与外商搞合资,还向外商无原则让利,岂不是将快到手的利润拱手送人!外商仅以300万美元出资就掌握了控股权并分走60%的利润,只需两年即可收回投资,而化原厂依然一身债务。这哪里是利用外资,分明是被外资利用。

省经委和省石化厅对南昌化原厂1986年引进白炭黑技术进行技术改造曾出过大力气。特别是主管国有企业技术改造的省经委,在南昌白炭黑的销路打开后不久,又为化原厂进一步的技术改造积极筹划再向国家申请投资,而且已经有了眉目。可是,化原厂负责人和南昌市政府主管官员的兴趣在合资。合资立项归省市计委管,而审批合资公司成立是省外经贸厅的职权。所以,省经委和省石化厅都被排斥在合资过程之外。当省经委和省石化厅得知南昌化原厂正以中方资产权益的重大让步为代价谋求与PPG方面合资时,曾多方设法,试图阻止。这两个部门的反对引起了江西省政府有关领导人的重视。可是,此时合资合同早已签定,并已得到省外经贸厅批准,生米煮成了熟饭,终止合同就要冒与PPG方面打官司的风险。而PPG方面早就在合同中规定了严格的仲裁条款:合资双方发生争议不能协商解决时,须"将争议提交苏黎世商会仲裁庭根据苏黎世商会的仲裁规则在瑞士苏黎世进行仲裁。仲裁应以仲裁庭所挑选的语言进行。仲裁裁决为终局的,对双方均有约束力。仲裁费用应由败诉一方负担或按仲裁机构的裁决办理。"所以,南昌化原厂负责人以及市政府有关部门这时反而有了理由,他们说,终止合同必然引起诉讼,而"最后败诉的肯定是中方,这笔经济损失谁来承担?"

引人注目的是,就在省经委和省石化厅对该合资项目提出异议之后,1993年11月25日省外经贸厅授予南吉公司"先进三资企业"称号。可见,省市政府及其所属各部门,对同一个合资项目或企业出售的评价竟如此不同!然而,这些依然未能回答的问题是:究竟谁是企业出售的决定者?谁能对此项产权交易中的国有资产流失承担责任?

五、国有经济中的代理问题分析

我国国有经济中作为所有者的国家与各级政府机构和企业经营者之间存在着多层次等级式委托—代理关系。据代理理论的分析,如果委托人本身受产权约束,且委托人和代理人之间不存在信息沟通障碍,委托人就能有效地监督代理人的行为,考核代理人的业绩,并防止代理人的经营行为偏离委托人的目标和利益。但这种信息对称条件在现实中并不存在,委托人与代理人之间总会存在一定程度的信息不对称。委托人不可能对代理人的行为实行绝对控制。这导致代理人的机会主义行为和劣胜优败的逆选择后果。这就是所谓"代理问题"。

南昌白炭黑合资项目中诸多问题的实质,集中到一点,就是我国的国有经济体系中存在着严重的代理问题。比较一下谈判过程中双方代表的行为就可看出,尽管他们都是受上级委托行使经营权的代理人,但PPG方面的代理人为了实现委托人的目标和利益,寸利不让,每权必争,真可谓机关算尽;而中方的代理人在国有资产权益上的轻慢和大方又着实令人瞠目结舌。这表明,中方的各级代理人并没有处于资产委托人的有效监控之下,国有资产经营者、管理者的行为取向与其代理人的角色义务之间存在着严重的错位。当前,各级政府官员和企业领导人都在致力于招商引资,但他们的动机和视角却各不相同,而且往往偏离增强企业活力、实现国有资产保值和增值这一基本方向。南昌化原厂的白炭黑合资项目不过是一个典型案例。

南昌白炭黑合资项目中的代理问题本质上不是直接当事人的觉悟高低、责任心强弱的问题。它们是经济人理性在反经济理性的体制环境中起作用的必然后果。如不消除扭曲国有资产所有者职能和经营者行为的体制原因,这类问题还会不断产生和存在。抑制代理问题的关键在于依法界定委托人的地位以及代理人的责任和义务,并完善对代理人的约束—激励机制。若想使各级国有资产经营者和管理者真正以国有资产的有效保值和迅速增值为己任,就必须将他们的个人命运(不仅是个人收入,还包括个人的社会地位和发展前途)与其所管国有资产的经营状况密切挂钩,使国有资产的保值和增值状况成为他们个人命运的决定性因素。

第二十一章 市场经济运行监督管理

第一节 市场经济运行监督管理概述

一、市场经济运行的基本原理

(一)市场经济的概念

市场经济是以市场作为配置资源的经济运行形式和方法。市场经济是商品经济发展到一定阶段的产物,在封建社会时就有了萌芽,总的来说是适应社会化大生产和市场国际化的客观需要而形成的。市场经济是具有一定社会化程度的商品经济。从这个意义上说,市场经济和商品经济是从不同角度来界定同一种经济类型。市场经济是从配置资源的经济运行的形式和方法来讲的,商品经济是从直接以交换为目的的经济形式来讲的。商品经济和市场经济都不具有社会基本制度的属性,都可以存在于已有的不同的社会制度之中并与之结合。因此,社会主义也可以搞市场经济。

社会主义市场经济就是在坚持社会主义基本制度前提下的市场经济,就是社会主义条件下的市场经济。社会主义条件下的市场经济同资本主义条件下的市场经济在运行规则上是相通和相似的,具有市场经济的共性。这种共性主要有以下几点:(1)承认个人和企业等市场主体的独立性,它们自主地作出经济决策,独立地承担决策的经济风险。(2)建立起具有竞争性的市场体系,由市场形成价格,保证各种商品和生产要素的自由流动,由市场对资源配置起基础的作用。(3)建立起有效的宏观经济调控机制,对市场运行实行导向和监控,弥补市场经济本身的弱点和缺陷。(4)必须有完备的经济法规,保证经济运行的法制化。(5)要遵守国际经济交往中通行的规则和惯例。

社会主义市场经济与资本主义市场经济相比较,具有自身的特点:(1)社会主义市场经济是在以公有制为主体,多种经济成分共同发展的条件下运行的。资本主义市场经济是在以私有制为主体的条件下运行的。(2)社会主义市场经济要实现共同富裕的社会主义原则。资本主义市场经济以私有制为基础,财产的私人所有必然导致私人资本的无限扩张和收入的两极分化。(3)社会主义市场经济由于我国政治体制有集中力量办大事、议决行速等政治优势,宏观经济的调控可以更加有力有效。

(二)市场经济的基本要素

1.市场

市场有广义和狭义之分,狭义的市场是指有形市场,即商品交换的场所。百货商店、集市贸易都属此类市场。广义的市场包括有形市场和无形市场。无形市场是指没有固定交易场所,靠广告、中间商以及其他交易形式,寻找货源或买主,沟通买卖双方,促进成交。某些技术市场、房地产市场等都是无形市场。市场类型,也叫市场结构。它所反映的是竞争程度不同的市场状态,所涉及的因素包括企业的规模及规模分布、进入障碍和进入条件、产品差异、厂商成本结构和政府管制的程度。

市场类型基本上可分为四种:

(1)完全竞争市场。它的必备条件是:①有数量极多的小规模买者和卖者,任何单个卖者(或买者)都只是价格的接受者,而不是价格的决定者,换句话说单个卖(买)者不能操纵市场价格。②任何一个生产者的产品使用价值相同,在质上是无差异的,在所有买者看来都是完全相同的,所以不同的生产者之间可以进行平等竞争。③各种生产资源可以自由进入和退出该行业,即生产要素可以自由流动。④买者和卖者完全掌握着产品和价格的信息。消费者和生产者都有条件作出合理的消费选择和生产决策。这种市场的前提条件在现实生活中不会充分存在,它只是一种理论抽象,便于作竞争关系的典型分析。

(2)完全垄断市场。其前提条件是:卖方只有一个企业,而买方则有许多个;新企业的进入由于各种条件的限制不再可能;没有相近的替代品。它是一种基本不存在竞争因素的市场类型。这种市场类型常常存在于公用事业部门,如城市的供电供水等。

(3)不完全竞争市场。其存在的前提条件是:卖者的数目很多,彼此之间存在着竞争;进入和退出该行业比较容易;产品之间存在差别;交易双方能够得到较充分的信息。与完全竞争市场相比的主要特点是产品具有某些差异和特色,因而企业对它们有一定程度的垄断。一般的日用工业品市场就属这种类型。

(4)寡头垄断市场。在这样的市场中,只有为数不多的卖者。寡头垄断者之间在生产数量、销售价格等方面存在着一定的默契。这种市场类型多存在于汽车、钢铁、石油和有色金属等行业。

2. 市场主体

市场主体是指在市场上从事交易活动的组织和个人。市场的客体是各种商品和服务。市场主体既包括自然人,也包括以一定组织形式出现的法人,既包括盈利性机构,也包括非盈利性机构。在通常情况下,市场主体包括企业、居民、政府和其他非盈利性机构如医院、学校等。企业是最重要的市场主体。

3. 市场价格

价格是商品价值的货币表现。在现实生活中,商品的价格就是货币与商品的交换比例,例如商店中的标价,中号皮鞋:98元/双,98元就是一双中号皮鞋的价格。商品的价格归根到底是由商品的价值即生产商品所花费的社会必要劳动时间决定的。在现实生活中,商品价格高低还受市场供给与需求的较大影响。市场经济中的价格具有多种功能,主要有:第一,传导信息的功能。价格变化可以反映供给与需求的变化,也可以反映企业生产成本、盈利、经营管理等情况的变化,还可以反映分配情况的变化,为政府、企业、个人提供决策所必需的信息。第二,配置资源的功能。当某种商品的价格上升时,生产者一般会增加这一商品的生产,从而吸引社会资源流入这一行业,但价格上升一般会使消费者减少对这一商品的需求。当价格下降时,生产者一般会减少生产,部分资源会离开这一行业,消费者一般会增加对这一商品的需求。这说明价格调节着企业的生产规模、资源在行业间的配置和社会总供给与总需求的平衡。第三,促进技术进步,降低社会平均必要劳动量的功能。价格的上述功能只有在它自身具有足够弹性、市场具有充分竞争性的前提下才能真正发挥。如果是僵死的指令性价格,或是市场价格被垄断,或长期恶性通货膨胀,价格的正常功能就不能发挥。

4. 市场供给

某种商品的供给量,是指卖者在一定价格下愿意出售的某一商品的数量。这就是供给。某种商品的供给量与该商品的价格之间存在着这样的关系:价格越高,生产者出售该商品的数量就越多;价格越低,生产者出售的该商品的数量就越少。这也就是供给变动的规律。

供给有长期和短期之分。所谓短期供给,是指企业能够在一定时期内,在厂房设备的规模固定不变而且来不及变化,也不容新的企业进入到该行业来的条件下,调整可变生产要素(原材料、动力和劳动力等)而获得的产品供应数量。所谓长期供给,是指企业在一定时期内,经过调整厂房、设备规模和可变生产要素的投入量所得到的产品供给数量。一定时期内各种社会产品供给之和叫做总供给。

需求是指消费者有支付能力的需求,因而不同于一般意义上的人类需要。在通常情况下,一种商品的价格越高,人们愿意购买的数量越少;价格越低,人们愿意购买的数量越多。一定时期内社会各种有支付能力的需求之和叫做总需求。

价格能由价值决定,也不能不受供求关系的影响。供给大于需求,价格就会下降,供给小于需求,价格就会上涨;在一定的价格下,供给与需求的数量恰好相等时,这时的价格就叫做均衡价格。这一过程就是供求影响价格的过程。供求对价格的影响作用是有条件有限度的,只要价格能够自由升降,那么供给与需求的交互作用总会使价格围绕价值上下波动并在一定时期相对稳定在一个市场能够出清的均衡价格水平。

5. 市场规则

市场规则是有关机构(政府、立法机构、行业协会)按照市场运行的客观要求制定的或沿袭下来的由法律、法规、制度所规定的行为准则。它们是参与市场活动的各方必须共同遵守的。

市场规则可分为两大类:体制性规则和运行性规则。体制性规则主要包含在一些承认和维护财产所有权的法律制度之中,保证市场运行主体的财产所有权及其收益不受侵犯。市场运行性规则主要包括下列内容:(1)市场进入规则。市场进入需遵循一定的法规和具备相应的条件,例如对企业有注册资本数量的要求,技术和规模标准的要求,控制污染标准和卫生标准的要求等。(2)市场竞争规则。市场主体之间的平等竞争,意味着它们机会均等地按照统一的市场价格取得生产要素和出售商品,能够公平地承担各种税负。为了实现平等竞争,政府有必要制定和实施一系列有关市场竞争的规则,用以防止市场垄断和不正当竞争,排除超经济的行政权力的不当干涉,消除对市场的分割和封锁以及对部分市场主体的歧视性待遇等。(3)市场交易规则。例如,交易必须公开,除涉及商业秘密以外,一般的交易活动都要在市场上公开进行;交易必须公平,一切交易都必须在自愿、等价、互惠的基础上进行,严禁欺行霸市和强买强卖的行为。

二、市场经济运行的基本原则

市场经济原则是市场经济活动参与者参与市场经济活动所必须遵循的市场经济准则或规则,是市场经济体制、市场经济性质和市场经济的基本特征及其基本要求的具体表现。遵循市场经济原则而进行的市场经济活动是体现市场经济特征和性质的经济活动,这样的经济活动是正当的市场经济活动,它起着维护并促进市场经济健康稳定运行发展的作用。

市场经济原则体系,主要由以下一系列市场经济原则组成:

(一)自主性原则

所谓市场经济自主性原则,指的是在市场经济条件下市场经济活动参与者在生产经营等方面的经济活动中都具有自主性。在市场经济条件下,作为市场经济活动参与者的各类生产者经营者必须具有独立的经济利益,能够自主决策、自主经营、自负盈亏、自我发展和自我约束,拥有生产经营决策权、人员招聘使用决策权、资源配置决策权和收益分配决策权等项权利,才能成为独立自主的商品生产者经营者,才能完全依据市场需求信号和自己的经济利益独立自主地从事生产经营活动。因此,市场经济活动参与者是否具有自主性权利,就成为市场经济的基本原则问题。市场经济自主性原则,是市场经济作为自主经济的经济性质的基本特征的反映及其基本要求。市场经济自主性原则与计划经济性质的基本原则形成了鲜明的对比。正因为市场经济自主性原则赋予了市场经济活动参与者以自主性权利,使他们能够为了追求自己更多的经济利益而独立自主地进行生产经营决策和生产经营活动,因而,市场经济自主性原则也赋予了市场经济以动力和活力。

(二)市场导向性原则

所谓市场经济市场导向性原则,指的是市场经济条件下的各个方面的经济活动或经济运行各个环节的经济活动,都必须以市场为导向。在市场经济条件下,社会经济运行过程包括社会生产过程和社会再生生产过程的各个方面或各个环节——生产、分配、交换和消费都必须通过市场才能完成,同时,社会生产和再生产的每一个方面或每一个环节的运行也必须通过市场才能完成和实现。所以,一切经济活动只有以市场为导向,才能实现经济活动的目标。例如,生产方面或生产环节中的资源配置和资源转移就是以市场为导向的,生产的方向、生产的产品和产品结构也是以市场为导向的。市场需要什么产品,生产者就根据市场的需求生产什么产品。依据市场导向进行生产,生产过程就能顺利完成,生产者经营者就能够获得利润从而得以生存发展。如若不以市场为导向,不仅社会生产和再生产过程无法完成,而且生产者经营者会由于生产经营无法维持而难以生存发展,消费者的需求和消费者利益无法得到满足,整个社会经济就会陷入一片混乱之中。因此,是否以市场为导向,就成为市场经济的基本原则问题。市场经济导向性原则,是市场经济中市场发挥基础性或主导性作用特征的反映和要求。只有坚持经济活动以市场为导向,才能保障生产经营活动正常进行,从而促进市场经济健康稳定运行发展。

(三)等价交换性原则

所谓市场经济等价交换性原则,指的是在市场经济条件下商品必须"按照价值量相等的原则进行交换"①。在市场经济条件下,商品种类繁多,且千差万别。不同商品的所有者在与对方交换商品时,必须要找到不仅在质上而且在量上都可以进行比较的东西,这个可以进行比较的东西,就是所有商品都是生产商品的无差别的抽象的一般人类劳动的凝结物,也即商品价值。在市场经济中,由于商品价值决定于生产商品所耗费的社会必要劳动时间,因而可以根据每种商品所耗费的社会必要劳动时间来进行交换,只要是不同商品生产耗费的社会必要劳动时间相等,就可以进行交换。也就是说,只要商品的价值相等就可以进行交换。自从商品经济出现以后,等价交换就成为商品交换的基本原则,也是市场经济的基本原则。货币产生以后,商品价值通过货币表现为价格,因此,等价交换也就要求价格与价值保持一致。但是,由于价格价值之间存在既一致又背离的客观必然性,所以,等价交换只是一种趋势和一种内在要求,并非每一次具体交换中双方价值都能完全相等。② 可是,作为市场经济最基本原则的等价交换原则,则是在任何经济活动中都必须严格遵循的准则或规则,它是商品经济、市场经济中交易活动必须严格遵循的一项最基本的原则,它反映了市场经济的最基本特征和价值规律的客观要求,没有等价交换原则,市场经济形式也就不复存在。正因为等价交换如此重要,所以有些人甚至认为市场经济原则就只有等价交换这一种原则。

(四)公平竞争性原则

所谓市场经济公平竞争性原则,指的是在市场经济条件下市场经济活动参与者为了获得更多的经济利益,而公平地采用各种正当的手段或方法,争相改进产品质量性能及其他各种特征,使其更加符合消费者需求的相互较量的行为准则。公平竞争是商品经济和市场经济的普遍现象和必须产物,是商品经济市场经济的天然性格和活力源泉。虽然说公平竞争是生产者经营者等市

---

① 赵林如:《市场经济学大辞典》,经济科学出版社 1999 年版,第 287 页。
② 赵林如:《市场经济学大辞典》,经济科学出版社 1999 年版,第 288 页。

场经济活动参与者个体的经济行为,其目的和动力是为了自己获得更多的经济利益,但是,它却起到了促进整个社会经济不断发展的作用。没有公平竞争,市场经济就会失去前进的动力和活力,就没有商品经济市场经济的进步与发展。所以,"竞争是获至繁荣和保证繁荣最有效的手段。只有竞争才能使作为消费者的人们从经济发展中受到实惠。它保证随着生产力的提高而俱来的种种利益,终于归人们享受。"①公平竞争具有鲜明的特点,第一是每个独立自主的市场经济活动参与者都有公开、公正参与市场竞争的权利,只要其未违背市场规则、无市场过错,任何组织、群体或个人都无权力阻止其公平参与市场竞争。第二是公平地使用正当的竞争手段或方法,绝不能在竞争过程中采用不正当的手段或方法。例如,偷盗抢劫、欺骗欺诈、以次充好等。第三是采用公平竞争手段或方法参与竞争的结果,是改进技术,提高产品质量、劳动生产率和服务水平,降低产品成本和价格,从而使产品更加符合消费者的需求等。第四是公平竞争对产品质量、新技术、劳动生产率和服务水平的促进作用是无止境的。公平竞性原则,是市场经济的竞争性质、特征的基本反映和基本要求。因此,是否遵循和保护公平竞争,就成为市场经济原则问题。

(五)风险自担性原则

所谓市场经济风险自担性原则,指的是在市场经济条件下任何市场经济活动参与者的生产经营决策和生产经营行为所产生的经济风险,都完全由自己承担责任。在市场经济条件下,每个市场经济活动参与者都具有独立的经济利益,并且是能够自主决策、自主经营、自负盈亏、自我发展和自我约束的市场经济活动主体。由于如何进行经营决策和生产经营活动是他们拥有的市场经济自主性权利,那么,由这种市场经济自主性权利而产生的经济风险,自然也就必须由市场经济活动参与者自己来完全承担责任了。正是由于经营决策和经营活动的经济风险完全由市场经济活动参与者自己承担全部责任,而这种经济风险又关系到他们生存发展的命运前途,稍有不慎就会出现亏损甚至

---

① [德]路德维希·艾哈德:《来自竞争的繁荣》,祝世康、穆家骥合译,商务印书馆 1983 年版,第 55 页。

破产,所以,市场经济活动参与者就会高度重视自己的生产经营决策和生产经营活动,从而他们在做生产经营决策和进行生产经营活动时就会非常谨慎。虽然说这样并不可能杜绝经济风险,市场经济的风险性仍然很高,亏损破产时时都有、比比皆是,但是,也无可否认风险自担性原则无疑会使市场经济的经济风险大大降低。风险自担性原则是由市场经济自主性原则衍生而来的市场经济原则,市场经济自主性原则是具有自变量性质的市场经济原则,而市场经济风险自担性原则则是因变量性质的原则。虽然这两种性质的市场经济原则各有所侧重,但是这两种原则都是市场经济不可或缺性的重要市场经济原则。所以,当我们分析市场经济原则系列性时,应当将市场经济自主性原则与市场经济风险自担性原则结合在一起来综合分析。

三、市场经济运行的基本机制

(一)市场机制的一般原理

1.市场机制的含义

机制一词源于希腊文,原意是指机器的构造及其运动原理。后被移植于生物学、生理学和医学中,用以说明有机生命体的内部构造及其生命运动原理。现在机制一词被广泛用于自然科学和社会科学,泛指某一复杂系统的结构、运动工作原理及其内在规律。

经济机制是经济学从生理学、生物学等学科借用过来的概念。在社会经济机体中有各个组成部分和环节,它们之间是相互联系、相互影响的,当某一组成部分或环节发生变化时,就会引起其他组成部分和环节的连锁反府,产生一种连动效应,从而推动整个经济的运转。这种通过社会经济机体内各个组成部分和环节的互为因果、互相制约的联系和作用来推动经济运转的形式,就是经济机制。

市场机制是经济机制的一种具体形式。它是指在市场机体中,通过各种市场组合要素之间的相互联系、相互制约而自行协调的机能和方式。它是以经济利益为动力,通过市场竞争、供求变化和价格波动来调节资源配置的一种经济运行机制。在现实中,市场机制表现为价格机制、供求机制、竞争机制、利率机制、工资机制等。

2. 市场机制的特点

市场机制作为市场经济的基本调节机制特点：

(1)市场机制运行的客观自动性

市场机制是一个自动调节体系，它的作用来自市场内在的力量而非外部力量，市场机制通过市场上各种商品的供求与价格变化，使各种商品的生产与市场需求自动联系起来，不致使某些商品总是供不应求和价格上涨，而另一些商品则总是供过于求和价格下跌。所以，市场机制对社会生产的调节是客观的、自动的。

(2)市场机制作用的关联性

市场机制内部的构成因素是相互关联的，任何一种因素的作用都会引起其他因素的连锁反应。例如，商品的供求变化会引起价格涨落，这种涨落会引起企业利润的增减，从而引起投资的增减，最后又会导致利率与工资的升降；而投资、利率、工资的变化又会引起供求关系发生变化，供求关系的新变化又会带来下一轮的连锁反应，如果其中某个机制因素发生障碍，那么其他的机制因素就会难以正常发挥作用。

(3)利益的制约性

市场机制与每个经济主体的利益密切相连，并对其有制约性。例如，价格机制通过价格涨落影响每一个生产者和消费者的利益，从而协调生产与消费的关系。

(4)市场机制变化的灵活性

市场机制的内在因素，如市场价格和市场供求都是经常变化的，市场主体必须根据市场的变化，灵敏地做出反应，及时调整生产和经营的规模与方向。

(5)市场机制运行的秩序性

市场机制中各种因素的相互作用使经济运转时行的，不是杂乱无章的，而是一环套一环的。

3. 市场机制的作用

市场机制是价值规律作用的具体表现形式，价值规律的作用就是通过市场机制的作用来实现的。市场机制的作用主要有以下几点：

（1）调节资源配置

市场机制在运行过程中,通过价格机制、供求机制、竞争机制、利率机制、工资机制等的相互影响和相互作用,使稀缺的资源从产品过剩部门流向产品短缺部门,由劣势企业流向优势企业,从而使社会资源和社会劳动优化配置,实现资源和劳动的节约。

（2）提高生产效率

商品的价值不是由个别劳动时间决定,而是由社会必要劳动时间决定的。在价值的形成过程中,企业的个别劳动消耗少,个别价值低于社会价值,就会获得较高的经济效益,在竞争中取胜。因此,市场机制能够促进企业努力降低劳动消耗,提高劳动生产率,推动生产不断发展。

（3）提供经济信息

市场经济是信息经济。因为任何一个企业的供、产、销都是以一定的信息为依据的,先进技术、先进工艺、先进管理的引进和采用也是以一定的信息为依据的。个人受教育、选择职业、进行消费等,同样是以一定的信息为依据。国家调节各种千变万化、错综复杂的市场关系,更需要大量的信息,而市场机制能够及时迅速地提供市场信息,使生产者、经营者和消费者及政府准确地做出决策。

（4）调节收入分配

在市场经济中,市场主体的经济利益是在市场中实现的,人们之间的劳动交换和报酬分配都必须通过市场来进行,企业的盈亏和收入都受市场机制的制约。市场机制不仅确认企业的经济利益并使之实现,而且是联结企业利益和社会利益的枢纽,使企业从自身利益角度上去关心社会利益。因此,市场机制能够调节收入的分配。

（二）价格机制

1. 价格机制的含义及其作用

价格机制是市场机制的具体内容之一,也是市场机制中的基本机制。它是市场价格、市场竞争、市场供求之间相互作用和相互制约的形式,即在市竞争中,通过市场价格与价值背离的方向、背离的时间、背离的程度、背离的强度不同,调节市场供求的变化,从而引导社会资源配置的流向。

市场价格与市场供求是商品流通中的两个方面,两者在竞争中相互依赖、相互推动。在市场竞争中,市场价格变动引起市场供求变动,这是价格调节机制,亦即价格体系。在市场竞争中,市场供求变动引起市场价格变动,这是价格形成机制,亦即价格管理体制。与此相应,价格改革也包括两个方面:价格体系的改革和价格管理体制的改革。价格机制是市场机制的核心,具体表现在:

(1)市场竞争的工具。价格竞争是市场竞争的重要形式。生产者和经营者在市场竞争中,经常通过商品价格机制比较劳动消耗和效益。哪个企业劳动消耗低、经济效益好,就可以利用价格机制战败对手。他们或者按市场一般价格出售,取得超额利润;或者低价出售商品,以廉价取胜。

(2)资源配置的手段。价格通过与价值背离反映市场供求的变化。某种商品,价格高于价值意味着供给小于需求;价格低于价值意味着供给大于需求;价格等于价值意味着供求大体平衡。这样,价格的变动就会引起社会资源投向的改变,以实现商品供求的平衡。因此,价格机制可以调节社会资源的配置,使之合理化。

(3)经济核算的尺度。在市场经济中,企业的核算是以价格为尺度的。如果价格合理,就能准确地测算企业的盈亏,评价企业经营的好坏;反之,价格不合理,就不能真实反映企业的效益,不能准确地判断企业的经营成果。

(4)调节分配的杠杆。在市场经济体制下,参与生产活动的各种资源都应获取相应的报酬。劳动力获取工资,土地获取地租,资本获取利息,企业家获取利润。这些报酬都应计入商品成本,因而也都是价格的组成部分。所以,价格的涨落意味着收益的相对增加或减少,这就使价格机制具有调节收益分配的作用。它既能调节国民收入的分配,也能调节个人收入的分配;既能调节国家、企业和个人的分配关系,也能调节各阶层群众收入的分配关系。

2.价格调节机制及其改革

(1)价格体系

发挥价格调节机制的作用,必须建立起合理的价格体系,价格体系是指国民经济中各种价格的构成及其相互关系的总和。它体现着各种价格之间以及价格构成各种因素之间的有机联系。价格构成是指形成商品价格的各种要素及其组成情况。一般包括成本、利润、税金、流通费用等。不同类型的价格,如出厂价、批发价、零售价等,其构成要素也不同。

各种商品价格的关系主要包括:(1)商品的比价关系。商品的比价是指在同一时期同一市场上各种不同商品价格之间的比例关系,如工农业产品之间的比价、工业品内部的比价、农产品之间的比价等。这是在生产过程中形成的价格体系,所以叫生产价格体系。这些价格之间的联系是横向联系,因此也称横向价格体系。(2)商品的差价关系。商品的差价是指同类商品在流通过程中,由于购销环节、地区、季节和质量不同而形成的差价关系,如购销差价、批零差价、地区差价、季节差价、质量差价、品牌差价等。这是在流通过程中形成的价格体系,所以叫流通价格体系。这些价格之间的联系是纵向联系,因而又称纵向价格体系。

(2)价格体系的改革

改革开放30年来,我国已基本上形成了比较适应市场经济要求的价格体系。但在计划价格的范围以内,仍然存在着一些不合理的现象。因此,必须进一步深化价格体系的改革。首先,要科学地界定价格构成要素,如合理确定成本的构成,合理确定流通费用的构成及其所占比重,正确处理利润、税金、贷款利息之间的关系等。其次,要进一步理顺商品比价和差价,努力消除工农业产品比价不合理的现象,加强对比价和差价的引导。最后,要逐步使国内价格体系向国际价格体系靠拢。

3. 价格形成机制及其改革

价格形成机制,就是价格的管理体系,也称价格模式,主要有三方面的内容:一是价格管理权限,即价格决策的主体是谁,由谁定价;二是价格形式,包括价格形成的方式、途径和机理;三是价格调控方式,包括价格调控的对象、目标和措施。因此,价格管理体制的改革也主要有以下三方面:

(1)价格决策主体的转换

①必须由企业自主定价

在计划经济体制下,政府是价格的主要决策者定价权。市场经济则不向,它要求大部分产品和劳务价格放开,由企业自主定价。这是因为:一是价格的形成受多种因素影响,是一个综合、复杂、多变的过程,必须由对产品生产经营条件和市场环境的变化了解最多最准确的企业来定价,才能建立合理的价格体系。二是要增强企业活力,就必须赋予它们生产经营的自主权,产品定价是企业自主权的重要内容之一。三是提高企业的经济效益,要降低成本,增加盈利。成本和盈利是价格的构成要素,由企业自主定价,就会使企业自觉地提高经济效益。

②企业自主定价的范围

企业自主定价并不是说全部价格都由企业决定。少数对政治、社会稳定和国民经济长期发展有重大影响的产品和劳务由国家定价,大多数一般性商品和劳务的价格放开;凡是不适合竞争经营的、垄断性强的产品和劳务应由政府定价,凡是能够形成竞争的产品和劳务的价格由企业制定;凡是社会效益重于经济效益的产品和劳务的价格由政府制定,而着重经济效益的产品和劳务则由企业定价;资源约束大、供给弹性小的产品宜由政府管理价格,资源约束小、供给弹性大的产品价格宜放开:凡需要国家严格管理的产品必须由政府定价,其他一般性商品的价格应当放开。

③企业自主定价的原则

企业自主定价不是随意定价,而要遵循以下原则:一是企业自主定价要有客观依据。要把握与定价有关的内部和外部的因素和条件,这是企业定价的前提。二是企业自主定价要有科学的程序。要经过搜集和处理信息,选择定价目标,制定定价策略,最后拟订方案,进行优选。三是企业自主定价要有严格的规范。要建立企业内部的价格管理制度,使企业价格管理制度化。

(2)价格形式的转换

①价格形成方式的转换

过去的计划价格主要有两种形式,国家统一价格和浮动价格。计划价格是由政府有关部门制定出来,强加在市场上的,是把价格作为市场外在的东西注入市场之中。市场价格则不同,它是由价格形成的因素,根据价格本身的要求,在市场交换中形成的。因此,建立市场经济体制,就必须将计划定价转换为市场定价。

②价格形成途径的转换

在计划价格体制中,价格的形成是通过行政系统实现的。它以行政部门为本位,按行政隶属、行政区划、行政层次来管理,以行政权力为依据,借助行政权力来实行。市场价格则不同,它是由市场上买卖双方讨价还价形成的,体现了参与市场交换当事人之间的经济利益关系,是通过生产者、经营者和消费者之间及其内部的竞争确定的。

③价格形成机理的转换

在价格体制下,把有计划按比例发展的规律,作为价格管理的依据,国家定价的原则是"计划第一,价格第二"。市场价格则要改变这种状况,它要让价值规律、供求规律、竞争规律真正成为价格形成的基本支配规律。

(三)供求机制

1.供求机制的含义与运行

供求机制是指供给和需求双方在市场交换活动中相互矛盾、相互制约的内在联系的方式。供求机制与价格机制是紧密相连的:供求关系引起价格变化;价格变化调节供求关系。但是,价格机制并不仅仅表现为同供求机制的联系,它同其他机制同样有着密切的联系。

供求机制是如何运行的呢? 当供给增加时,商品价格下降,价格下降一方面抑制供给,另一方面刺激需求;供给减少和需求增加,又会使价格提高,价格提高一方面刺激供给,另一方面抑制需求,这又使价格下降。在反复不断的运动中,实现供给与需求的相对平衡进而实现生产和消费的相对平衡。

供给和需求是矛盾的统一。两者的统一表现在:第一,相互依存。供给和需求彼此以对方的存在为前提,供给为需求提供物质对象,需求又决定着供给的目的。第二,相互转化。需求的增长,促进生产的发展,使供给不断增加;供给的增加,又会刺激消费水平的提高,使需求不断增长。两者的矛盾表在:第一,供给使商品不断由生产领域转到流通领域,需求则不断地使商品从流通领域进入消费领域,前者使商品进入流通,后者使商品退出流通。第二,由于供给和需求形成的渠道不同,两者变化的方向和程度也不同,有时供给增加,需求减少;有时需求增加,供给减少。从供给和需求的统一来看,两者是相互联系、相互制约的,必须互相适应,这种适应就是供求的平衡。从供给和需求的矛盾来看,两者是相互对立、相互分离的,因而经常出现不一致,这种不一致就是供求的不平衡。在市场经济中,客观要求供求保持平衡,但实际上经常出现供求的不平衡。如马克思所说:"供求实际上从来不会一致;如果它们达到一致,那也只是偶然现象。"①正是供给和需求的不平衡,才形成供求与价格相互作用、相互联系的运动过程。这种不平衡偏离到一个方向的结果,会引起向另一个方向的偏离。这样从某一时期"整体来看,供求总是一致的;不过这种一致只是作为过去的变动的平均数,并且只是作为它们的矛盾的不断运动的结果"。② 因而,平衡是由一个不断不平衡的过程形成的,这种过程是通过供求机制实现的。由此可见,供求机制是供求双方矛盾运动的平衡机制。

2.供求机制的作用与条件

供求机制是一个十分重要的市场机制,它对生产、流通、分配、消费有广泛的调节作用。它可以为生产者和经营者提供市场信息,指引他们生产经营的方向;可以为国家的宏观调控提供依据,使国家及时做出准确的调控决策;可以控制物价总水平,保持物价的基本稳定;可以有效地配置资源,使整个国民经济持续、快速、健康地发展。

要充分发挥供求机制的上述作用需要具备一定的条件:(1)必须有完备的市场体系和形成买方市场。因为除了完全垄断市场,在完全竞争市场、垄断竞争市场和寡头市场,供求机制的作用都很明显,当然程度有差别。在买方市场格局中,供略大于求,市场价值是由优等条件下单位商品的个别价值来调节的,这就使那些个别价值高于市场价值的生产者的一部分劳动耗费得不到社会承认,利益机制必然迫使该生产者也要采用先进技术,加强管理,改善经营,

① [德]马克思:《资本论》第3卷,人民出版社1975年6月第1版,第212页
② 马克思:《资本论》第3卷.人民出版社1975年6月第1版,第212页

提高效益。同时,买方市场会使各种市场信号基本趋于正常,从而保证市场机制的作用发挥。(2)必须实施有效提高供给量的产业组织政策。如,组织起高效使用资源、能有效发挥规模经济效益的最佳规模限量的产业组织形式。基于上述条件,供求关系反映灵活,供求机制才能趋于完善并发挥有效作用。

(四)竞争机制

1.竞争机制的含义及其特征

竞争是指生产者、经营者和消费者之间以及它们内部为了某种利益而展开争夺的一种经济行为。它是各个经济主体在进行相互联系的经济活动中,比效率、比实力、争夺有利条件的优胜劣汰的运行过程。市场竞争一般是在买者之间、卖者之间各自的经营目标,彼此在市场上所发生的相互争夺、抗衡和制约的经济关系。

竞争机制是各个经济主体之间的竞争与市场供求和市场价格之间形成的相互制约、相互影响的联系方式。竞争机制一般有:(1)人才竞争。市场竞争归根结底是人才竞争,人才优势是企业生存和发展的根本保证,也是企业获得竞争胜利的基本条件,谁拥有人才优势,谁就能在竞争中取胜。(2)市场覆盖率和市场占有率的竞争。这是市场竞争的重要环节,也是企业竞争的直接目标。每个企业都要选择合理的销售渠道,采取灵活的销售方式,不断扩大销路,提高市场覆盖率和市场占有率。(3)技术竞争。科学技术是第一生产力,市场主体只有不断地更新技术,才能降低成本,提高劳动生产率,开发新产品,改进产品质量,才能在激烈的竞争中立于不败之地。

竞争机制有两个基本特征:一是进取性。竞争机制强制每个企业积极进取,每个企业都要千方百计地采取各种方式销售自己的产品,争夺更大的市场。任何企业如果停滞不前,就会被市场淘汰。二是排他性。市场竞争的实质是争夺顾客,而顾客的购买行动一般只是选择一个企业,买你的就不买他的。因此,竞争总是要战败一方。另外,市场是有一定容量的,谁占领市场,自然要排斥别的产品,限制其他企业更多地进入市场。

2.市场竞争的手段

市场竞争的手段是指企业为了开拓市场获取更多利润所采取的措施,这些措施主要有：

(1)价格竞争

价格是企业进行竞争的重要手段。任何企业都不能孤立地制定价格,都必须按照企业的战略目标来定价。企业的定价目标有两种选择,或者以追求最大利润为目标,或者以提高市场占有率为目标。前者价格定的高,后者价格定的低。价格竞争是在买者和卖者之间展开的。它反映了市场主体之间为了实现在不同的市场结构中,企业的定价行为也不同。在完全竞争的市场中,企业往往追求短期利润的最大化,产品价格定的高,在寡头垄断的市场上,企业则是追求长期利润最大化,因而常常采取协调的方式定价。在市场竞争中,企业要通过改进技术、加强管理、降低成本、提高劳动生产率,使其产品的个别价值低于社会价值。这样既可以在价格相同的条件下获取更多利润,也可以在不影响利润水平的基础上降低产品的价格,以战胜对手,扩大市场销路。

(2)非价格竞争

非价格竞争是企业在技术和产品开发行为方面和销售行为方面的竞争。具体有:①质量竞争。在各个企业提供的产品价格一样时,顾客就会选择质量好的产品。因此,提高产品质量,可以以质取胜。②开发新产品。在产品价格和质量与竞争对手实力相当时,最有效的竞争方式就是利用科技新成果,开发新产品,对现有产品更新换代,以战胜对手。③销路竞争。流通是企业争夺市场的重要环节,通过各种方式使销路得以畅通、拓宽、加速,也可以战胜对手。④服务竞争。企业通过加强售前、售中、售后的服务工作,以增加顾客对产品的信赖,来扩大产品的销售。⑤宣传竞争。如企业通过新闻、广告等媒介进行宣传,可以提高企业和产品的信誉与声望,吸引更多的顾客。

3.竞争机制的作用

竞争机制包括同一部门内部的竞争和不同部门之间的竞争。两种竞争都起着十分重要的作用。

(1)同一部门内部竞争的作用

由于每种商品的社会价值是由生产该种商品的社会必要劳动时间决定的,而生产商品的社会必要劳动时间又取决于该部门平均的或中等的生产条件,如果某个生产者的个别劳动时间和个别成本低于生产该商品的社会必要劳动时间和社会平均生产成本,他就能获得高额盈利,更多地占有该商品的市场份额;反之,他就将亏本甚至破产。因此,生产同种商品的生产者之间,必然展开激烈的竞争,竞争的方式是各自不断采用新技术,提高劳动生产率,力求使自身的个别生产成本低于或至少等于该种商品的社会成本。这种竞争的结果,将导致生产该种商品的劳动生产率提高,社会必要劳动时间缩短,单位商品的价值和价格下降,使社会资源在该生产部门的各生产者之间实现更合理的配置和有效使用。

(2)部门间竞争的作用

当某种商品供不应求价格上升时,除了本部门的生产者会增加供给,其他部门的生产者也会向该部门投资以获取较高的盈利,这就使各种生产要素向该部门流动;反之,若该部门商品供大于求,价格下降,则本部门的生产者就会压缩生产并进而把生产要素向价格和盈利水平较高的部门转移。总之,各种生产要素在生产不同产品的各部门之间的流动和转移,就是生产不同种商品的生产者之间相互竞争的基本方式。其结果,是使社会资源在国民经济各部门之间的配置趋于合理,使用效率不断提高。

总之,竞争机制使以企业为代表的各市场主体,在市场经济活动中处于一种外有压力内有动力的状态,使其在相互激烈的市场竞争中逐步实现优胜劣汰。这种竞争使社会资源不断由劣势企业、部门和地区向优势企业、部门和地区转移,从而极大地促进了社会经济效率的提高,促进了社会生产力的发展。由此可以说,竞争机制是市场实现对社会资源优化配置的重要杠杆。

竞争机制要充分发挥其功能,要求参与市场竞争的各经济主体之间,必须能够展开公开、公平、公正的竞争,也就是说,他们必须是站在同一条竞争起跑线上。只有如此,竞争的结果才可能实现真正的优胜劣汰,才可能真正使社会资源实现优化配置。所以,为了使竞争机制充分发挥作用,我们在发展社会主义市场经济的过程中,必须抓紧建立和健全各种有关市场经济运行的制度和法律来规范、约束和引导企业的经济行为,努力创造公开、公平和公正竞争的市场环境,尽快形成比较完善的社会主义市场经济的新秩序。

第二节 政府对公平交易的监督管理

一、通过《反垄断法》实施的监督管理

（一）我国反垄断机构的具体设置

关于我国反垄断机构的具体设置，《反垄断法》第九条中规定，"国务院设立反垄断委员会，负责组织、协调、指导反垄断工作，履行下列职责：1.研究拟订有关竞争政策；2.组织调查、评估市场总体竞争状况，发布评估报告；3.制定、发布反垄断指南；4.协调反垄断行政执法工作；5.国务院规定的其他职责。国务院反垄断委员会的组成和工作规则由国务院规定"。同时又于第十条规定："国务院规定的承担反垄断执法职责的机构（以下统称国务院反垄断执法机构）依照本法规定，负责反垄断执法工作。国务院反垄断执法机构根据工作需要，可以授权省、自治区、直辖市人民政府相应的机构，依照本法规定负责有关反垄断执法工作。"

从这两条可见，我国反垄断机构的设置为双层次模式，即国务院反垄断委员会＋反垄断执法机构。从《反垄断法》规定国务院反垄断委员会的总体职责来看，反垄断委员会应该是一个高级别的机构，目的是保证反垄断工作的统一性、公正性和权威性。但具体由哪个机构来承担执法工作，立法上却未明确规定。在设置上存在两种可能性：

1.由已有行政机关承担反垄断职能。即不设立统一的反垄断执法机构，由现各有关部门按原有职权分工执法，各司其职，共同负责反垄断执法。具体由发展改革委员会、商务部、工商总局等相关部门分别履行相应的反垄断执法职责。目前这种多机构执法的设置方案已基本成为我国反垄断执法机构的选择。但笔者不敢苟同，理由如下：首先，不符合世界反垄断法立法的潮流。近期以来，各国或地区无不设立专门的执法机构。如韩国根据1980年《限制垄断和公平交易法》设立公平交易委员会，俄罗斯政府2004年对之前的反垄断执法机构进行重组设立联邦反垄断部，都是专门的执法机构。这成了很多国

家的共通做法,实践证明这种模式也是最为有效的。其次,有悖反垄断执法机构专业性、独立性和权威性的要求。《反垄断法》规制的企业垄断行为,往往是规模大、实力雄厚的企业,在我国行政垄断是反垄断法的重点规制对象。实践证明,仍由已有的行政机关执法难以独立的执行反垄断法,执法人员的专业性不够,与政府部门存在着隶属关系。而且这些部门往往担负着许多其他职责,权威性不高,很多地方执法部门不同地陷入了地方保护主义。最后,多头管理,权限重复。各主管机关之间职责权限划分模糊,存在交叉和重叠。有时为了本部门利益争夺垄断案件的执行权,浪费了执法资源,降低了执法效率。

2. 设立专门的反垄断执法机构。这是反垄断执法机构设置的最佳选择,有利于反垄断执法的专业性、独立性和权威性,提高反垄断执法的效率,有利于反垄断法律制度统一、平衡和稳定的实施。笔者认为,不妨借鉴国外反垄断执法机构的经验,将国家工商总局、商务部和发改委三部(局)反垄断执法机构独立出来,成立一个执法机构。只有如此,才能保证反垄断执法机构的权威,突破现有复杂的利益格局。但应注意以下两点:第一,该机构的设立应该做到机构精简、人员精干、运转高效。第二,高度的独立性,特别是人事和经费配备的独立性。

(二)对垄断协议行为的规制

对市场竞争中的各类垄断行为进行考察,会发现垄断协议限制竞争是市场竞争中最常见、存在历史最久、对竞争危害最经常、产生情况最复杂、存在最隐蔽的限制形式。从欧、美、日等国家和地区反垄断法的发展历史来看,在整个反垄断法规制当中,垄断协议的规制是它们反垄断法最早、最经常、最重要的基础性执法、司法活动。

我国更是如此。基于经营者规避竞争和逐利的本性,垄断协议行为在我国市场化改革一开始就已经出现,加上转型时期特殊的经济、行政体制背景,以及整个社会竞争文化的缺乏和法律制度的空缺,我国市场竞争中的垄断协议行为早已泛滥成灾且呈公开化,与国外隐蔽的垄断协议形成了鲜明的对比。我国市场中的垄断协议行为已给我国消费者、市场公平竞争以及经营者造成了极大的危害。从国外经验和我国现实来讲,垄断协议的规制对我国整个

《反垄断法》的实施具有重大意义。垄断协议的规制,是我国未来《反垄断法》规制的基础和重点。

1. 从现实执法来看垄断协议规制。垄断协议规制是我国《反垄断法》执法头几年最容易做到的事,执法阻力最小。对垄断协议的禁止最可能赢得社会各界——消费者、经营者、政府部门和理论界——的共鸣和支持。它对提高消费者福利最直接、最经常;在我国特殊的国情下,对垄断协议的规制一般不会扣上有损我国企业竞争力和有碍我国企业规模经营的"帽子";也很少会受到来自国有垄断企业和行业主管部门的抵触。

2. 对垄断协议的规制有利于我国竞争文化的培养。竞争文化的形成是市场经营者合法竞争,减少垄断行为产生的内在条件。垄断协议的规制在整个《反垄断法》规制中最为经常,其案件数量之多、参与经营者之众、受害消费者之广,都是其他几类违法垄断行为所不能比拟的。因此,垄断协议的规制对扩大《反垄断法》在整个社会的传播和影响,增强经营者自由竞争意识,培养和形成市场竞争文化起着举足轻重的作用,它还会间接地减少其他类型违法垄断行为的产生。

3. 垄断协议规制是执法部门经常性、基础性的执法工作。由于垄断协议规制是执法部门经常性、基础性的执法工作,这对我国反垄断法执法人员积累执法经验、提高分析能力、制定科学的实施指南尤为重要,从而有助于我国反垄断执法、司法的科学化,促成我国《反垄断法》分析框架的确立。科学的垄断协议规制不完全依赖于立法,更主要是建立在立法基础之上的《垄断协议指南》和具体案件的经济分析,而这些都依赖于垄断协议的执法和司法。

(三)对滥用市场支配地位行为的规制

滥用市场支配地位,简而言之,就是具有市场支配地位的企业不正当地利用其市场支配地位,并实质性地排斥或限制竞争,损害消费者利益的行为。然而,纵观各国法律,没有一个国家的《反垄断法》对滥用行为下过一般性的定义,各国通常是在《反垄断法》中采取列举的方法,并采用"兜底条款"来囊括法律未加列举的其他行为。

《反垄断法》共包括八章,滥用市场支配地位规定在第三章中,其中第十七条规定了七种滥用市场支配地位的情况:①以不公平的高价销售商品或者以不公平的低价购买商品;②没有正当理由,以低于成本的价格销售商品;③没有正当理由,拒绝与交易相对人进行交易;④没有正当理由,限定交易相对人只能与其进行交易或者只能与其指定的经营者进行交易;⑤没有正当理由搭售商品,或者在交易时附加其他不合理的交易条件;⑥没有正当理由,对条件相同的交易相对人在交易价格等交易条件上实行差别待遇;⑦国务院反垄断执法机构认定的其他滥用市场支配地位的行为。

从上述七种行为可以看出,我国《反垄断法》是从两个角度界定市场支配地位:一是控制价格、数量和交易条件;二是阻碍、影响其他经营者进入相关市场。而法院或反垄断执法机关在衡量一个企业或几个企业是否处于市场支配地位时,一般以界定相关市场为出发点。相关市场是指经营者从事经营活动时的有效竞争范围,以及判定在各个经营者所提供的产品之间是否存在着竞争关系的场所,其通常由产品、地理、时间和技术等基本要素构成,其中最重要的是产品因素和地理因素。

企业产品在相关市场中的市场占有率,是执法机构在根据市场份额认定该企业是否具有市场支配地位时考虑的最重要的因素之一。一般情况下,认定相关企业的市场支配地位的立法模式主要有两种:一种是在法律中明确规定市场优势地位的判断标准;一种是法律不做明文规定,而由法院或反垄断执法机关通过执法活动进行判断。我国采取法律明确规定的刚性立法,但为了弥补不足规定了两种情况:①合并计算市场份额达到认定市场支配地位时,其中有的经营者市场份额不足 1/10 的,不应当推定该经营者具有市场支配地位;②有证据证明不具有市场支配地位的,但应当承担举证责任,证明不了则被认定为具备市场支配地位。其中,第十九条规定了可以推定经营者具有市场支配地位的三种情况:①一个经营者在相关市场的市场份额达到 1/2 的;②两个经营者在相关市场的市场份额合计达到 2/3 的;③三个经营者在相关市场的市场份额合计达到 3/4 的。同时指出了:有前款第二项、第三项规定的情形,其中有的经营者市场份额不足 1/10 的,不应当推定该经营者具有市场支配地位。被推定具有市场支配地位的经营者,有证据证明不具有市场支配地位的,不应当认定其具有市场支配地位。

(四)对经营者集中行为的规制

对于经营者集中行为的认定,根据《中华人民共和国反垄断法》的其他条文,可以得出由国务院反垄断执法机构认定的结论。如第13条"(6)国务院反垄断执法机构认定的其他垄断协议",第17条"(7)国务院反垄断执法机构认定的其他滥用市场支配地位的行为"。但是,从效率角度将,如果法院在审理其他形式的经营者集中案件时,还要先向反垄断执法机构请示,等反垄断执法机构认定后再继续诉讼程序,这样可能使参与集中的经营者延误稍纵即逝的商机,不利于参与集中的经营者效率的提高。此外,由反垄断执法机构进行认定也会有损法院的权威性和中立性,不利于法院对反垄断执法机构的监督和制约。

鉴于此,笔者认为应在第20条后增加一款"法院认定的其他经营者集中行为"以使法院在规制经营者集中方面起到应有的作用。这样我国反垄断法第20条可以改为,"经营者集中是指下列情形:(1)经营者合并;(2)经营者通过取得股权或者资产的方式取得对其他经营者的控制权;(3)经营者通过合同等方式取得对其他经营者的控制权或者能够对其他经营者施加决定性影响;(4)法院认定的其他经营者集中行为。"

我国关于经营者集中的程序规范有六条之多,从第二十一条至第二十六条,可以看出我国对程序规范的重视。

(1)申报标准

我国反垄断法没有规定经营者集中的申报标准,而是把这项棘手的任务交给了国务院。未来国务院制定申报标准时,应当顺应社会经济发展的状况,适当提高申报标准,从而使大量中小经营者的集中免于申报之累。一方面,中小经营者能够对瞬息万变的市场快速作出反应,抓住机遇,提高效率,推动经济的发展;另一方面,中小经营者的集中又可以抗衡大的经营者,从而改善市场竞争环境,提高整个社会的效率。欧盟关于规制经营者集中的《第139/2004号条例》第1条第2款规定了进行申报的标准,全体所涉企业的年全球总销售额超过50亿,即使该条第3款作了补充规定,全体所涉企业的年全球总销售也需超过 25 亿。以一欧元兑换十元人民币算,则欧盟的经营者集中申报标准最低也有年销售额 250 亿人民币,相对于我国反垄断法(草案)年销售额 120 亿人民币来说,要大的多。更何况这还是欧盟 2004 年制定的标准,经过这几年经济的发展,相应的经营者集中的申报标准也应该相应的提高。所以国务院制定经营者集中申报标准时,可以在反垄断法(草案)的基础上再提高一点,以顺应时代发展的需要。

(2)审查期限

审查期限的长短,对于参与集中的经营者来说至关重要。审查期限越长,参与集中的经营者所承受的市场风险就越大。一起经营者集中在刚开始准备集中的时候,可能会提高经营者的效率,由于审查期限太长,等期限结束时,市场已经发生了很大的变化,可能这个时候集中就不能提高经营者的效率,有时甚至会降低经营者的效率。我国《反垄断法》第 25 条规定了初步审查的期限是三十日,第 26 条规定了实质审查的期限是九十日。我国应该借鉴欧盟的做法,缩短审查期限,初步审查的期限完全可以缩短为二十五日,甚至更短,以应对瞬息万变的市场情况。

(3)经营者集中的实体标准

在一般实体标准方面,我国反垄断法是这样规定的,即《中华人民共和国反垄断法》第 28 条规定:"经营者集中具有或者可能具有排除、限制竞争效果的,国务院反垄断执法机构应当作出禁止经营者集中的决定。"由此可见,我国实质采用的是世界通行的实质减少竞争标准,而与是否创设或者加强集中方的市场支配地位没有必然的联系,即我国采用的是单一的实质减少竞争标准。这是顺应反垄断法的潮流和符合中国实际的,有利于有效率的经营者集中获得反垄断执法机构的批准。

在具体分析因素方面,我国反垄断法也重视效率因素在分析经营者集中中的作用。《中华人民共和国反垄断法》第 27 条:"审查经营者集中,应当考虑下列因素:(一)参与集中的经营者在相关市场的市场份额及其对市场控制力;(二)相关市场的市场集中度;(三)经营者集中对市场进入、技术进步的影响;(四)经营者集中对消费者和其他有关经营者的影响;(五)经营者集中对国民经济发展的影响;(六)国务院反垄断执法机构认为应当考虑的影响市场竞争的其他因素。"从上面的条文可以看出,我国反垄断法也规定了经营者集中的具体分析因素,包括界定相关市场、市场份额及市场控制力、市场集中度、市场进入壁垒以及效率等。其中"(三)经营者集中对技术进步的影响"则特别强调了创新效率在分析经营者集中中的作用。

豁免制度作为经营者集中的一项重要内容在我国反垄断法中作了规定。《中华人民共和国反垄断法》第28条:"经营者集中具有或者可能具有排除、限制竞争效果的,国务院反垄断执法机构应当作出禁止经营者集中的决定。但是,经营者能够证明该集中对竞争产生的有利影响明显大于不利影响,或者符合社会公共利益的,国务院反垄断执法机构可以作出对经营者集中不予禁止的决定。"

二、通过《反不正当竞争法》进行的监督管理

不正当竞争行为在现实中的表现是复杂而多变的,正因为如此,各国反不正当竞争制度在立法和实践中不断地总结和归纳着各种形态的不正当竞争行为。为了克服不正当竞争行为形态的不断变化给立法和司法带来的影响,正确认识和区分不同类型的不正当竞争行为,可以帮助我们避免单纯从概念上界定不正当竞争行为导致的不足,还有助于我们把握各种不正当竞争行为的本质特征,更好地适用反不正当竞争法律制度。

我国《反不正当竞争法》第二章列举了11类不正当竞争行为:虚假商业标识行为、公用企业限制竞争行为、行政垄断行为、商业贿赂行为、虚假宣传行为、侵犯商业秘密行为、不当亏本销售行为、搭售行为、不当有奖销售行为、商业诋毁行为、串通招标投标行为。

反不正当竞争法的责任体系不外乎民事责任、行政责任和刑事责任三个组成部分。民事责任是最基本的责任类型,这是因为不正当竞争行为毕竟具有民事为属性,是一种特殊的侵权行为。行政责任是不可或缺的责任类型,它体现了国,也是对竞争中涉及的公共利益的有效保护。刑事责任是补充性质的责任类型,其适用范围较之民事责任和行政责任要窄得多,一般只适用于损

害后果特别严重的不正当竞争行为,这也正是违法与犯罪行为的区别所在。

(一)反不正当竞争法的民事责任以停止侵害、排除妨碍、损害赔偿为主要责任形式

在民事法律制度中,责任形式有很多,包括:停止侵害,排除妨碍,消除危害,返还财产,恢复原状,赔偿损失,支付违约金,修理、更换、重作,消除影响、恢复名誉,赔礼道歉等等。这些责任形式并不都是反不正当竞争法的民事责任形式,只有停止侵害、排除妨碍、损害赔偿是反不正当竞争法民事责任中最主要的责任形式。

停止侵害,是最为常用的救济方式,这一救济方式的权利依据是不作为请求权,行使这一诉权需要具备两个要件。其一是诉求制止的不正当竞争行为具有复性,也就是说如果诉讼所针对的不正当竞争行为没有重犯的可能性,则不正当竞争行为相对人没有理由提起不作为请求之诉。其二是诉求保护的利益具有合法性和必要性,也就是说不正当竞争行为所侵害的必须是法律所保护的合法利益。排除妨碍,主要有两种方式,一是纠正不正当竞争行为所形成的既定事实,例如,更正虚假的广告内容,注销非法的企业名称登记等。二是消除不正当竞争行为所造成的不良影响,例如,澄清不实的商业言论等。赔偿损失,是在实践中的适用范围最广的责任形式,也是世界各国法律制度中的一项最为基本的,最为重要的民事救济措施,其主要作用在于挽回并补偿受害人的损失。

(二)反不正当竞争法的行政责任以责令停止违法行为和罚款为主要形式

反不正当竞争法中的行政责任体现了国家对竞争活动的干预,对竞争中涉及的社会公共利益的保护具有重要意义。基于不同的文化历史和立法背景,各国在反不正当竞争法中对于行政责任的态度不尽相同。德国等国家对于行政责任是排斥的态度;美国等国家则持积极的态度;其他国家则是中立的态度,例如,日本等国家反不正当竞争法中的行政责任并不是从来就有的,我国等一些国家将行政责任与民事责任、刑事责任一起构建了一个综合的责任体系。鉴于行政责任的国家干预性,行政制裁主要适用于严重侵害了社会公共利益的不正当竞争行为,反不正当竞争法适用的行政责任形式主要有责令停止违法行为和罚款。责令停止违法行为既是行政执法机关的制裁措施,也是受害人的救济手段,由此,责令停止违法行为的实施既可以依行政执法机关的职权展开,也可以依多人的请求行使。

反不正当竞争法中的罚款可以分为实体性罚款和程序性罚款两种。值得注意的是对于是否处以罚款,有些国家法律规定行为人必须存在过错,而有些国家未作具体规定,而是授权行政执法机关依据具体情况确定。

(三)反不正当竞争法的刑事责任是补充性质的责任类型。

刑事制裁是大多数国家对于不正当竞争行为的处罚措施,只是适用范围相对较窄,适用条件相对较严,通常只适用于危害后果特别严重的不正当竞争行为,这也符合"违法行为"与"犯罪行为"的逻辑关系。责任形式主要是自由刑和金钱刑两种,且各国反不正当竞争法刑事制度通常采用双罚原则,只是,自由刑只适用于自然人,金钱刑既适用于自然人也适用于法人。笔者认为,民事责任是反不正当竞争法的主要责任形式,而损害赔偿制度是民事责任中最为有效的救济措施。不论是抚慰受害者,还是惩治侵害者,赔偿损失都是最佳的责任形式,然而,普通的损害赔偿制度不能有效地规范不正当竞争行为。可以考虑引入惩罚性赔偿制度,以完善反不正当竞争法的责任体系,充分发挥反不正当竞争法的作用。

20世纪80年代我国开始了经济体制改革,在计划经济向市场经济转型过程中,出现了一些市场不规范问题,急需一部法律对其加以规范,我国的《反不正当竞争法》就是在这样的时代背景下出台的,直至今天,该法也是我国为数不多的规范市场经济秩序的法律之一。反不正当竞争法属于经济法范畴,经济法的产生有其社会根源。19世纪末生产社会化和垄断形成之后,曾被人们认为是万能的市场调节开始失灵,人们迫切需要寻求补救措施,希望能有另外某种力量和机制来克服市场的缺陷,让社会经济的结构和运行保持协调发展。国家作为全社会的最高代表,具有最高的权威和力量,只有它能担此重任。

我国的《反不正当竞争法》是一部社会法,其立法主旨是社会本位的,不论是对竞争的保护,还是对不正当竞争行为的规范都是为了维护社会整体利

益的和谐。我国目前的现实情况要求我国的《反不正当竞争法》的法律责任
体系应当注重国家对法律责任的干预,以保证现有的法律责任形式对不正当
竞争行为的规制,对合法经营者的保护,以及对消费者利益和公共经济秩序的
维护。

纵览我国现行的《反不正当竞争法》法律责任制度,我们不难看出,国家
对法律责任的干预存在着不足,主要表现在三个方面。其一,对不正当竞争行
为的追究存在"真空地带"。虽然,我国的《反不正当竞争法》将低于成本销
售、搭售、商业诋毁等行为列举为不正当竞争行为,但是,在法律责任中并未规
定相应的罚则,使追究这些违法行为的法律责任出现"真空地带"。其二,行
政处罚种类不够完整。现行的《反不正当竞争法》中的行政责任仅限于"责令
停止违法行为",罚款最高不超过 20 万,并没有关于没收非法财物等规定,这
使得一些不正当竞争行为的违法成本低于违法所得,导致一些不正当竞争者
为了获取高额利润,宁愿接受罚款。其三,行政罚款计算标准有待完善。现行
制度中,对不正当竞争行为的罚款数额的计算依据的是"违法所得",这一标
准不免过于单一;另外,罚款的上下限也应该根据实际情况有所变动,以提高
追究违法行为人法律责任的可操作性。这些不足在一定程度上验证了引入惩
罚性赔偿制度的必要性。

我国的《反不正当竞争法》中关于民事责任的规定只有第 20 条,赔偿责
任针对的是被侵害的经营者的损失。然而,不正当竞争行为不同于一般民事
侵权行为,其损害的不单单是正当经营者的利益,还包括正常的市场竞争秩
序,消费者利益等社会公共利益。显然,现有的责任制度不足以惩戒不正当竞
争行为人,难以达到遏制不正当竞争行为的目的。现有的责任度有待完善,尤
其是惩罚力度有待加强,而惩罚性赔偿制度是一个较为有效的责任制度。

第三节 政府对消费市场的监督管理

一、消费管理体制

(一)消费管理机构的设置

消费管理体制,是国民经济管理体制不可分割的部分,是宏观消费管理的前提。它包括两个相互联系的方面:一是消费管理的机构设置,二是消费管理的机制。

在我国,最高层次的消费管理机构是国务院及其所属的国家计委、财政部、国家物价局、国家工商管理局、国家标准局、商业部、轻工业部、纺织工业部、农牧渔业部、电子工业部以及各专业银行等部门。它们负有管理全国人民生活消费的职责,在对消费基金的分配、消费市场的组织、消费品的开发、价格政策的制定、人民币的发行与回笼等方面发挥着重要作用。另外,全国消费者协会通过对社会消费倾向的积极引导,推动着消费事业的健康发展。

第二层次的管理机构是上述部门及其各省、地、市的下属部门。它们在实际工作中结合本地区国民经济发展的实际情况执行上一级部门下达的管理任务。特别是各地的工商行政管理部门和税务部门,通过严格执行国家的有关法律、法令、条例、条令,保障消费资料市场的正常经济秩序,维护消费者的利益。

第三层次的管理机构是各大中小商业企业。商业企业同时具有两种职能:一是商业经营,二是商业管理。所谓商业经营,概括地说,就是组织商品在地区之间、企业之间的转移,最后出售到消费者手里,从而实现商品的价值。从商品的储运、调拨到购销构成了商品的经营过程。所谓商业管理有两层含义:一方面是指企业内部的人力、财力、物力得到有效的计划、组织、指挥和调节,以最小劳动消耗取得最佳经济效果;另一方面是指在经销中通过对消费者心理的研究和消费行为的动态分析,预测消费趋势,从而组织货源、设计广告、介绍产品、指导消费。

此外,还有一些部门的作用也是不可忽视的。比如,各级劳动工资部门与人民生活消费管理也有着密切的联系。它通过对各级各类在业人员消费现状的调查,作为考察各级各类人员实际收入水平变动的重要依据。又如,卫生、防疫部门对妇女儿童、老年人以及各种职业劳动者给予营养指导,对消费者的环境卫生进行监督指导,对食品、饮料严格检验等,起到了管理消费的作用。再如,新闻、出版、广播、电视等部门通过创办专门报纸(《健康报》《市场报》《信息报》《食品卫生报》等)和刊物(《科学与生活》《食品科学》等),为消费者提供产品和质量方面的信息,开展产品质量的咨询服务;介绍产品使用和安全方面的知识,传播良好的消费风尚;同时,揭露工商业某些粗制滥造、以次充好、以假乱真、短斤少两、变相涨价,服务态度恶劣等损害消费者利益的行为,伸张正义,打击歪风邪气。

(二)消费管理机制

消费管理机制主要有以下三类:行政机制、经济机制和法律机制。

1.行政机制。行政机制是指依靠行政组织,运用行政方法,按照行政方式对消费过程进行管理。具体地说,就是依靠各级行政机关或消费管理机构的权威,采用行政命令、指示、规定和其他临时性措施,按照行政系统、行政层次、行政区划来管理消费,其主要特点是行政权威和绝对服从为前提,采用经济外的手段间接指挥下的活动,如对某些有毒有害物品、药品和不健康的精神消费品强令销毁、严禁消费。行政机制具有强制性。为了保证人民有正常的生活秩序和健康的身心,行政机制对社会主义消费管理来说总是必要的。正如毛泽东所说:"人民为了有效地进行生产、进行学习和有秩序地过生活,要求自己的政府、生产的领导者、文化教育机关的领导者发布各种适当的带强制性的行政命令,没有这种行政命令,社会秩序就无法维持,这是为人们的常识所了解的。"①

---

① 《关于正确处理人民内部矛盾的问题》,《毛泽东著作通读》下册,人民出版社1986年版,第762页。

行政机制管理消费虽然具有强制性,但它不等于强迫命令、个人专断、官僚主义和瞎指挥,也并非无视消费者的经济利益。因为它必须是在大量的调查研究和周密的可行性分析的基础上确定的,不是长官意志的、主观主义的产物,而是从实际的需要出发,反映人民的愿望和经济发展的要求。通过强有力的行政机制,国家一方面能直接控制关系国计民生大局的主要消费品;另一方面能从宏观管理上保证各地区、各大消费市场互通有无、调剂余缺,把握全体人民的总体消费水平。同时,还必须看到,国家经济生活中经常会出现一些特殊事件。这时,为了尽快有效地解决问题,采取行政机制进行干预、调节,往往比其他的管理方法更为有效。如当一些地区受自然灾害的破坏,人民急需包括基本生活用品在内的救灾物资时,非采取行政机制调集物资,迅速援救不可。又加,当消费生活中出现某些不良倾向(制造假药,秘密制造、出售黄色淫秽录像等物品等)时,也必须采用行政机制予以取缔。

总之,科学的符合客观实际的行政机制,能保证社会主义消费生活的健康发展起着重要的作用。否认、低估或者忽视它的作用和念义是错误的、有害的。当然也不能否认,在消费管理中,如果不适当地扩大行政机制的应用范围,甚至单纯依靠行政机制来管理消灭,也容易造成失误,因而也是不妥的。

2. 经济机制。管理消费的经济机制,主要是指价格、税收、信贷等对消费活动的调节

(1)价格。消费品价格是消费品价值的货币表现。价值规律对社会大义消费市场的作用主要是通过价格变动实现的。人们的消费需求,不仅依赖于个人货币收入(购买力),而且同消费品的价格有直接的联系。在我国,大部分消费品是让人们自己选购的,在这里,某种消费品价格的高低,会直接影响人们对它的需求,价格过高会影响该消费品的销售速度,价格过低又会引起脱销。因此,国家在组织消费品的流通时,可以运用价格机制,通过有计划的调高或调低价格来限制或扩大某些消费品的销售量。一般地说,在保持生活必需品价格基本稳定的前提下,对那些在各地长期脱销、供不应求的短线消费品,价格可高调,短期内限制消费,以促进增产;而对在各地长期积压、供过于求的长线消费品,价格可低调,以限制生产,鼓励消费,从而使消费点献供求池

下平衡。当然,运用价格机制不能从某消费品一时一地的供求状况出发,而必须立足于从长期的、全局的供求状况来考虑。

(2)税收。税收是国家财政收入的重要组成部分,也是调节消费品生产和供给,加强消费管理的一个重要经济机制。首先,税务部门根据国家有关政策,通过高低不同的税率,征收不同数额的税款,既配合价格的必要浮动,又制约价格的不合理变化。这样,有利于有计划地调节不同消费品经营者之间的盈利水平,在一定程度上可以限制某些企业盲目发展赚钱多的产品,避免人为地造成某些产品他供求矛盾。其次,通过税收的稽征管理和税务监督,可以保护合法经营,鼓励个体经济从事国家法律规定范围内的业务经营,特别是社会急需而又紧缺的业务经营。而对那些不正当的违法经营,税务监督则是一种有效的经济管制手段。总之,税收体现了鼓励和控制并重的原则,从而保证和维护着广大消费者的根本利益。

(3)信贷。对于消费基金的组织和分配来说,银行信贷和财政是两个主渠道。国家运用信贷机制可以起到调节积累和消费比例,支持和鼓励消费品的生产和供应的作用。银行通过对短线消费品生产增加贷款或给予优惠性的利率;对长线消费品生产的贷款给予严格控制;对完成计划好、消费品对路、质量好、消耗低的经营单位,在基金供应上给予支持或利率上给予优惠;对完成计划不好、消费不对路、质量差、消托大的经营单位,可以不予贷款或收取高息。同时,银行信贷通过调节流通中的货币量,能够保持社会购买力的相对稳定。目前,应当逐步扩大信贷业务范围,实行全额借贷方式,鼓励新型消费品的开发,促进社会主义消费市场的繁荣。

综上所述,价格、税收、信贷都是社会主义消费管理的重要经济机制。只有积极发挥这些机制的调节作用,才能有效地维护消费者的根本利益和长远利益。

3.法律机制。法律机制,是指用经济法规管理消费。近二三十年来,随着世界"消费者运动"的兴起,许多国家先后颁布了有关保护消费者的立法。例如,日本政府于1968年成立了以总理大臣为议长的消费者保护会议,颁布了《消费者保护基本法》;瑞典在1970年颁布了《不正当销售行为法》;委内瑞拉在1974年颁布了《消费者保护法》。这些法律都涉及消费者保护问题。经济发达国家之所以重视消费者保护立法,原因在于:一则可使消费者直接受益,安定社会;二则可以以此达到从宏观上强化消费品的质量管理,协调生产者和消费者的关系,促进经济社会的发展。所以目前在许多国家推行消费者保护立法,不仅成为这些国家经济立法的重要组成部分,而且已经成为"现代法"的重要标志。

我国利用法律机制保护消费者权利的工作举步稍晚。近年来,陆续颁布了一些与保护消费者利益相关的法规,如《商标法》《食品卫生法》《药品管理法》《价格管理条例》《广告管理暂行条例》《工业产品责任条例》等。这些法律法规的产生,为健全包括相应的司法制度在内的法律机制法律机制奠定了基础,并且已经在调节生产者和消费者关系方面发挥了积极作用,一个在生活消费领域中"有法可依,违法必究"的局面正在形成。

二、消费管理机制的监督作用

行政机制、经济机制、法律机制在消费领域的管理功能是通过其监督作用得以实现的。

监督的种类很多,按监督对象分,可分为一般监督和专门监督;按系统分又可分为内部监督、外部监督和自我监督等;按内容分,主要有职工收入监督、城乡居民消费水平监督、对商品经营者的监督、对消费品的监督、对市场物价的监督、对计量的监督、对商标的监督、对市场票证的监督、对消费者消费行为的监督,等等。

(一)职工收入的监督。首先,由各级计划经济委员会、劳动工资部门检查工资计划的执行情况,发现计划不周,及时补充和修正;其次,检查流动资金定额、利润分配、奖励基金、工资基金的使用情况,防止多提、多留、多分。通过银行对企业的贷款、结算和现金出纳过程的监督,防止企业巧立名目、套取现金;另外,财政部门还通过调节税收从而达到调节国家和企业的收入。

(二)城乡居民消费水平的监督。对城乡居民消费水平的监督是由计划、财政、银行、物价部门相互配合完成的。城乡居民消费水平首失取决于居民的收入,所以对消费水平监督的前提是对收入的监督。其次,银行通过波动利息率,物价部门通过价格的波动,都会直接影响居民的消费水平,从而起到监督作用。

(三)对商品经营者的监督。工商行政部门通过对消费市场的直接管理,实现对商品经营者的监督。一方面,监督登记发照,凡是参加市场商品交换活动的一切企业和个体商贩,都必须向所在地的工商行政管理部门提出申请,经审查,其营业场所、购销渠道、经营范围等符合条件后,予以登记发照,允许营业,并经常检查其经营执照。另一方面,监督集市贸易商品经营者的活动情况,检查他们所交换的商品是否在政策允许的范围之内。

(四)对消费品的监督。我国根据"统一计划,分级管理"的原则,对商业部门经营的全部商品,按照其关系国计民生的重要程度和需要调剂范围大小,分为三类,一类商场,如粮食、食用油、棉花、棉市、棉纱等,由国家指定的商业部门按照国家政策和计划统一收购、统一经销.工商行政管理部门对其实行严格监督。二类商品,如生猪、鲜蛋、毛竹、茶叶、缝纫机、自行车、中草药等对国计民生比较重要的商品;或生产集中,供应面广;或生产分散但需要保证重点及出口需要的重要商品,由国务院有关部门管理,一般只规定收购、调拨、进出口指标。有关部门事后要对指标执行情况进行监督。三类商品,如小百货,干鲜果品、调味品等由地方自行安排,实行监督。

(五)对市场物价的监督。市场价格监督,由国家确定各类商品物价管理权限,分级负责。属于哪一级定价和管理的应由哪一级负责。按照当时购物价审批权限限定和调整物价。各级物价部门(包括各级物价综合部门和业务主管部门)负责监督检查所属单位物价政策的执行以及价格的制定和调整,总结交流物价工作经验,对议购议价的商品,必须经批准后才能实行,并与牌价同类商品分开经营。为切实加强对市场价格的监督检查,还要建立和健全各种物价管理制度,健全责任制,明确物价管理部门和物价管理人员的职责;实行明码标价,一货一物,一价一签,便于群众监督;建立自上而下物价检查和自下而上的群众监督制度,及时发现和纠正物价执行中的差错。

(六)对计量的监督。对计量的监督,就是指对度量衡等各种量具的准确性的检查和监督：(1)对广大商品经营者进行"童叟无欺，买卖公平"的商业道德教育；(2)禁止一切不合格或准确性差的计量工具；(3)各级主管部门设立专门机构负责计量工作，各基层商店要有专人负责计量器具的检查、保管和维修工作，保证计量工作准确无误。

(七)对商标的监督。商标是用文字、符号、图案表示，或把这些因素结合起来使用，代表商品的一定质量、特点的一种标记。对商标的监督必须做到：(1)根据统一注册、分级管理的原则，全国商标的审定和注册由国家商标局统一办理，地方工商行政管理局负责商标注册的核准工作；(2)确立商品质量监督网，配合有关部门开展质量评比活动，鼓励企业创品牌、保名牌，对利用改换商标、粗制滥造，损害消费者利益的，要进行严肃处理；(3)处理好商标争议，取缔假冒商标和其他侵犯商标的权益的行为，维护商标专用权；(4)搞好注册商标的变更、转让、撤销和补证工作。

(八)对市场票证的监督。票证是国家商业部门供应某些消费品的凭证，是无价证券。监督市场票证，是保护广大人民群众对某些商品的基本生活需要，稳定市场物价，打击经济领域的犯罪活动的措施。对出售商品按规定应该收票证的不收或少收，对以票证作为货币购买商品及非法倒卖票证者，应根据国家的政策规定，区别不同的情况，予以没收、罚款等经济制裁，严重的应追究法律责任。

(九)对消费行为的监督。消费行为是消费者满足个人生活需要的行为。对于个人的消费行为消费者有权自由选择，但对于违反社会主义公德，破坏社会主义法制，严重损害他人身心健康的消费行为，如吸毒、贩卖黄色淫秽书刊、赌博等要绳之以法。

第四节 房地产市场的监督管理

一、房地产市场监督管理概述
(一)房地产市场的概念与特征
房地产业在我国无疑是一个极为重要的行业，从字面上理解，它是由两部分构成的：一部分是指房产；另一部分是指地产。在港澳地区，人们习惯于把房地产业称之为"物业"或者称之为"地产业"，在日本人们习惯于把房地产业表述为"不动产业"。

所谓房地产市场，有具体含义和抽象含义之分：具体含义是指从事房地产经济活动的场所的总和；抽象含义是指房地产经济活动的载体。一般来说，房地产市场又可分为土地市场（又称地产市场）和物业市场。

房产包括作为居民个人消费资料的住宅，也包括作为生产资料的厂房、办公楼等。所以，住宅市场属于生活资料市场的一部分，非住宅房产市场则是生产要素市场的一部分。房产也是自然商品，因而建立和发展从事房产交易的市场是经济运行的要求。土地历来都是生产要素，因而从事土地买卖、租赁、抵押活动的地产市场，也是生产要素市场的组成部分。在中国，城市土地归国家所有，农村土地归集体所有，永久出让土地所有权是不允许的。因此，一般说来，地产市场的交易活动是土地使用权的转让或租赁。在市场经济条件下，建立完善的房地产市场，对于加快实现资源开发，实现社会资源的合理配置是有重要意义的。

房地产市场同其他产业相比，有如下特点：

1. 物质形态的不动性

物质形态的不动性，亦即房地产具有不可搬动性或不可移动性。这种空间上产品的不可移动性使得房地产商要在相当长的期限内承担风险，而这种风险的特征又进一步加剧了房地产市场的不确定性。

2. 房产、地产交易的不可分割性

通常情况下，地随房走，房因地存，房与地二者浑然一体。在市场交易中，一般是进行单一的土地交易，此过程一旦完成，并在土地上建造起房屋，这块土地便失去了独立性。当然，如果有政策限制，也可以进行单独的房屋交易。

3. 不同区域房地产价格的差异性

我国地域辽阔，南方与北方，沿海与内地，城市和乡村，特大城市和一般城市，同一城市的不同街区，其房地产价格在市场上通常表现为同量同质不同价。即使是在同一街区的不同企业单位的房地产价格也有着相当悬殊的级差变化。房地产价格的"五花八门"在客观上为炒楼风奠定了基础,甚至可以说,炒楼风的存在有其必然性,尽管不具备合法性。

4. 经济发展的支柱性

在西方发达国家,房地产业被认为是三大支柱产业之一。房地产业虽然在我国尚属新兴产业,但它对整个经济的发展却起着调节经济的"寒暑表"的作用,从属于社会经济发展战略的重要内容之一。

5. 土地的批租权完全由代表国家的政府机构控制

所谓批租,一般是指按市场价格向承租人转让一定期限的土地使用权,而不是出售土地所有权。我国的土的所有权完全属于国家。所以,只有政府才能进行土地所有权的有偿划拨。

(二)房地产市场监督管理的地位与作用

房地产市场与住房问题密切相关,既是经济问题,又是社会问题,在我国国民经济及社会发展全局中具有重要的地位。加强和改善房地产市场政府调控,采取有效措施解决存在的结构性、局部性问题,促进房地产市场健康发展,对于着力促进社会发展和解决民生问题,推动经济和社会又好又快发展具有重要意义。房地产市场政府调控的方向,我们要坚持供需双向调节,从改善住房供应结构、合理引导住房消费入手,一方面大力实施安康居住工程,加大普通商品住房和经济适用住房建设力度,建立健全多层次、多渠道的住房供应体系;一方面遏制投机性炒房,控制投资性购房,保护自住性购房。坚持因地制宜、区别对待,在正确把握当地房地产市场形势的基础上,科学确定调控措施,合理把握调控力度,不搞一刀切,既解决房地产市场中的突出问题,又保持房地产投资适度增长和住房价格的基本稳定,防止大起大落,促进房地产市场持续健康发展。

房地产业对经济发展的作用主要体现在以下方面:

1. 发展房地产业是加快发展第三产业的重要内容

改革开放 30 年来,虽然第三产业在国民生产总值中所占比重已由 1978 年的 24.7%上升至 1999 年的 30.2%,但这个水平甚至还不如 1984 年的全球发展中国家 37%的平均水平,印度的比重也达到 47%。第三产业不发达,使得飞快发展的工农业生产因缺少支撑系统和服务系统而受到极大的制约。房地产业既包括地产的开发利用和经营,也包括房产开发利用和经营,城市中一切经济活动的开展都离不开地产和房产的支撑。由此也可以说明房地产业是基础性产业。撇开发展房地经济而奢谈什么商品经济或市场经济,既不现实也不符合经济发展规律。

2.发展房地产业是实现小康社会的重要保证

综合指标体系反映小康社会的实质。联合国社会发展研究所1970年对小康水平制定了一个指标体系,其中居住方面的小康标准为:居住密度为每人1~1.5间,住房独立使用方面为每户一住房单元。国家统计局有关人员制定了我国小康社会的指标体系,其中在城市方面,住房标准为人均居住面积为8~10平方米,3口之家两居室,住房成套率(即有独用上下水、厨房、厕所等设施占全部住房的百分比)为60%。特别值得注意的是,在城市小康指标体系中,仅住房指标的所占比重就达12%,仅次于人均国民生产总值指标。在农村的小康指标体系中,农民居住条件将逐步改观,钢木结构住房面积要达到80%以上。由此可见,只有大力发展房地产业,实现小康才有保证,才有意义。不然安居乐业的意境只能是可望而不可即的。

3.发展房地产业是搞好资源利用的重要前提

在人们的传统理念中,一谈到提高资源利用率时,就会直接想到煤炭、钢铁以及石油等,却恰恰忘掉了土地。马克思曾经用威廉·配弟的话说:"劳动是财富之父,土地是财富之母。"可见,如果不把房地产这一资源利用好,那么劳动会成为无效劳动,或者低效劳动。在我国,经过十几年的实践,人们已冲破了陈旧理念的束缚,大胆开展了土地使用制度和城镇住房制度的改革,实行了土地的有偿有期使用和房屋商品化,这样不仅促进了土地资源的节约和合理使用,而且使国家从土地资源和房产资源的流通中获得了经济效益。

(三)房地产市场监督管理的基本原则

对房地产市场进行监管时,要明确以下几个原则:

首先,监管措施应当尽可能准确地将房地产市场投机者与正常的消费者、生产者区分开来,对投机者实施精确打击。我们应当注意限制面不宜过宽,避免由此导致分散监管力量从而削弱监管效力。应该限制的不是自住、自用的正常房地产消费者,也不是合规合法经营的正常房地产开发商和服务商,而是投机者,以免恶化我国商业环境的可预期性。

其次,我们的监管措施必须能够有效遏制投机,不仅要削弱投机者投机的能力,还要削弱其投机的动力。这不仅是经济效率原则的要求,也是奉行效率原则的要求。

再次,我们的监管措施需要相应的配套环境,包括调控国内经济基本面、完善财税制度,以及强化政纪、廉政建设,否则我们的监管措施将如同扬汤止沸、杯水车薪,不可能取得根治效果。

此外,我们可以选择的措施有长期措施和短期措施之分,前者多数属于制度性建设,需要长期实施,不断完善;后者则是应急措施,适用于目前这个经济过热、资产价格泡沫横飞的特定时期,目前的上述风险过去之后,可以有秩序地适度放松。

(四)房地产市场监督管理的基本制度

作为房地产行业的主管部门——房地产开发管理部门,则应强化对房地产市场的监管,通过建立具体的工作制度来执行对房地产行业的管理,规范开发行为,加强市场监管:

1. 违法行为举报、投诉受理制度。公开设立举报投诉电话、电子信箱,及时受理各种举报、投诉。对群众信访事项进行认真分析研究,从中搜集违法行为的信息。对举报、投诉违法行为属实的举报人和投诉人,给予适当的物质奖励和精神鼓励。

2. 日常巡查制度。由执法人员定期或不定期分片巡查,逐个项目进行检查,做到及时发现违法行为,及时制止违法行为,及时处罚违法行为。

3. 部门间通报制度。房地产开发管理部门将发现的涉及违反工商、规划、国土资源管理等法律法规的行为及时向有关部门通报,同时各有关部门也将发现的涉及违反房地产开发法律法规的行为及时向房地产开发管理部门通报。

4. 年度联合集中检查制度。房地产开发管理部门会同工商、规划、国土资源管理部门,对开发市场每年集中、联合开展一次大规模的、拉网式的检查,对发现的问题集中处理。

5.房地产开发管理部门与纪检监察部门对违法事例和违法人员处理的协调联动机制。房地产开发管理部门将发现的违法事例中的违法违纪人员转交纪检监察部门处理,并通过纪检监察部门对违法违纪人员的处理实现对违法事例的处理。

6.舆论监督制度。房地产开发管理部门将市场检查和违法行为处理情况及时向媒体提供,由媒体及时进行报道,发挥媒体的舆论监督作用。

二、城乡建房用地管理

(一)城市建房用地管理

城市建房用地是指房地产开发企业为在土地上进行基础设施建设和房屋建设,经合法程序受让而享有使用权的一定范围内的国有土地。根据我国《城市房地产管理法》的规定,城市房地产开发用地仅限于国有土地,房地产开发企业可以通过国家无偿划拨和有偿出让以及其他市场经济主体的有偿转让行为合法获得其使用权。国家禁止在农村集体所有的土地上进行房地产开发。由于城市土地面积有限,城市房地产开发用地稀缺性日益显现,以至于城市地价不断攀升。为获得开发用地,房地产开发过程中违法用地活动较为普遍。我国城市房地产开发活动中违法用地的情况虽然形形色色,但其共同的特点就是规避法律法规关于土地使用权出让、转让的有关规定,达到非法获利的目的。有鉴于此,笔者认为应采取如下法律对策对这种现象加强管理:

1.完善我国土地供给方式的法律规定

目前我国的土地供给制度仍然是"双轨制",即土地行政划拨和土地有偿出让同时并存,且前者约占我国土地供给总量的90%。在土地的有偿出让方式中,法律许可采用协议、招标和拍卖三种方式。但是实践证明,全国绝大部分地区采用的是协议出让方式。而且许多地方没有出让土地的基准地价、协议地价之分,往往主观随意性较大,以至于土地的出让价格远远低于市场价格,严重背离了价值规律。由于不同的土地供给方式导致了土地价格的巨大差别,因此,划拨土地的使用者凭借没有成本的土地使用权与房地产企业联合进行房地产开发,以协议方式低价获得出让土地的使用者按照市场价格倒卖土地也就不足为奇了。因此,立法必须对该种出让方式作出明确、严格、细致的规定,从而遏制利用土地的协议价格与市场之间的差距倒卖房地产开发用地行为的发生。

2. 严格依法行政,追究渎职者的法律责任

早在1997年4月,中共中央、国务院在《关于进一步加强土地管理切实保护耕地的通知》中已明确禁止征用耕地、林地和宜农荒地进行高档房地产开发建设。该《通知》第五条规定,对经营性房地产开发项目用地,未按审批权限进行开发的用地,依法清理检查。对发现的问题要从严查处,国家工作人员滥用职权违法批地、严重渎职的,要追究刑事责任。因此,要杜绝违法批地,就必须严格依法审批,将职权、职责落实到人,对违法批地的直接责任人必须依法追究其渎职罪的法律责任,从源头上遏制房地产违法用地行为的发生。

3. 加大对违法用地活动的打击和处罚力度

现有法律和行政法规对违法用地行为的处罚畸轻,缺乏应有的威慑力。例如,对于违法转让土地使用权的行为,我国《城市房地产管理法》规定,"由县级以上人民政府土地管理部门没收违法所得,可以并处罚款",对于违法转让划拨土地使用权的行为,还应责令补交土地使用权出让金。这种以罚代打的处理方式,客观上助长了非法买卖土地者的侥幸心理,刺激了违法用地行为的滋生和蔓延。加大打击违法用地活动的力度,不仅增强了法律的严肃性和威慑力,而且能够有效遏制房地产开发违法用地活动的蔓延。

4. 提高消费者维权意识,使违法商品房无销售市场

由于一些商品房消费者缺乏基本的法律意识,客观上为违法商品房的销售提供了市场,刺激了房地产违法用地活动的蔓延。因此,政府部门应利用传媒广泛开展房地产开发与销售相关法律知识的宣传,对典型案件予以曝光。因此,提高消费者维权意识,有助于从根本上杜绝房地产开发违法用地行为的发生。

（二）乡村建房用地管理

农村村民建房用地分布面广,情况复杂。近年来,随着党的富民政策的进一步落实,农民生活水平的不断提高,居住条件得到进一步改善。但现在有些村庄建设缺乏周密的规划,布局松散,居民点凌乱,村民建房未批先建、少批多建、建新不拆旧、超面积等情况屡有发生。因此,开展农村宅基地专项治理,加强对农村村民建房用地的管理,是加强土地管理,切实保护耕地的一项重要措施,也是乡(镇)人民政府和土地管理部门的工作重点。

1.乡村建房用地中存在的问题

(1)违法用地情况严重现有宅基地未批先建,少批多建,建新不拆旧,超面积等现象突出。(2)用地无规则,空心村现象普遍不少村庄建设缺乏详细规划,布局松散,居民点凌乱,遍地开花。有些村民过分追求通风、采光、交通方便,向村庄外部搬迁,造成村庄外延扩张;有的村民贪图交通方便,向公路两侧迁移,既影响了交通安全,又浪费土地。造成村庄外部住宅星罗棋布,村庄内部唱"空城计",致使宅基地闲置,土地利用率低。

2.应对措施

(1)抓紧编制切实可行的村庄建设详细规划

①村庄建设必须根据村庄人口规模、经济发展水平与人均用地等因素,确定相应的近期、中期用地规划,实行红线控制。规划时允许打破村民小组界限,建设成一定规模的中心村。对规划区外零散居民点要严格加以控制,尤其是在基本农田中"开天窗"的单家独院,不得在其周围扩建房屋,凡要求拆旧建新或扩建的,必须搬迁入中心村,对其宅基地实行退基还耕。②村庄建设规划必须以县(市)、乡(镇)土地利用总体规划、经济社会发展规划、基本农田保护规划为依据,科学测算,合理确定,使之与上述规划相衔接。

(2)必须健全村民建房用地全程管理机制

①建立和完善"四公开、四到场、一监督"制度。"四公开",即计划用地指标、户型标准公开;审批程序及法定程序公开;申请建房户名单及用地情况公开;审批结果公开。"四到场",即乡(镇)村土管员在建房选址时到场实地勘察;动工时到场进行红线定点放样;中途到场巡回检查;竣工后到场验收。

"一监督",即接受群众监督。②严格宅基地审批管理,严把审批关。农村村民建房必须按规划、按程序、按权限依法审批。坚持统一安排,定点放样,推广联建统建;提倡建造公寓式住宅,严格控制建造独立式住宅;严格宅基地法定限额标准。③加强权属管理,健全日常变更、登记制度。实行以证管地,所有宅基地都必须登记造册,颁发集体土地使用证。④加大执法力度,严禁违法占地。要通过经常性土地法制宣传,提高全民土地法制意识;要健全土地巡查制度,对巡查过程中发现的问题,及时处理解决,把问题解决在萌芽状态。

(三)临时建设用地管理

所谓临时使用土地,是指因建设项目和地质勘查需要在不超过两年的短时间内使用国有土地或者农民集体所有土地的行为。但在具体的操作实践中,为解决日益紧张的土地供求矛盾,最大限度地发挥土地的社会和经济效益,各地还常把按长远规划不宜兴建永久性建筑物而短期内(如旧城旧镇改造前)又允许使用的土地,如沿街沿路临时兴建的店面、加油站、洗车场以及各类加工厂、砖瓦厂、采石采矿场、烤烟烤菇房等短期使用土地的,也当作临时用地审批管理。这种用地管理方式在一定的时期内,尤其是近年来企业改制改组过程中下岗人员增多,劳动就业压力不断加大的情况下,对鼓励发展多种经营,减缓就业压力,充分合理使用土地等,起了积极作用。但是,由于临时用地审批范围扩大,也给土地管理带来许多不可忽视的问题,应该加以规范,强化管理。

1.临时建设用地中存在的问题

(1)审批管理不规范

由于上述各类临时用地项目较多,有时一个乡镇一次性就审理上报十几宗甚至几十宗临时用地项目,而批准机关为图省事,也常常随意简化手续,以列表方式一文批复多宗临时用地,既没有用地规划图纸,也没有具体的四至界址。另外,个别乡镇政府由于对临时用地管理认识不足,也随意越权审批临时用地。由此造成临时用地审批管理不规范,档案管理混乱,用地底子不清,给建设用地跟踪管理带来了很大的困难。

(2)使用者蓄意改变土地用途

由于以临时用地方式提供的土地费用较低廉,审批手续也较为简便,给土地投机者大开了方便之门。有些用地单位(户)常常以兴建临时建筑为由,骗取批准临时用地,一旦获取批准后,就改变用途,兴建永久性建筑物。由此逃避了本应依法征缴的土地出让金等费用,或达到骗取批准占地建房的目的。

(3)使用期满不归还,不恢复土地原貌

有些临时用地项目使用期满后,既不申请办理续用手续,又不退还土地,或者使用后一走了之,不按规定恢复土地原貌。而管理机关由于人力有限,对这些用地又无法进行经常性的跟踪检查。因此,造成大量的临时用地变相地长期占用,或者荒废无人整理。如前几年某省许多县市大量引进特种养殖项目,以临时用地方式审批了大量农田用于特种养殖场建设。由于市场千变万化,造成效益滑坡,结果许多养殖主中途席卷资金一走了之,使大量农田因无法复耕而报废。

(4)土地部门缺乏必要的监管手段

由于临管不到位,造成土地纠纷不断,违法占地现象时有发生。综上所述,临时用地管理中存在的问题不容忽视。如何规范审批行为,加大监管力度,值得我们深思。

2.临时建设用地管理的建议

(1)规范审批行为

临时用地应当与其他建设用地一样,严格按用地审批程序实行一宗地一文件审批,并建立起规范的临时用地审批档案。杜绝一文批复多宗临时用地行为。严禁乡镇政府越权审批临时用地。同时,要严把临时用地报件的审核审查关,不得随意扩大临时用地审批范围。对于进行短期生产加工的企业,应积极鼓励租赁闲置厂房或通过建设通用型厂房租赁使用的办法解决,避免批准临时性厂房用地。

(2)实行有偿使用制度

临时用地同样对土地实施了占用,与长期用地唯一的区别是使用期限不同。因此,对临时使用国有土地的应逐年征收地租。其租金标准可按基准地价除以同类土地用途的最长年限的一定幅度征收。对临时使用农民集体土地的,应相应提高补偿标准。对临时用地都应收取一定的垦复押金。这样既可避免土地的投机行为,又相应加大了监管手段。

(3)加强跟踪检查,建立健全跟踪管理档案

对使用期满的临时用地,要逐一发出通知,责令限期拆除建筑物,恢复土地原貌,归还土地使用权。对确需继续使用同时经规划部门许可的,准予重新办理临时用地审批手续,并逐年收取临时使用土地租金。从而有效制止临时使用土地违法行为的发生。

(4)强化执法手段

对临时用地期满不归还或擅自改变用途兴建永久性建筑物的,自期满或改变用途之日起,该宗地就应视为违法用地。土地监察部门应及时发出《责令停止土地违法行为通知书》予以制止。制止无效的,可按有关规定,直接对该建筑物予以查封后再立案查处。采取先查封后立案的办法处理有两个益处:一是可以减少案件查处的阻力。因为此类案件比较多,而且都是使用1～2年期满后发生的违法行为,其设施一般都比较完善。如果直接作出没收或拆除的处罚决定,其执行难度比较大。二是可以减少损失,对确需继续使用的临时建筑,在不影响近期规划和国家建设需要的前提下,可在接受罚款处理后予以重新办理用地审批手续。因此,查封的最终目的是促其接受监管,完善审批手续。

三、房地产市场开发管理

(一)房地产市场开发项目管理

房地产开发是以盈利为目的的,如何开发优质的房地产产品,如期将地产交付消费者使用,并节约造价,以获取高额利润,均依靠项目管理来实现。因此,房地产开发企业对其工程建设的项目管理显得尤其重要。

1.我国房地产开发项目管理存在的问题

(1)业主方项目管理自身存在的问题:①由于项目实施的一次性,房地产开发企业大部分属于项目公司,使得业主方自行进行项目管理往往存在很大的局限性,项目管理缺乏系统的管理模式与经验。②资金短缺,融资能力不

足,建设资金难以保障,工程款拖欠严重。由于房地产开发投资额巨大,建设用地大多为竞拍所得,地价款必须在三个月内支付,且建设周期长,故多数房地产开发企业资金短缺。③技术、管理人才素质较差。根据《房地产企业资质管理规定》,房地产企业应配备有相应职称的建筑、结构、房地产及有关经济类的专业管理人员,工程技术负责人应具有相应专业中级以上职称。④工程发包多为邀请招标,未实行真正意义上的公开招标。

(2)委托监理存在的问题目前建设监理制与业主方项目管理并行时,存在以下一些问题。①权责不明,责任不清。房地产开发采取委托监理与业主方项目管理并行的管理模式,仅将施工阶段委托监理。且为了确保其利益、便于造价控制,不将设计变更与投资控制的权力授予监理,以致监理单位与建设单位和承建单位关系错综复杂,管理混乱。②建设项目监理缺乏独立性、公正性。③大宗材料的质量难以控制。房地产开发企业出于节约造价考虑,对于某些大宗材料,采取低价招标竞买等方式采购。因此,对于大宗材料,常疏于管理,或是勉强放行。由于材料是低价购进,故材质往往有偏差,质量难以控制。

2.房地产项目管理的实施

(1)房地产项目管理中的成本控制直接决定企业是否能够获利,获利多少的问题。在整个房地产开发过程中,从前期的土地开发一直到最后的房屋销售以及管理费等都可以通过采取合理措施降低成本。例如在规划设计环节,降低成本一方面体现在好的设计、较低的价格;另一方面也体现在找好的设计单位,避免所设计的产品一旦得不到市场认可而出现滞销等情况。

(2)房地产项目管理中涉及进度控制的活动有:投资机会选择与策划、可行性研究、前期工作(包括土地开发、项目融资、规划设计、招授标、合同的签署等等)、建设阶段、租售阶段(还可能包括物业管理阶段)。做好房地产项目的进度管理,就应在这些环节上做好时间上的安排。应对参与各方进行范围管理,某一参与方何时介入、何时退出及其责任范围;研究项目各个工作的相关程度,有的是互不影响的并行工作,有的是完全相关的,有的是不完全相关的;针对项目的情况,制定出房地产开发项目各个工作的先后次序及预计持续时间,并对项目的进展情况及时监控,建筑工程的进度控制是在房地产项目施工工期要求的前提下进行的,它服务于整个房地产开发流程的进度控制。

房地产项目的工作流程并不是唯一的,所以开发周期的活动性较大,不同的开发企业其项目开发持续时间也不一样。我国某知名房地产企业所采用的"快速开工快速销售"模式,强调操作流程的创新与优化,产品研发、开发手续、工程建设三者之间的交叉与搭接,准确地进行市场定位和推广定位,拥有强大的销售网络和销售能力。传统的房地产公司操作项目"一环套一环"的串联方式,该企业改为并联的方式,从而从拿地到项目开工到开盘的时间大大缩短。

3.监理方面存在问题的管理

(1)完善监理制度,提高监理水平。一是拓宽监理领域,发展全能监理,实施全方位、全过程监理;二是加强对监理单位的资质管理,建立公平有序的监理市场;三是适当提高监理取费标准,制止监理企业恶性竞争;四是加大培训教育力度,提高监理人员的整体素质。

(2)明确监理单位与建设单位、承建单位的关系。建设单位与监理单位的关系是平等的合同约定关系,是委托与被委托的关系。监理单位所承担的任务由双方事先按平等协商的原则确定于合同之中,监理委托合同一经确定,建设单位不得干涉监理工程师的正常工作。监理单位依据监理合同中建设单位授予的权力行使职责,公正独立地开展监理工作。监理单位与承建单位之间是监理与被监理的关系。承建单位必须接受监理单位的监督检查,并为监理单位开展工作提供方便,监理单位应为项目的实施创造条件,按时按计划做好监理工作。监理单位与承建单位之间没有合同关系,监理单位之所以具有监理职能,一是建设单位的授权;二是在建设工程施工合同中已经事先约定;三是国家建设监理法规赋予监理单位具有监督实施有关法规、规范、技术标准的职责。

(3)建设单位协调、监督与检查监理工作。为避免权责不明、责任不清、建设单位有意无意干涉监理工作的问题,房地产开发企业应将项目管理重点转向协调、监督与检查监理工作。主要体现在以下几方面:①将工程施工阶段的监理业务委托给监理公司时,应在监理合同和工程建设施工合同中明确规定监理的权限,除签署工程进度款付款凭证和审查工程结算外,还应将应有的权限全部授予监理工程师;②对项目监理部的人员组织机构进行审查,要求各专业监理人员到位,监理人员执业资格满足相应要求,对不合格的监理人员应要求监理公司更换;③对监理规划和监理细则进行审批,对不适合的内容要求进行调整;④对监理部的监视和测量设备的有效性进行检查,不定期抽查监理工作是否到位,定期对监理资料及监理成果进行审查。

(4)对于大宗材料的质量控制,监理单位应参与材料招标的资质审查,避免不合格材料参与竞标。对进场材料,应会同建设单位严格按供货合同与质量检验标准进行质量检验。

(二)房地产市场开发企业管理

房地产开发企业的现代化管理应该涵盖发现地块、前期策划、方案设计与相关手续的办理到开工建设、销售和物业管理整个开发过程,可分成前期管理、内延管理、外延管理、后续管理四个维度进行。

1.维度一:房地产开发企业的前期管理

房地产开发企业的前期管理主要是做好市场开发和项目规划的管理工作,这是整个房地产项目开发成功与否的关键。因此房地产开发企业必须要研究和了解城市建设发展的总体规划情况,及时掌握当年或近期内城市建设发展的意向,把握消费者心理,生产出适销对路的产品是非常关键的。房地产开发企业的市场开发和项目规划管理可以从以下几个方面开展:

(1)加强市场调查及市场定位。以往开发商仅仅认为只要把房子建得牢固美观,就不愁没有客户光顾,只要自己造的房子好就不怕没有人买,这种思想在房地产业繁荣发展的今天更是明显。但市场不断在变化,如果开发商一味闭门造车,只追求"作品"的"自我欣赏",那么在销售阶段,将会是繁荣时期少赚钱,稳定时期不赚钱,萧条时期倒贴钱。许许多多的事例充分证明了脱离市场,脱离客户的需求进行盲目开发,制作出所谓的"精品"必将被市场淘汰。我们在任何项目开发设计之前,一定要进行充分的市场调查,以期做到准确定位,即先解决自己生产的"产品"要面向哪一类客户群的问题。

（2）强化可行性研究。在上述充分调查的基础上拟写可行性研究报告，从技术指标（土地技术指标）、经济指标（建筑成本）、市场指标（预计销售价格）及政府的相关税费、销售速度及现金流量预测（财务费用）、不可预见费等多方面综合测算，充分考虑各种不利因素，排除各种干扰及主观意识，让可行性报告客观公正地表达现状、预测未来，作为今后投资控制的依据，坚决杜绝以往那种以领导意图作为可行性研究报告结论是否可行的依据。

（3）完善项目规划。随着生活水平的不断提高，项目本身功能、质量要求提高之外，也同时注意开发项目环境的配套，因此项目的规划是个综合的过程。房地产开发企业应尽量创造富有生活气息的绿化环境；保障交通顺畅、疏散合理的道路设计；配套方便和谐、贴近生活的相关产业；使用合理的设计理念等。

2.维度二：房地产开发企业的内延管理

作为房地产开发企业第二维度的内延管理，就是房地产企业要加强自身的组织管理和经营管理，以好的企业制度、组织结构、企业文化来达到企业的健康可持续发展。作为房地产开发企业，其组织设计应该遵循的原则应该是：目标同一、分工协调、权责一致、机构精简、稳定性与适应性相结合。房地产开发企业大多数都属管理型公司，企业应围绕生产经营需要，从实际出发，建立精干的组织指挥机构。在大中型企业，设有4至5个职能部门就可以了，总人数控制在20人左右，以防止企业机关人浮于事，从而提高工作效率。一般可设经营开发部门、技术管理部门、财务管理部门、行政管理部门、政治工作部门等，在下属可设立经营开发部或分公司等分支机构。在企业经营指导下，要建立管理职能部门和各分公司的经营承包责任制度，形成一级抓一级。在小型的开发企业里，在人少的情况下，只成立一两个职能部门或只分工不设部门，由企业经理直接组织协调指挥。对二层的分支机构的设立，主要从生产经营的需要出发来设置，要把责、权、利明确下来，实行功效挂钩，使他们有经营责任，有经济权力，有经济效益。做到责权利相统一，达到自主经营，自负盈亏的经营管理制度。

3. 维度三：房地产开发企业的外延管理（供应链各外部环节的管理）

房地产开发企业的外延存在许许多多的实体和虚体，包括了政府、银行、设计商、供应商、承建商、营销代理商、客户等。但对于外延管理，本文强调的是价值链的管理，即和房地产开发企业最为密切相关的几个实体。房地产开发企业中外延管理其实就是做好价值链管理，做到外延各方协调发展。

房地产的价值链不同于一般企业的价值链，它不具有链状、单向的特点，而是以房地产开发企业为核心，与其他各外延实体的双向交换关系。例如，开发商要对设计商提供其客户定位及项目规划思路，设计商则要参与客户需求思考，对方案进行持续改进；房地产开发企业要对承建商实施工程进度监督，承建商则要提出目前项目开发的新技术、新手段。如何处理好与各个外延实体的关系，是房地产开发企业外延管理的关键，应培育以房地产开发企业为核心的外延管理体系。

4. 维度四：房地产开发企业的后续管理

前文所述的三个维度的管理虽然先进，但具有很强的复制性，而房地产开发企业多年来形成的品牌则是无法复制的，因此以品牌管理为主的后续管理也是房地产开发企业不可忽视的重心。强调房地产项目的后续管理就是为了持续维护企业品牌，强化企业品牌。房地产开发企业一个项目的结束就是意味一个新的项目的开始，而加强自身的品牌管理可以很好地为房地产开发企业在建的或将建的项目起到很好的宣传推广作用。品牌竞争是企业竞争的主要形式，消费者的购买决定主要依据的是对厂商的认知。具体到房地产业，就是客户对房地产企业的印象如何，也就是房地产企业的品牌塑造是否与客户的购买欲望相吻合。品牌的树立除了开发好的项目外，还需要得到客户的认知，因此树立品牌还需重视客户满意度。企业要得到持续的发展，拥有忠诚的客户是最重要的。房地产企业要认识到保持现有客户的重要性，建立一套完善的客户关系管理体系，建立房地产客户数据库，并有效地运用所储存的资料，能通过研究客户、开发客户、与客户沟通，有效留住客户，赢得客户的信赖与拥护。同时，要树立基于客户为中心的思想，房地产企业要树立全员客户服务的企业发展战略。在企业内部建立完善的客户服务体系，对外的服务准则、服务口号、承诺服务水准一致,并依托于客户服务部,形成一条以客户为导向的企业服务运作链。企业全体员工都在不同岗位上全心全意服务于客户,从而在企业内部形成以服务为核心的品牌企业文化。

（三）房地产市场开发建设规划管理

城市规划既是经济规划,又是环境规划,同时也是社会规划,是一项全局性、综合性、战略性很强的工作,涉及面广,技术性强。必须按照城市建设的总体要求,遵循城市建设的客观规律,立足当前,面向未来,统筹兼顾,综合布局,促进经济、社会、环境协调发展。

1.城市规划编制工作要把握适当超前的原则。高起点、可持续的规划可以使城市健康有序地发展。城市规划要着眼长远,勇于探索,敢于创新,不局限于现有的空间和条件,坚持高起点、可持续规划,有步骤、分阶段实施。另外,要以节约土地、保护环境为前提,坚持可持续发展。要明确和强化城市规划对于城市土地利用的管制作用,确保城市土地得以合理利用。城市布局要有利于生态环境建设,城市建设项目的选址要严格依据规划进行。

2.城市规划要与区域发展相结合。随着经济的发展,城市与城市之间、城市与农村之间的联系越来越密切,区域协调发展已成为城市可持续发展的基础。必须做好区域规划的编制工作,对城市的发展及基础设施布局和建设进行统筹安排。

（1）从区域整体出发,统筹考虑城镇乡村的协调发展,明确城镇的职能分工,引导各类城镇的合理布局和协调发展。（2）统筹安排和合理布局区域基础设施,避免重复建设,实施基础设施的区域共享和有效利用。（3）限制不符合区域整体利益和长远利益的开发活动,保护资源和环境。

3.城市规划要与产业布局、调整和经济发展相结合。我国经济发展面临差别经济结构战略性调整的重大任务,城市规划必须按照经济结构调整的要求,促进产业结构优化升级,体现产业聚集和规模效应。打破城市规划仅仅是建设规划的概念,应该更加深入和研究城市经济问题,充分发挥城市规划对经济空间布局的协调作用、对不同阶层经济利益的调配能力,通过城市规划促进经济发展。

(1)城市规划要充分利用法律、税收等有效的市场经济体制下政府管理的手段,强化规划管理,调控和引导本地区的建设规模和发展方向,应与国家和地方政府的产业政策、投资政策和税收体系相协调、相配合。(2)城市规划应更加深入地参与建设项目的选址工作。对于涉及新增建设用地的建设项目和大中型建设项目以及对城市规划实施有较大影响的建设项目的选址,应由与批准建设用地或建设项目的部门同等级的城市规划行政主管部门负责审批。(3)应通过城市规划的管理推动城市经济的发展。在经济快速发展时,城市规划应注重保证城市经济的有序发展;在经济发展较慢时,城市规划应注重新的经济增长点的培养与扶持。城市规划管理工作是城市规划的延续和具体化,是城市规划能否实施和维护的关键。城市建设是城市发展的基础,是塑造城市形象,提高城市品味的基本条件。因此,必须把城市建设作为重点,高标准建设,高质量施工。但长期以来,城市建设规划与建设计划两张皮,建设与管理脱节,城市规划确定的建设项目不能有效实施,在建设上条块分割,形成分散建设,各自为政,投资效益差,造成巨大的损失和浪费。

为改变这种局面,使城市建设与管理相互衔接,避免重复建设和资金的浪费,应加大城市管理力度,按照统一、效能的原则,将城市内各类工程如交通、供电、电信、供水、排水、燃气等专项工程都纳入统一管理,使分散建设、各自为政逐渐达到多元建设、归口管理的转变,提高城市管理效能。

市区容貌是城市文明最直观的组成部分,是市民城市意识、卫生意识和整体素质的综合体现。如果城市管理水平不高,创建文明城市就是一句空话。有些新建市由于建市时间短、起点低,相当一部分居民城市意识淡薄,还没有完成由农民到市民的根本转变,房屋乱建、车辆乱停、广告乱贴等不文明行为时有发生。这些看似细枝末节的小事,却最能折射出城市环境的形象。针对这种情况,应建立一些有效的管理制度,集中力量进行市容市貌的综合治理。如不断加大宣传工作力度,广泛宣传维护城市形象的重要意义,把城市意识渗透于学习和工作中去,促使广大市民树立自觉维护公共秩序的观念。还应成立城市容貌综合治理办公室,联合执法、协调联动,加大城市管理执法力度。同时采取疏堵结合,进行集中整治,寓管理于服务之中。城市发展要"三分建设,七分管理",以巩固规划成果,发挥建设效益,重建轻管或只建不管等于没有建设。在狠抓规划建设的同时,还要适应新形式的要求,按照市场经济和现代化城市建设的规律,进一步改进城市管理机制,增强城市管理效能,充分发挥市场对资源配置的基础性作用,才能提高城市品味,增强城市辐射力、吸引力,使城市既充满活力和生机,又健康、协调、有序的发展。

四、房地产交易管理

政府对房地产市场的管理,应该包括对房地产市场全部交易行为的管理。具体而言,在土地上应该包括对土地转让、出租、拍卖的管理;在房产上应该包括对各种所有制的商品房、租赁房、典当房、拍卖房、抵押房等的交易和交换、继承的管理。只有这样,才能体现政府的综合管理职能在房地产市场内的到位。

根据上述的管理范围和诸多的交易客体,在参与房地产市场交易管理的初始阶段,政府应该参与为先,突出重点,明确主线,逐步发展。目前,其重点是抓好商品房、租赁房和土地转让、出租的管理。因为,在整个房地产市场交易中,商品房、租赁房和土地转让、出租数量大、价值高、影响广、投机性大。这种多风险、高利润的经营,无疑给一些无视国家法律法规的企业或个人带来投机的诱惑性,使其想方设法钻政策空子,从事房地产的非法买卖,炒地皮、炒楼花、私下转租,牟取暴利。前段时间房地产市场秩序的混乱,就是乱在土地、商品房和租赁房上。所以,抓住对土地转让、出租和商品房、租赁房的管理,也就抓住了房地产市场交易管理的"牛鼻子",奠定了规范房地产市场交易行为的基础。管理内容主要是对交易主体、交易客体、交易价格、交易契约、交易行为的管理和违章违法的查处。在管理环节上重点是抓好开发、销售(租赁)和产权转移三个环节。因为这三个环节体现了商品房、租赁房、土地使用权转让、出租交易的全过程,其中销售环节和产权转移环节则是重点中的重点。对房地产市场交易行为的规范,具体可以参考如下办法或途径:

1.在开发环节,加强对房地产经营企业或个人的管理,把好登记发照关

开发环节,是房地产经营的第一环节,也可称为基础环节。从事房地产经

营的企业或个人必须取得经营资格,领取营业执照,方能从事房地产的开发和经营,否则将要受到处罚和取缔,因此,核发营业执照将是实施管理的关键环节。在这个环节里,我们要做好两个方面的工作:一是进行资质审查,看申请从事房地产经营的企业或个人是否有经营能力和具备开办的条件,是否熟悉业务和有关政策法规:二是核准登记,颁发《营业执照》。经营者取得资质资格后,政府部门要依据企业法人、个体工商户和私营企业的管理法规,对房地产开发经营企业或个人进行核准登记,颁发《企业法人营业执照》或《营业执照》,如此,经营者才取得从事房地产开发和经营的资格,并受到法律的保护。

2. 在销售环节,加强对房地产交易合同的管理,把好合同鉴证关

销售环节,是房地产交易中的重要环节。在这个环节中,政府应通过对商品房、租赁房和土地使用权转让、出租交易合同的鉴证来实现。因为合同鉴证对房地产市场来讲有着特殊的作用。一是各种房地产在交易中都要签订一定的书面合同或协议,用来规定双方的权利和义务,并成为办理产权转移的依据;二是合同鉴证,不仅是政府部门对房地产市场实施监督管理的经常性手段,而且是政府部门的独有的职能,所以把住好合同鉴证关,是制止非法经营,保护合法经营的有效途径。为此政府在合同鉴证中主要做好两个方面的工作:(1)规范合同文本,使用工商部门监制的统一的合同文本:(2)对交易合同坚持"四验四查":①验营业执照,查经营单位或个人的经营合法性;②验合同文字,查用语是否规范.以防止合同的偏、差、错、假,及时地制止不法分子利用合同搞非法买卖,维护正常的市场秩序;③验合同条款,查内容是否明确;④验商品的来源和去向,查签约环节是否有违法行为。

3. 调整住房转让环节的税收政策,严格税收征管

充分运用税收等经济手段调节房地产市场,加大对投机性和投资性购房等房地产交易行为的调控力度。严格界定现行有关住房税收优惠政策的适用范围,加强商品住房转让过程中个人所得税的征收,对不符合享受优惠政策标准的住房,一律不得给予税收优惠。对故意拖延房产转让登记时间逃避营业税的,有关部门要依法予以处理。

4. 加强房地产信贷管理,防范金融风险

积极支持房地产市场结构调整,加强对经济适用住房和普通商品房开发建设项目的信贷支持。加强房地产项目贷款的审核和管理,对商品房空置量大,负债率高的开发企业贷款,要严格审批并重点监控,加强对信贷资金及预售款流向的监控,切实防范化解房地产信贷风险,维护金融秩序的稳定。严格执行国家信贷政策,对同一借款人申请第二套个人住房贷款的,提高首付款比例。对同一借款人申请第三套及以上个人住房贷款的,大幅度提高首付款比例,实行贷款利率上浮,并予以严格控制。购买商品住房 1 年内转让,未还清贷款的,金融部门不予办理"转按揭"手续。

5. 在产权环节,加强对交易发票的管理,把好发票的验证盖章关

产权环节虽然是房地产市场交易的善后工作,但它是对房地产交易实施管理的最后环节。因此,抓好对产权转移环节的管理十分重要。对产权转移手续的管理关键是对房地产交易发票实行验证盖章。所谓验证是指政府部门根据国家赋予的职能,对交易行为进行审查,审查合格后在交易发票上盖土政府房产市场管理专用章,盖章后视为合法,方可到房管部门办理房地产产权转移手续。政府对房地产交易发票的验证盖章不是一般交易手续的管理,而是对房地产交易行为合法性的审查和确认。因为验证盖章,可以发现制止和打击房地产倒买倒卖、弄虚作假、哄抬价格、偷漏税费、行贿受贿等违章违法行为,是新形势下特殊商品交易的特殊管理手段。这一管理手段在今后立法中应写进管理法规中去,以此强化管理的力度。

五、房地产市场营销管理

房地产市场营销管理是指房地产企业为了实现经营目标,创造、建立和保持与目标市场之间的互利交换关系,而对经营方案所进行的分析、决策、计划、执行和控制。房地产市场营销管理的任务,就是为促进房地产企业经营目标的实现而调节需求的水平、时机和性质。由于消费者需求以其多样性、灵敏性和动态性特点,折射出房地产市场竞争的取向和房地产企业发展的追求。因此,从根本上说,房地产市场营销管理的实质就是需求管理。

1. 我国当前房地产市场营销管理存在的问题

(1)营销方式过于简单,销售具有盲目性

由于房地产具有上下游产业部门相互关联的特点,房地产营销是一个复杂的过程,主要涉及到城市建设、规划、土地、工商、设计单位、施工单位、规划单位、景观设计单位、媒体和全程策划、销售代理公司等机构或部门等,任何一环出现问题,都会影响营销的实施。我国多数房地产企业营销方式过于简单,不是售楼处定点式销售,就是街区直销式销售,盲目性很大,对潜在客户不能进行有效的跟踪;销售队伍团队能力差,个人单打独斗行为多,不能形成一种合力。

(2)房地产企业提供的产品无法满足消费者的全面需求

尽管我国的房地产市场环境良好,房地产企业加快了成长的步伐,越来越多的开发商开始注重品牌经营,但市场的需求并没有得到真正满足,人们热切期待的好房子时代远未到来。消费者对房屋的要求已经走出了初级阶段。精神上的最终满足是购房者的真正愿望。我国的房地产产品还比较缺乏文化积淀,而文化含量的高低日益成为人们选择居住地的重要标准。

(3)房价虚高,超出消费者的承受能力

造成我国房价上升的原因是多方面的,一是极少数房产商唯利是图;二是开发成本过高;三是期房价格呈低开高走趋势;四是按揭购房导致房价上扬。

(4)以广告代替营销推广

房地产市场营销活动作为一个开放系统,由诸多要素构成,而一些营销策划公司提交的策划方案,只包括几个平面广告设计,而且对广告效果还缺乏跟踪和监控。近几年,房地产开发商们喜欢做广告和促销是出了名的,我国房地产商也不例外。制作大型户外广告牌,精美的传单,电视、报纸、期刊广告以及众多的车身广告、互联网广告和办不完的房展会。开发商对于做广告和促销挥金如土,至于这样的营销效果如何尚待论证。但是有一点是肯定的,媒体赚了,印刷厂赚了,买房子的人负担却重了。一个负责和服务到位的营销方案应该是从规划设计到物业管理的全过程的设计。

2.加强我国房地产市场营销管理的对策思考

(1)注重房地产营销的创新房地产营销要注重创新营销创新实质上是为自己的楼盘提高竞争优势从而赢得消费者。从我国房地产市场的总体发展看,构建房地产营销创新体系迫在眉睫。①意识创新。在房地产开发过程中,拥有新理念是非常重要的,小区环境与文化氛围的有机结合所带来的满足将逐步取代人们以往衡量住宅的三个传统标准——地段、房型和价格。②组织和人才创新。应当构建顾客导向型的营销组织体系和人才成长机制。③设计创新。新式房屋设计理念为房地产业的发展提供了丰富多彩的素材和极有价值的思路。房地产企业只有采取"人无我有,人有我优,人优我奇"的个性化设计,才能取得竞争优势。

(2)深刻洞悉市场,加强房地产市场营销管理的引导功能我国的房地产商应该加强市场调查和营销环境的分析。房地产市场营销的出发点是客户的需求,了解客户需求的起点和基础就是市场调查。所以市场调查对了解房地产企业是至关重要的。市场调查的范围十分广泛,内容繁复,故有效的调查需要有针对性。在市场调查分析的基础上,要进行认真的房地产市场营销环境的分析,这在市场研究之中相当重要,因为市场的需求以及整个市场营销过程都会受到它的影响和制约。市场营销环境的划分有多种方式,其中常见和比较通用的有微观环境和宏观环境两种分法。微观环境影响到房地产区域进入目标市场的能力;宏观环境是由一些综合的社会约束力量组成的。对二者应当区别看待。

(3)实施成本领先战略。成本优势是实施整合营销的关键,房地产开发成本由征地成本、建设成本及建设过程中的各种税费构成。其中,可由房地产企业自己控制的成本主要是征地成本和建设成本。为降低成本,并确保在获得合理利润的同时,使产品价格能为客户所接受,我国房地产企业应实施成本领先战略。首先,要研究不同客户对住宅功能的不同需求,将对于目标客户而言边际效益递减的功能进行裁剪,针对不同客户设计不同的功能,有的放矢,使成本控制在客户可接受范围内。其次,房地产开发企业应建立成本控制体系,从征地、拆迁安置、建筑安装等各个环节控制成本,以低成本进入市场,增加产品的价格优势,抢占销售先机。

(4)培养一支高素质的房地产营销管理队伍。房地产企业进行市场营销的成功与否,除了企业自身的优势和楼盘的品质、定位外,最重要的是人才问题。如何培养一支高素质的营销管理队伍,是我国每个房地产开发公司必须面对的课题。高素质的营销管理队伍首先要有优秀的决策人才。决策者在市场营销管理中扮演至关重要的角色。培养优秀的决策人才,应从以下几方面着手:首先,要提高营销决策者的分析能力,营销决策者要善于分析问题;其次,要提高营销决策者的决断能力,决策者要具备多谋善断的能力;最后,要提高风险意识和控制风险的能力,要敢于承担风险。善于化解风险高素质的营销管理队伍还需要培养优秀的销售人才。能否拥有一支优秀的销售队伍,可以说关乎房地产企业的成败。

总之,加强房地产营销管理是我国房地产营销的必然选择,各级政府在监督房地产营销管理的同时,还应当积极引导房地产企业不断学习与进取,主动指导房地产营销管理的创新与发展。这无疑是我国加强房地产营销管理的重要对策之一。

第五节 政府对产品质量的监督管理

一、产品质量监督管理概述

(一)产品质量监管的定义

产品质量监管是指政府机构依据相关的法律法规,对于厂商生产销售的产品进行监督管理,主要是通过事前的标准和事后对于生产销售不合格产品的违法行为进行制裁和惩罚等方式来确保产品质量,缩小消费者和厂商之间的信息差距,实现降低产品质量风险、保障消费者人身财产安全的目的,救济因产品缺陷而导致人身财产安全受到损害的消费者,进而维护社会经济秩序,促进市场经济健康发展。产品质量监管就是来规制可能或者已经出现的产品质量风险问题,构成产品质量风险的主要因素是缺陷和瑕疵。根据我国《产品质量法》第 46 条规定:缺陷是指"产品存在危害人身、他人财产安全的不可里的危险;产品有保障人体健康和人身财产安全的国家标准、行业标准的,是指不符合该标准"。而瑕疵主要是指虽然不符合标准特征,但产品本身并不存在危害人身财产安全的危险。在国际上产品质量风险更多的关注的是产品缺陷,瑕疵问题涉及的并不多。

我们在探讨产品质量监管时不得不谈到产品责任,它包括产品责任和产品质量责任。产品责任是指当缺陷产品致使他人遭受人身伤害、财产损失时,产品生产者所应当承担的赔偿责任。承担产品责任的条件是产品存在着缺陷,并且实际造成了他人的人身伤害或财产损失,它的性质是侵权责任。[1] 确定生产者、销售者承担民事赔偿责任的法律法规统称为产品责任法。而产品质量责任要比产品责任广泛得多,只要产品不符合默示担保、明示担保、产品缺陷三项依据之一,生产者和销售者就应当承担相应的责任,它要求即使产品并没有给消费者造成损失也应当承担相应责任。它既包括侵权赔偿责任范围内的产品责任,也包括合同责任范围内的产品瑕疵责任。我们在下文的论述当中更多的是探讨产品责任,对于产品瑕疵责任由于造成的福利损失并不是十分严重,我们就暂且不对其进行讨论。

(二)政府规制理论综述

前文所述,古典经济学和新古典经济学对于产品质量监管方面的研究比较零散,其所依据的假设也有诸多不符合现实的地方:比如完全理性,完全信息和制度无关性等,再加上其主要主张是提倡市场自发调节,减少政府对经济的干预,因此本文就不对其进行过多论述。其重点主要是介绍传统规制经济学和现代规制理论对于产品质量监管问题的研究进展。

1. 规制的公共利益理论

规制的公共利益理论以市场失灵和福利经济学为基础,认为规制是政府对公共需要的反应,其目的是弥补市场失灵,提高资源配置效率,实现社会福利最大化。波斯纳指出,公共利益理论或明或暗地包含着这样一个假设,即市

---

[1]　汪贤裕、王华:《垄断条件下的质量歧视. 数量经济技术经济研究》2003 年第 9 期。

场是脆弱的,如果放任自流就会趋向不公平和低效率,而政府规制是对社会的公正和效率需求所做出的无代价、有效和仁慈的反应。米尼克认为政府规制是针对私人行为的公共行政政策,是从公共利益出发而制定的规则。欧文和布劳第根将规制看作是服从公共需要而提供的一种减弱市场运作风险的方式,也表达了规制体现公共利益的观点。[①]

规制公共利益理论是建立在规范分析的基础上的。它以市场失灵为基础,在相当长的时间内占据了规制理论研究的统治地位。它假定政府规制的目标就是通过纠正市场失灵来提高整个社会福利水平,并且这是政府唯一的目标,同时假设政府规制水平为零。政府代表的是公众的利益,而不是某些特定利益集团。

2. 规制俘虏理论

规制俘虏理论认为,政府规制是为满足产业对规制的需要而产生的,即立法者被产业所俘虏;而规制机构最终会被产业所控制,即执法者被产业所俘虏。

斯蒂格勒在1971年发表的《经济规制论》一文中提出,"规制通常是产业自己争取来的,规制的设计和实施主要是为该产业获得更大利益"[②]。并用经济学方法分析了规制的产生,指出规制是经济系统的一个内生变量,规制的真正动机是政治家对规制的供给与产业部门对规制的需求相结合,以各自谋求自身利益的最大化。斯蒂格勒的理论与规制的公共利益理论形成了鲜明的对照,规制者被特定的利益集团(被规制者)所俘虏,规制是为了满足特定集团的需要,提高的是生产者的利益水平,而不是为了提高社会大众的福利水平。1976年,佩尔兹曼在对市场失灵、对政府规制结果的预测以及进而推断政府规制在经济上的有效性的三个层次上进一步发展了规制俘虏理论。它认为受规制商品价格一般低于垄断价格而高于竞争价格,因此垄断产业的消费者会从规制当中受益,而竞争产业生产者能通过规制受益。政府规制在需要高涨

---

① 肖条军、盛昭瀚:《两阶段基于信号博弈的声誉模型》,《管理科学学报》2003年第2期。

② 谢识予:《假冒伪劣现象的经济学分析》,《经济研究》1997年第8期。

时会偏向消费者利益,而需求低落时会偏向生产者益。

３.激励性规制理论

放松规制不等于全部取消规制,但必须对传统规制制度进行改革,因而,激励性规制应运而生,如洛伯和马盖特、福格桑和凡辛格等人就提出过激励性规制方案。就其历史发展看,激励性规制理论分三个流派:(１)以兰格和利别尔曼为代表,主张在社会主义经济中将激励直接引入到计划经济里。(２)以阿罗为先驱,后经图拉克和森等人发展,提出把社会选择理论的观点综合起来的一种理论。认为要合理地把个人偏好推算为社会偏好,必须存在能够准确地表明个人偏好的激励机制。(３)论述了在市场失灵范围内为取得与市场均衡同样的市场成果而必须采取一些激励性规制的流派。①

激励性规制的主要内容有:

(１)特许投标制理论。1968 年,德姆塞茨在凯德维克和威尔考克斯研究的基础上提出。该理论强调要在政府规制中引入竞争机制,通过拍卖的形式,让多家企业竞争在某产业或业务领域中的独家经营权从而在投标阶段对服务质量及最佳服务价格形成比较充分的竞争,最后报价最低的企业将取得特许经营权。可见,特许权竞争是用"市场的竞争"代替"市场内的竞争",其意义在于:提高了垄断性市场的可竞争性;减少毁灭性竞争的范围和不良后果;为规制机构提供了进行价格规制所需要的成本信息。

(２)区域间标尺竞争理论。也称区域间比较竞争理论。1985 年,由雪理佛提出。其基本思路是以独立于本区域的其他区域中与本区域受规制垄断企业生产技术相同、面临需求相似的垄断企业的生产成本为参照,制定本区域垄断厂商的价格和服务水准,以刺激本区域垄断企业提高内部效率、降低成本、改善服务。标尺竞争的意义还在于为规制机构提供了被规制企业真实成本信息的参考。

(３)RPI－X 价格上限规制。1983 年,由李特查尔德提出,最早于 1984 年由英国运用于电信业,然后逐渐推广到其他国家,目前已成为西方最有影响的

---

① 杨波、袁莉:《假冒伪劣商品屡禁不止的七大根源》,《价格与市场》1998 年第 12 期。

规制方案。价格上限规制的确定原则,就是行业价格上涨不能高于通货膨胀率(用RPI,即零售价格指数表示);同时,考虑到由技术进步率带来的劳动生产率(用X表示)的提高,还要使行业的价格下降。RPI－X价格上限是最典型的剩余索取合同,剩余索取合同的意义在于,当规制机构与被视制企业之间存在着信息不对称时,通过赋予垄断企业更多利润支配权的方式使其在一定程度上得到信息租金,以换得提高生产效率的激励;同时赋予被规制企业在不超过价格上限的情况下自由调整个别价格的灵活定价权,以提高社会配置效率。

4.现代规制理论

现代规制理论的最主要发展就是在规制问题上考虑了信息不对称的约束条件,也就是说,现代规制理论的形成在很大程度上得益于信息经济学的发展。劳伯和马盖特将规制看成一个委托——代理问题,他们的主要观点是规制者通过向公用事业单位支付观察到的价格和数量水平以上的全部消费者剩余,就可以诱使公用事业单位讲出真实状况,从而将价格定于边际成本水平从而使得消费者和生产者剩余达到了最大化。"LM机制"的明显缺陷是将大量的消费者剩余转移给了生产者,忽略了社会公平。对规制中存在的逆向选择问题,伯圣科和萨平顿指出,规制者的政策手段体现在所提供的各种不同的合同设计上,以保证面临不确定性时企业能够说真话。因为,成本低的企业一般会选择高激励强度的合同,成本高的企业一般会选择低激励强度的合同。

关于现代规制理论的理论要点,拉丰和泰勒尔作了最完整的阐述。即由于存在信息不对称,效率和信息租金是一对共生的矛盾在得到效率的同时,必须留给企业信息租金,而信息租金会带来社会成本。可见,规制并不是免费午餐;然而规制可以避免企业得到垄断利润但必须付出效率的代价。为得到最好的规制政策,政府需要尽可能地利用企业的私有信息。

二、我国产品质量监管的现状及问题分析

近年来,我国消费品市场上出现的大量损害消费者利益的行为和现象,归纳起来主要是欺骗性消费和伤害性消费两种。其中,欺骗性消费是指产品销

售者在销售过程中利用各种欺骗手段对消费者所实施的欺骗性行为。比如假冒名牌商品、以劣质产品假冒优质产品、在商品销售中短斤少两、虚假宣传误导消费者等。伤害性消费是指由于生产者、销售者隐瞒了产品的真实成分或在产品中添加了有害物质,使得消费者在使用了所购买的商品后,造成了生命财产等伤害。伤害性消费近年来曝光较为频繁,比如由于商家在食品中掺杂福尔马林、敌敌畏、吊白块、苏丹红等有害物质形成的毒大米、毒面粉、毒奶粉、注水猪肉、"黑心"棉等事件。此外,含有甲醛的家具、含苯的衣服与鞋类、含有害化学成分的化妆品等也属此类。

我国消费品市场上出现的这些损害消费者权益的问题,强烈冲击着人们的消费信心。据搜狐网和北京数字100市场研究公司公布的消费安全调查显示:7成消费者"今后不知道该吃什么",更严重的是近6成的公众认为,被曝光的公众事件仅仅是"冰山一角";68%的消费者对当前的消费环境没有安全感,有超过9成的消费者将因为产品安全危机事件而改变消费习惯。另据商务部的调查,消费者对任何一类食品安全性的信任度均低于50%。我国现阶段产品质量问题已经严重影响到了市场经济的正常运行,对产品质量实施有效监管,已成为构建和谐社会的重要环节。产品质量监管所涉及的监管机构、厂商、消费者三方都是由具体人组成的,其符合前文"方法论个人主义"中对个人的界定:具备给定环境限制内的理性。这些具体人对产品质量监管的规则体系能否遵照执行,从而使规则体系上升为制度,关键在于规则体系的设置是否具有正确的导向功能,能否给这些具体人带来基于个人成本——收益分析的合理预期。

(一)我国产品质量监管相关法律法规体系

为了实现产品质量监管的目标,需要监管部门根据规避信息不对称问题的原则,对社会行为主体的活动制定一定的规制标准,并根据这些标准禁止、限制或鼓励某些特定行为的发生。这些标准一般是以法律、法规的形式出现,它可以来源于宪法或其他法律,也可以是行政机关依据授权原则制定的具体规章。根据制定部门和监管效力,我国监管标准可以分为以下几种:

1. 宪法。宪法是国家的根本大法,宪法具有最高的法律地位或法律效力,是据以制定其他法的法律基础。宪法所规定的是国家制度和社会制度的最基本的原则,公民的基本权利和义务、国家机构的组织及其运作的原则等。我国《宪法》对于产品质量监管所做的原则性规定体现在第十五条:"国家实行社会主义市场经济。国家加强经济立法,完善宏观调控。国家依法禁止任何组织或者个人扰乱社会经济秩序。"

2.正式的法律条文。在宪法的原则指导下,由全国人民代表大会及其常委会制定和颁布了一系列关于产品质量监管的正式法律。这些具体的正式法律主要有《中华人民共和国产品质量法》、《中华人民共和国标准化法》、《消费者权益保护法》、《合同法》以及涉及具体行业的法律,比如《中华人民共和国食品卫生法》、《中华人民共和国药品管理法》、《中华人民共和国动物防疫法》等。这些相关的法律从不同角度规定了生产者、销售者从事经营活动所必须具备的资格条件、必须保证的产品质量性能以及所应承担的相应责任,为产品质量监督部门的监督执法提供了法律依据。

3.司法解释。在上述正式法律发挥作用的同时,考虑到我国大陆法系法律变更困难等因素,最高人民法院和最高人民检察院结合实际发生的新情况,陆续发布了一些关于产品质量的司法解释。这些司法解释对于产品质量监管具有普遍的指导意义。

4.行政规章。既包括国务院制定和颁布的行政法规如条例、规则、办法等,也包括国务院各部委根据法律法规在本部门权限内制定和颁布的实施细则、命令、指示、通知等。比如国务院在1999年发布的《医疗器械监督管理条例》,国家工商行政管理局在1996年发布的《欺诈消费者行为处罚办法》等。

5.地方性法规和地方政府规章。

6.监管机关所制定的具有普遍约束力的决定、命令以及行政措施。在实际执行当中,这种决定、命令与行政措施的有效性最高,甚至有与正式的规制法相抵触的情况。

(二)我国产品质量监管机构的概况及其监管方式

1.产品质量监管的机构组成及职能

按照《中华人民共和国行政许可法》第六十二条的规定,我国进行产品质量监管的主体是国家行政部门。行政机关可以对被许可人生产经营的产品依法进行检测检查,对其生产经营场所依法进行实地检查。行政机关依据法律、行政法规的规定,对直接关系公共安全、人身健康、生命财产安全的重要设备、设施进行定期检验。检验合格后,行政机关应当发给相应的证明文件。

目前,我国行政机关执法往往是在制定一部法律、法规后就设置一支相应的执法队伍。由于产品质量监管所涉及的领域极为广泛,横向监管特征明显,因此,我国现阶段已经形成了一个庞大的执法队伍。据统计,分布在卫生、质监、工商、农业和环保等部门的食品安全执法人员已经超过百万人。

我国现行的有关法律法规原则性的条款比较多,对各部门职权进行明确的规定较少,比如我国《产品质量法》第八条规定,"国务院产品质量监督部门主管全国产品质量监督工作……国务院有关部门在各自的职责范围内负责产品质量监督工作";再比如在《食品卫生法》中,除明确规定由国务院卫生行政部门主管全国食品卫生监督管理工作外,也规定了国务院各有关部门在各自的职责范围内应当承担的食品卫生监督管理工作,因此产品质量监管的行政主体形成了多元化的态势。

产品质量问题一般是发生在省级以及省级以下地区,具体负责产品质量监管的省级及省级以下的行政机构一般都接受中央和地方的双重管理,尤其是地方的党委和政府一般都要负责地方监管机构的人事任免、政绩考核等重大方面,对地方监管机构领导层及具体的执法成员的影响巨大。这样,地方的监管机构在遵守中央政府相关部委的规定之外,还要充分考虑到地方政府的影响,其定位比较模糊,独立性不够。下面,以食品质量监管为例,考察我国现存的监管机构组成及其职能分配。

我国与食品监管相关的法律法规约有100多部,其监管机构涉及到卫生部门、质检部门、工商部门、农业部门、食品药品监管部门、环保、商务以及其行业主管等众多部门。各个部门实施监管的法律依据及其监管职责如下:

(1)卫生部门。卫生部门所依据和执行的法律法规主要有《食品卫生法》、《保健食品管理办法》、《餐饮业卫生管理办法》、《食品卫生行政处罚办法》等,主要负责食品卫生检测检验、技术指导、培训体检、发放《食品企业卫生许可证》等工作。自20世纪50年代起,卫生部门就承担了食品卫生监督管理工作,经过四十年的努力,卫生部门已逐步建成具有国家、省、市、县四级的监督管理和技术保障体系,全国拥有一支10万人的卫生行政执法队伍和20万人的卫生技术支撑队伍,目前已在全国部分地区设置食品污染物监测网络。

(2)工商部门。工商部门执行的法律法规主要有《消费者权益保护法》、《食品卫生法》、《产品质量法》及《反不正当竞争法》等。依据有关法律规定,工商部门主要负责流通领域食品卫生的监管。具体负责对具有《卫生许可证》的企业核发营业执照、检查、查处制假贩假、对有毒有害食品进行监管速测、质量追溯、不合格食品退出查处、广告审查等。

1.《食品卫生法》第三条规定:"国务院卫生行政部门主管全国食品卫生监督管理工作。国务院有关部门在各自的职责范围内负责食品卫生管理工作"。

(3)质检部门。质检部门所依据和执行的法律法规主要有《产品质量法》、《标准化法》、《计量法》、《工业产品生产许可证试行条例》、《工业产品生产许可证管理办法》、《食品生产加工企业质量安全监督管理办法》等。在产品质量监管方面,根据《产品质量法》的规定,国务院产品质量监督部门主管全国产品质量监督工作。国务院有关部门在各自的职责范围内负责产品质量监督工作。全国质量工作由国家质量监督检验检疫总局管理,地方则由质量技术监督部门、商品检验部门、出入境检验检疫部门等三个部门监管。主要负责生产领域食品卫生的监管,包括食品加工企业产品标准的监督、标准的修订和质量的监督检查,以及在企业取得《卫生许可证》和营业执照后发放《生产许可证》。

(4)农业部门。农业部门所依据和执行的法规主要有《中华人民共和国动物防疫法》、《绿色食品标志管理办法》、《农药管理条例》、《农药合理使用准则》等。依据《中华人民共和国动物防疫法》等有关法律规定,农业部门从中央到地方建立了农产品安全监督检验体系,对动物及其初级产品检疫检验进行监管,开展对无公害农产品、绿色食品、有机食品的认证工作,并承担动物源食品中人畜共患疾病兽医检验。

（5）食品药品监督管理部门。各级食品药品监督管理部门的职能是负责食品安全管理的综合监督和组织协调，组织查处重大事故，国家食品药品监督管理部门负责保健食品的审批工作。同时还明确，国家食品药品监督管理局不代替卫生、质监、工商、农业等部门对食品安全监管的职能。

（6）商务部系统负责与食品安全有关的储运、物流等领域。商务部系统已经建立了国家、省、市、县四级市场检测机构1000个以上，主要负责农产品批发、食品零售市场监管、运输、储存、销售，通过认证认可检测推行市场准入，打击私屠滥宰。

（7）环保系统负责与食品安全相关的生态环境保护检测工作。

（8）相关行业的主管等部门在各自的职责范围内对食品安全进行监管。比如粮食部门执行《粮食卫生管理办法》等，负责粮食收购调入、生产加工、贮存和调出的监督管理；蔬菜监管部门执行《绿色食品标志管理办法》等，负责对蔬菜生产加工质量的管理；畜牧管理部门执行《肉与肉制品卫生管理办法》等，负责畜禽产品的监督管理；水利水产和渔业部门执行的法规有《水产品卫生管理办法》《贝类生产环境卫生监督管理暂行规定》等，负责水产品的监督管理。

2005年1月1日起，国务院23号文件《关于进一步加强食品安全工作的决定》正式开始实施，文件中写明：我国的食品安全监管原则是："一个监管环节由一个部门监管"，采用"分段监管为主、品种监管为辅"的方式。文件为理顺食品安全监管职能、明确责任而确立了监管分工格局：由农业部门负责初级农产品生产环节的监管；质监部门负责食品生产加工环节的监管，将现由卫生部门承担的食品生产加工环节的卫生监管职责划归质检部门；工商部门负责食品流通环节的监管；卫生部门负责餐饮业和食堂等消费环节的监管；食品药品监管部门负责综合监督、组织协调和依法查处重大事故。此外，市场食品质量监督检查信息将由质检、工商、卫生和食品药品监管4个部门联合发布。也就是说，在一种食品从生产到消费的链条中，不同的部门承担着不同环节的监管责任。这是我国对食品安全监管格局最近的一次调整。

2.我国产品质量监管方式

我国产品质量监管的主要方式有:行政许可制、标准认证、监督检查等,对违反产品质量相关规定的厂商进行惩罚的手段主要以行政处罚为主。

行政许可,是指行政主体应行政相对方的申请,通过颁发许可证、执照等形式,依法赋予行政相对方从事某项活动的法律资格或实施某种行为的法律权利的行政行为。[①] 行政许可是一种具体行政行为,是针对特定的人和特定的事做出的,其本质是禁止的解除。有关行政许可的条件、申请程序和对许可使用的监督规则等构成行政许可制度。

监管机构通过对许可证的掌握和颁发,对由于信息不对称可能引起社会性伤害的经济活动实施进入控制,即未经监管机构的批准不能进入。许可证管理把那些可能产生社会性危害的问题控制在生产经营活动之前,限制不具备生产经营资格的经济主体从事该领域的经济活动,从而实现了信息优势方的信息传递,降低了信息劣势方的信息甄别成本。

我国现在对食品、药品、电力产品、建筑工程施工等诸多可能会引起社会性伤害的经济活动实行许可证管理。比如按照《中华人民共和国食品卫生法》的规定,食品生产经营企业和食品摊贩,必须先取得卫生行政部门发放的卫生许可证,方可向工商行政管理部门申请登记。未取得卫生许可证不得从事食品生产经营活动。

标准认证,是规范厂商行为、保护消费者安全健康的重要工具,也是政府监管力图通过市场力量促使优劣产品分开,在产品市场中实现分离均衡的重要步骤。

产品质量监管机构在产品、服务、劳动场所安全性等可能产生社会性危害的方面对厂商的经济活动制定了一系列标准,其目的在于保障消费者的利益、安全和身体健康。实行标准时,监管机构强制要求或鼓励厂商在进行经济活动时遵守。相对于许可证管理,标准认证是在生产经营活动之中进行社会性监管的工具,它规范了经济行为主体在生产经营过程中的行为,降低了这些行

---

① 罗豪才主编:《行政法学》(新编本),北京大学出版社1996年版,第175页。

为主体由于片面地追逐利润而对社会其他成员造成伤害的可能性。例如有关食品和药品的法律规定了相应的标准,以禁止假冒伪劣产品的生产和销售,保证产品制造、储运过程中的卫生条件和禁止误导性标签及广告的传播;机动车辆安全法规规定了机动车辆在设计制造过程中及其原始零部件的安全标准等。

按照《中华人民共和国标准化法》及其实施细则的规定,国家标准、行业标准分为强制标准和推荐性标准,其中保障人体健康,人身、财产安全的标准和法律、行政法规规定强制执行的标准是强制标准,其范围包括药品标准、食品卫生标准、兽药标准、产品及产品生产储运和使用中的安全卫生标准、劳动安全卫生标准、运输安全标准、工程建设的质量、安全、卫生标准及国家需要控制的其他工程建设标准等。强制标准是必须执行的,不符合强制性标准的产品,禁止生产、销售和出口。其他标准是推荐性标准,国家鼓励企业自愿采用。

监督检查,是产品质量监管机构依据有关的法律、法规、政策和质量标准对厂商进行监督、检查、检验、鉴定、评价,必要时采取紧急控制的措施。对产品质量进行监督检查是产品质量监管的关键环节,是产品质量监管能否发挥预期效果的重要保证。只有在监督检查执行状况良好的情况下,才能真正落实产品质量监管制度,确保厂商遵照相关规定进行合格产品的生产经营活动。

我国对产品质量监督检查的方式主要包括:

(1)抽查。根据我国《产品质量法》第十五条的规定,国家对产品质量实行以抽查为主要方式的监督检查制度,对可能危及人体健康和人身、财产安全的产品,影响国计民生的重要工业产品以及消费者、有关组织反映有质量问题的产品进行抽查。监督抽查工作由国务院产品质量监督部门规划和组织。县级以上地方产品质量监督部门在本行政区域内也可以组织监督抽查。国家监督抽查的产品,地方不得另行重复抽查;上级监督抽查的产品,下级不得另行重复抽查。

监管机构进行抽查时,抽查的样品应当在市场上或者企业成品仓库内的待销产品中随机抽取,检验抽取样品的数量不得超过检验的合理需要,并不得向被检查人收取检验费用,监督抽查所需检验费用按照国务院规定列支。生产者、销售者对抽查检验的结果有异议的,可以自收到检验结果之日起十五日内向实施监督抽查的产品质量监督部门或者其上级产品质量监督部门申请复检,由受理复检的产品质量监督部门做出复检结论。

根据抽查的具体过程,我们可以将其大致分为两种。一是国家监督抽查。国家监督抽查是指国家质量技术监督局每季度都要对产品质量组织抽查,并按季度或专项任务发布抽查公告,其涉及的范围主要包括可能危及人体健康和人身、财产安全的产品,影响国计民生的重要工业产品以及消费者、有关组织反映有质量问题的产品。被抽查企业的名单由国家质量技术监督局随机选定,企业无正当理由不得拒绝国家抽查,否则按不合格论处。经国家抽查的产品,自抽样之日起6个月内免于其他监督性抽查。承担抽查的机构必须是依法设置或依法授权的检验机构,其他机构的抽查活动不得冠以"国家监督抽查"字样。二是地方监督抽查。地方监督抽查是指地方质检部门依据市场产品质量状况和消费者及其团体对产品质量的举报,选择抽查重点厂商的重点产品。地方监督抽查可以定期或不定期进行。

(2)产品质量统一检查。产品质量统一检查制度是从1983年起实行的,指的是质量监管部门每年选取若干种产品,在统一的时期内,采用统一的检验方法,对统一的产品进行检查。采取这种统一检查的目的在于了解各地区产品质量状况,以便针对各地区产品质量状况进一步采取区域性措施。

(3)日常监督检查。产品质量的日常监督检查主要是由地方一级质量监管机构负责,对本地区的产品进行经常性的质量监管。在我国《产品质量法》第五章"罚则"规定表明,对违反产品质量相关规定的厂商所进行的惩罚手段以行政处罚为主。此外在有关产品质量的专门法律法规,比如《药品管理法》《价格法》《广告法》等药品监管方面的法律法规中,惩罚方式均以行政处罚为主。

第六节　政府对食品药品安全的管理

一、政府对食品安全的管理

关于食品的安全性,至今还没有明确、统一的定义。早在 1984 年,世界卫生组织就在《食品安全在卫生和发展中的作用》的文件中,将"食品安全"等同于"食品卫生"。定义为:"生产、加工、储存、分配和制作食品过程中确保食品安全可靠,有益于健康并适合人消费的种种必要条件和措施。"[1]1996 年,世界卫生组织又将"食品安全"和"食品卫生"作为两个不同的概念予以区分。其中,将食品安全定义为:"对食品按其原定用途进行制作和食用时不会使消费者受害的一种担保"。[2]

我国《食品卫生法》第 1 条和第 6 条"保证食品卫生,防止食品污染和有害因素对人体健康的危害,保障人民健康,增强人民体质"和"食品应当无毒,无害"的规定,也正符合了世界卫生组织关于"食品安全"的新解释。

概言之,我们可以将"食品安全"理解为食品中不应含有可能损害或者威胁消费者健康的有毒、有害物质,食品在规定的范围内是安全的。这也正是食品安全监管所要达到的目的。

食品安全监管是一种新兴的政府监管形式,是以保障劳动者和消费者的安全、健康、卫生以及环境保护、防止灾害为目的,对物品和服务的质量以及伴随着提供它们而产生的各种活动指定一定标准,并禁止、限制特定行为。[3] 其监管主体通常是行政机关,监管活动是在法律基础上的对微观经济活动进行的干预和控制。我国主要有以下几种监管制度:

---

① 王艳林主编:《食品安全法概论》,中国计量出版社 2005 年第 1 版,第 34 页。
② 王艳林主编:《食品安全法概论》,中国计量出版社 2005 年第 1 版,第 34 页。
③ ［日］植草益:《微观规制经济学》,朱绍文等译,中国发展出版社 1992 年第 1 版,第 22 页。

(一)事后制裁制度

很长一段时间以来,我国行政机关都主要是对食品安全采取事后监督、检查、处罚的措施,而不注重事前的预防。主要的措施是行政检查、行政处罚。

1. 行政检查

行政检查,又称行政强制检查、行政监督检查、行政监督,是食品监督管理部门使用频率很高的一种执法手段。目前,行政法学界对行政检查的法律属性及其界定有诸多不同的看法,我国还没有专门的法律、法规对其做出明确的规定,大多数法学专业教材对行政检查的结论都规定得非常简单也不尽一致。比较有代表性的两种认识:一是独立行政行为说;二是准行政行为说。不管行政检查的法律属性如何界定,人们普遍认可的一种概念是:行政检查是指行政主体基于行政职权对行政相对人遵守法律、法规、规章以及执行行政命令、决定的情况进行检查、了解和监督的行政行为。[1]

按照这一概念去理解,在食品的监管实践中,无论是行政许可前的书面审查和现场检查,还是许可证后的监督检查;无论对行政相对人实施各类质量管理规范情况的检查、对产品质量实施抽检,还是行政处罚前的现场检查制作笔录等取证行为,都应列入行政检查的范畴。由此可见,食品监管职能部门作出的行政处罚、行政许可和行政确认等具体行政行为,都与行政检查有着不可分割的联系。有些情况下,行政检查的结论还是作出这些具体行政行为的前提或必要条件。[2]

由于食品安全检查涉及食品种植、生产、加工、流通等各个环节,覆盖面极为广泛和复杂。因此,根据《食品卫生法》,可以将食品安全检查分为以下两个部分:第一,对企业申领《食品卫生许可证》的检查。《食品卫生法》第24条规定:"食品、食品添加剂和专用于食品的容器、包装材料及其他用具,其生产者必须按照卫生标准和卫生管理办法实施检验合格后,方可出厂或者销售。"

---

[1] 姜明安主编:《行政法与行政诉讼法》,北京大学出版社、高等教育出版社2007年第3版,第309页。

[2] 参见李青云:《关于公告食品药品行政检查结论的认识与思考》,《监管与发展》2007年总第86期,第4页。

第二,法律、法规规定的其他食品安全检查。例如:对个别违规企业进行的单独的食品安全检查;对某一类食品进行的统一的食品安全检查等。

2. 行政处罚

行政处罚是指行政主体为达到对违法者予以惩戒,促使其以后不再犯,有效实施行政管理,维护公共利益和社会秩序,保护公民、法人或其他组织的合法权益的目的,依法对行政相对人违反法律规范尚未构成犯罪的行为,给予人身的、财产的、名誉的及其他形式的法律制裁的行政行为。①

行政处罚是我国食品安全监管的重要措施之一。目前,我国关于食品卫生行政处罚的法律主要规定在《食品卫生法》和《食品卫生行政处罚办法》中。《食品卫生法》第39条规定:"违反本法规定,生产经营不符合卫生标准的食品,造成食品中毒事故或其他食源性疾患的,责令停止生产经营,将会导致食品中毒事故或其他食源性疾患的食品,没收违法所得,并处以违法所得一倍以上五倍以下的罚款;没有违法所得的,处以一万元以上五万元以下的罚款。"《食品卫生行政处罚办法》第9条规定:"违反《食品卫生法》的有关规定,造成食品中毒事故或其他食源性疾患的,按以下规定处以罚款:第一,造成中毒或疾患人数10人以下,有违法所得的,处以违法所得一至五倍的罚款;没有违法所得的,处以一千元至三万元的罚款;第二,造成中毒或疾患人数11人至30人,有违法所得的,处以违法所得二至五倍的罚款;没有违法所得的,处以五千元至四万元的罚款;第三,造成中毒或疾患人数31人至100人,有违法所得的,处以违法所得三至五倍的罚款;没有违法所得的,处以一万元至五万元的罚款;第四,造成中毒或疾患人数101人以上,有违法所得的,处以违法所得四至五倍的罚款;没有违法所得的,处以三万元至五万元的罚款。"

虽然行政处罚在食品安全监管领域应用已久并十分广泛,但在实践中还是存在很多问题:第一,我国关于食品卫生的处罚力度比较轻。致使守法成本高于违法成本,食品的生产者宁愿缴纳罚款也不愿守法。第二,我国食品安全立法中缺乏对连带责任的规定。对假冒伪劣食品的销售者、原辅料及包装材

---

① 崔卓兰主编:《新编行政法学》,科学出版社2004年第1版,第163页。

料的提供者缺乏连带处罚,进而不能对食品生产的整个链条进行安全性保证。第三,我国对需要进行处罚的食品卫生违法情况规定得较为笼统,致使很多企业钻法律的空子,执法机关也缺乏具体的标准。例如:我国《食品卫生法》仅笼统地规定对造成食物中毒事故或其他严重食源性疾患,对人体造成严重危害的,依法追究刑事责任。而没有规定严重危害的标准。第四,对食品卫生违法行为进行处罚的措施的有效性不足,不足以制止和严惩违法行为。这些处罚措施不足以保证该食品生产企业日后所生产的食品具备安全性。

(二)食品质量安全市场准入制度

食品质量安全市场准入制度,又称为 QS 认证,是国家质检总局于 2002 年推出,于 2004 年 1 月 1 日起实施的食品质量安全标志。食品质量安全市场准入制度是为了保证食品的质量安全,具备规定条件的生产者才允许进行生产经营活动,具备规定条件的食品才允许销售的监管制度。根据我国《加强食品质量安全监督管理工作实施意见》的规定:"凡在中华人民共和国境内从事食品生产加工的公民、法人或其他组织,必须具备保证食品质量安全的必备条件,按规定程序获得《食品生产许可证》,生产加工的食品必须经检验合格并加贴食品市场准入标志后,方可出厂销售。进出口食品的管理按照国家有关进出口商品监督管理规定执行。"由此可见,它是一种政府行为,带有强制性的特点,以监督纳入食品质量安全市场准入制度管理范围内的食品生产企业生产、销售合格、安全的产品。① 它的实施主要包括三方面的内容:第一,对食品生产企业实施食品生产许可证制度。对具备相关生产条件,能够保证食品质量安全的企业,颁发《食品生产许可证》,准予生产许可证范围内的食品。凡不具备相应条件的企业,不得进行食品加工生产。另外,参与食品生产和交易的其他主体也应该具备相应的资质证。第二,对企业生产的出厂产品实行强制检验,未经检验或者检验不合格的产品不准出厂销售。本企业不具备自检条件的强令其实行委托检验。② 第三,对实施食品生产许可证制度并经检

---

① 覃峭:《食品生产企业"QS"认证与 ISO9001》,《广西轻工业》2006 年第 22 期,第 22—24 页。
② 李树和等:《食品质量安全市场准入制度——QS 认证》,《中国食物与营养》2007 年第 5 期,第 10 页。

验合格的食品,必须在最小销售单元的食品包装上加贴市场准入标志,即 QS
标志。同时标注生产许可证编号,以示其为合格产品。国家质检总局制定的
《食品生产许可证实施细则》,对食品加工生产企业必须具备的保证食品质量
的 10 个方面的条件做出了详细规定。

为了保证食品质量安全市场准入制度的顺利实施,国家质检总局制定了
确保其实施的三项原则。第一,坚持事前保证和事后监督相结合的原则。要
切实保证食品质量安全,必须从食品生产企业的生产条件和设备抓起。对不
具备相应生产条件的企业,坚决不允许其进行生产。如此还不足以保证食品
质量安全。对已经取得了生产许可证的企业的产品,也要实行强制检查制度、
合格产品标识制度、许可证年审制度以及日常的监督检查,对不符合规定的企
业还要进行罚款。只有将事前保证和事后监督有机地结合起来,才能够确保
食品安全。第二,实行分类管理、分步实施的原则。我国食品种类繁多,各类
产品在对安全性的要求程度上有所不同。只有按照食品的安全要求程度以及
目前出现问题的严重程度划分类别,实行分类分级管理,由国家质检总局分批
确定并公布实施食品生产许可证制度的产品目录,逐步加以推进才能进行有
效的监管。第三,实行国家质检总局统一领导,各地具体实施的组织管理原
则。

从 2002 年启动食品质量安全市场准入制度以来,我国已经逐步将 28 类
食品纳入了该体系。这 28 类食品不仅包括大米、面粉、酱油、食醋等与人们生
活密切相关的食品,还包括饼干、糖果等消费品,可以说覆盖面是比较全的,也
起到了很好的效果。很多食品生产加工企业都很重视这一制度,它也唤醒了
消费者的安全意识,对查处违法企业和问题产品的作用非常巨大。然而,在实
施的过程中,也暴露出了很多问题:第一,不同的地域对 QS 的要求不同。目
前,我国不同的地区对食品企业的要求不同,监管的程度更是不同,这绝不是
简单的实施细则能够解决的。第二,审查细则制定不科学。有些食品被限定
了严格的条件,有些则比较宽松。而往往是该严的不严,该松的不松,致使食
品安全问题得不到很好的监管。第三,配套的法律法规不健全。

(三)食品安全标准体系

食品安全标准体系是为实现食品有序生产、安全消费、有效管理等目的,将"从农田到餐桌"食品链整个过程中的各种影响因素、管理手段、控制目标等所涉及的技术要求,按照内在联系而组成的一个科学、系统、有机的整体。该体系具有规划性、层次性、协调性、复杂性和开放性的特点,是保障消费者健康、提高国家食品产业竞争力、规范市场经济秩序的重要依据。食品安全标准有着不同的分类。按照标准的强制性质不同,可以将食品安全标准分为强制性食品安全标准和推荐性食品安全标准。按照标准的等级和适用范围不同,可以将其分为食品安全国际标准、国家标准、地方标准和企业标准等。食品安全国际标准主要由国际标准化组织制定,具体制定工作由其技术委员会、分支委员会和工作组进行;食品安全国家标准分为强制性标准和推荐性标准;食品安全行业标准也分为强制性标准和推荐性标准。有关食品的标准,除部分食品添加剂具有国家标准外,大部分都是行业标准;食品安全地方标准是对没有国家标准和行业标准而又需要在省、自治区、直辖市范围内统一食品安全、卫生要求而制定的标准。食品安全地方标准是强制性标准,必须执行。但是,当相应的国家标准或行业标准实施后,该食品安全地方标准自行废止;食品安全企业标准分为两种情况,一是当企业生产的食品没有国家标准、地方标准和行业标准时,企业必须制定相应的企业标准作为组织生产的依据;二是虽然存在上述标准,企业也可以制定严于上述标准的食品质量标准,企业标准只在企业内部使用。但如果已经备案,就必须按此标准组织生产。除此之外,按食品安全标准规范的领域不同,可以将其分为食品产品标准、食品添加剂标准、食品包装标准和食品加工机械标准等。

迄今为止,我国已经制定和发布了以《食品卫生法》为主线的,包括《产品质量法》《进出境动植物检疫法》《进出口商品检疫法》、《国境卫生检疫法》等在内的一系列法律和规章。均对食品安全标准有所规定,并陆续发布实施了包括食品污染物和药物残留限量标准、食品卫生操作规范在内的食品卫生及其检验方法、食品质量及其检验方法、食品添加剂、食品包装、食品贮运、食品标签等方面的国家标准1000余项,行业标准1000余项。其中约有23%采用了国际标准。这些标准分为 6 大类:食品加工品及农副产品标准、食品工业基础及相关标准、食品检验方法标准、食品加工产品卫生标准、食品包装材料及容器标准、食品添加剂标准。

虽然我国已经颁布了很多食品安全标准,也初步形成了食品安全标准体系,但与国外的食品安全标准体系相比仍有很大不足,也存在着很多问题。主要体现在以下几个方面:第一,标准过多,并有重复,致使监管部门无所适从。例如:国家发布的乳制品和婴幼儿食品标准多达 40 多个,仅生产婴幼儿配方奶粉的标准就有 5 个,为有效进行监管带来很多困难。第二,标准之间相互矛盾,缺乏统一性。由于我国的食品安全标准不是由一个部门统一制定的,各部门在制定标准时又缺乏有效地交流和沟通,导致我国很多食品安全标准之间都存在矛盾。例如:《食品添加剂卫生标准》规定,在速冻食品、糕点、月饼中不得检出苯甲酸。但这类食品的主要原料是面粉,其标准中允许用过氧化苯甲酸作为增白剂,而过氧化苯甲酸在面粉中期氧化反应时会产生苯甲酸,这类食品的安全标准冲突就显而易见。第三,标准水平偏低。我国的食品安全标准体系中,大多数是行业标准而不是国家标准或国际标准。而且,很多种类的食品缺乏相应的标准,致使食品标准出现空白。第四,标准的界限值混乱,指标确定合理。我国在确定食品安全标准的界限值方面没有以严格的试验和科学知识作为指导,很多食品标准的界限值混乱甚至不合理。例如:二氧化硫是葡萄酒中十分重要的添加剂,我国设定的二氧化硫标准的界限值有三个:《发酵酒卫生标准》《食品添加剂使用卫生标准》《葡萄酒产品标准》,但这三个标准对二氧化硫的界限值的规定却存在着很大差别。第五,标准的技术内容与相关的法律不一致。例如:《火腿卫生标准》等 6 项标准的感官指标规定,二级鲜度的产品表面可以有霉点,脂肪有轻度酸味。显然,这些指标不符合《食品卫生法》第 6 条所说的食品应无毒、无害,符合应当有的食品要求。

(四)食品安全信息强制披露制度

食品安全信息既是国家制定食品安全法律法规的依据,也是现代食品安全保证体系建设的重要内容。消费者与生产者、销售者占有的食品安全信息不同,直接导致了政府和消费者无法预防安全风险,甚至对事故赔偿也缺乏有

力的救济手段。目前,我国进行食品安全信息强制披露的主体主要为食品生
产者和经营者,其次是行政机关。食品的生产者和经营者具有向消费者披露
有关食品的构成、危险性、食用期、添加剂的种类、是否为转基因食品等的义
务。但是,目前我国强制其进行披露的相关法律、制度不健全。很多经营者为
谋求利益,隐瞒真实信息而不进行全面、准确的信息披露;还有很多生产者、经
营者本身也不了解食品安全性方面的信息。因此,为缓解食品安全信息需求
与供给之间的矛盾,让消费者获取更充分的信息,国家食品药品监督管理局会
同公安部、农业部、商务部、卫生部、工商总局、质检总局、海关总署等八部局联
合制定了《食品安全监管信息发布暂行管理办法》。对食品及其原料种植、养
殖、生产加工、运输、贮存、销售、检验检疫等监督管理过程中获得的涉及人体
健康的信息加以发布。根据《食品安全监管信息发布暂行管理办法》第 3 条
规定,主要包括以下五个方面:第一,食品安全总体趋势信息。能够对我国的
食品安全总体趋势进行分析预测、预警的信息。第二,食品安全监测评估信
息。通过有计划地监测获得的反映我国食品安全现状的信息。第三,食品安
全监督检查(含抽检)信息。通过有计划、有针对性地监督检查(含抽检)而获
得的食品安全信息。第四,食品安全事件信息。包括食物中毒、突发食品污染
事件及人畜共患病等涉及食品安全的信息。第五,其他食品安全监管信息。

根据《食品安全监管信息发布暂行管理办法》第 4 条至第 11 条的规定:
食品安全监管信息由政府及其有关部门发布。国家食品药品监督管理局负责
收集、汇总、分析国务院有关部门的食品安全监管信息,对国内食品安全形势
作出分析,并予以发布。同时,综合发布国家食品安全监管信息。国务院其他
有关部门依据有关法律、法规的授权在各自职责范围内负责向社会发布各部
门的食品安全监管信息。

虽然我国已经制定实施了《食品安全监管信息发布暂行管理办法》,并且
许多地方也制定实施了各省市专门的《食品安全监管信息发布暂行管理办
法》,该办法的实施也取得了很多成效。但我国的食品安全信息披露制度仍
处于起步阶段,与国外的食品安全信息披露制度相比,存在许多问题和不足。
主要体现在以下几个方面:第一,信息收集能力不强。第二,进行风险分析困

难重重。一是资源上存在困难。由于我国分头执法的食品安全监管体制,致使信息的整合和共享存在一定困难。二是风险交流上的困难。第三,缺乏统一权威的信息发布平台。由于我国行政执法体制比较分散,各个部门分管的工作不同,进行调查的角度不一,各部门的信息均不全面,缺乏统一的、全面的信息发布平台。第四,信息内容和范围窄,无法满足所有利益主体的需求。我国目前披露的信息过于笼统,缺乏对单个产品的详细的披露信息。

(五)食品安全政府指导和服务制度

我国食品安全政府指导和服务制度运用的主要是行政指导的方式,即行政主体基于国家的法律、政策的规定而做出的,旨在引导行政相对人自愿采取一定的作为或者不作为,以实现行政管理目的的一种非职权的行为。行政指导行为具有非强制性,是行政机关在利用职权行为不能够起到良好的效果时经常采用的一种行为方式。

在食品安全监管领域,行政机关的指导行为主要体现在以下几方面:在节假日提示食品安全、提示发生疾病的疫区、鼓励生产绿色食品等。这些措施都将有效地保障食品安全,弥补职权性行政行为的不足。

二、政府对药品安全的监管

药品安全,事关人民群众身体健康、生命安全与经济社会发展大局。保障人民群众用药安全,是贯彻科学发展观和构建社会主义和谐社会的必然要求,也是各级政府和药品安全监管部门履行市场监管、社会管理和公共服务职能的具体体现。

党中央、国务院历来高度重视药品安全工作:党的十六届五中、六中全会,明确提出了"加强药品监管"的要求。《中华人民共和国国民经济和社会发展第十一个五年规划纲要》,第一次将药品安全写入国家的总体规划。胡锦涛总书记、温家宝总理和吴仪前副总理等中央领导同志多次对药品安全监管做出重要指示:温家宝总理曾经强调:要"全面整顿药品市场秩序,保障人民群众用药安全"。吴仪副总理出席2008年全国食品药品监督管理工作会议出席会议时指出,药品监管部门要把贯彻落实党的十七大精神作为当前和今一个时期的首要任务,切实做到"标本兼治,把食品药品安全专项整治工作不断向纵深推进,不断提高监管和供应保障能力,全面提升监管法制化水平,全力确保食品药品安全。"吴副总理同时强调了五点:一是要深化药品安全整治,加强对药品生产、经营企业的动态监管,把好高风险品种的生产质量关,对化工企业生产药品原料情况进行全面清查,二是要围绕建立"两个链条、两个体系、一个网络"的要求,不断提高监管和供应保障能力,逐步实现对药品生产经营的全过程网上监管。三是加快建设国家基本药物制度。要强化政府保障基本药物供应的责任,完善基本药物的生产供应保障体系,加强农村药品监管网和供应网建设,让广大人民群众能够使用到基本药物,用得起基本药物。四是加快建立体系健全、制度完备的监管法律体系,严格执法,从严监管,认真落实食品药品安全责任。特别要扩大政务公开,加快审评审批计算机网络化,加强对权力的监督和制约。五是要把队伍建设和党风廉政建设作为一项基础性、长期性、战略性任务抓紧抓好,努力造就一支为民、务实、清廉的食品药品监管队伍。

国家食品药品监督管理局局长邵明立承认:"药害事件暴露出药品研制、生产、流通和使用环节存在的突出问题,反映了当前药品市场秩序的混乱局面,也暴露出药品监管工作存在的漏洞。"客观分析原因,邵局长认为"我国食品药品安全监管工作起步较晚,基础薄弱,监管体制、机制不够完善,法律法规建设滞后,食品和医药产业发展水平不高,部分企业自律意识不强、诚信度不高,从而使当前的食品药品安全形势依然严峻。特别是药品市场秩序混乱,食品安全事故和药害事件频发,使食品药品安全监管遇到了前所未有的挑战"。

(一)中国药品安全领域的主要问题

现阶段,我国药品监督管理的主体是药品监督管理部门,包括国家食品药品监督管理局和省、自治区、直辖市级药品监督管理部门。1998 年的政府机构改革对我国的药品监管体制进行了很大力度的调整,在对原国家医药管理局、卫生部药政局、国家中医药管理局 3 个部门进行整合的基础上成立了国家药品监督管理局。此次改革,将原国家医药局药品生产、流通监管职能,国家卫生部药政、药检职能,国家中医药管理局中药生产、流通监管职能以及分散在其他部门的药品监管职能,统一规划给新组建的国务院直属局—国家药品监督管理局(StateDragAdministration,即 SDA)。SDA 主管全国药品季度管理工作,对药品研制、生产、流通、使用等环节进行行政监督和技术监督。国家药监局成立以后,不断完善机构设置、机构职能,并陆续出台一些新的政策规定,努力使我国的药品监管走向科学监管、高效监管:2000 年,国务院批准了国家药品监督管理局《药品监督管理制度改革方案》,实行省以下药品监督管理体系垂直管理,以消除地方保护,加大药品监管力度。2008 年,第六次国务院机构改革将国家食品药品监督管理局改由卫生部管理。此次改革将有利于解决职能交叉带来的工作不顺畅,药品监管局还将主要负责我国药品研制、生产等方面的监督工作。

从机构性质上而言,药品监管部门分为行政监管部门和技术监管部门。行政监管为国家级、省级、地(市)级和县级,各自负责辖区内的药品监管工作。2001 年 12 月 1 日,新修订的《药品管理法》出台后,国家食品药品监督管理局基本上主管了企业和药品的申报、申请、注册、认证等工作,省级以下的各级药品监管部门主要负责日常的监管工作。① 以新修订的《药品管理法》的正式实施和国务院批准的国家药品监督管理局《药品监督管理体制改革方案》通知的全面贯彻落实为标志,我国药品监管体制出现了前所未有的新特征。② 药品监管的主体最终得到了统一整合。

然而,随着国家药品监管改革的不断深入,一些药品安全问题不断显现出来,而这些药品问题与当前的药品监督管理体制及不断出台的监管制度、监管政策呈现出极大的关联性。介于篇幅和作者所持观点,本文将不逐一分析全程监管各个环节所存在的问题,而是选取了与广大民众生命安全、日常生活息息相关的重点问题进行总结和阐述。

(二)完善我国药品监督管理体制的对策

1.树立科学的监管理念,准确定位监管职能

"为谁监管"是问题之根本。它决定着"如何监管"。作为人民的药品监

---

① 详见《中华人民共和国药品管理法》第二章,第七条、第八条、第九条相关规定。
② 详见《中华人民共和国药品管理法》第八章,第六十四至七十二条规定。

督管理局,一切工作的出发点和落脚点都是保证人民的用药安全。因此,对于监管部门而言,人民的利益是第一位的,公众利益高于商业利益。正如现任局长邵明力简单明了地说,要"科学监管、依法行政、执政为民"。同样的十二个字,摆在首位的是百姓的利益、显示的是一个公正严明的监管机构的决心。只有按照科学发展观的要求,牢固树立正确的药品监管指导思想和科学监管理念,才能正确处理政府与企业、监管与服务、公众利益和商业利益三大关系,才能维护政府药品安全监管的公信力,切实让人民群众用上安全有效的药品。在明确为谁监管的基础上,正确处理三大关系。首先理顺政府与企业的关系。去除药品监管官员离职后进入医药产业任职的可能性,并且进一步厘清医药企业的产权关系,建立更加明晰的资本体系和资产管理制度,斩断药品监管机构和制药企业之间的利益纽结,加强药品监管机构的独立性、中立性和专业性。从药监局大换血,调换了七十多名处级以上官员等措施上来看,药监部门确实在为此做努力。

准确定位了监管职能之后,如何切实转变政府部门的职能成为关键问题。"九龙治水"的问题严重的存在于我国的药品监管领域。2008年4月,"大卫生"制出台为解决政出多门提供了好的政策支持,也较清晰的为未来药品监管机关的权力界定和职责职能规划出了初步蓝图,为能有效地实现药品管理的执行和监督提供了保障。

2.调整监管思路,转变监管方式

从目前药品市场的监管需要来看,监管部门须转变传统的监管思维和方式。其一,从程序监管转向结果监管,节约监管成本,提高监管效率。结果监管的前提是配套政策完善,市场秩序良好,惩罚措施能够得到有效的落实,对违规企业的惩罚切实能起到警示的作用。其二,尝试多元化监管。在单一的限制性监管不能有效解决问题的条件下,可以尝试引入激励性监管方法。相信在市场经济不断成熟的今天,我们不仅需要刚性的限制性监管,也需要弹性的激励性监管,在对违规企业严惩可以起到震慑性效果,对表现良好的企业的奖励性措施可以起到积极的引导作用。

3. 抓住关键环节和突出问题,进行有针对性的管理监督

(1)严格把关行政审批工作

针对近期药品安全事件的突出问题,有针对性地抓好药品研制、生产、流通、使用等关键环节的管理,特别是做好清理药品批准文号工作比较重要。清理文号工作自2006年已开始启动,SFDA通过紧张的工作,基本结束了文号清查工作,且摸清了17.6万个药品批准文号的底数。但是,面临的比较严峻的工作是,2002年"地标升国标"后每年有数万种药品通过审批,按照国家规定药品批准文号满5年需要进入再注册的规定,自2007年开始药品生产企业的再注册数量将高度集中,此时,严格把关药品审批工作意义重大。

(2)推行政务公开

将监管工作不断推向透明,让公众和媒体参与进来。目前,国家和一些地方药监机关开始实行定期召开新闻发布会制度。可以说新闻发布会制度是将监管工作推向公开的一项重大进步。同时,作者认为,发达的现代电子网络时代,可以由更多向外公布消息的渠道。另外,哈尔滨、昆明等地方药监部门出台了细化的责任追究制度和处罚措施。这些都是走向政务公开的有益举措。

(3)强化责任机制和处罚措施

①完善药品安全责任体系并强化处罚措施

长期以来,利益驱动使得地方政府在药品安全监管上,难与国家药监局的意图一致。有的地方药监局甚至承担招引药企落户当地的任务。2007年7月的《国务院关于加强食品药品等产品安全监督管理的特别规定》,细化了2007年3月份国务院办公厅的18号文件所构造的药监责任体系——"地方政府负总责,药监部门各负其责,企业第一责任",并制定严厉的处罚措施。在这里,我们应该借鉴美国的经验,使出现药品质量问题的企业面临最严厉的处罚——接受药监部门的处罚和被市场所抛弃,使企业在最严厉的后果下不敢违规。

②强化领导干部和重点岗位工作人员的自律机制建设。

首先是加强相关部门领导干部自律机制建设。要有严格的责任意识,正如邵明力局长所言,能够时刻"坚持公众利益至上的原则,当公众利益和商业利益发生冲突时,必须坚决地、毫不迟疑的维护公众利益。无论经济社会如何发展,食品药品安全都是最重要的公众利益之一,必须将公众因使用要安全置于商业利益、集体利益和个人利益至上、旗帜鲜明地反对为了商业利益而损害公众利益的行为,反对利用公共权力为集团或少数人谋利。"

另外要加强重点岗位干部的选拔任用管理,对他们的监督、管理、培养和使用都要做到民主决策、公正透明。需要指出的是,再好的政策都是由人来执行的,所有高度自律的的人对于整个组织系统有重要的意义。药监局内部的自我教育、自我完善、自我纠正很有必要长期不懈的开展。只有通过不断的专项教育,主动查找因人为执行过程中的问题,才能预防腐败,统一认识和思想,积极主动、尽心尽力的做好药品监管工作。

(4)加快农村两网建设

加强农村药品监管,保证农村药品供应,加快农村两网建设,是药品监管工作的重要内容。本文认为,农村的两网建设可以从以下几点来努力:

其一,加快农村药品配送机构建设。

做好农村医疗机构和药店的配送供应工作可以从多渠道着手,比如鼓励药品批发企业进一步拓宽供应链,不断辐射到广大农村地区。在目前情况下,通过支持、鼓励一些信用度高、药品质量有保证、实力比较强的药品经营企业不断向农村地区辐射是可行之道。我们可以通过政府相关部门的牵头,为药品批发企业或者大的药品连锁经营上与农村医疗机构和农村药店搭起桥梁,通过减少药品最终进入农村的环节来降低农民的用药成本,切实让利于民。

其二,打破地方垄断。

破除地方保护,鼓励跨区配送也是保重农村药品供应的一项内容。目前,一些地方监督管理部门处于自身部门利益以各种借口排斥或者刁难异地合法经营药店的情况还在一定程度上存在着,对于这种情况,一定要坚决予以摒弃和禁止。

其三,引进、培养和使用好农村药品监管工作人员

随着农村药品经营准入条件的不断放宽,农村地区用药的可选择性也随之增强。然而,切实保证农民从中受惠,需要有专业、高素质的人员把好药品

的进入、流通关,保证配送到农村的药品高性价比,保证农民可以在购买乙类非处方药时得到正确的指导。

4. 深化改革与完善制度保障

(1)加快完善法律法规体系

在查找监管漏洞的基础上,有计划地推进药品安全监管法律法规和规章制度的制定、修订工作,重点抓好药品审评审批、药品分类管理、医疗器械监督以及中药品种保护等行政法规和部门规章的制定和修订工作。与此同时,将药品监管法律、法规和规章的制定职入 WTO 后世界经济一体化的大范围内,不断根据国内外环境的变化及时跟进和修订相关内容。

(2)深化药品审批制度改革

由郑筱萸案暴露出药品审批中的腐败,足以警醒整个药品监管系统。我们获得的教训是:在以后的药品审评审批过程中,一定要严格实行“三制一化”,即评审人员集体负责制,防止权力过度集中时,个别人滥用审评审批权力;实行审评审批追究制,强化对违法审批行为的责任追究;实行审评审批检验人员公示制,将药品审评审批工作置于社会监督之下。只有严格实行“三制一化”,才能堵住漏洞,保证药品质量,维护 GMP 的国药信用。2007 年 10 起我国开始实行新《药品注册管理办法》,这对于我国低水平生产、重复仿制药的很多药品企业来说是一个很大的限制。此举的出台,应该是减少同质化竞争、提高药品行业质量、使广大药品生产企业步入良性发展的契机。当然,好的政策需要严格的执行,需要严格的审评审批关卡,毕竟是药品监管局在从自身着手改革。

(3)整合药品监管力量

长期以来,药品监管“政出多门”的情况并未得到有效解决,而部门间协调的负面作用不断暴露,2008 年 4 月的政府机构改革,将药品监管局重新划归卫生部旗下,则是一次整合力量、提高效率的改革。药监局重新回归卫生部后,出让了一部分职能,但仍主要负责药品监管工作,通过整合,药品监管局对于药品使用、流通环节也有了实至名归的监管权,从而避免了监管过程中的多头协调,相互扯皮。此次改革还需要一些后续的成熟配套措施的出台,然而,我们相信,药品监管局回归卫生部管理对于科学设置各部门的权责关系、对于追究相应机关的责任也是有着非常积极的意义的。

(4)强化权力的制约和监督

自2007年1月起,国家药监局开展了整顿机关作风、整改监管工作、重塑队伍形象的集中教育活动,提出了"八条禁令",包括:严禁参加可能影响公正执行公务的宴请、娱乐、健身、旅游等活动;严禁本人及配偶、子女违规持有或变相持有医药企业股份、股票;严禁向行政相对人及相关单位报销应由个人支付的费用;严禁违规向食品药品企业、中介机构收讲课费、顾问费、咨询费等费用;严禁收受行政相对人及相关单位现金、有价证券、支付凭证和贵重礼品;严禁泄露药品、保健食品和医疗器械申报材料、技术数据和其他应保守的工作秘密;严禁违规干预审评审批、认证发证、检验检测和稽查监督等事物;严禁利用行政执法权吃、拿、卡、要。可以说,"八大禁令"是针对药监局高官出现问题的一次严密补救,是对自身监管权的一次明确约束,虽然这些都是政府工作人员所理应做到的,但是对于药品监督管理局这种具有特殊权力的部门,工作人员也在时刻面临寻租的机会,正所谓权力越大越集中,就越脆弱越容易出问题。所以,药监局需要诸如"八条禁令"之类的细化的内部规定。只有得到制约和监督,才能有效保证整个系统的良性运行。

5.加强基础设施和技术能力建设

把好药品质量关,需要加强药品检验、再评价、药品不良反应检测等方面的技术能力建设,不断提高药品安全监测分析、信息通报和公共服务水平,而这些都离不开相关的基础设施和技术能力建设。

尽快建立透明高效的信息化平台是很紧迫的工作。在现代信息社会,我们可以运用计算机网络,加强药品安全信息管理和综合利用,可以构建地区和部门间信息沟通的平台,通过建立和完善覆盖全国的药品安全监管信息系统,实现监管信息互联互通和监管资源综合利用,使药品安全问题早发现、早整治、早解决。同时,一个透明的信息化平台可以实现审批事项的网上受理、网上审批,有力改变信息严重不对称的现状。

案例　酒泉技术监督局行政处罚案①

　　在著名的夹江打假案中,对于制假者状告打假者,认为打假的行政机关越权,违反法定程序等,对此有关党政机关及负责人,舆论机构,甚至一些人大代表等均予以谴责,提出"只要是假,谁打都行,怎么打都行","怎么能容许制假者状告打假者呢?""打假怎么会有错呢?"特别是中央电视台焦点访谈节目的略带倾向性的煽情报道,(这些)都对司法机关的审判活动产生了实质影响,最后法院驳回了原告的诉讼请求。在另外一则影响很大的案例中,我们也许可以更为清晰地看到法院在行政诉讼活动中所面临的阻力:《中国经济时报》2000年9月5日报道,1998年3月15日,一消费者向甘肃省酒泉地区技术监督局投诉称酒泉地区惠宝制冷设备有限公司的冰柜存在严重的质量问题。技术监督局受理此项投诉之后,迅速展开了调查取证,发现惠宝公司没有家电维修能力认可证书,其绝大多数维修人员也没有维修技术证件,于是对公司做出了行政处罚,认为该公司行为违反了《甘肃省产品质量监督管理条例》第13条、30条,要求该公司立即免费维修好冰柜并赔偿马玉琴经济损失3000元。惠宝公司不服,将技术监督局告上法院。酒泉市人民法院初审认为,酒泉地区技术监督局作出行政处罚所认定的事实证据不足,行政处罚决定的送达没有合法手续,该行政处罚不能成立,判决撤销酒泉地区技术监督局行政处罚决定。技术监督局不服,提起上诉。

　　1998年12月15日,酒泉地区中级人民法院作出了终审判决。判决书称:"《中华人民共和国产品质量法》并未赋予产品质量监督管理部门对维修者的行政处罚权,上诉人对被上诉人实施行政处罚所依据的《甘肃省产品质量监督管理条例》第13条、第30条有关产品质量监督管理部门对维修者实施行政处罚的规定,有悖于《中华人民共和国行政处罚法》第11条第2款'法

----

①　资料来源:参见崔卓兰、于立深:《行政规章研究》,吉林人民出版社2002年版,第229—232页。

律、行政法规对违法行为已经作出行政处罚规定,地方性法规需要作出具体规定的,必须在法律、行政法规规定的给予行政处罚的行为、种类和幅度的范围内规定'的规定,不能作为实施处罚的依据。故该行政处罚超越职权。"同时,该判决书认为酒泉市法院一审以事实不清、违反法定程序为由作出判决存在问题。因此,酒泉地区中级人民法院做出了如下判决:撤销酒泉市人民法院(1998)酒法行初字第58号判决;撤销酒泉地区技术监督局(酒地)技监罚字(1998)第007号技术监督行政处罚决定。

案子到此为止应该告一段落了,但在1999年8月17日,省人大专门召开主任会议听取了案件情况,认为酒泉地区中级人民法院判决书"严重侵犯了宪法中地方组织法赋予地方人大及常委会的立法权,超越审判权限,没有正确领会法律、法规实际,违法判决直接损害了地方性法规的严肃性,影响了社会主义法制的统一",并认定"这是一起全国罕见的审判机关在审判中的严重违法事件。"要求甘肃省高院提审此案并撤销酒泉地区中院判决书。同时,要求高院对酒泉中院在全省法院系统公开批评,并提出追究有关负责人的意见。甘肃省人大认为,酒泉中院有三大错误:一、该判决书称《甘肃省产品质量监督管理条例》不能作为实施处罚的依据是极其错误的,审判机关根本无权超越审判职权,认定已经生效的法律、行政法规、地方性法规无效;其二,《甘肃省产品质量监督管理条例》第13条、第30的规定不与行政处罚法第11条第2款的规定相悖,是合法的、有效的;其三,酒泉地区中级法院行政判决书事实认定不清,适用法律错误。甘肃省人大提出,《中华人民共和国宪法》第3规定,审判机关由人民代表大会产生对它负责,受它监督;《中华人民共和国法院组织法》第17条规定,地方各级人民法院对地方各级人民代表大会及其常务委员会负责并报告工作;《中华人民共和国行政诉讼法》第52条明确规定:"人民法院审理行政案件,以法律、行政法规、地方性法规为依据。地方性法规适用于本行政区域内发生的行政案件。"其第53条第2款明确规定:"人民法院认为地方人民政府制定、发布的规章与国务院部、委制定发布的规章不一致的,由最高人民法院送请国务院作出解释或者裁决。"《全国人民代表大会常务委员会关于加强法律解释工作的决议》第四条中也明确规定:"凡属于地方性法规条文本身需要进一步明确界限或作补充规定的,由制定法规的省、自治区、直辖市人民代表大会常务委员会进行解释或作出规定。"根据以上法律条文,审判机关在审理过程中,如果认为某一地方性法规与法律、行政法规、地方性法规有所抵触或矛盾,应当向省人大常委会报告,也可以向上级审判机关逐级上报请示,直至向全国人大常委会报告,而绝不允许擅自越权裁决或对法规本身作随意解释。因此,甘肃省人大认为,对于该案,酒泉中院只应对有关行政机关具体行政行为是否符合《甘肃省产品质量监督管理条例》的规定及程序的合法性进行审理和判决,而绝不能对法规本身作随意性批评解释,更不能认定其无效。

第二十二章 公营企业监督管理

第一节 公营企业概述

一、公营企业的概念

企业是指依法成立的,以营利为目的,从事生产经营活动的独立核算的经济组织。企业是在近代资本主义生产方式确立后,作为一种生产组织方式发展起来的。从人类发展的历史来看,公营企业的存在也不是偶然出现的,它是社会化大生产的产物,是生产社会化发展到一定程度的必然产物。

公营企业有的国家也称作国有企业或公有企业,如韩国的公营企业就称作公有企业。但是划分公营企业的标准无论是西方国家,还是东方国家都不是很明确。比如1980年《欧洲共同体法规指南》中曾对国有企业作过这样的规定:政府当局可以凭借它对企业的所有权、控制权或管理权,对其施加直接或间接支配性影响。[①] 而一些国家为了操作方便,把国有资本占51%以上的企业称为国有企业,例如巴西、芬兰等,这种划分把国家已对其实现控股的企业而国有股份不到51%的企业排除在外。还有的国家把国有企业定义为国家所有的提供服务产品的企业,如日本就是按照这种方式划分的。而韩国的公营企业主要是指由政府当局直接或间接经营的,并且生产可供市场销售的产品或提供市场服务的经济实体。

---

① 陈芬森:《大转变国有企业改革沉思录》,人民出版社1999年版,第16页。

在中国,其国有企业的建立和存在是适应了社会主义社会化大生产的需要的前提下建立起来的。中国的国有企业在过去称为全民所有制企业或国营企业,是指归国家所有的企业,即企业的生产资料归国家所有。这里所说的归国家所有是指企业的产权归国家所有,即企业的净资产全部归国家所有的企业。虽然国有企业也称为国营企业,但是不能理解为由国家经营的企业。因为国有企业可以由国家直接或间接经营,也可以由国家委托其他经济组织或个人经营。

按企业的经济性质不同,将企业分为公营企业和私营企业,主要是西方国家对不同经济成分的划分。这种划分方法在我国和其他一些社会主义国家的具体运用就是将企业划分为全民所有制企业(国有企业)、集体所有制企业、私营企业、混合所有制企业。采用这种方法来划分企业,主要是为了明确企业财产所有权的归属,以及由此而产生的收益权的归属问题;同时,也方便了国家对不同经济性质的企业采用不同的经济政策,便于加强宏观管理的调控。

可见,公营企业主要是西方国家对企业的一种分类,其含义是指涉及国民经济重要命脉的经济部门和行业,国家需要对其进行掌握和控制的,以及一些公益性项目需要国家或国家资本为主并进行经营的企业。

二、公营企业的特征

从经济性质上说,公营企业与我国国有企业都是国家资本的投入,以国家的身份出资经营,都有其完整的国家管理和监督企业经济运转的机制,所以公营企业又相当于我国的国有企业。

公营企业是生产和分配它的财务和服务,按照一定的价格销售给生产者或消费者的公共性的实体。不论什么样的公营企业,都具有三个特征:一是公共所有;二是公共性;三是企业性。这就使公营企业既要具有公益性,同时又要具有作为企业追逐利益的盈利性。公营企业能够存在的原因也主要有三种:第一是经济性因素。从资源分配的观点来看,把具有自然垄断性质的公益事业当作公营企业来运营,更加有利于生产的供应,能够按照所希望的价格确保稳定供应。这种情况往往出现在政府在市场竞争不充分时,运用这种运营方式来稳定物价。第二是非经济因素。随着势力分布的变化,民间资本被劳动者公有化了。第三是由于民族的独立因素,对外国人所拥有的本国产业进行了国有化。但不管出于什么样的理由,公营企业的公共所有这一特征派生出了与私营企业不同的所谓公益追求的公共目标。因此,公营企业受到政府管制的同时,也要对消费者承担公共责任。

可见,公营企业作为一国社会经济的重要组成部分,不仅具有一般企业的基本特点,还有其独特之处:

(一)公营企业是以国家资本或国家资本为主投资经营的。所谓公营,是指国家投资经营,国家对企业具有所有权、经营权、收益权和处置权,任何社会机构和团体无权干涉。企业的生存和发展取决于国家的意志,服从于国家的利益。

(二)公营企业一般是指关系到国计民生的、涉及国家利益的或者公益性的企业。这些企业的地位非同一般,它是一国社会经济的重要组成部分,并且必须以国家的强制力来掌握控制和维护。

(三)公营企业的设立、发展及终止不同于一般企业。其设立需经国家有关部门反复论证后才能成立,论证不仅以获利为标准,更重要的是该企业对国计民生的影响及其在整个国民经济中的地位和作用。企业的发展服从于国家的意志和利益,企业的终止是国家根据需要作出的决策,是调整国民经济重大项目的杠杆。

(四)公营企业的生产经营方式有其独特的管理模式。它不同于一般的企业组织和生产管理,国家制定有一系列严格的程序和方法来对公营企业进行管理和监督,以便更好地进行调控。

三、国有企业与公营企业之异同

同其他国家一样,中国也需要设立公营企业,但公营企业不是国有企业。从公有制的实现形式讲,作为社会主义经济成分存在的国有企业与非公有制的公营企业之间的区别是不容抹杀的。① 国有企业改革是社会主义制度的自我完善和发展,是坚持和发展社会主义公有制经济的核心要求,如果将其与非公有制的公营企业设立混同,将使国有企业改革既无法走通社会主义改革之路,也无法规范地发挥公营企业在市场经济条件下的作用。

(一)社会主义国家才存在国有企业

国有企业是社会主义全民所有制性质的,是社会主义国家制度建立的经济基础,是有别于资本主义经济原则而创立的社会主义经济成分,因此,国有企业只存在于社会主义国家。在非社会主义国家,不存在国有企业,只存在公营企业;而在社会主义国家,既存在国有企业,又存在公营企业。非社会主义国家不存在国有企业,是因为国有企业属于公有制经济成分,是社会主义性质的企业。可见,在世界各个国家,即所有的社会主义国家和非社会主义国家,普遍存在的是公营企业,又称政府企业或公共企业、公企业。这些公营企业具有国家的一般性质,表现出国家经济管理的共性。欧洲共同体在1980年的法规指南中明确地将各个国家都存在的公营企业即政府企业界定为:政府当局可以凭借它对企业的所有权、控股权或管理条例,对其施加直接或间接支配性影响的企业,而政府包括中央政府和地方政府。②

社会主义国家存在公营企业,是因为社会主义国家除了具有社会主义制度特性之外,也具有国家一般性,即也具有国家一般管理要求的共性,所以,社会主义国家也可以同非社会主义国家一样存在表现国家经济管理共性要求的公营企业。只是必须要明确,不能因为社会主义国家可以存在与非社会主义国家一样性质的公营企业,就将社会主义国家特性表现的国有企业也混同于公营企业。

实际上,公营企业不可与国有企业相提并论,不可鱼目混珠。在人类社会发展的现阶段,由于有国家的存在,公营企业是普遍存在的。而社会主义国家是现阶段国家中的极少数,是新的社会制度的探索,并且是由于创立了国有企

---

① 钱津:《论国有企业与公营企业之异同》,《中州学刊》2006年第1期。
② 王开国主编:《国有资产管理实务全书》,宇航出版社1995年版,第35页。

业才存在的,是国有企业的性质决定了社会主义国家的性质,公营企业是起不到这种决定作用的,因此,不能以公营企业代替国有企业。凡是社会主义制度的国家,基本特征之一是要以公有制经济为基础,即一定要以公有制性质的国有企业的存在为基础。如果不能分辨两种不同性质的企业,就无法坚持社会主义性质的国有企业改革。中国设立的国有企业是社会主义性质的,不能将中国的国有企业等同于其他国家的公营企业。所以,如果不能将中国的国有企业与国外的公营企业进行区别,或者将其他国家的公营企业也称之为国有企业,都是不合乎基本逻辑的。

(二)国有企业和公营企业的生产方式明显不同

社会主义性质的国有企业的生产方式是劳动者与生产资料直接结合,这改变了劳动者的身份,劳动者是所有者的组成部分,他们在生产过程中是以所有者成员的身份与生产资料结合的,所以,他们与生产资料的结合是直接结合,没有所有权缺失的阻碍。劳动者是企业的主人翁,国有企业的经营要以劳动者为本,即要以人为本。而资本主义性质的企业无论是以何种形式存在,其劳动者与生产资料的所有权是相分离的。在公营企业中,由于劳动者与生产资料是间接结合的,劳动者仍然是被雇佣者,其经营以资为本。虽然公营企业也不同于民营企业,但是在资本起支配作用的运营机制上还是与民营企业一致的。可见国有企业的产生已超出了资本起支配作用的历史规定性,是以人为本运营的,因而,不能用民营企业或公营企业的经营原则来评判国有企业的经营。

国有企业是为劳动者的生存创办的新型企业,它不同于资本主义性质的以资为本的企业。因为在国有企业中,人即劳动者是企业服务之本,是企业创办及发展的缘由,无论企业兴衰,都要首先考虑劳动者的利益。任何违背以人为本这一宗旨的行为都是不符合国有企业的社会主义性质要求的。而公营企业虽是政府办的企业,但无法完全照顾劳动者利益。倘若政府改变调节方略,有些公营企业可能就会被卖掉或解体。公营企业也要按资本原则办事,劳动者处在从属于资本的地位,这明显不同于国有企业的以人为本的企业观。在公营企业的经营中,既要完成政府交给的任务,又要符合市场的原则,能最少地使用劳动者,就只能按最少的数量用人,不会因人做事,更不会为了劳动者的就业需要而无端延长企业生命。如果经营不善,公营企业也可以大量裁人,甚至可以全部换人。这就是由劳动者是间接地与生产资料结合而决定的。在这种机制下,企业首先要考虑的是完成政府指派的任务,劳动者是为企业工作的,企业解雇劳动者无可厚非。鉴于在社会主义国家,国有企业原则上不允许排斥劳动者,不能为了企业而牺牲劳动者的工作权力,所以不宜将公营企业的这种机制扩展到国有企业。

(三)国有企业和公营企业的经营范围存在差异

在经营范围上,国有企业与公营企业也是截然不同的,国有企业的经营范围应主要在竞争性领域。改革后的国有企业应是市场经济中独立的商品生产者或经营者,应参与市场竞争,并要在市场竞争中保持生存。目前各个市场经济国家的公营企业,规模与数量可能有很大的差异,但在大的经营范围方面是基本一致的,主要是在非竞争性领域,很少涉及竞争性领域。在非社会主义国家,由于没有国有企业,只有公营企业,基本上公营企业只限于在非竞争性领域经营,在竞争性领域经营的都是民营企业,公营企业与民营企业的经济范围分界是比较清楚的,至于在特定的条件下,民营企业也进入非竞争性领域经营,那不是主流,至少在基本的经营领域的区分上可以略而不论。而在社会主义国家,既存在国有企业,又有公营企业,国有企业应主要在竞争性领域经营,公营企业应主要在非竞争性领域经营,虽然可能存在少量的经营范围交叉的情况,但这种跨领域的交叉经营情况不是主流,甚至可以略而不计。国有企业存在于竞争性领域,就是说可以设立在各个竞争性行业,凡是民营企业可以经营的行业,国有企业也可以经营,在这方面,国有企业就是一般的竞争性经营企业。就中国目前的情况讲,国有企业的设立可保持在以下主要行业:钢铁行业、能源工业、化学工业、制造业、新技术研究机构以及其他竞争性行业。

(四)国有企业与公营企业与政府的关系存在差别

在政府与企业的关系问题上,改革之前,我国国有企业的经营是非市场化的,与政府的关系是紧密不可分的,被称之为父子般的关系,而这种关系随着改革的推进是要逐步消失的。我国改革后的国有企业不再保持与政府紧密不分的关系,成为具有相对独立经营权的企业,这与公营企业是分道扬镳的。政企分开是国有企业成为独立的商品生产者或经营者的必然要求,政府不能干预企业经营,这要求改革后的国有企业不受政府的干预。而作为公营企业,是不需要进行政企分开的。在世界上,各个国家公营企业的经营都是政企不分的,即企业都要听从政府的安排,政府始终控制着企业,企业基本上没有独立经营自主权,企业的主要负责人是由政府任命的,比如美国的公营企业负责人是由总统直接任命的。我们不可将对公营企业政企不分的要求加在国有企业之上,也不可将对国有企业政企分开的要求用于公营企业,更不可以用公营企业政企不分的模式去改革国有企业,并以此达到国企政企分开的目的。

(五)国有企业与公营企业的所有权大不相同

国有企业的所有权归全民所有,由国家代表全民掌握,由中央政府或地方政府代表国家运作所有权,即所有权不论以何种形式存在和以何种方式运作,都不归属于任何一级政府,都始终保持在全民手中,全民掌握的所有权具有集合性,其部分成员不享有整体拥有的权力,其权力是不可分割的。而公营企业的所有权,按市场经济通行的谁投资归谁所有的原则,要归各级政府所有,即中央政府投资建设的公营企业要归中央政府所有,地方政府投资建设的公营企业要归地方政府所有,是哪一地方政府的投资就归哪一地方政府所有,所以,公营企业的所有权是分散掌握在各级各地政府手中的,这与国有企业的所有权具有的统一集合性是完全不同的。严格地讲,国有企业归全民所有,是讲企业使用的资产统归全民所有,国有企业使用的资产是国有资产,是全民所有性质的资产,非国有资产不为国有企业使用。这是一条原则,也是国有企业设立的意义体现。在市场经济体制下与在传统体制下,这方面的原则都是同样的,不会有改变。国有企业改革不能是最终改掉国有企业的本质。在资产的使用上,国有企业的原则规定是不能改变的,必须自始至终使用全民所有性质的国有资产。我们要改革国有企业的经营机制,但其基本性质以及决定其基本性质的原则是不能改变的,若改变了那它就不是国有企业。如果一个企业既使用国有资产,又使用其他来源的资产,那就肯定不是国有企业,而只能是国有企业与其他产权所有者合办的企业。

公营企业使用的资产主要是公营资产,公营资产不是国有资产,因为国有资产是全民所有的资产,而公营资产是政府所有的资产,不论哪一级政府所有的资产都统称为公营资产。公营资产不是国有资产。国有资产不能离开国有企业,公营企业绝对不会使用国有资产。但公营企业在运营中也可以使用一部分民有资产,只要公营资产占控制地位,民有资产也可进入公营企业。各级各地政府可以利用这种方式,扩大对经济的控制能力。在社会主义国家,国有资产属于全民所有,名义上为国家拥有,而公营资产实际上是属于各级政府的,政府虽然也代表人民,但在国有资产的产权界定上,只能明确国有企业归全民所有,不能将此权限等同于归各级政府所有。

另外,国有资产的来源与公营资产的来源也是有区别的。国有资产是新型的资产,是社会通过一定手段积累的属于全体人民的资产,其中存在对剥夺者剥夺的资产,也包括全体人民劳动积累的资产。而公营资产只是各级政府财政资金的投入,包括财政信用资金的投入,是财政资金的积累。虽然财政资金也是属于人民的,但具体的财政资金在各级政府手中代表着不同的利益要求,这与国有资产统归全民所有的利益关系是不同的。更重要的是,财政资金一旦转化为公营资产之后,同样有市场收益的要求,这也是与国有资产不相同的地方。由于各级政府的财政状况不同,所以即使是在同一个国家的同一时期,各地的公营企业规模也可能是很不同的。财政若没有支付能力,没有用于投资的费用,那公营企业就没有设立的可能。如果财政设立了公营企业,又没有能力继续进行投资,那公营企业也不可能进一步扩大。可见公营企业的这种运营机制与国有企业的原始积累和发展资金的来源是不同性质的。

(六)国有企业和公营企业的设立目的不同

国有企业与公营企业的根本区别,还在于各自的设立目的不同。设立国有企业是为了消灭剥削制度,建立新的社会制度。而设立公营企业的目的是为了行使政府的社会经济管理职能,对国民经济进行一定程度上的直接干预。在当代,社会主义的实践刚刚开始,社会主义经济的实现形式存在着不完全性,即不能表现出完全的社会主义性质要求,存在着一定程度上的变通和曲折,只是,不完全性的存在并不改变社会主义公有制企业的设立目的,因为这是根本性的要求,是不允许变通或更改的。如果取消了国有企业的设立目的,就是取消了社会主义的原则要求,就是不再进行社会主义经济实践的表现。在今天,不论怎样进行社会主义经济体制的改革,也不能改变国有企业的设立目的,若改变了这一点,国有企业的改革就违背了根本的宗旨,就是取消国有企业的存在,就不是改革而是根本改变了。在这一根本性问题上是不容混淆的。

设立国有企业以消灭剥削是我们要坚持的社会主义基点,这一基点不能动摇。否认国有企业的这一设立目的,是无从把握社会主义改革的方向和意义的,也是无法将社会主义国有企业的改革进行到底的。公营企业的设立目的,在各个国家都一样,它与国有企业是两类性质不同的企业,各有各的设立目的,不能相互混淆。当前,国有企业改革的阻力在很大程度上是与将国有企业等同于公营企业有关。在政治经济学的理论体系中,在国外的任何地方,都没有人将政府设立的企业视为社会主义性质的国有企业。世界早已存在的共识是,公营企业的性质是国家资本主义。所以,中国的国有企业改革不能再继续已蔓延了很久的思想混乱,将国家资本主义的企业实现形式等同于社会主义公有制企业的改革实现形式。任何人都应清楚,推进国有企业改革,只能走社会主义的改革之路,不能走国家资本主义的改变之路。

将公营企业从国有企业中分离出来,使其成为一种独立的经济成分,这是有利于国有企业改革的,也是有利于中国市场经济建设的。只是必须要明确,从国有企业转为公营企业,是一种制度演化,而不是国有经济体制的改革方向。

(七)国有企业与公营企业的未来发展需区别对待

中国是一个刚刚走上市场经济道路的发展中国家,市场的发育还很不成熟,人们的法治观念仍很淡泊,执法能力还有待提高,这个时候并不需要用民营企业去替代公营企业,而是需要直接加强公营企业的建设,适当提高一些占有比例。除了对一部分现在处于非竞争性领域的国有企业进行制度演化之外,或许还需要再增设一批公营企业,这也是有进有退的原则体现,退是退出国有企业行列,进就是进入公营企业行列。凡是非竞争性领域,在政府有投资能力的前提下,似乎都应设立名正言顺的公营企业。国有企业的制度演化还表现为,一部分处于非竞争性领域的国有企业制度演化为中央公营企业,即直接由中央政府控制的公营企业;还有一部分处于非竞争性领域的国有企业要制度演化为地方公营企业,即由各地各级政府直接控制的企业。这些演化后的企业都改变了原先的国有企业性质,而成为最先明确职责和发挥作用的公营企业。相比较而言,制度演化为中央公营企业的应比较少,制度演化为地方公营企业的应比较多。这是因为地方公营企业分散在各地,承担的干预经济的任务量大,并且直接服务于各地民众。中央公营企业的数量应是有限的,大型垄断企业集团是其主要的存在形式。有些地方政府将国有企业全部卖掉,不管是竞争性领域的企业,还是非竞争性的企业领域,这种做法无论是从改革的角度看,还是从制度演变的角度看,都是不妥的。从改革的角度讲,地方政府无权处置国有企业;从制度演化的角度讲,地方政府应通过设立公营企业干预经济,而不能放弃此职能,将政府该做的事推向社会。

中国目前的国有企业只有一部分需要经过制度演化成为公营企业,不能将这种演化扩大到全部的国有企业,不能以此取代国有企业的改革。改革与演化是两种不同的要求。改革要求社会主义制度实现自我完善和发展,国有企业成为适应市场经济环境要求的独立的商品生产者或经营者。演化要求将处于非竞争性领域的企业分流出来,单独作为一种经济成分存在,即作为公营企业存在。在现阶段,中国既需要国有企业,需要进行国有企业改革,又需要设立公营企业,需要将原处于非竞争性领域的国有企业逐一改变性质,使其成为名副其实的公营企业。如果以制度演化取代改革,意味着放弃社会主义发展之路,以改革的名义阻止制度演化必然影响中国社会经济的发展,违背中国建设市场经济的原则。区别国有企业与公营企业的现实意义,就在于说明中国既要坚持国有企业改革,坚持以国有企业的改革完善和巩固社会主义的经济基础,又要自觉地主动地而不是盲目、被动地进行制度演化,应该明确地将目前非竞争性领域政府控制的企业改制为公营企业,制定出特殊的法律规制这些享有政府庇护特权的公营企业。因此,一方面要坚持改革,另一方面则要高度重视制度演化,这是中国经济发展中体制建设的大势所趋。对此,一定要各有侧重,分步推进,只有这样,中国才能达到既坚持社会主义又发展市场经济的目的。

四、公营企业的分类

从公营企业经营的主体来分类,可将公营企业分为中央公营企业与地方公营企业,按社会性质的不同可将公营企业分为社会主义国家的公营企业与资本主义国家的公营企业,但人们更多的是以企业的所有权与经营权为标准对公营企业进行分类定位。

所有权一般可定义为一种对物质完全支配的权力,企业的所有权将包括对企业财产的拥有、收益的享有、经营决策的握有,以及企业行动的控制。在台湾民法物权篇所有权章中称:"所有人,于法令限制之范围内,得自由使用、收益、处分其所有物,并排除他人之干涉。"由此,企业所有权与企业经营权之间关系似乎密不可分。但因现代企业规模庞大,企业资金往往由多种来源筹集,形成股份有限公司,过去单一的所有权观念无法满足这种情况。因此在许多国家,以公司法规范企业的所有权与经营权的关系。在各国的公司法中往往规定,企业是一个拥有所有权的独立法人,投资人按股份的比例以股东身份分享企业的所有权。在职权上,股东仅能参与股东大会、选举董监事以及审议重大决策;主要的经营权归属董事会与经理人。如此,企业的经营权与所有权就有了相当程度的区隔。

企业的所有权可区分为国有、公有、民有、私有等四种形式,企业的经营权也可区分为国营、民营、私营等三种形式,如下表。国有与公有的差别在于前者是单一国家机构集中持股,后者是多个公有部门共同持股;而民有与私有的差别也在于前者是多个民间法人或自然人共同持股,而后者则是单一民间团体或个人集中持股。此表也显示,因为国有与私有均属于集中控股,故而所有权的形式将会影响经营权的采用方式,所有权者将会强烈主导经营权的行使;而公有与民有的股权分散,较易形成所有权与经营权分离,产生委托专业经营的现象。因此所有权国有的企业将倾向于采取部门行政管理的国营方式,而公有或民有企业则将倾向于采取委托专业经营团队进行专业化管理的民营方式,私有者则将倾向于采取关系人或家族经营的私营方式。

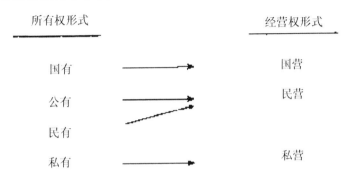

所有权与经营权的形式与关系

我们发现,四类不同的企业形态在经营目标、市场环境、政府政策、行政干预、企业行为、经营者行为、员工行为、工作保障、企业自主程度、经营效率等层面都有不同的表现。这也显示,所有权与经营权的形式与企业经营管理的行为与表现,确实有很密切的关系,因此国有企业改革的重点也就应该放在所有权与经营权的改革上。

第二节 公营企业的历史发展与改革历程

一、传统社会主义企业的萌芽、形成和发展

(一)传统社会主义公营企业的萌芽期

新民主主义革命时期的公营企业的形成与发展,常被视为传统社会主义企业的萌芽期。在新民主主义革命时期,为了支持长期艰苦的战争,打破封锁,也为了满足根据地广大群众的生活需要,根据地军民在党和政府的领导下,使公营企业得到了较快地发展。这种公营企业是传统社会主义企业的萌芽形态。

土地革命战争时期,1932年在湘鄂赣根据地建了一些兵工厂、机械厂、被

服厂、造纸厂、制药厂和硝盐厂等军需工业企业,这些工业企业都是采用手工操作的小规模的自给工业。为了加强公营企业管理,1934 年 3 月,刘少奇发表《论国家工厂的管理》一文,针对公营企业存在的问题,提出了实行"完全的个人责任制",成立由厂长、共产党支部书记和工会委员长组成的"三人团",制定生产计划,实行成本该算,制定厂规和劳动纪律等重要措施。

抗日战争时期,随着抗日根据地的建立和扩大,公营企业迅速发展起来。1940 年,晋冀鲁豫根据地的太平区和冀鲁豫地区的公营厂矿发展到 363 个。1944 年,在陕甘宁地区,公营厂矿已有 130 个,职工 7338 人。山东根据地到 1944 年初,公营厂矿共计 88 个,职工 3590 人。抗日根据地建立起来的公营工业企业,开始时大多实行供给制,全部产品上交主管部门分配。这种机关化的企业管理随着根据地经济的发展而日益暴露出它的不适应性。为此,1942 年 10 月在陕甘宁边区高级干部会议上,毛泽东指出:一切工厂克服机关化,实行企业化。1946 年 5 月,《中共中央关于工矿企业政策的指示》中进一步明确规定:"公营工矿一律企业化,实行严格的经济核算,成本会计,实行营业制。"

解放战争时期,公营企业的管理有了进一步发展:各工厂普遍建立了工厂管理委员会,作为企业的统一领导机构,500 人以上的大厂,建立职工代表会议制度;工厂普遍实行企业化原则,健全从原材料、生产到推销的经济核算制度,实行考工制度,建立各种责任制度;实行多劳多得的工资制;开展劳动竞赛立功运动等一系列企业管理制度。这一时期,我们党积累了一定的企业管理经验,并对以后的社会主义企业建设产生了重要影响。

(二)传统社会主义公营企业的形成期

从 1949 年中华人民共和国成立到 1956 年基本完成社会主义改造常可以被定为传统社会主义企业的形成期。在此期间,国家没收和改造了官僚资本主义企业,用和平的方式改造了私人资本主义工商业和个体经济,实现了企业的国有化和集体化,建立起了社会主义的企业体系。到 1957 年全国共有工业企业 17.6 万个,其中全民工业企业总产值为 421.5 亿元,占全国工业总产值的 63.8%;集体工业企业总产值为 149.2 亿元,占 19%;公私合营工业企业总产值为 206.3 亿元,占 26.3%;其余为个体工业。[①]

1. 没收和改造官僚资本企业。

没收官僚资本主义企业,主要是没收由国民党中央政府、省政府、县政府经营的企业(包括它们在抗日战争后接收的日、德、意帝国主义在中国的企业),以及蒋、宋、孔、陈等国民党大官僚分子所经营的企业,包括工厂、矿山、商店、银行、仓库、船舶、码头、铁路、邮政、电报、电灯、电话、自来水和农场等。小官僚和地主所办工商业,或官僚资本企业中的民族资本家的私人股份,均不在没收之列。

没收官僚资本企业的工作是随着解放战争的胜利进军陆续完成的。人民解放军解放一个城市,就立即进行没收官僚资本的工作。没收官僚资本企业,不打乱原来企业的组织机构,实行"原职、原薪、原制度"的原则政策,以安定人心,稳定秩序。接管的军代表,不直接参与经营管理. 主要是监督企业的一切活动,了解情况,督促检查,保证生产的恢复和发展。到 1949 年底,人民政府没收的工业企业一共有 2858 个,拥有职工 129 万人(产业工人 75 万多人)。没收官僚资本,把官僚资本所有制的企业变为社会主义全民所有制的企业,这就构成了社会主义国民经济的最主要的部分。1949 年,国营工业在全国大型工业总产值中所占的比重为 41.3%,拥有全国电力产量的 58%,原煤产量的 68%,生铁产量的 92%,钢产量的 97%,水泥产量的 68%,棉纱产量的 53%。随后,开展了三年经济恢复工作,使社会主义企业进一步发展。1952 年,我国的国有工业企业已有 9500 多个,职工 510 多万人。

人民政府没收了官僚资本企业以后,在企业内部进行了民主改革和生产管理改革。官僚资本企业改为国营企业之后,对企业中的各种人员原封不动地包下来,然后采用自上而下、以行政手段进行调整改革的政策。1951 年开展民主改革,即废除包工头制度,废除把头的剥削;消除隔阂,加强工人阶级内部团结;改革管理机构,建立健全有职工参加的工厂管理委员会和职工代表会议;在工矿企业建立党、团、工会组织。

---

① 汪海波:《新中国工业经济史》,经济管理出版社 1986 年版,第 125 页。

生产管理改革,主要包括:开展合理化建议运动,开展创生产新纪录运动;初步建立生产责任制和经济核算制,开展清产核资,查定生产能力,制定合理定额;实行八级工资制和超额奖励制;推广先进经验,如推广郝建秀工作法。通过企业内部的民主改革和生产管理改革,初步建立起民主管理制度和适应机器大生产的具有社会主义特点的企业管理制度,有力地促进了社会主义国营经济的发展。

2.改造私人资本主义企业。

党和国家根据中国民族资产阶级的特点,对资本主义工商业采取了和平改造的政策。这种改造分两步进行,第一步从1950年开始,对私营工业企业采取加工、订货、统购、包销、经销、专业代销等办法,从流通领域控制资本主义企业的活动,将其经济活动纳入国家资本主义的轨道,限制了资本主义经济的盲目性和投机性。第二步,从1954年开始,国家有计划地实行公私合营。对资本主义工商业的公私合营经历了两个阶段:1955年以前,主要进行单个企业的公私合营;1955年底开始了全行业的公私合营。

单个企业的公私合营一般只限于少数规模较大的企业。1954年是有计划实行公私合营的第一年,当时,计划将500个较大的私营厂转化为公私合营厂。

全行业公私合营是在单个企业公私合营基础上发展起来的。1955年下半年,上海、北京等地某些行业出现了全行业公私合营的形式。在这种形势下,毛泽东和周恩来于1955年10月底,邀集了中华全国工商业联合会执行委员会座谈工商业社会主义改造问题,要求工商业者认清社会发展规律,掌握自己的命运。会后,陈云就资本主义工商业社会主义改造问题提出了六点原则性意见:①对各行业的生产进行全国范围的统筹安排;②各个行业内部进行改组;③实行全行业公私合营;④推广定息的办法;⑤组织专业公司;⑥进行全面规划,加强领导。1956年1月,北京市35个私营工业行业的3990户,首先实现了全行业的公私合营。接着,天津、西安、沈阳、重庆、武汉、广州、上海等大城市相继实现了全行业公私合营,并迅速地扩展到全国。①

全行业公私合营,企业的生产关系发生了根本性的变化。资本家把生产资料交给国家,国家核定股金,据此付给定息,并对私营工商业者进行合理安排。这样,企业的全部生产资料由原来的公私共有变成由国家统一管理和使用,企业实际上是社会主义性质了。据当时估算,全部民族资产阶级的资产核定为34亿元人民币,其中工业25亿元,商业8亿元,交通运输及其他1亿元。1956年7月,国家规定全国公私合营企业的定息率统一为年息5%,国家每年为支付定息付出的资金为1.65亿元,从1956年1月1日起计算,期限为7年(1962年又宣布将定息延长3年)。1956年公私合营企业工业产值达到191.1亿元。

全行业公私合营后,为适应生产力发展的要求,进行了生产改组和企业改革。生产改组是按专业化协作原则,通过裁并组合,成立专业公司,统一领导,统一生产经营,统一调配人力、物力和财力。如上海把17000多家企业按行业、产品归口组建了83个工业公司,在企业之间调整了厂房、设备、技术人员和工人,平衡了生产力,加强了组织管理。天津市把6000多个企业组织起来,建立了35个工业公司,由公司组织企业的生产和供销,并进行生产改组和技术改造。企业改革的主要内容是:在合营企业内部实行党委领导下的厂长负责制,建立有职工和公私各方参加的民主管理机构;推行计划管理;实行经济核算;调整工资制度和工资标准。

3. 改造个体手工业,建立集体企业

对个体手工业和小商小贩的改造,主要是引导他们走合作化道路,逐步把个体经济改造成为社会主义集体经济。手工业在我国工业生产中占有相当重要的地位。据1954年的统计,全国个体手工业从业人数约2000万人,产值93亿元,约占全国工业总产值的20%。

国民经济恢复时期,手工业合作化有了初步发展。《新华月报》1954年8月报,1953年底,召开了第三次手工业合作会议,总结了手工业合作化发展的

---

① 汪海波:《新中国工业经济史》,经济管理出版社1986年版,第126页。

经验,提出手工业的社会主义改造,"在方针上,应当是积极领导,稳步前进,在组织形式上,应当是由手工业生产小组,手工业供销合作社到手工业生产合作社;在方法上,应当是从供销入手,实行生产改造;在步骤上,应当是由小到大,由低级到高级"。1954 年 11 月,国务院成立了手工业管理局,地方政府也相继成立了手工业管理局。国家对手工业合作化的发展给予了积极扶植。1954 年底,召开了全国第四次手工业生产合作会议,总结了建社、整社经验,为进一步开展手工业合作化奠定了基础。1955 年,手工业合作化在全国大部分地区、手工业的主要行业普遍开展起来,并逐步在全国形成高潮。到 1956 年底,全国手工业合作组织发展到 104430 个,从业人员达到 603.9 万人,占全国手工业从业人员的 91.7%;全年产值达到 108.76 亿元,占全国手工业产值的 92.9%。其中手工业生产合作社 74669 个,社员 484.9 万人,全年产值 100.93 亿元。基本上完成了手工业的社会主义改造。

手工业的社会主义改造,经过了三个阶段:①组织手工业供销合作社。把手工业的原材料供应和产品销售组织起来,便于工业者摆脱对商业资本的依赖,使之依附于社会主义国营经济。②组织手工业生产合作社。生产工具公有,产品共同所有,共同劳动,按劳取酬。手工业合作社属社会主义性质的集体所有制经济。③成立合作工厂。到 1957 年底,全国 1000 多个手工业生产合作社转为合作工厂。合作工厂对劳动者发给固定工资,盈利上缴上级领导机关(联社)统一掌握,工资由联社统一调剂。

(三)传统社会主义公营企业的发展期

我们把 1952 年至 1978 年党的十一届三中全会召开之前定为传统社会主义企业的发展期。经过三年国民经济恢复时期,我国开始进入大规模的有计划的经济建设时期。第一个五年计划确定了 694 个大中型建设项目。由于当时国家面临着财力、物力、人力资源的短缺,要实现大规模的经济建设必须集中财力,保证重点建设;必须掌握人力、物力的调配;必须对基本建设项目进行集中统一管理。国家对基本建设的集中统一的管理体制,逐步扩大到所有的企业,国家实现了对社会主义企业的高度集中管理。

二、国家直接经营企业的体制逐步形成

(一)"一五"时期基本形成国家直接经营管理企业的体制

在计划方面,国家对企业逐步实行了指令性计划控制。"一五"时期国家对国有企业和一部分公私合营企业实行直接计划,指令性计划指标有 12 项,即总产值、主要产品产量、新产品试制种类、重要的技术经济定额、成本降低率、职工总数、年底工人到达数、工资总额、平均工资、劳动生产率和利润。1953 年,国家计委统一管理、直接下达计划指标的产品是 115 种,到 1956 年,增加到 380 多种,其产值占 60% 左右。①

1. 在财政方面,国家对企业逐步实行了统收统支的管理制度。1950 年发布了《国营企业财务制度暂行规程》,1952 年发布了《国营企业提用奖励基金暂行办法》等有关文件。文件规定,企业的利润及折旧按核准的计划及时准确完成解缴国库,一切经济事业资金,根据核准的预算计划拨付。企业奖励基金按规定的比例从计划利润和超额利润中提取,但是企业全年提留的企业奖励基金总额,不得超过全年职工基本工资总额的 15% 。

2. 在物资管理方面,国家逐步对企业实行了以计划调拨为主的物资供应和收购体制。"一五"时期,为了加强对物资的集中统一管理,将物资分为三类:一是统配物资,即关系国计民生的最重要的通用物资,由国家计委组织生产和分配平衡;二是部管物资,即重要专用物资;三是地方管物资。1953 年,计划分配的物资为 227 种,其中一类物资为 112 种,二类物资为 115 种。到 1957 年,计划分配的物资增加到 532 种,其中一类物资 231 种,二类物资 301 种。②

3. 在劳动工资管理方面,国家对企业的劳动工资逐步实行了统一管理制度。1954 年以前,企业招工可以对职工进行考核,并可择优录用,还有辞退职工的权力。以后,逐步扩大了国家对职工统一分配的范围。全行业实行公私

---

① 汪海波:《新中国工业经济史》,经济管理出版社 1986 年版,第 147 页。
② 汪海波:《新中国工业经济史》,经济管理出版社 1986 年版,第 147—148 页。

合营以后,逐步形成了职工能进不能出的铁饭碗制度。在工资方面,1953年开始实行了集中管理。但这时国家只控制工资总额和平均工资,企业可以在国家规定的范围内安排职工升级。1956年实行了全国工资改革,建立了全国统一的企业工资制度,统一规定了职工工资标准、职工定级和升级制度。

可见,在"一五"时期国家直接经营管理企业的体制已经基本形成。国家对企业越统越多,越管越死。在"一五"后期,国家已开始觉察直接经营管理企业的弊端。毛泽东在《论十大关系》一文中指出:"把什么东西统统都集中在中央或省市,不给工厂一点权力,一点机动的余地。一点利益,恐怕不妥。"①

(二)"五定"、"五保"稳固确定了国家与企业的关系

社会主义改造任务基本完成后,标志着我国社会主义经济制度已经确立,从苏联引进的经济管理模式也逐步被消化,同时也发现中央集权过多,不利于调动地方和企业的积极性。毛泽东于1956年4月发表了《论十大关系》,以苏联的经验为戒,总结了我国的经验,提出了调动一切积极因素的基本方针。1956年5月到8月召开了全国体制会议,会议对当时存在的中央集权过多的现象做了检查,提出了改进体制的决议草案。国家对企业实行"五定",企业对国家实行"五保"。从而使国家与企业的关系制度化、规范化。"五定"是:国家对企业实行定企业的产品方案和生产规模;定企业的主要原材料、燃料、动力、工具的消耗定额和供应来源;定企业的固定资产和流动资金;定企业的外部协作关系。"五保"是:企业对国家保证产品的品种、质量和数量;保证不超过工资总额;保证完成成本计划,并力求降低成本;保证完成上缴利润;保证主要设备的使用期限。"五定"、"五保"确定了国家与企业的计划管理关系,使传统的计划体制达到了完备的程度。在"文化大革命"期间,又进行了一次以扩大地方自主权为主要内容的经济体制改革。1978年进行整顿,中共中央作出了《关于加快工业发展若干问题的决定(草案)》(即"工业三十条")。在新的形势下,"工业三十条"再次强调了"五定"、"五保"的基本关系,指出:

---

① 《论十大关系》,《毛泽东著作选读》下册,人民出版社1972年版,第727页。

"定了以后,基本不变,每年按照国家计划适当调整。必须改变的,要经过中央和地方主要部门商定批准。新企业的设计文件必须包括'五定'的内容,否则不予批准。"

自1957年到1978年7月公布"工业三十条"进行了两次以下放中央管理权限和扩大企业自主权为内容的全国性经济体制改革。由于改革是在传统的社会主义理论框架内和传统的计划经济体制框架内进行的,所以不可能承认企业是商品生产者和经营者。结果,改革总是以放权开始,以收权重新回到传统体制而告终。

(三) 用试办托拉斯等经济组织加强统一的计划管理

由于1958～1960年3年"大跃进"的失误,我国经济陷入了严重的困境。1961年党中央提出了"调整、巩固、充实、提高"的方针,开始了为期5年的大调整。结合经济调整,针对经济体制暴露出来的问题,进行了一些探索性改革。1964年进行的试办托拉斯就是当时改革的一项重要措施。1964年8月中共中央和国务院同意并批转了国家经委党组《关于试办工业、交通托拉斯的意见的报告》。中央各部先后试办了12个工业、交通托拉斯,其中全国性的有9个,即烟草公司、盐业公司、汽车工业公司、拖拉机内燃机配件公司、纺织机械公司、地质机械仪器公司、制铝工业公司、橡胶工业公司、医疗工业公司;地区性的有3个,即华东煤炭工业公司、京津唐电力公司、长江航运公司。1965年又试办了石油工业公司、仪器仪表公司和木材加工工业公司。此外,有些省、市也试办了地方性的托拉斯。如黑龙江省的糖业公司,辽宁省的柞蚕丝绸工业公司,西北电力机械公司,陕西棉纺织工业公司,上海的轻工机械公司,标准件紧固件工业公司,北京的玻璃总厂和塑料总厂,天津的造纸工业公司、机床工业公司、染料化学工业公司等。

托拉斯式工业公司的性质,是社会主义全民所有制的集中统一经营管理的经济组织,是在国家统一计划指导下的独立的经济核算单位。国家通过主管部门向它下达计划,它对完成国家计划全面负责,并对所属分公司、厂(矿)以及科研、设计等单位实行统一管理。公司所属范围内的基本建设统一纳入国家计划。公司统一管理、支配所属单位的固定资产和流动资金。国家对托拉斯实行利润分成办法,公司的新产品试制费、技术组织措施费、劳动安全措施费、零星固定资产购置费等费用,从利润分成中解决。托拉斯内部实行产供销、劳动计划、工资总额统一管理。托拉斯有专门的科研机构和负责新产品、新技术发展工作的机构,并将科研成果及时地用于工业生产,迅速提高本公司的技术水平。不难看出,试办托拉斯的目的在于加强中央对经济的集中管理。

在当时的条件下试办托拉斯,这是工业管理体制改革的一项历史性尝试。时间虽然不长,到1966年"文化大革命"开始,先后被迫撤销,虽然不到三年,但是却取得了比较好的经济效益。以中国医药工业公司为例,试办第三年,抗菌素、磺胺药、解热药等六大类原料药的产量,由1963年的0.77万吨增加到1966年的1.45万吨,增长了1倍,全员劳动生产率增长了1.9倍,利润增长了1倍。再如,中国烟草工业公司,1963年成立,实行产、供、销统一管理后,据1964年11月统计,一年之内卷烟的综合生产能力提高了17%,劳动生产率提高了30%,卷烟的加工费用降低了21%,卷烟的质量也有显著提高。

20世纪60年代采用托拉斯组织形式管理工业的尝试,在克服当时管理体制中的多头管理、分散经营,推动专业化协作,合理组织生产,促进科研同生产相结合,合理使用人力、物力和财力,改善企业经营管理等方面确实起了一定的作用。但是,也暴露了一些问题:片面强调了集中垄断,没有竞争,不利于搞活经济、改善经营;中央自上而下的收厂,关停并转影响了地方的积极性;托拉斯内部运用行政手段实行产供销、人财物"六统一"的集中管理,助长了"吃大锅饭"的现象。托拉斯弊端的根本原因,是因为改革是在传统的计划体制框架内进行的,托拉斯不可能实现企业化。

三、改革开放以后我国企业的发展变化

中国共产党十一届三中全会之后,中国的经济进入改革开放的新时期,企业发展也进入了新的发展阶段。1978年10月四川拉开了为企业放权的序幕,选择了宁江机床厂等六个企业进行扩权试点。党的十一届三中全会以后,1979年5月,国家经委、财政部等六个单位,在北京、天津、上海选择首都钢铁公司、天津自行车厂、上海柴油机厂等八个单位,进行扩大企业自主权的试点。

1979年7月,国务院发布了扩大国营工业企业经营管理自主权、实行利润留成、开征固定资产税、提高折旧率和改进折旧费使用办法、实行流动资金全额信贷等五个文件,要求地方部门按照统一规定的办法选择少数企业试点。1980年试点企业扩大到6000个,约占全国预算内工业企业数的1%、产值的6%、利润的7%。1983年开始试行的利改税也是扩权让利的继续。1983年4月,国务院批转财政部《关于国营企业利改税试行办法的通知》,将所有大中型国营企业从以往的上缴利税的制度变为按实现利润的5%,向国家缴纳企业所得税,税后余利较大的企业与主管部门再进行利润分成。凡是有盈利的国营小企业,根据实现的利润,按八级超额累进税率缴纳所得税,税后由企业自负盈亏。这次改革,是利税分流的重要一步,国有的资本所有者职能与公共服务职能出现分离趋势。但由于税后留利的计算按原来的利润留成水平为基础计算确定,所以没能解决企业间的苦乐不均的问题。1984年9月国务院又批转财政部《关于在国营企业执行利改税第二步改革的报告的通知》。第二步利改税于1984年10月1日执行。办法是:将工商税按纳税对象,划分为产品税、增值税、盐税以及营业税,改进所得税和调节税,增加资源税、城建税、房产税、土地使用税和车船使用税。对企业的收入调节起到积极的作用。1984年5月国务院再次决定从10个方面进一步扩大企业自主权,表明企业参与市场程度的加深。

党的十二届三中全会提出了社会主义经济是公有制基础上的有计划商品经济的理论,明确提出了社会主义企业改革的目标模式,是"使企业真正成为相对独立的经济实体,成为自主经营、自负盈亏的社会主义商品生产者和经营者,具有自我改造和自我发展能力,成为具有一定权利和义务的法人"。经过十多年的经济体制改革,传统社会主义企业向着社会主义商品生产者和经营者的地位迈出了重要一步,企业的结构发生了深刻变化。

1986年12月国务院《关于深化企业改革增强企业活力的若干规定》中提出,要推行多种形式的经营承包责任制,给经营者以充分的经营自主权。但是承包制中政府与企业间仍是行政性的,因而企业难以摆脱政府部门的干预,实现真正意义上的政企分开。另外承包合同一般多是短期的,致使企业的承包者只注重短期效益,而不顾企业的长久发展。为了促进企业经营机制转换,除了改进和完善企业承包经营责任制,还进行了税利分流和股份制的试点。税利分流是 1988 年初先在重庆试点的。截至 1991 年底,已进行税利分流试点的省、市(包括计划单列市)、自治区和中央部门有 35 个,试点企业 2000 多户。

这些试点取得了初步成效,从 1984 年我国开始股份制试点。股份制企业主要有三种形式:(1)以企业内部职工持股为主。这种形式虽然企业数很多,但金额很少。(2)法人之间相互持股、参股为主。(3)向社会公开发行股票。1992 年 5 月国家经济体制改革委员会、国家计划委员会、财政部、中国人民银行、国务院生产办公室等单位公布了《股份制企业试点办法》等条例,促使股份制开始朝着规范化方向发展。

1992 年 10 月,党的十四大明确提出,我国经济体制改革的目标是建立社会主义市场经济体制,并要求围绕社会主义市场经济体制的建立,加快经济改革步伐。1993 年党的十四届三中全会通过了《关于建立社会主义市场经济若干问题的决定》,为了落实精神,1994 年国家经贸委组织实施了“万千百十、转机建制”规划。所谓“万”就是在一万户国有大中型企业中不折不扣地落实《条例》所赋于的 14 项经营自主权,为企业转机建制、进入市场打好基础;所谓“千”,即国家将通过委派监事会的形式,分期分批地对 1000 户关系国计民生的重点骨干企业的国有资产实行监管;所谓“百”,即选择 100 户不同类的国有大中型企业,结合贯彻《条例》,进行建立现代企业制度的试点;所谓“十”,即在十个城市或地区进行减轻企业不合理负担和提高企业自有流动资金比重试点,进行配套改革。从 1995 年开始,集中精力抓好国务院批准的四项试点:一是抓好百户国有企业建立现代企业制度的试点工作;二是积极做好 18 个城市“优化资本结构”的试点工作。这项试点后来增加到 58 个城市,1997 年又扩大到 110 个城市;三是抓好 56 家企业集团和 3 户国家控股公司的试点工作,1997 年企业集团试点扩大到 120 户;四是在重点抓好试点的同时,积极推动面上的改革。1995 年还提出并着手贯彻“抓住管好大的、放开搞活小的”的方针。尽管国有企业改革困难很多,但包括各项试点在内的建立现代企业制度工作也取得了明显成绩。以中央领导的 100 户试点企业而言,除一户解体、一户被兼并外,其余 98 户已经改制完毕。它们分别用四种形式进行了改造:一是直接改造成持股主体多样化的股份公司,共 17 户,其中改造成股份有限公司的 11 户,改造成有限责任公司的 6 户;二是改造成国有独资公司,共 69 户,其中 29 户是先改造成国有独资公司,然后再由国有独资公司作为投资主体,将生产主体部分改造成为多元投资主体的有限责任公司或股份有限公司;三是由原来的行业主管部门改造成纯粹的控股型国有独资公司,共 10 户;四是按照先改组,后改制的原则进行结构调整,实行资产重组,共 2 户。通过试点,到 1996 年底,这些企业的总资产额达到 3600.8 亿元,比试点前增加 994.5 亿元,增长 27.6%;所有者权益 1231.8 亿元,比试点前增加 383 亿元,增长 31.1%。这些企业的资产负债率由试点前的 67.5% 下降到 62.28%,比试点前下降了 2.31%,分流富余人员 0.7 万人,占富余人员总数的 65%,其中分流到社会的 8566 人,下岗培训 10544 人,企业发展吸纳 45392 人,离岗退休 50000 余人。[①]

建立现代企业制度在改革过程中起到了比较积极的作用,但是仍然有许多问题出现,一些企业在改制后没有形成科学的决策体制和激励、约束机制,使企业的法人治理结构被严重扭曲,企业的领导机制、决策过程仍旧,管理制度、经营机制没有根本的改变。中国国有企业改革经历的发展从表面上看似乎没有规律性可寻,但是如果我们从计划经济向市场经济发展的总的趋势来看,从国有企业作为计划经济单位向市场经济主体转变的总趋势看,则是有规律和其必然性的。把国有企业改革的发展划分为以上三个阶段,可以更容易看清楚其规律性和必然性。

(一)企业所有制结构的变化

1978 年以前,我国企业基本上是以全民所有制企业为主体的单一公有制结构。1978 年全民所有制工业企业的总产值占全部工业总产值的比重为 80.4%,集体所有制工业企业的总产值占 19.6%。改革开放以来,多种所有制形

---

① 杨艳琳等:《国有工业企业改革的实践与走向》,华中师范大学出版社 2000 年版,第 21 页。

式的企业发展很快,从而改变了我国企业单一所有制结构的特点。1989 年,全国工业总产值的所有制结构为:全民所有制工业企业产值占 56.10%,集体所有制工业企业产值占 35.7%,个体和私营工业企业产值占 4.8%,三资企业及其他合营企业的产值占 3.4%。

1. 城乡集体所有制企业大发展

从 1980～1985 年乡及乡以上集体所有制工业企业平均每年增加 1.6 万个,而全民所有制企业平均每年仅增加 0.15 万个。从 1985～1988 年,三年间集体工业企业又增加 2.7 万个,而全民工业企业仅增加 0.6 万个。1979～1988 年全民所有制工业企业安排就业人数只增加了 34%,而城镇集体工业企业和乡镇工业企业安排就业人数则分别增加了 70% 以上和 135% 以上。同时,我国集体乡镇工业企业的平均规模也迅速扩大。1980 年我国乡、村两级工业企业每个企业的平均人数为 21 人,每个企业平均拥有固定资产 2.3 万元;到 1988 年每个企业平均人数为 31 人,增长 47.6%,每个企业平均拥有固定资产 10 万元,增长 3.3 倍。[①] 上述变化就使得全民所有制工业比企业的产值在工业总产值中的比重由 1979 年的 81% 下降为 1988 年的 56.8%,而集体所有制工业企业的产值占工业总产值的比重由 1979 年的 19%,上升至 36.14%。

2. "三资"企业、个体和私营企业发展迅速

自 1979 年我国实行对外开放政策以来,外商投资企业发展很快,尤其是自 1984 年我国进一步开放沿海 24 个城市以来,每年都新批准外资企业达千余家,到 1989 年底,外商投资的合资、合作和独资企业达到 18968 家,其中,中外合资企业 11340 家,中外合作企业 6225 家,外商独资企业 1403 家,外商直接投资约 380 亿美元。在这些"三资"企业中,99% 以上是中小企业。"三资"企业的发展必将对我国企业学习、利用国外的先进技术和先进经营管理办法发挥重大作用。

党的十一届三中全会后,随着政策上的放宽和各方面的大力扶植,个体和

---

① 《中小企业发展问题研究》,天津社会科学院出版社 1990 年版,第 31 页。

私营企业从无到有发展十分迅速。1988年底,在工商管理部门登记的个体、私营工商业达到1452.7万家,其中个体和私营工业企业为614.8万家,拥有资产1000万元以上的私营企业200余家。1988年与1978年相比,个体经营的社会商品零售额从2.1亿元增至1315.1亿元,增长了625倍,年均递增90%;个体和私营工商业的年末经营资金余额从0.7亿元增至630多亿元,年均递增97%;个体和私营工商业经营总收入从1.7亿元增至1050亿元,增长了617倍,年均递增90%。在地区分布上,我国个体企业和私营企业的75%和80%以上分布在农村。在行业分布上,我国个体工商业中的70%是从事商业、饮食服务业经营的。我国的"三资"企业、个体和私营企业虽然发展很快,但相应的管理工作却还很不适应。如何按国际惯例管理"三资"企业,如何规范与引导个体、私营企业的竞争并使其经营活动走向规范化,都是亟待解决的现实问题。

此外,随着改革开放的深入进行,在我国的经济生活中还逐步出现了一些由全民与集体、全民与私营、集体与私营合营的混合所有制企业。目前这类企业的数量和产值所占的比重还很小,但是随着企业管理体制和企业组织方式的进一步改革和完善,这类混合所有制企业必将会大量出现。

非公有制经济与公有制经济的关系决定了要大力发展非公有制经济。在社会主义市场经济条件下,非公有制经济与公有制经济完全可以发挥各自优势,相互促进,共同发展。具体地说,非公有制经济与公有制经济的关系主要表现为三点。一是公平竞争的关系。公平竞争是市场经济的要义,也是市场主体发展壮大的基本条件。没有公平竞争的环境,即使处于优势地位的企业,也不可能持续健康成长。非公有制经济与公有制经济在"归属清晰、权责明确、保护严格、流转顺畅的现代产权制度"基础上的公平竞争,是社会主义市场经济体制不断完善、社会主义市场经济不断发展的必要条件。二是互相渗透的关系。现代市场经济既不是单一的公有制经济,也不是单一的非公有制经济,而是各种所有制经济互相渗透、互相融合的混合所有制经济,股份制就是这种渗透和融合的典型形式。十六届三中全会《决定》指出:"大力发展国有资本、集体资本和非公有资本等参股的混合所有制经济,实现投资主体多元化,使股份制成为公有制的主要实现形式。"这必将极大地促进非公有制经济和公有制经济的融合、渗透。三是共生相长的关系。非公有制经济和公有制经济同处于社会主义国家的行政管理和宏观调控下,根据统一的市场规则运行。作为市场主体,两者处于竞争相长的过程中,你中有我、我中有你,你离不开我、我也离不开你,大力发展非公有制经济符合双方的利益。

(二)企业经营机制的变化

机制是事物在运动过程中,事物内部功能与结构之间、各部分、各环节的相互联系和相互作用的制约关系,或者说是其相互作用的基本原理。企业经营机制是指企业为了实现有效经营,企业内部各机能的相互联系和相互作用的制约关系。

1. 企业转变为自主权益的商品生产和商品经营单元

在改革前的传统经济体制下,我国企业作为高度集权的行政机构的附属物,既没有自己运行的独立目标,也没有生产经营的自主权和独立的经济利益。在经济运行的整个过程中企业只能被动地执行着通过指令性计划下达给企业的各项计划指标;企业的产供销、人财物都是由国家从上而下实行指令性计划控制,人员实行统一分配,财务实行统收统支,产品实行统购统销,企业和职工的收入与使用生产资料多少无关,与经营效果大小无联系;企业只是为生产而生产。

1978 年党的十一届三中全会后,国家对企业相继进行了扩权让利、以税代利、小企业租赁经营、全面推行承包经营责任制和小范围实行了资产经营责任制、股份制试点等一系列改革,调整了国家与企业的责、权、利关系,使企业的经营机制发生了一些根本性的变化。第一,1979 年以来实行的放权让利政策,使得国家对企业的指令性行政干预范围大大缩小,国有企业在生产计划、产品销售、产品价格、资金使用、分配制度、劳动人事和联合经营等方面具有了一定的自主权。同时,各种让利政策和利改税使得企业的留利水平逐年增加,目前国有企业的平均留利水平已占利润总额的 25% 左右。第二,1984 年以后,在国有工业企业中逐步推行的厂长负责制使新的企业领导体制正在逐步形成。到 1987 年底,全国已有 70% 以上的国营工业企业推行了厂长负责制,其中大部分企业还同时实行了厂长任期目标责任制和任期终结审计制。这就促进了企业领导素质的提高,克服了企业生产经营中无人负责、无权负责的现象,并且开始改变了过去企业中党政不分的状况。第三,1987年开始普遍推行的企业承包经营责任制,以及租赁经营和股份制的试点探索,在一定程度上促进了"政企分开"、"两权分离"。企业通过招标选聘经营者和管理干部,推行劳动优化组合和效益工资制等,在相当程度上把竞争机制引入了承包经营制度。1987年大中型企业普遍推行企业承包经营责任制,主要形式为"双保一挂"。双保,即保上交税利、保批准的技术改造项目。一挂,即工资总额和实现税利挂钩。至1987年底,全国预算内企业的承包面已达7%,大中型企业达10%。① 第四,1986年以来先后颁布的《企业法》《破产法》和《企业承包条例》等法规,从法律上明确了国有企业的商品生产者和经营者的地位和性质。这种改革思路具有根本性的缺陷,没有把企业当作相对独立的商品生产者来对待,企业所应有的经营自主权与经济利益难以落实,同时也带来了所有权对经营权的约束不利而造成内部人控制的现象,由于"政资不分",即国家对企业的行政管理和资产管理不分,国有企业经营制度中的"政企分开"、"两权分离"还都缺少体制保证。

2. 国有企业的资产约束和预算约束仍处于软化状态

传统管理体制下企业的一系列改革没有触动产权制度,企业尚不具备真正的法人资格,国家、企业和个人三方的权、责、利就不能在企业这个载体上有机地协调好。企业作为财产经营者,难以用不归其所有的企业资产对其投资扩张带来的风险承担物质责任,企业即使长期亏损,也不存在破产的威胁,职工也不存在失业的压力。同时由于微观上工资预算约束软化速度过快,而宏观财政预算约束硬化速度又太慢,再加上不利于企业公平竞争的市场和政策环境,致使企业在计划和市场双重驱动机制的作用下,行为十分紊乱。其表现主要有:在目标行为方面,企业追求的目标总是在产值、利润、工资之间搞随机平衡;在投资行为方面,企业的"投资饥渴症"得不到根治,投资冲动仍十分强

① 周叔莲:《可持续的社会主义与中国经济》,经济管理出版社2000年版,第172页。

烈;在分配行为方面,企业过分追求短期利益,对自我积累缺乏动力,导致消费基金增长快于劳动生产率的增长。

(三)企业规模结构的变化

1. 企业生产的专业化和协作化程度低,企业间的集团经营发展迟缓

改革开放以来,随着商品经济的发展和市场竞争机制的引入,企业间的竞争与联合有了一定的发展,企业生产的专业化协作水平有所提高,并出现了多种形式的企业联合体。但是总的看来,长期形成的"大而全"和"小而全"的企业组织结构没有根本改变。例如,我国现有轴承制造厂 600 多家,其中零件和工艺专业化厂仅 11 家,其余都是从锻造毛坯到成品的全能厂。另据 1979 年调查,我国机械工业自制铸件占 80% 以上,自制锻件占 90% 以上。这种情况同经济发达国家形成鲜明对照。目前,美国企业的自制铸、锻件在 30% 以下,日本企业的自制铸、缎件只占 15% 左右。我国一汽汽车零部件自制率在 50%~60%,而美国汽车公司零部件自制率则在 30% 以下。即使在我国工业最发达的上海市,其重点骨干企业也大多是"大而全"的企业。也正是大企业的"大而全",使小企业难于走高度专业化协作配套之路,从而逼迫其不得不过分依赖扩张规模和"小而全"求得发展。目前,我国中小企业中为大企业进行配套生产的企业数量尚不足 40%,而发达国家的中小企业的 60%~80% 以上都是进行专业化协作生产的。这就使得我国小企业的发展盲目性大,稳定性差,总是呈现大起大落态势。同时,由于企业所有制的天然鸿沟,由于受地区本位主义刺激的区域间产业结构趋同化和市场分割,由于生产要素市场的不发育,由于大、小企业之间的技术水平落差大,以及由于企业联合行为的主观随意性,使我国企业的集团化经营发展缓慢。我国现有企业集团大多为协议型的,控股式的规范化企业集团则很少见。"大而全"、"小而全"的企业组织结构,再加上我国始终未能建立起完善的企业破产制度(或形同虚设)和国有资产管理制度,企业资产存量难以调整,致使大量资产设备不能有效配置。据粗略统计,1988 年仅全国预算内国有企业内部闲置设备价值就高达 258 亿元。

2. 大企业不大、小企业不小，生产的集中度不够。

我国的大型工业企业绝对控制着能源、石油化工、原材料、机械、电子等支柱产业，在国民经济发展中的地位和作用至关重要，而且大型企业的资产装备率1987年达到2.89万元/人，为全国企业平均水平的1.8倍。1988年全国工业企业与500家最大工业企业比较，产值利税率分别为15.7%、25.1%；销售收入利税率分别为16.4%、24.7%，资金利税率分别为20.5%、28.3%；人均创利税分别为3130元、9744元。但是，无论以生产力的发展要求来衡量，还是与发达国家相比较，我国大企业仍然显得不够大，这必然导致我国企业规模结构不合理。从相对规模看，我国大型企业和小型企业在企业个数、就业人数两方面所占的比重与发达国家差不多，但在产值方面所占比重的差异和生产相对集中程度的差异，都表明我国大型企业明显不够发达。

目前，我国和西方发达国家中的大型企业数占全部企业数的比重都在0.5%~1.5%左右，但是，大企业产值占工业总产值的比重，我国仅为28%、美国为55%、日本和联邦德国分别为46.8%和53%。在主要工业部门的集中程度方面：我国3家最大的汽车制造厂的产量只占本部门产量的30%左右，而美国3大汽车公司则垄断了全美国95%的汽车生产。我国6家最大轴承厂占有全行业产值的34%，而美国4家大轴承公司和日本5家最大轴承公司则分别占本国该行业产值的50%和84%。发达国家的一些重要行业均由少数几家大企业控制了50%以上的生产额，而我国大多数行业的大企业的生产集中度都不超过35%，至于家用电器和服装等行业的大企业集中度尚不足15%。

此外，我国大型企业的集中程度较低还表现在，中型企业的平均规模与大型企业的平均规模差距要远远小于小型企业与中型企业的差距。从绝对规模看，我国大企业的平均规模偏小。美国、日本的一些大企业资产达到上千亿美元、年营业额达到数百亿美元，而我国最大的企业拥有资产却只达几十亿美元、年营业额仅有十几亿美元。而且，我国大部分行业的绝大多数企业的生产都没有达到最小经济批量。我国的汽车制造厂中，除一汽、二汽能达到较合理的经济规模外，其余110多家卡车生产厂家平均年产只有3700辆，我国最大的轿车生产厂目前年产也仅 3 万多辆,远远低于卡车 6～10 万辆/年、轿车 30 万辆/年的最小经济规模。到 1999 年,我国有电视机总装厂 100 多家,年产量达到 30 万台的仅有 4 家,而电视机产量与我国相近的韩国,整机生产厂一共才有 6 家,每年平均年产量近 200 万台。我国电冰箱整机生产厂有 80 余家,平均年产量不到 6 万台,而发达国家同类厂平均年产量在 50 万台以上。再如我国内燃机整机生产厂达 200 多家,平均年产量为 1.2 万台,而国外同类生产厂年产量一般都在 5～20 万台。

我国大型工业企业的产业分布也不合理,我国的大型企业主要集中在采矿、冶金、电力、原材料等基础产业,而加工业以及电子设备制造等行业的大型企业则相对较少。这也说明我国工业的主体结构仍处于工业化进程的初级阶段。

由此可见,我国工业既没有大企业规模经济的高效益,也没有中小企业的高度专业化和低费用。不合理的工业企业组织结构和企业规模结构也极大地制约着我国大、中、小企业的协调发展。

四、中国国有企业改革的成就及存在的问题

(一)中国国有企业改革的成就

二十多年的国有企业改革,取得了令人瞩目的成就。迄今为止这种"渐进式"改革所取得的成就可以概括为几个方面:

市场经济体制的框架已初具雏形,市场机制的作用已有相当的广度与深度。无论是改制还是未改制的企业,无论采取哪种经营方式,都依赖市场求得生存和发展,对政府的依赖大大削弱。并且按照现代企业制度的要求,企业建立了董事会,监事会,使企业的公司化程度有所提高。而且在改革中更多的人们认识到公有制的实现形式应该多样化。

国有资本的运营体制改革取得进展。一些地方撤销了主管部门,将其改组为行业性控股公司。一些国有资产管理局、国有资产经营公司承担起国有资本所有权代表的责任。并且中央的一些主管部门也被撤销,建立了控股公司体制,一些像电力等专业部门直接改组为全国性投资公司。

宏观调控体系正在形成,逐步发挥越来越大的作用。作为政府对于企业的影响主要通过法规与经济手段来实现。在连续的治理通货膨胀的过程中,政府综合运用货币政策和财政政策使通货率大为降低。

改革带来了经济增长、人民生活的改善以及综合国力的提高。1979~1999年间,实际GDP年均增长9.71%,人均GDP年均增长8.3%;对外贸易年均增长14.15%,进口和出口的增长都快于GNP的增长率。对外贸易占GDP的比率由1978年的9.8%提高到1999年的36.4%,中国已成为世界上人口过亿的大国中最为开放的国家。在经济快速增长的同时,人民生活水平也有了很大的提高。农村居民纯收入由1978年的133.6元提高到1999年的2210元,城镇居民人均可支配收入由1978年的343.5元提高到1999年的5854元,扣除物价上涨因素,年均增长7.7%和6.3%。伴随人民收入水平的提高,人民的生活质量也明显改善。城市和乡村居民的恩格尔系数,分别由1978年的57.5%和67.7%下降到1998年的44.48%和53.43%。持续快速的经济增长使中国综合国力和经济规模迅速跃升。1999年中国GDP总值82054亿元,按当年人民币兑美元的平均汇率计算,为9913亿美元,位居美国、日本、德国、法国、英国和意大利之后,位居世界第七位。但国际上通常认为,官方汇率低估了中国的经济规模。按广为接受的购买力平价法计算的中国实际经济规模,是按官方汇率计算结果的2.8~8倍。[1]

我国社会主义企业的发展现在仍处在新旧经济体制的转换时期。在未来,增强企业特别是增强国营大中型企业的活力仍然是深化经济体制改革的中心环节。今后我国企业的改革仍然要不断完善和发展企业承包经营责任制;坚持实行政企职责分开、所有权和经营权适当分离,逐步使绝大多数国有企业真正成为自主经营、自负盈亏的社会主义商品生产者和经营者;推动企业的改组、联合和兼并,促进企业组织结构的合理化,有计划地组建一批企业集团;深化企业领导体制改革,加强企业管理。

---

[1] 北京大学中国经济研究中心发展战略研究组:《中国国有企业改革的回顾与展望》2000年,第1页。

（二）中国国有企业改革所面临的问题

我国国有企业的改革,是从公有制一统天下、国有经济占绝对优势的情况下起步的。因此,这种改革从一开始就是同所有制结构的调整结合在一起的。即一方面着眼于如何搞好搞活国有企业,进行了多种形式的试验,直至目前的现代企业制度试点;另一方面则逐步放宽政策,发展多种形式的非国有制经济,包括集体合作经济、个体、私营经济和外资经济等等。随着经济体制改革的不断深入,整个国民经济高速发展,国有资产总量迅速增长。但是,应该看到,迄今为止改革的取向和措施还有一定的局限性,而且还没有真正摆脱传统体制留下的烙印,从而使国有企业面临不少问题和困难,大体可归纳为以下几个方面:

1. 国有企业包袱沉重且负债经营,资产负债率不断攀升。长期以来,国有企业一直处于高负债经营状态,企业负债额远远超过它所能承受的正常水平。在 80 年代末期,国有企业还只是"三分天下"的局面:三分之一盈利,三分之一亏损,还有三分之一暗亏。而到了 1994 年,国有企业的亏损面已扩大到 48.6%,个别省份甚至达到 60% 以上。据统计,截至 1994 年 8 月,全国已完成资产清查报表会审的 12.4 万户(占全国总数的 60%)工商企业中的资产负债表显示,账面资产总额为 41370 亿元(其中尚有未处理的损失 4438 亿元,将其扣除则实有资产总额 36932 亿元),负债总额为 31047 亿元,负债率达 75.10%,若以实际资产总额计算,则负债率高达 84%,其负债率之高是 1979 年我国工商企业负债率 29.5% 的 2.5 ~ 2.85 倍①。资产负债率连年攀升、居高不下,还贷困难,企业为了维持经营不得不继续负债,陷入了恶性循环之中。

2. 政企无法真正分开,国有企业产权主体不能真正实现多元化。市场经济是与所有制的实现形式即产权制度直接联系的,而国有企业所有制的性质和比例结构往往从根本上决定它的表现形式(产权制度)。在建立现代企业制度的过程中,一些企业通过股份制改造,将传统的国有企业资产一次性转为

---

① 印雄文、谢禹、徐强:《提高国有资本运营效益,推动国有资产存量重组》,《国有资产管理》1996 年第 10 期。

国有股。另一些在改制中虽然吸纳了其他成分的股份,但均是在政府行政干预下,保持了国有股的绝对优势地位。其结果使产权主体多元化变成一句空话。政府仍要代表国家以"唯一股"、"优势股"从根本上甚至是表现形式上干预控制企业,导致了国有企业在市场竞争上不能放开手脚,同时也影响了政府管理国家和调控经济的职能,致使企业产权主体与市场经济的内在要求相悖。这种行政干预与既得利益者纠缠在一起左右着企业的改革,使企业的改革受到重重阻力。

3. 产权条块分割,国有资产存量不活。时至今日,在传统体制的影响下,仍有相当数量的政府和企业主管部门始终不能摆脱政资不分、政企不分的困扰,使国有资产所有权的统一性受到地区和部门分割。产权的分割封闭,必然是条块内部搞自然经济式的"大而全"和"小而全",同时导致国有资产的"沉淀"和"凝滞",造成国有资产低效甚至无效营运。据国家国有资产管理局统计,全国国有资产存量中,约有 15%～20% 处于闲置和半闲置状态,若按 1994年底统计的经营性国有资产 22000 亿元计算,全国约有 4000 亿元左右的国有资产闲置或半闲置。[①] 庞大的国有资产凝固不动,不仅不会使资产价值得以实现,反而还会因为社会生产技术进步导致资产原值的贬损。由于排斥了经济的内在联系,资源的流动和效益化配置成了一句空话。这显然与以社会化大生产为基础的现代市场经济的统一性和开放性是格格不入的。

4. 国有资产所有者处于"虚置"的状态。虽然国有企业或国有股份占绝对优势的企业为国家或全民所有,但实际上作为真正的产权主体的社会劳动者谁都没占有,国有制与社会劳动者所有相分离、排斥。产权关系的虚化造成了实际上的分离、转移、排斥。即使是国有企业的职工,也把国有资产看成是异己的,将自己的劳动视为雇佣,从而在根本上抹消了社会劳动者对国有资产经营好坏、流失与否、效益分配等情况的关注和参与。致使在社会主义市场经济条件下的生产力与传统国有制的垄断性、封闭性、压抑性形成了严重的对立与冲突。

---

① 王新民:《论国有企业的产权流动与重组》,《国有资产管理》1997 年第 2 期。

5.产业结构和产品结构不合理,企业效益不断下降,亏损日益严重。我国的经济结构不尽合理,表现在国有企业中就是按计划经济体制建立的原有工业布局不尽合理,老企业设备陈旧而无力改造,产品更新换代跟不上,品种单一,质量差,缺乏市场竞争力。再加之企业内部制度不严,基础管理混乱,导致企业效益不断下降,亏损日益严重。据统计,目前占企业总数60%以上的国有企业处于明亏或潜亏状态,折旧提取严重不足,自有流动资金减少,工资性支出和其他非生产性支出却不仅没有减少,而且还在不断上升,国有资产无疑处于空心化境地。另外虽然国有企业改革在解决激励方面是相对成功的,但在解决经营者选择机制方面是不成功的,受政治影响较大。到目前为止,85%以上的国有企业的经营者仍由政府主管部门和党的组织部门任命,而不是由真正承担风险的资本所有者在经营者市场上选择。① 由于政府官员有选择的权利,但并不对选择的后果承担责任,所以他们不可能真正有积极性选择那些最有才能的人,对于那些最有才能的人,如果不顺眼,也不会用。且经营者任期一般较短,多数为了个人政绩只顾短期利益,而不顾企业的长久发展。另外,由于改革势必会导致大量人员失业,如何安置这些富余人员关系着社会的稳定。目前我国对下岗人员的安置还处于摸索阶段,还没形成一整套成熟的措施。

第三节　我国企业的主要法律规制

一、建国前及初期的法律法规

1934年4月10日,中华苏维埃共和国人民委员会颁布了《苏维埃国有工厂管理条例》,这是中国社会主义性质工厂的第一个管理法规。它明确规定了国有工厂实行厂长负责,规定了厂长领导下的工厂管理委员会、"三人团"的成员组织和职责范围,规定了实行经济核算、建立生产讨论会,把完成生产

---

① 杨艳琳等:《国有工业企业改革的实践与走向》,华中师范大学出版社2000年版,第172页。

计划和减少成本作为国营工厂管理的最大任务,还规定了职工工资福利、奖惩办法等有关事项。

1949 年 9 月,中央人民政府政务院正式公布了《公私合营工业企业暂行条例》。单个企业公私合营后,企业的生产资料由资本家私人占有变为国家和资本家私人共有,国有经济成分在企业内部处于主导地位,企业的生产关系发生了深刻变化;资本家在企业中的地位,由过去的所有者和经营者,变为在国家委派的公方代表领导下参与经营管理工作的私方代表和职员;企业的盈利分配,实行"四马分肥"的原则,即一部分以所得税形式交给国家,一部分为企业公积金,一部分为工人福利奖金,剩下的 1/4 左右的盈利,按公股、私股所占的比重进行分配。

1957 年 11 月经国务院会议通过,经人大常委会批准公布了《关于改进工业管理体制的规定》《关于改进商业管理体制的规定》和《关于改进财政体制的规定》三个文件。三个文件总的精神是调整中央和地方、国家和企业的关系,给地方和企业下放一定的自主权。《关于改进工业管理体制的规定》在三个方面对企业扩大了自主权:①减少下达给企业的指令性计划,简化计划编制程序,允许企业自行编制季度、月度计划;②国家和企业实行全额利润分成制度,使企业有一定的财权;③除企业的主管负责人、主要技术人员以外,其他一切职工均由企业负责管理,企业有权在不增加职工总数的条件下,自行调整机构和人员。上述扩权虽然很有限,但是不久就由于宏观管理失控而取消。1961 年 1 月 20 日,中共中央发出《关于调整管理体制的若干暂行规定》,提出管理权集中到中央、中央局和省三级,"改变过去一段时间内权力下放过多、分得过散的现象",把工业管理的权力更多地集中到中央一级。1961 年 9 月 16 日中共中央正式颁发了《国营企业工作条例(草案)》,规定了国营工业企业的性质和基本任务:国营工业企业是社会主义全民所有制的经济组织,又是独立的生产经营单位;它的根本任务是全面完成和超额完成国家计划,增加社会产品,扩大社会主义积累。

二、"文革"期间为整顿与恢复生产所作的努力

1974年12月,周恩来同志病情加重,经毛泽东同志推荐和支持,中共中央和国务院的领导工作由邓小平同志主持。邓小平同志恢复工作后,从全面整顿被"文革"破坏的工业生产秩序入手,开始比较系统地纠正"文革"的错误。

在"文革"中,工业部门的各种必要的规章制度大多被否定或批判,工业企业无章可循、无法可依,为了恢复正常的生产秩序,邓小平同志在着手抓工业的整顿时,首先重视对指导工业发展的路线、方针、政策的研究和贯彻。这方面的工作集中反映在《关于加快工业发展的若干问题》即《工业二十条》制定和贯彻之中。

1975年6月16日,国务院召开计划工作务虚会,集中研究经济工作的路线、方针和政策问题。务虚会上谈到以下一些意见,当前经济生活中的重要问题是乱和散,必须狠抓整顿,强调集中。会议还研究了计划体制、企业管理体制、物资管理体制、财政体制等方面的整顿和集中管理问题。会议着重讨论了工业企业的整顿问题,提出了一些具体的措施整顿软、懒、散的领导班子,如年老体弱的领导干部可以当顾问;对职工要严格训练、严格要求等;还强调要建立岗位责任制等各项生产管理制度,并严格执行。

在计划工作务虚会上,讨论起草了《关于加快工业发展的若干问题》,集中了整顿企业管理,恢复工业生产正常秩序的各种必要的措施。这个文件于1975年8月经国务院批准,下发全国广大工业企业贯彻执行。《工业二十条》的主要内容有:①不能把搞好生产当作"唯生产力论"和业务挂帅来批判,学习理论必须促进安定团结,促进生产发展;②要调整"勇敢分子"当权的领导班子,要把坏人篡夺的权力夺回来;③继续在职工中划分造反派和保守派是错误的;④建立以岗位责任制为中心的生产管理制度,建立强有力的能独立工作的生产指挥系统;⑤必须虚心学习外国一切先进东西,有计划有重点地引进国外先进技术;⑥坚持实行不劳动者不得食,各尽所能,按劳分配的社会主义原则,不分劳动轻重、能力强弱、贡献大小,在分配上都一样,不利于调动群众的

社会主义积极性;⑦所有干部、工人、科技人员都要走又红又专的道路;⑧必须加强纪律性,对违反纪律的行为要批评教育,严重的要给予处分,直至开除厂籍。

在贯彻《工业二十条》过程中,邓小平同志与江青反革命集团开展了针锋相对的斗争,并取得了初步的胜利。由于邓小平同志的强有力的领导,全面整顿工业企业管理和恢复工业生产正常秩序,在全国广大工业企业中,得到绝大多数职工的支持,因而取得了巨大的成绩。1975 年工农业总产值比上年增长11.9%,其中工业增长 15.1%。

在对工业企业进行全面整顿的过程中,邓小平同志首先解决整顿企业领导班子问题。1975 年 7 月 20 日~8 月 4 日,中央军委召开国防工业重点企业会议,邓小平同志针对许多军工企业存在的问题,提出了三项整顿措施。其中第一条是针对许多企业领导不力的情况,提出"一定要建立敢字当头的领导班子"。"领导班子问题一定要抓紧解决,要找一些能够办事、敢于办事的同志来负责。1975 年 5 月 29 日,邓小平同志在中央召开的钢铁工业座谈会上发表题为"当前钢铁工业必须解决的几个问题"的讲话中,指出钢铁工业重点要解决四个问题,其中第一就是必须建立一个坚强的领导班子。他提出要找一些不怕打倒的人进领导班子,条件是中央支持他们,省委支持他们。在邓小平同志的领导下,国务院各部门及各地方积极行动,帮助一大批企业建立起了坚强的领导班子,有力地开展了企业整顿工作,在短短一年的时间里,恢复工业生产的正常秩序就取得了显著的成绩。

1975 年 6 月 2 日,中共中央批转中共江苏省委《关于徐海地区贯彻执行中央九号文件的情况向中共中央、国务院的报告》。《报告》总结了解决徐州问题的经验。紧紧抓住解决领导班子问题这个关键,对派性严重的领导干部,敢批、敢斗、敢捅"马蜂窝",限期改正错误,到期不改,采取组织措施。中共中央在批示中,要求各地区参考他们的经验,解决本地区问题。

由于在整顿工作中抓住了解决领导班子这个关键问题,各地工业企业中一大批过去派性严重,参加派别斗争的干部受到了教育,积极纠正自己的错误;一部分干劲不足,不敢抓企业管理的干部也振作了精神;另外撤掉了一部分不能胜任工作,犯有严重错误的干部;恢复了一批能办事、敢办事的老同志的领导权力。这样,就使广大工业企业中,原来普遍存在的领导班子软、懒、散的状况,有了很大的改观,保证了1975年企业全面整顿工作的顺利开展。

三、《企业法》的制定初步确立了厂长(经理)负责制

随着经济体制改革的进一步深入,工业生产责任制广泛推行,但由于党政职责不清,党政关系处理不当等原因,也由于社会主义商品经济的迅速发展,显示出党委集体领导、职工民主管理和厂长行政指挥的企业领导体制仍有不够健全的地方,特别是对商品经济和市场竞争的适应性较差,出现了无人负责,实际上就是无权负责、无法负责、无力负责的现象。各地都有一批国营工业企业酝酿对企业领导体制作进一步的改革。

党和国家非常重视国有工业企业领导体制的改革,专门组织了《国营工业企业法》的起草。1984年2月,彭真同志带领调查组,到浙江、上海调查,对改革企业领导体制、制定《国营工业企业法》提出许多重要意见。1984年四五月间,党中央、国务院在听取调查组的汇报后,决定在大连、常州两市的全部国有工业企业和北京、天津、上海、沈阳四个城市的一部分企业中进行改革企业领导体制的试点,实行生产经营和行政管理工作厂长(经理)负责制。1984年5月,《国营工业企业法(草案)》正式实施。这是我国国有企业领导体制改革的一件大事,它走出了在国有工业企业中实行生产经营和行政管理工作厂长(经理)负责制的第一步。

在《国营工业企业法(草案)》中,对厂长、企业党组织和工会的职责、权限作了新的规定。

厂长对企业的生产经营和行政管理工作,统一领导,全面负责。厂长的职权是:①对企业生产经营和行政管理工作中的重大问题有决策权;②对企业的生产经营和行政管理工作实行集中统一指挥;③对生产经营和行政管理方面的规章制度的建立、修改和废除,作出决定或提出建议;④提出副厂长等厂级行政干部的任免名单,管理考核、任免中层行政干部。厂长的职责是贯彻党的方针、政策和国家的法律、法规,保证国家计划的完成和做好职工的思想政治

工作,关心职工生活等。

企业党组织在思想政治方面负领导责任,对党群工作和思想政治工作实行统一领导,对生产经营和行政管理工作起保证监督作用。协调厂长和各群众组织之间的关系,监督各级领导干部。

国有工业企业领导体制的改革,是经济体制改革中的一件大事,影响深远,于是党和国家专门组织了改革试点工作。在试点工作中,特别注意总结实行厂长生产经营和行政管理工作负责制和发挥企业党委、职代会作用的经验。从试点企业的情况来看,不同程度地发生了以下一些变化:①开始建立起厂长的权威,强化了生产经营管理工作的统一领导,决策快、指挥灵,工作效率显著提高;②企业党委的工作重心开始转到抓党的建设,抓思想政治工作,抓贯彻党的路线、方针、政策上来,深入群众调查研究多了,"党不管党"的状况有了改变;③有力地促进和带动了企业的各项改革,许多企业开始出现干部能上能下,工人择优录用,分配根据贡献能多能少的新情况。

这一时期,在少数企业中试行了职工代表大会领导下的厂长负责、党委监督制。如北京革制品厂、北京毛纺厂、四川自贡铸钢厂等。

以上各种试点,为改善企业领导体制积累了经验,为以后在全国范围内推广这些经验,进一步改善企业领导体制和正确处理党、政、工关系做了准备。

四、《中共中央关于经济体制改革的决定》加快了企业改革的步伐

1984年12月召开的中国共产党十二届会议第三次全体会议,通过了《中共中央关于经济体制改革的决定》(以下简称《决定》)。《决定》总结了我国社会主义建设正反两方面的经验,特别是十一届三中全会以来城市经济体制改革的经验,对深入开展经济体制改革的一系列工作,作了系统的部署。《决定》对我国进一步贯彻执行对内搞活经济、对外实行开放政策,开创社会主义现代化建设的新局面,具有深刻意义。《决定》对于加强我国国有工业企业管理产生了极其巨大的影响。

(一)适应形势的发展需要深化企业改革

在《决定》中明确指出,"改革是当前我国形势发展的迫切需要","只有坚

决地系统地进行改革,城市经济才能兴旺繁荣,才能适应对内搞活、对外开放的需要,真正起到应有的主导作用,推动整个国民经济更好更快地发展"。《决定》还指出,正在世界范围兴起的新技术革命,对我国经济的发展是一种新的机遇和挑战。这就要求我们的经济体制,具有吸收当代最新科技成就,推动科技进步,创造新的生产力的更加强大的能力。因此,改革的需要更加迫切。

在企业改革深入发展的形势下,广大国有企业加强经营管理和内部各项管理工作,以适应企业改革的深入发展,使国有企业管理有了较为全面的发展。通过企业改革,企业的经营自主权有了一定程度的落实,企业的领导体制也确立了下来;企业通过横向经济联系,与国内其他企业加强了经济、技术交流与协作,企业通过加强与国际的经济、技术合作,提高了企业的技术与管理水平,外向型经济迅速发展。同时,企业管理的发展又是企业改革深入开展的保证。由于国有企业管理水平的提高,各种现代化管理方法得到逐步使用,使工业企业管理更能适应经济体制改革发展的需要。

(二)增强企业活力是改革的中心环节

《决定》分析了我国经济体制过度集中统一的弊端,提出"改革是为了建立充满生机的社会主义经济机制"的重要目标。并且明确指出"增强企业活力是经济体制改革的中心环节"。《决定》还指出:"围绕这个中心环节,主要应该解决好两个方面的问题,即确立国家和全民所有制企业之间的关系,扩大企业自主权;确立职工和企业之间的正确关系,保证劳动者在企业中的主人翁地位。"

在这个阶段中,广大国有企业进行的一系列改革,正是围绕着《决定》指明的方向,不断增强企业的活力,使企业的经营自主权逐步有所增强。特别是在国务院发布的一系列关于增强企业活力文件的具体部署下,以及《全民所有制工业企业法》的发布和实施,使企业的经营自主权进一步明确,并得到了进一步的增加。广大国有企业遵照企业所有权和经营权可以适当分开的原则,对扩大企业的经营自主权进行了各种试点,如承包经营制、租赁经营制、股份制等,取得了一定的成绩。同时,通过改革分配制度,调动了广大职工的积极性和创造性,为发展经济作出了贡献。

（三）实行有计划的商品经济,使企业逐步成为市场的主体

《决定》提出社会主义经济是以公有制为基础的有计划的商品经济,这是对原有的社会主义经济模式的一个根本性突破。《决定》根据十一届三中全会以来的实践,提出了计划体制的基本点,要求有步骤地适当缩小指令性计划的范围,适当扩大指导性计划的范围。并提出,除关系全局的重大经济活动,其他大量产品和经济活动,分别实行指导性计划或完全由市场调节。《决定》还提出要充分运用价格杠杆,发挥价格这个最有效的调节手段,使之较好地符合国民经济发展的需要。

在企业改革实践中,由于实行了有计划的商品经济模式,企业的计划自主权有了一定程度的扩大,国家指令性计划逐步缩小,企业可以在更大的范围内根据市场的供需情况和价格的波动趋势来组织自己的生产和销售,从而使企业能够生产适销对路的产品,更好地开拓市场;企业也有了部分的定价权,可以在市场上适当地调节价格,以增强产品的竞争能力,或者为企业获取较好的经济效益。同时,企业可以较方便地从市场上获得生产所需的各种生产资料,从而保证了生产的正常进行。随着证券市场的出现,企业的资金筹措也可以在资金市场上解决一部分,这对企业发展生产、走向市场都是极其有利的。总之,为实行有计划的商品经济而采取的各种改革措施,有利于企业扩大经营自主权和增强企业的市场竞争能力,有利于企业起步成长为市场的主体。

（四）要求政府部门简政放权,实行政企职责分开

《决定》分析了长期以来政企职责不分,企业实际上成了行政机构的附属物,对国有企业带来的一系列困难,指出"按照政企职责分开,简政放权的原则进行改革,是搞活企业和整个国民经济的迫切要求"。

在《决定》的指引下,在经济体制改革工作中,对于政企职责分开、简政放权采取了一系列措施。政府部门减少了对企业事务的直接干预,把一部分权力下放给企业。还进行了撤销行政性公司、组建企业集团的试点,成立了一批全国性和地区性的企业性质的公司。这些措施对于政企职责分开、简政放权都产生了一定的积极作用。同时,党和国家又采取了一系列措施改革条块分割、地区封锁的弊端,大力提倡开展社会主义竞争,反对保护落后的各种地方保护主义的做法。当然,这方面的工作不可能在短时期内取得很大成效,但是,毕竟在这些方面迈出了重要的步伐。

《决定》指出,"为了增强城市企业的活力,提高广大职工的责任心和充分发挥他们的主动性、积极性、创造性,必须在企业的内部明确对每个岗位、每个职工的工作要求,建立以承包为主的多种形式的经济责任制"。在贯彻《决定》的过程中,广大国有企业又进一步发展了承包经营责任制,使企业及其职工按照责、权、利相结合,国家、集体、个人利益相统一的原则,使国有企业能够拥有必要的经营自主权,从事各项经营活动,达到预定的各种经济目标。

《决定》对国有工业企业实行厂长(经理)负责制、党组织发挥保证和监督作用以及贯彻职工民主管理,也作了规定,为健全国有企业的领导制度,指明了正确的方向。

《决定》对进一步贯彻按劳分配原则,也作了明确的规定,为企业改革分配制度,调动广大职工的积极性,指明了方向。

(五)扩大对内对外开放,组建企业集团,创办"三资"企业

《决定》总结了党的十一届三中全会以来对外开放政策取得的显著成效,提出要积极扩大对外经济技术交流。同时,《决定》要求广泛发展全民、集体、个体经济相互之间灵活多样的合作经营和经济联合。

在《决定》的指引下,在这个阶段中,广大国有企业积极开展了对外的和国内的经济技术交流。中外合资经营企业、中外合作经营企业和外资企业不论从数量上、规模上都有很大的发展,引进国外资金、技术和管理经验对国有企业进行改组、改造,对我国现代化建设事业的发展,起了重要的作用。同时,广大国有企业积极开展对内的经济技术合作,使横向经济联系不断发展,企业集团也开始组建和发展。在国内外资金、设备、技术和人才的合理交流基础上,优化了我国社会资源的配置,促进了我国经济的发展。

(六)起用并培养人才,形成一支经济技术管理干部队伍

《决定》提出了"大胆起用和积极培养成千上万中青年管理干部"的迫切任务,又提出了培养厂长、总工程师、总会计师、党委书记,"形成一支包括这些人才在内的、门类齐全、成龙配套的社会主义经济管理干部和技术干部的宏大队伍"的任务。

贯彻《决定》的要求,各地认真组织了国有企业领导班子的调整,进一步开展对各级管理干部的培训,取得明显的成效。一批优秀企业家脱颖而出,为提高企业管理水平,创造适销对路的产品,取得较好的经济效益作出了贡献。在他们的管理下,一批优秀企业涌现出来,成为我国国有企业管理现代化的生力军。

《决定》在商业企业中也引起了巨大的反响。全国商业企业积极贯彻《决定》的精神,在深化商业体制改革和加强商业企业管理方面取得了巨大的成绩。

商业体制改革的主要内容是:(1)实行政企分开,扩大企业权力,加强行政管理,商业部和各商业厅(局)把其后的日用工业品批发企业下放到市,组成企业经营体系,扩大企业的经营、计划、财务、物价、人事、工资、奖惩等权力,缩小计划商品范围,调整商业行政机构,加强和扩大行政管理职能。(2)改革日用工业品一、二、三级批发层次,批发站与市批发公司合并。(3)建立城市贸易中心,逐步形成开放式、多渠道、少环节的批发体制。(4)小型国有零售商业、饮食服务业转为集体经营或租赁给经营者个人经营。(5)国有零售商业和饮食服务业要有计划有步骤地实行经营承包责任制。(6)正确执行价格政策,严禁转嫁负担。在这一阶段中,围绕以上各项内容,商业企业体制改革进一步深化;同时,商业企业管理也得到了加强。

党的十二届三中全会通过的《决定》,对于我国经济体制改革的深入发展,有着重大的历史意义。但是,由于我国当时的改革尚处于初级阶段,缺乏必要的理论准备,因此,《决定》所提出的各种措施,不可避免地带有一定的历史局限性。比如,由于从整体上还没有可能提出建立社会主义市场经济框架的理论,因此,对于企业改革究竟应该达到何种目标,企业与国家的关系究竟如何处理等等问题,都没有很确切的论述。这都使当时的改革只能取得阶段性的成果,一些深层次的问题只能在从整体上确立了建立社会市场经济框架之后,逐步予以解决。

五、《工业企业法》为增强企业活力提供了法律手段

1988年4月13日,第七届全国人民代表大会第一次会议通过了《中华人民共和国全民所有制工业企业法》。这个文件以法律的形式明确了全民所有制工业企业的权利和义务,明确规定依照所有权和经营权分离的原则,企业对国家授予其经营管理的财产享有占有、使用和依法处分的权利,这就为保障企业的合法权益,增强企业活力提供了法律手段。在《企业法》中,规定全民所有制工业企业拥有十三个方面的权利和必须承担十个方面的义务,提出了规范企业行为的准则。这个文件的产生经过了反复的酝酿和讨论,集中了各方面专家的智慧,使我国全民所有制企业及企业管理工作的发展纳入了法制化的轨道。但是,由于落实企业的法定权利涉及到诸多客观条件,因而落实这些权利是非常困难的。

在一系列政策规定和《企业法》的指引下,各地政府和国务院各部门相应采取了一些措施,增强企业的活力。同时,一批企业积极争取政策和法律给予自己的合法权利,增强自己的活力。

增强国有大中型企业的活力,同时也要对缺乏活力甚至亏损严重、资不抵债的企业实行破产制度。1986年12月2日,第六届全国人大常务委员会第十八次会议通过了《中华人民共和国破产法(试行)》,并规定自全民所有制工业企业法实施满三个月之日起试行。试行企业破产制度,是为了适应社会主义有计划的商品经济发展和经济体制改革的需要,促进全民所有制企业自主经营,加强责任制和民主管理,改善经营状况,提高经济效益,保护债权人、债务人的合法权益。在《破产法(试行)》中,规定"企业因经营管理不善造成严重亏损,不能清偿到期债务的,依照本法规定宣告破产"。

六、《企业管理现代化纲要》为管理现代化指明了方向

为了在企业全面整顿的基础上,不失时机地使广大国有工业企业的管理工作逐步向现代化方向发展,1986年6月,国家经委提出了在"七五"时期实施的《企业管理现代化纲要》(草案)。《纲要》是推行企业管理现代化的指导

性文件,它主要是按照经济体制改革的要求,在扩大企业经营管理自主权,逐步解决企业外部条件的前提下,解决如何完善微观经济活动和机制的问题。《纲要》主要解决企业管理现代化的一些战略性问题。包括管理现代化的前进方向、奋斗目标、基本途径、政策措施等,从大的方面勾画出企业管理现代化的蓝图,起到启发思想、指明方向的作用。

《纲要》力求体现"七五"计划的战略方针,重点考虑了,(1)力求与经济体制改革的方向、目标和步骤相适应。《纲要〉提出:以大中型企业为骨干的、具有中国特色的社会主义现代企业管理体系,要在"七五"期间基本上奠定基础。(2)《纲要》中着重提出:大中型工业企业在"七五"期间一定要从根本上改变产品质量低、物质消耗高的落后状态,分别达到国内外同类企业的先进水平;在经营管理上要建立和完善以提高产品质量、降低消耗为重点,确保提高经济效益、增加出口创汇能力,使生产经营逐步实现良性循环的现代化管理体系;结合企业实际,配套运用现代化管理方法,并逐步应用现代管理手段,形成网络,使之在现代化管理体系中发挥其特殊作用。(3)企业管理现代化要起到适应和促进技术进步的作用。(4)体现"两个文明"一起抓,重视精神文明建设。

《纲要》共分十三个部分:

(一)重要的战略任务

《纲要》指出:采取措施,促使我国的企业管理沿着社会主义现代化的轨道前进,十分重要而迫切。这项战略任务已经历史地摆在我们的面前。

(二)指导原则与奋斗目标

"七五"期间推行企业现代化总的目标是,我国企业主要是全民所有制企业,要正确运用国家赋予的经营管理自主权,按照现代管理的思想原则,基本完成企业内部的配套改革,不同程度地建立起使生产经营各个环节逐步进入良性循环的社会主义现代化管理体系;各行业都要有一批骨干企业在经营管理上、主要产品的质量和物质消耗上达到 20 世纪 70 年代末 80 年代初的国际先进水平。

（三）管理思想与经营战略

必须做到:树立经济效益观念、树立质量第一和市场竞争观念、树立时间与信息观念、树立利息和资金周转观念、树立人才开发观念。

（四）管理体制与组织

要随着经济体制改革的深入发展,逐步改革企业管理体制、领导制度、组织机构和经营管理制度。为了充分调动基层单位和广大职工的积极性,要改变我国企业长期形成的那种高度集中的管理制度,建立集权与分权相结合的新体制。

（五）经济责任制

为了提高广大职工的责任心和充分发挥他们的主动性、积极性、创造性,要按照责、权、利相结合,国家、集体、职工利益相统一,职工劳动所得同劳动成果相联系的原则,进一步完善和发展企业内部的经济责任制。

（六）专业管理与综合管理

要按照现代管理的思想原则,逐步改革在旧经济体制僵化模式下形成的只重生产、忽视经营和分工过细、互相分割的企业内部各项专业管理,以充分发挥其在合理利用人、财、物、信息等各种资源,有效地组织供、产、销等生产经营活动中的职能作用。

（七）管理基础工作

要实现企业管理现代化,管理基础工作也必须现代化。今后 5 年的重点是:标准化工作要形成包括技术标准、产品标准、管理标准在内的完整的标准化管理体系;逐步实现检测手段和计量技术的现代化;要坚持定额水平的平均先进性,积极采用科学方法制定、修订和完善各类定额,提高定额管理水平;建立和完善管理信息系统;建立、健全各项规章制度;进一步加强企业管理基础教育,逐步建立与价格、金融及人事、劳动工资等项改革相适应的各项管理基础工作。

（八）现代管理方法

要围绕提高经济效益,特别是围绕提高产品质量、降低物质消耗,有重点地选择一批综合性较强、适用面广而且经过试点确系行之有效的现代管理方法。如市场预测、决策技术、目标管理、全面质量管理、价值工程等,应普遍推广应用、狠抓几个,务必抓出成效。

(九)现代管理手段

"七五"期间,各主要行业,各省、市、自治区,特别是工业基础较好的城市,都要有一批企业(主要是具备条件的大中型企业),建立起不同水平的计算机管理信息系统。

(十)人才培训与智力开发

在不太长的时间内,初步建设起一支包括厂长(经理)、总工程师、总经济师、总会计师和党委书记在内的、门类齐全、成龙配套的社会主义经济管理干部和技术干部的宏大队伍。

(十一)技术进步的决策与管理

为了提高技术进步的经济效益,企业要加强对技术开发、技术引进、技术推广、技术改造的决策和管理。重点技术改造项目,从项目选定直至投产使用的全过程,都要积极地推行管理现代化。

(十二)职工思想政治工作

要通过强有力的思想政治工作,树立艰苦奋斗、勤俭建国、奋发图强、献身"四化"的企业精神,培养良好的职业道德,文明办厂,搞好厂风厂纪,树立注重质量、讲究服务、赢得社会广泛承认的企业信誉,创造整洁优美的厂容,从而形成社会主义现代化的企业形象。

(十三)领导与措施

各省、市、自治区,国务院有关各部门、各企业,都要把企业管理现代化摆到重要议事日程上来;要加强这方面工作的机构和力量;要提高对企业管理现代化的认识,切实加强思想领导,及时解决推行企业管理现代化中出现的思想认识问题。同时,要大力培养一支推进企业管理现代化的骨干队伍。

《纲要》对推动我国"七五"期间的管理现代化工作发挥了重要的作用。1986年4月,全国第四次企业管理现代化座谈会在北京召开。这次会议总结交流了推行企业管理现代化工作的经验,根据国家"七五"计划提出的任务,围绕提高产品质量、降低物质消耗,研究了如何贯彻《纲要》,把企业管理现代化工作向纵深推进的问题。1987年5月,在西安召开全国第五次企业管理现代化座谈会。会议总结交流了一年来推进企业管理现代化工作的经验,围绕深化企业改革、双增双节和企业升级,重点研究了加强企业管理基础工作,推进企业管理现代化深入开展的问题。在国家经委和中国企业管理协会的领导和组织下,各省、市、自治区、国务院有关各部门,广大国有工业企业,按照《纲要》的各项要求积极推进管理现代化,取得了一系列的成绩。

七、《转机条例》的颁布全面引发企业经营机制的转变

1992年7月23日,国务院颁布了《全民所有制工业企业转换经营机制条例》(以下简称《转机条例》),从此我国企业改革开始全面转换企业经营机制的新阶段。

(一)企业改革的深入和《转机条例》的颁布

从1991年9月中央工作会议之后,全国工业领域进行了三项工作:一是落实搞好国有大中型企业的20条政策措施,改善企业外部条件,加强企业内部改革与管理。二是贯彻落实《企业法》,制订《转机条例》。三是根据中央工作会议和国务院有关会议精神,各地进行了多种形式的企业改革试点。据不完全统计,全国预算内工业企业中试点企业已有8469户。从中央工作会议到1992年上半年,各地区、各部门抓住有利时机,加快改革步伐,真抓实干,使转换企业经营机制出现了令人鼓舞的势头。主要表现在以下几个方面:

1.进一步解放思想,增强了深化企业改革的自觉性和紧迫感;

2.进一步扩大了企业经营自主权,开始建立和健全约束机制;

3.实行"放水养鱼"和关停并转政策,优胜劣汰机制开始在部分企业中发挥作用;

4.进行多种经营形式的试点,积极探索适应市场机制运行的新途径;

5.积极推行企业内部劳动、人事、分配三项制度改革,采取发展第三产业等措施,减轻工业企业的社会负担;

6.转变政府职能,加强市场体系、社会保障体系的建设。

从中央工作会议至1992年上半年,各地区、各部门和企业对贯彻中央工

作会议精神,转换企业经营机制工作非常重视,改革的积极性很高,因而企业改革工作有了新的进展。同时,转换企业经营机制与调整结构、提高经济效益工作相结合,使1992年上半年国民经济出现了近几年没有过的高速增长的态势,特别是国有大中型企业产值幅度高于全国预算内工业企业增长平均水平2.9个百分点,说明搞好国有大中型企业的一系列政策已经和正在发挥作用。

(二)企业转换机制的主要内容

《转机条例》是为了推动企业进入市场,增强企业活力,提高经济效益,根据《企业法》制定的。企业转换机制是要达到既使企业能适应市场的要求,成为依法自主经营、自负盈亏、自我发展、自我约束的商品生产和经营单位,又使企业成为独立享有民事权利和承担民事义务的企业法人。其主要内容如下:

1. 企业经营权

企业经营权是指企业对国家授予其经营管理的企业财产,享有占有、使用和依法处分的权利。为了落实经营权,要坚持并完善企业承包经营责任制;逐步试行税利分流,统一所得税率,免除企业税后负担,实行税后还贷;创造条件,试行股份制。

企业享有的经营权包括:生产经营决策权;产品、劳务定价权;产品销售权;物资采购权;进出口权;投资决策权;留用资金支配权;资产处置权;联营、兼并权;劳动用工权;人事管理权;工资、奖金分配权;机构设置权;拒绝摊派权。

企业经营权受法律保护,任何部门、单位和个人均不得干预和侵犯。对于任何干预、侵犯企业经营权的行为,企业有权向政府有关部门申诉、检举或依法向法院起诉。

企业经营权的落实,对于企业自主经营,及时决策,调整经营方向、产品结构、企业组织结构、调动企业和职工的积极性,提高企业经济效益等方面,都有重要作用。

2. 企业自负盈亏的责任

企业以国家授予其经营管理的财产,承担民事责任;对其法定代表人和其他工作人员,以法人名义从事经营活动,承担民事责任。厂长对企业盈亏负有直接经营责任,职工按照企业内部经济责任制,对企业盈亏也负有相应的责任。

企业的工资、奖金、津贴及其他工资性收入,应当纳入工资总额。核定的工资总额要由政府有关部门审批。职工收入的增减要根据企业经济效益的增减来决定。工资总额的增幅要低于经济效益的增长,职工平均工资的增幅要低于劳动生产率的增幅,工资调整方案、奖金分配方案要由职代会同意,厂长升资要由有关部门批准。

连续三年全面完成上交任务并实现财产增值的,实现扭亏转盈的,应给厂长等领导以奖励。

实行承包制企业,未完成上缴利润任务,应当以风险抵押金、工资储备金、留利补交。租赁经营企业,达不到合同规定经营目标或欠交租金的,应当以风险保证金、预支生活费、承租者年收入抵补,不足部分由承租者、保证人提供的担保财产抵补。

企业由于经营不善造成经营性亏损的,按其亏损期长短,厂长、其他厂级领导和职工应当根据责任大小,承担相应责任。

企业必须执行国家财政、税收和国定资产管理法律,做到账实相符,确保资产增值。要准确核算成本提存折旧费、大修理费、新产品发展基金等,要编制计划报上级审批。不得用各种生产性基金和处理生产性固定财产的收入来发放工资、奖金或增加集体福利。

3. 企业的变更与终止

企业可以转产、停产整顿、合并、分立、解散、破产,以进行产品结构和组织结构的调整,实现资源合理配置。

企业主导产品不符合国家政策或没有市场销路时可根据市场渴求和本身条件进行转产。

企业经营性亏损严重的可以停产整顿,停产要拟定停产整顿方案经政府批准组织实施。

企业可以进行合并。在全民所有制企业间进行合并时,可以采取资产无偿划转方式进行,原企业的债权债务由合并后的企业承担。企业可以兼并其他企业,这是一种有偿合并形式。被兼并企业的债权债务由兼并企业承担。

企业可以分立,即分为两个以上的企业。分立各方应签订协议,明确各方的债权、债务。

企业因种种原因而应当终止经营的,经政府批准可依法予以解散,并成立清算组进行清算。企业所欠债务以留用资金清偿,不足的可依法用财产抵押,保证债务的履行。

企业符合破产条件的,应依法宣告破产。破产按《破产法》程序进行。

企业变更和终止,应按法律由有关政府部门核准并办理变更或注销登记。

4. 企业和政府的关系

按照政企职责分开原则,政府依法对企业进行协调、监督和管理并为企业提供服务。企业财产局全民所有,国务院代表国家行使企业财产所有权并行使规定的职权,以确保企业财产的所有权。政府应采取措施,加强宏观调控和行政管理,增强企业活力,保证经济发展。要制定社会经济发展战略、方针、政策,控制总量平衡,规划、调整产业布局;运用经济杠杆和政策、立法,调控引导企业行为和资源的合理配置;建立符合商品经济发展的企业制度,制定考核指标体系,提高企业经济效益;采取各种措施,为企业提供必要的服务。

政府应采取措施,培养和完善市场体系,发挥市场调节作用;建立并完善社会保障体系,使企业、职工无后顾之忧。

5. 法律责任

政府有关部门违反本条例,截留、干预企业自主权及其他行为的,应根据其情节轻重,责令改正、给予行政处分或由司法机关依法追究刑事责任。

企业违反本条例,如不执行指令性计划、擅自提价等,应根据其情节轻重,责令其改正、追究行政责任、给予经济处罚或行政处罚,直至由司法机关依法追究相关人员的刑事责任。

阻碍企业领导及管理人员依法行使职权的,或扰乱企业秩序,使企业不能正常运行的,应根据情节轻重,给予治安管理处置,直至由司法机关依法追究刑事责任。

另外,条例明确指出:本条例的原则适用于全民所有制交通运输、邮电、地质勘探、建筑安装、商业、外贸、物资、农林、水利、科技等企业,国务院各部门和省、自治区、市人民政府可以根据条例制定实施办法,以利本条例的实行。①

1992 年,不仅股份制及股市有很大的发展,并且在使股份制企业走向规范化方面也迈出了重要的一步。1992 年 9 月,国务院批转了国家体改委和国务院生产办在深圳召开的股份制企业试点工作座谈会纪要,对股份制试点提出了规范化要求。其后国家体改委等五个部门先后联合发布了《股份制企业试点办法》《股份有限公司规范意见》《有限公司规范意见》《股份制试点企业财务管理若干问题的暂行规定》《股份制试点企业劳动工资管理暂行规定》《关于股份制试点企业物资供销暂行规定》《股份制试点企业会计制度》《股份制试点企业有关税收问题的暂行规定》《股份制试点企业宏观管理的暂行规定》等一整套文件,为股份制企业运行的规范化提供了初步依据,为进一步制定《公司法》等法规奠定了基础。

八、《公司法》为我国公营企业发展提供法律保障

1993 年 12 月 29 日第八届全国人民代表大会常务委员会第五次会议通过《中华人民共和国公司法》,根据 1999 年 12 月 25 日第九届全国人民代表大会常务委员会第十三次会议《关于修改〈中华人民共和国公司法〉的决定》第一次修正,根据 2004 年 8 月 28 日第十届全国人民代表大会常务委员会第十一次会议《关于修改〈中华人民共和国公司法〉的决定》第二次修正,2005 年 10 月 27 日第十届全国人民代表大会常务委员会第十八次会议修订,自 2006 年 1 月 1 日起施行。

公司法的颁布,为股份有限公司、有限责任公司,包括国有独资公司的运营与发展,提供了强有力的法律保障。

股份有限公司是指注册资本由等额股份构成并通过发行股票(或股权证)筹集资本,股东以其所购股份对公司承担有限责任,公司以其全部财产对公司债务承担责任的企业法人。它有以下的特点:

---

① 《全民所有制工业企业转换经营机制条例》,《解放日报》1992 年 7 月 25 日第 1 版。

一是公司有一定的注册资本,公司应在其章程中明确"股份总额及每股金额"。公司必须经常维持与资本额相当的财产。公司已定的资本额,如不按法定的减资程序,绝对不能减少其注册资本。

二是股本分成等额的股份,并发行股票或股权证集资。股份是公司资本的均分单位,股份的所有者为股东,股东行使所有权时,原则上以股份为单位。股份证券化为股票后,可以争取上市流通。

三是股东以其所认股份,对公司负有限责任,而不直接对公司的债权人负责,公司的债务只以公司的财产作一般担保。

新的《公司法》在总则第一条中规定:为了规范公司的组织和行为,保护公司、股东和债权人的合法权益,维护社会经济秩序,促进社会主义市场经济的发展,制定本法。

1. 公司的设立

(1)发起。公司的设立,首先要有发起人发起。《公司法》规定,设立股份有限公司,应当有二人以上二百人以下为发起人,其中须有半数以上的发起人在中国境内有住所。股份有限公司的设立,可以采取发起设立或者募集设立的方式。发起设立,是指由发起人认购公司应发行的全部股份而设立公司。募集设立,是指由发起人认购公司应发行股份的一部分,其余股份向社会公开募集或者向特定对象募集而设立公司。

股份有限公司注册资本的最低限额为人民币五百万元。法律、行政法规对股份有限公司注册资本的最低限额有较高规定的,从其规定。

(2)订立公司章程。发起人要订立章程。其内容应包括公司名称和住所;公司经营范围;公司设立方式;公司股份总数、每股金额和注册资本;发起人的姓名或者名称、认购的股份数、出资方式和出资时间;董事会的组成、职权和议事规则;公司法定代表人;监事会的组成、职权和议事规则;公司利润分配办法;公司的解散事由与清算办法;公司的通知和公告办法,以及股东大会会议认为需要规定的其他事项。

(3)设立公司的申请。董事会应于创立大会结束后三十日内,向公司登记机关报送下列文件,申请设立登记:公司登记申请书;创立大会的会议记录;

公司章程;验资证明;法定代表人、董事、监事的任职文件及其身份证明;发起人的法人资格证明或者自然人身份证明;公司住所证明。

以募集方式设立股份有限公司公开发行股票的,还应当向公司登记机关报送国务院证券监督管理机构的核准文件。

(4)认股及其程序。股份有限公司成立后,发起人未按照公司章程的规定缴足出资的,应当补缴;其他发起人承担连带责任。股份有限公司成立后,发现作为设立公司出资的非货币财产的实际价额显著低于公司章程所定价额的,应当由交付该出资的发起人补足其差额;其他发起人承担连带责任。股份有限公司应当将公司章程、股东名册、公司债券存根、股东大会会议记录、董事会会议记录、监事会会议记录、财务会计报告置备于本公司。

2. 关于股份的规定

股份有限公司的资本划分为股份,股份是公司资本的均分单位,每一股的金额相等,如公司股本为5000万元,分成500万股份,每股为10元。公司的股份采取股票的形式,股票是公司签发的证明股东所持股份的凭证。股份的发行,实行公平、公正的原则,同种类的每一股份应当具有同等权利。同次发行的同种类股票,每股的发行条件和价格应当相同;任何单位或者个人所认购的股份,每股应当支付相同价额。股票发行价格可以按票面金额,也可以超过票面金额,但不得低于票面金额。股票采用纸面形式或者国务院证券监督管理机构规定的其他形式。

股票应当载明下列主要事项:公司名称;公司成立日期;股票种类、票面金额及代表的股份数;股票的编号。股票由法定代表人签名,公司盖章。发起人的股票,应当标明发起人股票字样。公司发行的股票,可以为记名股票,也可以为无记名股票。公司向发起人、法人发行的股票,应当为记名股票,并应当记载该发起人、法人的名称或者姓名,不得另立户名或者以代表人姓名记名。发行无记名股票的,公司应当记载其股票数量、编号及发行日期。

3. 股东和股东大会

股份的持有人为公司的股东。股东按其持有股份的类别和份额享有权利、承担义务。

股东有权查阅公司章程、股东名册、公司债券存根、股东大会会议记录、董事会会议决议、监事会会议决议、财务会计报告,对公司的经营提出建议或者质询。

股份有限公司股东大会由全体股东组成。股东大会是公司的权力机构,依照本法行使职权。股东大会应当每年召开一次年会。股东大会会议由董事会召集,董事长主持;董事长不能履行职务或者不履行职务的,由副董事长主持;副董事长不能履行职务或者不履行职务的,由半数以上董事共同推举一名董事主持。董事会不能履行或者不履行召集股东大会会议职责的,监事会应当及时召集和主持;监事会不召集和主持的,连续90日以上单独或者合计持有公司10%以上股份的股东可以自行召集和主持。召开股东大会会议,应当将会议召开的时间、地点和审议的事项于会议召开20日前通知各股东;临时股东大会应当于会议召开15日前通知各股东;无记名股票持有人出席股东大会会议的,应当于会议召开五日前至股东大会闭会时将股票交存于公司。

股东出席股东大会会议,所持每一股份有一表决权。但是,公司持有的本公司股份没有表决权。股东大会作出决议,必须经出席会议的股东所持表决权过半数通过。但是,股东大会作出修改公司章程、增加或者减少注册资本的决议,以及公司合并、分立、解散或者变更公司形式的决议,必须经出席会议的股东所持表决权的2/3以上通过。

4. 董事会、经理和监事会

股份有限公司设董事会,其成员为五人至十九人。董事会成员中可以有公司职工代表。董事会中的职工代表由公司职工通过职工代表大会、职工大会或者其他形式民主选举产生。

董事会设董事长一人,可以设副董事长。董事长和副董事长由董事会以全体董事的过半数选举产生。董事会每年度至少召开两次会议,每次会议应当于会议召开十日前通知全体董事和监事。代表1/10以上表决权的股东、1/3以上董事或者监事会,可以提议召开董事会临时会议。董事长应当自接到提议后10日内,召集和主持董事会会议。董事会会议应有过半数的董事出席方可举行。董事会作出决议,必须经全体董事的过半数通过。董事会决议的表决,实行一人一票。

股份有限公司董事会,其职权有:召集股东会会议,并向股东会报告工作;执行股东会的决议;决定公司的经营计划和投资方案;制订公司的年度财务预算方案、决算方案;制订公司的利润分配方案和弥补亏损方案;制订公司增加或者减少注册资本以及发行公司债券的方案;制订公司合并、分立、解散或者变更公司形式的方案;决定公司内部管理机构的设置;决定聘任或者解聘公司经理及其报酬事项,并根据经理的提名决定聘任或者解聘公司副经理、财务负责人及其报酬事项;制定公司的基本管理制度;公司章程规定的其他职权。

股份有限公司设经理,由董事会决定聘任或者解聘。股份有限公司经理对董事会负责,行使下列职权:主持公司的生产经营管理工作,组织实施董事会决议;组织实施公司年度经营计划和投资方案;拟订公司内部管理机构设置方案;拟订公司的基本管理制度;制定公司的具体规章;提请聘任或者解聘公司副经理、财务负责人;决定聘任或者解聘除应由董事会决定聘任或者解聘以外的负责管理人员;董事会授予的其他职权。公司章程对经理职权另有规定的,从其规定。

股份有限公司设监事会,其成员不得少于三人。监事会设主席一人,可以设副主席。监事会主席和副主席由全体监事过半数选举产生。监事会主席召集和主持监事会会议;监事会主席不能履行职务或者不履行职务的,由监事会副主席召集和主持监事会会议;监事会副主席不能履行职务或者不履行职务的,由半数以上监事共同推举一名监事召集和主持监事会会议。董事、高级管理人员不得兼任监事。监事会每六个月至少召开一次会议。

公司的监事行使下列职权:检查公司财务;对董事、高级管理人员执行公司职务的行为进行监督,对违反法律、行政法规、公司章程或者股东会决议的董事、高级管理人员提出罢免的建议;当董事、高级管理人员的行为损害公司的利益时,要求董事、高级管理人员予以纠正;提议召开临时股东会会议,在董事会不履行本法规定的召集和主持股东会会议职责时召集和主持股东会会议;向股东会会议提出提案;依照公司法的相关规定,对董事、高级管理人员提起诉讼;公司章程规定的其他职权。

监事会行使职权所必需的费用,由公司承担。

5.财务会计与审计

公司应当依照法律、行政法规和国务院财政部门的规定建立本公司的财务、会计制度。

财务会计报告应当依照法律、行政法规和国务院财政部门的规定制作。股份有限公司的财务会计报告应当在召开股东大会年会的二十日前置备于本公司,供股东查阅;公开发行股票的股份有限公司必须公告其财务会计报告。公司应当向聘用的会计师事务所提供真实、完整的会计凭证、会计账簿、财务会计报告及其他会计资料,不得拒绝、隐匿、谎报。公司除法定的会计账簿外,不得另立会计账簿。对公司资产,不得以任何个人名义开立账户存储。

6.公司解散和清算

公司经营管理发生严重困难,继续存续会使股东利益受到重大损失,通过其他途径不能解决的,持有公司全部股东表决权10%以上的股东,可以请求人民法院解散公司。股份有限公司应当在解散事由出现之日起15日内成立清算组,开始清算。股份有限公司的清算组由董事或者股东大会确定的人员组成。逾期不成立清算组进行清算的,债权人可以申请人民法院指定有关人员组成清算组进行清算。人民法院应当受理该申请,并及时组织清算组进行清算。清算组应当自成立之日起10日内通知债权人,并于60日内在报纸上公告。债权人应当自接到通知书之日起30日内,未接到通知书的自公告之日起45日内,向清算组申报其债权。在申报债权期间,清算组不得对债权人进行清偿。清算组在清理公司财产、编制资产负债表和财产清单后,应当制定清算方案,并报股东会、股东大会或者人民法院确认。公司财产在分别支付清算费用、职工的工资、社会保险费用和法定补偿金,缴纳所欠税款,清偿公司债务后的剩余财产,有限责任公司按照股东的出资比例分配,股份有限公司按照股东持有的股份比例分配。清算期间,公司存续,但不得开展与清算无关的经营活动。公司财产在未依照前款规定清偿前,不得分配给股东。清算组在清理公司财产、编制资产负债表和财产清单后,发现公司财产不足清偿债务的,应当依法向人民法院申请宣告破产。公司经人民法院裁定宣告破产后,清算组应当将清算事务移交给人民法院。公司清算结束后,清算组应当制作清算报告,报股东会、股东大会或者人民法院确认,并报送公司登记机关,申请注销公司登记,公告公司终止。

公司被依法宣告破产的,依照有关企业破产的法律实施破产清算。

第四节 公营企业的经营管理

一、社会主义国家公营企业经营的关键

公营企业经营的关键在于经营竞争化而不是产权私有化。在以往公共产品的生产实践中,社会主义国家政府扮演的角色更多的是一个经营者——垄断的经营者,而较少的是一个竞争的组织者。所谓的政府经济职能的转变,说到底就是从一个垄断的经营者转变成一个竞争的组织者。也可以这样说,政府经济职能转变的目的或者政府社会公共职能社会化的动机就是模拟一个公共产品的市场,人造一个准市场,从中引入市场机制的功能,为给市场机制以更广阔的活动空间而创造条件进而造成公共产品生产领域的一种竞争局面,给消费者提供效率更高的供给者和价格更低质量更好的公共产品。

在以往公共产品的生产实践中,国营企事业单位在政策保护下具有较强的独占性,不必与其他企业公平竞争。作为垄断经营者的国家是把"饭"指令性地"喂"给其行政附属物国有企业:专门的军工厂、唯一的电业局、指定的自来水公司、独家的环保队(收集垃圾)等,总而言之,在建筑、管理和修缮公路、桥梁、路灯、公园、图书馆、博物馆等几乎所有的公共领域都有一个自上而下、上下对口的(中央、省、市、县)庞大行政机构,这些行政性机构统一下辖各自领域里众多的专业性国营企事业(如行政机构电业局下辖全套的各种维修和有服务的专门企业:从变电所到供电所,从外线到内线等等)。

只要这些行政机构一设立,只要它的下属国营企业一组建,即只要它们一生出来,就不必去"找"饭吃,更不用去"抢"饭吃,而是由国家统一给予垄断性地"喂"饭,独家经营,"生"来就是吃这碗饭的。并且,不管由于科技进步而出

现了多少种替代性技术,也无论产品更新换了多少代,别的有潜力的企业概莫能进,只能由它一家独自经营,而掌握新技术的企业和公司只能"望洋兴叹"。甚至,无论消费者受到了什么样的权益侵犯,受到了多大的经济损失,受到了多么大的"委屈",这些公共企事业只要一从娘肚子里"生"下来,就一定"长生不老",只生不死,谁奈它何? 于是,种种寻租现象由此产生。

国有企业的经营效率低,服务质量差的根本原因,就在于国家赋予了这些公共领域里国有企业的特别垄断权,各行业吃各自的"现成饭",独家饭,没有外部压力,自然不能产生竞争,没有竞争就必然导致国有企业内部产生 X 非效率。

现阶段我国公共产品的国有企业生产低效的重要原因之一就在于国家垄断权与国有企业经营权的二者结合,这个结合,其结果是遏杀了竞争。因此,弱化国家对公共领域的垄断权和强化国营企业的经营自主权,从而引入竞争机制,将成为公共经营机制改革和搞活国有企业与公共部门的重要环节。

二、社会主义公营企业经营管理的思路

国营企业的经营管理的具体思路可以概括为:国家不保护垄断权;国家要保护的是消费权。为弱化垄断权,国家可先给国营企业吃"半饱",其余的饭让企业自己去找,迫使国营企业参与"拍卖市场"的竞争。让其在准市场上去找饭吃,这就在客观上给国营企业创造了一个竞争的环境,从而扩大了其经营自主权。国家不保护公共产品的官方垄断权,实际上是国家经济职能和政府行为转变的根本体现,它是政府促使国营企业竞争化的一种"行为动机"。国家偏重保护消费者,则可看成是这种动机的一种"行为效果"。如果国家保护的不是垄断者,而是消费者;国家维护消费者主权,支持消费者的正当要求,保护消费者的合理权益,其客观效果就会给国营企业造成外部压力,形成其他企业进入的潜在竞争态势,从而促进国营企业进行内部创新。对国营企业来说,只有通过竞争而不是通过政府"授权"才能赢得消费者;企业的上帝是消费者而不是政府;企业的出路在于经营竞争化不在于产权私有化。

从理论上讲,对于提高经营实绩和效率来说,关键在于废除国家赋予企业

的垄断权,而与企业的所有权没有必然联系;不管是国营的企业,还是私人的企业,效率来自竞争,而不是来自私有化;对于效率来讲,竞争化所有权更重要。经济学家的经验统计已经证明了这一点。某些经济学教科书告诉人们,在自然垄断行业,独家垄断应该使该部门的生产费用更低一些,但许多经验分析则表明事实上远非如此,事实表明:不管公司的法律地位如何,不管是私营的还是国营的,大凡享有独家垄断权的公共领域里的生产费用一般都很少能够低于竞争环境中的公司费用。实际上,在美国许多州和市的公共行业里,地方政府都是授权或指定或监督两个或三个企业经营供电、供水、邮政等,而不允许独家垄断,从而形成"双头垄断"或"三头垄断"的局面,而不管这些公司是纯粹的私营还是公营。

近年来,"国营企业竞争化"的口号之所以比"国营企业私有化"的口号更响亮、更受各国重视,其原因就是 20 世纪 70 年代始发的私有化浪潮之后,人们发现,私有化并不是一副包治百病的灵丹妙药,原来国有企业存在的一些问题并没有由于私有化而全部得到解决。伦敦经济学院斯特恩教授对英国的私有化经过分析研究后发现,英国最为成功的私有化是在商业领域,而在公共产品经营领域的私有化则"执行得不太成功",例如,电报和无线电公司、美洲虎公司、英国航空公司、英国煤气公司、英国电讯公司、自来水行业和电力工业等。因此,斯特恩教授说:"这里主要教训在于竞争才是影响企业业绩的最重要因素,而不是谁实际上得到了利润。"他还总结道:"我还要强调竞争的重要性,因为英国私有化的历史证明了,公共所有制和私有制并不那么重要,企业运转真正依赖的是竞争环境。"斯蒂格勒最近对新加坡和加拿大的一些实例研究之后,也认为无论是公共部门还是私营部门,效率的普遍原则是激励机制和竞争机制。他还认为,在某些条件限制下,私人生产可以模拟公共生产,"这是一种理想化的公共生产"。美籍华裔、联合国高级经济学家林武朗博士也于 1991 年 12 月就此发表了意见,认为搞好国营企业的有效途径在于经营竞争化,而不在于私有化。他说,国营的英国钢铁公司和英国航空公司历年来经营皆有亏损,但他们赶在私营化之前就进行了内部改革,其结果是前者成为世界上利润率最高的钢铁公司,后者终于挤进世界上 160 家航空公司参与竞争而不需接受国家津贴。这些事例说明,只要提供或开创公平竞争的经营环境,让国营企业在同样的条件下同私营企业进行竞争,国营企业同样可以取得同私营企业一样的经济效益。

三、社会主义公营企业经营管理应注意的问题

作为发展中国家的公营企业,经营管理上要注意强调:

(一)强化国营企业的经营自主权不等于私有化

弱化甚至最终废除国家赋予国营企业经营公共产品的官方垄断权不等于私有化,强化国营企业经营自主权促进其竞争也不可能导致私有化,而仅仅意味着:当电话局看到出现了更有实力的潜在竞争者的威胁时(哪怕是非常有限的竞争威胁就足够了),它将不得不努力以更好一些的服务质量、更合理一些的价格向消费者提供服务。相反,弱化国家垄断权与强化国营企业自主经营权是对公有制的自我完善。我国目前从总体上来说还需依靠国营企业提供大部分公共产品,但其国营公共产品显露出的种种弊端还须靠完善公有制度来消除,而不是通过走私有化道路这种在现实中根本行不通的办法来解决。

(二)引入竞争机制,但要避免过度竞争

作为竞争组织者的国家在模拟市场的过程中,不但要引入竞争机制,而且还要对公共产品的经营进行适当的管制,避免过度的竞争,因为,过度的竞争将会导致两种结果,一是使资源误置,造成浪费;一是导致兼并引起新的企业垄断,哪怕是私人企业的垄断。例如1978年美国解除航空领域管制,实行改革。新公司进入之后立即引起激烈的竞争,一些小型公司在较短时间内则迅速而频繁地进入或退出航空业,进而出现了兼并,最后形成了寡头垄断局面,其结果是:当首次出现有的航空公司被淘汰时,航空市场便心照不宣地达成了停止价格战的协定。所有的航空公司在10月初都一致提高了各种运费。

第五节 公营企业的改革与发展

作为现代社会大生产的一种组织经营形式,公营企业无论在发达国家还

是在发展中国家都占据重要地位,尤其是第二次世界大战以来在发展中国家取得了长足进展,从战后至20世纪80年代初,发展中国家的公营企业更是始终保持增长态势。但进入80年代中期以后,世界各国的公营企业却发生了剧烈变化,几乎都面临着如何生存与发展的共同挑战。许多发展中国家重新调整了自身的经济发展战略,对公营企业规模和结构进行了改革,我们有必要在借鉴国外经验的基础上进一步探索我国国有企业改革的有益启示,为我国公营企业的成功改革提供一个更广阔的空间。

一、我国国有企业改革的必要性

(一)国有企业在市场经济中往往缺乏竞争力

国有企业又可称"公有企业"或"全民所有企业",是一种资产所有权归属全民,由政府代理人民经营管理,最终目的在于创造全民的共同福祉的企业。一般国家在经济发展的初期,经常使用国家的资本来发展经济,因此较易形成国有企业。但也有一些国家或政党在理念上较倾向于发展国有企业,例如在台湾实施的三民主义即主张"节制私人资本,发达国家资本"。在中国实施的共产主义也主张"全民所有制企业是经济的主要成分",在法国的社会党也一向主张将企业收归国家。基本上,有社会主义色彩的国家,基于社会公平与正义的理念,较认同发展国有企业;而资本主义色彩的国家,由于强调自由市场竞争,普遍排斥国有企业的发展。

虽然国有企业对许多国家的经济发展、技术建立、社会公平与安定,曾做过很大的贡献。但是当国有企业在自由市场上面临私有企业的竞争时,很多纷纷落马,招架乏力。尤其当一个国家处于自由化与国际化的全球大市场中,国有企业竞争力明显不足,严重拖累了整个国家经济的发展,因此国有企业必须改革。

(二)国营企业经营绩效欠佳

如前所述,企业的形态依据其所有权来区分,可分为国有、公有、民有、私有等四种,如依经营权归属,则可区分为国营、民营、私营等三类。表一分别描述国有国营、国有民营、国有私营、公有民营、公有私营、民有民营、私有民营、私有私营等八种企业形态的经营特质,其中国有国营是国有企业最常采行的经营方式;不幸的,也是经营效率较低的一种经营方式。所以必须进行改革。

国营企业因为经营绩效普遍不佳,而必须进行改革。

如前所述,企业的形态依据其所有权来区分,可分为国有、公有、民有、私有等四种;如依经营权归属,则可区分为国营、民营、私营等三类;如依经营特质区分,可分为国有国营、国有民营、国有私营、公有民营、公有私营、民有民营、私有民营、私有私营等八种,其中国有国营是国有企业最常采行的经营方式,所不幸的是,它也是经营效率较低的一种经营方式。所以,必须进行改革。

国营企业似乎除了拥有较佳的企业形象之外,其他九项关键因素的表现都不佳,这足以说明国营企业的问题所在和经营绩效不彰的原因。然而,究竟问题的罪魁祸首是国有的因素还是国营的因素呢? 国有企业是否一定必须国营呢? 企业的所有权与经营权能否加以分离? 国有企业的经营权与所有权应如何进行转变? 这些问题都值得深入思考。

(三)国有资产的整体性要求需要实现双层经营机制

总的说来,国有资产的传统经营体制是国家集权经营体制,即国有国营。国营,这两个字是对传统体制的高度概括。而国营存在的本身则表示长期以来在社会主义经济中存在着国有资产国家经营这一个层次,而不仅仅是现在人们一般理解的国家管理。严格说来,管理是大于经营的范畴,管理包括着经营。可是一般来说,管理与经营似乎又不好分,经营也是一种管理,所以人们又往往将二者并列,称之管理经营或经营管理。而习惯上的用法,有时又是将二者分开的,对国家的职能作用叫管理,对企业的经济行为叫经营。但任何词语在用作范畴时,都必定要有具体的条件限制,管理与经营的用法亦如此。因而,在国家职能的运作上,我们认为,管理与经营是有确切的区别的。管理即国家的经济管理是国民经济管理,泛指对国家范围内的所有经济组织,包括其拥有所有权的经济组织和其不拥有所有权的经济组织,依据自身的经济职能进行的宏观管理。而经营,则指国家对国有资产的整体经营,是特指国家对有所有权的国有资产的宏观经营。这样的界定表明,国家对国有资产的处置分两个层次,一个层次是作为资产所有者进行的宏观经营,再一个层次是作为社会管理者进行的宏观管理,这两个层次是不可混淆的。因此,本书在此描述的国家管理与国家经营是有特定含义的。国有资产的整体性决定必然存在国家经营层次。传统体制过分集权是错误的,因为它超过了本身整体性的客观要求。也就是说,国家不能直接经营企业,不能直接经营国有资产。但问题是,国家不能经营企业,并不等于国家不能经营资产;国家不能直接经营,并不等于国家不能经营。经营是与资产相对应的范畴,有资产的存在,就有经营的要求,只不过经营不一定是直接经营,也就是不一定要直接经营企业。传统体制下的国营也是不对的,它只表现了国有资产经营中的一个层次,即整体经营层次,这实质是不完全的经营,缺乏企业经营层次,所以,增加企业经营层次是国有经济改革的基本出发点。

多年来的改革实线表明,我们走向了另一个方面,试图对传统体制完全否定,将国营改为企营,即排斥传统体制对国有资产整体性的坚持,只注重于微观经营机制的建立,只寄希望于在中国发动一场“经理革命”,用企业层次的经营来担当国有资产的全部经营使命,靠企业家来扭转国有经济困境,达到整个改革的目的。本来,向企业扩权是无可厚非的,因为企业本应拥有自己的经营自主权,但是,将这种扩权当作推卸负担,实则不妥。尤其是对一些大型和特大型企业,网开一面,几乎全部放开,实际是把过去政府部门拥有的权力下放给企业。其实这些权力在政府还是在企业,都是一样的,因为都同样是以非经济手段作经济调整;只不过原先是政府将自己当作了企业,将社会办成了大工厂;其后则是政府将企业办成了政府,将工厂办成了小社会。这实质就是国家自动放弃整体经营权力,这种结果直接造成的倒不是国民经济混乱,而是国有经济混乱。最扭曲的是企业家行为官员化,级别是行政式的,思维是行政式的,管理也是行政式的。这种状况已经形成自身改革的潜在阻力。

单纯依靠微观基础重塑达到改革国有经济的目的,相比之下在承包制中还不甚明显,而在倡导股份制的呼声中表达得却非常清楚。对股份制,人们也讲宏观调控的重要性,但那讲的是国家作为社会管理者的职能,不是作为国有资产所有者起到的作用。在一些人看来,似乎国家作为国有资产所有者的经济角色不甚重要,无非就是收益,除此,尽可全部仰仗企业职能,也就是说只企营就行了,即国有企营。国家放弃一切经营要求,坐等分红就是,这种想法或许是搞股份制的初衷。但试点中代表国家的董事又直接插手企业事务,实质与传统体制无异,并未实现只搞企营的初衷。

现在问题的严重性在于,对国有资产只讲企营,在改革中已经损害了国有经济的整体利益,但这一点并未受到广泛的重视,尤其是未能引起经济界高层人士的重视。至今,这些人士还在设想构造一完美的企业家管理国有经济的模式,而没有发现这种对传统体制完全否定的路是走不通的。这也就是说,将国有资产经营体制从国营改变为企营并不能达到改革的目的,国有资产存在的客观的内在的逻辑制约关系决定国有资产的经营不能只靠企业微观一个层次。因此,当前理论界的重要任务之一,就是要提请人们注意不能再继续搞国有企营了。

总之,全民所有制的国有资产的经营体制,不能是单一的国营体制,也不能是单一的企营体制,必须是一个同营体制,即必须是国家与企业共同经营的体制。传统的单一的国营体制,只能顾及客观存在的整体经营要求,相对忽视了局部经营要求,不能满足国有资产的完整的经营要求,而单一的企营体制具有不规范分权的倾向,这种改革只能顾及客观存在的局部经营要求,相对忽视了整体经营要求,也不能满足国有资产的完整的经营要求;而要满足固有资产的完整的经营要求,就必须从体制上同时反映整体经营要求和局部经营要求两个层次,因此这就需要我们去规范地创建既不是国营也不是企营而是同营的国有资产双层经营体制。

二、我国国有企业改革之路的探索:企业民营与公营并举

多年来,国有企业改革一直是中国经济体制改革的中心环节,由于承担着调控经济、提供就业、保障社会稳定等多重任务,国有企业出现了经济效率低下、冗员过多、资产负债率过多等问题。因此如何进行改革,提高生产效率,将国有企业从沉重的社会性负担中解脱出来,激活企业的活力,成为国有企业改革的重中之重。

（一）企业管理上的民营

以往国有企业渐进性的改革并未取得实质性的效果。仅仅是国有企业改革的"体内改革"，是在保持国有企业性质即国家所有的前提条件下，旨在最大限度的实现所有权与经营权分离的改革。这种"体内改革"大多是在国有企业产权关系不顺的条件下进行的，如确立国有企业的自主经营权、建立以政府放权、企业扩权为主要内容的新的国有企业经营管理体制、建立国有企业的激励机制以及监督机制等等，这些改革措施并不能从根本上消除国有企业的诸多内在的弊病，而只能暂时解决局部问题，治标不治本。这种做法在一定意义上是国有企业改革的必经阶段，但要想从根本上解决国有企业经营效益不断恶化的问题，就必须对国有企业进行产权制度改革，也就是对国有企业实行"体外改革"，其中一种形式就是民营化改革。从国有企业改革的进程或发展序列来看，一般都是从"体内改革"逐渐转向民营化改革。而国有企业民营化正是在这种情况下成熟和壮大起来的。

从本质上讲，民营企业与市场经济是一衣带水的关系，具有极强的亲和力，民营企业相对于国有企业来说在市场经济中表现出更加良好的适应性和发展态势。从产权关系上看，民营企业具有明确的产权关系，具有完全的利益关系及约束机制。民营企业具有强烈的利润动机和增值资本的动力，并愿意承担利益风险，这是市场经济中市场经济主体应具有的资格。而且民营企业有较强的灵活的运营机制，有很强的灵活性和适应性。市场机制是民营企业运营的核心，企业的生产经营必须在市场机制的支配下，按照市场规律的要求，才能实现。机制的灵活性，恰恰符合市场瞬息万变的本性。从这个意义上说，国有企业的改革和市场机制的完善，离不开民营经济的参与。据统计资料显示，尽管民营经济占用的社会资源只有1/3，但对国内生产总值的贡献已经占到2/3，对国民经济起到了重要的拉动作用。民营经济具有良好的发展态势。到2001年我国已有民营科技企业20余万家，创造了良好业绩，几乎连年以高速发展，效益连年翻番，很快由小变大，由弱变强，成为全国甚至国际知名企业（例如，联想、华为、用友等），跻身世界高技术产业竞争行列。另外，民营经济在国民经济的增长中起到了快速拉动的作用，也是推动市场化进程的重要力量。二十多年来,同国有经济相比,民营经济从无到有,从小到大,逐步发展成可观的经济规模,为中国的经济发展做出了很大的贡献。截止到2001年中国民营企业共创产值12316.99亿元,比上年同期增加1577.21亿元,增长14.69%;实现销售总额或营业收入11484.24亿元,比上年增加1600.18亿元,增长16.19%;社会消费品零售额6245亿元,比上年增加431.52亿元,增长7.42%。

民营经济的发展对中国经济影响很大,表现在很多方面,如现在的民营经济解决了中国很多失业问题,但这还只是讲直接就业效应。由于民营企业的大量存在,在商品推销、交通运输、广告、修理服务等方面带动的间接就业效应更大。而且从其发展前景来看,民营企业是国有企业改革和发展的重要依托。通过民间投资进入和民营企业参与国有企业重组来实现股权的多样化,促进政企分开,这对国有企业转换经营机制具有决定性作用。以往传统的国有企业"大而全"造成低效率是国有企业缺乏竞争力的重要原因,破除这种生产组织方式,实现专业化生产、社会化协作,需要依托各类民营企业的参与。因而民营化为国有企业的改革提供了一个可试行的方案。

(二)企业管理上的国有公营

作为社会管理者,国家具有领导和组织国民经济建设的基本职能。国家机构即政府代表国家履行这一职责。作为全民所有制国有资产的所有者,国家又负有整体上的经营责任,政府亦要代表国家履行这一职责。国有资产是国家经济的重要支柱,所以宏观经营国有资产是国家机构不可推卸的责任。在不完全的两权分离的条件下、国家机构中的宏观经营组织拥有国有资产的宏观经营权。就是说,国家不能直接经营企业不等于国家不能经营资产,国家经营资产不等于国家包揽资产的全部经营任务,国家的宏观经营的层次限定不等于国家经营没有约束力。而同时,国家机构还要担负社会管理包括社会经济管理的责任。因此,国家执行着双重职能,双重职能都由政府承担,政府抛开其中的任何一项职责都是行不通的。①

----

① 钱津:《国有资产双重经营体制》,经济管理出版社1993年版,第64页。

在具体国家事务处理上,人们从来没有想过要政府抛弃社会管理者的职责。传统体制下人们对国家负责国有资产的经营也是承认的,但改革以来一些人对这个问题的认识似乎有些犹豫,好像总感到政府不宜担任全民所有制生产资料的经营职责。这就使得认识变得自相矛盾起来。一方面人们承认只有国家才能代表全民所有制国有资产的所有者,一方面人们又否认国家经营其所有的生产资料的必要性。显然,这种认识矛盾恰恰反映了人们对两权分离理论认识的局限性,不是将所有与经营现实地统一起来而是将其对立起来。

应该看到,在改革过程中提出的政企分开的目标,并不能含有排斥国家宏观经营国有资产的要求。对于国有企业,改革传统经营体制,实现政企分开无疑是对的。但核心问题是,政府需要与国有企业分开,却不能与国有资产分开,所以,政企分开这一口号的提出,只是要求政府负责的宏观层次经营不能干涉企业微观层次的自主经营要求。尽管在传统体制中,国家机构特别是一些重要的经济管理部门对国有企业统得过死,使企业的一切都完全听命于国家,但是,让企业在脱离国家直接管理的同时完全排斥国家对企业的制约作用,让国家不再宏观经营国有资产,这是讲不通的,也是作不到的。国家机构与国有资产经营,或是说,国家与国有经济,是一种客观的逻辑联系,它们是不可能分开的。所以,政企可以分开也应该分开,即国家不能再直接经营企业,但政经不能分开,即国家与国有资产经营不能分开,分开了就不成其为国有资产了。政企分开是国有企业改革的要求,政经不分则是国有经济客观的规定。国有经济改革不能违背客观的规定,所以政经不分是应该坚决维护的,不能受到政企分开的冲击。政企分开,体现的实质是国家宏观所有权与企业微观经营权分离的要求。政经不分,实质体现的是国家宏观所有权与国家宏观经营权不能分离的要求。所以,从不完全的两权分离的规定出发,对国有资产经营,我们既要宣传政企分开的必要性,又要维护政经不分的现实性。

建立社会主义市场经济体制,从国民经济的角度讲,国家不能放弃对其中任何一种市场的干预。因为我们的社会主义市场经济不是那种完全自由的市场经济,政府必须干预市场,才能保证市场的正常运行。政府的干预不能只停留在生产上游市场,也不能只停留在生产的中下游市场,它要全面干预经济,就必须全面干预市场,干预市场的全过程。特别是,国家宏观经济管理中的资源管理是面向全社会的。这使得宏观经济管理不仅要对两种市场发生作用,而且要在生产要素市场中成为左右全社会生产要素配组的重要力量。

相比之下,国有资产宏观经营的覆盖面要小得多,它只参与一种市场,即只参与生产要素市场的配组活动,而与生产成品市场不发生直接关系。首先它只调节国有经济,对非国有经济的任何事都不作干涉;其次它只调节各个经济实体之间劳动客体实际结合的差别,对劳动主体的能力差别带来收益差别是给予维护的;再次,国有经济中的收益调节,仅仅是经营者作出的调节,这与凌驾于经济实体之上的社会管理者的调节不论在力度上还是在目的上都是有所区别的。

由于宏观经济管理是政府的全面社会责任,其组织作用必定要与资产宏观经营的部分作用重合,所以资产宏观经营的组织设置就只能是不完全单立性的,即需要单立一部分,还有一部分则与宏观经济管理组织在一起。但在一起的,也仍要区分两种不同职能。这样作,在一定程度上可保持社会经济管理的最低成本,但根本上还是由于有些方面的国有资产经营没有必要单设宏观组织。这既有利于国有资产宏观经营,又有利于国民经济宏观管理。

三、我国公营企业改革的具体对策

(一)努力营造良好的竞争环境

世界上许多发展中国家公营企业改革的经验表明,竞争越激烈的国家或地区,其公营企业的经营绩效也就越好。智利1974年以后开始取消了所有的进口定额限制,降低了关税,五年内由94%降到了10%,1978年解除了对公营企业产品的价格控制,此后将部分竞争性产业中的公营企业(矿业除外)非国有化;韩国也先后取消了对国内市场及对进出口的限制;墨西哥于20世纪80年代中后期放开了对私人企业进入传统意义上公营企业"保留地"的产业限制。相反,在市场管制较多的国家,如土耳其等,公营企业的效益就比较低下。公营企业在发展中国家走过的历程表明,提高公营企业经营效率的决定性因素是竞争性的市场结构。公营企业只有进入和民营企业一样的竞争环境,才能从根本上解决公营企业经营效率低下的问题,才会真正焕发出活力和生机。

虽然发展中国家提升竞争的措施各异,培养出的竞争性环境也各有千秋,但借鉴各国的主要经验,我们也可采取以下政策措施:

重新定位公营企业,要求其以追求利润为首要目标,促使以利润率作为考核业绩的重要指标,按商业规则进行运作,与其他形式的企业同台竞争;

把部分竞争性或具有潜在竞争性部门的公营企业非国有化;

逐步解除价格管制,放松或取消对公营企业所在行业的进入限制,以增强国内市场的竞争程度;

在一些自然垄断与信息垄断的行业,通过竞争性投标、与几个厂商签订合约(每个厂商可以是一个地区性的垄断者)或在一定条件下解除合约等,以便在一定程度上改善这些垄断性企业的竞争力;

通过外贸自由化,取消或减少关税与非关税壁垒,以增强国内市场与国际市场间的融合。

(二)硬化公营企业的预算约束机制

从实践中看,竞争并不必然导致企业改善经营业绩,公营企业只有在硬预算约束下,竞争机制才能真正得以有效发挥。如智利在1974年开始改革后不久,即终止了对公营企业所有公开和隐蔽的补贴和特权,许多自身难以实现收支平衡的公司在补贴无望的情况下,不得不实施大刀阔斧式的改革,如铁路部门为了对付由于补贴取消后的财务困境,将其冗员从1971年的2.7万裁减到1980年的7000人,还出售了一大批不动产和其他财产,并关闭了没有经济效益的服务部门,短短几年内就扭亏为盈。其他国家如墨西哥也将对公营企业的营业补贴降至仅占公营企业销售收入的4%。

事实上,一个公营企业如果可以从政府那里取得补贴的特权,例如可以以低于市场水平的利率得到贷款;可以将所欠其他企业的货款从账面上一笔勾销;可以享有特殊的优先待遇为政府合同投标;可以以低于市场价格从政府或其他公营企业采购货物和服务;可以免费使用政府土地或建筑;可以直接得益于政府机构对其产品的需求,那么公营企业的管理者就会缺乏足够的动力去

改善管理,提高经营效率,竞争机制也就失去了存在的意义。所以应采取措施以硬化预算对公营企业的约束:

减少政府给予公营企业的补贴、转移支付、特别优先权,如关税、预留的采购任务、或以其他有利条件而获得的外汇;

政府不干预国营企业的信贷,使银行能够根据商业原则做出的判断,决定公营企业能否得到信贷;

公营企业向国家交纳必要的垄断租金,其产品主要以市场为基础确定价格。

改革金融部门,促进公营企业的发展。公营企业的硬预算约束并不会自动生成,必须有一个配套的健全的金融部门加以辅助才行。良好的金融体系是实现资源优化配置的保证,因而需要不断健全监督管理机构、完善金融法规、大力培育专业化的金融监管人才等。

(三)国家运用管理合同加强对公营企业的管理

委托—代理关系天然具有三方面的特征:信息不对称,作为代理人的经理阶层比作为委托人的所有者更了解企业生产、收益和成本等方面的信息;激励不相容,使委托人利益最大化的决策与使代理人利益最大化的决策之间,存在着显著差异;责任不对等,在决策失误或经营不善时,代理人的损失至多是个人的工作机会,而委托人可能失去所有交给代理人经营的巨额资产。所以,为了保证公营企业的经理人员的决策符合国家的政策要求,做到激励与约束的完美结合,需要我们学习国外通常采取的利用管理合同的形式来进行监督。这要求:

成立公营企业管制组织,以加强对公营企业的管理。该组织应负责制定公营企业管理计划的总方针,包括预算、监督、价格和人员配置等,并跟踪那些对国民经济有重大影响的公营企业。此外,它还负责起草政府与公营企业签订的管理合同。

签订管理合同,明确国营企业的权利和义务。国家可与国营企业签订一定期限的管理合同,通过合同确定各自的权利义务关系。

国营企业成立相应机构,对国家负责。该机构定期向国家提供一份合同履行情况的评估报告。国家如果发现企业未履行合同有关规定,有权对企业领导人进行处罚,直至革职;国家与企业双方每年对管理合同进行一次综合评估,企业必须完成双方经过协议制定的各项经济指标。

合理设计切合实际的奖惩制度。这既有利于调动公营企业经理人员的积极性,又能将其其行为限制在一定的范围内。

案例一　中国三家液晶企业重组①

并购重组是市场经济中的常见现象,是市场机制配置资源的重要方式。政府一般情况下不应干涉企业间的并购重组,但一些战略性产业并购重组需要政府支持。究其原因:一是我国要素市场不完善,企业开展并购重组时碰到重大障碍或者面临过高交易成本;二是在全球竞争背景下有些战略性产业存在明显后发劣势,需要政府给予扶持。

以国内三家液晶龙头企业(京东方光电公司、上海广电集团、昆山龙腾光电公司)的重组案例来说,它们在产业发展低谷时制定重组方案,欲以此实现必要的规模经济,但最终功亏一篑。液晶产业门槛高、风险大,国内企业处于成长过程中,在国内要素市场不完善和国际竞争日益激烈的背景下,政府应该在并购重组中发挥更大的作用。

三家液晶企业重组及重组推迟原因分析

液晶产业是战略性产业,中国从 20 世纪 90 年代就制定了发展计划。由于产业门槛高、风险大,以及国外的技术封锁,国内一直没有条件投资高世代生产线。直到 2003 年,北京、上海和昆山三家经济实力强大的企业开始陆续投资当时还算先进的液晶 5 代线,从此为国内液晶产业打下了一定的产业基础。5 代线主要生产监视器和笔记本等中小尺寸显示产品。

但由于本土企业面临多方面的困境,长期性矛盾和短期性矛盾同时爆发,企业难以融资发展,甚至面临生存压力。因此,2006 年,三家液晶企业开始洽

---

① 资料来源:陈小洪、马骏:《中国三家液晶企业重组》,《中国经济时报》2009 年 03 月 23 日。

谈重组事宜。三家企业启动重组有深刻的背景：

一是国内企业规模不经济。三家本土企业各有1条5代线，距离应有4~5条5代或更高世代生产线的最小经济规模相差很远。规模不经济导致我国企业采购成本比竞争对手高，研发投入的分摊比例也偏高。

二是上游配套产业发展进程缓慢。国内在上游关键材料和生产设备方面基本处于空白。由于本土企业规模小，不仅难以拉动本土配套产业的发展，也无法吸引掌握关键材料核心技术的美日企业就近设厂配套。主要配套项目投资都在数亿元以上，资金已十分短缺的本土企业无力靠自身力量去发展上游配套产业。关键原材料和零部件就近稳定供应并靠近终端客户是大幅降低物流成本和提高市场响应速度的重要手段。

三是政策支持不成体系。液晶产业是全球性竞争，与竞争对手相比，我国缺乏系统的产业政策。日本、韩国和我国台湾都根据实际情况为发展液晶显示器件产业制定了系统的配套政策，包括提供巨额的研发补贴资金、提供优惠税费政策、帮助企业融资等。由于液晶产业的特殊性质以及全球产业竞争的现状，本地政策也是影响企业竞争力的重要因素。

四是行业不景气，企业财务状况不佳，后续融资困难。液晶行业从2005年下半年开始进入下降周期，2006年三家骨干液晶屏生产企业出现巨额亏损。在我国的资本市场管制制度下，本土企业只能依靠银行贷款，无法筹集足够发展资金。我国台湾地区不仅对液晶企业给予政策资金支持，还允许亏损高科技企业上市融资。台湾5家主要液晶显示器生产企业在连续数年亏损情况下，从资本市场连续融入上百亿美元资金。

2006年12月底，三家液晶企业签署了三方整合《意向书》，三方整合项目于2007年1月中旬正式启动，计划半年内就有关整合事项基本达成一致。但是整合计划没有如期完成，实际上是无限期延迟，究其原因，主要在以下三个方面：

第一，产业环境发生了变化，这是基础原因。从2007年中期开始，液晶面板进入了新一轮景气周期，全球液晶面板企业开始盈利，国内三家液晶面板企业也扭亏为盈。以京东方为例，根据2007年上市公司年报推算，其5代线每月盈利超过亿元。

第二,合并重组方案没有考虑到各种变数,设计缺乏弹性。合并重组方案是在巨大的生存压力下产生的,三家企业经过长达半年的谈判才就方案以及相关安排达成协议。重组方案没有对未来的发展趋势进行情景分析,更没有根据未来可能的变化制定多种方案。重组方案过分依赖于特定环境,企业间的利益平衡关系比较脆弱。一旦外部环境或企业状况发生变化,重组方案就面临推翻的可能。事实上,环境变化了,方案也被推翻了。在其后一年多的时间里,产业环境发生了戏剧性变化,从低谷进入高峰,又从高峰回到低谷。产业环境的不确定性也给液晶企业及所有试图进行产业整合的企业上了生动的一课,合并方案必须进行有针对性的设计。

第三,缺乏有利的政策支持。由于三家企业签订协议后提出的政策要求,始终没得到支持,三家企业对合并前景逐渐看淡。半年时间过去了,环境亦变了,三家企业的实质经济关系亦开始变化了,合并终因环境和内外条件的变化而停止了。

液晶企业并购重组的启示

启示一:企业并购重组是产业结构调整的重要手段

液晶产业与消费电子业不同,作为IT产业中资本技术密度都很高的产业,没有资本实力强大的企业或投资者,在开放的环境下,很难做大做强。我国液晶产业是在北京、上海、昆山等有较强经济实力的地方政府的支持下打下了一定的产业基础,但各地的投资受到财力限制难以进一步支持企业做大,国内资本市场不能提供融资机会,分散的三家企业都无法达到必要的经济规模。合并重组是帮助企业的有效手段:通过兼并重组,达到必要的经济规模,提高投资者信心,为大规模融资投资高世代线创造条件。企业进入良性发展后,就有可能达到世界前列水平。

启示二:政府在战略性产业的并购重组中应当发挥重大作用

在开放竞争的背景下,成长中的"设立成本"未解决的本土战略性产业需要政府的支持。我国作为发展中国家,产业设立成本(set - upcost)是指我国企业发展时由于面对外国企业的强势,单靠企业自身努力难以克服的阻力。

在这类产业中,企业发展需要政策支持,并购发展往往也必须有政府政策的支持。液晶产业就是设立成本未解决的战略性产业。液晶企业的重组是市场行为,但在产业没有实力很强的骨干企业的情况下,由于内外条件可能的变化,企业预期很难稳定,企业市场行为有很大的不确定性。正如本案例所显示的结果,重组各方是独立的利益主体,以个体利益为基础的理性可能导致集体的非理性。政府认识到液晶产业的战略重要性以及企业重组的必要性,企业亦有合并整合的要求,应该采取有效的措施引导企业完成重组。

政府的支持作用体现在两个层面。一是系统的产业政策,包括创新激励(如研发补贴)、税费优惠(如有利的增值税和关税)、融资帮助(如产业低谷时期的资本融资)等。二是国家资本的引导作用,利用国家资本支持战略性产业的创新和发展。

启示三:政府需要有政策和专业投资机构支持战略性产业

中央政府拥有庞大的国有资本,但是主要集中在传统的基础产业中,对新兴的战略性产业迟迟没有提出战略规划。液晶产业是战略性产业,但是门槛高、风险大,在国内产业政策不完善和资本市场由于外部性原因较难作用的背景下,产业发展只能依靠国有资本的支持。北京、上海和昆山等地方政府率先利用国有资本进行了积极的尝试,中央政府应学习借鉴地方政府的经验。

国家需要建立专业性的投资机构,对新兴的战略性产业进行必要的支持。专业性投资机构可以提高政府决策的科学性和执行力。专业性投资机构由专业人士组成,按照规章和程序办事,容易做出合理决策。专业性投资机构有明确目标和考核机制,执行力强,可以避免液晶企业重组中出现的政策目标无法落实的现象。如果国有资本在液晶企业重组过程中进行投资,将极大地提高市场信心,并对三家地方企业产生积极引导作用。

启示四:政府支持产业并购重组应当尊重市场规律

政府支持产业重组应当以市场规则为基础。液晶企业的重组动力来自于市场,重组方案也是利益相关各方通过市场谈判完成的。行业主管部门在市场原则基础上进行积极的引导和协调,达到了较好的效果。如果将来政府加大干预力度,也应顺应市场规律,否则方案难以得到有效执行。

案例二 "杨柳配"——提升企业的整体执行力①

俗话说,"老将出马,一个顶俩",当越来越多的中外企业在金融危机的冲击下纷纷陷入困境时,越来越多的老将也只好扛起力挽狂澜的大旗。最近,中国的IT教父柳传志就重新回到联想集团,和杨元庆分别担任董事长和CEO。

外界还给这一组合起了个亮丽的名字——"杨柳配"。看看联想近期的业绩就不难理解为什么柳传志会坐不住了。2008年第4季度,联想出现了近3年来的首次季度亏损,个人电脑全球销量同比下降了5%,市场占有率从上年同期的7.5%下滑至7.2%,与竞争对手的差距也进一步拉大。那么联想为什么会出现如此糟糕的业绩呢? 可以说,除了金融危机以外,最重要的就是如杨元庆所说的,联想在并购IBMPC之后,企业的执行力出现了下降。而"杨柳配"能否拯救联想,归根结底要看他们能否改善联想的执行力。今天,我们不妨就讨论一下,联想的执行力到底是如何变差的!

联想执行力差,主要表现在如下方面:

第一,在实现整合后PC业务向消费市场转型方面动作缓慢。IBM的PC业务原来主要为企业客户服务,但联想直到2007年末才成立独立的消费电脑部门,导致其没能把握住2004年之后快速增长的消费市场。

第二,对于近期的市场热点"上网本"反应过慢,并且在产品推出后供应链又跟不上供货。

第三,在新兴市场发展方面,联想在中国市场总结出了成功的经验,把公司的运营模式归纳为针对消费业务的交易型模式和针对企业客户的关系型模式,然而却没能有效向印度等新兴市场输出这一经验。联想执行力差的根源还是在于其并购IBMPC业务后整合不力以及企业管理层运营能力与公司战略之间的不匹配。

① 资料来源:张沈伟:《杨柳配——提升企业的整体执行力》,《21世纪经济报道》2009年5月22日。

1.企业并购后,只有对将原有业务与被并购业务实现整合才能够促进协同,并保证企业的整体执行力。而如果根本就不进行整合,那自然就无法提升执行力。但是,并购之初,出于"稳定压倒一切"的思路,联想保持了IBM业务的高度独立,IBMPC部门仍然维持着独立的业务和渠道。联想一度在国际市场采取了双品牌战略,即Lenovo和Think品牌,前者是消费和中低端品牌;后者则源自IBM,仍主要针对高端商务用户群。在缺乏整合的情况下,联想无法充分利用IBM的品牌来推动其消费业务的发展,这是联想的消费业务在国际市场进展缓慢的主要原因。

2.在整合过程中,过度依赖外部经理人,造成企业内部文化和思维冲突,影响公司的执行力。在来自戴尔的阿梅里奥担任CEO之后,正如柳传志所分析的,为了让业绩更快地恢复,外国经理人自然会用大量他所熟悉的人。这样,中国的员工往往难以得到重用。到2008年初,联想旧部在高管层中的比例已经降至不到三成,影响了中底层员工与高层的沟通。而在具体的工作方式上,联想以往的工作方法是在决策时首先让高管层在一起充分研究,把各方面的问题看透,然后再决定。这样,决策实施过程中就会较为顺畅。而西方CEO做决策一般只单独找负责该业务的人研究,只要其他高层不反对,就会安排执行。这种方式在执行过程中就可能遭遇意想不到的困难。

3.联想在并购后整合过程中管理层相应经营能力的不足也是战略执行不力的重要原因。联想借助来自戴尔的高管来整合其全球供应链,他们带来的是戴尔的供应链经验,即按照客户的需求,用最为高效的供应链来满足客户的需求。但这也是一种更适宜于商业客户的供应链模式,戴尔自己也已经在尝试进行变革。因此,可以说,联想的"洋高管"并不具备帮助联想建立适应于消费业务的供应链的能力。另一方面,对于联想在中国总结出的针对新兴市场的运营经验,西方经理人也并不很了解,因此更谈不上推动这一经验向海外市场转移了。可以说,联想的海外并购这条路本身并没有错,错的是联想在并购后自身运营能力的不足和整合的不力,导致了其执行力低下,最终导致其一系列战略没能成功实施。

目前,"杨柳配"的重新担纲,加上杨元庆等一批联想旧将经过多年历练已经具备了一定的国际经营能力,相信联想能够提升企业的执行力,成功应对金融危机。

第四篇

文化事务管理

第二十三章 教育管理

第一节 教育管理主客体论

主体与客体,是用以说明人的实践活动和认识活动的一对哲学范畴。主体是实践活动和认识活动的承担者;客体是主体实践活动和认识活动指向的对象。主体和客体都具有多种形式。主体的形式可以分为:个人主体、集团主体和以共同的活动联系为总体的社会主体。客体可以分为自然客体、社会客体以及以物质形式、物质载体表现出来的精神客体。在现实世界中,只有人才能成为主体,只有从事实际活动的人才能成为真正的主体。而"客体"则是客观的现实存在物,是主体的实践活动和精神活动所指向的对象,是同主体相联系的、为主体所认识和改造的对象。由于教育活动的特殊性,教育管理活动也具有特殊性。在教育管理中,主体与客体都是在教育实践活动中存在的,离开了教育实践活动,就无所谓教育管理的主体和客体。

一、教育管理的主体

教育管理活动主体指的是教育管理活动中的人。然而并不是所有教育管理活动中的人都是教育管理活动的主体。只有在教育管理活动中对自己所作用的对象有影响作用的人才是教育管理活动的主体。根据哲学范畴中主体的分类并基于教育管理活动的特殊性和复杂性,以及教育管理主体的层次性,教育管理的主体可以分为个体的教育管理主体和系统的教育管理主体两大方面。作为个体的教育管理主体,主要指处于各级教育机构的教育管理者。从政府各级教育行政机构管理者到作为课堂管理主体的一线教师,发挥着教育管理主体各自的功能。为了适应教育管理的实际需要,作为个体的教育管理主体的人,必须具备包括法律赋权在内的各种职务责任,以获得其存在的合理性。作为机构的教育管理主体,主要指各级教育管理组织。从上到下的各级教育管理组织组成了我国的教育管理系统,这个大系统由教育管理的决策系统、教育管理的执行系统、教育管理的监督系统、教育管理的咨询系统等子系统组成。

教育管理的决策系统由具有决策权力、负有决策责任的主要领导人员组成,是教育管理主体系统的核心。其主要职责是根据社会、政治、经济、文化等发展的实际需要,依据教育发展的有关信息情报,参考咨询系统提供的决策咨询方案,从教育发展和社会、政治、经济、文化发展的大局出发,做出最终的决策方案。教育管理的执行系统是教育管理主体系统的关键,其主要职责是从事计划制定、人员组织、财务配置、工作推进等,负责决策方案的贯彻和落实。教育管理的监督系统主要是根据决策系统的指令,对教育管理执行系统的工作进行监督。教育管理监督系统主要由教育督导、教育行政监察、教育审计等子系统组成。教育管理的咨询系统由教育、教学及管理方面的专家、学者组成。其主要任务是运用专家集体的智慧,通过大量的调查研究,为教育管理决策系统提供教育决策的可行性方案。

二、教育管理的客体

教育管理活动的客体是进入教育管理主体活动领域、受主体作用的人和物。

教育管理活动中作为客体的人的要素,指涉及有关教育教学活动的各方面人员。从教育行政组织人员,到校长、教师、学生,都是教育管理客体中人的因素。现代教育管理客体中物的因素,不但包括教育财政管理,也包括校舍、教学仪器、图书资料、运动场地等一切教育教学设施管理,以及与教育教学活动密切相关的时间、空间、信息等要素的管理。

教育管理的主体与客体是在教育管理的实践中形成的,在教育管理活动中是互为前提、互为依存的,在教育管理的实践中,两者之间表现为管理与被管理、领导与被领导、服务与被服务的关系。教育管理系统本身具有层次性,决定了教育管理主体与教育管理客体也表现出相对的层次性、制约性。为提高教育管理的有效性,教育管理主体必须处理好各种关系,协调好各种矛盾。特别是针对教育管理中出现的那些突发、偶然事件,教育管理主体要做好预案,善于利用各种可控和有利因素,及时协调不可控因素,确保教育系统正常运行。

第二节 教育管理目标与原则论

一、教育管理的目标

管理目标是指在一定时期内组织希望达成的成果和结果,是通过组织的管理来实现的。学校设立的宗旨就是培养人才和进行科研建设,因此管理目标应服务于教育目标。教育目标又称教育目的,也就是培养目标,这是教育系统的根本目标,是规定培养人的方向和规格,是期望受教育者的身心发展达到的标准。有人主张教育管理的目标应参照一般管理的原则,以追求"效率和效用"为目标。也有人主张教育要走入"社会的中心",以社会的需要为目标,政治需要就为政治服务,经济需要就为经济服务,将教育组织委托给其他部门"代管"。这些认识都是建立在没有弄明白教育本质的基础上,是不全面的。求真是学术的本性,同时真是美和善的基础,它既可以提炼善,又可以亲和美,所以求真是教育管理的最终目标。无论是教育行政组织还是学校组织,都是围绕培养人、人的发展这个教育的宗旨而展开活动,所以管理目标应服务于教育目标。由于人的成长、发展不同的阶段性,产生了不同阶段的教育目标,从而有着不同阶段的教育管理目标。

(一)基础教育的管理目标

基础教育管理要实现什么样的目标,取决于基础教育的性质和任务。关于基础教育,国际公认的规定是向每个人提供在现代社会中生存和继续学习所需要的最低限度的知识、观点、社会准则和经验的教育。这首先强调基础教育在本质上是公平的普及性教育,它面向全体公民,平等对待每一个学生;其次强调基础教育的根本任务是普遍提供一种适合所有人的教育。因此,政府对基础教育的管理,必须以教育机会均等、国民素质的普遍提高为核心价值目标。

在教育管理实践中,基础教育管理的目标具体表现为:

1.正确的价值取向。长期以来,我国基础教育社会化和选拔的功能并存,激烈的选拔竞争甚至掩盖了基础教育的社会化主要职能。忽视人的发展,以选拔培养人才为价值取向,以分数和升学率为管理目标,导致极少数学校垄断优质教育资源,造成教育资源大面积浪费,教育效益普遍低下。基础教育既然是提高民族素质的奠基工程,那么只有促进学生全体发展、全面发展、主动发展才是其正确的价值取向。

2.合理的资源分配。基础教育的普及性、公益性,决定了基础教育的资源分配必须尽可能公平合理,最大可能缩小并消除因为区域、经济等各种原因造成的教育发展差距和教育机会不平等。每个学生有平等的受教育权利,教育机会应是平等的,不能因身份、家庭、经济等因素影响接受教育的质量和数量。

在教育管理实践中,尽量消除城乡之间、发达地区和不发达地区之间的教育发展不平衡,尽可能做到义务教育阶段学校基础设施、学校资金投入、学校师资力量无差别,最终达到基础教育均衡发展的目标。

(二)高等教育管理的目标

高等教育管理目标与高等教育系统目的紧密相连。高等教育系统的目标是根据高等教育规律和社会发展对高等教育的需求来制定的,具有特殊性。高等教育系统目标的特殊性决定了高等教育管理目标的特殊性,不能与企业管理的目标相同,不能只追求经济效益。高等教育管理是以更好地培养人才并且着眼于提高人才的质量为根本目标的管理活动。培养人才、发展科学和服务社会是世界各国高等教育的三大功能。在我国高等教育培养德、智、体全面发展的社会主义高级专门人才的过程中,高等教育管理必须依据高等教育目的和发展规律,有意识地调节高等教育系统内外关系和可以利用的高等教育资源,以适应高等教育发展的规律性。高等教育管理是以更好地培养人才并且着眼于提高人才的质量为根本目标的管理活动。大学在科技创新中有着不可替代的地位和作用,同时具有服务社会的义务。围绕高等教育三项职能,充分调动人的积极性,广泛利用社会资源,整合各方面力量,办好让人民满意的高等教育,是高等教育管理的基本目标。

二、教育管理的原则

教育界的学者们提出了不同的教育管理原则。黄兆龙先生在《现代学校管理学新论》中把其分为四大类:一是传统经验抽象型:对建国以来我国教育管理的实践经验进行总结、概括而成的管理原则,如方向性原则、坚持党的领导原则、思想政治工作是管理工作的核心原则等。二是领导方法抽象型,从传统行政管理、领导方法中抽象而成的管理原则,如领导与群众相结合的原则、民主集中制原则、制度化与规范化原则等。三是现代企业管理原则移植型,将国内外现代企业的管理原则引申或移植至教育管理活动中,使其具有指导办学的价值。如整体化原则、封闭与开放原则、动态平衡原则、信息反馈原则等。四是现代管理一级、二级管理降格型,把现代管理科学原理与学校情况结合,并降格为教育管理原则。如系统原则、整分合原则、能级原则、激励型原则、效益原则等。以科学的管理原则来规范管理手段,是现代管理理论的基本要求。教育管理原则是从事教育管理时应遵循的行动准则和基本要求。它源于人们对教育客观规律的认识,是对教育管理实践经验的概括。在坚持党的领导原则、民主集中制原则、制度化与规范化原则、效益原则等中国特色的基本管理原则基础上,鉴于教育管理制度包括宏观的教育行政制度和微观的学校制度两个方面,教育管理原则可以从两个层面分别规定。

(一)教育宏观管理的原则

教育的宏观管理是以国家为主体,以社会政治、经济、文化发展要求为依据,站在国家的高度对全社会的教育活动进行调节与控制。从根本上说,教育的宏观管理是一种政府的教育管理行为,即政府及其教育主管部门有意识地调节和控制教育活动的行为。教育宏观管理体现社会主义市场经济深入发展对教育的要求和影响,应当是教育的宏观调控和服务教育社会。采取有力的调控手段,搞好教育的综合平衡,协调社会发展与人才供求的总量平衡;优化教育结构,实现人才供求结构平衡;教育总体规模与可能提供的办学条件之间的平衡;教育资源在地区和各教育层次间总体平衡;学校师资、生源的供需平衡。力求避免发生教育发展大起大落和教育质量滑坡的现象。要解决那些严重制约学校运行和发展而学校自身又无法解决的外部环境问题。教育的宏观调控应遵循的原则是:

1. 国家主体、多元办学的教育发展原则

教育发展必须坚持以国家投入为主体的发展原则。严格遵守、执行教育法规定的教育财政原则,通过财政的转移支付,实现地区间、不同层次间教育的和谐发展。在大力发展全日制正规教育的同时大力提倡发展职业技术教育和各类成人教育;坚持基础教育与高等教育并举、并重的原则。同时鼓励社会力量以各种方式投入教育事业,形成公办民办多元办学、特色发展、良性互动、共生共荣的局面。

2. 全面规划与地方分权相结合的原则

《教育法》以教育基本法的形式规定,中等及中等以下教育实行国务院领导,地方负责,分级管理;高等教育实行国务院和省、自治区、直辖市两级管理的体制。全面规划,就是由中央对教育发展的全局实行集中领导,对教育事业进行全面规划和平衡,使其从整体上迅速有效地得到发展。同时把教育事业的管理权适当下放,使各地方根据具体情况因地制宜管理和发展。全面规划与地方分权相结合,既可以防止教育发展整体失控,保证中央对教育发展全局的统一领导和规划,又可以避免中央对地方的过度干预,充分调动地方的积极性与创造性。

(二)学校教育管理的原则

1. 平等原则

学校教育管理面向广大师生。德国教育家洪堡说过,你想在这个国家实行什么制度,你就必须先在学校实行这种制度。民主平等是教育追求的基本目标和希望实现的理念,因此,在学校教育管理中,平等原则是首要的原则。

管理者与师生的平等、教师与学生的平等,是学校管理基本的前提。同时,平等并不意味着放弃标准,学校管理的标准包括规范的标准、教育目标的标准、教学过程的标准、教学考核的标准性和优劣奖罚的标准性等。标准性是平等原则的核心和基础,每个人都按受相对统一的标准的检验,才会激励师生员工的积极性,充分挖掘潜力,搞好学校各项工作。

2. 效率原则

学校管理的效率表现在教育经费的有效合理利用,也表现在课堂教学的高效运作。在市场经济体制下,任何管理的目标都追求以少的投入取得多的高质量的产出,学校教育管理也应遵循效益原则。它要求以一定的教育资源投入培养和提供更多的人才,培养政治、道德、专业、心理素质及基本技能都过关的合格人才为基本原则,同时注重师资队伍建设,充分提高课堂管理和教学的效率。在学校发展中,管理者还要注意校内外环境,充分利用社会资源,加强对外部人才需求等信息的了解。最终使学校管理中教育经费的投入得到合理利用,提高所培养人才的质量和数量。

3. 民主原则

教育是实现社会民主的重要手段和途径。民主管理包含教学民主、学术民主、人事民主、财务民主等多方面的基本内容,是教育管理的基本思想和基本管理原则。学校的民主管理渗透到课堂,才能真正实现教育的社会民主功能。所以民主既是管理的手段,又是管理的目的,民主化的程度决定了教育管理活动绩效的优劣。教育管理民主化原则,要求管理者在教育管理实践中充分肯定教师和学生的个体价值,挖掘个体潜力,信任并积极吸取全体成员参与管理活动,在发挥全体师生员工聪明才智的基础上,学校才能取得最佳的管理效益。

4. 依法管理原则

依法治校、依法治教是法治社会的基本原则和要求。教育管理者必须规范自身的管理行为,坚持依法管理原则。

在社会日益多元化的趋势下,学校面临的社会环境更加复杂,师生的主体意识也在不断增强。办学行为不但受到教育法律法规的制约,也受到各种法律的约束。美国教育法判例列举了学生对国旗国歌的态度到教师的职务穿着等各个层面的法律问题,我国的教育社会也遇到越来越多的教育公平、师生矛盾等问题。在法治的原则下,妥善解决教育社会内外的各种矛盾和分歧,才能使教育社会真正健康有序发展。

以上原则是相互制约,相互促进的。在教育管理中,我们只有遵循上述原则,对它们予以高度的重视,才能真正改善教育管理,提高教育管理质量。

第三节 教育管理体制与职能论

一、教育管理体制的内涵

体制是组织领域被广泛使用的概念,其意是指体系化的组织制度。也可以说是社会机构与社会规范的结合体或统一体。教育管理体制是教育管理机构与教育管理规范、制度的统一体。它包含了由各级各类教育行政机构与相应规范相结合而形成的各级各类教育行政体制,以及由各级各类学校内部的管理机构与相应规范相结合而形成的学校内部的管理体制。教育行政体制指的是国家宏观教育的管理体制,它要解决的是国家机关管理教育的问题,主要包括国家对整个教育的宏观的办学体制,国家对各级各类教育的管理体制,如国家的高等教育管理体制、中等教育管理体制等。学校管理体制指的是微观教育的管理体制,它要解决的是学校内部管理教育的问题。教育管理机构是教育管理体制的载体,是教育管理体制赖以存在的基础。教育管理规范是教育管理体制的核心,是占统治地位的阶级和集团意志的体现,决定着教育管理机构的性质以及其运转方式。两者共同构成了教育管理体制。如我国农村义务教育管理体制经历了国家统包阶段,"地方负责,分级管理"阶段,"地方负责,分级管理,以县为主"阶段,省级统筹阶段。每个阶段的制度变革都带来教育管理体制的变化。

二、教育管理的职能

管理职能是指管理系统的职责和功能,是通过管理者的管理来实现的。社会主义市场经济的建立和发展,对我国教育体制改革提出了新的要求,政府对教育的管理职能必须由适应计划经济的教育管理职能转化为适应市场经济发展和教育发展规律的教育管理职能,即从全面管理向有选择的管理转化,从直接管理转向间接管理,从过程管理转向目标、绩效管理,从行政管理转向法律、行政并行,从短期管理转向中、长期管理,从微观管理转向宏观管理,主要提供服务、制定计划、合理引导、组织协调、强化监管等职能。

教育管理部门通过制定法律法规政策引导规范教育社会发展。要对人口变动与教育发展的关系、财政预算对教育预算的影响、经济发展对教育结构变化的要求、国际教育政策等环境变化因素做好信息发布和宏观规划工作,使教育发展减少盲目性。组织协调好政府与学校组织、学校组织之间的关系。组织各级教育管理部门和学校在教育规划制定、教科书编排、教师教育发展等方面的工作。培育多元主体加强对教育的监督和制约,规范办学行为。在国际化的环境下,保持国内教育环境的相对稳定,及时发布国外教育政策和信息,推动学历学位证书的国际互认;在多元办学主体以及教育市场发展的环境下,严格资格审查,加强价格监管,对各种教育教学学位进行督导评估,保证教育产品与服务的基本质量。

第四节 教育管理的依据与手段

一、教育管理的依据

与社会主义市场经济体制的基本要求相适应,教育管理从领导与被领导、管理与被管理的行政管理模式逐步向主体平等的公共管理模式转变。行政管理模式下以政策、规定为依据的管理也逐步被以教育法律法规为依据的管理所取代。改革开放以来,教育立法工作取得了巨大的成就,形成了由教育基本法、教育单行法律、教育行政法规、地方性教育法律和教育规章(包括部门规章和政府规章)多层次组成的教育法律体系。目前我国已经制定了《中华人民共和国义务教育法》《中华人民共和国民办教育促进法》《中华人民共和国国家通用语言文字法》《中华人民共和国高等教育法》《中华人民共和国职业教育法》《中华人民共和国教育法》《中华人民共和国教师法》《中华人民共和国学位条例》八部教育法律。法治要求法律至上,强调法律在国家政治生活、经济生活中的主导地位,任何政治组织、社会团体和个人,都必须严格依法办事,受制于法,不得违背或侵犯法律。教育法律体系的进一步完善,为这一转变提供了坚实的"物质"基础,即有法可依。改革开放以来,随着社会主义法制建设的不断深入,教育立法工作取得了巨大的成就,初步形成了具有中国特色的社会主义教育法律体系。教育法律体系的进一步完善,将为我国教育管理走上法制化轨道提供充足的依据。

同时,教育执法、司法水平的提高和教育法制监督体系的健全,为这一转变提供了有力保证。有法可依,有法必依,执法必严,违法必究是社会主义法制的基本要求。随着教育法制建设深入开展,教育执法和司法水平不断提高,教育法制监督体系进一步健全,有法不依、执法不严甚至知法犯法的现象得到较为有力的制止。人们不再认为教育法律是"软法",教育法的尊严和权威得到了维护。这就为教育管理依据的转变提供了有力的保证。

由于教育法制的完备尚需一段较长的时间,教育政策在教育管理中的发挥着强大的补充功能。教育政策是教育法律的基础和灵魂,是制定教育法律的指导思想;而教育法律是教育政策的具体化和定型化,是法制化的教育政策。教育政策在教育管理过程中主要具有指导和规范两方面功能。在指导功能方面:尽管教育政策和教育法律在制定主体、表现形式、调整范围、稳定程度和实施方式等方面存在诸多不同,但是两者在本质上是一致的。可以说,教育政策是教育法律的基础和灵魂,而教育法律是教育政策的具体化、定型化、法制化,是教育政策的特定表现形式。正是在这个意义上,教育政策具有指导功能,它指导着教育法律的制定和实施。教育政策还指导着教育法律的实施。只有在教育政策的指导下实施教育法律,才能更好地发挥教育法律的作用。

在一些教育法律中,常列有"总则"部分,其中有些条款实际上就是政策性的说明,在实施教育法律时应该以总则提出的政策为指导。如果没有总则部分,应参照有关的教育政策。在规范功能方面,由于教育政策和教育法律具有各自不同的特点和不同的调整范围,使得两者在调整教育领域中的社会关系时具有各自特有的优势。在不便或不能运用法律进行调整的某些领域,或者尚无教育法律调整的某些领域,要充分发挥教育政策的灵活性特点和规范功能。只有同时发挥教育政策的指导性、灵活性特点和教育法律的规范性和稳定性特点,综合教育政策和教育法律的各自优势,才能更好地提高教育管理水平,推进依法治教的进程。

二、教育管理的手段和机制

教育管理机制就是将教育各个部分联系起来而使整个教育得以运行的方式。它包含教育管理的层次机制(包括宏观、中观和微观机制),教育管理的形式机制(包括行政计划式的机制、指导服务式的机制和监督—服务式的机制),以及教育管理的功能机制(包括激励机制、制约机制和保障机制)。教育管理职能的转变要求教育管理的依据、方式和手段也要发生相应的改变。教育管理从主要依据命令转变为主要依据法律,从事无巨细的干预逐步转变为宏观政策层面的规划引导,教育管理的手段也从单一的行政手段转变为法律、经济、行政等多种手段的相互结合。教育法律体系的进一步完善,为这一转变提供了坚实的"物质"基础。治理理念和方式的转变,让学校得到来自政府部门的更服务。在行政管理模式转变的过程中,政府机构与学校应逐步政事分开,学校内部引入竞争机制,优化激励机制,形成自我发展的能力。

案例　以人为本　教育优先①

引子

教育是民生之基,关系到人民群众的切身利益。"十一五"以来,江苏省委、省政府贯彻落实科学发展观,根据经济社会发展"两个率先"即:"率先全面建成小康社会、率先基本实现现代化"和"全面达小康、建设新江苏"的奋斗目标,围绕"十一五"规划的制定和实施,把教育优先发展作为江苏发展的首要战略,明确到2010年全省率先基本实现教育现代化的宏伟目标。

跌宕的序曲

江苏省委、省政府在"十一五"期间,大力推进教育优先发展、在全国率先基本实现教育现代化的战略抉择和科学决策,是基于以下突出矛盾:

省情特点凸显对人才资源的依赖。江苏地处东部沿海,面积10.26万平方公里,其中平原占69%。江苏省常住人口密度居全国各省、自治区第一位。江苏在物质资源方面没有特殊优势,最可依赖的资源是人才资源,最重要的竞争优势是教育和科技优势。

振兴苏北人才是"瓶颈"。长期以来,苏南、苏北存在经济社会发展不平衡的矛盾。对苏南苏北经济发展影响较大的因素是工业产出结构,人均受教育年限和人均耕地面积。积极推进南北共建苏北开发区,加快苏北振兴,优先发展教育是基础工程,也是唯一途径。

经济结构调整加剧人才需求。自20世纪90年代以来,江苏加快了经济结构调整和增长方式转变的发展。但还存在不少困难和问题,一是经济结构性矛盾依然突出;二是资源环境压力加大;三是农民增收的长效机制尚需完

---

① 案例来源:本案例由江苏省行政学院李根超撰写,素材主要来自有关文件、报纸杂志、中国江苏网等相关媒体报道和实地调研。

善。这些都对人力资源建设和创新型人才培养提出了新的要求。

教育发展面临新的困难和矛盾。江苏教育自身在进入了新的发展阶段后,也出现了一些新的矛盾和困难,主要表现在三个方面:一是"有学上"的问题基本解决,"上好学"成为人民群众的主要教育诉求;二是数量、规模问题基本解决,质量和结构问题成为教育改革发展的主要矛盾;三是"硬实力"基本解决,增强"软实力"成为教育发展的主要目标。

时代的召唤

江苏省已经处在经济社会全面发展的关键时期。因此,江苏大力推进教育优先发展,既是经济社会发展的客观需要,也是基于现代化建设的国际视野。"十一五"时期,是江苏人均生产总值从3000美元向5000美元攀升的重要时期,2005年,江苏突破了人均GDP3000美元大关,2008年江苏地区生产总值突破30000亿元,人均GDP超过5700美元。2009年人均GDP按当年汇率折算超过6400美元,财政总收入突破8000亿元,城镇居民人均可支配收入突破2万元,农民人均纯收入突破8000元。以此为基础,2009年江苏省地方教育经费投入预计超过1120亿元,比上年增长12%以上。义务教育学校年生均公用经费基准定额进一步提高。省财政支持449所农村初中实施留守少年儿童食宿条件改善工程,帮扶980所乡镇公办中心幼儿园建成合格幼儿园,并启动实施中小学校舍安全工程。因此,江苏以世界中等发达国家和地区教育发展指标为参照,结合省情,制定了相应的标准,提出到2010年全省基本实现教育现代化。

跳动的音符

基于以上认识和思考,省委十届九次全会审议通过的《关于制定江苏省国民经济和社会发展第十一个五年规划的建议》,明确提出"江苏要率先发展,教育必须优先发展","江苏要在全面小康社会建成之时,率先基本实现教育现代化,实现高质量高水平基础教育普及化,高等教育大众化,职业教育终身化,让绝大多数江苏家庭子女都有接受良好教育的机会,让受过现代教育的人来建设江苏现代化"。

根据《江苏省国民经济和社会发展第十一个五年规划》,江苏省委、省政府召开了一系列重要会议,出台一系列重要文件,对全面推进教育优先发展作出决策和部署。

——2005 年 6 月 12 日,省委、省政府召开全省教育工作会议,提出建设教育强省,率先实现教育现代化,是江苏于 1994 年确立"科教兴省"主战略之后又一重大战略性部署。

——2005 年 6 月 14 日,省委、省政府出台了《关于加快建设教育强省率先基本实现教育现代化的决定》,明确了到 2010 年,全省基本建立起比较完善的现代国民教育体系和终身教育体系,教育整体水平和综合实力位于全国前列,达到或接近中等发达国家水平,率先基本实现教育现代化。

——2006 年 2 月 26 日,省政府在南京召开全省职业教育工作会议。出台了《江苏省人民政府关于大力发展职业教育的决定》,明确了一系列促进职业教育改革发展的重大措施。

——2006 年 12 月,省政府下发《关于切实做好普通高校毕业生就业工作的意见》,出台一系列新的政策措施,进一步推动高校毕业生就业。

——2007 年 3 月 27 日,省政府下发《关于深化农村义务教育经费保障机制改革的通知》,贯彻落实新修订的《中华人民共和国义务教育法》和国务院有关通知精神,全面深化农村义务教育经费保障机制改革。

——2007 年 8 月 27 日,省政府下发《关于建立健全普通本科高校高等职业学校和中等职业学校家庭经济困难学生资助政策体系的实施意见》,进一步建立健全家庭经济困难学生资助政策体系。

省委省政府的决策部署进一步明确了教育优先发展的战略地位,为江苏教育事业的发展绘就了蓝图、指明了方向。

高亢的旋律

优先夯实农村教育基础

"十一五"期间,江苏从城市和苏南地区安排 1 万名骨干教师到苏北农村支教,选聘1万名优秀大学毕业生到苏北任教;大力开展以骨干教师为重点的全员培训,建立职业教育教师到企业实践制度,加快"双师型"教师培养。同时,2008年江苏全面启动了全省农村留守少年儿童食宿条件改善工程和农村合格幼儿园建设工程,省财政投入3亿元支持苏北和苏中经济薄弱地区300多所农村初中新建宿舍和食堂、支持经济薄弱地区抓好1000所公办乡镇中心幼儿园合格园建设工程。

在发展农村教育方面,江苏省丹阳市实施的"优质教育资源进乡村"工程效果显著。通过"着重规划、狠抓落实、打造平台、构建机制"的措施,打造平台。首先,打造信息资源共享平台。丹阳市为搭建城区和乡村学校信息资源共享平台,专项投入多达几千万元,乡村学校的生机比达到9:1,教师人机比达到1.4:1,而且校校有校园网,校校有网络教室,校校有信息资源平台和教育管理网络系统。其次,打造城乡学校共同发展平台。城区学校与乡村学校一一捆绑结对,其突破口就是"名师录像进课堂,城乡教师手拉手"。在"优质教育资源进乡村"的工程实施中,丹阳有效整合农业、科技、教育这三者之间的功能,提升乡村职业学校和成人教育中心校的办学水平,有力地促进当地农民的劳动致富。

全面推进区域教育现代化

2007年5月,省政府下发《江苏省县(市、区)教育现代化建设主要指标》,从发展水平、教育公平、办学质量、规范管理、条件保障等方面,提出了县域教育现代化建设的16条衡量指标,拉开以县(市、区)为单位区域开展教育现代化评估序幕。

针对全省区域之间、城乡之间教育发展不平衡的实际,江苏在区域教育现代化推进过程中,坚持分类指导、分层推进,鼓励经济条件和教育基础较好的县(市、区)率先推进,其他县(市、区)分指标、分时段、分步骤创建,激发各地建设教育现代化的积极性和创造性。大江南北、江淮大地,全面推进区域教育现代化建设工程的热潮如火如荼地全面展开,这项工程已成为江苏教育优先发展的核心内容、主要抓手和重要标志。比如,"十五"期间,江都市财政预算内教育经费支持达10亿元,比"九五"期间翻了一番。

着力解决好教育民生

第一,建立健全贫困学生助学体系。江苏省委、省政府面向社会庄严承诺:"保证每个贫困家庭子女都有接受义务教育的机会,保证每个考上大学的学生不因贫失学。"近年来,江苏制定并完善了从义务教育到高中教育、职业教育和高等教育比较完善的家庭经济困难学生资助政策体系,加大帮扶力度,确保每个学生不因家庭经济困难而失学、辍学。在这一方面,泰州市的做法是:认真执行"两免一补"政策,确保免收学杂费和免费提供教科书的政策落实到义务教育阶段的每一位学生;对家庭经济困难寄宿生补助生活费,各市(区)财政按每生每年小学 500 元、初中 750 元的标准,补助面不低于 10% ,将寄宿生补助生活费足额列入预算;认真做好进城务工人员子女义务教育工作,落实与城区学生"一视同仁"的政策;关心农村留守儿童的学习生活,全面实施"农村留守少年儿童食宿条件改善工程",促进留守儿童健康成长;对残疾儿童继续实行免费义务教育,不断为其提供良好的康复和学习条件等,全力保障弱势群体接受义务教育的权利。

第二,促进高校毕业生充分就业。建立健全高校毕业生就业服务体系,引导和激励高校毕业生面向基层就业,加大对高校毕业生自主创业的扶持力度,严格高校毕业生就业工作目标责任制,实行招生指标与就业率挂钩。招生计划的确定直接与就业率挂钩,对就业率过低的学校和专业,坚决减少招生数量直至停止招生。经过多方面努力,全省高校毕业生就业情况一直保持良好态势,每年高校毕业生就业率均在 90% 以上。

实现城乡教育均衡发展

进入新世纪以来,省财政共投入近 40 亿元,调动地方政府和社会各方面资金 120 多亿元,在"布局调整"、"危房改造"的基础上,实施了"三新一亮"工程、"六有"工程、"校校通"工程、"四项配套"工程等改善办学条件系列工程,有力地推动了全省城乡教育的均衡发展。而且,江苏省委、省政府以推进管理规范达标学校的建设为契机,加大农村学校和薄弱学校的建设与改造力度,推进公办学校办学条件标准化和班额标准化建设,加快义务教育学校布局调整步伐,用行政手段强力推进义务教育的均衡发展,完善义务教育阶段学校绩效考核机制,进一步完善义务教育经费保障机制,全面推行素质教育。

在这一方面表现突出的是江苏省扬州市和昆山市。扬州市为全面推行素质教育,大力推进义务教育均衡发展,提出了校园环境一样美、教学设施一样新、公用经费一样多、教师素质一样好、管理水平一样高的"五一样"目标;昆山市着力推进教育均衡,实现职业教育与普通教育的均衡发展、农村教育和城镇教育的均衡发展、各类人群教育的均衡发展,尤其是重点解决外来人群、残疾人和特殊困难人群子女的上学问题,逐步实现城乡教育一体化的目标。

实现新跨越

2010年是全面完成"十一五"规划目标任务的最后一年,也是夺取应对国际金融危机全面胜利的关键一年,教育工作面临着新的形势和新的任务。在新的一年里,江苏省将紧紧围绕提高教育现代化水平这一主题,更加注重谋划长远、更加注重教育公平、更加注重优化结构、更加注重改革创新、更加注重提升内涵,着力解决教育与经济社会发展要求不够适应、与人才培养要求不够适应的问题,推动教育事业在新的历史起点上实现新跨越。为此,将从以下几方面入手:

第一,制定前瞻性规划。重视教育现代化过程性建设,分指标、分时段、分步骤提出建设要求,确保教育现代化建设工作持续推进;突出重点,深入研究这一时期教育发展中的难点热点问题,积极回应人民群众的期望和诉求。

第二,提高基础教育质量。探索建立区域内优秀校长、教师交流轮岗制度,促进区域、城乡和学校之间教育经费、办学条件和师资队伍均衡,有效缓解"择校矛盾"。按照少而精的要求,继续深化教学和课程改革,培养学生的学习能力、实践能力和社会适应能力。严格规范办学行为,进一步加大督查和问责力度,确保各项减负要求真正落到实处。

第三,发展职业教育。加强与行业企业紧密合作上加大力度,依托主导行业、骨干企业共建高水平示范实训基地,同时鼓励社会力量和学校共建教学、生产、经营合一的"前店后场"式实训基地,鼓励和引导在校学生开展创业实践,鼓励毕业生就地创业就业,积极发展涉农专业,继续实施农科教结合和

"三教统筹",适度扩大中等职业学校毕业生直接升入高等院校学习的比例,促进职教普教在学历方面相互融通,中高等职业教育在升学方面相互衔接。

第四,提升高等教育办学水平。要在教学制度创新、教育方法创新、校园文化创新等方面深入研究,转变人才培养模式,培养学生的创新创业能力和就业发展能力。着力培育一批优势学科、创新平台和创新团队,提升高校核心竞争力和社会影响力。

第五,深化教育体制改革。打破校际壁垒,在一定区域内统一配置师资,实现教师人事关系由"单位人"向"系统人"转变,完善重能力、重实绩、重贡献的考核评价机制,激发广大教师的聪明才智和创造热情。

第二十四章　科研管理

第一节　我国科研体制的历史演变及改革研究

科研管理的主要内容有:科研项目的规划、项目的申请与审核、项目的实施与监管、项目经费的划拨与审核、项目的结题与考核和人才团队建设。

我国的科研体制是一种国家主义科研体制。这种体制能够集中力量办大事。国家提出科教兴国的战略和建设创新型国家的设想以及增加对科研的投入表明国家对科研的重视程度日益提高。民间的力量被释放出来搞科研,国家主义科研体制有所改变,这都是可喜的方面。但是我国的科研体制的国家主义色彩还比较浓厚,并且阻碍着我国科研的进步。这是由于国家科研主义体制的先天性不足造成的,主要表现在以下两个方面。[①]

第一,科研人员布局的差异。发达国家的科研主要是由企业研究为主,由社会力量投入到科研为主。发达国家 70% 以上的科研力量都在企业。如美国 75% 左右的科研人员都在企业,日本也有 68% ~70% 左右科研人员都在企业。而中国的科研力量 70% ~80% 都在大学和科研院所,这些科研院所过去大部分都是国家的。

第二,科研体制差异产生的结果的不同。国家主义体制确实能够集中力量办大事,但是它的科研成果很难向民间扩散,很难应用到社会生产各个领

---

① 胡星斗:《谈国家主义科研体制的利弊》,http://www.chinavalue.net/Article/Archive/2006/6/9/33723.html.

域,所以它的成效又是局限在某个领域的,比如说搞完卫星,卫星上天了就万事大吉了,没有获得很多民用的技术,有关卫星各方面的先进的发明,不能够应用到其他的生产实际方面。而发达国家就不一样了,比如说美国搞登月计划,获得了三千多项专利,这些专利对民间产品的推广、发展都起了重大的推动作用。因为它的登月工程是由上万个民间企业来参与的,也就是说企业化的科研体制照样可以办大事,关键就是国家在其中起协调的作用,起统一指挥的作用,而不一定非得让这些企业都必须是国家的。这些研究所必须是国家的或者是完全由国家投资,是没有必要的。只要国家有这种协调能力,宏观调控能力,组织能力。而且这种国家主义体制就导致学术资源分配的权力化,完全是有关官员来决定学术资源的分配,因此学术资源浪费也是非常严重。

因此,中国的科研体制存在着较为严重的官本位思想,这严重影响了科研的独立性和成果的转化。而今国家认识到这一体制的弊端,并且采取多种措施促使改革,为我国科研事业的发展创造一个宽松的环境。回顾我国科研体制的历史演变有利于我们深刻地了解科研体制以及为其改革奠定良好基础。

一、科研体制概述

"体制"指的是国家机关、企业、事业单位等的组织制度,如:学校体制、领导体制、政治体制等。按照关西普和杜铠汉对"体制"的定义,我们可以对体制做如下理解。体制是一定社会群体,为了有效地实现一定的目标和任务,在一定思想理论指导下,人为地建立起来的一套进行领导、管理、保证、监督活动的组织建制和工作制度体系,一种人工社会工程系统。这里所说的一定的社会群体,可以是不同的阶级、国家政权、政党、社会集团,也可以是各条不同产业和事业战线的社会力量。因此,体制既有不同的性质,也有不同的类别,还有不同的范围,而在一个国家中影响深广的体制主要是政治、经济、科技、教育等宏观体制。我国所进行的体制改革主要也是这几个方面的体制改革。体制的概念内涵表明,体制具有与生产力水平相联系的自然属性一面,也有与生产关系性质相联系的社会属性一面既有客观根据的一面,也有主观要求的一面,而且两方面应能很好地结合和统一起来。体制的这种特性还说明,并没有什么刻板不变的固定体制模式,它是需要根据有利于生产力的发展和生产关系的完善而不断调整和改革的。①

因此,蕴含在科研体制中的科研关系既包括科学家在科研过程中形成的相互关系,也包括国家为达到一定目标在构建科研体制时加入的政府意志。科学能力既包括一定科研体制下科学(和技术)本身的发展水平,也包括科学技术对经济和社会发展的促动作用。科研体制改革就是国家通过变革科研关系促进科技与经济协调发展,从而提高全社会的科学能力。我国目前的科研机构主要有高等院校、政府研究机构和国有大中型企业。我国的科研体制是仿制前苏联而形成的,在建国初期起到较好的效果。但是,随着社会的发展,这种体制极大地阻碍了我国科研的发展,因此必须对它进行改革,建立与市场经济相适应的体制,促进产学研的合作,加快科研成果的转化。

二、科研体制的历史演变

回顾我国科研体制可以发现,我国科研体制"仿制"于前苏联,长期按计划管理体制设置,形成了中国科学院、高等院校、(民用)工业部门、国防部门、地方政府等五路大军。这种条块分割的封闭或半封闭体制,往往造成科研力量布局分散,机构和专业设置大量低水平重复,长此以往造成产学研脱节、技术创新能力衰退。这种呆板、僵化的部门分工和行政区域划分,客观上割断了科学技术诸领域之间、科学技术和经济发展之间的内在联系。更为严重的是它严重制约了我国科技成果向生产力的转化,制约了经济发展。在计划经济的年代,科技人员根本不需要关心科研成果的转化问题,只要完成上级下达的任务即可,完成任务之后还有新任务,用不着担心没活干和失业的问题。改革开放以后,我国注意到了计划性科研体制的落后性,建立了以科学技术进步奖为核心的科技成果奖励制度。这套制度建立后,曾经起过积极作用,但是,由于它产生于计划经济的年代,不可避免地带有一些与市场经济不相适应的

---

①　关西普、杜铠汉:《体制、机制、规律及其相互关系问题》,《科学学与科学技术管理》1992 年第1 期。

"先天不足",难以从根本上改变我国科研人员在科技成果转化上认识不足的问题。而且,科技成果评奖制度又与职称评定、晋级、科技荣誉称号等挂钩,其后果是,科技人员只关心他们的科研成果评上什么级别的奖,排在第几位,却忽略了至关重要的科技成果的实用价值、如何转化为生产力的大问题。这与发达国家科研人员的思维正好相反,他们是只重专利,不重奖励的。[①]　我国科研体制的变迁可以划分为以下几个阶段。

（一）新中国成立至 1978[②]

新中国成立时,国内仅有 30 多个专门研究机构,全国的科学技术人员不超过 5 万人。中国的科学技术需要在一片"废墟"上重建。

1949 年 11 月,在原中央研究院和北平研究院的基础上成立了中国科学院,作为新中国的主要政府研究机构,并在随后的几年里陆续成立了中国科协、中国气象局、国家地质部等科学技术协调与研究机构。中国的科学技术发展进入了崭新的历史阶段。

1956 年 1 月,中国提出了"向科学进军"的口号。科学技术事业开始进入了一个有计划的蓬勃发展的新阶段。这一年,中国政府成立了国家科学规划委员会,组织全国 600 多位科学家和技术专家,制定出中国第一个发展科学技术的长远规划,即《1956 年至 1967 年科学技术发展远景规划》,拟定了 57 项重大任务。此规划提出的主要任务于 1962 年提前完成,从而奠定了中国的原子能、电子学、半导体、自动化、计算技术、航空和火箭技术等新兴科学技术基础,并促进了一系列新兴工业部门的诞生和发展。在提前完成《1956 年至1967 年科学技术发展远景规划》的基础上,中国又制定了《1963 年至 1972 年科学技术规划纲要》(简称《十年规划》)。

到 1957 年,归国的海外学人已经有 3000 多人,约占新中国成立前在海外留学生和学者的一半以上。他们克服重重困难,纷纷回到祖国,大多数人成为新中国科学技术发展的奠基人或开拓者。在中国科学院选定的第一批 233 名

---

① 祝淑:《从日本产学合作制度看我国科研体制改革》,《日本研究》2001 年第 2 期。
② 新中国成立至 1978 年关于我国科研方面的这些资料来源于国家科技部网站。

学部委员(后改称院士)中,近2/3是这批归国的海外学人。同时,中国政府大力培养科学技术人才,建立科研机构。在短短的时期里,中国初步形成了由中国科学院、高等院校、国务院各部门研究单位、各地方科研单位、国防科研单位五路科研大军组成的科技体系。

1958年,中国政府对科技管理机构进行调整合并,成立了国家科学技术委员会、国防科学技术委员会。各省(自治区、直辖市)、市、县陆续成立了各级科委,形成了中国的科学技术管理体系。中国科学技术事业进入了国家计划下的现代发展时期。1964年,周恩来总理在政府工作报告上首次提出要实现工业、农业、国防和科学技术现代化,简称"四个现代化"。强调科研在国民经济发展中的重要性。在此期间,科技事业得到迅速发展。1959年,地质学家李四光等人提出了"陆相生油"理论,打破了西方学者的"中国贫油"说;1960年,物理学家王淦昌等人发现反西格玛负超子;1964年,中国第一颗原子弹装置爆炸成功;1965年,生物学家们在世界上首次人工合成牛胰岛素。在此过程中,中国形成了一批学科较齐全、设备较好的研究所,培养了一支水平较高、力量较强的科研队伍。到1965年,全国科学研究机构已达到1700多个,从事科学研究的人员达到12万人。这是中国科学技术事业继续发展的基础。从1966年开始,中国经历了长达10年的"文化大革命"。这场政治运动对中国的科学技术事业无疑是一场巨大的灾难。其间,科技管理陷入瘫痪,研究机构被肢解,广大科学技术工作者被迫停止科研工作,下放到农村或厂矿劳动。中国的科学技术几乎停滞不前。

(二)1978~1992年

十一届三中全会之后,中国的科学技术又获得重生。1985年初,中国科技体制改革进入到有领导、有组织的全面实施阶段。在这个过程中,中国政府对其科技发展目标进行了影响深远的重大调整。改革的指导思想是"科学技术面向经济建设,经济建设依靠科学技术"。当时的政策走向最重要的是所谓"堵死一头,网开一面"。"堵死一头"是指拨款制度改革,采取的政策措施有五项:

第一,改革拨款制度。目的是要从资金供应上改变科研机构对行政部门的依附关系,使其主动地为经济建设服务,用商品经济规律调整科技力量的布局,扩大全社会的科技投入,加速科技成果商品化。同时国家集中有限财力,加强国家长远发展和经济、国防建设中关键问题的研究,这是当时(1985年)最重要的改革。目的是通过减少科研机构的科研经费,促使它更主动地为经济建设服务,促进科技成果转化。主要措施有:(1)根据1985年科技普查结果,对技术开发类的科研机构,在五年内逐步削减事业费,直至完全或基本上停拨;(2)对基础类的科研机构,拨给一定额度的事业费,实行基金制,通过基金对项目以支持;(3)对公益类的科研机构继续拨给事业费,实行包干制;(4)对综合类的科研机构视具体情况,多渠道组织经费来源,核减下来经费。这项改革进展比较顺利,但存在研究所经费严重短缺,整体实力下降的问题。

第二,开放技术市场。目的是要通过经济利益加强科研机构和企业的联系,采取的主要措施是颁布了《专利法》和《技术合同法》,成立了技术市场。

第三,调整组织结构。目的是改变科研单位自成体系的状况,合理配置科研力量,采取的主要措施有政研分开,下放科研机构;扩大研究所自主权,鼓励研究所和产业界、学术界、大企业的联合,强化企业的研发能力。

第四,改革科研人员管理制度。目的是要形成人才辈出,人尽其才的局面。采取的主要措施有实行专业技术职务聘任制,鼓励停薪留职、业余兼职和人员合理流动,实行科研承包责任制和人员优化组合。

第五,建立高新技术开发实验区。目的是要支持和鼓励高新技术产业和民营科技企业的发展。采取的主要措施是提供优惠政策,建立高新区。1988年,中国政府先后批准建立了53个国家高新技术产业开发区,又先后制定了"星火计划"、"863计划"、"火炬计划"、"攀登计划"、重大项目攻关计划、重点成果推广计划等一系列重要计划,并建立中国自然科学基金制,形成了新时期中国科技工作的大格局。

(三)1992~1998年

以1992年邓小平同志南方讲话为标志,中国经济体制开始迈向社会主义市场经济的新阶段,这是个非常重要的转折,这个阶段科技发展的指导思想是在前一阶段"科学技术面向经济建设,经济建设依靠科学技术"的基础上,加

了一条:"攀登科学技术高峰"。政策走向开始转变为"稳住一头,放开一片",政策措施有:

第一,稳住一头。目的是稳住支持基础研究,开展高技术和重大的科技问题研究,提高科技实力;同时对研究所进行分类定位,优化基础性科研机构和布局,改进管理。主要措施有:(1)增加各级政府对科技活动的投入;(2)优化科技投入的结构,加大国家科技计划的强度,制订了一系列的国家计划;(3)推进研究所的管理改革,措施包括分类定位,建立现代研究院所制度,改革人事分配制度等,重点是人员分流。

第二,放开一片。目的是放开各类直接为经济建设服务的研究机构,放开科技成果商品化和产业化活动,使之以市场为导向运行,为社会经济发展作贡献,如鼓励各类研究机构实行技工贸一体化,与企业合作经营,鼓励科研机构实行企业化管理(即变为企业、进入企业成为企业的技术中心或与企业结合三种方式),支持和扶植技术中介机构等。

(四)1998~2006 年

此阶段最重要的改革指导思想是实施"科教兴国"战略。政策走向是要加强国家创新体系建设,加速科技成果产业化。1999 年 8 月,中央、国务院联合召开的国家技术创新会议上出台的政策和一系列措施有:

第一,推进科研机构改革和转制。目的是加强创新体系建设,提升创新能力;加快机构的转制。

第二,促使企业成为创新主体,目的是培养企业创新能力,提升其竞争能力;建立企业技术中心,给予多项优惠政策和新产品补贴,加强高新区的建设,支持民营科技企业的发展。这一时期有 294 家大中型国有企业建立了技术中心。

第三,大力推进科技成果转化,使科技成果尽快转化为生产力。主要措施:(1)可以高新技术成果入股,作价金额可以达到注册资本的 35%,另有约定的除外。这是一个大的突破,由十五届四中全会上对产权制度的重大突破得来的。这样不仅使技术商品化了,而且使技术资本化了。(2)科研机构和高校转化的技求成果,要以 20% 奖励成果完成人和转化人员,更进一步使资本人格化了,可以是现金奖励,也可以是股权奖励,还规定了科技人员在完成本身工作的前提下可以兼职。

第四,改革奖励制度。目的是根据科技活动的不同特点实行有效的激励,主要措施:调整国家科技奖励的内部结构,精简国家科技奖项目,设立国家最高奖,大幅度精简部门和地方奖项,以克服层层设奖的消极影响,鼓励和规范社会力量举办的各种科学技术奖励。

(五)2006 年至今

2006 年 2 月 9 日,中共中央、国务院同时决定公布施行《国家中长期科学和技术发展规划纲要(2006 - 2020 年)》。规划指出改革开放以来,我国科技体制改革紧紧围绕促进科技与经济结合,以加强科技创新、促进科技成果转化和产业化为目标,以调整结构、转换机制为重点,采取了一系列重大改革措施,取得了重要突破和实质性进展。同时,必须清楚地看到,我国现行科技体制与社会主义市场经济体制以及经济、科技大发展的要求,还存在着诸多不相适应之处。一是企业尚未真正成为技术创新的主体,自主创新能力不强。二是各方面科技力量自成体系、分散重复,整体运行效率不高,社会公益领域科技创新能力尤其薄弱。三是科技宏观管理各自为政,科技资源配置方式、评价制度等不能适应科技发展新形势和政府职能转变的要求。四是激励优秀人才、鼓励创新创业的机制还不完善。这些问题严重制约了国家整体创新能力的提高。

这一阶段深化科技体制改革的指导思想是:以服务国家目标和调动广大科技人员的积极性和创造性为出发点,以促进全社会科技资源高效配置和综合集成为重点,以建立企业为主体、产学研结合的技术创新体系为突破口,全面推进中国特色国家创新体系建设,大幅度提高国家自主创新能力。规划确定当今和今后一个时期,科技体制改革的重点任务是(详细内容参见《国家中长期科学和技术发展规划纲要(2006 - 2020 年)》):

第一,鼓励企业成为技术创新主体。市场竞争是技术创新的重要动力,技术创新是企业提高竞争力的根本途径。随着改革开放的深入,我国企业在技术创新中发挥着越来越重要的作用。要进一步创造条件、优化环境、深化改革,切实增强企业技术创新的动力和活力。这主要包括五个方面:(1)发挥经济、科技政策的导向作用,使企业成为研究开发投入的主体;(2)要改革科技计划支持方式,支持企业承担国家研究开发任务,国家科技计划要更多地反映企业重大科技需求,更多地吸纳企业参与;(3)要完善技术转移机制,促进企业的技术集成与应用,建立健全知识产权激励机制和知识产权交易制度;(4)要加快现代企业制度建设,增强企业技术创新的内在动力;(5)要营造良好创新环境,扶持中小企业的技术创新活动。

第二,深化科研机构改革,建立现代科研院所制度。从事基础研究、前沿技术研究和社会公益研究的科研机构,是我国科技创新的重要力量。建设一支稳定服务于国家目标、献身科技事业的高水平研究队伍,是发展我国科学技术事业的希望所在。经过多年的结构调整和人才分流等改革,我国已经形成了一批精干的科研机构,国家要给予稳定支持。充分发挥这些科研机构的重要作用,必须以提高创新能力为目标,以健全机制为重点,进一步深化管理体制改革,加快建设"职责明确、评价科学、开放有序、管理规范"的现代科研院所制度。大学是我国培养高层次创新人才的重要基地,是我国基础研究和高技术领域原始创新的主力军之一,是解决国民经济重大科技问题、实现技术转移、成果转化的生力军。积极支持大学在基础研究、前沿技术研究、社会公益研究等领域的原始创新。鼓励、推动大学与企业和科研院所进行全面合作,加大为国家、区域和行业发展服务的力度。加快大学重点学科和科技创新平台建设。培养和汇聚一批具有国际领先水平的学科带头人,建设一支学风优良、富有创新精神和国际竞争力的高校教师队伍。进一步加快大学内部管理体制的改革步伐。优化大学内部的教育结构和科技组织结构,创新运行机制和管理制度,建立科学合理的综合评价体系,建立有利于提高创新人才培养质量和创新能力,人尽其才、人才辈出的运行机制。积极探索建立具有中国特色的现代大学制度。

第三,推进科技管理体制改革。针对当前我国科技宏观管理中存在的突出问题,推进科技管理体制改革,重点是健全国家科技决策机制,努力消除体制机制性障碍,加强部门之间、地方之间、部门与地方之间、军民之间的统筹协调,切实提高整合科技资源、组织重大科技活动的能力。一要建立健全国家科技决策机制。完善国家重大科技决策议事程序,形成规范的咨询和决策机制。强化国家对科技发展的总体部署和宏观管理,加强对重大科技政策制定、重大科技计划实施和科技基础设施建设的统筹。二要建立健全国家科技宏观协调机制。确立科技政策作为国家公共政策的基础地位,按照有利于促进科技创新、增强自主创新能力的目标,形成国家科技政策与经济政策协调互动的政策体系。建立部门之间统筹配置科技资源的协调机制。加快国家科技行政管理部门职能转变,推进依法行政,提高宏观管理能力和服务水平。改进计划管理方式,充分发挥部门、地方在计划管理和项目实施管理中的作用。三要改革科技评审与评估制度。科技项目的评审要体现公正、公平、公开和鼓励创新的原则,为各类人才特别是青年人才的脱颖而出创造条件。重大项目评审要体现国家目标。完善同行专家评审机制,建立评审专家信用制度,建立国际同行专家参与评议的机制,加强对评审过程的监督,扩大评审活动的公开化程度和被评审人的知情范围。对创新性强的小项目、非共识项目以及学科交叉项目给予特别关注和支持,注重对科技人员和团队素质、能力和研究水平的评价,鼓励原始创新。建立国家重大科技计划、知识创新工程、自然科学基金资助计划等实施情况的独立评估制度。四要改革科技成果评价和奖励制度。要根据科技创新活动的不同特点,按照公开公正、科学规范、精简高效的原则,完善科研评价制度和指标体系,改变评价过多过繁的现象,避免急功近利和短期行为。面向市场的应用研究和试验开发等创新活动,以获得自主知识产权及其对产业竞争力的贡献为评价重点;公益科研活动以满足公众需求和产生的社会效益为评价重点;基础研究和前沿科学探索以科学意义和学术价值为评价重点。建立适应不同性质科技工作的人才评价体系。改革国家科技奖励制度,减少奖励数量和奖励层次,突出政府科技奖励的重点,在实行对项目奖励的同时,注重对人才的奖励。鼓励和规范社会力量设奖。

第四,全面推进中国特色国家创新体系建设。深化科技体制改革的目标是推进和完善国家创新体系建设。国家创新体系是以政府为主导、充分发挥市场配置资源的基础性作用、各类科技创新主体紧密联系和有效互动的社会系统。现阶段,中国特色国家创新体系建设重点:一是建设以企业为主体、产学研结合的技术创新体系,并将其作为全面推进国家创新体系建设的突破口。只有以企业为主体,才能坚持技术创新的市场导向,有效整合产学研的力量,切实增强国家竞争力。只有产学研结合,才能更有效配置科技资源,激发科研机构的创新活力,并使企业获得持续创新的能力。必须在大幅度提高企业自身技术创新能力的同时,建立科研院所与高等院校积极围绕企业技术创新需求服务、产学研多种形式结合的新机制。二是建设科学研究与高等教育有机结合的知识创新体系。以建立开放、流动、竞争、协作的运行机制为中心,促进科研院所之间、科研院所与高等院校之间的结合和资源集成。加强社会公益科研体系建设。发展研究型大学。努力形成一批高水平的、资源共享的基础科学和前沿技术研究基地。三是建设军民结合、寓军于民的国防科技创新体系。从宏观管理、发展战略和计划、研究开发活动、科技产业化等多个方面,促进军民科技的紧密结合,加强军民两用技术的开发,形成全国优秀科技力量服务国防科技创新、国防科技成果迅速向民用转化的良好格局。四是建设各具特色和优势的区域创新体系。充分结合区域经济和社会发展的特色和优势,统筹规划区域创新体系和创新能力建设。深化地方科技体制改革。促进中央与地方科技力量的有机结合。发挥高等院校、科研院所和国家高新技术产业开发区在区域创新体系中的重要作用,增强科技创新对区域经济社会发展的支撑力度。加强中、西部区域科技发展能力建设。切实加强县(市)等基层科技体系建设。五是建设社会化、网络化的科技中介服务体系。针对科技中介服务行业规模小、功能单一、服务能力薄弱等突出问题,大力培育和发展各类科技中介服务机构。充分发挥高等院校、科研院所和各类社团在科技中介服务中的重要作用。引导科技中介服务机构向专业化、规模化和规范化方向发展。

　　为确保规划纲要各项任务的落实,不仅要解决体制和机制问题,还必须制定和完善更加有效的政策与措施。所有政策和措施都必须有利于增强自主创新能力,有利于激发科技人员的积极性和创造性,有利于充分利用国内外科技资源,有利于科技支撑和引领经济社会的发展。本纲要确定的科技政策和措施,是针对当前主要矛盾和突出问题而制定的,随着形势发展和本纲要实施进展情况,将不断加以丰富和完善。目前采取的政策措施主要有:(1)实施激励企业技术创新的财税政策;(2)加强对引进技术的消化、吸收和再创新;(3)实施促进自主创新的政府采购;(4)实施知识产权战略和技术标准战略;(5)实施促进创新创业的金融政策;(6)加速高新技术产业化和先进适用技术的推广;(7)完善军民结合、寓军于民的机制;(8)扩大国际和地区科技合作与交流;(9)提高全民族科学文化素质,营造有利于科技创新的社会环境。在科技投入与科技基础条件平台建设方面采取以下措施:(1)建立多元化、多渠道的科技投入体系;(2)调整和优化投入结构,提高科技经费使用效益;(3)加强科技基础条件平台建设;(4)建立科技基础条件平台的共享机制。在人才队伍建设方面采取以下措施:(1)加快培养造就一批具有世界前沿水平的高级专家;(2)充分发挥教育在创新人才培养中的重要作用;(3)支持企业培养和吸引科技人才;(4)加大吸引留学和海外高层次人才工作力度;(5)构建有利于创新人才成长的文化环境。

第二节 科研项目管理

科学研究对于经济、科技和社会的发展至关重要,科研能力成为衡量一国发展水平的一个重要指标。随着政府部门和社会对科研项目投入的力度不断加大,科研项目在推动科技进步、促进经济发展和满足社会需求等方面发挥着日益重要的作用。对科研项目进行科学、有效的管理,能够进一步促进科研计划作用的发挥,保障科研事业的健康发展,是我国当前科研计划管理体制改革的一项重要内容。

一、我国现阶段主要科研项目

自20世纪80年代以来,国家为了促进科学研究与经济、社会的结合,提高科学研究发展水平,我国按照不同时期的科学研究发展规划,组织实施了一系列的不同层次的科研项目,包含了自然科学和人文社会科学各个研究领域。

政府部门资助的纵向项目大多支持经费稳定,立项申请时间固定(如:一年一次或两年一次),包括国家自然科学基金委员会、全国哲学社会科学规划办公室、国家科技部、教育部、农业部、信息产业部、建设部等部门和地方直辖市、省、自治区人民政府所设立的主要科学研究项目。社会其他部门,主要是企业资助的横向项目主要用于解决实际问题的课题。目前,不同类型项目大部分都制定了相应的管理办法,规定了项目资助的目的和领域、组织和规划、申请和评审立项、实施和管理等。

国家自然科学基金委员会资助的国家自然科学基金,支持基础研究,由研究项目、人才项目和环境条件项目三大系列组成,建立了面上、重点、重大项目、重大研究计划、联合资助基金、实质性国际合作研究等多层次相互配合衔接的资助项目系列;通过实施科技人才战略,架构了以国家基础科学人才培养基金、青年科学基金、地区科学基金、国家杰出青年科学基金、创新研究群体科学基金等较为完整的人才培养资助体系;完善了以科学仪器基础研究、国际合作交流项目、科普项目等专项构成的环境条件项目体系。

全国哲学社会科学规划办公室资助的国家社会科学基金项目,促进我国哲学社会科学的发展,包括重大项目、重点项目、一般项目、青年项目、西部项目、后期资助项目和委托研究项目。其中教育学、艺术学、军事学三个学科的规划、申报、评审、管理、鉴定结项等工作,分别由全国教育规划办公室(设在教育部教育科学研究所)、全国艺术规划办公室(设在文化部教育科技司)、全军哲学社会科学规划办公室(设在中国人民解放军军事科学院)办理。

科技部的科技计划分为 863 计划、国家科技支撑计划、973 计划、科技基础条件平台建设计划、政策引导类科技计划及其他专项工作。国家重点基础研究发展计划(973 计划),是以国家重大需求为导向,对我国未来发展和科学技术进步具有战略性、前瞻性、全局性和带动性的基础研究发展计划,主要支持面向国家重大战略需求的基础研究领域和重大科学研究计划。国家科技支撑计划以重大公益技术及产业共性技术研究开发与应用示范为重点,结合重大工程建设和重大装备开发,加强集成创新和引进消化吸收再创新,重点解决涉及全局性、跨行业、跨地区的重大技术问题,着力攻克一批关键技术,突破瓶颈制约,提升产业竞争力,为我国经济社会协调发展提供支撑。高技术研究发展计划(863计划)致力于解决事关国家长远发展和国家安全的战略性、前沿性和前瞻性高技术问题,发展具有自主知识产权的高技术,统筹高技术的集成和应用,引领未来新兴产业发展。科技基础条件平台建设对科技基础条件资源进行的战略重组和系统优化,促进全社会科技资源高效配置和综合利用,提高科技创新能力。政策引导类计划通过积极营造政策环境,增强自主创新能力,推动企业成为技术创新主体,促进产学研结合,推进科技成果的应用示范、辐射推广和产业化发展,加速高新技术产业化,营造促进地方和区域可持续发展的政策环境,包括星火计划、火炬计划等。

教育部的科研项目主要包括科学技术研究项目、人才队伍项目、基地建设计划和社科项目。科学技术研究项目分为科学技术研究重点项目和科学技术研究重大项目,人才队伍项目分为长江学者和创新团队发展计划、新世纪优秀人才支持计划等,基地建设计划分为重点实验室建设、工程研究中心建设、科技基础资源数据平台建设。这三类项目由教育部科学技术司负责管理。教育部社科项目是教育部面向全国普通高等学校设立的各类人文社会科学研究项目的总称,主要包括重大课题攻关项目、基地重大项目和一般项目。重大课题攻关项目以解决国家经济建设与社会发展过程中具有前瞻性、战略性、全局性的重大理论和实际问题,以及人文社会科学基础学科领域重大问题为研究内容。基地重大项目是为普通高等学校人文社会科学重点研究基地设立的、围绕基地学术发展方向进行研究的重大项目。一般项目包括规划项目和专项任务项目,选题由申请人根据教育部社科研究中长期规划和个人前期研究积累自行设计。规划项目含规划基金项目、博士点基金项目、青年基金项目,经费由教育部资助;专项任务项目经费由申请者从校外有关部门和企事业单位自筹。

国家其他部门科研项目根据部门、行业特点设置,主要资助全国范围内的普通问题或出现的重大问题;地方直辖市、省、自治区人民政府的科研项目立足本地区,以解决当地实际问题和特色为主进行研究。

二、科研项目的全过程管理

科研项目是一项具有创新性、复杂性并存在很大风险的活动。近年来,随着科研体制改革的深入发展,国家对科研项目的管理要求逐步规范,各科研管理部门管理的难度日益增加。各类各级别的科研项目虽然来源渠道不同,但管理和实施的主要流程大致相同,一般来说,科研项目的全过程管理包括项目建议、发布申报指南、项目申报、项目评审、签订合同书、下达任务书、中期检查、结题验收、结题后的跟踪管理、经费管理、科研档案管理等环节。总的来说,任何科研项目都可分为立项、实施和结题验收三个基本阶段。项目立项和结题验收阶段由上级科研主管部门主导,项目实施阶段由科研项目承担单位主管。

(一)目前我国科研项目管理存在的问题

1.科研项目立项的科学性、规范性有待改进

项目的申请与立项是科研项目管理的重要内容。目前在项目指南的征集和发布过程中还存在着对号入座的现象,项目指南评审制度还有待进一步完善和规范。[①] 科研项目的低水平重复现象较严重,创新性不足,科研信息存在不对称现象。由于各类项目的申报涉及不同学科和领域,评议专家不可能样样精通,对于自己不是特别熟悉的项目,专家评审中的人为因素干扰较大。项目组研究成员结构不合理,前期积累不够,研究基础薄弱。

2.科研项目实施的动态管理有待加强

目前不少项目不重视项目实施中的过程管理,不进行中期检查,只重视项目申报立项和结题。项目立项后,对项目的实施过程不监督、不检查,结果到项目结题时才发现项目执行中出现的问题很多,有的根本就没有完成计划,造成项目的延期或根本不能结题,只能终止或撤项。

3.科研项目结题验收的管理有待完善

尽管上级科研管理部门都有相关的结题验收办法,但是不少不够细化。

---

① 周杰:《我国科技计划管理概况》,《管理科学文摘》2006 年第 11 期。

有的科研项目成果与社会、市场需求脱节,有的实用的科研成果仅滞留在实验室,管理部门重视程度不够,科研成果转化能力不足。有的科研人员为了申请项目时能够获得立项资助,在申请书的成果一栏填写目标高、数量多的研究成果,便于立项。等到立项后结题时,发现有的研究成果难以完成,造成项目要变更研究内容、延期甚至终止。有的项目完成的成果未能规范标注,结果虽然开展了研究,但由于不符合结题要求,无法按时进行结题总结。

4.科研经费的管理有待进一步重视

科研项目立项后,虽然有的已签订项目合同书,正式立项文件已经下发,可经费不能及时到位,影响项目的研究进度。一些主持人为了按计划开展工作,只能从其他已有课题或自己先行垫付来启动项目研究。管理部门重视科研项目研究内容的中期检查,对经费使用情况往往不能及时检查,有的到结题时才发现经费决算与预算、合同有偏差,甚至出入很大,存在不少结题不结账的现象。

5.科研档案管理的有待提高

有的科研主管部门和科研管理部门,缺乏完整、规范的科研档案,档案资料不全、保存分散、流失现象严重,不利于科研项目档案资源共享。有的部门只重视立项文件和经费文件的保管,而结题材料不保管。

(二)科研项目管理的对策

1.科学、规范科研项目的立项管理

科研主管部门要广泛征集选题,让项目指南具有前瞻性、导向性和科学性,根据不同层次要求,合理规划选题,避免题目过大或过小,以求最大限度地用好国家的经费资源。除涉及保密内容的外,申报信息要公开,发布在网站上,体现公平、平等的原则。项目评审要采用同行专家通信评审和会议评审的方式,规范评审内容和原则,从申报项目的立项依据、创新性和预期目标、研究内容和研究方案、研究基础与条件、研究人员及力量、计划进度及经费预算等方面评议,确定立项项目。评审专家坚持标准,做到客观公正,并注意保密,不外泄评审情况。

科研管理部门要发挥导向、服务功能,积极鼓励申报。科研管理部门及时关注上级科研主管部门的信息,发布课题申报指南,让申请者迟早了解指南要求,做好准备。要针对课题指南,科研管理部门根据本单位特色和专家专长,有重点、有计划地引导专家朝某一领域或方向申报,尤其是重大项目,要有效地整合资源,有时需要跨学科、跨地区、跨部门联合申报,集中力量,才能提高项目立项率。科研人员也要注意平时的研究成果积累,根据自身优势申报项目,合理搭配课题组成员的学科、年龄结构,从而获得国家和地方政府的科研经费支持。

2. 强化科研项目实施的过程管理

加强科研项目的动态管理。科研主管部门要强调科研项目的中期评估,项目经费分三次下拨,立项签合同后拨一次,通过中期检查拨一次,结题后拨一次,如果不参加中期检查或中期检查不通过的项目,即使结题,中间一次款项也不能下拨,这样能督促项目主持人按申请书或任务书、管理办法的要求有计划进行研究。尤其是重大科研项目,要进行严格的合同管理。在项目批准立项后,与各承担单位、子课题负责人签订项目子合同,责任明确,分工清晰,按合同内容进行阶段性考核,形成任务明确、责任细化的合同管理模式。这样,在项目实施过程中就能发现项目实际执行情况与合同规定的考核指标的偏差,及时调整项目研究,这样更有利于项目的完成。

科研管理部门要按照主管部门的科研项目管理办法检查本单位承担项目的执行情况。对上级主管部门有规定、有时间要求的项目的中期检查,要督促项目主持人及时完成并按时报送。对上级主管部门没有要求中期检查的科研项目,最好也能形成制度,每年固定时期对在研的科研项目进行检查,及时发现项目执行中的问题,做好项目主持人和上级科研主管部门的协调、沟通工作,如执行中由于不可抗力的原因或其他原因,导致项目要变更原来研究内容,要督促主持人填写项目变更表,向上级主管部门申请更改研究内容,便于项目的继续开展。

3. 完善科研项目的结题验收管理

科研项目很难用量化的方法来检验,只能是定性和定量相结合的方法。科研主管部门可以根据不同类别项目,制定完善的结题验收制度,给出适当的评审标准,有利于专家的评审工作,有利于结题工作的顺利实施。通常基础研究类的项目结题验收基本上是以培养学生、发表文章、出版著作等作为考核指标,应用研究和成果转化类项目结题验收应该以项目的实用价值、申请专利等为考核目标,提交的研究报告要有实际应用意义,有采纳建议,对社会的经济效益进行考核、对社会效益进行评述。项目完成后,给项目负责人建立相应的信用等级,作为今后评审项目时的依据。

科研管理部门在科研人员申请项目时,对不同类别的科研项目情况进行说明,把上级主管部门的要求对科研人员讲清楚,合理定位科研成果,既要完成任务又要切实可行。在项目立项的时候,把结题要求进行解说,按项目要求规范项目完成成果的标注。对有应用前景的成果转化项目,要成立专门的产学研管理部门,加强与企业、社会的合作。上级主管部门、科研管理部门、科研人员都要有科研成果转化意识,让有用的成果进入社会、走进市场。

4. 合理使用科研经费

科研项目立项或签订合同书后,上级科研主管部门要及时按要求下拨项目经费,确保项目按计划进行。科研主管部门要制定科研项目经费使用的管理办法,对科研经费的各项费用开支要规定明确的使用范围和额度,便于操作和管理。

如何将项目资助的经费投入得到有效的产出,需要对科研项目进行合理的预算管理。科研人员要合理、实事求是地编制预算,对预算内容进行细化,对购置的大型设备、器材或较大开支的支出要列出明细,说明合理性。否则,根据情况,上级科研主管部门会削减科研立项经费。科研管理部门要加强引导,根据主管部门要求指导经费预算的编制。在对研究内容进行检查的同时,联合财务部门,及时检查跟踪与预算有偏差的费用,防止决算时与预算的大出入,减少经费滥用现象,合理开支,提高科研经费的使用率。对结题验收后的结余经费,按主管部门有关规定办理,要是没有规定,用于项目承担单位的科学研究,不得挪作他用。

5. 提高科研档案管理

科研主管部门本身要有规范科研档案管理的要求,对项目的前期、中期和后期环节有关的材料进行归档管理,便于科研资源共享。科研管理部门对本单位立项的申请书、合同书、中期检查报告、结题验收报告等材料按时间、项目来源、科研人员等统一、系统地进行管理,如果条件允许,可以同步建立电子档案,为以后档案的查找、应用提供方便。

6. 继续加大对科研项目的经费投入力度

尽管目前国家对科研项目的经费投入力度不断加大,但是科研经费紧张一直是科研项目管理中存在的问题。有的项目由于必须购置设备、租赁场地、调研等,经费显现不足,不能更好地开展科研活动,影响了科研项目的顺利实施。科研主管部门要根据项目的性质,对科研经费加大投入。

7. 建立科研项目的课题制管理制度

为了适应科研管理的要求,传统地以单位为中心,项目负责人的法律地位模糊、受到的行政干预多、自主性差的科研管理模式,对项目进行的各种资源很难优化配置,项目管理与承担项目各方的职责不清,特别是科研计划管理与经费管理之间缺乏相互制约机制,不利于实行有效的监督管理。[1] 2002 年国务院办公厅转发了科技部、财政部、国家计委、国家经贸委四部委《关于国家科研计划实施课题制管理的规定》,及随后的配套文件《国家科研计划招标投标管理暂行办法》和《国家科研计划课题评估评审暂行办法》,标志着我国科研项目将向全面实施课题制管理模式转变。课题制是指按照公平竞争、择优支持的原则,确立科学研究课题,并以课题(或项目)为中心、以课题组为基本活动单位进行课题组织、管理和研究活动的一种科研管理制度。[2] 项目课题制管理模式能极大地调动科研人员的积极性、创造性,提高了科研活动的效率,成为目前各国普遍实行的科研活动管理模式。

随着我国经济和科研体制改革的深入,今后要不断地改革和完善科研项目管理,加强科研项目的全过程管理。

---

① 刘振华、张家甄、孙万付:《浅议科技计划项目的立项与管理》,《科研管理》2007 年第 3 期。
② 科技部、财政部、国家计委、国家经贸委:《关于国家科研计划实施课题制管理的规定》2001 年 12 月 20 日。

第三节　科研人才团队建设

人类社会已经步入知识经济时代,社会环境瞬息万变,在世界信息化、科技化、全球化的时代背景下,随着国家教育体制、科研体制改革的日益推进,人才问题越来越成为全世界关注的焦点。各国制订发展战略时,无不把人才政策作为一项重要内容。我国实施科教兴国和可持续发展战略.最根本的是要靠人才。各行各业都要树立以人为本的战略思想。随着科学技术的进步和发展,学科间的相互交叉、渗透与综合日渐增强,科学研究活动的集体性、开发性特点日益凸显,个体科研人员由于学科的局限,孤军奋战的科研形式已不能适应现代科研工作的要求。必须组建跨学科跨专业的科研团队,使不同学科背景的成员在思想方法上相互启发,不同专业技能的成员在科研中相互配合,产生单一的科研工作者在独立从事科研活动中所达不到的效果,这种整合优势不是数量上的 人多势众",而是质量上的系统整合效应。

一、人才团队的产生

我国的科学研究团队主要可分为 3 大类:一是高等院校,包括大学、高等应用技术学院;二是高校以外的国家研究机构;三是经济界的研究中心。国家研究机构团队即科研院所团队,是以转制前的科室为基础,逐渐形成的以科研梯队、课题组等为代表的科研群体组织。[①] 除此以外,由于申请的科研项目,如国家自然基金,国家社科基金,教育部基金,而成立的也是科研团队。

(一)科研人才团队产生的背景

发展科学技术,人才是关键。科研人才是研究活动的主体,也是科学技术的载体。他们是新知识、新技术的创造者和传播者,其素质直接关系到研究活动的广度、深度和速度,影响到科学技术发展的水平与效益。科研成效主要取决于科研人才的质量和发挥作用的程度。科技事业兴旺发达的希望,在于队

---

① 陶沁:《科研团队建设的问题与措施》,《重庆科技学院学报》2009 年第 4 期。

伍有良好来源,能源源不断培养补充优秀年轻人才。我国下世纪要跃居世界科技先进行列,必须积极创造条件,培养造就并稳定一支具有一定规模的优秀队伍。科技人才不仅是科技事业的基本力量,也是新生产力的开拓者和精神文明的开创者。特别是人类逐步迈向信息社会和进入以知识为基础的经济(简称知识经济)时期,科研人才的地位和作用将日益增大。在科教兴国大业中,科研人才起着知识和技术的源头作用,是开创物质文明和精神文明的先锋,对于实现我国经济发展战略目标具有举足轻重的影响。

现代科学技术的发展呈现多学科相互交叉、相互渗透、高度综合以及系统化、整体化趋势,并有综合性课题领先、以此带动学科发展的新动向,学科交叉与综合已成为科学技术发展的一个重要时代特征。随着信息时代的到来和科技经济迅猛发展,科学研究国际化趋势日益明显,世界范围的竞争与合作并存;不同学科间交叉融合不断产生新生长点,科学与技术趋于共生与协同发展;经济增长进一步依靠科技进步,并呈现出智力资源为基础的明显特征,[①]这就在客观上要求科研人员必须放弃单干式的科研方式,积极开展团队式的合作研究。

(二)科研人才团队的本质特征

团队是指为了实现某一目标而由相互协作的个体所组成的正式群体。科研团队是当代科技创新活动中具有特定含义的组织形式,最初是从企业团队管理中借鉴过来的,并被赋予科研活动的某些特征。20 世纪 80 年代,沃尔沃、丰田等大企业将团队形式引入他们的生产机制之中,产生了明显绩效。此后团队形式在许多企业迅速普及。因为团队形式能够促使工作队伍多元化,能提高工作效率,在多变环境中反应灵活,使管理者有时间进行更多的战略性思考,加快决策速度。[②] 科研团队代表了一系列鼓励倾听、积极回应他人观点、对他人提供支持并尊重他人兴趣和成就的价值观念。

根据目前国内外对科研团队本质和规律性的研究,可以将科研团队的本

---

① 查连芳:《加强科研团队建设》,《中国基础科学管理论坛》2002 年第 1 期。
② 伟传:《团队建设"三加一"》,《企业科协》2002 年第 9 期。

质特征概括为以下几点：

首先，科研团队的领导者应该具有战略眼光和很强的协调能力，能使整个团队和谐有序的运作。科技成果在转化为现实生产力的过程中，涉及科学、技术、社会、经济、伦理、法律等各方面关系，因而需要能够驾驭全局，协调好科技与社会关系，具有战略眼光的领导者。一方面自己不仅应该是学科带头人，具有很强的科技创新能力，能够准确把握学科发展方向，选定发展目标。另一方面还要具备很好的人文素质，对科技创新和社会需求的关系有深刻的理解。善于调动团队成员的积极性，协调成员之间的关系。只有这样，才能使团队的每个成员在其适合的岗位上有效发挥作用，充满活力，形成真正的科研团队。另外，团队领导者还要创造良好的外部环境，争取获得最充分的资源支持和社会认同，这是科研团队生存和发展的必要条件。①

其次，科研团队必须有特色鲜明的研究方向和明确的研究目标。研究方向可以是经过多年研究形成的，并具有显著的优势；也可以围绕重大目标，结合原有优势开拓出新方向。尽管研究方向和目标可以根据科学技术和社会经济的发展进行适当调整，但核心的研究方向必须保持相对稳定，至少应该呈现出阶段的稳定性，这是保证研究方向能具有厚实积累、保证蓄势待发的良好状态、并始终处于同行前列或领先的一个基本条件。团队的研究目标应该紧密结合国家和行业的重大需求或学科发展前沿的重大问题，具有明确的可实现性和阶段性的目标；这是保证团队成员旺盛的战斗力和凝聚力，使团队获得支持和实现可持续发展的重要条件。

最后，科研团队应该是一个其成员优势互补，相互尊重、相互信任的科研群体。这里所说的"优势互补"，是在围绕团队研究方向和研究目标的前提下，实现团队成员知识结构、能力、思维方式、研究经验的优势互补，以及年龄、性格特征、工作风格、人文素养的优势互补。换言之，如果一个研究群体中的成员在研究基础、知识结构、能力、经验和非智力特征上基本相同，或者说有着共同的长处和弱点，那么这种研究群体就很难说是团队。目前国内一些有突

---

① 倪健：《论大科学时代的科研团队建设》，《高等农业教育》2005 年第 12 期。

出成就的科研团队,都具有多学科多专业交叉的特点。这样才能发挥优势互补的作用,适于攻克跨学科的重大难题。

科研团队应该充分发扬学术民主的研究群体。如果一个研究群体中的成员相互排斥、相互猜疑,或者存在"一言堂"现象,不允许不同意见平等交流,这样的研究群体尽管可能以某种科研机构的方式存在,但并非真正意义上的科研团队。换言之,科研团队的组织结构是扁平式的,强调人人平等。团队的领导者应该自觉地创造这种学术氛围,才能够充分发挥每个成员的创造能力和责任感,使成员之间的优势互补真正起作用。[1]

(三)科研人才团队建设的基本原则

结合近年来科研人才团队建设的研究状况,可以提出若干建议性的基本原则,作为科研人才团队建设工作的参考:

1. 因势利导的原则

有些科研团队是在科研活动中自发形成和发展起来的,也有些是由科研主管部门按专项任务组建而成的。科研管理部门应及时发现和培育有希望的科研团队,因势利导,为之创造必要的外部环境,给予相应的扶持和帮助,使之尽快成长起来。

2. 逐步培育的原则

科研团队形成初期可能还不完善。团队成员的优势互补,需要一个相互了解和磨合的过程。相互尊重、平等交流的学术气氛,需要一个相互适应的过程。科研团队的将帅型领导者的选择和培养需要不断调整、不断评估。科研团队的高绩效也需要逐步提升,很难从一开始就做到尽善尽美。因此,科研管理部门需要对科研团队逐步加以培育,不断提高其科技创新能力。

3. 相对稳定,及时调整的原则

科技创新活动有很大程度的不确定性,科研团队的目标、任务、工作计划需要随时调整,其成员在工作中也会不断变化,因此,科研团队的管理既要保持相对稳定,也要及时调整,新陈代谢是科研团队中的正常现象,只要掌握好及时调整的原则,就能够不断推陈出新,团队始终保持旺盛的生命力。

4.适度激励的原则

对科研团队成员的激励要从整体着眼,培养成员共同的责任感和荣誉感。科研团队内部激励,一方面要考虑整体利益的分享,另一方面也要考虑不同成员贡献的差别,必须使突出贡献的成员得到公平合理的回报,切忌将团队的成就完全归属于团队领导者个人,这样会逐渐瓦解团队的凝聚力,破坏相互尊重的气氛。[①]

5.智力整合、知识共享的原则

科研团队的绩效取决于团队成员智力整合、知识共享的程度。充分的智力整合,应该使团队成员配合默契,相互激励,使创造性得到超常发挥。充分的知识共享,应该使团队成员能及时交流各自的显性知识和隐性知识,使个人知识与集体智慧有机地结合起来。因此,科研团队管理要致力于创造智力整合、知识共享的氛围,鼓励思想观念和知识的交流,采取措施保证那些乐于智力整合、知识共享的成员相应受益,逐渐成为自觉自愿的行动。[②]

二、目前科研人才团队存在的问题

(一)管理制度问题

制度创新的滞后是科技创新种种问题产生的内在根源。对于科研团队而言,制度障碍具体表现在:旧的科研体系下以学科分类形成的组织结构不适应团队开展综合研究工作,难以满足团队对资源共享的需要;创新的团队模式与简单量化的绩效评价体系之间存在矛盾。目前,我国科研院所研究团队涉及到跨学科的很少,这两点制度障碍在同一学科方向的团队运作过程中还不是很明显。然而,跨学科将是团队的一个发展趋势,所以这种制度障碍也不容忽视。科研院所组织内部的科室建制以及长期存在的学科壁垒,客观上增加了不同学科之间整合的难度,阻碍跨学科团队的建设。目前很多科研院所对科

---

① 倪健:《论大科学时代的科研团队建设》,《高等农业教育》2005 年第 12 期。
② 康旭东、王前、郭东明:《科研团队建设的若干理论问题》,《科学学研究》2005 年第 4 期。

研团队的考核主要是整体考核,针对不同的学科和专业的科研团队,科研院所还没有建立起适应其特殊性和复杂性的评价体系,一律"用数字说话",容易导致功利思想,破坏学术规范。[1]

(二)激励评价机制问题

当前我国已经较为重视科研团队建设,但是,相应的高效、科学的激励与评价机制还未建立,现有激励和评价体系一般比较重视个人和物质方面的激励,忽视针对团队的和精神方面的激励,忽视对团队成员合作方面的激励与评价,忽视对不同类型的团队、承担不同职责人员的分类评价。例如,在职称评定时又过多地强调"第一",即发表论文要是第一作者,承担的课题也常常要求是"第一负责人"。如果现有的激励和评价机制不加以改变,会导致部分科研人员为了维护自己的学术地位,不愿意与别人交流自己的研究心得,不愿意当配角、打下手,而团队作为学科交叉的一种方式,意味着不同学科的科研人员的联合,虽然团队力求减少组织的结构层次,但是任何团队都必须有负责人,有"主角"和"配角"之分,[2]而这种角色的差别在现有的激励和评价体系中,客观上又会使人们对专家学术水平和地位做出"主角高、配角低"的错误判断,于是现有的激励和评价机制就成为团队建设的障碍,并间接成为学术腐败的助推器。[3]

(三)团队领导问题

组织中的领导因素在现代管理中具有重要意义,团队的领导方式是团队创新能力的决定因素之一。目前,科研院所科研团队内部分工中,团队领导的作用尤其突出。科研团队的领导是团队的总设计师,对拟组建的团队进行设计,遴选团队成员,对运行中的团队进行指导,提供必要的支持服务。科研团队的领导又是团队的外交家,对外代表团队处理与组织内其他部门的关系,为团队获取资源或赢得更多支持。在现实情况中,科研团队领导的作用却在逐渐偏离设计师、指导者和服务者的角色,而变为单一的外交家。他们往往把主

① 陶沁:《科研团队建设的问题与措施》,《重庆科技学院学报》2009 年第 4 期。
② 陶应发、张锦高:《加强科学研究中的多学科交叉联合》,《理论月刊》2002 年第 8 期。
③ 柳洲、陈士俊、张颖:《跨学科科研团队建设初探》,《科技管理研究》2006 年第 11 期。

要精力用于争取科研项目和外部资源,对团队内部的管理和指导则重视不足、做得不多。①

(四)团队文化问题

价值观是文化的核心,是人们在各种实践活动中形成的关于价值现象和价值关系的根本看法,是价值评价的思维框架和标准,对人的行为起着重要的内在约束作用。科学不仅是一个认知过程,也是一个文化活动过程,在科学活动中,不同的学科将会形成自己特有的文化,构建起特定的价值观体系,并深刻影响处于学科组织之中的每一个个体。来自不同学科的团队成员很难具有完全一致的价值观,当一些基本的价值观存在分歧时,人们就有可能在研究问题的确定、研究路径与方法的选取以及信息的选择等方面发生冲突。当一个人对这种冲突难以适应时,"他就会越加感到有压力和着急,在某种情况下,他就会对新的形势完全失去兴趣,或者转向他更能接受的任务"②,给团队的有序运行造成负面影响。③

三、创新科研人才团队建设的措施

(一)树立以人为本的人才工作理念,营造良好的政策环境

以科学发展观为指导的科技创新客观上要求我们必须坚持以人为本的核心理念,即在科技创新的目的上把广大人民群众的利益作为一切工作的出发点;在科技创新发展的动力上把科研人才作为科技创新的主体和基本力量;在科技创新的要素上把科研人才作为具有资本属性的"第一资源",充分发挥科研人才在科技创新中的战略性、决定性作用。因此,首先必须确立全面开发人才资源是实现富民强国目标的"第一策略"、是各级政府的"第一责任"的理念,大力推进区域人才资本经营,实现人才资源转化为人才资本进而转化为科技优势和产业优势。其次,建立健全高层次科研人才培养、引进、投入、使用、配置、激励、分配、福利和服务等环节的政策体系。根据科技创新创业的实际

① 陶沁:《科研团队建设的问题与措施》,《重庆科技学院学报》(社会科学版)2009年第4期。
② [美]乔治·冯·克罗:《实现知识创新》,余昌楷译,机械工业出版社2004年版,第17页。
③ 柳洲、陈士俊、张颖:《跨学科科研团队建设初探》,《科技管理研究》2006年第11期。

需要和地区间高层次科研人才竞争的态势,按照注重优化软环境的思路,适时调整相关政策规定,完善高层次科研人才工作政策体系,充分发挥科研人才政策的导向作用,形成特色鲜明、功能强大、效应明显的科研人才创新创业政策环境。

(二)树立系统协同的人才工作理念,营造良好的工作环境

高层次科研人才开发是一项复杂的系统工程,科技创新成果是众多科研人才系统集成的共生效应。一方面,区域科技创新体系的重要支撑是高层次科研人才体系,高层次科研人才开发体现在各层次、各类型、各领域创新人才的有机构成上;另一方面,高层次科研人才开发是全社会各行业、各部门和各单位协同进行的系统性工作,客观上要求科研人才工作在思想认识上统一,在相关政策上集成,在行动措施上协调。因此,必须遵循系统原则,从理念上走向开放共赢,才能更具活力、更有动力,才能为科技创新提供强有力的人才保证。①

(三)整合研究资源

科研团队的运行,需要学术基层组织扁平化,减少中间层,加快信息的传递和实现快速决策。科研团队是一个动态的开放系统,需要就资源与其它部门实现共享。科研团队是科技创新资源开放、共享的一种组织形式。团队成员,是团队共享的智力资源。团队是建立在知识共享基础上的,共享科技信息资源。团队运行依赖一定的科研设施设备,要共享科技物资资源。对于科研团队而言,理想的组织结构应是网状的,各个基层学术组织之间密切联系。

(四)建设团队文化

科研团队建设,要注意构建和谐进取的团队文化。明确和强化行为标准,建立和谐的内部运行秩序。唯才是举,量才而用,公平竞争,论功而赏。充分尊重每个成员的人格、意愿,提高成员对团队的认同感、忠诚度。既鼓励成员充分发挥自我独创能力,又强调团队协作精神。强化目标管理,也强调集体价

---

① 陈奎庆、杨月坤:《创新高层次科研人才队伍建设》,《人才培育》2009 年第 3 期。

值观,团结协作,共同进步。①

(五)加强制度的激励与约束

马斯洛有关人的需要层次理论表明:并不是所有的奖励都能起到激励的作用,只有那些能不断满足人们需要尤其是高层次需要的因素,才能起到有效的激励作用。因此,激励机制的建立必须因人、因事、因时而定。要根据不同人的不同需要以及同一个人在不同时期的不同需要来进行激励,同时也要根据不同的科研任务来确定激励制度。

理顺团队内部及外部的制度关系,建立与团队相适应的行为规范、奖惩措施等规章制度,形成一种激励约束机制,促使大家围绕团队的共同目标形成团队的协作行为与精神。加大科研方面的投入,设立相应的学术研究基金、人才基金,激活和浓厚学术活动氛围,加强科研硬件条件的建设,减少科研人员的后顾之忧。对于较好的团队典型要及时给予表彰奖励,通过分配方案评价科研业绩给予物质奖励;通过满足成员认同感、成就感、荣誉感给予精神鼓励;通过赋予成员挑战性的工作激发其信任感和责任感。

(六)注重团队领导者作用

实力与特色俱佳的科研团队,需要德高望重、勇于奉献的得力领导者。科研团队的领导者应尽量推选思想活跃、知识渊博、组织能力强的人物担任,以学术能力赢得外部资源,以人格魅力引领团队成员,形成团队的凝聚力,增强团队的创新能力。

(七)将团队远景与个人发展目标相结合

科研团队精神与成员共同目标之间是一种相辅相成的关系,要促使团队成员认清团队发展远景与个人发展目标的关系。加强理想信念的教育,将促进学科发展作为共同追求的目标,将献身科学的精神作为凝聚大家的核心,使团队精神内化到每个人的需要体系中去,激发团队活力。②

(八)创新高层次科研人才的培养引进机制

首先,以提高科技创新能力为重点,加大对青年科研人才的培养,在科技

---

① 陶沁:《科研团队建设的问题与措施》,《重庆科技学院学报(社会科学版)》2009年第4期。
② 赵峰:《高绩效科研团队建设的思考》,《桂林电子工业学院学报》2003年第4期。

计划立项与综合绩效评价中,把创新团队和人才培养作为重要的评审内容。其次,探索高层次科研人才的开放式培养模式,充分发挥各类科研平台的作用,推动高校、科研机构、大型企业联动组建人才集聚和培养基地;充分发挥引进的科技领军人才和"海归"人才在培养创新团队中的作用,积极创造条件使他们能够在创新创业活动中带出一支队伍、带出一批人才;在国际科技合作中,加大选派科技人才出国出境学习和工作的力度,掌握先进的科研理论和方法。再次,对重大科技攻关项目实行国内外公开招标,并将科研人才培养作为基本要求;根据高新技术产业和相关领域科技创新的需求,在大进(吸引大批海外优秀高层次科研人才回国工作)大出(把大批科研人才送到海外工作、学习、进修和交流)的同时,逐步形成符合国际惯例并具有地区科技创新特点的人才培养、使用、激励机制。[①]

科技的竞争首先是人才的竞争。面对新世纪,我国科技和经济的发展要实现跨越式发展的目标,需要有一大批训练有素的创新人才作为基础。面对现代科学研究需要协作的现实,科研人才团队建设势在必行。因为团队能产生大于个人单干的力量,能获得大于个人单干所产生的效益,充分发挥既有的智力资源的效益与潜力。团队是综合实力的体现,是进行重大科研攻关的基础,容易产生创新思想,所以,我们应通过科研人才的团队建设,培养出有一定规模的国际一流的科研团队,实现我国建设创新型国家的目标。

第四节 科研成果与条件建设

一、科研成果管理

(一)内涵

"科研成果"是指利用科学技术知识、信息和经验形成的涉及产品、工艺、材料及其改进的技术方案,包括专利、专利申请、技术秘密、速记软件、集成电

---

① 陈奎庆、杨月坤:《创新高层次科研人才队伍建设》,《人才培育》2009 年第 3 期。

路布图设计和植物新品种等。根据上述定义,我们可以认为,科研成果,当然也包括高校的科研成果,核心是一种创新技术,这种技术可能是基础技术和共性技术,也可能是专有技术,而专利、登记软件等应该是该技术的外在表现形式,是技术的载体。①

(二)类型

根据科研成果的作用与功能,可将其划分为四种类型:

1. 基础研究成果。基础研究是在认识客观世界的过程中阐明、解释自然现象、特征、规律及其内在联系,在学术上有新见解,并对科学技术的发展或国民经济建设具有指导意义的研究成果,其中包括基础理论成果和应用基础研究理论成果。

2. 应用技术成果。应用技术成果是为解决经济社会发展中的科学技术问题所取得的具有创新性、先进性、成熟性和实用性的研究成果,包括新技术、新产品、新材料、新方法以及为社会公益服务的标准、计量、科技情报等技术成果。

3. 软科学成果。软科学成果是为决策科学化和管理现代化而进行的创造性研究成果。软科学成果对促进科技、经济与社会协调发展起重大作用,在有关战略、政策、规划、评价、预测、科技立法及有关管理科学与决策科学的研究中,做出创造性贡献,并能取得明显的社会、经济效益。

4. 开发产业成果。开发产业成果是指产学研相结合,加强高新技术研究和开发,加强技术创新和产品创新,实施科技成果产业化开发和科研成果的转化,促进企业技术改造和产品的升级换代,增强企业活力,保持科学研究的可持续发展。②

(三)科研成果的管理

科研成果涉及的范围较广,信息的分布比较分散,不利于收集,因此应采取下列措施以促进科研成果的管理。

---

① 刘燕妮:《高校科研成果评价初探》,《中国高校科技与产业化》2009 年第 3 期。
② 刘法贵、张愿章、冯志君:《基础研究科研成果评价研究》,《科技管理研究》2008 年第 11 期。

1.加大宣传力度,制定相关制度

科研成果产生于科研人员的科技活动过程中,高校应出台科研成果奖励政策,促进科研人员多出好的科研成果,同时管理部门也应对成果的上报程序、上报时间做出规定,使之与奖励和职称挂钩,督促科研人员及时、准确地上报科研成果。这样既保证了科研人员的成果得到及时的奖励,也保证了科研成果采集的及时性。

2.利用现代化手段,做好成果登记

科研成果管理最关键的就是做好科研成果的登记、科研成果的积累,以便日后对科研成果的统计和查询。随着时代的进步,科研成果的登记应采用现代化手段,即电子信息管理系统的应用,这样可以提高科研成果的查询速度,提高办公效率。系统的设计要与学科、专业相关联,应适应学院的具体实际。科研成果管理系统要方便科研成果管理人员的使用,实行分级管理,分权限管理,可以采用网络化,成果的登记不必亲自到科研成果管理部门,而是通过学院互联网的科研成果登记系统即可进行,这样科研人员在科研活动中产生的信息就可以随时随地地进行上报、登记,科研成果管理部门只需核实成果的有效性、正确性即可,大大减轻了管理部门的工作量。同时系统的网络化可以提供给系、部以及科研人员需要的信息,系、部以及科研人员可以根据自己的权限访问、查询需要的信息,也可以监督核实成果的准确性。在系统中,科研成果管理人员具有最高权限,在对登记的成果进行核实之后,将正确的信息输入系统,有误的信息通过网络反馈给作者,以便其工作的公正、公平、公开。这样可以保证信息采集的及时性和准确性。

3.积极组织,严格核查,认真鉴记

登记的科研成果要保证质量,宁缺毋滥,著作应是出版社正式出版发行的学术著作、工具书、译著、大学本科以上教材;论文要具有学术性、研究性和创作性,必须是在正式学术性期刊、报纸理论版、探索版上发表的论文;学术会议论文应是在国际化、全国性学术会议上录用交流并收入会议论文集的论文;同时,登记范围要广,要涉及到学院的各个学科、专业,针对不同学科创作作品的不同特点,对于具有原创性的科普作品、在正式学术期刊上发表的或在省级以上展览会上展出的美术摄影作品、在正式学术刊物上发表或在省级以上大型文艺活动中演出的音乐创作作品也收入到成果登记范围之内。采集的科研成果信息要进行严格的核查和认真的鉴定,特别是科研论文的鉴定要参照其被引量及影响因子等指标来鉴定其水平及质量。

4.利用各种方式,加速科研成果转化

高校的科研成果除了在学术上有一定影响之外,还应体现其社会影响,即成果的转化。高校应加大成果的宣传力度,积极推广应用,尽量转化为现实生产力。加强与企业的合作,主动深入企业做调查研究,与企业之间建立动态联系。高校对于科研成果转化获得收入,要制定规范分配相应的文件。[①]

(四)科研成果管理评价

1.科研成果的通用评价方式

目前,高校主要采用引用评价、鉴定评价和专利评价三种科研成果评价方式。理论研究成果以论文或著作的形式公开发表后,常采用引用评价;应用技术成果常采用鉴定评价或专利评价。引用评价是自发的、不带有主观性,评价结果的权威性强,弊端是评价的绝对化和简单化易导致发表论文的数量性方面的压力。鉴定评价其特点是时间短,见效快,成果鉴定通过率很高,有利于加快技术成果转化。弊端是鉴定的申请人为了保证鉴定结论符合主观意愿,经常自选鉴定专家名单,拔高评价结论,难以保证结论的公正、科学、客观。专利评价的知识产权保护力度最大,具有相当强的科学性和公平性。弊端是审查周期长,在一定程度上耽误了科研人员的奖励申报、年度考核等。

2.科研成果评价需要遵循的几个原则

科研绩效考评体系中,所列指标因素和考评标准应该尽可能是可量化的,以便能用最终的评价分值来反映不同类型成果的业绩状况。同时,由于科研成果评价自身存在着模糊性,很多科研成果是不可能确切测量的,因此,需要综合运用定性和定量相结合的分析评价方法。需要遵循的几个原则为科学性原则、发展性原则、实用性原则、可比性原则、指导性原则。

---

① 耿丹、娄延宏:《高校科研成果管理的实践探索》,《理论界》2004 年第 2 期。

3.科研成果评价指标体系的构建

现阶段,我国高等科研成果评价缺少客观、科学、量化、直观的标准,迫切需要建立一套完善的高等院校科研成果评价指标体系。这个指标体系应该包括科研课题难易程度、科研成果转移、科研成果经济效益、科研成果市场需求性、科研成果内在价值、科研成果环境效益、科研成果社会效益几个维度。一般而言,课题研究难度越大,该研究成果评价得分应该越高;课题难易程度相同,投入越少,则评价得分越高。社会科学科研成果与自然科学科研成果评价都可以使用上述指标体系,但在不同的指标上侧重点不同,需要在评价标准设置上与结果处理上区别对待。同样,不同学科、不同院校也需要根据自身的实际情况设置不同的评价标准与结果处理方式。此外,为了使该评价体系更具有操作性,还需要为各评价指标设置具体的权重、具体的测评点和评价标准,并且要针对不同的评价指标开发不同的评价方法,编制一定的评价工具,例如问卷、访谈提纲、量表等,这些还有待于有识之士作进一步地探讨。①

(五)科研成果转化

1.科技成果转化政策、法规

我国政府历来重视政府政策对科技成果转化的指导作用。到目前为止,我国初步形成了中央、部委和地方三级的科技成果转化法律政策体系。《中华人民共和国科技成果转化法》是指导我国科技成果转化工作的全国性法律,据此各省市制定了相应的《促进科技成果转化条例》。各部委包括科技部、教育部、人事部、财政部、中国人民银行、国家税务总局、国家工商行政管理局等制定了人事、财政、税收、公司登记注册等等优惠政策以促进科技成果的转化。

2.科研成果转化的成效

近年来,我国政府采取了很多措施以促进我国科研成果向现实生产力的转化。由于我们缺少对科研成果转化率的严格的统计数据,因此本文拟将专利申请授权数量增长率(代表科技成果的增长率)与技术市场交易额增长率

---

① 刘燕妮:《高校科研成果评价初探》,《中国高校科技与产业化》2009年第3期。

（代表科技成果转化的增长率）进行对比分析,来说明我国科研成果转化的成效,见表所示:

表 4 - 1　专利申请授权数量增长率与技术市场交易额增长率的对比

年份 增长率	1997	1998	1999	2000	2001	2002	2003
专利申请授权量增长率	33.14%	47.53%	5.18%	13.38%	15.88%	37.63%	4.40%
技术市场交易额增长率	24.22%	19.95%	24.47%	20.28%	12.90%	22.74%	22.95%

资料来源:根据中国统计年鉴计算得到。

　　从表中可以看出,在大部分年份我国专利申请授权增长率高于技术市场交易额的增长率,这说明我国科研成果转化路径不畅的问题的确存在;1999年和 2003 年我国专利申请授权量增长率远低于其他年份,这说明我国的科研体系很不成熟。同时相应年份的技术市场交易增速不减,说明我国科研和转化工作脱节严重。[①]

　　(六)国外经验介绍

　　1.美国高校科技成果转化的成功经验

　　根据美国大学技术管理协会的调查,2001 年公布的美国大学专利已达3721 项。而且,大学在科技成果转让中也分享相当大的经济利益。与此同时,公众也从中获益,据估计,科技成果转让已为美国经济创造了大约 400 亿美元的效益。而取得这一成绩是与美国在政府立法、设立专门机构、高校服务社会的办学理念、校企紧密合作与风险投资等方面所做出的努力分不开的。

　　(1)政府立法

　　为了扭转美国 20 世纪 80 年代科技成果转化率低的局面,1980 ~ 1988 年联邦政府通过了一系列促进科技成果转化的法案,其中,最主要的法案是1980 年颁布的《专利与商标法修正案》,其他辅助法案有《史蒂文森—怀德勒

---

　　①　王辉坡:《科技成果转化的知识管理及对策研究》,哈尔滨工程大学 2007 年度博士论文。

技术创新法案》《小企业创新开发方案》和《联邦技术转让法案》、《贸易与竞争法案汇编》,另外还颁布了相关的行政命令。它们理顺了美国科技成果应用方面存在的体制问题,使以大学为主的基础科学研究部门进行成果转化有了动力,明确了单位、研究者之间的利益关系,鼓励研究者将其研究成果推向企业,尽快商业化。

(2)专门机构的设立

美国高校技术转移的标准模式就是建立由法律、商业和技术专门人才组成的技术成果转化办公室,并通过美国大学技术管理协会——一个以技术转让为其核心目标的全国性组织,进行广泛的合作与联系。1979 年,美国大学技术管理协会成员仅有 113 个,而现在已超过 3200 个,遍布全美有实力经常进行科技成果转化的大学。技术成果转化办公室的出现标志着高校科技成果转化和分配协调大学和公司关系有了专门的机构。

(3)服务社会的办学理念

美国技术成果转化的成功还得益于美国高校服务社会办学理念的成功,而这一点经常被人们所忽略。服务社会的办学理念在美国高校占据了与教学科研同等重要的地位。美国大学"服务社会"的理念对当地或周围企业、经济、社会文化发展起到促进作用,而社会也给予较好的回馈。这种积极的作用机制也促使校方制定政策进一步引导和促进教师与社会企业紧密结合,以市场、社会需求为导向,产生对社会有影响的应用成果,而不单纯考察教师的学术论文数量。正因为如此,美国许多大学的 21 世纪教育发展战略中,不仅强调提高学术水平和教育质量,还把科技成果转化作为一项重要内容放入其中。科技成果转化应该说是大学服务社会办学理念的重要体现。

(4)校企合作

美国大学与企业的合作程度远胜过我国,原因是多方面的。第一,企业不仅是研发的主要出资者,而且是研发的执行者。第二,美国政府支持高校教师和科研人员深入企业,到企业兼职。因为,这样做有利于将高校的科研成果和先进技术带入生产领域。第三,美国大学的科技研究和开发经费相当大的比例来自企业资助。校企紧密合作对市场的发展起到了很好的调节作用,高校了解企业,而企业在合作中效益不断得到提高,从而形成了良性循环,校企合作在美国高校科技成果转化中发挥日益重要的作用。

(5)风险投资

风险投资在美国高校科技成果转化中功不可没。正式的风险资金是新技术公司的主要融资来源,它有效地克服了资金市场到新技术公司的障碍,并为这些公司的发展提供有价值的协助,帮助他们迅速成长。由于大学是新技术产生的重要来源,以风险投资在大学创建高新技术公司中扮演着非常重要的角色。风险投资者更乐于把资金用在他们了解的人所创建的公司,因为这关系到投资所需要的信息,从而有利于缓解高技术公司的融资问题上信息不对称的问题。另一方面,大学的科研人员往往不是风险投资资金信息网的成员,他们也不需要和风险投资者有太多的联系,但是,他们更乐意与大学风险资金的管理者联系。这种微妙的关系恰好使得潜在的企业主和风险资金的信息不对称问题找到了答案。

从美国高校科技成果转化的成功经验中,不难看出,高校科技成果转化问题的破题应该说是政府、发明人、高校科技成果转化机构、企业、投资家等不同主体综合发挥作用的结果,既离不开适合高校科技成果转化的外部环境,如政策法律的支持、资金的支持、紧密的校企合作关系,也离不开适合高校科技成果转化的内在环境,如高校服务社会的新理念、激励发明人的新政策、促进高校科技成果转化的有效机构。[①]

2. 德国高校科技成果转化方面的成功经验

德国政府在高校科技成果转化中发挥着重要作用。政府一方面投入大量资金兴办科技园区,另一方面又采取了许多优惠措施鼓励大学毕业生和青年企业家进入技术园区创办新技术企业。为了加快高校科研成果商品化和产业化的速度,密切高校与企业——特别是中小企业的合作关系,自1983年起,德国政府还采取专项投资的办法在全国范围内建立了80多个类似科技园区的

① 孙卫、肖红、原长弘:《美国高校科技成果转化的成功经验及其启示》,《科学管理研究》2006年第6期。

科技中心或创新中心。建设中心的费用由政府、国家银行和企业各承担1/3。中心不以盈利为主要目的,为中小企业提供咨询服务也是免费的。这些中心的经费也由政府、银行和企业按比例负担。[1]

二、科研基础条件平台建设

(一)科研基础条件资源的内涵

科研基础条件资源是指支持科技创新活动的物质和信息保障,它是一个国家科技创新活动的基础设施,主要包括大型科技设施及装备、实验室、科技文献资料及科研基础数据、科技规范和标准、生物种质资源及标本等。科研基础条件平台,就是运用信息网络等现代技术,对科研基础条件资源进行战略重组和系统优化,建立以共享机制为核心、以资源整合为主线,促进全社会科技资源高效配置和综合利用的有效方式。[2]

科研基础平台建设,就是以国家财政的科技投入为支撑,充分运用信息、网络等现代技术,对科研基础条件资源进行战略性重组和系统性优化整合,构建适应当代科研前沿学科需要的现代科研基础条件框架,形成具有公益性、基础性和战略性的科研支撑平台,有效改善科技创新环境,提高整体科技创新能力。[3]

国家科研基础条件平台建设从宏观上看是国家创新体系的物质组成部分,是服务于全社会科技进步与创新的基础支撑;从微观上看,主要由大型科学仪器设备和实验基地、自然科技资源保存和利用体系、科学数据和文献资源共享服务网络等物质与信息保障系统以及以共享为核心的制度体系和专业化技术人才队伍三方面组成。

① 黄群:《德国政府在科技进步及成果转化中的作用》,《安徽科技》2002增刊。

② 胡兴旺:《政府科研基础条件资源和平台委托代理研究》,《企业活力》2006年第7期,第74—75页。

③ 李诚:《加快科研基础条件平台建设》,《河南科技》2004年第11期。

(二)科研条件平台的作用

1.科研条件平台是科技能力建设的重要内容

科技条件作为科技创新的物质资源,人才作为科技创新的人力资源,二者相辅相成。科技条件是吸引科技人才,进行科技创新的重要手段。因此改善科技条件,建立科研基础条件平台日益成为科技能力提高的支持和保障因素。

2.科研条件平台是创新体系的重要基础

科技条件为国家的基础研究、战略高技术研究提供技术支持,其建造和运行也能够带动高新技术及其产业化的发展,能够促进科技人才的聚合,因此,科研基础条件平台对于提升创新体系的整体实力具有重要作用。

3.科研条件平台是区域创新能力和区域竞争力的基础性支撑

"创新,特别是原始性创新已经成为国家间科技与经济竞争成败的分水岭,创新已经成为区域发展的原动力,成为决定国际产业分工的一个基础条件,成为经济全球化条件下区域发展的根基所在。"[1]科技条件作为物质性资源,已经成为促进区域农业、生态、环境可持续发展,提高区域创新能力和竞争力的基础性支撑。[2]

(三)我国科研条件平台建设形势与现状

科研条件建设是国家"十五"科技发展计划的一项重要内容,是"十五"及今后一段时期科技工作的重要任务。

1.面临的形势

21世纪世界经济发展的三个主要特征是知识经济、信息技术和全球经济一体化。这三个特征所依托的都是科学技术的飞速发展。科研条件建设必须面对新形势,满足科技发展和创新的需要。根据国家科技部发布的《科研条件建设"十五"发展纲要》,"十五"期间,我国将在信息技术、生物技术、新材料技术、先进制造与自动化技术等事关国家中长期发展和安全的战略性和前沿

① 徐冠华:《以区域创新体系建设为中心进一步加强地方科技工作》,中华人民共和国科学技术部网站。
② 魏淑艳、娄成武:《我国区域科研基础条件平台建设研究》,《科学学与科学技术管理》2006年第9期。

性高技术领域取得突破,在生命科学、农业、资源与环境、人口与健康等基础研究方面取得新进展。要在这些领域取得突破,形成一批具有自主知识产权的重大高技术成果,增强我国基础研究的持续创新能力,都依赖于先进的科研条件支撑与装备。

2.现状

"九五"期间,全国贯彻实施《科研条件发展"九五"计划和2010年长远目标纲要》及四个"若干意见",我国科研条件建设基本实现了既定的发展目标和任务,为"十五"及今后我国科学技术发展奠定了基础。

(1)科研条件的资源共享体系初步建立

为充分发挥科学仪器装备资源的优势,促进科学仪器的社会化服务,初步打破了原来计划经济时期科研条件管理和使用上的条条框框,引入开放、共享、竞争、服务的新机制,在解决部门所有、条块分割、资源分散等问题上积累了新经验,盘活了科研条件存量。采取中央和地方共同支持的方式,在北京、上海、沈阳等8个仪器数量较多、相对比较集中的城市,建立了大型科学仪器协作共用网,实现科学仪器的共建共享、科学仪器使用效益明显提高。已建和在建质谱、核磁、二次离子探针等6个国家大型科学仪器中心,支持重大基础科学研究。加大了科技文献信息机构改革和投入力度,组建了新型虚拟式国家科技图书文献中心,在理、工、农、医四个领域外文文献订购总量大幅度增长,加强了资源保障体系的建设,使科技文献保障能力和服务水平有了进一步提高。

(2)科研条件的社会化服务网络初步形成

科研条件社会化服务初见成效。各地区建立的科学仪器协作共用网,为当地的科研和企业技术开发等提供了有效的手段。科学器材连锁供应网在全国逐步形成。科学仪器改造升级和维护维修、实验室配套工程建设逐渐市场化。部分地区建立了仪器分析试剂及试验材料供应网络,电子商务正在筹建。一些科技信息机构利用现代化手段为全社会提供了丰富的网上科技信息资源。

(3)科研条件领域的自主创新和研发能力得到提高

科学仪器攻关,取得了一批技术创新成果并开始产业化。在攻关的带动和国家有关政策的推动下,部分量大面广仪器的性能指标已基本达到国外同类产品水平,品种逐渐增多,国产仪器的国内市场占有率已达 27%,实现了比 1995 年翻一番的目标。实验动物设施有了很大改善。

(四)区域科研条件平台建设

我国打破行政区划分割,酝酿和构造几大科研基础条件平台板块的行动早在几年前就已悄然开始。目前,在国家科技部的推动下,这一行动正在加快,几大区域科研基础条件平台已经初具雏形,主要包括:

1. 京津冀科研基础条件平台

北京是最早开展大型仪器协作共用试点工作的地区之一。早在 1997 年 5 月,由科技部、教育部、国家自然科学基金会、中科院和北京市科委共同出资 2000 万元建立了北京科学仪器装备协作共用资金和北京科学仪器协作共用网。入网设备已增加到 100 台,总价值达 3.43 亿元。在此基础上他们又积极探索北京地区科研条件市场化模式,并于 2000 年创建北京科技条件市场。目前,北京地区科技资源十分丰富,目前北京地区拥有大型科研仪器 1600 多台,拥有国家重点实验室 48 个,占全国的 30% 左右。2004 年 4 月,北京市科委就发挥首都科技资源优势,强化为企业创新服务,增强首都科技竞争力召开科技平台建设工作会议。首都科研条件平台的建设采取了因势利导、试点推行、分类推动的方式,在产学研间建立起合作互动的网络化联系和创新制度。[①] 北京市科委计划在整合现有网络科技条件资源的基础上,联合天津、河北等地构建京津冀科研基础条件平台。2003 年 9 月经济学家首次提出京津塘"科技新干线"概念后,京津冀合作的步伐明显加快。2004 年 5 月,北京市与天津市的科学技术委员会就加强两市科技合作与交流,共建区域科技创新体系达成广泛共识。目前,京津冀科研基础条件平台建设已经启动。[②]

---

① 中国科技信息研究所:《让科技资源优势变为竞争优势,北京欲整合资源建设科技平台》,http://stdaily.com/gb/stdaily/2004−04/03/content_231218.htm.

② 魏淑艳、娄成武:《我国区域科研基础条件平台建设研究》,《科学学与科学技术管理》2006 年第 9 期。

2. 沪苏浙长三角科研基础条件平台

以上海为龙头、苏浙为两翼的长三角,是中国经济、科技、文化最发达的地区之一。2003 年,上海全社会科学研究与试验发展(R&D)投入占全市生产总值的比例首次突破 2%,投入强度年增幅为近 10 年来最高,直追发达国家,开始接近法国等主要发达国家的投入水平。[1] 为共同推进长三角创新体系的建设,突破行政区划界限,在更大范围、更广领域和更高层次上优化科技资源配置,沪苏浙已经于 2003 年签署协议,实行科技资源的开放和共享。这是全国第一个省级政府间签订的区域创新体系协议。江苏省不是国家科技条件试点省市,没有国家科技部的专项资金支持,他们依靠地方财政自筹资金于 1998 年开始组织实施大型仪器协作共用及实验动物等方面的工作,通过几年的发展,入网机器从最初的 50 台增长到现在的 200 台,仪器价值达到 1.7 亿元,且实现了良性运转。浙江省也有着较强的科研基础条件,沪苏浙两省一市打造长三角科研基础条件平台的活动目前已经逐步展开。[2]

(五)我国科研条件平台建设存在的问题

我国科研基础条件经过多年的积累和发展,具有一定的基础。但从总体上来看,科研基础条件还非常薄弱,远远不能满足科技创新的需求。

1. 缺乏顶层的整体规划和统一布局

我国科研基础条件建设和发展缺乏整体规划和统一部署。实际情况往往是建设时各部门、系统、各级和各单位各自为主,造成的结果是条块分割、部门封闭、单位所有、低水平重复。政府投入高等院校、科研院所、大型国有企业形成的科技资源基本上成为部门、单位甚至少数课题组个人所有,不能为全社会共享,无法形成集成优势;[3]存在近期、中期、远期重点支持对象、建设目标不明确的现象。

① 中国科学技术信息研究所:《上海研发投入直追发达国家首次突破 GDP 的 2%》,http://www.cas.ac.cn/html/Dir/2004－09－08/5551.htm.

② 魏淑艳、娄成武:《我国区域科研基础条件平台建设研究》,《科学学与科学技术管理》2006 年第 9 期。

③ 吴生高、季春、罗利华:《我国科研基础条件平台建设的现状与对策建议》,《科技与经济》2007 年第 3 期。

2. 财政投入总量不足,配置不当

在科研基础条件建设投入上,存在投入总量不足,重复立项、分散投资,整体优势不能得到很好地发挥。目前,我国的科技研发经费只有美国的 4.7% 、日本的 8.9%。[①] 由于资金不能及时到位,影响了科技资源的有效发挥。资金投入结构不合理,"重建设,轻运行"、"重有形,轻无形"的问题一直没有得到根本解决。因运行费、维修费用不足,导致仪器设备闲置、故障率高,设备状态不好等问题。

3. 人才结构失衡,专业人才缺乏

科研基础条件平台管理需要专业化管理和技术支撑人才作保障,因此要建立一支稳定、高水平、多岗位、多类型的专业人才管理队伍。在培训和教育方面不成熟,没有形成专业培训,因此科研人才专业素质不高。

4. 科研基础条件平台建设的社会氛围缺乏

科技资源配置和利用长期存在着利益冲突属单位或个人所有的问题,一些部门存在"贪大求全"、"据为己有"等"小农"意识。国家在制定鼓励科研基础条件以共享为核心的平台建设政策和法规方面滞后,没有形成共建共享的良好社会环境。

5. 区域科研基础条件平台建设特色不足

作为国家科研基础条件平台的基础和组成部分,区域科研基础条件平台是促进区域创新体系与区域经济发展的重要支撑基础。目前全国许多省市在建设本地区的科研基础条件平台时未能充分考虑本地经济发展和科技人才资源的特点,也未能结合本区域科技创新的需要,导致区域科研基础条件平台建设一致性,缺乏自己的特色.

(六)构建科研基础条件平台建设的管理模式

1. 建立以共建共享为核心的科研基础条件平台管理模式

新型管理体制要按照建设国家创新体系的基本精神,努力打破部门之间、区域之间彼此分割、重复分散的格局,对现有科技资源进行规划与统筹,实现

---

① 胡兴旺:《科研基础平台建设模式构建初探》,《中州学刊》2006 年第 4 期。

科技资源的整合与共享。科研基础条件平台的建设涉及多种类型、多个领域、多个部门、多个地区的资源和服务,需要建立相对独立、又具有权威的公共机构,对平台的运行和服务进行统一的领导和管理。同时要积极探索新形势下科研基础条件平台的良性运行机制,建立有效的科研基础条件平台运行管理制度。建立科技资源的投入、汇交管理、共享服务和调整配置等制度;制定诸如数据采集保存、文献编辑、网络接口、各类自然科技资源的收藏、储存等技术标准和规范,保障科研基础条件资源持续增加、不断汇集和对社会开放服务;建立绩效考评制度,奖优罚劣。①

2. 创新投融资机制,建立多元化科技投入模式

政府应设立与"研究开发条件建设计划"相应的专项资金,并逐年加大投入力度。编制和发布相应专项资金的管理办法,使经费管理纳入科学规范的轨道,全面实行课题制,建立科学公正的项目招投标制度、科技评估制度和财务监管体系。其次,应尽快改变科技投入单一的现状,采取积极措施,营造良好环境,扩大资金渠道,鼓励和吸引全社会,特别是企业通过创业投资基金、中小企业创新基金及证券市场等形式参与建设,努力建立政府、企业和其他社会力量及外资多元化的科技投入体系。增加财政投入的同时要强调投入策略,克服过去"重项目、轻设施"、"重建设、轻运行"、"重立项、轻监督"等问题,实行条件平台建设与科技计划相结合,政府与市场力量相结合,立项与监督相结合的投入策略,以取得更好的投资效益。②

3. 建立以共建共享为核心的科研基础条件平台建设人才评价与激励机制

重视人才培养,建设一支稳定高水平的平台技术支撑人才队伍,专业技术人才、管理人才是平台能够正常运作的人才支撑,必须高度重视这部分人才在科研基础条件建设工作中的突出作用。通过建立合理的科研条件平台与基础设施相关人才评价与激励机制,建立健全有利于科研条件建设的、有正确导向

---

① 刘继云:《科研基础条件平台的运行机制初探》,《中国科技论坛》2005 年第 5 期。

② 李新男:《关于我国科研基础条件平台建设的战略思考》,《安徽科技》2005 年第 8 期。

的人才评价方法,吸引和稳定一支专业化支撑队伍①,充分发挥其积极性、主动性与创造性。改革人才评价办法,提倡和培养为科研创新活动提供公共服务的价值取向,用机制去激励、引导、留住各类人才从事平台服务工作;通过设置与科研基础条件资源相关的学科专业,培养高层次的人才,开展从事科研基础条件资源有关工作的专业科技人员技能培训和在岗继续教育工作;完善市场体制和人才竞争机制,促进人才合理有序流动。

4.倡导"共建共享"的科研基础条件平台建设的社会环境

科研基础条件资源共享是一项政策性很强的工作,涉及到部门、单位和科研人员的利益,必须理顺各种利益关系。首先要从制定政策入手,创造良好的制度环境、政策环境和科研基础条件平台,使越来越多的社会成员享有使用科研基础资源和参与科技创新的机会②。其次,加大科研基础条件资源共建共享理念的宣传力度,增强政府部门的科研基础条件资源共建共享意识,形成科技资源共建共享的良好社会文化;再次,结合科普活动,展示科研基础条件平台对促进科技、经济、社会发展的重要保障作用,弘扬科技资源共建共享的社会风气。

第五节 我国科技创新体系运行的政策环境研究③

科技创新体系运行的环境包括国际环境,政府及其创造的相关制度政策环境以及科技基础、教育基础、经济基础、文化环境以及产业结构和金融体系等。我国已经脱离了计划经济时代,采用间接调解的政策是政府进行管理的主要手段。我们已经有了引导科技发展的科技政策,引导经济发展的产业政策,但以引导科技作用于经济的过程为宗旨的创新政策却相对缺乏。研究创

---

① 吴生高、季春、罗利华:《我国科研基础条件平台建设的现状与对策建议》,《科技与经济》2007年第3期。

② 胡兴旺:《科研基础平台建设模式构建初探》,《中州学刊》2006年第4期。

③ 于水、张海彬:《我国农业科技创新体系运行的政策环境研究》,《中国高校科技与产业化》2009年第4期。

新体系,把系统创新作为重点,强调创新和技术发展是系统中各角色相互作用的结果,把政府作为核心要素,分析政府的行为和角色,使政府政策制定的注意力既注重"市场失灵"和市场环境建设,更注重"系统失灵"。政府作为科技创新体系中环境建设的主体,包括两个层次,一是作为科技创新体系制度安排和激励环境的营造者,可称为"大政府";二是代表政府行使科技管理职能的科技管理部门,可称为"小政府"。大政府主要通过科技立法和科研投入、税收优惠等政策工具的应用来尽力营造有利科技创新的制度环境,其行为特征是通过各种政策来间接影响科技资源的流动。小政府则具体承担技术创新的决策和协调责任,主要通过战略规划、提供科技条件基础平台等来促进科技创新活动的可持续发展,推动不同主体要素间的知识流动和资源整合,以提高科技创新效率和增强科技创新能力。其行为特征是依法行政,通过各种科技项目的规划、组织和实施来引导科技资源的集成整合和自主创新,确定政府调控的落脚点,使创新政策的制定有更加明确的方向。

一、现行科技创新体系的政策分析

改革开放之初,我国只有产业政策、科技政策,并没有创新政策。所谓的科技政策,也主要是以计划形式出现的科技计划。从 20 世纪 90 年代以来,我国出台了许多创新政策,大大加快了我国的科技体制改革和技术创新活动。这些政策反映了我国政府干预技术创新活动的能力建设过程已从单一的科技政策、经济政策向明确的创新政策转变,企业、科研院所以及个人的技术创新意识、动力、压力和能力明显加强,技术创新法规建设取得重要进展,国家创新体系建设受到政府的高度重视。

表 4 - 2　国家主要科技计划

计划	启动年份	目标
国家高技术计划	1986	追赶发达国家,发展高技术产业
国家科技攻关计划	1983	产业关键技术
基础研究计划	1997	支持国家目标的基础研究

	1984	国家重点实验室
	1983	国家重大科学工程
研究开发条件建设计划	1992	国家工程技术研究中心
	1999	中央级院所科技基础工作专项
		中央级院所公益类研究专项
	2006	国际科技合作计划
	1986	星火计划
	1988	火炬计划
科技产业化计划	1988	科技成果重点推广计划
	1988	国家重点新产品计划
	1997	科技型中小企业创新基金

资料来源:科学技术部政策法规与体制改革司:《科技政策汇编》(2001 年)。

(一)制度与政策

国务院于 2006 年 1 月 9～11 日全国科学技术大会召开期间公布了《国家中长期科学和技术发展规划纲要(2006—2020 年)》,自主创新正式成为我国的国家战略,标志着我国创新政策的发展进入了一个新的历史阶段。随后,国务院于 2006 年 2 月 16 日又公布了《关于实施〈国家中长期科学和技术发展规划纲要(2006—2020 年)〉若干配套政策的通知》(国发〔2006〕6 号),从科技投入、税收激励、金融支持、政府采购、保护知识产权、人才队伍建设等方面提出了切实可行的政策措施,为落实自主创新战略,提供了政策保障。

表 4 - 3　支持科技创新的公共政策

政策工具	范例
直接的金融支持	赠款、补贴、贷款、提供设备或服务,贷款担保
间接的金融支持	鼓励对创新进行投资的计划,风险资本
信息	信息网络,咨询中心,咨询服务,专业图书馆,数据库,联络服务
科学与技术基础设施	公共研究图书馆,研究协会,学习团体,研究赠款
教育基础设施	普通教育体系,大学与工业学校,技术教育体系,学徒计划,再培训体系

公共采购	中央及地方政策采购以及合同、研究开发合同
税收	公司税、个人税、间接税和工资税
管制	专利、法规、监查与反托拉斯法规
公共企业	公有企业进行的创新,利用这些创新作为一种创业设施,创新产业
政策	规划、区域政策,对于创新的荣誉和奖金、鼓励合并或建立合资企业
公共服务	采购,维修,监督和公共服务部门和创新,如电信、运输与保健部门
贸易	贸易协定,关税,货币管制

资料来源:Mark Dodgson and John Bessant. *Effective innovation Policy*,Innovation Thomson Business Press. p. 48.

1. 资金性政策

(1)财政支持

对科技创新的财政扶持主要体现在财政投入、税收优惠两个方面。改革开放以来,我国采取的财政政策坚持确保重点,讲究资金的使用效益;以项目投入为主,引入公平竞争机制;鼓励企业增加创新投入,促进科技成果转化;鼓励引进国外先进技术,促进高新技术产业发展。

(2)金融扶持

对科技创新的金融扶持主要体现在技改贷款、科技贷款、创新基金和发展风险投资创业投资等方面,改革开放以来我国主要的与科技创新有关的政策支持技术改造和技术引进,促进科技进步;支持科技计划实施,促进高新技术成果商品化、产业化;培育资本市场,发展风险投资基金;支持中小企业科技创新,设立科技型中小企业技术创新基金和科技成果转化基金以及保险政策。

2. 人力智力性政策

(1)教育与培训

改革开放以来,与科技创新有关的教育与培训政策主要在于加快应试教育向素质教育的转变,突出强调创新教育。全面推进素质教育,突出创新教育,以提高学生的创新思维、创新意识和创新能力;实施农科教结合,推动普通教育与职业教育相结合,提高职业技能;大力发展成人教育与干部教育。加强农民职业技术培训,全面提高劳动者素质。

（2）知识产权保护和成果管理、奖励政策

知识产权主要包括版权及相关权利，商标、专利与商业秘密，植物新品种权等。改革开放以来，我国与科技创新有关的知识产权政策鼓励和保护智力创造活动，促进科学技术文化事业的发展；促进知识产权的推广应用，适应专利保护的国际趋势；遵循国际条例，加强国际交往。专利法对鼓励和保护发明创造，促进科技进步和创新，推动我国经济社会发展，发挥了重要作用。新的《专利法》已于2008年12月27日由十一届全国人大常委会第六次会议审议通过，于2009年10月1日实施。

3. 市场性政策

（1）技术贸易政策

我国技术贸易政策主要包括技术引进政策、出口贸易政策、国内技术市场政策等。改革开放以来，我国与技术创新有关的主要技术贸易政策鼓励进口新技术和相关的关键设备、关键零部件，支持幼稚产业发展；推动贸工技结合，优化出口商品结构；允许技术转让，开放技术市场。

（2）促进中介服务体系发展政策

改革开放以来，我国科技创新相关的中介服务体系政策鼓励中介服务机构发展，促进创新中介服务活动社会化；规范中介服务行业行为，引导中介服务机构提供良好的服务；支持发展新型技术模式，完善推广服务网络。

（二）法律体系

我国与创新有关的法律主要是在改革开放之后颁布的，内容涉及教育、技术合同、标准化、环境保护、科技进步、知识产权保护、科技成果转化、技术推广等方面。主要作用在于鼓励科学研究和技术发明创造，形成较完整的科技创新奖励制度体系；保护知识产权，积极完善知识产权法律体系，大大激励企业和个人技术创新的积极性；鼓励科技成果商业化、产业化，努力推动科技进步；重视创新人才的培养，大力发展教育；维护社会公平竞争和保护环境，促进企业积极从事技术创新。

二、影响科技创新体系运行的政策探析(以南京市为例)

2007年8月南京市科技局发布的《开展新农村建设科技示范行动方案》,根据国家科技部《新农村建设科技促进行动》的要求,制定了南京开展新农村建设科技示范行动的具体方案。确定了以科学发展观为指导,落实城乡统筹发展战略,以新农村建设统领全市农村科技工作,围绕培育创新企业、发展现代、扶持新兴产业、建设农村社区、造就新型农民等重点,充分发挥科学技术的支撑和引领作用,推动科技和人才进村入户、进社入企,加快农村科技进步步伐,提高农民自主增收和农村自主发展能力,改善农民生活环境,提高农民生活质量,为全面达小康和新农村建设提供科技保障为指导思想。到2010年,通过开展创新企业培育、科技园区带动、社会事业引导、新型农民培训四项行动,在郊县培育100家重点科技型企业,建设20家现代特征明显、对农民增收和新农村建设带动作用显著的科技园区和核心示范区的建设目标。

(一)当前科技创新体系存在的问题

在南京科技创新体系中,相对丰富的科技资源与相对薄弱的自主创新能力之间的矛盾是南京市科技发展存在的主要的问题,也是长期存在的问题。科技创新体系占R&D经费支出比例将近1%,表明了科研资金的来源单一数量又少,但同时又必须提高科技水平,提高产品附加值,就需要提高科技创新能力,以较少的投入获得较大的产出。同时还面临着多方面需要解决的问题,表现在:科技创新资源有待进一步整合;企业技术创新主体地位有待进一步加强,激励龙头企业的创新意识,产学研有效合作机制有待创新;科技服务业还不能使用科技创新和成果转化的要求;高层次科技创新人才缺乏,相应的人才保障政策,激励政策缺乏。

表4-4 农业科技创新体系存在问题间的影响力

	成果 质量低	成果 转化率低	系统运行 效率低	自主创新 不足	综合性重 大成果少
农业科技管理体制不尽合理	25.5%	0	0	16.6%	27.8%

农业科技管理制度不尽合理	12%	36.8%	51%	0	40%
农业科研资金来源单一	26%	0	42%	22%	6%
市场和中介组织不完善	6%	35%	0	18%	0
缺乏法律法规和政策支持体系	6%	22.9%	15.8%	70%	18%
创新人才的缺乏	30%	0	20%	12%	20%
农民不是技术创新的主要参与者	0	3%	0	0	0
技术传播不畅	0	30%	0	0	0
投入结构不合理	40%	5%	0	12%	30%
企业规模偏小、管理不善、融资难、投资的短期行为、科研人才匮乏	2.8%	12%	0	84%	21%

资料来源:覃肖响:《我国农业科技创新体系问题的中因分析,《科技与经济》2006 年第 3 期。

(二)原因探析

综合上表分析,政策调节失效的原因在于以下两点:

(1)行政管理体制不顺是根本原因

政企分开现象从根本上还没有消除,企业还没有成为创新的主体角色。科技管理体制和管理制度不尽合理,缺乏有效的激励机制。科研资金的投入及使用方向由政府说了算,而政府对市场需求的灵敏程度不及身处竞争中的企业,不能与市场及时接轨,造成科研成果与市场需要的脱节,从要素稀缺型转变为市场需求型。人才培养与激励机制明显投入不足,科研骨干、科技企业家管理专家、技术专家和农民专业技术人才需要更优惠的政策吸入科技人员队伍,才能增强创新能力。

(2)缺乏完善的监督反馈机制

法律法规不完善,依法行政才能保证政策的有力执行和资金的有效使用。政策的宣传中还存在很大的问题,农户作为最终政策的受益者,不了解政策,不能及时得到信息,造成了政策传达的无效或延迟,不利于对政策实施的效果实行反馈,同样不利于政策制定者实时控制及调节政策不当之处。

三、对策建议

(一)完善法律法规与政策支持体系

建立规范的政府对科技创新投入稳定增长机制,完善知识产权法律制度,完善科技推广和服务体系的法律政策体系。制定优惠政策,在企业融资、税收方面给予适当倾斜,以吸引更多的龙头企业涉足高新技术研发领域,加强企业技术开发能力,鼓励企业开展技术创新,推动企业成为创新的主体。进一步完善知识产权和技术市场的法制环境,修改完善《南京市科技进步条例》《南京技术市场管理办法》等法律、规章和政策,推进长三角地区知识产权联合执法机制的运行,促进技术产权交易和知识产权保护。继续贯彻执行《关于鼓励在宁设立科技研发机构若干政策的意见》以及相关的实施细则等一系列政策,降低准入条件,简化相关手续,鼓励外来资金来宁设立研发机构,给予研发投资企业在税费方面的优惠。同时要积极探索一条科技经济一体化的新路径,将科技成果有效转移应用于生产和经营活动中,以获取更多的生产成果。切实利用国家财政、政策性银行制定的优惠政策,促进完善园区风险投资机制,创造良好的投融资发展环境,支持园区高科技企业发展,发挥科技园区的示范带动效应,使之产生规模经济效益,加速创新技术的示范与推广。

(二)深化科技管理体制和管理制度的改革

首先,要尽快调整科研机构,优化布局,完善科研机构整合机制,优化科技资源配置;同时,要根据经济发展的需要,调整学科与专业的设置。其次,要对科技管理制度进行改革,当前必须彻底改革科技立项、科研选题课题组织,成果评审及职称评定等一系列管理制度。如改变科技项目立项与委托机制、改革科技经费的管理制度,借鉴国外科研项目、基金管理的经验来进行科研项目的宏观管理。建立有效的激励机制,激活机构的活力和创新人员的积极性,完善科技成果评审制度。再次,要完善技术创新的动力机制。技术创新的动力机制主要指技术创新的动力源泉及其运行机理,技术创新动力模式包括市场需求技术创新模式、技术供给创新模式、技术创新诱导模式和政府政策推动模式。以政府政策推动为主,综合采用其他技术创新模式,是生产和市场发展需要。最后,构建有效的协调机制。包括科研、教育、推广三部门的协调和推广服务主体之间的协调,鼓励科研院所和大专院校从事技术开发、技术咨询、技术服务和技术转让,成为推广体系的重要组成部分。

(三)实施产学研畅通工程——有效整合科技创新资源

产学研合作是科学创新、技术创新、产品创新、产业创新等四个节点的全过程创新。处在科学创新阶段起主导作用的主体是高等院校和科研院所外,其他三个阶段的主导是企业,企业才是创新执行的核心主体。产学研合作在充分发挥南京高校科研院所比较多、高层次人才比较密集的优势,大力支持企业加大技术创新投入、吸纳高层次技术创新人才、建立研究开发机构和组建以企业为主体的产学研联盟,发展形成若干家自主创新能力强、自主知识产权产出水平高、在市场上具有影响力竞争力的企业。同时带动一批中小企业和民营科技企业的快速发展,提升南京企业整体技术创新能力。着力解决产学研结合中的重点和难点,积极探索更加有效的以市场需求为导向、企业为主体的产学研合作模式,引导在宁高校积极面向区域经济建设主战场,大力开发企业迫切需要的先进技术,加强科技成果转化,寻求高校、科研院所科技成果转化机制的创新和突破,形成产学研互通工作网络和互惠互利双赢机制和符合市场规律的科技成果扩散、对接和转移机制,有效整合科技创新资源,加速科技成果就地转化及产业化。

(四)大力推进人才高地建设

树立以人为本的思想,在优化科技人员的分配政策、激励机制、鼓励创新创业上有所突破,进一步调动科技人员在技术创新和科技成果转化中的积极性,进一步营造勇于创新、敢为人先、鼓励冒险、容忍失败、宽容个性、不求全责备、鼓励冒尖、保护创新人才和大力倡导爱国主义精神、奉献精神和团队精神的社会和文化氛围。制定有效的科技创新评价政策、分配政策、保障政策和奖励政策,健全高层次创新人才的社会化服务体系,支持高层次技术创新人才向企业集聚,改变南京的科技人才主要集中于高校和科研院所的现状,支持企业成为高层次技术创新人才吸纳的主体。

(五)完善政策监督与反馈机制

形成强化科技创新的领导体制,建立对党政领导班子和干部促进科技创新目标责任考核制度和科技政策绩效评价、责任追究制度。建立市区县新农村建设科技工作协调制度,积极推进新农村建设科技促进行动。强化市和区县分工协作,建立新农村建设科技目标责任制,确保政策落到实处。建立专项项目资金监控制度及严格的项目审查机制。强化监督管理,借鉴科技入户示范工程的管理,农业部制定并印发了《农业部科技入户工程专家组工作制度》《全国农业科技入户示范工程管理办法(试行)》《农业科技入户项目资金管理暂行办法》等规章制度,拟订了《全国农业科技入户示范工程规划》《关于加强科技入户技术指导员工作的意见》等指导性文件;向所有科技示范户免费下发了《科技示范户手册》,要求在技术指导员的帮助下,将科技入户有关工作、政府各项支农补贴和主要农事操作记录下来,接受社会和有关部门监督检查。在科技入户春季行动中,农业部组成调查组对工程进行督促检查,及时发现并帮助解决生产中的实际问题,同时进一步加强宣传,广泛发挥电视、广播、报纸等媒体的作用,让更多农户能及时了解政府支农的各项政策及新信息新技术,确保科技入户、政策到户,使农户成为评价政策和效果反馈的主体。

第六节 我国农业科技推广体系与机制创新①

根据 2005 年和 2006 年中央 1 号文件精神,2007 年 4 月 25 日,由农业部、科学技术部、财政部、国家发展和改革委员会、人事部、水利部、教育部、国家林业局、中央机构编制委员会办公室共同编制并印发了《国家农业科技创新体系建设方案》,提出加快农业科技条件建设和人才队伍培养,改善农业科研机构和涉农高校的设施和条件,不断提升农业科技自主创新能力,为现代农业和社会主义新农村建设提供科技支撑。九部委的文件再次强调了在当前形势下

---

① 于水、安开根:《试析我国农业科技推广体系与机制创新》,《科学学与科学技术管理》2009 年第 1 期。于水等:《试析中国农业科技推广模式与实践》,《农业经济导刊》2009 年第 16 期。

对于农业科技创新体系研究的重要性。我国是一个农业人口占总人口70%以上的发展中农业大国,实现社会主义新农村的宏伟目标,必须依靠农业科技作支撑,而大量的科技成果和先进实用技术只有尽快在生产上推广应用,才能转化为现实生产力。[①] 实践证明,农业科技推广既是成果转化的切入点和落脚点,又是传播科技文化知识的主要形式。多年来,我国农业科技推广体系在科技成果转化为现实生产力的过程中发挥了重大作用,是联系政府、科技与农民的桥梁和纽带。但是在新的市场经济体制形式下,现有的农业科技推广体系已经不能适应我国农业快速发展的需求,创新农业科技推广体系势在必行。

我国现行的农业科技推广体系是在计划经济体制背景下逐渐形成的,曾为我国农业和国民经济的发展做出了重大的贡献。但该体制具有明显的计划色彩,是一种高度集权、完全由国家投资、以行政管理为主的体制。当前,我国已经进入由传统农业向现代农业转变的关键时期,农业发展面临着资源与市场的双重制约、经济增长与生态保护的双重压力、农民增收与食品安全的双重挑战。在新形势下,这种体系不可避免地暴露出一些弊端,现行的农业科技推广体系必须进行相应的机制创新。

本研究在我国农业科技推广体制的历史发展概况的基础上,以南京市为例研究分析我国农业科技推广体系与机制创新,对南京市的农业科技推广体系与机制创新进行认真的、系统的分析,了解南京市农业科技推广体系与机制创新的现状,分析其优势与不足,总结其经验,并借鉴国内外成功经验结合南京市实际,对构建高效合理的农业科技推广体制进行探索,促进南京市农业科技推广体系与机制创新的实践,同时对丰富和完善我国的农业科技推广体系与机制创新有一定的理论与实践意义。

一、农业科技推广的概念及其内涵

(一)农业科技推广

狭义的农技推广是指用技术传递、技术指导、成果示范等方法向农民进行

---

① 陈志英:《加强基层农技推广体系建设的研究》,《农业科技管理》2005 年第 4 期。

技术推广,使农民掌握有关知识和技能,应用于生产,达到增产、增收的目的,从而改善环境、提高生活水平。狭义的农技推广是以农业的产中服务为主要内容,适应于传统农业发展阶段。目前,我国正处在由传统农业向现代农业过渡、发展的时期,单纯技术上的问题已经不能满足农民的需求,市场、价格、信贷、运销以及与生产有关的科技知识等,正在逐步成为农民的迫切需求。因此农业科技推广的内容也相应地发生了变化,促使农技推广的概念也做出了一些相应的变化和扩展。广义的农业科技推广可概括为通过试验、示范、培训、指导以及咨询服务等活动,由中介组织的推广者用干预、沟通、示范、说服、劝导、教育等方法来引导农民,增进其知识,提高其技能,改变其态度,增强其自我决策能力,促使其自愿改变行为,从而使农技普及,应用于农业生产的产前、产中、产后全过程的活动。[1] 本文所指农业科技推广是指广义的农业科技推广。

(二)农业科技推广体系

农业科技推广体系是指为农业生产和农村经济服务,把现有的科技成果和先进的生产技术迅速推广和转移到农村,促使其转化为现实生产力的系统,是农业推广机构的设置、服务方式和人员管理制度的总称,是农业推广工作的基础和组织保证。农业科技作为一种信息,它在传递、转移中,需要有一个牢靠的载体和畅通的渠道,农技推广人员发挥自己的积极作用也需要有组织依托,而推广体系正是农业技术理想的载体和渠道,也是推广人员的最好依托和做好技术推广工作的组织保证,同时,又是政府发挥服务和指导功能的依靠。[2]

(三)农业科技推广模式

农业科技推广模式是指是指由农业技术推广主体在推广动机的导引下所运用的有关推广方式、方法和措施等的总和,不同的方式方法以及与之相适应

---

① 汤锦如:《农业推广学》,中国农业出版社2001年版,第1页。
② 米晓、张保军、杨改河:《我国农业科技推广的制约因素分析》,《西北农林科技大学学报》(社会科学版)2006年第1期。

的途径措施可以形成不同的推广模式。①

二、我国农业科技推广体系和模式

(一)我国农业科技推广体系

中国的农业技术推广体系主要是由国家农业技术推广机构组成,分为六大类。一是以政府农业部为基础的农业推广体系由政府农业部门直接领导,农业部下属的推广局和推广站(中心)负责组织、管理和实施全国的农业推广工作。这一类型的农技推广体系以日本最为典型,其他国家包括荷兰、意大利、泰国、菲律宾等国。二是以大学为基础的农业推广体系。典型代表是美国,其特点是农业教育、科研、推广三位一体,大学建立农业推广站(中心),大学的推广部门负责组织、管理和实施基层推广工作。一些曾接受过美国援助的国家,如菲律宾、印度等也部分地采用了这种推广体系。三是附属性的农业推广体系。这类推广体系是指一些商品生产组织或一些开发机构所附属的推广体系。如马来西亚的橡胶生产和咖啡生产组织等都建有自己独立的推广体系。四是非政府性质的推广体系。这类推广体系是指一些协会和一些宗教组织经常从事社会经济和家政等方面的推广工作。五是私人农业推广体系。六是其他形式。

在以上六类推广体系中,以农业部为基础的农业推广体系占全球推广体系总数的81%,以大学为基础的农业推广体系占1%,附属性的农业推广体系占4%,非政府的推广体系约占7%,私有推广体系占5%,其他类型的推广体系仅占2%。②

(二)我国农业科技推广模式

多年来,中国采用的是一元化的农业科技推广服务模式,其中农业科技推广主体——基层农业科技推广体系建设是农业工作的重要基础。

1.农业科技专家大院。2000年1月7日,温家宝总理在视察宝鸡农业科

---

① 张俊飚:《论农业技术推广模式的构建原理与运行机制》,《农业现代化研究》1999年第2期。
② 聂闯:《世界农业推广体系现状》,《世界农业》2000年第1期。

技专家大院时说:"农业科技专家大院是一个创举,它通过产、学、研结合的方式,有效地解决了科技与农民的对接,为农业发展和农民增收注入了活力"。2003年4月,科技部和农业部在宝鸡联合召开了全国星火计划工作会议,对专家大院这一农业科技创新模式给予了高度评价。

农业科技专家大院,就是根据当地农业和农村经济发展的现状、区域特点、潜力和优势,按照"以科技为先导,以项目为载体,以企业为依托,以人才为基础,以效益为目标"的原则和"聘一位专家,办一所培训学校,建一处科技示范园,带动一个产业,兴一方经济"的"五个一"要求,建立在农业生产第一线,使农业高新技术直接嫁接到田间地头,整合了"政府、科技、市场、企业和农户"五大要素,实现了农业科研、试验、示范、培训和推广有机结合的一种农业技术推广新模式。农业科技专家大院这一来源于实践的创新模式,主要有依托国家农业科技园区的农业科技专家大院和宝鸡模式的农业科技专家大院两种形式。[①]

2. 贫困地区农业技术推广模式:小区域农业技术推广户。积极探索参与式的农技推广路径对贫困地区的农业科技推广尤为重要,在坚持政府主导作用的同时,注意发挥农民技术骨干的角色与功能,通过"由点到面"的技术扩散效应,来带动更多的农民采用新技术。小区域农业技术推广户是在以往"科技示范户"的基础上,选取部分进取心强、科技文化素质较高、经济实力较为雄厚的农户,在政府相关部门的扶持下,造就一批小区域农业技术推广户,并把他们纳入到基层农业技术推广系统中,通过区域辐射和推广作用,产生社会幅面扩散效应,引导和帮助农民应用新技术、新成果。[②]

3. 农业科技合作社。农业科技合作社是一种农业科研院所、农技推广部门以科技成果和技术力量作为股份,在农民自愿基础上,共同构建风险共担、利益均沾的农村经济合作组织。这也是区别于其他农村经济合作组织最显著

---

① 范素芳:《农业技术推广新模式——农业科技专家大院研究》,《广西大学》2006年度博士论文。

② 马丁丑、王生林等:《贫困地区农业技术推广新模式:发展小区域农业技术推广户——基于甘肃省部分贫困县的调查思考》,《中国农学通报》2006年第5期。

的不同点。① 从实践上看,农村科技合作社有两类典型组织模式,一类是综合性科技合作社,这类合作社向农户提供涉及多个产业领域的综合性科技服务。另一类是产业型科技合作社,这类合作制是提供某一产业领域的科技服务。

4.农业科技园。农业科技园区,就是在农业科技力量比较雄厚、经济相对发达的城郊农村,划出一定区域,由政府、集体经济组织、民营企业、农民或外商投资兴建,以企业化方式进行运作,以农业科研、教育和技术推广单位作为技术依托,集农业、林业、水利、农机、工程等为一体,以国内外市场为导向,以调整农业产业结构、增加农民收入、提高农产品竞争力为主要目标,引进国内外高新技术,进行新技术、新品种、新设施试验示范,形成农业高新技术的开发基地、中试基地、生产基地,推进现代农业建设的一种经营方式和发展模式。狭义的农业科技园区就是以一定规模的土地为基础,以提供相应的配套设施和优惠政策为条件,吸引国内外农业高新技术企业入住,用高科技和高资金投入,以农业设施工程为主体,以产业化发展为手段,具有多种功能和综合效益,进行集约化生产和企业化管理的新型农业组织形式。

至 2003 年,全国已建立国家级农业科技园区 36 个,省(市)级农业科技园 400 多个,这些农业科技园的建成又进一步引导着全国近 4000 个中校农业科技园的发展,已初步形成了具有中国特色区域农业继承创新的主体,成为国家农业创新体系的重要组成部分。② 其中最为优秀突出的是杨凌示范区。杨凌是目前全国唯一的国家级农业高新技术产业示范区,由科技部等 18 个部委和陕西省联合共建。③

5.陕西杨凌的乾兴模式。杨凌是中国唯一的国家级农业高新技术产业示范区,农业专家云集,这里是出成果,出人才的地方。民营企业陕西杨凌乾兴农林新科技有限公司发现急需农业科技的广大农民在寻找科技成果和科技人才上存在相关问题,因此顺应社会的需求,成立了乾兴专家咨询公司。公司聘

---

① 谢永坚、张树春等:《农业技术推广模式的探索——农业科技合作社》,《黑龙江农业科学》2006 年第 6 期。

② 代正福、蒋和平等:《中国农业科技园的建设模式及特点》,《贵州农业科学》2005 年第 1 期。

③ 吴普特:《农业科技园区的战略定位与发展模式》,《中国农业科技导报》2001 年第 3 期。

请专家教授作为公司顾问,为农民、涉农企业、和政府服务,基本架构为:流动专家＋公司＋客户。乾兴模式开创了民营企业进行农业科技推广的先河。①

6. 农民田间学校(FarmFieldSchool,FFS)。2000～2004年,由欧盟和联合国粮农组织(FAO)资助,全国农业技术推广服务中心在山东、安徽、湖北、河南、四川省组织实施了棉花有害生物综合治理(IPM)项目。该项目采用了一种新型的农业技术推广模式——农民田间学校。农民田间学校是一种"以人为本、能力为先"自上而下的参与式农业技术推广方式,以田间辅导为主,以农民操作为主,实施快乐教育,寓教于乐,教学互动,把抽象知识形象化、趣味化。②

7. 以高校为依托的农业科技推广体系。大学主导型农业技术推广模式是在政府支持和引导下,以大学为主导、按照市场经济发展规律、联合各类农业科技推广机构、涉农企业,开展新技术、新成果示范、推广的新型推广体制,是对现行农业推广体制的必要补充和完善③。比如南京农业大学的"科技大篷车"和"双百工程",西北农林科技大学的宝鸡农业专家大院和杨凌专家科技示范园,河北农业大学的"太行山道路"。

三、我国农业科技推广体系存在的问题

目前,我国建立了从农业部到乡镇五级的农业科技推广和应用体系,百万农业科技推广人员在推广应用农业科学技术、促进农业经济发展上发挥了巨大的作用。但仍然存在许多问题,具体表现在:

(一)农业科技投入不足,农业科技推广经费短缺

我国的农业科技投入与农业大国的地位很不相称。据中国农业科学院农业政策研究中心、农业部全国农技推广服务中心调查,经费不足直接影响了农

---

① 王慧莹:《农业科技推广新模式:乾兴模式》,《农业科技管理》2004年第1期。

② 夏敬源、杨普云、朱恩林:《农业技术推广模式的重大创新——农民田间学校(FFS)》,《中国植保导刊》2004年第12期。

③ 高翔、张俊杰:《建立大学农业科技推广体系的思考与实践》,《研究与发展管理》2003年第2期。

业科研及推广工作的开展。一是农技推广总投资增长速度缓慢。1996～2002
年间基层农业科技单位所取得的经费和接受的政府财政拨款年平均增长率分
别为 2.8% 和 2.7%。据有关资料介绍,与其他国家相比,我国农技推广投资
强度明显偏低,发达国家农技推广经费占国内农业总产值的 0.6%～1.0%,
发展中国家也在 0.5%,而我国不足 0.2%,①只占发达国家平均数的 1/4。目
前,我国农业科技推广经费仅为农业总产值的 0.125%,推广经费与研究经费
之比为 1∶2,低于世界银行关于"欠发达国家的农业经费应占农业总产值的
1%～2%、推广经费应高于研究经费"的建议水平②。二是农技推广经费主要
被用来发工资。调查表明,2002 年县、乡两级农技推广在人均 14042 元支出
经费中,用于人员工资与离退休人员的费用高达 10157 元,占全部经费总支出
的 72%;而在剩余 28% 的经费支出中,其推广业务费仅占全部经费支出
10%③。三是有限的推广项目经费常被截留。农技推广项目经费被行政主管
部门挪用或截留的现象相当普遍,尤其是在一些贫困地区或者财政收入较为
困难的地区更是如此。

**(二)农业技术推广队伍结构不合理,不适应农村经济发展对科技推广的
要求**

一是农业科技推广人员数量多,但高层次的后备力量少。从全国来看,农
业科技推广人员总量大,约占全国农业人口的 1.8%,但目前,我国从事农业
技术推广的专业技术人员具有本科学历的只占 10%,具有高级职称的人员也
仅占 3%。④ 而且出现三个断层:首先是年龄结构断层。在职农业科技人员中
本科学历 40 岁以下的占 41.4%。其次是高级人才断层。在高级职称人员
中,30～35 岁人员占 3.2%,36～45 岁人员占 4.5%,46 岁以上的占 92.3%。
再次是知识结构断层。由于经费等各方面条件的限制,农业科技人员中能够

---

① 赵锦城:《我国农技推广体系建设存在的问题及对策建议》,《农业科技管理》2005 年第 5 期。
② 朱希刚、钱克明:《中国农业技术系统障碍因素诊断》,《农业科技管理》1992 年第 5 期。
③ 丁巨涛:《我国农业技术推广体系构建探析》,《农村经济》2005 年第 5 期。
④ 徐秀丽、李小云:《农业科技政策应以支持农民生计改善为导向》,《中国农村经济》2003 年第
5 期。

继续深造或参加再培训的较少,知识老化现象比较严重。二是文化层次上,农业科技推广人员低学历的比重大,其知识面窄、知识老化的状况严重,致使他们难以适应知识经济的挑战,这势必影响农业科技推广工作的开展和科技成果的快捷转化。① 现有在岗科技人员专科以下学历多,本科以上学历少。三是从分布上,乡镇农业科技人员多,市县一级少,造成技术中层梗阻。据统计,国家一级的农业科技人员占0.05%,省级占2%,地市级占6%,县级占30%,50%多的人员在乡镇和村组。四是转行人员多,真正从事农业科技推广人员少。一部分人员工作一有进步就会被借调到行政部门,或者被抽调搞计划生育等工作,还有一部分人员从事经营和创收。据中国科学院农业政策研究中心调查,目前约有一半的技术推广人员在从事行政执法和经营创收等非本职工作。五是农业科技推广队伍中非专业人员占有较大的比例,专业人员所占比重较少。有些县随意向农技推广机构安排非专业人员,影响了推广队伍的整体素质。② 另外农技推广人员培训机会少、知识结构不合理。现有农技推广人员知识老化、技术单一的现象仍然存在,由于基层单位编制难以解决,待遇较差,仍然存在着基层农技人员缺乏和农业大中专毕业生难求的供需矛盾。③

(三)农业科技成果转化效率不高,缺乏市场占有能力

目前,我国农业科技创新成果的平均转化率仅35%左右,其中能成规模的尚不足20%,比发达国家低40~50个百分点④。有关资料显示,每年经过中央和省级政府部门鉴定的科技成果大约有10000项,估计30%的成果经过努力可以实现产业化,但实际转化率只有10%~15%。农业技术进步在农业增长中的贡献率只有48%,远低于发达国家70%~80%的水平。第一,科研与生产、市场脱节的问题还时有存在,科技链与产业链对接的问题还没有完全

① 贾志宽、五龙昌:《西部农业发展面临的问题及开发对策》,《中国农业科技导报》2000年第20期。
② 张玉珍、尹振君:《关于农技推广队伍现状的调查及分析》,《农业科技管理》2007年第1期。
③ 兴连娥:《我国农技推广体系建设问题及措施》,《农业科技管理》2005年第2期。
④ 王树进、李彩霞:《我国农业科技成果转化的障碍分析与对策》,《科技与经济》2005年第5期。

解决,致使某些科研单位还没有摆脱计划经济的思维定格,停留在传统的科研模式上,与生产结合不够紧密。部分科研成果由于配套性差,适应性、可靠性与大面积推广存在着一定的差距,造成科研成果转化效率较低,没有完全形成"市场—科研—开发—市场"的良性循环。第二,农业高新技术的研究与引进开发不够,致使农业内高新技术的应用与开发上还有一定的差距。第三,优质农产品生产与加工技术的研究与引进不够,致使农产品生产优质化效率还较低,加工增值的产品少、效益低,影响了产品的商品化和出口创汇。第四,农业新技术、新成果组装配套的"示范样板"抓得还不够,再加上企业和农民接纳农业新技术、新成果能力差,怕担风险,农业科技市场建设和中介服务不完善等,影响了科研成果的转化和农业新技术的推广。

(四)农业科技推广体系不合理

推广项目由各级政府决定(而不是由农民决定),从而为科技推广活动带来许多不确定性。技术的推广与否,一是取决于政府财政是否有钱;二是取决于政府财政部门及相关财政预算编制人员的知识水平与个人行为。"三权"下放,导致县、乡两级业务断链,前几年的行政体制改革,使大部分县市的农技推广机构人、财、物的管理权由县农业局下放到乡镇政府。据调查资料显示,农技推广机构承担非农技推广职能,约一半左右的农业技术推广人员日常从事的工作是行政委托的执法和中介服务、经营创收等非技术推广工作。目前从事纯公益性技术推广工作的人员,仅相当于全部农技人员总数的一半左右,其所占用的技术推广经费约占 50% ~ 60% 。另外,行政命令仍是目前我国农技推广的主要形式之一。许多农技推广活动仍以行政命令形式进行,推广活动是带任务、带指标进行的,带有一定程度的强制性。最常见的问题是,政府号召种植某种作物或者发展某种果树,而当这些作物或者果树发展起来时又出现卖难现象。这种政府"好心"办"坏事"的现象屡见不鲜。很多学者认为农民科技素质是造成农业科技推广效率低下的原因,但其实农民科技素质偏低是现象,体系不健全,服务弱化是实质①。

---

① 吕剑红:《创新我国农业科技推广体系的思考》,《农业科技管理》2006 年第 1 期。

(五)与国外农业科技推广比较有差距

相比较于其他以政府兴办的农业技术推广机构为主体的国家,中国政府兴办的农业技术推广组织被定性为事业单位,体制僵硬,不利于政府对农业技术推广工作进行有效的管理[1]。而美国、日本和英国等国家在农业部内设有主管全国农业技术推广工作的专门机构,这边与政府对农业技术推广组织的管理,也便于农业技术推广组织执行政府有关农业技术推广重大事项的决策[2]。

美国 1862 相继推出了"莫里尔增地法"、"哈奇试验站法"、"史密斯—莱弗尔推广法"。这三个法案为美国农业教育、科研和推广融为一体,建立独具特色的合作推广体系奠定了基础[3]。日本相继也颁布了 1947 年的《农业协同组合法》(该法案为日本农协组织的建立及其在推广工作中发挥重要的作用提供了依据)和 1948 年的《农业改良促进法》(该法案针对农业技术推广经费、推广目标、推广组织、人员待遇以及农村青少年培养等,都作了明确的规定)。

从农业科技推广的投资强度和投资主体来看,中国的农业科技推广投资强度较弱于其他国家,国外投资主体较多元化。多元化的农业科技投资机制是世界各国普遍的经验,特别是美国、欧洲以及经济与合作组织等的经验表明,多元化的投资机制是充实农业科技投资的一条有效的途径。

四、政策建议

(一)政府要进一步为农业科技推广提供支撑

1. 加大对农业科技的投入

首先,应明确政府在农业科研投资中的主体地位,并以立法的形式规定对农业科研投资拨款比例。在市场经济条件下,政府成为农业科研投资主体,并在宏观上对农业科研活动进行充分地组织和调控,是纠正市场失败、保证和维

---

① 吴建龙:《宁夏银川市农业技术推广模式研究》,《中国农业大学》2005 年第 11 期。
② 吴俊:《国外成功经验对中国农业推广体制改革的借鉴》,《农业科技管理》1998 年第 4 期。
③ [美]J.T.施莱贝克尔:《美国农业史》,高田等译,农业出版社 1981 年版,第 340 页。

持农业科研活动最优水平的必然选择。其次,应改革农业科研资金筹集机制、积极开拓多种资金渠道,丰富农业科研资金投入来源。单一的政府投资往往难以适应农业科研发展需要,有必要开拓其他多种筹资渠道。目前重点要做的是制定有利的税收和价格政策,鼓励当地企业对农业科研活动进行投资,实现"公司＋基地＋农户"的农业产业化经营组织机构的转变,从而把农业科研机构也融进到农业产业化经营的体系中。

2. 建设精干高效的农业科技推广队伍

农业科技推广队伍建设是农业科技推广的根本。一是通过制定优惠政策,营造良好环境,以政策吸引人才,以机制激励人才,以环境容纳人才,以项目聚集人才,吸引更多的科技人员从事农业科技成果转化工作。二是加强继续教育工作,通过脱产、函授等多种培训形式,提高、更新农业科技推广人员的知识水平,以适应农业科技不断发展的需求。三是注重培养农业科技企业家,造就、培养一大批懂技术、善经营、会管理的涉农企业家队伍,培育一批龙头企业,带动农民致富。四是通过农业广播学校、职业中学、农民夜校等多种形式和手段,继续开展"青年农民培训工程"和"绿色证书工程",培养一支有文化、懂技术、学科学、用科学的新型农民技术队伍,逐步通过示范、指导,提高广大农民的科技文化素质,促进农业科技成果的转化应用。

3. 改革和建立高效的成果转化和农技推广运行机制

建立通过面向生产、面向市场,发展农业科技产业化,形成以农业科技企业为主体、农业科技示范园区和生产基地为依托的成果转化新体系。加快农技推广运行机制的转变,建立全程服务融入农业科技产业化的农技推广运行新机制。改变"自上而下"的运行旧模式,形成立足市场经济和服务农民需要的"自下而上"的新模式,建立与农村经济建设紧密相关、上下贯通、左右相连、内外结合的农技推广运行模式。在推广组织上,建立以市、县农技推广部门为中枢,乡镇农技推广机构为基础,村级农技服务组织为补充,上挂农业科研单位、高等院校,下联群众科技组织,以市场为导向,以贸工农一体化实体为"龙头",带领千家万户进入市场的农技推广新体制。在体系建设上,逐步建立以国有农技推广服务体系为主,以农业科研院所和农民自我服务的各类协会、研究会等为辅,多形式、多层次、多所有制的农业推广服务体系。在推广形式上,要树立竞争意识,积极探索和大胆改革,拓宽渠道,提高农技推广工作的效率和效益。建立鼓励企业进行科技推广和科技成果转化的政策。

4. 深化农业科技体制改革

新的农业科技革命不仅是技术上的重大突破,更重要的是需要科技管理体制上的重大突破,是一次技术革命,也是一次体制革命。深化农业科技体制改革,要以优化科技资源的配置为重点,最大限度地利用现有的基础设施和人才条件,建立起高效、开放的农业科技创新体系。要树立农业科技的新观念,农业科技要面向农业、农村和农民,以市场为着眼点、出发点和立足点,变"研究什么—生产什么—消费什么"为"市场需求什么、消费什么—研究什么—生产什么",紧紧围绕农业和农村经济中的关键技术问题,进行研究。改革科研选题机制,完善课题申报、招标机制建立不同层次的科研需求信息发布网络,运用多种信息媒体,加快农业科技传播,以解决科研与生产实际脱节的问题。实施严格、科学的项目全程管理制度,加强科研项目的立项、验收、鉴定等工作。加快农业科研院所改革,探索农业科研院所部分转制为企业或直接进入企业成为技术创新主体的路子,建立现代管理与运行机制。应该彻底打破在传统农业、自然经济基础上建立的部门所有、条块分割的农业科技服务体系。重新确定以现代农业、商品经济为目标的社会化的大农业科技服务体系。①农业科技推广服务部门必须彻底实现由自然经济到商品经济的观念转变,打破部门所有条块分割的界线,构建纵横交错的农业科技推广服务网络。②

5. 鼓励市场发展,引导建立多元化的农业科技推广新体系

一是积极培植科研中介机构,建立行业或专业为主线的科研中介机构,发展、培养技术经纪人。二是促进农业信息化建设,逐步建立起完善的市场信息服务体系,为农业生产提供产前、产中、产后的全程咨询服务,使农户能够根据

---

① 曾福生、李明贤:《技术进步与农业增长方式的转变》,国防科技大学出版社2001年版,第113—117页。

② 王玄文、胡瑞法:《农民对农业科技推广组织有偿服务需求分析》,《中国农村经济》2002年第4期。

市场需求对农业科技和生产安排进行有效选择。三是适应大科技振兴大农业的要求,逐步建立健全包括农、林、水利、水产、农机、经营管理和气象服务等各业服务体系在内的农业科技社会化服务体系。四是鼓励创办农业科技推广公司、企业。发展农业科技服务公司、企业,对于促进技术市场的发育,通过市场机制推广非公共性技术,促进农业科技推广资源的优化配置,具有重要的作用。五是支持和发展以农民为主体,农民技术员、科技骨干广泛参与的各种专业科技协会和技术研究会,促进分散的农户向组织化发展,组建企业、公司、合作经济组织、专业技术协会等。六是鼓励创办民营的农业科研所、专业技术协会、专业合作组织、科技咨询和中介服务实体。

(二)农业科研推广部门要不断提高推广效率

1. 农业院校要深刻认识农科教一体化的必然性和发展趋势,自觉实现二者的有机结合

在美国,大学在发展农业科技、协助业界开发农药化肥等方面,扮演着关键角色[1],是农业推广体系的重要组成部分。我国的农业大学是我国农业教学和科学研究的中心,具有学科齐全、人才集中、信息灵通等特点,既是成果的产生源,又是人才的培养源,同时还是信息的传播源,这就决定了农业大学在我国农业科技推广中具有不可替代的位置[2]。农业大学进行农业推广有充分的条件、充足的能力和巨大的潜力[3]。农业院校一是要高度重视农业科技推广工作,从科技在农业中应用的特点以及农业科技推广自身的客观规律性出发,把农业科技推广工作置于同教学科研同等重要的位置,从人事、分配、晋职、奖励等多方面保证推广人员的合法权益,真正尊重推广人员的劳动;二是要解放思想,打破只听主管部门意见的传统,主动与农业部门保持经常性联系,主动与各级农业科技推广机构建立联系。相互结合,到农业生产第一线发挥作用。

---

① NelsonRR. The market economy, and the scientific commons. Research Policy, 2004, 33 : 455 – 471.

② 高翔、张俊杰、胡俊鹏:《建立大学农业科技推广创新体系的思考》,《西北农林科技大学学报(社科版)》2001 年第 2 期。

③ 董金和:《我国农业技术推广体系发展现状与改革研究》,2005 年中国农业大学硕士论文。

我国现行的农业推广体系是一种政府为主体的推广方式,历来对高校的农业推广工作重视不够,在很大程度上浪费了高校的推广能力[①]。但是实践证明,强化高等农业院校在农业科技推广工作中的作用,不仅不会影响学校的教学科研正常秩序,还能够促进高校自身的科研和教学工作。从1979年起,河北农业大学承担和实施了河北省政府的科技项目——"太行山综合开发"。他们在河北省政府的协助下,坚持30多年在贫困的太行山区传播科技,实行教学、科研、生产三结合,帮助消除贫困,极大地促进了农村的发展,提高了太行山农民的生活水平。这一工作开科技扶贫之先河,被誉为"太行山道路",是大学进行科技推广与农村发展服务的典型案例[②]。南京农业大学通过多种形式的科技推广活动和项目实施,培训人员10多万人次,累计创造社会效益300多亿元[③]。政府应制定相关管理政策和文件,把大学农业科技推广工作纳入国家农业推广计划之列;针对国家实施的重大推广计划、财政专项、星火计划、基地建设等项目,政府需制定倾斜的有关政策[④]。当前很多农业高校正在开展的在职培养农业推广硕士专业学位方案,旨在培养面向农业科技推广和农村发展需要的高层次专业人才,从源头上解决农业现代化和农村发展对人才的需求,使从事农业推广的人员整体素质有一个明显的提高,在知识结构、实践技能、思维理念等方面符合农业推广的发展需求,为我国农业现代化和农村发展卓有成效地发挥农业推广的功效。

2. 农业科研部门要为农业和农民提供适用的农业科技新技术

农业科研部门应本着"课题来源于生产,成果服务于生产,发展依赖于生产"的方针,落实科学技术是第一生产力的思想,增加科技项目的科技含量与实用性,着力解决农业发展中的热点、难点问题。第一,农业科研单位与政府

---

① 杨生超、李佛琳、沙本才等:《强化高等农业院校农业推广工作的必要性分析与措施研究》,《农业科技管理》2001年第6期。

② 杨生超,李佛琳、沙本才等:《强化高等农业院校农业推广工作的必要性分析与措施研究》,《农业科技管理》2001年第6期。

③ 汤国辉、朱新星、张海彬:《南京农大:科教兴农的"大篷车"》,《中国高校科技与产业化》2005年第5期。

④ 刘天军:《大学主导型农业科技推广体系的实证分析》,《中国农业科技导报》2005年第4期。

农技推广部门相结合,发挥农业科研单位的技术开发能力和农技推广部门信息资源的优势,提高科研成果的市场转化率[1]。第二,农业科研院所与龙头企业、专合组织相结合,以技术、基地、资金、市场为纽带开展广泛合作,形成优势互补,开发新产品,促进农产品的产业化发展。第三,农业科研人员必须深入农业生产第一线,参与农业重大建设项目的实施,立足于农业发展急需和产生较大效益的问题以及生产中的关键技术问题进行研究,不断创新农业科技成果。随着农业产业化的发展壮大,农民迫切需要获得综合性、多方面的咨询服务。农业科研推广部门要努力为农民提供产前、产中、产后的全程服务,将农业科技综合化。使农民从应用农业科研中获得优质农产品的大丰收,获得实惠,刺激农民对农业科技有效需求不断增长。要发挥多学科、多专业密切配合的群体优势,交叉综合,形成规模。

3.农业科技推广要从单向的技术推广向双向的技术普及和提高农民科技素质与能力发展

目前,我国农业科技推广体系还是沿用由农业科技推广人员首先掌握实用技术,然后再将它们传授给农民这种单向的科技因素进入农业生产的路线,不仅使农业科技推广人员要掌握所有应该推广给农民的实用技术,而且与农民的现实需要有出入。要建立现代科学有效的农业科技推广体系,必须突出农民和农业企业在科技因素进入生产过程中的主动性和选择性,改变这种单向的、被动的技术推广模式,使农民和农业企业成为农业科技推广应用的主体,建立和完善政府服务组织、科研机构和农民之间的双向交流。当前,迫切需要引导广大农民摆脱自然经济的习俗,由依靠传统经验从事生产转变成依靠现代科学技术来发展农村经济,使掌握科学技术、提高自身科技素质与能力成为农民群众的迫切要求,成为农业现代化和农民致富的现实途径。

(三)农户和涉农企业应努力提高吸纳农业科技成果和技术的素质与能力

1.农业劳动者要提高素质

实践证明,农民文化科技素质的高低与其采用科学技术的愿望和能力存

---

① 柏振忠、王红玲:《新阶段我国基层农业科技推广服务模式分析》,《湖北大学学报(哲学社会科学版)》2006年第9期。

在着强有力的正相关关系。农民本身文化程度的高低、科技知识的多少、经营管理能力的强弱,直接关联到他们愿不愿意采用科学技术、能不能够采用科学技术,从而影响到农村科技的推广和创新。在农业科技推广中,贫困地区农民采用科学技术的主要障碍,往往是由于他们的文化科技水平过低所致。据国外研究报道,农业劳动者具有小学、中学、大学文化程度,可以分别提高劳动生产率40%、108%、300%。农民平均多上一年学,劳动生产率可提高2.5%。我国现有3亿多农业劳动者中,文盲占21%,小学文化程度占40%,初中占30%,高中文化程度只占9%,大专水平的不足1%,日本农民中大学毕业生占5%,高中生占75%①。解决这一问题的最好办法就是加强农业科技推广教育,以广大农民为学员,以整个农村为校园的大课堂,以农村开发和农民的实际需要为教材,使农民不断转变观念,改变知识结构,增强技能,对农业科技有一种正确的认识,做到农技推广见物又见人,真正把农技推广办成一种社会推广事业和农民自己的事业②。为此,当前要采取切实措施,提高农业劳动者素质,让农业科技成果进入农业生产一线成为可能。国家必须大力加强对广大农民(特别是贫困地区农民)的教育和培训工作,切实提高农民的科学文化素养,增强他们接受和采用科学技术的内在动力。目前,除了国家重视普及文化教育事业、杜绝新文盲的产生、继续扫除文盲和半文盲、提高农民的文化程度外,在贫困地区还要认真地开展对农民的科技培训工作,增加贫困地区农民的科学技术知识。要从贫困地区农村和农民的实际出发,根据农村的不同情况和农民不同层次的需要,进行多形式、多渠道的科学技术培训。同时还要深入调查研究,摸清贫困地区农民对科学技术的心理反应特点,针对不同对象,分别采用不同方法,对其进行宣传诱导,耐心、友好地与其沟通,从而增强其接受和采用科学技术的能力。

2. 农业企业尤其是产业化龙头企业应成为农业科技研究和技术创新主体

示范区多数农业企业还未真正成为推动农业科技成果转化的中坚力量,

---

① 章政:《现代日本农协》,中国农业出版社1998年版,第122—123页。
② 朱方长:《建立高效农业科技推广模式的系统原则和思路》,《农业科技管理》2004年第1期。

企业不愿对科技开发和成果转化进行太多的投入,许多企业没有自己的技术研发机构,大多数企业的科研开发费用仅占销售额的 1% 左右,而发达国家的同比已达 10%[①]。各级政府和有关部门要认真总结经验,加强对农业产业化经营的扶持和引导。要重点扶持有条件的龙头企业建设农产品生产、加工、出口基地,引进、开发和推广新品种、新技术,增强市场竞争力和对农民的带动力。对农产品加工企业、批发市场、合作组织等各种类型、各种所有制的农业产业化经营龙头企业,只要有市场、有效益,能够增加农民收入,都要一视同仁,给予扶持。要引导龙头企业与农户在农业产业化经营的分工协作中利益共享、风险共担、互利互惠,共同发展。事实表明,只要政府部门、农业科研机构、企业共同参与,扶植、创建一批龙头企业,是可以促进农业科技创新、提高农业科技水平的。

农业科技推广体系是农业科技推广工作的基础和组织保证,是国家农业支持保护体系的重要组成部分,是为农村经济、社会发展服务的公益性职能体系,在农业发展中起着举足轻重的作用。针对我国农业科技推广体系存在的各种问题,单纯进行改革已经不能解决问题,必须进行农业科技推广体系与机制创新,这就要求政府、农业科研推广部门、农户和涉农企业各方面一起努力,以进一步提升农业生产科技水平,开创农业科技推广体制创新工作新局面。

案例 南京市农业科技需求调查问卷结果分析

农民是农业科技传播与普及的对象,了解他们的真实情况和需求以便有针对性的开展工作,农业科技传播才能取得更好的效果。为了了解南京地区农民对农业科技需求的真实情况,课题组于 2008 年 4 月对南京市江宁区谷里镇谷里村、六合区新篁镇钟林村、横梁镇石庙村等地的农户进行了问卷调查与访谈。这次调查问卷,共发放问卷 130 份,实际收回 125 份,其中有效问卷

---

① 蒋和平、廖梅珠:《改革我国农业科技推广体系的思路与对策》,《科学管理研究》1996 年第 12 期。

119份。绝大多数被调查者对此次调查持积极合作态度,并且大多数能理解调查的内容并真实准确的表达他们的想法,结果比较真实可靠。

1. 政府组织的技术员下乡指导是农业科技传播与普及的主渠道。在图1中显示,农民认为学习农业技术的有效途径中,技术员下乡指导所占比重最高,达53%;其次是参加培训班,占21%;而来源于看电视和向其他村民学习均占11%,这说明政府组织的技术员下乡指导是农业科技传播与普及的主渠道,同时也说明广播电视和科技样板户在农业科技传播与普及中起着重要的作用,而县乡办农业科技示范场对农民吸纳技术的作用还比较弱,有待进一步加强。

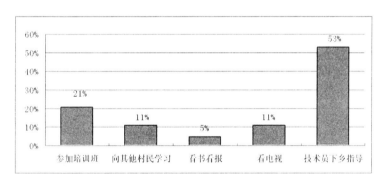

图1 农民认为学习农业技术的有效途径

2. 一半以上的农民认为能够致富的道路是搞副业,比如农产品加工、农闲时寻求其他职业、农业用具的租赁买卖等等,而21%的农民认为做买卖能够致富,仅有16%的农民相信种地可以致富。调查还证实,对农民外出打工可以致富的认同感不高,课题组在对农民进行访谈中发现,外出打工是农民维持生计的被迫选择,并不能因此致富,并且农民对于外出打工所受到的不公正待遇有着强烈的反感。一些农民甚至表示,只要种地能够养活一家人,他们并不愿意选择背井离乡外出打工。

3. 农民在农业生产中最需要农业科技推广人员提供技术指导和帮助他们销售农产品。其次是农资供应,第三是帮助他们分析市场行情况,告诉他们种

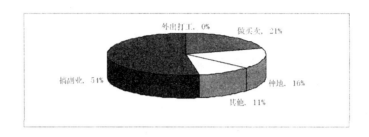

图2 农民心中的致富道路

什么赚钱,而相对应的农业科技人员提供过的服务中,最广泛的是提供优良品
种,而农民最需求的种植信息与技术指导(即指导如何种植产量高、质量好)
和农产品销售的信息提供的均最少的,农资供应的需求情况基本平衡。如图
3所示。从这两项调查中反映出农民的需求和农业科技推广人员的供应存在
着很大的矛盾。

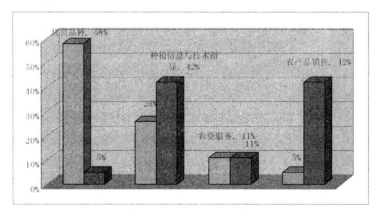

图3 农业技术服务需求与供给对比

4.农民对农业新技术有较大需求,但由于农民需求的服务与农业科技推
广人员提供的服务存在较大出入,导致了农业科技的有效供给不足,很难真正
给农民带来增产增收。另外,相当比例农民表示愿意采用新技术,但是担心费
用太高,因此政府应加大资金扶持,对于采用新技术的农民给予更多资助补贴

等。农民对于农业新技术的需求情况如下表:

表1　农民对农业新技术的需求情况

十分需求	愿意采用,担心费用太高	可有可无	不采用,按照自己的习惯种植
68%	21%	0%	11%

5.农民对增产技术的需求仍处于首位,图1数据表明:提高农产品产量技术仍是农民的第一需求,其比重近70%;减低劳动强度和提高农产品质量技术并列第二位,其比重均为16%,而没有农民选择最需求降低生产成本的技术。这说明目前增加农产品产量仍是农民所追求的首要目标。

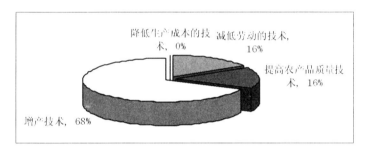

图4　农民对农业技术的需求构成

6.对于下乡指导的农业科技推广人员的服务,63%的农民认为水平很高,21%的农民认为一般,还有16%的农民认为这些农业科技推广人员知识面窄,不能满足需要。由此可见,农业科技推广人员的素质仍有待提高,政府应加强对于专业农业科技推广人员的培养。

7.74%的农民在制定种植计划时会向农业科技推广人员咨询,21%的农民则是根据去年种什么赚钱来决定今年种什么,另外5%农民随大流,村里人种什么就种什么,没有农民会估计市场缺什么就种什么。农民在生产中遇到问题时,68%会向县乡农业科技推广机构请教,其他32%的农民会向村里的科技带头人请教,没有农民表示要求助于涉农企业、农民协会和互联网。这说明农民对于政府的农业科技推广部门还是十分信赖的,而市场化的农业科技服务组织的信誉有待进一步提高。

第二十五章 文化管理

第一节 文化管理概述

一、文化管理的内涵和特征

（一）文化管理的内涵

文化是人类社会特有的现象。英国著名人类学家爱德华·泰勒在 1871 年发表的《原始文化》中对文化做了经典的定义："文化或文明，就其广泛的民族学意义来说，乃是包括知识、信仰、艺术、道德、法律、习俗和任何人作为一名社会成员而获得的能力和习惯在内的保罗万象的整体"①。关于文化的定义丰富多彩，不同学科对其有不同的定义。1952 年美国人类学家克罗伯和克拉克洪研究发现关于"文化"的概念达 164 种之多。综合来看，文化可视为社会政治、经济、法律、科学技术、文学艺术、教育、哲学等一切人类实践认识活动的载体、土壤、基础、氛围和背景。"文化"是人类社会实践中的一种"人化"现象。文化离不开人的实践活动，人不仅与自然环境发生关系，还与人类组成的社会发生关系，在各种社会关系的基础上产生被称作"文化"的现象。人是文化的主体，也是文化的目的。因此，文化又是一种具有普遍性的社会共有共享的社会存在物。

文化与管理有着本质的联系。美国著名管理学家德鲁克精辟解读了管理

---

① 田川流、何群：《文化管理学概论》，云南大学出版社 2006 年版，第 5 页。

与文化的联系:"管理是一种社会职能,隐藏在价值、习俗、信念的传统里,以及政府的政治制度中,管理是——而且应该是——受文化制约……管理也是文化它不是无价值观的科学。"[1]一般来说,管理根植于文化、社会、传统、风俗、信念及种种制度中,渊源于文化,并塑造文化与社会。社会文化从根本上来源于民族的文化,民族文化是一个民族在长期文化演变中保留继承下来的精神财富,包含着一种巨大而隐秘的心理惯性。这种心理惯性以不同的方式自觉地支配着人们的精神生活,形成某类固定的思维方式,影响着人们的管理活动。管理作为一种社会职能,有自己的价值观、信仰、工具和语言,并隐藏在价值、习俗、信念的传统以及政府的政治制度中,管理体现着一定的文化特征。另一方面,广泛存在于人类社会的文化活动是人类社会活动的重要组成部分,也属于社会管理的范畴,因此,文化既是管理的手段,同时也是管理的对象。蕴含一定文化特征、并针对具有特色的文化活动的管理会呈现出不同的特点与模式。

在中国,传统的儒家文化影响着管理。儒家创始人孔子提倡人本精神的内在深层含义是"仁",体现在管理中就是人本观的管理理念,注重情感投资,长于协调人际关系,追求群体和谐和团队精神,强调个人对团体的义务和贡献。西方公共管理的实践则锻造了以"公共利益"为取向的管理文化。由此可见,管理体现着一种文化,文化是管理的母体,制约并影响着管理思想及其实践。

概言之,文化管理是指文化活动的整体系统或者组织、团体为了达到特定目标,不断进行的一系列有意识、有计划的协调活动。文化管理具有与一般管理活动相类同的要素,但也有其独特之处。实施这种管理的部门是从事文化活动的系统、组织和团体;它的管理对象是存在于文化或艺术活动中的人员与事件,它要达到的目标应当与文化事业的总体发展目标相一致。[2]

---

① 宋光华、王文臣:《企业管理科学化、现代化与中华文化》,首都经济贸易大学出版社1998年版,第90页。

② 田川流、何群:《文化管理学概论》,云南大学出版社2006年版,第5页。

(二)文化管理的特征

1.人文性

文化管理的对象是文化活动及其参与者。文化管理应基于当代文化的特有规律,要了解各类文化活动的过程与特征、文化工作者与艺术家的创作心理、文化产品的品位与特色、文化鉴赏与接受的不同特点等内部规律,使文化管理活动符合文化活动的基本状况,同时符合管理规律,使规律性与人文性互渗互融,取得良好的管理效果。

2.意识形态性

文化活动是一种以审美或精神为内核的创造、传播和接收活动,是通过某种观念形态的运作表现出来的。公民的文化权利,如言论出版自由、平等参与公共文化活动、艺术表达的多样性等成为文化管理的内容。因此,文化管理可视为文化领域的意识形态管理。

3.应用性

文化管理要充分考虑文化及其管理实践的现实状况,以客观现实作为管理活动的前提,善于发现各种特殊与不平衡的文化现象,注重有效地指导文化活动的实践。

4.创新性

文化管理要吸收现代管理及各领域具体管理科学不断发展的成果,并随着文化活动的发展而变化,具有动态性特点。文化管理针对的是不断变化的社会文化活动,不能墨守成规、照搬已有的理论和经验,应不断创新并在实践中接受检验、加以修正。

5.民族性和地域性

文化管理具有广泛的涵盖性和包容性,世界各国的文化管理活动有一定的共通性,但有差异性。由于文化产品和服务包含着国家和民族的价值取向、传统习俗等,因此,文化管理的对象具有民族性和地域性。中国的文化管理与其他国家相比具有自己的特色,这是当今世界各地文化活动差异性的客观写照。正是由于文化活动存在差异,各国的文化管理得以在丰富的实践中发展并展现生机与活力。

二、文化管理的系统与职能

(一)文化管理的主客体系统

文化管理的主体系统主要是指从事文化管理事业的部门、机构和团体。在当代,文化的生产与经营的管理、传播与交流的管理,都是主体系统管理中的重要因素。所有从事文化管理工作的人们都置身于这一系统之中,以管理者或同时又是被管理者的身份出现,共同驱动着全社会文化活动的运行。

文化管理的客体系统即处于文化管理对象位置的部门、个人和运行机制,这一系统可分为公共文化(文化事业)活动、文化产业活动两个子系统。公共文化(文化事业)活动,具有社会服务及公益性、公共性特点;文化产业活动,包括文化的生产、文化传播与营销系统,具有经营性、营利性特点。

(二)文化管理的职能

一是实现政府文化发展的战略目标。要兼顾公共文化发展的目标和文化产业发展的目标,既有社会效益方面的追求,也有经济效益方面的追求。

二是建立有序的管理机制与模式。在管理机制上,使国家的宏观调控与文化实体的微观管理之间达到有机的统一;在管理模式上,使文化管理模式能与地域政治经济环境有机结合;在管理形式上,将法制管理、经济管理、行政管理和社会舆论管理相结合。使文化管理在社会的整体运行中发挥着自身的作用。

三是建立健全文化政策与法规。既要在本国保护、促进传统文化的传承、发展,又要在竞争激烈的国际环境中,通过制定适当政策对本国文化进行必要的保护和扶植,维护多元文化的世界格局。文化法规健全与成熟与否,是衡量一个国家文化发展水平的重要尺度。

三、文化管理的目标与趋势

(一)文化管理的目标系统

文化管理目标,是指一个国家或地区的文化管理组织采取一定手段,调动各种资源,通过有计划、有步骤的管理达成的文化发展指向或规划。

文化管理目标可分为三个层面:一是总目标,指一国文化管理的根本宗旨和准则。如我国新时期文化管理的总目标可概括为"为人民服务,为社会主义服务"。

二是战略目标,指为了实现总目标而制定的行动纲领。文化管理的战略目标是国家或地区根据文化发展的状况、相关的条件和因素进行综合考虑和预测,最后确定某一阶段内文化管理的重点、要达到的目标、要经过的阶段以及为达到目标需采取的必要对策等。如根据国家的文化发展方略,江苏省文化厅于2006年2月制定了《江苏省"十一五"文化事业发展规划》,确立了江苏省文化事业发展的战略目标是"创建最具活力的文化新体制新机制;大力建设覆盖城乡、服务优质的公共文化服务体系;繁荣艺术生产,实施精品战略,打造江苏文化品牌;扩大对外文化交流;构筑文化人才成长的新机制、新体系",并提出工作任务是"推进艺术事业发展,打造江苏文化品牌;完善公共文化服务体系,提高公共文化服务水平;扩大对外文化交流,塑造文化江苏形象;加强文化市场管理,优化文化发展环境",并为实现此任务制定了相应的文化政策与保障措施,即"全面落实文化经济政策;深化文化体制改革;加强文化法制建设;建立人才培养机制;加强文化工作领导"。

三是组织目标,指社会文化系统从行业性质及现状出发拟达成的目标。如江苏省近年来一直采取措施推进动漫产业发展,2006年11月出台了《关于加快动漫产业发展的意见》,提出动漫产业的目标:"培育一批动漫企业,扶持建设一批动漫产业园区,培养培训一批动漫专业人才,创造一批具有中华民族风格、江苏文化特色并在国内外产生一定影响的动漫作品与品牌,逐步形成比较成熟的动漫产业链。到2010年,全省原创动漫产品的生产数量大幅增加、产品质量明显提高、技术创新能力持续增强、精品力作不断涌现,动漫产品创作开发和生产能力跻身全国先进行列,全省动漫产业收入超过100亿元。"

文化的管理目标是文化管理机构和管理者开展管理活动时的奋斗目标,其制定和实施也是文化管理的重要内容之一。确定的总目标、战略目标和组织目标可作为文化系统目标管理的标准,通过目标管理方法的具体实施,有助于调动文化工作者的积极性和创造性,提高文化管理组织的效率。

(二)文化管理的趋势

一是适应信息化社会协调发展。社会信息化以电子技术、计算机技术和网络技术为代表的高科技的日新月异地发展为标志,它驱动着文化艺术活动发生深刻变化。通过渗透到文化活动之中,使艺术创制与文化传播等方面的手段不断获得更新,同时使人们在文化观念、创造性思维和理念等出现重大变异,进而促使文化艺术活动内部结构趋于多样化、多层次化,并驱动着文化传播与消费的激增。因此,文化管理必须与信息化社会的文化发展形势相协调。

二是在经济全球化形势下保持民族文化的发展。经济全球化是指随着经济和科学技术的飞速发展,全球各国之间经济联系和相互依存越来越密切,世界市场加速形成的过程。经济全球化影响着社会的各个领域。制定经济全球化规则的西方发达国家一直将文化活动作为商业活动来对待的,处于经济与文化双重弱势地位的发展中国家,在接受全球化规则时,其自身民族文化及其产业往往遭受严重打击,甚至走向衰落和毁灭。因此,各国尤其是发展中国家的文化管理必须采取针对性的措施,发展本民族文化产业,维护文化的多样性,保证国家的文化安全。

三是应对文化软实力的激烈竞争。世界多极化是政治的,同时也是经济、文化的。世界多极化的形成,使得不同地区、不同民族文化在世界文化舞台上异彩纷呈的态势成为可能,它为各种文化充分展现自身的风采和特质提供了条件,也将形成更广泛的国际文化交流。但交流中存在着竞争,在竞争中甚至会发生一定的冲突。这种竞争的实质是国家文化软实力的竞争。对此,文化管理还应承担起提升国家文化软实力的竞争力的责任。

第二节 文化管理体制与模式

文化管理(cultural management)既是艺术的行政管理,也涉及文化的经营管理;既是以审美为核心的艺术创作、传播和欣赏的管理,也包含了以符号为特质的文化产品的生产、交换、分配和消费的管理①。

一、西方发达国家的文化管理体制与模式

(一)西方发达国家文化管理体制的演变

西方发达国家文化管理体制的形成和发展,大致经历了三个阶段:

一是从 19 世纪初到第二次世界大战前的无政府管理阶段,这一阶段基本上没有专门的文化管理部门和文艺政策,公共文化发展处于自发状态。②

二是从 20 世纪 40 年代中期至 80 年代中期的现代管理体系的确立阶段。总体上看,文化部制和国家艺术理事会制是当代西方国家两大基本的国家管理文化模式。③ 西方国家根据各国的国家政治体制选择并创立文化部制或国家艺术理事会制,是 20 世纪西方国家文化管理体制转型的产物。1946 年英国创立的大不列颠艺术理事会,开创了当代西方国家的国家艺术理事会的模式,为国家的文化基金拨款建立了一种独立于政府行政系统之外的专门通道。1959 年法国历史上第一个中央文化管理机关——"法国文化部"的成立,被视为文化管理被纳入现代政府行政的标志。这一阶段为了适应社会发展的需要,直接发育出了西方各种公共文化管理组织、机构、模式、制度或政策。

三是文化管理的调整、改革阶段,时间大约为 20 世纪 80 年代末至今。这一阶段的明显特征是:(1)因西方"新公共管理"、"服务型政府建设"等管理思想以及文化在公众生活以及国际竞争中地位上升的现实需求,西方各国程度不同地进行文化管理体制的改革和调整,包括部门、机构的设置,政策、法规等的调整。公共文化管理逐渐向更强调服务理念的"公共文化服务"转型,即政府更多以提供"公共文化服务"为主要职责,管理以满足公民文化权利为出发点和最终目的。④ (2)适应文化产业在全球的蓬勃发展态势,发达国家纷纷调整管理制度,出台各种文化政策,鼓励文化产业领域的市场竞争,促进本国

---

① 陈鸣:《西方文化管理概论》,山西人民出版社 2006 年版,第 11 页。
② 毛少莹:《发达国家的公共文化管理与服务》,《特区理论与实践》2007 年第 2 期。
③ 陈鸣:《西方文化管理概论》,山西人民出版社 2006 年版,第 15 页。
④ 毛少莹:《发达国家的公共文化管理与服务》,《特区理论与实践》2007 年第 2 期,第 50 页。

文化产业发展,提高文化产业对经济增长的贡献率。

(二)西方发达国家文化管理体制比较

1.英国。第二次世界大战前,政府对文化的管理仅限于对博物馆、美术馆的艺术珍品保护和对艺术教育的部分资助。二战结束后,鉴于文化艺术在战争中表现出的特殊作用,政府将鼓励音乐和艺术发展委员会转变为大不列颠艺术理事会,成为实现政府文化政策的重要机构之一。1965 年,首相威尔逊向议会提交了政府白皮书《艺术的政策》,肯定了政府通过教育、保护和资助三种形式支持文化艺术的政策,并提出了主动支持文化发展的目标和进一步增加文化经费的主张。这被称为英国文化政策发展史上的"里程碑"。1992年成立了国家文化遗产部,将原来分散的文化职责集中到该部,统一管理全国的文化艺术、文艺遗产、新闻广播、体育和旅游等事业,文化遗产部大臣成为内阁核心成员。1997 年工党执政后,将文化遗产部易名为文化、新闻和体育部,主要负责制定和贯彻国家文化政策。[①] 英国文化管理的范围是大文化,所有文化相关事宜统一由文化、新闻和体育部统管,包括文化艺术、文化遗产、图书出版、新闻广播、电影电视、录音录像、体育、旅游、娱乐、工艺、建筑、园林、服装设计等。

2.美国。美国政府没有设文化部,以"无为而治"为特征,即对文化的调控和管理主要通过制定各种文化政策来实现。具体管理方式以各州政府为核心协调单位并且灵活多样。文化政策重点:一是通过颁布各种政策法规促成软件硬件的剥离,并在遵循文化产业自身发展规律、考虑文化产业特点的基础上,对所有符合政策导向的团体给予放开、优惠的扶植政策。二是版权制度是美国文化政策的核心,其始终以维护美国的文化产业的利益为制度安排的目标,经过多次修改,使得美国版权制度对文化产业的保护不断强化,与国际版权保护的发展趋势保持一致,并逐步趋于国际领先的水平。美国的版权制度已经成为世界各国版权法中规定较为详尽、立法技术较高、保护范围较为广泛

---

① 黄斌:《文化发展转型与国家的作用——中国文化产业中政府角色研究》,暨南大学2001 年度博士论文。

的知识产权制度之一。① 三是美国政府注重通过法律法规和政策杠杆来鼓励各州、各企业以及全社会对文化事业进行赞助和支持,要求各州、各地方拨出相应的地方财政经费与联邦政府的文化发展资金相配套,并明确规定与文化公益事业相关的单位或群体一律享受免税待遇。② 四是强行要求"市场准入"。美国政府竭力向其他国家施加压力,要求更进一步地开放各国的文化消费市场,包括出版物市场、视听产品市场、版权市场和相关服务市场。③ 五是通过形成各种介于各州政府和具体文化部门之间的非营利性文化组织、设立基金会及创设各种资助文化单位的捐赠制度,促进各种文化企业、各个文化部门和具体单位多样发展。在管理层面,美国政府确保每个地区都有文化生活,用于资助文化事业的经费由政府核定,议会审查批准。同时要保证这些活动符合法律的规定,凡是背离法律规定的,政府有权予以取缔,政府和议会间发生冲突时由法院予以裁决。

3.法国。法国在文化管理上制定了明确的文化政策。1959年建立了法国历史上第一个文化部,并阐明了法国的文化政策是:"使最大多数的法国人民接触全人类的,尤其是法国的文化精华;使法国的文化遗产拥有最广泛的群众基础;促进文化艺术创作,繁荣艺术园地。"法国政府对文化事业及相关产业给予不同形式的财政支持或赞助。主要形式有三种:一是中央政府直接提供赞助、补助和奖金等。每一个从事文化活动的企业或民间协会,均可向文化部直接申请财政支持。二是来自地方财政支持。法国的大区、省、市、镇政府都有支持文化事业发展的财政预算。三是政府通过制定减税等规章鼓励企业为文化发展提供各类帮助。有关企业可享受3%左右的税收优惠。④ 法国主张"文化例外"。有着深厚历史文化传统的法国是一个非常重视本国文化传统和文化遗产保护的国家。法国政府在发展文化产业问题上不是寻求向外扩展,以求文化成为国民经济的另一个增长点,而是试图通过文化产业寻找民族

① 凌金铸:《版权与美国文化产业》,《皖西学院》2005年第3期。
② 花建等:《文化产业核心竞争力》,广东人民出版社2005年版,第10页。
③ 杨明辉:《美国文化产业与对外文化战略》,《世界经济与政治论坛》2006年第5期。
④ 刘莹主编:《国外的文化产业及文化政策》,《前线》2006年第6期。

文化生存的可能性,扩大传统文化发展的空间。①

4.日本。日本政府于1995年确立了21世纪的文化立国方略,2001年全力打造知识产权立国战略,2003年又制定了观光立国战略。其特点有:一是日本政府明确规定振兴地区和地方文化,如政府支援地区文化活动,包括重新挖掘、振兴具有地方特色的文化遗产、民间艺术、传统工艺和祭祀活动等;制定长期规划,对具有地方特色的文化艺术提供综合援助;中央政府与地方政府联手举办全国规模的文化节。二是建立和完善文化产业法律法规。为促进文化产业发展,近年来,日本先后颁布了《著作权管理法》《IT基本法》《知识产权基本法》《文化艺术振兴基本法》等法律、法规,并且可操作性强。三是文化和市场深入结合。在日本,企业是文化产业发展的主体,大型文化活动主要靠企业的参与和赞助,在演出界、电影界、出版界、广告界等均拥有一批成熟的知名文化企业队伍。日本的文化产业项目都进入市场操作。四是中介组织作用明显。日本文化行业协会很多,作用十分突出,被看作是政府职能的延伸。这些行业协会负责制定行业规则、维护会员合法权益、进行行业管理以及文化产品的审查、把关等。五是积极开拓海外市场。日本经产省与文部省联手促成建立了民间的"内容产品海外流通促进机构",拨专款支持该机构在海外市场开展文化贸易与维权活动。② 此外,为了贯彻"文化立国"的国策,日本政府调动了独特的"行政指导"体制,即日本政府为实现特定目标,不直接运用法律手段,仅以相关法令为依据,通过向产业部门的行政主管机构提出劝告、建议、指导、指示、期望、要求、建议、警告、命令等行政裁决方式,促使企业接受政府的意图并付诸实现,从而控制特定对象的行为。这一体制的采用取得了良好效果,使日本的文化管理卓有成效。

(三)西方发达国家的文化管理模式

国家管理文化模式,是指以国家文化行政管理为核心的国家管理文化的

---

① 郑淑荣:《从美欧等国发展文化产业的政府行为看中国的改进设想》,《科技管理》2006年第5期。

② 刘莹主编:《国外的文化产业及文化政策》,《前线》2006年第6期。

组织形态及其运作体制。西方国家的文化管理模式主要有：①

1. 竞争—保护模式。这一模式的主要特征体现在：一是在国家内部既采取一系列措施鼓励文化产业领域的市场竞争；又制定相应的政策和投入大量的资金扶持、促进文化产业的发展。二是在国际市场竞争中既利用国家力量积极推进文化产业全球化、文化市场自由化与文化贸易自由化的政策，支持和鼓励本国文化企业和跨国公司开拓国际文化市场；又制定一系列政策措施保护本国文化产业和文化市场。

2. 产业综合模式。伴随着经济全球化的发展，西方国家文化企业为了在全球经济的竞争中占据有利的地位，进行频繁的兼并扩张活动，以增强自己的实力。文化产业综合主要有以下三种方式：(1)相关行业内部综合。相关领域内强强合并，实现优势互补，共享资源，降低成本，并可避开政府对新企业在税收和许可证等方面的限制，提高企业整体效益。(2)跨行业综合。选择收购其他有利可图的产业，既可以规避行业内风险，又能寻得更大的发展空间，获得更大的利益。(3)跨国产业综合。经济领域的跨国强强联合趋势已鲜明地凸现，文化产业领域也崭露头角。跨国集团的超级兼并已成为适应当今国际化发展的一种有效方式。

3. 集约化经营模式。随着经济全球化和文化产业集团的兼并化的发展，文化产业的集约化经营模式日益显现。当今世界的文化产业市场，绝大多数被以强大的经济实力为依托的少数发达国家垄断。目前世界上传播的国际新闻中大约80%来自占世界人口1/7的发达国家的美联社、路透社、法新社等大通讯社。相关资料显示：91个发展中国家进口的电视节目平均占全部播出节目的55%，其中美国等发达国家的节目又占主要部分。

4. 特色推动模式。不同地域、历史的文化各具特色。在许多国家和地区，特色文化经营已经成为一种趋势，并深刻影响着这个国家和地区的文化发展。在西方国家中，政府或文化主管当局有计划和有步骤地培育自己的文化产品，

---

① 雷光华：《西方国家文化产业发展模式与发展趋向探析》，《湘潭大学学报》(哲学社会科学版) 2004年第2期。

打造自己的文化品牌,通过投入专项资金、组织大型文化节庆活动促进文化消费,以及运用法律手段净化文化市场等,把大众的消费兴趣导向文化市场,通过自身特色来带动文化产业的发展。① 例如,美国自 20 世纪 70 年代以来,注重引导摇滚乐的发展,特别是注重把高新技术与摇滚乐的声响、图像相结合,使摇滚乐效果更佳,带动了文化产业的发展。②

二、中国政府的文化管理体制

(一)中国政府文化管理体制的演变

参照我国政府体制的改革,可将文化管理体制的沿革大体分为确立时期、曲折发展时期、动乱时期、恢复时期、改革时期这五个阶段来加以讨论。

(1)确立时期(1949～1956 年)。1949 年与 1953 年的政府机构设置中均有文化教育委员会,负责指导文化部、教育部、中科院以及新闻出版总署。1954 年与 1956 年的两次国务院机构调整,文化部均作为独立的部委予以保留,新华通讯社、广播事业局、对外文化联络局、中国文学改革委员会等定为国务院直属机构。

(2)曲折发展时期(1957～1965 年)。国务院于 1957 年 11 月进行了第一次机构大精简,工作部门从 81 个减至 60 个。文化部仍保留,在 6 个办公机构中有国务院文教办,在直属机构中有新华通讯社、广播事业局、中国文学改革委员会等。到 1965 年底,国务院机构数扩张达 79 个,但原有文化机构基本保持不变。

(3)十年动乱时期(1965～1975 年)。"文化大革命"十年浩劫,给政府体制带来了一个从严重瘫痪到畸形发展的过程。国务院于 1970 年这一非常时期又进行了一次机构大精简,在仅剩的 32 个部门中,国务院文化组取代了文化部,广播事业局和新华通讯社从国务院调出划归中央文革领导,外文出版发行事业局划归中联部。1975 年调整后的国务院,文化部仍作为部委机构恢

---

① 雷光华:《西方国家文化产业发展模式与发展趋向探析》,《湘潭大学学报》(哲学社会科学版) 2004 年第 2 期。

② 蔡骐、孙有中:《现代美国大众文化》,中国经济出版社 2000 年版,第 36 页。

复,新华社、广播事业局归直属机构,国务院办公室则管辖外文出版发行事业局、国家出版事业局、国家文物管理局等文化机构。

(4)恢复和发展时期(1976年至20世纪80年代初)。党的十一届三中全会的召开,标志着我国的社会主义建设转入新的历史时期。动乱其间被破坏了的政府体制得到恢复,文化部门也不例外。

(5)改革时期(80年代起至今)。80年代的两次国务院机构改革分别发生在1982年和1988年,在这两次改革中,不仅文化部保留,新华社、广播电视部也由原来的直属机构升格为部级机构。其中,广播电视部因从文化部那里移交了电影管理职能而从1988年起改称广播电影电视部。1993年再度进行的国务院机构改革重点放在转变政府职能,建立起与社会主义市场经济体制相适应的政府体制。① 在国务院保留的40个部委机构中,文化部、广播电影电视部仍保留,新闻出版署与国家版权局被列入直属机构。在1998年的机构改革中,国务院部委从40个减至29个,人员压缩近50%,但文化部仍保留;广播电影电视部则因将其广播电视网络管理的政府职能并入新成立的信息产业部而改组降格为国家广播电影电视总局,列入国务院直属机构;新闻出版署、国家版权局仍是直属机构;省以下各级文化行政管理机构改革在1998年底至1999年初正式启动。②

当前,中华人民共和国中央政府的文化管理部门主要有:国家文化部及所辖国家文物局、工业和信息化部、国家广播电影电视总局、国家新闻出版总署等。国家文化部是在国务院领导下管理国家文化工作的部门,其主要职责是:拟订文化艺术方针政策,起草文化艺术法律法规草案;拟订文化艺术事业发展规划并组织实施,推进文化艺术领域的体制机制改革;指导、管理文学艺术事业,指导艺术创作与生产,推动各门类艺术的发展,管理全国性重大文化活动;等等。工业和信息化部是国务院领导下管理工业和信息化工作的部门,主要职责是:提出新型工业化发展战略和政策,协调解决新型工业化进程中的重大

---

① 尚婷:《关于我国文化产业体制改革的几点思考》,《吉林大学》2004年。
② 陈振明:《公共管理学》,中国人民大学出版社1999年版,第726页。

问题,拟订并组织实施工业、通信业、信息化的发展规划,推进产业结构战略性调整和优化升级,推进信息化和工业化融合,推进军民结合、寓军于民的武器装备科研生产体系建设;制定并组织实施工业、通信业的行业规划、计划和产业政策,提出优化产业布局、结构的政策建议,起草相关法律法规草案,制定规章,拟订行业技术规范和标准并组织实施,指导行业质量管理工作;等等。国家广播电影电视总局是国务院主管广播电视宣传和广播电影电视事业的直属机构,其主要职能是:研究并拟定广播电视宣传和影视创作的方针政策,把握舆论导向;指导广播电视宣传和广播影视创作并协调其题材规划;指导广播电影电视管理体制改革;研究并起草广播电影电视事业管理的法律、法规;等等。国家新闻出版总署(国家版权局)是国务院主管新闻出版事业和著作权的直属机构,在著作权管理上,以国家版权局名义单独行使职权。新闻出版总署(国家版权局)主要职责是:起草新闻出版、著作权管理的法律法规草案,拟订新闻出版业的方针政策,制定新闻出版、著作权管理的规章并组织实施;制定新闻出版事业、产业发展规划、调控目标和产业政策并指导实施;等等。

与此相对应,各省、市政府的文化管理机构主要有:省、市文化厅(局);省、市经济和信息化委员会;省、市广播电影电视局;省、市新闻出版局;部门管理机构中的知识产权局等。

我国文化管理的基本模式:一是层级的文化管理,即分为中央级、省级、市县级、区级、基层(乡镇、街道、村)文化管理。二是部门的文化管理,即文化部、信息产业部以及广电总局、新闻出版总署(国家版权局)等政府部门的文化管理。

(二)中国文化管理体系的构成

1997年,在党的十五次全国代表大会上,江泽民同志把建设中国特色社会主义的经济、政治和文化作为中国共产党在初级阶段的基本纲领。在文化管理上,明确提出国家要求政府文化部门要始终把繁荣和发展社会主义文艺事业,努力为人民提供更多更好的文化艺术精品放在工作的中心位置。2002年11月8日,江泽民同志在十六大报告中作了"积极发展文化事业和文化产业"的表述,将文化产业和文化事业区分开来,并提出了"继续深化文化体制改革"等具体政策措施,以"支持文化产业发展,增强我国文化产业的整体实力和竞争力"。自此,中国政府提出了对文化事业和文化产业实行不同的政策引导和管理方式。

新时期的中国政府的文化管理职能主要是公共文化服务职能、文化产业发展职能和文化市场监管职能。与此相对应,新时期的文化管理体系可分为两大基本模块:一是公共文化服务,主要是发展公益性文化事业,构建公共文化服务体系。二是文化产业管理,主要是制定文化产业发展战略,出台制度与法规,促进文化产业的发展。

(三)中国文化管理体制改革

现行的中国文化管理体制存在诸多问题:一是政府直接办文化范围太广、项目太多,造成在文化领域与民争利甚至是文化垄断,遏制了民间资本进入文化领域的愿望;二是政府审批权对文化市场准入限制过多,形成地方文化利益保护和部门利益保护,影响文化市场的开放程度和文化发展的效率;三是政府职能错位,直接从事营利性文化产业经营活动,忽略了公益性文化事业的职能;四是政府文化法规和政策缺失,缺乏有效的管理,难以形成规范的市场秩序。

为此,我国提出了文化管理体制改革的方向:一是实施分类管理,按照文化产品的属性划分为公益性文化事业和经营性文化产业,采用不同的管理政策;二是理顺管理体制,转变政府职能,推进政事分开、管办分离,使经营性文化单位转企改制到位,公益性文化事业单位内部机制改革到位,加快文化领域结构调整,合理配置文化资源;三是建设开放、统一、竞争、有序的现代文化市场体系;四是制定实施切合实际的文化管理政策法规,促进文化事业健康发展。

以江苏省为例,为了理顺机制提高文化管理水平,江苏省明确重点推出"一揽子"文化体制改革方案:2009年底完成全省各出版社、电影制片发行放映单位转企改制;2010年,完成省辖市和县一般文艺院团改制;2009年底前,完成全省公益性文化单位岗位设置管理制度改革;2009年全省广电系统全部实现局台分开、广播电台和电视台合并;2010年,省辖市文化行政管理部门实现"三局合一",市县实现"两局合一",成立文化市场综合执法机构;鼓励民营企业通过产权交易、共同投资、联合开发等途径参与国有文化单位改革改制。[1] 通过这些改革拟提高管理效率和效益,使公共文化和文化产业均获得健康发展。

第三节 文化管理的类别

文化管理可分为公共文化管理和文化产业管理两个类别。在中国,公共文化(文化事业)与文化产业是中国文化建设过程中两个互有交叉渗透又相互独立的不同形态。它们的运作方式是有区别的:公共文化(文化事业)是重要的社会公益事业之一,是向社会提供公共产品和公共文化服务,运作所需资金主要依靠政府部门拨款,主体的主要行为是非营利活动;文化产业是文化建设活动中活动主体用产业方式进行运作,一般进行以营利为目的的经济活动。文化产业和文化事业的目的是共同的,即都是为了满足人民群众的精神文化需要。

一、公共文化管理
(一)公共文化的内涵和特征

所谓公共文化,是指一种由代表国家、社会或社团的法人或其他组织,向公共领域提供文化产品和文化服务的公益性文化组织形态。也就是说,公共文化部门是因公共文化物品(包括文化产品与文化服务)的供给而形成的。[2]

由于公共文化物品从资源特征看属于社会共同体所共同享有的文化资源,其保护和利用的成本需要由共同体的成员来承担,其服务和收益也应由共同体的成员共同分享。从消费特征看,公共文化物品的非竞争性和非排他性会形成"搭便车"的文化经济消费现象,从而导致公共文化物品无人提供,于

---

① 赵京安:《江苏省明确重点推出"一揽子"文化体制改革方案》,http://202.123.110.3/jrzg/2009 - 08/21/content_1397862.htm.

② 陈鸣:《西方文化管理概论》,山西人民出版社2006年版,第289页。

是引入国家的计划配置机制、实施公共文化管理就成为一种必然的选择。

公共文化的特征是：一是公益性的价值取向。由公共文化组织向社会提供公共物品及服务的方式，保护、弘扬和利用国家和民族的艺术文化遗产，实现国家和社会的文化福利。二是非赢利性的文化供给模式。公共文化以注重社会公共利益为首要目标，它提供的产品与服务会以不同形式进入市场，但不能通过市场交易来实现其经济价值。其经费来源上主要依托政府的财政拨款或社会团体的资助；经营上享有国家的优惠税收待遇；经营的利润所得既不可以股份红利的形式分配，也不能用于机构的扩大再生产等。

（二）公共文化管理的内容

公共文化管理是以国家福利性配置机制为核心，通过公益性文化营销的路径，由代表国家、社会或社团的法人或其他组织，向公共领域提供文化产品和文化服务。从文化内容和媒介的特性看，公共文化管理可分为四种类型：第一，公共文化遗产管理，即管理具有国家民族和地区历史价值的文化物品及其服务，如各类公共的博物馆、档案馆、文化遗址等。第二，公共文化传媒管理，即管理非赢利的文化传媒机构，如公共广播电视公司等。第三，公共文化艺术管理，即管理非赢利的艺术社团和艺术教育组织，如各类非赢利的艺术表演院团、艺术文化展览、艺术文化培训等。第四，公共文化娱乐管理，即管理国家、地区政府、社区或企业等主办的非赢利的娱乐设施和文化休闲组织，如各种非赢利的健身娱乐中心、文化休闲中心等。①

我国公共文化管理的内容主要有：一是文学艺术事业管理，加强对全国文学艺术事业的宏观管理与指导，加强对民族民间艺术的扶持，加大对代表国家水平和具有地方特色、民族特色艺术表演团体的扶持力度。建立艺术表演团体的动态评估制度，确定一批具有代表性、示范性的艺术表演团体，由国家给予经费和政策扶持。二是社会文化事业管理，以建设完善的公共文化服务体系为目标，进一步巩固和扩大城乡基层文化设施网点，加强公共文化设施的规划建设、保护利用和经营管理，充分发挥文化设施在区域经济和社会公益事业

---

① 陈鸣：《西方文化管理概论》，山西人民出版社 2006 年版，第 294 页。

中的积极作用。推进文化管理信息化进程。加快文化领域的数字化、网络化建设,利用网络技术,开发文化信息资源,传播中华文化,促进中外文化交流。三是文物博物馆事业管理,以文化遗产保护与传承为目标,加大文物保护工作力度,抓紧对濒危古建筑文物的抢救维修工作,开展大型古代文化遗址保护工作。加强科研成果推广力度,形成辐射全国的文物科技保护网络。建立以国有博物馆为主体,民办博物馆为补充,各行业、各种所有制博物馆全面发展的博物馆体系。①

中国政府一向重视公共文化管理工作,在文化遗产保护,文学艺术事业发展,民族、民间、民俗"三民"文化的保护传承,对外文化交流,公共文化设施建设等方面的管理卓有成效。近期我国公共文化管理的重点之一是构建公共文化服务体系,这也是《中共中央关于制定国民经济和社会发展第十一个五年规划的建议》中提出的我国文化体制改革和文化发展的目标。江苏省在"十五"期间,全省财政预算内对科教文卫体事业投入达1479亿元,是"九五"时期的2.1倍。加快文化基础设施建设。全省现有国家级图书馆82个,实现了"县县有图书馆、文化馆"的目标。同时,实施文化信息资源共享工程。加强优秀文化产品生产。在全国"五个一工程"奖、文华奖等重大文化艺术评比活动中取得优异成绩。此外注重繁荣发展群众文化,实施文艺下基层"四个一"工程。在"十一五"期间,江苏省提出了"大力发展公共文化产品,加快建设公共文化设施,努力提高公共文化服务水平的公共文化服务体系建设"目标,②至今已取得良好实效。

(三)公共文化管理制度

西方国家一直在探索有效的公共文化管理制度。发端于20世纪80年代的西方国家"新公共管理"潮流,不仅使西方国家掀起所谓"政府再造"的热潮,也使其公共文化制度发生了重要的转型,即在所有权与经营权分离的基础上呈现出多元化的取向。具体表现为:在不改变非赢利组织性质的框架下,国

---

① 孙萍:《文化管理学》,中国人民大学出版社2007年版,第168—171页。
② 《江苏省文化厅关于进一步加强公共文化服务体系建设的意见》,http://www.njmuseum.com/zh/displaynews.asp? id=18163.

家文化行政机构以签约者的角色,通过委托—代理人关系、公私合作关系、公共经理人等方式,将商业化、公司化或私人化经营制度有所选择地应用于国有的公共文化部门,探索性地建立起一系列公共文化制度。[①]

一是文化基金会制。这是当代西方国家公共文化部门的基本制度。基金会由国家、政府的拨款或企业、私人的捐资而设立,作为公共文化部门开展活动的主要经费来源。通常由捐资人自己或指派代表组成基金理事会,并由该理事会聘请文化经理人或首席执行官承担公共文化部门的具体经营事务。其意义在于:首先,国家、政府可以通过文化基金会的中间组织,以文化协议的方式向公共文化部门发放文化基金,间接调控公共文化部门;其次,国家通过税收政策鼓励社会各阶层和组织捐资公共文化部门,有利于推动公共文化事业建设;再次,一些公共文化部门发起成立面向客户的基金会组织,在吸纳社会资金的同时,吸引和培育更多的文化爱好者和公共文化部门的忠实客户。

二是文化招投标制。这是一种商业性的经营制度,由招标者向社会进行公共文化项目的公开招标方式,通过竞标而由中标者以承包人的身份,根据合同规定,自主经营,自负盈亏,并向发包人支付约定的承包金。其意义在于:在不改变公共文化部门性质的前提下,通过招标的方式将经营权下放给承包者,实现所有权与经营权的分离,保持了公共文化部门原有的所有权归属和非赢利性质。其次,通过国有或公有的公共文化部门实行企业化管理,有助于提高公共文化部门的绩效。

三是文化托管制。由委托人将其财产委托某一公共文化托管董事会组织代为保管、经营,通常由信托证书、政府法令等条款规定相关的托管事宜,包括受托者和受益者的权利与义务。其意义在于:它可以使私人的艺术文化遗产通过托管的方式转换为公共文化遗产,拓展国家公共文化资源。此外,政府将国有文化财产委托给某一公共文化托管董事会,可实现公共文化经营管理的专业化。

中国正在探索适合国情的文化管理制度,西方业已成熟的制度给中国提

---

① 陈鸣:《西方文化管理概论》,山西人民出版社 2006 年版,第 295—297 页。

供了借鉴。

二、文化产业管理

(一)文化产业的内涵、类别和特征

1.文化产业的内涵

文化产业的概念是法兰克福学派在批判"文化工业"中获得的,由此形成了"通俗文化"和"大众文化"的学术研究系统。文化产业是对一种现代社会文化现象的抽象,既是对一种有别于传统经典意义上的文化现象的描述,也是对一种新的以文化意义生产和符号生产、流通、消费与服务为内容的文化经济生产关系的描述。揭示了文化与产业之间、文化产业和社会存在的结构之间的现代同构关系。①

文化产业的概念百花齐放。联合国教科文组织将文化产业定义为:"结合创造、生产与商品化等方式,运用本质是无形的文化内容,而且这些内容受到著作权的保障,其形式可以是货品或服务。"涵盖印刷、出版和多媒体,视听、唱片和电影的生产,以及工艺和设计、建筑、视觉和表演艺术、体育、乐器的制作、广告和文化旅游等等。《中国文化产业年度发展报告(2003)》将文化产业定义为:由市场化的行为主体实施的,以满足人们的精神文化需求为目的而提供文化产品或文化服务的大规模商业活动的集合。②

相对于文化产业,有些国家提出了"内容产业"和"创意产业"。内容产业是相对于文化产业的技术问题而言的,表达的是"内容"对于文化产业存在的重要性。"创意产业"是相对于文化产业的机器复制特征而言的,特别强调源自个人的创意、技巧和才华具有关于原始创作对于发展文化产业的重要性的价值关怀。创意产业更多地属于艺术学范畴,而文化产业则更多地属于文化学范畴。③

---

① 胡惠林:《文化产业学》,高等教育出版社 2006 年版,第 8 页。
② 叶朗:《中国文化产业年度发展报告(2003)》,湖南人民出版社 2003 年版,第 28—31 页。
③ 胡惠林:《文化产业学》,高等教育出版社 2006 年版,第 9 页。

2. 文化产业的类别

国际社会不同国家对文化产业类别也有不同划分。联合国教科文组织把文化部门定义为以艺术创造为主要表达形式、遗产古迹为基础而引起的各种活动和产出,具体包括文化遗产、出版印刷业、著作文献、音乐、表演艺术、视觉艺术、音频媒体、视听媒体、社会文化活动、体育和游戏、环境和自然等 10 大类。根据联合国第三次修订的国际标准产业分类,文化产业包括:(1)文化内容发展,即书籍,报刊,音像,广播电视,戏剧,音乐,广告等;(2)文化产品的制造,即电子元件,电视电话装置,乐器,摄影仪器等;(3)文化内容的翻印和传播:印刷业,电影录像发行,电影放映等。(4)文化交流:其他娱乐业,图书馆,博物馆,历史遗迹,建筑保护等。[1]

我国对文化产业的分类目前依据 2004 年国家统计局印发的《文化及相关产业分类》。文化产业按照文化活动的重要性分为文化服务和相关文化服务两大部分;根据部门管理需要和文化活动的特点分为九个大类,即新闻服务,出版发行和版权服务,广播、电视、电影服务,文艺办服务,网络文化服务,文化休闲娱乐服务,其他文化服务,文化用品、设备及相关文化产品的生产,文化用品、设备及相关文化产品的销售。[2] 同时,还对文化产业的层级进行划分:一是文化产业核心层。指文化资源整理和内容创作、文化意义本身的生产和再生产、文化产品销售与传播。包括新闻、出版、广电和文化艺术等。二是文化产业外围层。提供休闲度假、旅游等文化娱乐和文化服务,主要包括网络、娱乐、旅游、广告、会展等新兴文化产业。三是文化产业延伸层。提供文化用品、文化设备生产和销售业务的行业,主要指可以负载文化内容的硬件产品制作业和服务业。从服装设计、建筑装饰、装潢,到工业设计、文化咨询,以及具有现代品牌的一切产品。[3]

3. 文化产业的基本特征

文化经济一体化。文化产业作为一种新的文化发展方式,是与现代市场

---

① 申维辰:《评价文化:文化资源评估与文化产业评价研究》,山西教育出版社 2004 年版。

② 蔡尚伟、温洪泉等:《文化产业学》,复旦大学出版社 2006 年版,第 20 页。

③ 蔡尚伟、温洪泉等:《文化产业学》,复旦大学出版社 2006 年版,第 25 页。

经济紧密联系在一起的,它使文化生产兼有文化的意识形态属性和市场的商品属性。

符号消费性。文化产业的符号性消费可以理解为通过提供一种特殊的经济物品——对文化符号的体验,来满足人们对于精神享受的要求。

创意性。文化产业的核心是文化创意的形成,其发展的关键在于具有文化特殊性和国际竞争力的创造性。

社会性。文化产业是通过文化产品的生产和传播,作用于人们的精神世界,满足人们的精神消费需求,影响人们的生活态度和生活方式,改变人观察世界和认知世界的思维模式,影响人们的社会行为。

(二)文化产业管理的类型

文化产业管理是管理者运用各种管理手段,对文化产业的人、财、物、部门、地区等所进行的计划、组织、指挥、协调和控制的活动,以提供高质量的文化产品与服务,并获取经济利益。文化产业管理可分为三个层次:政府的行政管理;社会的监督管理;产业的自身管理。

从政府的行政管理视角看,文化产业管理可分为三种主要类型:

一是政策调节。国家及各省市的文化行政部门制定发展规划、产业政策、市场运作政策等,建立和完善一整套鼓励文化投资的促进政策,支持更多的社会财富流向文化产业。由于文化产业既与上层建筑的思想文化领域相关联,又牵涉到经济基础及其高科技生产领域,具有特殊性和复杂性,除文化行政部门外还牵涉到国家工商管理部门、财政税务部门和公安执法部门等。因此,政策调节非常重要。如,中国网络游戏自发端以来,其主管部门一度扑朔迷离。2004年10月,文化部文化市场司网络文化处在一份名为《文化部文化市场司网络文化处就管理互联网文化的政策法规依据做出说明》的文件中明确指出:国家近期颁布的政策已经明确将网络游戏归口文化部管理,由此明确了主管职责,改善了管理职责交叉所带来的问题。

二是市场监督。政府文化行政部门承担制定和维护文化市场游戏规则的职责,以逐步建设一个成熟的文化市场体系。具体而言,要建立符合市场经济规律的文化产业投融资体制,实现投资主体多元化,吸纳民营资本和外资进入,促进文化资本的自由流动;要加强知识产权的保护工作,建立符合国际规则、门类比较齐全的知识产权体系和执法保护体系。近年来,我国对知识产权保护工作非常重视,目前已建构了一个较为完整的知识产权保护体系,并持续开展全国保护知识产权专项行动。国家版权局还开展了国家知识产权城市试点工作,并参照《国家知识产权城市试点、示范创建及示范工作评价参考标准(试行)》,结合各城市实际,对试点工作完成情况进行考核验收评审,从基础上推动知识产权保护的行政执法。

三是公共服务。文化行政部门应提供包括信息服务,协调服务,后勤服务在内的公共文化服务。要构建文化产业公共服务平台,为文化产业的国际化发展提供支撑,建立健全应急机制,为文化产业的发展提供指导。当前各地政府纷纷以设立文化产业集聚地为契机,为文化产业提供配套的公共服务,取得良好效果。如到 2008 年底,江苏已建成国家级文化产业示范基地 7 家,江苏省文化产业示范基地 18 家,省级文化产业园区 5 家。示范基地和产业园区对江苏文化产业的发展起到了较好的集聚和带动作用。并且通过搭建平台,政府文化部门牵头组团参加重大文化产业博览交易会,如首届中国北京国际文化创意产业博览会和第四届深圳文化产业博览交易会,大力推介江苏文化企业和文化产品,收到较好效果,扩大江苏文化产业的影响力。[①]

(三) 文化产业管理的范畴

由于各国文化产业的类别划分不同,所以文化产业管理的范畴也不一样。根据我国文化产业的类别,文化产业管理的范畴主要可分为以下方面:

一是纸质传媒产业,包括报纸、期刊和出版业。二是广播影视产业。三是广告产业。四是动漫产业。五是休闲文化产业,包括文化旅游业和休闲娱乐业。六是艺术、体育及其他产业,包括艺术产业,体育产业,其他文化产业如会展业、博物馆业、文物保护业等。[②] 七是网络文化产业。

我国中央政府根据各个产业的发展特征和态势出台了各种管理政策。各

---

① 《江苏省文化厅助推文化产业迅猛发展》,http://www.jyswhj.gov.cn/zf11_news.asp? id = 40.
② 欧阳友权:《文化产业概论》,湖南人民出版社 2006 年版,第216—373 页。

地政府也依据地方特色,选择性地发展若干门类的文化产业,形成区域特色。例如,新闻出版产业是江苏省传统的优势文化产业,尽管近年来新闻出版行业进入"微利"时代,但从 2006 年至 2008 年全省新闻出版业实现业务收入分别超过 600 亿元、700 亿元和 800 亿元,依然保有相当实力。基于目前新闻出版产业的基础,江苏省拟建设四大新闻出版产业基地,形成产业集聚效应,打造完善产业链,建成有区域特色的新闻出版产业。一是沿江印刷复制基地。2008 年沿江 8 市印刷复制业的营业收入超 500 亿元,已经形成了较为明显的产业集聚优势。二是南京和苏锡常游戏动漫产业基地。去年江苏原创动漫作品产量居全国第二。三是南京出版产品物流基地。我省新闻出版部门将支持江苏新华发行集团和上规模民营发行企业建立现代化、综合化、多功能化的大型物流基地,开展运输、仓储、分销、展览、货物代理和电子商务等业务。四是版权相关产业基地。南通家纺市场,南京、苏州软件企业,常州创意园区,连云港水晶市场等,都具备了一定的规模和优势。① 同时,重点扶持龙头企业形成示范和带动效应。如江苏凤凰传媒集团于 2001 年 9 月成立,集图书、期刊报纸和电子音像等出版物的出版、印刷(复制)、发行、物资供应、对外贸易于一体,是国内规模最大、实力最强的大型出版产业集团之一,有 8 家直属图书出版社、1 家电子音像出版社,年出版图书和电子音像出版物 6000 余种、专业报刊 23 种。在江苏省政府的支持下,凤凰传媒集团于 2008 年 9 月启动转企改制②,加快股改上市步伐,建立更具活力的经营机制。集团致力于跨省发展,拓展国内市场,同时大力实施外向合作战略,积极参与"中国图书海外推广计划",与欧美等 20 多个国家和地区近百家著名出版公司建立了长期战略合作关系,每年合作出版和版权贸易图书 2000 多种,已成为百亿元企业。③

① 朱峰、王宏伟:《江苏省将培育四大新闻出版产业基地》,http://media.people.com.cn/GB/40606/9689270.html.
② 孙海悦:《江苏凤凰出版传媒集团转企改制启动》,http://www.wowa.cn/Article/66262.html.
③ 蒋芳:《江苏凤凰出版传媒集团深化改革打造百亿元企业》,http://www.baoye.net/News.aspx? ID=284821.

第四节 文化管理的手段

从当前的实践看,世界各国政府文化管理的主要手段有文化政策、文化法治、文化审查。

一、文化政策

文化政策是公共政策的组成部分。联合国教科文组织和世界文化与发展委员会的一份报告中显示:由于得不到应有的重视,公共政策的诸多方面中,文化政策总是处于边缘地位,排在社会福利、健康和传播等领域的后面,并被置于多头管理之下①。20世纪80年代以后,西方国家的文化管理界和学术界开始关注文化政策的研究。在加拿大等西方国家的积极倡导下,逐渐形成了一个以联合国教科文组织为核心的政府和非政府组织的国际文化政策研究中心。

(一)文化政策的含义

2005年10月,联合国教科文组织大会通过的《保护和促进文化表达形式多样性公约》,将"文化政策和措施"定义为:指地方、国家、区域或国际层面上针对文化本身或为了对个人、群体或社会的文化表现形式产生直接影响的各项政策和措施,包括与创作、生产、传播、销售和享有文化活动、产品与服务相关的政策和措施。

作为当代公共文化管理的基本范畴和途径,我们可以将文化政策概括地表述为:文化政策是一种国家机关和社会团体在文化公共空间内的管理方针和行动话语,是地区、国家和国际的政府或非政府公共文化管理组织,针对重大社会文化问题所做出的策略方案和行动步骤。②

---

① 联合国教科文组织、世界文化与发展委员会:《文化多样性与人类全面发展》,张玉国译,广东人民出版社2006年版,第166页。

② 陈鸣:《西方文化管理概论》,山西人民出版社2006年版,第106页。

（二）文化政策的目标

文化政策主要是通过对公共空间内文化活动、文化产品、文化服务直接或间接地干预和管制，为地区、国家乃至全球的文化公共活动创造某种适宜的环境和条件，尊重和促进公民文化权利和国家文化主权，保护文化遗产，建立文明传播的多样性格局。总体来看，文化政策的目标主要有：一是作为实现国家或地区社会整体发展目标的组成部分，配合并推进国家综合实力的提升和社会福利的发展。二是尊重、保护和促进公民的各项文化权利。三是尊重和保护文化的多样性，保护和开发文化遗产和民间艺术。四是鼓励创意、创新。五是维护国家文化安全和国家文化利益。

（三）西方文化政策的主要原则

"一臂之距"原则。这是英国创立的文化管理原则，是指一种在国家文化基金资助领域内的中央文化准行政管理政策。其核心在于，确立了由国会以直接监管的方式授权组成国家文化基金专门管理机构，使国家文化基金分配管理能够在立法机构国会的监管下直接体现国家意志。由于与中央政府及其文化行政系统之间在组织上保持一定的距离，因此，国家艺术理事会能够在没有政府干预的前提下，独立地做出国家文化基金的分配决定。① 这一原则有助于政府集中精力从事宏观文化行政工作，提高行政绩效，避免行政腐败。

"文化例外"原则。这是法国前文化部长雅克·朗在 20 世纪 80 年代提出的观点。该原则认为，文化产品与一般的货物不同，在国际贸易中应该例外对待，允许国际文化贸易不完全遵循国民待遇和最惠国待遇的非歧视贸易原则。"文化例外"政策建立在这样一个原则基础上的：文化产品和文化服务传递着观念、价值和生活方式，因与其他货物不同而超越于商业之上②。因此，为了使各国的文化产业能够反映本地文化的表达方式，避免文化趣味和文化行为在商业贸易的标准化取向中陷入同质化，需要人们为文化产品和文化服务在国际贸易领域内争得某种特殊的身份和位置，使其能在一般国际贸易规

---

① 陈鸣：《西方文化管理概论》，山西人民出版社 2006 年版，第 133 页。
② 《文化、贸易和全球化》，联合国教科文组织，http://www.unesco.org.

则的框架下加以例外地处置,以尊重其精神符号的特质和民族地域的取向。①
这成为了国际多边贸易组织的框架下世界各国普遍认可的文化贸易领域内著
名的文化保护原则。

文化多样性原则。文化多样性政策主要是在联合国教科文组织中酝酿起
来的,可视为文化例外政策的延续和发展。1982 年 8 月,联合国教科文组
织在墨西哥城召开了世界文化政策大会。大会确立了一些文化政策的原则,其
中"文化身份"原则中写道:"每一种文化都有必须得到尊重和维护的尊严和
价值,必须确认每个民族和文化社团的权利,保护其文化身份,并受到其他民
族和社团的尊重。"2001 年 11 月,联合国教科文组织发布的《教科文组织世界
文化多样性宣言》,第一次由国际组织的名义明确提出文化多样性政策,并将
文化多样性视作是人类的共同遗产,是人权的一个组成部分,是人类文化生态
平衡必不可少的条件,而捍卫文化多样性是维护人的尊严必不可缺的义务之
一。② 2002 年 3 月,文化政策国际网发布了"多样性和全球化"加拿大工作组
起草的《文化多样性国际公约草案》。2005 年 10 月,联合国教科文组织的《保
护和促进文化表现形式多样性公约》在巴黎召开的联合国教科文组织第 33
届大会上获得通过,本公约文本以国际规范文件的形式,巩固了已体现在
2001 年一致通过的 UNESCO《世界文化多样性宣言》中的思想,即文化多样性
应视为"人类的共同遗产",并且,其"保护具有伦理必要性,与对人类尊严的
尊重密不可分",标志着国际社会在保护和促进世界文化多样性方面向前迈
出了关键性的一步。该公约力求重申文化、发展和对话的联系,并为国际文化
合作创建新的平台,也为各国今后制定和实施相关政策提供了强有力的法律
依据③。

(四) 中国的文化政策

文化政策是文化的政治表现形态。建国以来,我国根据不同历史时期社

---

① 陈鸣:《西方文化管理概论》,山西人民出版社 2006 年版,第 140 页。

② 中国民族宗教网:http://www.mzb.com.cn/html/report/28807 - 1.htm.

③ 中华人民共和国知识产权局网站:http://www.sipo.gov.cn/sipo2008/ztzl/ywzt/yczyhctzsbh/xxk/gjdt/200804/t20080411_374137.html.

会发展、文化建设的具体情况和要求,相应地制定和调整国家的文化政策。

当前,我国文化管理的总政策是:为人民服务,为社会主义服务;百花齐放,百家争鸣。我国文化管理的基本政策是:弘扬主旋律,提倡多样化;古为今用,洋为中用,推陈出新。这是符合文化发展的社会主义性质和方向,应对文化发展日益多元化,价值观冲突日益明显的文化现状的政策。随着我国文化体制改革的不断深入以及对外文化交流的发展,有力地推动我国文化发展的多样化、公共文化服务发展、文化市场的开放、文化产业的兴盛,使当代中国文化事业获得了前所未有的快速发展,直接推动了国家文化软实力的提升。

以文化管理总政策为准则,我国积极发展公益性文化事业,大力发展文化产业,激发全民族文化创造活力,更加自觉、更加主动地推动文化大发展大繁荣。2009 年 9 月,结合当前应对国际金融危机的新形势和文化领域改革发展的迫切需要,在重视发展公益性文化事业的同时,加快振兴文化产业,充分发挥文化产业在调整结构、扩大内需、增加就业、推动发展中的重要作用,国务院出台了《文化产业振兴规划》。这是我国第一部文化产业专项规划,标志着文化产业已经上升为国家的战略性产业。《规划》提出了发展重点文化产业、实施重大项目带动战略、培育骨干文化企业、加快文化产业园区和基地建设、扩大文化消费、建设现代文化市场体系、发展新兴文化业态、扩大对外文化贸易等八项重点任务,并为此制定了一系列的政策措施:降低准入门槛、加大政府投入、落实税收政策、加大金融支持、设立中国文化产业投资基金。① 这些政策的制定和实施对于发展文化产业,繁荣文化市场,满足人民群众多层次、多方面、多样化的文化需求,提高文化产业占国民经济的比重,增强国际竞争力具有十分重要的意义。

以江苏省为例,2009 年大规模实施文化项目"走出去"、"引进来"战略。走出去,占领市场,占有资源;引进来,吸纳资本,做强品牌。为此,江苏省制定了一系列政策,如设立省级文化产业发展基金,解决制约江苏文化产业发展的

---

① 《文化产业振兴规划》全文发布,中华人民共和国中央人民政府网站:http://www.gov.cn/jrzg/2009 - 09/26/content_1427394.htm.

资金瓶颈,重点投资全省演艺娱乐、动漫游戏、影视制作、文化会展、网络信息传媒等现代文化领域,帮助和支持本省文化企业冲出江苏,在全国乃至世界的平台上发展、竞争、做大做强。10月15日,凤凰出版传媒集团和法国阿歇特图书集团在法兰克福正式签署合作协议,在北京合资成立凤凰阿歇特文化发展(北京)有限公司。合资公司可以优先获取阿歇特集团优秀大众图书的版权,同时,借助阿歇特集团的出版文化资源和遍布全球的图书销售网络,向国外输出凤凰集团图书的版权,帮助江苏文化产品在世界的传播、推介。① 可见,文化政策具有多层次、多样化、动态性等特点。合理制定和实施文化政策将有助于实现文化管理的目标。

二、文化法治

(一)文化法治的含义

文化法治从广义上来说,是指文化法律法规在立法、行政和司法领域的合法性和合法化。一方面是指文化法律治理的合法性,国家立法机构的文化立法、国家文化行政机构的文化执法、法院的文化司法审查,都能够符合国家宪法或法律的规定,每一个公民、法人和组织无论职务高低、权力大小都必须服从宪法和法律规定的文化规范,履行各自的文化权利和义务;另一方面是说文化治理的合法化,即将正义、自由、民主、道德等理念作为包括宪法在内的所有国家文化法律法规制定、修正和实施的合法化反思准则,从根本上推进国家文化法治在法律制度和法理学术上的实践。从狭义上看,文化法治是指文化法治行政,即国家文化行政行为的合法性和合法化。②

(二)文化法治的原则

一是国家文化行政机构应该在国家法律的框架下独立地行使文化行政权。二是文化法治正义原则,既包括公平、公正的实质正义,也包括文化行政程序正义的形式正义。三是文化行政诉讼的原则,主要是为了使国家文化行

---

① 中国网络电视台:http://www.cctv.com/cctvsurvey/special/03/20091023/103231.shtml.
② 陈鸣:《西方文化管理概论》,山西人民出版社2006年版,第161页。

政机构及其成员能够依法行政,防止国家文化行政权力的滥用,并使公民的文化权益在受到国家文化行政不法侵害的时候,能够得到及时的救济和补偿。四是文化行政绩效原则,即实施文化行政绩效评估,保证国家文化行政管理的有效和经济。①

(三)中国的文化法治

从立法的目的看,我国已有的文化法规可以分为三类:一为公共文化事务法,其目的是确定国家在发展公共文化事业方面的责任,并为社会提供参与公共文化事务所需要的条件和环境,包括各种优惠政策和法律保障等。二为文化管理法,其目的是确定政府行使文化管理职能的权力和责任,规范文化行政行为,如登记、审查、处罚等行为。三为行为法,其目的是确定文化生产和消费的基本经济关系,为社会提供公平竞争环境。②

目前,我国的文化法规主要有:③

一是宪法。宪法关于国家基本制度和发展文化事业及保障公民享有从事文化活动的权利的规定,为文化法制建设提供了基本原则。宪法规定,"国家发展为人民服务、为社会主义服务的文学艺术事业、新闻广播电视事业、出版发行事业、图书馆博物馆文化馆和其他文化事业,开展群众性的文化活动";"国家保护名胜古迹、珍贵文物和其他重要历史文化遗产";宪法保障公民享有进行科学研究、文学艺术创作和其他文化活动的权利,构成了文化法律体系的一部分。

二是文化法。文化法是根据宪法制定的调整国家文化管理和社会文化生活中发生的各种社会关系的法律规范的总称。在文化领域我国制定了两部法律:《文物保护法》和《著作权法》。1991 年 6 月 1 日开始实施的《中华人民共和国著作权法》,同专利法、商标法一起构成了我国知识产权保护体系。在此后的十年中,著作权法对保护著作权人和相关权利人的合法利益,激发其创作积极性,促进经济、科技的发展和文化、艺术的繁荣,发挥了积极作用。随着社

① 陈鸣:《西方文化管理概论》,山西人民出版社 2006 年版,第 161—163 页。
② 周斌:《文化产业政策法规研究》,南京师范大学 2005 年度博士论文。
③ 周斌:《文化产业政策法规研究》,南京师范大学 2005 年度博士论文。

会主义市场经济体制的建立和我国加入一些国际版权条约以及高新技术的迅
猛发展,特别是我国加入世界贸易组织的需要,在我国正式成为世贸组织成员
前夕,第九届全国人大常委会第二十四次会议于2001年10月27日通过了著
作权法修正案,这对于加强我国的知识产权保护,有很大的推动作用。

在文化行政管理方面,国务院发布了若干行政法规,如《中华人民共和国
著作权法实施条例》和《计算机软件保护条例》《著作权集体管理条例》《营业
性演出管理条例》《娱乐场所管理条例》《广播电视管理条例》《电影管理条
例》《出版管理条例》《音像制品管理条例》等,进一步确保文化法的实施。

三是相关法律。主要是行政法、民法、商法、经济法、社会法、刑法和诉讼
法。其中,行政法关于国家行政管理部门职责权限的规定是文化管理的法律
依据。民法关于市场主体资格、市场主体的权利、义务和行为规定的一般原则
的规定。目前,国家已经制定的适用于文化产品交换的民事法律规范主要有
《民法通则》《经济合同法》《涉外经济合同法》《技术合同法》等。商法中的公
司法、保险法等法律规范对文化市场具有较普遍的约束力。经济法是调整因
国家从社会整体利益出发的市场干预和调控所产生的社会经济关系法律规范
的总称,许多重要的经济法是保障文化产品正常流通的法律调控手段。如
《反不正当竞争法》可以维护竞争秩序,制止对知识产权的侵犯;社会法调整
因维护劳动权利、救助待业者而产生的各种社会关系,它在保障文化从业者的
劳动权利和社会权利方面,具有十分重要的作用。刑法和诉讼法对传播精神
垃圾等违法犯罪活动加以控制,对政府管理部门非法侵犯公民、法人的合法文
化权利的具体行政行为,公民、法人可以通过诉讼途径得到法律的保护。

三、文化审查

文化产品和文化服务的精神符号特性决定了它们总是会蕴涵着一定时期
社会意识形态的属性,体现出某种政治的、道德的、审美的、经济的等观念;而
文化产品和文化服务一旦通过某种传播媒介进入公共领域,进而传递到日常
的生活世界之后,往往会对文化消费者或享受者带来种种精神和情感方面的
影响,这种影响又时常因社会的语境、民族的传统、个人的年龄等诸多因素而

表现为积极的或消极的、正面的或负面的效应。因此各国均出台了一系列有关文化审查的制度和审查机构。

（一）文化审查的含义

文化审查是现代主权国家在保护和促进言论自由，维护国家安全、社会稳定和文化市场有序竞争的一种社会控制系统。它是国家和政府管理本国文化的手段，同时也是社会和文化生产服务机构的职能，是每个文化从业者的职责。[①]

文化审查制度是由西方的新闻审查制度演变而来。在西方世界普遍废除传统的新闻审查制度后，言论自由和出版自由的宪政原则为西方文化审查提供了社会制度和知识思想方面的基础。当代文化审查制度建立在版权保护意识和西方文化公共空间及管理制度变迁的基础之上。大众传媒时代的到来不仅拓宽了言论的自由表达，也催生了一些进步传媒人士的社会责任和从业道德，进而表现出自我管制的取向。20 世纪 20 年代后，英美等国家的电影业、新闻出版业等行业协会相继制定了一些文化行业规则，如全美电影制片和发行人协会主席 W. 海斯与耶稣会教士 D. 洛德等人起草制定《海斯法典》，于 1930 年 3 月 31 日公布，作为对美国电影审查的法规。之后在一些国家逐渐发展为由政府管制、行业自律、舆论监督等机制构成的文化审查制度。

（二）文化审查的原则

虽然由于国家制度、传统文化等因素不同，各国的文化审查制度具有国别性和地方性的特点，但仍然具有一些共性原则：[②]

一是属地综合管制原则。就是通过地方政府或公共管理机构，对进入本地区的文化生产服务机构或文化产品内容，实行市场准入许可、市场经营稽查和司法救济等管制的综合性审查制度。

二是自我管制原则。文化从业机构和文化行业协会制定有关文化从业者、文化机构责任的职业准则，以行业自律的方式对文化从业行为、文化产品

---

① 陈鸣：《西方文化管理概论》，山西人民出版社 2006 年版，第 194 页。
② 陈鸣：《方文化管理概论》，山西人民出版社 2006 年版，第 197—203 页。

内容等方面实现自我管制,是当代西方国家文化审查的基本原则之一。

三是广播电视的国家管制原则。广播电视是一种特殊的大众传播媒体,不仅占据着国家的频道稀缺资源,面向普通百姓,而且具有特别的视听吸引力和超越时空的影响力,因此多数国家都对广播电视行业采取了国家管制的原则,即由中央政府广播电视主管部门或国家广播电视委员会的组织机构,专门负责广播电视行业的市场准入审查事务,包括广播电视企业执照颁发和延续的审查、观众意见的采集、听证会制度、行政执法等,并根据宪法和法律法规的有关规定,对于广播电视企业的申请人,实行主体的资质和资格、设备设施、技术标准、收视覆盖率等进行市场准入方面事先审查。

四是国家文化基金项目的评估原则。项目评估是对于国家文化基金分配的审查,主要是为了使国家文化遗产、艺术文化的优秀作品能够在市场经济中占据一定的位置,使本国的民族文化产业能够顺应世界文化多样性的趋势。英美等西方发达国家已逐步建立了包括专家评估委员会、评估程序、利益抵触回避机制的评估原则,具有一定的借鉴价值。

(三) 中国的文化审查

中国的文化审查起步较晚,目前在借鉴各国的有益经验并结合国情逐步推进。中国的文化审查主要包括两个方面:一是文化实体的资质、资格审查;二是文化行业审查。

文化行业主体的资质、资格审查主要是行政主管部门根据国家的法律、法规,对拟进入文化领域的主体进行资质、资格的审查。如,注册一家影视制作拍摄公司,必须由工商管理部门、当地广电部门依据法律法规对其资质进行审查,合乎条件者准予注册,从事影视经营活动。

文化行业审查主要是由不同文化行业的行政主管部门和行业协会对本行业的文化产品进行审查。如我国的电影审查制度。当前电影的审查主要是依据国务院 2001 年 12 月 25 日颁发《电影管理条例》进行,实施审查的电影审查委员会由 37 人组成,实行聘任制,聘期一般为两年。委员会设主任一名,由电影局局长担任;委员来自各行各业,包括国家广电总局的官员、专业学者、从业人员。审查标准一共有 11 条,审查按照规定的程序进行。2003 年 11 月,中国电影审查制度进行了重大改革,采取了电影属地审查制,北京、上海、广东、吉林、陕西、山东、浙江等七地被列为试点地,即试点地出品的电影由当地的广电局进行审查。在 2006 年颁布的《电影剧本(梗概)备案、电影片管理规定》第四条规定:广电总局电影审查委员会和电影复审委员会负责电影片的审查。省级广播影视行政部门,经申请可以受广电总局委托,成立电影审查机构,负责本行政区域内持有《摄制电影许可证》的制片单位摄制的部分电影片的审查工作。① 中国电影审查制度还存在着诸多缺陷,如审查委员会成员结构不甚合理、政治标准优先、缺乏分级制度等,不过中国电影审查制度经过长期的实践和规划,正在不断改进和发展。

随着网络文化产业的发展,我国启动了网络文化行政审查。2004 年 7 月 1 日《行政许可法》正式实施后,国务院出台行政审批事项目录,文化部将负责互联网文化内容审查和管理。2009 年 8 月 26 日,文化部印发了《文化部关于加强和改进网络音乐内容审查工作的通知》,明确了所审查的网络音乐的定义和范围:"网络音乐是指用数字化方式通过互联网、移动通信网、固定通信网等信息网络,以在线播放和网络下载等形式进行传播的音乐产品,包括歌曲、乐曲以及有画面作为音乐产品辅助手段的 MV 等。"针对网络文化这种新兴的文化形态,文化部创新审查模式,一是引入科技手段简化报审程序;二是建立"快速审查通道"制度;三是对同一音乐产品的内容不进行重复审查。着重加强网络音乐经营主体管理、网络音乐内容管理、进口网络音乐报审主体管理、规范进口网络音乐交易规则、对网络音乐的知识产权保护、对音乐产品搜索服务的管理。② 伴随着实践的推进,我国的文化审查制度将不断积累经验,不断改善。

---

① 毛琳:《中国电影产业化和审查制度》,中国艺术研究院出版社 2007 年版。
② 中华人民共和国中央人民政府网站:http://www.gov.cn/zwhd/2009 - 09/04/content_ 1409188.htm。

案例 以政策为杠杆撬动江苏省动漫产业迅猛发展①

动漫产业是文化产业的重要组成部分。进入 21 世纪以后,中国动漫产业的发展得到了国家的高度重视和大力扶持。2002 年起国家文化部、广电总局等政府决策部门先后出台了一系列重要的政策文件,从创作、传播、技术、人才、资金、市场管理、产业链构建等方面大力扶持本土动画产业的发展。2006 年 9 月,中共中央办公厅、国务院办公厅印发了《国家"十一五"时期文化发展规划纲要》,把文化产业体系建设作为"十一五"时期文化发展的重点之一加以部署,并且明确了数字内容和动漫产业作为国家重点发展的文化产业九大门类之一。此外,文化部先后出台了《关于扶持我国动漫产业发展的若干意见》《文化部原创动漫扶持计划(2009)》;财政部和国家税务总局出台了《关于扶持动漫产业有关税收政策问题的通知》,公布了一系列税收优惠政策。国家还专门成立了"少儿精品发展专项资金及国产动画发展专项资金"。2009 年 9 月国务院颁布《文化产业振兴规划》,首次将动漫产业列为重点发展的文化产业之一,中国动漫产业迎来前所未有的发展良机。

江苏是文化大省,有着丰富的文化资源。2006 年,江苏省委、省政府召开全省文化工作会议,提出了建设"文化江苏"、向文化强省迈进的总体要求和部署,做出《关于发展先进文化建设文化江苏的决定》,出台了《江苏省十一五文化发展规划》以及《关于加快文化事业和文化产业发展若干经济政策的通知》。针对国家发展动漫产业的总体部署,结合江苏省自有资源和优势,江苏省出台了一系列政策促进动漫产业发展。

2006 年江苏省政府办公厅下发了《关于加快动漫产业发展的意见》,明确了江苏动漫产业发展的指导思想和总体目标,制定了支持动漫原创和核心技术开发、扶持动漫基地建设、推动动漫企业发展、拓展动漫产业海外市场、加快

① 本案例根据以下资料整理:《江苏省发展动漫产业成效显著》,创意在线. http://www.52design.com/html/200907/design200972094554.shtml.

动漫人才培养、加强市场监管和行业自律、加强组织领导和协调配合的政策。

2007 年江苏省政府办公厅《关于文化产业引导资金使用管理办法》明确规定对动漫原创作品生产、动漫基地及动漫公共技术服务平台、动漫影视频道建设等进行资金扶持。对动漫原创影视作品给予一次性奖励：在省级电视台播出的，按二维动画片每分钟 1000 元、三维动画片每分钟 1500 元标准奖励；在央视播出的，按二维每分钟 1500 元、三维每分钟 2000 元标准奖励。江苏省文化产业引导资金已下拨奖励资金 2109 万元。

2009 年江苏省提出将设立初始规模约 20 亿元的省级文化产业发展基金，拟采用股权投资和项目投资方式，重点投资江苏省动漫游戏、文化会展、影视制作和发行放映、出版发行等文化产业领域。

与此同时，江苏省注重政策的有效执行，采取举措扶持重点影视动漫企业。一是积极推动扶持政策的尽快落实。推动原创影视动漫项目的播出奖励、影视动漫播出平台补贴、影视动漫企业的投融资扶持政策、建立健全影视动漫产业海外服务支撑体系的具体实施细则的出台。推动省高层次创新创业人才专项资金对影视动漫创新创业人才的扶持。推动影视动漫产学研结合项目、公共技术平台建设享受有关科技创新创业计划有关政策等。鼓励支持江苏省优秀动漫原创作品和产品到海外参展，适当补助动漫产品出口译制经费。二是加强对重点企业和重点项目的扶持引导。通过各类评奖选优、引导资金评审等途径和手段，大力扶持市场竞争力强、原创品牌优、产业发展良好的重点骨干企业和重点项目，使江苏影视动漫大企业大品牌能够脱颖而出。三是充分发挥广电播出平台的推广优势。鼓励江苏电视播出机构与重点影视动漫企业开展产业合作，支持江苏少儿频道和南京少儿频道建设。进一步完善江苏电视动画播映体系，扩大原创动画播出规模，促进原创影视动漫制作方、目标消费群和市场推广等相关产业环节的交融，推动影视动漫产业链的有效延伸。四是积极建设动漫产业孵化平台。南京数码动漫创业园在建立之初，就定位于打造"中小动漫企业的孵化器"，向有好创意但缺少技术条件的中小动漫企业提供技术平台建设和创业服务。为此，创业园配备了电信百兆专线、五折幕动漫体验室、多功能培训教室等硬件，以及一整套多媒体公共技术平台，为动漫企业的发展创造了良好条件。

通过制定与实施合理的、递进性、延续性的动漫产业政策,形成了文化产业项目带动战略推动产业升级的良好局面。目前,江苏省建成常州、无锡、苏州、南京 4 家国家级动画产业基地,影视动漫企业近 300 家。有 40 多所院校开设了动画相关专业,在校学生 9000 多人。2008 年,江苏省获准发行的原创电视动画片 49 部 22192 分钟,位居全国第二,增幅全国第一;11 部动漫片被国家广电总局评为优秀动画片,位居全国第一;以上动画片全部在省级以上电视台播出。无锡、南京、常州名列全国 2008 年原创动画产量排名十大城市。江苏省成为全国的动漫大省。动漫产业已成为江苏省文化产业的重要支柱。

第二十六章 体育管理

第一节 体育管理体制及其职能

体育管理体制是体育管理的机构设置、权限划分、运行机制等方面的体系和制度的总称,是实现体育事业发展总目标的组织保证。体育管理体制的建立健全,对一个国家、一个地区体育事业的健康有序发展起着十分重要的作用。它是对体育事务的目标和方向进行明确界定,对体育管理者和相对人的权力、义务进行具体分配,对体育相关方的行为和职责进行有效规范。体育管理体制的确立和变革具有很强的时代性,随着社会条件的不断变换进行相应调整,以适应特定历史时期社会发展的需要。我国现行体育管理职能由政府行政管理职能和社会组织管理职能组成。

一、中国体育管理体制的演变

新中国体育管理体制大致经历了从建国初到 1998 年政府机构改革五个时期的变换。

(一)改造旧体育、建设新体育

1949~1952 年,随着人民民主政权的确立和巩固,在继承、发扬革命根据地和解放区的体育传统、接收和改造旧体育的基础上,确立了新体育的建设方针和目标任务,在较短时间内基本建立了较为完备的体育管理体制,以团中央为主管领导,以中华全国体育总会为具体操作,以教育部、中国全国总工会等部门系统为各方协作的体育管理模式。各地县级以上团组织建立"军事体育部",区及区以下设立军事体育委员,大城市的区设立军事体育部。1949 年 10 月,在北京召开了全国体育工作者代表大会,对旧中国"中华全国体育协进会"进行重组和改造,成立了中华全国体育总会筹备委员会,与团中央一起负责全国的体育工作。1952 年 6 月正式成立中华全国体育总会,下设常务委员会,设有组织部、宣传部、国际联络处、秘书处、各项专门委员会和中央国防体育俱乐部,在大行政区设体育总会分会,在省市县设立体育分会,工厂、学校、农村、机关等基层单位设体育委员会。体育的主要工作:一是建立发展体育组织,团结全国体育工作者,组织大家参加体育运动;二是研究中国既有的体育,总结其经验,扩大体育教育和宣传,指导体育活动;三是有计划地翻译苏联和各国有关体育的成功经验和办法,并协助编辑系统的体育教材。工作方针是:从实际出发并与实际相结合,使体育运动普及和经常化,积极地发展体育运动、增强人民体质,为加强生产建设和国防建设而服务。中心任务则是:大力开展学校、机关、工厂、部队、农村等基层单位经常性群众性的体育活动。

(二)社会主义体育体制的初步建立

1953 ~ 1957 年,在学习苏联发展体育经验的基础上,逐步形成了新中国计划体制下的体育发展模式。1952 年 11 月 15 日,中央人民政府委员会第十九次会议决定成立"中央人民政府体育运动委员会",1954 年改称为中华人民共和国体育运动委员会,这是中国历史上第一个部级国家体育行政机关。国家体委在 20 世纪 50 年代实行委员制。在地方县级以上政府也设立各级体育运动委员会,主管本地区体育工作,受同级人民政府和上级体委的领导。经过一段时间的努力,在体育管理的组织体系方面,逐渐形成了三大组织系统:体育管理的国家行政部门系统、军队系统和社会组织系统,形成了体制建设的基本格局:中央体委所实行的委员会制、中华全国体育总会的会员制、国防体育协会的俱乐部制。国家体育部门系统主要包括中央体委和相关部委。中央体委是中央人民政府主管体育的部门,负责领导、协调、监督全国体育事业;相关部委负责领导本系统体育工作,并与国家体委相配合。军队系统管理体育的是军委总政治部(一段时间改由总参谋部以及三总部联合组成的体育运动指导委员会负责)。社会组织系统主要由三部分组成,一是社会体育组织,主要是中华体育总会及各地分会,在机关、学校等基层单位的体育协会;二是社会群众团体,主要有总工会、共青团、妇联等群众团体;三是民间体育组织,这是得到上级体育部门承认,并接受其指导、监督的体育组织。

(三)举国体制的形成时期

1957~1966年,是我国体育事业发展的重要阶段,初步形成了与计划经济体制相适应的体育发展模式和运行机制。突出政治的需要,工作重点由过去的增强人民体质转向为国争光转移,从体委的组织编制、机构设置、人事安排、科研教育、宣传外事以及工作考核,均围绕竞技体育开展,从基层到最高决策层,形成了一套完整的争光运作体制。由50年代初国家体委进行指导,国家和社会力量共同兴办体育,变为集权于体委,对体育进行独家领导和管理的模式。这期间,整个中国体育的运行以争光竞技为主,开展活动的项目受到约束,活动任务为争光服务,科研、教育、宣传等工作都以奥运争光为核心,集中人力、物力、财力,通过统一规划、调配、部署,形成了举国一致的奥运争光体制。

(四)"文革"期间体育遭遇停顿

"文革"初期,在各地相继成立革委会的同时,各级体委被军管,体育系统也成立革委会或体育运动领导小组,成为临时性体育管理机构。随后,各级体育行政机构停止正常工作,工会、青年团、妇联组织中体育有关机构的工作也陷于停顿,体育事业基本上瘫痪。1971年,全国体育工作会议后,国家体委重新归属国务院管辖,省以下仍实行军管。1973年,国务院要求建立健全县以上各级体委,撤销了对体委的军管,成立体育局,体委组织系统得以恢复,开始行使管理职能。

(五)文革后的体育管理体制改革

市场经济的初步形成,对传统的体育管理体制形成强烈的冲击。1986年,国家体委颁发《关于体育体制改革的决定》,根据我国体育发展的现状制定采取了一系列改革政策和措施。鼓励和支持各体育事业部门利用自身资源,开展多种经营与服务,增强自我造血功能;鼓励体育事业单位向社会开放,扩大服务对象,提高体育资源利用效率,促进全民健身的全面开展;鼓励部分体育技术人员走进市场,开展有偿服务,促进了体育人才的流通,初步打破了传统体育管理体制模式,扩大了体育系统内部管理权限,提高了体育资源利用率,促进了体育产业发展,更好地适应市场经济发展需要和群众多元体育需求。1998 年 4 月,国务院机构改革,国家体委更名为国务院直属机构,更名为国家体育总局,与中华体育总会一个机构两块牌子(省及省以下体育部门更名为体育局),实行政事分开、政企分开、政社分开,搞好宏观政策调控和法规建设,集中推行"奥运争光计划"和"全民健身计划纲要",更好地发挥市场的调节作用和资源配置优势,推进公共服务职能的市场化,推动体育管理体制由体育资源配置职责向管理体育发展秩序职责转变,促进体育产业和体育事业的科学发展、协调发展。

二、政府体育管理系统及其职能

我国政府体育管理系统分为政府专门体育管理系统和政府非专门体管理系统。政府专门体育管理系统是指以各级体育运动员委员会(体育局)政府专门机构为主的专业体育管理系统,负责统一领导、协调、监督、管理、推进全国及各地体育事业发展,机构设置到县,乡镇街道不设专门机构,体育管理职能包含在文化站等部门。具体职能为:研究制定体育工作的政策法规和发展规划并监督实施;指导和推动体育体制改革,指定体育发展战略,编制体育事业的中长期发展规划;协调区域性体育发展;推行全民健身计划,指导并开展群众性体育活动,实施国家体育锻炼标准,开展国民体质监测;统筹规划竞技体育发展,研究和平衡全国性体育竞赛、竞技运动项目设置与重点布局;组织开展反兴奋剂工作;管理体育外事工作,开展国际间和与香港特别行政区及澳门、台湾地区的体育合作与交流;组织参加和举办重大国际体育竞赛。组织体育领域重大科技研究的攻关和成果推广;研究拟定体育产业政策,发展体育市场;制定体育经营活动从业条件和审批程序;负责全国性体育社团的资格审查。政府非专门体管理系统是国务院及地方政府其他部委,分别主管各自单位系统内的体育工作,如教育部门设有专门的体卫艺处(司)负责学校体育工作,农业、民委等部门都有相关职能部门管理农民和民族体育工作。

三、社会体育管理系统及其职能

社会体育管理系统包括社会专门体育管理系统和社会非专门体育管理系统。社会专门体育管理系统主要指中国奥委会和中华全国体育总会及各体育协会。中国奥林匹克委员会简称"中国奥委会",是以推动奥林匹克运动和发展体育运动为宗旨的全国性体育组织。职能是:促进奥林匹克项目在中国广泛开展;组织中国奥委会代表团,参加国际奥委会主办的夏季、冬季奥运会,并提供必要的经费和运动器材;协助其他全国性体育组织举办体育竞赛和运动会。中国体育组织早在 1910 年 10 月成立,1922 年即为国际奥委会所承认。新中国成立后,1954 年 5 月在雅典举行的国际奥委会第 49 届会议上通过决议被继续承认。但在 1956 年第 16 届奥运会时,由于国际奥委会某些负责人制造"两个中国",允许台湾当局也派队参加奥运会,对此中华全国体育总会提出抗议,中国奥委会于 1958 年 8 月宣布与国际奥委会断绝关系,1979 年 11 月 26 日,经国际奥委会全体委员表决,又恢复了中国奥委会在国际奥委会中的合法地位。设在台北的奥委会作为中国的一个地方机构,用"中国台北奥林匹克委员会"的名称留在国际奥委会内。

中华全国体育总会,是中国成立最早、会员最多的全国群众性体育组织,是党和政府联系体育工作者的纽带、桥梁,发展体育事业的助手。1949 年 10 月 27 日,中华全国体育总会筹备委员会在北京成立,1952 年 6 月 20 日—24 日,中华全国体育总会在北京举行第二届全国代表大会,宣告中华全国体育总会成立,英文名称:All-China Sports Federation,缩写"ACSF"。宗旨是:遵守国家宪法、法律、法规和各项政策,依据《中华人民共和国体育法》,推进全民健身计划和奥运争光计划的实施;联系、团结运动员、教练员、体育工作者、体育爱好者及热心支持体育事业的团体和个人,联系台湾、香港、澳门同胞及海外侨胞中的体育界人士,努力发展体育事业,为全面建设小康社会、推进中国特色社会主义服务;同中国奥委会密切合作,为增进世界人民的友谊服务。业务范围:一是宣传和普及群众体育运动,不断增强人民体质,提高全民族整体素质;二是举办或联合举办全国性、境内国际性比赛和体育活动,进一步提高竞技运动水平,攀登世界体育高峰;三是大力推进体育改革,对体育事业重大方针政策、发展战略提出建议,为政府决策服务;四是通过组织体育活动,向广大群众尤其是向运动员、青少年进行爱国主义、集体主义和社会主义教育,培养奋勇进取、顽强拼搏、团结友爱等优秀品德,树立遵纪守法观念;五是组织体育理论、运动技术、科研教学等专题调查研究,促进体育科学化;六是发展体育产业,培育体育市场,开发无形资产,促进体育产业化;七是加强与全国各体育组织的联系,沟通情况,交流经验,指导工作;八是开展国际间的体育交流,发展同国外体育组织和体育工作者的友好往来。体总实行单位会员制,到2007年共有单位会员154个,其中全国性单项协会60个;省(区、市)体育总会37个;行业协会27个;其他类体育组织30个,另有50名个人会员,共204个。全国体总下设:秘书处、群体部、竞体部、经济部、法律事务部、人事部、外联部、科教部、宣传部处理日常事务。

此外,还有社会非专门体育管理系统,包括工会、青年团、残联、妇联等社会组织,动员、组织和管理本系统人员参加体育活动。

第二节 群众体育管理

一、群众体育管理基本内涵

群众体育管理涉及机构设置、权限划分、运行机制等。合理的群众体育组织结构,较好的管理部门关系,是群众体育管理良性运转和健康发展的重要因素。群众体育管理,直接面对群众性体育活动,维护人民群众的公共体育权益,以满足大众体育需求为宗旨,制定方针政策和具体措施,为社会和群众提供体育公共产品和公共服务。群众体育管理体现共公共性和服务性。改革开放以来,群众体育的发展形式和经费来源渠道打破了国家包办的格局,形成二元化的特征,群众体育管理体制也随之相应改变。目前,群众体育已形成非市场主导和市场主导的两种体制模式,群众体育资源配置从单一的政府配置向政府和市场共同配置的方式转变。其中市场资源配置起到基础性作用,政府管理群众体育即在市场配置的基础上,通过财政收支对市场的运行发挥着宏观调控的作用,或购买公共服务、加强基础设施等产品供给等方式,以弥补和克服市场失灵等固有缺陷来实施国家管理职能。

二、体育人口的概念与标准

体育人口是当前国际上评价一个国家地区群众性体育活动水平的重要标准。体育人口,指经常从事身体锻炼、身体娱乐,接受体育教育、参加运动训练和竞赛,具有统计意义的一种社会群体。直接参加各种身体活动,即具有亲身体育实践,是体育人口的基本特征,通过采取某种特定的身体练习方法,达到体育的目的,即增强体质,增进身心健康,提高运动技能,改善生活方式,促进人的全面协调完善发展。由于学校体育、武装力量体育和高水平竞技体育的参与行为具有一定的强制性和稳定性,这些体育人口的群体与相应的总群体区别不大,可视为当然体育人口。除此部分当然体育人口外,社会体育管理水平和制约人们体育参与的社会因素,也是体育人口的重要判断标准。因此,当前符合一定统计学原理和管理学、社会学意义,保持一定的体育锻炼惯性,达到一定体育锻炼目的效果,即可视为体育人口。国际上判定体育人口的标准差异较大,根据我国多数居民实际情况,目前较为普遍的体育人口标准为:每周身体活动频度3次(含3次)以上,每次身体活动时间30分钟以上,每次身体活动强度中等程度以上。

三、全民健身计划纲要

1995年6月,国务院颁布了《全民健身计划纲要》,对1995年到2010年我国群众体育事业的发展做出了全面的规划和部署,旨在全面提高国民体质和健康水平的"全民健身计划",以青少年和儿童为重点,倡导全民做到每天参加一次以上的体育健身活动,学会两种以上健身方法,每年进行一次体质测定,使锻炼身体成为更多人的自觉行动与日常习惯。《全民健身计划纲要》是新时期发展群众体育事业的纲领性文件,服从和服务于党的中心工作和社会发展全局作为出发点和落脚点,把动员和引导广大人民群众积极投身体育健身活动,达到普遍增强人民体质作为核心和主体;把深化体育改革、大力推进社会化进程,探索新时期体育管理体制和运行机制作为一条主线;把加快发展我国全民健身事业,逐步建成具有中国特色的全民健身体系作为突出特点和目标要求。实施《全民健身计划纲要》来,我国广大人民群众的健身意识明显增强,经常参加体育锻炼人数逐年增加;人口预期寿命大幅度增长,全民族健康素质不断提高;全民健身服务业稳步发展,居民体育消费水平明显提高;群众体育健身场地设施进一步完善,体育彩票公益金引导建设群众体育设施效果显著;群众体育组织网络和骨干队伍发展壮大,群众体育科学化、法制化水平不断提高。

四、社区体育与农村体育管理

社区体育,主要是在街道办事处的辖区内,以自然环境和体育设施为物质基础,以全体社区成员为主要对象,以满足社区成员的体育需求、增进社区成员的身心健康为主要目的,就地就近开展的区域性群众体育。主要任务是采用多种方式,发动、引导、组织社区成员开展经常性的体育健身活动,提供门类众多的体育服务,满足社区成员的体育需求,增强居民体质。社区体育主要街道文化站(文体中心)、社区居委会负责,通过协会具体组织实施。具体工作主要有:健身点的日常管理工作,涉及到健身器材的安装、维修、更新、保养、保险等工作;健身团队的日常管理,涉及到体育骨干、体育积极分子培训工作,积极组建各类民间体育协会,健全体育组织网络;国民体质监测站的管理工作,组织社区居民进行体质监测,为社区居民参加健身提供科学指导,调整社区体育工作政策提供科学依据;结合全民健身周、全民健身日、社区健身大会、全民健身节,街道有计划地开展一系列的体育活动,引导不同特点的人群参加喜闻乐见的体育锻炼;组队参加各类体育比赛和承办各类大型的体育赛事;定期举办社会体育指导员培训班,做好社会体育指导员的管理工作。国家利用体彩公益金建设了一批社区体育俱乐部和全民健身中心等设施。

农村体育,相对于社区体育,主要是对县以下的乡镇、行政村、自然村体育活动的开展和管理。农村体育的基本任务是:贯彻国家有关体育和农村工作的法规及方针政策,发展体育事业,增进农民的身心健康,培养有理想、有道德、有文化、守纪律的新型农民,建设社会主义新农村;紧紧围绕发展经济、建设小康的目标,全面落实全民健身计划,大力倡导和推广适合农村特点、科学、文明、健康的健身方式,提高农民的生活质量;健全业余训练体系,发现和培养优秀体育后备人才;加强农村体育场地建设和管理,改善和提高群众体育健身条件;发展体育产业,培育体育市场。《农村体育工作暂行规定》明确,有条件的县可以建立社会体育指导中心,乡镇、居委会可以建立体育指导站。县、乡镇、村和居民小区适时建立和发展体育健身点。社会体育指导中心、体育指导站、体育健身点应根据当地条件安排场地设施,制定工作计划,结合文化体育工作配备专兼职人员,安排一定的活动经费。乡镇、居委会应当加强对体育工作的领导,应当为群众参加体育活动创造必要的条件,支持和扶持群众性体育活动的开展。县应当根据条件和工作需要,建立体育总会,对农民体育进行组织和指导。县、乡镇、居委会应当建立农民体育协会、老年人体协、单项体育协会等体育社会团体。由于我国体育机构实行四级管理制,即国家、省、市、县设立体育行政机构(部分地区县级体育部门与文化、教育或广电部门合并),乡镇一级的体育工作则由相关部门负责。在加强政府管理的同时,我国于1986年成立中国农民体育协会,绝大多数地区都成立了省市县镇直至行政村的农民体育协会,自发组织农民体育活动。运用体育彩票公益金建立了农民体育健身工程(点)等设施,江苏等地区已基本实现村村有体育健身设施、镇镇有体育活动中心、县县有体质监测站的目标。

五、人群体育管理

青少年体育管理,主要是以学生为主的人群体育。我国于1990年颁布了《学校体育工作条例》,对普通中小学校、农业中学、职业中学、中等专业学校、普通高等学校的体育课教学、课外体育活动、课余体育训练和体育竞赛活动进行管理。目前,我国的青少年体育管理,政府部门主要有各级政府的教育和体育部门共同管理,教育部门设立体卫艺司(处、科),体育部门则有青少年体育司(处)或职能在群众体育处科。学校体育工作的基本任务是:增进学生身心健康、增强学生体质;使学生掌握体育基本知识,培养学生体育运动能力和习惯;提高学生运动技术水平,为国家培养体育后备人才;对学生进行品德教育,增强组织纪律性,培养学生的勇敢、顽强、进取精神。在加强行政管理的同时,我国还成立了各级中学生体协、大学生体育协会,大多数学校也都成立学生体育协会,运用学生组织的力量推动青少年体育广泛开展,并与政府部门共同开展各级大学生、中学生体育运动会和各类单项竞赛活动。利用体育彩票公益金建设了一批青少年奥林匹克俱乐部。

职工体育管理是以机关、企事业单位的职工为对象。我国职工体育的管理方式是由政府体育主管部门宏观管理,各级工会组织具体负责,各个系统自上而下地组织体育活动。随着经济体制改革,市场化经济制度的确立,我国的职工体育管理体制和运作模式也发生较为明显的变化。在管理形式上仍由工会管理职工的体育文化生活,但是管理运作的形式有了根本性的转变,一些地区特别是一些大型国有企业采取俱乐部、企业的形式管理和发展职工体育活动,由过去的计划形势向市场化服务转变,职工体育的骨干也由兼职变为专职。职工体育协会组织有火车体协、金融体协、石油体协、煤矿体协、前卫体协、中建体协、林业体协、通信体协、石化体协、航天体协、航空体协、化工体协、中科院体协、兵器体协、建设体协、电子体协、冶金体协、水利体协、电力体协,这些行业体育协会统筹规划本系统的职工体育活动,还保留了一定数量的专业运动队,参加全国运动会等国际国内比赛。

老年人体育管理。国家体育总局、全国老龄人工作委员会是管理老年人体育的行政机构,中国老年体育协会是老年人体育的社团组织。各级体育主管部门依据《体育法》《老年人权益保障法》和《全民健身计划纲要》,制定老年人体育发展规划和工作计划。各级体育行政部门会同老龄工作委员会、老干部局、退休人员管理委员会等共同做好老年人体育工作,我国老年人体育的活动经费以政府和单位投入为主,建立依托街道办事处和乡镇文体站的基层老年人体育组织。城市社区基本上都建有老年人活动室,有一定数量的体育器材。老年人体育协会基本上建设到居委会和乡镇一级。地方各级政府在建设全民健身设施时,都安排一定数量的适合老年活动的健身器材,方便老年人活动。目前,国家和地方各级政府定期举办老年人体育节等体育活动。

妇女体育管理。新中国的成立,宣告了中国妇女在政治、经济、文化、社会和家庭生活等各方面均享有与男子平等的权利。中国妇女参与了国家建设的各个领域,妇女的聪明才智极大地释放出来,特别是中国妇女不仅积极参与体育运动,而且在奥运赛场和世界体坛上充分体现了自己的价值。随着我们国家在世界上的地位日益提高,尤其是中国女运动员的出色表现,国际体育界非常关注中国体育事业的发展。从 1936 年中国首次派出两名女选手参加奥运会,到 2004 年雅典奥运会上数百名中国女将驰骋竞技舞台。正如前国际奥委会委员、国际羽联主席吕圣荣所说,如果在国际奥委会问起任何一个人,中国体育给他们最突出印象是什么,他们一定会说,中国女运动员最棒。现阶段,我国妇女体育管理的体制为各级政府体育主管部门和妇女联合会共同管理。我国的妇女体育管理,从学校阶段起,即根据女性生理特征,进行区别于男性的各种规定。如中学体育课应男女分班进行教学,教学内容与要求,男女也应有所区别;对女子的锻炼标准、运动成绩的考核要求应低于男生,使用的器械重量亦应比男生轻;月经期应避免做剧烈的、大强度的、震动较大的跑跳动作(如疾跑、跨跳、跳高、跳远等)等等。我国每年开展亿万妇女健身展示等活动,以促进妇女体育的发展,引导各个年龄层次的女性参加体育活动。根据我国群众体育调查结果显示,总体上女性的体育参与水平低于男性,从 2000 年我国 16 岁以上不同性别体育人口的基本情况来看:男性体育人口占 62.5%,为男性人口总人数的 20.2%;女性体育人口占 37.5%,占女性人口的 15.8%。女性体育人口比男性体育人口低 4.4 个百分点。

第三节　竞技体育管理

一、竞技体育管理基本内涵

竞技体育管理主要是指管理的体制和运行的机制。我竞技体育的管理体制是举国体制,是我国为了在奥运会等最高层次的国际竞技体育大赛上取得优异成绩,在发展竞技体育过程中所采取的一种发展方式和制度设计。其主要内涵是在社会主义初级阶段基本国情条件下,国家集中相对的人力、物力和财力,最大限度地调动国家和社会方面的积极性,有效配置竞技体育资源,努力提升我国竞技体育水平和综合实力,在奥运会等国际赛事上取得优异成绩。运行机制,由国家、省、市、县四级管理机构进行业务管理,由县市进行基础的业余训练,再由省和国家进行更高水平的集中训练,通过各种等级层次的综合性比赛或单项竞赛,逐级选拔输送人才,直至最高水平的国家队,参加国际比赛为国争光。

二、奥运争光计划

改革开放以来,我国竞技体育取得了巨大成就,为社会主义物质文明和精神文明建设做出了积极的贡献。但是也面临着依靠多学科先进理论和方法促进运动技术水平的发展的大趋势,对传统的训练手段、方法和理论提出挑战。为此,我国于1995年制定了《奥运争光计划纲要》,对1994~2000年我国竞技体育发展进行了整体规划,提出了三个方面的目标:体制机制改革目标、基础实力目标、实力表现目标,从"抓住机遇,深化改革,扩大开发,促进发展,保持稳定"的大局出发,建立与社会主义市场经济发展相适应、符合现代竞技运动发展规律的国家办与社会办相结合、集中与分散相结合的多强对抗的竞技体育体制和良性循环的运行机制,到2000年第27届奥运会团体名次保持第二集团领先地位,缩小与第一集团的差距。

为此,国家体委在原来的基础上,以备战奥运会为中心,采取了一系列的措施,调整了奥林匹克运动项目发展的总体布局,建立结构合理,优化组合,多维支撑的项目布局体系;建立集中与分散相结合、多强对抗的国家队体制,将我国运动项目的国家队划分为集中型、集中与分散结合型和分散型三种类型;加强科学训练,向管理和科技要成绩,继续贯彻"三从一大"的科学训练原则和"两严"方针,提高竞技运动水平;在加强训练的同时,狠抓运动队的综合管理和文化教育,搞好运动队的政治思想建设,加强反兴奋剂工作,努力培养和造就出一支有理想、有道德、有文化、守纪律、勇攀世界体坛高峰的队伍;培养、造就一支高水平的教练员队伍,提高教练员总体水平;实施2000年后备人才工程,加强后备人才梯队建设,搞好年龄与水平衔接,加强重点项目和潜优势项目重点人才培养;逐年增加对竞技体育的资金投入,逐步解决竞技体育经费不足的矛盾,保证竞技体育规模、技术水平的持续、稳步提高;积极改革完善竞赛体制,保证竞赛向社会化、制度化、多样化方向发展;扩大开放,加强国际交往,掌握国际体坛最新和最先进的技术、战术以及训练理论、手段、方法;普及和宣传奥林匹克精神,扩大竞技体育的社会影响。在奥运争光计划的推动下,举国体制的优势得到了极大的发挥,我国在2004年雅典奥运会上以32枚金牌、17枚银牌、14枚铜牌的成绩排金牌榜第二,在2008年北京奥运会上以51枚金牌、21银牌、28铜牌的成绩排金牌榜第一。

三、运动训练管理

我国的运动训练管理分为专业队和业余队两个层次、国家省市县四个等级,业余运动队为专业队的后备基地。国家体育总局下设了20个运动项目管理中心,对各项目的国家队运动训练进行管理,而地方机构调整却并未完全同步,具有一定的滞后性。运动项目管理中心作为国家体育行政管理部门的直属事业单位,肩负着我国竞技体育管理由政府管办合一,向政府与社会管办分离过渡的历史使命。这种管理既不同于我国传统体制下政府在竞技体育宏观管理与具体事务间的双重身份,又与国外运动项目协会存在着较大区别,是一种基本符合我国现阶段国情的过渡性管理机构。国家专业队人才的选拔主要通过全国运动会或国际单项比赛,对运动运动成绩的评判。各省市区根据各自项目发展情况,成立一些规模的省级专业运动队,集中进行训练,并参加全国运动会。部分省市为了加强运动训练的管理,相应成立若干运动项目管理中心。市县主要负责优秀后备人才的选拔和初步训练,通过省市运动会或单项竞赛,选拔进入专业队训练。

第四节 体育竞赛管理

一、体育竞赛管理基本内涵

体育竞赛管理涉及竞赛主体、竞赛体制、竞赛制度、竞赛成绩、裁判员管理以及相关规定。《全国体育竞赛管理办法》对我国体育竞赛的范畴、竞赛项目的确定、体育竞赛的计划和审批、登记、体育竞赛的监督与管理等基本制度作了全面规定,明确国务院体育主管部门和县级以上各级人民政府体育主管部门为主管体育竞赛的主体;满足能够独立承担民事责任,拥有与竞赛规模相当的组织机构和管理人员,已经制定具体竞赛规程和比赛组织方案,拥有与竞赛规模相适应的经费、器材、场地和设施的组织和个人均可申办体育竞赛;举办体育竞赛实行审批登记制度和体育竞赛督察员、运动成绩纪录等制度。我国实行体育竞赛分类管理制度,在竞赛层次上分为奥运会、亚运会、全运会、城运会、体育大会、全国行业系统运动会、单项运动会,市县级及基层的各类比赛。在竞赛管理上,国家体育总局负责奥运会、亚运会、全运会、全国城市运动会和全国单项运动会的组织管理,全国工人运动会、农民运动会、少数民族运动会、残疾人运动会、大学生运动会、中学生运动会等全国综合性运动会由各行业主管部门负责组织管理,其他各类比赛按照谁举办、谁负责的原则组织。

二、全国综合性运动会管理

全国综合性运动会是指国家体育总局主办,省市区承办的全国最高层次的运动会,包括中华人民共和国全国运动会、中华人民共和国城市运动会、中华人民共和国冬季运动会和全国体育大会。《体育法》规定,全国综合性运动会由国务院体育主管部门管理或者由国务院体育主管部门会同有关组织管理。为加强对全国综合性运动会的管理,国家体育主管部门先后制定了《全国综合性运动会申办办法》《全国体育竞赛管理办法》,明确全运会、城运会、冬运会、体育大会的竞赛周期均为四年,城运会一般在全运会前两年举行,全运会项目设置以奥运会项目为主兼顾非奥运会项目,以省、自治区、直辖市、解放军和全国一级行业体协为单位组织代表团参加。城运会是培养锻炼优秀竞技体育后备人才的综合性运动会,项目设置以我国开展的重点项目为基本竞赛项目,以省会城市、计划单列市、沿海开放城市和经济特区城市为基本参加单位。体育大会是为了积极推动全民健身计划的实施,提高非奥运会项目的竞技水平,进一步活跃人民群众的业余文化生活而设立,项目设置以非奥运会项目为主,各省、自治区、直辖市、计划单列市、新疆生产建设兵团、解放军和全国一级行业体协为参加单位。全运会和城运会的举办实行申办制,各省市区均可申请承办。各省、自治区、省会城市、计划单列市经所在省、自治区政府同意,可独立承办城运会。

三、全国单项体育竞赛管理

全国单项体育竞赛是指经国家体育总局批准的单个项目的竞赛形式。《体育法》规定,全国单项体育竞赛由该项运动的全国性协会负责管理。国家关于全国单项体育竞赛管理的政策法规主要有《全国体育单项竞赛制度》《关于规范全国单项体育竞赛管理工作的通知》等。国家体育总局对全国单项体育竞赛实行宏观管理,全国单项体育竞赛的招标工作由各运动项目管理中心自行负责,我国正式立项开展的体育运动项目举办的单项竞赛,均应列入招标计划内进行管理。单项体育竞赛分为全国性比赛和国际性比赛两个部分。全国开展的四类运动项目,竞赛次数和规模不同,竞赛地点和承办单位实行计划与招标相结合的办法予以确定。举办全国性的单项比赛须报国家体育总局审批,经国家体育总局批准举办的全国性单项竞赛由该项目的全国性实体协会负责具体的业务管理。

《关于申办国际体育活动报批程序的规定》对申办国际体育活动的目的、原则、程序作了规定。申办国际或亚洲、地区综合性运动会,或邀请外国正部长以上官员、前国家元首参加的体育活动,应报国务院批准;申办邀请外国前国家副元首、前政府副首相及其他重要高层次人士参加的国际体育活动应征得外交部同意,报国家体育总局批准,必要时报国务院批准;申办邀请外国副部长级或相当级别人员参加的国际体育活动,规模在 500 人以上的世界锦标赛、世界杯赛须报国家体育总局批准,报外交部备案;申办其他国际体育活动须报国家体育总局批准。经国务院批准的活动,一般应在有关国际体育组织要求的申办截止期前 1 个月上报。经国家体育总局批准的活动,运动项目主管单位须在有关国际体育组织要求的申办截止日期前 3 个月向国家体育总局报批。

四、地方体育竞赛管理

地方综合性运动会和单项体育竞赛是指全国各地在本行政区域内举办的综合性运动会和单项体育竞赛。《体育法》规定地方综合性运动会和地方单项体育竞赛的管理办法由地方人民政府制定。这一规定体现了体育竞赛分级分类管理的原则,有利于各地根据本地实际情况确定本地区的竞赛管理办法,做好与本地区其他各项事业的协调,以及与全国性体育竞赛的衔接。《体育法》颁布以来,已有北京、上海、天津、黑龙江、浙江、陕西、湖南、河北、宁夏、青岛等省市区、计划单列市制定了体育竞赛管理办法或规定。

第五节 体育产业管理

一、体育产业管理基本内涵

现阶段,我国将体育产业划分为两大类:第一类为体育服务业,是体育的核心产业,指发挥体育自身的经济功能和价值的体育经营活动,包括健身休闲、竞赛表演、培训咨询、体育博彩、中介经纪、体育旅游业等;第二类为体育活动提供服务的体育相关产业,指与体育有较高关联度,但并不完全通过体育本体活动实现增加值的体育产业经营,主要有体育器械业、体育服装业、体育传媒业等;还包括体育部门利用自身资源开展的其他经营活动。体育产业管理指以规范体育市场为目的,以实现经营目标为依托,由一定组织(社团、实体、体育行政机构、企业等)所进行的计划、组织、控制等一系列管理活动的总称。

体育产业管理的内涵非常丰富,既包括对我国体育产业结构的调整与优化,体育市场的培育与开发,体育产业政策的制定与实施,还包括对各类体育产业部门进行协调和监督的宏观管理及体育产业部门内部经营活动的微观管理等。体育产业管理是应体育产业的发展和实践而提出来的,是针对体育产业经营与开发中的问题,运用现代管理的原理、方法和手段,促使我国的体育产业走向良性发展的道路,推动体育产业有序、规范、健康的发展。

二、健身娱乐业管理

健身娱乐业是利用一定的运动设施,为健身、健美者得提供运动技术指导,为闲暇消遣者运动性的身心娱乐服务,主要包括体育劳务类服务和体育场地、器械的标准、设置、维修和管理等服务。从 2001 年起,国务院加大了行政审批制度改革力度,2002 年决定取消国家体育总局"体育经营活动审核"权。各地对有关地方性法规和地方人民政府规章进行了修订,删除了体育部门对体育经营活动的审核权,增加了日常监管的内容。目前,各地对健身娱乐业的管理方式各不一样,有的地方对健身娱乐业采取审批制,要求取得体育经营许可和从业人员资格证书后,方能从事体育健身娱乐业。如广东采取审批制,《广东省经营性体育健身场所管理办法》规定,场地、安全、消防、卫生、从业人员等都要符合相关要求和标准。体育行政部门应当在收到申请之日起 15 个工作日内,提出核准意见。对符合经营条件者,发给《广东省体育经营许可证》;对不符合条件者,应当发出书面通知。申请者凭《广东省体育经营许可证》,向工商行政管理部门申领《营业执照》后,方可从事体育健身场所的经营活动。有的地方采取备案制,对符合条件的健身娱乐到体育部门备案后,即可营业。体育部门在规定期限内进行审查,对不符合要求的,责令整改,整改不到位的给予相关行政处罚。2006 年,国家认证认可监督管理委员会发布了《体育服务认证管理办法》,对包括健身娱乐业在内的体育服务业进行统一认证,建立体育服务的基础、管理、质量、资质、设施设备、安全卫生、环境保护、保护消费者权益等标准,以进一步规范体育市场秩序。

三、体育用品业管理

体育用品包括:竞技体育、大众体育、体育教学、体育科研以及健身、康复、休闲、娱乐体育活动中所使用的器材、服装、仪器、设备和运动饮料、食品、保健品等。在计划经济时代,我国体育用品企业大多是隶属轻工系统的小厂,国家对体育用品业采取部门管理体制。随着市场经济的发展,这些企业从产品的到经销理念,已经不能适应新形势的要求,在20世纪末,国家对经济体制进行改革,使一大批合资、独资、集体、私营个体企业脱颖而出,一个跨系统、多种经济成分并存的体育用品行业得到很快发展。随着产业的发展,需要一个能够协调体育用品企业与用户关系、带有指导性服务性的多部门、跨系统的社会组织,体育用品业的行业管理组织应运而生,中国体育用品协会成立于1987年(1989年并入中国文教体育用品协会)。1993年,由原国家体委牵头,有纺织、轻工、兵器在、化工、针织百货、进出口单位参加的中国体育用品联合会经国家批准成立,结束了几十年来由一个系统独家生产、独家管理的历史。中国体育用品联合会接受国家体育总局、民政部的业务指导和监督管理,代表中国参加世界体育用品组织,并和各国体育用品组织进行联系。中国体育用品行业联合的主要管理职责是:举办中国体育用品博览会,培育市场,拓宽消费领域;学习借鉴国际先进技术和科学管理经验,促进国产体育用品的更新换代;推进国产体育用品标准化建设,严格把好质量关,净化市场环境;出版体育用品专业杂志和体育用品信息资料。联合会在为企业服务、推动联合、发展体育用品生产、培育市场、促进流通、扶植推广名牌以及与国际体育用品组织的交往方面,起到了积极的作用。

四、体育设施建设与管理

体育设施是指用于体育训练、竞技和健身的体育运动场地、建筑物和固定设备,包括由国家投资或筹资兴建的公共体育设施;机关、团体、企事业单位的内部体育设施;各类经营性体育设施。《体育法》明确规定:县级以上地方各级人民政府应当按照国家对城市公共体育设施用地定额指标的规定,将城市公共体育设施建设纳入城市建设规划和土地利用总体规划,合理布局,统一安排。城市在规划企业、学校、街道和居民区时,应当将体育设施纳入建设规划。乡、民族乡、镇应当随着经济发展,逐步建设和完善体育设施。国务院《公共文化体育设施条例》,明确规定了公共体育设施的性质及其服务宗旨,从公共体育设施的规划、建设、使用、管理及维护的各个环节,明确了政府的责任。并对相关部门提出具体要求:各级体育部门应当履行职责,协助各有关部门做好公共体育场馆、全民健身工程、雪炭工程等公共体育设施的建设工作;公共体育设施的管理单位要加强对设施的使用、服务、管理和保护。《城市公共体育运动设施用地定额指标暂行规定》对用地定额指标进行明确规定。《农村体育暂行规定》规定:农村体育场地设施建设应当按照国家有关公共体育场地设施用地定额指标的规定,纳入当地国民经济和社会发展规划及城镇建设规划和土地利用总体规划,合理布局,统筹安排。县级体育主管部门应当会同有关部门共同发展公园体育和广场体育,加强对公园体育、广场体育的建设、指导和管理。县、乡镇、居委会应当鼓励企业事业组织、社会团体和个人投资建设体育设施。《学校体育工作条例》规定:学校的上级主管部门和学校应当按照国家或者地方制定的各类学校体育场地、器材、设备标准,有计划地逐步配齐。学校体育器材应当纳入教学仪器供应计划。新建、改建学校必须按照有关场地、器材的规定进行规划、设计和建设。在学校比较密集的城镇地区,逐步建立中小学体育活动中心,并纳入城市建设规划。社会的体育场(馆)和体育设施应当安排一定时间免费向学生开放。

体育设施的管理,《体育法》规定:公共体育设施应当向社会开放,方便群众开展体育活动,对学生、老年人、残疾人实行优惠办法,提高体育设施的利用率。任何组织和个人不得侵占、破坏公共体育设施。因特殊情况需要临时占用体育设施的,必须经体育行政部门和建设规划部门批准,并及时归还;按照城市规划改变体育场地用途的,应当按照国家有关规定,先行择地新建偿还。《公共文化体育设施条例》规定:公共文化体育设施管理单位应当建立、健全安全管理制度,依法配备安全保护设施、人员,保证公共文化体育设施的完好,确保公众安全。公共体育设施内设置的专业性强、技术要求高的体育项目,应当符合国家规定的安全服务技术要求。因城乡建设确需拆除公共文化体育设施或者改变其功能、用途的,有关地方人民政府在作出决定前,应当组织专家论证,并征得上一级人民政府文化行政主管部门、体育行政主管部门同意,报上一级人民政府批准。涉及大型公共文化体育设施的,上一级人民政府在批准前,应当举行听证会,听取公众意见。经批准拆除公共文化体育设施或者改变其功能、用途的,应当依照国家有关法律、行政法规的规定择地重建。重新建设的公共文化体育设施,应当符合规划要求,一般不得小于原有规模。迁建工作应当坚持先建设后拆除或者建设拆除同时进行的原则。迁建所需费用由造成迁建的单位承担。

公共文化体育设施管理单位提供服务可以适当收取费用,收费项目和标准应当经县级以上人民政府有关部门批准。需要收取费用的公共文化体育设施管理单位,应当根据设施的功能、特点对学生、老年人、残疾人等免费或者优惠开放,具体办法由省、自治区、直辖市制定。公共文化设施管理单位可以将设施出租用于举办文物展览、美术展览、艺术培训等文化活动。公共体育设施管理单位不得将设施的主体部分用于非体育活动。但是,因举办公益性活动或者大型文化活动等特殊情况临时出租的除外。临时出租时间一般不得超过10日;租用期满,租用者应当恢复原状,不得影响该设施的功能、用途。对未按照规定的最低时限对公众开放的,未公示其服务项目、开放时间等事项的,未在醒目位置标明设施的使用方法或者注意事项的,未建立、健全公共文化体育设施的安全管理制度的,未将公共文化体育设施的名称、地址、服务项目等内容报文化行政主管部门、体育行政主管部门备案的,责令限期改正;造成严重后果的,对负有责任的主管人员和其他直接责任人员,依法给予行政处分。对开展与公共文化体育设施功能、用途不相适应的服务活动的,违反本条例规定出租公共文化体育设施的,职责责令限期改正,没收违法所得,违法所得5000元以上的,并处违法所得2倍以上5倍以下的罚款;没有违法所得或者违法所得5000元以下的,可以处1万元以下的罚款;对负有责任的主管人员和其他直接责任人员,依法给予行政处分。

体育设施管理最重要的内容是体育设施的标准化管理。在体育设施内部开展的体育项目,如乒乓球、羽毛球、游泳、射击等项目大多专业性强,技术要求高,有些项目还具有一定的危险性,体育设施必须按照国际通行标准建设和管理。国家有关部门制定了《体育场馆公共安全通用要求》《体育场馆照明设计及检测标准》《体育场所开放条件与技术要求》等一系列体育场馆建设的标准与规范,促进体育场馆的规划建设和管理。

五、体育经纪人管理

体育经纪人是指在体育及其经济活动中以收取佣金为目的,为促进他人交易而从事居间、行纪或代理等经纪业务的公民、法人和其他经济组织。随着市场体制的不断完善和体育改革的不断深入,我国职业体育迅速兴起,国际国内商业性赛事不断增多,职业体育人才的国内外频繁流动,体育中介组织和体育经纪人随之逐步发展。1995 年国家工商总局发布了我国第一个《经纪人管理办法》,对经纪人的培训、考核、资格认定、登记注册、从业管理、经纪组织、经纪活动、法律责任等进行了系统的规定。中国足球协会、中国篮球协会、上海、浙江、山东等制定了足球篮球和地方体育经纪人管理办法,对体育经纪人的执业资格、经营资质、业务范围进行了明确规定,规定体育经纪人必须取得体育经纪资格证书。此外,体育经纪人管理制度还包括:经纪人佣金制度、经纪活动仲裁制度、经纪人违规处罚制度和经纪人培训制度。

六、体育彩票管理

发行彩票是国家筹集公益资金的一种重要手段。1978 年以来,我国先后批准了"社会福利有奖募捐券"、"第十一届亚运会基金奖券"等彩票发行,促进了社会福利事业和体育事业的发展。1994 年起,国务院正式批准发行体育彩票,弥补体育经费不足。国务院规定,从 2002 年 1 月 1 日起,彩票发行资金构成比例调整为:返奖比例不低于 50%,发行票比例不低于 15%,彩票公益金比例不低于 35%。国家体育总局会同财政部、中国人民银行制定了《体育彩票公益金管理暂行办法》,国家体育总局制定了《中国体育彩票全民健身工程管理暂行规定》,财政部发布了《彩票发行销售财务管理办法》,国务院发布了

《关于进一步规范彩票管理的通知》。

体育彩票的发行管理。发行彩票只限于省、自治区、直辖市、计划单列市及国务院有关部门举办社会福利、体育事业和国务院批准的其他活动。发行彩票的批准权集中在国务院,任何地方和部门均无权批准发行彩票。需发行彩票的省、自治区、直辖市、计划单列市及国务院有关部门,应当提前半年向中国人民银行报送发行办法,经中国人民银行审查后,报国务院批准。国家体育总局是全国体育彩票的管理机构,负责体育彩票的统一发行、统一印制及销售额度的统一分配等工作。各省、自治区、直辖市、计划单列市体育主管部门具体负责当地体育彩票的销售和管理。凡需要发行体育彩票筹集部分资金的大型运动会承办地,均须向国家体育总局申请批准。国家体育总局根据国家有关法规、政策和制度,研究制定体育彩票的发行、销售和资金管理的具体办法并组织实施;负责研究制定本系统彩票发行规划;研究提出发行额度并经审核批准后组织实施;确保及时足额向财政专户解缴彩票公益金;加强对彩票发行与销售机构的管理。

体育彩票销售管理。国务院对年度体育彩票发行销售规模实行额度管理,国家体育彩票管理中心发行彩票要向财政部提出额度申请,财政部审核后报国务院,经国务院批准后由财政部将发行额度下达给国家体育总局,由总局制定具体分配方案并组织实施。拟销售的省、自治区、直辖市、计划单列市体育主管部门提出额度申请,报国家体育总局体育彩票管理中心审核批准。取得销售额度的地区不得跨地区销售。具有法人资格、资信良好并能提供担保的企业、事业单位和社会团体,经各省市区体育部门审查批准,并在其直接监管下,可以从事体育彩票的零销代销业务。

体育彩票公益金、奖金和发行成本费管理。国家对体育彩票公益金实行基数管理,基数以内的彩票公益金由体育部门按照规定的范围使用,超过基数的体彩公益金,20%由体育部门分配使用,80%上交财政部,纳入全国社保基金。体育彩票的奖金是向取得中奖资格的体育彩票购买者支付的奖金。按照"收支两条线"的管理原则,对体育彩票发行收入实行专户管理,体育彩票公益金和发行费必须纳入财政专户,支出应符合彩票发行与销售机构财务管理制度和彩票公益金管理制度。彩票公益金不得用于平衡预算,发行费结余不得用于补贴体育部门行政经费。国家审计署对彩票发行管理进行审计,内容包括体育彩票的额度分配使用、类型、印制、销售的合规性;体育彩票资金分配比例的合规性;体育彩票代销合同主体、双方责权利及违约责任条款的合法性;财务收支的真实性、合规性。体育彩票主管部门必须定期向社会公布收入和资金使用情况,接受社会监督。凡未经批准擅自发行彩票或变相发行彩票,以及违反发行规模和办法发行彩票的,由工商行政管理部门进行查处,没收非法所得,并处罚款,情节严重的,追究领导责任;触犯刑律的由司法部门依法追究刑事责任。

第六节 体育行政许可与务实

一、开办少年儿童学校审批条件及程序

开办少年儿童学校的审批条件包括:具备法人资格的单位或具有政治权利和完全民事行为能力的个人;办学宗旨明确,坚持社会主义办学方向,坚持四项基本原则,贯彻国家教育、体育方针,注重培养德智体全面发展并具有体育专长的人才,为国家的物质文明和精神文明建设服务;体育专业教师应当具备相应教练员资格。体育专业教师与学生的比例不能低于1:50;具备与办学规模相适应的体育教学、训练场馆和器材设施。体育训练室内场地人均不少于0.5平方米,室外场地不少于1000平方米;具备与体育教学、训练相适应的辅助设施、如浴室、医务室等;法律、法规规定的其他条件。

举办体校必须由申请举办的单位、个人向当地县级以上(含县级)人民政府体育行政部门提出书面申请,体育行政部门按照国家规定的审批权限进行审批,并抄报同级教育行政部门备案。凡是冠以"中国、国家、全国、国际"名称的体校必须经国务院体育行政部门审核批准。

二、开办武术学校审批条件及程序

审批条件包括:具备法人资格的单位或具有政治权利和完全民事行为能力的个人;办学宗旨明确,坚持社会主义办学方向,坚持四项基本原则,贯彻国家教育、体育方针,注重培养德智体全面发展并具有武术专长的人才,为国家的物质文明和精神文明建设服务;有组织机构和章程;武术教师应当具备武术教练员资格。武术教师与学生的比例不能低于1:50;具备与办学规模相适应的武术教学、训练场馆和器材设施,武术训练室内场地人均不少于0.5平方米,室外场地不少于1000平方米;具备与武术教学、训练相适应的辅助设施,如浴室、医务室等。

审批程序:单位、个人开办武术学校需报其所在地县级以上体育行政部门和公安机关在各自的职责范围内审核同意后,方可向县级以上教育行政部门申请办理审批手续。县级以上教育行政部门根据国家有关教育行政管理规定,对各类武术学校办学规模、条件设施、师资、资金和管理等方面进行严格审批并发给《社会力量办学许可证》。

三、举办健身气功活动及设立站点审批条件及程序

举办健身气功活动的审批条件:公民、法人或其他组织;必须是国家批准开展的健身气功项目;有与所开展活动相适应的场所;有必要的资金和符合标准的设施、器材;有经考核合格的辅导人员或专业管理人员;有活动所在地场所的管理者同意使用的证明;有相应的安全、卫生条件;法律、法规规定的其他条件。程序:举办健身气功业务培训、交流展示、功法讲座等活动,实行属地管理。举办全国性、跨省(区、市)的健身气功活动,经国家体育总局批准。省(区、市)内举办的健身气功活动,经具有相应管辖权限的体育行政部门批准;跨地区的健身气功活动,经所跨地区共同的上一级体育行政部门批准。参加人数在二百人以上的健身气功活动,除报体育行政部门审核批准外,还应当按照《群众性文化体育活动治安管理办法》的规定经公安机关许可。

设立健身气功活动站点的审批条件:小型、分散、就地、就近、自愿;布局合

理,方便群众,便于管理;不妨碍社会治安、交通和生产、生活秩序;习练的功法为国家体育总局审定批准的健身气功功法;负责人具有合法身份;有社会体育指导员;活动场所、活动时间相对固定。程序:设立健身气功站点,应当经当地街道办事处、乡镇级人民政府或企事业单位有关部门审核同意,报当地具有相应管辖权限的体育行政部门审批。

四、举办攀登山峰活动审批条件及程序

审批条件:具有法人资格的单位发起的团队;成员至少 3 人,包括 2 名队员,另外有 1 名登山教练员或 1 名高山向导进行指导;队员应当参加过省级以上登山协会组织的登山知识和技能的基础培训及体能训练;登山教练员或高山向导应当持有相应资格证书,1 名登山教练或高山向导最多可以带领 4 名队员;所有成员须经二级以上医院身体检查合格,无障碍疾患;配备符合安全要求的防寒、通信、生活、医疗等基本器材装备;成员中不得有外国人。

审批程序:山峰所在地省级体育主管部门。山峰位于省、自治区、直辖市交界处的,审批单位为攀登一侧省级体育主管部门,该体育主管部门应当向山峰交界处其他方省级体育主管部门通报。如山峰交界省级体育主管部门之间有争议的,由国家体育总局决定;山峰为 7000 米以上的,审批单位为国家体育总局。攀登公布的山峰,申请者应当在活动实施前 1 个月提出申请;攀登未公布的山峰,申请者应当在活动实施前 3 个月提出申请;攀登 7000 米以上山峰,申请者应当在活动实施前 3 个月提出申请。体育主管部门收到攀登国内山峰的申请后,应当于 20 日内做出批准或不批准的决定,并书面通知申请人。20日内不能做出决定的,经本部门领导批准,可以延长 10 日,并将延长期限的理由告知申请人。

五、从事射击竞技体育运动单位审批条件及程序

审批条件:具有法人资格的单位;教练员应当具备相应资格;射击场地应当符合《射击规则》要求,并由体育主管部门会同公安部门验收合格;至少应当设置以下一类射击靶位,数量至少应当达到:气枪类靶位 16 个;50 米小口

径步枪、手枪类靶位 10 个;25 米小口径手枪类靶位 10 个(两组速射靶);移动靶位 1 组;飞碟场地 1 组(双向、多向、双多向任选其一);射击场必须具备公安部门验收合格的枪库和弹药库,枪弹库必须有专人 24 小时值班;枪支弹药的购买、使用、保管等应当符合《中华人民共和国枪支管理法》有关规定;法律、法规规定的其他条件。

审批程序:先获得公安部门场地验收合格的批件,再向省级体育主管部门提出申请,主管部门在审核材料后,在规定的时间内给予批准或不批准的答复。

案例 江苏推动体育社团实体化、社会化发展[①]

2009 年,江苏开展体育社团改革,推动体育社团实体化、社会化发展,选择了 11 个单项协会进行试点。经过一年的试点工作,这些试点协会的领导班子成员组成社会化,协会组织结构网络化,主要工作人员专职化,目前试点协会共有团体会员 358 个,注册会员 25643 人,经常参加协会项目活动的约 96 万人,初步形成了纵横交错的组织网络。协会有了满足开展项目训练活动所需的场地设施,有了若干俱乐部实体,有了固定的办公场所,并通过市场运作赛事、开展技术和培训服务,通过会费、社会捐助等多种形式筹集资金,协会都有一定的资金实力,这些试点协会的社会化实体化的程度有了较大幅度的提升。

实体化、社会化是针对我国原有单项协会仅在形式上、名义上存在的虚设状况而提出的一种形象化提法。所谓"实体"是指社团法人,单项协会成为实体法人要满足三个方面的要求:成为管理本运动项目的主体;符合社团法人条件,责权利统一,能够独立承担民事责任;能够托社会,实行自我管理,自我造血,自我发展。

从社会发展需求来看,目前我国对运动项目的管理基本上有三种形式,一

---

① 刘青主编:《体育行政管理新论》,人民体育出版社 2006 年版,第 204—206 页。

是体育部门直接管理,协会与业务主管部门融为一体,不单独进行经济核算,协会对项目的管理是名义上的。二是事业性的协会实体管理,既是体育行政部门的直属单位,又履行对运动项目实行全面管理的职责,协会与业务主管部门人员混用,协会进行独立经济核算。三是纯社团性协会管理实体,由体育部门以外的人员担任法人,办事机构与体育部门无关,进行独立的经济核算,体育部门依据相关法律对协会进行管理和业务指导。我国在计划经济时代,管理体制高度集中,行政权力空前膨胀,社会管理职能被削弱,体育协会的权力被行政权力所代替,政府包办一切,社会的积极性和潜能没有被充分释放和激发。随着我国社会主义市场经济体制的确立,社会管理职能逐步得到加强。体育作为一项社会事业,其社会属性也应当充分彰显,部分行政权力理应向社会组织转移,大量管理事务应当由社会组织承担。此时,体育社团的实体化社会化程度,也是能否顺利实现这种转换的重要条件。在这样的背景下,体育社团的实体化社会化发展也是大势所趋,理所当然。

从政府转变行政管理理念、转变政府职能的角度来看,这是深化体育行政体制改革的一个重要方面和有效途径。体育行政改革的实质和核心的内容就是体育行政体制改革,改变体育行政权力配置上的高度集中,体育行政部门从全权、全能的角色转变为有限政府角色,向社会进行有序的权力过渡,重点是进行事业单位改革和事业型协会改革,改变坐享双轨制带来的部门双重利益以及社会服务效率效益的低下。

从国际上和国内各地的做法来看,运动协会实体化社会化的进行和模式无非有三种:一是社团型,按照社团的规范进行改革,体育行政部门赋予项目管理权限,专职人员不占行政、事业编制,活动经费自筹,完全走自我发展的市场化道路。二是项目事业实体型,协会办事机构与事业单位合二为一,实行项目中心制,体育行政部门提供经费、人员,中心既对协会负责,也是行政部门负责。三是项目群事业实体型,各相近运动项目形成集群,由一个中心或训练单位进行管理,协会组织各自独立,各分经费户头。随着市场经济体制的纵深发展,社团型协会模式应当是普遍的,而事业协会制模式是有限的,应根据运动项目发展的程度、市场接受程度,逐步地推行。

推进体育社团社会化实体化改革,是体育领域转变职能,降低行政成本的重要一步。理性地看,这个实体化社会化改革,适应了当前政府改革、社会需求,但是要持续稳定地推动这个改革或者转变,其外部支撑条件不可或缺,要从法律法规和社会环境上予以充分保障,一方面加强社团社会化实体化的法律法规保障,从法律层面上明确哪些体育事项是必须由政府做的,哪些是应该由社会办的,削减政府部门的行政权力,加强政府体育部门的综合协调能力,分散管理职能,缩小政府行政范围;另一方面,加强政府自身建设,提高政府人员的人力资源水平现状,以适应政府职能转变后的需要,真正起到管得少、管得好、管得到位、管出高效益,充分调动和调节社会力量从事社会体育活动。再一方面,大力发展社会体育中介组织,重视体育发展中多元社会主体的参与,重视充分发挥社会智囊在辅助决策中的重要作用。

从其改革的途径来看,有几个方面是值得肯定的:一是坚持了规范化、社会化、实体化的发展方向,紧紧依托了社会力量,真正地放权放手,把一些管理权限和事务放到协会,大力增强了自身实力,不断提升协会在体育发展中的作用和影响力。二是实现了体育行政管理与体育协会有效衔接和良性互动的机制,部门和协会的合作配合较为有序,政府着力引导培育,没有干涉协会的具体事务;协会主动衔接操作,充分动员社会力量参与,而且把政府交办的事情做好做出成效,向政府和社会提供了高质量的服务,有效扩大提供体育公共产品和服务的广度和深度。三是发挥了协会领头人、专职人员和广大会员的积极作用,善于运作,乐于奉献,全体同欲推进协会健康发展。四是自觉融入经济社会和体育发展大局,积极发挥联系群众的桥梁纽带作用,最大程度地满足了社会需求,为构建老百姓的健康乐园、幸福乐园、和谐乐园作出了贡献。

第二十七章 新闻出版管理

　　新闻出版管理是一项重要的政府职能,在公共管理过程中有着不可或缺的作用。众所周知,公共舆论对政治和社会生活有着很大的影响,在各国的公共行政实践中如何处理与公共舆论的关系都是一个重要内容。在公共舆论的形成过程中,新闻报道往往起着主导性的作用,一则新闻消息甚至会引发社会舆论的关注浪潮,进而影响到政府行政过程。同样,出版业也同样具有重要的传播性和广泛影响性。正是由于新闻出版具有很强的公共性,加强对其监督管理对政府来说是十分必要的。简单地说,新闻出版管理就是政府有关部门依照法律法规对新闻出版媒体、新闻出版从业人员以及与新闻宣传、新闻报道、出版发行相关事宜的管理规范工作。本章主要解释以下几个问题:新闻出版管理中谁来管理、管理什么、为什么管理、管理的原则是什么、按照什么标准来管理、怎么实施管理等。需要指出的是这里提到的新闻出版管理并不是通常意义上理解的由新闻出版总署负责的业务而是在党的宣传部门领导下的包括广播电视系统所负责的业务和互联网新闻管理在内的大概念。

第一节　新闻出版管理的主体和对象

一、新闻出版管理的主体

　　管理主体,就其基本意义来说,就是施行管理的机构和个人。具体到新闻出版管理来说,就是对新闻出版行业进行管理指导的相关机构和政府职能部门。在我国新闻出版管理主体主要有以下三个层次:

（一）党的新闻出版管理部门

在我国现行的党管新闻体制下，对新闻出版事业的管理统一由各级党委宣传部负责。其主要职责包括：引导社会舆论，指导、协调各新闻出版单位的工作，从宏观上指导精神产品的生产，规划、部署全局性的思想政治工作任务；就业务性质而言，宣传部门更多的是一种指导性的作用，一般不直接参与新闻出版管理的具体业务工作。中国共产党成立伊始，就十分重视宣传，对意识形态的引导和管理是党的一项重要工作。1924 年 5 月，中央正式决定分设宣传、组织、工农等部，宣传部也就此走上历史舞台。现在，中央宣传部作为党在全国范围的宣传主管部门，指导国务院各与新闻宣传有关的部委共同完成对新闻出版业的管理。

当然，从政党的性质来说，世界上任何政党都倾向于做好对新闻的管理和控制。美国的民主党和共和党都分别有自己的主管宣传的部门，各自为政党的利益而处理与本党相关的新闻事件。特别是在大选期间，更是要发挥巨大的宣传作用，力争为本党候选人赢得更多的选票。日本各大政党都有自己的报纸，宣传本党的政策和纲领。各党总部还设有记者俱乐部，以其通过各报的政治部对记者施加影响，力争对自己有利的报道。

（二）政府的新闻主管部门

建国以来政府部门对新闻工作的管理，最早可追溯到 1949 年成立的新闻总署。1949 年 10 月 19 日，中央政府成立新闻总署，全面负责全国新闻传播事业的管理工作。随着时代的变迁，这一机构也几经变换。在现行的制度下，对新闻的管理是分块、分级进行的。对电视、广播、电台等媒体的具体管理由各级广播电视局负责；对报刊、书籍等印刷出版物及音像制品、电子出版物的管理由国家新闻出版总署和各级新闻出版局负责。在互联网迅速发展的形势下，国家又成立了网络新闻宣传管理局，会同包括文化部、新闻出版总署在内的相关部委管理全国的互联网新闻传播工作。可以说，各级政府新闻出版主管部门在业务上既相互独立的又相互配合，共同构成了一个较完整的管理体系。

作为政府事务的重要内容，世界各国一般都有专门的新闻出版管理机构。

日本政府主管新闻出版事业的机构是外务省情报文化局,它又设有国内广报科和海外广报科分别管理国内和国外新闻。英国主管新闻出版的机构是文化、新闻和体育部,它统一管理图书出版、新闻广播、电影电视等和新闻媒介相关的事物。同时,英国还成立了一些半官方性质的机构,协助管理新闻出版工作,例如独立电视委员会、新闻投诉委员会、广播电视规范委员会等。虽然政府不直接参与这些委员会的管理,但政府通过任命组织领导和国家拨款等间接实现了对这些组织的控制。纵观世界,虽然名称、职能有所不同,但政府的新闻出版管理机构都是必需的。

(三) 新闻出版行业的自律管理

行业协会是一种新兴的管理组织,是除党和政府部门管理之外的由行业自律管理的一种方式,是随着多元化社会发展而与之相适应的组织形式。行业协会管理更多的是从行业从业者自身和行业特点出发,因而能提出更有针对性的管理方法和规则,是对政府管理的有效补充。在国外,行业协会的发展已经相当成熟,很多政府行政权力已经转移到行业协会当中,行业协会一般拥有对本行业的自主管理权,甚至有些行业协会直接替代政府从事本行业的行政管理工作。再加上行业协会自身的规章制度建设也比较完善,从而保证了它的健康发展。比如在意大利,其新闻出版行业的行业组织主要有两个,一是记者公会,二是记者联合会。二者职能既有相似之处,又各有自己的工作重心。记者公会类似于半官方性质的行政管理部门,记者联合会则是一个新闻出版行业的民间组织,二者相互配合共同完成行业自我管理。我国的新闻出版行业协会虽然起步较晚,但最近几年发展十分迅速。比如说我国的报纸行业协会早在 1988 年就成立了,虽然由于种种条件所限,仍然对我国报业的发展做出了一定贡献。同时,今年来逐渐兴起的报业联盟更是报业领域的新热点。据粗略统计,自 2001 年我国国内第一个报业联盟——西北五省区主流都市报联盟成立以来,我国的报业联盟已达几十个之多。这些各地区、各领域的报业联盟在规范自身行为,加强市场管理,增强我国报纸影响力等方面产生了巨大影响,是我国新闻出版行业自律管理的一种新模式。到目前为止我国各个领域的行业协会基本上都已建立起来,像记者协会、报业协会等发展的较为成熟,对促进行业自身发展和管理都起到了一定作用。当然,新闻出版行业由于其自身特性,其行业协会的管理离不开党和政府主管部门的指导和监督。

二、新闻管理的对象

管理对象是管理者为实现管理目标,通过管理行为作用其上的客体,管理对象可以是个人也可以是组织机构以及相关的活动。就新闻出版管理来说,其管理对象主要有三类:

(一)从事新闻出版业务的媒体和机构

新闻出版媒体和机构是新闻出版业务的组织者和参与者,对新闻的制作、传播以及报刊、书籍、音像制品的发行起着重要作用,同时也是新闻出版行业从业人员的直接管理者。加强对新闻出版机构的管理,就是要确保新闻、报刊、书籍、音像制品的思想性、真实性、导向性等,规范行业的不良行为,制定行业机构管理的规章制度,推动新闻出版事业的健康发展。新闻出版机构作为社会生活系统的重要组成部分,在进行新闻出版活动时必须具有一定的社会责任感,要大力宣传弘扬社会的正面现象,用优秀的作品鼓舞人,引导民众正确的舆论导向;积极参与社会监督和建设,报道揭露不良社会行径,维护民众的正当利益,用思想性、可读性俱佳的作品引领时代潮流。新闻媒体和机构在报道新闻时,一定要对新闻内容的道德伦理、真实性作认真的检查,恶俗、虚假的新闻在世界各国都是所不允许的。出版业在发行报刊、书籍、音像制品时要树立一定的精神追求,不能单纯的以经济利益为目的,要从源头上杜绝有害的出版物流入市场。

"我国的媒体是我国上层建筑和意识形态的重要组成部分,是按照党、政府和人民的意愿,在符合党、国家和人民根本利益的前提上,充分发挥着自己的社会作用。"[①]作为社会主义的新闻出版机构,一定要牢记自己的社会使命,打造让人民满意、让政府放心的新闻出版事业。但是,随着我国市场经济的不断发展,以及我们在相关立法方面的不健全,一些新闻媒体在经济利益面前放

---

① 高福安、孙江华等:《媒体管理概论》,中国传媒大学出版社2006年版,第12页。

松了对自己的要求,甚至走上违法违纪的道路。近年来,新闻出版行业的违法违纪行为不断发生,一些新闻媒体的报道庸俗、恶俗,并且充斥着大量虚假新闻、虚假广告;一些报刊、杂志、书籍、音像制品为了市场而充斥着低俗、色情的内容;造成很坏的社会影响,特别是对青少年的健康成长带来了很多忧患。同时,整个行业的不当竞争也有所加剧,在我国日渐开放相关领域的情况下,国内新闻出版业的内耗严重影响了行业整体竞争力的提升,一旦国外新闻出版业巨头进入中国市场,将会对本土新闻媒体和出版企业产生巨大冲击。有些媒体为了限制竞争对手甚至不惜采取违法手段,与之相关的丑闻也是不断爆出。类似这些都是应当引起我们足够重视的现象。在新闻出版业发展的新时代下,我们既要适应时代新的需求,又要探索新的管理方法。但不管在什么样的形势下,一个健康、良好发展的新闻出版产业,离不开行业的自律管理,更离不开党和政府的有效监督。

(二) 新闻出版从业人员

新闻出版从业人员是新闻的具体编写和制作者,是报刊、杂志、书籍、音像制品发行的具体操作者,其自身的行为直接影响着新闻和出版制品的内容和质量。一个称职的新闻出版工作者,不仅要有过硬的业务素质,更重要的是还必须具备多方面的修养,特别是基本的职业伦理道德。世界上绝大多数国家,除了政府的新闻出版法规之外,还制定了明确的新闻出版工作者职业道德标准,主要包括职业理念、职业态度、职业纪律和职业责任等方面,这些职业道德标准构成了对新闻出版从业人员的软约束;不仅如此国际新闻界也制定了相关的国际准则,如1954年国际新闻记者联合会通过的《记者行为原则宣言》,1954年联合国大会通过的《国际新闻道德公约》等。但由于新闻出版的重要性,主要是其迅速传播性,广泛影响性,舆论导向性等在社会上能产生巨大作用。在我们所处的信息时代,一条新闻、一份杂志、一本书籍甚至一盘CD的杀伤力都是不容小觑的。正是在这样的条件下,新闻出版从业人员因其特殊的职业角色在其职务之外也拥有了相当的社会话语权,一些记者抵制不了巨大的诱惑,滥用行业所赋予的权力,不仅违反了职业操守,有的还触犯了法律。近些年来,有关新闻出版从业人员收受贿赂、炮制虚假新闻、侵犯他人版权,非法采编的消息不断传出,严重影响了新闻出版行业的形象和信誉。对这类人员,行业协会和政府机构一定要严格管理,严惩不贷。同时,对新闻出版从业人员管理的另一个重要内容,是加强对他们业务水平、理论水平和思想水平的培训,提高行业人员的整体素质。新闻出版从业人员没有良好的业务能力,是不能承担起高质量的新闻报道和出版发行任务的。现阶段,一些新闻出版从业者的业务水平令人堪忧,有些新闻出版从业人员甚至缺乏起码的行业技能和道德修养,这是要引起足够重视的现象。时代在发展,但新闻人的优良传统是应当永远传承下去的。新闻出版从业者要继续向老一辈杰出的新闻工作者如范长江、吴冷西等学习,全面提高自己的综合素质,加强对自己的要求,努力提升我国新闻报道和新闻出版的水平和质量。

(三)具体的新闻出版活动

新闻出版活动可分为两类:一是新闻报道活动,二是出版发行活动。这两类活动各有不同,对其管理也要各自区分。

新闻报道是新闻的具体内容,也是新闻的核心所在,因此也是新闻监管的重中之重;不管是新闻媒体还是新闻从业人员,都只有通过新闻的传播才能实现自己的工作价值。但是,对新闻的内涵,即使在业界都有很多争论,这里不做过多讨论。

李良荣在《新闻学导论》中对新闻做了比较详细的分类,其中硬新闻与软新闻的分类方法较有意义。"硬新闻就是关系到国计民生以及人们切身利益的新闻。"[①]这类新闻涉及到政治、经济、社会等方面的重大内容,对人们的生活有着重要影响。因此,对新闻报道的管理,重点就是对硬新闻的管理。对这类新闻要突出思想导向性,务必做到客观、准确、迅速。在我国这类新闻的报道主要是由主流媒体承担的,如中央电视台、人民日报、新闻网和各级党报、党刊等。它们的一些栏目又因具有权威性而被广泛的关注,如中央电视台的新闻联播节目,已经成为中国人民了解国家政策方针的重要渠道。

---

① 李良荣:《新闻学导论》,高等教育出版社1999年版,第21页。

"软新闻就是富有人情味、纯知识、纯趣味的新闻。"①这类新闻无关人们的切身利益,也不涉及国家政治、社会、经济的重要内容,因此对其监管可采取宽松态度。在保证内容健康的前提下,媒体可以有更多的自主权;在多元社会下,优秀的软新闻对净化社会环境,陶冶个人情操,提升国民素质有很大帮助。在生活品质日益提升的社会背景下,我国新闻媒体在软新闻领域大有可为。与发达国家媒体相比,我国的软新闻在趣味性、专业性、可读性方面还存在着一定差距。国内媒体在软新闻报道中要积极探索适合自己的风格特色,同时找准自己的市场定位,以吸引不同层次的受众。

出版发行活动同新闻报道活动既有很多共性也有一些差别,其中它们最大的区别就是出版发行活动不具有新闻报道那么强烈的时效性;一般来说,出版发行活动虽然也有一定的时限要求,但会给组稿、编辑、校验、印刷留下准备的时间。同时,出版发行活动又是一个十分复杂的活动。"出版是知识性、专业性、技术性都很强的产业。它涵盖了编辑、印刷、发行的全过程。"②而这其中期刊、图书、音像制品的出版发行方式又有所差别。期刊、杂志基本上是一个组稿的过程,一般发行期限是一个固定的时间段。编辑最重要的工作就是审查来稿内容和质量,并从总体上使内容的编排符合期刊的风格。图书的发行主要有两部分,一是出版社策划的图书,二是作者自己寻求出版社出版发行的图书。出版社策划的图书占了整个图书发行量的很大部分,但随着社会的发展作者自费出书的比例越来越高。当然作者自费出书同样也需要通过出版社的选题审核,并通过出版社获得书号才能出版。随着我们步入信息化时代,包括电子图书在内的电子出版物越来越流行,将来势必会占据更多的图书市场,甚至有可能改变人类的阅读习惯;因此积极探讨对这类新型出版物的管理方式是一个急迫而又充满挑战的工作。对于音像制品的出版来说,一般都是由各个音像出版社以及一些唱片公司在运作。随着人们生活方式的转变,音像制品在生活中所占的比重越来越大。但由于我国版权制度的严重缺失,以

① 李良荣:《新闻学导论》,高等教育出版社1999年版,第22页。
② 周龙勤:《出版管理创新与业务流程再造》,《新疆新闻出版》2008年第3期。

至于盗版侵权行为横行,不仅扰乱了国内市场的健康发展,还很大程度上影响了我们的国际声誉。因此,加强对其管理刻不容缓。

第二节 新闻出版管理的目标、方法与原则

一、新闻出版管理的目标

新闻出版管理的目标可以从两个层面来论述:

一是政治意义层面上,主要是通过新闻出版管理来了解民情民意,引导社会舆论,积极发挥新闻、出版物对政府的监督职责;同时进行思想意识形态的宣传,创作发行优秀的出版物,在社会上树立主流价值观,进而促进政治文明、精神文明、社会文明的同步发展;二是社会意义层面上,主要是适应社会公共管理事业的需要,积极引导新闻出版行业的健康发展,更好地服务于社会满足民众对信息获取的需要,对提高精神生活品质的需要。这两个目标,是相辅相成、互为支撑的。政治意义目标引导社会意义目标的发展,社会意义目标支持政治意义目标的实现。片面的强调任何一方面都不利于我国新闻出版事业的整体发展,也达不到预期的管理效果。从新中国成立初期至改革开放初期,我国新闻出版业受到极左思想的影响,过于强调新闻管理的政治目标,以至于长期以来我国新闻出版事业体制僵化、思想禁锢,极大的限制了自身的正常发展。改革开放以来,这种情况得到很大纠正,随着一系列改革措施的推进,我国的新闻出版事业又重新焕发出生机,正向着政治意义目标和社会意义目标协调发展的方向高速前进。

二、新闻出版管理的方法

新闻出版管理的方法大体上是和新闻出版管理的对象一一对应的。对新闻机构和出版机构的管理,首先就是门槛管理。我国对成立电视台、广播台,设立报纸、杂志,出版图书,刊发电子出版物,发行音像制品,以及从事互联网新闻报道的机构都制定了严格的规定,形形色色的许可证使政府在源头上有

了对新闻实现有效管理的可能。比如对报纸的设立,除了硬件条件外还要分别向主管机构申请。《报纸出版管理规定》第九条规定,中央在京单位创办报纸并设立报纸出版单位,经主管单位同意后,由主办单位报新闻出版总署审批。中国人民解放军和中国人民武装警察部队系统创办报纸并设立报纸出版单位,由中国人民解放军总政治部宣传部新闻出版局审核同意后报新闻出版总署审批。其他单位创办报纸并设立报纸出版单位,经主管单位同意后,由主办单位向所在地省、自治区、直辖市新闻出版行政部门提出申请,省、自治区、直辖市新闻出版行政部门同意后,报新闻出版总署审批。再比如国家对图书的出版采取的是书号制度。根据相关规定,任何图书的出版发行都必须取得相应的书号,否则不得以任何方式公开发行。而书号的获得只能以出版社为主体向相关部门申请,个人没有申请书号的权利。其次就是党和政府对新闻出版机构日常活动的管理和指导。由于我国大多数报纸、电视等新闻机构和大多数实力雄厚的出版集团仍然属于国有性质,国家可以通过人事、财政和业务等多种手段对其进行管理。虽然随着我国市场经济的逐步建立,许多新闻出版机构纷纷改制,经营行为也逐渐向市场为主导过渡;但最核心的人事任命权一直掌握在相关部委和宣传部门手中,从而能在根本上实现对其的管理。

对新闻出版从业人员主要就是对新闻采编人员和出版发行人员的管理。对新闻采编人员,主要是记者的管理,我国实行的是记者证制度。通过相关条件的审批,依靠对记者证发放的控制实现对新闻采编人员的管理。《新闻记者证管理办法》详细规定了对记者证的审批、发放和管理程序。比如第十一条规定了记者证申领的条件:遵守国家法律、法规和新闻工作者职业道德;具备大学专科以上学历和经国务院有关部门认定的新闻采编从业资格;在新闻机构编制内从事新闻采编工作的人员,或者经新闻机构正式聘用从事新闻采编工作且连续聘用时间已达一年以上的非编制内人员。办法的第四章规定了对记者证的监管措施。如由省级新闻出版部门对记者证进行年审;对违反新闻采访规定的行为予以吊销记者证;以及接受社会对记者行为的监管,开通网站查询记者证真伪等。对出版发行人员来说,我国主要实行的是编辑资格证制。根据人事部、新闻出版总署关于印发《出版专业技术人员职业资格考试暂行规定》从2001年8月1日起,国家对出版专业技术人员实行职业资格制度,纳入全国专业技术人员职业资格制度的统一规划,适用于在图书、期刊、音像、电子等出版单位(包括出版社、期刊社)中从事编辑、出版、校对、发行等专业技术工作的人员。当然对新闻出版从业人员的管理,不仅仅只限于以上措施。在党和政府指导下,新闻媒体和出版机构对各自的职员还有着严格的内部管理措施,由于各个机构管理方法的不同,这里就不做详细介绍。

对具体新闻报道和出版发行活动的管理现在正逐步放松,内容审核一般由新闻单位和出版社自主进行。但对于涉及到党和国家的重大方针政策、党和国家领导人的讲话和活动以及重要的军事新闻仍然需要党的宣传部门的审核,对于重要的图书内容同样需要相关部门审核。如《图书出版管理规定》第二十二条规定:图书出版实行重大选题备案制度。涉及国家安全、社会安定等方面的重大选题,涉及重大革命题材和重大历史题材的选题,应当按照新闻出版总署有关选题备案的规定办理备案手续。未经备案的重大选题,不得出版。在《音像制品出版管理规定》第二十条中也有类似规定。在新闻机构的内部日常运作中,一般实行的是主编负责制,一条新闻报道在刊发之前需要相关主编的签字同意;重要时事新闻、方针政策和敏感内容报道之前要报宣传部审核批准。而在出版发行活动中,一般是根据出版的各个阶段分别对应责任。如《图书出版管理规定》第二十四条规定:图书出版单位实行论题论证制度、图书稿件三审责任制度、责任编辑制度、责任校对制度、图书重版前审读制度、稿件及图书资料归档制度等管理制度。总体来说,我国新闻报道和出版发行的环境已经有了很大改善。

三、新闻出版管理的原则

(一)党管新闻出版原则

"党的新闻事业必须坚持党性原则,这是无产阶级政党历来强调的一个重大问题。"[1]新闻媒体作为党和政府的喉舌,出版发行物作为重要的思想阵

---

① 李良荣:《新闻学导论》,高等教育出版社1999年版,第160页。

地,这是一定要坚持的原则。虽然随着市场经济体制的不断发展,我国新闻出版行业完全国有化的局面有所改变,但党管新闻的方针一直没有改变。"中国新闻改革是在'党管媒体'的制度安排下进行的,它的合法性来自'中国特色社会主义'制度本身。"①社会主义的新闻出版管理,不能完全照搬照抄西方的管理制度和方法;我们有着自己的国情和现实的社会环境,应当探索出适应中国实际需要的新闻出版管理制度。

新闻出版工作面临着复杂的现实世界,很容易受到外界的影响,同时又因为其重大的影响力,更应该把握正确的方向。只有坚持党对新闻出版的指导管理,才能保持正确的政治方向,才能更好地引导舆论和人们的思想。坚持党管新闻原则,是保持党的新闻出版事业性质的根本保证。但是,党管新闻原则不意味着当党要包办新闻出版事业的全部,党的任务更多的是指导和帮助性质的,新闻媒体和出版机构仍然拥有很大的自由,党的管理和新闻出版事业的自主发展是一致的。

(二)新闻出版的自由性和导向性并举原则

新闻出版自由一直以来都是世界各国新闻出版界所追求的目标,它是在人类追求自由的斗争过程中出现的。从自由思想的启蒙,到言论自由,出版自由再到新闻自由,新闻出版自由是人类社会进步的结果。新闻出版自由作为新闻出版从业人员所拥有的权利,一直以来都受到党和国家的重视,我国宪法明确规定,中华人民共和国公民享有新闻自由所依存的言论自由和出版自由的权利。虽然,我们在新闻出版自由的管理方面曾走过弯路,一度对新闻出版业造成严重的后果,但改革开放以来,我国新闻出版界拥有的自主性不断提高。只要不涉及重大的国内国际政治事件,没有严重的思想倾向和内容问题,媒体和机构一般都拥有自由报道和出版发行的权利。近些年来我国新闻界还积极参与到监督政府活动,服务社会大众当中来,逐渐显现出其"第四部门"的威力;新闻出版界也呈现出百花齐放,百家争鸣的局面,推出的众多优秀作

① 夏倩芳:《党管媒体与改善新闻管理体制——一种政策和官方话语分析》,《新闻与传播评论》2005年第5期。

品极大的丰富了人们的精神生活;也从一个侧面显示出党和政府为新闻出版自由营造的巨大空间。但是新闻出版自由并不意味着自由主义,新闻不能想写什么就写什么,出版发行也不能随心所欲,还必须考虑社会影响力;作为社会大众思想的催化剂,新闻报道和出版物必须要注重导向性。在保持相当自由的前提下,对新闻出版工作进行一定的引导,积极支持和发展健康的舆论,坚决抵制和克服消极有害的新闻报道和出版物。以正确的舆论态度引导人们对新闻信息和出版物的获取,不仅不是对新闻出版自由的侵害,反而是对新闻出版自由健康发展的保护。

事实上,在世界各国都不存在绝对的新闻出版自由,几乎所有国家都或多或少对新闻出版有所控制。在日本政府通过记者俱乐部操纵舆论,各级行政机构对记者俱乐部发布有关消息,记者再根据这些资料编写新闻;并且政府和政党领导人还会通过私人和官方途径直接或间接的对媒体的负责人施压,以此引导新闻报道的导向性。就连一向标榜自己是自由国家的美国,也有间接的行政、法律和经济手段对新闻自由进行一定的管理。在一些非常时刻,也会采取措施控制媒体的报道。比如伊拉克战争期间,美国政府和新闻界官员曾制定七项规则和限制,要求记者发出的所有文字、图片必须经过军方安全审核,必须联合采访,并有军方陪同等等。在出版行业,国外同样存在着一些限制。如,"法国 1963 年 1 月 15 日的出台的法律规定为防止泄露各项国防机密,对书写剪印刷的内容,以及有可能泄露的其他工具可以采取预防性扣发查封,甚至可以通过行政管理措施去实行。"[①]正是由于新闻出版对人们思想的巨大影响,坚持新闻出版的自由性和导向性并举原则是必须的,也在事实上为各国所接受。

(三) 法治原则

依法治国是人类政治生活中所到达的良好状态,法治也是我们所努力追求的目标。对新闻出版管理来说,法治也是应当实现的重要原则。政府对新闻出版的管理不能仅仅依靠自己的行政权力,更重要的是要有法律依据。缺

---

① 魏玉山、杨贵山:《法国的出版管理体制》,《出版发行研究》1995 年第 4 期。

失法律的支撑,对新闻出版的管理就不能规范化、系统化。世界上有的国家制定了专门的新闻法和出版法,比如说丹麦和葡萄牙的《新闻法》,瑞典和荷兰的《新闻自由法》,法国的《出版自由法》等,其中瑞典1776年通过的《报纸自由法》是世界上第一部关于新闻出版的法规。这些专门的新闻出版立法,比较详细、系统的集中了和新闻出版有关的法律条款,使得新闻出版的法治管理更有针对性。相比而言,世界上大多数国家都没有制定专门的新闻出版法,或者由众多的民法中涉及新闻出版管理的部分组成,或由若干单项的法律法规组成的一个类似新闻法的体系。长久以来,我国政府一直致力于实现新闻出版事业管理的法制化进程,并取得了相当大的成就。但由于我国新闻出版事业的法律基础较为薄弱,再加上立法起步较晚,同国外相比还存在着一定差距。我国没有出台专门的新闻法和出版法,众多的法律法规以及政府条例里虽然涉及到新闻出版管理的各个方面,但这些零碎的立法,有的是出台时期久远,已不适应新形势下对新闻出版管理的需要;有的是立法层次较低,相当一部分是由政府制定的文件和条例,缺乏必要的权威性;更有甚者相关条款之间还存在冲突。这些存在的问题,在很大程度上影响了我国新闻出版事业的良好发展。完善我国的新闻出版立法工作,制定配套的法律法规体系,是新闻出版管理工作长久的保证。以更长远的眼光来看,制定一部专门的新闻法对促进中国新闻出版业未来的发展是很有必要的。

(四)服务性和监督性并重原则

服务性原则意味着党和政府新闻出版管理方式的重大转变,从过去的管理为主到现在的服务为主,把新闻媒体和出版机构放到平等的位置对待,为它们的发展提供更好的服务,在服务过程中实现对它们的管理。这是时代发展对管理方式改变的需要,同时也是我国建设服务型政府,打造和谐社会的重要表现。当然,这种服务性不仅仅指政府部门,新闻出版行业自身更需要树立服务性目标。现代社会已经发展到信息时代、知识时代,对信息和知识的获取已经成为人们生活中的关键元素。新闻报道和期刊、书籍、音像制品等作为信息和知识的载体,其本源就是要满足人们对信息、知识的需求,因此更好的发挥新闻出版服务社会的职能,是社会对新闻出版行业最基本的要求。对新闻媒体来说:快速、准确的传递硬新闻,使人们在第一时间理解相关领域的最新资讯;提供丰富多彩的软新闻内容,满足人们日益多元的需求,提高人们精神生活水平。对出版发行机构来说:提高出版发行水平,适应社会发展需要,打造出思想、内容、市场俱佳的图书、报刊、音像制品,为大众的精神生活提供更好、更多的选择。为人民服务一直都是我国各行业所提倡的一个目标,不管是从以前的政治要求,还是现在的市场要求,这一目标都具有很强的实践意义。随着市场经济的不断发展,虽然新闻媒体的政治要求日益宽松,但新闻出版行业的自由竞争也在不断加剧。在这个选择多元化的时代,谁提供的服务更出色,谁就有可能赢得更多的受众,从而创造更好的经济效益。因此新闻出版行业的服务性并未随着时代的加强而减弱,反而成为一种更急迫的需求。

同时,在做好自己本职工作的同时,新闻出版行业还必须发挥自己的监督职能。在国外,新闻媒体被誉为除立法、行政、司法之外的"第四种权力"其强大的监督功能对促进政府的发展起到重要的作用。虽然我国和西方国家有着孑然不同的政治体制,但新闻同样可以发挥巨大的监督作用。"舆论监督既是监督公共权力、遏制权力腐败的利剑,又是保障公民权利免受侵犯的盾牌。"①党和国家一直以来也十分重视新闻的舆论监督功能,在党的代表大会和全国人民代表大会上都多次提到要加强舆论监督。对新闻媒体的批评监督,各级政府的态度也有了很大转变,宽容和支持的声音在逐渐扩大。一些新闻媒体的监督取得了良好的效果,不仅提出了很多政府部门存在的问题,更重要的是有一种鞭策机制促进政府工作的进步。朱镕基总理就曾对焦点访谈栏目题词,"舆论监督,群众喉舌,政府镜鉴,改革尖兵"。这既是对新闻监督的肯定,更是对新闻监督提出的更高要求。

对出版发行行业来说,其监督功能虽然不如新闻媒体那样迅速、有力,但许多优秀的图书和影视作品在推动社会监督方面仍然起到重大的作用,并且由于图书和影视作品往往比新闻内容更深刻、更丰富,更为普通大众所接受,有时反而更能引起社会共鸣和关注。如以周梅森、张平等为代表的作家创作

① 刘伯高:《政府公共舆论管理》,中国传媒大学出版社2008年版,第244页。

出《中国制造》《我本英雄》《国家公诉》《国家干部》等一大批反腐倡廉优秀作品,在社会上引起了极大反响。同时,以这些小说为原型的电视剧更是将它们的影响推向了更广大的受众,使更多的人接受了一场腐败与正义斗争的洗礼,在一定程度上为反腐倡廉工作营造了良好的社会氛围。好的作品能起到长久的影响,相比新闻报道的即时性来说,图书、音像制品等出版物在社会监督方面仍有广阔的空间。

第三节　新闻出版管理的政策和法律依据

新闻出版管理的政策和法律依据是新闻出版管理的重要内容,没有相关的法律依据管理就缺乏法理性,也和新闻出版管理的法治原则不相符。建国以来,我国的新闻出版立法和政策制定有了很大的发展,对保障新闻出版管理的顺利实施发挥了重要作用。本章主要是对我国新闻出版管理法制进程的一个梳理,以及对相关新闻出版法律法规和政策的简单介绍。

一、我国新闻出版法制体系的演进

建国初期,我国的新闻出版法制建设相对薄弱,"在新闻传播领域,党政不分、以党代政的体制特点尤为突出。"[①]这一时期虽然中央政府也成立了由政务院管理的新闻总署,并且制定了相当数量的部门规章,但普遍效力较低,没有上升到法律的地位。对全国的新闻出版管理工作,主要还是由党的文件和相关规定进行的;新闻总署仅仅存在了两年多的时间就被撤销,其所有职能都转由中央宣传部负责;中央宣传部的相关政策实际上构成了当时的新闻出版管理依据。1957 年到 1978 年间由于众多原因,我国的新闻出版法制建设近乎停滞,新闻媒体的话语权仅仅掌握在一部分人手中;出版发行工作也受到很大冲击,内容被局限在特定领域;严重影响了新闻出版事业的健康发展。十一届三中全会以后,全国的新闻出版法制建设得到很大恢复和发展。新闻出

---

① 许正林:《中国新闻史》,上海交通大学出版社 2008 年版,第 313 页。

版总署、广播电影电视总局等相关政府新闻管理部门相继建立起来;《外国记者管理条例》《出版管理条例》《印刷业管理条例》《广播电视管理条例》《音像制品管理规定》等行政法规也随之出台;同时国家在一定程度上理清了党管新闻出版的界限,极大地改善了新闻出版管理领域党政不分、政企不分的现象,我国的新闻出版管理工作正逐渐走向法制化、制度化。虽然我国没有制定专门的新闻法,但其他众多法律当中也有相当部分涉及到新闻出版管理,这些相关法律的出台有力的促进了新闻出版管理法制化的进程。同时,新闻出版业界对制定专门新闻法和出版法的呼声日渐高涨,一旦这两部法出台,必将大大推动我国新闻出版管理工作的法制进程。

二、相关法律、政策中涉及到新闻管理的内容

《出版管理条例》《广播电视管理条例》《互联网信息服务管理办法》等法规中对新闻的内容有共同的规定,即新闻和出版物中不能含有以下内容:反对宪法所确定的基本原则的;危害国家安全,泄露国家秘密,颠覆国家政权,破坏国家统一的;损害国家荣誉和利益的;煽动民族仇恨、民族歧视,破坏民族团结的;破坏国家宗教政策,宣扬邪教和封建迷信的;散布谣言,扰乱社会秩序,破坏社会稳定的;散布淫秽、色情、赌博、暴力、凶杀、恐怖或者教唆犯罪的;侮辱或者诽谤他人,侵害他人合法权益的;含有法律、行政法规禁止的其他内容的;这些几乎是所有和新闻联系比较紧密的法律法规所共同包括的。另外像《中华人民共和国突发事件应对法》《中华人民共和国气象法》《中华人民共和国未成年人保护法》《中华人民共和国保守国家秘密法》等专门性的法律法规,在各自的立法领域也涉及到一些新闻出版管理的内容。

第四节　新闻管理体制与新闻管理的新变化

一、新闻管理的体制

目前,对新闻出版的管理,我国有两套系统,一是党的宣传部门,二是政府

主管部门。近几年来,随着社会形势的发展变化,以及我国政府体制改革的推进,逐步形成了本章开篇提到的管理体制。从具体职能划分上说,党的宣传部门更多的侧重于对新闻出版内容的管理。他们的工作重点在于引导新闻报道的舆论的导向,确保出版物的思想和内容健康。通过新闻和出版物进行意识形态宣传以及审查涉及政治、社会、经济领域的重大新闻报道,重要出版发行物。由于我国党组织建设的日益完善,党的宣传体系相比来说也是比较完整的。全国范围内,从上到下从党政机关到工矿企业,党的宣传组织构成了一张有效的新闻出版管理网络,从而保证了党管新闻出版原则的实现。

政府相关职能部门更侧重于对新闻出版行业的管理,包括对报刊、书籍、杂志、电视等媒体和出版机构运营情况的管理,对新闻出版行业从业人员的资格管理,以及规范行业竞争,提高我国新闻出版行业的竞争力和可持续发展等方面。以新闻出版总署为例,其主要职能包括起草新闻出版、著作权管理的法律法规草案,拟订新闻出版业的方针政策,制定新闻出版、著作权管理的规章并组织实施、制定新闻出版事业、产业发展规划、调控目标和产业政策并指导实施负责对新闻出版单位进行行业监管,实施准入和退出管理负责全国新闻单位记者证的监制管理,负责国内报刊社、通讯社分支机构和记者站的监管,组织查处重大新闻违法活动等。从二者的权力运作关系上看,党的宣传部门对行政部门又有一定的领导权。例如,一般一级的广播电视局正职都由同级党委宣传部的副职担任。

在我国目前实行的分级、分块管理体制中,还存在着一些单列管理的新闻出版机构。人民日报作为党中央的机关报,直属于党中央。新华社作为国家的通讯社,直属于国务院。中央电视台作为副部级单位,也享有相对独立的管理权限。在地方层次,各级党报的管理,也是由同级的党委宣传部直接负责。总体来说,我国新闻出版管理体制既有同级交叉管理,又有上下级纵向管理,构成一个较为复杂的组织形态。这种复杂的管理体制,虽然在一定程度上能实现对新闻出版的良好管理,但其侧重点更在于是对新闻媒体和出版机构的控制,已不太适应新时代的需要。同时,这种体制中存在的交叉管理,容易造成政出多门,职权划分不清和政策冲突的现象。比如说在对互联网新闻的管理中,互联网新闻信息服务许可证由国务院新闻办公室审核,信息网络传播视听节目许可证由广电总局核发,电子出版物的管理又由新闻出版总署总体负责,而《互联网新闻信息服务管理规定》却规定由国务院新闻办公室统一领导全国的互联网新闻管理工作。在这样的管理体制下,一项业务的开展往往要经过多个部门的同意,不仅加大了新闻媒体和出版机构的行政审批负担,同时还容易造成不同部门之间因职责不清而产生纠纷。当然,在我国传统行政体制的巨大惯性下,一种体制特别是行政体制的变革是十分困难的,随着我国行政体制改革的不断推进,相信和新闻出版管理有关的体制也一定会得到优化,适合中国的管理体制也最终会建立起来。为了直观了解,现行管理机制的框架可参见下图:

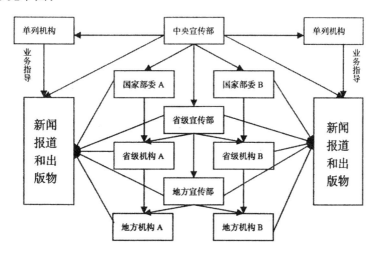

注:图中除标注外箭头均表示管理和指导

图7-1 新闻出版管理体制的简略图

同时,除了常规的管理模式外,我国还经常采用多部门联合成立专项行动小组的形式,在特定时期,针对特定领域开展专门的新闻出版管理、执法活动。这种形式在短时间内集中多个部门力量,通常能收到较为明显的效果。但这种运动式的执法管理活动是行政体制不顺的产物,实施中往往会留下很多后遗症,应当在行政体制改革中逐步减少。

二、新闻出版管理的新变化

随着时代的发展,我国的政治、社会、经济条件发生了很大变化,这既为新闻出版管理提出了新的挑战,同时也为其提供了创新的动力。为了适应新形势,我国的新闻出版管理工作也在悄然发生着变化。

(一)政府对新闻出版行业的政策更宽松

最近一段时间,我国对新闻出版的监管出现了明显松动的迹象,这为新闻出版事业的发展创造了更广阔的空间。这种变动主要变现在以下两个方面。

1.对新闻媒体和出版机构的管辖范围在缩小

现在党的原则是"抓大放小",除了做好对主流媒体、主要出版机构的管理外,对其他新闻机构、出版机构的管理则适当下放。新闻出版从业人员有了更大的自主报道权,以前许多被列为新闻禁区、内容禁区的领域现在也在逐步开放。同时,新闻媒体对党和政府的舆论监督,也正逐步被接受和鼓励。除了仍然对重大的新闻出版内容审查外,对报纸、电视、期刊、书籍、音像制品的形式、风格等方面不再做统一要求;一批报纸、电视节目在实际运行中形成了自己独特的风格,取得了良好的效果,比如央视的"东方时空"栏目以及报纸中的"南方周末"等。

2.新闻出版经营体制在创新

解放后,国家对私营新闻出版机构进行了国有化改造,同时严格禁止私营资本进入新闻出版领域。因此,新闻出版媒体完全国有化的局面一直没有改变。改革开放以后,特别是最近几年来,随着市场经济的不断推进,我国的新闻出版业体制也发生了很大变化。一大批报社、出版社、电台、电视台等新闻出版机构改制为事业单位;同时,政府支持新闻出版行业的整合,目前全国已经成立了几家规模较大的新闻出版集团,以及以上海文广集团为代表的集广播、电视、报刊、网络等于一体的多媒体集团,一方面增强了我国新闻出版业的总体竞争力,另一方面也有利于提高新闻出版管理水平。同时,在保留编辑权的情况下,允许民间资本和外资参股国有媒体,这对于我国新闻出版经营的创新是很有帮助的。

3.新闻报道更公开,反应更及时

曾经,我国政府部门总是不愿意和新闻打交道,当然更不会主动和新闻媒体做好交流沟通了。对于有利于自己的正面报道可以欣然接受,对于部门的负面报道则想尽办法予以抵制,甚至采取行政手段进行打压。对于一些政府活动的报道也是遮遮掩掩,没有充分利用新闻媒体作为平台来同民众进行交流。我国发生的一些群体性事件就是由于政府信息公开不及时,在民众中形成猜测和恐慌,才导致严重后果的发生。这种前信息化时代的新闻管理方法已经远远不能适应新时代的要求。在这种形势下,为了更好的做好对新闻的管理工作,我国政府部门和党的宣传部门的也在积极做出调整。从曾经的怕记者到现在的主动找记者,态度的改变带来的是思想的巨大跨越。现在,各级政府和职能部门基本上都建立了新闻发言人制度,这种定期的新闻公开制度,对满足公众知情权、积极引导舆论发展。促进政务公开起到了重要作用。同时,面对众多因信息公开不及时而导致社会事件发生的情况,政府加大了第一时间发布新闻的力度,以正规渠道的新闻阻止谣言的传播,这是比行政权力更有效的措施。在最近发生的众多突发性事件面前,我国媒体对新闻的快速反应能力也在不断提高,不管是在面对类似于汶川大地震等重大灾难时,还是在一些重大的政策出台之时,都力争在第一时间向民众报道最新的进展,以满足公众的知情权。

4.新媒体、新出版物的迅速发展带来的管理挑战

随着科技的不断发展,众多与新闻出版有关的新事物也在不断涌现。特别是进入互联网时代以来,网络已经成为一个重要的新闻出版平台。网络由于其虚拟性、高度可获得性、快速传播性,新闻消息、电子出版物一旦进入就可能会被无限放大,因而造成的影响远远超过传统媒体,并且网络的这种特性使得对其监管存在很大难度。虽然我国成立了网络新闻宣传管理局和其他对互联网的管理机构,但对网络新闻和以网络小说,电子图书为代表的电子出版物的管理仍然是我们的一个薄弱环节。同时,对基于互联网平台的博客、聊天室等网络新媒体的监管,也存在着相当的难度。手机媒体的迅速发展也是我们应当注意的问题。随着手机的普及,基于手机平台的新闻出版传播和网络一

样拥有巨大的威力;新一代阅读技术的革命也会对出版产业产生巨大冲击。当然随着社会的发展,其他形式的新媒体也会逐渐出现。因此,探讨应对这些新媒体、新出版物的管理办法是我国新时期新闻出版管理工作的一个重点和难点。

案例一 从汶川地震报道看突发新闻报道变革①

在汶川大地震中媒体的做法可圈可点,值得我们反思和总结。同时,这种改变也让我们看到了民族的希望,国家的未来。

一、快速充分公开信息,第一时间抢占舆论制高点

在这次党中央领导全国人民的抗震救灾过程中,我们感触最深的是媒体的行动,其最成功的突破点就是做到了快速充分、及时透明地公开信息,从而在第一时间抢占了舆论的制高点。新华社在地震发生10分钟后,就发出了第一条快讯。新华社播发的英文快讯领先于所有外电,比法新社早6分钟,比美联社早8分钟。第一张地震图片也由新华社在地震发生28分钟后迅速发出。中央电视台在地震发生32分钟后即15时,在新闻频道口播发出了第一条新闻。中央电视台派往前线的记者最多的时候超过150名;新华社超过100名记者奋战在抗灾一线,在一周的时间内播发的稿件达4600多条。面对突发灾难,我国媒体反应之迅捷、力量之强大、视野之广阔、报道之深入,令许多国外媒体刮目相看。美国《华尔街日报》报道称,中国官方媒体新华社此次对四川地震的报道之迅捷和全面,大出人们预料。

除了记者现场采访发回的信息外,在这次突发灾难中,还拓宽了信息发布的渠道。5月12日下午2点28分发生地震后,党中央第一时间部署抗震救灾工作,从5月13日起,国务院新闻办、四川省政府每天举行一场新闻发布会,分别邀请政府职能部门的有关负责人以及有关领域的专家,发布灾情震情

及救灾动态信息,并公开回答中外记者的现场提问,而且对每场新闻发布会都进行现场直播,不遮掩,不回避,不回答"无可奉告"。《洛杉矶时报》报道,四川发生强烈地震后,中国在救灾行动中的表现既现代又灵活,而且很开放;葡萄牙《快报》在《另一个中国》一文中高度称赞中国媒体对灾情报道公开、透明,并说"这次地震检验了中国领导层的能力"。

二、以人为本,生命高于一切

在以往很多突发灾难事件报道中,我们经常看到的是游离主题的其他内容。在汶川大地震中,这一切有了根本改变。地震救援开始后,报纸、电台、电视、网站等媒体上,受众看到最多的内容都是有关救人的,读者、听众、观众、网民无不为一次次成功的营救而欢欣。军人、干部、群众,还有很多来自全国各地的志愿者默默地加入到救人的行列中,在地震灾区每天都上演着无数个救人的感人故事。媒体真实地记录着这一切,谱写了一曲"不抛弃、不放弃"的时代壮歌。

还有一点值得注意的是,在以往的自然灾害公布的数据中,往往都包含有财产损失方面的数据,而在这次地震灾害每天公布的数据中,几乎没有财产损失方面的数据,所有数据都是与"人"密切相关的,包括成功营救的人数、不幸死伤的人数、各地救助捐款的数目,以及道路、通讯、电力等方面恢复的数据。这也从一个侧面证明,"人民高于一切,生命高于一切"成为了这场灾难中一切行动的出发点。

三、媒体联动,万众一心、众志成城

在这场灾难中,中国媒体体现了空前的团结和强大的合力。这次报道信息量大,平面媒体、电视媒体与网络媒体一齐上阵,以文字、图片、视频、博客等形式,多角度、全方位、立体化报道抗震救灾。有反映震情灾情、死亡人数的即时消息,有反映抗震救灾感人场面的通讯、特写,有报道抗震防震、卫生防疫基本知识的介绍,有现场采访,有连线访谈,有重点新闻节目,也有全频道整体直播。如此全面的、立体式的报道,在我国突发新闻报道史上是前所未有的。

在凝聚民族力量的过程中,媒体对这次报道中感性和理性的把握可谓恰到好处。各大媒体在报道处理上,没有一味地报道悲痛、哀伤和泪水,也没有过多地说教该如何面对天灾、如何走出灾难。无数民众被媒体的报道感动得热泪长流,在感动中加入到抗震救灾的行列中。中央电视台 5 月 19 日晚现场直播的宣传文化系统抗震救灾大型募捐活动《爱的奉献》晚会不失为一次成功的典范,赈灾捐款从 3000 万追加到 1 个亿,有专家甚至感慨:"这一次转播的效果胜过平时多少时间的思想政治教育课啊!"

四、详略得当,逐步深入、跟进报道

首先,媒体报道是有选择的,特别是对于选择什么是重点报道、什么是一般报道很有讲究。在刚开始的时候,媒体选择了政府和政府领导人的活动为主要线索报道,突出了"只要有一线希望,就要尽百倍努力"的赈灾理念,不仅在国内而且也在国际上取得了很好的效果;还有关于灾区无数好儿女自救和他救的感人事迹的报道,让我们看到灾区从老师到学生、从妈妈到孩子、从领导到群众,展现出的无所畏惧,坚强自救的勇气。看了媒体的报道,我们每一个人都被自己民族所拥有的强大力量震惊了,这又是一次精神世界的大地震,但这个地震,震掉的是我们的胆怯和自私、震来的是我们的勇敢和大爱! 媒体的力量在这个过程中功不可没。

其次,逐步深入、跟进报道,把人们的思考引领到了一个比较高的层面,从而把对自然灾害的防御转变为对社会层面的改革,把对和谐社会的营造变成了民族精神的大洗礼和理想目标的再锻造! 在赈灾的第一阶段结束后,有媒体开始注意请一些文化学专家、教授对地震发生后的各类现象进行梳理、归纳和总结、提升,他们对在地震中我们民族所爆发的"齐心协力、团结一致、重建家园、战胜灾害"的无穷力量表示了强烈的共鸣!

案例二 北京电视台生活频道"纸馅包子"事件①

10 天前,该报道由北京电视台生活频道"透明度"栏目首播,后经各媒体、网站转载引起社会广泛关注。但昨天,北京电视台在"北京新闻"节目中称,该报道被查实为虚假报道,并为此向社会深刻道歉。

记者随后核实到,该报道的编导是"透明度"栏目的临时人员,目前已被警方刑拘。

在昨天的"北京新闻"中,主持人口播了这则题为《"纸箱馅包子"被查实为虚假报道,北京电视台向社会深刻道歉》的消息。

7 月 8 日,北京电视台生活频道"透明度"栏目播出了《纸做的包子》报道。该栏目编导通过暗访,发现在朝阳区东四环附近的早点铺中出售用废纸箱和肥猪肉做馅的小笼包。

该报道经北京电视台"特别关注"、"直播北京"等新闻栏目转播,被各媒体、网站转载,引起社会广泛关注。昨天,记者在百度搜索"纸箱包子",搜索结果达 15.4 万条,"纸箱包子"也成为近两周来最热门的话题。

北京工商、食品安全部门对该报道高度重视,迅速组织执法人员,每天对全市的早点市场进行彻底检查,均没有发现"纸箱馅包子"。北京警方也为此专门成立专案组,全力核查此事,于 7 月 16 日初步查明事实真相——该报道系"透明度"编导炮制的新闻。

在昨天的"北京新闻"中,北京电视台承认生活频道对《纸做的包子》报道"审核把关不严,管理制度执行不力",并承认报道播出后造成了恶劣的社会影响,表示要"高度重视这一恶劣事件,深刻汲取教训,严肃查处相关责任人员"。

昨晚 9 点左右,记者发现新浪上关于"透明度"栏目的很多视频已被删除。

---

① 资料来源:节选自新华网 2007 年 7 月 19 日。

第五篇

政府部门社会事务管理

第二十八章 公用事务管理

公用事业是城镇生存和发展的重要物质基础,为企业和居民提供共同的生产生活条件。城镇公用事业,除部分可通过市场由企业、个人或社会中介组织提供外,有的属于纯公共产品,如普通道路、基础教育设施、防震等城市防灾设施等,在消费上具有非排他性、非竞争性,无法根据等价交换的原则通过收费来筹措资金,也不能将不缴费人排除在享受政府公共服务的人之外,企业和个人不愿投资此类设施;有的公用事业具有自然垄断性,如供水、供电设施,完全放任自由,由企业和个人经营,则会出现其利用垄断地位损害社会公共利益的行为。由于城镇公用事务存在自然垄断和外部效应,且部分设施投资金额多、建设周期长、技术要求高,项目本身只有微利或无利可图,需要多渠道筹措资金,增加投入适应社会发展。因此,公用事务的发展是政府公共服务的重要内容。

第一节 公用事务管理主体和对象

一、管理主体概念界定及机构设置

(一)公用事务管理主体

公用事务的管理主体是公共组织,而各类公共组织在公用事务管理过程中承担了不同的职责,有不同的运行规律。为了实现公用事务管理的目标,维护公共利益,就需要不同的主体采用相应的管理技术和方法,促进公用事务组织的发展。

公用事务管理的主体大致可以分为三种：

1.政府组织。政府的构成根据其不同的含义而有所不同,广泛的政府泛指一切国家政权机关。国家的立法机关、行政机关、司法机关和其他一切公共机关,都统称为政府;狭义的政府指一个国家的中央和地方行政机关。

我国的政府是指中央人民政府(国务院)和地方各级人民政府。按照宪法规定,国务院是我国最高权力机关的执行机关,是最高行政机关。国务院下设部和委员会,如铁道部、国家人口和计划生育委员会。地方各级人民政府是指国务院统一领导下的国家行政机关,划分为三级:省、自治区、直辖市人民政府;自治州、县、自治县、市辖区人民政府;乡、民族乡人民政府。

2.非政府的公共组织。非政府组织,是指不行使国家公共权力,不以营利为目的,以增进社会公共利益为目标,为社会提供科技、教育、文化、卫生、社会保障等公共服务的公共组织。与政府组织相比,非政府组织不行使公共权力,其公共管理活动不具有强制力,主要通过说服、教育、研究、示范治疗等手段,为社会成员提供服务,影响、规范其行为,达到维护社会公共利益,增进公共福利的目的。

3.准政府组织。是指介于政府组织和非政府组织之间的公共组织。这类组织往往是政府组织为了达到一定的政策目的,将一些行政权力授权给非政府组织行使,如行业管理职能等,所形成的公共组织形态。我国目前挂靠政府主管部门的一些行业协会组织,都不同程度地存在这种状况。这种公共组织的利弊都比较明显。如果发挥得好,可完成一些政府组织想做而又做不到的事项,如果这类组织过多过滥,形成所谓"二政府"现象,就会给经济社会发展带来消极影响。

(二)公用事务管理的具体机构

公用事务管理机构是公用事务管理的主体。由于公用事务涉及的行业较多,内容十分复杂,所以,参与公用事务的管理机构比较多,大体分为四种类型:

1.专业管理机构

根据公用事务的功能特点,将公用事务划分为若干个专门系统,分别设置机构进行管理,如政府中的公用事业管理局、市政工程管理局、环境保护局、园林管理局、环境卫生局、交通局等。此外还有一些实行企业化管理的专业机构,如电信局、电力局等。这些专业管理部门负责制定本行业的发展规划与计划,制定本行业的管理措施和收费标准,指导本行业所属企业的管理工作,实施行政监督等。如公用事业管理局负责供水、供电、供热、市政工程的建设和维修等,其具体职责是:保证党和国家有关公用事务的政策、法律和各种行政法规的遵守和执行;协助政府制定和颁布有关公用事务的方案,制定所属公用事务行业的收费标准以及奖惩办法,并保障其贯彻执行。

2. 综合管理机构

公用事务虽然由各专业管理机构管理,但整个公用事务协调有序运转的任务是专业管理机构承担不了的,这个职能应该综合管理机构来承担。在我国,建设委员会、规划建设委员会或市政管理委员会就是这类综合管理机构。这类机构的基本职责是:执行党和国家关于公用事务建设的政策和法律,制定公用事务建设法规、规章草案和文件;制定公用事务建设规划,参与制定国土规划和区域总体规划,基础设施立项;负责制定工程建设规划,会同有关部门制定工程建设定额;筹集和管理建设资金;指导公用事务系统改革;负责建筑业和建材业的行政管理和行业管理;指导并协调市政工程、环境保护、园林绿化、环境卫生等部门的工作;组织和协调基础设施的重大工程建设;指导建设系统的行风建设;指导建设系统的科技开发和人才培养工作等。

3. 协调机构

由于公用事务系统性较强,一个方面的管理工作需要其他各方面的配合。但是,各专业管理机构本身的权威性不够,要求其他专业管理机构的协调时往往力不从心。另外,公用事务管理和其他各项管理也需要相互协调,发挥综合效益。这时就需要设置跨部门、跨行业、跨领域的协调性机构,使得某一方面或几方面工作良好开展。例如,交通管理委员会便是交通管理的协调机构,负责协调市政、公安、工商、交通运输等有关部门的联系,对交通管理实行统一规划、统一部署和统一管理。

4.临时机构

公用事务管理动态因素很多,特别是我国很多地区公用事务管理正处于发展完善阶段,难免面临一些重要的新出现的或突击性的任务。这些任务依靠常设机构往往难以顺利而高效地完成,因此,有时需要设置一些临时机构。临时机构是为了筹建基础设施建设工程或综合解决基础设施建设和管理中的问题而设立的临时管理部门。前者如某项工程建设指挥部,后者如某种治理整顿领导小组。临时机构的特征是:由相关部门赋予有关权力;政府有关职能部门派负责人参加,具体协调有关部门的工作;工作人员从有关部门借调;工程完成或问题解决后,机构立即撤销。

二、管理对象

公用事务管理所涉及的内容不是一成不变的,从历史上的公用事务管理对象的发展来看,这是一个由少到多、从简单到复杂、从低级到高级的不断扩展的过程。随着科学技术的进步和社会经济的发展,现代公用事务的基本内容日益丰富。从产品所能涉及到的公众基本生活来看,现代公用事务管理主要包括了下面这些内容:

1.能源系统

主要包括电力生产和输电变电系统;燃气、液化石油气、人工煤气的生产和供应系统;供热生产和供应系统等。能源系统为经济发展提供动力"血液",维持着居民的正常生产和生活。

2.供水及排水系统

主要包括地表和地下水资源的开发与管理系统;自来水的生产和供水管网系统;污水的排放和处理系统;雨水等的排放系统。该系统不仅和人们的日常生产密切相关,而且还对环境产生重要影响。

3.交通系统

主要包括同一城市内部以及不同城市之间的各种运输方式,有传统的市内公共汽车、无轨电车、地铁、轻轨交通,城市和城市间的公路客运,铁路客运、一定条件下的航空客运和水路客运等。良好的交通系统能为企业生产经营活动以及居民快速出行提供条件。

4.邮电通信系统

主要包括邮政、电报、市内电话、长途电话、移动电话、无线电寻呼、电脑联网、电视和广播等。邮电通信设施虽然不直接生产实物产品,但是为人们准确而及时地发送和接受信息提供良好的服务,尤其在信息时代,让人们能够及时地调节生产和生活。

5.生态环境系统

主要包括环境卫生、环境保护、园林绿化等系统,如公园、植物园、绿化带、公共绿地等,垃圾的收集、清运、处理、综合利用,公共厕所保洁的建设管理等,环境监测和环境污染治理等。环保系统能够通过净化人们的生活环境来提高人们的生活质量。

6.城市防灾系统

主要包括消防、防洪、防震、防风沙、防地面沉降、防空等人防系统。防灾系统主要是应付突发事件,充分保障社会经济的正常运行和人民的生命财产安全。

第二节 公用事务管理原则与目标

公用事务管理的主体必须依据正确的原则和目标来实施管理。没有正确的管理原则就难以实现正确的管理目标,而没有正确的管理目标,就会造成管理资源的浪费,产生错误的管理结果。

一、公用事务管理原则

从大的方面来讲,根据公用事务的特点,公用事务管理应该遵循以下几条原则:

(一)以社会效益优先,兼顾经济效益

公用事务的管理应该以社会效益优先,兼顾经济效益。公用事务是一个特定区域赖以生存和发展的基础,具有公共性,它的服务对象是特定区域社会

的全体成员,是为整个区域的生产和生活服务的,不具有排他性。任何主体都需要公用事务提供的产品和服务,任何主体都不能排除别的主体享受公用事务提供的产品和服务。这就决定了公用事务管理应该把社会效益放在首位,而不能像市场中的其他企业管理那样以经济效益作为首要目标。但是,由于公用事务具有生产性,应该是有偿使用,因此在管理中要兼顾经济效益。这样不仅有利于筹集资金,减轻财政负担,而且能够使人们珍惜公用事务提供的服务,更好地发挥其作用,更重要的是能够激励提高公用事务服务的水平。但是要注意,兼顾经济效益的前提是社会效益优先,不能主次颠倒。

(二)公用事务应该统筹规划

公用事务应该统筹规划,与特定区域的生产设施和生活设施相配套,与区域的经济和社会发展相协调。公用事务提供的服务具有双重性,既为生产服务,又为生活服务。因此,公用事务的发展应该考虑到生产和生活的需要,考虑到现有和将来生产设施和生活设施的情况,正确认识三者之间的比例关系并据此合理规划,而不能盲目攀比,胡乱建设。另外,公用事务设施具有能力形成的同步性和超前性的特点,为了与生产设施和生活设施同时交付使用,要在时间上超前建设,在空间上为以后的发展留有余地,这也要求合理规划,把握好时间差和空间布局。只有这样,公用事务才能与经济和社会发展相协调,既不造成浪费,也不制约经济和社会发展。

(三)公用事务各子系统之间应协调与合作

把握公用事务内部各子系统之间的关系,加强协调与协作。公用事务本身就是一个复杂的综合性系统,并且每个单项公用事务也是一个独立的系统。公用事务所涉及的各个部门之间和单项公用事务内部各环节之间互相影响制约。公用事务提供产品和服务的质量好坏,同各子系统之间和各子系统内部关系是否协调有极大关系。因此,在管理中必须正确处理它们之间的关系,加强协调与协作,使之发挥一加一大于二的综合效益。具体操作中,要在建设时合理规划,在管理中相互合作。

(四)引入竞争机制,开展市场化改革

在公用事务管理中,要引入竞争机制,开展市场化改革。公用事务一方面具有服务公共性的特点,另一方面具有经营垄断性的特点。由于公用事务涉及社会的公共利益,因此各国都把其作为政府调控的主要领域,保持强有力的控制。一般不允许类似其他产业有众多企业自由竞争的方式存在,而是只允许极少数甚至是一家企业进入。故而公用事务的经营存在着垄断性。服务的公共性使政府要求企业为保障公众利益,追求最佳的社会效益和环境效益,要力争以尽可能低的价格提供尽可能好的服务,创造尽可能好的环境。而经营的垄断性则使经营公用事务的企业为了追求利润最大化,总是力争凭借垄断的优势以尽可能高的价格来提供政府规定标准的产品和服务。

另外,垄断本身就容易使企业存在平均主义、效率低下,降低服务水平等潜在的动力。一方面是政府行为,追求社会效益最大化;另一方面是企业行为,追求利润最大化,这一矛盾是各国都要面对的。处理的策略不能仅仅是加强政府的管理和监督体系,更重要的是在公用事务的经营中,随着技术条件和手段的改善,引入竞争机制,让几家企业同时开展竞争,加快市场化进程,减轻政府财政负担和补贴,提高经营效率和服务水平,从而推动公用事务的健康发展。

二、公用事务管理的目标

(一)满足社会公共需要

公用事务之所以必要是因为人类社会的某些需求要通过它来满足。人类社会的需要可分为个体需要、集团需要和公共需要。公共需要的存在决定了公共事业的存在,从这个意义上讲,既然公用事务是为了满足公共需要而存在,满足社会公共需要当然就是公用事务管理的目标。

那么,什么是社会公共需要?社会公共需要可以理解为人人都需要,但分不清各自需要大小的共同需要。正因为分不清各自需要的大小,因而无法测定个人受益的大小,从而无法让个人根据受益大小来付费,只能由财政和非政府的公共组织的收入来为满足这种需要付费。如国防、立法、教育、环境治理等。

由于社会公共需要整体的满足,不是公用事务管理的目标。那么,哪些社会公共需要的满足是公用事务管理的目标？虽然理论上尚无一致的说法，但我们认为，至少可以做这样的排除，即政府、军队、立法与司法系统等国家机器运转的需要的满足，不属于公用事务管理的范畴。由于理论上有把国家机器运转的需要看作最基本的社会公共需要的说法，因此将非最基本部分的社会公共需要的满足，作为公用事务管理的目标应该是正确的。

又因为社会公共需要会随着社会的发展而发展，所以公用事务管理一方面的目标就不仅仅是一个永恒的目标，目标所包含的内容也会随着社会的发展而有所不同。比如社会发展水平较低时，有钱买粮就不错了，因买不起药患个普通炎症都会丢命的事是司空见惯的，不会想到什么公共卫生的问题。社会发展水平较高时，公共卫生就自然地成为公共需要了。由此，公用事务管理者应及时捕捉社会公共需要的变化，相应的调整工作内容，尽可能地满足变化着的社会公共需要。

（二）提高社会生活质量，增进社会公共利益

社会生活质量可以理解为个人基本生活问题解决后所追求的生活质量，或者说是与生存条件相对应的发展条件。发展条件的有无和好坏便是生活质量的高低问题。由于个人对这种条件是否享有及享有的份额可以判定，故而，当经济不发达时，可以让那些享受得起人付费，不能享受的人当然不用付费。而当经济发展到较高水平时，则可以让财政和非政府组织的收入来为此付费，比如教育，经济不发达时，富人为接受教育付费，穷人因无钱而不能接受教育。当经济发展到较高水平时，财政可以提供基本免费的义务教育，经济发展水平更高时，则可以提供完全免费的义务教育。因而公用事务的发展水平如何，是衡量一个国家或地区社会经济发展与人们物质文化水平高低的主要标志之一。

公用事务以提高社会生活质量，增进社会公共利益为目标，有利于社会的可持续发展。因为如果发展条件全部由市场来提供的话，必然是富者更富、穷者更穷，两极分化，社会发展不平衡，增加社会不稳定的因素，社会的可持续发展得不到保障。而如果发展条件全部由政府来提供的话，财政又不堪重负，所能提供的发展条件难以适应社会发展的需要。因为由不以营利为目的的、资产来源较为丰富的公用事务来提供发展条件，用较为流行的言语来表达，则是既较好地解决了"市场失灵"的问题,又较好地解决了"政府失灵"的问题。也就是由公用事务来提供发展条件,可以使全体或大多数社会成员免费或基本免费或代价不高地享有发展条件。社会成员基本一致的共同发展,是社会和谐发展的一个重要内容,也是社会可持续增长的一个重要保证。

由于公用事务所提供的发展条件的质量,取决于社会经济发展的水平,所以,在社会不同的发展阶段。公用事务所能提供的发展条件的量和质也是不同的。这就意味着公用事务管理主体要审时度势,与时俱进。积极组织资源,为社会提供更好更多的发展条件,不断地为提供社会生活质量、增进社会公共利益而努力。

第三节 公用事务管理体制与职能

一、公用事务管理体制

(一)公用事务管理体制的含义

我国公用事务管理体制可用一句话十二个字来概括,即"统一登记、双重负责、分级管理"。

"统一登记"是指政府有统一的部门来专门负责公用事业组织的登记管理工作,依据《事业单位登记管理暂行条例》第五条的规定:"国务院机构编制管理机关和县级以上地方各级人民政府机构编制管理机关是本级人民政府的事业单位登记管理机关"。《社会团体登记管理条例》和《民办非企业单位登记管理暂行条例》分别规定:"国务院民政部门和县级以上各级人民政府民政部门是本级人民政府的民办非企事业单位登记管理机构"。换言之,公用事业组织统一由法定的登记管理机关负责审批和颁发证书,其他任何部门都无权审批和颁发证书。

"双重负责"是指公用事业组织实行由登记管理机关和业务主管机关双重负责管理。《事业单位登记管理暂行条例》第三条规定"事业单位要经县级以上各级人民政府及其有关主管部门批准"才能成立。

"分级管理"是指公用事业组织的业务主管部门和登记及公共的管辖范围,必须与公用事业组织的活动范围一致。

(二)公用事务管理体制的改革

我国的公用事务管理体制改革,必须在正确认识公用事务领域中政府与市场关系的基础上,吸收发达国家公用事务管理体制改革中正反两方面的经验,结合我国的特殊条件,按照建立政企分开、有效竞争、高效运营的现代公用事务管理体系的目标,清晰地界定改革的内容,科学地处理改革中的重大关系、积极稳妥地向前推进。

1. 公用事务体制改革的目标

根据社会主义市场经济建设和党政机构改革的要求,我国公用事务管理体制改革的目标如下:

(1)实现政事分开

政事分开首先是政事职能分开。为了推进政府机构改革和公共事业管理体制改革,必须明确政事职能范围,逐步明确事业产权归属,引导事业单位走上社会化道路,将行政机关中一些与其管理职能混淆在一起的辅助性、技术性、服务性的事务从行政机关中划出去,交由事业单位承担,将少量现由事业单位承担的政府职能交还政府部门。对受客观条件限制一时无法实现政事分开的公用事务单位,可作为过渡,授权其承担相应的行政职能。

(2)实现科学管理

公用事业管理体制改革的又一重要目标是实现公用事务管理从经验型向科学型转变,从而在根本上改善公用事务的领导体制和运行机制,提高公用事业管理的效益。

(3)实现社会化

公用事务的社会化首先是指兴办主体的多元化,建立多元化的社会资金筹措机制,动员社会力量兴办各类公用事业,培育和发展社会中介组织,鼓励国内外经济、社会组织和公民个人广泛参与公用事务的发展,形成多元化的公用事务发展格局。

其次,要逐步对原有部分公用事业单位进行转制改革,要逐步用产权制度改革的办法实行股份制和民营化,通过社会法人,自然人购买产权,实现公用事业单位投资主体多元化,从而促进公用事务单位运行机制的转换和社会公用事业的发展。

2. 我国公用事务管理体制改革的原则

目前我国公用事务管理体制改革的最大难题,就是如何整合公用事务领域中政府与市场的关系。为了正确处理这两种力量的关系,在改革过程中应该遵循如下原则:

(1)坚持公有制为主体的原则

在公用事务领域中必须坚持以公有制为主体、多种经济成分并存,坚持国有经济的控制地位,这是处理公用事务领域中公有制与私有制关系的一条重要原则。公用事务行业是我国国民经济的命脉部门,在国有经济战略性改组的进程中,公用事务行业是国有经济重点部署的领域。公用事务管理体制改革并不需要、也不应该改变这种部署。公用事务管理体制改革要调整的是政府与市场的关系,要改革的是政企不分、高度垄断的体制,而不是改变公用事务的所有制形式。公用事务行业市场化并不等私有化,将私有化作为改革的目标,只能将公用事务管理体制改革引入歧途,打乱国有经济战略部署。

(2)政府有所为有所不为原则

在对公用事务的管理以及公用事务管理体制改革过程中,政府必须准确定位自身职能,政府应当承担的工作必须尽职尽责完成,同时将政府做不好、做不了的任务,交给企业、市场、社会去做,充分调动各方面力量。这是处理公用事务领域中政府与企业、市场、社会关系的一项重要原则。从改革的内容看,公用事务管理体制改革的主流趋势是大幅度地减少政府对公用事务行业的直接干预,尽可能地扩大市场化机制作用的范围。而从改革过程看,政府是公用事务管理体制改革的主导力量,必须扮演好改革方案的设计者、制度的供给者、改革进程的推动者的角色。政府上述职责不到位、作用发挥不充分,公用事务的改革就不可能顺利地推进,同时企业、市场、社会在公用事务领域中作用很难有效发挥。在对公用事务的管理上,政府也必须准确地找到自己的位置。政府主要在规划、政策、公共投资、组织协调、有效监督等方面履行自己的职责,在其他方面,应建立政府与企业、市场、社会良性互动机制,发挥各方力量作用。

(3)有效竞争原则

有效竞争是处理公用事务领域中自然垄断与自由竞争关系的原则。所谓有效竞争,是指在公用事务管理体制改革过程中,坚持规模经济与竞争活力相互协调,形成一种有效的竞争格局。垄断与竞争是相互排斥的,垄断可以使企业获得规模经济效益,但却会使企业失去竞争活力,规模经济与竞争活力似乎是不相容的。但是,在公用事务领域中,二者是可以相互协调的,因为,在公用事务各产业部门中,实际上只有部分业务环节具有自然垄断性。对于这些业务环节,应当继续保留垄断经营的形式,并由政府对其进行必要的管制,使之在保证公共服务质量的同时获得应有的规模经济效益。而对于其他业务环节,则引入竞争机制,激发企业的经济活力,这就是将规模经济与竞争活力、政府的管制与市场机制相互协调起来的有效形式。因此,在公用事务管理体制改革过程中,必须根据各产业部门技术和经济特征,准确地判断自然垄断的业务环节,采取切合各部门实际的处理方式,不能简单化。例如,电力部门的电网有其自然垄断性,厂网分开是一种正确的选择;而对于水务业来说,将供水与排水、污水处理分开则是一个严重的错误。在我国,管供水的不管排水、管排水的不管治污、管治污的不管水再生利用,这种人为地将水资源的开发、利用和再利用的统一过程分拆开来的体制,正是我国水资源浪费和污染严重、水务业发展困难重重的重要原因之一。

3.我国公用事务管理体制改革的内容

在公用事务领域中重新调整政府与市场化的关系,在充分发挥市场配置资源和激发企业竞争活力的同时,提高政府的管理层次和改变政府的管理方式,是我国公用事务管理体制改革的基本内容。

(1)建立政府主导的多元化的投融资体制

改革公用事务行业单一的投融资体制,建立政府主导的多元化投融资体制,变单纯地依赖政府的公用事务投资为依靠市场化配置公用事务发展资源,是我国公用事务管理体制改革的第一步。政府主导的多元化投融资体制,体现了政府与市场在公用事务领域中的新型关系。政府主导指的是以规划、政策、公共投资作为基本手段,通过市场机制的中介作用,引导和整合社会资源投入到公用事务建设。在投资方面,大幅度放宽市场准入限制,吸纳国有、民营、外资等各种投资主体进入公用事务领域,普遍实行特许经营权投标制度和经营许可证制度,通过制度创新,将放宽准入限制与规范化管理结合起来,促进公平竞争。在融资方面,充分发挥资本市场的作用,尽可能地运用各种证券融资形式,在国内外广泛吸收企业、基金会和普通居民的证券投资,开辟多种多样的公用事务融资渠道。

(2)建立有效竞争的经营体制

经营体制改革是我国公用事务管理体制改革的决定性环节,它必须从根本上解决政企分开和有效竞争两个层次的问题。政企分开让企业真正成为独立的市场主体,有效竞争也就是打破垄断、有效地发挥市场机制的作用,二者都要求减少政府对公用事务行业的直接干预,均有赖于政府做出合理的制度安排。政企分开的基本途径是对公用事务领域中的国有企业进行公司化改造,建立现代企业制度。有效竞争主要是通过对垄断企业的分拆与重组,打破垄断、引入竞争机制实现的。由于公用事务各产业部门的技术经济特征各不相同,发展条件各异,并且涉及一系列权力与利益的重大调整,如何在不影响公用事务各部门正常运营的情况下,通过科学的制度安排,顺利地实现产业组织结构的重组,是我们必须周密筹划、审慎论证并精心组织实施的问题。我国垄断行业中最具代表性的是电信、电力、铁路三个部门,前两个部门的改革方案已经出台,铁路部门的改革方案也即将出台。这些方案是否切合实际,是否考虑周全,将决定其改革的成效。

(3)推进公用事务产业化和市场化经营

推进产业化、市场化经营,是解决公用事务行业建设资金的根本途径。推进产业化经营需要做好两方面的工作:一是转换公用事务企业的经营机制,对已经成立的从事公用事务设施建设、管理的国有独资公司继续深化改革,使其真正成为自主经营、自负盈亏、自我发展和自我约束的生产经营实体。二是改革现行的公用事务产品生产与供应一体化模式,按照市场化和商品化的要求,将电、气、热企业中的生产和供应分开,组建各自独立的经营实体,建立相应的商品和服务体系。

(4)建立责权明确的政府监管体制

政府监管体制改革是在公用事务领域中提升政府管理层次和转变政府管理方式的制度保证,是政府与市场关系的进一步调整。这种调整是通过立法和政府的机构改革实现的。通过立法,用最权威的形式为公用事务各产业部门的运营建立规范的制度框架,对政府的公用事务管理职能、管理机构和管理方式做出明确的规定,从而使政府对公用事务的管理机构的改革有法可依、有章可循。通过政府的机构改革,撤销原来直接管理公用事务的政府机构,建立主管制定和实施公用事务发展规划与政策的机构和独立的监管机构,从而使政府对公用事务的管理转移到规划、政策引导及依法监管上来,不再干预公用事务的经营事务。

二、公用事务管理职能

总体而言,公用事务管理的职能主要如下:

(一)计划职能

计划是公用事务管理的首要职能。计划就是为具体行为制定特定的目标,以及实现这些目标的程序、步骤和方法,明确规定应履行的重要职责及必须完成的任务。计划在公用事务管理中的作用是积极的,它可以对公用事务的发展做出合理而具前瞻性的安排,使之成为公用事务活动的基本依据,从而合理配置社会有限资源;可以减少外在因素对公用事务发展的影响,使之具有明确的目标和方向;有助于管理者细分目标,激发思维;同时还可以给管理者提供评价工作绩效的基本依据。

公用事务的计划应包括要实现的目标、发展战略、策略、政策、步骤、措施、规范、要求等内容。公用事务的计划可分为长期计划和短期计划。长期计划着眼于长远的公共利益和公共需要,设定公共事务的发展目标,具有前瞻性的特点,时限一般在三五年以上。短期计划是与公用事务发展关系最为密切的一种计划形式,通常是长期计划中的一部分,是长期计划的具体化,它旨在解决公用事务发展中直接遇到的问题,计划时限一般为一年或更短。

计划必须力求科学性、合法性、完整性和有效性,以期充分发挥计划的功能。因此,制定计划除了必须要实事求是、从实际出发外,还要遵循一定的程序和步骤,如将目标作合理的分类;应用科学方法对现状作深入的调查和评估;权衡各种备选方案,选择实施路径;制定预算;确定最佳方案。计划的目的在于执行,在执行过程中应注意随着主客观条件的变化,及时地修正和完善计划。

(二)组织职能

组织职能在公用事务管理活动中占有重要地位,其目的是通过合理设计组织结构和权责关系,妥善安排和分配组织系统内各种机构和各类人员的工作,其作用是确保计划的执行。在管理活动中,只有采取科学的、行之有效的手段对公共资源进行合理的配置,才能卓有成效地完成计划,实现目标。从本质上讲,组织就是为了某一特定目标而对权力和资源所作的配置过程。在管理系统中,组织职能归结为建立管理系统和被管理系统,即管理的主体和管理的客体,通过建立权责管理明确、合理优化的组织结构,以调节系统内发生的行为,保证系统内部过程的动态平衡,使系统内部协调有序;合理配置有限的人、财、物资源,使之产生最佳效益;科学安排公用事务发展的进度,将组织的总目标和总任务层层分解到位、落到实处。

(三)协调职能

协调是为了一定的共同目标,对组织及其个人的功能、行为和利益进行连续性规范、调节的过程。它是公用事务管理的主要职能之一,旨在保证组织工作的整体性和完整性。在管理过程中,由于利益差异、沟通障碍和认知不同,组织上下左右之间、内外之间不免产生矛盾和冲突,不解决矛盾和冲突,势必会影响组织目标的实现。有效地协调可以寻求相关组织机构和个人的良好配合,克服不利于组织目标实现的矛盾、冲突等内外因素,减少各种可能的能量消耗,建立起内外相互支持、相互促进的和谐局面,充分调动和组织方方面面的力量,实现管理目标。

协调的具体任务和组织形式取决于管理主体和管理客体本身的性质、条件和发展状况。协调的手段可分为法律的、经济的、行政的和思想文化的等多种形式。要履行协调职能,首先,要求组织的各个机构,各项工作有适当的比例关系和适当次序;其次,要在组织的运行过程中不断地调整各种关系和各项工作之间的内在联系,减少内部矛盾和障碍;最后,要加强机构和人员间的沟通,促进彼此间的共识和合作。

(四)控制职能

控制职能是对管理过程的调节,其实质是公用事务管理组织依据公用事务的发展计划和有关规范,对系统内部的各项活动和行为进行引导、约束、纠偏和限制,以确保社会目标的实现。控制是权力的体现,它在组织内部经常性地发挥作用,对人们的行为进行具体的引导,控制不是既定要素的简单投入过程,它着眼于政策或目标执行程序中输入的调整,以确保任何时候、任何管理行为均与计划、既定的程序和原则相一致,从而达到预期的效果。

要履行控制的职能,首先,必须建立控制系统,作为实施控制的组织;其次,要制定控制标准,作为衡量的尺度;再次,要实施检查监督,通过检查监督,掌握各种动态,获取各种信息,以便对管理过程中所发生的各种行为进行引导、约束、调试和限制;最后,要采取有效措施纠正偏差,参照组织目标和有关的规章,对公用事务的发展实施有力的控制,促进公用事务的运行与其发展目标保持基本一致。

第四节 公用事务管理依据与手段

一、公用事务管理的政策与法律依据

(一)管理的政策依据

涉及公用事务管理的政策很多,尤其是改革开放以后,党中央、国务院以及各部门先后出台了多项政策,这些政策对于促进公用事务的改革起了十分重要的作用。

例如,1992 年 6 月颁布的《中共中央国务院关于加快发展第三产业的决

定》中将公用事业确定为对国民经济发展具有全局性、先导性影响的基础行业,要求逐步向经营型转变,实行企业化管理,建立充满活力的自我发展机制。2001 年底原国家计委颁布的《关于促进和引导民间投资的若干意见》中明确提出,鼓励和引导民间投资以独资、合作、联营、参股、特许经营等方式,参与经营性的基础设施和公益事业项目建设。这在政策上全面开放了城市市政公用基础设施市场,为市政公用事务全方位市场化改革提供了保障。2002 年 12 月,原建设部《关于加快市政公用行业市场化进程的意见》提出了建立政府特许经营制度。2003 年 10 月召开的十六届三中全会第一次把打破垄断,开放市场,推进市政公用行业市场化写进了党的决定。2004 年原建设部颁布了《市政公用事业特许经营办法》,并印发了《城市供水、管道燃气、城市生活垃圾处理特许经营示范文本》。随后,北京、深圳等城市也制定了相应的特许经营办法。2005 年的"非公 36 条"(《关于鼓励支持和引导个体私营等非公有制经济发展的若干意见》)中支持非公有资本积极参与市政公用事业和基础设施的投资、建设和运营,鼓励非公有制企业参与市政公用企业、事业单位的产权制度和经营方式改革。这一系列政策的出台,极大地刺激了非公有资本投资公用事业的积极性。非公有资本参与公用事业建设从政策放开之前的"零敲碎打"发展到"全面出击",涉足了包括交通、水、电、气、道路、园林绿化、垃圾处理等几乎全部市政公用领域。全国各地,尤其是以上海、深圳、广州、南京、成都等为代表的城市明显加快了非公有资本进入的步伐,取得了显著的成就。

(二)管理的法律依据

对公用事务的管理与服务都应纳入法治的轨道,应以法律为基本依据。法律在公用事务领域的地位和作用日渐凸现,现有法律、行政法规、地方性法规、行政规章以及各级各类职能部门制定的规范性文件,普遍规定了公用事务管理的以下一些内容:

第一,公用事务管理的职能部门及其职权,这些职能部门既是管理部门又是执法部门,对公用事务企业的生产、经营、服务享有管理权、监督权和处罚权。

第二,公用事务管理部门的管理程序和执法程序:①为适应公用事业逐步市场化的需要,对投资大、专用性强、回报周期长、沉淀成本大的公用事务领域的建设,各地普遍采用的是市场准入制度,由政府的职能部门审查欲进入这一领域的企业资质条件,并颁发各类许可证、准用证,并通过年检(审)进行监控;②公用事务管理部门同时也是对公用事务行业进行日常监督检查的职能部门,一般都有专职的稽查队伍和人员,具体负责对公共交通、供水、节水、燃气供气等的日常运作进行监督检查;③对相对人违反公用事务管理的法规、规章以及其他规范性文件规定的行为进行处罚。在有关行政法规、规章以及其他规范性文件中都规定了处罚的种类,如《中华人民共和国行政处罚法》对于规范公用事务管理方面的处罚程序有重要意义,它应是公用事务管理部门进行行政处罚的法律依据;④有对于不服处罚的救济规定,但规定不统一,有的规定不服处罚决定的可申请复议或直接向人民法院起诉,有的则没有作救济途径的规定,但相对人可以根据《中华人民共和国行政复议法》和《中华人民共和国行政诉讼法》的有关规定寻求救济。

第三,公用事务管理的监督制度。对公用事务管理的监督是指将公用事务管理机构以及它的工作人员作为监督对象,对其行使职权、履行职责的情况进行监督。在这方面各城市政府一般都规定了内部监督制度,诸如通过制定《行政执法责任制》来实现这种内部监督,通过行政复议实现上级对下级的监督,通过审计和监察实现职能监督。对公用事务管理的外部监督,主要是通过权力机关进行工作监督,人民法院通过行政诉讼实现司法监督,人民检察院通过查处职务犯罪实现对这一领域的监督,公众则可通过公用事务管理部门的投诉电话、办事公开制度的有关规定以及依靠媒体等进行监督。

二、公用事务管理的手段、方法

(一)行政管理方法

公用事务管理的行政方法,是指各级政府及其所属部门,依靠行政组织,运用行政手段,按照行政方式来组织、管理公用事务的活动。因此,在运用行政方法管理公用事务时,不但要明确行政管理的目标和职能,而且最重要的是建立合理的公用事务管理机构。具体机构如何设、叫什么名称,可因情况而异。当前正在进行政治体制和经济体制改革,各地可以结合自己的特点设置机构,但必须注意以下三个问题:

第一,分级管理,充分调动各方面积极性。公用事务管理地方性较强,许多事情简政放权,交到下面去办,效果更好。因此,在一个地区,既要实行专业归口,又要充分发挥基层管理的作用。例如城市里小街小巷的整治、普遍绿化、环境卫生等工作,由区街道来办比市里包揽一切好得多。当然市里要统一规划,统一政策,协调关系,督促检查。

第二,在专业管理中逐步做到政企分开,简政放权。过去,政企不分的情况在建设部门尤为突出,行政机关插手企业经营活动,企业不讲经济效益,吃大锅饭。实行政企分开,专业行政机构不再插手经营活动,主要负责行业管理,由基层领导机关转变为服务机关从而为基层服务。目前政企分开重点应放在园林、环卫、市政维修等部门,使它们逐步实行经济独立核算,走企业化道路,减少对国家的依赖。

第三,实行统一管理,防止政出多门和多头领导。城市公用事务专业多,情况复杂,实行专业分级管理十分必要,但也要防止一件事多头领导,缺乏统一管理。现实中有的工作由几个部门管,各个部门都有批准的权力,这种多头领导、分散管理的状况,必须加以改革。

(二)经济管理方法

公用事务管理的经济方法,是指各级政府和有关部门根据客观经济规律,运用经济手段来管理公用事务。经济手段主要包括财政政策、货币政策、产业政策和收入分配政策等。在社会主义市场经济体制下,这是加强公用事务管理的重要方法,在运用这个方法时,要特别注意以下几点:

第一,要把公用事务纳入社会主义市场经济轨道,综合运用税收、价格、补贴、信贷、利率等经济杠杆,搞活公用事务的建设与管理,使多数公用事务能自我发展。

第二,要把公用事务各部门责、权、利结合起来,调动管理部门的积极性。也就是说在管理和维护部门中推行经济责任制,制定合理的工资政策、奖励政策,逐步向市场机制转化,减少国家的部分投入,调动各方面管理公用事务的积极性和主动性。

第三,要全面贯彻人民事务人民管的方针,充分调动所在地区的中央、地方各单位和个人的积极性,全面加强公用事务的管理。

(三)法律管理方法

公用事务管理的法律方法,是指国家政府通过立法建立起来的法律、法令、条例等一系列法规,用法规规定经营者和用户在公用事务运行和使用过程中的权利和义务,以及违反规定所要承担的责任。简而言之,也就是运用法律手段管理公用事务。运用法律管理方法进行公用事务管理时应注意:

第一,要制定公用事务管理的基本法规。这个法规主要根据国家颁发的宪法和其他有关法律和法规进行制定,还要体现公用事务管理的基本准则,体现各级政府在各项公用事务管理活动中的权利和义务;同时,还要制定一系列切实可行的单项法规和规章,如煤气管理办法、供电管理办法、下水道管理办法、污水净化处理管理办法等。

第二,要严格执法,保证法律的权威性。公用事务管理部门要做到严格依法办事,做到违法必究。在公用事务管理上,许多事实充分说明,执法严,效果就好;执法不严,效果就差,而且会失去法规的严肃性,造成管理混乱。

第三,要组建违法必究的执法部门和执法队伍。执法部门和队伍是法律、法规得以认真执行的组织保证。公用事务管理的一系列法规,都需要有明确的执法主管机关来及时监督、检查法规的执行情况,审理法规实施中各种违法行为。还需要有一个统一的执法队伍,这支队伍的每个成员都负有监督公用事务管理法规执行的任务,对于这支执法队伍必须进行培训持证上岗,使他们了解公用事务管理的基本知识,熟悉各项法规的内容,从而更好地监督检查法规的实施。

第五节 公用事务管理的过程

一、公用事务管理运行

由于现代公用事业的公共性特征,现代公共事务管理都通过公共政策确立以政府为核心的基本管理模式,该模式包括的主要内容有:

(一)公用事业产品的生产制度

一般来说,公共产品既可以公共生产,也可以非公共生产。由于公用事业产品所具有的比较突出的垄断性,完全交由市场将造成产品的需求不足,因而必须由政府介入限制其垄断性。这样现代社会公用事业产品一般不采用完全市场生产方式,具体的生产包括:一是公共生产,即完全由政府举办的机构组织生产,通常按照低于市场价格的收费标准向社会提供。二是非公共生产,即由私人投资进行公用事业产品的生产,但政府对这一公用事业产品的生产予以必要的补贴,同时对产品生产的数量调控,对其产品的价格进行限制,以保证公用事业产品对公众的供给,并打破垄断。这一方式对生产企业来说,由于定价时按照有关政策规定采取了保本微利原则,同时以政府的补贴进行利润上的弥补,使参与上述公用事业生产的企业能够获得一定的利润。

(二)公用事业产品的投融资体制

公用事业属于规模经济特征突出、投资需求规模大的行业,不断拓展投融资渠道、完善投融资体制是公用事业管理的重要内容。由于公用事业产品具有公共产品属性,传统意义上一般由政府完全包办,这一方面给政府带来严重的财政负担和财政赤字,另一方面限制各方力量投资公用事业,造成公用事业建设资金不足。随着经济体制的转变以及把改善财政状况的需要,我国政府必须开拓新的筹融资环境,建立多元化的投资主体形式。允许多种经济成分参与和运营,建立市场准入机制,允许跨地区、跨行业参与市场竞争。同时实行合理化收费,扩大公用事业的收入来源,把市场经济的手段应用于公用事业建设之中。

(三)公用事业产品市场的价格管理

不论采取何种生产方式,政府均需对公用事业进行干预,以防止垄断、保证市民基本需要,而实施价格管理成为政府干预公用事业的基本工具。政府对公用事业产品价格的管理要注意以下两个方面:

1. 制定公用事业产品价格政策的基本价值取向

从公用事业产品价格的形成来看,由于公用事业在经营上有较强的垄断性,同时其在社会生产生活中占据重要的地位,具有突出的外部收益,因而其价格形成具有政策约束性。同时,公用事业产品又是接近私人产品的准公共产品,需求面大、投入高,因而必须考虑其价值问题。所以,在制定公用事业产品价格时,既要考虑价值及供求关系,更要考虑公众基本需求及社会效益,即国家特定政策的要求。一般来说,合理的价值取向应该是价格既体现了经济效益的要求,也表达了社会效益的规定,如果在特定的情况下两者发生矛盾,由于公用事业产品的外部收益大于内部收益,因而就以社会效益为主。

2. 制定价格过程中的公众知情和制约

公用事业产品是一个涉及到公众基本生活质量保证及基本生活质量提高的产品,涉及面广,关系到公众的切身利益。因而在现代民主社会中,这类产品的价格是如何制定的,是否考虑到了公众的基本利益,公众是享有知情权的。

二、公用事务管理文书

我国在公用事务管理的过程中颁布了一系列的政策、条例,这些政策、条例为我国公用事务管理的顺利运行提供了保证。

1988 年国务院颁布了《社会团体登记管理条例》。

1991 年颁布《宗教社会团体登记管理实施办法》。

1998 年 10 月 25 日,国务院颁布了《事业单位登记管理暂行条例》《民办非企业单位登记管理暂行条例》,并修改了《社会团体登记管理条例》。

2001 年颁布《社会团体分支机构、代表机构登记办法》。

案例 公用事务管理实例

案例导语:公用事业管理效率既是公用事业管理工作的出发点,也是公用事业管理水平高低的反映。同时公用事业管理效率是个综合的概念,受制于制度、体制和人员等多种因素,而其中的一个重要因素是打破垄断。

针对这种情况,提高公用事业服务质量和效率的办法和出路只有一个,那就是打破公用事业服务机构集权所形成的垄断,引入竞争机制。当提供公共服务的单位必须进行竞争时,它就必须考虑降低成本,就必须对顾客的需求做出迅速而有效的反应,必须虚心听取消费者的意见,否则在竞争中只能败下阵来。因而,要解决垄断服务低效率的问题,必须触动产生这种低效率的根源,否则找不到出路。从根本上讲,公共服务机构排斥竞争,极易逃避监督和约束,而垄断又使这种可能变成现实。所以,为了公共利益,必须打破垄断。通过下面"竞争让医院更有人性化"、"教授公开竞聘"以及"央视向部分栏目亮红牌"的案例可以说明这一点。

一、竞争让医院更具人性化

不知不觉间,医院正在悄悄发生着变化:医院越来越人性化了,这是人们共同的感受[①]。

10年前的医院给人的感觉可不是这样的。但是,一方面是群众对医疗卫生服务的需求迅速增长,另一方面是卫生资源的短缺,医疗机构活力不足,于是,医院的注意力大都集中于扩张规模,大量买进各种先进的医疗设备上,以"硬件"抢患者,服务态度好坏的分量明显轻于设备的优劣。"医院的眼里只有病,没有人。"许多人都这样抱怨甚至是愤怒过。

然而,一直"硬邦邦"的医疗服务最近几年似乎变"软"了:病人选医生,医患沟通,中午不停诊,假日手术,个医院在服务上频频变招吸引病人。通行无

---

① 资料来源:王兰:《竞争让医院更具人性化》,《重庆日报》2002年10月23日。

障碍、信息无障碍、心理无障碍、行为无障碍、管理无障碍,旨在打造以人为本的"无障碍医院",为患者提供最佳医疗服务。有的医院还推出了一种崭新的医疗服务模式——贵宾卡会员制度,为患者提供点名手术及专家教授上门诊断的"特权"。

竞争还使医院加强了对医护人员的管理。在对医生的管理上,医院不仅要求医生书写病历工整,而且每月还进行一次考评,病历书写工整者奖励,差者受处罚。在护士管理上,一些医院将护士送到宾馆等服务场所培训,要求护士必须提供宾馆式"星级"服务,服务差者下岗。

竞争还使医院管理和设计理念发生变化。与以前更多追求宾馆式装修不同,现在医院等多的是考虑布局是否符合医疗的要求,是否方便病人。白瓷砖、白墙壁、白通道,这是医院多年给人们的印象,而现在有的医院开始将所有病房全部粉刷为绿色,并贴了五颜六色的动物和鲜花图案,同时在病房过道上摆上绿色植物,打造出"温馨病房",消除白色给病人带来的恐惧。

医院服务的转变,除了卫生部门坚持不懈的医德医风教育外,最直接的原因就是,在设备相差无几的情况下,最能吸引人的是医疗服务。医疗行业日趋激烈的竞争促进了以人为本理念的推进,"一切以病人为中心"已不是一句空话。越来越多的医院已经认识到,病人是值得尊重,而且是必须尊重的特殊消费群体。

二、有感教授公开竞聘①

近日,南京大学和郑州大学分别面向国内外公开招聘教授,聘期分别是3年和5年,获聘者将得到比较丰厚的教学、科研和生活待遇。

师资是学校"安身立命"的关键。南京大学和郑州大学的做法,首先是拓宽了聘任教授的渠道,使高校能够聘到满意的教授。应聘者首先按要求向校方提供自己的相关材料,然后参加面试,还要通过校方组织的来自校内外本学科权威人士的评审,才能拿到校长签发的聘书。而且聘任的不是终身制,获聘

---

① 资料来源:董洪亮:《有感教授公开竞聘》,《人民日报》2003 年 4 月 2 日。

教授有相当大的压力与动力,必须继续在自己的学科领域拼搏、攀登,为学校也为自己再创辉煌。其次是有利于打破高校职称评聘中的论资排辈,使那些有滥竽充数之嫌者再无"用武"之地。

人才合理流动会激发人才的活力,人才迸发出活力则事业可以兴旺发达。愿公开招聘的做法在更多的高校得到更大范围的推广,让人才合理流动,让大学质量的源头活水滚滚而来。

三、央视向部分栏目亮红牌①

目前央视推行"末位淘汰制",淘汰了 12 个频道中的 10 个栏目,这 10 个栏目分别是:《地方文艺》《电视购物》《音乐再现》《观众之友》《回音壁》《电影市场写真》《农业新闻》《原声影视》《城市平台》《绝活》。以上栏目倍淘汰的理由是"收视率低、观众反应差、节目形式陈旧及成本太高"。

2003 年 6 月,继新闻频道"转正"后,中央 1 套也强力改版,有近 20 个栏目出局。这些栏目或者消失,或者被整编到专业频道。中央 1 套除原有的新闻栏目保留不变外,其他综艺、经济、社会栏目都被重新淘洗,择优上岗。全台 12 个频道中,除新闻频道确定为非商业化经营,电影频道属于电影局管理外,其余 10 个频道全部变成商业运作的频道,这些频道的栏目今后自负盈亏。

央视在"末位淘汰制"名单公布后,也公布了被警示的栏目:《中国人口》《艺苑风景线》《商界名家》《音乐厅》《外国文艺》《台湾百科》《边说边看》《快乐点击》《世界名著名篇》《外语教学》。

---

① 资料来源:赵越:《央视部分栏目亮红牌 十个罚下十个警告》,《沈阳晚报》2003 年 6 月 28 日。

第二十九章 卫生管理

卫生管理是指政府、卫生行政部门及其他相关部门根据卫生事业的规律和特点,将卫生资源进行优化配置及时合理地提供给全体人民,并对维护和增进人民健康的组织体系、系统活动和社会措施进行管理。

第一节 卫生管理主体与对象

一、卫生管理主体概念及其机构设置

(一)卫生管理主体

卫生事业是一项社会事业,社会事业与一般的行业存在着明显的区别,能够称为社会事业的只有科学、教育、文化、卫生等少数几项。社会事业具有明显的公益性,而其他社会行业的公益性质则不显著。在所有的社会事业中政府都应发挥明确的组织和领导作用,而其他社会行业的运行主要依靠市场的力量。当然,随着市场化和社会化改革进程的推进,其他与卫生事业相关的机构和组织也在卫生管理中发挥越来越重要的作用,所以它们也是卫生管理不可或缺的主体。

卫生管理主体一般可以分成三类组织:

1.卫生行政组织

卫生行政组织是指那些对卫生事务实施管理的政府组织,通过制定和执行卫生政策、法规等来引导和调控卫生事业的发展。

2. 卫生服务组织

卫生服务组织是指以保障居民健康为主要目标,直接或间接地向居民提供医疗、预防、保健、康复等卫生服务的组织,包括各类公共卫生服务机构、营利性和非营利性的医疗服务机构等。

3. 第三方组织

第三方组织主要是指由非政府部门、职业群体或群众自发组建的与健康相关的组织。

构成卫生管理主体的三类组织紧密联系,共同构成一个有机整体。卫生服务网络中的组织隶属于卫生行政组织;卫生行政组织对卫生服务组织发挥计划、组织、指挥、协调和控制等管理功能。第三方组织则是前两者的有益补充,在卫生行政和卫生服务组织之间发挥着协同和促进作用。

(二)卫生管理的具体机构

1. 卫生行政组织

(1)卫生行政组织

我国卫生行政组织由卫生部、省(直辖市、自治区)卫生厅(局),地区(地级市、自治州、盟)卫生局,县(县级市、旗)卫生局构成。各级卫生行政组织的主要职责如下:

①卫生部

1949年11月1日成立中央人民政府卫生部,1954年10月10日改为中华人民共和国卫生部,简称卫生部。卫生部是国务主管全国卫生工作的职能部门。其主要职能是与我国社会主义市场经济和改革开放相适应,按照国家国民经济与社会发展总体规划和卫生工作方针,对全国卫生工作进行宏观管理和业务指导;围绕卫生工作战略重点,统筹兼顾,协调发展全国卫生事业,防病治病,提高人民健康水平;重点加强政策法规、综合规划、监督执法和信息服务等工作,并对部属企事业单位做好规划、指导、协调、监督、服务等管理工作。

卫生部的内设机构现今设有15各职能司局,包括:办公厅、人事司、规划财务司、政策法规司、卫生应急办公室(突发公共卫生事件应急指挥中心)、疾病预防控制局(全国爱国卫生运动委员会办公室)、农村卫生管理司、妇幼保健与社区卫生司、医政司、医疗服务监管司、食品安全综合协调与卫生监督局、药物政策与基本药物制度司、科技教育司、国际合作司(港澳台办公室)、保健局。

地方各级卫生行政组织也根据卫生部所设的业务司(局),结合各地卫生工作的实际情况,设置相应的处、科、股等,分管各项业务工作。

②省、直辖市、自治区卫生厅(局).

省、直辖市、自治区卫生厅(局)是同级人民政府的卫生行政组织,任务是根据卫生工作总的方针、政策和法规,研究提出本辖区卫生事业发展规划和工作计划;贯彻预防为主方针,组织预防、控制对人群健康危害严重的疾病、开展妇幼保健工作;管理卫生机构和卫生人员;组织中医、中西医结合、医学科学技术研究、医学教育工作;对各行业实行卫生监督;组织协调爱国卫生等群众性的卫生活动等。

卫生厅(局)内部机构一般设办公室、区政处、卫生防疫处、妇幼处、计划财务处、人事处,有的设有爱国卫生运动办公室、地方疾病办公室、外事处、科教处、装备处等。有些省(市、区)设中医药管理局,作为相对独立的中医药行政管理机构。未设中医药管理局的地区,通常在卫生厅(局)内设中医处,由卫生厅(局)代管。

③地区、省辖市、自治州、盟卫生局

地区、省辖市、自治州、盟卫生局,在同级政府(行署)领导下,根据本地区实际情况,贯彻执行省卫生厅(局)部署的卫生工作任务,制定本辖区的卫生规划及组织实施,检查和督导县、市、区、旗的卫生工作,起到承上启下的作用。

④县、县级市、区、旗卫生局

县、县级市、区、旗卫生局在同级政府领导下,管理本辖区的卫生行政工作。其工作重点是抓好农村卫生工作,进行基层卫生组织建设,具体实施防治疾病规划和卫生法规,培训提高医疗水平,抓好农村水改厕和健康教育,改善农村卫生环境等。

乡镇人民政府不设独立的卫生行政部门,在县以下的乡(镇)人民政府,一般都设有卫生助理员或文教卫生助理员,负责管理本乡范围内的卫生工作。

（2）卫生监督组织

卫生监督组织是卫生组织体系中一类特殊的组织，不直接向人群提供卫生服务，其主要职能是协助政府履行卫生行业的监督、管理，但因为绝大多数组织成员属于事业编制，参照公务员管理，因此，又不属于严格意义上的行政组织，是一类介于行政与服务之间过渡状态的组织。

卫生监督组织包括卫生部执法监督局、省、市、自治区、地（市、盟）、县（旗）各级卫生监督所。其执法依据是《中华人民共和国食品卫生法》《中华人民共和国传染病防治法》《中华人民共和国职业病防治法》《突发公共卫生事件应急条例》《公共场所卫生管理条例》《化妆品卫生监督条例》《尘肺病防治条例》《学校卫生工作条例》《生活饮用水管理办法》《消毒管理办法》等有关的卫生法律、法规、规章。

其主要职能包括：负责卫生许可和职业许可的申请受理、初审、上报、批准后证书发放的具体工作；负责公共卫生、健康相关产品、医疗卫生机构、个体诊所和采供血机构的卫生监督工作；组织卫生监督执法检查；协调卫生行政部门定期向社会通报监督结果；对卫生污染、中毒事故等重大、突发事件进行调查取证，采取必要的控制措施，提出处理意见；承担现场监督监测、采样工作；对新建、扩建、改建工程的选址、设计进行卫生审查和竣工验收；负责对卫生监督执法的投诉、举报的受理和查处工作；开展卫生法律、法规知识的宣传教育和咨询服务；参与对卫生监督技术支撑机构的资质认证等。

（3）其他与卫生事业相关的行政组织

在我国，除上述卫生行政组织外，还有如中医药管理组织、食品药品监督管理组织、爱国卫生运动组织、人口与计划生育管理组织、劳动和社会保障组织等，也参与卫生事业相关的行政管理工作。

①中医药管理组织

中医药管理局是中医中药工作的行政管理机关，负责全国中医中药（包括汉、藏、蒙、维、傣等少数民族医药）工作的行业管理。其主要职能是继承发扬中医药学，促进中医药事业发展。主管中医药行业发展战略、统筹规划和有关政策的研究。抓好战略、规划、政策的导向，做好中医药行业的法制建设，建立和完善监督检查机制。做好中医药产、供、销的综合平衡和中医药行业的信息、统计工作。

②食品药品监督管理组织

食品药品监督管理局的主要职责是包括负责对药品(包括中药材、中药饮品、中成药、化学原料及其制剂、抗生素、生化药品、生物制品、诊断药品、放射性药品、麻醉药品、毒性药品、精神药品、医疗器械、卫生材料、医药包装材料等)的研究、生产、流通、使用进行行政监督和技术监督;负责食品、保健品、化妆品安全管理的综合监督、组织协调和依法组织开展对重大事故查处;负责保健品的审批。

③爱国卫生运动组织

全国和各级爱国卫生运动委员会是国务院和各级人民政府的非常设机构,始建于20世纪50年代,是由国家政府与群众团体共同组织的特殊形式的政府组织,是由各级人民政府领导的卫生组织,负责统一领导、统筹协调全国和各地爱国卫生和防治病工作。中央爱国卫生运动委员会的领导成员是由国家领导人、卫生部主要负责人及其他有关部门负责人共同组成。中央爱国卫生运动委员会办公室设在卫生部内,各级爱国卫生运动委员会按照行政区域设置在各级人民政府或卫生行政部门内。

爱国卫生运动委员会的主要职能包括:拟定组织贯彻国家和地方爱国卫生和防治疾病的方针、政策和措施;统筹协调国务院和各级人民政府的有关部门和社会团体,发动广大群众灭四害(苍蝇、蚊子、老鼠、蟑螂)、讲卫生、防治疾病活动;进行广泛的健康教育,普及卫生知识,提高人口卫生素质;开展群众性卫生监督,不断改善城乡生产、生活环境和卫生质量;检查和进行卫生效果评价,提高人民健康水平。

④人口与计划生育管理组织

国家人口和计划生育委员会作为主管计划生育工作的国务院组成部门,迄今已有30多年的历史。其具体职能是:拟订国家人口发展规划草案,研究人口发展战略,提出统筹解决人口问题的目标和任务建议,研究提出人口与经济、社会、资源、环境协调可持续发展的政策建议。负责实施全国人口和计划生育中长期规划、年度计划和事业发展规划,对人口和计划生育规划执行情况进行监督和评估,稳定低生育水平。起草人口和计划生育工作的法律法规草案和政策规定,负责协调推动有关部门、群众团体履行人口和计划生育工作相关职责,促进人口和计划生育方针政策在教育、卫生、文化、就业和社会保障等工作中的衔接配合,会同有关部门提出促进出生人口性别平衡的政策措施。研究提出促进人口有序流动、合理分布的政策建议,制定流动人口计划生育服务管理规划,负责推动地方建立流动人口计划生育信息共享和公共服务工作机制。监测人口和计划生育发展动态,提出发布人口和计划生育安全预警预报建议,负责人口和计划生育的信息综合及信息化建设,参与国家人口基础信息库建设。组织实施计划生育科学研究的总体规划,依法管理人口和计划生育技术服务工作,依法公布有关计划生育科学研究、技术服务重要信息,负责计划生育统计、信息分析工作,研究和依法规范计划生育药具管理制度。制定人口和计划生育宣传教育工作规划,组织开展人口和计划生育宣传教育工作。推动实施计划生育的生殖健康促进计划,提高人口素质,协同有关部门降低出生缺陷人口数量。制定并组织实施人口和计划生育系统干部队伍教育培训规划,指导人口和计划生育公共服务网络体系建设,指导中国计划生育协会的业务工作。负责人口和计划生育工作的国际交流与合作,负责人口和计划生育国际援助项目的实施。

当然,还有很多其他行政组织的管理职能涉及卫生管理:例如,在食品安全监管职责分工中,农业部负责农产品生产环节的监管;国家质量监督检验检疫总局负责食品生产加工环节和进出口食品安全的监管;国家工商行政管理总局负责食品流通环节的监管。在食品生产、流通、消费环节许可工作监督管理的职责分工中,国家质量监督检验检疫总局负责食品生产环节许可的监督管理;国家工商行政管理总局负责食品流通环节许可的监督管理。在职业卫生监管的职责分工中,国家安全生产监督管理总局、国家煤矿安全监察局负责作业场所职业卫生的监督检查工作,负责职业卫生安全许可证的颁发管理,组织查处职业危害事故和有关违法违规行为。另外在我国,城镇居民的医疗保险由人力资源和社会保障组织负责管理。这些行政组织及其相应下设机构也可以看作是卫生管理的主体。

2.卫生服务组织

按照服务职能,目前卫生服务组织主要包括医疗、预防、保健、健康教育等几类机构。

(1)医疗机构

医疗机构是以疾病治疗为主,同时具有预防、康复、健康咨询等多种功能相结合,为保障人民健康进行服务的服务组织。医疗机构根据任务和服务对象不同可分为不同类型,如综合医院、专科医院、疗养院、康复医院等。为应对突发情况,医疗机构中还有一类特殊的组成部分,即急救中心,专门负责院前急救服务工作,承担重大突发性灾害、事故的现场医疗救援工作。

(2)疾病预防控制机构

疾病预防控制机构是运用预防医学理论、技术进行卫生防疫工作监测、科研、培训相结合的专业机构,是当地卫生疾病预防控制业务技术的指导中心。疾病预防控制机构包括各级疾病预防控制中心和专科防治机构等。国家、省(直辖市、自治区)、地区(市、州、盟)、县(市、旗、区)各级都设有疾病预防控制机构,其性质大体相近,但因级别不同,任务有所不同。疾病预防控制中心职能和主要任务是:疾病预防与控制;突发公共卫生事件应急处置;疫情及健康相关因素信息管理;健康危害因素监测与控制;实验室检测分析与评价;健康教育与健康促进;技术指导与应用研究等。

另外还有专科防治机构,如寄生虫防治所(站)、结核病防治院(所)、皮肤病防治院(所、站)、性病防治所、血吸虫病防治站(院)、劳动卫生研究所、职业病防治院(所)、环境卫生研究所、食品卫生研究所、放射卫生防护所等。

(3)妇幼保健机构

妇幼保健机构是从事妇幼卫生业务工作的专业组织,它包括省、市、自治区、地(市、盟)、县(旗)各级妇幼保健院、所、站及儿童保健所。妇幼保健机构以妇幼人群的预防保健为首任,指导基层妇幼工作为重点,保健与临床医疗相结合,负责妇幼卫生监测,实施《中华人民共和国母婴保健法》规定的监测任务,开展妇幼保健、儿童保健、计划生育技术指导、婚前体检、优生、遗传咨询工作,并承担保健、临床医疗、科研、教学和宣传任务,为不断提高妇女儿童健康水平及出生人口素质服务。上级妇幼保健机构对下级机构负有指导责任。

(4)健康教育机构

健康教育机构是面向社会实施健康教育的职能部门,从国家到地方各级分别设立了健康教育所(科),具有业务指导和学术研究等多种职能。其主要职能包括组建健康教育的社会网络;开展各类社会性健康教育活动;对各级各类健康教育工作人员进行专业培训;动员社会大众媒介参与健康教育;出版健康教育报刊等。通过多种形式向公众普及卫生知识,增强健康意识,提高自我保健能力。

(5)卫生信息机构

主要职能包括研究、编制卫生系统信息化建设规划;制定、规范卫生系统信息化建设的应用管理标准、技术标准及信息分类标准;组建卫生系统信息网络,包括医疗、预防、科技、情报、办公决策等的信息联网,以及公众服务信息的提供与维护;承担基层单位信息化建设的组织协调、指导等任务;负责为决策部门提供信息服务。

(6)其他与健康相关服务组织

其他与健康相关服务组织主要有两种:一种是医学教育机构。医学教育机构是培养、输送各级各类卫生人员,对在职人员进行培训教育的专业机构。为医学教育事业的发展和满足卫生事业各方面工作的需要,我国医学教育机构逐步形成了与卫生事业发展相适应的规模和组织体系。我国医学教育机构设有高等医学院校、中等医学学校和卫生干部进修学院、学校等机构等。

在2000年教育管理体制改革之前,高等医药院校几乎都归卫生部或省级卫生行政部门管理。但随着2000年教育体制改革,原属于卫生部管理的高等医学院校划归教育部管理,原属于省级卫生行政部门管理的高等医学院校逐步与当地其他一些院校合并,划归所在地教育部门管理。

另一种是医学研究机构。医学研究机构的根本任务是贯彻党和国家有关发展科学技术的方针政策和卫生工作方针,出成果、出人才,为实现医学科学现代化作出贡献。我国医学研究机构,按管理隶属关系分为独立和附属性研究机构两类,按专业设置分为综合的和专业的两类,按规模分为研究院、研究所、研究室三类。

独立医学科研机构是直接隶属各级卫生主管部门的科研机构,有固定的人员编制,有完善的组织管理系统,经济独立核算。这类研究机构根据实际需要设若干个内部职能机构,如办公室、科研管理、人事、总务、物资以及图书、情报、资料等科室等。

附属性医学科研机构指附属于医学院或医疗卫生单位,从事医学科研的机构,它是所在单位的重要组成部分,由专职和兼职两种人员组成,同时承担医、教、研工作任务,接受附属所在单位的统一领导,经济上不独立核算。

3.第三方组织

卫生第三方组织是相对于以上所述卫生行政组织和卫生服务组织以外的,由各种非政府部门以及广大群众自发组建的非政权性质的社会团体。主要包括与卫生相关的学会、协会等。

(1)学会

学会是由科技工作者自愿组成的科技学术性团体,是科技发展的必然产物。学会的根本任务是科研、学术交流、促进学科发展,发现、培养、推荐人才,促进科技成果转换。代表科技工作者与政府沟通,反映科技工作者心声,维护科技工作者权益。学会会员主要是专家学者、高等院校、科研院所和各界中的广大科技工作者。学会组织活力往往取决于一个地区学科发展的水平和地位,与学科带头人的学术造诣和社会名望紧密相关。如中华医学会、中华预防医学会、中华全国中医学会、中华护理学会等。

①中华医学会

中华医学会成立于1915年,是中国医学科学技术工作者自愿组织并依法登记成立的学术性、公益性、非营利性法人社团。现有82个专科分会,43万余名会员,设有办事机构15个,建有医学图书馆1个,法人实体2个。

中华医学会的主要业务包括:开展医学学术交流;编辑出版医学、科普等各类期刊及音像制品;开展继续医学教育;开展国际间学术交流;开展医学科技项目的评价、评审和医学科学技术决策论证;评选和奖励优秀医学科技成果

(包括学术论文和科普作品等);开展专科医师的培训和考核;发现、推荐和培养优秀医学科技人才;宣传、奖励医德高尚、业务精良的医务人员;承担政府委托职能及承办委托任务;组织医疗事故技术鉴定工作;推动医学科研成果的转化和应用;向党和政府反映医学科技工作者的意见和要求。

②中华预防医学会

中华预防医学会成立于 1987 年 11 月,总会设在北京,1991 年 8 月,经民政部核准登记为全国性卫生社会团体。中华预防医学会是公共卫生与预防医学领域的全国性学术团体,是中国科学技术协会和世界公共卫生联盟成员。中华预防医学会有 33 个分支机构,即 33 个专业分会、专业委员会,涵盖了预防医学会和保健领域的各专业。目前,中国各省、自治区、直辖市、计划单列市及一些市、县均成立了预防医学会,预防医学会的网络体系已遍布全国。

预防医学会的主要任务包括:组织开展各种形式的预防医学领域学术交流,以促进各学科发展;编辑出版预防医学领域各种专业学术期刊和普及型报刊;组织预防医学领域的技术人员的在职培训和继续医学教育;开展医学科学技术普及宣传,提高全民族自我保健意识和卫生知识水平;组织国际学术交流和科技合作;促进预防医学领域科技成果开发和推广;协助卫生行政部门做好预防保健领域的调查、研究和咨询工作,完成各种项目和任务;作为政府联系预防医学科技人员的纽带,危害预防医学工作者的权益等。

(2)协会

协会是由卫生工作者自愿组成的产业性经济团体,是社会经济发展的必然产物。协会的根本任务是统计行业信息、运行情况,代表职业群体与政府沟通,反映群体要求,维护全体权益。协会会员主要是符合一定条件的卫生行业工作者。如中国医院协会、中国医师协会、中国性病、艾滋病防治协会等。

①中国医院协会

中国医院协会是由依法获得医疗机构执业许可的各级各类医疗机构(不含农村卫生院、卫生所、医务室)自愿组成的全国性、行业性、非营利性的群众性团体。中国医院协会的业务主管单位是中华人民共和国卫生部,依法接受其业务指导;登记管理机构是中华人民共和国民政部,接受其监督管理。

中国医院协会的宗旨是:遵守我国法律、法规,执行国家卫生工作方针和政策;维护会员的合法权益;发挥行业指导、自律、协调、监督作用,提高会员的管理水平,推动医疗机构改革和建设的持续健康发展,为保护人民健康和社会主义现代化建设服务。

②中国医师协会

中国医师协会是经国家民政部登记注册,于 2002 年 1 月 19 日,由执业医师、执业助理医师及单位会员自愿组成的全国性、行业性、非营利性的群众团体,是国家一级协会,是独立的法人社团。

协会的宗旨是发挥行业服务、协调、自律、维权、监督、管理作用,团结和组织全国医师遵守国家宪法、法律、法规和政策,弘扬以德为本,救死扶伤人道主义的职业道德,努力提高医疗水平和服务质量,维护医师的合法权益,为我国人民的健康和社会主义建设服务。

此外,还有诸如中国肝炎防治基金会、中国康复医学研究会等组织也在相关领域为人群健康和推动卫生事业的发展作出了较大贡献。

二、卫生管理对象

1.各种卫生机构及相关机构包括卫生服务的提供机构、卫生行政机关、医疗保险管理经办机构、药品和卫生材料的生产和经营机构、医学教育和科研机构、为卫生事业发展提供财政和政策支持的政府机构等。卫生事业管理活动,就是通过调整这些机构之间的关系,规范这些机构的行为,实现卫生工作的质量、效率和公平,保证社会的卫生安全。

2.卫生服务的提供者及相关人员包括提供卫生服务的各级各类卫生技术人员,卫生行政人员、医疗保险机构的经办人员、接受卫生服务的各类人员,都是卫生事业管理的对象,卫生事业的管理过程,就是通过调整这些人员之间的关系,规范这些人员的行为,实现卫生服务的质量、效率和公平,保障社会的卫生安全。

第二节 卫生管理目标与原则

一、卫生管理目标

《中共中央、国务院关于卫生改革和发展的决定》提出我国卫生工作的奋斗目标是：以马克思列宁主义、毛泽东思想和邓小平建设有中国特色的社会主义理论为指导，坚持党的基本路线和基本方针，不断深化卫生改革，到2000年，初步建立起具有中国特色的包括卫生服务、医疗保障、卫生执法监督的卫生体系，基本实现人人享有初级卫生保健，国民健康水平进一步提高。到2010年，在全国建立起适应社会主义市场经济体制和人民健康需求的，比较完善的卫生体系，国民健康的主要指标在经济发达地区达到或接近世界中等发达国家的平均水平，在欠发达地区达到发展中国家的先进水平。

卫生工作的这个奋斗目标是根据《国民经济和社会发展"九五"计划和2010年远景目标纲要》的要求确定的，分为两个阶段，突出了宏观性、战略性、政策性、方向性、预测性和指导性。奋斗目标是在客观地分析我国国情和社会健康需求状况基础上提出的，既考虑卫生事业自身发展的要求，又考虑宏观经济体制改革的要求，使卫生发展目标与"三步走"的战略目标相一致。卫生工作奋斗目标包括建立具有中国特色的卫生体系和提高人民健康水平两个方面的内容。

（一）具有中国特色的卫生体系

奋斗目标规定的卫生体系由卫生服务、医疗保障和卫生执法监督三部分组成。

1. 卫生服务体系。卫生服务体系是卫生工作的载体，主要包括城乡卫生服务设施网络、卫生人力的发展、卫生机构的运行机制等。按照我国实际，需要构建以直接面向人群、开展城乡初级卫生保健和综合防治工作的社区卫生服务组织为基础，以医疗、预防、保健、康复、教育、科研等高层次专业性机构为技术指导，布局合理、功能明确、层次协调的卫生服务新体系。

(1)农村卫生服务体系:以三级卫生服务网络为基本框架,不断巩固和完善。县级卫生机构要控制规模,健全服务功能,改进服务质量,扩大服务范围,加强对基层卫生机构的技术指导和人才培养;乡镇卫生院要调整功能,加强管理,提高服务水平,充分发挥预防保健、计划生育技术指导和基本医疗服务卫生行政管理的作用;村级卫生组织做到有医有药、能防能治。有条件的地区可实行乡村一体化管理体制。

(2)城市卫生服务体系:按照区域卫生规划的要求,发挥政府宏观调控卫生资源配置和卫生发展管理的作用。按地区卫生服务需求,合理确定卫生服务设施规模、布局和功能,对机构、床位、人员、经费等资源实行宏观调控,逐步解决自成体系、条块交叉、重复建设,资源配置和服务能力与需求脱节的状况。发展城市社区卫生服务组织是城市卫生服务管理的方向。城市医疗机构都应坚持在治疗疾病的同时,面向人群,面向基层,开展预防保健工作。

2.医疗保障体系。医疗保障包括城镇职工医疗保险制度、农村合作医疗等多种形式的农民健康保障制度和多种补充性的商业医疗保险。

城镇职工医疗保险是要保证职工基本医疗,医疗费用由国家、用人单位和职工三方共同筹措、合理负担,并实行属地化原则,扩大覆盖面,控制医疗费过快增长。农村合作医疗制度是保证农民获得基本医疗服务、落实预防保健任务、防止因病致贫、因病返贫的制度,具有中国特色,现在是宣传、组织、引导、支持办好合作医疗问题。预防保健保偿制是在遵循"自愿、适度、出资者受益、资金定向使用"的原则下,群众自愿参加的预防保健制度,如儿童计划免疫保偿制、母婴系统保健保偿制等。未来我国完整的医疗保障体系将包括基本医疗保险,补充医疗保险(商业医疗保险)和社会医疗救助三个部分。

3.卫生执法监督体系。目前,我国有药品管理法、食品卫生法、传染病防治法、国境卫生检疫法、母婴保健法、执业医师法、献血法和红十字会法等10部卫生法律,卫生行政法规20多部,其中有卫生监督、药品管理、卫生行业内部管理等方面。这些法律法规的颁布实施,对维护我国的公共卫生秩序,防治疾病,提高人民健康水平发挥了重要作用。

随着国家法制建设不断加强,对执法机关、执法监督队伍和执法水平都提出了更高的要求。在卫生执法监督工作中,在规范执法主体方面,逐步由卫生防疫机构、食品卫生监督机构等多个执法主体转向由各级卫生行政部门统一监督执法。执法是行政行为,依法行政是行政机关的主要职责。卫生执法监督体制改革,一是强化卫生行政部门的执法职能,逐步承担起执法监督主体的职责,二是调整卫生防疫站内部机制,协调好卫生行政部门和卫生防疫站的工作衔接。在健全监督体制的同时,加强卫生执法监督队伍建设也十分重要。

(二)提高人民健康水平的目标

国民健康是指一个国家或地区全体居民的整体健康水平。常用的指标有平均期望寿命、婴儿死亡率和孕产妇死亡率等三个主要指标。婴儿死亡率是一个很敏感的健康指标。它不仅是一项评价婴儿健康状况的指标,而且是评价整个人群健康水平及其社会经济条件的指标。婴儿死亡率在大多数发达国家已经降到10‰以下,我国婴儿死亡率目前已下降到31.4‰。

孕产妇死亡率在大多数发达国家已小于10/10万,而在发展中国家仍高于450/10万。我国孕产妇死亡率1997年为61.9/10万。

世界人口平均期望寿命从1950~1955年的47.5岁增加到1985~1990年的63.9岁。目前我国人口的平均期望寿命已达70岁。

上述三项指标我国已位居发展中国家的前列。但因地区间经济发展不平衡,卫生服务条件差别较大。平均期望寿命在不同省份之间相差达10岁多,城乡之间婴儿死亡率和孕产妇死亡率差距更大。因此,实现卫生发展目标中的健康目标需要全社会共同努力。

二、卫生管理原则

(一)依法管理原则

依法办卫生,依法管理卫生是卫生管理的重要原则。卫生管理所依据的"法"主要有宪法、法律和卫生法规等。

宪法是国家大法,它规定和调整国家权力的归属与权力行使,调整社会关系,是根本性法律规范的总称,具有最高的法律效力。国家的政治、经济、文化包括卫生活动都应依据宪法行事。《宪法》第二十一条规定:"国家发展医疗卫生事业,发展现代医药和我国传统医药,鼓励和支持农村集体经济组织、国家企业事业组织和街道组织举办各种医疗卫生设施,开展群众性的卫生活动,增强人民体质。"发展医疗卫生事业既是建设社会主义强国的内容,也是精神文明建设的重要任务,我国宪法明确规定了现代医药和我国传统医药都要发展,在国家办卫生事业的同时,也鼓励集体经济组织、企事业组织、街道组织办。宪法还规定"国家推行划生育"、"保护和改善生活环境和生态环境"等,说明增进和保护人民健康是国家大事。

由于宪法是"法律的法律"(马克思语),所以普通法律、卫生法律均应以宪法为依据。在宪法规定原则下,国家制定并颁布了有关卫生的一些法律,如《中华人民共和国食品卫生法》《中华人民共和国药品管理法》《中华人民共和国传染病防治法》《中华人民共和国国境卫生检疫法》《中华人民共和国执业医师法》等由人大常委会或全国人大颁布的法律。此外,国务院也颁布了不少法律,对卫生事业管理有重要意义。

卫生法规是由国家卫生部、国家医药管理部门、中医药管理局或卫生部会同国务院有关部委共同颁布的卫生法规,包括疾病控制、卫生监督、医政管理、药政管理、妇幼卫生、地方病防治、科技教育、人事管理、计划财务、中医药、国际合作等类,涉及卫生事业管理各个领域。卫生法规已颁布近千个,直接规范与制约卫生事业管理行为,是卫生事业管理的重要依据。

(二)健康保护原则

卫生事业担负着救死扶伤、保护和增进人民健康的光荣使命。发展卫生事业的根本目的是不断提高全民族健康素质,保障国民经济和社会主义事业的发展。卫生事业管理把对人民健康负责作为最高原则应体现在两个方面:

第一,人人都有获得健康保护的权利。任何人不分民族、种族、性别、职业、社会出身、宗教信仰、受教育程度、财产状况等都有权获得健康保护,同时,他们依法所取得的健康保护权益都受同等的法律保护。要实现这一权利意味着要在全国范围内合理安排、配置卫生资源,而不是完全依赖市场机制来完成卫生资源的配置,并建立起一个合理的财政系统,以保证每个人都能获得健康保护。

第二,人人有获得有质量的健康保护的权利。这一权利要求健康保护的质量水平应达到一定的专业标准,它包括食品、药品、医疗器械以及卫生人员的服务质量等。健康保护的质量是每一个人都关心的问题,但一般来说患者本人并不能判断健康保护质量的高低、优劣,这就需要政府加以监督,例如,对食品、药品的质量检验;对医护质量制定标准;对过失造成医疗事故的责任人进行处罚等。

(三)公平原则

所谓公平原则,就是以利益均衡作为价值判断标准来配置卫生资源,协调卫生保健活动,以便普遍能得到卫生保健。它是伦理道德在卫生法上的反映,是社会进步、文明的体现。公平原则的基本要求是合理配置可使用的卫生资源。任何人在法律上都享有平等使用卫生资源的权利,但是个人可以使用的卫生资源的范围和水平,客观上要受到卫生资源分布和分配的影响。所以,如何解决卫生资源的缺乏和合理分配问题是卫生管理的一个重要课题。公平是配置卫生资源的基础,合理配置卫生资源是公平的必然要求。不公平就不会有合理的卫生资源配置,只有合理的卫生资源配置才是真正的、实质上的公平。需要指出的是,这里的公平不是指人人获得相同数量或水平的卫生服务,而是指人人达到最高可能的健康水平。要达到这样一种健康水平,政府就要对人民负有一种责任,即通过采取适当的经济、行政、法律等措施来保证广大人民群众能够获得基本的卫生服务,缩小地区间的差别。从这个意义上说,公平不是一个单一的、有限的目标,而是一个逐步改善的过程。

(四)预防为主原则

卫生管理实行预防为主原则,首先是由卫生工作的性质所决定的。预防在本质上是积极的、主动的与疾病作斗争。预防的目的是建立和改善合乎生理要求的生产和生活环境,保护人类健康,防止疾病的发生和流行。其次是由我国经济发展水平所决定,我国是个发展中国家,人口多,底子薄,医疗保障水平还不高,人们医疗费用支付能力比较低,所以,卫生工作只能把重点放在预防上。实践证明,预防为主不仅是费用低、效果好的措施,而且能更好地体现党和政府对人民群众的关心和爱护。预防为主原则有以下几个基本含义:

(1)任何卫生管理工作都必须立足于防,无论是制定卫生政策、采取卫生措施、考虑卫生投入,都应当把预防放在优先地位;(2)强调预防并不是轻视医疗,预防与医疗不是一对矛盾体,也不是分散的、互不通联的彼此独立的两个系统,而是一个相辅相成的有机整体;(3)预防和医疗都是保护健康的方法和手段,无病防病、有病治病、防治结合,是预防为主的总要求。预防为主的原则尤其体现在公共卫生管理的法律规范中,在其内容结构上,往往都有单独的"预防"一章。

(五)与国民经济和社会发展相适应原则

卫生事业是以国民经济的发展为基础的,卫生事业又是与社会发展密切相关的。如果卫生事业的发展超越了经济发展速度,不仅卫生事业本身不可能发展,还会带来负面效应;如果卫生事业的发展滞后了,与社会发展不协调,人民的健康得不到保证,不仅直接影响社会生产力,还会因疾病流行造成严重的经济损失,甚至影响社会的稳定。

第一,卫生事业发展必须与国民经济和社会发展相协调。

卫生事业受社会经济因素的制约,卫生工作依赖于生活质量和条件的逐步改善。社会经济的发展,促进了卫生事业的发展。同时,卫生事业的发展也促进了社会经济的发展。如果说,改革解放了生产力,科技促进了生产力,那么,卫生事业则保护了生产力,保障了作为生产力最活跃的因素——人的健康。

在我国,卫生事业的发展应采取分类指导的方针。按照贫困地区、温饱地区、宽裕地区和小康地区不同的规模和速度,分别对待,不能强求一致。卫生事业的改革和发展应从我国的国情、省情、市情出发,实事求是地确定卫生政策,使其与社会经济大政策协调一致,相互促进、协调发展。

第二,人民健康保障的福利水平必须与经济发展水平相适应。

我国是一个发展中的社会主义大国,人口多,底子薄,卫生资源不足,卫生事业的发展面临许多困难和问题,人民健康保障水平也受到很多因素制约。一方面,政府对发展卫生事业有主要责任,对保障人群健康责无旁贷;另一方面,社会各方面和公民个人也要提高保健意识,自觉增加对医疗保健的投入。

健康保障水平可用国家健康投资的多少来间接衡量,健康投资的多少,又直接与经济发展水平相关。健康投资是为保护人民健康、维持人民的生存和繁衍,社会必须建立各种卫生保健机构,培训各类卫生保健人才,提供各种卫生保健服务,以最大限度地满足人民日益增长的卫生服务需求。国家的健康保障水平受经济水平限制,公民个人的健康需要也要从需要与可能性两方面出发,有些卫生服务需要目前还难以满足,只能是基本医疗卫生服务的满足。以此为立足点,建立我国医疗保险制度的保障范围和运行机制,就是适应当前的经济发展水平。

第三节 卫生管理体制与职能

一、卫生管理体制

卫生管理体制是卫生事业的主体结构框架,一切卫生工作都是通过这个主体结构去组织实施的,其结构的合理性直接关系到卫生事业工作绩效。因此,作为卫生管理工作者,有必要了解我国现行卫生管理体制及其变革,做到有的放矢,以便更好地管理卫生工作。

(一)卫生管理体制的含义

卫生管理体制是指国家依法对卫生管理组织系统内部的组织机构设置、隶属关系、责权利划分及其运作制度化的总称。它是国家管理卫生事务的主体,其管理活动的开展和管理效率的提高将直接关系到广大居民的健康保障和国家经济的发展。

卫生管理体制是一个开放性的系统,周围环境受到诸如政治体制、经济体制、财政体制、物价体制、人事管理体制等因素的影响,内部同样也关系到党、政、群之间的协调与分工,以及系统内部信息的传递、事业的监管、法律法规的执行等,但其职能只有在不断运转中才会体现,并不断寻求与环境的平衡、适应,为社会提供更好的卫生服务。

我国现行卫生管理体制是"条块结合、以块为主、分级管理"的体制。条,是指自上而下的按行业系统管理;块,是指各省(自治区、直辖市)、市(地)、县等地方行政管理。

(二)卫生管理体制改革

卫生管理体制的改革一直都在进行,但自 1997 年《中共中央、国务院关于卫生改革与发展的决定》和《国务院关于建立城镇职工基本医疗保险制度的决定》颁布实施以后,加上国家政治体制、经济体制等宏观体制改革已经深入进行,如政府机构改革、税收政策改革、公共财政的建立、加入 WTO 等,促使卫生管理体制的改革也向深层次发展。

1. 卫生管理体制改革的目标

我国卫生管理体制改革的目标是:建立适应社会主义市场经济要求的卫生管理体制,合理配置并充分利用现有的卫生资源,提高卫生资源利用率,加强卫生行业监督管理,促进卫生机构和医药行业健康发展,让群众享受到价格合理、质量优良的医疗卫生服务,提高人民的健康水平。概括起来:一是要明确政府职责,转变职能,实现政事分开;二是建立符合社会主义市场经济规律和人民健康需求的卫生服务体系;三是建立权责明晰、富有生机和活力的医疗机构管理体制,使医疗机构真正成为自主管理、自我发展、自我约束的法人实体。

2. 卫生管理体制改革的原则

(1)政事分开,加强监管

合理划分和明确卫生行政监督管理与卫生技术服务职责,理顺和完善卫生监督体制,组建专一的卫生监督队伍,将原来分散在各事业单位的监督管理职能统一起来,成立卫生监督所,实现卫生监督工作法制化。将原来由卫生行政部门承办的事务性工作交由事业单位、社会团体和中介组织完成。

(2)进行全行业管理

在实施区域卫生规划的基础上,取消医疗机构的行政隶属关系和所有制界限,完善有关规章制度,健全医疗服务技术规范,合理划分卫生监督与卫生技术服务职责,理顺和完善卫生监督体制,依法行使卫生行政监督职责,积极应用法律、行政、经济等手段加强宏观管理。

（3）提供优质高效的服务

对卫生管理体制进行改革、调整、重组的最终目的就是为广大居民提供安全、有效、优质、快捷、方便、价廉的卫生服务，使疾病得以治疗、预防和控制，公共卫生秩序得以有序维持，人民的健康得以保护。

（4）适应市场经济体制

现行的卫生管理体制是 20 世纪五六十年代计划经济体制的产物。我国现行的经济体制是社会主义市场经济体制，因此卫生改革要以此为背景，引入市场经济条件下行之有效的竞争机制、价格机制、用人机制等，促进卫生事业健康发展。

（5）总体规划，分步进行，逐步到位

卫生体制改革是一个非常复杂的系统工程，不仅是卫生系统内要进行全面的改革，还涉及到与卫生系统直接或间接相关的其他系统、部门，如财政、计划、价格、民政、社会保障等，不可能一蹴而就，必须统筹规划、分步进行、逐步到位。

3. 卫生管理体制改革的内容

（1）行政管理体制改革

卫生行政部门要转变职能，政事分开，打破医疗机构的行政隶属关系和所有制界限，积极实施区域卫生规划，用法律、行政、经济等手段加强宏观调控管理，逐步实行卫生工作全行业管理。完善各项规章制度，健全医疗技术规范。合理划分卫生监督与医疗卫生技术服务的职责，理顺和完善卫生监督体制，依法行使卫生行政监督职责。

卫生行政管理体制主要表现为三个方面：一是建立和完善医疗卫生机构、从业人员、医疗卫生技术应用和大型医疗技术设备的准入制度，严把准入关。医疗卫生行业不同于其他工商行业，关系到每个人的身体健康和生命安全，对准入要从严把关。二是完善各项规章制度，健全医疗服务技术规范，使从业机构和从业人员有法可依，有规范可操作。三是加强监督管理，成立专业卫生监督管理组织和队伍（如卫生监督所），运用法律、行政和经济等手段加强宏观管理，使守法者得到保护，违法者得到惩处。

(2)医疗服务体制改革

医疗服务体制的改革是建立在实施区域卫生规划的基础上,打破医疗机构的行政隶属关系和所有制界限,建立新的医疗机构分类管理制度,建立健全社区卫生服务、综合医院和专科医院合理分工的医疗服务体系。

打破医疗机构的行政隶属关系.就是对医疗机构实行等级管理,取消行政级别,对开展对外服务的企业医疗机构要逐步移交地方政府统筹管理。

对医疗机构实行新的分类管理制度,就是将医疗机构根据其性质、社会功能及其承担的任务,分为营利性和非营利性两类,分别实行不同的财税和价格政策。

综合性医疗服务体系的建立,就是要把预防、保健、健康教育、计划生育和常见病、多发病、诊断明确的慢性病的治疗和康复工作交由社区卫生服务机构来完成,把急危重症、疑难病症的治疗及相关的教育、科研由综合性医疗机构承担。为双向转诊、病人就近治疗、降低病人看病支出提供组织保证。

发展城市社区卫生服务是提供基本医疗卫生服务、满足人民群众日益增长的卫生服务需求,提高人民健康水平的重要保障,是深化卫生改革、建立与社会主义市场经济体制相适应的城市卫生服务体系的重要基础,是建立城镇职工基本医疗保险制度的迫切要求,是加强社会主义精神文明建设、密切党群干群关系、维护社会稳定的重要途径。要形成规范的社区卫生服务组织和综合医院、专科医院双向转诊制度。

(3)预防保健体制改革

坚持预防为主的方针,建立综合性预防保健体系,负责公共卫生、疾病预防和控制、保健领域的业务技术指导任务,并提供技术咨询,运用预防医学的理论和方法,调查处理传染病流行、中毒等公共卫生突发事件。要求改革过程中遵循"区域覆盖"和"就近服务"的原则,将分散、服务对象单一的预防保健机构科学合理地精简归并,形成综合性预防保健机构,如有的地方已经成立了疾病控制中心,具体承担预防保健职责。

(4)卫生监督体制改革

将原由各卫生事业单位,如卫生防疫站、地病所(站)、保健所承担的卫生监督职能集中,根据实际情况对原有机构适当加以精简、归并、调整,组建卫生监督所,专职承担卫生监督任务。将分散的、多头的监管组建成统一的监管机构。卫生监督所是同级卫生行政部门在其辖区内,依照法律、法规行使卫生监督职责的执行机构。卫生监督的重点是保障各种社会活动中正常的卫生秩序,预防和控制疾病的发生和流行,保护公民的健康权益。卫生监督的管理范围包括卫生许可管理,还包括对各级各类卫生机构、个体诊所和采供血机构的监督管理,以及卫生专业人员的执业许可和健康许可。

(5)其他卫生体制改革

如原由卫生部门承担的药品监督管理如药政、药检职能交给国家药品监督管理局,将国境卫生检疫、进口食品口岸卫生监督检验职能交给国家出入境检验检疫局,委托国家出入境检验检疫局负责口岸检疫传染病和监测传染病名录的制定、调整职能;国境卫生检疫法律、行政法规的拟定以及检疫传染病和监测传染病名录的发布仍由卫生部负责;将医疗保险职能交给人力资源和社会保障部;将卫生建设项目的具体实施、质量控制规范的认证、教材编写、专业培训及考试和卫生机构、科研成果、相关产品的评审等辅助性、技术性及服务性的具体工作,交给事业单位和社会团体;卫生学校的管理逐步交给教育部门管理,在部分地方有些医学院校已经和其他类别的院校进行重组。

二、卫生管理职能

卫生管理的主要职能有:

(一)优化卫生政策

卫生政策是指政府为保障人民健康而制定的方针、措施和行为规范。卫生政策对卫生事业发展的影响是巨大的,一个国家或地区卫生事业发展的成败得失,很大程度上取决于这个国家或地区卫生政策的优劣正误。因此卫生事业管理的首要职能是对卫生政策的管理,卫生政策管理包括卫生政策的研究制定、实施和政策分析评价等内容。

(二)合理配置社会资源

卫生事业的运行和发展需要运用大量的卫生资源,这些资源包括人、财、物、技术、信息等,卫生事业管理就是要科学地管理这些资源,合理地配置这些资源,实现卫生资源的优化配置,提高资源利用效率,提升卫生服务的质量。

(三)科学地编制和实施卫生计划

计划是卫生管理工作的重要职能,也是卫生管理的主要内容,卫生管理通过正确的卫生计划明确发展目标,选择适当的行为规范和措施,规定合理的卫生资源投入,保证卫生工作沿着正确的轨道前进。

(四)提升卫生系统功能

卫生管理所针对的上述机构和人员,组成了复杂的系统和体系,如医疗服务体系、医疗保险体系、卫生管理体系、公共卫生体系、卫生监督执法体系等,这些体系共同组成了卫生系统。卫生管理追求的是这些体系的良性互动和有机配合,是系统功能的整体优化和系统产出的最大化。

第四节 卫生管理的依据与手段

一、卫生管理的方针政策与法律依据

(一)卫生管理的方针政策依据

1.新时期的卫生工作方针

1996年中共中央、国务院召开了全国卫生工作会议,会议讨论通过了《中共中央、国务院关于卫生改革与发展的决定》。《决定》中明确指出"新时期卫生工作的方针是:以农村为重点,预防为主,中西医并重,依靠科技与教育,动员全社会参与,为人民健康服务,为社会主义现代化服务"。这一方针也是新时期搞好卫生管理的重要依据。

(1)以农村为重点是由我国国情所决定的,农村人口占我国人口的多数,农业、农村、农民问题关系到我国社会主义建设的全局,卫生管理工作以农村为重点对于全社会的稳定,对于推动社会主义新农村建设,具有十分重要的现实意义和深远的历史意义。

(2)坚持预防为主的方针,是因为地方病、传染病和非传染病的流行都会严重地损害人民群众的健康,并且极大地消耗卫生资源。而预防保健费用低、效果好,是卫生工作能够实现投入少、社会效益高的关键。防治重大疾病,应当根据普遍性、严重性、可干预性和经济有效性等原则来确定具体的病种,确定预防工作的重点。开展重大疾病的群防群治,应当纳入当地社会发展计划,所需要的费用需要政府予以保证。

(3)中华民族在长期同疾病的斗争中,创造了独具特色的中医药体系,中医中药的作用在我国广大劳动人民中深入人心。只有中西医并重,才能取长补短,相互学习,共同提高。

(4)卫生事业是科技密集型事业,发展卫生事业必须依靠科技与教育。邓小平同志提出了"科学技术是第一生产力"的重要论断,党中央和国务院确立了"科教兴国"的战略,这对卫生事业的发展具有重要的意义。

(5)爱国卫生运动是全社会广泛参与的最好例证,是具有中国特色的一大创举,爱国卫生运动是动员群众和全社会参与卫生工作的好形式,在控制和消灭传染病中发挥了重大的作用。在农村的"初级卫生保健"工作和城市的"创建卫生城市工作",都是动员全社会参与取得的成果,全社会参与对于普及卫生知识、教育人民群众养成良好的卫生习惯,也是十分重要的。

(6)为人民健康服务、为社会主义现代化建设服务是卫生管理工作方针的核心,它是卫生工作的目的,体现了全心全意为人民的宗旨,反映了社会主义卫生事业的性质,也指明了我国卫生工作的方向。

2. 卫生政策

卫生政策属于公共政策,是指政府为了保障人民健康而制定并实施的用以规范政府、公民和医院等社会组织的目标、行为指南、策略与措施的综合。卫生政策在一个国家的社会生活中发挥着极其重要的作用,制定和执行良好的卫生政策将会发挥保证基本人权、保护生产力、保障人民健康、维护社会公平、维持政治稳定、增进人民幸福的重要作用。改革开放以来,为促进我国卫生事业的改革与发展,中共中央、国务院以及其他国家机关制定了一系列卫生政策。例如:《中共中央、国务院关于卫生改革与发展的决定》(中发[1997]3号)、《中共中央、国务院关于进一步加强农村卫生工作的决定》(中发[2002]

13 号)、《国务院关于建立城镇职工基本医疗保险制度的决定》(国发[1998]
44 号)、《国务院关于发展城市社区卫生服务的指导意见》(国发[2006]10
号)、《关于城镇医疗卫生体制改革指导意见》(国办发[2000]16 号)、《关于农
村卫生改革与发展的指导意见》(国办发[2001]39 号)、《关于建立新型农村
合作医疗制度的意见》(国办发[2003]3 号)、《关于城镇医疗机构分类管理的
意见》(卫医发[2000]233 号)、《关于农村卫生机构改革与管理的意见》(卫基
妇发[2002]315 号)、《农村卫生服务体系建设与发展规划》(卫规财发[2006]
340 号)、《中国 2001—2015 卫生人力发展纲要》(卫人发[2002]35 号)等。这
些政策是当前卫生管理的重要依据。

　　3. 卫生管理的法律依据

　　(1)《宪法》中的有关规定

　　《宪法》是国家的根本大法,具有最高的法律效力,因此,《宪法》中有关医
药卫生和保护公民健康的内容就成为卫生管理的依据。我国现行宪法中有关
医药卫生方面的规定主要集中体现在《宪法》第 21 条和第 45 条。《宪法》中
还有一些条文与保护公民健康有直接关系。

　　(2)基本法律中有关医药卫生方面的规定

　　基本法律是由全国人大制定的法律规范。在一些基本法律中也规定了一
些保护公民健康的法律规范,如:《中华人民共和国刑法》第六章第五节专门
规定了"危害公共卫生罪";《中华人民共和国民法通则》关于公民健康权的规
定;《中华人民共和国婚姻法》关于患有麻风病、精神病的患者禁止结婚的规
定。

　　(3)卫生法律

　　卫生法律是由全国人大常委会制定的法律法规。目前,由全国人大常委
会制定的卫生法律有 10 部:《食品卫生法》《药品管理法》《国境卫生检疫法》
《传染病防治法》《母婴保健法》《献血法》《红十字会法》《执业医师法》《职业
病防治法》《人口与计划生育法》。这些法律的制定和实施构成了我国卫生法
律体系的基本框架。

　　(4)卫生行政法规

《立法法》第 56 条规定,国务院根据宪法和法律,制定行政法规。根据《立法法》的规定,行政法规主要是三种:一是为执行法律的规定需要制定行政法规事项;二是属于《宪法》第 89 条规定的国务院行政管理职权的事项;三是由全国人大及其常委会知道那个的法律事项,国务院根据全国人大及其常委会的授权决定先制定行政法规。目前,由国务院制定的卫生行政法规有 29 部。

(5)卫生行政规章

根据《立法法》的规定,行政规章有两种:一种是国务院卫生行政部门或其他部门,根据法律和国务院的行政法规、决定、命令,在本部门的权限范围内制定的属于执行法律或者国务行政法规、决定、命令的规范性法律文件;另一种是省、自治区、直辖市和较大的市的人民政府制定的规章。前者一般称作"部门规章",后者称作"政府规章"。目前,卫生部等部门制定了大力部门卫生规章,各省级政府也根据本地的实际情况制定了大量政府卫生规章。

(6)地方性卫生法规

根据《宪法》和《立法法》的规定,省、自治区、直辖市的人民代表大会及其常委会根据本行政区的具体情况和实际需要,在不同宪法、法律、行政法规相抵触的前提下可以制定地方性法规。如,山东省人民代表大会常委会制定的《山东省计划生育管理条例》就属于地方性卫生法规。地方性卫生法规在卫生事业管理中具有独特作用。我国民族众多,地域辽阔,各地的经济文化发展水平参差不齐,有一些卫生问题具有地域性,地方性法规更具有针对性。

(7)卫生标准

由于卫生法具有技术控制和法律控制的双重性质,因此卫生标准、卫生技术规范和操作规程就成为卫生管理法律依据的重要组成部分。这些标准、规范和规程可分为国家和地方两级。前者由国家卫生行政部门制定颁布,后者由地方政府卫生行政部门制定颁布。值得注意的是,这些标准、规范和规程的法律效力虽然不及法律、法规,但在具体的行政执法过程中,它们的地位又是相当重要的。卫生标准一经批准发布,就是卫生技术法规,具有法律约束力。我国现行卫生标准主要有:工业企业设计卫生标准、生活饮用水标准、食品卫生标准、化妆品卫生标准、放射卫生防护标准和职业病诊断标准等。

(8)法律解释

法律解释就字面意义来说,就是对法律规定的含义所作的说明。法学中所说的法律解释专指由特定的人或组织对特定法律规范的内容和含义所作的说明。我国法律解释从主体地位及其效力来划分,大体上有以下几种:①立法解释。这有两种情况:一种是由全国人大常委会针对宪法和法律条文本身需要进一步明确界限或补充规定的问题所进行的解释;另一种是指省、自治区、直辖市人大常委会针对地方性法规需要进一步明确界限或补充规定。②司法解释。指由最高人民法院和最高人民检察院针对审判和检察工作中具体应用法律问题所进行的解释。③行政解释。指由国务院及其主管部门针对不属于审判和检察工作中的其他法律的具体应用问题以及自己依法制定的法规所进行的解释。在我国正式生效的解释包括:立法解释、司法解释和行政解释。例如,《最高人民法院关于对医疗事故争议案件人民法院应否受理的复函》及最高人民法院、最高人民检察院在 2003 年 5 月 13 日起实施的《关于办理妨害预防、控制突发传染病疫情等灾害的刑事案件具体应用法律若干问题的解释》等,都属于司法解释。卫生部《关于香烟中添加罂粟壳问题的函复》就属于行政解释。

(9)国际卫生条约

凡是我国政府参加的国际卫生条约或与他国签订的双边条约,只要经过国家权力机关批准,对我国的单位和个人都有约束力,所以,也是我国卫生管理的法律依据。例如,《国际卫生条例》《麻醉品单一公约》等。

二、卫生管理机制与手段

(一)卫生管理机制

1.卫生管理机制的含义

卫生管理机制在卫生事业运行和发展中起着重大作用。完善的卫生管理机制,可以实现卫生资源的优化配置,促进卫生事业的协调发展,更好地满足人民群众不同层次的卫生服务需求,为经济建设和社会主义现代化建设服务。

机制是拉丁文 Mehanism 的意译,原指机器的构造和工作原理,后来生物学和医学借用此词,指生物有机体内各器官相互配合、发挥作用的过程和方式。卫生管理机制是指卫生事业赖以运转的一切方式、手段、环节的总和。由于整个卫生事业是各个组成部分的有机结合,也需应用各种管理手段和方式才能运行,因此,机制这一概念就被卫生管理学借用,称为卫生管理机制。简言之,卫生管理机制就是卫生系统内各构成要素之间相互联系和作用的制约关系。

如果将整个卫生事业作为一个机体的话,卫生管理机制就是使这个机体协调运动、控制发展的手段和方式。卫生事业机体的整体运行中包含着它的构成要素的局部运行。各构成要素都自成体系,各自都有特定的运行机制。卫生管理机制按其作用方式可分为计划机制、市场机制、价格机制等;按照卫生机构经营性质又可分为非营利性卫生机构管理机制和营利性卫生机构管理机制。不同的分类有不同的优缺点。

卫生管理机制包含三层意思:一是卫生管理机制是协调卫生管理过程的机理的总称;二是卫生管理机制功能的发挥依赖于其中构成要素间的相互作用和相互关系;是整个管理机制是有规律地按一定方式运行并发挥总体功能的[①]。因此,我们不能简单地把卫生管理的任一管理机制理解为一孤立的要素,而应当将它们看作是卫生事业运行过程中的联系和互动。

2.卫生管理机制的内容

卫生管理涉及人员、物资与设备、信息、业务技术、教育与科研等,每项管理内容都有不同的管理机制。

(1)人员管理机制

人员管理机制是指卫生机构管理者合理配备人员,充分调动人员积极性,发挥所有员工所长,使其最大限度地提供卫生服务科学的管理方法和手段。其内容包括人事任用、人事制度、人员编配、工资福利等。

(2)物资与设备管理机制

---

① 梁万年:《卫生事业管理学》,人民卫生出版社 2003 年版,第 113 页。

物资与设备管理机制是指卫生机构充分利用各种物资设备资源,发挥资金效用,提高经营管理水平,获取最佳技术经济效果的手段和方法。随着卫生服务经营管理的不断深化,高新技术设备的广泛应用,服务成本核算的进一步实施,物资和设备的种类日益增加,卫生服务机构的物资与设备管理工作越来越复杂,也越来越重要。

(3)信息管理机制

信息管理机制是指在管理过程中运用信息方法,科学地收集和处理信息,更好地服务于卫生服务和管理。信息管理机制是为了激励和约束信息传递过程中保证准确、及时而制定的。现代卫生服务机构管理依赖信息管理的程度是前所未有的,可以这样理解,没有信息管理就没有现代卫生管理。

(4)业务技术管理机制

业务技术管理机制是指对卫生服务活动全过程(针对业务和技术)所进行的组织、计划、协调和控制,使之达到最佳效率和效果的管理方法和手段。广义上讲,业务技术管理机制包括卫生服务技术管理机制和卫生服务质量管理机制两部分。业务技术管理是卫生服务机构管理的重中之重,为保障卫生服务工作的正常进行,卫生服务机构一般都制定了一系列规章制度,如医院里的值班制度、病案管理制度、入出院制度、门诊工作制度、处方制度、病房管理制度、病房工作人员守则、住院规则、病历书写制度、查房制度、医嘱制度、查对制度、会诊制度、转院转科制度、病例讨论制度、交接班制度、护理工作制度、隔离消毒制度、差错事故登记报告制度、医院感染管理制度等。

(5)教育与科研管理机制

教育与科研管理机制是卫生机构为开发卫生服务人员智力,鼓励技术创新,提高工作效率和质量而采取的方法和手段。

3.卫生管理手段

(1)计划手段

计划具有方向性、指令性和指导性。卫生事业管理计划手段的主要表现是社会经济发展的中长期计划中对卫生事业的规划;卫生事业发展的中长期计划;区域卫生规划;卫生事业的财政预算;医疗机构设置规划等。各种卫生计划发挥着明确事业发展目标,选择适当政策措施,保持医疗资源供需合理,优化卫生资源配置,提高资源利用效率的作用。计划手段运用过程包括计划编制、计划实施和计划评价等阶段。

(2)法律手段

依法行政是依法治国的重要组成部分,是社会主义市场经济体制的客观要求,是政府转变职能的重要内容,是国家管理卫生事务的重要形式。法律手段是指政府通过法律、法规来调整各社会主体之间的关系。法律手段具有约束性、强制性和稳定性。卫生管理法律手段的表现是全国人民代表大会及其常务委员会制定管理卫生事业的法律,国务院和各省、自治区、直辖市人民代表大会制定管理卫生事业的法规,如全国人大常委会制定的《执业医师法》、国务院制定的《医疗机构管理条例》等。各种法律法规依靠一定的强制性,保证卫生事业沿着法制化的轨道稳定运行,保证卫生行政部门依法实施管理。

(3)行政手段

作为政府的行业管理部门,行政手段依然是不可或缺的。政府运用行政手段管理卫生事业的主要表现是政策和行政命令,政府通过行政方式规范各社会主体的行为,规范卫生机构的行为,使之提供符合人民群众所需的服务。

(4)经济手段

经济手段是指政府通过经济机制对卫生机构的运行进行调节和控制的方式,经济手段具有间接性、灵活性、灵敏性和自觉性的特点,经济手段包括财政手段、价格手段、税收和收费手段等。随着我国市场经济体制的发展,政府对卫生机构管理的经济方式会越来越多样化,越来越讲求科学化、合理化,越来越注重成本或效果评价。

(5)项目手段

项目手段是近年来兴起的政府管理卫生事业的方式,即将一项重要的卫生工作,实现明确目标、资源投入、项目主体和负责人、起止时间,按照计划、实施、评估等环节进行管理的方式。运用项目手段和方式进行卫生管理的优点是能够及时地总结经验和教训,避免在工作中走弯路。

第五节　管理过程

一、卫生管理运行概述

我国卫生事业管理主要包括对以下几个方面的管理：

(一)卫生组织管理

卫生组织管理的内容主要有：目标价值分系统，是组织的灵魂，是组织存在的前提；技术分系统，是组织功能发挥的保证；社会管理分系统，是组织发展的动力；组织结构分系统，是组织的基础支架；管理分系统，是组织的大脑与司令部。

(二)卫生计划管理

卫生计划是以卫生资源为基础、以提高卫生服务能力为手段、以保护和发展人民健康为目的而制定的一系列行动方案。在制定卫生计划的时候，一般按照以下原则：要与社会经济发展相适应，要与社会主义市场经济体制相适用，兼顾公平和效率，均衡发展与突出重点相结合，成本与效果相统一。通过对形式的分析，确定目标和指标，继而制定策略和方案，确定实施具体措施并且要对计划的制定采取监督和评级的机制。

(三)卫生人力资源的管理

对卫生人力资源进行管理主要是为了让适合的人做合适的事。首先会对卫生人力进行规划，对未来的卫生人力资源的需求量、供给量和供需关系以及卫生人力的数量、知识和技能类型进行预测、制定卫生人力计划；其次，对卫生人力进行考核。主要包括认知领域和非认知领域。对卫生人力绩效考核有利于领导者根据卫生人力绩效评估结果，进行组织计划和决策，有利于明确对部属培训的方向和方法，有利于激励部属[1]。

---

① 梁万年：《卫生事业管理学》，人民卫生出版社 2003 年版，第 187 页。

(四)卫生信息管理

卫生信息管理主要包括这三个方面:首先是必须知道所辖国家或地区人群健康状况、疾病结构、卫生需求和当前人群中主要的卫生问题及其优先级;其次是必须知道众多的预防、诊断治疗、保健及干预措施中哪一种是适宜、经济有效的;第三是必须知道什么是卫生服务的决定或影响因素,确定什么样经济有效的干预措施可以改善人群健康状况。

通过卫生信息管理,可以为卫生事业宏观管理和科学决策提供依据,为监督、评价卫生规划实施进展提供依据,能更有效地开发利用卫生人力、物力和财力资源。我国卫生信息统计系统主要是由卫生统计信息系统与医学科技信息系统组成。

(五)医政管理

医政管理是对医疗组织、医疗活动及医疗市场所实施的行政管理。医政管理遵循以下原则:与经济社会发展协调的原则、正确处理两个效益关系的原则、公平性的原则、可及性原则、分级原则、中医药并重原则、整体效益原则。

(六)公共卫生管理

公共卫生管理中,政府主要是制定政策法规、协调部门的公共卫生职责、投入、执行公共卫生监督以及组织公共卫生服务。

(七)妇幼卫生管理

妇幼卫生管理的工作方针是以保健为中心,以保障生殖健康为目的,保健与临床相结合,面向群体,面向基层和预防为主。妇幼卫生管理的基本工作内容是:生殖健康服务、婚前保健、妇女保健、儿童保健和健康教育。

(八)社区卫生服务管理

社区卫生服务是指在政府领导下、社区参与、上级卫生机构指导下,以基层卫生机构为主体,全科医师为骨干,合理使用社区资源和适宜技术,以人的健康为中心、家庭为单位、社区为范围、需求为导向,以妇女、儿童、老年人、慢性病人、残疾人为重点,以解决社区主要卫生问题、满足基本医疗卫生服务需求为目的,融预防、医疗、保健、康复、健康教育、计划生育技术服务等为一体的、有效的、经济的、方便的、综合的、连续的基层卫生服务①。社区卫生服务的特点是:社区卫生服务是医疗、预防、保健、康复等基层卫生服务,以预防为导向,是综合性服务,持续性服务,可及性服务,是以社区为基础的服务。

我国政府通过以上结构,对全国范围内的卫生事业进行规范、有序的管理,为全社会提供有效的卫生服务。

二、卫生管理文书

我国在卫生事业管理的过程中,颁布了一系列相关领域的法律法规,执行条例。这些法律法规和执行条例为我国卫生事业的发展提供了保障。

国务院于 1979 年 8 月 28 日发布了《中华人民共和国食品卫生管理条例》(现已失效),全国人大常委会于 1982 年 11 月 19 日发布了《中华人民共和国食品卫生法(试行)》(现已失效),全国人大常委会于 1995 年 10 月 30 日发布了现行有效的《中华人民共和国食品卫生法》(以下简称“《食品卫生法》”),这 3 个法律规定从法律层面上相继构成了我国改革开放后食品安全法律体系的核心,对我国的食品安全起到了重要的、不可替代的作用。在 2008 年 4 月 20 日,全国人大常委会办公厅向社会全文公布食品安全法草案。

1987 年 4 月 1 号,国家颁布《公共场所卫生管理条例》,该条例规定了公共场所的范围和国家对公共场所卫生的标准。并规定:公共场所的主管部门应当建立卫生管理制度,配备专职或者兼职卫生管理人员,对所属经营单位(包括个体经营者)的卫生状况进行经常性检查,并提供必要的条件。经营单位应当负责所经营的公共场所的卫生管理,建立卫生责任制度,持有“健康合格证”的人员方能从事本职工作。经营单位须取得“卫生许可证”后,方可向工商行政管理部门申请登记,办理营业执照。在本条例实施前已开业的,须经卫生防疫机构验收合格后,补发“卫生许可证”。“卫生许可证”两年复核一次。公共场所因不符合卫生标准和要求造成危害健康事故的,经营单位应妥善处理,并及时报告卫生防疫机构。同时规定负责管辖范围内的公共场所卫

---

① 崔树起:《社区卫生服务管理》,人民卫生出版社 2006 年版,第 14 页。

生监督工作的是各级卫生防疫机构。

《公共场所卫生管理条例》的颁布和实施,对我国公共场所的卫生环境的改善起着重要的作用。2007 年 10 月 11 日,卫生部下发了《国家卫生统计信息网络直报管理规定(试行)》的通知。要求在全国范围内颁布《国家卫生统计信息网络直报管理规定》。这项规定的发布,提高了我国卫生统计数据的质量,及时准确地提供了卫生资源与医疗服务信息,推动了我国卫生事业管理的步伐。

2008 年 6 月 24 日,卫生部印发《卫生部关于医疗机构审批管理的若干规定》。该规定要求各级各级卫生行政部门严格医疗机构等医疗服务要素的准入审批,切实加强对医疗机构执业活动的日常监管,推进了医疗服务秩序的逐步好转。

除上述条例之外,我国还颁布了各种关于具体行业领域的卫生安全标准,如:《生活饮用水卫生标准》《食品添加剂使用卫生标准》《工业 X 射线性发光涂料卫生防护标准》等等。这些条例标准成为我国卫生事业管理的依据,为卫生事业管理的发展奠定了基础。

案例　卫生管理体制改革

案例导语:按照国家发展各项卫生事业的基本战略方针,根据市场经济和卫生事业发展的一般规律,借鉴国际先进管理经验,结合中国卫生改革和发展的实际情况,中国现行卫生事业管理体制改革的基本目标是:在重新界定,调整和收缩国家卫生事业职能范围的基础上,确保国家公共卫生事业和重点卫生事业的优先发展,将现有绝大多数国家卫生事业单位逐步推向社会和市场,从而实现办医主体和投资主体的多元化,医疗卫生机构的企业化,国民医疗卫生保障的社会化。基本医疗保障服务的福利化与公益化,特殊卫生服务的商品化与市场化,卫生发展目标的多元化,并大力发展各类卫生产业,繁荣和规范各类卫生市场,更好地满足人民日益增长的卫生保健生活需要。

(一)改革的目标模式

具体来说,根据建立现代事业制度的设计构想,可以将中国现行各类卫生事业机构及其管理体制改革的基本目标模式设计如下:

1.医疗机构管理模式。在市场经济条件下,医疗机构应转化为企业,其经费应主要来源于经营收入。

2.卫生防疫与保健机构的管理模式。公共防疫与保健服务不能实现商品化,属于社会公益化,相应的卫生防疫与保健机构也属于现代事业组织,其经费应以财政投入为主,也可以接受社会各界捐赠。

3.社会医疗保障机构的管理模式。在市场经济条件下,以实行公共事业预算与社会保障预算相分离,并在此基础上建立以财政投入为主,企业投入,个人投入等多元化投入共同构成的社会化医疗保障体系,政府可以成立相应的管理机构,同时取消原来的公费医疗制度及相应的管理机构。

(二)改革对策与措施

全面推进医疗药品和服务价格体系体制改革,取消医疗卫生机构的行政级别,实现医院管理的企业化。医院应转化为企业。而要实现这一改革目标,就必须全面推进卫生价格改革。在市场经济条件下,卫生产品依然是一种比较特殊的产品,因为供需双方处于一种不平等的地位,其价格不能完全放开,而应由政府加以适当和必要的控制。

加速公费医疗和劳保医疗制度改革,建立多渠道、多层次、多形式的社会化医疗保险制度,这是实现中国卫生改革目标的关键所在。

大力调整和优化公共防疫保健机构的布局与结构,重复设置的机构应予撤并;部分业务较少的机构可以撤销,其业务移交相关医疗机构;在精简机构和人员的基础上,按照建立现代事业制度的要求进行改革,停止其"创收"活动,经费由财政供给。加快公共卫生立法工作,明确划分和规范政府,医疗保险机构,医疗卫生机构,患者及其他各有关方面的权力,责任和义务,加强民主监督,实行依法治卫。

通过以下"医疗机构改革"、"社会医疗保障制度改革"、"医疗药品和服务价格管理体制改革"等案例可以说明这一点。

1. 医疗机构改革

在市场经济条件下,医疗机构应转化为企业,其经费应主要来源于经营收入。但是,由于医疗服务是一种特殊的商品,不能完全实现市场化,其价格应受到政府监控。具体来说,各类医疗机构可以根据政府合同为其服务对象提供免费医疗服务;可以根据与社会医疗保险机构等第三方的协议提供服务;其服务对象按约定价格和约定的质量提供基本医疗服务;其他特殊医疗卫生服务的价格可以完全实现市场化。在这种新的医疗服务管理模式下,有政府或医疗保险机构出面与医疗服务机构签订委托服务协议,医疗机构按照协议为受保护人或投保人提供服务,医疗费用按医疗保险制度规定由有关各方支付。这样既可以使医疗机构实现产业化,使医疗成本得到及时有效的经营补偿,又可有效地约束医患双方的供求关系与行为,减少浪费,提高服务效率、质量和水平。除了上述强制性的政府医疗保险体系外,居民还可以自愿选择购买其他各种商业性的医疗保险,从而扩大保障范围,提高保障水平,并从中得到相应的补偿。

案例 1　武汉确定 17 家扶贫医院[①]

卫生局、民政厅、财政局、劳动和社会保障局四部门联合做出决定:从 2004 年 1 月 1 日起,该市城市居民最低生活保障对象且未参加城镇职工基本医疗保险的人员可以获得基本医疗救助,到"基本医疗救助定点医院"看病可享受"三免"等优惠收费政策。

此次基本医疗救助的对象是月收入在最低生活保障线 210 元以下,且未参加城镇职工基本医疗保险的社会群体和"三无"(无生活来源,无劳动能力,无法定赡养人或抚养人)人员。据悉,到 2003 年底,武汉市有 12 万未参加城镇职工基本医疗保险的低保对象和 2000 余名"三无"人员。

这些人员到挂牌定点医院就医时,可享受"三免"特惠,即:免收普通门诊挂号费,住院床位费见面 50%,大型设备单项检查费用在 100 元/次以上减免

---

① 资料来源:《湖北日报》2003 年 12 月 27 日,http://www.cnhubei.com/aa/ca8797.htm.

减免20%。"三无"人员除享受以上优惠政策外,每月还可领取30元的基本医疗补助金,若患重症,全年个人负担医疗费用超过630元的,可向各区民政部门申请临时医疗救助。

未参加城镇职工医疗保险的低保对象,在就医时需带《武汉市城市居民最低生活保障金领取证》,且在前一个月有领取保障金的记录;"三无"人员凭民政部门核发的《社会救济正》就医。基本医疗救助的对象应按照属地管理的原则,就近到定点医院就医。目前,武汉市郊区暂时未设置基本医疗救助定点医院。

2.社会医疗保障制度改革

加速公费医疗和劳保医疗制度改革,建立多渠道、多层次、多形式的社会化医疗保险制度,这是实现中国卫生改革目标的关键所在。从长远看,应采取征收医疗保险税的方式来实行全民强制医疗保险。但考虑到中国目前的实际情况,还不宜采取这种形式。在改革过渡时期,可以将现有公费医疗经费、劳保医疗经费直接划归社会医疗保险机构统一管理,其他人员所在单位代缴相应的医疗保险基金。医疗保险的责任应主要交给地方政府,各地政府应根据实际情况制定有关管理法规,并设立相应的管理机构。具体来说,可以由社会医疗保险机构与有关医疗服务机构签订服务合同,受保人按规定就近到指定医院就医,其费用由医院与保险机构结算,或由患者凭据去保险机构报销,报销比例应事先规定,超支部分由患者自理。同时,为体现扶危救困和社会共济的原则,对贫困病人应予以设当优惠和免费照顾。此外,政府应大力鼓励,发展和规范各类商业性医疗保险市场,以实行公共事业预算与社会保障预算相分离,并在此基础上建立以财政投入为主,企业投入,个人投入等多元化投入的社会化医疗保障体系,提高居民自保共济的能力和水平,促进社会稳定和发展。

案例 2　云南省 500 万农民看病不发愁①

云南省是一个偏远贫困的省份，是国家扶贫攻坚的主战场之一。全省有1005万贫困人口，占总人口数的23.4%。由于经济落后，农村医疗卫生条件差，农民健康问题成为影响经济社会发展的重要因素。2003年初，全省选择了20个县开展新型农村合作医疗试点。截至8月底，应参加新型农村合作医疗的农民为742万人，已参加515万人；合作医疗基金共为15万多人减免门诊医药费72万多元，为4000多人减免住院医疗费100多万元。

云南省是一个穷省，为什么新型农村合作医疗进展这么快？云南省卫生厅厅长陈觉民说，云南的县、乡、村三级医疗卫生保健网"网底"没有破，几乎每个村都保留着卫生所，多数乡村医院还坚守在预防保健的第一线。这位新型农村合作医疗奠定了坚实的基础。

虽然"网底"没破，但乡村卫生院所房屋破旧，设备简陋，人员匮乏却是事实。为了让农民实现"小病不出村，大病不出乡"，云南省开始大力编织"网底"。年初全省即从扶贫经费中拿出4500万元，每个村卫生室投入3万元进行重点建设。过去，许多村卫生所连体温计、血压计、听诊器也不齐全，甚至连张输液床都没有。经过投资改造，目前20个试点县的村卫生所面貌焕然一新，乡镇卫生院全部配备了电脑，合作医疗报销账目实现了电子化管理。

"小病拖，大病挨，危重才往医院抬"，这曾经是许多农民的真实写照。然而，自新型合作医疗开展以来，乡村医疗卫生条件大大改善，农民有病就医的人数也越来越多，多数乡村卫生所的业务翻了一番。宣威市落水镇滴水村卫生所医生单祖高说："过去这里条件差，农民看病不愿来。今年，政府投资进行改造，翻建了房屋，新添了输液床，手术器械等设备，每月的业务收入从过去的3000多元上升到7000多元。"

3.医疗药品和服务价格管理体制改革

在市场经济条件下，卫生产品依然是一种比较特殊的商品，因为供需双方

---

① 资料来源：《人民日报》2003年9月9日，http://www.jiaodong.net/news/system/2003/09/09/000592892.shtml.

处于一种不平等的地位,其价格不能完全开放,而应由政府加以适当和必要的控制管理。但是,要使医院医院走向市场,就必须加速卫生物价改革,建立充分,合理和有效的卫生补偿机制。有关基本医疗服务的价格,可以由政府卫生行政部门或有关医疗保险机构与其约定医疗服务机构商定,并根据市场变化而及时予以调整;特殊医疗服务的价格可以完全开放,完全实现市场化;对于各种人道主义的救助所造成的医院坏账,应由政府予以补偿。医院则建立严格的经济核算制,提高卫生资源的使用效益。

案例 3 国家药监局部署开展药品专项检查①

针对当前药品生产,经营中存在的突出问题,国家药监局日前发出紧急通知,要求在全国范围内开展一次药品专项检查和清理。

专项监督检查和清理的主要内容:

一是全面清查并监督销毁过期失效药品。通知要求,各地要组织对辖区内药品生产,经营,使用单位现有的药品进行全面清查,特别是要安排对基层,农村药品经营和使用单位的清查。对已超过有效期的药品,应立即封存没收,并监督销毁;在 2001 年 12 月 1 日之前出厂未标注有效期的药品,按国药监注[2002]156 号文件的规定执行。

二是重点打击篡改药品生产批号的违法行为。通知要求,各地要结合对过期药品的清查,同时开展对违法更换药品包装、篡改药品生产批号行为的检查,重点打击更改多起药品生产批号的违法行为。做到发现一起,依法查处一起;对情节严重的,要依法吊销药品生产许可证。

三是加强对小容量注射液生产企业的监督检查。通知要求,各地要尽快组织对辖区内的小容量注射液生产企业进行一次全面监督检查。对已经取得药品 GMP 证书的,要进行跟踪检查,防止企业出现一次全面监督检查,防止企业出现认证后放松生产质量管理的情况,对经检查发现未按 GMP 要求组织生产的,要坚决按照《药品管理法》有关规定依法查处;对正在进行 GMP 改造

---

① 资料来源:《国家食品与药品监督管理局》,http://www.sda.gov.cn/WS01/CL0048/28.html.

的,要加强监管,发现违法生产,销售过期失效药品、更换包装或生产批号的,要坚决严厉查处。

第三十章 社会保障管理

第一节 社会保障管理主体、对象与客体

现代社会保障是法制化、规范化的制度安排,社会保障立法确立社会保障制度,而要确保这一制度真正得到落实又离不开健全的管理体制。因此,立法与管理其实构成了社会保障制度及其运行的根本条件。一般来说,社会保障法是指调整一个国家或地区的社会保障关系的总和,它包括国家立法机关制定的社会保障法律和国家行政机关颁布的社会保障法规及其他规范文件;而社会保障管理则是属于有别于生产管理的社会政策管理,它作为国家上层建筑的组成部分,既是社会保障法制的自然延伸,也是对社会保障法制的强化,在实践中还通常受到社会经济制度及各国现行行政架构的制约。社会保障法制化是这一制度长期稳定的保证,而社会管理则有助于社会保障制度的正常、高效运行,进而使社会保障主体的权利得到良好的表现①。

社会保障管理的主体、对象与客体是由社会保障法来规定的。

一、社会保障管理主体

从社会保障的运行过程来看,其主体应该包括:

(一)国家或政府(主要通过政府职能部门来体现)。国家不仅直接参与社会保障活动,而且是重要的责任主体,它对社会保险、社会福利、社会救助、

---

① 史柏年:《社会保障概论》,高等教育出版社 2004 年版,第 39 页。

军人保障等各项社会保障制度的实施给予财政支持,从而是社会保障法制系统中的特殊主体。依此类推,在分税制和财政分级负责制的条件下,地方各级政府也成为了社会保障法律关系的特殊主体。

(二)社会保障实施机构。实施机构直接承担着实施各种社会事务的责任,既依法享有向企业、社会团体、劳动者个人等征收社会保险费的权力,又承担着具体组织实施社会保障项目的义务,从而是社会保障法律关系中的当然主体。

(三)企业、社会团体及官方机构。他们不仅承担着向社会保障机构供款的责任,而且要直接承担诸如职业福利的责任,从而对社会保障有着直接的义务与权益,亦是社会保障法制关系中的当然主体。

上述有关方面共同构成了社会保障法制关系中的主体,社会保障机构对社会成员具有完全主体资格,其他则具有特殊主体资格,这种主体构成,正是社会保障事业的公益性、福利性、社会性的具体体现。

二、社会保障管理对象

社会保障管理的对象,是指依据社会保障法所管理的各种特定社会保障关系,主要是国家或政府、企业或集体和社会成员在社会保障中所发生的各种社会经济的关系。具体来说包括一下几个方面的内容:

(一)国家与国民之间的关系,即中央政府与各级政府与全体社会成员之间的关系,需要明确政府在社会保障中的职责和社会成员享受社会保障的权益等;

(二)社会保障实施机构与政府之间的关系,包括管理与被管理的关系、财政关系等;

(三)社会保障实施机构与社会成员之间的关系,它们之间既是资金筹集者与供给者的关系,又是社会保障待遇提供者与享受者的关系,从而是实施社会保障项目最主要的实践范畴,应当明确规范其权利与义务等;

(四)社会保障机构与企业、社会团体单位之间的关系,它们之间是征集社会保障资金和提供社会保障资金的关系;

（五）企业、社会团体及官方机构与劳动者之间的社会保障关系,其实质内容是保证劳动者的社会保障权益,规范企业或用人单位履行对劳动者的社会保障责任等;

（六）社会保障运行过程中管理机制,即社会保障机构的设置及其与其他部门的关系;

（七）社会保障过程中的监督机制,包括监督机制的职责、权限划分及其协调等;

（八）其他社会保障关系,如社会保障子系统之间、项目之间的关系,社会保障基金（主要是社会保险基金）与国家财政资金的关系、资本市场的关系等,亦需要进行相应的管理。

三、社会保障管理的客体

社会保障法律制度所规定的管理的客体,是指各关系主体的权利义务共同指向的目标。从社会保障制度的实践内容来看,它的客体是指社会保障规定项目和范围内的各种物质利益和自然人。

一方面,社会保障所保障的都是客观存在的财产物资和自然人的身体与生命,灾害救助等是以属于社会成员的所有财产物资（包括有生命的种植业、养殖业生产和无生命的家庭财产）上的利益为具体的保障对象,而其他社会保障项目则多是以保障自然人的生活与身体为目标;

另一方面,社会保障的目的主要是为社会成员的基本生活提供物质保障、国民保障权益的实现又是通过支付货币或提供劳务等方式来进行的。因此,人是社会保障法律制度中的重要客体,而物则是社会保障中的特殊客体。

第二节 社会保障管理的目标与原则

一、社会保障管理目标

社会保障管理的目标是围绕着社会保障的目的来展开,社会保障制度的

目标最终影响并规范着社会保障管理的最终目的①。因此,社会保障管理的目的包括以下几个方面:

(一)社会保障的最基本是保障人民的基本生活。国家建立社会保障体系,保障公民的基本生活,免除劳动者的后顾之忧,不仅是经济发展和社会稳定的需要,也是人权保障的重要内容,是社会进步的体现。

(二)维护社会稳定。我国是社会主义国家,社会主义国家的本质是解放、发展生产力,消灭剥削,消除两极分化,最终实现共同富裕。实行社会保障,有利于缩小社会贫富差距,增进社会整体福利,是社会主义国家实现共同富裕目标的一项重要手段,从而从根本上维护社会稳定。

(三)促进经济发展。首先,社会保障可以调节社会总需求,平抑经济波动。其次,社会保障基金的长期积累和投资运营有助于完善资本市场。社会保障确保劳动者在丧失经济收入或劳动能力的情况下,能维持自身及其家庭成员的基本生活,保证劳动力再生产进程不致受阻或中断。同时,国家还可以通过生育、抚育子女和教育津贴等形式对劳动力再生产给予资助,以提高劳动力资源的整体素质。

(四)保持社会公平。社会保障是市场经济国家保持社会公平的一个重要手段。其作用主要表现在两个方面:一是通过保障全体社会成员的基本生活,在一定程度上消除社会发展过程中因意外灾害、失业、疾病等因素导致的机会不均等,使社会成员在没有后顾之忧的情况下参与市场的公平竞争;二是通过在全体社会成员之间的风险共担,实现国民收入的再分配,缩小贫富差距,减少社会分配结果的不公平。最后促进国民福利:现代社会保障不仅承担着"救贫"和"防贫"的责任,而且还要为全体社会成员提供更广泛的津贴、基础设施和公共服务,从而使人们尽可能充分地享受经济和社会发展成果,不断提高物质生活和精神生活的质量。社会保障管理在此基础上建立一系列的规章制度来确保社会保障制度的顺利实施,将社会保障有条不紊的推进,这也是社会保障管理在其职能定位中的突出体现。

---

① 张思锋等:《社会保障概论》,科学出版社 2003 年版,第 21 页。

二、社会保障管理原则

社会保障管理在运行中需要遵循管理的一般原则,同时还应当考虑社会保障制度的特殊性而遵循某些特定的规则。它主要包括公开、公正与效率原则,依法管理原则,属地管理原则,以及与相关系统协调一致的原则等,这些原则是建立社会保障合理的管理体制的基本依据,也是管理系统正常、有效地运行的准则与保证。

(一)公开、公正与效率原则

现代社会保障是公共事务,它关系到全体社会成员的切身利益,而支撑社会保障制度运行的财政基础(无论是财政拨款形成的基金还是通过向企业和劳动者征缴社会保险费而形成的基金)亦是社会公共基金,它实质上属于全体社会成员共同拥有,因此,社会保障制度的运行应当是透明的,社会保障管理亦必然遵循公开、公正与效率的原则。

在公正、公开与效率的原则下,首先是社会保障机构及其职责应当通过社会成员熟知的途径与方式加以公开化,以便让大众接受必要的社会保障政策信息,明了自己的社会保障权益以及可以申请上诉的路径及处所;其次,管理机构在社会运行中既是责任者,更是社会保障制度公正性的维护者,它应当严格依法保护社会成员的社会保障权益,并对社会保障纠纷持不偏不倚的态度;再次,效率是管理系统运行追求的最重要的指标之一,管理机构是否权责分明,政令是否畅通无阻、管理成本是否低廉、管理资源是否得到了最优化配置,均是衡量管理效率的基本标志。

事实证明,办事效率低的社会保障机构终究会被私营系统取代。这一趋势已经被相当多的人所认知。

(二)依法管理原则

社会保障法制化及其具有的强制性,决定了社会保障制度在各个环节均须严格按照现行法律、法规与政策的"肯定的、明确的、普遍的"规范运行,并接受社会公开监督。因此,依法管理成为管理机构履行职责的内在要求。

社会保障管理作为整个社会保障运行机制中的一个重要环节,实行依法管理包括两个方面:一是管理机构及管理岗位的设置需要有相应的法律、法规作为依据,有关法律、法规对此应当有明确而具体的规范;二是管理系统必须依法运行,即管理机构只能在既定的职责范围内行使权力,即不能不作为,也不能越权行事。

依法管理作为社会保障管理的一项基本要求,既是为了避免因管理职责紊乱致使社会保障制度在运行中出现非正常状态,也是为了确保社会保障管理的权威性。因此,社会保障立法应当先于社会保障管理体制的建立,社会保障管理的基本任务就是保证法律、法规、政策的贯彻落实,是执行法治的关键性工具。

(三)属地管理原则

社会保障制度追求的社会目标是社会公平与社会和谐,它在运行中是一个开放的社会化系统,并需要通过在区域内设置相应的实施机构来完成项目实施任务,实现的也主要是一定区域内社会成员的共济或互济互助。因此,除新加坡等少数城市国家或小国家外,各国的社会保障事务通常都是在国家法律、法规的统一规范下,由各地区组织实施并由各地区的社会保障机构负责管理与监督的。有鉴于此,社会保障管理应奉行属地管理原则,即同一地区的社会保障事宜由该地区的管理机构统一管理,这是维护社会保障制度的公平性、互济性和社会性的内在要求。

(四)与相关系统协调一致原则

虽然社会保障是一个独立的运行的系统,但它与其他社会系统却存在着不可分割的联系,从而在运行中需要与其他系统保持协调一致。例如,社会保障管理系统与国家财政系统就需要在社会保障等方面协调一致;如果社会保障基金进行商业运营,管理系统还应当与金融证券等保持协调一致等等。

既使在社会保障管理系统的内部,不同的管理机构亦需要在明确职责,分工负责的基础上保持某种程度的合作。此外,管理系统还需要与社会保障法制系统、实施系统及监督系统保持一致。强调管理系统与其他系统的协调及管理系统内部的协调,目的在于减少摩擦、提高效率并促使管理目标的顺利实现。因此社会保障管理工作在一定程度上是即是协调性工作。

第三节 社会保障管理体制与职能

社会保障管理体制是指社会保障管理机构的设置以及各管理机构的职能划分,具体包括上级社会保障管理机构与下级社会保障管理机构之间、社会保障管理机构与其他相关部门之间在职责和权限等方面的有关规章制度。社会保障管理的意义在于,它能够将社会保障法律制度细化并促使其得到贯彻落实,能够通过社会保障计划或方案的制定来主导社会保障制度的持续发展,能够监控和纠察社会保障的具体实践以保证其健康有序地运行。社会保障管理对社会保障制度而言,较之法制系统、实施系统等更具有形象代表色彩,同时也是社会保障责任主体履行自己责任的象征。因此,现代社会保障制度不仅要求建立起相应的社会保障管理机制,而且要求建立健全高效率的社会保障管理机制①。

一、社会保障管理体制

中国现行的社会保障体制是 1998 年在中央政府机构改革中确立的,它主要表现为政府对社会保障事务的管理与监督。在中央政府机构序列中,管理社会保障事务的职能部门主要有劳动和社会保障部、民政部、卫生部和财政部,其他有关部门亦不同程度地承担着社会保障管理与监督责任。

(一)劳动和社会保障部

劳动和社会保障部是全国劳动和社会保险事务的主管部门,包括养老保险、失业保险、医疗保险、工伤保险、生育保险以及社会保险基金等均是由其管理职责范围内的事务。劳动和社会保障部内设的社会保险事务管理机构有:

1.政策法规司。负责起草包括社会保险在内的劳动和社会保险法规政策。

2.养老保险司。负责基本养老保险事务的管理。

① 张思锋等:《社会保障概论》,科学出版社 2003 年版,第 167 页。

3.失业保险司。负责失业保险及相关事务的管理。

4.医疗保险司。负责医疗保险、生育保险等事务的管理。

5.工伤保险司。负责工伤事务的管理。

6.社会保险基金监督司。综合管理各项社会保险基金监督工作。

7.农村社会保险司。负责乡村社会保险事务的管理。

8.直接事业单位。例如:社会保险事业管理中心,负责全国社会保险经办机构的指导与管理;社会保险研究所,负责社会保险理论与政策的研究工作。它们虽然不在行政序列之中,但又直接为社会保险事业服务。地方各级政府中的劳动和社会保障行政部门,一般照此设置相应的内设机构。

(二)民政部

民政部是中央政府中又一个十分重要的社会保障主管部门,它负责管理全国的社会救助、社会福利、优抚事业等。民政部内设的相关机构主要有:

1.救灾救济司。负责管理灾害救助、贫困救助与特殊救助事务。

2.最低生活保障司。负责管理面向低收入阶层的最低生活保障事务,组织和指导扶贫济困等社会互助活动,审批全国性社会福利募捐义演;指导地方社会救济工作。

3.社会福利与社会事务司。负责管理全国的社会福利事务(包括老年人、孤儿、五保户等特殊困难群体的福利)、福利彩票及城市生活无着落的流浪乞讨人员的救助管理。

4.优抚安置局。负责管理军人及其家属的优待、抚恤及补助事务,以及国家机关工作人员伤亡抚恤等事务。此外,还有转业军人的安置等。

此外,民政部还设有事业编制的政策研究中心,负责研究社会救助、社会福利等各项民政工作的政策。地方各级政府中的民政部门亦通常照此设置自己的内设机构,专门负责有关社会保障事务的管理。

(三)其他部门

除上述管理部门外、在中央政府中,还有一些部门承担着相应的管理与监督职能。如卫生部不仅负责全国医疗卫生事业,而且承担着农村合作医疗、全民卫生保健等事务的管理职责;财政部设置有专门的社会保障财务司,负责管理中央财政社会保障支出及财务制度等;审计署设有专门的社会保障审计司、负责对社会保障事务进行审计监督;国家发展和改革委员会亦设有社会发展司等机构,负责制定社会保障发展的中长期规划等。

国务院还于 2000 年设置了全国社会保障基金理事会,它虽然不是政府机构而是一个事业单位,但它肩负着管理主要源于财政拨款、国有股减持等形成的中央社会保障储备基金的责任,并负责这笔基金的投资营运。

此外,一些半官方性质的组织与社会团体,亦不同程度地参与社会保障事务的管理。如中华全国总工会、全国妇联、中国残疾人联合等机构就不同程度地参与社会保障事务的管理。

二、社会保障管理职能

我国现行社会保障管理体制中的机构设置及其职能主要包括以下部分:

(一)决策机构

劳动和社会保障部是社会保险的最高决策机构。其在社会保障方面的主要职责是:拟定社会保障工作的基本方针、政策,编制社会保障事业发展规划和年度工作计划并组织实施;起草社会保障法律法规,制定社会保障行政规章;代表国家行使社会保障的监督检查职权;制定社会保险基金收缴、支付、管理和运营的政策;对社会保障基金预决算提出审核意见;对社会保障基金管理实施行政监督;制定社会保障经办机构的管理规则和基金运营机构的资格认定标准;制定社会保障服务体系建设规划并组织实施;制定机关、事业、企业单位补充养老保险、补充医疗保险的政策和补充保险承办机构资格认定标准;审查认定有关机构承办补充保险业务的资格;承担全国社会保险的统计和信息工作,组织建设全国社会保障信息网络,定期发布社会保障事业统计公报、信息资料及发展预测报告。

除中央政府劳动和社会保障部之外,各省、自治区、直辖市的劳动和社会保障局是地方社会保障的最高领导机构,除贯彻中央劳动和社会保障部的政策方针外,还要负责制定地方社会保障的发展规划、重大事项的决策,对社会保障经办机构进行监督,审议地方社会保障预决算等。

(二)经办机构

在中央和地方政府劳动和社会保障部门的领导下,设立社会保险经办机构。社会保险经办机构是社会保险的具体执行机构,负责办理社会保险各项目的具体业务。其主要职能是对职工各项社会保险进行登记,建立职工和离退休人员数据库,管理养老、医疗保险个人账户和失业保险个人缴费记录,审核社会保险缴费申报,开展社会保险费征缴,办理社会保险关系建立、中断、转移、接续和终止工作,按规定审核、发放社会保险待遇,提供查询服务等。

(三)基金运营机构

社会保险基金运营机构是专门从事社会保险基金投资运营的机构,对社会保险基金从投资方式、投资结构、投资比例等方面进行管理,有独立的法人资格,不受社会保险行政管理机构的干预,即社会保险行政管理机构只行使监督职能。基金经营机构在保证基金正常支付和安全流动的前提下,将社会保险基金分散运营,以实现基金的保值和增值。如除购买国债外,还可以投向股票、不动产、公司债券、定期抵押放款等收益率比较高的投资项目,以在确保社会保险基金保值的同时,获得较为可观的增值。

(四)监督机构

监督机构包括行政监督、法律监督和社会监督。行政监督主要是由中央和地方劳动和社会保障部门对社会保险经办机构和社会保险基金运营机构依照职权所进行的监督。如监督社会保险法律、法规的执行情况;监督社会保险经办机构是否依法行使其职能;监督社会保险基金运营机构对社会保险基金的筹措、分配和使用。法律监督的特点是效率高而成本相对较低,政府主管部门和经办机构由业务往来,可以发生经常性的信息沟通,从而能够节省时间。法律监督主要是人民法院在处理有关社会保险纠纷时,通过依法行使审判权,对违反社会保险法律、法规的行为予以纠正,其特点是更具有法律公正性。社会监督主要是由政府有关部门、用人单位、职工代表和专家组成社会保险监督委员会,依法对社会保险政策执行和基金管理情况进行监督。

第四节 社会保障管理依据与手段

一、社会保障管理的政策与法律依据

社会保障作为一项社会制度,它必须以法律法规为依据,强制性地加以实施。社会保障法律制度是整个社会保障制度得以规范及有效运行的客观依据和准则。新中国成立以来,特别是改革开放以来,我国的社会保障法制建设已逐步走上了正常的发展轨道,建立和实施了主要社会保障项目的法律法规,它对促进我国社会保障事业起到了主要的作用,也保证了近年社会保障事业规范有序的发展。但同时也应看到,我国社会保障法制建设还很不完善,尤其是作为社会保障制度核心的社会保险法还未制定和颁布。因此,通过立法建立和健全社会保障制度,为社会主义市场经济的建立和发展提供良好的法律环境已经成为当务之急。

新中国成立后,与社会保障制度的建立和发展一样,社会保障法规的制定、修订和完善也经过了曲折的过程。这一过程大致可分为以下几个阶段:

第一阶段,1950 年至 1965 年间社会保障法规的初建阶段。在此时期,以新中国成立前夕制定的临时宪法《中国人民政治协商会议共同纲领》中有关社会保障问题的规定为依据,政务院集中颁布了多部有关社会保障的全国性行政法规。从而使 20 世纪 50 年代成为新中国社会保障法制建设的第一个高峰时期。主要法规见表1。

表1 1950～1965 年中国制定的主要社会保障法规

颁布时间	法规名称	通过或颁布机关
1950 – 06 – 17	《救济失业工人暂行办法》	政务院(国务院前身)
1950 – 12 – 11	《革命军人牺牲病故褒恤暂行条例》	政务院
1950 – 12 – 11	《革命烈士家属、革命军人家属优待暂行条例》	政务院
1950 – 12 – 11	《革命工作人员伤亡褒恤暂行条例》(后修订)	政务院

1950 – 12 – 11	《民兵、民工伤亡褒恤暂行条例》	政务院
1950 – 12 – 11	《革命残废军人优待抚恤暂行条例》	政务院
1951 – 02 – 26	《中华人民共和国劳动保险条例》(1953 年修订)	政务院
1952 – 08 – 24	《国家工作人员公费医疗预防实施办法》	政务院
1955 – 05 – 31	《关于安置复员、退役军人工作的决议》	国务院
1955 – 12 – 29	《国家机关工作人员退休处理暂行办法》	国务院
1955 – 12 – 29	《国家机关工作人员退职处理暂行办法》	国务院
1957 – 09 – 06	《关于进一步做好救灾工作的决定》	国务院
1958 – 02 – 09	《关于工人、职员退休处理的暂行办法》	国务院
1958 – 03 – 07	《关于工人、职员退职处理的暂行办法》	国务院
1958 – 03 – 17	《关于处理义务兵退伍的暂行办法》	国务院
1962 – 06 – 01	《关于精简职工安置办法的若干规定》	国务院

（注：本表仅列明了由国家行政机关即政务院或国务院颁行的法规。）

在表 1 所示法规中，主要的法规包括《中华人民共和国劳动保险条例》和一组优待抚恤条例，这些法规和条例构成了当时社会保障法规的基本框架，并为今后社会保障法律体系的形成奠定了基础。

第二阶段，1966 年至 1977 年间社会保障制度遭到破坏，法制建设停滞不前阶段。在此时期，"文化大革命"运动使中国的社会经济制度和正常的经济秩序遭到破坏。同样，社会保障项目的实施受到严重影响，一部分社会保障制度被改变。1969 年 2 月由财政部发布的《关于国营企业财务工作中几项制度的改革意见（草案）》，轻易地否定了《中华人民共和国劳动保险条例》中的有关规定，由此，社会化劳动保险演化为企业保险。它造成的社会保障制度不合理和无效率等问题，在以后的实践中积重难返，成为现阶段社会保障改革异常艰难的重要原因。

第三阶段，1978 年至 1989 年间重建社会保障制度，健全社会保障法律体系阶段。在这段时期，中国的经济社会开始走向改革和发展的道路，法制建设受到全社会的重视。在重建社会保障制度的同时，国家对社会保障法规也进行了重新审议、修改和补充。但并没有作根本性的制度变革。在这段时期颁布的社会保障法规见表2。

表2 1978～1989年中国制定的主要社会保障法规

颁布时间	法规名称	通过或颁布机关
1978 – 05 – 24	《关于工人退休、退职的暂行办法》	国务院
1978 – 05 – 24	《关于安置老弱病残干部的暂行办法》	国务院
1980 – 04 – 29	《革命烈士褒扬条例》	国务院
1980 – 10 – 07	《关于老干部离职休养的暂行规定》	国务院
1981 – 03 – 14	《关于职工探亲待遇的规定》	国务院
1981 – 10 – 13	《关于军队干部退休的暂行规定》	国务院、中央军委
1982 – 01 – 04	《关于军队干部离休的暂行规定》	国务院、中央军委
1982 – 04 – 10	《关于老干部离职休养制度的几项规定》	国务院
1983 – 02 – 03	《中国人民解放军志愿兵退出现役安置暂行办法》	国务院、中央军委
1983 – 09 – 12	《关于高级专家离休退休若干问题的暂行规定》	国务院
1986 – 07 – 12	《国营企业职工待业保险暂行规定》	国务院
1987 – 12 – 03	《中华人民共和国尘肺病防治条例》	国务院
1987 – 12 – 12	《退伍义务兵安置条例》	国务院
1988 – 06 – 28	《军人抚恤优待条例》	国务院
1988 – 07 – 21	《女职工劳动保护规定》	国务院

（注：本表仅列明主要的社会保障方面的法规。国务院发布的一些次要的法规从略。部门发布的法规也从略。）

从表2可见，在1978至1988年间，立法机构和主管社会保障事务的政府部门颁布了大量全国性的法规和政策，这些法规和政策主要集中在重建统一的城镇劳动者退休养老制度和对军人抚恤优待制度方面，同时在失业保险制度的建设方面作了尝试。

第四阶段，1990年至今的现代社会保障制度的建立和社会保障法规体系的建设阶段。20世纪90年代以来，中国加大了改革开放力度，并开始建立社会主义市场经济体制。与此相适应，社会保障制度亦开始朝社会化、市场化和法制化的方向变革，国家开始注重适应社会主义市场经济体制的社会保障法律制度的建设。十多年间国家立法机关和国家权力机关颁布了大量社会保障法规和政策,主要参见表3。

表3 1990~2006年中国制定的主要社会保障法律和法规

颁布时间	法律和法规名称	通过或颁布机关
1990 – 12 – 28	《中华人民共和国残疾人保障法》(1991 年实施)	七届全国人大常委会第 17 次会议通过
1991 – 09 – 04	《中华人民共和国未成年人保护法》	七届全国人大常委会第 21 次会议通过
1991 – 12 – 29	《中华人民共和国收养法》	七届全国人大常委会第 23 次会议通过
1992 – 04 – 03	《中华人民共和国妇女权益保障法》	七届全国人大常委会第 25 次会议通过
1994 – 07 – 05	《中华人民共和国劳动法》	八届全国人大常委会第 8 次会议通过
1994 – 10 – 27	《中华人民共和国母婴保健法》	八届全国人大常委会第 10 次会议通过
1995 – 06 – 30	《中华人民共和国保险法》	八届全国人大常委会第 14 次会议通过
1996 – 08 – 29	《中华人民共和国老年人权益保障法》	八届全国人大常委会第 21 次会议通过
1991 – 06 – 26	《关于企业职工养老保险制度改革的决定》	国务院
1995 – 03 – 01	《关于深化企业职工养老保险制度改革的决定》	国务院
1995 – 12 – 29	《关于建立企业补充养老保险制度的意见》	劳动部
1997 – 07 – 16	《关于建立统一的企业职工基本养老保险制度的决定》	国务院
2004 – 01 – 06	《企业年金试行办法》	劳动和社会保障部
2005 – 12 – 03	《关于完善企业职工基本养老保险制度的决定》	国务院
1993 – 04 – 12	《国有企业职工待业保险规定》	国务院
1993 – 04 – 20	《国有企业富余职工安置规定》	国务院
1994 – 10 – 25	《关于在若干城市试行国有企业破产有关问题的通知》	国务院
1995 – 04 – 16	《国务院办公厅转发劳动部关于实施再就业工程报告的通知》	国务院
1997 – 03 – 02	《关于在若干城市试行国有企业兼并破产和职工再就业有关问题的补充通知》	国务院

1998 - 06 - 09	《关于切实做好国有企业下岗职工基本生活保障和再就业工作的通知》	国务院
1999 - 01 - 22	《失业保险条例》	国务院
2005 - 02 - 24	《关于切实做好国有企业下岗职工基本生活保障制度向失业保险制度并轨有关工作的通知》	劳动和社会保障部、财政部
1994 - 01 - 13	《农村"五保"供养工作条例》	国务院
1995 - 10 - 19	《关于进一步做好农村社会养老保险工作意见的通知》	国务院
1994 - 04 - 15	《国家"八七"扶贫攻坚计划》	国务院
1994 - 07 - 18	《关于深化城镇住房制度改革的通知》	国务院
1994 - 08 - 23	《中华人民共和国残疾人教育条例》	国务院
1994 - 04 - 14	《关于职工医疗制度改革的试点意见》	国家体改委、财政部、劳动部、卫生部
1996 - 04 - 22	《关于职工医疗保障制度改革扩大试点意见的通知》	国家体改委、财政部、劳动部、卫生部
1998 - 12 - 14	《关于建立城镇职工基本医疗保险制度的决定》	国务院
2006 - 05 - 16	《关于开展农民工参加医疗保险制度的决定》	劳动和社会保障部
1997 - 09 - 02	《关于在全国建立城市居民最低生活保障制度的通知》	国家体改委、财政部、劳动部、卫生部
1999 - 09 - 28	《城市居民最低生活保障条例》	国务院
2003 - 04 - 27	《工伤保险条例》	国务院
2004 - 06 - 01	《关于农民工参加工伤保险有关问题的通知》	劳动和社会保障部
1993 - 11 - 26	《女职工保健工作规定》	卫生部、劳动部、人事部、全国总工会、全国妇联
1994 - 12 - 14	《企业职工生育保险试行办法》	劳动部
1994 - 11 - 22	《关于加强企业职工社会保险基金投资管理的暂行规定》	财政部、劳动部
1995 - 07 - 14	《关于加快全国职工互助保险事业发展的意见》	全国总工会
1999 - 01 - 22	《社会保险费征缴暂行条例》	国务院

从表3可见,自1990年以来,我国的社会保障法制建设成效卓著,基本上形成了现代社会保障法律体制,并为进一步的法制建设奠定了良好的基础。

二、社会保障管理的手段与机制

如果政府选择强制性程度较低的政府管理方式,那么一般会选择契约外包;相反,如果选择强制性程度较高的管理方式,一般就会选择政府管制。我们对政府社会保障管理的分析不应该是建立在单一维度之下,而应该建立在多视角之下,只有这样,才能更好地认识各种政府社会保障管理的手段和机制的利弊得失。

(一)强制性管理方式

从社会保障整体而言,它是一种强制性的制度,虽然每一种政府管理手段在某种程度上都有一定的强制性,但是每一种政府管理手段或机制在强制性程度上还是有很大的差异。强制性依据政府社会保障目标而定,一般的说,扩大社会保障覆盖面,依法缴纳社会保障基金均需要采取强制性管理手段,但强制性程度有所不同。就缴纳社会保障基金的方式而言,一种是缴费方式,另一种是课税方式,课税方式比缴费方式有着更大的强制性。税收制度的法律性、严肃性有可能使课税方式比缴费方式取得更好的征缴效果。扩大社会保障覆盖面针对不同的对象也采取程度不同的管理方式,城镇国有企业和职工无条件地参与城镇社会保险,不能随意退保。政府鼓励农民工参与城镇社会保险,地方政府也出台了一些行政法规,强制或非强制性仍处于一种模糊决策状态,农民工可选择自愿退保。按照国家政策法规的规定,农民工该参加社保的一定要参加社保,参加社保时必须参加全部险种。但是由于社保缴费基数和比例过高、超过农民收入的一成、农民工流动性强等原因,农民工投保意识淡漠,退保现象严重。

(二)非强制 + 补贴性管理方式

强制较为适中的是给予个体或团体以补贴或津贴,个体可以自由支配,这种方式会产生较高效率。为了减缓基本养老保险基金的支出压力和配合降低养老金替代率的干戈,政府有着较为强烈的发展企业年金的政治图谋。401(K)计划是美国养老金投资服务的典型代表,为雇主和雇员的养老金存款提供税收方面的优惠。企业为员工设立专门的401(K)账户。

由员工自主选择证券组合进行投资,收益计入个人账户,供退休时领取。在2000年国务院关于辽宁社会保障试点的42号文件中,为鼓励发展企业年金,出台了工资总额4%以内可直接进入成本的税收优惠政策。但中国企业年金发展规模还极为有限,①基本养老保险缴费率过高、企业负担重阻碍了企业年金的发展;②企业尤其是相当部分的民营企业较短的生命周期及短期性投资行为无暇发展企业年金;③资本市场极低的回报率;④职工和工会与企业的协商机制十分脆弱。只有弥补政策和市场缺陷,尤其是出台面向全国的企业年金税收优惠政策,才可能使企业对这种可以由企业自由支配企业年金发展的非强制性管理方式产生认同感。

(三)自愿性＋补贴管理方式

自愿性管理方式完全按照集体或个人意愿自行决定是否参保,政府所需成本较低,但效率性不高。2002 年 10 月,中国政府做出在全国建立新型农村合作医疗制度的决定,明确要求各地要在政府统一领导下,本着自愿参加、多方筹资、因地制宜、分类指导、公开透明、真正让群众受益的原则,先行试点,总结经验,逐步推广,到 2010 年基本覆盖农村居民。新型农村合作医疗制度是由政府组织、引导、支持,农民自愿参加,个人、集体和政府多方筹资,以大病统筹为主的农民医疗互助共济制度。其基本做法是,自愿参加合作医疗的农民,以家庭为单位按每人每年 10 元(部分东、中部地区稍高)缴纳合作医疗资金,同各级政府每年每人补助的 20 元一起,形成合作医疗基金,储存在县(市)国有商业银行或信用社的财政基金专户内;参保农民每次到县(市)内定点医疗机构就诊时,凭合作医疗证可直接按比例报销部分医药费用;定点医疗机构将为农民报销所支付的资金数额以及相关凭据,定期报到县(市)或乡(镇)合作医疗经办机构,经县级经办机构和财政部门审核并开具申请支付凭证,由代理银行或信用社直接将资金转入有关医疗机构的银行账户,做到新型农村合作医疗基金收支分离,管用分开,封闭运行。自愿性＋补贴管理方式也是一种间接性行政管理方式,让农民有更多的选择权,在公共服务提供者之间创造更多的竞争。间接行政也有较大弹性,政府易于控制,但其公平性和有效性较差。

(四)政府监管体制下的委托管理方式

社保基金信托是参保人作为委托人在信托投资公司建立信托关系,减轻受益人理财的压力;或者领取委托回报金后继续留存在信托账户加以管理运用,以达到机构理财的规模优势。社保基金信托可以发挥专业机构理财管理职能,以降低个人账户的管理成本;制定法律法规保障社会保险基金的安全,防止非法挪用;信托投资机构必须恪尽职守,履行诚实、信用、谨慎和有效管理的义务;信托投资机构将自有资产和信托的社保基金分开管理,并对每一契约下的信托资金实行分账管理,以保持独立和完整。中国国务院社会保障基金理事会所掌管的部分基金、企业年金基金、医疗保险个人账户都可以采取委托管理的方式,按照信托法的原理,以受托人为核心,并通过基金管理机构的专业化分工以及职责的相互独立性,达到分散受益人风险的目标。根据目前有关法规规定,受托人应当对基金计划的管理承担全部责任,受托人的责任贯穿于基金受托管理的全部过程。

全国社保基金由中央财政拨入资金、国有股减持划入的资金和经国务院批准以其他方式筹集的资金及其投资收益构成,是国家重要的战略储备,是国民经济发展和社会稳定的重要保证。全国社保基金投资运作方式由社保基金理事会直接运作与社保基金会委托投资管理人运作相结合。委托投资管理人管理和运作的全国社保基金资产由社保基金会选择的托管人托管。全国社保基金投资管理人为 10 家。依据《社会保障基金投资管理暂行办法》、投资管理合同和社保基金会制定的投资方针,对全国社保基金委托资产进行独立投资运作;委托交通银行和中国银行两家托管银行对委托资产进行托管。财政部会同劳动和社会保障部对全国社会保障基金的投资运作和托管情况进行监督。

中国医疗保险个人账户 2004 年底滚存积累到 405 亿元,选择合适的委托管理方式,政府实施严格监管,实现最大限度的保值增值是一个需要引起高度重视的问题。

第五节 社会保障管理进程

一、社会保障管理的实施程序

社会保障分为社会保险社会救助社会福利优抚安置等方面,它们各自有不同的实施程序。

(一)社会保险项目的实施程序

社会保险实施过程一般包括以下几个程序:

(1)根据法规和政府政策,督促用人单位参加社会保险,促使应当参加社会保险的劳动者能够进入社会保险网络;

(2)征收并检查用人单位和劳动者的社会保险费的缴纳情况,确保社会保险基金的资金来源,必要时可以将社会保险费的收缴交由国家税务系统或地方税务系统统一征收;

(3)记录并保存参保单位和受保劳动者的有关情况,作为支付相应的社会保险待遇的依据;

(4)审核受保者提出的社会保险待遇申请;

(5)根据规定条件和给付标准,支付受保者相应的社会保险待遇,或委托金融机构支付这种待遇。

(二)其他社会保障项目的实施程序

其他社会保障项目包括社会救助社会福利和优抚安置等内容。从目前现状来看,基本上由民政部门统一管理,通过各级民政部门形成完整的实施系统。下面以社会救助事务的实施为例来介绍实施程序。

社会救助项目主要按照下述程序实施:第一,由当地政府根据现有的经济条件和居民的生活水平,在统计调查的基础上,制定本地的贫困线或最低生活保障线,并作为法定的救助标准。即社会救助机构的救助对象是那些家庭人均收入低于贫困线或最低生活保障线的社会成员。第二,由申请者向基层救助机构索取救助申请表,提出救助申请,并提供有关收入证明材料。第三,由基层救助机构进行专门的统计调查,在基层政权组织的协助下核实申请者的收入情况。第四,对符合救助条件的社会成员进行救助。第五,张榜公布,接受群众监督。第六,汇总上报主管部门,直接接受政府主管部门的检查和监督。

在社会保障项目的实施过程中,征缴社会保障资金是最主要和最难操作的环节。为使社会保险费得到及时的征缴,1999年1月22日,国务院颁布了

《社会保险费征缴暂行条例》,对加强和规范社会保险费征缴工作,保障社会保险金的发放,有十分重要的意义。

二、社会保障的监督管理

由于社会保障监督管理关系到社会保障制度的正常运行,因此必须建立有效的社会保障监督机制。社会保障监督机制包括日常监督和预警监督。日常监督是指对社会保障事务的日常运行进行监督。预警监督属于中长期趋势监督,指通过预测来防止社会保障危机的出现。建立社会保障监督机制对保证和促进社会保障的良性发展有重要作用。社会保障的监督内容涉及社会保障金的缴纳及其运营,审核社会保障金的支付,监督社会保障具体项目的实施和业务开展等。为了使社会保障监督机制健全运作,必须建立专门的管理机构,明确其职责。完善的社会保障监督体系可表现为:

1. 人民代表大会及其专门委员会。应该在人大内部设立社会保障委员会,行使立法监督职能。专门委员会首先是对同级和下级政府的社会保障委员会实行监督,审批有关法规政策;其次是和其他相关部门一起对社会保障行政管理部门和基金管理中心实行监督。

2. 监察、审计、工会、新闻等部门,都分别行使自己的监督权,分别对社会保障行政管理部门和基金管理中心加以监督。对行政管理部门的监督主要是对这些部门制定颁布的各种法规政策以及具体的征收发放标准进行监督,并把意见反馈到人大和政府的社会保障委员会,通过合法程序给予纠正。同时,对各级基金管理中心实行有效监督。监察和审计部门有权依法随时检查同级和下级中心的基金管理状况,核查其中可疑之处。社会保障行政管理部门和基金管理中心的所有工作人员,一律实行财产申报制度,这是保证廉洁的前提。对贪污挪用社会保障资金等违法行为,必须严惩。新闻部门要充分发挥舆论监督作用,揭露有损社会保障事业的事件,对于受到不公正待遇的社会成员要为之呼吁。

3. 民间监督组织。民间监督组织包括各种基金协会、民意调查机构等。这类机构接近基层,了解民意,能将社会保障运行信息,尤其是有关部门不合理的做法、违法行为及时反馈到人大专门委员会、行政部门和其他监督部门。

4.经济实体和劳动者(社会成员)。作为社会保障费和社会保障税的缴纳人,有权监督社会保障管理机构的社会保障工作,有权对基金管理中心运作的合法性准确性和及时性进行监督;对一切违法违纪行为,有权进行举报申诉。社会保障的受益人,在认为所获的待遇不符合本人应得水平时,有权提出复议,也有权提出申诉。受益人原工作单位和受益人所在社区,有责任帮助受益人维护其合法权益,也有权协助和支持其申诉和起诉。

从目前看来,我国社会保障监督体系还不完善,监督体制及机制还不健全。因此,各级政府和有关部门应尽快制定社会保障监督管理的有关法律法规,建立健全各级社会保障监督机构,配备专门监管人员,不断强化监督的技术措施,逐步形成以劳动部门行政监管为主,与财政审计监督和社会监督相结合的社会保障监督体制。

案例 洛川县完善合作医疗方案让农民得到更多实惠①

日前,洛川县医疗卫生系统在对农村医疗深入调研的基础上,制定和完善新型合作医疗试点方案,使农民真正得到实惠。

该县通过统计、调查问卷、下乡入户走访的形式,掌握了农村医疗消费现状,制定了一系列新型合作医疗试点方案,把个人住院自付段依照医疗单位层次分为乡镇卫生院 200 元/人次,县级医院为 600 元/人次,县级以上医院为 1000 元/人次;补助比例根据就诊医疗单位层次分别为每人次乡镇医院 6%,县级医院 4%,县级以上医院 30%,年度计限额 5000 元,特殊病例封顶 1 万元,计划生育分娩者每人次定额补助 100 元,取消五保户住院自付段,给其直接按比例审核补助医药费。同时,把农村孤寡老人、残疾人等无力交纳统筹基金的贫困户也纳入此次制定的试点方案之中。为了大力推行新型合作医疗试点方案,印发了《农村合作医疗 8 知晓》等宣传资料 8 万份,出台了 14 种疾病

---

① http://www.sn.xinhuanet.com/2007-03/06/content_9431733.htm.

单病种费用定额包干办法,修改制定出《合作医疗基本用药目录》,还把对特殊病例的补助报销由原来的恶性肿瘤扩大到包括先天性心脏病、颅脑外伤、肾病综合症 3 种,经过调整,农民的受益面逐渐扩大。

与此同时,县乡医疗机构对方案执行情况全面监测分析,并制定出药物价格、基金管理、违规处罚方面的规章制度,从严约束医疗机构的职责;对群众了解不清的问题,各乡镇医院都把用药目录、补助办法与审核程序公布,并设立门诊咨询点;县、乡合疗办每月对住院患者的补助通过有线电视公示,并由财政、审计部门对全县 18 个定点医院的补助账务按月核查,并设立举报电话,建立起信访接待制度,让群众代表参加每月一次的通报会议,聘请人大代表、政协委员对此项工作常期视察,让纪检、监察部门监督指导,强化各级监管职责。

第三十一章 社区管理

  "社区"是社会学中的基本概念,最早是在德国社会学家斐迪·滕尼斯的《社区与社会》一书中提出。世界卫生组织于 1974 年集合社区卫生护理界的专家,共同界定适用于社区卫生作用的社区定义:"社区是指一固定的地理区域范围内的社会团体,其成员有着共同的兴趣,彼此认识且互相来往,行使社会功能,创造社会规范,形成特有的价值体系和社会福利事业。每个成员均经由家庭、近邻、社区而融入更大的社区。"

  由此可见,社区的基本构成要素有四个方面:

  1. 人口:社区是由人所组成。社区人口主要表现为人口的数量规模和分布,以及人口的素质构成。以职业因素等为主的同质性的人口素质构成很大程度上决定了社区的类型。不论何种类型之社区,因人聚集与互动,方能满足彼此的需求。一定规模和具有同质性的人民能形成一个社区。但人数多少才能形成一个社区,目前并无定论。社区太大、人数过多,将使彼此互动困难;但人数太少就一定不可能形成利益互惠与生活维持的团体。

  2. 地方或地理疆界:以地理的范围来界定社区的大小疆界是一般人最能接受对社区的定义。但是,并非所有的社区都有明确的地理划分。如果界定的区域不合适,将会对社区资料的收集造成一定的困难。特定的区域不仅是社区成员活动的基本空间场所,而且社区成员的活动方式乃至思想感情也都被打上区域的烙印和特征。

  3. 社会互动:社区作为一个社会实体,是由一些群体和组织构成的。社区结构既体现了社区内各种群体、组织的分布状况及其相互之间的关系水平,并且在很大程度上反映出社区发展的水平。社区内居民由于生活所需彼此产生互动,特别是互赖与竞争关系。如社区居民的食、衣、住、行、育、乐皆需与他人共同完成。因此,相关的经济、交通、娱乐等系统即因此而形成。社区经由不同的社会系统发挥功能,满足居民生活必需,建立社区规范。

4.社区认同:基于社区的共同利益、面临的共同问题和共同需要,每一个社区都会形成共同的生活方式、行为规范和心理取向。而且社区居民习惯以社区的名义与其他社区的居民沟通,并在自己的社区内互动的同时社区居民形成一种社区防卫系统,居民产生明确"归属感"及"社区情结"。

从社区管理的含义可以看出,社区管理具有下列特点:

(1)社区管理的地域和人群相对固定;

(2)社区管理的组织形式多样化,以街道党工委和办事处为主,其他政府职能机构的派出机构为辅;

(3)社区管理的性质侧重于群众性的自我管理和自我服务,强调社区群众的参与。

正因为社区的这些特征,决定了社区管理的特性及其重要的意义。

所谓社区管理,主要是指一定的社区内部各种机构、团体或组织,为了维持社区的正常秩序,促进社区的发展和繁荣,满足社区居民物质和文化活动等特定需要而进行的一系列的自我管理或行政管理活动。

在我国,社区管理的概念是在我国由传统计划经济体制向市场经济转轨时期,伴随着改革的不断深化,社会结构、人们的生活方式、思想文化以及行为方式等各方面的变化而提出来的。社区管理的出现有着很多具体的背景:首先是我国社会发展战略的调整。即由经济增长转向社会全面进步的发展观的形成;由国家工业化转向社会现代化的发展战略的确立。其次是市场经济体制改革的深化,对重铸新型社区结构,加强社区管理有着迫切的需求。最后是社会管理体制的转轨和城市管理重心的下移,赋予了社区管理以充分的条件。

第一节 社区管理主体和对象

一、社区管理概念界定及机构设置

(一)社区管理主体

社区管理是一项复杂的社会工程,社区管理主体又是维系社区成员联系及社区运转的基本保证,也是全体社区成员共享良好秩序、优美环境、友好和谐社区的必要条件。因此扮演主体角色的不应仅仅是政府,各种社会力量和广大居民群众也应积极参与。从社区管理长远目标来看,多方参与、共同管是社区管理的发展趋势。

社区管理的主体按其性质大致可以分为四类:

(1)政府组织。社区管理中的政府组织是统治阶级利益及意志在社区的体现。它的主要功能在于发挥社区的政治建设。即通过社区政府组织自身的活动,在思想政治领域影响社区成员,以确保国家法律法规、政策方针在社区得到贯彻实施。从当前我国广泛开展的社区管理实践看,社区管理工作发展涉及多个层次的政府部门,如城区政府、城区职能部门和各级民政部门等。

(2)企业组织。这类组织是围绕社区建立的、专门为社区成员提供各种有偿服务的赢利性组织,其功能主要是发挥与社区经济建设方面,通过向社区成员提供优质的服务获取合理合法的经济报酬。另外,在我国社区建设实践中,社区也兴办一些除了为本社区成员提供产品和服务外,同时还向社会提供产品和服务的经济性组织,为改善社区成员福利积累更雄厚的资金。

(3)社区管理中介组织。社区管理的中介组织是指以社区成员为成员、以社区地域为活动范围、以满足社区居民的不同需求为目的、由居民自主成立或参与、结构松散的社区自我服务性组织。

(4)社区自治管理组织。社区自治管理组织是社区建设和治理中的重要力量,其自治地位由宪法和法律明确规定,是社区成员在不需要外部力量,特别是政府行政干预的强制性干预下,社区内各种利益相关着通过民主协商合作处理社区内部公共事务,实现自我教育、自我管理、自我服务、自我监督的社区居民自我管理组织。

(二)社区管理具体机构

1. 政府组织

(1)街道办事处:《中华人民共和国地方各级人民代表大会和地方各级人民政府组织法》中规定:"市辖区、不设区的市的人民政府,经上一级人民政府批准,可以设立若干街道办事处,作为它的派出机关"。由规定可知,街道办事处的性质就是市辖区政府、不设区的市政府的派出机关。这个根本特点决定了街道办事处具有管理整个辖区的法定资格。它可以根据法律、法规和上级政府赋予的权力推动本辖区的经济、社会发展,在本街道辖区范围内肩负着上级政府的指导、协调、组织、管理社区服务和社区建设的重任。几乎涵盖了一级政府的所有行政管理职能的管理层次,它的职责包括了居民、民政、司法、治安、交通、防火安全、市容、卫生、绿化、环保、人防、计划生育、劳动管理、文教、集体经济、第三产业、市场管理、社区服务等区域性、社会性和综合性的工作。不仅如此,街道办事处居于城市管理的基础层次,直接面对居民群众和群众性自治组织。党和国家的方针、政策,地方政府的政令、决定,要街道办事处去贯彻落实;城市社会建设和管理工作,也要靠街道办事处组织实施。正因为如此,街道办事处成了政府履行社区服务职能的主要依托。换句话说,政府主要依靠街道办事处来履行社区服务职能。

(2)社区党工委:我国宪法明确规定中国共产党是中国各族人民的领导核心,是中国的执政党。我国依据法律以及党章规定要求,必须在基层社区建立党的基层管理组织。社区党工委的作用主要体现在:一是政治导向作用。是指执政党对社区在政治原则、政治方向和重大决策方面的导向;二是思想导向作用,是指通过党的凝聚力、渗透力和影响力来巩固和扩大党的执政基础,通过党的价值观、道德观和精神示范向全社区成员进行导向和施加影响;三是组织保证作用,这主要体现在社区党组织在上一级党组织的领导下,对社区各管理组织,尤其是社区自治管理组织的人员构成、活动规则。领导人员施加必要的影响从而确保社区各类管理组织不偏离国家法律法规的轨道,确保党的方针政策在社区得到贯彻执行。

2. 企业组织

(1)社区物业管理公司:社区物业管理公司也是社区管理的主体之一。社区物业管理公司是在市场经济管理模式下,以社区为主要服务范围,满足社区居民的基本生活需求为经营内容的具有法人资格的专业企业。这种经营性企业管理,可以使社区居民得到全方位、多层次的优质服务。社区物业管理公司一般是根据社区业主、业主委员会或其他组织的委托,对社区物业进行维护、修缮、管理,对社区内的公共秩序、交通、消防、环境、卫生、绿化等事项提供协助管理或者服务的。社区物业管理的主要内容包括:房屋建筑主体的管理,这是为了保持房屋完好率,确保房屋使用功能而进行的管理与服务工作;房屋设备设施的管理,这是为了保持房屋及配套设施设备的完好及正常使用而进行的管理与服务工作;环境卫生与绿化管理,前者是为了净化物业管理区域的环境而进行的管理工作,后者是为了美化物业管理区域的环境而进行的管理工作;公共秩序管理,这主要是为了维持物业管理区域内的正常生活和公共秩序而进行的管理与服务工作。

(2)社区企业组织:社区集体经济组织,主要是指街道组织所兴办的各种企业组织。社区企业以服务业为主,社区企业直接面对社区居民,为社区居民提供各种家政服务、环境综合服务、医疗综合服务、少年儿童服务、文化娱乐服务等。并且社区企业的规模以小型为主,主要是利用社区资源。社区企业组织的形式多种多样,如社区生产合作联合、社区便民服务中心以及兴办的各种生产贸易企业等。

3. 社区管理中介组织

(1)社区志愿者组织:这类组织是自愿参与,主要是服务于社区内居民生活。志愿者组织在社区中的作用越来越大,可以承接政府行政组织和市场经济组织原来承担的大量社会事务和功能,有利于吸引和调动除行政资源、市场资源之外的各类社会资源。志愿组织开展的社会服务,正在成为社区组织发育的新形式。众多的各类专业服务组织和民间互助团体,以横向分布和横向联系的网络结构,把社会上、社区内分散、鼓励的个人联系起来,形成一种新型的社会化的自我服务、自我管理的组织结构和机制。社区志愿服务的承担者不仅仅是本社区的志愿者,社区以外的青年志愿者和其他志愿者深入社区,直接为一定社区或社区成员提供服务的行为,也是社区志愿服务行为。

(2)社区业主委员会:业主委员会是在物业管理区域内代表全体业主对物业实施自治管理的组织。该组织保障物业的合理使用,维护本区域的公共秩序,创造整洁、优美、安全、舒适、文明的社区环境。业主委员会代表着该物业的全体业主,有一定的社区管理权,其权利基础是对社区的所有权。业主委员会最基本的权利是对该物业有关的重大事项拥有决定权,这种权利通过业主公约和业主委员会章程予以保证。

4.社区自治管理组织

(1)居民委员会:社区居民委员会是社区自治管理组织的主体性机构,也是社区成员代表大会的常设执行机构,在社区成员代表大会和社区协商议事委员会的授权和监督下,具体组织实施社区的管理服务。在相当长的时间内,在我国城市社区中真正具有一定作用和地位的居民自治组织只有居民委员会。根据我国宪法和《中华人民共和国城市居民委员会组织法》,居委会是"基层群众性自治组织",其任务是组织居民"自我教育、自我管理、自我服务",并协助政府做一些群众工作。所以,居委会应该是由社区居民通过民主选举的方式产生,以为社区居民提供服务并维护本居民区全体居民的利益为主要职责的社区组织。

社区居民委员会具有五个显著特点:一是群众性。居民委员会既不是一级政权组织,也不是基层政府的派出机构,而是一种群众性组织。居住在某一地区的居民,不分民族、种族、性别、职业、家庭出身、宗教信仰、教育程度、财产状况、居住期限,都有责任和义务参与居民委员会组织。二是自治性。这是居民委员会的最根本的特性。主要是在国家法律范围内,在基层党组织的领导和基层人民政府及其派出机关的指导下拥有一定的自主权和自决权,实行居民自我管理、自我教育、自我监督和自我服务。三是基层性。居民委员会是设立在国家最低一级行政区划分之下的社会组织,是城市基层政权组织指导下的社会组织,是直接由广大居民所构成的组织。四是地域性。居民委员会是地域性的社会组织,是根据居民居住状况,人口多少,按照便于群众自治原则设立的。五是广泛性。居民委员会是我国城市(镇)最为普遍的社会组织,遍布所有的城市(镇)社区;其成员几乎涵盖了所有居民和所有住户,是一定区域内的全部居民构成的社会组织,而不像其他组织那样队成员有性别、年龄、职业和其他社会属性的限制。

(2)社区成员代表大会:社区成员代表大会是社区最高权力机构,其主要职责是选举产生社区议事协商委员会和社区居民委员会,审议和决定有关社区建设和发展的重大事项。社区成员代表大会是社区成员表达自己意愿的渠道,它行使民主选举、民主监督、民主决策和民主管理的职能,对其他社区自治管理组织具有选举、聘用、监督等控制权,是社区全体居民切身利益的忠实代表。社区成员代表大会由全体社区成员居民自愿参加,定期开会。

(3)社区协商议事委员会:社区协商议事委员会是在社区居民代表大会闭会期间的常设机构,在社区居民代表大会闭会期间代表社区居民委员会行使议事、决策和监督权,负责对社区建设与管理的重大问题提出意见和建议,对社区建设共和发展的相关事项行使协商和监督的职责。社区协商议事委员会组成人员由社区代表大会推选产生,对居民代表大会负责。

二、管理对象

1.组织及人员方面

组织和人员的管理是社区管理的主要对象之一,即对社区居民和社区内各种组织的公共行为的管理。所谓公共行为,是指对其他人、组织或公共环境产生影响的行为。与公共行为相对应的是私人行为。私人行为是指不会对其他个人、组织或公共环境产生影响的行为。例如,一个人在其家庭住宅里或其他私人空间中不论做什么事都可以被看做是私人行为,私人行为一般不在公共管理的范围之中。相反,如果一个人的行为会对其他人、其他组织或公共环境造成现实的或潜在的影响,则属于公共行为的范畴,并因而属于公共管理的范畴。

公共行为的主体可以是个人、家庭和组织。在社区中,一个人的行为可能会造成对他人的影响,一个家庭的活动也会对其他住户造成影响。同时,社区中的各类组织在其活动中也可能对其他个人、住户或环境造成影响,因此这种主体产生外部影响的行为都属于公共行为,如个人随地吐痰、随意破坏社区绿化等行为;另一种是在其生活或业务活动中对他人或组织产生影响的行为,如一个工厂排放的废气对社区居民的影响,一个住户半夜开大音响对其他邻居的影响等,后者常常被称为外部性影响,其实质是个人或组织在追求个人利益满足或两方(或多方)在进行交易活动时对其他没有参加交易者的影响。

　　个人或组织的公共行为有正向和负向的区分。正向的行为是指对增进社区公共利益有促进作用的行为,而负向的行为则与之相反①。由于个人或组织的行为会对社区的运行和发展产生影响,并进而对社区居民的生活产生影响,因而,在各个社区中都不同程度的有对个人或组织行为的管理。对个人行为的管理包括有形的管理和无形的管理。有形的管理是指通过设立各种规章制度来规范个人或组织行为,如社区居民通过制定各种乡规民约来规范大家。无形的管理是指通过提高居民的道德水平来达到自我规范行为的目的,如我国城乡社区中通过开展社区精神文明建设来提高社区居民在意识和行为上的道德水准。

　　从更广泛的意义上看,对人的管理还包括对人际关系的调节。在高密度居民居住的环境中,人与人之间、家庭与家庭之间、个人与组织之间往往会产生一些矛盾和纠纷。在很多情况下,居民之间的矛盾可以由当事者自己化解,一些比较严重或复杂的问题可以通过法律来解决。但是仍有很多矛盾和纠纷需要通过具有一定权威的社区组织来调节和仲裁。

　　2. 社区事务

　　社区管理的对象还包括社区各种事务,即对社区中各种公共事务的管理。所谓公共事务是指能够对很多人产生共同的影响、需要大家共同决定和采取共同行动的事务。社区是由居民构成的共同体,社区中每天都有大量的公共事务,如社区的绿化、环境卫生、社区治安、社区公共基础设施建设等。这些公

---

　　① 张兴杰:《社区管理》,华南理工大学出版社 2007 年版,第 94 页。

共事务涉及所有居民的共同需求,需要大家共同关心和共同努力。同时,许多公共事务涉及社区中各类居民的不同利益,因此需要有一定的利益协调机制。但是,在社区生活实践中不可能每一件处理公共事务的行动都由所有社区居民来共同决定,因此需要有一定的社区公共机构和社区管理人员通过日常的社区管理活动来处理大量的日常社区公共事务。

社区公共事务管理千头万绪,但归纳起来主要是如何高效率地为社区居民提供公共产品,并且公平地在社区居民中分配公共资源。所谓公共产品是指能够为社区居民共同使用或共同受益的产品。包括各种公共设施、公共服务和公共物品等。一般来说,社区的公共产品需要由社区公共组织通过非商业化的方式来提供。在这一过程中,需要通过一定的方式去筹集资金,并且通过有效地公共管理方式来高效率地维护和使用这些公共产品。例如,一个社区中需要通过一定的途径筹集资金,以建设公共绿地、公共休闲设施等,并通过制定一定的规则来维护建成的公共绿地和各种设施,使这些公共产品能够最大限度的为社区居民提供服务。此外,由于社区资源是有限的,不能同时满足社区居民的所有需求,必须在居民的各种需求之间做出优先性选择。同时,社区中的公共产品也不是为所有居民平均享有,而常常需要优先考虑一些有特殊需要的群体,如老年人、残疾人、儿童、贫困者等。在资源有限的情况下,如何做公平地做出优先性的选择,以及如何在特殊群体和普通群体之间做出合理的分配,也是社区公共市区管理所要解决的问题。

第二节　社区管理目标与原则

一、社区管理目标
(一)实现居民自治

社区建设的本质要求是发展社会主义民主政治,完善城市居民自治。什么是真正意义上的社区自治? 首先是自理,自己管理自己的居住环境。从自理到自治,从自我教育到自我管理,这是一个很大的进步,因为社区是居民共同生活的地方,应该体现居民自身的最大利益。也就是说,社区建设的最大受益者是广大社区居民。因此,片面地认为社区建设是政府的事情的观念是错误的。当然,在社区建设过程中,政府投入必要的财力给予扶助和支持也是不可缺少的,但绝不能依赖政府。按照新的财政体制,将来政府为社区建设提供的财力支持,主要是通过政府向社会中介服务组织购买服务的形式来实现的。所以对社区来说,要从一切由政府部门下达指令转到居民自己决定自己的事情上来确实有些困难。目前在一些社区,政府仍有很强的行政干预作用,实行居民自治的条件还不够成熟,居民之间还有陌生感,缺乏参与意识,缺乏自治的能力和必要的心理准备。而且多年来,居民似乎习惯了依赖政府和上级部门的指令,居委会也成了政府的代言人,成了政府的"腿"和"嘴"。因此,要坚持在党的领导下,保证社区居民依法直接行使民主权利,当家做主人,进行自我教育、自我服务、自我管理、自我发展,以真正实现社区居民自治。

(二)治安状况良好

一个社区的治安状况良好,就会让居民有一种安全感。居民对社区有了安全感之后,就会对生存环境产生良好的归属感和认同感。就社区管理而言,要想谋求社区的发展,首先就得保证社区的稳定,就要全力构建社区长效治安防控体系,比如建立健全社会治安综合机构、队伍,加强对失足青年和解教人员的帮助教育,并积极开展相关调解工作等等。在做好以上工作的同时,还应进一步做好三项工作:一是采取多种形式,生动而形象地深入开展法制宣传教育,提高居民的法制意识。二是采取多种手段,深入实际,全面准确掌握社区情况,有针对性地采取安全防范对策,提高安全防范水平。三是采取多种方法,建立健全社区矛盾协调机制,引导居民以理性合法的形式表达自己的利益需求,妥善解决矛盾纠纷,自觉维护社区的安定团结。

(三)服务功能配套

社区服务是社区管理的龙头。不断拓展社区服务领域,逐步完善配套的社区服务功能,并不断提高服务水平,是社区居民安居乐业的前提。社区服务的目标应定位在为居民提供配套服务上,使居民感到方便,所需的服务都能在社区内找到。社区服务不等同于商业服务。商业服务是按照市场竞争原则,以追求自身利益最大化为出发点,以盈利为目的;社区服务则应以满足居民最大利益为出发点,以无偿、低偿为主,部分实行有偿服务。比如,充分利用社区的资源优势,将各种资源有机地加以整合和共享;或者成立社区志愿者服务队伍,为社区低收入家庭提供一些必要的低偿的生活服务,或者为无收入者提供无偿服务。

(四)社区环境优美

社区环境优美,不仅是社区管理工作正常运行的重要基础,也是促进人与自然和谐相处的需要。作为社区居委会来说,要让所辖区域的居民住得舒适、愉快,就应该在优化社区环境上下工夫,常抓不懈。重点应做好四个方面的工作:一是采取多种形式,坚持宣传教育,使社区居民做好街巷保洁、爱国卫生、环境保护、节水保源工作,增强居民的社区意识,确保社区环境干净整洁、空气清新。二是积极开展社区绿化活动。配合城市建设,积极动员单位、居民开展拆围补绿、破墙透绿、辟地造绿、见缝插绿、户户植绿等活动,形成常年见绿、春色满园的优美环境。三是加强对各类传染病的防治,提高社区居民的身体素质,保障社区居民的身心健康。四是加强社区无障碍设施建设,为社区残疾人生活出行提供方便,努力营造优美的社区环境。

(五)居民和谐相处

居民之间的和谐相处不仅是建设和谐社区的重要一环,也是社区管理工作的基础性工程。社区不是家庭,没有血缘关系和亲缘关系;社区也不是单位,不存在经济利益关系。但社区应该相信眼泪,应该同情弱者,应该具有更多的人情味,体现人与人之间的关爱,给更多的人以关怀和温暖。如果说社区环境优美是给居民创造良好的外部环境,那么居民和谐相处的定位就上升到了心理的层面,这是在社区管理中突出社区和谐主题的重要体现。因此,要实现居民和谐相处这一目标,一是应在加强宣传教育的同时,建立大范围、多层次的志愿者服务制度,并实实在在地开展好各项服务活动。尤其对老年人、残疾人、优抚对象、下岗职工等弱势群体,更应给予更多的关爱,做到不冷落、不放弃每一个需要帮助的人,促进社区内家庭、邻居及人与人之间的和谐,努力形成团结互助、扶贫济困、平等友爱、融洽和谐的社区环境,使每个人都能在社区里找到温暖。二是采取多种手段,深入实际,全面准确掌握社区情况,有针对性地采取安全防范对策,提高安全防范水平。三是采取多种方法,建立健全社区矛盾协调机制,引导居民以理性合法的形式表达自己的利益需求,妥善解决矛盾纠纷,自觉维护社区的安定团结。

二、社区管理原则

社区管理的复杂性要求我们在管理过程中一定要有原则性,以便使按具体原则实施的管理更有针对性,更能突出重点,更加有效。而社区管理的综合性则要求我们在管理中必须从社区全局的角度,完整的把握好这些原则,并按其要求,综合各方面的力量和各种手段,来达到社区管理的目的和要求。

社区管理的主要原则有以下几点:

(一)全体利益原则

全体利益原则强调了社区管理的目标,就是社区管理必须以社区内的全体居民、组织、团体、单位的共同需要和利益为根本目标。一切手段、做法都必须紧紧围绕着这个根本目标,而不能偏离,它是衡量社区管理有效与否的最直接的标准。按照全体利益原则的要求,必须以社区成员的需求为工作目标,以社区服务为突破口,以创建文明社区为方向,协调社区各方面的力量,充分利用社区的各种资源和优势,全面推进社区的社会、文化、治安、教育、环境、卫生、服务等各方面的工作,改善社区软、硬件设施,来满足社区成员多样化、高质量的生活需求和全面发展的需要。

(二)自治和自助原则

自治和自助的原则强调的是满足社区成员各类需求的方式。社区管理主要是通过政府向社区的放权和授权,通过各职能部门向社区延伸的机构,通过社区居民和单位的共同参与,明确社区各管理主体的权责利、明确社区自我组织、自我治理的管理方式,充分调动社区内的人力和物力资源,充分发挥居民的特长和潜能,以自动、自发、自助、自治的精神,来实现社区管理和发展。

(三)组织和教育原则

组织和教育原则着重强调实现社区管理目的的方法,社区管理的最终目的是为了社区的发展以及社区居民生活质量和综合素质的提高。居民的综合素质包括身体素质、文化素质和品德素质等,主要有生活态度、价值观、行为准则、文化程度、艺术修养、品格品行、健康状态等方面的内容,在其中有相当一部分可以通过教育的途径来改善和提高。社区教育是一种全方位的终身教育,社区居民从少年儿童到退休老人都是教育对象。教育内容因教育对象的具体情况,具有较强的针对性,符合受教育者的兴趣爱好或就业技能需求,居民乐于接受;教育通过共享社区内的资源,以自我服务的互助方式来进行,成本低。因此,教育是提高人们觉悟、认识、思想、道德水平和提高人们科学文化知识以及提高人们技能技巧的重要途径,在社区管理中一定要注重教育的原则。

组织原则是为了统一居民的认识、看法,认清共同的需要,形成一致的行动,解决社区内的共同问题,以推动社区的发展。通过组织和管理,利用约束性要素,来建立健全并理顺社区成员间的关系,统一大家的认识,培养社区意识。达成社区事务是为了大家,也需要大家参与的共识,并形成大家共同遵守的规章制度和行为准则。在此基础上,开展各项自我组织、自我服务、自我管理的活动。

(四)协调性原则

协调性原则有两个方面的含义,一方面是社区管理不能仅仅局限于社区这个小区域,而且要注重社区与整个外部环境的协调;另一方面就是注重组织与功能之间的协调,以保证管理的及时、有效、无遗漏区域。

社区与外部大环境协调的必然性是不言而喻的,社区虽然有地域性特征,但绝不是封闭的,社区与外界之间有着千丝万缕的联系,就城市整体而言,社区只是其中一个部分,社区的发展必然要符合城市的整体规划,要服从整体的要求,而不能自行其是,社区的事务和外部有联系,居民的所有需求光靠社区不可能完全解决,所以社区管理必须要和外在的大环境协调,与整个城市和国家的发展规划协调一致。

社区内组织与功能的协调,对社区管理的效率和效果至关重。社区内的组织机构的设置和功能的定位如果不协调,就会造成有些机构不去做该做的,而有些机构却不得不去做不该做或是做不好的事。如在街道管理的模式下,片面注重职能部门而忽视了地域机构,造成人财物等资源的配置都向职能部门倾斜,街道所掌握的资源很少的局面,现在城市的管理中心向下转移,职能部门把职能推向社区,政府也将部分事务性行政管理职能交给社区,社区的职责大大增强,但是资源配置的格局并没有改变,职能部门用其掌握的资源开展工作,其中一部分本来应该是做的,而现在却变成了为社区做的,比如体育馆利用发行体育彩票募集的资金,投资购买各种健身器材,建设小区健身院,这应该是这些机构的职责,而现在却变成了为社区居民做好事,是支持社区的工作。这就是一个很典型的组织和功能机构职能错位的例子。

总之社区管理一定要把握好协调性原则,协调好社区和外界的关系,协调好组织机构和功能职责的关系,让社区内的各种组织机构权责统一,责任明确,正常运转,让社区和城市的发展协调、同步、少走弯路,使社区健康、迅速地发展,实现社区的根本目标。

(五)前瞻性原则

前瞻性原则强调了在社区管理中,要注重预见性,要有长远的目标,要充分考虑社区管理的根本出路,考虑社区管理发展中可能出现的或是已经出现的各种因素对以后的管理所能带来的不利影响,并在社区管理过程中努力将这些因素化解在萌芽状态,使它对社区管理的影响降到最低程度。另外它还要求在社区管理的各个环节,如管理方案的拟定和实施、管理方法和手段的改进等,都要遵循前瞻性原则,是社区管理长效稳定的有力保证,可有效避免在今后的发展过程中由于遇到大的变动却没有事先防备而引起的失措和浪费,从而使社区管理朝着自己的既定目标,积极稳妥的前进。

第三节 社区管理体制与职能

一、社区管理体制

社区管理体制是社区管理的总体框架,一切社区管理活动都是通过这个主体结构来组织实施的。其结构是否科学合理,直接关系到我国社区管理工作的绩效。因此,作为社区管理的工作人员,有必要了解我国社区管理体制及其变革,以便更好的从事社区管理工作。

(一)社区管理体制的内涵

社区管理体制是指社区管理机构为了实现一定的社区发展目标和社区工作规划,根据一定历史阶段的国家意志和管理原则实施管理的组织体系及运转模式,它要以社区管理的基本内容为基础,与社区外在环境和社区发展的方向相适应,是社区管理实施的组织结构、权能权限划分和管理方式、工作方法的总和[①]。

社区管理体制是一个历史范畴。一定的社区管理体制,总是特定的历史环境和时代条件的产物。在不同的社会背景下,社区管理体制不同。如计划体制下,我国社区管体制主要是行政性的,组织结构为行政直线型,即市—区(县)—街道(乡镇)—居(村)委会这样一个行政驱动型结构。管理职能以政府为主,居(村)委会等社区组织成为国家行政管理体系的"末端",其管理职能不能得到充分发挥。单纯利用行政手段难以做到对社区资源的有效配置以及各方利益和需求的统筹兼顾,也难以做到真正意义上的依法治理。

市场经济条件下的社区管理体制是社会职能型的。其组织形式将脱离以往的行政主导型结构,转变为多层次、多系统的网络式自治型结构。在管理职能上,依法确定政府与社区组织之间的职责权限,规范政府的角色定位,社区管理职能主要通过相对独立的、充分体现居民自治原则的管理机构去实现。管理主体将综合运用行政手段、法律手段和经济手段等,以及引进责任考评机制、法律机制、市场机制和监督机制等,处理社区内存在的问题,解决矛盾,服务群众,对社区进行综合管理。

社区管理体制的具体内容主要有以下几个方面:

1.管理中心下移,社区的功能加强

管理中心下移,就是将一部分职能下移至社区。增强社区的功能,其核心

---

① 娄成武、孙萍:《社区管理》,高等教育出版社 2003 年版,第 102 页。

是向社区放权。其中包括第二级政府向第三极管理机构的放权和第二级政府的有关职能部门向相应的第三级管理机构分权,其目的是解决在原有体制下形成的街道承担的工作任务很多而管理权很少,很多工作想做却没权干,对某些事情无能为力却要承担后果这种不合理的现象。政府放权的承受主体主要是第三极上的街道,同时也要分权发挥职能部门的作用,以及通过法制建设来加强和逐步完善依法行政。在事权下放的过程中首先要遵循权责利一致的原则,保证街道权力的落实,做到管人和管事相结合,保证街道财力的落实,做到"财随事转";其次是要遵循放权和分权相结合的原则,在放权的同时还要将组织机构的职能进行清理,实行政企政社政事的分离,将下移的职能适当分解,不能简单的一放了之;再次是责任主体唯一的原则,防止出现职责不分,相互推诿的现象;最后是管理幅度适中的原则,放权的同时要考虑管理的规模效应和管理成本,防止放权不够导致的管理不到位的现象,以及放权过度而造成专业管理割裂以及街道无法承受的现象出现。

2."条块管理、以块为主"的管理格局

在这里条是指进行专业管理的各职能部门,块是指进行综合管理的地域性机构。社区中的专业管理是指公安、工商、市政、园林、环卫等专业职能部门按照法律法规,按照一定的程序,对专业领域内的事务进行行政管理;综合管理是指以组织领导、综合协调和监督检查的方式对社区进行管理。

随着改革的深入和社会、经济的发展,社区管理的综合性特征越来越明显,许多工作和活动的管理都涉及多个部门,必须让它们负责牵头、组织、协调、监督的。在新形势下条包块管是一种趋势,这表明,在条包块管的体制中,块的地位和功能在增强,必须强调综合管理的重要性,强调以块为主的思想,建立以块为主的新体制。

这种以块为主的新体制的核心内容是:社区党组织和行政部门依照法律法规和上级政府的授权,行使相应的政府管理职能,对辖区内的社区安全、社区服务、精神文明建设、社区经济组织等形式组织领导、综合协调、监督检查的行政管理职能,对地域性、社会性、群众性的工作负全面责任。在以块为主的新体制下,综合管理包括了对社区内的专业事物的管理、社会公共事务的管理及街道办事处自身的管理。

为适应新时期的要求,管理中心的下移,管理权力也随之在条块之间进行调整,组成一个新的组织框架,它以社区为核心,以居民委员会为基础,以专业管理部门派驻社区的机构为重要组成部分,在管理要求变动的情况下,组成全新的管理体制,形成条包块管,以块为主的管理格局。

3. 小政府、大社会的框架

要推进政府职能的转变,促使社区管理中心的下移,实现小政府、大社会的管理框架,其关键在于分解和限制政府的职能,按照精简、统一、效能的原则,实行政企分开、政社分开、政事分开,同时,加快社区等中介组织和社会型组织的培育。在构建社区管理体制的过程中,要本着以政府为主导、以社区为主体、全社区广泛参与的原则,有偿介入的原则,政企、政社、政事分开,实行联动的原则来进行操作。将政府的行政管理职能和企业的经营管理职能、社区组织和社会团体服务职能相分享,政府只承担宏观监控管理职能,进行政策引导和法律规范。

在小政府、大社会的框架中,社区组织占有重要的地位。因为随着居民生活水平的提高,消费结构有了很明显的变化,人们对提高生活质量和改善生活环境的要求日益提高,许多家庭事务出现了社会化的趋势,对社区服务的要求更高了。与此同时出现的是政府弱化了对社会生活的干预,改变以往对各项事业全面包揽的状况,而将相当一部分社会事业发展的职能转移出来,企业管理职能交给企业,行业管理职能交给社会中介组织,其余部分与广大居民密切相关的,主要是由社区组织服务内容构成的社会性事务则交给了社区组织。这些社区组织在社区范围内呈网络结构,具有适应组织目标多样化的趋势,利于成员之间的信息和资源共享及相互间的沟通交流,能更好地满足居民群众多样化的服务需求。此外,社区组织能较好地适应社区自我组织、自我服务、资源共享的自治要求,能有效地利用社区内各种资源,最大限度地满足社区居民的需要。故社区组织的存在与发展壮大具有必然性。

4. 行政、经济、法律、思想教育等手段并举和组织、动员等具体方法协调的运作机制

在计划经济体制下,社区建设和管理普遍采取的是单一的行政方法。随着社区功能的增强,社区管理对象、内容和手段逐渐向社会化过渡,单纯利用行政手段已经很难做到对社区资源的有效配置以及对各方利益和需求的统筹兼顾,也很难做到真正意义上的依法治理。因此,有效运行的社区管理机制,必须是综合行政、经济和思想教育等一切可能的手段;要协调运用组织、动员等具体社区工作方法,改善社区管理的方式,提高社区管理效能。

除此之外,还强化了四个方面的机制,一是建立责任考核机制。由于街道机构是依法行使相应的政府管理职能,拥有组织领导权、综合协调权和检查监督权,在社区管理中起着主导作用,因此要求在社区管理中建立"条包块管、各司其职、以块为主、综合管理"的责任机制和考核机制,改变以往责权不分、责任主体不明、权责利不统一、多条线考核、交叉、重复的缺陷,明确了工作责任,保证了工作效果。二是在行政上引进法律机制,按照依法行政的原则,引进法律手段,将法律、法令、法规等作为管理的依据,不合法的坚决不做,违法的坚决查处,确保法律的权威性,依法规范行政职能、行政行为、行政程序和行政监督,提高管理主体们的法律意识和依法管理能力,实现社区管理的高效、有序和稳定。三是作业引进市场机制,作业是具体管理内容的落实,它具有一定的成本,要资金的投入。资金充裕程度和成本高低直接影响作业的效果。在新体制下,要将经济手段引入作业领域,改变以往不重视成本、不讲究效益、不注意投入效果的缺陷,通过引进竞争机制,实行自主经营、自负盈亏的企业化管理,来强化人们头脑中的经济观念和效益观念,以社区居民为服务对象,通过吸引社区居民,服务社区居民,让居民满意的途径来增加经济效益,这种逐利行为和满足居民需求的统一,将使社区管理的成本降低,而社区管理效率则大大提高。四是引进监督机制,建立和完善社区管理的监督机制,它对进一步改善社区管理体制具有很大的意义,因为它能促进加强党风建设,树立党和政府以及社区管理主体的形象,增强其权威性,它还能纠正行业不正之风,保证职能部门、中介机构和各类社区组织更好地为广大社区居民服务,密切党群之间、干群之间和各社区成员之间的关系。其重点是对社区的党政组织及其负责人实施党内监督的行政监督。

（二）社区管理体制的改革

社区是城市的细胞,社区和谐是社会和谐的基础,城市构建和谐社会,应当把构建和谐社区作为重要切入点。随着改革的推进和城市化的深入发展,近年来,越来越多的"单位人"转变为"社会人",社区在经济社会发展中的地位越来越重要,作用越来越突出,承担的任务也日益繁重,而社区功能在很大程度上难以满足社会需要,社区管理体制、运行机制、服务体系等面临着越来越大的挑战。中央提出构建和谐社会后,许多城市都将建设和谐社区作为构建和谐社会的基础性工作摆到了重要位置。当前建设和谐社区,要从以下几个重点方面入手。一是努力推进居民自治,提高居民参与社区事务的深度和广度;同时,要协调好社区内机关、企事业单位以及其它社会组织同居民之间的关系,促使各种力量优势互补、形成共建和谐社区的强大力量。二是强化社区的服务功能,如文化教育、公共医疗、绿化环保、就业咨询等各种服务,为社区居民(包括流动人口)解决各种实际问题和困难。

近几年,我国社区自治步伐明显加快,2002年8月,北京市产生首个居民直选的居委会;2003年11月,宁波市海曙区成为国内第一个社区居委会全面实行直选的行政区。居民直选出来的居委会要切实为民服务,但传统的居委会却承担了很多行政职能,无暇履行自治的责任;另一方面,城市快速发展又对基层管理工作提出了许多新要求。在这种形势下,改革现行社区管理体制显得越来越迫切。2005年5月底,深圳市盐田区在社区直选中创设了"一会两站"社区管理新格局。具体来说,就是让直选产生的居委会与2002年开始设立的工作站彻底"分家",社区居委会由居民依法民主选举产生,完全剥离政府职能,成为群众自治性组织。社区工作站负责各项行政性事务;设立社区服务站,为民办非企业,由社区居委会登记注册,向社区居民开展低偿服务。政府可以向社区服务站购买社区服务项目。专家认为,"盐田模式"使政府在基层社会的功能和老百姓需求在相应的组织和制度层面得以落实,对转变政府职能有积极作用。几乎与盐田同时,广州市一些社区也进行了居委会直选,并首创了"两委一中心"的居民社区管理架构。与"一会两站"模式类似,"两委一中心"模式让居委会发挥自治功能,而由社区政务中心承担起行政职能。

另外,深圳市还有一个"莲花北"社区管理模式,其主要特点是让物业管理公司承担几乎全部社区服务功能,因此又被称为社区管理的"企业化模式"。这些模式各有特色,对社区管理体制改革都具有推动意义。

1. 社区管理体制改革的目标

2000年《民政部关于在全国推进城市社区建设的意见》中指出:"今后五到十年城市社区建设的主要目标是:①适应城市现代化的要求,加强社区党的组织和社区居民自治组织的建设,建立起以地域性为特征、以认同感为纽带的新型社区,构建新的社区体系;②以拓展社区服务为龙头,不断丰富社区建设的内容,增加服务的发展项目,促进社区服务网络化和产业化,努力提高居民生活质量,不断满足人民群众日益增长的物质文化需求;③加强社区管理,理顺社区关系,完善社区功能,改革城市基层管理体制,建立与社会主义市场经济体制相适应的社区管理体制和运行机制;④坚持政府指导和社会共同参与相结合,充分发挥社区力量,合理配置社区资源,大力发展社区事业,不断提高居民的素质和整个社区的文明程度,努力建设管理有序、服务完善、环境优美、治安良好、生活便利、人际关系和谐的新型现代化社区。"民政部门对城市社区建设主要目标的阐述,设计全面,基本反映了当前我国社区管理体制改革包括农村社区管理体制改革的要求。

2. 社区管理体制改革的原则

社区管理体制的改革必须要遵循一系列的原则,如"重心下移,立足基层"的原则、"条块结合,以块为主"的原则、"党政主导、各方参与"的原则、"管理与服务相结合"的原则等。

(1)"重心下移,立足基层"

这里的"重心下移、立足基层"是指把社区管理的重心下移至街道办事处、居委会层次,立足街道办事处和居委会开展社区管理工作。这是因为:第一,社区管理要贴近居民,要对居民的多元化需求做出直接、灵敏的反应,而街道办事处和居委会恰恰具备直接面对居民,直接为他们提供服务和实施管理的明显优势。第二,社区管理内容丰富,任务繁重,大大超出了市区两级政府所能承受的限度,因此,只有依靠街道办事处和居委会,充分调动他们的积极性和创造性,才能有效地推进社区管理。第三,计划经济体制下的社区管理是"倒金字塔型"的,管理层次越高,机构设置越全,人员配备越多,管理资源越多;而管理层次越低,机构设置越残缺不全,人员配备越弱,管理资源越少。显然这种管理体制无法适应社区建设的需要。

(2)"条块结合,以块为主"

所谓"条块结合,以块为主"是指在社区管理体制中,职能部门的专业管理和街道办事处的综合管理相结合,一街道办事处的综合管理为主。这一原则是由社区管理工作的多样性、复杂性和专业性决定的。

(3)"党政主导,各方参与"

这个原则要求我们在社区管体制改革过程中,一方面要维护社区党组织的领导核心地位和区政府、街道办事处的主导地位;另一方面又要充分调动各方面的积极性,广泛吸收社区内各单位和居民代表参与决策和管理。社区管理不是单纯的政府行为,也不是单纯的民间活动,而是在党委和政府的带领下整合社区内企事业单位、居民群众和社会中介组织各种力量共同建设社区的过程。

(4)"管理与服务相结合"

对于社区管理来说,服务是宗旨,管理是基础。社区管理和社区服务紧密相关,是一项完整的系统工程。随着人民生活水平的提高,社区管理的水平、社区服务的水平同居民的生活、工作和学习的关系日益密切。因此,必须建立有效的管理机制,将相应的管理和服务责任落实到市区街道居委会,形成责任清晰、管理有序、服务完善的社区管理体制,真正寓管理于服务之中。

3.社区管理体制改革的内容

(1)行政管理体制改革

政府行政部门要转变职能,实行政事、政社、政企分开,真正做到管理重心下移,用法律、行政、经济等手段加强宏观调控管理,逐步实行新型社区管理。完善各项规章制度,健全社区管理规范。合理划分社区组织与政府行政职能部门的职责,理顺和完善社区管理体制,依法行使社区管理监督职责。

(2)社区服务管理体制改革

充分发挥政府、社区居委会、民间组织、驻社区单位、企业及居民个人在社区服务中的作用，整合社区资源，健全社区网络，创新服务方式，拓宽服务领域，强化服务功能。通过努力，逐步建立与社会主义市场经济体制相适应，覆盖社区全体成员、服务主体多元、服务功能完善、服务质量和管理水平较高的社区服务体系，努力实现社区居民困有所依、难有所帮、需有所应。

(3)社区卫生管理体制改革

社区卫生管理体制改革以社区卫生服务为基础，构建社区卫生服务机构和预防保健机构分工合理、协作密切的新型卫生服务体系，坚持预防为主、防治结合的方针，优化社区卫生服务结构，方便社区居民就医。在改革的过程中，要坚持原则，以政府为主导，鼓励社会参与。根据事业单位改革的原则，改革人事管理制度，按照服务工作需求和精干、效能的要求，实行定编定岗、公开招聘、合同聘用岗位管理、绩效考核的办法。此外，加强社区卫生服务管理的监督机制。规范社区卫生服务机构的设置标准，依法严格社区卫生服务机构、从业人员和技术服务项目的准入，明确社区卫生服务的范围和内容，健全社区卫生服务信息管理系统的建设。

(4)社区文化管理体制改革

在社区文化管理体制改革中，要结合社区特色，制定切实可行的社区文化发展规划，进一步加大对学校、幼儿园、图书馆、报刊、俱乐部等文化、学习和娱乐场所的管理，加强对开发中的住房、物业、生活小区文化事业的管理。特别是加强社区文化的法制化管理，杜绝一切不良现象，使社区文化有章可循。

(5)社区教育管理体制改革

社区教育管理体制改革中，要建立由相关部门负责人参加的社区教育工作领导，明确各部门的职责和分工，形成"党政统筹领导，教育部门主管，有关部门配合社会积极支持、社区自主活动，群众广泛参与"的管理体制和运行机制，并落实相关的管理机构、人员和经费，推动本地社区教育健康持续的发展。

二、社区管理体制的职能

社区管理的职能主要有以下几个方面：

(一)服务职能

社区管理的重要目的就是改善社区的人居环境,提高人们的生活质量,满足人们日益增长的物质和文化生活的需要。这些目标必须依靠社区居民,利用社区资源,通过自我服务才能完成。服务职能是社区凝聚力、满意度的内在要求,也是衡量社区人际关系、精神风貌和发展水平的重要标志。社区服务,既包括物质生活的服务,也包括精神和文化生活的服务,既包括社会福利型的低偿服务和无偿服务,也包括等价交换原则下的有偿服务。

(二)整合职能

整合职能主要表现在三个方面:其一,价值整合。生活在社区里的人是千差万别的,人们的价值观和价值取向都会存在差异。要通过社区建设,发挥社区中各种社会群体和社会规范的协调整合作用,使整个社区的社会关系融合,行为协调。其二,规范整合。所谓规范整合是指维持社会秩序,协调人与人之间社会关系的行为准则,如法律政策规范、道德规范和社区章程等生活规则,进而把社区成员的行为纳入一定的轨道和行为模式中来,使社区在运行中有一定的良好、文明的社会秩序。其三,目标整合。社区建设是一个多元结构,它需要多个相互独立而又相互关联的单位参与。要使大家在参与中步调一致,就必须把这些单位的权利分享、社会责任与社区建设的长期规划和近期目标统一起来,这是社区管理目标的明确和落实的关键一环,是调动大家积极性的基础和保证。

(三)凝聚职能

社区管理使社区全体成员对目标、利益、信念产生认同感和使命感,有了这个条件,他们就会增强对本社区的自豪感和归属感,也就使潜意识中有了向心力,这种向心力会在社区形成巨大的整体效应。大家在共同的目标和利益的基础上,通过共建机制,使社区各种力量相互作用,相互吸引,从而成为社区特有的集中、聚合凝结的合力。

(四)稳定职能

稳定是改革和发展的基本前提和保障。稳定表现在经济的稳定、政治的稳定和社会的稳定。所有的稳定都必须落实到基层,社区管理对整个社会的稳定有着不可替代的重要作用。它通过开展精神文明的建设活动,坚持社会主义和爱国主义教育,加强基层民主政治建设,协调人际关系,关注社区成员利益,不仅能调动社区成员参与和管理社区的积极性,消化社会问题,缓解社会矛盾,而且也能满足社区成员的物质生活、政治生活和精神生活的需要,形成安定团结的局面,为改革和发展提供环境和条件。

(五)发展职能

社区管理是社会会发展的基础,社会管理现代化的必然过程。全面加强社区管理,是优化社区环境,增强社区活力,凝聚社区力量。推进社区经济和社会事业协调发展的有效途径。社区的发展是社区管理的方向和目标,一是要把它融入到大社会发展之中,不断地把大社会发展的指标在社区进行落实,与大社会发展同步,为大社会发展奠定良好的基础;二是通过建设好社区,为大社会添砖加瓦,多做贡献,从而推动大社会不断向前发展。

第四节 社区管理的依据和手段

一、社区管理的方针政策与法律依据

(一)社区管理的方针政策依据

2000 年 11 月,中共中央、国务院办公厅颁布《关于转发〈民政部关于在全国大力推进城市社区建设的意见〉的通知》(中办发[2000]23 号),开始大力推进城市社区建设工作,其基本思路是走民主自治的道路,让社区居民在民主选举、民主决策、民主管理和民主监督的基础上,形成自我教育、自我管理、自我服务和自我监督的机制。

1954 年政务院颁布的《城市街道办事处组织条例》,1993 年 8 月,中央和国务院 14 个部联合下发了《关于加快社区服务的意见》。1995 年 12 月,民政部制定了《全国社区服务示范城区标准》。2000 年 11 月,经党中央、国务院同意,中共中央办公厅和国务院办公厅联合发出通知,转发了《民政部关于在全国大力推进城市社区建设的意见》。2006 年 10 月 11 日,中共十六届六中全

会通过《中共中央关于构建社会主义和谐社会若干重大问题的决定》。2006年,国务院下发《国务院关于加强和改进社区服务工作的意见》(国发[2006]14号),《国务院关于发展城市社区卫生服务的指导意见》(国发[2006]10号)。2005年11月7日,中共中央办公厅、国务院办公厅出台《关于进一步加强农村文化建设的意见》。2004年,教育部出台了《关于推进社区教育工作的若干意见》(教育部,教职成[2004]16号)。

(二)社区管理的法律依据

1.《宪法》

《宪法》是我国根本大法,具有最高的法律效力。因此,宪法中涉及社区管理的内容成为我国社区管理的法律依据。

2.基本法律中有关社区管理内容的规定

基本法律是全国人大制定的。在一些基本法律中也有涉及社区管理的内容,如《城市居民委员会组织法》,在这一法律中,对居委会的职能,设立等做了相关规定。《物权法》中对物业小区的建筑物的管理制度做出了区分,明确职能。

3.社区管理相关条例

社区管理相关的管理条例,为社区管理的提供了基础。如《城市街道办事处组织条例》。

二、管理机制与手段

作为一种公共管理,社区管理的机制和手段是由管理的目标、内容和管理对象的特点决定的。

(一)社区管理机制

1.社区管理机制的含义

所谓社区管理机制,是指促进管理格局形成和健康发展的途径和方法。现阶段推进社区建设与管理的运行机制是"党委和政府领导、民政部门牵头、有关部门配合、社区居委会主办、社会力量支持、群众广泛参与"。

2.社区管理机制的内容

社区管理机制主要包括以下几个方面的内容:

(1)参与机制

社区管理是一个动员、组织社区成员参与的过程。培养社区成员的社区意识,激发居民群众参与社区管理的积极性,是加强社区管理的前提条件,也是"一切为了人民,一切依靠人民"的基本工作思路在社区管理中的体现。以共同的目标取向和利益需求引导和扩大社区居民参与,可以有效地激发居民和社区之间的利益互动,从而进一步增强了社区的凝聚力。

(2)共建机制

搞好社区管理,需要方方面面的协同努力,齐抓共建形成"众人拾柴火焰高"的局面。社区共建,包括两个环节:一是采取各种有效的措施,比如建立协商议事制度,发挥社区单位在社区规划、民主决策中的权利和作用,从而把各方面的积极性都调动起来;二是采取多种多样的形式,在社区管理中实现自身价值和社会价值,造福社区,形成社区管理资源共享。

(3)市场机制

从国内外社区管理与发展的经验中,我们看到,随着市场经济体制的逐步完善,计划经济所形成的政府包办社会事业、统筹社会再分配的体制,已经不适应市场经济的要求了。政府运用行政化的方式调动社会资源的空间越来越小,力量越来越弱,成本越来越高,效果越来越差。市场经济体制的建立,在客观上要求政府不断地转变职能,要求社会的分工细化而明晰,原由政府或者企事业单位承担的某些社会管理和服务操作的职能,将逐步通过市场化的方式向各种行业团体转移。独立的、有活力的社团,不但可以成为社区管理某些项目的服务着和提供者,提高工作效率,而且可以在政府和社区之间发挥中介组织的作用,有效地避免政府和社区之间的直接矛盾,使之成为独立于企事业之外的社会保障服务体系组成部分之一,从而完善基层社会管理,促进社会的全面进步。从社会化的角度看,市场机制不仅将社区管理从本社区的地域范围限制中解脱出来,而且将社区管理从单纯的社会领域扩展到经济领域,用经济的手段促进社区管理,将社区管理与宏观区域发展和社会运行更加有机、紧密地结合在一起,实践表明,通过发展各种社区管理团体组织提供社区服务,不仅可以为社区成员提供更加快捷,方便有信誉的衣食住行与多方面服务,使社区服务逐步规范化、专业化、规模化,而且使政府摆脱了需要投入大量资金、兴办设施、培育实体的困扰,能够更好地发挥其在社区管理中的宏观决策管理职能。从前瞻性的角度看,以各种社会团体为载体的市场化运作机制在社区管理事业中具有远大发展前途,应当成为新的社区管理工作模式的组成部分。

(4)协调机制

社区管理是一项涉及面广、相关度大的社会系统工程。目前我国广泛开展的城市社区管理是在以街道为区域的块块上进行的,而区域又包含着各企事业单位的上级主管部门,在条条上起着指导、协调、服务的作用。在这一系统工程中,条条块块两大要素的协调关系,协同动作,是社区管理健康运行的保证。条条要在社区管理总体规划指导下发挥保证作用,当好参谋,进行指导,协调关系;在条条的指导下,块块充分发挥职能,汇集社区各方面的力量,变分散性为联合型,从而在社区管理中发挥条块结合的整体功能。

(二)社区管理手段

我国社区管理的手段主要包括以下几点:

1.政府行政管理与居民自治管理

由于社区管理具有居民自治管理和政府公共行政管理双重职责,因此在社区管理中要遵循不同的原则和采用不同的手段。居民自治管理需要遵循居民民主决策和自我管理的原则,要求社区管理委员会(居民委员会)向所在社区的全体居民负责。而居民委员会和村委会同时承担的政府公共行政管理的职能则要求它们同时也要贯彻政府的行政指令,向政府负责。

2.依法管理

不论是居民自治管理还是执行政府公共行政管理的职能,都要求社区管理依照国家和地方的法律以及各级政府的法规来实施管理。社区公共管理的法规体系包括各种不同层次的法律法规。最高层次的是国家法律,其次是地方法律、政府法规和社区规章制度。社区管理的法制化是保证社区管理健康有序进行的必要前提,其中包括两个基本的方面:一是不断建立和健全相关的法规;二是严格按照法规办事,做到有法可依、依法办事。更具体的讲,社区管理机构要依照法规去规范居民的公共行为,依照法规去处理社区公共事务,并且依照法规去协调居民之间的利益关系。尤其是要依照国家法律去协调政府行政管理与居民自治管理的关系。对基层政府而言,也应该依照法律给社区组织下达公共管理的任务,在保证完成政府公共管理任务的同时,充分尊重社区居民自治的原则。

3. 民主管理和居民参与

民主管理是基层社区管理的特征之一,也是社区管理最基本的要求之一。尤其是在有关社区居民自身事务的方面,更应该充分贯彻民主管理的原则。社区民主管理包括民主选举或聘用社区公共管理机构及其工作人员,社区管理规章体系和重大事务上的民主决策,以及居民广泛参与公共事务的管理。要做到社区民主管理,至少需要以下几个基本条件:一是需要相关的法律作保障,二是政府充分尊重社区的民主自治管理,三是社区居民广泛参与。其中,又以居民广泛参与最为基本。在现阶段,我国农村社区中的村民对社区管理的参与较多,而城市居民的参与在广度和深度上都还不够。其主要原因在于城市社区居民的异质性较强,活动范围广,社区管理与社区中许多住户的关联程度不高,因此许多社区居民对社区公共事务的关注不够。随着社区建设的发展,将来城市社区居民与社区的关联程度会不断提高,因此对社区管理的参与也将不断增多。同时城市政府和基层社区组织也应该创造更好的条件,吸引居民更多地关注和参与社区公共事务及其管理。

4. 管理与服务

从根本上讲,管理和服务是一个问题的两个方面。管理过程本身的目标是使社区居民公共生活更加有序,使所有社区居民的共同利益最大化。因此,加强社区管理本身就是向居民提供一种服务。另一方面,社区管理组织应该通过向居民提供更多、更好的服务来解决居民生活中的问题,从而使广大居民能够更好地遵从管理的规章制度和配合管理人员的工作,使管理的效果最大化。对于社区管理人员来说,在社区管理过程中应该更好地协调管理与服务的关系,树立管理就是服务以及通过提供更好的服务来提高管理水平的工作思路。

5.发挥中介组织的作用

积极培育中介组织,发挥中介组织的作用是在"小政府,大社会"条件下提高基层公共管理效率和水平的重要途径。所谓中介组织是主要介于政府和居民之间的一些非政府组织,他们承担政府交给的任务,在社区公共管理和公共服务中发挥重要的作用。就其承担公共管理和公共服务职能而言,社区管理组织本身就可以被看做是一类中介组织。

此外,社区中许多其他的非政府机构也可以作为中介组织而承担政府公共管理和公共服务的任务。城乡社区中的中介组织可以承担或参与政府的公共管理和公共服务项目,也可以在政府公共管理和公共服务的原则、规则和总体规划下独立地承担一些管理和服务工作。在计划经济时代,我国基层政府直接负责基层社区的公共管理,并且直接经营许多公共服务项目。改革开放以后,政府越来越多将基层公共管理和公共服务的职能交给中介组织。但是由于习惯性等因素,目前我国在社区管理中许多地方政府仍在较大程度上直接干预社区管理和社区服务,导致中介组织的作用发挥不够。因此,如何进一步发挥各类中介组织的作用仍是将来社区建设和社区服务中的重要议题。

第五节 社区管理过程

一、社区管理运行

我国社区管理主要包括以下几个方面:

(一)社区组织管理

社区组织管理包括全社区的各类组织机构,明确工作目标和工作职责,指导各类组织开展工作,并对其工作成果进行考评。比如组织和指导居民选举居民委员会干部,并帮助居委会开展工作;成立由社区主导机构、主要社区单位、职能部门在社区中的延伸机构及居民代表组成的社区发展委员会,充分发挥协调工作,推动共建活动和资源共享活动的开展,更好地满足社区居民的需要。

(二)社区服务管理

社区服务管理主要分为三个部分:即为社区弱势群体提供服务、为社会优抚对象提供服务以及为社区全体居民提供的便民利民服务等。

1. 为社区弱势群体提供的服务

首先是为老年人提供社区服务,主要内容是:在社区中兴建老年服务设施,对无依无靠、生活不能自理的老人进行院舍照顾服务;在社区中兴建其他服务设施,以便有需要的老人随时享用;对行动不便、家庭照顾有困难的老人由社会工作人员上门服务,以解决日常生活困难和排解心理郁闷。其次,为残疾人提供社区服务,残疾人是社会上一个存在特殊困难的群体,为残疾人提供社区服务是各国社区服务的基本内容之一。为残疾人提供社区服务就是针对他们所存在的各种困难,采取各种相应措施,帮助他们补偿自身缺陷,克服环境障碍,从而能够平等地参与社会生活,并与其他居民一样共享社会发展成果。再次,为少年儿童提供社区服务。包括提供少儿福利设施,如托儿所、幼儿园等;对问题儿童加以教育和引导。最后,为贫困者提供社区服务。落实最低生活保障,对下岗、失业人员提供再就业培训等。

2. 为社会优抚群体提供社区服务

社区优抚的对象包括革命烈士家属、革命伤残人员、复员退伍军人和其他特殊对象。为社会优抚群体提供社区服务主要涉及帮助他们排解养老、住房、就医以及日常生活困难,为行动不便者及时领取国家抚恤金、政府定期定量补助和临时补助,对现役军人家属的就业、入学等提供切实帮助,开展多种形式的拥军优属活动、军民联谊活动等。

3. 为全体社区居民提供社区服务

这方面主要涉及到社区居民的各方面。如代居民买米、设昼夜服务店,开展各种咨询介绍服务等。

(三)社区文化、教育管理

这里的文化概念是指包括文化、娱乐、群众性文体活动及全民健身等内容在内的大文化概念。社区文化管理的具体内容是对文化娱乐设施进行规划和建设,组织健全各类文体活动组织,帮助和指导这些组织开展社区文化娱乐活动、群众性文体活动,引导居民进行全民健身活动。社区教育管理则是要建设和完善社区学院、继续教育中心、培训中心以及代表今后发展方向并利用网络进行教学的远程教育中心等教育机构,组织和发动社区居民广泛参与,进行普法、科普、时事政治、实用技能、兴趣爱好、思想政治、道德伦理、人文知识、自然知识、医疗知识等各种内容不同、形式各异的教育活动。

　　文化、教育活动要满足社区居民的不同需求,有针对性地开展,使广大社区居民增长知识、开阔眼界、提高兴趣,使他们的学习热情和积极性进一步提高,推动广大社区居民学知识、学科学、学技术活动的不断深入,使广大社区居民的素质不断提高。而丰富多彩的社区文化活动的开展,不断满足广大社区居民日益增长的精神生活需求,通过唱歌、跳舞、书法、绘画、音乐、戏剧、读书等形式的活动,丰富了居民的艺术审美情趣和创作能力,红红火火的社区文化活动引来了专业团队和文化名人的积极参与,送戏进社区、图书大篷车、广场音乐会等多种形式的活动,使居民在家门口,就能方便、直接地进行欣赏,既满足了他们的精神需求,又提高了艺术鉴赏力,同时还激发他们参与社区文化活动的热情,增强对社区的认同感。随着居民生活条件的改善和生活水平的提高,人们对健康越来越重视,健身活动的参与面也越来越广,因此不仅要加强小区健身院、体育活动中心及各种体育锻炼设施的建设,还要加强对设施的管理,强化设施的养护和维修,提高设备完好率和利用率,加强对锻炼着进行设施使用方法的指导,防止各种意外的发生,真正达到提高社区居民身体素质的目的。

（四）社区环境管理

　　其基本内容包括环境卫生管理、路政管理、建筑和住宅管理、防汛防洪管理等①。社区环境既包括居住的人文环境,也包括生态环境,加强社区环境管理的目的就是要好好保护环境,做到可持续发展,整治好居民的居住环境,为居民创造一个优美、整洁、舒适的生活环境。其主要做法是加强社区内的规

---

① 童傅年:《社区环境与管理》,机械工业出版社 2000 年版,第 46 页。

划,完善设施和景观布置;加强公共环境的整治,扩大公共绿地面积,加强养护,并发动广大社区居民积极参与其中,增强主人翁意识和管理意识;做好垃圾分类投放;养成良好的卫生习惯,减少垃圾对环境的污染,加大对违章建筑的整治力度,杜绝占绿占道的现象;清理整顿废水、废气、废渣以及噪声、光、油烟等污染源等,对上述各项工作要明确责任主体,加强监督和考评,将职能部门的工作职责和居民群众的自觉参与热情结合起来,形成有效的管理和监督机制。

(五)社区治安管理

社区治安管理是社区安全和安定的保证,而这正是社区居民迫切需要的。没有安全感,社区居民对社区也不可能有认同感和归属感。要切实做好治安管理工作,必须要打击、防范、教育、管理、建设、改造等多管齐下,明确治安管理责任主体,明确条块结合,以块为主,打防并举、标本兼治、重在治本的工作原则,调动和协调社区内各方面的力量,明确各自的工作责任,制定日巡、夜巡、联防等各种社会治安综合治理制度,确保社区内治安状况良好,让社区居民和社区单位安心、放心。

二、社区管理文书

我国社区管理在运行过程中,颁布了一系列相关的政策,条例。这些政策条例,为我国社区管理的健康发展提供了坚实基础。

1954 年政务院颁布《城市街道办事处组织条例》,"为了把更多不属于工厂、企业、机关、学校的无组织街道居民组织起来,为了减轻区政府和公安派出所的负担",各地纷纷设立了街道办事处。

1993 年 8 月,中央和国务院 14 个部联合下发了《关于加快社区服务的意见》。

1995 年 12 月,民政部制定了《全国社区服务示范城区标准》。

1997 年 7 月,国家民政部基层政权建设司为首先统一职能部门的认识,向全国发出了《关于听取"社区建设"思路的意见的通知》,通知发出后,很快在基层、在社会科学界和民政等各相关业务部门引起了反响。

　　为规范全国社区建设的管理体制,为使各部门在推进这项工作时形成合力,民政部门党组在 2000 年 5 月专门就关于在全国推进社区建设工作的问题向党中央和国务院作了报告。

　　2000 年 11 月,经党中央、国务院同意,中共中央办公厅和国务院办公厅联合发出通知,转发了《民政部关于在全国大力推进城市社区建设的意见》,其中对社区建设的含义做出了界定:"社区建设是指在党和政府的领导下,依靠社区力量,利用社区资源,强化社区功能,解决社区问题,促进社区政治、文化、经济、环境协调和健康发展,不断提高社区成员生活水平和生活质量的过程。"

　　2006 年 10 月 11 日,中共十六届六中全会通过的《中共中央关于构建社会主义和谐社会若干重大问题的决定》提出:"全面开展城市社区建设,积极推进农村社区建设,健全新型社区管理和服务体制,把社区建设成为管理有序、服务完善、文明祥和的社会生活共同体。"这就意味着社区建设已经成为新时期我国经济和社会全面发展的重要内容。

案例 五里桥经验——构建多元互动的社区管理新体制

　　案例导语:根据社会主义市场经济的发展要求,借鉴国外社区管理的成功经验,改革我国现行的社区管理体制。目前,我国社区管理体制改革的基本目标是维护社区的整体利益,推进社区的全方位发展,也就是为社区发展提供全面和整体的服务。为社区居民营造良好的社区氛围,促进社区健康有序的发展,并且满足社区群众的物质和精神文化的需要,全面提高社区居民的生活质量和社区群众的素质。

　　近年来,全国 20 多个国家级社区建设实验区和 100 多个省级社区建设实验区结合各自情况,勇于探索,大胆实践,敢于突破,在社区管理的实践中,创造出了种种社区管理的思路、做法和经验。逐渐形成了各具特色的社区管理体制模式,在此我们介绍五里桥经验。

　　上海市卢湾区五里桥街道是积极探索社区管理新体制的试点单位之一。

五里桥街道位于卢湾区南部,面积2.55平方公里,人口8.07万,居民2.8万户,居委会20个。街道辖区内市、区属大小企事业单位200余家,其中有百年老厂江南制造厂及第一缝纫机厂等30家大中型骨干企业。

一、多元的社区组织系统

为了充分发挥社区管理的功能,五里桥街道从社区不同的行政事务和目标出发,建立了三个层面的组织管理系统——行政领导系统、行政执行系统、行政支持系统。这三个系统分别履行制定政策、执行政策、支持和反馈政策等功能,由此形成了社区管理的组织结构新体制。

1. 社区行政领导系统:街道办事处及城区管理委员

街道办事处及城区管理委员通过相互协调,共同完成对社区日常行政事务的领导,组织社区服务与社区建设工作。根据权力下放与属地管理的原则,街道办事处作为社区最基本的单元在社区行政管理中处于主导地位。街道办事处依据法律、法规和上级区政府的授权,履行相应的"准政府"的管理职能,对辖区内的城区管理、社区服务、社会综合治安管理、精神文明建设和街道经济组织行使领导、协调、监督等行政管理职能,对地区性、群众性、社会性的工作承担全面责任。建立城区管理委员会是为了有效地克服条块分割,理顺条块管理体制的需要。城区管委会由街道办事处、派出所、房管所、环卫所、工商所、街道医院、房管办、市容监察分队等单位组成。城区管委会定期召开例会,商量、协调、督查城区管理的各种事项,制定城区发展新规划。同时,城区管委会作为条与块之间的中介,发挥重要的行政协调功能,使条的专业管理与块的综合管理形成有机的整体合力。

2. 社区行政执行系统:四个工作委员会的新运转体制

为了适应社区建设和管理的需要,五里桥街道办事处内部按照"两级政府、三级管理"的要求,设立市政管理委员会、社区发展委员会、社会治安综合治理委员会、财政经济委员会四个工作委员会,具体承担社区管理、精神文明建设、社区治安和街道经济等工作,使街道工作得到延伸和拓展。

(1)市政管理委员会对辖区内市政市容工作实行综合管理。除街道原有的市政科、卫生科、街道办合并为内设科室外,各条口上的房管所、工商所、园林所、地段医院等部门也纳入这个委员会。根据不同的分工,分别对辖区内市容卫生、市政建设、卫生防疫等方面进行管理。

(2)社区发展委员会对辖区内社会发展与建设工作进行管理与协调,除原有的教育科、计生办外,各条口上的劳务所、粮管所以及社区内由行政扶持引导的人民团体如老龄委员会、残疾人联合会和新建的市民会馆也归其管理。社区发展委员会通过对街道内社会保障、社区福利、社区服务、社区教育文化、计划生育、劳动就业、粮籍等方面的管理,全方位、多层次地满足地区市民的生活需要。

(3)社会治安综合治理委员会对辖区内社会治安负责进行综合管理。除原有的司法科外,各条口上的警察、安全、消防等部门归入这个委员会。该委员会的职能主要是协助街道党工委、办事处领导辖区内治安综合治理工作。

(4)财政经济委员会对辖区内街道财政进行预决算,对街道企业负责进行综合管理。除原有的经济科、财税办等有关科室外,各条口上的工商所、物价所、税收征管小组等部门也归靠该委员会。该委员会的主要职责是在街道办事处领导下,依照行政授权,对辖区内的有关企事业单位、个人工商经营者等实行工商、物价、税收等方面的行政管理,并扶持和引导街道经济的发展,确保辖区内经济发展工作的有效进行。

3.社区行政支持系统:社区内的中介组织

这个系统主要由社区内企事业单位、人民团体、居民群众及其自治性组织构成。它们通过一定的组织形式如社区管理委员会、社区事务咨询委员会以及各种居委会组织发挥各自的作用。行政支持系统的职能目标是对社区事务进行议事、协调、指导、监督和咨询,从而对社区行政管理提供有效的支持,并促进社区行政管理的社会化。

根据五里桥的经验,社区管理委员会是半行政半自治的组织,它一方面承担着协调行政管理系统的条块分工的职能,另一方面是对整个社区的各种资源进行协调。

社区事务咨询协调委员会是社区社会化的议事组织,主要负责议事、协调、监督和咨询,相当于社区内的"议事机构"。在此基础上,五里桥街道还建立了社区事务调解协商制度。街道定期召开社会事务协调会议,对社区内的重大工作进行通报,充分发挥了街道政府机关法人、社团法人、企事业法人等多种角色团体的作用,较好地解决了社区内的重大事项。

在各种群众性组织中,居委会是这一网络中最基本的组织单位。卢湾区街道充分发挥居委会基层组织的作用,强化管理、教育、服务等功能。居委会注重搞好居住区的公共事务和公益事业,组织社区市民开展创建文明小区、文明弄、文明楼和五好家庭的活动,动员社会各方面参加志愿者队伍,使社区中的能工巧匠各献其能,奉献社会;进一步完善治保、调解、帮困、服务等组织网络,落实各项治安管理措施,维护社区治安稳定,保障市民安居乐业。

二、互动的社区管理机制

按照"两级政府、三级管理"的要求,积极探索加强社区建设和管理的新机制,这是五里桥社区体制建设的一个重要方面。

1. 纵向层层授权的原则

街道作为区政府的派出机构,在新的历史时期承担着更多的社会行政职能。但目前由于街道本身不是一级政府,因此它不可能像政府机构那样,有自己健全的权力机构,也无权制定地方规章和条例。街道所行使的权限主要来自于区政府的授权。街道就区政府的授权对区政府负责。

根据上海市委、市政府《关于加强街道居委会建设和社区管理的政策意见》,按照政企分开、政事分开、审批权与执法权分开的原则,卢湾区委、区政府赋予五里桥街道一系列管理权限,使街道具有部分总体规划参与权、分级管理权、综合协调和属地管理权。这些权限包括个体饮食营执照的会鉴权、占弄占道审核管理权、户外广告审核管理权、新的违章建设工程处罚权、居民生活小区的规划和住宅建设方案及竣工的会鉴权、建筑工地文明施工管理和处罚权以及社会救济、社会就业、除害灭病、粮籍管理等等。通过这样的授权,使街道综合管理的职能从机构和权限设定上得到了落实。

2. "以块为主,以条为辅,条块结合"的管理制度

条块问题是社区行政管理中必须处理好的一个核心问题。在计划经济体制下,城市管理采取垂直型的专业管理,而淡化甚至忽视了分级管理,存在严重的条块分割现象。面对越来越复杂的社会事务,条线因力量有限而管不到底,处在第一线的街道由于缺乏相应的职权而管不到边。与此同时,在传统体制中,街道与街道之间直接沟通联系不多,一般通过上级政府进行协调。而社区内的各类组织机构相互之间也缺少一种横向的协调关系。五里桥街道在社区体制建设中,着手解决了这个方面的问题,形成了一套"以块为主,以条为辅,条块结合"的管理制度。

首先是"条"与"条"之间的关系。派出所、工商所作为区政府职能部门的延伸机构,是"条"在"块"上的组织体制。五里桥街道社区层努力协调好这些机构之间的关系,并在一定程度上对这些机构履行其领导和协调的职能。

其次是"块"与"条"之间的关系。"条"在"块"上的机构设置,如工商、税务、公安派出所等等,接受街道和有关职能部门的双重领导,与街道形成一种条块联动的组织管理模式。一方面,政府职能部门的延伸机构受街道和区政府的双重领导;另一方面由于街道内部也设立了街道派出所、街道工商所等机构,这些组织机构可以和政府职能部门的延伸机构共同对街道内的工商、税收、社会治安等问题进行管理。

再次是"块"与"块"的关系。从组织的生态环境看,组织不可能是一个封闭的系统,它必然要受到外部环境的制约和影响。社区作为城市的最基层单位,如何与其他社区发生关系,是其得以正常运行的必要条件。五里桥街道在注重其自身社区发展建设的同时,也注意同其他社区保持良好的协调关系,善于借鉴其他社区的良好的管理经验和管理方法,使自身的社区建设展现出良好的发展态势。

最后是社区与其辖区内各类组织之间的关系。社区内的各种社会化群众组织包括企事业单位,它们既是社区管理的对象,又是社区建设的主体。从原则上说,社区的各类群众组织是相对独立的系统,它们与社区中的行政组织不存在直接的隶属关系。但作为社区行政的支持系统,它们一方面受到社区行

政领导系统和执行系统的领导,另一方面又在社区行政决策和执行过程中发挥咨询、建议、协调、监督等支持作用。五里桥街道在这方面主要抓好以社区事务协商调解为主要内容的社区新制度的建立健全。由辖区单位法人、社团法人、市民代表和居委会组成一定的组织形式,从自我管理社区、自我建设社区着手,向管理部门提出合理建议,起到了议事、参与、监督等作用。

三、动态的社区管理模式

目前街道社区的管理任务十分繁重,如何构建一种"小政府、大社会"、"小机构、大服务"的社会化管理模式,充分发挥政府机构法人、社团组织法人、企事业单位法人等多种组织的作用,以政企分开、政社分开、政事分开为基本原则,把各种社会性事务作合理分解,使政府组织、社会团体、企事业单位,分工合作,发挥各自的优势,是五里桥街道在探索体制建设中所思考的一个重要问题。

在社区管理中,政府法人具有特别重要的地位。发挥政府法人的作用,在于强化政府行政管理,理顺条块关系,建立起条块结合,以块为主的社区管理模式。在纵向层面上,街道位于决策层,即拥有区域内的管理决策和一定的审批权,而政府各职能部门设在社区的延伸机构位于操作层,在大局上要服从街道的统一指导和协调。同时,对于那些社会性、群众性、公益性、服务性的事务,社区逐步尝试让社团或企事业单位来承担,即把这些事务分门别类地逐步分解落实到社团和企事业单位中去,充分利用现有的社团与企事业单位,把与其职能相近的社区工作事项尽可能地纳入其职责范围。

五里桥街道在社区管理的过程中,十分注重发挥政府法人、企事业法人和社团法人的多角色作用。例如,对社区内孤老和特困对象实行优抚和优惠服务的"爱心工程",在多角色组织的共同作用下取得了较好的成效。与此同时,街道主动与社区内各名牌企业联营,寻求街道经济的增长点,以带动街道经济步入规模效应的轨道,并开始形成企业效益上规模、经济管理上水平、产品服务上档次的新型经济管理模式。通过这些方面的努力,增强了经济实力,同时还扩大了就业渠道,通过发展经济带动劳动力市场的开发,探索了一条解决社区内待业人员和下岗人员再就业的途径,在一定程度上缓解了社会矛盾。

充分发挥民情委员的作用,也是五里桥管理模式的一个方面。民情委员一般由社区内德高望重、热心公益事业的人士担任。民情委员的主要功能是监督、检查社区各项工作,及时反馈社区民情民意,在社区管理委员会与政府之间搭起一座桥梁。民情委员可对社区事务提出意见和咨询,并可直接反映给上级部门,对社区内各重大决策提出建议和意见,协调居民间的关系。

第三十二章 社会团体管理

第一节 社会团体管理主体、对象与受体

　　社会团体是指我国公民行使结社权利自愿组成，为实现会员的共同意愿，按照其章程开展活动的非营利性社会组织。包括各类使用学会、协会、研究会、促进会、联谊会、联合会、基金会、商会等称谓的社会组织。管理，若从字面上解释，管是主其事，理是治其事，管理即是管辖治理的意思。管理学中的管理是在一定的组织中进行的，目的是为了实现组织的目标。管理是在一定的环境中，由组织中的管理者运用计划、组织、领导和控制等职能，采取一定的管理方法与管理手段，调动组织内的各种资源去实现组织目标的实践活动。社会团体管理即是管理者对社会团体这一群体进行有序整合的一种方式。

一、社会团体管理主体

　　管理主体是相对于一个团体的其他成员而言的一种定位。管理主体拥有团体的制度权力，并以这些权力指挥团体的活动。进一步看，管理主体具有如下几个方面的特征：

　　（一）管理主体拥有制度化的权力。不同层次、不同职能部门管理主体的制度化权力大小和性质是不同的。社会团体管理主体的权力通过计划的执行过程来体现。

　　（二）管理主体必须执行一定的管理职能。管理要通过一定的管理职能来体现，执行这些职能是有效地实现组织目标的前提，而这些职能必须由管理

主体来完成。

（三）管理主体在一般情况下都是双重的。每一个管理主体都有自身的利益，另外，每一个管理主体都是一个团体的职能代表，维护自身团体的利益，有时候两者并不是统一的，当这种情况出现时必须协调好两者的矛盾。

从社会团体的运行过程来看，其主体应该包括：

（一）国家或政府（主要通过政府职能部门来体现）。国家不仅直接参与社会团体管理活动，而且是重要的责任主体，地方各级政府也成为了社会保障法律关系的特殊主体。

（二）社会实施机构。实施机构直接承担着实施各种社会事务的责任，既依法享有向企业、社会团体、劳动者个人等征收社会保险费的权力，又承担着具体组织实施社会保障项目的义务，从而是社会保障法律关系中的当然主体。

（三）企业、社会团体及官方机构。他们不仅承担着向社会团体供款的责任，而且要直接承担诸如职业福利的责任，从而对社会保障有着直接的义务与权益，亦是社会团体法制关系中的当然主体。

二、社会团体管理对象

管理的对象也是管理的客体，指的是管理过程中管理主体所作用的对象。社会团体管理的对象是团体中所有的资源。

（一）人力资源

人是人造系统中重要的要素。在一个社会团体中，人力资源是最为重要的资源。因为人是一种活的要素，具有创造性，具有很大的潜力。如果这种创造性得以发挥，潜力被挖掘出来，就能产生极大的动力。另外，人是具有感情的要素，其工作效率、生产的积极性的发挥都受到感情因素的影响。而感情因素是最难于定量化、模式化的因素。由此决定了人是一个团体中管理难度最大，也最能体现和需要管理的艺术性的管理对象。所以说，人力资源是管理的首要对象。正因为如此，现代管理才强调要以人为本，以人为中心。管理的首要任务就是要充分开发，利用组织内的人力资源，积极争取组织所缺乏的外部的人力资源。在现代的管理中，不断地提高成员的素质、积极地对团体成员进行培训,是人力资源管理更为重要的任务。

(二)物力资源

物力资源是人们从事社会实践活动的物质基础。任何一个组织的生存和发展都离不开一定的物质基础。对团体的物力资源管理的要求是:遵循客观事物发展规律的要求,根据团体目标和团体的实际情况,对各种物力资源进行最优配置和最佳的利用,开源节流,物尽其用。做好物力资源的管理工作,最重要的一点是要提高物质财富的投入产出率。

(三)财力资源

在市场经济中,财力资源既是各种经济资源的价值体现,又是具有一定的独立性的特殊资源。虽然资金、资本等财力资源是在利用物质资源的基础上建立起来的,但是财力资源的分配和利用,对物力资源、人力资源的运用会产生直接的影响。特别是在市场经济中,一个普遍的现象就是资源价值形式的运动引导着物质或者说实物的运动。这种现象对管理的作用就是:对组织财力资源的运用效率决定着团体其他资源的运用效率。

(四)信息资源

信息是物质属性和关系的表征。在一个社会组织中,信息是不可缺少的构成要素。社会团体中的信息资源指的是各种消息、情报、数据、资料等。对信息资源管理的主要任务就是要根据实现组织目标管理的要求,建立完善高效的信息网络,保证管理所需要的各种准确、完整、及时的信息;在组织内建立起合适的信息共享网络,为平等、互动、交流的新型管理提供条件。

三、社会团体管理的受体

管理的客体,是指各关系主体的权利义务共同指向的目标。从社会团体管理的实践内容来看,它的客体是指社会规定项目和范围内的各种物质利益和自然人。一方面,社会团体是以客观存在的财产物资和自然人的所有财产物资上的利益为具体保障对象。另一方面,社会团体管理的目的主要是为社会成员提供一个良好的平台。因此,人是社会团体管理重要客体,而物则是社会团体管理的特殊客体。

第二节 社会团体管理目标与原则

一、社会团体管理目标

社会团体管理的目的很鲜明。概括一下就是为了保障公民的结社自由,维护社会团体的合法权益,加强对社会团体的管理。

二、社会团体管理原则

社会团体必须遵守法律、法规和规章的规定,不得损害国家、社会、集体的利益和其他公民的合法权益。社会团体不得从事以营利为目的的经营性活动。任何组织和个人不得侵犯社会团体的合法权益。

(一)目标明确原则。每一个团体都有自己明确的目标,一定的团体结构就是实现这个目标的载体。

(二)稳定性与适应性相结合的原则。团体结构是实现团体目标的载体,为实现团体目标服务。团体的目标会调整,组织本身也会发展,团体所处的环境也会发生变化,都需要团体结构做出适当的调整,以便团体结构能够与发展相适应。

(三)集权与分权相结合的原则。一般来说,随着社会生产力的发展,分工协作的深化,分权和集权的趋势都在发展,首先是技术的发展,使协作劳动更加紧密,分工更加细致,协调更加重要,对集中统一指挥与管理的需要就更为迫切。这样才能保证各部门的协调配合,最合理地利用组织的各种资源。集权的要求自然就不言而喻。另外,技术的发展、环境的变化都在加强,要求团体具有更大的灵活性和适应性,就要求团体的权力适当分散,以增加团体的应变能力,这就是分权的趋势。究竟是集权还是分权,没有绝对的答案,因为集权和分权各有利弊。

(四)责权对等原则。责权对等原则又称为责权一致原则。因为团体中的每一个部门和职位都是为了完成一定的工作任务而设计的。完成一定的任务必须有权支配一定的资源,这表现为职权。每一个拥有职权的人也就必须承担相应的责任,以便对资源的支配形成必要的约束。实践证明,没有责任的权力就是没有约束的权力,最终会导致权力的滥用。

(五)统一指挥的原则。在一个团体中,形成一定的部门后和分层后,为了保证协调一致和权责对应,必须强调统一指挥原则。如果政出多门,下级处于多级指挥的环境下,一旦不同上级的指令相互矛盾,下级就将无所适从;另外,这种局面也会使一些投机者利用相互矛盾的命令推诿责任和工作。

第三节 社会团体管理体制与职能

一、社会团体管理体制

国家对社会团体实行双重管理制度,即社会团体由同级的业务主管单位和登记管理机关共同负责,并按行政区域的层级不同实行分级管理的体制。其中业务主管单位是指县级以上各级党委工作部门、政府组成(工作)部门及经县级以上政府授权的组织;登记管理机关是指县级以上各级人民政府民政部门。

双重管理体制的具体含义是指:

(一)归口登记。所有的社会团体均由民政部门实施注册登记,其他任何部门均无权登记和颁发证书。社团法人地位由民政部门赋予。

(二)双重负责。除由民政部门履行登记职责外,社会团体还应在业务上服从于一个相应的主管部门,称为业务主管单位,由民政部门和这个主管部门按照职责分工共同行使监管职责。

(三)分级管理。社会团体按其活动范围(区域)分布,中央(全国)、省、市、县(市、区)各级负责各自所辖范围(区域)内的社团管理。

二、社会团体管理职能(法定权限、法定权利、法定义务、法定责任)

管理的职能,就是管理主体为实施有效的管理必须负担起的基本职责以及要完成的任务,管理有多少职能? 不同的管理学派的认识差别很大。最早从管理职能的角度建立管理学一般原理的法国学者法约尔认为,管理具有如下五大职能:

1. 计划,就是探索未来,制定计划行动。

2. 组织,就是建立企业的物质和社会的双重结构。

3. 指挥,就是使其人员发挥作用。

4. 协调,就是联结、联合、调和所有的活动及力量。

5. 控制,就是注意一切是否都已经按规定的规章和下达的命令进行。

管理职能的划分主要有两点:一是在职能理论的指导下对管理活动进行合理的分工;二是按照职能的理论设置管理部门。基于这两点,管理职能的划分应当以管理工作要完成的几项主要的任务和一个全程的管理所要经过的几个主要阶段为依据。另外,在每个管理职能的具体执行中,又可以分解出计划工作、预算、决策等职能;在团体职能中,包含着组织结构的设计、分权与授权、组织文化塑造。

(一)业务主管单位的职责

1. 负责社团(包括分支机构、代表机构)成立、变更、注销登记前的审查;

2. 负责社团党建、思想政治工作;

3. 负责指导社团人事、财务管理工作;

4. 负责指导、监督社团按章程规定的范围开展业务活动;

5. 负责指导、管理社团接受境内外捐赠、资助;

6. 负责指导、管理社团的涉外活动,包括吸纳境外人士入会,加入境外非政府组织,设立境外代表机构,组织参与在境内外的涉外活动等;

7. 负责年度检查的初审;

8. 配合登记管理机关和有关部门进行执法检查,协助查处违法违规行为;

9. 负责指导注销登记前的清算事宜,处理撤销登记后的善后事宜等。

(二)登记管理机关的职责

1. 社会团体(包括分支机构、代表机构)成立、变更、注销的审批登记(或备案),颁发证书;

2.法规、政策的调研制定工作,协调有关部门相关政策的研究、制定;

3.监督社团日常活动;

4.组织实施年度检查;

5.负责执法检查,对违法违规的行为进行行政处罚;

6.取缔非法社团等。

第四节　社会团体管理依据与手段

一、社会团体管理的政策与法律依据

涉及到社团的法律、法规、政策很多,《宪法》、《民法通则》等也都涉及到社团。其中专门调整、规范社团的法规和政策主要有:

(一)中央、国家级:中办发[1996]22 号、[1999]34 号等中央关于加强民间组织管理工作的一系列政策文件;《外国商会管理暂行规定》(国务院令第 36 号)、《社会团体登记管理条例》(国务院令第 250 号);《取缔非法民间组织暂行办法》(民政部令第 21 号)、《社会团体分支机构、代表机构登记办法》(民政部令第 23 号)、《社会团体章程示范文本》等。

(二)《浙江省社会团体管理办法》(省政府令第 121 号)、《关于推进行业协会改革与发展的若干意见》(浙政发[2006]57 号),省民政厅制定施行的《浙江省社会团体组织活动规则》(浙民民[2002]16 号)、《浙江省社会团体登记业务规程》(浙民民[2002]21 号)等。

(三)其他。除以上列举的法规、规章、政策之外,中央和省各有关部门还有若干规章、规定。各市、县(市、区)政府和有关部门也有若干政策性文件。

二、社会团体管理的手段

我国对社会团体实行的是分级双重管理,这是针对我国社会团体的现状,从实际情况出发而确立的。"分级管理"是指全国性的社会团体,由国务院的登记管理机关负责登记管理;地方性的社会团体,由所在地人民政府的登记管

理机关负责登记管理;跨行政区域的社会团体,由所跨行政区域的共同上一级人民政府的登记管理机关负责登记管理。

社会团体的分级双重管理有利于社会团体登记管理机关和业务主管单位的相互配合和相互协调,发挥了在社团活动日常管理上的"两个积极性",使社团既有法律规范,又有业务指导,两面受益。从而保证了社会团体管理工作法律化、制度化、规范化和科学化的建立和健全。

第五节　社会团体管理过程

一、社会团体管理运行

(一)权力机构。社团的最高权力机构是会员大会(会员代表大会)。会员大会(会员代表大会)须有 2/3 以上的会员(会员代表)出席方能召开,其决议须经到会会员(会员代表)的半数以上表决通过方能生效。会员大会(会员代表大会)的主要职权是:

1.制定和修改章程;

2.选举和罢免理事;

3.审议理事会的工作报告和财务报告;

4.决定终止事宜;

5.决定其他重大事宜。

会员大会(会员代表大会)的任期,由章程作出规定,每届最长不得超过 5 年,届满应及时换届。提前或延期换届须经理事会表决通过,报业务主管单位审查并经登记管理机关批准同意。延期最长不得超过 1 年。

(二)执行机构。理事会是会员大会(会员代表大会)的执行机构,对会员大会(会员代表大会)负责。理事会在会员大会(会员代表大会)闭会期间,领导社团开展日常工作。理事会应坚持民主、精干、效能的原则,至少由 5 人组成,最多不超过会员或会员代表总数的 1/3。理事任期与会员大会(会员代表大会)任期相同,届满应按规定进行换届选举。理事会须有 2/3 以上理事出席方能召开,其决议须经到会理事 2/3 以上表决通过方能生效。理事会每年至少召开 1 次会议;情况特殊的,可采用通讯形式召开。理事会的主要职权是:

1. 执行会员大会(会员代表大会)的决议;

2. 选举或罢免理事长(会长)、副理事长(副会长)、秘书长;

3. 筹备召开会员大会(或会员代表大会);

4. 向会员大会(或会员代表大会)报告工作和财务情况;

5. 决定会员的吸收或除名;

6. 决定重要变更事项;

7. 决定设立办事机构、分支机构、代表机构和实体单位;

8. 决定副秘书长、各机构主要负责人的聘任;

9. 制定内部管理制度;

10. 决定其他重大事项。

理事人数较多的社团,可设常务理事会。常务理事会由至少 5 名以上常务理事组成,常务理事由理事选举产生。常务理事会是理事会的常设执行机构,在理事会闭会期间领导本会工作,处理理事会职权的中 1、3、5、6、7、8、9、10 等事项。常务理事会至少半年召开 1 次会议。常务理事会须有 2/3 以上常务理事出席方能召开,其决议须经到会常务理事 2/3 以上表决通过方能生效。

(三)办事机构。指秘书处、办公室等协助理事会处理日常事务的工作部门,可按需要设立。

(四)分支(代表)机构。分支机构指社团根据开展活动的需要,依据业务范围的划分或者会员组成的特点,设立的专门从事该社团某项业务活动的机构,可称分会、专业委员会、工作委员会、专项基金管理委员会等。代表机构是指社团在其住所地以外属于其活动区域内设置的代表该社团开展活动、承办该社团交办事项的机构,可称代表处、办事处、联络处等。分支(代表)机构是社会团体的组成部分。

社团设立分支机构、代表机构,须经登记管理机关核准登记,领取分支机构、代表机构登记证书后方可开展活动。社团的分支机构、代表机构,其名称必须冠以社团全称;经批准核定或备案同意的名称,不得擅自更改。分支机构、代表机构不具有法人资格,在社团授权的范围内开展活动、发展会员,其法律责任由所属社团承担。

社会团体不得设立地域性的分支机构;分支机构下不得再设立分支机构。因工作需要设立代表机构或在其住所地外的地区设立分支机构的,须征求设立地登记管理机关意见,并报请原登记管理机关核准登记。

(五)其他机构。

1.党团组织。社团应当重视思想政治工作,加强中国共产党的基层组织建设,保证正确的政治方向。社会团体符合建党、建团条件的,应按照有关规定建立党的基层组织、团的基层组织。专职工作人员中有3名以上正式党员的,都应当建立起党的基层组织。

2.实体机构。指社团出资建立(举办)的企业等实体,一般都具有法人资格,独立于社团之外。社团在该实体享有出资人(股东)的权益。

二、社会团体管理文书

《社会团体登记管理条例》,已经1998年9月25日国务院第8次常务会议通过,现予发布,自公布之日起施行。为了保障公民的结社自由,维护社会团体的合法权益,加强对社会团体的登记管理,促进社会主义物质文明、精神文明建设,制定本条例。社会团体应当具备法人条件。

下列团体不属于本条例规定登记的范围:

(一)参加中国人民政治协商会议的人民团体;

(二)由国务院机构编制管理机关核定,并经国务院批准免于登记的团体;

(三)机关、团体、企业事业单位内部经本单位批准成立、在本单位内部活动的团体。

本条例所称社会团体,是指中国公民自愿组成,为实现会员共同意愿,按照其章程开展活动的非营利性社会组织。国家机关以外的组织可以作为单位会员加入社会团体。成立社会团体,应当经其业务主管单位审查同意,并依照本条例的规定进行登记。一方面、国务院有关部门和县级以上地方各级人民政府有关部门、国务院或者县级以上地方各级人民政府授权的组织,是有关行业、学科或者业务范围内社会团体的业务主管单位(以下简称业务主管单位)。法律、行政法规对社会团体的监督管理另有规定的,依照有关法律、行政法规的规定执行。另一方面、社会团体必须遵守宪法、法律、法规和国家政策,不得反对宪法确定的基本原则,不得危害国家的统一、安全和民族的团结,不得损害国家利益、社会公共利益以及其他组织和公民的合法权益,不得违背社会道德风尚。社会团体不得从事营利性经营活动。

案例 浙江省社会团体管理办法

(2000 年 9 月 21 日浙江省人民政府第 121 号令)

第一条 为了保障公民结社自由,维护社会团体的合法权益,加强对社会团体的管理,根据《社会团体登记管理条例》(以下简称《条例》)和有关法律、法规的规定,结合本省实际,制定本办法。

第二条 在本省行政区域内对社会团体进行管理,适用本办法。

第三条 社会团体应当依照法律、法规及本办法的规定开展活动,不得损害国家利益、社会公共利益以及其他组织和公民的合法权益。

第四条 各级人民政府应当对积极从事社会公益活动的社会团体给予扶持和优待。人民政府及其部门可以依法委托有关社会团体从事与其宗旨相符的社会事务。

第五条 社会团体登记管理机关和业务主管单位应当根据《条例》和国家其他有关规定,履行指导、监督和管理职责。

第六条 社会团体的个人会员应当具有本省户籍,或在本省领有《暂住证》并已居住 1 年以上;单位会员的住所地应当在本省。

第七条 申请筹备成立社会团体的发起人应当不少于 5 人;单位作为发起人的,应当不少于 3 个;个人和单位混合发起的,总数不得少于 5 个。

第八条 发起人应当自收到业务主管单位同意筹备的批准文件之日起 3 个月内,向登记管理机关提出筹备申请;逾期向登记管理机关提出筹备申请的,应当提交经业务主管单位重新签署的批准文件。

第九条 社会团体的名称应当符合下列规定:

(一)与社会团体的业务范围、成员分布和活动地域相一致;

(二)与已登记的社会团体的名称有明显区别;

(三)不得使用被撤销的社会团体或者被取缔组织的名称;

(四)符合《条例》规定的其他要求。

第十条 社会团体章程应当包括《条例》规定的各有关事项,并按照国家的有关规定制订。

第十一条 社会团体应当按照有关规定申请刻制印章、申领有关证照、开立银行账户、办理有关行政登记事项。社会团体从事上述活动以及其他需要证明身份的活动,应当出示社会团体法人登记证书。

第十二条 社会团体成立后拟设立分支机构、代表机构的,应当按照《条例》第十九条规定申请登记。登记管理机关应当严格按照规定进行审查;经审查同意登记的,应当发给登记证书。社会团体申请在其住所地外设立分支机构、代表机构的,登记管理机关在审查时应当征求设立地登记管理机关的意见。

第十三条 社会团体需变更其分支机构、代表机构的名称、业务范围、场所和主要负责人等事项的,应当自社会团体的业务主管单位审查同意之日起 30 日内,向登记管理机关申请变更登记。

第十四条 社会团体拟撤销其分支机构、代表机构的,应当自业务主管单位审查同意之日起 15 日内,向登记管理机关办理注销登记。

第十五条 社会团体在其住所地外设立、变更或撤销其分支机构、代表机构的,应当在按照本办法办理登记之日起 15 日内,向其分支机构、代表机构的设立地登记管理机关备案。

第十六条 社会团体成立后设立办事机构的,应当在其办事机构设立之日起 30 日内,向其登记管理机关备案。

第十七条 社会团体办理变更登记、注销登记或者被撤销登记的,登记管理机关应当及时将有关情况通知其业务主管单位、开户银行和税务、工商等有关管理部门。

第十八条 社会团体注销登记或者被撤销登记后的剩余财产,按照章程规定处理;因章程规定不明确或章程规定的接受对象、用途范围等情况发生变化而难以执行的,由业务主管单位决定,用于资助业务主管单位主管的其他社会团体,或用于资助其他公益性事业。登记管理机关应当予以监督。任何单位或个人不得私分、挥霍或挪作他用。

第十九条 社会团体举办涉外活动或者有重大社会影响的活动,应当经业务主管单位同意,依法向有关行政管理部门办理手续,并提前7日向其登记管理机关和活动举办地登记管理机关书面报告活动的有关事项。

第二十条 社会团体的活动资金应当主要用于与其宗旨相符的业务活动。社会团体一年中的日常办公费用和员工工资、保险福利待遇支出,如无特殊原因,应当低于全年支出总额的50%。

第二十一条 社会团体聘用专职工作人员,双方应当依法订立聘用合同。

第二十二条 社会团体应当建立健全财务管理制度,如实反映财务状况,接受业务主管单位的财务监督。社会团体财务管理的具体办法,由省民政、财政部门根据本省实际,参照《事业单位财务规则》制定。

第二十三条 社会团体应当建立财务公开制度,按照章程规定,定期向会员报告财务收支情况。

第二十四条 社会团体有下列行为之一的,由登记管理机关责令其改正或停止活动1至6个月,并可以责令撤换有关责任人员;情节严重的,予以撤销登记:

(一)违反本办法第十九条规定,举办有关活动前未向登记管理机关报告的;

(二)使用活动资金违反本办法第二十条规定的;

(三)违反本办法第二十三条规定,未公开财务收支情况的;

(四)擅自设立分支机构、代表机构,或者对分支机构、代表机构疏于管理,造成严重后果的。

第二十五条　社会团体有下列行为之一的,由公安、税务、工商、物价等有关管理部门依法责令改正并予以处罚;登记管理机关可以责令停止活动1至6个月,并可以责令撤换有关责任人员,情节严重的,予以撤销登记:(一)非法刻制社会团体印章的;(二)违法从事经营活动的;(三)超出业务范围活动的。

第二十六条　登记管理机关和有关管理部门对社会团体给予行政处罚,应当依照行政处罚法规定的程序实施。

第二十七条　登记管理机关、业务主管单位和有关管理部门的工作人员滥用职权、玩忽职守、徇私舞弊,尚不构成犯罪的,依法给予行政处分。

第二十八条　违反本办法规定,构成犯罪的,依法追究刑事责任。

第二十九条　本办法自2000年11月1日起施行。

第三十三章 人口管理

人口管理属于社会管理的一种,它是指管理者为了一定需要和目的,对人口变动和人口发展进行决策、计划、组织、指挥、监督和调节等一系列活动的总和。人口管理是通过各级各类管理主体来实施的。人口管理主体是社会利益代表者,分为政府组织和其他社会组织两大类。在我国当前的历史条件下,以政府组织为主。政府对整个人口系统实行的宏观管理,在人口管理体系中具有全局性、综合性的意义,起着关键的作用。同时,一些非政府组织如群众团体、基层自治组织等在协助政府进行人口管理的过程中,也发挥了组织与管理客体密切联系的优势,起到政府所不可替代的重要作用。

第一节 人口管理目标的性质、分类和作用

目标是管理者通过管理行为所要达到的未来状态。管理目标在管理的环节中居于核心地位。它是管理计划的起始环节,又是管理预测的承接环节,是管理决策的依据,同时又是管理考核的基础。人口管理目标是管理者利用管理行为所期望达到的未来的人口状态,也是在人口环境准确预测的基础之上依据人口和社会发展规律提出的对人口未来状态的要求。

一、人口管理目标的性质

人口目标具有如下性质:

(一)社会性

不同的人口管理目标体现不同的社会发展目标。在社会发展注重经济规

模膨胀,实施粗放经营的阶段,人口管理目标必然也是粗放型的,并且经济发展对人口发展有一种内在的膨胀要求。在社会发展目标注重社会、经济、人口、资源、环境协调发展阶段,社会发展目标对人口管理目标的要求是对人口数量、质量、结构等实现全方位的可控性发展。具体的人口管理目标是同具体的政治经济形势以及社会文化背景紧密联系的。在人类社会早期,道德价值体系是以人的需求为核心的,同时由于部落、种族、国家地区之间战乱不断,人口对环境的压力还没有显现,滋生人丁就是人口管理的主要目标,甚至成为国君治理国家的核心内容和主要的衡量标准。今天,人们往往从人口、资源与环境协调发展和可持续发展的角度来确定人口目标。当然,不同的国家具体情况不一样,在人口目标上也有不同的取向。

（二）指导性

不同时期的人口发展目标实际体现着一定时期的人口发展的指导思想。不同特征的人口管理目标规定了不同特征的人口发展规模、发展方向和发展水平。例如以生殖保健优质服务为核心内容的管理目标,既体现了一定时期计划生育工作以人为本、一切为了群众、一切服务群众的指导思想,同时也体现了这一时期重视提高出生人口质量和人口生存质量的人口发展指导方针。

（三）制约性

人口管理目标对一定时期人口发展具有较强的制约作用。它通过年度目标、中长期发展目标、不同特征人口分层管理目标将人口发展控制在一定范围内。人口目标对人口管理工作实现规范化、制度化、系统化、现代化具有较强的制约性。在人口管理工作中,部门之间的协调方式和结果、各个机构在人口管理工作中的地位以及人口工作中领导与服从的关系都受到人口管理目标的制约。

（四）预测性

人口管理目标建立在人口科学预测的基础之上,没有预测就没有科学的目标。

（五）时效性

人口管理目标所追求的是人口的未来状态而不是已经过去的状况,任何人口目标都要面临一个环境状态提出,环境的变化是有时间要求的,在环境变化期限内目标才是有意义的,因此任何目标都要在一定期限内完成,超过期限目标就变成了过时的或不合理的目标。

（六）层次性

从组织的角度看,目标是分层次和等级的,不同的组织承担不同的人口目标。如果加以概括,可以将人口目标划分为三个层次。环境层——环境对于组织的目标;组织层——作为一个利益共同体和一个系统的整体目标;个人层——组织成员的目标。认清这一性质,有助于搞清影响制定目标的各种因素,同时也有助于分析各种人口目标的矛盾,有助于正确处理人口目标实现过程中国家、地区和个人在这一目标上的矛盾。

（七）网络性

从内容上看,人口管理目标对人口未来状态的要求是一个内容丰富的目标体系,是既有数量要求又有质量要求,既有人口数量描述又有人口结构描述,既有人口本身的要求又有人口与其环境关系的要求,既有人口管理的经济指标又有人口管理的社会效益指标的完整目标网络。

（八）区间性

人口管理目标是一个合理的范围面不是一个目标点。合理的目标所追求的是人口管理的一个满意的或者可以说是一个可以被接受的范围面,不是一个固定不变的点。

（九）可验证性

人口管理目标应该是可以被验证的,它应该是一个可以准确描述的状态面,不是一个模糊的概念。

人口管理目标除了具备目标的一般性质以外,还具有一些独特的性质。人口管理目标相对于企业目标而言更重视社会效益。人口管理目标具有比较强的政策性;人口管理目标体系内部的关系处理上,环境层次的目标更为重要,而企业管理目标在一定条件下更重视企业本身的利润目标。

二、人口管理目标的分类

人口管理目标可以从不同角度进行分类。不同的分类依据反映了不同的管理规律。为了准确理解管理目标,这里从三个角度对人口管理目标进行分类。

从人口管理目标的时间跨度来分,可以将目标分为长期、中期和短期的目标。一般将时间跨度在五年以上的目标视为长期目标;一年至五年的为中期目标;一年以下的为短期目标。长期目标因为跨度较长,所面临的环境变化难以把握,所以长期目标要求简单,以便随环境的变化来修改。中期目标和短期因为跨度较短,所面临的环境状态比较容易把握,因此为了执行容易,应该尽量详细,以方便目标的分解和责、权、利的划分。这样的目标便于执行。

从目标的效力来看,人口管理目标可以分为战略目标、执行目标。

从目标在目标体系中的位置来看,目标可以分为基本目标、保障目标和工作目标。基本目标处于目标体系的最高层,但也甚为抽象。保障目标是基本目标的分解,它处于基本目标的下一个层次,保障目标是基本目标的保障,只要完成了保障目标,基本目标就可以实现。工作目标是保障目标执行的要求,也就是保障性目标得以完成的工作安排。

从人口管理的领域来分,人口管理目标又可以分为学龄人口目标、育龄人口目标、劳动就业人口目标以及老龄人口目标等等不同的目标。

三、人口管理目标的功能和作用

人口管理目标在人口管理工作中具有保障作用、指向作用、激励作用和凝聚作用。

保障作用。管理学认为,管理效果 = 目标方向 × 工作效率。目标是一个矢量,它直接决定了管理的成败,而工作效率只决定效果的大小。如果目标方向搞错了,效果就会变成负数,这时效率越高负效应反而越大。因此管理目标的方向决定了整个管理工作的方向。人口管理涉及到部门的设立、责权关系认定、人员配备以及管理资源分配等各种保障性工作。而这些工作开展的依据就是人口管理目标。

指向作用。管理是各种不同性质的活动的统一,而行为统一的方向就是目标。人口管理工作涉及到社会生活的许多领域,完成这项工作需要现行行政体制中的许多部门共同努力。但是各个部门所承担的任务各不相同。各部门在工作中取向也未必一致。如何协调政府部门之间的关系以达到相互配合、相互补充一直是行政管理领域的难题。人口管理目标可以通过目标责任制体系将各个部门之间的关系清晰化,同时也为各个部门在人口管理中应该采取什么行为树立了标准。

激励作用。个人只有明确的目标,才能调动潜在的能力,也只有达到目标,才会有满足感。目标太高或太低都不能起到激励作用。

凝聚作用。个人有个人的目标,群体有群体的目标。当个人的目标和组织的目标不一致时,组织的凝聚力就会受到威胁。因此制定合理的组织目标,并且兼顾个人的发展目标是提高组织凝聚力的关键。

总之,人口管理目标调动了各级政府对人口控制的积极性,为人口管理的科学化提供了基础,为人口的有效控制提供了物质和人员保证,为我国的人口、资源与环境的协调发展和可持续发展提供了前提条件。

第二节 人口管理的原则

为了实现人口宏观管理的目标,必须从实际出发,制定和坚持一系列能够保证管理目标实现的原则。《中共中央国务院关于加强人口与计划生育工作稳定低生育水平的决定》是世纪之交指导我国人口和计划生育工作的纲领性文件,其中关于今后10年人口与计划生育工作必须坚持的方针,也是今后人口宏观管理工作应遵循和坚持的原则。

一、人口与发展综合决策的原则

人口问题的本质是发展问题。在经济、社会、人口、资源、环境的协调和可持续发展中,人口问题是关键。人口问题能否解决好,直接关系到人民生活改善、全民素质提高和中华民族的兴衰。因此,在对人口实行宏观管理的实践中,一定要坚持人口与发展综合决策的原则,把人口与计划生育工作纳入经济和社会发展的总体规划,制定和完善各项配套政策,促进人口与经济、社会、资源、环境的协调和可持续发展。

二、稳定现行生育政策的原则

我国现行的生育政策是国家在综合考虑我国国情和人民群众根本利益的基础上制定的,并在实践中被证明是切实可行的。为了保持政策的稳定性和连续性,逐步把人口和计划生育工作纳入法制化管理的轨道,我国在今后一段时期将继续贯彻执行现行的计划生育政策,并在继续完善社会制约机制的同时,加强利益导向机制,引导群众少生、快富。

三、综合治理人口问题的原则

人口和计划生育工作是一项政策性强、涉及广大群众切身利益的社会系统工程,因此必须动员全社会的力量,建立政府领导、部门指导、各方配合、群众参与的工作机制,做到优势互补、资源共享、各负其责。同时,要实现人口宏观管理的目标,仅靠某一种手段是不够的,而必须采取法律、教育、经济、行政等手段进行综合治理。

四、国家指导和群众自愿相结合的原则

人口与计划生育是一项广泛性的群众工作,只有充分调动广大群众的积极性,才能保证宏观管理目标的实现。因此,我国的人口宏观管理,是国家制定政策并提供必要的保障措施,兼顾国家利益和个人利益、长远利益和近期利益、整体利益和局部利益,实行行政管理与群众工作相结合,以促进群众生育观念的根本转变为立足点,组织和引导群众积极参与人口与计划生育工作,提高群众实行计划生育的自觉性,进一步密切党群、干群关系。

五、整体推进与分类指导相结合的原则

由于经济文化发展水平和风俗习惯不同等方面的原因,我国不同地区的人口和计划生育工作水平也存在差异。这就要求在人口管理实践中具体问题具体分析,对不同水平地区实行分类指导。就全国来讲,就是在抓好全国范围的人口和计划生育工作并发挥城市和东部地区的示范作用的同时,继续把工作重点放在农村特别是中西部地区的农村,通过落实"三为主"、推行"三结合"等有效途径,力争使后进变先进,以推动不同地区人口与计划生育工作的均衡发展。

六、以人的全面发展为中心的原则

"以人为本、以人的全面发展为中心"是1994年开罗国际人口与发展大会通过的《行动纲领》所积极倡导的一个重要思想,目前已成为经济和社会管理领域的一个基本指导原则。这个原则落实在我国的人口和计划生育管理实践中,就是要尊重人民群众作为计划生育主人的地位,依法管理,依法行政,维护其合法权益。同时,通过提供优质服务、推行"三结合"等活动,促进人口和计划生育工作思路和工作方法的"两个转变"。

第三节 人口管理的主要内容

人口管理主要包括人口数量、人口质量、人口迁移和流动、人力资源等内容。

一、人口数量管理

人口数量及其变动是最基本的人口现象。准确掌握人口数量信息,深入了解其发展变化的规律,引导中国的人口规模向实现可持续发展战略所需要的适应水平发展,是中国现代人口管理的基本任务。

计划生育基本国策的确立,使生育政策的落实在国家管理方面有了具体

的法律保障、组织保障和经济保障。在立法方面,推行计划生育作为公民的义务写入了国家根本大法《宪法》的总纲,《婚姻法》中也提出了具体条款和要求,各省、市、自治区还颁布了一系列地方法规,统一的全国性《人口与计划生育法》正在积极制订之中。在组织方面,建立健全了国家各级管理计划生育的行政机构,几次机构精简、调整,计划生育都列为保留、充实、加强的部门。各乡镇、街道、村及企事业单位都配备了计划生育专职或兼职干部,还有一支相当规模的科研、技术、宣传队伍活跃在各级服务机构中,全国城乡已经形成推行计划生育的工作网络。尤其重要的是,国务院公文明确规定了政府各有关部门、群众团体对计划生育承担的任务,为组织全社会力量齐抓共管开拓了道路。在经济方面,国家财政拨款的计划生育事业费用年年有所增加,1978年为1.98亿,1987年增加到9.03亿,1998年增加到52.35亿,高于全国财政支出的增长幅度。各行政机关、企事业单位和农村基层承担的各种计划生育补助费、奖励费、独生子女保健费数量也颇为可观,其总数量已大大超过各级财政对计划生育的投入数。为了落实计划生育基本国策,许多地方把计划生育列入党政主要领导干部任期目标责任制之中,作为考核党政领导干部政绩的重要依据,达不到一定要求标准的,给予"一票否决"。到目前为止,计划生育政策的贯彻实施已经形成了一个比较完整的体系,有了比较可靠的基础。

中国实施计划生育以来,取得了史无前例的巨大成效,但这并不是说中国现行的生育政策没有调整的必要了。中国生育率的下降是以人口迅速老龄比和出生性别比失调为代价的。因此,在制定21世纪人口政策时,则必须对这些问题给予足够的重视,尽其所能地做到既有利于进一步缓解人口数量压力,又不使由此付出的代价超出未来社会经济发展及人们的心理承受能力。我国未来生育政策的制定应在以下基本框架下定位:

(一)继续推行适度从紧的生育政策。这样的政策能使生育率始终不高于更替水平,防止人口数量继续无休止增长局面的出现。

(二)坚持生育政策稳定与完善的统一。生育政策的频繁变动在一定程度上引起人们思想认识上的混乱以及意外的生育率波动,这在20世纪80年代已有沉痛教训,必须认真记取。但稳定并不等于不做任何小范围的调整。

中国现行生育政策还存在许多不合理因素,在执行过程中还遇到许多问题,有些问题是生育政策本身带来的。只要这些因素存在,适时调整并使其逐步趋向完善与合理就是必需的。这里需要强调的是,政策调整一定要慎之又慎,应十分注意前后政策衔接,在生育数量要求上要采取渐变方式,差异不能一下子拉得太大。否则,便可能导致意想不到的后果——生育率的大幅度回升与多年计划生育所取得的成果被葬送掉。

(三)促使生育政策向城乡一体化发展。以往实行的生育政策实际上是一种城乡分体的二元化生育政策;城市一对夫妇基本上只能生一个孩子,农村有60%左右的夫妇可以照顾生两个孩子。此生育政策的制订是建立在城乡差别较大、各自相对封闭的社会经济格局之上的,试图通过各方面条件较好的城市人口带个好头,以推动计划生育的顺利开展。在这种政策指导下,我国社会在事实上存在着人口控制管理上的两种口径,形成了城乡之间两种生育心态和生育数量,造成了城乡人口生育率的巨大差异。这在一定时期内具有历史合理性,也切实可行。但随着改革开放的不断深入与市场经济的发展,城乡分体的社会经济格局发生了很大的变化,城乡之间的人口流动日趋活跃,二元化的生育政策便日益暴露出固有的弊端:既大大增加了生育管理的难度,又不利于人口素质的提高。所以,逐渐改变生育政策上的双轨制已成为大势所趋。

(四)汉族与少数民族在生育政策上的差异不宜拉得过大。鉴于少数民族人口的历史发展特点,在生育数量上适当照顾是必要的,但若照顾超过了一定的度,如在部分汉族妇女一生只能生一个孩子的情况下,却有部分少数民族妇女可以生育三个甚至更多的孩子,就明显地有失公平了。部分试图多生孩子的汉族人口篡改自己的民族身份,与此不无关系。在我国少数民族人口比重较高的西部地区生育水平居高不下,生育政策过宽是重要原因之一。人口的过快增长,加剧了人口与本已十分脆弱的生态环境的矛盾,必将延滞西部大开发的进程。所以,少数民族人口的生育数量在政策上定位于一对夫妇生育两个孩子比较合适。

(五)生育政策的规定应简单明确,便于操作。目前有些地区生育政策中关于照顾再生一个孩子的条件非常复杂,使群众在理解上困难,管理者在工作中操作不便。计划生育是涉及面非常广的一项工作,政策规定过于繁琐复杂是不必要的。

(六)生育政策与有关的法律应协调一致。如"提倡一对夫妇生育一个孩子"和"提倡晚婚晚育"中的"提倡",不要变相地改为"强制"推行。

综合考虑以上几点,未来人口政策的选择分两步走比较适宜。第一步,从现在起到人口零增长点到来之前,生育政策不做大的调整,只进行微小调整。一是无论城市还是农村,只要夫妇一方为独生子女,可允许生育两个孩子,缩小城乡之间的政策差距。二是对于已婚未育者,无论配偶的情况如何,允许生育一个孩子。三是少数民族生育政策的数量应定位在一对夫妇最多可生育两个孩子。这样,全国的政策生育率大体在1.5左右,可保证人口零增长点的较早出现。第二步,人口增长极限到来之后,允许一对夫妇生育两个孩子,消除城乡和民族间生育政策的差别,实现生育政策的一体化、简单化、与其他社会政策的协调统一,使中国人口在经历一个阶段的负增长之后,最终走向现代静止人口。

二、人口质量管理

人口是数量和质量统一的社会群体。由人口数量决定的劳动力数量,构成了经济成长的基础因素。然而,世界经济发展史告诉我们,人口质量越来越成为经济进一步增长的关键。中国低生育率水平的出现以及经济增长方式由粗放型向集约型的转变,逐渐将提高人口质量摆在了与控制人口数量同等重要的地位。

人口质量又称人口素质,是在一定生产方式下,在特定的地域和特定的时间内,人口群体所具有的认识世界、改造世界的条件和能力。这里所说的"世界",既包括自然界,又包括人类社会,还包括人类本身。这里所说的"条件",是指人口群体认识世界和改造世界所具备的素质状况,即人口群体的身体素质、文化教育素质和思想道德素质三个方面的状况。这里所说的"能力",主要是指这三个方面素质的应用和作用的发挥状况。

人口身体素质是指人口群体的身体健康状况及大脑机能的状况,即身体发育是否健全、智力是否正常、体质强弱、动作的敏捷程度、耐力以及对自然环境的适应能力等。

人口文化教育素质主要是指人口的文化教育水平和劳动机能,即对科学文化掌握的程度、技术水平以及运用科学文化技术进行劳动的能力。

人口思想道德素质是指人口的思想意识和品质,包括世界观、人生观、思想品质、道德观念和对社会规范的遵守等。

(一)出生人口质量管理

衡量出生人口质量的重要指标是出生缺陷发生率,即年度出生缺陷儿占当年总出生婴儿数的千分比率。进一步降低出生缺陷发生率的措施:

1. 加快经济、文化、卫生事业的发展

发展是降低出生缺陷发生率的根本保证。这里讲发展,不仅指经济增长,而且指社会进步。随着经济社会全面发展,人民的生活水平、文化教育水平、医疗保健水平等得到提高,更多的人告别贫困愚昧,走向小康富裕,这必定会使出生人口素质自然而然提高。同时,在经济社会发展过程中,一批又一批的人群从闭塞的农村流向城镇,并逐渐定居在城镇,这就为改变不少农村地区"聚族而居"、"近距离婚配"的习俗创造了条件,使更多的优秀遗传基因得以延续,不良遗传基因得以淘汰。

2. 巩固和发展人口控制的成果

我国在控制人口数量方面已取得突破性进展,1999 年出生率降至 15.23‰,自然增长率降到 8.77‰。然而到目前为止,出生率水平下降主要是社会制约机制作用的结果。在这种情况下,社会约束力稍一减弱,生育率便会出现反弹。而我国一旦在人口数量控制方面出现反复,提高出生人口质量就会遇到诸多障碍。所以,必须继续抓紧抓好人口控制工作,为提高出生人口质量提供良好的人口环境。

3. 保护和改善生存环境

外界环境对孕妇和胎儿的影响,已被众多事实和科学研究所证明。在化学污染严重的地区,无脑儿、畸形儿、痴呆儿的发病率有逐年升高的倾向。在山东省,科技工作者和农民的子女出生缺陷发生率大大高于其他职业人员,其重要原因便是这些人接触的化学药品、放射线、剧毒农药等较多,工作环境较差。现代科学对动物及微生物的研究结果表明:辐射和某些化合物对遗传物质可以产生基因突变的作用。因此,通过环境检测,实现国家卫生条令对工业、农业、军工等行业的某些限制,减少化学、物理等因素对社会的公害,在科学的指导下,对自然环境进行改良,如绿化、进行缺碘地区的水源处理等等,都是改善环境、降低出生缺陷发生率的有力措施。

4.继续加强优生管理和服务工作

(二)人口身体健康管理

1.建立医疗保障制度,提高人口健康水平

党的十六大提出了全面建设小康社会的宏伟目标,十六届三中全会提出了不断完善基本医疗保险制度、建立多层次医疗保障体系的要求。而随着十六届三中全会《决定》的全面贯彻实施,中国的社会经济将发生一系列深刻的变化。因此,进一步推进和健全医疗保障体系,既是实现全面小康社会的内在要求,也是这项事业发展的难得机遇,同时,也将面临更复杂严峻的挑战。医疗保险制度实施范围还仅限于从业人员,城镇其他无收入家庭的医疗保障没有通过新的制度纳入进来,覆盖面还只有 1 亿多人,与日益增加的城镇从业人员数相去甚远。随着户籍制度改革,农村转移人口进城,城乡统一劳动力市场逐步建立,就业方式越来越灵活,人员在地区间、岗位间的流动越来越频繁,如何从针对相对稳定的单位主体的管理转向围绕频繁流动、情况更复杂的个人管理,如何实现促进就业与社会保险的协调发展,都是新的课题。

劳动保障部医疗保险司对于具体如何建立医疗保障制度,提高人口健康水平提出过以下措施:拓展覆盖范围、规范灵活的制度体系,不断完善医疗保险制度;健全科学简约、调控灵敏的管理体系,确保医疗保险稳健运行;构建协同配套、保障有力的支持体系,实现医疗保险制度可持续发展等等。

2.推进大众体育,增强人民体质

我国的大众体育自 1995 年 6 月 20 日《全民健身计划纲要》颁布以来,其各方面都取得了可喜的成绩。这标志着我国大众体育的发展进入了一个新的发展时期。根据调查资料统计,现今我国有 3 亿多人经常参加体育锻炼,占全国总人数的30%以上。10亿人次达到了《国家体育锻炼标准》,人民的体质有了较大的改善。人均寿命已从解放前的35岁上升至69岁,中华民族以健康的精神面貌展现在全世界的面前。

虽然《全民健身计划纲要》的实施为我国大众体育的发展和国民体质的提高做出了重要贡献,但与奥运金牌热形成强烈反差的仍是对全民健身的忽视和淡漠,大众体育与精英体育非对称发展。当前,体育体制和运行机制的改革、加大大众体育经费投入、高水平竞技运动与社会大众结合等举措显得异常迫切。只有大众体育与精英体育的协调发展,才符合现代体育发展观,才符合新时期国家和谐、科学的发展观。

(三)人口文化教育管理

1.发展教育是提高人口文化素质的主要途径

百年大计,教育为本。全面普及教育,不断提高人口的科学文化素质,是走可持续发展道路的基本保证。在当代,发展的竞争归根到底取决于人力资本的竞争,取决于人口素质。发展教育是一项战略性任务,既要立足现实,又要着眼长远;既要树立优先发展意识,更要高度重视和解决发展中存在的各种问题,牢牢把握工作重点,采取有力措施,加大工作力度。

(1)均衡发展基础教育,促进教育公平。实现教育均衡发展,为每个人提供公平、良好的受教育的机会,是教育优先发展的基本要求和重要标准。

(2)大力发展职业教育,适应市场创业就业需要。职业教育是教育体系中与经济社会发展联系最直接、最密切的部分,是产业发展的重要孵化器和辐射源。必须更加重视职业教育,力争使每一个劳动力都能接受良好的职业培训,提高就业创业能力,为产业发展提供必需的各类人才。

(3)支持发展高等教育,更直接地为经济社会发展服务。地方政府要鼓励、支持高校参与地方经济社会发展,鼓励支持企业与高校、科研院所开展产学研合作,积极培养自主创新型人才,提高企业研发能力和自主创新能力。如长沙市充分发挥"中国(长沙)科技成果转化交易会"的作用,建立高校技术转让激励机制,引导、鼓励高校优先转化急需引进的一些重大项目,对于有市场潜力而企业急需却无力购买的科技成果,由财政贴息或政府投资机构购买后有偿转让给企业,科技成果转化和产业化程度明显提高。

(4)注重发展继续教育,不断提高人的素质。解决发展中的问题,最终都要通过提高人的素质来解决。全面提升人的素质不单是教育部门和学校的事,也不可能全部在课堂里、在学校里完成,必须健全终身教育体系,构建学习型社会。要大力发展远程教育和继续教育,逐步对社会开放学校教育资源,建立分层次教育资源学习平台和虚拟社区学校,让人们在各项职业活动中积极倡导终身学习,不断创新,努力实现学有所教、学有所需、学有所用,让每一个人成为社会的有用之才。

2. 我国新世纪教育发展战略选择

我国新世纪教育发展的战略选择具体来说有以下方面:(1)扩大教育资源供给;(2)充分发挥现有教育资源的潜力;(3)进行全方位的教育改革和创新;(4)坚持依法治教。

三、人口迁移和流动管理

(一)城市移民管理

人口城市化是伴随着世界各国工业化而出现的一种重要的人口迁移流动现象。在我们这样一个至今仍拥有 8 亿多农村人口的大国,人口由乡村向城市或城镇的大规模迁移流动将对全国甚至全球的社会经济发展产生巨大而深远的影响。所以,对中国人口城市化进程中产生的数量巨大的城市移民的管理,是纳入中国人口迁移流动管理中的首要问题。

1. 中国城市移民现状及发展趋势

自 20 世纪 80 年代中期以来,由于改革开放的逐步深入,中国城市化进程明显加快。据《中国统计年鉴》资料,城镇人口占全国总人口的比重由 1985 年的 23.7% 提高到 1998 年的 30.4%,城镇人口绝对量则由 1985 年的 2.51 亿增加到 1998 年的 3.79 亿。扣除自然增长和区划变动因素,1998 年城镇人口中的新移民约有 8000 万,占当年城镇总人口的 20%。

以上仅是办理了户口迁移手续的城市移民数量。据国家计划生育委员会公布的资料,户口不变而在城市滞留的暂住人口和流动人口数量更为可观;

1992 年为9360 万,1995 年底已达1.2 亿,近年来又有新的增长。在广东省的一些城市,暂住人口已超过了常住人口。珠海、东莞、中山等市,暂住人口为常住人口的一半以上,深圳市1993 年的暂住人口207 万,为常住人口的2 倍以上。

根据世界人口城市化的历史经验,城市化发展分为初始、加速、终极三个阶段。当城市比水平达到30% 时,即进入城市化加速发展阶段。1998 年,中国城市化水平刚刚超出30% 的临界值标志着城市化由初期向中期阶段转变。21 世纪上半期是中国人口城市化高速发展时期,中国城市的人口数量会有很大的增长。据预测,到21 世纪中叶,城市化水平可望达到60% 以上。由于继续开展计划生育工作,今后一个时期,中国城市人口的自然增长率会持续降低,所以未来的城市人口自然增长量会很少,城市人口增长的主力军为农村向城市的移民,估计将有4 ~5 亿农村人口移往城市。在今后的几十年内,如果没有特殊事件的发生,中国将出现一个新的人口由农村迁往城市的浪潮。

2. 城市移民的户口管理

(1)中华人民共和国户口登记条例

1958 年1 月,全国人民代表大会常务委员会第九十一次会议通过、中华人民共和国主席毛泽东签署的《中华人民共和国户口登记条例》,是新中国的户籍管理纳入国家法制建设轨道的重要标志。这项重要的法规既不是抄袭外国的,也不是沿用旧中国的,而是根据中国的实际情况,从国家行政管理的需要出发制定的。《条例》规定,户口登记工作由公安部门主管,城镇人口实行常住、暂住、出生、死亡、迁入、迁出、变更更正等7 项登记,农村人口实行常住、出生、死亡、迁入、迁出5 项登记。在管理方法上,采用户口簿册和迁移证件的办法,对人口实行登记和管理。城镇以户为单位设户口簿,农村则以村为单位设户口簿。对人口迁移,设立了"准予迁入证明"和"迁移证"。公民迁出本户口管辖区,由本人或户主向户口登记机关申报,领取迁移证件。迁入另一户口管辖区,则必须持有关证明,或者迁入地的"准予迁入证明"。《条例》还对违反户口制度的行为做了治安管理处罚或追究刑事责任的规定。总之,该《条例》不仅规定了户口登记的目的、任务、方针、政策,而且还具体规定了户口登记的方法、范围、项目、内容,既有明确的原则,又有具体的要求,是户口登记机关和人民群众共同遵守的准则。《条例》的实施,除了维护社会秩序,保护公民的权利和利益之外,还准确、及时地掌握了人口的数量、变动和分布,为编制国民经济计划以及正确贯彻统购统销、统筹安排劳动就业、节制生育等重要政策措施,提供了人口资料,起到了重要的作用。显然,《条例》比较适应于计划经济体制下的人口管理。

自党的十一届三中全会决定实行改革开放以来,中国的社会经济状况发生了巨大变化,计划经济逐步而坚定地向市场经济转型,原有的户籍管理制度日益显示出它的不适应性。其中比较突出的有两点:(1)《条例》对迁移和流动作了约束性很强的规定,必须先取得迁移资格,然后向常任地户口登记机关申办迁出手续,待获得准迁证后才能实现迁移。特别是迁入城市,条件近乎严厉,人为地造成了城乡和地域间人们身份、地位和待遇的不平等,影响人们的公平竞争和人的全面发展,也影响了劳动力资源的优化配置。(2)公民身份的证明以户口登记机关的户口登记簿以及居民户口簿登记的事项为依据。户口簿在城市、水上和没有公安派出所的镇每户一本,农村每村一本,农户无户口簿。这些规定在相对封闭的计划经济时期还可以行得通,一到改革开放之后,由于人口流动性的增强,很快就暴露出不适应性。

(2)户籍管理制度的局部改革

由于原有的户籍管理制度已满足不了社会主义市场经济以及城市化和区域生产力配置变化对人口迁移和流动的要求,因此,国家从20世纪80年代初就着手对户籍制度进行局部的改革。

80年代初期,国家开始调整"农转非"的政策。"农转非"的控制指标由原来的不超过当地非农业人口的0.15%调整为0.2%,松动了对农村人口迁入城市的控制。

80年代中期,为了解决乡迁城的问题,开始实行"自理口粮户口"制,国务院于1984年发出了《关于农民进入集镇落户问题的通知》,允许农民在自理口粮的前提下进入集镇务工经商和从事服务业,并在当地集镇落常住户口,在统计上纳入非农业人口。自理口粮户限于县城关镇以下集镇,以后从集镇迁往农村和在集镇之间迁移不受限制,但是迁往城关镇或城市,仍按以前城乡迁移的规定办理,须事先取得迁入地的《准予迁入证明》。自理口粮户不能享受种种非农业户口的城市居民的社会福利,与当地城镇居民仍然存在很大差别。

80 年代中国户籍改革的另一项重大措施是建立了居民身份证使用和查验制度。1985 年 9 月 6 日全国人大常委会审议通过了《中华人民共和国居民身份证条例》并于当月生效,1989 年公安部又制定了《临时身份证暂行规定》并经国务院批准于当年 10 月 15 日生效。身份证制度的确立,是户籍管理由单独的户管理向人户结合的管理方式过渡的标志,为户籍制度的进一步改革奠定了基础。

从 1992 年开始,国家推行当地有效的城镇户口制度,亦称蓝印户口制度。公安部于 1992 年发出《关于实行当地有效城镇居民户口制度的通知》,实施地区限于各类经济特区、经济技术开发区、高新技术产业开发区和小城镇,为在当地进行投资设厂、购买商品房的人员,当地需要的管理人员、科技人员及其家属解决了当地有效的城镇户口。据估计,全国有 300 万人领取了蓝印户口。此类人口与当地城镇居民仍有一定差别:需缴纳城镇建设配套费;不享受国家的副食补贴和社会保障,只享受升学与就业方面的权利;迁出城镇时,该城镇户口即行失效,原为农村户口的重新恢复。

迄今为止对原有户籍制度所进行的最深入的改革措施当属小城镇户籍管理制度的试点。1997 年,国务院发布了《公安部关于小城镇户籍管理制度改革的试点方案》。参与试点的小城镇的农村户口人员符合下列条件即可办理城镇常住户口:(1)有合法稳定的非农职业或有稳定的生活来源。(2)有合法固定的住所两年以上。这种小城镇常住户口不收城镇建设配套费,享受同当地居民一样的入学、就业、粮油关系、社会保障方面的权利。应该说,该试点方案向打破城乡分割的局面,实行城乡人口平等机会、平等权利方面迈进了一大步。

(3)户籍管理制度有待于进一步改革

近些年来,中国又相继解决了一些户籍管理中的突出问题。如 1998 年 7 月,国务院批转了公安部《关于解决当前户口管理工作中几个突出问题的意见》，着重解决四个方面的户口迁移政策问题，即：实行婴儿落户随父随母自愿的政策；放宽解决夫妻分居问题的户口政策；解决老年人投靠和归属的政策；解决在城市投资、兴办实业、购买商品房的公民及随其共同居住的直系亲属在城市落户的政策。1999年9月，国家人事部和公安部联合发文，对有突出贡献者和业务骨干的配偶的户口迁移做了明确规定：可以不受年龄、分居时间、指标等方面的限制，迁往任何一级城市。

这些新的户籍管理政策的颁布和实施，受到广大人民群众的欢迎，在实践中产生了良好的经济和社会效益，但与整个社会经济改革的进程相比，户籍制度改革尚缺乏系统性和彻底性。

到目前为止，我国出台的户籍改革措施，多为户籍管理制度与社会经济发展之间的矛盾积累到一定程度时，对原有户籍政策的局部调整与修改，因而有着很强的应急性和改良性。小城镇户籍改革虽然比较深入，但仍无法解决现行户籍管理制度运行中的深层次矛盾。小城镇户籍改革是在现行的城市发展政策的约束下进行的，它本身只是户籍改革过程中解决控制城镇人口和城市规模政策与大量的人口迁移要求之间矛盾的权宜措施。所以，希望通过小城镇来完成现行户籍管理制度的改革是难以奏效的。现实情况正是：许多农民不愿意落户小城镇，特别是在经济发达地区。户籍改革的范围不能仅仅局限于小城镇，必须扩大到各级城市。

户籍制度改革的最终目的是实现人口在区域间合理、自由地迁移流动，以利于社会经济的全面发展。户籍制度改革全面成功，将意味着我国最终取消不平等户口的划分。以农村户口、城镇户口、农业户口、非农业户口、暂住户口、常住户口等户口性质区分人们身价的状况将不存在，取而代之的是，以居住地划分城镇人口和农村人口，以职业划分农业人口和非农业人口。在人口迁移管理上，实行以迁入地、常住地管理为主的管理方式。开放、平等的户籍管理制度有利于劳动力自由流动，有利于全体公民均等地分享发展机会、参与公平竞争。

（二）环境移民管理

环境性人口迁移是人口迁移的一种重要类型。在环境性人口迁移中，环境被认为是引起大规模人口迁移的一个根本性因素。一般情况下,环境移民发生在一定连续的区域范围,往往具有相当的人口规模,故不能够自由地、自发地进行,须由政府统一组织安置。政府对移民经济上进行补偿(搬迁、盖房),为移民提供就业机会,还要投资基础设施的建设(水、电、道路、学校、医院)。政府的优惠政策,旨在解决移民的后顾之忧,促进移民迁移行为的发生。

四、人力资源管理

人力资源管理通常是指对劳动力资源调配、使用、开发的管理。宏观的人力资源管理,涉及一定时期全社会经济活动人口供给与需求的调配,以及劳动制度和劳动政策的制定和完善,同时亦包括全社会人力资源的再生产。微观的人力资源管理,通常是指用人单位通过劳动计划、劳动定员、劳动定额、劳动组织等对微观单位人力资源进行全过程管理。20世纪后半叶以来,人力资源管理无论在其理论拓展或其实践上都有了迅速进展。发达国家和发展中国家对此都给予特别关注和重视,人力资源作为一种特殊的资源,将逐步成为现代社会经济发展的主要依托。

人力资源管理的主要内容:

(一)人力资源的宏观配置

人力资源的宏观配置是指对人力资源的总供给与总需求进行总体平衡调配,包括人力资源数量总供给和质量供给与国民经济各部门需求平衡,以及人力资源的地区配置与地区发展相平衡等。人力资源宏观配置平衡是国民经济总量平衡的一个重要方面。无论实行计划经济的国家或是实行市场经济的国家,都把人力资源宏观配置作为整个国民经济协调发展的重要环节。

(二)人力资源的微观配置

人力资源的微观配置主要表现在用工单位通过劳动计划、劳动定额、劳动定员、劳动组织等对雇佣的人力资源进行合理调配和微观管理。

(三)人力资源的开发

人力资源开发是人力资源管理的一项重要内容,有广义和狭义之分。广义的人力资源开发,是指通过提供教育培训、卫生服务等各种服务,使初始形态的人力资源得到加工改造,成为具有相当健康水平、知识水平、技能水平,以及社会适应能力的合格人力资源。狭义的人力资源开发,是指为现有工作、未来工作和任务、个人提高的学习活动所做的准备,主要指职业培训和职业指导。国际劳工组织的定义是"给青年人及成年人在其一生中提供机会,使他们获得某一专业领域的知识、资格和能力,或提高他们以增加生产率,或帮助他们以达到个人职业目标"。

人力资源开发的新概念强调每个人需要有机会发展他们的职业能力,适当考虑其就业机会,使他能为个人和社会成员利益使用其最大能力,并且将培训作为一个人整个工作生活中持续的过程。在新概念下,现代的社会应看做是一种"学习的社会",正规教育与非正规教育,教育与培训的区别要逐步消除。一切教育与培训行动应结合成为一个"安排终生学习"的综合概念,教育、指导和培训应成为人力资源开发整个过程的有机整体。

人口管理目标是人口管理的核心内容。它决定了人口管理的组织、制度、投入以及管理的验收等各个环节。对人口管理目标进行详细的考察,充分认识管理目标的意义,合理地制定和分解人口管理目标,对人口管理具有重要的意义。

第四节 城市流动人口管理体制

一、城市流动人口社会管理主体分析:单一主体与多元主体

城市流动人口社会管理的主体就是进行城市流动人口社会管理的组织者、参加者或行动者。我国长期以来都是实行以政府为主体的社会管理,政府当然就是社会管理的组织者、参加者与行动者,此时政府居于主导地位或者处于唯一参与的地位。

单一主体的政府垄断着城市绝大部分公共资源,它是城市公共资源的唯一分配者。任何想进入城市,想取得城市资格的流动人口个体或者组织必须

得到政府系统的许可或者认证。政府控制对城市公共资源的控制方式主要是行政手段。其目的是通过控制城市公共资源达到管理控制城市社会。

多元主体是指在城市流动人口社会管理体制中出现多个参与者与行动者。其中除了政府以外还出现其他社会组织和群体。政府不再是唯一主体，但是可能还是核心作用。多元主体之间可以是合作关系，也可以是竞争关系，可以对同一管理客体和内容分而治之，也可以合作形成网络共同治理。

随着社会主义政治、经济体制改革，虽然政府在整个社会管理体制的领导作用有所增强，但是随着政府职能的逐步转变，放弃了原来"不该管"、"管不了"和"管不好"的事，逐步从社会的相关领域退出，而退出的空白主要是社会组织及个人发挥作用填补。同时随着市民社会的兴起，越来越多的社会组织涌现并且积极参加社会管理。实现社会管理主体多元化是政府职能转变的结果，也是市民社会兴起的结果。

具体体现在城市流动人口社会管理体制上就是政府开始转变职能，从过去的简单的资源分配，实施管制政策和向提供公共服务转变，从完全包干到寻求与社会组织合作，共同管理城市流动人口。

二、城市流动人口社会管理客体分析：半城市化

本章所研究的城市流动人口主要是以城市外来务工为主体的，他们被描述为"半城市化"，农村流动人口的"半城市化"体现为，他们虽然进入了城市，在城市找到了工作，也生活在城市，但是，城市只把他们当作经济活动者，仅仅将他们限制在边缘的经济领域中，没有把他们当作具有市民或公民身份的主体，从体制上没有赋予其他基本的权益，在生活和社会行动层面将其排斥在城市的主流生活、交往圈和文化活动之外，在社会认同上对他们进行有意无意的贬损甚至妖魔化。

许多城市流动人口得不到城市社会城市社会的认同。社会歧视、制度限制、就业非正规化、居住边缘化等等，他们在城市社会中被排斥着。但是另一方面，由于长期离开农村，城市流动人口也开始与农村出现脱离。他们对农村的许多方面不喜欢、不认可，尤其是不少年轻的农村流动人口对农村社会也逐

渐疏远、逐渐地不适应。

其实很多发达国也遭遇流动人口"半城市化"问题,但是,他们却没有遇到像中国这样的社会管理体制隔离,相反,有些发达国家不断出台一些社会福利、社会保障政策,旨在帮助这些处于"半城市化"的人口早日融入城市社会。如在日本,经过第一代农村移民的"半城市化",他们的子女由于享受到与城市其他居民孩子的同等待遇,所以很快就融入城市社会,从而消解了第一代的"半城市化"问题,使得"半城市化"问题没有在第二代身上延续。

一般的半城市化主要表现在行动和生活层面上的,但是从发达国家经验可以看出,政府没有在体制层面上设置障碍,所以半城市化问题会马上得到很好的解决。当前,我国城市流动人口不能很好融于社会,最主要原因还是社会管理体制上被区别对待,这种体制隔离是强化了"半城市化"问题,又表现为城市流动人口的"半城市化"。

三、城市流动人口社会管理体制的目标分析:城市秩序

对城市流动人口的社会管理,目前城市秩序还是城市政府流动人口管理追求的主要价值目标,城市秩序也可以表达为城市社会管理主体通过各种方式化解城市冲突,主要表现为城市社会管理客体之间的冲突。管理冲突至少有两种方法,第一,对冲突双方采取隔离措施,避免其接触,冲突也就无从谈起;第二,从冲突的根本原因出发,找出冲突是因为个体和群体之间差异,或者是个体之间交流不够导致的。通过增进了解,促进个体之间融合,最终融于一体,达到化解冲突,达到融合的目的。

作为城市的后来者——城市流动人口,他们刚刚进入城市的时候,城市政府一般将其作为潜在的秩序破坏者,通过证件管理和遣返收容措施严格控制流动人口数量和规模,通过人为地将劳动力市场分割成两个到三个市场,将流动人口尤其是农民工限制在低级别的就业市场,以及其他的一些制度将流动人口排除在城市社会制度和体系之外。造成城市流动人口与城市人口隔离,粗放式地进行分类管理和集中管理,追求城市社会秩序的目标。城市流动人口无法进入城市社会管理体制之中。而城市政府为了加强城市管理,重新就

流动人口设计了一套管理机构和制度,从而导致城市社会管理体制的二元化。

随着城市流动人口对城市建设与经济发展的贡献越来越大,城市流动人口应该享有发展带来的成果,他们渴望融于城市,而作为城市流动人口社会管理主体的城市政府该如何实现融合,从而达到城市社会有序、消除二元化的城市社会管理体制呢?

四、社会管理的主客体关系分析:城市政府防范流动人口

城市政府作为城市流动人口社会管理的主体,同时又是城市常住人口社会管理的主体,但是却要执行两套社会管理制度,组建两套社会管理机构。这就是城市社会管理体制的“二元化”。其实这种“二元化”体制正是城乡二元化结构的延续。

城市政府与城市流动人口首先是一种管理与被管理的关系,但是决定这种关系性质的却是城市流动人口与城市人口的关系,作为常住人口选举出来的城市政府,代表的当然是城市人口利益;而作为城市流动人口,要在就业机会、培训机会、城市资源与常住人口存在竞争,所以得到的是城市政府的防范与排斥,三者结构关系如下图:

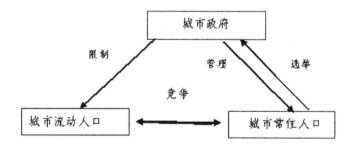

其中城市流动人口与城市人口的关系性质主要表现为竞争,城市政府与城市人口是管理与选举的关系,这种关系体现了一种双向制约的平衡。而同样作为城市流动人口与城市政府却只有单向的制约。城市流动人口没有像选举等方式来制约城市政府,是不平衡的关系。这种关系要想达到平衡,必须借助一个制衡力量,就是城市人口对城市政府的制约。但是由于城市流动人口

与城市人口的关系是竞争关系,也就决定了城市政府与城市流动人口是排斥和防范性质的,只要城市流动人口与城市人口还没有融合成为整体,还是竞争者,那么从理论上来说城市政府也就必然还是防范与限制城市流动人口。但是随着城市流动人口对城市建设的贡献越来越大,在实践上,城市政府越来越重视流动人口的地位,通过各项措施改进城市流动人口处境。

第五节 人口管理手段与机制

一、人口管理手段

任何管理目标都是借助于一定的管理手段而得以实现的。从不同的角度去理解,人口管理的手段可以有多种含义,但通常大多数人所谓的管理手段是指那些通过经济的、法律的、行政的等不同的措施使人口管理目标得以实施的措施,即经济手段、法律手段和行政手段等。

(一)经济手段

用经济手段调控人口发展是市场经济的必然要求,也是人口和计划生育管理体制转轨,变直接管理为间接管理的必然要求。随着市场经济的发展和人口与计划生育管理体制改革的深入,经济手段在宏观人口管理中将会发挥越来越大的作用。在当前形势下,运用经济手段管理人口问题至少应包括一下几个方面的内容。

1.建立和完善利益导向机制

在人口和计划生育管理工作中充分利用经济杠杆,体现取值利益原则,使群众感到实行计划生育不仅有利于国家,也能给家庭带来实实在在的经济利益,这对于启发、诱导群众实行计划生育的内在动力,转变生育观念,扭转单纯以行政干预的方式推行计划生育,具有特别重要的意义。"八五"以来,国家在计划生育工作中引入利益导向机制,大力推广计划生育"三结合"工作,就是适应市场经济体制的一项根本性改革举措,计划生育工作开始进入良性循环的轨道。

2. 建立激励机制

运用经济手段的另一个重要方面,就是建立激励机制,制定有利于计划生育的各项社会经济政策。多年来,我国各级政府一直对积极落实和支持国家人口和计划生育政策的行为实施物质和精神奖励的政策。如对晚婚晚育的奖励,对独生子女的奖励,鼓励男到女家落户等等。近年来,中央及各地积极发展农村经济、实施扶贫开发战略、提高妇女地位、完善社会福利及有关社会发展领域,相继制定了一些有利于计划生育的优惠政策,但力度尚不够大,有待于进一步加强。此外,还有一些重要的社会经济政策应予积极考虑。如国家可以利用税收杠杆的调节作用,通过设置有利于计划生育的相关税收,提高相应税率,以鼓励实行计划生育政策。

(二)法律手段

宏观人口管理的法律手段是指国家通过立法和司法的形式对人口发展过程进行的管理。和其他管理手段相比,法律手段具有这样几个特点:第一,法律手段具有国家意志的属性,并有普遍约束力。第二,法律手段对人口管理具有严格的强制性。第三,法律手段具有相对的稳定性。第四,法律手段具有明确的规范性。这些特点决定了法律手段在整个宏观人口管理体系中的重要地位与作用。

党的十五大把实行依法治国、建设社会主义法治国家确定为党领导人民治理国家的基本方略。然而长期以来,人口与计划生育部门习惯于依靠政策管理,近几年虽加快了法制建设进程,初步形成了由宪法、相关法律、行政法规、地方性法规、部门规章组成的法律规范,但从总体上看,计划生育法制建设相对加快之后,尚未形成完备的法律体系,一部分干部群众的法律意识、法制观念还比较淡薄。

为了加强人口与计划生育工作的法制建设,为人口和计划生育的管理创造一个良好的法制环境,需要采取一些综合性的措施。

1. 是提高依法治理计划生育,特别是行政执法的水平。树立依法行政、正确执法、文明执法的观念,坚决克服那种认为"计划生育是国策,干部违法不算啥"的错误观点。

2. 建立执法监督机制。应当建立健全行政执法责任制、执法过错责任追究制、错案责任追究制等执法监督制度,把法律监督、行政监督、舆论监督等形式有机结合起来。几年来,一些地方政府开展的计划生育服务承诺制度、政务公开制度、群众民主参与、民主监督制度都是建立执法监督机制的有益探索。

3. 开展法制宣传教育,提高干部群众的法律意识。这项措施可以使人口管理工作逐步从以前政策管理转向依靠法律管理。当然,同时也要做好法律与政策的衔接工作,切忌政策凌驾于法律之上或不受法律约束。

(三)行政手段

我国目前正处在经济体制转型时期。在这一时期,总的发展趋势是随着政府运用经济、法律手段的不断扩大,经济、法律功能的逐步完备,行政管理手段会相应减少和被限制在必要的范围内,但行政管理始终是政府宏观管理的重要组成部分,特别是在人口与计划生育政策与群众生育意愿、流动人口管理政策与人民意愿还有一定差距的情况下,运用行政管理手段仍然是十分必要的。

在行使行政管理手段时,应当注意处理好两个关系,一是其他人口管理手段的逐步增加应和原有行政手段的逐步减少相互衔接,如果在其他手段没有充分到位的情况下,就硬性取消行政手段,可能会导致人口失控和社会恐慌。二是不能认为人口和计划生育管理目标只有靠行政干预才能实现,因而不去积极培育和加强其他管理手段。

二、人口管理运行机制

人口管理运行机制是指人口管理作为一项复杂的社会管理活动正常有效运转和工作所必需的具有普遍意义的基本条件和作用形式。一定人口管理运行机制的形成既取决于社会经济大背景的客观要求,也取决于管理者对宏观环境的认识和适应程度。

目前我国人口管理运行机制主要包括以下几方面内容:

(一)人口控制机制

中国的人口控制是在计划经济体制下起步的,在长期的计划生育实践中形成了一套行之有效的社会制约机制。这种机制以人口发展的各项指标为工作考核指标,以政策法规为行为准则,以宣传教育为舆论先导,以行政、经济措施为主要手段,是党和政府领导下的集政策法规制约、舆论道德制约、行政经济制约于一体的全方位的制约体系。

(二)人口迁移流动管理机制

人口迁移是受社会、经济、政治、环境、资源以及个人素质综合影响的一种复杂的社会现象。流动人口的增长是我国深化改革、经济发展的必然趋势,也是生产力提高和社会进步的标志。根据马克思主义人口迁移原理,我国存在推进人口迁移的各种必要性和可能性条件,存在着拉力和推力,这些因素决定了我国人口流动的总趋势是:由经济落后地区向经济发达地区移动,由农村地区向城市地区移动,由传统部门向新兴部门移动。诱发人口迁移的因素既来自于生产力(如社会分工等),也有来自于生产关系方面的因素(如农村体制改革)。

目前,我国人口迁移流动管理体制在某些方面取得了一定的进步,例如,收容遣送制度的废止。然而,以户籍制为主导的人口迁移流动管理机制可以说对于经济发展、社会稳定、人民幸福产生着负面影响,有待于进一步完善。应当从实际出发,采取积极引导、合理调节的原则,制定相应的政策措施,加以管理。

案例 建国以来的人口政策变迁①

(一)20世纪五六十年代:节制生育人口政策

20世纪50年代初期,虽然政府并没有制定出具体鼓励生育的人口政策,但其颁布的禁止人工流产及限制节育的规定,以及对违反者严厉惩罚的办法,使节育失去了可能性,在中国生育文化惯性的推动下,客观地起到了鼓励生育的作用。自1958~1960年,在中国的社会主义经济建设中出现了一场人为的

---

① 资源来源:李成瑞:《中国人口普查和结果分析》,中央财经出版社1987年版。

拔苗助长式的"大跃进"运动。"大跃进"运动使城镇人口迅速增加,从而加剧了社会商品的供需矛盾。为了克服人口与粮食之间的尖锐矛盾,国家一方面主张减少城镇人口,另一方面主张控制人口的增长。这是20世纪60年代节制生育人口政策产生的一个主要动因。1962年2月7日,周恩来首先提出了"节制生育"的人口政策。同年12月,党中央和国务院发出了《关于认真提倡计划生育的指示》。该指示认为在城市和人口稠密的农村提倡节制生育,适当控制人口自然增长率,使生育问题由毫无计划的状态逐渐走向有计划的状态,这是我国社会主义建设中既定的政策。在经历了20世纪50年代人口理论的争鸣及对马寅初"新人口理论"的批判,在经过"大跃进"和三年自然灾害的实践检验后,党中央、国务院首次针对计划生育工作发出专门文件,并认为"提倡节制生育,不仅符合广大群众的要求,而且符合有计划地发展地我国社会主义建设的要求",这在新中国人口政策史上具有里程碑式的意义。

此时期,政府提出的限制人口增殖的具体人口政策,制定的实施人口政策的节育手段、工作方式以及必要的配套措施,提出的人口生育的具体目标,尽管还是初步的、还很不完善,但节制生育人口政策是实际成效还是明显的。从1964~1968年,人口出生率从44‰降至34‰。而且对20世纪70年代全国性的人口政策的实施做出了良好的舆论铺垫。

(二)20世纪70年代:"晚、稀、少"人口政策

"文化大革命"使"节制生育"人口政策的实施被迫中断。1969年我国总人口突破了8亿,人口与经济的矛盾更加突出。根据毛泽东、周恩来等中央领导人对计划生育的指示,1971年,国家计委把人口发展正式纳入第四个五年国民经济发展计划中,城乡人口自然增长率被规定为人口控制的目标。

这一时期,中国人口政策有着十分显著的特点。首先是各省、自治区、直辖市都把人口指标纳入了国民经济发展计划,编制了五年或十年发展计划。其次是逐渐形成了具体的计划生育人口政策。从最初的"有计划地增长人口政策"所要求的"晚、稀、少",即男25岁以上、女23周岁以上结婚,两胎间隔4年以上,最多生育两个孩子,到后来科学地提出"控制人口数量,提高人口素质"。再次是将计划生育推向了广阔的农村地区,在农村全面普及推广计划

生育;同时在技术和经济方面为计划生育的普及提供了必要的条件和保证。

由于"晚、稀、少"人口政策的合理性以及计划生育工作所依赖的社会条件和运行机制的可行性,人口出生率由1970年的33.43‰下降到1980年的18.21‰,每年净增人口由2321万减少到1163万。我们知道,任何一项生育政策都会影响未来人口的数量、性别和年龄结构,从70年代计划生育的实践可以看到,"晚、稀、少"政策是在数量、性别和年龄结构的统一中达到了调控人口的目的,取得了预期的成效。

(三)20世纪八九十年代至今:计划生育人口政策

20世纪70年代"晚、稀、少"人口生育政策发展出了1980~1984年的"一孩"生育政策,在对其进行几次大的调整和完善的基础上,逐步形成和发展了计划生育人口政策。2002年9月《中华人民共和国人口与计划生育法》的正式实施,标志着国家通过法律的形式,确立了计划生育基本国策的法律地位,结束了人口与计划生育工作长期以来依靠政策和地方法规调整的局面。

这一时期的人口政策出现了与以前不同的特点,在人口问题上,从不认识、不承认到承认我国社会主义制度下也存在人口问题,尤其是人口过快过多增长所造成的人口问题。在对待人口发展上,从不加控制到全面地、有计划地控制人口增长,不仅控制人口数量的增长,而且开始注意提高人口素质。人口政策的基本内容更加完善,基本要求更加明确,人口政策的实施也具有了完备的组织、计划和措施保障。

第三十四章 环境管理

第一节 环境管理主体与对象

一、环境管理主体及其机构设置

(一)环境管理主体

环境管理的主体是指"谁来管理?"和"管理谁?"的问题。其广义的理解,是指环境管理活动中的参与者或相关方,而不一定是狭义的所谓"管理者"。

在现实生活中,人类社会的主体可以分为政府、企业和公众三大类。在环境管理中,政府、企业和公众都是环境管理的主体,它们同时在管理自身和另外两类主体中的参与者或相关方的行为。

1.政府

政府作为社会公共事务的管理主体,包括中央和地方各级的行政机关。在理论上它还应包括立法、司法等机关。政府依法对整个社会进行公共管理,而环境管理则是政府公共管理的一个分支。在三大行为主体中,政府是整个社会行为的领导者和组织者,同时它还是各国政府间冲突、协调的处理者和发言人。政府能否妥善处理政府、企业和公众的利益关系,促进保护环境的行动,对环境管理起着决定性的作用。所以,政府是环境管理中的主导性力量。

政府作为环境管理主体的具体工作包括制定适当的环境发展战略、设置必要的专门环境保护机构、制定环境管理的法律法规和标准,制定具体的环境目标、环境规划、环境政策制度,提供公共环境信息和服务,开展环境教育等。

另外,在全球性环境问题管理方面,政府作为环境管理主体的管理内容是对以国家为基本单位的国际社会作用于地球环境的行为进行管理,如国际间环境合作、全球环境条约协议的签署和执行等。

2. 企业

企业在社会经济活动中是以追求利润为中心的独立的经济单位。企业是各种产品的主要生产者和供应者,是各种自然资源的主要消耗者,同时也是社会物质财富积累的主要贡献者。因此,企业作为环境管理的主体,其行为对一个区域、一个国家乃至全人类的环境保护和管理有着重大的影响。

企业对自身的环境管理的内容包括企业制定自身的环境目标、规划、开展清洁生产和循环经济、通过和执行 ISO14000 环境管理体系标准、实行绿色营销、发展企业绿色安全和健康文化等。另外,企业作为人类社会产业活动的主体,其环境管理行为对政府和公众的环境有很大的影响。只有企业能够设计和生产出绿色产品,公众才能使用;只有大量的企业不断开发绿色环保的先进技术和经营方式,才能推动政府在完善环保法律、严格环保标准等方面加强环境管理,从而推动整个社会的进步。从这个意义上讲,企业环境管理既是与政府、公众的环境管理行为互动,又发挥着重要和实质性的推动作用。

3. 公众和非政府组织

公众包括个人与各种社会群体。他们是环境管理的最终推动者和直接受益者。公众在人类社会生活的各个领域和方面发挥着最终的决定作用。公众能否有效地约束自己的行为,推动和监督政府和企业的行为,是公众主体作用体现与否的关键。

公众环境管理是公众参与的环境管理,实际上,公众作为环境管理的主体作用并不是以一个整体的形式出现在环境事务中,而主要是以散布在社会各行各业、各种岗位上的公众个体以及以某个具体目标组织起来的社会群体的行为来体现的。在一些情况下,一些在环境保护领域做出突出成绩的公众个体,通过自己的行为可以起到监督企业行为和政府行为的作用,促进企业和政府环境管理的效果。但是在更多的情况下,公众通过自愿组建各种社会团体和非政府组织来参与环境管理工作。参与,是公众作为环境管理主体的主要

"管理"形式。公众环境管理机构可以是非政府组织(如各种民间环保组织)、非营利性机构(如环境教育、科研部门),其具体内容很多,根据这些组织和机构的目的而定。

(二)环境管理主体的机构设置

中国环境保护和管理的体制是由全国人民代表大会立法监督,各级政府负责实施,环境保护行政主管部门统一监督管理,各有关部门依照法律规定实施监督管理的体制。

1. 全国人大环境与资源保护委员会

全国人民代表大会设有环境与资源保护委员会,负责起草和审议环境与资源保护方面的法律草案并提出报告,监督环境与资源保护方面法律的执行,提出同环境与资源保护问题有关的议案,开展与各国议会之间在环境与资源保护领域的交往。

2. 国家环境保护总局

国家环境保护总局是国务院环境保护行政主管部门,对全国环境保护工作实施统一监督管理。国家环境保护总局是国务院的直属机构,是正部级单位。

国家环境保护总局的内部机构设置有:办公厅(宣传教育司)、规划与财务司、行政体制与人事司、科技标准司、污染控制司、自然生态保护司、核安全管理司、环境影响评价管理司、环境监察局(国家环保总局环境应急与事故调查中心)、国际合作司、机关党委。

3. 国务院其他与环境保护相关的部门机构

国务院所属的综合部门、资源管理部门和工业部门中也设立环境保护机构,负责相应的环境与资源保护工作,相应的部门主要有:国家发展计划委员会(地区经济司环境处,环境和资源综合利用司)、商务部(节约综合利用司环保处)、科学技术部(农村与社会发展司资源环境处)、农业部(科教司生态环境处)、建设部(城市建设司综合处)、铁道部(环境保护办公室)、交通部(环境保护中心)、水利部(水资源司)、国务院法制局(农林城建司资源环境保护处)、全国绿化委员会办公室、审计署(农业与资源环保审计司)、国家海洋局

(环境保护司)、国家林业局(保护司)等。

4. 中国环境与发展国际合作委员会

1992 年,中国政府批准成立中国环境与发展国际合作委员会(简称国合会)。国合会是一个高级国际咨询机构,国合会的主席由中华人民共和国国务院的领导担任。国合会的主要职责是针对中国环发领域重大而紧迫的关键问题提出政策建议并进行政策示范和项目示范。国合会委员包括中国国务院各有关部委的部长或副部长、国内外环发领域的知名专家、教授以及其他国家的部长和国际组织的领导。

5. 地方环境管理机构

在地方层次上,一些省、市人民代表大会也相应设立了环境与资源保护机构。省、市、县人民政府也相继设立了环境保护行政主管部门,对本辖区的环境保护工作实施统一监督管理。各级地方政府的综合部门、资源管理部门和工业部门也设立了环境保护机构,负责相应地方的环境与资源保护工作。①

二、环境管理对象

环境管理的对象是人类作用于环境的行为,具体可以分为政府行为、企业行为和公众行为。

(一)作为环境管理对象的政府行为

政府行为是人类社会最重要的行为之一,根据其性质,可以分为三大类:

1. 各级政府之间以及政府与其职能部门之间的"内部"行为,主要是政府内部权力职能分工协作的问题。

2. 政府整体作为一个主体,相对于其他行为主体(如企业、公众、社会团体等)的国内行为,包括各项法律法规和政策的制定、发布、实施和监督以及社会活动的组织与管理。

3. 政府作为国家和社会意志的代表,与其他政府之间的行为,诸如国际政治、经济、军事和科技文化交流等各方面的行为。

---

① 叶文虎、张勇:《环境管理学(第二版)》,高等教育出版社 2006 年版,第 269—271 页。

政府行为的主要内容有：

1.政府作为投资者为社会提供公共消费品和服务,如政府控制军队、警察等国家机器,提供供水、供电、铁路、邮政、教育、文化等公共事业服务。

2.作为投资者为社会提供一般的商品和服务,以国有企业的形式控制国家经济命脉。

3.掌握国有资产和自然资源的所有权及相应的经营和管理权。

4.政府对国民经济实行宏观调控和对市场进行政策干预。

由上可见,政府行为的内容和方式包容极广。无论是提供公共事业和服务,在重要行业实行国家垄断,还是对市场进行调控,政府行为对环境所产生的影响具有极大的特殊性,它涉及面广、影响深远又不易察觉,既有直接的一面,也有间接地一面,既可以有重大的正面影响,又可能有巨大的难以估计的负面影响。

要防止和减轻政府行为造成和引发环境问题,主要应该考虑以下几个方面:

1.政府决策科学化。要建立科学的决策方法和决策程序,中国提出的科学发展观是一个很好的开端。

2.政府决策民主化。公众(包括各种非政府组织或社会团体)能否通过各种途径对政府的决策和操作进行有效地监督,是最根本最具有决定意义的方法。

3.政府施政的法制化。特别是要遵守有关环境保护法规的要求,如按照《中华人民共和国环境影响评价法》的要求,有关政府部门在编制工业、农业、畜牧业、林业、能源、水利、交通、城市建设、旅游、自然资源开发的有关专项规划时,应该进行环境影响评价。

(二)作为环境管理对象的企业行为

企业是人类社会经济活动的主体,是创造物质财富的基本单位,因此企业行为是环境管理重要关注的对象。

企业和企业行为多种多样,但总起来说,企业行为可以概括为:

1.从事生产、交换、分配、投资、包括再生产和扩大再生产的生产经营活

动;

2.通过向社会提供物质性产品或服务获得利润的活动;

3.以追求利润为中心,对外部变化做出自主反映的活动。

企业行为对资源环境问题有非常重要的影响,主要表现在:

1.企业是资源、能源的主要消耗者;

2.企业特别是工业企业是污染物的主要产生者、排放者,也是主要的治理者;

3.企业是经济活动的主体,因此也是保护环境工作的具体承担者,绝大多数的环境保护行为都需要企业的参与才能落实。

要防止和减轻企业行为造成和引发环境问题,主要应考虑以下几个方面:

1.从企业调控自身行为的角度,应当通过各种途径加强环境保护工作,推行清洁生产,使用清洁的原材料和能源,尽可能地使用由废弃物转化出的资源,提供绿色产品和服务等。

2.从政府对企业行为调控的角度,主要有:一是形成有利于企业加强环境保护的市场竞争环境,在宏观上加强对企业环境保护工作地引导和监督。二是严格执行环境法律法规,制定恰当的环境标准,实行各种有利于提高企业环境保护积极性的政策,创造有利于企业环境保护的法治环境。三是加强对有优异环境表现的企业的嘉奖,与企业携手共创环境友好型的社会。

3.从公众对企业行为调控的角度,主要有:一是站在消费者的角度积极购买和消费绿色产品和服务;二是公众作为个体或通过社会团体对企业破坏环境的行为进行监督;三是公众个体作为政府的公务员或企业的员工,通过自身的工作促进企业环境保护。

(三)作为环境管理对象的公众行为

公众,按最普遍的理解,是大量离散的个人。公众虽是社会的原子,但公众行为是和政府行为、企业行为相并列的重要行为。这体现在以下几个方面:

1.公众和公众行为是社会的基石,是政府行为和企业行为的对象。公众是政府的服务对象,政府希望能得到公众的拥护和支持,希望公众能够在政府法律、政策的框架下选择和安排自己的行为。公众是企业的员工和产品的消费者,企业希望自己的产品和服务能被公众所接受和喜爱,从而获得利润,还希望公众能成为企业工作的劳动者(发明人、设计人、生产加工者和销售者等等)。

2.公众和公众行为涵盖和渗透到了社会生活各个方面,远远不能被政府行为和企业行为所替代或包含,比如公众的社会心理活动、公众的个人兴趣追求、感情抒发及公众风俗习惯等等,这些公众行为所反映的是社会文化。在很大程度上,这种文化对于社会发展具有更深层次的影响。

3.公众行为对资源环境问题有非常重要的影响,主要表现在:(1)公众中的每个个体为了满足自身生存发展,需要消费物品和服务,这是造成资源消耗和废物产生的根源;(2)公众的生活方式对环境问题的影响重大,如农民和城市居民的生活和消费方式所产生的废弃物就有很大区别,造成的环境问题也大不相同;(3)公众通过各种途径影响政府和企业行为,对环境保护产生间接的影响,由于认识的差异和看法的离散,这种间接的影响虽非常难以把握,但往往会具有根本性和决定性。

要解决公众行为可能造成和引发的环境问题,主要应考虑以下几个方面:

1.从公众调控自身行为的角度,公众应提高环境意识,购买和消费绿色环境产品和服务,养成保护环境的习惯,如垃圾分类、废物利用等,积极参与有利于环境保护的活动,如成为环保志愿者,参加环保社团等。

2.从政府对公众行为调控的角度,应当加强对公众环境意识的教育和培养,通过制定法律法规规范公众的生活和消费行为,以利于环境保护;规范和引导非政府公众组织的环境保护工作。

3.从企业对公众行为调控的角度,应当提供绿色的时尚环保产品引导公众的消费潮流,尽可能满足公众对绿色消费的需求;对企业员工不利于环境的行为进行约束和控制;通过支持公众环保组织影响和引导公众行为。

第二节　环境管理目标与原则

一、环境管理目标

环境问题的产生并且日益严重的根源在于人们自然观和发展观上的错误,以及在此基础上形成的基本观念上的扭曲,进而导致人类社会行为的失当。也就是说,环境问题的产生有三个层次上的原因:一是在思想观念层次上的;二是在社会行为层次上的;三是在人类社会自然与环境系统的物质流动层次上的。

基于这样的思考,环境管理的基本目标应该是:转变人类社会的一系列关于自然环境的基本观念,调整人类社会直接和间接作用于自然环境的社会行为,控制人与环境系统的物质流动,进而形成和创建一种新的、人与自然相和谐的生存方式,更好地满足人类生存与发展的环境需求。

(一)转变环境观念

观念的转变是根本。观念的转变包括消费观、伦理道德观、价值观、科技观和发展观直到整个世界观的转变。这种观念的转变将是根本的、深刻的,它将带动整个人类文明的转变。

当然,要从根本上扭转人类既成的基本思想观念,显然不是单纯通过环境管理及其教育就能达到的,但是环境管理却可以通过建设一种环境文化来为整个人类文明的转变服务。环境文化是以人与自然和谐为核心信念的文化,环境管理的目标之一就是要指导和培育这样一种文化,以取代工业文明时代形成的以人类为中心、以人的需求为中心、以自然环境为征服对象的文化,并将这种环境文化渗透到人们的思想意识中去,使人们在日常的生活和工作中能够自觉地调整自身的行为,以达到与自然环境和谐的境界。

文化在人类的发展进程中一直起着巨大的作用。考察世界历史,我们可以看到,战争和灾荒固然会给人类带来深重的灾难,但却绝不可能造成一个民族或文明的覆灭,能够具有覆灭一个民族或文明的威力的只有大自然。1500

多年前的玛雅文明也曾经发展到了相当高的程度,但是就是由于对生态环境的破坏,导致了生态平衡的失调而遭到覆灭。

文化决定着人类的行为,只有摒弃那种视环境为征服对象的文化,塑造新的环境文化,才能从根本上去解决环境问题。所以,从这个意义上来讲,环境文化的建设是环境管理的一项长期的根本的任务。

(二)调整环境行为

相对于对思想观念的调整而言,环境行为的调整是较低层次上的调整,然而却是更具体更直接的调整。

人类的社会行为可以分为行为主体、行为对象和行为本身三大组成部分。从行为主体来说,还可以分为政府行为、企业行为和公众行为三种。政府行为是总的国家管理行为,诸如制定政策、法律、法令、发展规划并组织实施等。企业行为是指各种市场主体包括企业和生产者个人在市场规律的支配下,进行商品生产和交换的行为。公众行为则是指公众在日常生活中诸如消费、居家休闲、旅游等方面的行为。

这三种行为相辅相成,它们在对环境的影响中分别具有不同的特点:其中政府行为起着主导的作用,因为政府可以通过法令、规章等在一定程度上约束市场行为和公众行为。所以环境管理的主体和对象都是由政府行为、企业行为、公众行为所构成的整体或系统。对这三种行为的调整可以通过行政手段、法律手段、经济手段、教育手段或科技手段来进行,这本身又构成一个整体或系统。

另外,在这三种行为中,政府的决策和规划行为,特别是涉及资源开发利用或经济发展规划,往往会对环境产生深刻而长远的影响,其负面影响一般很难或无法纠正。市场的主体一般是企业,而企业的生产经营行为一直是环境污染和生态破坏的直接制造者。不仅在过去,而且在将来很长的一段时期内,他们都将是环境管理中的重要内容。公众行为对环境的影响在过去并不是很明显,但随着人口的增长尤其是消费水平的增长,公众行为对环境的影响在环境问题中所占的比重将会越来越大。

二、环境管理原则

(一)全过程控制原则

环境管理是人类针对环境问题而对自身行为进行的调节,环境管理的内容应当包括所有对环境产生影响的人类社会经济活动,全过程控制就是指对人类社会活动的全过程进行管理控制。因此,无论是人类社会的组织行为、生产行为,或是人群的生活行为,其全过程均应受到环境管理的监督控制。

这里说的全过程,可以指逻辑上的全过程,也可以指时序上的全过程。比如政策的制定,制度的确立以及一个工程项目从立项到实施等,均有它自己的全过程;又比如一个"消费"的生命,也有一个从原材料开发、加工、流通、消费到废弃的全过程。

但目前环境管理主要针对的是人类的开发建设行为和生产加工行为对环境的污染和破坏。显然,这是不能从根本上解决问题的。产品,是联系人类生产和生活行为的纽带,也是人与环境系统中物质循环的载体,因此,对产品的生命全过程进行控制,是对人类社会行为进行环境管理的一个极为重要的方面。

产品的生命全过程包括:原材料开采——生产加工——运输分配——使用消费——废弃处置。目前的环境管理大多只注重于产品生产过程中的环境问题,而对产品在发挥完使用功能后对环境造成的污染和破坏则缺乏相应的管理。从这个意义上讲,现行的环境管理在内容上是非常不完全的。因此,以生命周期管理思想为指导,实施以产品为龙头,面向全过程的环境管理是当务之急和大势所趋。

(二)双赢原则

双赢原则是指在制定处理利益冲突的双方(也可以是多方)关系的方案时,必须注意使双方都得利,而不是牺牲一方的利益去保障另一方获利。双赢也是冲突协同理论的具体化。在处理环境与经济的冲突时,就必须去追求既能保护环境,又能促进经济发展的方案。这就是经济与环境的双赢,也是可持续发展的要求,双赢既是一种策略,也是一种结果。一般情况下,在环境管理的实际工作中,往往处理的是多方面的关系,因此,不仅要双赢,而且要"多赢"。双赢是个比较宽泛的概念,实际生活中,环境问题的发生往往涉及到多个部门,而跨行政区域的环境问题则更是非某一个行政区域所能单独解决的。因此,在处理与多个部门多个地区有关的环境管理问题时,就必须遵循双赢原则。

第三节 环境管理体制与职能

一、环境管理体制

《中华人民共和国环境保护法》中明确规定,县级以上各级人民政府的环境保护行政主管部门对本辖区的环境保护工作实施统一监督管理,从而在中国正式形成了各级环境保护行政主管部门统一监督管理,各有关部门分工负责的环境行政管理体制。中国环境管理体制有三种类型:区域管理模式、行业或部门管理模式、资源管理模式。

(一)区域管理模式

区域管理模式也称为"块块管理"模式,它是将同一区域内的环境问题,不分行业、不分领域、不分类别均纳入该区域环境管理范围的管理模式。这种模式是世界各国最早普遍采用的,以行政区划为特征的管理模式。该模式的确立,主要源于国家的区域行政管理体制和模式,源于环境保护组织机构的"块块管理"的人事制度和体制。我国《环境保护法》中关于"地方政府对本辖区环境质量负责"的法律规定就是区域管理模式的基础和法律依据。

区域管理模式是环境管理模式中的主要模式,是其他管理模式的基础。在这一模式中,国家环境保护总局是国家的职能部门,代表国家行使环境管理的职能;省、市、县等各级环境保护机构分别代表所在辖区人民政府行使环境管理的职能。在我国的长期环境管理实践中,区域环境管理体制已形成了一整套思想、方法、制度、政策体系,代表了中国特色的环境保护道路。

(二)行业或部门管理模式

行业或部门管理模式也称为"垂直管理"或"条条管理"模式,这是跨越行政区域范围,以行业或部门环境问题作为管理内容的一种管理模式,是对区域管理模式的补充。行业或部门的环境保护机构主要是负责本系统、本部门的环境管理工作,他们也是环境管理组织体系中的重要方面,如:轻工、化工、冶金、石油等部门都设立了部门性的、行业性的环境保护机构,结合本部门的生产实际过程,控制污染和破坏,制定污染防治规划和环境管理条例,开展工业环境管理和工业企业环境管理等。

(三)资源环境管理模式

资源管理模式即是指农业、林业、水利、海洋等资源部门的环境管理机构对所管辖领域的环境保护进行的管理,主要任务是保护自然环境,协调开发利用资源与环境保护的关系。值得指出的是,资源管理模式往往在区域上是跨区域管理,所以有时也称这种模式为跨区域环境管理模式。另外,我国对一些大的水系、自然保护区也设有行政管理机构,他们也负环境保护之责,他们也属于资源管理模式或跨区域管理模式,有时也称为流域环境管理。如长江流域、淮河流域、大的自然保护区等的环境管理。这种管理往往有跨行政区的管理机构负责组织、协调,如长江水利委员会负责长江流域水资源的管理。当然,这种跨区域资源环境要与区域环境管理有机结合才能更好地发挥效力,如长江流域的环境管理,需依靠跨区域的管理机构的组织、协调,以流域内各省、市、县的管理为主,才能实现流域环境管理的目标。①

二、环境管理职能

所谓环境管理的职能,就是环境管理的职责和功能。这种职责与功能贯穿于环境管理工作的全过程。环境管理是一种兼具科学性、艺术性的社会活动。其活动形式表现为通过计划、组织、协调、监督而达到既定目标的过程。因此,环境管理可分为四个基本职能:计划职能、组织职能、协调职能和监督职

---

① 张明顺:《环境管理(第2版)》,中国环境科学出版社2004年版,第99页。

能。另外,为了正确处理经济建设与环境保护的对立统一关系,环境保护还具有指导与服务两个辅助职能。

(一)规划(计划)职能

规划职能是环境管理的首要职能。所谓规划职能,是指对未来的环境管理目标、对策和措施进行规划和安排。也就是在开展环境管理工作或行动之前,预先拟定出具体内容和步骤,它包括确立短期和长期的管理目标,以及选定实现管理目标的对策和措施。

规划职能的主要内容如下:一是分析和预测环境管理对象未来的情况变化;二是制定环境管理目标,包括确定任务、对策、措施等;三是拟定实现计划目标的方案,做出决策,对各种方案进行可行性研究,选出可靠的满意方案;四是编制环境保护的综合规划、环境保护的年度计划和各专项活动的具体计划;五是检查总结规划的执行情况。

(二)组织职能

所谓环境管理的组织职能是指为了实现环境管理目标,对人们的环境保护活动进行合理的分工和协作,合理配备和使用各种资源,协调和动员社会各方面的力量,正确处理人际关系和调整社会各阶层的经济利益关系的职能。为了实现环境管理目标和计划,必须要有组织保证,必须对管理活动中的各种要素和人们在管理活动中的相互关系进行合理的组织。因此,环境管理的组织职能包括两大方面:一是环境管理的内部组织职能,二是环境管理的外部组织职能。

1. 环境管理的内部组织职能

环境管理的内部管理职能也是环境保护部门内部组织职能。主要有以下几方面:一是按照环境管理目标的要求建立合理的组织机构;二是按照业务性质进行分工,确定各部门的职责范围;三是给予各部门和管理人员相应的权力;四是明确上下级之间、部门之间、个人之间的领导与协作关系,建立环境管理信息沟通的渠道;五是配备、使用和培训环境管理工作人员;六是建立考核和奖惩制度,对人员进行激励。

2. 环境管理的外部组织职能

环境管理的外部组织职能也称为环境保护部门的外部职能。主要有以下几方面：一是按照国家和上级环境保护部门的要求，在地方政府的领导下组织本地区的城市环境保护工作；二是按照国家和上级环境保护部门的要求，在地方政府的领导下组织本地区的乡镇和农业环境保护工作；三是根据国家资源和生态保护政策，组织本地区以资源开发活动为中心的生态环境保护工作；四是协调、组织本地区重大环境问题的执法监督管理工作。在环境管理的组织职能中，外部组织职能是第一位的，内部组织职能是第二位的。

（三）监督职能

监督作为一种管理职能是普遍存在的，是环境管理活动中一个最基本、最主要的职能，也是环境保护行政主管部门的一种基本管理职能。

在环境管理过程中，会出现各种预料不到的情况，同时，各种活动要素及其相互联系也存在一些实现无法把握的变化。所以在执行计划的过程中，仍然可能产生不同程度的偏差。这就要求通过监督与反馈加以调节，以保证环境管理目标的实现。具体地说，环境管理的监督职能是对环境管理的活动进行监察和处理，对环境质量进行监测和检查的职能。

（四）协调职能

协调是环境管理的一个重要职能。所谓协调职能是指在实现管理目标的过程中协调各种横向和纵向关系及联系的职能；协调职能与监督职能的关系非常密切，强化监督管理离不开协调。

从宏观上讲，环境管理就是要协调环境保护与经济建设和社会发展的关系，实现国家的可持续发展；从微观上来讲，环境管理就是要协调社会各个领域、各个部门、不同层次人们的各种需求和经济利益关系，以适应环境准则。环境管理涉及范围广、综合性强，需要各部门分工合作，各尽其责。因此，协调已成为环境管理者的重要任务。不论是环境机构的组织内部管理，还是环境机构组织的外部管理，都需要协调。

通过协调统一组织内部人们的思想认识和行动，消除矛盾，降低内耗，优化组织结构，实现组织的管理目标；通过协调消除或减少来自于外部的政府行政干预,加大环境执法力度;通过协调强化环境保护部门统一监督管理的职能;通过协调营造一个有利于实施环境与发展综合决策的氛围和环境;通过协调调动地方政府各部门环境保护的积极性,推进区域的环境污染防治工作;通过协调加强跨区域或流域的环境保护;通过协调减少各种环境纠纷,降低区域的不安定环境因素等等。

总之,开展环境管理需要协调,只有通过协调,才能使步调一致,提高管理效率。例如,为加强对汽车尾气的管理,需要环境保护部门、能源部门、交通部门和环境科研部门的共同配合与协作才能完成。而其中任何一个部门都无法单独实现管理目标;同样,开展建设项目环境管理和污染治理也离不开综合协调。

(五)指导职能

指导职能是指环境管理者在实现管理目标的过程中对有关部门具有的业务指导职能。指导职能包括纵向和横向指导两个方面。纵向指导是指上级环境管理部门对下级环境管理部门的业务指导;横向指导是指在同一政府领导下的环境管理部门对同级相关部门开展环境保护工作的业务指导。

(六)服务职能

服务职能是从指导职能中派生出来的一个职能。加强环境监督管理,服务必须到位,这是新形势下对环境管理提出的新要求。从广义上讲,"管理就是服务",环境管理工作要服务于经济建设的大局。从狭义上讲,环境管理中有许多需要为经济部门和企业提供服务的内容。包括:污染防治技术咨询服务,环境法律、政策咨询服务,清洁生产咨询服务,ISO14000 环境管理标准体系咨询服务等内容。

第四节 环境管理依据与手段

一、环境管理的政策与法律依据

(一)环境管理的政策依据

随着国家环境保护工作的不断深入,经过不断探索和实践,我国已经初步形成了自己的环境政策体系,这个体系由三个部分构成:一是环境保护的基本方针;二是环境保护的基本政策;三是与环境问题相关或为顺利实施环境保护而制定的其他环境政策,如环境社会政策、环境经济政策、环境技术政策、环境监督管理政策等。

1. 中国环境保护的基本方针——"三十二字方针"和"三同步三统一"的方针

所谓"三十二字"方针,就是指"全面规划、合理布局、综合利用、化害为利、依靠群众、大家动手、保护环境、造福人民"。此方针最早是在 1972 年中国出席联合国人类环境会议的代表发言中提出的,后于 1973 年第一次全国环境保护会议正式确立为我国环境保护工作的基本方针,并在《关于环境保护和改善环境的若干规定(试行草案)》和《中华人民共和国环境保护法(试行)》中以法律形式确定了下来,被认为是我国环境保护工作的指导方针。实践证明,这一方针是符合中国当时的国情和环境保护的实际的,在相当长一段时期内对我国环境保护工作起到积极促进作用。

"三同步三统一"方针是 1983 年第二次全国环境保护会议上提出来的,即经济建设、城乡建设和环境建设要同步规划、同步实施、同步发展,做到经济效益、社会效益和环境效益的统一。这一方针被确定为我国环境保护的基本战略方针,在联合国环境规划署理事会第 13 届会议上,中国代表作了阐明。同时指出,中国政府在防治环境污染方面,实行"预防为主、防治结合、综合治理"的方针;在自然保护方面,实行"自然资源开发、利用和保护、增殖并重"的方针;在环境保护的责任方面,实行"谁污染谁治理,谁开发谁保护"的方针。这一方针是在总结了环境保护工作经验,结合我国当时的国情,研究环境保护工作的特点和重点及各方面对环境保护的要求后提出来的,它指明了当时解决我国环境问题的正确途径,是"三十二字"方针的重大发展,也是环境管理理论的新发展,它已成为现阶段我国环保工作的指导思想和环境立法的理论依据。

2. 中国环境保护的基本政策

所谓基本政策,是在中国环境保护基本国策和基本方针指导下,制定的下一级环境保护政策,主要有"三大环境政策"、"环境与发展十大对策"和在技术、经济、产业、能源等领域的环境政策。

中国环境保护的三大基本政策是预防为主、谁污染谁治理和强化环境管理。

"预防为主"的政策的基本思想是:把消除污染、保护生态环境的措施实施在经济开发和建设过程之前或之中,从根本上消除环境问题得以产生的根源,从而减轻事后治理所要付出的代价。对我国这样一个经济不发达、生产体系和技术水平都相对落后的国家来说,在提高经济发展的质量具有很大的潜力,把环境保护工作的重点放在预防为主上,不仅是客观需要,而且是切实可行的。

"谁污染谁治理"政策的基本思想是:治理污染,保护环境是生产者不可推卸的责任和义务,由污染产生的损害以及治理污染所需要的费用,应该由污染者承担和补偿,从而使外部不经济内化到企业的生产中去。

强化环境管理是三大基本政策的核心,最具有中国特色,其提出的背景是基于当时的两个重要事实:一是没有足够的经济和科技实力治理污染;二是现有的许多环境问题是因为管理不善造成。这一基本政策的主要内容是加强环境立法和执法、建立健全的环境管理机构和环境管理制度。

1992年世界环境与发展大会之后,中国在当年9月公布了中国环境与发展十大对策,作为中国环境保护的纲领性文件。其内容有:(1)实行可持续发展战略。(2)采取有效措施,防治工业污染。(3)深入开展城市环境综合整治,认真治理城市"四害"(烟尘、污水、废物和噪音)。(4)提高能源利用效率,改善能源结构。(5)推广生态农业,坚持不懈地植树造林,切实加强生物多样性的保护。(6)大力推广科技进步,加强环境科学研究,积极发展环保产业。(7)运用经济手段保护环境。(8)加强环境教育,不断提高全民族的环境意识。(9)健全环境法制,强化环境管理。(10)参照国际社会环境与发展精神,制定我国的行动计划。

作为中国环境保护基本政策的还有国家层次上的环境技术政策、环境产业政策、环境经济政策、环境能源政等等。它们是在国民经济和社会发展各个领域开展环境保护和管理的基本政策。

(二)环境管理的法律依据

中国目前已经形成了以《中华人民共和国宪法》为基础,以《中华人民共和国环境保护法》为主体的环境法律体系。

1. 宪法

《中华人民共和国宪法》规定:"国家保护和改善生活环境和生态环境,防治污染和其他公害"。"国家保障自然资源的合理利用,保护珍贵的动物和植物。禁止任何组织或者个人用任何手段侵占或者破坏自然资源。"

2. 基本法

《中华人民共和国环境保护法》是中国环境保护的基本法。该法确立了经济建设、社会发展与环境保护协调发展的基本方针,规定了各级政府、一切单位和个人保护环境的权利和义务。

3. 环境保护法律、法规

环境保护法律、法规是针对特定的保护对象如某种环境要素或特定的环境社会关系而专门调整的立法。它以宪法和基本法为依据,又是宪法和基本法的具体化。法律、法规名目多,内容广,可归纳为如下内容。

(1)土地利用规划法:土地利用规划包括国土整治、农业区划、城市规划和村镇等方面,目前已颁布了《城市规划法》。

(2)污染防治法:环境污染是环境问题中最突出最尖锐的部分,一般来说,在工业发达国家,环境法是从污染控制法发展而来的。在环境保护单行法中,污染防治法占的比重最大。我国已颁布的污染防治法有:《水污染防治法》《大气污染防治法》《固体废物污染环境防治法》《海洋环境保护法》和《噪声污染防治法》。

（3）环境资源法律、法规：为了保护自然环境和自然资源免受破坏，以保证人类的生命维持系统，保存物种的多样性，保证生物资源的永续利用，目前我国已颁布《森林法》《草原法》《煤炭法》《渔业法》《矿产资源法》《土地管理法》《水法》《野生动物保护法》《水土保持法》《农业法》等环境资源法。

4. 环境保护部门规章、规范性文件

根据《中华人民共和国环境保护法》国家环境保护总局也制定了大量的部门规章和规范性文件，如《水污染防治法实施细则》《大气防污染防治法实施细则》《环境保护行政处罚办法》《建设项目竣工环境保护验收管理办法》等等。

我国政府还制定了《噪声污染防治条例》《自然保护区条例》《放射性同位素与射线装置放射防护条例》《化学危险品安全管理条例》《淮河流域水污染防治暂行条例》《海洋石油勘探开发环境保护条例》《海洋倾废管理条例》《陆生野生动物保护实施条例》《风景名胜区管理暂行条例》《基本农田保护条例》《城市绿化条例》等多个环境保护行政法规及规范性文件。中国人民解放军也制定了相应的规章和规范性文件，如《中国人民解放军环境保护条例》《军队环境噪声污染防治规定》《军队企业负责人环保责任制办法》等等。

5. 环境保护地方性法规

各地方人民代表大会和地方人民政府为实施国家环境保护法律，结合本地区的具体情况，制定和颁布了600多项环境保护地方性法规。

6. 环境标准

环境标准是环境法律体系的一个重要组成部分，包括环境质量标准、污染物排放标准、环境基础标准样品标准和方法标准。环境质量标准、污染物排放标准分为国家标准和地方标准。环境质量标准和污染物排放标准属于强制性标准，违反强制性环境标准，必须承担相应的法律责任。

7. 其他部门法中关于环境保护的法律规范

有关程序、实体法律、法规和部门法也包含许多关于环境保护的法律规范。如《民法通则》《刑法》《治安管理处罚条例》，以及一些经济法规、其他法规,如《中华人民共和国节约能源法》《消防法》《文物保护法》《卫生防疫法》等与环境保护工作密切相关。

8.国际环境保护公约

中国政府为保护全球环境而签订的国际公约,如"巴塞尔公约"、"蒙特利尔议定书"是中国承担全球环境保护义务的承诺。国际公约的效力高于国内法律(我国保留的条款例外)。

二、环境管理的手段与机制

(一)行政手段

行政手段是行政机构以命令、指示、规定等形式作用于直接管理对象的一种手段。行政手段的主要特征是:

1.权威性。行政机构的权威越高,行政手段的效力越强。因此,环境保护行政机构权威性的高低,对提高政府环境管理的效果有很大影响;

2.强制性。行政机构发出的命令、指示、规定等将通过国家机器强制执行,管理对象必须绝对服从,否则,将受到制裁和惩罚;

3.规范性。行政机构发出的命令、指示、规定等必须以文件或法规的形式予以公布和下达。

在我国的环境管理工作中,行政手段通常包括:

1.制定和实施环境标准

根据《中华人民共和国环境保护法》的规定,国家环境标准由国务院环境保护行政主管部门即国家环境保护总局制定,地方环境标准由省、自治区、直辖市人民政府制定。

2.颁布和推行环境政策

国务院环境保护行政主管部门根据一定时期内国家的环境保护目标,拟订环境保护工作的基本方针、指导原则和具体措施,并予以推行。

(二)法律手段

法律是一种社会行为规范,它告诉人们应当做什么或不应当做什么,与其他形式的社会行为规范相比,法律规范最显著的特征是强制性,即通过国家机器的保障,强制执行。其他规范,如道德规范,则主要借助教育和社会舆论来得到实现。违反法律规范的行为,将受到相应的制裁和惩罚,而违反道德规范的行为,只能受到舆论的谴责,却不一定会受到相应的制裁和惩罚。法律规范的构成一般包括三个方面:

1.条件。任何法律适用于特定的范畴和情形,例如,《中华人民共和国水污染防治法》适用于在中华人民共和国领域内的江河、湖泊、运河、渠道、水库等地表水体以及地下水体的污染防治;

2.行为规则。法律规范中明确规定,允许做什么,禁止做什么,要求做什么,这是法律规范最基本的部分;

3.法律责任。违反法律规定的作为或不作为,都应当承担相应的法律后果。例如,因水污染直接造成公私财产损害的,要负赔偿责任。

在我国,环境保护法律规范主要包括:

1.宪法。我国宪法对环境保护规定是制定其他环境保护法律法规的基础;

2.环境保护基本法。《中华人民共和国环境保护法》是我国环境保护的基本法,它规定了我国环境保护的目的和任务,确立了我国环境管理体系,提出了有关个人或组织应遵循的行为规范以及违法者应承担的法律责任;

3.环境保护单行法。包括水污染防治法、大气污染防治法、环境噪声污染防治法、固体废物污染环境防治法、海洋环境保护法以及土地管理法、水法、森林法、草原法、野生动物保护法、渔业法、矿产资源法、煤炭法、水土保持法等,是我国针对特定环境要素保护的需要作出的具体法律规定;

4.环境保护行政法规和部门规章。它们是为了贯彻落实环境保护基本法、环境保护单行法而由国务院及国务院各部门制定的。

在政府的环境管理中,根据管理对象的性质和特点,可以分别采用不同种类的手段。例如,对有关的经济活动通过税收、补贴等措施可以收到更好的效果。但是,应当指出的是,经济手段的运用不能独立于行政手段或法律手段。它必须以行政手段或法律手段为载体,除经济手段外,类似的手段还有宣传教育手段和科学技术手段。

(三)经济手段

经济手段是指运用价格、税收、补贴、押金、补偿费以及有关的金融手段,引导和激励社会经济活动的主体主动采取有利于保护环境的措施。

在市场经济中,如果商品供不应求,价格就会上涨;如果商品供过于求,价格就会下跌。因此,价格是反映一个物品的稀缺程度的信号。另一方面,在市场经济中,不承认环境与自然资源具有价值,从而促使环境和自然资源被过度消耗,呈现严重的枯竭状况。为此,在环境管理中,特别是在目前,环境和自然的价值虽然在认识论上已被肯定,但一时还无法在价格上加以表示时,可以运用一些经济手段加以补救,以间接调整对环境与自然资源的利用。

在我国,政府环境管理的现行经济手段主要包括:

1. 排污收费制度。根据我国有关政策和法律的规定,排污单位或个人应根据排放的污染物种类、数量和浓度,交纳排污费;

2. 减免税制度。国家规定,对自然资源综合利用产品实行五年内免征产品税、对因污染搬迁另建的项目实行免征建筑税等;

3. 补贴政策。财政部门掌握的排污费,可以通过环境保护部门定期划拨给缴纳排污费的企事业单位,用于补助企事业单位的污染治理;

4. 贷款优惠政策。对于自然资源综合利用项目、节能项目等,可按规定向银行申请优惠贷款。

(四)宣传教育手段

正如广告可以引导消费者的消费一样,环境宣传教育可以提高人们的环境保护意识。通过环境宣传教育,不但要使全社会充分认识到环境保护的重要性,而且应当使全社会懂得环境保护需要每一个社会成员的参与。只有全体社会成员共同参与,才能从根本上保证环境得到保护。

首先,每一个社会成员都是物质产品的消费者,他们的消费方式的选择将会对环境产生不同的影响;同时他们又分别以不同的身份和形式参与到政府、企事业单位的社会行为之中。如果每一个社会成员都能够从我做起,在决策时充分考虑环境保护的要求,在行动中切实贯彻国家的环境保护政策和法律,那么,就会在全社会逐渐形成自觉的环境保护道德规范。这对于保护环境、实现发展无疑将会具有根本性的意义。

其次,通过环境宣传教育,提高公众的环境保护意识,还有助于增强企业和公众(另一环境管理的主体)参与环境管理的能力。在西方国家,公众参与环境管理已经十分普遍。例如,许多国家规定了公众参与环境影响评价的形式和程序,并作为环境影响评价不可或缺的组成部分。但在我国,公众参与环境管理还有待加强,其中原因之一就是公众缺乏必要和足够的环境保护意识和相应的科学知识。

(五)科学技术手段

政府环境管理中的科学技术手段是指,国家建立合理的制度,制定有关的政策和法律,提高环境保护的科学和技术水平。具体来讲,主要指提高促进人与自然和谐,环境与经济协调的决策科学水平;提高保障国内和国际的人与人之间公平的管理科学水平;提高发展既能高度满足人类消费需要又与环境友好的新材料、新工艺的科学技术水平;提高整治生态环境破坏,治理环境污染、提高环境承载力的科学技术水平等等。

第五节 环境管理过程

一、建立环境管理的政策法规体系

市场经济越发达,越要加强法制建设,要彻底由依靠行政手段的"人治"方法向"法治"方法转变。这就需要建立健全环境管理的政策法规。一方面保障环境管理方案的顺利实施;另一方面通过制定符合市场经济规律的环保优惠政策,以激励和诱导一切有利于环境保护的行为。例如,对"三废"综合利用的产品、环保机械、环保工程设计等可实行减免税政策;对经济效益好、市场前景广阔的清洁生产、朝阳产业等可给予贷款优先、择优扶持政策等。

二、建立合理的环境管理模式

随着区域环保工作的不断发展和逐渐深入,环境管理的内容将越来越多,工作量也越来越大,所以必须处理好统一管理与分级管理的关系。从系统的角度来看,即系统是可分的,一个复杂的系统可以分解成若干子系统,各子系统又可以分解为若干二级子系统,因此,对于复杂的系统,要实施有效的、统一的管理与控制,管理系统本身就应设置适宜的系统组织结构。区域中常见的环保系统里有省环保局、市环保局和区环保局,各级环保局中又分为局、处、科,层次越高,越统揽全局、越宏观,层次越低,越解决具体操作的问题。要建立环境管理权限制度,明确各级管理的权责,以确保环境管理的顺利进行。

三、建立社会监督工作体系

广泛的公众参与是环境管理方案进入决策的社会基础。应通过各种新闻媒体向广大公众发布有关环境管理的政策、法规、程序等,以提高公众的环保意识,使公众都能关心、支持并参与到环境管理中来。同时要把环境管理方案的实施过程置于公众和媒体的监督之下,增加公开性和透明度,只有在公开透明的前提下,才能保证公平公正,抑制知法犯法和执法犯法行为的发生,防止营私舞弊等腐败现象的滋生,促进廉政建设。

四、建立高素质的专业化的管理队伍

环境管理是由环境管理人员来操作的,这支队伍的专业水平、职业道德、工作作风将直接影响到环境管理措施的实施。因此,为了使环境管理得以顺利高效的进行,对管理者必须进行严格的要求。

首先,由于环境问题的起因错综复杂,环境管理人员也将面临各种各样的矛盾。这就要求环境管理人员具有广泛的多学科知识和综合解决问题的能力。在人才的选拔上要尽量一专多能,在队伍的配置上,应有环保、化工、经济、法律、计算机等方面的专业人员。

其次,要对管理人员进行职业道德教育,要有计划地对管理人员进行思想教育和专业技能培训,不断加强管理人员为人民服务的意识,树立勤政廉洁、克己奉公的工作作风,不断提高环境规划与管理工作的水平。

针对以上两点要求,要建立环境管理人员的定期考核制度,将业务不过

硬、职业道德不过关的人员及时清除出管理队伍,确保环境规划实施的高效廉洁。

案例 成都市滨水区域水生态环境建设①

成都市水环境概况成都市位于长江上游,境内河流纵横,水网密布,有大小河流 150 余条,总长约 1500km,水域面积 8323hm²,绝大多数为岷江、沱江水系,少数为清水江水系,均为长江中上游水系。目前,市区 50 余条河流有 80% 以上(42 条)河流为轻重度污染。府河、南河、沙河的水质多为 V 类和劣 V 类,部分区段达到 III 类或 IV 类,总体水质较差。中心城区污水排放总量约 210 万 t/d,近郊区(市)县每天汇入中心城区的污水约 100t,虽然部分污水得到了有效处理,但仍有相当一部分污水直接排入河道,加重了中心城区主要河道的污染负荷。

(一)成都市中心城区水污染的主要原因

1. 污染物排放量大。目前,全市每天排入水体的各种污水 316 万 t。其中,生活污水 180 万 t/d,工业污水 85 万 t/d,农村面源废水 51 万 t/d。

2. 污水收集和处理能力不够。目前,城区已建成污水处理厂 5 个,设计处理总规模达 94 万 t/d,实际收集处理 75 万 t/d,处理能力达 82%。但这些污水处理设施基本布设在城市的东南面,而城市的西北、西南尚没有集中污水处理设施,加之这些片区污水干管建设不配套,致使大量污水未经有效处理直接排入河道。

3. 周边区县的污水排放和面源污染影响成都市水环境质量。由于城市化进程的加快和人口增加,目前,近郊区县每天汇入中心城区的污水约 100 万 t,这些污水目前尚未得到有效的收集和处理,加重了中心城区水污染形势,也成为成都市水污染状况未能得到根本性改变的重要原因之一。

---

① 杨小波:《城市生态学经典案例和实验指导》,科学出版社 2008 年版,第 47—52 页。

（二）成都市水环境治理和城市生态建设

1992～1997 年，成都市实施了府南河综合治理工程，收到良好的环境效益、社会效益和经济效益。进入 21 世纪后，成都市又启动了沙河综合整治工程。工程主要包括截污、河堤整治、绿化、基础设施、文化设施、拆迁改造等，内容与府南河工程基本相同，但其规划理念较之府南河工程更加清晰和完整。沙河工程一期总投资 32.5 亿元，其中，13.3 亿元计划用于环保和生态建设，占工程总投资的 49.5%。

为彻底解决成都城区河道污染状况，成都市政府组织编制了《成都市中心城区水环境综合整治规划》，根据规划，成都最大的治水工程——成都市中心城区水环境综合整治工程于 2003 年 2 月开工，总投资达 60 亿元，包括中心城区 300 多条中小街道、50 条河流的治理、新建四座污水处理厂和 7000 多户合流排水单元的改造，城区主要河道将达到国家地表水 III 类水体标准。

从府南河工程到沙河工程再到中心城区水环境综合整治工程，成都环境管理和规划经历了一个从感性到理性、从模糊到清晰、从局部到系统的过程。成都人在摸索中逐渐找到了一条清晰的理念——生态化和可持续发展。在这一理念的指导下，成都的水环境将得到系统、全面的治理。

主要参考文献

《马克思恩格斯选集》(第三、四卷),人民出版社 1995 年版。

《毛泽东选集》(第三卷),人民出版社 1991 年版。

《邓小平文选》(第一、三卷),人民出版社 1993 年版。

费正清:《剑桥中华人民共和国史(1949~1956)》,上海人民出版社 1990 年版。

[美]RoJo.斯蒂尔曼:《公共行政学》,李方等译,中国社会科学出版社 1989 年版。

[美]费正清:《中国:传统与变迁》,王建朗译,世界知识出版社 2002 年版。

[美]D.菲尼:《制度分析与发展的反思——问题与抉择》,王诚等译,商务印书馆 2001 年版。

[日]植草益:《微观规制经济学》,朱绍文、胡欣欣等译,中国发展出版社 1992 年版。

[英]霍布斯:《利维坦》,黎复思等译,商务印书馆 1985 年版。

[美]伊恩.I.米特若夫、格斯·阿纳戈诺斯:《危机!!! 防范与对策》,燕清联合传媒管理译,电子工业出版社 2004 年版。

[美]哈罗德·孔茨、海因茨·韦里克:《管理学》,马春光译,经济科学出版社 1993 年版。

[美]斯蒂芬·P.罗宾斯:《管理学》,中国人民大学出版社 1996 年版。

[英]伊丽莎白·切尔:《企业家精神:全球化、创新与发展》,赵琛徽译,中信出版社 2004 年版。

[美]乔治·冯·克罗:《实现知识创新》,余昌楷译,机械工业出版社2004年版。

[英]诺曼·弗林:《公共部门管理》,曾锡环等译,中国青年出版社2004年版。

[美]尼古拉斯·亨利:《公共行政与公共事务》,张昕译,华夏出版社2002年版。

[澳]欧文·E.休斯:《公共管理导论》,中国人民大学出版社2001年版。

[美]马克·G.波波维奇:《创建高绩效政府组织》,孔宪遂、耿洪敏译,中国人民大学出版社2002年版。

[美]帕特里夏·基利等:《公共部门标杆管理》,张定淮译校,中国人民大学出版社2003年版。

[法]莱昂·狄骥:《公法的变迁:法律与国家》,郑戈、冷静译,春风文艺出版社1999年版。

[美]B.盖伊·彼得斯:《政府未来的治理模式》,李盛平等译,中国人民大学出版社2001年版。

[美]亨廷顿:《变革社会中的政治秩序》,李盛平等译,华夏出版社1988年版。

[美]斯蒂格利茨:《政府为什么干预经济》,郑秉文译,中国物资出版社1998年版。

[美]罗伯特·B.登哈特:《新公共服务:服务,而不是掌舵》,丁煌译,中国人民大学出版社2004年版。

[美]威廉·N.邓恩:《公共政策分析导论》,谢明等译,中国人民大学出版社2002年版。

[美]戴维·奥斯本、特德·盖布勒:《改革政府——企业精神如何改革着公营部门》,周敦仁等译,上海译文出版社1996年版。

[美]J.T.施莱贝克尔:《美国农业史》,高田等译,农业出版社1981年版。

联合国教科文组织,世界文化与发展委员会:《文化多样性与人类全面发展》,广东人民出版社2006年版。

井敏:《构建服务型政府理论与实践》,北京大学出版社2006年版。

杨冠琼:《当代中国行政管理模式沿革研究》,北京师范大学出版社1999年版。

李文良等:《中国政府职能转变问题报告》,中国发展出版社 2003 年版。

辛向阳:《新政府论》,中国工人出版社 1994 年版。

徐争游:《中央政府的职能和组织结构》(上册),华夏出版社 1994 年版。

王时中:《现代政府管理通论》,江苏人民出版社 1999 年版。

郭宝平、余兴安:《政府研究概览》,山西人民出版社 1992 年版。

许文惠:《行政管理学》,红旗出版社 1992 年版。

薛刚凌:《行政体制改革研究》,北京大学出版社 2006 年版。

冯友兰:《中国哲学史新编(上卷)》,人民出版社出版 2004 年版。

张晋藩:《中华法制文明的演进》,中国政法大学出版社 1999 年版。

王中江、高秀昌:《冯友兰学记》,生活·读书·新知三联书店 1995 年版。

钱穆:《中国历代政治得失》,生活·读书·新知三联书店 2001 年版。

杨一凡:《新编中国法制史》,社会科学文献出版社 2005 年版。

本书编委会:《现代化进程中的政治与行政》(上册),北京大学出版社 1998 年版。

张永桃:《当代中国政府与政治》,南京大学出版社 2004 年版。

傅小随:《中国行政体制改革的制度分析》,国家行政学院出版社 1999 年版。

任晓:《中国行政改革》,浙江人民出版社 1998 年版。

朱光华:《政府经济职能和体制改革》,天津人民出版社 1995 年版。

王浦劬:《政治学基础》,北京大学出版社 1995 年版。

俞可平、黄卫平:《全球化的悖论》,中央编译出版社 1998 年版。

李军鹏:《公共服务型政府》,北京大学出版社 2004 年版。

俞可平:《治理与善治》,社会科学文献出版社 2000 年版。

胡仙芝:《政务公开与政治发展研究》,中国经济出版社 2005 年版。

张康之:《寻找公共行政的伦理视角》,中国人民大学出版社 2002 年版。

张成福:《公共管理学》,中国人民大学出版社 2001 年版。

张永桃:《行政管理学》,高等教育出版社 2003 年版。

杨宏山:《当代中国政治关系》,经济日报出版社 2002 年版。

杨凤春：《中国政府概要》，北京大学出版社2002年版。

张国庆主编：《行政管理学概论》（第二版），北京大学出版社2000年版。

周绍朋、王健：《中国政府经济学导论》，经济科学出版社1998年版。

田言民：《国防交通经济管理》，解放军出版社2002年版。

任民：《国防动员学》，军事科学出版社2008年版。

军事科学院：《中国人民解放军军语（全本）》，军事科学出版社1997年版。

陈德第，李轴，库桂生：《国防经济大辞典》，军事科学出版社2001年版。

李兴山：《现代管理学》，中共中央党校出版社1994年版。

辞海编辑委员会：《辞海》，上海辞书出版社1999年版。

冯惠玲：《公共危机启示录—对SARS的多维审视》，中国人民大学出版社2003年版。

薛澜、张强、钟开斌：《危机管理》，清华大学出版社2003年版。

孙学玉：《公务员危机管理能力》，中国人事出版社2005年版。

罗伯特·希斯：《危机管理》，中信出版社2001年版。

张文焕：《控制论、信息论、系统论与现代管理》，北京出版社1990年版。

赵浦根：《公共关系教程》，中共中央党校出版社2001年版。

李经中：《政府危机管理》，中国城市出版社2003年版。

凌宁：《公务员公共服务能力》，中国人事出版社2005年版。

汪明生：《冲突管理》，九洲出版社2001年版。

申喜连：《现代管理策略》，中央民族大学出版社2000年版。

何晓明、刘金辉编著《现代管理理论与方法》，中国科学出版社1992年版。

本书编写组：《应对突发事件知识读本》，新华出版社2008年版。

唐晓阳：《公共行政学》，华南理工大学出版社2005年版。

王胜泉：《人事管理学》，北京经济学院出版社1989年版。

吴琼恩、周光辉、魏娜、卢伟斯：《公共行政学》，北京大学出版社2006年版。

胡泉、王瑞、程又中等：《人事行政管理》，四川人民出版社1988年版。

何精华：《现代行政管理：原理与方法》，上海社会科学院出版社2005年版。

张金鑑：《人事行政学》，三民书局印行中华民国六十八年十月修订版。

竺乾威:《公共行政学》,复旦大学出版社 2003 年版。

凌宁等:《公共管理案例研究:原理、教学、应用》,江苏人民出版社 2009 年版。

宋斌、鲍静、龙朝双、谢昕:《政府部门人力资源开发案例研究》,清华大学出版社 2007 年版。

吴志华、刘晓苏:《公共部门人力资源管理》,复旦大学出版社 2007 年版。

彭正龙:《公共部门人力资源管理》,同济大学出版社 2007 年版。

张兆本:《公共管理概论》,人民出版社 2006 年版。

薛冰、梁仲明、程亚冰:《行政学原理》,清华大学出版社、北京交通大学出版社 2005 年版。

李鹏:《公共管理学》,中共中央党校出版社 2006 年版。

高伟:《公共行政》,人民出版社 2008 年版。

丁煌:《行政学原理》,武汉大学出版社 2007 年版。

齐明山:《行政学导论》,中国人民大学出版社 2006 年版。

孙柏瑛、祁光华:《公共部门人力资源管理》,中国人民大学出版社 1999 年版。

张一弛:《人力资源管理教程》,北京大学出版社 1999 年版。

李德志:《人事行政学》,高等教育出版社 2001 年版。

孙学玉等:《公共行政学》,社会科学文献出版社 2007 年版。

杨紫烜:《经济法》,北京大学出版社 2006 年版。

黄达:《货币银行学》,中国人民大学出版社 2000 年版。

胡耀苏、陆学艺:《中国经济开放与社会结构变迁》,社会科学文献出版社 1998 年版。

高鸿业:《西方经济学》,中国人民大学出版社 2003 年版。

毕世杰:《发展经济学》,高等教育出版社 2001 年版。

罗豪才:《行政法学》,北京大学出版社 1996 年版。

王艳林:《食品安全法概论》,中国计量出版社 2005 年版。

姜明安:《行政法与行政诉讼法》,北京大学出版社、高等教育出版社 2007 年版。

崔卓兰:《新编行政法学》,科学出版社 2004 年版。

李乾贵:《依法行政问题研究》,中国法制出版社2002年版。

陈芬森:《大转变国有企业改革沉思录》,人民出版社1999年版。

王开国:《国有资产管理实务全书》,宇航出版社1995年版。

杨艳琳:《国有工业企业改革的实践与走向》,华中师范大学出版社2000年版。

汤锦如:《农业推广学》,北京中国农业出版社2001年版。

曾福生、李明贤:《技术进步与农业增长方式的转变》,国防科技大学出版社2001年版。

章政:《现代日本农协》,中国农业出版社1998年版。

田川流、何群:《文化管理学概论》,云南大学出版社2006年版。

宋光华、王文臣:《企业管理科学化、现代化与中华文化》,首都经济贸易大学出版社1998年版。

田川流、何群:《文化管理学概论》,云南大学出版社2006年版。

陈鸣:《西方文化管理概论》,山西人民出版社2006年版。

花建等:《文化产业核心竞争力》广东人民出版社2005年版。

蔡骐、孙有中:《现代美国大众文化》中国经济出版社2000年版。

陈振明:《公共管理学》,中国人民大学出版社1999年版。

孙萍:《文化管理学》,中国人民大学出版社2007年版。

胡惠林:《文化产业学》,高等教育出版社2006年版。

叶朗:《中国文化产业年度发展报告(2003)》,湖南人民出版社2003年版。

申维辰:《评价文化:文化资源评估与文化产业评价研究》,山西教育出版社2004年版。

蔡尚伟、温洪泉:《文化产业学》,复旦大学出版社2006年版。

高福安、孙江华:《媒体管理概论》,中国传媒大学出版社2006年版。

李良荣:《新闻学导论》,高等教育出版社1999年版。

周龙勤:《出版管理创新与业务流程再造》新疆新闻出版社2008年版。

刘伯高:《政府公共舆论管理》,中国传媒大学出版社2008年版。

许正林:《中国新闻史》,上海交通大学出版社2008年版。

崔树起:《社区卫生服务管理》,人民卫生出版社 2006 年版。

梁万年:《卫生事业管理学》,人民卫生出版社 2003 年版。

陈家应:《金鑫.卫生事业管理学》,科学出版社 2006 年版。

郭岩:《卫生事业管理》,北京大学医学出版社 2004 年版。

胡浩波:《卫生事业管理》,北京医科大学出版社 2000 年版。

刘树茂:《中国实用卫生事业管理大全》,人民卫生出版社 2001 年版。

周立:《公共卫生事业管理》,重庆大学出版社 2003 年版。

童傅年:《社区环境与管理》,机械工业出版社 2000 年版。

娄成武、孙萍:《社区管理》,高等教育出版社 2003 年版。

张兴杰:《社区管理》,华南理工大学出版社 2007 年版。

顾建键:《现代社区管理概论》,上海人民出版社 2007 年版。

吴新叶:《社区管理学》,北京大学出版社 2008 年版。

周良才:《现代社区概论》,电子工业出版社 2009 年版。

张宝峰:《社区管理》,郑州大学出版社 2006 年版。

王秀银:《现代人口管理学》,山东人民出版社 2001 年版。

张明顺:《环境管理》(第 2 版),中国环境科学出版社 2004 年版。

叶文虎、张勇:《环境管理学》(第二版),高等教育出版社 2006 年版。

杨小波:《城市生态学经典案例和实验指导》,科学出版社 2008 年版。

詹姆斯·莫里斯:《中国的贫困与贫富差距》,《西安交通大学学报》(社会科学版)2007 年第 2 期。

李景鹏:《试论社会主义民主的运行机制和理论基础》,《政治学研究》1988 年第 3 期。

张康之:《行政与公共行政的历史演进》,《中共福建省委党校学报》2002 年第 4 期。

李晓杰:《从历史的角度看当代行政区划层级与幅员改革之必行》,《江汉论坛》2006 年第 1 期。

邓家倍:《改革开放后三次机构改革述评》,《广东社会科学》1998 年第 5 期。

汪玉凯:《中国行政体制改革 20 年的回顾与思考》,《中国行政管理》1998 年第 12 期。

曹伟峰:《国务院机构改革方案具有划时代意义——中国政法大学深化行政管理体制改革研讨会综述》,《中国社会科学院院报》2008 年第 3 期。

白津夫:《我国收入差距最高达 33 倍,专家寄望第三次分配》,《南方日报》2006 年 10 月 8 日。

孙辉:《贫富差距对社会和谐稳定的影响和对策》,《思想战线》2005 年第 6 期。

廖清成:《公共财政与和谐社会》,《金融与经济》2006 年第 12 期。

何水:《服务型政府建设的理论依据与现实背景》,《云南社会科学》2005 年第 4 期。

张康之:《论政府的非管理化——关于"新公共管理"的趋势预测》,《教学与研究》2000 年第 7 期。

张成福:《公共管理:现时代的挑战》,《中国行政管理》2000 年第 5 期。

李靖:《在中国建设服务型政府的理论基础》,《政治学研究》2005 年第 4 期。

陈晏清、王新生:《马克思的市民社会理论及其意义》,《天津社会科学》2001 年第 4 期。

杨晴川:《美国新国防政策更具进攻性》,《环球杂志》2006 年第 1 期。

王晓雄:《美防长撰文谈国防政策:美将发展核武库威慑中俄》,《环球时报》2008 年 12 月 8 日。

马小军:《当代社会危机的类型分析与变量分析》,《理论前沿》2003 年第 2 期。

唐钧:《公共危机管理:国际趋势与前沿动态》,《公共行政》2004 年第 2 期。

高小平:《建设完整规范的政府应急管理框架》,《中国行政管理》2004 年第 2 期。

杨建顺:《论危机管理中的权力配置与责任机制》,《法学家》2003 年第 4 期。

吴量福:《美国地方政府管理中的应急系统及其运作》,《政治学研究》2004 年第 1 期。

孟根:《危机状态下的政府行为选择》,《中国党政干部论坛》2003 年第 7 期。

杨冠琼:《危机事件的特征、类别与政府危机管理》,《新视野》2003 年第 6 期。

刘昕:《论我国政府人事管理职能的战略转型》,《教学与研究》2007 年第 2 期。

祝淑:《从日本产学合作制度看我国科研体制改革》,《日本研究》2001 年第 2 期。

周杰:《我国科技计划管理概况》,《管理科学文摘》2006 年第 11 期。

刘振华、张家甡、孙万付:《浅议科技计划项目的立项与管理》,《科研管理》2007 年第 1 期。

康旭东、王前、郭东明:《科研团队建设的若干理论问题》,《科学学研究》2005 年第 4 期。

柳洲、陈士俊、张颖:《跨学科科研团队建设初探》,《科技管理研究》2006 年第 11 期。

刘法贵、张愿章、冯志君:《基础研究科研成果评价研究》,《科技管理研究》2008 年第 11 期。

孙卫、肖红、原长弘:《美国高校科技成果转化的成功经验及其启示》,《科学管理研究》2006 年第 6 期。

聂闯:《世界农业推广体系现状》,《世界农业》2000 年第 2 期。

吕剑红:《创新我国农业科技推广体系的思考》,《农业科技管理》2006 年第 1 期。

王玄文、胡瑞法:《农民对农业科技推广组织有偿服务需求分析》,《中国农村经济》2002 年第 2 期。

高翔、张俊杰、胡俊鹏:《建立大学农业科技推广创新体系的思考》,《西北农林科技大学学报》(社科版)2001 第 2 期。

杨生超,李佛琳,沙本才等:《强化高等农业院校农业推广工作的必要性分析与措施研究》,《农业科技管理》2001 年第 6 期。

朱方长:《建立高效农业科技推广模式的系统原则和思路》,《农业科技管理》2004 年第 1 期。

凌金铸:《版权与美国文化产业》,《皖西学院》2005 第 3 期。

毛少莹:《发达国家的公共文化管理与服务》,《特区理论与实践》2007 年第 2 期。

杨明辉:《美国文化产业与对外文化战略》,《世界经济与政治论坛》2006 年第 5 期。

魏玉山、杨贵山:《法国的出版管理体制》,《出版发行研究》1995 第 4 期。

中华人民共和国国务院新闻办公室:1998、2000、2002、2004、2006、2008 年度《中国的国防》白皮书。

国家国防动员委员会:《全民国防教育大纲》2006 年 12 月 5 日。

P. Aucoin, Administrative Reformin Public Management: Paradigms, Principles, Paradoxesand Pendulums, inGovernance3, 1990.

C. A. Hood, PublicManagementforAllSeasons: PublicAdministration, 1991.

DonaldKettl, 'TheGlobal Revolutionin Public Management: Drivingthemes, MissingLinks', JournalofPolicyAnalysisandManagement, 1997.

David Osborneand Ted Gaebler, Reinventing Government: How the Entrepreneurial SpiritisTransforming the PublicSector. Addison-Wesley Publishing Company, Inc. 1992.

McCarthy, T. Translator´sPrefaceinJ. Habermas, Legiti – mationCrisis. Boston: BeaconPress, 1975.

Harold Nicolson, Diplomacy, Oxford University Press, 1950.

Sir Ernest Satow, A guide to Diplomatic Practice, 4th edition, London: Longmans, Green & Co. , 1957.

R. P. Barston, Modern Diplomacy, London and New York: Addison Wesley Longman Limited, Second Edition, 1997.

Mark Dodgson and John Bessant: Effective innovation Policy, Innovation Thomson Business Press NelsonRR. Themarketeconomy, andthescientificcommons、ResearchPolicy, 2004.

后 记

本书作为中国行政管理学会重点科研课题和江苏省行政管理学会的重大科研课题，是中国行政管理学会与人民出版社联合组织的《公共管理文库》系列丛书中《公共管理实务丛书》的重大项目之一(08ZXRM201)。本课题研究坚持以中国特色社会主义理论为指导思想，结合我国政府管理的理论与实际，着重研究政府部门管理的基本理论、基本原则、基本方法、基本制度和运行实践，研究和探讨我国政府管理的改革与发展问题，追求研究的创新性、务实性和指导性，为政府部门管理的体系研究和具体实践奠定理论基础和决策依据。

本书分别从政府部门管理概论、政治事务管理、经济事务管理、文化事务管理、社会事务管理五篇，框定研究体系。在政府部门管理基本理论研究的基础上，结合政府部门管理实践，包括我国的具体国情，论述了政府部门管理在政治、经济、文化、社会领域的行政管理理论与实践问题。在研究内容上，着重把握两个紧密结合：一是紧密结合政府部门管理现实；二是紧密结合理论前沿。前者有利于体现本书的实用价值，希望本书能为解决政府部门管理实际问题提供参考；后者有利于抛砖引玉，试图对一些理论前沿问题进行深入研究，为我国政府部门管理的进一步研究奠定基础。

本课题的完成是集体合作的结晶。张永桃、金太军、李乾贵、凌宁、魏姝教授承担了本书的框架设计工作。研究采取子专题负责制，具体分工是：苏州大学金太军教授主持政府部门管理概论篇，江苏省行政学院凌宁教授主持政治事务管理篇，南京航空航天大学李乾贵教授主持经济事务管理篇，南京大学魏姝副教授主持文化事务管理篇，南京工业大学张勤教授主持社会事务管理篇。

书稿各章的撰写人分别是:第一章至第六章:金太军、沈承诚;第七章:张志;第八章:仲兵、周庆祝;第九章:朱祥、凌宁;第十章:凌宁、周庆祝;第十一章:李阳、史玉芳;第十二章:孙文平;第十三、十六、十七章:李乾贵、孙旭彤、夏天;第十四章:尤春媛;第十五章:王炳;第十八章:李乾贵、孙国君;第十九章:闵永明;第二十章:邬宗龙、金文明;第二十一章:赵方、刘娟;第二十二章:窦正斌;第二十三章:陈秋苹;第二十四章:于水;第二十五章:夏洁秋;第二十六章:金世斌、吴兵成;第二十七章:张辉;第二十八章:祝建兵、朱虹;第二十九章:祝建兵、蔡亚峰、朱虹;第三十章:刘含丹、王惠云;第三十一章:张勤、朱虹;第三十二章:王惠云;第三十三章:邓玉娟、王冠中;第三十四章:张勤、刘含丹。全书由凌宁统改、审定全稿。

　　本项研究得到了江苏省政府办公厅、中国行政管理学会、江苏省行政管理学会、江苏省行政学院、南京大学、苏州大学、南京航空航天大学、南京工业大学、人民出版社领导和专家学者的大力支持。尤其是江苏省行政管理学会的领导在组织、管理、资金方面做了大量工作,多次组织相关专家学者讨论课题研究情况。课题研究还得到了周江宏、李嘉、李国中、李莉、史玉芳、李根超等同志的热情帮助,我们在此一并表示衷心感谢。

　　感谢人民出版社对本书出版的大力支持,特别要感谢陈寒节编辑、胡催校对仔细认真的工作和指导。

　　我们在课题研究过程中,参阅了近年来国内外学者的有关成果,在此谨向有关学者深表谢忱。同时囿于知识能力所限,拙著还有诸多不尽如人意之处,祈望同仁与广大读者批评指正。我们将会在今后的研究中不断充实、修改、完善、提高。

编　者

2010 年 1 月